볼프하르트 판넨베르크는 제2차 세계대전이 끝난 후, 위르겐 몰트만과 함께 20세기 후반 세계 신학계의 새로운 시대를 개척한 인물이다. 몰트만이 "희망의 신학"을 통해 하나님 나라의 미래를 향한 현실 변혁의 지평을 열었다면, 판넨베르크는 그의 "역사의 신학"을 통해 기독교 신앙 및 신학의 역사적 전망과 책임을 강조했던 현대 개신교신학의 거장으로 인정받고 있다. 그는 구원사에서 특별계시의 역할을 배제하는 주관주의적 실존주의 신학은 물론, 일반계시의 역할을 축소하고 특별계시에만 의존하는 말씀의 신학에 대항하여 구원사를 세계사적 전망에서 바라보는 자신만의 신학을 구축하고 완성했다. 그의 생애 후기에 출간된 『조직신학』 전 3권은 20세기 신학을 이해하기 위해서는 반드시 넘어야만 하는 거대한 산과 같은 존재다. 이같이 중요한 책을 번역하여 출판하는 일은 한국 신학계에 중요한 기여라 말하지 않을 수 없다. 대작의 출간을 결심한 출판사는 물론, 번역을 위해 수고한 신준호, 안희철 박사께도 감사와 격려의 박수를 보낸다.

김균진
연세대학교 명예교수

몸에 근육을 만들려면 적당히 무게감 있는 아령으로 규칙적으로 운동해야 한다. 마찬가지로 신학적 사고 능력과 기술을 기르려면 어렵더라도 좋은 책으로 꾸준히 공부할 필요가 있다. 현대 개신교신학의 거장 볼프하르트 판넨베르크의 대표작인 『조직신학』은 결코 쉬운 책이 아니다. 하지만 어렵기만 하고 별로 얻는 것이 없는 책과는 달리, 판넨베르크의 저서는 고생 끝에 소중한 것을 얻으리라는 독자의 희망을 절대 배반하지 않는다.

판넨베르크는 교회를 위한 학문으로만 머무르려 하던 세계대전 이후의 신학에 경종을 울리며, 공적 학문으로서 신학의 정체성과 사명을 과감하게 재천명한다. 이를 위해 그는 계시의 역사적 지평을 강조하고, 다양한 학문과의 대화에 적극적으로 뛰어들며, 신학적 사유의 결과물에 대한 과학적 검증을 시도하기도 한다. 이번에 번역·출판되는 『조직신학』 제1권은 그의 신학 전체 구조와 방법론의 엄밀함과 탁월성에 대한 증거라 할 만하다. 특별히 이 책에 포함된 판넨베르크의 삼위일체론은 그 자체로도 현대 삼위일체론 중 가장 뛰어난 성취라고 평가받고 있을 뿐 아니라, 앞으로 『조직신학』 제2, 3권에서 그가 전개할 창조론, 기독론, 구원론, 교회론, 종말론의 틀을 놓고 있다는 점에서 꼼꼼히 읽어볼 만하다. 이처럼 탁월한 신학 서적을 모국어로 공부할 수 있다는 것 자체가 이전 세대 한국 신학자나 목회자, 신학생이 누리지 못한 엄청난 특혜가 아닐 수 없다.

김진혁
횃불트리니티신학대학원대학교 조직신학 교수

판넨베르크의 『조직신학』은 20세기 신학을 결산하는 기념비적인 작품이라고 할 수 있다. 칼 바르트를 통과하지 않고는 현대신학을 제대로 파악할 수 없듯이, 바르트 이후 가장 탁월한 신학자로 인정받는 판넨베르크를 거치지 않고는 20세기 후반부에 전개되는 현대신학의 동향뿐 아니라 21세기 신학의 전망을 간파하기 어려울 것이다. 판넨베르크는 바르트가 대변하는 신정통주의 신학의 한계를 극복하고 신학의 지평을 종말론적이고 우주론적인 차원으로 확장하려는 야심 찬 기획을 수행하였다. 그는 계시와 보편적인 역사, 신앙과 이성, 신학과 철학의 불필요한 대립을 종말이라는 전포괄적인 관점에서 해소하는 통합신학의 가능성을 타진하였다. 이런 판넨베르크의 사상이 농축된 그의 조직신학에는 초대에서 현대까지를 아우르는 신학과 철학의 방대한 지식을 섭렵한 거장의 탁월함이 고스란히 녹아져 있다. 더불어 지금까지 논의되어온 조직신학의 모든 주제에 대한 그의 독창적인 시각과 예리한 통찰이 번득인다. 진보신학을 탐구하는 이들은 물론이고 그와 입장을 달리하는 나 같은 보수 신학도들도 필히 넘어야 할 신학적 고봉을 이룬 작품이다.

박영돈
고려신학대학원 교의학 교수

칼 바르트 이후로 기독교신학을 체계적으로 전개한 사람을 꼽으라면 위르겐 몰트만과 볼프하르트 판넨베르크를 지목하는 데 주저할 사람은 별로 없을 것이다. 판넨베르크는 기독교 전통에 대한 깊은 이해를 갖고 신학을 했다는 점에서 위르겐 몰트만과는 조금 다른 전망을 신학에 반영한다. 몰트만이 개혁신학의 전통에서 신학의 핵심 개념을 재빨리 파악한 후 현대적 상황에 적용하여 실천적인 변혁을 집요하게 모색한 신학자라면, 판넨베르크는 루터 신학의 전통을 벗어나지 않으면서 신학적 주제를 그 역사적 문맥에서 파악하는 일에 관심을 집중한 연후에 오늘의 역사적인 맥락과의 깊은 연관성을 붙잡고 집요하게 신학적인 의미를 찾아 나선 신학자다. 특히 판넨베르크는 바르트 이후의 신학을 전개하면서 계시와 역사 간의 관계성을 복원하거나 창의적으로 제안하려는 의식을 분명하게 가졌던 신학자다. 전반적으로 볼 때 이런 관심사가 집요하기에 신학의 전개 과정에서 계시를 역사의 범주로 함몰시키는 우를 범하기도 한다. 독자들이 이런 한계에서 비롯되는 다양한 파장에 대해 비판적인 시각을 잃지 않고 이 책을 읽어간다면, 신학적 사유의 전문적인 세계를 깊이 맛보는 경험을 할 수 있을 것이다.

유태화
백석대학교 신학대학원 조직신학 교수

20세기의 가장 탁월한 교의학 저술인 판넨베르크의 『조직신학』 한국어 번역판이 새물결플러스에서 출간된 것은 한국 신학계의 발전을 위한 새로운 지평을 여는 기념비적이고 역사적인 사건이 아닐 수 없다. 판넨베르크의 신학 방법론과 체계는 21세기에 전 세계적으로 가장 큰 영향력을 발휘하는 규범적인 신학의 패러다임이 될 것이다. 독자들은 이 『조직신학』 전집을 통해 기독교 전통의 교의학이 형성된 역사적 맥락과 과정을 올바로 이해함으로써, 오늘의 역사적 상황 안에서 그 교의학 전통을 올바로 이해하고 새롭게 전유하고 창조적으로 재구성하는 길을 모색하고 탐구하도록 도전을 받게 될 것이다. 어려운 번역을 위해 심혈을 기울인 신준호, 안희철 박사의 노고를 치하하며, 어려운 여건 속에서도 기꺼이 이 책의 출판을 결정해준 새물결플러스에 진심으로 깊은 감사의 뜻을 표한다.

윤철호
장로회신학대학교 조직신학 교수

볼프하르트 판넨베르크는 위르겐 몰트만, 에버하르트 윙엘과 함께 20세기 중반기부터 오늘날에 이르는 신학의 역사에 심원한 영향력을 행사했던 개신교신학의 삼대 거장 중 한명이었다. 판넨베르크는 자신의 신학 동료들과 함께 1961년에

『역사로서의 계시』(Offenbarung als Geschichte)라는 제목의 논문집을 출간함으로써 자신의 조국인 독일은 물론이거니와 전 세계 신학계의 이목을 집중시키며 화려하게 세계 신학계에 등장하였다. 그는 역사의 과정 속에서 발생하는 일련의 사건들을 하나님의 간접적 계시로 파악하는, 역사에 바탕을 둔 새로운 기조의 신학, 즉 "보편사적 신학"을 주창하여 하나님의 "구원의 역사"(*historia salutis*)를 인간의 주관적 실존으로 환원·축소·폐기시키는 루돌프 불트만과 프리드리히 고가르텐 유(流)의 "실존주의 신학"뿐만 아니라 하나님의 계시를 이해함에 있어서 "일반계시"를 철저히 배격하고 "특별계시"인 "말씀계시"에만 의존함으로써 세계와 역사에 대한 전망을 상실한 칼 바르트의 극단적인 "말씀의 신학"에 대항하여 신학의 객관성을 옹립하는 동시에 하나님의 구원 역사의 세계사적 전망을 확립하고자 하였다. 이러한 노력의 총합적 결실이 바로 그의 『조직신학』인 것이다. 판넨베르크는 그의 『조직신학』에서 신학의 기독교적 정체성을 확립하기 위하여 자신의 신학을 "교부신학"과 "신학사" 그리고 자기 당대의 "성경신학"의 토대 위에 정초시키기를 원했고, 기독교 진리의 객관성과 합리성 및 학문성을 변증하기 위하여 철학사의 수많은 거장들뿐만 아니라 자신의 당대의 자연과학과 끊임없이 대화하며 대결하고 있다. 그는 신학이 단지 신자들의 신앙고백의 토대 위에서만 정당성을 가지는 주관적인 학문이 아니라, 신자가 아닌 사람들에게도 엄밀하게 객관적이고 합리적인 학문이라는 사실을 자신의 조직신학을 통해 논증함으로써, 과학실증주의와 역사실증주의에 지나치게 경도된 오늘날의 현대인들에게 기독교 진리의 합리성과 학문성, 객관성과 불변성을 해명하기를 원했고, 이러한 노력을 통하여 교회의 선교와 전도에 봉사하기를 원했다.

이러한 특징에도 불구하고 그는 "천상의 신학자"가 아니라 "지상의 신학자"이며, "원형의 신학자"가 아니라 "모방의 신학자"이기에, 그의 신학 안에도 간과할 수 없는 여러 가지 신학적 약점들이 암영을 드리우고 있음은 주지의 사실이다. 일례로 게할더스 보스, 오스카 쿨만, 안토니 후크마, 헤르만 리델보스, 칼 라너와 같은 신학자들이 이미 정당하게 지적한 것처럼 "세계사"와 "구원사"를 분리(分離)해서는 안 되지만 구분(區分)은 해야만 하는데, 그럼에도 이 양자를 구분하지 않고 일원론적으로 파악하여 하나님의 구원의 계시를 역사로 환원시키는 그의 신학적 결함에 대하여 엄밀한 주의와 비판적 독법이 요청된다. 그러므로 네덜란드의 개혁신학자 헤르만 바빙크가 자신의 『개혁파 교의학』에서 "선별적 비평의 방법"으로 "철학사"와 "신학사"에 출몰했던 여러 거장들, 즉 칸트, 헤겔, 슐라이어마허, 리츨 등의 철학 사상과 신학 사상의 장점과 약점을 선별하여 장점을 선용하고 그 약점을 공정하게 비판하여 걸러냈던 것처럼, 독자들 또한 바빙크가 보여준 이러한 선별적 비평의 방식으로 판넨베르크의 『조직신학』을 읽음으로써 오늘날의 교회와 시대를 위하여 생산적이고 유익한 타산지석의 지혜를 얻기를 희망한다.

이동영
서울성경신학대학원대학교 조직신학 교수

20세기를 대표하는 신학자로서 빼놓을 수 없는 판넨베르크의 조직신학 전권이 번역, 출간되는 것을 다른 독자들과 함께 기뻐하며 환영한다. 그의 조직신학은 그의 신학적 절정기를 넘어 완숙기에 10년 이상의 연구와 숙고를 거쳐 완성된 것으로서 단번에 신학의 고전에까지 오른 작품이다. 그만큼 치밀하고도 깊이가 있으며, 원숙한 기량과 통찰력, 그리고 해박한 지식이 돋보인다. 그는 그리스도교의 전통적 교의를 그 자체로서 본래적인 맥락에서만 서술하지는 않는다. 오히려 원시 그리스도교회가 경험한, 예수 그리스도 안에 나타난 하나님의 계시의 증언을 토대로 하며, 동시에 역사적인 발전과 변천 과정을 세밀하게 더듬으며 내용을 전개한다. 그런 점에서 그 자신이 말했듯이 이 책은 역사적인 관찰과 조직적인 관찰의 결합이라고 할 수 있다. 또한 판넨베르크는 교의의 내용을 전개하는 것뿐만 아니라 그것의 진리성에 대해 질문하며 증명하려고 했다. 현 세계에서 그것을 어떻게 입증할 수 있을까? 그에 따르면 교의학적 진리성은 하나님이 결정한다. 그 결정은 이미 창조 안에 있는 종말론적 완성인 하나님 나라와 함께 내려지지만, 사람들을 이끌어가는 하나님의 특별한 영의 사역으로서 잠정적인 형태로 현재 그들의 마음속에 주어져 있다. 그런 시각들은 그가 현대신학자이면서 동시에 그리스도교 교의의 전통에 충실한 바탕을 두고 있음을 보여준다.

이오갑
케이씨대학교 조직신학 교수

2017년은 루터의 종교개혁 500주년을 맞이하는 해다. 올해 우리는 루터를 다시 읽어야 하겠지만 판넨베르크도 함께 읽어야 한다. 루터는 이성을 폄하하며 그것이 신앙의 경건에 위협을 준다고 여겼다. 하지만 판넨베르크는 자신이 이성을 가진 인간이기에 그리스도인이 될 수 있었다고 확신했다. 그는 신앙의 이름으로 이성을 희생시켜서는 안 되며, 신앙의 진리를 밝혀주는 교리가 자신이 일어난 본래의 역사적 장소와 분리될 수 없음을 확신했다. 신학이 위로부터의 계시에만 매달리면 자의성과 주관주의에 빠져 학문으로서 소외된다. "역사로서의 계시", "아래로부터의 그리스도"를 붙잡지 않으면 신학이라는 학문은 동어반복적인 자기 순환의 논리에 빠진다. 비기독교 집안에서 자라나 오직 지성적인 모색에 의해 기독교 신앙에 도달한 판넨베르크는 오늘날 틸리히와 함께 무신론적 세계에 사는 현대인들을 위한 지성적 사도가 될 것이다. 판넨베르크는 기독교 신앙이 미신이나 맹신에 빠지지 않으면서 참된 보편과 경건을 향하도록 우리를 이끈다. 종교개혁 500주년을 맞이하는 이 은총의 계절에 우리가 루터와 함께 읽어야 할 판넨베르크의 역작을 소개한 역자들의 노고와 출판사의 혜안에 큰 박수를 보낸다.

장윤재
이화여자대학교 기독교학부 조직신학 교수

새물결플러스 출판사가 21세기 한국 신학계와 목회 현장에 새로운 도전과 쇄신의 기회를 제공하는 귀한 책을 내놓았다. 뮌헨 대학교 개신교신학부에서 오랫동안 조직신학을 가르치던 볼프하르트 판넨베르크 교수의 대작인 『조직신학』 전집을 한국어로 이번에 번역·출간하는 것이다. 하이델베르크 대학교에서 박사학위를 받으신 두 분의 번역자는 독자들이 거의 원서를 독해하는 듯한 느낌을 받을 정도로 명확하게 이해할 수 있는 번역을 해주었다. 이번에 출간되는 제1권은 전체적으로 하나님에 대한 이해를 중심으로 서술되었다. 신론은 기독교 조직신학의 가장 근본적인 교리로서 저자는 신학뿐만 아니라 철학, 심리학, 사회학, 자연과학 등 모든 학문을 토대 삼아 관념적이고 이성적인 동시에 총체적이고 신빙성 있는 사고를 거쳐 이 주제를 다루고 있다. 따라서 제1권은 그의 신학을 이해하는 데 중요한 출발점이 된다. 한국교회와 신학 교육을 위해 심도 있는 기독교신학 도서를 꾸준히 출간하는 새물결플러스 대표 김요한 목사님의 비전에 공감하며, 판넨베르크『조직신학』을 환영하고 열광적으로 추천한다. 신학도와 목회자들이 이 책을 정독함으로 얻을 수 있는 수확이 상당할 것을 의심치 않는다.

전영호
미국 세인트폴 신학교 조직신학 교수

볼프하르트 판넨베르크는 신학, 철학, 자연과학의 대화를 통하여 현대신학의 새로운 시공간을 창출한 20세기의 탁월한 조직신학자다. 그의 사상과 이론의 정수인『조직신학』전집은 지난 20세기 교의학 역사를 체계적으로 종합한 걸작이며, 진리와 신을 갈망하는 21세기 지성인들에게 신학적 상상력의 강렬한 원천을 주었다. 그는 20세기말 무신론의 묵시적 공간에서 신, 진리, 성서, 계시, 자연, 역사, 철학, 과학의 유산으로 현대신학의 참신한 가능성을 섬세하고 과감하게 직조하였다. 그는 신앙과 지식의 보편성과 통일성을 끝까지 신뢰하고 관철하였다. 판넨베르크의 신학적 통찰이 여전히 우리의 영혼과 지성을 압도하는 증거가 바로 여기에 있다. 우리는 판넨베르크의 조직신학 전집을 읽으며 유구한 역사의 신학적 전통과 현대의 지성적이며 날카로운 도전이 어떻게 상호 창조적으로 만날 수 있는지를 구체적으로 목격할 수 있을 것이다. 특히 판넨베르크의 지적인 명료함과 원숙한 열정은 조직신학 전집에 종합적으로 응축되어 있다. 아시아 최초로 판넨베르크의 조직신학 전집이 한국에서 출간된다. 제1권은 진리론과 신론을 다룬다. 제2권은 창조론, 인간론, 그리스도론을 다룬다. 제3권은 성령론, 교회론, 종말론을 다룬다. 신의 지혜와 세계의 지식을 서로 방대하게 링크한 20세기 신학의 위대한 사색이다. 실로 판넨베르크는 신학, 철학, 과학의 지혜가 우리의 경험에서 어떻게 생생하게 상호 관통하고 있는지를 매력적으로 제시한다. 그는 이미 신학의 전설이 되었다. 신학이 흔들리는 메마른 시대일수록 오히려 신학의 새로운 가능성이 예견된다. 판넨베르크가 선사한 탁월한 신학적 전승의 방패와 21세기 우리 신학의 날카로운 창이 서로 만나 신학의 뜨거운 열정과 불꽃이 이 땅에서 더욱 발화되기를 소망한다

전철
한신대학교 조직신학 교수

판넨베르크는 언제나 최고의 성서학적 연구와 풍부한 신학적 전통, 근대 과학의 관심사를 하나로 통일한다. 신학적인 입장 차이를 넘어서서 모든 신학자들에게 도전을 주고 관심을 불러일으킬 걸작이다.

스탠리 그렌츠 Stanley Grenz

그의 신학에 동의하지 않는 자라 할지라도 그의 방대한 지식, 설득력 있는 건설적인 제안 그리고 전통에 대한 새로운 관심에 경의를 표하게 될 것이다.

미로슬라브 볼프 Miroslav Volf

Wolfhart Pannenberg

Systematische Theologie

I

Copyright ⓒ 2015 Vandenhoeck & Ruprecht GmbH & Co. KG,
Wolfhart Pannenberg: Systematische Theologie; Hg.: Gunther Wenz, Gottingen.
All Rights Reserved.

This Korean Edition is translated and used by permission of Vandenhoeck & Ruprecht
GmbH & Co. KG through rMaeng2, Seoul, Republic of Korea.

This Korean Edition Copyright ⓒ 2017 by Holy Wave Plus Publishing Company, Seoul,
Republic of Korea.

이 한국어판의 저작권은 알맹2 에이전시를 통하여 독일 Vandenhoeck & Ruprecht GmbH & Co.와
독점 계약한 새물결플러스에 있습니다. 신 저작권법에 의하여 한국 내에서 보호받는 저작물이므로 무단
전재와 무단 복제를 금합니다.

판넨베르크 조직신학
I

볼프하르트 판넨베르크 지음 | 신준호·안희철 옮김

독일어 개정판 편집자 서문

1988-1993년 사이에 출판된 『판넨베르크 조직신학』 I, II, III의 개정판을 내게 된 것에 어떤 특별한 이유가 있지는 않다. 이 책들이 지나간 20세기의 가장 훌륭한 교의학적 작품으로 평가받고 있는 것에 대해서는 책의 내용이 스스로 입증할 것이다. 명백한 오탈자의 제거와 같은 몇 가지 형식적인 수정 외에 이 개정판에서 고려한 것은 저자 판넨베르크가 친필로 직접 교정해 준 것과 쪽지에 메모해서 전달해준 것뿐이다. 그것들도 내용의 변경과는 전혀 무관하다. 원판의 쪽수가 그대로인 것처럼 원판의 권위도 그대로 보존되었다. 결코 적지 않은 기술적 어려움에도 불구하고 판넨베르크 교의학의 개정판을 실제로 출판할 수 있게 된 것에 대해 나는 반덴호에크 & 루프레히트(Vandenhoeck & Ruprecht) 출판사에게 감사한다. 책임 조력자인 이외르크 페르쉬(Jörg Persch) 군과 편집 도우미였던 모리츠 라이싱(Moritz Reissing) 군에게도 감사한다. 특별히 감사해야 할 곳은 출판 비용을 책임져준 "판넨베르크 재단"(Hilke und Wolfhart Pannenberg-Stiftung)이다.

스페인어로 출판된 조직신학 제1권에 덧붙인 독일어 서문에서 판넨베르크가 썼던 문구를 아래에 인용하는 것으로 편집자 서문을 마친다.

많은 비평가들이 내게 이렇게 질문했습니다. "왜 신학 책이 이렇게 두껍습니까? 이런 책을 도대체 누구를 위해 쓴 것입니까?" 나는 이렇게 대답하고자 합니다. 나는 그리스도교 교리와 그것의 진리에 대한 질문을 가장 앞선 관심사로 삼는 사람들을 위해 이 책을 썼습니다. 이 책은 재미로 즐겁게 읽을 만한 것은 아닙니다. 하지만 하나님에 관한 그리스도교적인 믿음은 우리 시대에 심각한 도전에 직면하고 있습니다. 전통적인 언어를 현대적인 사고방식에 억지로 꿰어맞추는 것은 전혀 도움이 되지 않고 있습니다. 우리는 이 도전을 견디면서 그리스도교 믿음이 지성적으로 쓸모없는 것이 아니라는 사실을 보여주어야 합니다. 그렇다면 신학은 우리 시대에 만연한 편견과 맞설 수밖에 없습니다. 그리스도교 교리들의 풍성한 내용은 오늘날 그 교리들의 역사를 공부하는 사람들, 그 역사 안에서 발전하며 제기되어 온 문제들을 곰곰이 숙고하는 사람들에게는 여전히 매혹적일 것입니다. 그중에서 골동품으로 버려져야 할 것은 아무것도 없습니다. 그렇기 때문에 이 책은 역사적인 관찰과 체계적(조직적)인 관찰을 결합시키고 있습니다. 그 관찰의 핵심에서 그리스도교 교리의 내용은 오늘 우리의 세속적인 문화 안에서 통용되는 지성적인 양식을 훨씬 능가하게 될 것입니다. 교회가 이와 같은 의식을 다시 회복하는 일이 중요합니다.

2014년 여름, 뮌헨

군터 벤츠(Gunther Wenz)

차례

독일어 개정판 편집자 서문 12
머리말 18

제 1 장
조직신학의 주제인 그리스도교 교리의 진리 문제　24

1. 신학　25
2. 교의의 진리　36
3. 조직신학으로서의 교의학　48
4. 교의학 "서론"(프로레고메나)의 전개와 그것의 문제점　62
5. 조직신학의 주제인 그리스도교 교리의 진리 문제　94

제 2 장
하나님 개념과 그 진리성의 질문　116

1. "하나님"이라는 말　117
2. 자연적인 하나님 인식과 "자연신학"　132
3. 자연신학의 신 존재 증명과 그에 대한 철학적 비판　147
4. 자연신학에 대한 신학적 비판　169
5. 하나님에 대한 인간의 "자연적인" 앎　188

Systematische
Theologie

제 3 장

종교의 경험 안에 있는 하나님의 현실성과 신들의 현실성   206

1. 종교 개념과 그것의 신학 안에서의 기능   207

   a) 종교와 하나님 인식
   b) 종교 개념, 종교들의 다양성, 그리스도교의 "절대성"

2. 종교의 인간학적인 본질과 신학적인 본질   232
3. 종교가 진리인지의 질문, 그리고 종교사   255
4. (하나님과의) 종교적 관계   286

제 4 장

하나님의 계시   310

1. 계시 개념의 신학적 기능   311
2. 성서적인 계시 표상들의 다층성   324
3. 신학사에서 나타나는 계시 개념의 기능   349
4. 역사로서의 계시와 하나님의 말씀으로서의 계시   374

제 5 장

삼위일체 하나님 418

1. 예수의 아버지 하나님과 삼위일체론의 기원 419

2. 교의학의 구조 안에서 삼위일체론의 위치 정하기,
   그리고 삼위일체론적 진술들의 근거 찾기 452

3. 신적인 위격들의 구분성과 단일성 485

   a) 출발점: 예수 그리스도 안에서 발생한 하나님의 계시,
      그리고 삼위일체론의 전통적인 용어

   b) 삼위일체 관계의 구체적 형태들로서의 아버지, 아들, 영의
      상호 자기 구분

   c) 세 위격들, 그러나 오직 한 분이신 하나님

4. 하나님의 역사로서의 세계, 그리고 신적 본질의 단일성 529

Systematische
Theologie

제 6 장

신적 본질의 단일성과 속성들　　　　　　　　544

1. 하나님의 높으심, 그리고 하나님 진술에 대한 이성적
　해명의 과제　　　　　　　　　　　　　　　　　545
2. 하나님의 본질과 현존재의 구분　　　　　　　　561
3. 하나님의 본질과 속성들, 그리고 행위 개념을 통한
　양자의 결합　　　　　　　　　　　　　　　　　582
4. 하나님의 영성(정신성), 그분의 앎과 의지　　　600
5. 신적인 행위의 개념, 그리고 하나님의 속성론의 구조　623
6. 하나님의 무한성: 그분의 거룩하심, 영원성, 전능, 편재　642

　　a) 하나님의 무한성과 거룩성
　　b) 하나님의 영원성
　　c) 하나님의 편재와 전능하심

7. 하나님의 사랑　　　　　　　　　　　　　　　　683

　　a) 사랑과 삼위일체
　　b) 신적 사랑의 속성들
　　c) 하나님의 단일성

인명 색인　724

머리말

신학자가 그리스도교 교리 전체를 서술하려고 할 때, 교의학이라는 개념을 회피하기 위해 "조직신학"이라는 제목을 사용하는 경우가 있다. 하지만 이 책은 그 경우에 해당하지 않는다. 이 책의 제목인 "조직신학"은 글자 그대로 이해되어야 한다. 다시 말해 교의학적 소재도 하나님에 대한 그리스도교적 사고를 전개하는 모든 부분에서 함께 예시될 것이다. 이에 대한 상세한 설명은 제1장에서 신학의 개념에 대한 논의와 함께 주어질 것이다.

오랫동안 내 머리 속에서는, 혹시 교의학적인 서술이 수많은 혼란을 일으키는 역사적인(historischen) 질문들의 속박으로부터 벗어나서 교의학적 주제들의 본래적인 맥락에만 집중할 때 그만큼 더 그리스도교 교리 전체의 체계적인 통일성을 명확하게 제시할 수 있지 않을까라는 생각이 떠돌았다. 하지만 나는 그 생각을 거부했고, 그런 서술 방법은 그리스도교 교리의 학문적 연구에 요청되고 도달 가능한 목표인 정확성, 구분성, 객관성의 뒤편에 머물러야 한다고 확신하게 되었다. 그리스도교 교리는 철저히 그리고 남김없이 역사적인 산물이다. 그 교리의 내용은 예수 그리스도라는 역사학적인(historisch는 주로 "역사적"으로 번역했으나, geschichtlich와 구분될 필요가 있는 맥락에서는 "역사학적" 혹은 "사실사적"으로 번역하였다—역자 주) 형태 안에 있는 하나님의 역사적(geschichtlichen) 계시에 근거하며, 또한 오직 역사학적(historisch)인 해석을 통해서만 정확하게 평가될 수 있는 증언들, 곧 원시 그리스도교가 선교 과정에서 그분에 대해 선포했던 증언들에 근거한다. 사도 시대 이래로 예수의 인격과 역사 안에서 발생한 하나님의 행동을 보편적인 의미로 표현하려는 일련의 노력이 발전시켰던 그리스도교 교리의 전문용어들은 그 노력들이 위치했던 역사 속의 장소와 분리되는 경우에는 결코 이해될 수 없다. 이와 같은 비분리의 명제는 신학이라는 개념 자체와 함께 시작되며, 모든 신학적인 근본 개념에 적용된다. 그 용어들의 개념과 기능은 먼저 그것들이 생겨난 각각의 역사적 위치가 결정되고 그리스도교 교리 속에서 발생한 그것들의 용법과 지위의 변화가 결정적인 근거들로써 일목요연하게 정리될 때, 비로소 완전히 이해될 수 있다. 이와 같은 날카로운 비판적 의식 없이 교의학의 전문용어를 사용하는 것은 막연하고 순진한 일이다. 나아가 그런 사용은 나쁜 의미로 "교의학적"일 수밖에 없다. 말하자면 그것은 그리스도교 교리의 전승된 언어에 항상 결부되어 있는 풀기 어려운 무거운 과제를 고려하지 않고 있다. 그와 같은 방식으로 시도된 체계적 구조는 자의적이고 무책임하다. 왜냐하면 그런 구조는 여기저기서 올바른 느낌을 준다고 해도, 그것의 진리 내용은 무비판적으로 다른 어떤 지평 위에 위치하게 될 것이기 때문이다. 마찬가지로 그리스도교 교리들에 대한 항변이 흔히 실패하는 이유도 비평가들이 교리의 역사적 윤곽의 복잡성, 그리고 그와 연계된 해석의 가능성들을 충분히 명확하게 파악하지 못하기 때문이다. 교의학적 개념들의 역사적 장소에 대해 숙고하는 것, 그리고 이와 관련하여 그리스도교 교리의 핵심 주제들을 확인하고 평가하는 일은 예수 그리스도의 인격과 역사의 보편적 중요성을 표현해야 하는 그 교리들의 유용성과 한계들을 적절하게 판단하는 데 필수불가결하다. 그래서 그리스도교 교리의 연구와 서술은 그와 함께 제기되는 진리 주장에 관련하여 역사적인 그리고 체계적인 성찰과 끊임없이 결부되어야 하고, 그 성찰을 관철시켜야 한다. 교리의 내용들을 순수하게 체계적으로만 설명하는 일은, 그것이 저자의 취향이나 각 시대의 풍조에 따라 단순히 체계화하는 것 이상을 제시한다고 해도, 대략의 방식으로 도출된 연구 결과들을 이차적으로 요약한 것에 불과하다고 생각될 수밖에 없다. 그런 어떤 체계화 작업은 그리스도교 교리를 그것의 본래의 중심 문제로부터 발전시켜 새롭게 표현하기 위한 근거작업을 수행할 수 없다.

앞으로 전개될 장들의 논증양식을 설명하고 또 독자들의 사전준비를 위해 미리 말해둘 것이 있다. 논지를 전개할 때 중심이 되는 내용들은, 비록 그것이 역사적인 세부사항에 관계된다고 해도, 본문으로 취급할 것이다. 이와 대조적으로 논증 과정의 전개를 쉽게 해줄 개별적 설명이나 논의들은 각주로 제시되지 않는 경우에는 작은 글자로 인쇄될 것이다. 역사적인 사실들의 논의가 과거의 낡은 사실들을 그대로 나열한다는 의미만을 갖는 것은 결코 아니다. 오히려 어떤 역사적인 사실의 선택과 그 사실에 해당하는 시대적 문헌들과의 논쟁은, 신학적 체계의 논증을 전개하는 데 필수적이거나 최소한 명료하게 하는 데 도움이 된다고 여겨지는 것에 한정된다. 이런 이유에서 참고문헌은 완전하지 않을 수 있으며, 참고문헌들에 대한 균형 잡힌 개관도 유보되어야 했다. 역사적이고 사태 중심적인 논쟁들은 말하자면 체계적 논증의 전개를 돕는 역할을 하게 될 것이다. 각각의 논증의 목적은 각 장의 끝부분에서 보다 더 분명히 강조될 것이다. 하지만 그 결과들을 그것들이 위치한 논증의 맥락에 비추어 상대적으로 평가하는 대신 독자적인 주제로 취급하려 한다면, 그것들은 오해될 수 있다.

신학과 철학 사이의 관계에 대한 특정한 이해가 이 책의 그리스도교 교리의 서술 전체를 관통하고 있다는 사실은 매우 명백하다. 나아가 이 책을 발행하는 같은 출판사가 필자의 형이상학에 대한 강의록을 이 책과 동시에 소책자로 출판하게 된다. 하지만 나는 여기서 전개되는 내용이 이러저러한 철학적 체계를—그것이 나 자신의 것이라고 하더라도—반복해서 되풀이하는 것은 아니라고 미리 말해둔다. 오히려 나는 철학적 신학의 과제가 오직 하나님의 역사적인 계시로부터 출발할 때 최종적인 사유에 도달하게 된다고 판단한다.

그 밖에도 주의 깊은 독자는 각 장의 접근방법이 대상에 따라 바뀐다는 사실을 알아차릴 것이다. 예를 들어 제2장은 "하나님"이라는 용어 사용에 대한 현대적인 연구들을 논의하고, 제3장은 종교 개념의 역사를 회고하며, 제4장은 관련된 성서적·주석적 해설을 취급한다. 이와 같은 구분은 명백히 각각 대상의 특수성으로부터 비롯되기에, 지나치게 상세한 방법론적 설명은 필요하지 않았다. 하지만 독자들은 장과 장 사이에서, 특별히 제1장의 마지막과 제4장의 시작과 끝에서, 서술적 진행을 위한 방법론적 숙고와 만나게 될 것이다. 방법론의 숙고는 주제 자체 그리고 그것을 다루는 방법으로부터 도출되는 논거를 필요로 한다. 그 숙고는 단지 추상적으로 미리 앞서 언급되어서는 안 된다. 특히 신학의 주제나 그 주제에 적합한 방법론에 관하여 어떤 보편적인 이해가 존재하지 않는 경우에는 더욱 주의해야 한다.

신학의 학문성 이론에 대한 나의 저서를 잘 알고 있는 사람은 내가 그리스도교 교리를 이 책에서 다룬 것보다 더욱 강하게 다른 종교들의 입장들과 논쟁하는 가운데 서술해야 할 것이라고 생각할지도 모른다. 이에 대해 말할 수 있는 것은 그리스도교가 여타 종교들, 그리고 그 종교들의 서로 투쟁하는 진리 주장들의 세계 안에 위치하게 되었다는 사실이며, 그 안에서 그리스도교의 자리는 근본적으로 제4장의 계시의 주제가 앞의 제3장에서 서술된 종교들의 주제와 어떻게 연결되며 취급되는가에 따라 주어진다. 여기서 논증의 연속성은 어떤 확고한 교의학적 입장에 의해 단절되지 않는다. 오히려 이어지는 장들은 그리스도교 교리와 그것의 진리 요청을 성서적인 계시의 해석에 대한 자기 이해로 서술하는 데 집중한다. 이와 같은 해명은 다른 종교들의 주장들과 대면하는 모든 경우에 항상 전제된다. 바로 이 지점에서 신학의 주제는 제4장 마지막에서 논의되는 접근방법의 전환을 요청한다. 그와 동시에 어떤 명시적인 종교 비교의 서술이 그리스도교 계시의 내용의 자기 해명 안으로 병합될 수도 있을 것인데, 미래에는 이 책이 서술한 것보다 더 강한 정도로 그렇게 될 것으로 보인다. 세계 종교들에 대한 서로 경합하는 이해를 체계적으로 비교하는 것은 아마도 미래의 조직신학이 더욱 중요하게 다루어야 할 과제에 속할 것이다. 어쩌면 우리는 제3세계 교회들의 그리스도교 신학이 이에 대해 특별히 중요한 기여를 하게 될 것으로 기대해야 할지도 모른다.

    이 책에서 진행될 그리스도교 교리의 서술이 우선적으로 유럽에서 전개된 그리스도교 사상사의 비판적 수용에 기초하고 있음은 분명하다. 하지만 이 서술이 유럽인에게만 관련된 것은 아니다. 오늘날 대부분의 비유럽 교회들의 기원이 최종적으로는 유럽 기독교의 역사에 뿌리내리고 있기에, 그리스도교 교리의 서술은 모든 그리스도인들의 정신적 유산에 속한다. 이 책이 서술하는 내용은 지리적인 기원을 부인하지 않는 것처럼 교단적인 기원도 부인하지 않는다. 그럼에도 불구하고 루터 신학이라든가 (예를 들어 라틴 아메리카의 신학과 다른) 어떤 유럽의 신학이 중요하다는 것은 아니다. 오직 그리스도교 교리, 그리고 그리스도교 신앙고백의 진리만이 철두철미 중요하다. 이 진리가 모든 그리스도인으로 하여금 한 분 주님에 대한 믿음 안에서 하나 되게 하기를 기원한다.

이 책이 출판되기까지 끊임없는 노력으로 도움을 준 나의 비서 가비 베르거(Gaby Berger)에게 감사한다. 교정과 색인을 위해 협력해준 나의 조교들인 크리스티네 악스트(Christine Axt)와 발터 디츠(Walter Dietz), 전체 인용구들을 검토하는 일에 힘써준 마르크바르트 헤어초크(Markward Herzog), 그리고 프리데리케 뉘셀(Friederike Nüssel)과 올라프 라인무트(Olaf Reinmuth)에게도 감사한다. 마지막으로 여러 해 동안의 사전 작업과 원고 작성 기간을 인내로 기다려주면서 이 책이 나오기까지 도움을 주고 함께 해준 나의 아내에게 감사의 마음을 전한다.

1988년 2월, 뮌헨
볼프하르트 판넨베르크

제1장 　조직신학의 주제인
그리스도교 교리의 진리 문제

Die Wahrheit der christlichen Lehre
als Thema der systematischen Theologie

1. 신학

"신학"이라는 단어는 다양한 의미를 갖고 있다. 오늘날 이 단어는 학문의 한 분과를 뜻하며, 어떤 경우든 인간적인 앎의 추구로 이해된다. 이 단어의 플라톤적 어원은 시인들의 말과 노래를 통해 신성을 통고하는 로고스를 뜻했으며(*Staat* 379 a 5f.), 신성에 대한 철학자들의 반성적 연구와 같은 어떤 것이 아니었다. 하지만 이미 아리스토텔레스가 이론적 철학의 세 분과들 중 하나를 "신학적"이라고 명명했고(*Met* 1026 a 19 그리고 1064 b 3), 나중에 그것을 이른바 "형이상학"이라고 불렀다. 왜냐하면 그 분과는 모든 존재자의 원리로서의 신성, 곧 모든 타자를 포괄하고 그것의 근거가 되는 원리로서의 신성을 대상으로 갖기 때문이었다. 나아가 스토아 학자들은 신적 본성에 상응하는 철학자들의 "신학"을 시인들의 신화적 신학이나 국가적 제의종교의 정치적 신학과 구분했다. 여기서 신학은 더 이상 철학적 연구의 대상이 아니라, 그 연구 자체를 뜻한다.

2세기에 등장하여 철학적 용어에 의지했던 그리스도교의 언어 사용에서도 "신학"의 의미는 마찬가지로 다의적이었다. 알렉산드리아의 클레멘스(Klemens von Alexandrien)가 "불멸의 로고스 신학"을 디오니소스(Dionysos)의 신화와 대립시켰을 때(*Strom* I,13,57,6), 그것은 단지 로고스에 관한 어떤 교리가 아니라 로고스 자체의 하나님 선포를 의미했다(비교, 12,55,1). 신학자는 신의 영감을 받아 신적 진리를 선포하는 자이며, 신학은 바로 그 선포다. 이런 이해는 후대의 그리스도교적 어법에 여전히 남아 있었다. 바로 이런 의미에서 성서 저자들 전체, 그중에서도 특별히 구약성서의 예언자들은 "신학자들"이라고 말해질 수 있었고, 요한복음의 저자는 예수의 신성에 관한 "신학자"로, 그 후 380년에 삼위일체에 대해 강연했던 나지안주스의 그레고리오스(Gregor von Nazianz)와 같은 교부나 더 후대의 시메온(Symeon)까지도 "새로운 신학자"로 말해졌다. 이미 클레멘스도 신적인 것에 관한 철학적 지식을 "신학적"(Strom I,28,176)이라고 부르기는 했지만, 그 지식은 플라톤이 신비로 여겼던 정신적 직관의 앎으로 이해될 수 있다. 여기서도 신학은 단순히 그리고 우선적으로 인간적 행위의 산물을 뜻하지 않았으며, 오히려 신적 로고스에 고유하게 속하고 그 로고스를 통해 열리는 하나님에 관한 통고로 이해되었다. 여기서 신학은 오직 하나님 자신만이 허용하시는 신적 진리의 직관이며, 인간은 오직 신적 영감의 계시를 통해서만 신학에 접근할 수 있다. 이런 이해가 플라톤이 "참된 변증법"의 기술과 결부시켰던 신학의 이해를 배제하는 것은 아니다(176f.). 그 변증법은 식별 능력을 통해 참된 지혜로 인도하는 "하나의 학문"이었다(176). 그러므로 이와 같은 진술을 이해하기 위해서는 모든 앎이 오직 변증법만이 예비할 수 있는 깨달음으로부터 비롯된다는 학설, 곧 앎의 원천에 관한 플라톤의 학설이 함께 고려되어야 한다.

라틴 전성기의 스콜라 철학(Hochscholastik)은 신학의 학문성에 대한 논의에서 신학이 근본적으로 계시와 관계된다는 점을 의식했는데, 이런 의식이 아리스토텔레스로 각인된 신학자들 사이에서도 남아 있었다는 사실은 매우 주목할 만하다. 이것은 아우구스티누스-플라톤적 이해와 아리스토텔레스적 이해 사이에 존재했던 그 밖의 대립들과는 다른 점이다. 신학이 신적 계시에 근거한다는 사실은 신학의 본질을 벗어난 외적 규정이 아니다. 그런 식의 오해는 자연신학과 계시신학 사이에서 일어난 후대의 갈등에 따른 추정일 뿐이다. 오히려 하나님 자신에 의해, 즉 계시를 통해 하나님 인식이 가능하다는 것은 신학의 개념 그 자체에 속하는 근본조건이다.[1] 이와 다른 어떤 방법은 하나님 인식의 가능성을 신에 대한 사고 자체

---

1 이에 대해 쾨프가 정확히 지적했다. U. Köpf, *Die Anfänge der theologischen Wissenschaftstheorie im 13. Jahrhundert*, 1974, 247ff. 특히 252ff. 특별히 토마스 아퀴나스(Thoman von Aquin)에 따른 신학적 인식의 원천으로서의 신적 영감이라는

의 모순에 빠지지 않은 채 논리적·일관적으로 사고할 수가 없다. 하지만 여기서 피조물이 어떤 방법으로 하나님 인식에 도달할 수 있는지는 아직 결정되지 않았다. 다시 말해 믿는 그리스도인만이 신학적 인식에 참여할 수 있다고는 아직 주장되지 않았다. 이미 알렉산드리아의 클레멘스는—비록 단편적이고 왜곡된 진술이기는 하지만—이교도들도 신적 로고스의 참된 신학에 참여할 수 있다고 말했다. 하지만 그리스도교 교회 안에서든지 밖에서든지 어떤 경우에도, 소위 자연적인 신 인식에서조차도, 하나님 자신으로부터 출발하지 않거나 그분의 영의 사역에 의존하지 않는 어떤 하나님 인식이나 신학은 생각될 수 없었다.

구(舊)프로테스탄트 교의학도 신학 개념이 적용되는 영역 내에서 이와 같은 사실 관계를 잘 의식하고 있었다. 구(舊)루터교 정통주의 교의학에서 신학 개념을 도입했다고 말할 수는 없지만, 나름대로 토착화하고 해명했던 사람인 요한 게르하르트(Johann Gerhard)는 그렇게 작업하는 중에 1594년 개혁주의 신학자 프란츠 유니우스(Franz Junius)가 갱신했던 중세 스콜라 철학의 명제를 수용했다. 그것은 인간의 신학은 **"원형의 신학"**(*theologia archetypa*)을 모형으로 삼고 그것을 뒤따를 때만 가능하다는 명제였다.[2]

신학 개념에 대한 후대의 루터교 교의학의 서술 안에서도 그 관점은 유지되었다. 물론 그 관점은 게르하르트가 앞서 대변했던 견해, 곧 신학의 대상

관점은 "신학 전체의 학문적 이론"을 "관통"한다(111, 비교, 147와 252f.).

2   게르하르트가 유니우스에 의존한다는 사실에 대해(*De Theologiae Verae Ortu, Natura, Formis, Partibus et Modo Illius*, Leyden 1594) 프로이스(R. D. Preus)가 이목을 집중시켰다(*The Theology of Post-Reformation Lutheranism. A Study of Theological Prolegomena*, St. Louis/London 1970, 114). 이 주제에 대한 단하우어(Dannhauer, 1649)와 셰르처(Scherzer, 1679)의 논쟁과 관련하여 다음을 참고하라. C. H. Ratschow, *Lutherische Dogmatik zwischen Orthodoxie und Aufklärung I*, 1964, 49.

은 영원한 생명의 축복으로 인도되어야 할 인간이라는 견해와는 긴장 관계에 있었다.[3] 게르하르트 자신보다 더 좁게 생각하여 신학을 "실천적 학문"[4]으로 규정하고 신학의 목적을 인간의 축복에 제한했을 때, 신학 개념에는 인간 중심적 경향이 필연적으로 등장할 수밖에 없었고, 그 경향은 신학 개념이 하나님 인식에 집중했던 정착된 경향과는 모순될 수밖에 없었다. 구(舊) 루터교 신학은 영원한 생명의 축복으로 인도되어야 하는 인간들에게 집중하는 것이 신적인 구원 계시와 하나님 자신의 구원 의지에 부합한다는 정당한 확신을 갖고 있었다. 이 전제는 신학 개념의 규정에서 하위등급으로 밀려나서는 안 된다. 케커만(B. Keckermann)이 신학을 실천적 학문으로 취급하면서 기초를 놓았던, 신학의 "분석적 방법"이라는 틀 안에서 그런 일이 일어났다. 케커만은 인간의 축복을 목적으로 하는 실천을 신적 기원, 영생이라는 목적 자체, 그리고 영생으로 인도하는 수단이라는 세 가지 관점들 아래서 나누어 묘사했으며, 그에 따라 그리스도교 교리의 주제들을 분류했다. 여기서 신학의 통일성의 근거가 되는 관점은 축복을 목표로 하는 인간의 실천이며, 더

---

3   발만(J. Wallmann, *Der Theologiebegriff bei Johann Gerhard und Georg Calixt*, 1961, 53f.)은 칼 바르트(K. Barth)의 주장에 맞서 게르하르트의 견해(1625년도 그의 책 제1권의 도입부)를 변호했다. 바르트의 주장은, 게르하르트가 그리스도교 교리의 대상이 하나님과 신적인 것들이라는 켐니츠(M. Chemnitz)의 주장에 반하여 신학의 이해에서 인간 중심적인 전환의 발판을 놓았다는 것이었다. 이에 대해 발만은 게르하르트가 "신학을 수행하는 주체로서의 인간에 관한 진술"을 "아직은 자연신학의 지반 위에 구성한 것은 아니었다"라고 주장했다(53). 그러나 바르트의 비판의 중점은 달랐다. 신학의 대상을 규정함에 있어 게르하르트 이후 시대에 루터교 정통주의의 분석적 방법의 틀 안에서 발생한 자연신학의 인간 중심적 기능은─비록 실제로 행사된 것은 후대였다고 해도─그 전환의 결과로 이해될 수 있다는 것이다. 물론 게르하르트는 신학의 목적이 인간의 영생 외에 하나님께 영광을 돌리는 일에도 있다고 보기는 했다(나의 책, *Wissenschaftstheorie und Theologie*, 1973, 236f. 참조). 하지만 그는 더 이상 둔스 스코투스(Duns Scotus)처럼 하나님 자신을 신학의 형식적 객체로 규정하지는 않았다.

4   이에 대해 나의 책, *Wissenschaftstheorie und Theologie*, 1973, 230-240을 보라.

이상 하나님에 대한 사유나 신적 계시가 아니다. 물론 분석적 방법에 따라 실천적 학문으로 묘사된 케커만의 신학은 아직은 이론적으로는 "신-중심-신학"(Theosophie)을 전제한다. 후에 이 방법을 실행했던 루터교 정통주의 교의학자들의 자연신학은 미리 앞서 하나님의 현존재(Dasein) 및 속성들에 대해 가르쳤는데, 그것은 바로 케커만에 상응하는 것이었다. 그러나 이것은 다음 사실을 의미한다. 구원론적으로 협소화된 "분석적 방법"은 신학으로 하여금 신학의 중심 대상인 하나님 인식의 둘레를 돌게 하는 대신에 오히려 인간중심적으로 인간적 구원의 둘레를 돌게 했으며,[5] 이에 그치지 않고 더 나아가 신학을 어떤 다른 형태의 하나님 인식에 예속되게 만들었다. 여기서 신학은 신론과 우주론이라는 "사변적" 주제의 짐을 벗어버릴 수 있지만, 다만 그것은 대가를 치러야 한다. 그것은 영원한 축복이라는 인간의 목적 규정과 그곳으로 인도하는 구원 계시의 근원자이신 하나님의 현존재에 대한 확신을 전제하고자 할 때, 신학이 어떤 다른 방법의 확증에 의존할 수밖에 없다는 사실이다. 물론 신학을 "실천적 학문"으로 이해하는 것이 반드시 이와 같은 오류와 얽히는 것은 아니다. (실천가였던) 둔스 스코투스는 하나님만이 신학의 대상이며, 모든 인간적인 신학은 "하나님의 하나님 자신에 대한 앎"에 의존한다고 확실히 주장했다. 만일 우리가 신학적 지식의 실천적인 성격을 스코투스처럼 이해한다면, 그때 신학의 실천적 성격에 관한 주제는 하나님의 앎과 사랑의 일치를 표현하는 일에 봉사하게 될 것이고,[6] 또한 그 일치를 모든 지식과 믿음을 인간의 행위 안에서 사랑에 귀속시키기 위한 토대로 삼게 될 것이다. 우리는 사랑에 귀속되는 실천적 지식으로서의 신적인 앎이 신론과 하

---

[5] 자우터(G. Sauter)가 *TRE* 9, 1982, 45 (*Dogmatik I*)에서 내린 판단을 참조하라. 자우터는 분석적 방법의 도입으로 인해 "교의학자 케커만 자신이 교의학의 내적 중심"이 되었다는 주장으로까지 나아간다.

[6] Duns Scotus *Ord. Prol.* p.5 q1-2, Ed. Vat. I,1950,207ff. (n.314ff.), 특히 211f. (n. 324).

나님의 역사적 구원행위와의 관계를 조명할 수 있다고 생각할 수도 있다. 하지만 둔스 스코투스는 자신의 사고를 그 방향으로 발전시키지 않았다. 왜냐하면 그는 피조물에 대한 하나님의 앎이 실천이 아닌 단지 이론적인 것이라는 것을 인정했기 때문이었다.[7] 그 점에서 신학의 실천적 성격에 관련된 주제의 수행은 신론에서는 제한적이었다. 그 밖에도 다음 질문이 제기된다. 이론적인 지식과 실천적인 지식 사이의 아리스토텔레스적인 날카로운 구분을 신론에, 나아가 하나님 자신 안의 영원한 생명에 적용하는 것은 정당한가? 아니면 그 구분은 단지 피조적 현존재의 유한성의 조건 아래에서만 발생할 수 있는 것인가?[8] 하나님의 자기 자신에 대한 앎이 실천적인 것으로 생각될 수 없다면, 위대한 프란치스코 학파의 스승인 둔스 스코투스의 전제 아래서도 그리스도교 신학이 실천적 지식이라고 말하기는 어렵다. 왜냐하면 신학은 하나님 자신에 대한 하나님의 앎에 참여하는 것이라고 생각되어야 하기 때문이다.

알베르투스 마그누스(Albert der Große)와 토마스 아퀴나스 이래로 하나님이 신학의 본래적이고 포괄적인 대상이라고 이해되어왔다. 우리도 그렇게 이해할 때, 하나님 인식이 신적 계시에 의존한다는 것이 신학 개념의 근본적인 요소라는 사실은 가장 명확하게 표현되고 또한 가장 높은 타당성을 지니게 될 것이다. 만일 신학이 어떤 다른 대상을 가진다면, 그때는 하나님 인식이 오직 신적 계시를 통해서만 가능하다는 사실은 그런 다른 어떤 대상에 대해서는 단지 피상적인 것에 그칠 것이다. 하지만 하나님 자신이 신학의 대상이 되실 때, 다음 사실은 자명하다. 즉 하나님이 인식될 수 있는 것은 오직 하나님이 자기 자신을 인식되도록 내어주실 때뿐이다. 이 사실은 바로 대상이신 하나님의 존엄성으로부터 자명해진다.

---

7 Ebd. 217f.(n. 332-333).
8 둔스 스코투스의 숙고에 대해 ebd 215ff. (n.330-331)를 참고하라.

단지 하나님에 관한 진술만이 그리스도교 교리의 내용이라면, 이 사실은 다른 어떤 어려움을 갖지 않을 것이다. 그러나 그리스도교 교리는 사실상 인간과 창조세계, 예수 그리스도, 교회와 예전에 대한 진술을 포함한다. 고대 교회의 신학은 이 주제들을 "경륜" 곧 하나님이 인도하시는 구원사에 포괄적으로 귀속시켰다. 물론 그 주제들은 하나님 그리고 세계 안에서 그분의 일하심의 맥락 속에 포함되어 있기는 했지만 하나님 자신에 대한 진술들과는 구별되었고, "신학"이라는 명칭은 구원의 경륜이 아닌 하나님에 대한 진술들에 제한되어 있었다. "신학"의 명칭이 그리스도교 교리 전체로 확장된 것은 이미 고대 교회의 헬라 교부들에게서도 때때로 나타나긴 했지만 라틴 스콜라주의에 이르러서야 관철되었고, 이것은 12세기에 대학이 생겨나고 신학이 대학의 학과로서 자리 잡는 일과 깊이 관계되어 있다.[9] 이제 그리스도교 교리 전체가 이와 같은 넓은 의미에서 신학의 대상으로 이해되었을 때, 이전과 마찬가지로 하나님만을 배타적이고 포괄적인 신학의 대상으로 지칭하는 것에 대해서는 어떤 의구심이 머리를 들 수밖에 없었다. 알베르투스와 토마스조차도 하나님과 구분되는 피조적 현실성 안의 많은 것들이 그리스도교 교리에 속한다는 것을 시인해야 했다. 하지만 토마스는 하나님과 구분되는 소여성들(Gegebenheiten)이 신학 안에서 주제화될 수 있는 것은 단지 그것들이 하나님과 어떤 관계를 갖는가라는 한도 안에서만 가능하다는 점을 분명히 했다. 그 소여성들은 오직 하나님과의 관계라는 관점에서만(*sub ratione Dei*) 신학적으로 논의될 수 있다는 것이다(*S. Theol.* I, 1 a 7). 그 점에서 하나님은 신학이 다루는 모든 대상과 주제를 하나

---

9 이에 대해 가이어(B. Geyer)가 매우 인상 깊게 서술했다. B. Geyer, Facultas theologica. Eine bedeutungsgeschichtliche Untersuchung, in: *ZKG* 75, 1964, 133-145. 많은 자료를 담은 에벨링(G. Ebeling)의 논문도 참조하라. G. Ebeling, Theologie I Begriffsgeschichtlich, in: *RGG* 6, 1962, 757f. 구(舊)프로테스탄트 신학에서 특별히 칼릭스투스(G. Calixt)는 신학이 구체적이고 학술적으로 제도화되는 것과 관련지어 신학 개념을 논의했다.

로 묶는 준거점이며, 이런 의미에서 하나님은 여전히 신학의 배타적인 대상이다.

이후의 시대에 이 견해는 도미니크 학파에서뿐만 아니라 하인리히 폰 겐트(Heinrich von Gent)와 (둔스 스코투스 이래로) 프란치스코파 신학에서도 수용되었고, 이로써 중세기-스콜라 철학 전체가 그 결과로 수렴되었다. 실제로 오직 하나님만이 신학의 모든 주제와 대상을 하나로 묶는 통일성의 근거이실 수 있다. 그럼에도 불구하고 토마스가 주장한 논증에는 아직 난점들이 남아 있다. 이 난점 중에는 영원한 본질 가운데 계신 하나님의 이해 불가능성(Unbegreiflichkeit)이 있다. 이 이의 제기는 구(舊)루터교 교의학자들이 신학을 하나님에 관한 학문으로 이해하는 것에 유보적 입장을 취하게 했는데, 이미 토마스 자신도 이 문제와 씨름했었다. 그의 대답은 이러하다. 우리는 본성 안에 계신 하나님을 직접적으로 알지는 못하지만, 그분을 피조적 작용의 근원과 목적으로서는 알 수 있다는 것이다(S. theol. I,2 a 2; 참고. 1 a 7 ad 1). 이와 관련하여 토마스는 구원사 안에 현존하는 소여성들 또한 고려했다. 오늘날 우리는 이 문제를 인과적 모델의 지반 위에서보다는 계시신학적 지평에서 더 자주 만난다. 하나님은 자신의 불가해한 본질을 역사적 계시를 통해 알려 주셨다는 것이다. 하지만 여기서도 토마스 아퀴나스의 대답에서와 마찬가지로 다음 질문이 제기된다. 그것은 하나님 인식을 매개해주는 피조적 소여성들이 하나님 자신의 신성과 어떤 관계에 있는가라는 질문이다. 난점은, 하나님과 구분되는 모든 것은 피조적 본성에 따라 존재의 근원이자 목적이신 창조자 하나님과 관계되지만, 하나님은 동일한 방식으로 피조적인 것들과 관계되지 않으신다는 사실에 놓여 있다. 하나님이 피조물 없이도 영원부터 영원까지 존재하시는 분이라면, 어떻게 피조물에 대한 지식이 하나님 자신에 대한 앎에 기여할 수 있겠는가? 그렇게 되려면 피조물의 존재가 하나님과 결합될 뿐만 아니라, 하나님도 피조물의 존재와 결합되어 있어야 할 것이다. 그리스도교 교리에 따르면 이것은 성육신 사건에서 발생했고, 오늘날의 신학의 그리스도론적 집중은 바로 성육신 사건에서 위의 질문의 답을 찾고 있다. 중세신학은 이 문제를 알아챌 때마다 보다 직접적인 방법으로, 즉 일반적인 신론을 수단으로 삼아 대처하려고 시도했다. 이에 따라 둔스 스코투스는 하나님 자신과 구분되는 대상들이 어떻게 하나님에 관한 학문인 신학의 개념에 속할 수 있는지를 "하나님의 하나님 자신에 대한 앎"이라는 그의 해석의 틀 안에서 해명하면서, 우리의 신학은 그 신적인 앎에 참여한다고 했다. 둔스 스코투스는 "하나님의 자기 자신에 대한 앎" 안에 모든 다른 것들이 (그것들의 가능성에 따라 그리고 신적 의지의 대상들로서) 함께 규정되어 있다고 주장했다.[10] 하지만 이 방책은 만족스럽지 못하다. 왜냐하면 하나님의 앎 안에 놓인 피조적 사물들은—둔스 스코투스의 설명에 따르면—아직은 하나님의 신성에 속하는 것으로 규정되지는 않았기 때문이다. 그렇게 규정된 이후에야 비로소 그것들은 하나님에 관한 학문으로서의 신학에 속할 수 있게 될 것이다. 그렇기 때문에 (일반 신론으로부터) 성육신으로 소급하여 출발하는 사고가 필수적이다. 피조물과 하나님의 존재적 연합을 목표로 하는 하나님의 구원의 행동이라는 관점 아래서만 피조물들이 하나님의 신성에 (하나님과 피조물의 구분성이 손상되지 않은 채) 속한다고 주장될 수 있고, 그 점에서 그 귀속성은 하나님에 관한 학문으로서의 신학에 대해서도 주장될 수 있다. 단지 이와 같은 귀속성을 통해서만 하나님에 관한 학문으로서의 신학의 일치된 개념은 가능하게 된다. 이에 대한 결정은 하나님 자신 안의 영원한 삼위일체적 삶과 그분의 구원사 안에서의 현재 사이의 관계, 즉 내재적 삼위일체적 삶과 이른바 경륜적 삼위일체 안에서의 하나님의 현재 사이의 관계에 대한 논의에 달려 있다.

그리스도교 교리와 연관된 앎의 추구들을 종합적으로 지칭하는 신학 개념의 다층적 의미는 중세 이후에 신학이 독립적인 여러 분과로 발전하는 과정을 통해 더욱 확장되었다. 이와 함께 신학을 하나님에 관한 학문으

---

10   Duns Scotus *Ord. Prol.* p.3 q1-3, Ed. Vat. I,135f. (n.200f.).

로 이해하는 것에 뒤따라오는 난점들도 계속해서 늘어갔다. 역사신학과 주석신학의 주제별 영역들은 온전히 하나님의 역사적(geschichtlich) 계시에 대한 관계 속에 머물렀고, 그 신학들은 그리스도교 교리의 수용과 선포에서 그렇게 주장했다. 하지만 하나님의 현실성(Wirklichkeit) 그 자체는 이 학과들 안에서 충분히 주제화되지 못했다. 이 사실은 비슷한 방식으로 신학적 윤리학에도 적용되며, 특별히 윤리학이 하나님의 계명에 관한 학설로 발전되지 않은 경우에 그러하다. 그래서 슐라이어마허(Schleiermacher)는 다양한 신학 과목들의 통일성을 서술하기 위한 새로운 출구를 찾았고, 그는 그것을 "교회의 인도"라는 과제 속에서 발견했다. 신학의 다양한 과목들은 교회를 인도하기 위해 형성되며, 각각의 분과는 그 과제에 기여해야 한다.[11] 이로부터 슐라이어마허는 특히 실천신학도 신학 과목들의 영역에 속한다는 사실의 근거를 또한 신학 개념으로부터 마련하는 데 성공했다. 하지만 신학 수업의 목적을 실천적으로 규정하는 것이 신학 개념의 규정에 충분치 않다는 진술은 이미 슐라이어마허 자신의 설명 안에서도 나온다. 신학적 연구들 그리고 그에 따른 많은 신학 과목들을 통일시키는 깊은 근거는 슐라이어마허 자신에게는 어떤 다른 주제에 놓여 있었는데, 말하자면 그것은 그리스도교 종교의 통일성이었다. 다시 말해 그리스도교 종교의 신적 **진리**에 대한 확신만이 그리스도교 교회의 존속뿐만 아니라 교회의 인도를 위한 교육활동을 변호하고 정당화할 수 있다.[12] 그러므로 그리스도교 신학은 문화적 학문들에 속한 한 분야에 그치는 것이 아니다. 그렇기 때문에 우리는 신학이 하나님에 대해 올바로 말하고 있는지, 어떤 정당성으로 그렇게 말하는지의 질문으로 되돌아간다.

신학 개념 안에서 신학적 진술의 진리성은 "하나님 자신을 통해 위임을 받은 하나님에 관한 언설"로서 언제나 이미 전제되어 있다. 단지 인간

---

11 참고. 나의 책, *Wissenschaftstheorie und Theologie*, 249-255.
12 이에 대해 ebd. 255-266의 상세한 설명을 보라.

으로부터, 단지 인간적 필요성과 관심으로부터, 그리고 어떤 신적 현실성에 관한 단지 인간적인 관념의 표현에 근거를 둔 하나님에 대한 진술은 신학이 아니라 인간적 상상력의 산물일 뿐이다. 또 하나님에 관한 인간적 진술의 의미가 그런 식으로 소진되지는 않는다는 사실, 나아가 그것이 참된 "신학적" 진술로서 신적 현실성을 표현한다는 것은 결코 쉽게 이해될 수 있는 일이 아니다. 신학적 진술의 깊은 모호성은 그것이 단지 인간의 말에 그칠 수 있다는 것, 그래서 더 이상 참된 "신학적" 진술이 아닐 수도 있다는 것에 놓여 있다. 플라톤이 신학적 진술들에 대해 가졌던 의심도 이미 그 방향으로 향했다. 말하자면 진술은 "이중적으로, 다시 말해 참이거나 거짓으로 존재한다"(Staat 376 eil). 시인들의 "신학적" 진술은 플라톤에게는 대부분(377 d 4ff.) 참이 아닌 것으로 보였다.

오늘날 대학에서 통용되는 그리스도교 신학 과목들 가운데 모든 과목이 하나님에 관한 그리스도교적 진술의 진리성을 주제로 다루는 것은 아니다. 예를 들어 역사적 과목들의 가르침과 연구에서 이 질문은 제기되지 않는다. 주석 과목들에서도 사정은 비슷한데, 그들이 역사비평적 방법을 도구로 삼아 작업한다는 점에서 그렇다. 이와는 달리 근대 초기까지 교회는 물론 대학의 성서주석도 그리스도교 교리의 구속력 있는 내용을 하나님의 계시로서 높이 강조해야 한다는 과제를 갖고 있었다. 교회 교부들의 격언들과 그것에 대한 해석에서 중요한 것은 다만 성서가 가르치는 내용의 요약과 총괄적인 설명뿐이었다. 이와 같은 특별한 결단은 종교개혁 신학에도 해당했다. 구(舊)프로테스탄트 교의학은 자신의 정체성을 성서가 가르치는 내용의 총괄적 설명이라고 이해했고, 그 내용의 규명은 성서 해석학이 담당했다. 하지만 근대의 역사비평적 성서 해석에게 성서 본문들은 근본적으로 지나간 시대의 자료들에 지나지 않는다. 성서 본문의 내용이 갖는 현재적 의미는 역사적인 성서 해석의 틀 안에서는 원칙적으로 결정될 수 없다. 그래서 하나님에 관한 진술의 진리성을 묻는 질문은 전적으로 교의학에게 맡겨졌다. 이런 문제의 징조는, 앞으로 다루게 되겠지만, 이미 근대 이전의 신학적 발전 단계 속에 있었다. 그러나 그 문제의 결과는 근대신학의 정황에 속하고, 오늘에 이르기까지도 교의학은 그 문제를 취급하고 그것이 주는 무거운 짐을 지는 것을 힘들어하고 있다. 하지만 교의학이 그 짐을 지는 것은 자신만의 특별한 과제를 정당화하기 위한 것이 아니라, 신학 전체에 봉사하기 위한 것이다. 교의학은 그 과제의 작업에서 다른 신학 과목들이 가진 특수한 신학적 성격도 중요하게 다루어야 한다. 다른 과목들은 정확하게 신학의 그와 같은 교의학적 과제에 참여하는 것만큼 "신학적"일 수 있다.

그렇다면 교의학은 하나님에 관한 그리스도교적 진술의 진리 여부를 어떻게 검증할 수 있는가? 교의학이 과연 그렇게 할 능력이 있는가? 그리고 실제로 그 작업을 수행한다면, 그것은 어떤 근거에서 가능하며 어떻게 발생하는가? 이 점을 설명하기 위해 우리는 교의학의 개념 그리고 교의학과 교의(Dogma) 사이의 관계를 살펴보고, 그 관계가 이 학문 분야의 역사 속에서 어떻게 발전해왔는지 확인해야 한다.

2. 교의의 진리

교의학은 일반적으로 교의(敎義, *Dogma*)[13] 혹은 그리스도교 교리(Lehre 가르침)에 관한 "학문"으로 통용된다. 하지만 그리스도교 교리는 어떤 의미에서 어떤 교의 혹은 다수의 교의들과 관계되는가?

그리스어 단어인 "교의"[14]는 확증된 지식과는 다른 주관적인 "견해"를

---

13 G. Sauter, Dogmatik I, in: *TRE* 9,1982, 41-77, 42f.
14 이어지는 인용문에 대해 다음을 보라. M. Elze, Der Begriff des Dogmas in der Alten Kirche, *ZThK* 61, 1964, 421-438, 또한 *TRE* 9,1982,26-34 (Dogma I, U. Wickert).

뜻할 수도 있고, 법적 구속력을 갖고 공표되는 의견인 "판결"을 의미할 수도 있다. 후자의 의미를 지닌 단어는 신약성서에서도 발견된다. 그 단어는 누가복음 2:1과 사도행전 17:7에서는 황제의 칙령을, 사도행전 16:4에서는 이른바 사도회의의 판결을 가리킨다. 안티오크의 이그나티우스(Ignatios von Antiochien)가 주님과 사도들의 "교의"를 언급한 곳에서(*Magn* 13,1), 교의라는 단어는 "판결"이나 "구속력 있는 의견"으로 이해되면서 그리스도교적인 가르침에 더해져 전승되었다. 내용적인 측면에서는 윤리적 "규정들"이 생각될 수 있다. 이것은 알렉산드리아 교리문답 학교의 설립자인 아테나고라스(Athenagoras)와 같이 매우 "지성주의적"인 성향의 변증가의 경우(*leg.* II,1)에 해당한다. 하지만 2세기의 변증학 시대 이래로 교의라는 단어를 "견해"의 의미로 이해하는 경향이 전면에 나타났다. 즉 여러 철학적 학파들의 "교의들(도그마들)"과 같이 어떤 "학문적 견해"라는 특별한 의미로 이해되었다. 스토아 학파 이래로 "교의"는 철학적 학파들을 특징짓는 학설을 지칭하는 단어로 사용되었다. 이에 상응하여, 예를 들어 타티아노스(Tatian)는 그리스도교를 유일한 참 진리의 철학적 학파로 이해했고, 자신의 가르침을 교의라고 불렀다. 물론 그 당시 2세기에는 예수의 윤리적 계명들에 대한 사고가 매우 중요했지만, 그 개념은 다음 시대에 즉시 그리스도인들의 "도덕"이 아니라 신앙론과 관계되었다(이미 오리게네스가 그렇게 했다).

교의의 그리스도교적 개념이 한편으로는 철학적 학파들의 학설과 유비 관계에 있었지만, 다른 한편으로는 서로 충돌하는 다양한 철학적 이론들과 정면으로 대립했다. 왜냐하면 그 교의 개념은 "인간에 기인한 것이 아니라 신에 의해 말하고 가르치는 것"(Athenagoras *leg.* II,1)을 의미했기 때문이다. 실제로 이에 근접한 내용이 디오그네투스의 편지(Diognetbrief)에서 나온다. 그리스도교의 믿음은 인간적인 가르침의 견해에 근거하지 않는다는 것이다(5,3). 그래서 오리게네스(Origenes)는 그리스도교 교리들을 "**하나님의 교의들**"(*dogmata theou*)이라고 지칭했다(*Mt* XII,23).

이와 같은 방식으로 그리스도교 교리의 진리 주장은 공식 문구로 표현되었고, 그와 동시에 그 주장에 대한 결단도 내려졌다. 그리스도인들의 교의가 진리라면, 그것은 더 이상 단지 인간적 학파의 견해가 아니라 자명하게도 하나님의 계시에 관계된다. 하지만 교의들은 인간, 교회, 그리고 교회의 사역자들이 작성하고 공표한다. 그래서 다음 질문이 제기될 수 있고 또 반드시 제기되어야 한다. 그 교의들은 어떻게 해서 인간의 의견이 아니고, 인간이 고안한 것이나 전통에 불과한 것도 아니며, 오히려 신적 계시의 표현인가? 이와 더불어 교의 개념에 관련된 다른 질문도 다시 제기된다. 그것은 (신학의) 일반적인 형태에서 신학의 개념 자체에 결부되었던 질문이며, 플라톤이 시인들의 하나님 선포라는 이른바 신학(theologia)에 대해 던졌던 질문이다.

우선 그리스도교 교의는 교회 밖의 사람들에게는, 마치 고대의 철학적 학파들의 구성원들에게 요구되었던 학문적 교의들과 비슷한 방식으로, 그리스도인들의 공동체에게도 구속력을 갖는 교회의 가르침들로 보였다. 그 후 그리스도인들 자신들도 이런 관찰 방식을 수용했고, 그 결과 그리스도교의 고유한 교리를 하나님 자신의 진리와 동일시하지 않게 되는데, 우리는 그것에서 일종의 지적 겸손의 표현과 같은 것을 볼 수도 있을 것이다. 그러나 유세비우스(Euseb von Caesarea) 이래로 통용되었던 "교회적" 교의들이라는 언어 사용(hist. eccl. 5,23,2, 비교, 6,43,2)은 오리게네스와 초기의 다른 교회 문서 작성자들이 제기했던 주장, 즉 교의들의 신적 진리의 주장을 포기한 것은 아니었고, 다만 그 주장의 인간적 실행자들 곧 그리스도인들의 공동체의 이름으로 신적 진리를 공표했다. 그러므로 진리 주장은 포기된 것이 아니라 다만 보류되었다. 어떻든 교회가 그 주장의 보증인인 것이 아니라 다만 실행자에 그친다는 점에서 그러했다. 우선 유세비우스가 "실행자"의 사례에 해당한다. 그는 교의가 내용적으로 공의회의 결의들이며, 또 죽은 자들의 부활과 같은 공동의 신학적 교리라고 생각했다(hist. eccl. 3,26,4). 하지만 이 선을 넘어서는 숙명적인 걸음 하나가 취해졌는데, 그것은 교의들을 교회법적으로 (그리고 국가법적으로) 구속력을 갖도록 결정한 것이었다. 이 결정은 교의의 진리를 전제한다기보다 오히려 확정하는 것을 뜻했다. 이와 같은 결정을 통해 교회 당국의 교리 공표와 관련한 수용 과정은 종결되고 정지되었다. 이런 경향은 이미 4세기에 준비되었으며, 칼케돈 공의회(451)의 유효성에 대한 오랜 논쟁 끝에 545년에 작성된 유스티니아누스(Justinian) 황제의 선언에서 정점에 달했다. 그 선언은 처음 네 번의 공의회의 **교의들**(dogmata)에 성서와 똑같은 권위를 부여했다.[15] 처음 네 번의 공의회의 정통성에 대한 황제의 신학적 판결에 동의하는 사람은, 성서와 그 문헌들 사이의 서열 구분을 무시한 것, 이에 더하여 5세기의 공의회들과 4세기의 공의회들 사이의 서열 구분을 무시한 것은 차치하고서라도, 법률적인 확정을 통해 진리 질문을 결정하려는 시도는 잘못이었다고 판단해야 할 것이다. 법률적인 확정과 국가 권력의 수단을 통해 교회적 교리의 진리에 동의하도록 강제하는 그런 시도가 가능했던 것은 예수 그리스도 안에 나타난 하나님의 계시의 종말론적인 진리를 궁극적이고 결정적인 공식 문구로 표현할 수 있다고 자신했기 때문이었다. 교리의 독단론(Dogmatismus)을 법적인 확정 및 국가적 압력과 결합시킨 것은 그리스도교 역사 속에서, 특히 서구 그리스도교 세계 속에서, 오랫동안 숙명적인 역할을 담당했고, 그 여파는 근세에까지 이어졌다. 이런 독단론은 교의 개념에 대해 나쁜 평판을 불러일으켰다. 하지만 교의는 신앙을 강요하는 것과 같지 않다. 신앙의 강요는 논쟁이 되는 교의의 진리성을 결정하기 위한 수단일 뿐이며, 그것도—이미 밝혀진 것처럼—물리쳐야 할 뿐만 아니라 그것의 목적에도 부합하지 않는 적절치 못한 수

---

15 Novella 131 de ecclesiasticis titulis: quattuor synodorum dogmata sicut sanctas scripturas accipimus (C. E. Zachariae a Lingenthal: Imp. Justiniani PP. A. Novellae quae vocantur sive Constitutiones Quae extra codicem supersunt ordine chronologico digestae II, Leipzig 1881,267 Nr.151).

단에 불과하다.

신앙의 강제는 도그마(교의)의 진리에 대한 합의를 강제해서 그 진리 자체를 확정하려는 시도다. 합의는 말하자면 진리에 대한 표식(Kennzeichen)으로 간주될 수 있는데, 이것은 판단의 일치 속에서 진리의 보편성이 표현된다고 생각하기 때문이다. 이때 진리에 대한 합의는 신앙의 강제를 통해 강압적인 방식으로 제정될 수밖에 없다. 그러나 오직 모든 강제로부터 자유롭게 형성된 합의만이 진리의 기준으로 주장될 수 있다. 이 내용이 레랭의 뱅상(Vinzenz von Lerin)의 유명한 명제 속에 있었다. 434년에 그는 자신의 저서(Commonitorium pro catholicae fidei antiquitate et universitate)에서 보편적 가르침 즉 교회 전체의 교의가 무엇인지 확정하기 위해서는 어디서나, 언제나, 모든 사람이 믿었던 것이 제시되어야 한다고 말했다(curandum est, ut id teneamus quod ubique, quod Semper, quod ab omnibus creditum est, Kap.2,5). 뱅상은 여기서 중요한 것이 실질적인 일치이지 표현 형식이 아니라는 점을 분명히 알고 있었다. 표현 형식은 발전할 수 있다. 이 점을 인정한다면, 새로운 표현 형식이 과연 믿음의 내용의 일치를 보존하고 있는지가 논란의 대상이 될 수 있다. 이 사실은 충분히 예견할 수 있는 것이었다. 그래서 많은 이교도들의 다양한 인간적인 견해들에 대해 신적인 교의를 확정짓는 뱅상의 합의 기준[16]을 적용하는 것은 쉽지 않다. 표현 형식의 변화에도 불구하고 믿음의 내용의 일치를 주장하는 것은 그것의 검증과 결정을 위한 또 다른 최고법정을 다시 한 번 필요로 하는 것처럼 보인다. 그렇기에 16세기 이래로 신학적으로 뱅상에 근거했던 로마 가톨릭교회가[17] 주교들과 교황이 지닌 권위로써 교회적 가르침의 합의 기준을 보강했다는 사실은 놀랄 만한 일이 아니다. 주교들의 모임 혹은 교황 한 사람이 기능상

---

16 M. Elze a.a.O. 435f.
17 Ebd. 438.

전체 교회의 대표자로서 말할 때, 그것은 전체 교회의 신앙적 합의를 교회적 기관의 권위를 통해 표현하는 듯이 보인다. 이에 더하여 주교들과 교황의 교권은 교회의 교직(Lehramt)을 통해 교의의 진리를 권위적으로 보증한다고 오랫동안 이해되어왔다. 제1차 바티칸 공의회의 문헌에서도 **믿음의 교의들**(*fidei dogmata*, DS 3017)이라는 표현은 구속력 있게 제시된 교회의 교리들, 즉 하나님이 계시하셨다고 믿어야 하는 교의들을 가리켰다(DS 3011: ...tamquam divinitus revelata credenda proponuntur). 이 맥락 속에는—동방 정교회의 신학과는 달리—교회의 교직이 작성하도록 되어 있는 가르침의 합의가 실제로 존속하기 위한 기준, 즉 직무적 권위로써 표현된 가르침의 진술들이 믿는 자들 전체를 통해 수용되는 과정이 언급되지 않는다. 다행인 것은 그런 합의가 그 수용에 의존한다는 것이 명시적으로 배제되지는 않았다는 사실이다.[18] 왜냐하면 이 공의회의 유명한 명제는 제한적으로도 해석될 수 있기 때문이다. 그것은 교황이 자신의 직무에 의거해서(*ex cathedra*) 전체 교회의 이름으로 행하는 가르침의 진술들이 교회의 동의에 의해서가 아니라 그것 자체로부터(*ex sese, non autem ex consensu Ecclesiae*) 적법하고 변경불가하다는 명제였고, 이것의 제한적 해석이라는 것은 아마도 그 진술들이 다른 어떤 법정을 통한 형식적인 확증을 필요로 하지 않는다는 선에서 이해하는 것을 뜻한다. 이 경우에 그 진술들을 실제로 수용하는 과정이 교회적 삶과 신앙 의식 속에 위치하게 될 그것들의 자리의 가치를 결정하게 될 것이라는 전망은 열려 있게 된다.

어떻든 실제로 존재하는 교회의 합의도 역시 (어떤 주어진 시간에 혹은 시대를 잇는 연속성 안에서) 그것만으로는 믿음의 진리에 대한 충분한 기준이 될

---

18 "교회 안의 영적 직무"에 관한 로마 가톨릭과 개신교-루터교 공동 위원회의 선언에서 가톨릭의 입장에 대한 설명은 다음에서 참조하라. Gemeinsame römisch-katholische evangelisch-lutherische Kommission, Das geistliche Amt in der Kirche, 1981, 40.

수 없다. 교의의 진리성에 대한 합의 이론은 진리 일반에 대한 단순한 합의 이론의 약점을 공유한다.[19] 합의란 진리의 보편성을 위한 표현과 표식일 수 있지만, 또한 어떤 그룹, 어떤 사회, 어떤 문화의 구성원들 가운데서 일어나는 단순한 합의의 표현에 그칠 수도 있다. 예를 들어 우주의 중심에 지구가 위치한다는 생각은 불가침의 진리로 통용되었지만, 근대 초기에 이르러서는 단순히 관습적인 것으로 판명되었다. 마찬가지로 종교개혁의 세기와 17세기 초에 논쟁 중이었던 모든 종교적 분파에게는 종교의 일치가 사회의 일치를 위한 필수조건으로 생각되었지만, 이후의 시대에 그런 생각은 단순히 관습적인 신념임이 드러났다. 그러한 관습적인 근본 신념들은 소통을 막는 폭력적 제약의 표현은 아니었지만, 인간적 편리함의 표현이었고 그런 신념들을 의문시 할 수 있는 도전정신이 부족한 결과였다. 그때 너무 광범위하거나 혹은 일반적인 합의의 경우들은 진리성에 대한 충분한 기준이 되지 못한다. 나아가 어떤 사고형식들이나 확신들은 인간적 본성 안에 너무 깊이 뿌리내리고 있어서, 그것들이 진리에 부합하지 않음에도 불구하고 결코 극복되지 못하는 경우도 생각될 수 있다. 어떤 극복될 수 없는, 종(種) 전체의 편견이 있는 것처럼 보이는데, 그런 어려움은 그 편견이 그 종의 유전적 배열 안에 자리 잡고 있기 때문이다. 그런 편견은 그 종에 속한 모든 개별자의 합의가 있더라도 진리가 될 수 없다. 그리스도교의 경우에 근본적 신념들의 타당성은 중세기 서구 세계에서 높은 수준의 자명성에 도달하지 못했다. 그리스도인들의 교회 일치적 합의는 매

---

19 이와 관련된 모범적 사례로 하버마스(J. Habermas)에 대한 베커만(A. Beckermann)의 비판을 보라. A. Beckermann, Die realistischen Voraussetzungen der Konsenstheorie von J. Habermas, in: *Zeitschrift f. Allgem. Wissenschaftstheorie* 3, 1972, 63-80. 베커만은, 판단하는 자들의 합의로부터 실제 내용에 대한 일치의 기준을 획득하려는 하버마스의 시도는 순환적 논증을 넘어서지 못한다고 지적했다. 그 이유는 하버마스가 실제적인 것과 순수하게 관습적인 합의를 구분하기 위해 "권한이 있는" 판단에 의지해야만 하기 때문이다.

우 중요하고 추구할 가치가 있지만, 다른 한편으로 그리스도인들 상호 간의 합의가 충분한 진리 기준으로 통용될 수는 없다.

합의의 관점은 교회의 교리에 대한 종교개혁의 이해에서도 중요한 역할을 담당했다. 아우크스부르크 신앙고백 제7조(CA 7)에 따르면 "복음을 가르치고 성례전을 집행하는 것에 대한 합의"(concentire de doctrina evangelii et de administratione sacramentorum)가 교회 일치를 위한 필수적인 총괄개념이다. 루터교의 이해에 따르면 교리에 대한 그와 같은 합의는 공동체의 고백 속에서 표현되며, 교회의 고백은 다름이 아니라 교회 공동체의 토대가 되는 교리적 합의의 표현이다. 여기서 루터교회의 신앙고백은 많은 개혁교회들의 신앙고백의 기능이었던 것과 같은 합의, 곧 지역 교회의 재정립의 토대가 되는 지역적인 합의와 같은 것을 중요시하지 않았다. 루터교회의 신앙고백은 철두철미 복음의 가르침과 성례전의 집행에 관한 전체 교회의 합의를 목표로 했다. 그렇기 때문에 그 신앙고백은 성서에 근거했을 뿐만 아니라, 또한 고대 교회의 교리와 특히 니케아-콘스탄티노플 신조(CA 1)와의 일치를 추구했다. 어떻든 교회적 교리의 진리성의 기준은 합의 그 자체가 아니라 복음의 가르침과의 일치였다. 교회적 교리의 합의는 우선적으로 "복음의 가르침에 관한 합의"(consensus de doctrina evangelii)라는 점에서 중요해진다. 우리는 혹시 복음과 성서에 대한 호소가 합의라는 개념 영역을 철저히 넘어가버린 것은 아닌지 질문해볼 수 있다. 신약성서의 증언과 일치한다는 것은 어떻든 그 성서 속에서 표현된 원시 교회의 교리 및 선포와 일치한다는 뜻이다. 그러므로 성서의 증언과 일치한다는 것은 (그 자체로 이미 합의의 개념 안에서, 나아가 합의의 탁월한 기준으로서) 교회의 전승과도 시초부터 일치하는 것으로 이해된다. 이런 의미에서 뱅상의 합의 개념도 우선적으로는 사도들의 선포 속에 나타난 교회적 교리 전통의 기원과 일치하는 것에 강조점을 두었다. 그 선포는 신약성서 안에 침전되어 표현되어 있다. "복음의 가르침에 관한 합의"라는 루터의 구상은 이 위치에서는 의심할 바 없이 다른 어떤 전망을 갖는다. 그것은 복음과 성서 안에서 교회에 주어진 하나님의 말씀이라는 규범적 기능이다.[20] 성서와 교회의 비교, 더 정확하게는 성서 안에서 증언된 복음을 교회의 교리 및 신앙고백과 비교하는 것이 종교개혁 신학의 특징이다. 교회의 신앙고백은 믿음의 새로운 조항을 만드는 것이 아니며, 성서 안에 증언된 복음에 대한 믿음의 고백일 뿐이다(Luther WA 30/2,420).[21]

그러므로 교회의 교리에 대한 종교개혁적 이해는 순수한 합의론적 특성을 갖지 않는다. 오히려 복음과 교회의 비교 명제는 다음 사실을 전제한다. 첫째, 복음은 신약성서 안에 있는 원시 교회의 증언들보다 앞서 주어진 것으로서 그 증언들로부터 구분된다. 둘째, 복음은 일치된 것으로서 신약성서 저자들의 다양한 신학적 관점들과 대면하며, 신약성서에서 그 일치성이 인식될 수 있다. 이 두 가지 전제는 서로 깊이 연결되어 있고, 두 가지 모두 가톨릭교회가 제기하는 비판과 논쟁의 대상이다. 오늘의 가톨릭교회는 무엇보다도 "성서의 신학적 일치"라는 전제에 집중하는데, 이 통일성은 종교개혁이 전제했던 것처럼 성서 자체로부터 직접적으로 제시될 수 없다고 주장한다. 오히려 성서의 통일성은 "최종적으로 해석자의 이해와 그의 영 안에서 실현"될 수 있다는 것이다.[22] 이 주장이 용인된다면, 다음 질문이 가까이 다가온다. 그것은 개별 신학자의 사적인 판단이 그 해석에 대한 척도가 될 수 있는 것인지, 아니면 단지 교회 전체를 대변하는 가르침의 기

---

20 다음을 참조하라. E. Schlink, *Theologie der lutherischen Bekenntnisschriften*, 3. Aufl. 1948, 43-47, 또한 280f.

21 E. Schlink a.a.O. 23-35의 설명을 볼 것. 또한 나의 책, Was ist eine dogmatische Aussage?, in: *Grundfragen systematischer Theologie 1*, 1965, 159-180, 특히 159ff.를 참조하라.

22 라너(K. Rahner)와 레만(K. Lehmann)이 Mysterium Salutis, I, 1965, 668ff.에서 그렇게 언급했다. 마지막 인용인 672번을 참조하라. 이 비판은 케제만이 지적했던 것처럼 개신교의 주석적 판단에 부합할 수 있다. E. Käsemann, Begründet der neutestamentliche Kanon die Einheit der Kirche?, in: *Evangelische Theologie 11*, 1951, 13-21).

관(Lehramt)만이 그 권위를 가지는 것인지, 그래서 그와 함께 (교회의) 합의가 다시 한 번 척도로서 개입하게 되는지의 질문이다.

이와 같은 논증에 대해 우리는 성서의 중심적인 내용의 통일성[23]은 오직 해석이란 매개를 통해서만 탐구되고 발견될 수 있다는 사실을 인정해야 한다. 성서의 "실제 내용"(Sache)은 해석 그리고 그 해석과 관련된 해석학적 관점들의 상대성 없이는 접근할 수 없다. 그럼에도 불구하고 우리는 일반적인 해석학적 원칙에 근거하여 이렇게 주장하게 된다. 각각의 해석은 해석되어야 할 본문의 실제 내용이 해석자의 노력들보다 앞서 주어져 있음을 전제해야 한다. 비록 그 실제 내용의 특성이 오직 해석의 과정을 통해서만 등장한다고 해도 말이다. 이와 같은 전제 조건이 없다면 본문과 해석자의 결합은 문학적 창작의 자유와 더 이상 구별될 수 없게 될 것이다. 본문의 실제 내용이 해석의 척도가 되어야 한다. 그 내용은 본문의 말씀 속에서 저자가 의도했던 것으로 표현된다.

결국 좁은 의미에서 주석의 과제는 저자의 실제적인 의도를 끄집어내는 것인데, 그것은 해석자의 실제적인 이해와 완전히 분리될 수 없다. 우리는 이 두 가지를 간단히 동일시할 수 없다. 비록 본문의 실제적인 진술과 해석자의 실제적인 이해 사이의 역사적인 차이가 오직 해석자를 분리시켜 드러낼 때만 분명히 표현될 수 있다고 해도, 그렇게 동일시할 수는 없다. 해석되어야 하는 본문에서 본문과 해석자 사이를 아무리 완전히 구분한다고 해도, 최종적인 관건은 해석자에게 인식될 수 있고 해석자의 세계 이해에도 관계될 수 있는 (본문의) 실제 내용이라는 사실이 받아들여지지 않는다면, 어떤 이해도 가능하지 않다. 이와 같은 의미에서도 실제 내

---

23 나의 책, Was ist eine dogmatische Aussage?, in: *Grundfragen systematischer Theologie I*, 1967, 159-180, 특히 164f.와 166ff.를 참고하라. 성서의 통일성과에 관련하여 역사비평적 연구의 결과들의 관점에서는 기껏해야 중심적인 실제 내용만이 언급될 뿐이고, 모든 개별적 진술들의 모순 없는 통일성은 말해질 수 없다.

용의 통일성은—이번에는 해석자의 현실성과 관련해서—오직 해석자의 영 안에서만 실현될 수 있다. 하지만 여기서 마찬가지로 고려되어야 할 것은 본문의 실제 내용이 해석자의 자의성에 넘겨지지 않는다는 사실이다. 그 자의성이 개별 해석자의 사적 판단에 따른 것인지, 아니면 교회 공동체를 대변하는 기관의 권위로부터 온 것인지는 상관이 없다. 오히려 기관으로든지 사적으로든지 관계없이 모든 해석은 진리성의 척도를 (본문의) 실제 내용에서 취한다. 어떠한 해석자도 실제 내용의 진리성을 <u>스스로</u> 결정할 수 없다. 오히려 진리가 자신에 대한 토론의 과정 속에서 해석자의 해석에 대해 결정할 뿐이다.

이제 실제적인 것의 진리란 무엇이며, 그것은 어떻게 타당성을 획득하는가? 성서의 실제 내용—신약성서 안의 다양한 문서들 사이에 존재하는 모든 차이점들을 해치지 않은 채 각각의 문서들 모두에 관계되는 공통적인 요소—은 잠정적으로 이렇게 말해질 수 있다. 그것은 신약성서 저자들이 각각 자신만의 방식으로 나사렛 예수 안에서 발생한 하나님의 행동을 증언한다는 사실이다. 신약성서 안에서 하나님의 행동은 교회와 모든 개별적 그리스도인의 신앙의 대상으로 증언되며, 이에 따라 그리스도교적 신앙은 시초부터 나사렛 예수와 그분 안에서 나타난 하나님의 행동을 고백하였다. 이것이 그리스도교의 신앙고백들과 교의들의 내용이다. 이 점에서 신앙고백과 교의는 사실상 성서의 주요한 실제 내용의 요약이다. 하지만 그 요약을 통해 그리스도교 신앙의 대상인 성서의 실제 내용이 전부 말해진 것은 아니다. 그것은 모든 요약적 진술들 안에서 다만 잠정적으로 묘사되어 있을 뿐이다. 성서의 해석이 계속 되는 한, 그 실제 내용의 윤곽은 아직 최종적으로 규정된 것이 아니다. 그 내용의 인식 과정은 여전히 진행 중이다. 이 사실은 성서와 그리스도교 신앙의 실제 내용의 특성을 더 정확하게 규정하는 일뿐만 아니라, 그와 연관된 진리 질문, 즉 성서가 증언하는 나사렛 예수 안에서 발생한 하나님의 구원의 행동의 진리성에 대한 질문에도 해당한다. 그 행동의 내용을 바라볼 때, 또한 그 행동의 진리성과의 관계에서도 교의는—칼 바르트(Karl Barth)가 말했던 것처럼—"종말론적 개념"이다.[24] 역사의 종말에 나타날 하나님의 궁극적 계시만이 나사렛 예수 안에서 발생한 하나님의 행동의 내용과 진리에 관한 최종적인 인식을 가져다 줄 것이다. 하나님 자신이 아닌 다른 어떤 것도 역사 안에서 발생한 하나님의 행동에 대한 최종적인 가르침의 권한을 가질 수 없다. 물론 그 인식이 현재에 전적으로 불가능한 것은 아니다. 하나님께서 역사 안에서 행하신 자신의 행동을 통해 자기 스스로를 인식되도록 허락하신다는 전제 아래서 그 앎은 가능하다. 이 전제는 앞으로 논의될 것이다. 하지만 시간과 역사, 그리고 예수 그리스도 안에서 발생한 하나님의 역사적 행동에 관한 성서적 증언을 해석하려는 노력이 계속되는 한, 그 모든 인식은 잠정적인 것에 머물 것이다.

그러므로 교의의 내용과 진리는 교회의 합의에 근거하지 않는다. 오히려 성서의 실제 내용에 대한 인식이 그 합의를 불러일으킨다. 여기서 공통된 인식은 실제 내용에 대한 다수의 주체들의 일치성을 확고히 할 것이다. 하지만 그 합의는 항상 계속해서 갱신되어야 한다. 왜냐하면 성서의 실제 내용의 특성 및 진리성과 관련된 성서 해석이 계속되기 때문이다. 그 내용을 잠정적으로 교회적 신앙고백의 형식이나 신학적 표현들로 서술하는 것은 언제나 또 다시 검증되어야 하며, 그 검증 과정은 실제 내용의 특성과 진리를 규정하는 데까지 나아가야 하고, 그때 교회의 신앙고백과 교의의 주장들[25]이 타당성을 얻게 된다. 동시에 그 검증은 교의의 해석이기도 하다. 왜냐하면 그 검증은 성서의 주요한 실제 내용을 요약하여 하나님의 진

---

24 K. Barth, *Kirchliche Dogmatik I/1*, 1932, 284. 나의 책, *Grundfragen systematischer Theologie 1*, 1967, 180을 참조하라.
25 이 주장들에는 다음 사실이 흔히 전제되어 있다. 즉 교의학적 문헌들 속에 포함된 단언적 명제들은 참여(고백)의 행동이라는 그와 관계된 외적 표현과는 무관하게 단지 명제들로 다루어질 수 있고, 그래서 인지적 요청 안에서 진지하게 취급될 수 있다.

리로 공언하려는 교의의 요청을 진지하게 수용하기 때문이다. 이런 의미에서 교의의 해석과 검증은 교의학의 과제가 된다. 교의학은 교의의 진리성을 질문한다. 다시 말해 교회의 교의들이 하나님의 계시의 표현인지, 그래서 하나님 자신의 교의라고 말할 수 있는지를 묻는다. 그리고 교의학은 교의를 해석함으로써 이 질문을 수행한다.

3. 조직신학으로서의 교의학

"교의학"(Dogmatik)은 교회적 교리(Lehre)의 내용을 전개해야 할 뿐만 아니라, 교의(Dogma)의 진리성도 질문해야 한다. 이 사실을 입증하기 위해 "교의학"이라는 명칭의 등장을 관찰하는 것이 적절하다. 그 과정에서 그 사실이 어떤 방식으로 진행되는지도 밝혀질 것이다.

신학의 한 특정한 과목에 "교의학"이라는 명칭이 주어진 것은 17세기에 시작된다.[26] 하지만 멜란히톤(Melanchthon)은 이미 1550년에 성서적 증언들의 교훈적 내용을 그것들의 역사적 자료와 구분하여 교의학적이라고 묘사했다(CR 14,147f.). 그 뒤를 이어 요한 게르하르트(Johann Gerhard)는 1610년에 자신의 저서 『신학적 논제들』(Loci theologici)의 첫 권에서(I,n.52) 성서의 내용을 교의적(dogmatica) 내용과 역사적(historica) 내용으로 구분했다. 1635년에 요한 알팅(Johann Alting)은 교의신학(theologia dogmatica)이라는 명칭을 역사신학과 대립되는 개념으로 사용했고, 이보다 1년 전에 게오르그 칼릭스투스(Georg Calixt)는 그 개념을 윤리와 구분하기 위해 사용했다. 이에 상응하여 17세기 중반 이후에 "교의신학"(theologia dogmatica)이라는 제목으로 출간된 책들은 그리스도교 신학의 교리적 내용을 다루었

---

26 나의 책, *Wissenschaftstheorie und Theologie*, 1973, 407f.

다. 이에 대해 그리스도교 신학은 오랫동안 가르침(*doctrina*)이라는 개념을 사용했다. 즉 토마스 아퀴나스는 보다 상세한 의미로 거룩한 가르침(*sacra doctrina*)의 개념을 사용했고, 멜란히톤은 신학이라는 개념보다 복음의 가르침(*doctrina evangelii*)이란 개념을 선호했다. 아우구스티누스도 이 명칭을 그리스도교 신앙의 요약적 서술에 대한 제목으로 이미 사용했다. 그리스도교 사상 안에 있는 이 명칭(*doctrina*)의 기원은 신약성서까지 소급된다. 가르침(*didaskalia*)이라는 용어는 특별히 목회 서신들 가운데서 사도적인 지도의 총괄개념으로 나타나며(딛 1:9; 2:1, 비교. 딤전 1:10; 딤후 4:3), 그 밖에는 디다케(*didache*)라는 표현이 지배적이다(예를 들어 예수의 "가르침"에 대해 요 7:16을 보라). 특히 디다케의 표현에서는 가르치는 일의 주관적인 실행이 가르침의 내용과 구분되지 않으며(참고. 막 1:27; 마 7:28f.), 다만 가르침의 내용이 매우 강조될 수는 있다(롬 6:17, 사도적 전승의 원형적인 내용 – 전형 – 이신 그리스도).[27] 가르침(교리)을 하나님으로부터 전권을 받은 권고로 이해하는 것은 신학이라는 개념의 근원적 의미에 가깝다. 하지만 그 의미가 가르침의 자리를 대체한 것은 아니고, 오히려 가르침의 내용을 명확히 하거나 혹은 근원적으로 하나님에 관하여 논의하는 가르침의 내용 중 한 "부분"을 지칭했다(Athenagoras, *leg.* 10,4f.). 이와 대조적으로 교의학(Dogmatik) 개념은 원래부터 그리스도교의 가르침 전체와 관계되어 있었고, 그렇기에 교의로서의 가르침은 교의학이 추구해야 하는 **대상**이다. 가르침의 주관적이자 객관적인 계기는 교의, 가르침(교리)의 선포, 교의학 사이의 구분과 함께 등장한다. 여기서 교의학은 교회의 가르침(교리)의 선포와 다음과 같은 점에서 구별된다. 교의학은 대학의 학문적 신학의 범주 안에서 (교리의 내용인) 교의와 관계된 학문적 분과, 즉 교의신학(*theologia dogmatica*)으로서 등장한다. 교의학은 우선적으로 성서나 신조(*articuli fidei*)에 등장하는 교리적 내용을

---

27 이 본문의 해석에 관하여 다음을 참고하라. U. Wilckens, *Der Brief an die Römer II*, 1980, 35-37.

요약하고 결합하는 서술을 과제로 삼는다.[28] 그것은 그 내용을 "실증적으로" 재현한다는 의미만 갖는 것이 아니라 "학문적인" 논증의 형식으로 이루어진다.[29]

그리스도교의 가르침을 요약하고 결합하여 서술하는 과제를 위해 18세기 초부터는 "조직신학"이라는 개념이 채택되었다. 이 개념에 관하여 1727년 부데우스(Joh. Franz Buddeus)는 신학적 서술이 다음 두 가지 요구를 충족시키는 경우, 그 신학에 "조직적"(체계적, systematisch)이라는 이름이 붙여질 수 있다고 설명했다.

a) 신학의 자료를 포괄적으로 다루는 경우. 부데우스는 이것을 신학이

---

28 13세기 신학이 신학(theologia)의 대상인 교부들의 격언들과 성서 사이의 관계를 숙고한 내용에 관하여 다음을 참고하라. U. K pf, a.a.O. 113ff. 예를 들어 토마스 아퀴나스(S. theol. I,1 a 8 ad 2)는 성서를 그리스도교적 가르침에 고유한 권위의 근거로 보고, 그것을 교부들의 권위와 명확히 구분했다. 신조가 성서로부터 세워져야 한다는 내용에 관하여 S. theol. II/2, 1 a 7 그리고 a 9 ad 1을 보라. 예를 들어 J. A. Quenstedt, *Theologia didactico-polemica sive systema theologicum* pars I, c.5 (Leipzig 1715, 348ff.)에서 다루어진 것처럼, 신조들에 대한 구(舊)프로테스탄트의 견해는 그 내용에 동의한다고 할 수 있는데, 다만 그 견해는 신조의 공표가 이미 성서 자체 안에 있다고 주장하며, 고대 교회적 상징들 속에 존재하는 요약된 신조들의 완전성에 대해 이의를 제기했고, 무엇보다 토마스 아퀴나스(S. theol. II/2, 1 a 10)와 같은 스콜라 학자들이 주장했던 교황(Summus Pontifex)의 권한, 즉 신앙고백의 새로운 표현 형식(nova editio symboli)을 결정할 권한을 문제 삼았다(Quenstedt 1.c. 356f.). 훈니우스(Nic. Hunnius, Epitome Credendorum 1625, 1702) 이래로 다뤄진 근본적 신조들과 비근본적 신조들 사이의 구분에 대해 다음을 보라. R. D. Preus a.a.O. (위의 각주 2번) 143-154.

29 "실증적"(positiv) 신학과 "학문적"(gelehrt) 신학의 차이에 관하여 나의 책, *Wissenschaftstheorie und Theologie*, 1973, 241ff.를 보라. 크벤슈테트의 경우(J. A. Quenstedt: *Theologia didactico-polemica*, Leipzig 1715, 13, These 21)에는 반대로 실증적 신학과 학문적("교훈적") 신학은 동일시되었고, "교리문답적" 신학(12 These 17)과는 분리되었다. 교의학을 성서 내용에 대한 집약적 설명과 묘사로 이해하는 것에 관하여 나의 책, *Wissenschaftstheorie und Theologie*, 407f.를 보라.

구원에 필연적인 모든 것을 고려하는 경우라고 말했다.

b) 그러나 동시에 신학의 내용을 개별적으로 설명하고, 증명하고, 확증하는 경우(explicet, probet, atque confirmet).[30]

여기서 "증명"과 "확증"은 특별히 조직적(체계적)인 설명의 형식으로 전개된다. 그것은 그리스도교적 가르침의 여러 진술들 사이의 관계를 제시하는 형식, 그러나 또한 그 진술들과 그 밖에 "참"으로 인정되는 모든 것 사이의 관계를 제시하는 형식을 뜻한다. 여기서 그리스도교적 가르침의 내용에 대한 체계적인 설명은 이미 그 설명의 진리 주장(Wahrheitsanspruch)과 관계되어 있다. 그 설명은 설명된 것이 진리인지를 검증한다. 진리는 오직 하나이며, 그래서 참이라고 인정될 수 있는 모든 것의 무모순성과 일치 가능성을 모든 진리 주장에 기본적으로 함축된 의미로 전제하고, 그것을 검증한다. 이 점에서 신조에 대한 체계적 설명은 그것의 진리성과 직접적으로 관계되며, 그리고 그 진리의 확증에도 관계된다. 이것은 체계적인 설명 형식에 무엇인가가 첨가되어야 한다는 것이 아니라, 오히려 내용의 진리 여부에 대한 질문이 체계적인 설명의 형식 자체와 결합되어 있음을 뜻한다. 이것과 관련해서 말해야 할 것은 조직신학도 그리스도교적 메시지(Botschaft)를 선포해야 하는 섬김의 일이라는 사실이다. 그 선포는 조직신학이 선포의 참된 내용을 전개하는 방식으로 발생해야 한다. 물론 선포의 경우에 그리스도교 교리의 진리성의 문제는 조직신학의 경우와는 다르다. 선포가 그리스도교 교리의 내용들 가운데 개별적인 것을 참이라고 주장할 때, 그것은 그 교리들 상호 간의 총괄관계 그리고 다른 모든 참인 것들과의 관계를 암묵적으로 전제한다. 바로 이 관계가 조직신학 안에서는 교리의 내용

---

30 J. F. Buddeus, *Isagoge historico-theologica ad theologiam universam ingulasque eius partes*, Leipzig 1727, 303. 조직신학이라는 개념은 이미 그 이전에 있었다고도 볼 수 있는데, 예를 들어 크벤슈테트가 선호했던 제목인 가르침의 신학(*theologia didactica*)도 이와 교환 가능한 개념으로 생각될 수 있다.

들을 자료로 하여 연구와 설명의 대상이 된다.

물론 이와 같은 의미의 조직신학이 그렇게 지칭되는 이름이 등장한 이후에 비로소 존재했던 것은 아니다. 실제 내용에 따른, 그리스도교 교리에 대한 체계적 설명은 그보다 훨씬 오래되었다. 이미 2세기의 영지주의 체계가 그것을 대상으로 삼았고, 같은 시기에 그리스도교 변증가들의 문헌들과 리옹의 이레나이우스(Irenäus von Lyon) 같은 반(反)영지주의 교부들의 문헌들도 어느 정도 암묵적인 체계를 드러내었으며, 반면에 오리게네스는 기원에 관한(περὶ ἀρχῶν) 그의 저서들에서 그리스도교 신론을 체계적으로 서술하는 형식을 제시했다. 체계적인 설명 형식은 그 이후 중세의 라틴적인 스콜라 철학에서 신학의 학문성에 관한 논의의 본래적인 대상이었다. 이 설명 형식이 그리스도교적 교리에 관한 독립적인 설명들의 총합에서 자신의 가장 적절한 형태를 발견했던 반면에, 학문적 비평의 논증은 그리스도교 교리의 진술들이 서로 일치하는 것과 또한 그것들이 이성적 인식의 원칙들과도 일치하는 것을 증명하는 데에 봉사한다. 13세기에 아리스토텔레스적인 학문 개념의 토대가 되었던 신학적 학문성의 근거에 대한 모든 개별적 설명들보다 앞서서,[31] 이 주제에서는 그리스도교적 교리의 체계적 일치가 중요했고, 또한 그 교리가 이성적인 앎의 원리들과 어떻게 관계되는지가 중요했다. 이러한 문제 제기는 겉으로 보기에는 모순되는 몇몇 교부들의 진술들을 변증적으로 중재해야 한다는 요청이 주어진 이래로 등장했다. 예를 들어 아벨라르두스(Abaelard)의 유명한 저술(*Sic et Non*)과 방법론적으로 아벨라르두스에게 영향을 받은 페트루스 롬바르두스(Petrus

---

31 이것에는 토마스 아퀴나스가 신학을 아리스토텔레스적 의미에서 연역적 원리의 학문으로 설명한 것이 해당한다. 여기서 물론 신조들은 명백한 이성적 원리들의 지위를 받아들여야만 했을 것이다(*S. theol*. I,1 a 2). 그뿐 아니라 신학을 실천적이면서도 목적 개념에 정향된 학문으로 묘사하는 것도 이에 해당한다(참고. 나의 책, *Wissenschaftstheorie und Theologie* 226-240).

Lombardus)의 『격언집』을 생각할 수 있다. 이 문제의 해결을 위해 요청된 지성적인 "규율"은 신학에 대한 학문성의 요구에서 구체적으로 표현되었다. 이 요구를 실현하려는 다양한 형태들은—아리스토텔레스의 학문 개념에 의존했기에—시대적인 제약 속에 있었고, 오늘날에는 낡은 것이 되기는 했지만, 그리스도교 교리의 체계적 일치, 그리고 그것들이 이성적 원리들과 조화를 이루는 일에 대한 근본적 관심은 여전히 유지되고 있다.

이와 같은 이유에서 신학 안에서 이성을 사용하는 일에 대한 스콜라 신학자들의 설명은[32] 신학의 학문성을 묻는 특수한 질문에 대해 각별한 의미를 갖는다. 만일 중세 스콜라 철학이나 이후의 구(舊)프로테스탄트 신학이 신학 안에서 이성적 원리들을 사용하는 것의 타당성을 어느 정도 제한하려는 경향을 보였다면, 그리고 그 신학이 이성의 도구적인 사용은 찬성하지만 규범적인 사용은 찬성하지 않았다면,[33] 그 계기는 이성과 이성적 인식에 대한 아리스토텔레스적 이해의 특징을 통해 주어졌다고 할 수 있다. 말하자면 엄격한 이성적 인식이 연역법 안에서는 보편적 원리들로부터 존재한다면, 그리스도교 교리의 진술들은 역사적인 기원 때문에 그런 종류의 연역을 할 수가 없다(비교. Thomas von Aquin *S. theol.* I,32,1 ad 2). 이성과 이성적 인식에 대한 아리스토텔레스적 이해에 대한 반대는 루터로 하여금 신학 안에서 자연인의 이성이 우월하다는 잘못된 판단에 비판적으로 저항하도록 했을 수 있다. 다른 한편으로 루터는 믿음을 통한 이성의 갱신을 가르쳤을 뿐만 아니라, 신학을 위한 이성의 필연성도 강조했다.[34] 특별

---

32   13세기에 있었던 이 질문에 대한 논의와 관련하여 다음을 참고하라. U. Köpf a.a.O. 174ff., 178ff.

33   예를 들어 다음을 보라. J. Gerhard, *Loci theologici I*, 476 (hg. F. Frank, Leipzig 1885, 212). 크벤슈테트의 설명들에 관하여 다음을 참고하라. J. Bauer, *Die Vernunft zwischen Ontologie und Evangelium. Eine Untersuchung zur Theologie* Johann *Andreas Quenstedts*, Gütersloh 1962, 111-119.

34   B. Lohse, *Ratio und Fides: Eine Untersuchung über die ratio in der Theologie*

히 루터는 많은 날카로운 비판에도 불구하고 최종적으로는 모든 진리의 일치성과 논리적 귀결의 타당성을 고수했다.[35] 비록 잘못된 추론들과 판단들을 회피하려면, 그 이해를 적용할 때 신학적 주제의 특수성에 특별한 주의를 기울여야 하지만 말이다. 이성의 실제적인 사용이 죄인 혹은 믿는 자인 한 인간의 전체 성향 속에 구체적으로 뿌리를 내리고 있다는 사실은 중세신학보다는 루터와 구(舊)루터주의 교의학에서 더 크게 강조되었다. 신학이 이성의 기능에 대해 판단을 내릴 때, 이성과 이성의 개념에 관한 다양한 구체적인 규정들을 간과해서는 안 된다. 하지만 일치와 모순의 원칙들을 인정하지 않는다면 신학 안에서 어떤 논증도 가능하지 않을 것이다. 이 원칙들은 특별히 그리스도교 교리들의 체계적인 통일성의 서술을 추구할 때, 언제나 전제된다. 신학적 저술의 학문성은 그 원칙들의 관행적 사용에 근거하며, 그때 그 원칙들의 구체적 형태가 합리적 연역의 형식보다는 관습적인 논증의 형식을 갖는다고 해도 그렇다.[36] 후자의 논증 형식은 아

Luthers, 1958, 104ff. B. Hägglund, Theologie und Philosophie bei Luther und in der occamistischen Tradition. Luthers Stellung zur Theorie von der doppelten Wahrheit, Lund 1955, 90ff. 94ff.

35 B. Lohse a.a.O. 116은 루터가 제시한 진리의 일치성에 관련하여 WA 26, 286, 32f.를 인용한다("Was nicht widder schrifft und glauben ist, das ist auch widder keine folge"). 1517년 스콜라 신학과의 논쟁에서 등장하는 삼단연역법에 반대하는 날카로운 표현들은(WA 1, 226, 21ff.) 로제(Lohse)가 보기에 "특정한 경우들", 예를 들어 신조들의 경우에 나타나는 논리학적 규칙들을 지양하려는 의도에 기인한다. 그러나 로제는 루터 자신도 다른 맥락에서는 삼단논법으로 논증하고 있음을 보여준다. 그렇다면 루터의 신학적 논증의 내부에 이중적인 진리가 있다는 셈이 될 수도 있다. 하지만 루터가 이성의 사용을 거부했다는 역사적 측면에 보다 더 강하게 주목한다면, 아마도 그런 인상은 사라질 것이다.

36 Thomas von Aquin S. theol. I,32,1 ad 2: ratio...quae radici iam positae ostendat congruere consequentes effectus. 흥미롭게도 토마스는 이에 대한 사례로써 이심(exzentrisch)적 회전형태들 및 주전원(Epizykel)을 주장했던 프톨레마이오스의 천문학적 견해들을 "현상의 구조를 위해" 인용했다. 이것은 현대적인 가설 개념의 선역사

리스토텔레스적인 학문 개념보다는 오늘날 이해되는 학문적 논증에 더 가깝다. 이 논증은 주어진 현상들을 설명할 수 있는 가설들 및 이론 모델들의 설득력에 대한 설명이다. 그렇기에 우리는 이렇게 말할 수 있다. 아리스토텔레스적 의미의 학문적 논증들을 믿음의 교리에 적용하려 했을 때 신학이 그것을 유보했다는 사실은 근대에 와서야 일반적인 승인에 도달한 학문적 논증의 이해를 여러 가지 관점에서 선취한 것이었다.

그러므로 라틴적 스콜라 철학 이래로 교의학 혹은 당시에 이미 회자되었던 전형적인 "신학"(theologia)에 요청되었던 특수한 학문성은 그리스도교 교리를 체계적으로 연구하고 서술하는 일과 깊이 연관되어 있었다. 동시에 서술된 내용의 진리 여부의 질문과도 관계되어 있었고, 나아가 체계적 연구와 서술 안에는 이미 진리에 대한 매우 특정한 이해가 함축되어 있었다. 말하자면 그것은 정합성으로서의 진리(Wahrheit als Kohärenz), 곧 모든 참된 것의 합치와 조화라는 이해였다. 각 부분들의 상호관계와 관련하여, 그러나 또한 다른 지식과 맺는 관계와 관련하여 그리스도교 교리들이 정합성을 갖는지 연구하고 서술함으로써, 조직신학은 그리스도교 교리의 진리를 확신하게 된다.[37]

여기서 조직신학은, 신적 계시의 권위를 통해서든 또는 교의의 내용에 대한 교회적 합의를 통해서든 어떤 체계적인 확신을 얻기 전에 그리스도교 교리의 진리가 이미 확정해버린 견해들과 불가피하게 긴장관계에 빠질 수밖에 없다. 전통적인 교의학은 보통 그런 견해들을 스스로 공유하고 대변한다. 이때 위에서 언급한 긴장은 교의학 안에 자리를 잡게 된다. 구(舊)루터주의 교의학은 성서 안에 놓인 어떤 신조의 근원이 그 자체로 신조의

에 속하는 설명방식이었다.
[37] 진리의 정합성 이론에 관하여, 그리고 정합성이 진리에 대한 판단의 준거로서 진리 개념과 어떤 관계를 맺는지, 또는 정합성이 진리 개념 안의 상응과 합의의 계기들과 어떻게 관계되는지에 관하여 62f. 또는 이보다 앞선 34f.를 보라.

진리성에 대해 충분한 토대를 제공한다고 보았다. 이성은 단지 이렇게 전제된 진리를 설명하고 서술하는 과제만을 취했다.[38] 어쨌든 그 진리는 그리스도교 교리의 조직적 관계성을 통해 표현된다. 그렇게 나타나는 내적 정합성이 교리 자체에 대해 피상적일 수는 없다. 분명 교리는 체계적 서술을 통해 그 정합성을 제시하는 작업보다 앞서 주어져 있다. 하지만 그것이 그렇다는 사실은 오직 체계적 서술에 근거해서 비로소 알려질 수 있다.

토마스 아퀴나스의 경우에도 마찬가지로 신조들의 진리는 신학적 서술의 결과가 아니라 전제로 간주되었다. 신조들은 신학의 원리들로서 계시를 통해 전달된다(S. theol. I,1 a 2). 따라서 우리는 신학적 논증이 계시의 진리들로부터 도출된 결과들의 형태로 전개되었을 것이라고 기대할 수 있다. 실제로 그 이후의 교의학적 서술들에서 그런 절차의 실행은 드물지 않게 나타났다. 하지만 토마스 아퀴나스에게서 그것은 그다지 주목할 만한 경우가 아니었다. 그가 『신학대전』에서 전개한 논증은 하나님을 피조세계와 인간의 제일원인으로 이해하는 사고를 바탕으로 하여 그리스도교 교리들을 체계적으로 재구성한 것이었다.[39] 여기서 토마스는 그의 신학

---

38 J. Bauer a.a.O. 113에서 인용된 J. A. Quenstedt.
39 토마스는 후에 이 방식에 대해, 신조들이 (이성 원리와 유비적으로) 하나님의 존재 안에 다른 모든 조항들이 내포되어 있는 방식으로 상호 체계적인 질서 안에 존재한다고 추가적으로 변호했다(S. theol. II/2, 1 a 7). 하지만 이것이 다음 사실에 놓인 긴장을 사라지게 한 것은 아니었다. 즉 그가 재구성한 맥락은 이성적인 신 존재 증명의 결과에서 도출된 하나님의 현존재로부터 오는 반면에, 그의 신학 개념에 따른 신학적 학문성은 계시의 원칙들에 근거하고 있다. 토마스의 방법론적 실행들에 대해 *Summa contra Gentiles* I,9를 참고하라. 그러나 그곳에는 설정된 목표가 명시적으로 변증적인 형태라는 점에서 어떤 다른 맥락이 제시된다. 둔스 스코투스는 토마스 아퀴나스의 신학 개념에서 이 지점에 존재하는 긴장을 명민하게 인식했다. 스코투스는 모든 신학적 진리들이 하나님의 존재 안에 내포되어 있다는 토마스의 생각에 이의를 제기했다. 왜냐하면, 만일 그렇다고 한다면 우리는 모든 신조들을 자연적 이성을 통해 인식할 수 있을 (*et ita totam theologiam naturaliter acquirere*) 것이기 때문이었다(*Ord. prol.* p.3 q.1-3, Ed. Vat. I, 1950, 107, n. 159). 그 생각에 대해 둔스 스코투스 자신은 타락한 인

개념에 대한 진술에 따라 추정될 수 있는 것보다 더 많이 안셀무스(Anselm von Canterbury)의 신학 방법론, 즉 믿음의 진리의 합리적 재구성의 기획 쪽에 가까워졌다. 그렇기에 그의 『신학대전』은 그리스도교 교리의 체계적 서술이 그 교리를 진리로 수용하는 것과 긴장 관계에 있게 된다는 사실을 보여주는 교훈적인 사례가 되는데, 왜냐하면 그 진리는 서술의 진행 과정과는 독립적으로 이미 그 자체로써 확정되는 전제로서의 진리이기 때문이다.

사실 그리스도교 교리를 체계적으로 재구성할 때 교리의 진리를 증명하고 확증하는 일은 매우 중요하며, 이때 그리스도교 교리의 이론적인 "검증"은 반드시 정서적인 그리고 실천적인 확증을 동반해야 한다.[40] 그리스도교 교리의 체계적("사변적") 재구성은 앞으로 설명할 여러 이유에서 그것의 진리성에 대한 질문을 최종적으로 확정할 수 없다. 그러나 이것이 교리의 진리가 미리 앞서서 이미 확실하기 때문에 그것의 재구성이 진리성의 질문에 아무런 기여도 못한다는 것을 뜻하지는 않는다. 오히려 전승된 내용의 진리성 자체가 사실상 신학적 숙고와 재구성의 과정에 달려 있게 된다. 신학적 확인의 이와 같은 측면은 그것이 전승된 교리에 대해 명시적으로 비판적인 입장을 보인 곳에서 분명하게 나타났으며, 이 점은 18세기 이후의 근대신학에서 명확한 특징이 되었다. 하지만 전승된 교리의 실증적인 재구성도 비판적 동기를 이미 포함한다. 교리사와 신학사 연구는 다음

간의 신학적 인식은 자기 자신 안에서 하나님을 대상으로 삼을 수 없다고 주장했다. 그것이 하나님을 대상으로 갖게 되는 것은 단지 보편적 존재 개념의 토대 위에서인데, 그것도 유한한 존재와 무한한 존재 사이의 근본적 차이를 극복하는 경우에 한해서다 (ebd. Nr.168 p.110f.).

40 U. K pf a.a.O. 194-198: 확증문제에 대해 207f., 209f.를 참조하라. 위의 각주 30번에서 인용한 부데우스(J. F. Buddeus)의 진술을 보라. 거기서 그는 그리스도교 교리의 진리성에 대한 이론적 검증(*probare*)과 논증적 확증(*confirmare*)의 과제를 조직신학에 귀속시킨다.

사실을 보여 주었다. 원시 그리스도교에서 시작되는 그리스도교 사상의 모든 발전 단계에서 신학적인 확인 작업은 전승의 내용을 단순히 손대지 않은 채 버려둔 것이 아니라, 오히려 신학자들이 전승과 똑같은 것을 있는 그대로 말하려고 했음에도 불구하고 그 전승을 변형시켰다. 그렇기 때문에 옛 진리를 가르치려는 새로운 방식들(Martin Kähler)이 전통적인 표현 문구들과 중심 내용에서 "똑같은 것"을 실제로 말했는지는 언제나 또 다시 논란의 대상이 되었다.

전승된 진리를 확인하는 두 가지 파악방법은, **첫째로** 이미 전제된 진리를 순수하게 습득하고 해명하는 것, **둘째로** 전승의 진리 주장에 대해 결정을 내리는 것이다. 이 두 가지가 양자택일로 관찰되어서는 안 된다. 전승을 습득할 때 현실적으로 이 두 가지 관점이 중요한데, 둘은 결코 완전히 분리될 수 없다. 전승된 교리에 이미 전제되어 있는 진리를 주관적으로 확인하는 작업은, 주관적 인식이 그 교리의 본래적 진리에 도달하는 경우에만 그것을 진리로서 파악하고 대변할 수 있다. 반대로 의식적으로 전승을 비판적 방법으로 다루는 것 또한 전승의 참된 의미와 내용을 자의적이고 비판적인 구성의 산물로 간주할 수 없으며, 오히려 비판을 통해 발견된 참된 내용이 그 교리의 재구성보다 **우선하는** 것으로 이해해야 한다. 진리는 그 본질상 주관적 통찰보다 우선한다. 왜냐하면 인식하려고 노력하는 자는 참된 내용을 만날 수도 있지만 그것을 놓칠 수도 있기 때문이다. 이 사실은 전승의 진리 요구에 대해서만이 아니라, 자연 질서의 인식에도 통용된다. 만일 실제적인 내용이 미리 앞서서 주어져 있지 않다면, 그것을 놓치는 일은 일어날 수 없을 것이다. 이것은 대상이나 실제 내용에 "일치"(Korrespondenz)하기 위한 계기가 되며, 이 계기는 진리 개념의 인식론적 측면의 기초이다. 이것은 누군가 "진리를 말하는가" 또는 "아닌가"의 질문에서 이미 드러나며, 그와 비슷한 것이 판단과 주장의 진리성에도 동일하게 해당한다. 그러나 다른 한편으로 인식의 실행에 앞서서 참으로 주어진 것이 진리에 대한 인식의 실행 자체 안에서 비로소 결정된다. 바로 이 지점에서 진리 판단의 기준에 대한 질문이 생겨나며, 논란이 되는 견해들 가운데 어떤 것이 그 기준에 따라 대상이나 실제 내용에 상응하는지 또는 그렇지 않은지가 인식될 수 있다.[41] 판단 형성의 **합의**(Konsensus)와 해석의 **정합성**(Kohärenz)은 그 자체로서 그러한 타당한 기준들이다.[42] 어느 경우든 판단 형성의 과정에서 진리 주장의 검증이 중요한데, 이 점에서 실제적인 진리는 그 과정 가운데 검증의 모험에 처하게 된다. 판단 형성의 결과들은 틀림없이 원칙상 수정 가능하며, 미래의 더 나은 통찰에 대해 사실상 열려 있다. 하지만 이것은 **전제된** 진리가 단지 그것의 인식이라는 매개를 통해서만 진리로서 파악될 수 있다는 사실을 바꾸지는 못한다.

신학사에서 이와 같은 사태의 자각은 좀처럼 일어나기 어려웠고, 오늘날까지도 이에 대한 명확한 해명은 주어지지 않았다. 이것은 주관적인 진리 확인에서 중요한 진리의 우선성이 신학 그리고 신학적 자기 이해의 경우에 특별한 비중을 차지한다는 사실과 연관되어 있을 것이다. 여기서 중요한 것은 인간의 모든 의견이나 판단보다 앞서는 하나님의 우선성 그리고 계시의 우선성이다. 중세와 구(舊)프로테스탄트주의는 신학을 권위를 갖춘 학과로서 이해했는데, 그 이해의 참된 핵심은 그 우선성에 놓여 있다. 하지만 인간의 모든 의견이나 판단보다 앞서는 신적 진리의 우선성은, 신학이 신적 진리가 권위를 부여하는 (그리스도교 교리의) 원천을 발견하는 장소인 인간적 법

---

41 그러한 한에서 신학의 학문성의 표식으로서의 "사태 자체적 적합성"이 정당하게 요청되는데(K. Barth, *Kirchliche Dogmatik 1/1*, 1932, 7), 하지만 그것의 충족을 위한 어떤 기준도 제시되고 있지 않다.

42 여러 진리 이론들에 대한 개괄적 설명을 다음에서 보라. L. B. Puntel, *Wahrheitstheorien in der neueren Philosophie*, Darmstadt 1978. 오늘날 무엇보다 하버마스(J. Habermas)가 주장하는 진리의 합의 이론에 대해 같은 책 142-164을, 정합성이론에 대해서는 172-204을 참고하라. 여타 진리 이론들의 준거점인 일치이론에 대해(또는 진리 개념의 의미론적 해석에 대해) 같은 책 9을 보라. 또한 본서 94ff.와 특히 100f.의 설명을 보라.

정들, 즉 성서나 교회의 가르침과 단순히 동일시되지는 않는다.

이와 함께 주어지는 문제점을 중세 스콜라 신학은 이미 의식하고 있었다. 그래서 사람들은 성서에 부여된 권위의 신앙을 단순히 본래적인 신앙 행위 곧 하나님 자신에게로 향하는 신앙 행위로 인도하는 것(*dispositio*)으로 여기거나, 혹은 반대로 창조 안에 근거된 인간과 하나님의 관계 곧 인간들이 최고선(最高善)이신 하나님과 맺는 관계를 성서의 권위에 동의하는 동기로 간주했다.[43] 하지만 이미 둔스 스코투스가 토마스 아퀴나스가 발전시켰던 후자의 해결책을 거부했다. 왜냐하면 동의는 지성의 일이며, 그렇기에 바로 그 지성은 그것의 특정한 대상에 의해 동의하도록 움직여져야 하기 때문이었다.[44] 그래서 결국 성서의 권위가 믿을 만한지를 결정하는 기준에 온 무게가 실려야만 했다. 물론 둔스 스코투스에게는 여전히 성서를 신적 영감이 있는 것으로 증언하는 교회의 권위가 성서적 권위의 신뢰성을 결정하는 확실한 근거였고, 이것은 아우구스티누스가 보았던 것과 같다(PL 42,176).[45] 그래서 그는 성서의 권위와 교회의 가르침의 권위 사이의 관계에서 어떤 문제점도 발견하지 못했다. 즉 영적 영감을 통해 성서를 출현시킨 바로 그 영이 또한 교회 안에서도 일하신다는 것이었다.[46] 다만 교회의 가르침이 실제로 이 영의 활동을 신실하게 표현하는지의 문제

---

43 이에 대해 아직도 여전히 읽을 가치를 가진 해설로 K. Heim, *Das Gewißheitsproblem in der systematischen Theologie bis zu Schleiermacher*, Leipzig 1911, 19ff.를 보라. 그 이전의 프란치스코 학파와 토마스 아퀴나스가 보여준 이 문제에 대한 다양한 해결책들에 관하여 24ff.를 보라. 어떻든 하임(Heim)은 최고선이신 하나님에 대한 관계를 통한 신앙적 동의의 동기들을 고려하지 않았다. 이에 대해 특별히 M. Seckler, *Instinkt und Glaubenswille nach Thomas von Aquin*, Mainz 1961, 98ff.를 보라. 또한 108ff.와 그 앞의 93ff.를 참고하라.

44 인용문들은 다음을 보라. J. Finkenzeller, *Offenbarung und Theologie nach der Lehre des Johannes Duns Skotus*, Münster 1961, 94ff., 특히 99f.

45 Ebd. 51f.

46 Ebd. 53.

가 남아 있다. 얼마 지나지 않아서 오컴(Wilhelm von Ockham)과 파두아의 마르실리우스(Marsilius von Padua)는 양자가 그런 조화를 이루고 있다는 전제를 의심했고,[47] 그것은 교회의 가르침과 성서적 권위 사이의 첫 갈등에 도달했다. 종교개혁 시대에 이 갈등은 첨예하게 나뉘었다. 갈등하던 두 진영은 자신들의 신학적 가르침을 권위의 법정으로 되돌려 보내기에 이르렀다. 구(舊)프로테스탄트 신학은 스스로 자명한 성서를 신적 계시의 증거라고 이해했던 반면, 로마 가톨릭적 입장은 성서가 교회의 해석을 필요로 하며 교회의 가르침을 통해 해석되어야 한다고 주장했다. 이어지는 시대에 두 진영은 상대의 주장이 얼마나 근거가 없는 것인지 입증하려고 노력했다. 프로테스탄트 신학은 교회의 가르침이 비판을 필요로 한다는 것, 그리고 성서의 증언으로부터 벗어나 있다는 것을 바로 성서에 근거하여 제시했다. 반면에 가톨릭신학은 성서의 진술들이 가르치기에 적당할 정도로 간단하게 조화될 수 없는 다중적 목소리를 가지고 있다는 사실을 제시했고, 이 때문에 결정과 해석에 대한 권위 있는 법정이 필연적이라고 주장했다.

전통에 대한 계몽주의의 비판은 두 교단의 비판적 요소를 결합시켰다. 계몽주의는 교회의 교리에 대한 개신교적 비판을 이어나갔으며, 자신의 관점에서 과도하게 전통적 입장을 강화하는 것으로 보이는 개신교회의 교리들에 이르기까지 그 비판을 확장했다. 동시에 계몽주의는 구(舊)프로테스탄트가 주장하는 통일된 성서론에 대한 가톨릭교회의 비판을 강화했고, 나아가 구(舊)프로테스탄트의 성서 원리를 아예 파괴했다. 이것은 성서의 진술들 가운데 많은 모순들과 대립들을 예시하고, 성서 저자들에 대한 전통적 견해들을 비판하며, 마지막으로 성서 안의 많은 이해들이 지닌 시대적 한계들을 제시함으로써 수행되었다. 성서와 교회적 교리에 대한 계

---

47 Ebd. 54ff. 더 정확한 이해를 위해 다음을 보라. H. Schüssler, *Der Primat der Heiligen Schrift als theologisches und kanonistisches Problem im Spätmittelalter*, Wiesbaden 1977, 61-158, 특히 109ff.

몽주의의 비판은 그 이후 오늘에 이르기까지도 그리스도교 교리를 서술할 때 성서나 교회의 가르침을 아무런 거리낌 없이 신적 계시를 보증하는 법정과 토대로 삼는 것을 불가능하게 만들었다. 그것은 중세신학이나 구(舊)프로테스탄트 신학이 자신들의 역사적 상황 속에서 그렇게 할 수 있었고 또 실제로 그렇게 했던 것이었다. 계몽주의의 비판에도 불구하고 반(反)근대주의 시대에 신(新)프로테스탄트 신학과 가톨릭신학은 그리스도교 교리에 관한 진리 질문에서 이전의 입장을 확고히 고집했다. 이 시기에 가톨릭교회에서 그것에 관한 결정은 전적으로 교회의 기관에 집중되었던 반면에, 신(新)프로테스탄트 신학에서는 그 결정을 신앙의 행위 자체의 문제로 취급했다. 이와 같은 변화 과정이 개신교의 입장에서 교의학 "서론"(프로레고메나)의 발전 가운데 표현되었다.

4. 교의학 "서론"(프로레고메나)의 전개와 그것의 문제점

어떤 주제를 설명하는 데 있어 그 설명을 바로 전개하며 시작하는 대신에, 주제 자체 그리고 그것의 서술에서 따르게 될 절차에 대해 먼저 말하는 것은 이상한 일이 아니다. 그리스도교 교리의 서술들 역시 그와 같은 도입부의 고찰들과 함께 시작되곤 했다. 예를 들어 페트루스 롬바르두스(Petrus Lombardus)의 『격언집』의 머리말이나 토마스 아퀴나스(Thomas von Aquin)의 『신학대전』의 첫 질문, 또는 멜란히톤(Melanchthon)의 저서 *Loci communes*(『신학개론』, 1521)와 *Loci praecipui theologici*(『신학자의 최고 주제들』, 1559)의 도입부들이 그러했다. 그런데 16세기 말 이래로 구(舊)프로테스탄트 신학에서는 그리스도교 교리의 고유한 서술에 대한 도입부들인 *Praecognita*(앞선 인지) 혹은 *Prolegomena*(앞선 진술)이 점점 더 방대해지고 더 많은 논제들로 세분화되었다. 멜란히톤은 1521년 그리스도와 그분의 은혜의 행동들에 대한 인식이 의존하는 인용 부분들, 즉 *topoi*(*loci*)에 집중했는데(e quibus locis solis Christi cognitio pendet: CR 21,85), 거기서 뒤로 밀려났던 신론이 1535년 이래로 다시 그의 그리스도교 교리의 서술의 앞부분에 위치하게 되었다. 반면에 야콥 헤어브란트(Jacob Heerbrand)는 1573년 그의 『신학강요(綱要)』를 신학의 원리(principium theologiae)로서의 성서라는 장으로 시작했다. 물론 헤어브란트나 1610년의 요한 게르하르트(Johann Gerhard)가 성서론을 맨 앞에 놓은 것은 그것의 도입적 특성 때문이 아니었고, 오히려 그리스도교 교리 전체의 서술을 위한 출발점으로 삼은 것이었다.[48] 왜냐하면 그 서술은 바로 성서 안에서 증언되는 하나님의 계시에 대한 총괄적 서술이기 때문이다. 1625년 자신의 책(Loci)에 덧붙인[49] 서문(Proemium)에서 게르하르트는 신학 개념에 관한 서론들을 성서론 앞에 위치시켰지만, 이후 시대에 성서론은 신학 개념에 대한 구성적 의미 때문에 서문에 속하게 되었고, 그리스도교 교리의 서술은 결국 다시—오랜 전통에 따라—신론으로부터 시작하게 되었다. 이 지점에서 멜란히톤의 마지막 저서(Loci)에서도 나타났듯이 명확하게 그리스도교 교리의 실제적인 내용 자체에 근거한 신론의 우선성이 관철되었는데, 이것은 신학 개념에서 하나님의 본질에 대한 사변적 상상을 벗겨내고 구원 받아야 할 죄인으로서의 인간에 집중했던 루터의 의도에 반하는 것이었다.[50] 루터의 그 의도는 1655년 아브라함 칼로프(Abraham Calov) 이후 성서를 참된 종교의 원천으로 설명하기 이전에 먼저 종교 개념을 신학의 보편적 대상으로 다루었

48　B. Hägglund, *Die Heilige Schrift und ihre Deutung in der Theologie Johann Gerhards. Eine Untersuchung über das altlutherische Schriftverständnis*, Lund 1951, 64ff.

49　J. Wallmann, *Der Theologiebegriff bei Johann Gerhard und Georg Calixt*, 1961, 5, 각주2번.

50　이 의도와 게르하르트의 신학 개념에 함축된 의미 사이의 갈등에 관하여 Wallmann a.a.O. 47ff.를 보라.

던 사실과 연관되어 있을지도 모른다.[51] 이와 같은 방식으로 구(舊)루터주의 교의학들이 채택한 서론(프로레고메나)의 주제 목록이 형성되었고, 거기서 성서론에 이어 성서적 가르침을 요약하는 내용인 신조들에 관한 논의와 신학 안에서 이성을 사용하는 방법에 대한 설명이 뒤따라온다. 그 결과 완전히 발전된 구(舊)프로테스탄트 교의학 서론의 형태는 다음 주제들을 포괄한다.

1. 신학 개념
2. 신학의 일반적 객체로서의 그리스도교적 종교
3. 신학의 원리로서의 성서
4. 신조
5. 이성의 사용

이렇게 구획 표시된 테두리 안에서 신학의 원리인 성서론이 단연 가장 큰 영역을 차지한다. 성서론은 구(舊)프로테스탄트 교의학 서론에서 본래적인 핵심부분을 형성한다. 신학의 과제에 대한 자신의 특별한 이해의 토대를 마련하기 위해 구(舊)프로테스탄트 교의학은, 무엇보다 로마 가톨릭 신학에 대응하여, 신학에 대한 성서의 권위와 척도로서의 의미를 철저히 설명해야 했다.[52]

중세에 있었던 성서의 권위와 교회의 가르침 사이의 논쟁은 구(舊)프로테스탄트 성서론의 배경을 형성했다. 이에 대한 출발점은 성서에 대한 문자

---

51 이 설명에 대한 예로 J. Fr. König, *Theologia positiva acroamática* (1664) De Theologiae Praecognitis §52, §57ff.를 보라.
52 R. D. Preus, *The Theology of Post-Reformation Lutheranism. A Study of Theological Prolegomena*, 1970, 255ff. 또한 위의 각주 47번에서 언급한 쉬슬러(H. Schüssler)의 저서를 참고하라. 특히 중세에 있었던 성서의 충분성에 대한 전(前)역사에 대해 같은 책 77ff.를 보라.

적·역사적 해석이 갖는 우선성의 관철이었다. 이를 통해 학문적(schulmäßig, 학파적) 성서 해석이 교회의 기관을 통한 성서의 사용과는 다른 독립적 법정이 되었고, 이것은 성서가 다른 것들에 우선하는 최고일 뿐만 아니라 나아가 신학의 유일한 표준적 인식 원리라고 이해했던 종교개혁적 성서 이해의 출발점이 되었다(참고. Luther WA 18, 653ff.). 하지만 이 논제에 대한 로마 가톨릭교회의 비판은—특히 벨라르미누스(Robert Bellarmin)를 통해—프로테스탄트 신학을 압박했고, 그 결과 프로테스탄트의 성서 이해는 성서를 하나님의 말씀으로 지칭하게 하는 특징들(affectiones)에 대한 학설로 확장되었다. 이 특징들 가운데 신적 영감에 토대를 두는 성서적 권위의 특징만이 고대 교회의 교리 형태에까지 소급된다. 성서의 충분성(Suffizienz)이나 완전성(Vollkommenheit), 명확성(Klarheit)이나 명증성(Perspikuität), 또는 구원에의 작용이라는 기타 특징들은 종교개혁적 성서 원리에 대한 로마 가톨릭교회의 비판을 방어하기 위해 구(舊)프로테스탄트 성서론이 새로 형성한 요소들이다. 그래서 구원을 위해 인간이 알 필요가 있는 모든 것과 관련된 성서의 충분성과 완전성에 대한 가르침은, 1546년 네 번째 트리엔트 공의회에서 작성되었던 로마의 전통 원리에 정면으로 반대한다. 이 공의회의 판단에 따르면 **구원의 진리**(*salutaris veritas*)는 성서만이 아니라 기록되지 않은 전승들 안에도 들어 있다(in libris scriptis es sine scripto traditionibus). 이것은 이후에 양측의 입장에서 성서의 진술들을 내용적으로 보충한다는 의미로 이해했던 표현이었고, 그 이후에는 성서적 증언을 넘어서서 교회가 교의를 합법적으로 정의할 수 있다는 것으로 이해되었다.

1957년에 이르러 예딘(Hubert Jedin) 그리고 특히 가이젤만(Josef Rupert Geiselmann)이 그 공의회가 표명한 해석에 의문을 제기했다.[53] 이 두 사람은

---

53 H. Jedin, *Geschichte des Konzils von Trient II*, 1957, 42-82; J.R. Geiselmann, Das Konzil von Trient über das Verhältnis der Heiligen Schrift und der

공의회의 문서들로부터 트리엔트 공의회가 다음 사실을 최소한 배제하지 않았다는 것에 대한 중대한 근거들을 예시했다. 즉 성서의 증언의 형태 속에서나 교회 내의 구두 전승의 형식 속에서나 **동일한 내용**이 생동하기에, 공의회에서 제안되었지만 거절되었던 다른 표명의 문서(partim...partim), 그러나 공의회가 최종적으로 수용했던 그 문서 안에서도 구원의 진리에 대한 성서의 내용적 충분성은 어떤 경우에도 반박될 수 없다는 것이다. 그다음에 제2차 바티칸 공의회는 성서와 전통의 일치를 강조했고(Dei Verbum 9), 나아가 성서를 교회의 교리 선포와 그리스도교적 경건의 원천과 척도로 특징지었다 (Omnis ergo praedicatio ecclesiastica sicut ipsa religio christiana Sacra Scriptura nutriatur et regatur oporte, 21). 따라서 교회의 모든 설교와 마찬가지로 그리스도교의 성서를 통해서도 우리는 양육되고 규제된다.[54] 그러므로 이 지점에서 구(舊)프로테스탄트가 가지고 있었던 반대 의견은 오늘날에는 그 예리함을 상실했다. 하지만 성서 해석을 위한 해석학적 질문들 속에 존재하는 교단적 차이는 아직 완전히 극복되지 않았다.

성서 해석의 질문에서 드러나는 교단적 대립은 다음과 같다. 종교개혁의 학설에 따르면 성서의 본질적 내용은 성서 자체로부터 명확히 인식될 수 있으며, 그래서 성서 자체가 성서 해석의 척도가 된다. 하지만 로마 가톨릭의 이해에 따르면 성서의 진술들의 다양성과 부분적인 불명료

---

nichtgeschriebenen Tradition, in: M. Schmaus (Hg.): *Die mündliche Überlieferung*, 1957, 123-206. 가이젤만의 이해에 대한 더 포괄적이고 결정적인 서술에 대해 다음 책을 보라. J. R. Geiselmann, *Die Heilige Schrift und die Tradition*, 1962, 특히 91ff., 158ff. 가톨릭신학이 이 질문에 대해 수행한 토론과 관련하여 다음을 참고하라. P. Lengsfeld, Tradition und Heilige Schrift—ihr Verhältnis, in: *Mysterium Salutis* (hg. J. Feiner/M. Löhrer) 1,1965, 463-496, 특히 468ff.

54 이에 대한 라칭어의 주해를 보라. J. Ratzinger, in: *Das Zweite Vatikanische Konzil II* (LThK, Ergängzungsband), Freiburg 1967, 573a.

함은 다성적인 성서의 증언들로부터 구속력 있는 계시의 진리를 드러내어 보여줄 권위 있는 해석의 법정을 요청한다. 하지만 성서의 본질적 내용의 명확성에 관한 주제는 이미 루터 자신이 1525년에 에라스무스(Erasmus von Rotterdam)에 대항하여 개진한 바 있다(WA 18,606ff.).[55] 이 명확성은 벨라르미누스와 가톨릭의 다른 논쟁적 신학자들의 공격에 맞서 구(舊)루터주의 교의학으로부터 성서 명증성의 교리로 개정되었다. 이 교리가 주장하는 성서의 명확성은 물론 성서의 본질적 내용, 즉 삼위일체, 성육신, 그리스도의 구원의 사역 등 그리스도교 교의들 및 신조들에 관계되며(Luther WA 18,606,26-28), 이때 중요한 것은 구(舊)루터주의 교의학자들이 덧붙여 설명했던 것처럼 사물의 자명성(*evidentia rerum*)이 아니라 말씀의 명확성(*claritas verborum*)이다.[56] 구(舊)프로테스탄트의 학설에 따르면 성서의 내용은 오직 성서의 진술들 자체로부터 취해질 수 있는데, 그 과정은 논리적이고 수사학적인 규칙들 혹은 고전어들에 대한 충분한 지식을 가지고 세심하게 읽으며 또 개별적 진술들의 범주, 맥락, 정황을 주시하고 본문들을 서로 비교함으로써 진행된다.[57] 각각의 성서 구절에 적합한 글자 그대로

---

[55] 루터의 이해에 대한 포괄적 해설을 다음에서 보라. F. Beisser, *Claritas scripturae bei Martin Luther*, 1966, 특히 75-130. 성서 해석에 관하여 루터는 에라스무스에 대항하여 무엇보다 성서의 "외적 명확성"을 강조했는데, 이를 위해 교회의 선포 직무(Verkündigungsamt)가 존재한다. 외적 명확성은 성서 안에 기초한 개인적 신앙 양심의 "내적 명확성"과는 다르다(88ff. 92). 외적 명확성에는 "외적 판단"이 속하는데(WA 18,652f.), 이것은 보편타당한 설득력을 통해(*communis…sensus iudicio*: WA 18, 656, 39f.) 성서의 내용을 주장한다. 또한 다음의 설명들을 참고하라. 나의 책, Grundfragen systematischer Theologie 1, 1967, 64f.와 163f.

[56] J. A. Quenstedt a.a.O. 169.

[57] Ebd. 200f. 크벤슈테트는 소키누스주의자들의 라카우 교리문답서(1609년)의 해석 원칙들에 폭넓게 동의한다. 이에 대해 다음을 참고하라. K. Scholder, Ursprünge und Probleme der Bibelkritik im 17. Jahrhundert, 1966,47f. 다만 그는 이성의 일치(*sana ratio*)에 대한 소키누스주의적 요구, 또는 성서적 진술들로부터 추정된 것이 계시된 교리에 귀속되는 것을 거부한 소키누스주의적 사상에는 반대했다. 소키누스주

의 의미가 오직 하나뿐이라는 사실은 성서 자체에 기인하는 것이지 성서와 다른 어떤 전통에서 오는 것이 아니다. 그 의미는 "말씀과 의미의 가장 정확한 관계"(exactissima verborum et sensuum cohaerentia)에서 나올 수 있다고 주장되었다.[58] 성서 해석에서 성서의 명확성의 주제를 문자적 의미의 우선성과 관련짓는 것은 결과적으로 학문적 성서 해석이 성서적 진술들의 의미를 확정하는 일에서 결정적인 기능을 갖도록 만들었다. 이것이 종파 간의 대립에서 핵심적인 질문이 되었다. 왜냐하면 가톨릭의 입장에서는 성서 해석에 대한 그와 같은 결정적 기능이 교회의 기관에 주어지기 때문이다.

트리엔트 공의회는 교회가 확정한 의미에 반하여 성서를 자기 입맛에 따라 곡해하는 사람들(sacram Scripturam ad suos sensus contorquens)을 파문하겠다고 위협했다(DS 1507). 하지만 방법론적인 기초를 지닌 학문적 성서 해석의 의미를 교회적 직무의 성서 해석과의 관계 속에서 묻는 본래적인 논쟁점은 공의회의 그런 표현에서 전혀 다루어지지 않는다. 이미 마르틴 켐니츠(Martin Chemnitz)가 이 문제를 알아채고 공의회의 진술에 그 표현이 없음을 아쉬워했다.[59] 이 빈틈은 제2차 바티칸 공의회를 통해 채워졌다. 트리엔트 공의회와 비교할 때 제2차 바티칸 공의회는 계시를 구성하는 **하나님의 말씀**(Dei Verbum)을 논의하는 장에서 성서의 해석학적 원칙들과 성서 해석에 대한 학문적 신학의 기여에 훨씬 더 큰 주의를 기울였다. 공표된 문구(DV 12)에 따르면 해석은 성서의 저자들이 의도했던 의미에 천착해야 함을 뜻한다. 여기서 문학적 양식들이나 작성된 시대의 역사적 상황에 주의를 기울여야 한다. 물론 마지막에는 성서 해석에 속하는 모든 것이 최종적으로는 교회의 판단 아래 놓여야 한다고 진술하지만, 그 판단이 학문적(schulmäßig)인 주석을

적 교의 비판을 위한 모순 원리의 의미에 대해 같은 책, 50을 보라.
58 Quenstedt a.a.O. 210; 참고. 186ff.
59 M. Chemnitz, *Examen Concilii Tridentini* (1578) hg. E. Preuss 1861, 67 n. 6.

통해 준비된다는 사실도 직접적으로 언급한다. 이와 같은 DV 12의 진술은 두 가지의 서로 다른 내용, 즉 교회적 직무가 하나님의 말씀보다 우위에 있지 않고 오히려 말씀에 봉사한다는 사실(DV 10), 그리고 성서에 따르면 교회가 가장 높은 신앙 규범을 갖고 있다는 선언(supremam fidei suae regulam: DV 21)을 요약하여 보여준다. 이때 위의 공의회의 진술들 안에는 교회의 직무에 따른 성서 해석이 성서에 본래적인 의미, 곧 어떤 다른 해석의 법정을 통하지 않고 성서에 가장 우선적으로 부여되어 있는 의미와 결합되어 있다는 사실이 암묵적으로 포함되어 있는 셈이다. 이 의미는 바로 학문적 주석의 대상이다. 이것에 뒤따라오는 것은 의심할 바 없이 성서의 명확성에 관한 종교개혁적 학설이다. 그러나 전통을 비판하는 성서와 성서 해석의 기능에 관한 진술은 여전히 누락되어 있다.[60]

성서의 충분성과 명확성이라는 두 가지 종교개혁적 투쟁의 학설은 신적 영감에 기초한 성서의 **권위**(Autorität)를 전제한다. 이 사실은 모든 경우에 성서의 충분성과 명확성의 교리에 대한 구(舊)프로테스탄트 신학의 특수한 형태로 통용된다. 그것은 신약성서 안에서 단지 예수의 선포나 초기 그리스도교에서 가장 오래된 자료들만을 훑어보는 관찰방식과는 다르다. 성서가 인간의 구원을 목적으로 하는 하나님의 계시의 자료들이고 성서의 생성이 하나님 자신에게서 기인한다면, 그것이 그 목적에 충분하다는 생각도 얼마든지 가능하다. 비슷한 방법으로 앞서 언급된 전제로부터 다음의 결론이 도출된다. 그것은 성서의 내용이―신적인 저자들의 일치, 그리고 각각의 저자들의 자기 자신과의 확고한 조화에 상응하여―하나로 통일된 내용이며, 모든 말씀이 조화롭게 일치되고 모순 없는 것으로 표현되어 있다는 결론이다. 성서의 내용이 통일되었다는 전제가 없다면, 각각의 말

---

60 J. Ratzinger a.a.O. (위의 각주 54번) 520.

씀이 지닌 의미의 명확성은 쓸모가 없을지도 모른다.

종교개혁 신학에서 성서의 권위는 성서가 인간의 말이 아니라 하나님 자신의 말씀이라는 사실에 근거한다. 이에 대해 초기의 루터신학은 구전의 형태와 문서의 형태 모두에서 하나님의 복음의 말씀이 일치됨을 강조했다.[61] 반면에 칼뱅은 신적 가르침(coelestis doctrina)과 이 가르침을 인간의 기억 속에 보존하기 위한 문서적 기록 사이를 날카롭게 구분했다(Inst I,6,3). 그러나 16세기 말 이후에 하나님의 말씀에 관한 상상에서 문서 기록 행위의 영감 쪽에 점점 더 큰 비중이 주어지기 시작했다. 17세기 초에 요한 게르하르트는 일반적으로 지지를 받는 성서 영감설을 제시했다. 그것은 하나님이 예언자들과 사도들에게 자신의 말씀을 받아 적도록 명령을 내리셨다는 의미였다.[62] 어떻든 이미 게르하르트가 한편으로 로마의 전통론, 다른 한편으로 소키누스주의자들에 대항하여 하나님의 말씀을 성서 본문과 동일시했다.[63] 종교개혁의 측면에서 아만두스 폴라누스(Amandus Polanus, 1610년 사망)도 이미 하나님을 성서의 본래적인 저자(auctor)로 묘사하면서 그 저자가 성서의 무오류성을 보증한다고 설명했다.[64] 하지만 엄격한 영감론은 루터주의의 측면에서 17세기 중반에 아브라함 칼로프(Abraham Calov)가 게오르그 칼릭스투스(Georg Calixt)의 "혼합 종교적"(synkretistisch) 견해와 논쟁하는 가운데 형성되었다. 칼릭스투스는 영감설을 성서의 (문자적) 본문에까지 확대하지 않고 성서 내용에 제한된 것으로 이해하려고 했다.[65] 다수의 루터교 교의학자들이 축자영감(Verbalinspiration)이라는 극단적 상상

---

61 H. Engelland, *Melanchthon, Glaube und Handeln*, 1931, 179-188.
62 B. Hägglund a.a.O. (위 각주 48번) 118ff. 특히 Gerhard, Loci II, 217ff.를 보라.
63 Ebd. 71ff. 그리고 특히 77, 또한 86을 참고하라.
64 A. Polanus, *Syntagma theologiae Christianae* 1624 I, 16 (H. Heppe, E. Bizer, *Die Dogmatik der evangelisch-reformierten Kirche*, 1958, 11에서 인용).
65 H. Cremer *RE* IX, 3. Aufl. 1901, 191 (Art. Inspiration). 또한 R. D. Preus a.a.O. 273-295를 보라.

으로 건너가게 되는 뿌리 깊은 이유들은 다음의 염려에서 파악되어야 할 것이다. 그것은 성서가 전체로 혹은 모든 세부적인 내용에 있어 신적 권위로서 모든 인간적인 판단에 대해 더 이상 불가침의 존재가 아니라고 하자마자, 종교개혁의 성서 원리가 전적으로 해체되어 망각될 수 있다는 염려였다. 요한 안드레아스 크벤슈테트(Johann Andreas Quenstedt)가 이와 같은 염려를 분명히 언급했다. 만일 성서 안의 어느 한 부분이라도 인간적인 방법으로 생성되었다는 것을 인정하는 순간, 성서의 신적 권위는 상실된다는 것이다. 그는 단 한 구절이라도 성령의 직접적 영향 없이 기록되었다는 것이 용인된다면, 사탄이 곧바로 장 전체, 한 권 전체, 종국에는 성서 전체에 대해 동일한 것을 주장하게 될 것이며, 그 결과 성서의 모든 권위는 사라지게 될 것이라고 말했다.[66] 축자영감의 가장 엄격한 형태에 이르기까지 진행된 성서 영감설은, 성서가 신학의 원칙이며 이 원칙으로부터 신학의 다른 모든 진술이 유도되어야 한다는 루터의 견해가 진지하게 수용되었을 때, 사실상 회피될 수가 없었다. 성서가 그것의 내용과 신적 진리에 따라 모든 인간적인 판단보다 우선해야 한다고 생각했을 때―이것은 성서의 구속력 있는 내용을 표명하는 일이 성령의 인도하심을 받는 교회 기관의 과제라고 설명하는 견해와는 반대된다―성서 영감론의 객관주의(Objektivismus)라는 최종적 결론은 불가피했고, 루터교 신학은 가톨릭교회의 반대자들이나 전통 원리와 절충하려는 경향에 맞서 자신의 진영 안에서 이와 같은 극단적 결론을 고백하지 않을 수 없었다. 종교개혁의 성서 원리로부터 유래한 결과는 이제 그것과는 전혀 다른 이해의 방향으로 접

---

[66] J. A. Quenstedt, *Theologia didactico polemica sive systema theologicum*, Leipzig 1715, 102: Si enim unicus Scripturae versiculus, cessante immediato Spiritus S. influxu, conscriptus est, promptum erit Satana idem de toto capite, de integro libro, de universo denique codice Biblico excipere, et per consequens, omnem Scripturae auctoritatem elevare. 또한 같은 책 100f.를 참고하라.

어들게 되었다. 다시 말해 사람들은 성서의 문자적이고 역사적인 해석의 우선성으로부터 출발하여 신학을 그런 해석의 과제와 결부시킬 수 있었고, 그렇게 하면서 성서의 내용이나 진리와 관련한 결과들을 선취하지 못할 수도 있게 되었다. 소키누스주의자들과 아르미니우스주의자들, 그리고 후에는 계몽주의 신학자들이 바로 이러한 길을 갔다. 하지만 이때 성서는, 말씀 속에 있는 그리스도교 교리의 내용, 그리고 그것의 진리가 모든 인간적인 해석보다 우선하고 앞서 보증되어 있다는 의미로 이해되는 신학의 원칙이 더 이상 아니었다.

구(舊)프로테스탄트 영감론의 객관주의에 상응하는 것은 성서의 신적 권위에 대한 주관적인 확신이라는 근원적 형태의 직관이다. 물론 그 확신은 성령의 증거를 통해 온다고 주장된다. 여기서 중요한 것은 성서에 부과되는 법정, 곧 해석자의 주관성(Subjektivität) 속에서 작용하면서도 성서를 공증하는 법정이 아니었다. 오히려 중요한 것은 바로 성서 내용의 자기증거(Selbstevidenz)인데, 이것은 성령이 불어넣은 것이며, 다시 말해 인간의 마음속에 작용하는 성서 자체의 "활동성"(Wirksamkeit)이다.[67] 이와 같은 학설의 주창자라고 할 수 있는 칼뱅이 말씀과 영의 상관성을 주장했을 때, 이미 그와 비슷한 것을 말했다. 칼뱅에 따르면 사도 바울이 자신의 선포를 영의 직무(Amt)로 묘사했을 때(고후 3:8), 그것은 말씀 가운데 표현된 진리의 성령의 내주를 말하기 위한 것이었다. 성령의 내주는 말씀을 통해 성령의 영광과 위엄이 승인되는 곳에서 성령이 말씀의 능력을 발산시키신다는 사실을 뜻한다.[68] 성서의 신적 권위를 모든 인간적 판단에 우선하는 것으로

---

67 이에 대해 헤그룬트(B. Hägglund)는 게르하르트(J. Gerhard, op.cit. [위 각주 48번] 90ff., 94ff.)에게서 성령의 내적 증거(*testimonium internum*)에 대한 설명을 통해 주장한다. 또한 비슷한 내용으로 R. D. Preus a.a.O. 302f.를 보라.

68 Calvin *Inst. rel.* her. I,9,3: …ita suae quam in scripturis expressit veritati inbaerere spiritum sanctum, ut vim tum demum suam proferat atque exserat ubi sua constat verbo reverentia ac dignitas. 칼뱅은 말씀과 영이 상관 관계에 있다

이해하는 견해가 점점 희미해져감에 따라, 성령의 **내적 증거**(testimonium internum)라는 교리는 외적인 말씀을 보충하는 주관적 경험 내지는 확신의 원리라는 의미를 획득하게 되었다. 이제 이 원리가 성서의 진리 요청과 진리 내용을 결정하게 된다. 이로써 영의 내적 증거의 교리는 전환의 축, 즉 모든 인간적 판단보다 앞서는 하나님의 진리의 우선성이라는 종교개혁적 주제가 주관적 경험을 믿음과 그리스도교 교리의 토대로 여기는 신(新)프로테스탄트의 신념으로 전환되는 축이 되었다. 다만 이 발전의 동력은 성서 해석과 성서 본문비평이라는 과제들로부터 공급되었다.

정통주의 교의학자들이 다양한 성서 저자들의 언어와 문체 사이의 차이점들을 모르고 있었던 것은 아니었다. 그들은 그러한 개인적인 특성들이 성령께서 각각의 저자의 언어와 표현방식에 적응(Akkommodation)하심으로써 생긴 결과라고 설명했다.[69] 또한 적응 이론은 훨씬 폭넓게 이해되어, 성령께서 시대적으로 제약된 성서 저자들의 사고방식에도 적응하셨다는 의미로 사용되었다. 바로 요한 케플러(Johann Kepler)와 갈릴레이(Galilei)가 태양과 달이 정지해 있다고 말하는 성서 구절(수 10:12f.)의 설명을 위해 그 이론을 사용했다.[70] 개혁주의 신학에서는 1654년에 크리스토프 비티히(Christoph Wittig)가 그렇게 확장된 적응 이론을 포괄적으로 주장하여 성서

고 주장을 이어나갔다: Mutuo enim quodam nexu Dominus verbi spiritusque sui certitudinem inter se copulavit; ut solida verbi religio animis nostris insidat, ubi affulget Spiritus qui nos illic Dei fadem contemplan faciat.

69 이와 같이 크벤슈테트(Quenstedt a.a.O. 110, I c.4 p.2 q.4)는 플라키우스(M. Flacius)를 인용하고 있다; 참고. R. D. Preus a.a.O. 288ff. 또한 적응이론에 대한 여러 발전에 대해 다음을 보라. G. Hornig, *Die Anfänge der historisch-kritischen Theologie. Johann Salomo Semlers Schriftverständnis und seine Stellung zu Luther*, 1961, 211ff.

70 K. Scholder, *Ursprünge und Probleme der Bibelkritik im 17. Jahrhundert. Ein Beitrag zur Entstehung der historisch-kritischen Theologie*, 1966, 68f.(케플러에 대한 설명), 그리고 73(갈릴레이에 대한 설명)

영감설을 자연과학의 새로운 인식들과 조화시키려고 시도했다.[71] 비티히에 따르면 성서 진술의 "목적"(Skopus)은 인간의 구원에 있으며, 자연과학이나 역사적인 정보를 전달하는 데 있지 않다. 그러므로 성서의 권위가 갖는 현재의 효력은 특별히 신학적 영역에 제한되어야 한다는 것이다. 하지만 이것은 모든 성서 진술의 무오류성의 진리를 주장하는 정통주의적 확신과 일치하지 않으며, 이것은 지엽적인 질문 안에서도 혹은 모든 모순을 배제한다고 해도 그 제한은 성서 무오류성의 확신과 일치하지 않는다. 이 때문에 우트레히트(Utrecht)의 신학자인 라이데커(Melchior Leydekker)는 1677년에 적응 이론의 그와 같은 확장에 반대했다. 비티히나 다른 이들의 주장은[72] 하나님이 오류들을 가르치셨다거나, 거짓된 사실에 대한 믿음이 요청된다거나, 나아가 성서의 증언 자체가 거짓일 수 있다는 식의 우려를 뜻했다.[73] 그런 견해들은 성서의 신뢰성을 파괴할 것이며, 게다가 같은 이유로 라이데커가 명확히 예견했듯이 곧바로 신조들은 시대적으로 제약된 것이라고 설명될 것이다. 그럼에도 불구하고 적응 이론의 승리의 행군은 저지될 수 없었다. 이 이론은 성서의 신적 진리성을 신학의 목적이 아니라 전제로 취급하는 정통주의의 약점을 밝히 드러냈다. 성서의 진리가 성서 영감설의 의미에서 전제로 이해되었기에, 그 진리는 모든 새로운 진리의 인식에 대해 모순에 빠질 수밖에 없었고, 그리스도교 교리의 많은 진리 요청들을 통합할 수 없었다.

적응 이론이 성서 영감설과 직접적으로 반대된 것은 아니었다. 오히려 적응 이론은 영감설의 내부를 파헤쳤다고 할 수 있는데, 이는 성서 저자들

---

71   Scholder a.a.O. 149ff.
72   스피노자(Spinoza)도 그의 저서(*Theologisch-politischer Traktat*, 1670) 2장에서, 신적 계시가 그것을 수용하는 자들의 이해 능력에 적응한다는 사실을 성서 해석의 기본 원리로 삼았다(7장도 참고). 그리고 이 관점을 기적 신앙에 대한 비판에도 적용했다.
73   E. Bizer, Die reformierte Orthodoxie und der Cartesianismus, *ZThK* 55, 1958, 306-372, 특히 367f.

의 견해 안에 놓인 역사적 한계성과 상대성의 통찰을 위한 공간을 마련했다는 것, 그 결과 그들의 진술 안에 존재하는 대립들과 모순들을 등장시켰다는 것을 뜻했다. 1679년 리샤르 시몽(Richard Simon)의 구약성서에 대한 역사적 비평 이래로 본문비평과 문학비평은 그와 같은 방향으로 발전했다.[74] 하지만 적응 이론의 사고는 성서의 권위에 대한 구(舊)프로테스탄트 교리를 해체하는 일에 더욱 큰 영향력을 발휘했다. 왜냐하면 바로 그 사고를 통해 당시 변화되었던 물리학적인, 지질학적인, 그리고 역사적인 지식들은 (특히 새로운 역사적 연대기가) 성서의 진술들로 하여금 그 시대의 변화된 세계관 안에 배치되도록 하는 데 영향을 미칠 수 있었기 때문이다. 제믈러(Johann Salomo Semler)의 말을 빌려 설명하자면, 결과적으로 성서의 그와 같은 이중 정경성(Doppelkanon)은 더 이상 구속력 있는 신적 가르침 전체를 형성하지 못했다. 이제 그것은 **동질적 총체**(totum homogenum)가 아닌 **역사적 총체**(totum historicum)일 뿐이다.[75] 제믈러가 1771년~1775년 사이에 행한 정경사(史) 연구는 "**성서의 역사**"(Geschichte der Schrift)를 성서 해석의 기초로 이해하라는 스피노자의 요청[76]을 충실히 이행한 것이다. 이와 함께 성서의 문헌들 전체는 현재와 떨어져 있는 역사적 간격 안으로 옮겨졌다. 그리고 성서의 문헌들 안에서 도대체 무엇이 현재에 대한 구속력과 진리를 요청할 수 있는지의 질문이 제기되기 시작했다.[77]

---

74 시몽에 대해 다음을 참고하라. P. Hazard, *Die Krise des europäischen Geistes* (frz. 1935) dt. 1939, 215-234.

75 이 부분은 다음의 인용이다. G. Hornig, *Die Anfänge der historisch-kritischen Theologie. Johann Salomo Semlers Schriftverständnis und seine Stellung zu Luther*, 1961, 70.

76 B. de Spinoza, *Theologisch-politischer Traktat* (1670), deutsch von C. Gebhardt 5. Aufl. 1955 (Philos. Bibl. 93), 135,14f.; 참고. 140,15ff. 그리고 150,2ff. (7장).

77 이를 위해 다음을 보라. 나의 책, Die Krise des Schriftprinzips, in: *Grundfragen systematischer Theologie 1*, 1967, 11-21.

이제 진리에 관한 질문은 해석학의 과제와 결합되었다. 이것은 그리스도교 교리의 연구와 서술에서 하나님의 계시의 진리에 관한 질문에 대한 대답이 더 이상 그 연구와 서술의 전제가 아니고 오히려 목적으로 다루어졌음을 의미한다. 하지만 개신교신학은 실제로는 성서적 권위의 객관적인 구속력에 대한 문제의 해결에 직면하여 모든 신학적 연구와 서술보다 앞서는 계시적 진리의 우선성을 굳게 붙들었다. 계시적 진리의 우선성은 물론 더 이상 성서의 신적 권위에―성서 전체든 세부적 내용이든 관계없이―근거를 둘 수 없었으며, 마찬가지로 중세신학이나 후대에 특별히 소키누스주의자들과 아르미니우스주의자들이 성서의 신뢰성의 토대로 제시했던 객관적 기준들에도 근거를 둘 수 없었다.[78] 제믈러가 그의 역사적 통찰들을 개의치 않은 채 하나님의 말씀으로서의 성서의 내용과 관련하여 성서의 신적 권위를 굳게 붙들었을 때, 그리고 성서의 인간적·역사적 형태의 세부사항들을 고려하지 않았을 때, 그는 이러한 내용들의 분별과 실증을 위해 성령의 증언이라는 옛 교리만을 증빙으로 제시했을 뿐이었다.[79] 이때 앞서 언급했던 그 교리의 기능적 변화가 등장했고, 이 변화를 통해 주관적 경험은 그리스도교의 진리 확신을 위한 독자적인 토대가 되었다. 성서의 신적 권위가 이제는 성서에 대한 그리스도인의 개인적 신앙 경험의 문제가 된 것이다.

---

78 둔스 스코투스의 기준이론의 확장에 대해 다음을 보라. J. Finkenzeller (위의 각주 44번) 38ff. 또한 성서적 진술들의 무오류성을 성서영감에 대한 신앙의 조건으로 이해하는 것에 대해 42f.를 보라. 구(舊)프로테스탄트 교의학에서 기준이론은 부차적 역할만 담당했다. 왜냐하면 성령의 증언과 구분되는 신뢰성의 기준들은 단지 "인간적 믿음"(*fides humana*)일 뿐이고, 완전한 확신의 토대가 될 수 없기 때문이다. (R. D. Preus a.a.O. 300f.; 참고. J. A. Quenstedt a.a.O. 140ff.). 소키누스주의자들의 견해에 관하여 숄더(Scholder)의 저서 45ff.를 보라.

79 G. Hornig a.a.O. 76. 제믈러가 하나님의 말씀과 성서를 구별한 내용에 대해 ebd. 84-115를, 또한 하나님의 말씀의 근원적인 구두 선포를 강조한 내용에 대해 ebd. 64f.를 보라.

이 과정은 교의학 서론(프로레고메나)의 발전 속에서, 다시 말해 17세기 말 이래로 시작된 **두 가지** 효과가 큰 **변화들**을 통해 표현된다. 이 두 가지는 특별히 독일의 루터교 신학 안에서 잘 추적될 수 있다. 루터교 신학은 네덜란드의 데카르트주의와 그 이후의 영국의 이신론 논쟁들을 통해 17세기 말 이래로 발생한 격렬한 발전의 배후에서 잔존해왔으며, 그래서 오랜 시간 동안 정통주의 교의학의 개요를 고수했고, 그 때문에 서유럽에서 일어났던 것보다 느리지만 계속적으로 새로운 질문들로 건너갔다.

첫 번째 변화는 신학자를 신학의 주체로서 신학 개념 안으로 도입하는 것에서 발생한다. 1652년에 이미 아브라함 칼로프가 그의 책(*Isagoges ad SS Theologiam libri duo*) 2권에서 신학자에게 요청되는 필수적 자격들에 대해 자세히 설명했고,[80] 요한 안드레아스 크벤슈테트는 그의 책(*Theologia didactico polemica sive Systema theologicum*) 첫 장 제37조에서 신학자를 신학의 주체로 취급하는 내용을 신학 개념과 결합시켰다. 이 장의 뒷부분에서는 하나님이 주시는 신학적 인식의 태도(Habitus)를 경건하지 않고 중생하지도 않은 자들도 개인적으로 소유할 수 있다고 했다. 신학자라는 단어에 대한 완전한 의미에서는 아니라고 해도 그런 사람들도 신학자라는 것이다.[81] 크벤슈테트가 그런 의견을 개진할 수 있었던 것은 신학을 온전히 신학의 대상으로부터 이해했기 때문이다. 다비드 홀라츠(David Hollaz, 1707)에 이르는 후대의 루터교 교의학자들은 이 점에서 그의 뒤를 따랐

---

80 R. D. Preus a.a.O. 216-226.
81 이 장의 두 번째 논쟁적 단락(q.3 ekth. 5)에서 다음과 같이 말해진다. Est enim haec informatio divina, quafiunt Theologi, operatio gratiae Spiritus S. nonpraecise inhabitantis, sed potius assistentis, quam gratiam assistentem certo modo etiam habent irregeniti et impii. In illis vero, qui re et nomine Theologi sunt, i. e. qui non tantum habitu Theologico, ut sic, instructi, sed simul renati sunt, sivefideles etpii, in illis Theologia non tantum a Spiritu S. sed etiam cum Spiritu S. est, et cum gratiosa ejus inhabitatione conjuncta (a.a.O. 23).

다. 하지만 이미 흘라츠도 이 견해를 경건주의의 주관주의로부터 방어할 필요가 있다고 보았다. 경건주의는 신학자의 신앙이 신학적 인식과 이론의 조건이라고 주장했기 때문이었다. 10년 뒤(1718)에 요한 게오르크 노이만(Johann Georg Neumann)은 그 논쟁을 "거듭나지 않은 자도 신학을 가르칠 수 있는가?"라는 질문으로 첨예화 했다.[82] 같은 시기에 발렌틴 뢰셔(Valentin E. Loescher)도 경건주의와 논쟁했는데, 이 논쟁도 마찬가지로 주체를 신학 개념 안으로 도입하여 계시의 진리를 파괴하는 견해를 중심적 대상으로 삼았다.[83] 그럼에도 불구하고 이미 1724년에 프란츠 부데우스(Franz Buddeus)는 경건주의의 견해를 정통주의 교의학과 결합시켰으며, 신학자의 개인적 신앙을 신학 개념의 일반적 조건으로 규정했다.[84] 물론 부데우스는 신학을 신학자의 경건성의 표현과 서술로 이해하려는 것은 전혀 아니었고, 그 대신 신학에게 성서의 가르침을 요약하여 재현하는 과제를 부

---

82 R. D. Preus a.a.O. 228-232. 프로이스가 구 루터교 교의학에 대한 대립의 책임이 노이만에게 있다고 한 것은 물론 실수다. 라쵸브(C. H. Ratschow)는 그의 책(*Lutherische Dogmatik zwischen Reformation und Aufklärung 1*, 1964)에서 신학과 개인적 신앙 사이의 구분은 이미 크벤슈테트와 흘라츠가 제시하며, 다만 부데우스가 비로소 경건주의적 의미에서 그것을 개정했다는 사실을 사례를 들어 예시했다(37, 증빙자료들은 56f.). 신앙과 신학의 관계에 대한 슈페너(Ph. J. Spener)의 설명들에 대해 다음을 참고하라. E. Hirsch, *Geschichte der neuern evangelischen Theologie II*, 1951, 107f., 111ff. 슈페너는 물론 신학적 인식을 위한 신앙의 필요성을 "사유 속에서 파악되는 믿음의 영적 내용의 생성에 대한 종교적 경험은 그 자체가 하나의 본질적 계기다"라는 의미로 이해하지는 않았다. 이 점에서 슈페너는 아직 성서신학자로 머물러 있다.
83 E. Hirsch a.a.O. 220ff., 특히 202f.
84 J. Fr. Buddei *Compendium Institutionem theologiae dogmaticae*, Leipzig 1724, I, 1 §48-56 (p. 42ff.). 부데우스는 학설(*doctrina*)로서의 신학이 이 개념의 객관적 의미에서 생각한다면 거듭나지 않은 자에게도(*irregenitis*) 접근 가능하다는 점을 인정했다(1, 1 §50). 다만 §48의 각주는 다음과 같이 언급한다: ...habitus Ule docendi, et alios in rebus divinis erudiendi, absque fide...non nisi improprie theologia vocatur. 이런 변화가 이와 관련된 크벤슈테트의 표현들에 비해 크지는 않다고 해도, 강조점은 확실히 변화했다고 할 수 있다.

여했다. 하지만 신학의 과제에 대한 견해가 깊은 의미에서 새로운 방향을 발견하기도 전에, 우선적으로 구(舊)프로테스탄트에서 시작되었던 신학의 이해에 대한 둘째 변화가 완전한 작용력과 함께 도래했는데, 그 결과는 교의학 서론(프로레고메나)에서 구체화되었다.

두 번째 변화는 성서 외에 종교의 개념이 "신학"을 이해하기 위한 근본적인 중요성을 점점 더 많이 획득했다는 데 있다. 성서와 하나님의 말씀 사이의 옛 등식이 약화되어갈수록 그 경향은 더욱 짙어졌다. 이미 칼로프와 크벤슈테트가 신학의 대상을 보편적으로 설명하기 위해 종교 개념을 도입한 이후, 이 개념은 요한 무제우스(Johann Musäus, 1679) 이래로 자연종교(religio naturalis) 혹은 계시종교(religio revelata)라는 하위 부류를 가진 상위 개념이 되었다. 이어지는 시대에 자연적인 신 인식과 계시적인 신 인식 사이의 관계가 종교 개념을 토대로 하여 논의되었고, 매튜 틴달(Matthew Tindal, 1730)의 견해에 이르기까지 확장되었다. 틴달은 복음의 (적응 이론의 도움으로 초자연적 내용들을 광범위하게 제거해버린) 계시가 자연종교의 정화된 재건이라고 주장했다. 18세기의 루터교 신학은 그렇게 멀리 나아가지는 않았다. 오히려 압도적 다수는 자연종교가 필연적으로 계시를 통해 보충되어야 한다는 생각을 붙들고 있었다. 이에 따라 부데우스는 자연종교가 하나님의 현존재와 그분의 계명에 대해 알고 인간들이 죄를 통해 빠져드는 하나님과의 대적 관계에 관해서도 알고 있지만, 하나님과 화해하는 수단은 알지 못했다는 사실에서 자연종교의 한계를 파악했다.[85] 반세기 후에 요한 잘로모 제믈러는 틴달을 회고하며 다음과 같이 주장했다. 만일 틴달이 "처음부터 그와 같은 **완전성**을 확보한 **자연종교**를 생각했다면, 어떠한 중요한 **부가물**을 제공할 수 있는 **계시**의 내용 가운데 그 무엇도 남아 있지 않은 셈이 될 것이다. 왜냐하면 (자연종교적) 인간의 (구원을 받은) 지복의 상

---

85 Ebd. I, 1 §17. 또한 §21 각주를 참고하라.

태는 이미 요청되어 있기 때문이다. 하지만 여기에는 예증될 수 있는 것보다 훨씬 더 많은 것이 전제되어 있다." 그래서 (자연종교 개념의) 그 어디에서도 "시작은 완전성과 구별되어야 한다"는 것이다.[86]

하지만 이미 부데우스가 종교 개념을 교의학의 시작에 배치하며, 그것을 신학 개념과 결부시키고, 나아가 신학 개념보다 앞세운다.[87] 이와 함께 신학자는 단순히 신 인식의 주체에 그치지 않고, 종교 교사로 이해된다(§48). 왜냐하면 신학자들과 그 밖의 신앙인들 사이에 존재하는 차이는 오직 종교 교사로서의 기능에 있기 때문이다. 종교와 신학에 관한 제믈러의 사고는 이 부분에서 결정적 약점을 갖는다. "대학의"(akademisch) 신학이라는 공적이고 제도적인 형태의 관점에서 본다면, 제믈러에게 신학이란 교회의 "공적 교사들을 준비"시키는 것,[88] 즉 특정 교단의 교회에서 봉사하도록 준비시키는 것이다. 그러므로 이와 같은 공적 신학의 과제는 단순히 신 인식이라고 할 수 없고,[89] 또한 대학의 신학이 강의해야 했던 교회의 신조들이나 근본신조(Grundartikel)들은 그리스도교 신앙이 고백하는 근본신조들과 동일하지 않았다. 왜냐하면 그들이 강의했던 것은 특정 교단의 교회에만

---

86 J. S. Semler, *Versuch einer freiem theologischen Lehrart*, Halle 1777, 97.
87 부데우스의 교의학의 첫 장 제목은 "종교와 신학에 관하여"(*De religione et theologia*)이다. 부데우스는 자연종교, 구약성서의 족장들 이후의 신적 계시의 역사, 그다음 특히 그리스도 계시(§27ff.)와 신조들(§33ff.)에 관해 상세히 설명한 이후에야 비로소 신학 개념을 다룬다(§37ff.).
88 Semler a.a.O. 188 (§59). "대학의" 신학이라는 개념에 대해 제믈러는 게오르그 칼릭스투스를 인용한다(188). 다음을 참고하라. J. Wallmann, *Der Theologiebegriff bei Johann Gerhard und Georg Calixt*, 1961, 95ff., 107ff. 그리고 특히 113ff.
89 이와 같은 신학은 종교에 대해 "이성적으로 숙고하는" 사적인 신학에 가깝다. "사고하는 모든 인간은 이 신학에 대한 참된 권리를 갖는다." 즉 "사고하는 모든 인간 사이에서 구분되면서도 각각의 사람에게 고유한 관점"으로부터 그렇다(a.a.O. 181). 다음 설명을 참고하라. T. Rendtorff, *Kirche und Theologie. Die systematische Funktion des Kirchenbegriffs in der neueren Theologie*, 1966, 36ff.

중요한 것이기 때문이다.[90] 신학의 교단적 차이에 대해 제믈러는 크리스토프 마테우스 파프(Christoph Matthäus Pfaff, 1719)가 발전시켰던, 하나의 동일한 종교의 지반 위에 있는 "교의의 종류들"의 다원성(Pluralität)이라는 사상을 적용시켰다.[91] 교회의 근본신조들과 "교의 개념들"은 그리스도교 신앙에 공통된 근본신조들이나 믿음 그 자체 또는 성서의 가르침들 전체로부터 구별되기 때문에, 제믈러가 그리스도교 신앙의 보편성과는 반대로 "신학이라는 것은 단지 교사나 학자들에게만 속한다"고 말했던 것은 놀라운 일이 아니다.[92] 하지만 다양한 교회들의 교의 개념들도 그리스도교 신앙 그 자체의 내용을 표현해야 할 의무를 진다는 사실을 간과할 수 있는가? "교의의 종류들"의 다원성에 대한 단순한 숙고가 그것들 사이의 대립을 조정할 수는 없다. 왜냐하면 다양한 교의들이 서로 반대되는 입장을 보일 때, 그리스도교 신앙의 내용 자체와 그것의 진리성이 문제되기 때문이다. 제믈러가 내렸던 신학과 종교 사이의 관계 규정은 신학이 교회의 특정한 교리를 가르치고 서술해야 한다는 개념을 수정할 때만 작동하는 것이었지만, 그 수정을 통해 그리스도교 신앙의 내용 자체를 서술해야 한다는 요청과도 관계가 있었다. 그와 마찬가지로 칼 고트리프 브레트슈나이더(Karl Gottlieb Bretschneider)는 그의 저서(*Handbuch der Dogmatik*, 1814년 판)의 서론(프로레고메나)을 종교 개념으로 시작하고 그 개념과의 관계 속에서 신학

---

90   Semler a.a.O. 196ff. 특히 200f., 또한 204. 근본신조(*articuli fundamentales*) 개념의 상대화에 대해 다음을 참고하라. Chr. Matth. Pfaff, *Institutiones theologiae dogmaticae et moralis*, Tübingen 1719, 32 (Prol. art. 2 §7.1): Articuli fundamentales non sunt iidem ómnibus sed pro varia revelationis mensura oeconomiarumque divinarum ratione, pro varia et hominum capac ítate animique dispositione varia varii singulis sunt.
91   Ebd. 184. 204 등등. 또한 "생각의 방법들"이라는 표현에 대해서는 179, 202 등등을 보라. 파프에 대해서는 E. Hirsch, *Geschichte der neueren evangelischen Theologie II*, 1931, 336ff., 특히 350.
92   Semler a.a.O. 192.

개념을 설명하면서, 교단 교회의 공적인 『종교론』의 서술을 교의학의 과제에 할당했다. 이때 종교론의 원천 자료는 성서가 아니라 관련된 교회들의 신앙고백 문서들이다.[93] 브레트슈나이더가 명확하게 말하듯이 성서는 "교회 교의학의 원천이 아니라, 오히려 교의학적 비평의 원칙"이다.[94] 즉 교회적 교리의 서술에는 비평적인 부분이 연결되어야 하는데, 이 부분은 신앙고백의 문서들의 요구에 맞게 그리고 성서에 비추어 교회적 교리를 검토한다. 하지만 또한 그 교리의 내적 정합성 그리고 그것의 이성적 진리들과의 관계도 탐구한다. 그래서 브레트슈나이더는 교회의 교리 체계에 대한 삼중적인 검증을 요청하는데, 그것은 교의학적·역사적·철학적 비평을 통한 검증이다.[95] 제믈러와는 달리 브레트슈나이더에 따르면 교의학은 "교회의 교의학적 체계가 토대와 진리를 갖는지"에 대해서도 철저히 조사해야 한다.[96] 이로써 제믈러가 교회적 교리의 특수성과 그리스도교 신앙의 보편성을 예리하게 구분했던 것은 재차 지양되었지만, 교회적 교리의 진리성에 대한 판단 기준은 명확하게 규정되지 않았다. 성서의 권위 자체를 이성을 통해 검증하는 것은 허용되기는 하지만, 원칙적으로 성서나 성서 저자의 신뢰성에 대한 일반적 질문들로 제한된다. 이미 소키누스주의자들과 아르미니우스주의자들이 그 질문들을 논의했으며, 구(舊)프로테스탄트 교의학은 이 질문들이 단지 일종의 **인간적 믿음**(fides humana)일 뿐이고 성서의 신적 권위에 대한 확증으로는 충분하지 않다고 판단했다.[97]

93　K. G. Bretschneider, *Handbuch der Dogmatik der evangelisch-lutherischen Kirche I*, Aufl. 1828, 16 (§5 a Ende) 그리고 24f. (§7). 브레트슈나이더는 제믈러가 "우리의 교회를 위한 교의학을 취급하는 데 새로운 장"을 열었다고 말하면서, 명시적으로 그와 관계를 맺었다(§12, 70).
94　Ebd. 26.
95　Ebd. 61ff.(§11), 성서에 기초한 검증에 대해 62f.를 참조하라.
96　A.a.O. 61.
97　Ebd. 146-253. 성령의 **내적 증거**(testimonium internum)에 대한 브레트슈나이더의

바로 이 지점에서 슐라이어마허(Schleiermacher)는 종교 개념의 방향성을 주관적인 경험의 기준과 연결시킴으로써 선구적인 영향력을 행사했다. 슐라이어마허의 신앙론은 교의학의 방법론적 기초를 종교 개념 혹은 (슐라이어마허가 말하는 이른바) 경건 개념과 공유했는데, 여기서 그리스도교는 보편적인 종교적 주제 가운데 하나의 특수한 형태로 설명된다. 나아가 슐라이어마허는 제믈러에게 소급되는 관찰방식에 동의했으며, 이것은 그가 교의학의 대상을 "그리스도교 교회 공동체 안에서 어떤 주어진 시점에 통용되는 교리"로 파악했다는 점에서 그러했다.[98] 하지만 슐라이어마허는 제믈러처럼 공적 신학과 사적 신학을 구분하지는 않았고, 이 둘을 결합시키기 위해 브레트슈나이더 등과 같이 성서나 이성적인 기준에 따른 비판적 검증의 사고가 교회적 교리 개념의 서술에 뒤따라왔어야 했다고 주장하지도 않았다.[99] 오히려 그는 그리스도교 신앙의 명제들 자체를 "그리스도교적으로 경건한 정서 상태"가 언어 개념의 형태로 표현된 것이라고 규정함으로써, 공적 신학과 사적 신학을 연결시켰다.[100] 그 결과 교의학 역시 신학자의 종교적인 주관성의 표현으로 이해될 수 있었다. 왜냐하면 바로 그 점에서 교의학은 그리스도교 신앙의 명제들의 근원에 상응하기 때문이다. 신앙의 명제들과 교의학을 "경건한 정서 상태"의 표현으로 이해하는 것은 슐라이어마허가 신앙의 태도(Habitus)와 신학적 인식에 대한 정통주의

회의적인 설명들은 주목을 끈다. 이에 대해 205f.를 보라.

98 F. Schleiermacher, *Der christliche Glaube* (1821) 2. Ausg. 1830, §19, 또한 *Kurze Darstellung des theologischen Studiums* 1811, 56 §3 (=Schleiermachers kurze Darstellung des theologischen Studiums, Krit. Ausg. von H. Scholz, Leipzig 1935, 74).

99 슐라이어마허가 교의학에서 "성서를 비판적으로만 사용"하는 것에 반대하는 의견에 대해 다음을 참고하라. Schleiermacher, *Der christliche Glaube*, 2. Ausg. 1830, §131,2.

100 Ebd. §15.

적인 구분을 그와 관계된 **거듭나지 않은 자의 신학**(*theologia irregenitorum*)의 가능성 때문에 단호히 거절했다는 사실과 잘 통한다. 물론 이 신학은 불신앙에 대한 편애 같은 것이 아니었고, 경건한 자의 주체성보다 앞서는 교의학의 대상의 우선성을 표현하는 것이었다. 다른 한편으로 교의학의 서술에 대해서는 정통주의와 비정통신앙의 연결이 요청되었다.[101] 이 연결은 교회적인 신앙 의식의 개인적인 변화에 공간을 제공할 것이며, 동시에 교회의 교리 개념이 끝난 것이 아니라 아직도 여전히 진행 중인 발전 과정 속에 있다는 관점을 숙고하게 만들 것이다. 이로써 제믈러가 주장했던 공적 신학과 사적 신학의 이원론은 정말로 지양되었다. 다른 한편으로 브레트슈나이더가 논리적·성서적·철학적 검증을 요청했던 교회적 교리의 진리에 대한 질문은 다시 믿음의 의식 안에 놓인 교의학적 서술의 전제로 밀려났다. 비록 슐라이어마허가 실제로 교회의 교리를 매우 철저히 수정(Revision)해 나갔음에도 불구하고, 그는 그 수정을 위한 방법론적 토대를 그 교리들의 진리 요청의 검증(Prüfung)에서 찾지 않았으며, 오히려 그 토대를 위해 신앙의 내용을 상이하고도 "독특하게" 표현할 수 있는 권리만을 요청했다. 이때 그 독특한 표현은 "신앙고백의 문서들의 문자보다 개신교적인 정신과 더 잘 조화를 이루어", 그 경우에 문자적인 표현 형식들이 "진부한" 것으로 여겨질 수 있게 된다.[102] 또한 이에 대한 기준이 예를 들어 성서의 문자인 것도 아니다. 왜냐하면 슐라이어마허에 따르면 성서적인 교의학이라는 전형적 유형에서도 "프로테스탄트에 공통적이라고 인정되는 내용이 성서의 지엽적·일시적인 것에 희생된다거나, 또는 중심에서 많이 벗어난 성서 해석에 희생되는 일은 없어야" 하기 때문이

---

[101] Ebd. §19,1 그리고 §25 부록 (또한 §19,3), 또한 *Kurze Darstellung* (1811) 58f., §10-16 (H. Scholz 78f.) 참고.
[102] *Der christliche Glaube*, 1830, §25, 부록.

다.[103] 그러므로 슐라이어마허에게 교의학적 서술의 기준은 오직 신앙의 의식(Glaubensbewußtsein)이다. 교회의 교리는 신앙의 의식의 표현으로 해석될 수 있다. 이 전제에서 진리 질문은 항상 미리 앞서서 결정되어 있고, 이것은 구(舊)프로테스탄트 교의학의 성서 영감설의 경우와 비슷한 방식이다. 슐라이어마허에게 그 자체로 신앙 공동체의 신앙 의식과 결합되어 있는 주관적인 신앙 의식이 이제 성서 원칙의 자리에 등장한다. (공동체적 신앙 의식의 개별적 목소리를 주관적인 신앙 의식이 표현한다.)

슐라이어마허는 주관적 신앙을 교의학의 토대로 새롭게 규정했다. 이것은 1) 경건주의의 신앙적 주관주의, 2) 교회 공동체 및 교회의 교리적 전통에 대한 관계, 그리고 3) 전승의 비평적 습득 원리로서의 개인적 관점 등을 하나로 결합했다. 동시에 그는 신학에게 전승된 교회적 교리나 성서적 증언들의 진리에 대한 비평적 질문들로부터 독립적으로 존재하는 확신의 토대로 들어가는 출입문을 열어주는 것처럼 보였다. 교의학을 신앙 의식의 표현이자 서술로 이해했던 슐라이어마허의 영향력은 19세기와 20세기 내내 광범위하게 작용하면서 스스로를 입증했다. 물론 그 안에서 성서 원리에 근거한 구(舊)프로테스탄트의 신학 이해와의 관계는 확실히 붕괴되고 말았다. 물론 중재의 시도가 없었던 것은 아니다. 특별히 율리우스 뮐러(Julius Müller)가, 더 후대에는 그라이프스발더(Greifswalder)와 할레의 성서 신학자 마르틴 켈러(Martin Kähler)가 시도했던 각성신학은 신앙의 원리와 성서의 권위를 다시 가깝게 연관시키려고 시도했다. 그러나 여기서도 결

---

[103] Ebd. §27,4. 또한 §128,3을 참고하라. 여기서 슐라이어마허는 자신의 다음과 같은 진술을 의식하고 있다. 그는 "지금까지 신앙이 발전해온 과정 전체에서 신앙 그 자체를, 그것이 어떤 소식을 매개로 하여 발생했는지와는 관계없이, 단지 구원을 필요로 하는 정서적 상태라고 전제했고, 성서는 바로 그런 신앙을 외적으로 상세히 설명할 뿐이라고 이해했다." 이에 따라 "어떤 교리가 성서 안에 포함되어 있다는 이유만으로 그리스도교에 속해야" 한다고 이해되어서는 안 된다. "오히려 교리는 그리스도교에 속한다는 오직 그 이유만으로 성서 안에 포함되어 있는 것이다."

국 주관적인 신앙 경험이 근본적인 것으로 남는다.[104] 에어랑엔 학파의 루터교 신학 역시 신앙의 경험, 교회의 교리, 그리고 성서와 구속사 안에 놓인 교리의 근거를 슐라이어마허보다 더 밀접하게 관련지으려고 시도했는데, 여기서 신앙의 경험이 토대로 전제되었다.[105] 이삭 아우구스트 도르너(Isaak August Dorner)에 따르면 "그리스도교의 **경험**이나 그리스도교의 **신앙**"은 윤리학과 마찬가지로 교의학의 "인식의 원천"이다.[106] 이에 상응하여 그는 교의학 서론(프로레고메나)을 신앙론(Pisteologie, 경건론)의 형태로 수정했다. 여기서 도르너는 신앙으로 인도하는 역사적인 중재를 신앙의 개념 자체 안에서 관철시키려고 시도했고, 그 결과 종교적 확신의 본래적인 토대를 회심의 경험 속에서 발견했는데, 물론 그 확신은 "그리스도교 진리에

---

104 뮐러(J. Müller)에 따르면 신앙은 "종교의 대상에 관한 모든 지식이 흘러나오는 **원천**"이다(*Dogmatische Abhandlungen*, 1870, 34). 주관적인 신앙지식의 근거가 되는 어떤 앞선 지식에 대한 질문은 이로써 배제되었다. 뮐러에 따르면 성서의 권위 역시 그런 식으로 이해될 수 없다. 만일 그렇게 이해된다면, 그때 성서의 권위는 "단지 율법적 권위"에 불과하게 된다(ebd.44). 이후에 켈러(M. Kähler)도 마찬가지로 다음과 같이 말했다. "신앙은 **신학적 전제**다." 즉 신앙은 "자기관찰을 매개로 하여 초역사를 향하는" 어떤 인식의 전제이자 입증으로 이해된다(*Die Wissenschaft der christlichen Lehre*, 1883, 2. Aufl. 1893, 15f.). 켈러의 견해에 대해 비르쉥(J. Wirsching)의 설명을 참조하라. J. Wirsching, *Gott in der Geschichte. Studien zur theologiegeschichtlichen Stellung und systematischen Grundlegung der Theologie Martin Kählers*, 1963, 57ff. 67ff.
105 이에 대한 전형적이면서도 매우 이론적인 설명 방식을 프랑크의 다음 글에서 보라. F. H. R. v. Frank, *System der christlichen Gewißheit I*, Erlangen 1870, 277f. (§31) 그리고 283ff. (§32), 또한 그 앞부분인 114ff.(§17). 프랑크의 논점의 기초들은 다음 논문에서 자세히 분석되었다. H. Edelmann, Subjektivität und Erfahrung. Der Ansatz der theologischen Systembildung von Franz Hermann Reinhold v.Frank im Zusammenhang des "Erlanger Kreises", Diss. München 1980.
106 I. A. Dorner, *System der Christlichen Glaubenslehre I* (1879) 2. Aufl. 1886, §1. 도르너는 "그리스도교 경험이 모든 교의학적 진술을 위한 전제로 인정된다"는 사실을 아직도 남아 있는 슐라이어마허의 성과로 본다(ebd.4).

대한 학문적 확신"과는 구별되는 것이었다.[107]

신학 혹은 특히 교의학의 근거를 그것보다 앞선 신앙적 확신이나 신앙 경험에 두는 것은 각성적 경건의 영향력의 외부에 있었던 19세기 신학자들, 특히 알브레히트 리츨(Albrecht Ritschl)에게서 발견된다. 리츨은 자신의 교의학 저서인 『칭의와 화해』 제3권의 도입부에서 다음과 같은 명제를 발전시켰다. 예수의 역사적인 활동의 "전체 영역"은 "오직 예수에 대한 그리스도교 공동체의 신앙으로부터" 도달될 수 있으며, 그렇기 때문에 그리스도교 교리의 모든 요소는 "구원받은 그리스도교 공동체의 관점으로부터" 이해되고 판단되어야 한다는 것이다. 여기서 리츨은 **거듭남의 신학**(theologia regenitorum)의 요청에 관련된 슈페너(Spener)의 관심사를 명시적으로 지지했다.[108] 이와 같은 논지의 지평에서는 1892년 빌헬름 헤르만(Wilhelm Herrmann)이 제기했던 질문, 즉 역사적인(geschichtlichen) 그리스도를 신앙의 **근거**로 볼 수 있는지의 날카로운 질문이 철저히 유지될 수 없었다. 왜냐하면 신앙은 여기서 언제나 이미 논증의 전제이기 때문이다.[109] 이 문제는 헤르만의 제자였던 칼 바르트(Karl Barth)와 루돌프 불트만(Rudolf Bultmann)의 변혁을 통해 변증법적 신학으로 이어졌다. 불트만은 1929년에 그리스도교의 교리가 "**나의 암묵적인**(implizit) **현존재 이해를 명시적으로**(explizit) **드러낸다**"고 말했고, 이에 전적으로 상응하여 1953년 불트만의 『신약성서 신학』은 신학이란 "신앙 안에 포함되어 있는 인식의 전개"여야 한다고 주장했다.[110] 칼 바르트는 1927년에 이와 같은 신학 이해가 자명하

---

107 Ebd. §12, 146ff.; 참고. §11, 4f., 139ff.
108 A. Ritschl, *Die christliche Lehre von der Rechtfertigung und Versöhnung III* (1874), 3. Aufl. 1888, 3 그리고 5, 또는 7f.
109 참고. W. Greive, *Der Grund des Glaubens. Die Christologie Wilhelm Herrmanns*, 1976.
110 R. Bultmann, Kirche und Lehre im Neuen Testament, in: *Glauben und Verstehen 1*, 1933, 157; *Theologie des Neuen Testaments*, 1953, 475; 참고. 578f.

지 않다는 사실을 다음과 같이 제시했다. 그는 슐라이어마허 이래로 교의학의 토대를 신앙에 두려는 통상적인 견해를, 하나님의 말씀의 자기 증명에 그 토대를 두라는 요청과 대립시켰다.[111] 그와 함께 그는 "하나님의 확실성(Gottesgewißheit)으로부터 인간의 자기 확실성(Selbstgewißheit)이 이해되는 것이지 그 반대는 아니라고" 주장했다. 물론 바르트는 다른 한편으로 "하나님의 말씀의 현실성을 평가하는 무모한 모험"에 관해서도 말했는데, 그런 모험이 논리적으로 보면 "선결문제 요구의 오류"(petitio principii, 아직 증명되지 않았거나 앞으로 증명되어야 하는 명제를 전제로 삼는 것 - 역자 주)에 관계된다는 것을 인정했다.[112] 이제 그 과정에서 인간의 "모험"은 "하나님의 말씀의 현실성(Wirklichkeit)을 평가하기 위한" 출발점이 되는 것은 아닌가? 그렇기 때문에 바르트 역시 교의학을 실제로는 신앙에, 비록 그 신앙이 "경험"의 신앙은 아니었다고 해도 "모험"으로 이해된 신앙에 기초시키지 않았는가? 이후 1932년의 『교회교의학』에서 교의학은 "그리스도교 **신앙**을 전제"하며, 교의학 그 자체가 "신앙의 행위"라고 분명히 말해진다.[113] 이로써 바르트는 이 질문의 방향을 바꾸어서 1927년에 자신이 비판했던 노선, 곧 슐라이어마허에게서 시작하여 신학을 신앙에 근거시키는 노선으로 다시 돌아간 셈이 되었는가? 1932년에 교의학을 "신앙의 행위"로 이해했던 것은 교의학을 수행하는 사람이 (고립된 개인이 아니라) 교회라는 사실에 근거

---

111 K. Barth, *Die christliche Dogmatik im Entwurf*, 1927, §7, 83ff. 이 대립에서 우선적으로 교의학의 **대상**이 중요하며, 그리고 바로 그 점에서 교의학의 토대가 중요해지는데, 이 토대는 하나님의 말씀이 어떻게 "우리에게 현실성(Wirklichkeit)인지, 혹은 어떻게 우리에게 현실성으로 인식되는 것인지"의 "방식"을 뜻한다(83).

112 Ebd. 108, 또는 105와 106.

113 *Kirchliche Dogmatik* 1/1, 1932, 16. 바르트의 이 진술은 교의학을 수행하는 사람이 고립된 개인이 아니라 교회라는 사실에 근거하고 있다. 바르트는 이 진술로써 1927년의 서술 속에 표현되어 있는 문제를 명백하게 회피했다고 생각한다. 그 문제는 하나님의 말씀의 현실성을 평가하는 "선결문제 요구의 오류"(*petitio principii*)인 "모험"이 자신의 교의학의 첫 부분에 위치하고 있다는 것이었다(위의 각주를 보라).

를 두고 있다. 여기서 1927년의 서술에 포함되어 있는 문제, 즉 교의학이 모험의 행위인 **선결문제 요구의 오류**(petitio principii)로 시작하게 된다는 문제가 명백하게도 회피되고 있다. 하지만 이 문제는, 바르트에 따르면 교의학의 시작 부분에 놓이는 질문, 곧 신앙 행위의 근거 그리고 신앙의 전제에 대한 불가피한 질문 속에 언제나 숨겨져 있지 않은가? 바르트는 다음과 같이 이중적 견해를 고수하려 하였다. 하나님의 현실성과 그분의 말씀의 현실성은 한편으로는 신앙보다 우선하지만, 다른 한편으로는 처음부터 교의학에 대해 확정되어 있다. 하지만 후자는 오직 신앙의 행위라는 개념을 통해서만 도입될 수 있다. 이제 불가피한 결과는 바르트가 의도했던 하나님과 그분의 말씀의 (신앙 행위에 대한) 우선성이 더 이상 애매하지 않게 주제화될 수는 없다는 사실이다. 그렇다면 신앙 행위와 신앙 경험보다 앞서는 하나님의 우선성이라는 바르트의 견해를 고수하려고 할 때, 하나님의 현실성이 교의학 안에서 처음부터 확고한 전제로 서 있다는 견해는 아마도 필연적으로 포기되어야 하지 않겠는가?

교의학의 토대를 하나님의 말씀이 아니라 신앙에 두었던 신(新)프로테스탄트의 신학적 문제점에 대해 바르트는 1927년에 적절하고 예리하게 표현했다. "…의미와 가능성, 즉 교의학의 대상은 그리스도교 신앙이 아니라 하나님의 말씀이다. 왜냐하면 하나님의 말씀이 그리스도교의 신앙 안에 근거되고 포괄되는 것이 아니라, 그리스도교의 신앙이 하나님의 말씀 안에 근거되고 포괄되는 것이기 때문이다. 이 두 가지는—이른바 신앙의 객체적 내용(Objektgehalt)에 대해 사람들이 아무리 강하게 반대편에서 말한다고 해도—서로 구분된다. 그리고 만일 이 관계가 거꾸로 이해된다면, 전체 노선과 모든 지점에 존재하는 날조를 다시 날조하게 되는 결과가 필연적으로 따라오게 될 것이다."[114] 이와 같은 바르트의 말에서 신학의 가능성

---

[114] *Die christliche Dogmatik im Entwurf*, 1927, 87.

을 신앙의 주체와 연결시키려고 했던 경건주의적 관점에 대한 발렌틴 뢰셔(Valentin Loescher)의 비판의 목소리를 함께 읽을 수 있다. 신(新)프로테스탄트 신학의 역사는 전체적으로 이 비판을 확인했다. 바르트는 (그리고 그 이전에 이미 에리히 셰더[Erich Schäder]는) 이 비판을 하나님에 관한 진지한 진술의 깊은 내용에 모순되는 인간중심성이라는 잘못된 개념 쪽으로 옮겨 놓았다. 물론 이와 같은 진단의 정당성이 구(舊)프로테스탄트 교의학의 관점으로 되돌아가게 만드는 것은 아니다. 구(舊)프로테스탄트의 성서 영감설이 다시 복귀할 수는 없다. 바르트는 이 사실을 잘 알고 있었으며, 하나님의 말씀의 우선성에 대한 구(舊)프로테스탄트적 이해의 형태는 바르트에 의해 선포, 성서, 계시라는 말씀의 삼중적 형태로 대체되었다. 하지만 이와 같은 새로운 형태의 출발점은, 이미 말한 것처럼, 모험, 용기, 그리고 선결문제 요구의 오류(petitio principii)를 반영한 채, 바르트 자신이 벗어나려고 했던 신앙-주관주의에 여전히 사로잡혀 있었다. 1932년에 바르트는 교회를 교의학의 주체로 제시했지만, 이것으로는 문제가 해명되었다기보다 은폐되었다고 할 수 있다. 왜냐하면 교회 개념은—많은 것 가운데 하나인 어떤 종교 공동체의 그 자체로는 구속력이 없는 현상만 다루지 않는 한—반드시 교의학의 진행 과정 속에서 비로소 전개되어야 하기 때문이다. 신(新)프로테스탄트 교의학이 자신의 근거로 삼았던 신앙 주관주의를 회피하고 신학에서 하나님의 말씀의 우선성을 새로운 형태로 갱신하려는 사람은 18세기의 전환기 이래로 슐라이어마허가 일으킨 변화, 즉 교의학적 토대와 관련하여 일어난 패러다임 전환의 이유들에 대해 우선적으로 숙고해야 할 것이다. 바르트는 자신만의 방식으로 그 작업을 수행했는데, 그는 자신이 저술한 신학사 안에서 근대신학의 인간 중심적인 전환의 계기를 18세기의 문화사 및 사회사에서 매우 일반적으로 인식될 수 있는 인간중심주의와 결합시켰다. 이와 같은 서술의 과정에서 바르트가 내린 평가, 그리고 그런 과정의 근저에 놓인 동기를 신에 대한 인간의 봉기로 간주하는 것에는 논란의 여지가 있다. 그런 사태 자체에는, 비록 그것이 종교개혁 이후 시대의 교단적 대립이라는 출구 없는 상황으로부터, 그리고 특별히 17세기 종교전쟁 말기의 교단들의 팽팽한 대치 상태로부터 비롯된 압박을 통해 설명되어야 한다고 하더라도, 논란의 여지가 없다. 하지만 신학 내지 교의학의 근거를 찾는 가운데 일어난 패러다임 전환은 일반적인 문화적 변화들의 기능으로만 파악될 수는 없고 우선적으로 그렇게 생각되어서도 안 된다. 그런 식의 이해는 종교를 다른 어떤 과정들의 단순한 현상이나 메아리로 이해하는 종교 비판적 견해를 전제하는 셈이 될 것이다. 신학적인 패러다임 전환은 신학적인 논의 자체의 발전 안에 근거를 둔다. 더 정확히 말하자면 그 근거는 성서 영감설로 표현되는 구(舊)프로테스탄트 성서 원리의 신뢰성이 해체되었던 것에 있다. 여기서 주의 깊게 보자면, 그리스도교 신학의 토대를 신학 내용의 규범인 성서에 두는 것은 근거가 없는 일은 아니었지만, 성서영감이라는 상상을 통해 성서의 모든 부분 안에 있는 어떤 신적 진리를 **전제**로 확립하려는 것은 신학의 (또는 교의학의) 논의 과정에서 더 이상 토론의 주제가 될 수 없었다. 그와 같은 전제는 새롭게 등장한 근대의 자연과학, 역사학, 지리학의 인식들 앞에서 더 이상 지속될 수 없었다. 그와 함께 모든 개별적 성서 구절들이 신적인 기원을 갖는다는 견해를 변호하기 위해 도입되었던 적응 이론은 점점 더 공허해져갔다.

이제 성서를 원시 그리스도교의 역사 자료로 이해하면서도—그 내용들의 모든 역사적인 상대성에도 불구하고—바로 그런 의미에서 성서를 여전히 그리스도교 신앙의 정체성에 대한 척도로 받아들이는 사고가 원칙적으로 가능하게 되었다. 사실 성서와 하나님의 말씀 사이의 구분은 이런 방향으로 진행되었고, 이 구분은 제믈러 이래로 점점 더 많이 관철되었다. 다만 문제는 역사적으로 이해되어야 하는 성서로부터 하나님의 말씀이 어떻게 높이 들려질 수 있으며, 이 작업에 대해 어떤 기준이 적절한가 하는 것이었다. 이 문제와 관련하여 제믈러 그리고 이후에는 특별히 슐라이어마허에게 성령의 **내적 증거**(testimonium internum)라는 주관주의적 견해 또는 신앙 경험에 대한 호소가 중요하게 작용했다. 이와 같은 사고의 새로운 상황에서 생기는 유혹은, 그 사고가 그리스도교 신앙과 교리의 모든 내용에 대한 과거의 보증을 복원해 줄 것처럼 약속하는 곳에 존재한다. 이 유혹이 이전에는 정통주의적 성서 영감설과 결합되어 있었다면, 이제는 경험의 주관성과 관계를 맺게 되었다.

여기서 옛날 성서 영감설의 객관주의 및 권위주의에 대항하여 경험의 타당성을 주장했던 것은 그 자체로는 틀린 것이 아니었다. 실제로 우리는 우리의 경험이 입증해주는 것만을 참으로 인정할 수 있고 우리 것으로 만들 수 있다. 다만 문제가 되었던 것은 일찍이 경건주의와 각성운동의 영향으로 경험의 원리가 어떤 특정한 경험, 즉 회심의 경험에 제한되는 경향이었다. 나아가 무엇보다도 다음 사실은 숙명적인 것으로 드러났다. 그것은 한때 성서 영감설의 도움을 받아 그리스도교 교리의 진리를 그것의 주제들에 대한 모든 개별적인 설명보다 앞서서 미리 결정된 보증의 법정을 통해 확정하려고 시도했던 일이 이제는 경험에 호소하면서 재차 행해졌다는 사실이었다. 그런 시도 때문에 구(舊)프로테스탄트 성서론은 이미 실패했으며, 또한 믿는 자들에 대해 선취적으로 보증되는 신앙 행위의 주관성 위에 그리스도교 교리를 기초시켰던 신(新)프로테스탄트의 시도도 마찬가지로 좌초할 수밖에 없었다. 하지만 그 주관성은 그런 조치가 하나님의 말씀의 주권성(Souveränität)과 일치될 수 없다는 신학적인 항의에 부딪쳐서는 유감스럽게도 무너지지 않았다. 예를 들어 칼 바르트는 신학이 이 지점에서 비극적으로 얽혀 있음을 보여준다. 그리스도교 신앙의 진리를 신앙의 모든 내용의 숙고보다 앞서서 미리 확증하려고 집착하는 한, 교회적 기관의 권력자가 주장하는 무오류의 교권으로부터 돌아선 이후에, 그리고 구(舊)프로테스탄트적 성서 영감설이 쇠퇴한 이후에, 이제는 신앙의 행위에—그것이 경험이든 "모험"이든 관계없이—호소하는 것 말고는 다른 어떤 방법도 남아 있지 않다. 그리스도교적인 진리 의식의 자기 확증을 위한 그런 시도가 더 이상 유지될 수 없다는 통찰은 이전에 성서 영감설에 대해 그러했듯이 오늘날 개신교신학을 외부로부터 압박하고 있다. 압박은 그와 같은 논증이 경험의 기준 자체와 일치하지 않는다는 것으로부터 온다. 개별적인 경험은 그 어디에서도 절대적이고 무제약적인 확신(Gewißheit)을 매개하지 못하며, 기껏해야 경험의 과정에서 해명이나 확인을 필요로 하는 어떤 확신을 전달할 뿐이다. 그와 같은 주관적 확신 속에서 물론 진리와 그 진리의 무제약적인 현존이 경험되기는 하지만, 그것은 단지 경험적 과정이 진행되는 동안 그 진리의 확인과 확증이 선취되는 가운데 경험된다. 모든 주관적 확신에 놓인 그와 같은 제약은 인간적 경험의 유한성에 속한다. 그 이상의 모든 검증이나 확증과는 독립적으로 어떤 무제약적인 확실성을 주장하는 것은 단지 과도한 주관적 개입(Engagement)의 폭력으로서 가능할 뿐이다. 거기서 신앙하는 나는 나 자신을 절대적 진리의 장소로 확정하기 때문이다. 그리스도인들에게만 일어나는 것이 아닌 이 현상이 비이성적인 광신주의의 변종과 동일시되었던 것은 결코 부당한 일이 아니다. 그런 종류의 현상들은 더 이상 이성적으로는 안 되고, 단지 심리학적으로만 해명될 수 있다. 그래서 신앙-주관주의는 "(주관적) 개입으로의 도피"로서[115] 그리스도교 신앙을 사실상 무신론적인 종교심리학에 넘겨버리며, 종교심리학은 비합리성이라는 신앙의 결핍 요소를 그 세계의 근원으로 소급시킨다. 바르트는 또한 이런 맥락도 날카롭고 적절하게 인식했으며, 그의 통찰의 정확성은 다음 비판을 통해서도 조금도 감소하지 않았다. 그것은 바르트 자신도 그리스도교 진리 의식을 신앙 주관주의의 막다른 골목으로부터, 그리고 무신론적 종교 비평의 나락으로 추락하는 것으로부터 구해낼 수 없었다는 비판이다.

하지만 그리스도교 신앙 의식과 교의학에서 진리 의식에 대한 미리 앞

---

115 이것은 바틀리의 책(W. W. Bartley, *The Retreat to Commitment*, 1961)의 독일어 번역판의 제목이다. 이 책은 이 관점에서 20세기 중반 개신교신학의 상황에 대한 통찰력 있는 진단을 제시한다. 이에 대해 다음을 참고하라. 나의 책, *Wissenschaftstheorie und Theologie*, 1973, 45ff.

선 확증을 포기한다는 것은 무엇을 의미하는가? 어떻든 이로 인해 그리스도교 교리 자체의 진리 주장이 포기되어서는 안 된다. 그렇기 때문에 오히려 그 주장을 주제로 다루어야 한다.

5. 조직신학의 주제인 그리스도교 교리의 진리 문제

그리스도교 교의학은 근대의 역사에 이르기까지도 그리스도교 교리의 진리 문제를 형식적인 측면에서 연구주제로 삼기보다, 전제로 설정했다. 개신교 교의학의 관점에서 보면 이 사태 관계는 16세기 이래로 진행된 교의학 서론(프로레고메나)의 발전 과정에서 표현되었다. 그리스도교 교리의 원천 혹은 원칙에 대한 결단 및 교리의 진리성에 대한 질문도 교의학의 개별 주제들에 대한 논의가 이루어지기 전에 이런저런 방식으로 미리 결정되었다. 세부적인 논의에서는 다만 그 진리가 어떻게 저 원천들로부터 과연 취해질 수 있는지, 그리고 어떻게 그럴 수 있는지만 질문될 뿐이었다. "그리스도교적 종교의 진리성"에 대한 질문을 주제로 제기하는 일은 변증론에 위임되었다. 교의학은 예외가 있긴 하지만 오로지 그 진리의 내용에만 몰두했다. 가톨릭신학이 기초신학(Fundamentaltheologie)과 교의학 사이의 구분을 발전시킨 것도 이와 비슷하다. 기초신학이 그리스도교 계시의 신뢰성을 강화했던 반면에, 교의학은 그것의 내용을 전개했다. 하지만 이와 같은 과제들의 구분이 실제로 정당한가? 그리스도교 교리의 내용들의 서술은 필연적으로 그것들의 진리성과 참된 의미에 대한 질문과 결합되지 않는가? 만일 그리스도교 교리가 역사 진열관의 재고 물품으로 남는 것이 아니라 신적 계시로 공표되어야 한다면, 반드시 그렇게 되어야 하지 않는가? 실제로 교의학적 서술과 진리 질문 사이의 완전한 분리는 그 어디에도 있을 수 없었다. 예외가 전혀 없이 사람들은 교의학에게 자신이 전개한 교리의 내용을 또한 논쟁적으로 주장하여 그것이 참인 것을 강화해야 한다는 과제를 기대했다. 이미 체계적(조직적)인 서술 형식을 통해 교의학은 그 과제를, 신론적 사고의 근거가 되는 교의학적 내용의 보편성과 연계하여, 사실상 항상 인지해왔다(위의 3절을 보라). 이 보편성은 창조부터 종말론적 완성에 이르는 세계의 현실성을 포괄한다. 창조와 구속사의 일치 또한 세계 안에 존재하는 죄 및 악과 관련하여 서술됨으로써, 세계의 창조자, 화해자, 구원자이신 하나님의 유일성을 서술할 뿐만 아니라, 동시에 또한 하나님의 진리, 즉 그분의 신성을 강화한다.

거꾸로 교의학 안의 모든 개별적인 진술들은 하나님의 행동과 연관되어 있기에, 동시에 또한 세계 전체와도 연관된다. 이것은 특별히 그리스도론에서 예시된다.[116] 마찬가지로 그 밖의 다른 모든 개별적인 주제들도 예수 그리스도, 그리고 그분 안에서 나타난 신적 로고스와 연관된 것으로 여겨진다. 교의학적 주제의 보편성은 신론에 근거하고, 교의학적 서술의 포괄적인 사상 체계 안에서 표현되는데, 이때 보편성은 의심할 바 없이 그리스도교 교리의 진리 요청, 그리고 교의학을 통한 그 진리의 인지와 관계된다. 이에 더하여 인간, 세계, 역사에 관한 신학 이외의 지식을, 그리고 특별히 이 주제들에 대해 현실성 전체를 질문하는 철학적 진술들을 그리스도의 계시의 빛 안에 있는 세계, 인간, 역사에 관한 교의학적 서술 안으로 수용하는 것이 그 보편성의 과제에 속한다. 또한 여기서도 보편적 정합성이 중요하며, 그에 따라 그리스도교 교리의 진리성이 중요하다. 그렇다면 교의학이 보통 그리스도교 교리의 진리를 형식적으로 주제화하지 않고 오히려 이를 전제한다는 것은 무엇을 의미하는가? 이것은 그리스도교 교리의 진리 요청이 그것의 문제점을 명시적 내지 체계적으로 설명하지 않은 채 주로 단정적으로 주장한다는 것을 뜻한다. 이와 같은 시행 과

---

116 교의학적 진술의 보편성에 대한 설명들을 다음에서 보라. 나의 책, Was ist eine dogmatische Aussage?, *Grundfragen systematischer Theologie I*, 1967, 159-180, 특히 172f.

정에는 어떤 동기, 곧 교의학의 신 중심적인 방향성과 관계가 있고 그래서 (설명보다) 앞서는 서술에서 미리 수용되어야 한다는 어떤 동기가 숨어 있다. 세계, 인간, 역사는 하나님으로부터 그것들의 긍정적인 규정 속에서 주제화된다. 이것이 신론 자체의 특성을 통해 기초 작업이 된다. 하지만 그것은 그리스도교의 계시나 하나님의 현실성 자체가 교의학에서 "세계"를 통해 의문시될 수 있다는 가능한 사실을 배제하지 않는다. 하나님 그리고 그분의 계시의 현실성이 세계의 내부에서 의문시될 수 있다는 사실은 교의학에서 하나님의 세계로 생각되어야 하는 바로 그 세계의 현실성에 속한다. 만일 그리스도교 교리의 주장들이 세계로부터 하나님의 현실성이 문제시되는 것과 이에 대한 논쟁 그리고 그것의 회피 등을 그리스도교에 고유한 진리 의식을 의문스럽게 만드는 요소로 수용하지 않는다면, 그 주장들은 세계의 현실성에 도달하지 못하고 그 위를 떠돌게 되며, 그래서 진리가 아닌 것이 될 것이다. 세계 안에서 하나님의 현실성이 논쟁거리가 될 수 있다는 것마저도, 만일 하나님이 세계의 창조자이시라면, 반드시 하나님 안에 기초해야 한다. 이 때문에 그리스도교 교리의 서술은 그것의 진리를 전제하면서 시작될 수 없고, 오히려—그 서술이 자명하다 하더라도(실제로 그 서술은 두말할 것도 없이 그렇게 행한다)—하나님의 현실성 그리고 그분의 계시의 현실성이 세계 안에서 의문시될 수 있다는 사실 앞에 세워져야 한다.

그리스도교 신학이 무전제일 수 없다는 것은 확실한 사실이다. 마찬가지로 교의학도 많은 전제와 함께 작업한다. 교의학은 가장 먼저 그리스도교 교리의 사실성을 전제하며, 이와 동시에 역사 속에 존재하는 그리스도교의 다층적 현실성을 전제한다. 이 현실에는 그리스도교로부터 일으켜진 문화적 영향들과 무엇보다 교회의 선포와 예배적 삶이 포함된다. 이미 그리스도교 역사의 초기에 성서로부터 자라난 기능이 교회적·신학적 교리의 그리스도교적인 정체성을 결정하는 배경과 기준으로 전제되었다. 그 모든 것은 신학적 성찰보다 선행했고, 그 성찰에게 역사적 현실로서 앞서 제공되었다. 그 성찰과 관련된 진리 요청들도 그 제공에 포함된다. 하지만 미리 전제되지 않은 것은 전승된 그리스도교 교리에 필요한 신적인 진리다. 이 진리의 요청은 신학 안에서 서술되고 검증되며 가능한 곳에서는 강화될 수도 있지만, 바로 그렇기 때문에 열려 있는 것이며, 미리 앞서 결정되어 있는 것으로 취급될 수는 없다. 신학적 사고와 논증이 진행되는 과정에서 그 진리 주장의 정당성이 의문시될 수 있다는 사실은 신학적 관심사와 곧바로 연결된다.

개인이 그리스도교 교리의 질문들에 대해 주관적인 관심을 갖는 것은 대체로 그리스도교 신앙이 그리스도교 메시지의 진리와 전승된 그리스도교 교리의 진리에 대해 양도할 수 없는 관심을 갖기 때문이다. 신학을 수행하는 그리스도인은 그가 신학적 연구를 향하기 이전에 이미 신앙을 통해 메시지의 진리에 관여하고 있다. 물론 그리스도인이 되기 위한 신학의 기능도 있기는 하지만, 그것은 여기서 우리의 고려 범위 밖에 있다. 통상적인 경우 신앙은 이미 신학적인 성찰보다 우선한다. 하지만 그리스도교 교리의 진리에 대한 신학의 확인 작업은 신앙의 확신을 통해 불필요하게 되는 것이 아니며, 오히려 그것은 그리스도교의 역사 속에서 대단히 명백하게도 신앙 자체를 위한 중요한 기능을 소유했다. 이것은 뒤에서 더 자세히 다룰 것이다. 개인적인 신앙의 진리 확신은 경험과 성찰을 통한 지속적인 확증을 필요로 한다. 그 과정에서 그 확신은 논증의 영역에서 벌어지는 검증에 본성상 열려 있으며, 그 논증에서는 믿어진 진리의 보편적인 구속력이 중요하다. 어떤 진리도 단지 주관적일 수만은 없다.[117] 주관적인 진리 확신은 진리의 보편성과 보편타당성을 원칙적으로 거부할 수 없다. 여기에 놓인 긴장은 대단히 큰 것일 수도 있다. 나의 진리가 단순히 내 것일 수만은 없는 것이다. 만일 나의 진리가 어떻든 원칙적으로 모두를 위한 진리

---

[117] 이에 대해 다음의 유익한 설명들을 참조하라. W. Kamlah, *Wissenschaft, Wahrheit, Existenz*, 1960, 56ff., 특히 65, 66f., 또한 69ff.

라고 주장될 수 없다면—비록 어느 누구도 아마도 그것을 거의 확인할 수 없겠지만—그때 그런 진리는 또한 내게 대해서도 불가피하게 진리이기를 그칠 수밖에 없다.

신학에서는 계시된 진리의 **보편성**이 핵심이며, 또한 이 점에서 계시와 하나님 자신의 진리가 중요하다. 비록 신학이 권위의 학문으로 이해되거나 신앙의 주관적인 혹은 공동체적인 입장의 자화상으로 이해되어, 마치 진리에 대한 질문이 미리 전제되어 있는 것처럼 다뤄지기는 했지만, 그럼에도 불구하고 위에서 서술한 의미는 언제나 사실이었다. 하지만 그리스도교 진리 의식에 대한 신학의 기여는 신학의 과제의 그와 같은 협소한 규정에 의해 심각하게 저해된다. 만일 그렇다고 하면 신학적 논증의 합리적 형식은 반드시 일종의 피상적인 것으로 보이게 되며, 그것은 실제적 핵심인 신앙과는 전혀 접촉하지 못한다. 그때 그런 논증은 진지하지 않은 것이 될 것이다. 왜냐하면 결과의 개방성이라든지 오직 진리에만 의무를 지우는 신중한 검토의 모험이 결여된 것으로 보이기 때문이다. 이 관점에서 "변호사의 사고"가 사람들 사이에 회자되었다.[118] 이 사고로부터 보면 결과들은 논증의 중요성과는 상관없이 이미 사전에 확정되어 있고, 그에 따라 논증은 합리적인 가상을 만들어내어 설득하는 수사적 기능만을 갖는다. 그런 식의 신학적 논증의 상이 공적 의식 안에서 신학의 신용을 얼마나 많이 하락시켰으며 또 계속해서 그렇게 하고 있는지에 대해서는 특별한 증거가 필요치 않다. 그런 식의 논증을 넘어섰던 오직 한 가지는 대상에 대한 공허한 성찰 속에서 자기 자신을 사라지게 만든 어떤 "신학"의 연극이었는데, 이른바 "신의 죽음의 신학"이라는 극단적 형태로 나타났던 것이 그런 경우였다.

안셀무스(Anselm von Canterbury)는 신학적 논증의 영역에서 주관적인

---

118 칼 야스퍼스(Karl Jaspers)의 표현이다.

신앙의 대상은 **오직 합리적으로**(sola ratione) 연구되어야 하며, 따라서 신앙의 주관적인 전제가 논증의 출발점으로 주장되지 말아야 한다는 사실을 신학에 요청했다. 논증의 중요성 그 자체만 고려되어야 한다는 것이다.[119] 그와 같은 논증들의 가능한 그리고 적절한 형식에 대한 의견과, 무엇보다 그 논증들에게 논리적 필연성의 강제적인 힘이 부가될 수 있는지에 관한 의견은 안셀무스의 시대 이래로 변화해왔다. 하지만 신앙이 이미 타당한 전제로서 주장되고 있다면, 오직 합리적인 타당성에만 목표를 두는 논증 역시 불가능하다. 신앙의 내용의 보편적 타당성에 대해 신앙 자체가 합리적으로 확인할 수 있게 되는 것은 오직 그 확인을 위한 논증들이 완전한 개방성 안에서 진행될 때이며, 예를 들어 논증이 시작되는 곳에 사적인 개입에 의한 보증과 같은 것이 없을 때이다. 바로 그리스도인은 자신의 믿음의 내용을 충분히 신뢰해야 하며, 그래서 믿음의 신적 진리가 그것의 내용 자체로부터 명백히 이해될 수 있도록 해야 한다. 다시 말해 진리는 그보다 앞선 어떤 보호 장치를 필요로 하지 않는다.

이제 그리스도교 교리들을 총괄적으로 서술하는 교의학 안에서 그 교리들의 진리가 미리 전제되는 것이 아니라 논쟁 가능성을 포함한 논의의 주제가 되어야 한다면, 합리적 논증이 신앙의 진리에 대한 찬성(혹은 반대)을 결정하는 법정이 되지 않겠는가? 이제 신앙의 진리는 합리적 판단의 기준들에, 그리고 그와 함께 최종적으로는 사고의 주체인 인간 자신에 의존하지 않겠는가?

참과 거짓에 대한 판단은 다른 모든 판단들에서와 마찬가지로 분명히

---

119 여기서 암시되는 안셀무스의 신학적 방법론은 그의 문헌 해석자들 다수, 특히 안셀무스의 작품들에 대한 비판적 전집을 편찬한 슈미트(F. S. Schmitt)의 지지를 받는다 (LThK 2. Aufl. 1, 1957, 592-594). 하지만 칼 바르트는 그와 다른 견해를 갖고 있었다. K. Barth, *Fides quaerens intellectum. Anselms Beweis der Existenz Gottes im Zusammenhang seines theologischen Programms*, 1931. 또한 다음을 참고하라. P. Mazzarella, *Il pensiero speculativo di S. Anselmo d'Aosta*, Padua 1962, 103-169.

주관적으로 제약되어 있다. 하지만 인간이 그 판단에서 진리를 마음대로 처치하는 것은 아니고, 오히려 진리를 전제하며 진리에 상응하기를 추구한다. 진리는 모든 것에 대해 구속력이 있는 그것의 보편성 안에서 인간의 주관적인 판단들보다 앞서 주어져 있다. 이와 같은 통찰은 진리의 신적인 숭고함에 대한 아우구스티누스의 논의에서 결정적인 진일보를 이루어냈다(De lib. arb. II,10; 참고. 12). 이곳은 그 논거를 하나님의 현존재에 대한 아우구스티누스적 증명의 힘과 관련하여 판단해볼 만한 장소는 아니다. 여기서는 우선 아우구스티누스가 진리의 이념과 하나님 개념을 결합한다는 것에 관심을 갖는데, 왜냐하면 그 결합은 주관적 판단을 위해 진리를 마음대로 처치할 수 없다는 것을 확정하기 때문이며, 이와 동시에 이 사태에 고유한 신학적 의미가 드러나기 때문이다. 다시 말해 하나님 자신뿐만 아니라 또한 **하나님의 교의**(dogma theou)로서의 교의학적 진리도 인간은 마음대로 손댈 수 없다.

아우구스티누스가 진리의 이념과 하나님 개념을 연결하는 것에 반대하여 진리를 판단된 진리, 곧 판단 행위 안에서 참과 거짓의 구분이 발생하는 장소로 파악하려는 시도가 반복되었다. 아우구스티누스가 말하자면 참(das Wahre)을 **존재하는 그것**(id quod est)으로 정의하고(Solil II, 5), 존재의 겉보기와는 다르게 존재하는 거짓과 구별했을 때, 그때 참의 개념에서 판단 관계―다시 말해 **의미**(intellectus)와 **사실**(res)의 일치―가 간과되고 있다. 이것은 이미 파르메니데스(Parmenides)의 존재론적인 진리 개념에서 찾아볼 수 있는데, 그에게는 진리의 통일성 안에서 모든 참된 것들이 조화를 이루는 자기 동일성이 진리의 개념을 형성했다. 토마스 아퀴나스는 아우구스티누스의 진리 개념의 정의에서 본래적인 **참된 이성**(ratio veri), 즉 **사물과 의미의 합치**(adaequatio rei et intellectus)나 **일치**(correspondentia)가 말해지지 않고 있다는 사실을 알아채고 있었다(De ver. I,1 resp. 그리고 ad 1). 그래서 사실상 누가 진리 개념을 판단 행위로부터 규정하는지를 판단해야만 한다. 그러나 이것으로 충분한지는 진리 개념과 진리 이론들에 대한 오늘날의 논쟁에 이르기까지 여전히 논란이 되고 있다.[120] 이 논쟁에서도 상응(Korrespondenz)의 사고, 즉 판단 진리가 전면에 있기는 하다. 그래서 여러 진리 이론들은 상응의 사고의 무규정성을 정확한 표현을 통해 제거하고, 언제 어떤 조건 아래서 그런 상응이 주어지고 그 결과 진술이 참이 되는 것인지에 대한 기준들을 열거하려고 시도한다. 니콜라스 레셔(Nicholas Rescher, 1973)는 진리의 정합성 이론에 대한 첫 책에서 (일치 개념에서의) 진리의 **개념**과 진리의 **기준들**의 구별을 목표로 삼았다. 그 밖에 참이라고 여겨지는 모든 것과의 일치는 진리가 그 대상과 일치(혹은 상응)한다는 의미에서 진리 주장들에 대한 기준이어야 한다는 것이다. 진리의 기준과 진리의 개념을 구분하는 것은 다음과 같은 비판을 받았다. 진리의 개념에 속하지 않는 것이 진리의 기준일 수 있는가?[121] 레셔는 이 이의를 받아들였다.[122] 그러나 만일 모든 참된 것의 정합성이나 모순 없는 일치가 진리 개념 자체에 속한다면, 판단과 실제 내용의 "일치"는 그것에 어떻게 관계되는가라는 질문이 떠오르게 된다. 그리고 최소한 그 "일치" 가운데 정합성의 특별한 형식 하나를 보는 것이 가능하며(예를 들어 전문가들의 판단의 "합의"에서처럼), 그렇기에 정합성의 개념은 진리 개념에 본래적인 근본으로 설명된다. 그렇다면 판단의 관점(Aspekt)―판단과 실제 내용의 일치―은 그 때 (판단을 내리는 자들 사이의 합의처럼) 진리 개념으로부터 유도된 판단의 계기

---

120 이 논쟁에 관해 특히 다음의 이어지는 두 각주를 참고하라. 그것은 푼텔(L. B. Puntel) 이 저술하거나 편찬한 책들이다.
121 레셔의 진리 정합성 이론에 대해 다음을 참고하라. L. B. Puntel, *Wahrheitstheorien in der neueren Philosophie*, 1978, 182-204, 진리 개념과 진리 기준을 구별하는 것에 반대했던 생각에 대해 같은 책 203f.를 보라(1939년에 이미 진리가 본질 개념에 속하는 경우에만 정합성은 진리의 기준을 형성할 수 있다는 명제를 제시했던 블랜샤드(B. Blanshard)에 대해 같은 책 174ff.를 참고하라).
122 N. Rescher, *Truth as Ideal Coherence* (1985), deutsch in: *Der Wahrheitsbegriff*, hrsg. von L. B. Puntel, Darmstadt 1987, 284-297.

가 된다. 그 관점 자체는—만일 진리가 정합성으로부터 이해되어야 한다면—불가피하게 존재론적인 것을 향하게 된다. 단지 사물들에 대한 판단들 안에 있는 것이 아니라 사물들 자체 안에 있는 정합성이 우리의 판단의 진리에 대해 근본적이다. 이것은 파르메니데스와 아우구스티누스가 말한 진리의 이념의 중요성이 다시 새롭게 주장됨을 뜻한다. 즉 진리의 이념이 존재 개념 혹은 절대자 그리고 보편자인 신의 사고와 일치한다는 것이다. 단지 신만이 모든 참된 것의 일치라는 정합성의 의미에서 진리가 일치하는 존재론적 장소일 수 있다.

하나님이 진리 자체이시라는 아우구스티누스의 사상(De lib. arb. II,15)은 모든 참된 것의 정합성 혹은 일치라는 관점에 근거한다. 하나님은 이 일치의 장소이고, 자기 자신과 동일한(그 점에서 "불변하는") 진리이며, 이 진리는 모든 참된 것을 포괄하고 내포한다(ebd. II, 12). 그렇다면 정합성을 위한 모든 인간적인 노력은 언제나 불완전하고 미완료에 머물면서 뒤따라 성취하는 행위(Nachvollzug), 다시 말해 하나님 안에 근거된 모든 참된 것의 일치에 대한 반성적 숙고(Nachdenken)일 뿐이다. 혹은 하나님 안에 근거된 모든 참된 것의 일치 자체가 하나의 역사의 형태를 취한다면, 그것은 일종의 예비적 결정일 수 있지만, 그렇다고 해도 단지 시간의 과정 속에서 완성으로 나아갈 수 있을 뿐이다. 또한 교의학을 통한 그리스도교 교리의 체계적 서술에 대해서도 다음 사실이 해당한다. 하나님 안에 근거된 세계와 역사의 통일성(Einheit)에 대한 관계 안에서 교의학은 단지 하나님의 계시를 뒤따라 성취하거나 혹은 예비적으로 결정할 수 있을 뿐이다. 교의학은 하나님의 진리 그 자체를 포획할 수 없으며, 이를 표현 문구들로 포장하여 제시할 수도 없다. 교의학의 노력이 진리 자체의 파악과 서술에 목표를 두면 둘수록, 하나님의 진리에 대한 교의학의 상응의 가능성은 그만큼 더 유한성의 한계에 사로잡혀 있다는 의식에 매이게 된다. 우리의 신학은 인간적인 인식의 노력일 뿐이기 때문이다.

신학적 지식의 유한성은 전승 전체가 무한하다고 확증하는 "대상"에 관한 정보의 제한성에, 그리고 정보 처리의 제한성에 놓여 있을 뿐만 아니라, 오히려 대단히 특수하게도 그 지식의 시대적 제약성에도 놓여 있다. 성서의 증언에 따르면 하나님의 신성은 단지 모든 시간과 역사의 종말에서 궁극적으로 그리고 의심할 바 없이 명백하게 계시될 것이다. 시간의 내부에 위치한 장소에 대해서는 단지 다음 사실만이 타당하다. 즉 영속적으로 참된 것, 그렇기 때문에 신뢰할 수 있는 것, 그리고 그런 의미에서 무엇이 "참"인가 하는 것은 오직 미래에 이르러서야 명백히 밝혀진다. 성서적인 진리 이해도 그리스 사상처럼 참된 것을 영속적인 것 그리고 신뢰할 수 있는 것으로 생각했는데, 왜냐하면 그것은 자기 자신과 동일하기 때문이다. 그러나 그 이해가 참된 것의 자기 동일성을 시간의 흐름의 배후에 놓인 영원한 현재로서 파악했던 것은 아니었고, 오히려 그것이 시간의 진행 자체 안에서 스스로를 영속하는 것으로 입증하고 증명한다고 파악했다.[123] 시간은 존재자 및 그것의 진리에 대한 경험과 분리되지 않는다. 이와 같은 관찰방식은 관념론 이후 현대 사상의 경험 이해의 방향에 부합하며, 특히 역사적 장소에서 역사성 의식과 결부되어 발생하는 모든 경험의 상대성에 상응한다. (상대성은 바로 그 역사적 장소에서 획득된다.) 하지만 상대성의 해석이 어떤 절대적인 것도 없고 그래서 항상 절대적이라고 여겨지는 어떤 진리도 없다는 식으로 진행될 필요는 없다. 상대성 자체는 절대성의 사고에 대해서도 상대적이기에, 절대성이 사라진다면 또한 상대성도 사라질 것이다. 하지만 최소한 우리에게 진리의 절대성은 우리의 경험과 성찰(Reflexion)의 상대성 속에서만 접근이 가능하다. 그것은 경험의 역사성이라는 관점에서, 딜타이(Dilthey)가 제시했던 것처럼, 역사가 계속 진행되는 한 우리는 세계의 사물들과 사건들의 참된 의미를 최종적으로 규정할 수 없다는 것을 의

---

[123] 참고. 나의 책, Was ist Wahrheit?, in: *Grundfragen systematischer Theologie I*, 1967, 202-222, 특히 205ff.

미한다.[124] 그럼에도 불구하고 우리는 사물들과 사건들에 대한 주장을 내세움으로써, 그것들의 의미를 실제로 규정한다. 그와 같은 의미 지정과 주장은 예기(Antizipation)에 근거한다. 이것은 대략 동일한 형태로 순환하는 자연 사건들의 영역에 해당한다. 대략적으로 동일한 천체 운동의 형태를 예측(Antizipation)하지 않고서는 날과 해를 계수하는 것은 의미가 없을 것이며, 심지어 이 단어들 자체의 의미가 상실될 것이다. 우리가 우리의 삶의 역사에서 일어났던 일들과 사회의 역사 안의 사건들에게 부여하는 의미는 분명 역사 속에서 발전하는 그런 구성물 전체, 즉 미래의 선취(Vorgriff)에 달려 있다. 그리고 그 선취는 경험의 진행 과정 속에서 지속적으로 수정된다. 왜냐하면 앞으로 나아가면서 경험의 지평이 변화하기 때문이다. 이와 동시에 시간의 과정을 통해 우리의 시초의 세계 안에서 무엇이 영속적이고 "참"으로 입증되는지, 반대로 어떤 것은 대단히 견고하고 지속적으로 보인다고 해도 왜 믿을 수 없는지가 밝혀진다. 인간적 경험의 역사성에 주어지는 한계들이 특별한 방식으로 하나님 경험에도 적용된다. 왜냐하면 하나님은 인간들이 공동으로 거주하는 세계 안에서 언제나 확인될 수 있는 대상이 아니시며, 그분의 현실성은 세계와 역사를 지배하는 권능, 즉 역사 안에 놓인 세계 전체를 지배하는 신적 권능에 대한 경험과 가장 밀접하게 결합되어 있기 때문이다. 그렇기 때문에 세계와 역사의 최종적인 미래만이 하나님의 현실성을 궁극적 및 비모순적으로 입증할 수 있다. 이 사실이 역사의 진행 과정 안에서 하나님의 현실성과 그분의 불변성을 잠정적으로 경험할 수 있는 가능성을 배제하는 것은 아니다. 다만 그와 관계된 모든 진술은 하나님에 관한 모든 인간적인 진술에 특유한 방식 안에서 세계 전체에 대한 선취에 근거하게 된다. 다시 말해 그 모든 진술은 아직 도래하지 않았고 아직 종결되지 않은 역사의 미래의 선취에 근거한다. 인간적 경험과 성찰의

---

124 나의 책, *Über historische und theologische Hermeneutik*, a.a.O. 123-125, 특히 143f.를 보라.

역사성은 또한 우리 인간의 하나님 인식에 대해서도 가장 중요한 한계성이 된다. 바로 이 역사성 때문에 하나님에 대한 모든 인간적 진술은 하나님의 진리의 완전하고 최종적인 인식의 뒤편에 머물 수밖에 없다. 또한 이 사실은 하나님의 역사적 계시에 근거한 하나님 인식에도 해당하는데, 이는 후에 좀 더 자세히 살펴볼 것이다. 그리스도교 신학의 지식도 하나님 나라의 미래 안에 존재하는 하나님의 궁극적 계시와 비교할 때 "부분"(고전 13:12)일 뿐이다. 그리스도인은 신학적 지식의 유한성을 잊지 않기 위해 경험의 역사성으로 인해 주어지는 우리의 지식의 유한성에 대한 근대적 고찰로부터 어떤 가르침을 얻을 필요는 없다. 그리스도인은 그 가르침을 하나님 앞에 있는 인간의 상황, 더 정확하게는 믿는 자의 상황에 대한 성서의 묘사로부터 얻을 수 있다. 하나님에 관한 모든 인간적 진술의 유한성과 부적절함을 아는 지식은 신학의 분별성에 속한다. 그렇기에 그 지식은 결코 하나님에 관한 진술 내용들을 비교하여 타당성으로 이끄는 것이 아니라, 오히려 그 진술들의 진리성에 대한 조건이 될 뿐이다. 그 지식 속에서 하나님에 관한 진술은 송영(Doxologie)이 되며, 송영 안에서 자신의 본래적인 유한성의 제약에 대해 말하는 자는 무한하신 하나님의 사고로 고양된다.[125] 여기서 사고의 윤곽들이 무규정성 안에서 희미해지는 것은 아니다. 송영도 분명히 체계적 고찰의 형태를 가질 수 있다.

    그리스도교 교리의 체계적 서술에서 교리의 진리성이 위태롭게 된다고 해서, 교의학자 자신이 그 진리를 결정하는 법정이 될 수는 없다. 교의학자의 시도, 곧 그리스도교 교리의 정합성을 숙고하고 그와 더불어 세계, 세계사, 그리고 세계의 미래적 완성의 일치(Einheit)를 하나님의 단일성(Einheit)의 표현으로 숙고하려는 교의학자의 시도들은 단지 신적인 진리

---

[125] 교의학적 진술들이 갖는 예비적이고 송영론적인 특성의 설명들에 대해 다음을 참고하라. 나의 책, Was ist eine dogmatische Aussage?, in: *Grundfragen systematischer Theologie 1*, 1967, 159-180, 174ff.

자체의 정합성을 뒤따라 성취하는 것이고 이에 대한 예비적 결정일 뿐이다. 그 시도들은 예기(Antizipation)에 근거한다. 그것은 예수 그리스도의 역사 안에서 선취(Prolepse)된 종말을 뒤따라 성취하면서 하나님을 향해서는 송영의 기능을 갖는다. 교의학적 작업의 진리성에 대한 결정은 하나님께 달려 있다. 그 결정은 오직 창조 안에 계신 하나님 나라의 완성과 함께 최종적으로 내려질 것이지만, 하나님의 영의 인도하시는 사역을 통해 인간들의 마음속에 잠정적으로 주어진다.

이와 같은 관점에서 생각한다면, 교의학의 진술들 그리고 그것을 통해 서술된 그리스도교 교리의 주장들이 학문 이론적으로 가설의 지위를 갖는다는 사실을 이상하게 느낄 필요는 없다.[126] 두 경우 모두의 명제들은 스스로 자명한 것도 아니고, 다른 자명한 명제들로부터 논리적으로 필연적인 결과로서 유도된 것도 아니다. 그 진술들과 주장들은 형식적으로 볼 때 참일 수도 거짓일 수도 있는 주장들이며, 그것들이 적절한지, 그래서 참인지, 그리고 그것들의 진리는 그것들의 주장 자체와 더불어 미리 주어지지 않는 어떤 다른 조건들에 의존하고 있지는 않은지의 질문들이 의미 깊게 제기될 수 있다. 예를 들어 예수가 빌라도(Pontius Pilatus)에 의해 십자가에 못박혔다는 문장은 하나의 역사적 주장이며, 그것의 진리 여부는 그 밖의 역사적 기준들에 따라 판단되어야 한다. 예수께서 죽은 자들 가운데서 부활하셨다는 주장은 죽은 자의 부활과 같은 종류의 사건 발생의 가능성을 전

---

[126] 다음을 참고하라. 나의 책, *Wissenschaftstheorie und Theologie*, 1973, 334-346. 이 주제는 자우터(G. Sauter)와의 대화에서 중요한 역할을 담당했다. 자우터는 가설 개념을 신앙의 본질적인 진술과 구분되는 신학적 진술들에 제한하기를 원했다(W. Pannenberg/G. Sauter/S.M. Daecke/H.N. Janowski, *Grundlagen der Theologie ein Diskurs* (Urban-Bücher T603) Stuttgart 1974, 70ff.). 또한 다음을 보라. G. Sauter, *Überlegungen zu einem weiteren Gesprächsgang über "Theologie und Wissenschaftstheorie"*, in: *Evangelische Theologie* 40, 1980, 161-168, 특히 162f. 또한 나의 "응답"은 같은 책, 168ff., 특히 170-173에 있다.

제한다는 점에서 보다 더 복잡하다. 이 전제 조건은 죽은 자들이 부활한다는 것이 일반적인 경험이 될 때에 이르러서야 더 이상 논란의 여지가 없게 될 것이다. 하지만 예수께서 하나님의 아들로 지칭되시는 것은 죽은 자들 가운데서의 부활뿐만 아니라 그분이 세상에 등장했다는 확증들도 전제한다. 그러므로 이와 같은 모든 주장에서 그 주장의 진리성은 상이한 의견들의 대상일 수 있고 또 실제로도 그러한 조건들에 의해 제약되어 있다. 그 조건들은 예수의 하나님의 아들 되심과 관계된 모든 지점에서 현실성 전반에 대한 총괄적 이해와 접촉한다. 그 주장들은 그것의 조건들이 올바른 경우에 참이다. 이에 대한 의심이 가능하다는 점에서, 그 주장들의 유효한 진리성은 그 단어의 넓은 의미에서 "가설적"이다.[127] 그렇다고 해서 그 주

---

127 흔히 가설 개념은 좁은 의미에서 다음과 같은 가정들에 대해 사용된다. 즉 어떤 진리는 근본적으로 논란의 소지를 갖기는 하지만, 다른 어떤 실제적인 내용의 묘사와 설명을 위해 진리로 가정된다. 이와 같은 고대의 언어 사용에 대해(참고. A. Szabö in Hist. WB Philos. 3, 1974, 1260f.) 레셔(N. Rescher)의 짧은 설명(같은 책, 1266)은 동의한다. 가설 개념은 이른바 논리적 실증주의의 언어분석을 통해 확장되었다. 마찬가지로 카르납(R. Carnap)도 1928년에 다음과 같은 모든 진술을 가설이라고 지칭했다. 그 진술들은, 왜냐하면 그것의 진리와 비진리를 결정하는 "체험들"이 생각될 수 있기 때문에, "실제적인 내용"을 함유하기는 하지만, 그런 체험들의 토대제공이나 검증은 아직 발생하지 않았다(*Scheinprobleme in der Philosophie*, Neudruck hg. von G. Patzig, 1966, 52; 참고. 50). 명제들에게 토대를 제공하고 또 다른 명제들을 검증할 수 있는 "체험들"은 관찰된 명제들 속에서 고수되는 의미의 인식이다. 슐리크에 따르면(M. Schlick, Über das Fundament der Erkenntnis, in: Erkenntnis 4, 1934, 79-99) 그와 같은 "확립"은 **전혀 가설이 아닌 유일한 종합명제**"다(ebd. 98). 그러므로 이와 같이 토대로 **소급된** 명제들은 카르납과는 달리 슐리크가 보기에는 "확립"(Konstatierung)에 의존하기 때문에 가설적이다. 확립 그 자체는 슐리크에 따르면 가설들을 형성하는 순간에만 구별될 수 있다. 이 시점 이후에 확립은 어떤 강압적인 확실성이 없다면 순수 가설이 된다. 이와 함께 슐리크는 경험적 확실성이 그런 종류의 명제에 근거하고 있다는 점에 대한 비판을 개시했고, 이 비판은 후에 무엇보다도 그런 기본명제들에게 보편적 용어들이 필수불가결하다는 점으로 향했다(W. Stegmüller, *Metaphysik, Skepsis, Wissenschaft*, 2. Aufl. 1969, 279-307 참고). 이로부터 가설의

장을 표명하는 자들이 진리를 미결로 남겨두어도 된다고 말한 것은 아니다.[128] 진리를 그렇게 버려두는 것은 신앙의 진술의 특성에 사실상 모순될

개념이 모든 경험의 명제들 전반으로까지 확장될 수 있었다는 것이 이해된다. 이에 대해 1945년 에이어의 글을 참고하라(A. J. Ayer, *Language, Truth and Logic*, 2d. ed. 93f.: "Empirical propositions are one and all hypotheses"). 실질적인 내용에서 이것은 이미 비트겐슈타인이 표현했던 내용이었다(L. Wittgenstein, *Tractatus logico-philosophicus*, 1921). 그는 여기서 주장된 명제의 단언적 기능과 연계하여 다음과 같이 말했다. "명제는 **만일** 그것이 참인 경우에는 그것이 어떤 상태인 것인지를 **보여준다**. 그리고 이 명제는 그것이 그런 상태임을 **말한다**"(4.022). 경험적 주장의 명제들에 존재하는 가설적 요소와 단언적 요소의 연결은 또한 루이스에 의해 강조되었다(C. I. Lewis, *An Analysis of Knowledge and Valuation*, 1946, 22f.).

128 요에스트는 우리가 그리스도교 신앙에 대해 단지 "무조건적으로만 관여할 수 있고, 그렇지 않다면 전혀 관여할 수 없으며, 어떤 경우에도 우리가 가설적인 조건으로는 그것에 관여할 수 없다"라고 썼는데(W. Joest, *Fundamentaltheologie. Theologiesche Grundlagen- und Methodenprobleme*, 1974, 253), 이것은 **신앙의 행위**에 대한 서술로는 틀림없이 적절하다. 하지만 신앙이 연관되어 있는 명제들과 주장들에 대해서는 사정은 이와 다르다. 이 명제들과 주장들은 물론 단언적 의미를 갖고 있기는 하지만, 동시에 바로 그 점에서 (수용자를 위한 혹은 반성의 측면에서) 가설적 구조를 또한 갖고 있다. 이 점에서 요에스트의 설명들은 명확하지 않다. 일단 신학이 "**신앙이라는 전제로부터**" 출발한다는 주장이 그렇다(ebd. 240). 이 "근본전제" 때문에 신학은 어떤 "보편적인 토론의 장"에서도 자신을 정당화할 수가 없다(252). 이 근본전제가 특정한 명제들과 그것의 진리성에 관계되는지는 명확하지 않다. 왜냐하면 요에스트는 신학자란 "그리스도 안에 있는 하나님의 계시를 해석하여 전개하는 모든 명제들을 잠정적인 것으로 그리고 미래의 확증을 기대하면서 작성하였다고 이해"할 수 있을 뿐이라고 말했기 때문이다(253). 그의 모든 명제들이 정말로 그러한가? 교회의 교리나 성서의 모든 명제들도 그러한가? 만일 그렇다고 한다면, 우리는 "그리스도 자신 안에서 나타난 신적 증언의 진리"(ebd.)를 그 명제들 없이는 알아차리지 못하게 된다는 문제가 발생한다. 그렇다면 신앙 안에 놓인 "근본전제"는 모든 "각각의" 명제들이 잠정적이고 수정될 수 있다고 주장되는 사실과 어떤 관계에 있는가? 이 질문에 대해 요에스트는 대답하지 않았다. 이 질문은 나중에 신앙의 확신이라는 질문과의 관계 속에서 보다 상세한 설명을 필요로 한다. 만일 요에스트의 설명에서 저 잠정성이 단지 신학자 자신의 명제들에게만 해당될 뿐이며, 성서나 교회적 신앙고백의 명제들에는 해당되지 않는다고 이해된다면, 이것은 확실성의 문제라는 전통적인 난제들을 유발하며, 요에스트가 이 난

것이다. 또한 이는 주장들의 일반적인 논리 구조와 연결되지 못한다. 어떤 주장의 제시와 동시에 그 언급된 것의 진리성도 함께 주장되기 때문이다. 따라서 듣는 자나 독자들이 그 주장들이 실제로 적절한지, 그리고 그것들의 진리 주장이 정당한지에 대한 질문을 제기할 수 있다는 사실은 바로 그 주장들의 논리 구조에 속한다. 그 주장들은 진리 요청과 연결되어 있고 어떤 순수한 정서적 표현이 아니기에, 그것들이 적절한지 아닌지의 질문은 제기될 수 있다. 주장의 "주제"(These)가 듣는 자나 독자에 의해 (또는 반성의 지평에서) 우선적으로 검증되어야 하는 것으로, 필요한 경우 당분간 가정해 볼 수 있는 것으로, 즉 하나의 "가설"(Hypothese)로 다루어질 수 있다는 가능성은 하나의 표현이 그 표현 및 표현하는 주체와도 구분되는 어떤 사태에 관한 주장으로서 진지하게 수용될 수 있기 위한 조건이다. 그러므로 신앙의 진술들이 성찰의 지평에서 가설로서 다루어질 때, 이것은 그 진술의 단언적 특성에 전혀 모순되지 않는다. 반대로 바로 그때 그 진술의 단언적 특성이 진지하게 받아들여진다. 만일 신앙의 진술들의 주장이 적절한지 아닌지의 질문이 의미 있게 제기될 수 없다면, 아마도 그 특성은 제거될 것이다. 그때 신앙의 진술들은 말하자면 "인지적인" 진리 요구를 할 수 없는 주관적 상태의 표현에 불과한 것으로 다루어지게 될 것이다.

어떤 주장의 진리 요청이 가설적이라는 것은 성찰의 지평에서 (또는 듣는 자나 독자에게) 비로소 인식될 뿐, 주장하는 사람 자신에게는 적용되지 않는다. 주장하는 사람이 다른 어떤 것을 통해 자신의 주장의 아마도 가능한 회의적인 수용을 함께 숙고하지 않는 경우라면, 어쨌든 그렇게 되지 않는

제를 주관주의적인 의미 안에서 해소하고 있지는 않은가라는 의심을 불러온다. 왜냐하면 그는 다음과 같이 말하기 때문이다. "…그리스도교 신앙을 요청하고 수행하는 근거가 예수 그리스도 안에 나타난 하나님의 계시 안에서 그리스도교 신앙에 주어져 있다는 확신은 바로 그 신앙의 행위 자체다"(ebd. 253). 여기서 그는 어쨌든 신앙의 자기근거라는 논증 형태가 위험한 것임을 알아채지 못하고 있다.

다. 주장의 행위 속에서 대단히 부주의하게도 주장된 것의 진리가 요청되곤 한다. 그때는 듣는 자나 독자가 비로소 그 주장, 그리고 그 주장이 과연 참인가 하는 질문 사이를 구분한다. 이들에게만 그 주장은 "단순 주장"이 되는데, 단순 주장은 주장의 진리가 쉽게 "가정"되지 않을 때 앞으로 검증되어야 하는 주장을 뜻한다. 이것이 주장에 어떤 모순을 일으키는 것이 아니며, 오히려 그 주장의 진리의 의도성을 진지하게 수용하는 것이다. 이 사실은 신앙의 주장들과 그것들에 대한 신학의 관계에도 해당한다. 신앙의 주장들은 의미 없는 동의에 의해 가치 평가되지 않는다. 오히려 그것들의 진리 요청은 검증을 통과했을 때 가치가 있다고 평가된다. 또한 이 사실은 신앙의 진술들과 하나님 자신의 진리를 구분하는 차이에도 상응한다. 하나님의 진리는 그 차이를 드러내려고 하며, 참된 신앙인은 그 진리가 언제나 자신의 말과 이해를 무한히 뛰어넘는다는 사실을 직시한다.

하나님의 진리는 주장과 그것의 수용 사이에 있고, 그 수용의 최종적인 기준을 형성한다. 그것은 물론 우리 인간들이 측정할 수 없는 기준이다. 왜냐하면 어느 누구도 그것에 마음대로 손댈 수 없기 때문이다.

신학적 성찰의 분야는 신앙고백의 진술들과는 구분된다. 그 분야에서는 신앙의 "진술들"이 지닌 논쟁거리가 숙고될 뿐만 아니라, 신학적 명제들 그리고 그 명제들 안에서 주장되는 "현실성"(이것은 하나님 자신의 현실성의 첫째 자리에 놓인다)이 지닌 논쟁거리도 함께 숙고될 수 있고 또 숙고되어야만 한다는 점에서 구분된다. 왜냐하면 그 분야는 세계 그리고 역사의 현실성에 속하기 때문이다. 이 세계는 교의학 안에서 하나님의 세계로─하나님에 의해 창조되고 화해되고 구원을 받은 세계로─설명되어야 하는 세계다. 그와 함께 하나님의 신성이 어떻게 창조된 세계와 그것의 역사를 통해 찬양을 받으시는가 하는 것이 동시에 서술된다. 이것이 의미하는 바는 만일 세계가 신의 무능을 표현한다거나 혹은 심지어 하나님의 현존재에 대항하는 반증으로 간주되지 않아야 한다면, 하나님의 현존재와 본질이 이 세계 안에서 겪는 논란의 여지 또한 하나님 자신 안에 근거된 것으로 이해되어야 한다는 사실이다.

그리스도교 교리의 체계적 서술 안에서 세계, 인간, 역사는 하나님의 신성의 표현과 증거라고 주장된다. 여기서 인간과 세계의 역사는 하나님께 대한 그들의 대립 관계를 전달하고, 그 관계가 변화하여 하나님의 신성에 대한 증언으로 건너가는 과정을 형성한다. 이것이 그리스도교 교리 안에서 구속사로서의 역사가 갖는 의미다. 창조, 죄, 화해, 완성의 순서에서 그리스도교 교리의 소재는 항상 인간의 구원과 창조의 갱신을 멀리 내다보는 역사의 전망 안에서 파악되고 배열되었다. 이와 같은 하나님의 구원의 경륜에 관련된 주제들에서 중요한 것은 하나님 곁에 추가되는 어떤 것이 아니다. 오히려 그 역사와 그것의 신학적인 서술에서 중심이 되는 것은 하나님의 신성이다. 그 역사의 서술이 신학적일 수 있는 것은, 오직 그 역사 서술이 하나님의 신성에 관한 증언이 된다는 점에서 서술의 통일성을 발견할 때다. 그러므로 세계, 인간, 역사를 설명할 때도 교의학에 중요한 것은 하나님의 현실성이다. 바로 그렇게 해서, 그리고 오직 그렇게 해서 교의학은 인간과 세계에 관계하게 된다. 하나님은 신앙과 신학의 포괄적이고 유일무이한 주제다. 이 두 가지는 그분 외에 다른 어떤 주제도 갖지 않는다. 그러나 하나님에 관한 진술은 세계와 인간에 대한, 그리고 인간의 화해와 구원에 대한 진술 역시 요구한다. 하나님을 신학의 유일한 주제로 설명하는 것은 창조와 인간에게서 하나님 곁에 존재할 현존의 권리를 빼앗는 것이 아니라 오히려 그들에게 하나님이 수여하신 그 권리를 인정하는 것이다. 세계와 인간의 현존재 그리고 그것들의 완성 속에서 하나님의 신성이 표명되며, 또한 거꾸로 세계와 인간도 창조자에게 영광을 돌려드림으로써 그들 자신의 고유한 현존재를 소유할 수 있고 그것들의 완성의 길을 발견할 수 있다.

그리스도교 교리의 서술인 교의학은 결국 조직신학 곧 하나님에 관한 체계적인 가르침이며, 그렇지 않으면 아무것도 아니다.[129] 그리스도교 교

---

129 그렇기 때문에 교의학과 윤리학의 구분은 단지 "노동-경제적으로" 근거될 수 없다. 최근에 칼 바르트(K. Barth, *KD* I/2, 1938, 875-890)를 계승하는 견해는 흔히 그렇게 주

리의 모든 개별적 주제들이 하나님의 현실성에 대한 관계를 통해 체계적으로, 다시 말해 조직신학으로서 서술됨으로써, 그리스도교 교리의 진리성 또한 주제로 등장한다. 왜냐하면 그리스도교 교리의 모든 진술은 오직 하나님 안에서만 진리이기 때문이다. 그것들은 하나님의 현실성과 함께 서고 넘어진다. 하나님의 현실성은, 세계가 한번 존재하게 된 이후에는, 바로 그 세계의 창조자, 보존자, 화해자, 완성자로서의 하나님의 존엄성과 관계된다. 그렇기 때문에 세계, 인간, 역사가 하나님 안에 근거, 화해, 완성된다고 체계적으로 서술할 때, 그 모든 것은 하나님의 현실성에 관계된다. 그 서술에서 하나님의 현존재는 위험에 처하며, 그와 동시에 그리스도교 교리의 진리도 그렇게 된다. 이것은 특별히 하나님의 현존재, 본질, 속성들에 대한 신론의 서술에서만이 아니라, 종말론까지 펼쳐지는 교의학적 주제들의 모든 지점에서 그러하다.

조직신학으로서의 교의학은 단언적이면서도 가설적으로 진행된다. 이것은 교의학이 세계, 인간, 역사에 관한 모델을 하나님 안에 근거하는 것으로 전개한다는 점에서 그렇다. 이 모델은, 근거가 충분한 경우에는, 하나님의 현실성과 그리스도교 교리의 진리성을 "증명"할 것이다. 다시 말해 일관성 있는 서술의 형식을 통해 그것들을 입증하고 강화할 것이다. 교의학은 이로써 그리스도교적 가르침의 진리 주장을 해석한다. 교의학은 교리가 진리로 받아들여질 수 있기 위해 어떤 맥락에서 이해되어야 하는지를 상술한다. 세계, 인간, 역사가 하나님 안에 기초한다는 교의학적 해석에 대한 충분한 근거에는 제약이 따르는데, 이 제약은 교의학적 구상의 증명 능력과 진리성에 대한 결정이 자신에게 달려 있지 않다는 사실을 보여준다.

장한다(예를 들어 W. Joest, *Dogmatik 1*. Die Wirklichkeit Gottes, 1984, 20). 교의학과 윤리학의 구분은 오히려 실제 내용에 근거한다. 윤리학은 인간을 행위의 주체로 간주한다. 반면에 교의학은 창조나 교회에 관해 진술할 때 하나님과 그분의 행동에 관해 주목한다.

그 결정은 세계, 인간, 역사가―우리가 그것들을 알듯이 그리고 그것들을 아는 한―그 모델 안에서 재인식될 수 있는지에 달려 있다. 다시 말해 그 모델 안에서 하나님을 통해 규정된 것으로 서술되는 것이 정말로 세계, 인간, 역사의 실재(Realität)인지에 달려 있다. 다른 한편으로 그 결정은, 교의학이 그리스도교 교리의 서술과 주장을 위해 제시하는 증빙이 정당한지에 달려 있다. 이 두 가지 질문은 비판적 논의의 대상이며, 그리스도교 교리의 초기 서술들에 대한 비판을 유도할 뿐 아니라, 그리스도교 교리의 목적에 더 충실하면서도 세계, 인간, 역사의 현실성에 더 적합한, 보다 더 나은 모델을 발전시키기 위한 모든 새로운 시도를 비판하도록 한다. 초기의 그리고 새로운 교의학적 모델들의 타당성에 대한 지속적인 논쟁 속에서 모델과 하나님의 진리 사이의 차이가 의식적으로 드러나며, 이것은 창조를 통해서나 역사의 과정 속에서 실제적으로 증명되는 것과 마찬가지다. 물론 신학자를 위로하기 위해 다음이 고려되어도 좋을 것이다. 신학자 자신의 통찰은 제한되어 있는 것과 마찬가지로 또한 비평가들의 통찰도 제한되기에, 그리스도교 교리의 여러 모델들은 모든 한계 속에서도 하나님의 진리를 예기하는(antizipierende) 서술의 기능을 가지며, 믿음은 세계 안에 나타날 진리의 최종적인 계시를 기대하게 된다.

그리스도교 교리의 교의학적인 서술은 이러저러한 관점에서 교리의 진리 의도에 적합하지 않았던 지금까지의 표현 형태들에 대한 비판이기도 하다. 물론 교의학적 서술의 형태를 취하지 않는 그리스도교 교리의 비판도 있다. 그 비판은 그리스도교 교리의 형태를 교정이 필요한 것으로 볼 뿐만 아니라, 나아가 그것의 진리 주장 자체가 취약하다고 간주한다. 또한 그 비판은, 철저하게 진행된다면, 서술의 형태를 취하고 그리스도교 교리의 재구성을 시도해야만 하는데, 이것은 단지 인간론적이고 세계 내재적인 동기와 요인의 표현으로서도 충분히 잘 설명할 수 있어야 한다는 요구에 응해야 한다. 그와 같은 비판에 근거가 충분하다면, 그 대상은 미래에 더 이상 논쟁할 필요가 없을지도 모른다. 극단적인 경우 그런 비판은 하나님의 현실성이 완전히 완료된 것으로 믿는다. 그와 같은 비판의 논쟁들도 역시 교의학에서는 중요하다. 이 논쟁들도 각각의 서술 안에 명시적 또는 암묵적으로 포함됨으로써, 하나님의 현실성과 그리스도교 교리의 진리성에 대한 교의학적 증명을 강화하게 된다.

그렇기 때문에 교의학은 비록 다른 모든 주제를 하나님에 의해 규정되는 것으로, 곧 하나님의 방식으로(sub ratione Dei) 설명하면서 일련의 신론적 사고의 전개 안에서 논의함에도 불구하고, 하나님의 현실성 자체를 직접적으로 다룰 수 없다. 더 정확하게 말하자면, 하나님의 현실성은 우선적으로 인간의 관념, 인간의 언어, 인간의 사상으로 주어져 있다. 관념과 사상 속에서 의도되지만 그것들과는 구분되는 현실성으로서의 하나님이 과연 고려될 수 있는지, 있다면 어떻게 그렇게 될 수 있는지는 논쟁의 대상이다. 이 문제를 무시하려 한다면 값비싼 대가를 치르게 된다. 그 대가는 바로 하나님이 결국 인간의 관념일 뿐이라는 아이러니한 결과다. 이 문제를 극복하려는 자는 이 논쟁에 응해야만 한다. 인간이 도대체 어떻게 하나님의 현실성을 고려할 수 있는가라는 질문은 그때 보다 상세한 해명을 필요로 한다. 여기서 중요한 것은 성서가 증언하는 하나님의 현실성이 보편적·공적으로 논의되는 현실성이 될 수 있도록 하는 것이다. 이로써 우리는 본래적 의미의 교의학적 서술이 시작되는 지점에 도달한다.

그와 같은 예비적인 논의들은 이전에는 **신앙의 예비적 전제들**(praeambula fidei)이라고 말해졌다. 오늘날 그것들은 교의학의 기초를 탐구하는 "기초신학"에 할당되곤 한다. 여기서 주목해야 할 것은 그 논의가 기껏해야 방법론적 의미에서만 "기초"라는 사실이다. 왜냐하면 실제 내용을 따를 경우 신학에서는 하나님 자신 내지는 오직 예수 그리스도 안에 있는 하나님의 자기 계시만이 기초이기 때문이다. "이 닦아둔 것 외에 능히 다른 터를 닦아 둘 자가 없으니, 이 터는 곧 예수 그리스도라"(고전 3:11). 이에 따라 신 개념, 신 존재 증명, 종교 등에 대한 도입부의 논의들이 교의학에서 신론 안으로 흡수되며, 그 밖의 모든 논의는 계시 안에 있는 하나님의 현실성의 전개로서 제시된다. 여기서 논거의 맥락은 거꾸로 되어 있다. 그럼에도 불구하고 신론에 뒤따라오는 모든 것은 신 개념과 종교에 관한 설명으로 대체된 논의 영역과 관계될 것이다. 그것은 하나님의 현실성에 대한 논의 영역이며, 교의학뿐만 아니라 그리스도인의 실존과 교회도 그곳에 위치한다.

제2장

하나님 개념과
그 진리성의 질문

Der Gottesgedanke
und die Frage nach seiner Wahrheit

1. "하나님"이라는 말

근대 이전의 문화권에서 "하나님" 그리고 "신들"이라는 단어는 문화적 삶의 복잡한 환경 안에서, 그와 함께 언어적인 세계 속에서도 다소간에 정확하게 규정되는 자신만의 장소를 갖고 있었다. 그곳은 사회적인 그리고 우주론적인 질서의 궁극적 토대들이 질문되고 그 질서를 보증하는 법정(Instanzen)이 문제되는 곳이었으며, 그 법정에서는 그 토대들에 상응하는 경외감, 주의, 관심 등이 제공되어야 했다. 하지만 근대의 세속화된 문화 속에서 "하나님"이라는 단어는 그와 같은 기능과 의미를 점점 잃어버렸고, 공적 의식 속에서도 마찬가지였다.

그 과정에서 우선 하나님이라는 단어가 가리키는 현실성이 불분명해졌다. 종교로부터 해방된 공적 의식의 맥락에서 하나님에 대한 진술의 단언적 성격은, 그것이 대상의 존재를 전제한다는 점에서[1] 더욱 이목을 끄는 것이 되었다. 이것은 철학적 신학의 전통적 진술들뿐만 아니라 또한 그리스도교적인 전승과 선포의 진술들에도 해당한다. 그 진술들은 전적으로 세속화된 공공 문화의 맥락에서는 단순 주장들로서 나타나는데, 단순 주장의 진리 여부는 불확실할 뿐이다. 이것은 그와 같은 진술들의 진리 혹은 그것들의 (명제적인) 핵심 내용의 진리가 이제는, 비록 모든 논쟁을 넘어서지는 못한다고 해도 최소한도라도 검증되지 않고서는 더 이상 타당하거나

---

[1] 달페르트(I. U. Dalferth, *Existenz Gottes und christlicher Glaube. Skizzen zu einer eschatologischen Ontologie*, 1984, 88f.)는 단어들의 "존재론적인 전념"(ontological commitment)이라는 콰인(W. V. O. Quine)의 명제를 수용하면서 올바르게 그렇게 주장했다(*From a Logical Point of View*, 1953, 2nd ed. 1961, HTB 566,12ff.).

신빙성이 있는 것으로 받아들여지지 않는다는 것을 뜻한다. 개인은 개별적이고 주관적인 결정 안에서 다음과 같은 입장을 취할 수 있다. 만일 그와 같은 단순한 주장들이 세속적인 사태 관계를 내용으로 취한 후에 사회학자나 심리학자와 같은 이들의 학문적 권위에 의지한다면, 그때 세속 문화의 공적 의식은 그런 단순한 단언들의 진리 요청을 기꺼이 인정할 것이다. 하지만 하나님에 대한 진술들의 경우는 그렇지 않으며, 심지어 인문학자들이 종종 제시하는 당대의 명제들보다 더욱 큰 수고로써 날카롭게 진술되는 경우라고 해도 공적으로 인정받기란 쉽지 않다. 하나님에 관한 주장들은 공적인 의식 안에서는 단지 화자의 주관성에 귀속되는 "순수한" 단언들이다. 이것은 일차적으로는 그것들의 진리 주장이 긍정적으로 평가될 수 있기 전에 일반적인 검증을 필요로 한다는 것을 뜻한다. 이에 더하여 그것은 훨씬 확장된 의미를 갖는다. 즉 하나님에 대한 진술들의 경우 그런 검증은 아무런 결과도 이끌어내지 못하며, 그래서 그 진술들의 진리 주장은 결국 진지한 공적 토론의 가치가 없다는 사실이 이미 처음부터 가정되어 있음을 뜻한다.

더욱 파급 효과가 큰 것은 둘째 변화인데, 물론 이것은 앞서 언급한 내용의 결과로 이해될 수 있다. 다시 말해 종교에 무관심해진 문화적 세계의 공적인 의식 안에서 하나님 개념이 인간 세계에 대해 갖는 기능이 퇴색된 결과, 하나님의 현존재가 회의적인 것이 되었을 뿐 아니라 하나님 개념의 내용 자체도 불분명해졌다. 칼 라너는 "하나님"이라는 단어에 대한 성찰을 자신의 책 『신앙의 개요』(*Grundkurs des Glaubens*)의 도입부에 제시하면서, 이 단어가 오늘의 인간에게 "마치 눈먼 얼굴 표정처럼" 수수께끼 같은 느낌을 준다고 말했다.[2] 이 단어는 인류 역사 안의 문화들에서 하나님 개념의 중요성을 의식하는 사람에게는 "숙고할 가치가 있는" 것으로 보일지도

---

2   K. Rahner, *Grundkurs des Glaubens*, 1976, 56.

모른다. 하지만 그 단어는 현대의 분별 있는 세계에는 더 이상 어울리지 않는 주문(Abakadabra)처럼 보일 수도 있다.

이 사실로부터 전통적·그리스도교적 언어에 속한 다른 요소들과 함께 "하나님"이라는 단어가 신학자들에게조차도 그리스도교적인 선포에서 부담이 되고 있다는 것 역시 쉽게 이해된다. 왜냐하면 이 단어는 세속적인 사람들이 선포를 이해하는 것을 방해하는 것처럼 보이기 때문이다. 하지만 이 단어가 없다면 나사렛 예수에 대한 신앙으로 인도하는 호소는 모든 근거를 상실한다. 비록 어떤 사람의 가르침이나 삶의 역사가 대단히 훌륭하다고 해도, 우리는 다른 사람과 마찬가지로 단지 한 인간일 뿐인 사람을 원시 그리스도교적 선포의 의미에서 믿을 수는 없으며, 하물며 다른 사람들에게 그를 믿으라고 권고할 수도 없다. 그때 특별히 그에 관하여 전승된 다양한 말들과 또한 그의 자기 이해는 터무니없는 것으로서 역사의 흐름 속에 파묻힌 것으로 판단되어야 할 것이다. 이와 같은 이유로 그리스도교의 선포와 신앙은 "아버지"에 관한 예수의 구체적인 언급의 토대가 되는 "하나님"이라는 단어를 포기할 수 없다. "아버지"는 "하나님" 없이 이해되지 않는다. 그렇다면 이 단어의 "눈먼 얼굴 표정"에 담겨 은폐되어 있는 그것으로 나아가기 위한 출입문은 어떻게 새롭게 획득될 수 있는가?

오늘날 특히 이 질문에 대한 대답은 "하나님"이라는 단어를 새롭게 규정할 원천으로서 경험, 특히 종교적 경험을 요청할지도 모른다.[3] 이것은 경험주의적으로 정립된 시대 정신에 상응한다. 하지만 그 대답은 겉으로 보이는 것만큼 자명하지 않다. 이 사실은 이미 신앙과 경험의 관계를 생각할

---

3   트랙은 이와 같이 하나님에 관한 담론의 근거를 "종교적 경험 속에서" 찾을 것을 요청한다(J. Track, *Sprachkritische Untersuchungen zum christlichen Reden von Gott*, 1977, 242; 참고. 185f., 311, 314). 달페르트도 "그리스도교적인 신앙 담론의 경험적 기초"를 말한다(I. U. Dalferth, *Religiöse Reden von Gott*, 1981, 393-494). 달페르트는 이 기초를 예수 그리스도를 통해 "하나님이 말을 건네시는(Anrede) 경험" 속에서 찾는다(446; 참고. 469ff., 489).

때 드러난다. 비록 이 두 가지는 특히 루터에게서 유래하는 종교개혁의 전통 안에서 밀접하게 관련되었지만, 전혀 같은 것이 아니다. 신앙은 하나님의 계시이신 예수 그리스도를 향한다. 계시는 교회의 선포와 가르침을 통해 전달된다. 루터에 의하면 그 신앙은 율법에 대한 절망의 경험과 관계되어 있다. 그럼에도 불구하고 복음의 소식은—이와 함께 또한 그것에 대한 신앙도—양심의 경험에 더해지는 어떤 새로운 것으로서 다가온다. 복음은 양심의 경험으로부터 유도될 수 없으며, 비록 그 경험이 위로와 신뢰의 새로운 경험에 기초하고 있다고 해도 그럴 수 없다.[4] 신앙과 양심이 경험과 결합하는 것은 경건주의와 각성 운동을 통한 개신교적 영성의 역사 속에서 지속적인 중요성을 보유했다. 이 발전으로 신앙을 죄의식의 경험에 기초시키는 일이 많아졌는데, 이것은 니체와 프로이트 이래로 대단히 부정적인 비평의 대상이 되었고, 그래서 그 방법은 그리스도교 신앙의 인간적인 의미를 서술하는 길로서는 더 이상 통용될 수 없었다.[5] 다만 지금 문제를 제기하는 우리의 주제에 대해 더욱 중요한 것은 이 전통에서 신 개념이 양심의 경험 위에 기초하는 것이 아니라 그 경험의 해석을 위해 미리 전제되었다는 사실이다.

하나님 개념 자체를 명료화하기 위해 그것을 종교적 경험으로 소급하기를 원하는 사람은 넓게 파악된 종교적 경험의 개념을 연구해야 한다. 그런 개념은 특별히 현대 영국의 종교철학에 의해 만들어졌다. 루이스(Hywel D. Lewis)는 1959년에 종교적 의식의 출발점으로서 놀람(wonder)을 말했다. 이 의식은 모든 사건과 사실의 "배후" 혹은 "위"에서 어떤 비밀의 현실

---

4   루터가 서술하는 신앙과 경험의 긴장감 넘치는 관계에 대해 P. Althaus, *Die Theologie Martin Luthers*, 1962, 58-65, 또한 U. Köpf in *TRE* 10,1982,114f.를 보라.
5   라우레트(L. Lauret, *Schulderfahrung und Gottesfrage bei Nietzsche und Freud*, 1977)는 니체나 프로이트의 무신론에 담긴, 죄의식의 심리학적 비평의 기초적 의미를 입증했다.

성, 곧 다른 모든 것이 의존하고 있는 현실성을 알아채게 된다.[6] 이런 설명은 윌리엄 제임스(William James)나 루돌프 오토(Rudolf Otto)의 고전적인 서술에 가깝다. 또한 그 설명은 그보다 2년 전(1957)에 출판되어 많은 논란을 일으켰던 이안 램시(Ian T. Ramsey)의 서술과도 연결된다. 그는 신학의 도전에 대해 언어분석의 철학을 통해 답변했으며 종교적 경험이라는 개념을 "상황들"과 연관시켰는데, 상황 속에서 누군가에게 갑자기 어떤 것이 폭로(disclosure)된다고 했다. 그것은 마치 사람들이 "동전이 떨어진다"라던가, "얼음이 깨진다"라고 말하는 것과 같다.[7] 램시는 루이스보다 더욱 강하게 종교적 경험의 돌발성을 강조했고, 어떤 주관적인 참여와 연계된 통찰력을 그 돌발성의 특성으로 보았다. 삶 전체가 그 경험을 통해 변화한다는 것이다.[8] 이것이 1799년 슐라이어마허가 『종교론』에서 말한 직관과 감정의 결합을 떠오르게 하는 것은 아마도 우연이 아닐 것이다. 특히 램시도 슐라이어마허처럼 종교적 경험을 "전체 우주"와 관련지으려 하기 때문에 더욱 그렇다.[9]

이와 같이 설명되는 종교적 경험이 하나님 개념을 명확하게 규정할 수 있는 곳의 출입문을 열어주는가? 램시에게는—어떻든 슐라이어마허에게는—사태 관계는 거꾸로 된다. 하나님 개념이 그와 같은 경험에 대한 **해석수단**(Interpretament)의 기능을 행사한다.[10] 이 사태 관계는 분석적 종교철학

---

6   H. D. Lewis, *Our Experience of God*, London (Allen and Unwin) 1959, Fontana ed. 21315, 1970,120,128.

7   I. T. Ramsey, *Religious Language. An Empirical Placing of Theological Phrases*, London (Macmillan) 1957, paperback ed. 1963, 28f.; 참고. 25f. 마지막 문장은 형태심리학에 대한 램시의 방향성을 보여준다. 이 책의 도입부는 철학적 언어분석을 통한 도전과 관련되어 있다(특히, 15).

8   Ebd. 40f.

9   Ebd. 41.

10 램시에 따르면 "하나님"은 핵심어(key word: 51)이며, 그것 안에서 종교적 경험과 관련된 참여의 총체성이 표현된다. 참여는 단순히 지각으로부터 유도될 수 없다(48). 슐라이어마허에게 하나님 개념은 종교적 경험에 대한 숙고에 속한다. 1799년 그의 책

의 후기 담론에서 더욱 명확하게 제시되었다. 하나님 개념을 다루는 해석 안에서 종교적 경험은 **하나님과의**(혹은 어떤 신과의) "만남"으로서만 서술될 수 있다.[11] 특히 존 힉(John Hick)은 종교적인 경험이 다른 모든 경험들과 마찬가지로 해석과 결부되어 있으며, 그 경험이 비로소 지각된 것을 "어떤 것으로" 지각하고 이해한다고 주장했다.[12] 여기서 개별적인 경험의 해석은 보편적인 특성들에 의존하는데, 보편적 특성들은 일시적이거나 산발적인 인상을 넘어서서 보다 넓은 이해의 맥락 속에 자리를 잡고 있다.[13] 우리는

『종교에 관하여』(*Über die Religion*) 초판에서 하나님 개념은 "우주"에 관한 여러 가지의 가능한 해석들 가운데 하나를 보증하는데, 인간은 종교적 경험 속에서 행동을 통해 우주를 경험한다고 하였다(129). 『신앙론』(*Glaubenslebre*, 1821, 2. Ausg. 1830)에서 "하나님"이라는 단어는 "우리가 우리의 존재상태(Sosein)을 소급시키는" 의존의 감정에 관한 "가장 직접적인 반성"이다(§4,4).

11 달페르트(I. U. Dalferth, *Religiöse Rede von Gott*, 1981, 432f.)는 무엇보다 다음 책들과 관련하여 그렇게 기술한다. R. W. Hepburn, *Christianity and Paradoxy* 1958, 그리고 J. I. Campbell, *The Language of Religion*, 1971.

12 J. Hick, Religious Faith as Experiencing-As, in: G. N. A. Vesey (ed.): *Talk of God. Royal Institute of Philosophy Lectures II*, 1967/68, London 1969, 20-35,25. 또한 힉은 지각의 형태적 특성을 상세하게 언급하는데, 여기서 인지는 **개념**(*concepts*)의 형식 안에서 경험의 내용으로 확인되는 것과 결합된다. 하지만 개념들은 **사회적인 산물**(*social products*)로서 그것들 각각의 언어세계에 속한다. 제프너(A. Jeffner, *The Study of Religious Language*, London (SCM) 1972, 112ff.)는 힉의 이와 같은 설명을 개별 경험의 해석을 위한 형이상학적 개념 틀의 의미에 관한 페레(F. Ferré, *Language, Logic and God*, London 1961)의 이해를 빌려 정리하였다.

13 I. U. Dalferth, *Religiöse Rede von Gott*, 1981, 454-466. 달페르트가 그리스도교적인 말 건넴을 경험하는 "인지적 지반"을 어떻게 "역사적인 진술들 속에서 표명되는 것"(467)으로 이해하는지, 즉 예수와 그의 의미에 관한 진술들 속에서(참고. 486ff.) 찾을 수 있는지는 확실치 않다. 그와 같은 역사적인 진술들은 단순한 인지만을 포함하는 것이 아니라, 오히려 그 인지의 보다 널리 진전된 단계의 해석 작업을 포함한다. 트랙(J. Track)은 자신이 초월적 대상의 "인격적 특성"에 귀속시키는 "추론상황" (Erschließungssituation) 속에 존재하는 종교 경험과, 그 경험들에 대한 이해를 가능 케 하는 분류, 즉 현존지향성과 행위지향성의 관계 안에서의 분류 사이를 날카롭게 구

이와 같은 해석의 과정 전체를 경험 개념으로 고려할 수도 있을 것이다. 다만 그때는 하나님에 관한 진술의 "토대"로서의 경험을 부가적으로 덧붙여지는 해석들과 명확하게 구분하고 그것들과 대립시키는 일은 어려워진다. 그 일은 만일 경험 개념을 그것의 후속적인 가공 작업(해석)과 구분하여 인지(Wahrnehmung)의 영역에 제한할 수 있다면, 타당할지도 모른다. 하지만 바로 그와 같은 종류의 견해는 근거가 빈약한 것으로 예시되었다. 왜냐하면 인지는 "형태의 인지"로서 이미 하나의 해석이며, 해석은 이미 역사적 그리고 사회적으로 매개되는 이해의 넓은 맥락 안에 포괄되어 있기 때문이다. 나아가 이 맥락은 경험적 맥락으로 분류되어 해석학적으로 표현되고 그다음에는 수정된다.

지금까지의 서술의 결론은 다음과 같다. "하나님"이라는 말은 종교적 경험과 관련된 기능을 갖기는 하지만, 그 자체로는 "추론의 상황" 속에 있는 인지로부터 유도될 수 없고 오히려 그 상황 속에서 만나는 자의 해석된 이해에 기여한다. 물론 여기서 그와 같은 상황의 내용에 대한 유일한 해석 내지 이해 가능성이 문제된다고 전제할 수 없다. 이제 추론의 상황에서 추론하는 자의 어떤 종류의 해석과 이해가 "하나님"의 표현과 관계되는지 더 정확하게 설명되어야 한다. 여기서 우선 분명히 밝힐 수 있는 것은 그 표현의 사용이 추론의 상황 속에서 경험되는 대상을 가리킨다는 사실이다. 정확하게 말하자면 추론의 상황은 그 상황과 연계된 채 "하나님"에 관해 말하는 자에 의해 어떤 대상과의 "만남"으로 경험된다. 그때 "하나님"이라는 단어는 그 대상을 지칭하는 데 기여한다.[14] 하지만 그 경우는 어떤 의미

분한다(a.a.O. 254f.). 그럼에도 불구하고 그는 하나님 경험으로서의 "직접 경험"의 이해에서 해석이 중요하다는 사실도 역시 인정한다(284f.).

[14] 여기서 "하나님"이라는 단어의 기능이 배타적으로 특정한 삶의 이해와 행동의 방향을 특징짓는 표현의 기능이라는 설명은 예증될 수 있다. 이것은 대상의 지칭을 종교적 언어 안에서 의미된 것의 오해라고 설명하는 것과는 구분된다. 브라운(H. Braun), 뷰렌(P. van Buren), 캄바르텔(F. Kambartel)이 이 주제에 기여한 내용에 대해 다음을 참

에서 성립하는가? 그 단어는 고유명사로서 기능하는가, 아니면 동일성의 묘사로서 기능하는가? 이 질문에는 논란의 소지가 있다.[15] 그 배후에는 신학의 하나님 개념과 형이상학의 신 개념 사이의 관계가 놓여 있다. 철학적 분석은 서술의 표시로서 "신"에 관해 말하며, 그것도 "신"에 고유한 존재론적 범주를 오직 유일하게 적용되는 경우의 명제로 가정하면서 그렇게 말한다.[16] 반면에 신학적인 언어 사용은 "하나님"이라는 단어를 고유명사로 사용하는 것을 선호한다. 하지만 신학적인 언어 사용 역시 이 기능에 제한될 수는 없다. 그 단어의 술어적인 사용의 이해 없이는, 예를 들어 예수 그리스도의 "신성"에 관해 말할 수 없을지도 모른다.[17] 무엇보다도 성서적인 하나님 이해의 발전은 야웨와 엘로힘이라는 이중적 표현을 통해 특화되어 있는데, 여기서 야웨는 배타적으로 고유명사인 반면에 엘로힘은 — 비록 자주 고유명사로 사용됨에도 불구하고 — 어원에서는 보통명사다. 종(Gattung)을 지칭하는 보통명사인 "신"이 하나의 유일무이한 존재의 이름이 되는 것은 일신론적 종교들의 언어 사용에서 특징적이다. 하지만 이것이 "하나님"이라는 단어에서 보통명사의 종의 지칭이나 일반적 특성의 지칭이 중요하다는 것을 조금도 변경하지 않는다. 오직 이 사실로부터 그 단어의 술어적 사용이 이해될 수 있다. 오직 그 사실을 기초로 하여 일신론적인 요구 그 자체, 즉 신성의 범주를 바로 그 유일무이한 존재에 제한하는 것이 이해될 수 있다. 하나님이라는 단어가 "그리스도교 이전에 그리고 외부에서도 각

고 하라. I. U. Dalferth, *Existenz Gottes und christlicher Glaube. Skizzen zu einer eschatologischen Ontologie*, München 1984, 89ff. 캄바르텔이 "하나님"이라는 단어를 공범주적 표현으로 이해하려는 제안(*ZEE* 15, 1971, 32-35)에 대해 다음을 보라. J. Track a.a.O. 219ff. 224,229,252ff.

15 이에 대해 J. Track 175ff., 특히 185ff., 또한 I. U. Dalferth, *Religiöse Rede von Gott*, 1981,571-583을 보라.
16 M. Durrant, *The Logical Status of "God"*, London 1973, 15 그리고 49.
17 I. U. Dalferth, *Religiöse Rede von Gott*, 1981, 574ff.

인된 용법"을 가졌다는 사실은[18] 야웨란 명칭을, 예수 그리스도의 신성에 대해 그리스도교가 말하는 것과 같은 하나님으로 이해하는 것을 제약하는 조건이다. 또한 그것은 예수 그리스도의 아버지이신 야웨 내지는 삼위일체 하나님의 "유일한 신성"의 주장을 이해할 수 있게 하는 조건이기도 하다. 그렇다면 그 주장의 내용은 일반적인 범주를 그것이 실현된 유일무이한 한 가지 경우에 제한하는 데 있다. 이것에는 그리스도교 외부에서 사용된 "하나님" 이해에 대한 수정이 틀림없이 포함되어 있다. 이것은 동일한 표현의 사용이 여기서 "동일한 것을 언급한다"는 증거로 수용될 수 없음을 뜻하지는 않는다.[19] 그것은 동일한 것, 오직 배타적인 "하나님"만을 말한다. 하지만 그것을 다른 방식으로, 근본적인 수정의 방식으로 말한다.

일반적인 지칭으로서의 "하나님"이라는 단어의 특징은 단지 성서나 그리스도교가 하나님에 관해 말해온 기원적인 역사에 대해서만 중요한 것이 아니라, 또한 하나님에 관한 진술의 이해 가능성을 제약하는 조건으로서 지속적인 중요성을 갖는다. 고유명사들은 오직 보통명사들과의 관계 속에서만 이해될 수 있으며, 또한 이것은 보통명사가 유일무이한 실현에 제한되어 있는 특별한 경우에도 해당된다. "신들"에 대한 보통명사인 "신적인 것"이라는 개념은 물론 그리스도교 신학에서 형이상학적 신 개념을 통해 해소되었는데, 이 신 개념은 이미 그 자체 안에 어떤 우주의 하나의 기원으로서의 신적인 것의 단일성을 내포하고 있다. 형이상학적 신 개념은 일반적인 서술의 형식을 보유했기 때문에, 그리스도교 신학에서 "하나님"(엘로힘)이라는 일반적 개념이 가진 것과 같은 기능을 실현할 수 있었다. 이 일반적인 개념은 초기의 성서적인 하나님 이해뿐만 아니라 특별히 야웨를 유일신으로 주장하는 것의 이해에도 관련되었다. 형이상학적인 신 개념은 그리스도교 신학에서 하나님에 관한 그리스도교적 진술에 대한 일반적

---

18 A.a.O. 576.
19 Dalferth ebd.

이해의 조건으로의 기능을 행사한다. "신", 즉 철학이 이미 다신론적인 민족 신앙 속의 복수의 신들과는 달리 하나라고 생각했던 바로 그 신은 성서의 한 분 하나님 안에서, 곧 예수 그리스도의 아버지 안에서, 실제로 존재한다. 여기서 성서 외부에서 사용된 하나님의 유일성의 언어는 더 이상 많은 민족들의 이방 신들을 유일신인 야웨와 대립시키듯이 그렇게 급진적으로 수정될 필요가 없었다. 예수 그리스도 안에서 발생한 한 분 하나님의 계시를 선포하는 그리스도교 선교의 메시지는 모든 개정에도 불구하고 사람들이 "하나님"이라는 이름 아래서 이전에 이미 알고 있었던 것과 "동일한 것"을 말한다는 사실은 더욱 분명해졌다. 오늘의 그리스도교 신학이 자신은 "그리스도교적인 하나님에 관해서만 언급하고 그 밖의 다른 어떤 신에 대해서도 언급하지 않는다"는 이유에서[20] 유일신을 생각했던 철학적 신학의 신 개념을 거부한다면, 그때 그 신학은 비록 의도하지는 않았다고 해도 다수 신들이 존재하는 상황으로 퇴각하는 셈이 되며, 그리스도교적 신론이 말하는 특정한 성서적 하나님은 그런 다수의 신들 가운데 하나로 언급되는 셈이 된다. 그와 같이 논증하려는 사람은 철학적 신 개념의 논의를 일신론에 제한하는 것에 기초한 논증을 통해 언어 분석에 기초한 신의 유일성을 주장할 수도 없다. 만일 실제로 그렇게 주장한다고 하면, 그때 그는 "신"이라는 단어를 사용하는 서술에 함축되는 형이상학적인 의미를 인정해야만 한다. 그리스도교 신학은 시초부터 자신의 고유한 관심사를 잘 이해하면서 작업했고, 그와 함께 민족 신앙이나 국가가 보호하는 제의의 다신론에 맞서 성서가 언급하는 한 분 하나님에 관한 내용이 보편타당하다는 것을 주장할 수 있었다. 오늘날 하나님에 관한 그리스도교의 진술이 이해하기 어려운 것은 적어도 다음 사실을 통해 더 심각해졌다. 그것은 그리스도교 신학이 현대의 문화적 의식을 쉽게 뒤따르면서 철학적 신학의 전

---

20 Dalferth a.a.O. 563; 참고. 566, 568f., 580, 582.

통을 통해 계승된 "형이상학"을 너무도 경솔하게 외면했다는 것과 그 외면이 신학적인 신론의 진술에 미칠 결과를 너무나 적게 고려했다는 사실이다. 많은 경우에 너무 성급하게 시대 정신에 적응하려 했다는 문제가 드러났다. 그 결과 개신교신학은 하나님에 대한 그리스도교 진술의 자명성에 기여할 수 있는 어떤 좋은 것도 제시하지 못했다.

종교적 경험의 새로운 이해도 하나님에 관한 진술을 명확하게 만드는 일을 해결하지 못했다. 왜냐하면 오히려 "하나님"이라는 단어가 거꾸로 종교적 경험의 내용을 이해하는 데 가장 중요한 해석 도구 중 하나이기 때문이다. 종교와 종교적 경험의 관계는 다른 곳에서, 예를 들어 어떤 현실이 신 개념에 상응하는지, 그리고 그것이 정말로 상응하는 것인지의 질문에서 의미를 갖는다. 이 문제는 후에 다른 맥락에서 자세히 논의될 것이다. 신 개념은 종교적 경험의 내용을 해명하는 데 이미 전제되어 있으며, 어떻든 친숙한 규정을 제공하는 일반적인 형식 안에서 그렇다. 신 개념의 그와 같은 보편적 내용에 대해서는 철학적 신학의 전통이 어떤 특수한 경험들에 관한 숙고들보다 더 많은 것을 시사한다. 여기서 중요한 것은 바로 세계의 이해다. 철학적 신학은 한 분 하나님을 우주적 통일성의 근원으로 사고했다. 철학적 신학은 종교적 전승들이 신들에 관해 말했던 것들과 단지 제한적으로만 대립하면서 접근했다. 종교들 또한 신들을 논증할 때, 우주적 질서와 기능의 내부에 있는 활동 영역을 신들에게 귀속시킨다. 철학적 신학은 단지 다음의 경우에만 종교적 전승들에 대해 비판적으로 대립했다. 그것은 우주의 통일성이 최종적으로 자신의 신적인 기원을 필요로 하는 경우인데, 여기서 기원은 이차적으로 다양한 국면으로 묘사될지도 모른다. 유사한 방식으로 보면 세계에 대한 관계나 세계의 통일성의 근거에 대한 관계는, 제2이사야서에서 온전히 나타나는 것처럼(사 40:12f.; 45:18-21), 창조의 사고를 넘어서 야훼 하나님의 유일한 신성에 대한 증언에 이르기까지 하나님에 대한 이스라엘의 신앙의 발전에 대해 결정적 의미를 가졌다. 또한 철학적 신학이 세계에 대한 관계, 나아가 세계 전체에 대한 관계를 신 개념의 기준으로 삼았다는 사실은 하나님에 관한 성서적 진술들과 전혀 대립되지 않는다. 초기 그리스도교 신학도 예수 그리스도 안에 계시되신 하나님이 세계의 창조자이자 절대적으로 유일하신 한 분 하나님이라는 사실을 단호히 확증했다. 세계의 창조자께서 예수 그리스도 안에서 인간에게 현재하셨고 계시되셨다는 것, 바로 이 사실이 그리스도교 신학의 신론적 진술의 근본 기능이다. "하나님"이라는 말이 갖는 바로 그 내용은 어떤 개별적 경험, 또는 어떤 개별적인 종교적 체험으로부터도 취해질 수 없다.[21] 신 개념의 발전을 이끌었던 고대 문화들의 세계 해석이 종교적 기원과 특징을 가졌던 것처럼, 비록 종교적 경험의 특성이 "하나님"이라는 말을 통한 해석에 특별한 방식으로 부합한다고 해도, 그러하다. 이 내용도 나중에 논의될 것이다. 바로 "하나님"이라는 단어는 단수로 사용되는 경우에 이안 램시가 말하는 것처럼 종교적인 근거에서의 세계 이해의 "키워드"인데, 그것은 우선적으로 개별적인 인지 내용의 서술도 아니고 그런 서술의 맥락에서 기능을 갖는 것도 아니다. 오히려 그 단어는 예를 들어 창조에 관한 진술을 통해 세계 전체의 존재에 대한 "최종적인 설명"을 가능케 하며, 동시에 그 안에서 종교적 경험과 관계된 무조건적인 참여의 표현과 토대가 된다.[22]

---

21 그렇기 때문에 달페르트가 예수 그리스도 안에서 "하나님의 말 건네심을 경험하는 것"에 대해 서술하는 가운데 "하나님"이라는 단어와 함께 주어지는 세계 관계가 완전히 생략되어 있는 것은 우연이 아니다. 달페르트 자신도 스스로 이의를 제기했다. "예수를 **하나님의 말 건네심**으로 경험하기 위해서는 '하나님'이 내게 텅 빈 표현이어서는 안 된다." 하지만 그는 이 이의 제기가 "그다지 근거가 충분한 것은 아니"라고 표현했다. 왜냐하면 "하나님"이라는 단어는 보편적인 표현이지, 유일한 개별자를 지칭하는 "경직된 지시어"로 이해되지는 않기 때문이다(600). 여기서 달페르트가 간과하는 것은 "하나님"이라는 단어는 경직된 지시어로서 이미 하나님의 유일성을 (그리고 그 안에 내포된 세계관계를) 전제한다는 사실이다. 이와 같은 함축적인 의미가 없다면, 예수 그리스도 안에서 발생하는 "하나님의 말 건네심의 경험"에 관한 진술은 공허하고 무의미한 것이 되어버린다.

22 I. T. Ramsey, *Religious Language*, 53, 창조의 사고에 대해 83을, **키워드**와 인지의 관

이 기능에 대한 기억은 현대 세속주의의 맥락에서 아직도 "하나님"이라는 말과 관련되어 있다. 이 단어가 "눈먼 얼굴"과 같이 무표정하게 우리를 응시할 때, 그것은 그 낯설음을 통해 현대적인 삶의 세계 안의 의미 상실에 대한 생각을 불러일으킨다. 그 세계 안에서 세계의 통일성과 전체성의 주제는 상실되었고, 인간적 현존재의 전체성은 대답이 불가능한 질문이 되어버렸다. 만일 "하나님"이라는 단어가 완전히 사라져버렸다면, 일은 어떻게 되는가? 칼 라너(Karl Rahner)는 이에 대해 올바르게 대답했다. "그렇다면 인간은 더 이상 현실성 자체의 유일한 전체성(das eine Ganze) 앞으로도, 인간적 현존재 자체의 유일한 전체성 앞으로도 견인되지 않는다. 왜냐하면 그러한 견인은 '하나님'이라는 말, 곧 오직 그 단어만이 수행하기 때문이다…."[23] 아마도 그 기능은 항상 "하나님"이라는 단어의 기능이었던

계에 대해 48을 참고하라. "종교적인 헌신을 우주 **전체**에 대한 **총체적인** 헌신으로 서술하는 것"(우주는 그것의 전체성 때문에 "키워드"와도 관계되어 있다)에 대해 41을 참조하라. 그 서술은 참여라는 대답을 생성시키는 통찰력에 기초한다.

23 Karl Rahner, *Grundkurs des Glaubens*, 1976, 57. 또한 다음을 비교하라. T. Rendtorff, *Gott—ein Wort unserer Sprache? Ein theologischer Essay*, 1972, 18ff. 이 책 28쪽에서의 잘못 이해된 지향에도 불구하고 렌토르프에게 "하나님"이라는 말은 현실성 전체를 가리키는 "이름"으로 이해될 수 없고(J. Track a.a.O. 303 각주 64), 오히려 31쪽에서 명시되는 것처럼, 현실성 전체, 즉 세계의 "주체"로 이해된다. 렌토르프는 이 설명을 통해 윙엘을 비판했다(E. Jüngel, *Gott—als Wort unserer Sprache. Unterwegs zur Sache, Theologische Bemerkungen*, 1972, 80-104). 그는 윙엘에 의해(84) 이의가 제기된 에벨링의 견해(G. Ebelings, *Gott und Wort*, 1966, 60f.)를 수용한 뒤 자신의 방식으로 해설한다. 윙엘의 견해에 따르면 하나님은 복음의 선포에 앞서 이미 "현실성의 비밀"이다. 여기서 렌토르프는 에벨링이 "언어 상황으로서 인간의 근본 상황"(57)인 "언어성"에 집중하고 있다는 사실을 과과한다. 하지만 어쨌든 그의 해설은 양심에 관련된 하나님 질문에 대한 에벨링의 서술과 폭넓게 일치한다. 그것은 세계와 인간에 대한 질문을 자체 안에 포함하는 "시초와 종말 그리고 전체에 대한 질문"이다(G. Ebeling, *Wort und Glaube I*, 1960, 434). 물론 에벨링은 마지막 부분에서 이와 같은 맥락의 언어적 매개("만남의 방법")를 강조한다. 말과 언어에서 중요한 것은 "단순한" 글자가 아니라 오히려 현실성을 해명하는 기능의 언어이고, 여기서 단어들과 실

것만은 아니었다. 복수의 신들을 고려하는 한, 그런 신들의 현존재로써는 두말할 필요도 없이 대답되지는 않는, 세계의 전체성에 대한 특수한 질문이 저절로 제기된다. 이 질문의 대답은 신들의 세계의 질서에 대한 견해들 속에서 비로소 발견되는데, 이 질서는 우주적 질서 안에서 현상하며, 인간 세상의 사회적 질서의 기초를 형성한다. 그러나 다수의 신들에 대한 사고가 하나의 세계의 기원으로서의 한 분 하나님에 대한 사고로 축소된 이래로, "하나님"이라는 단어는 사실상 세계 전체와 인간적 삶의 전체성의 의식에 대한 "키워드"가 되었다. 이에 대한 선구적 역할은 우선 이스라엘 신앙이 일신숭배(Monolatrie) 즉 (다른 신들의 존재를 부정하지 않은 채) 유일무이한 어떤 신을 **숭배**하는 것으로부터 한 분 하나님의 **현존재**를 확신하는 유일신론(Monotheismus)으로 발전한 것이었고, 이와 더불어 그리스인들의 철학적 신학도 그 역할을 담당했다. 이 신학은 특별히 모든 사람의 한 분 하나님(살전 1:9f.; 참고. 롬3:29f.)께서 예수 그리스도 안에서 비유대인들에게도 자신을 나타내신 계시에 대한 그리스도교 메시지가 이해되고 납득될 수 있는 조건이었다. 그렇다면 여기서 그리스 철학적인 신학은 이방인들의 그리스도교 교회가 묻지도 않고─광범위하고 중대한 결과들을 무시한 채─무조건 멀리할 수 있었던 어떤 유산이 아니었다는 사실이 밝혀진다. 그 신학의 실질적인 내용은 개신교신학 안에서 알브레히트 리츨(Albrecht Ritschl)과 그의 학파 이래로 흔히 잘못 평가되고 서술되었으며, "자연신학"을 거부하는 칼 바르트 역시 그 학파로부터 출현했다고 할 수 있다. 헬레니즘 정신, 그리고 특별히 그리스인들의 철학적 신학은 이른바 순수하게 도덕적인 복음의 메시지를 날조하는 어떤 외적인 요소로서 그리스도교의 이해로부터 무조건 추방되어야 하는 것이 아니다. 최소한 이방인 그리스도인과 이방인들의 그리스도교 교회는 유대인의 하나님을 모든 인간의 한 분

제 내용 사이의 구분이 언어를 통해 수행된다. 이 사실에 동의하는 한, 위의 에벨링의 견해에 대해 더 이상 논의할 필요는 없을 것이다.

하나님으로 보는 전제 조건을 파괴하지 않고서는 그 신학의 실제적인 내용을 편견 없이 판단할 수가 없다. 물론 이와 더불어 언급되어야 하는 것은 그리스도교의 하나님 이해와의 관계 속에서 그와 같은 철학적인 혹은 "자연적인" 신학에 귀속되는 기능에 관한 것이다. 특별히 철학적 신학 그리고 하나님의 역사적 계시를 통해 전달된 그리스도교 신앙의 하나님 인식 사이의 관계는, 그것이 단순히 양자택일의 문제로 취급될 수 없다는 간단한 확증만으로는 아직은 전혀 충분히 설명되지 않았다. 그런 간단한 확증은 또한 하나님 자신으로부터 유래하지 않은 어떤 하나님 인식, 곧 하나님 없는 하나님 인식과 같은 것이 하나님의 계시 곁에 있을 수도 있다고 말하지도 않는다.[24] 그 견해는 하나님의 개념 자체를 지양할 수도 있다는 사실이 앞에서 언급되었다. "자연신학"이 정말로 그렇게 주장을 했는지에 대해서는 앞으로 설명되어야 하며, 처음부터 그렇다고 가정되어서는 안 된다. 다른 한편으로 최근 2백 년 동안 저명한 개신교 신학자들의 전통적인 신학적 신론이 "자연신학"의 영향력에 저항하여 투쟁했던 과정 안에는 우리가 유념해야 할 진리의 계기들이 포함되어 있다는 사실도 처음부터 배제되어서는 안 되고, 오히려 그렇다고 추정되어야 한다. 여기서 미리 말해야 할 것은 계시신학과 구별되는 "자연신학"의 개념이 실제적인 사태 자체에는 잘 어울리지 않고 나아가 차라리 폐기되는 것이 더 나을 수도 있다는 사실이다. 물론 그렇게 하는 가운데 철학적 신학의 전통, 곧 신 존재 증명이나 신 개념의 실증적 규정을 위한 기준을 지닌 전통이 그리스도교적 신론의 틀 안에서 갖는 각각의 중요성이 상실되어서는 안 된다. 이 문제들 중 하나에 대한 어느 정도 근거 있는 판단을 얻기 전에 우선 전통적인 교의학적 신

---

[24] 이것은 앞에서 인용된 논문 안에 있는 윙엘의 논증을 규정하는 관점이다(a.a.O. 84f.). 윙엘 자신은 "세계의 비밀이신 하나님"이라는 제목 아래서 신 개념에 대해 광범위하게 연구했는데, 여기서 비밀 개념에는 그 비밀 자체가 하나님의 말씀하심의 표현으로 이해될 수 있다는 의미가 주어진다(338ff.).

론 안에 등장하는 자연신학의 개념과 그것의 기능을 설명할 필요가 있다.

2. 자연적인 하나님 인식과 "자연신학"

구(舊)프로테스탄트 교의학은 신학 개념에 대한 철저한 논증에 집중한 이래로—루터교 교의학에서 요한 게르하르트(Johann Gerhard) 이래로—**도상의 신학**(theologia viatorum)이라는 개념을 통해 자연신학과 계시신학 사이를 구분해왔다.[25] 이 구별은 가톨릭의 바로크 스콜라주의에서도 예시되었으나, 13세기의 중기 스콜라주의에서는 아직 발견되지 않는다.[26] 하지만 하나님의 자연적 인식이나 앎(cognitio 혹은 notitia naturalis)에 대해 로마서 1:19f.에서 바울이 확증한 의미로 말하는 것은 잘 알려져 있었다. 그 의미에 따르면 하나님의 영원한 능력과 신성은 "세계의 창조 때부터" 인간들의 인식에 개방되어 있다.[27]

---

25 오직 칼릭스투스(G. Calixt)만은 게르하르트가 제기한 개념체계와 다르게 그리스도교 신학의 개념으로부터 자연신학의 개념을 배제했다. 이에 대해 다음을 보라. J. Wallmann, *Der Theologiebegriff bei Johann Gerhard und Georg Calixt*, 1961, 97ff.

26 다음을 참고. U. Köpf, *Die Anfänge der theologischen Wissenschaftstheorie im 13. Jahrhundert*, 1974, 231ff., 각주 34. 우리의 하나님 인식(우리의 신학)의 현재적 내용으로서의 **도상의 신학**의 상위 개념은—원형의 신학이나 하늘성도들의 신학의 하나님 인식과는 달리—둔스 스코투스로부터 유래한다. 그는 **우리의 신학**(theologia nostra)을 하나님 인식 그 자체로부터뿐만 아니라 또한 하늘성도들의 하나님 인식으로부터도 구분했다. Duns Scotus, Lectura in Librum Primum Sententiarum prol. pars 2 q 1-3, Opera Omnia ed. Vat. vol. 16, 1960, 31f. (n. 87과 88), cf. Ordinatio prol. p. 3 q 1-3, ed. Vat. 1, 1950, 110f. (n. 168), 114 (n. 171), 또한 137 (n. 204ff.).

27 이 본문의 해석에 대해 다음을 보라. U. Wilckens, *Der Brief an die Römer* 1, 1978, 95ff. 105ff. 그리고 작용사에 대해 116ff.를, 그 외에 특히 다음을 보라. G. Bornkamm, Die Offenbarung des Zornes Gottes, in: *Das Ende des Gesetzes*, Paulusstudien,

하나님에 관한 그와 같은 일반적인 앎의 실제 내용은 그리스도교 신학의 초기부터 강조되거나 혹은 최소한 자명한 것으로 다루어져왔다. 그 내용은 물론 여러 가지로 해석되었는데, 이에 대해서는 후에 언급될 것이다. 어떻든 개신교신학에서 20세기 초까지는 그 앎이 예수 그리스도 안에서 발생한 하나님의 역사적 계시와 구분되는 하나님 인식의 한 형태라는 사실에 대해 한 번도 논란이 된 적이 없었다. 그리스도교 메시지는 하나님 인식을 자신이 선포하는 동일한 한 분 하나님에 관한 인간의 잠정적인 앎이라고 주장함으로써, 그와 같이 구분되는 하나님 인식에 관계된다. 이런 의미에서 토마스 아퀴나스(Thomas von Aquin)는 하나님의 역사적 계시를 통해 전달되는 **초자연적 인식**(cognitio supernaturalis)과 구분되는 **자연적 인식**(cognitio naturalis)에 관하여 말했다.[28] 그러한 앎이 인간에게서 늘 실제로 왜곡되는 것에 대한 날카로운 비판에도 불구하고 루터 역시 사도 바울의 진술로부터 다음과 같이 인식했다. 모든 이들은—또한 우상숭배자들도—참하나님에 관한 지식을 갖고 있으며, 그렇기 때문에 그들이 그 하나님이 아닌 우상들을 숭배한다면 그것은 결코 용서받을 수 없을 것이다.[29] 칼뱅에게도 이 사태는 비슷했다.[30] 반면에 개혁주의

1952, 9-34, 18ff.

28 *Summa theol*. II/2, 2 a 3 ad 1: ...quia natura hominis dependet a superiori natura, ad ejus perfectionem non sufficit cognitio naturalis, sed requiritur quaedam supernaturalis (참고. I, 3 a 8).

29 WA 56, 176, 26ff. (롬 1:20에 대하여). 루터는 계속해서 말하기를(WA 56, 177), 그와 같은 앎은 하나님의 직접적 권능, 정의, 불멸, 선을 포함하여 잊을 수 없는 상태인데(inobscurabilis), 이것들로부터 야기되는 신 숭배는 우상들에게 바쳐지는 변조가 될 것이다. 이 의미에서 아마도 루터가 후대에 표현한 것들이 이해될 수 있을 것이다. 즉 이성은 "한 분 하나님이 존재한다"는 사실을 알기는 하지만, 그가 누구인지는 알지 못한다(WA 19, 207, 3ff. 또한 다음에서 모아놓은 예증들을 참고하라. P. Althaus, *Die Theologie Martin Luthers*, 1962, 27ff.). 다음을 보라. B. Lohse, *Ratio und Fides. Eine Untersuchung über die ratio in der Theologie Luthers*, 1958, 45ff., 59ff.

30 W. Niesel, *Die Theologie Calvins*, 2. Aufl. München 1957, 39-52. 칼뱅은 인간에게서 파괴될 수 없이 각인된 신적 감각(*Inst*. I,3, 특히 I,3,3)과 창조자의 현존재와 영광에

와 루터주의 모두의 후기 구(舊)프로테스탄트 신학은 멜란히톤의 영향 아래 그리스도교 이전의 하나님 인식과 그리스도교 외부의 하나님 인식에 대한 보다 긍정적인 가치 평가에 도달했으며, 무엇보다도 하나님의 본질에 관한 그리스도교 이전의 철학자들의 진술들을 고려할 때 그러했다.[31] 또한 슐라이어마허 이래로 시작된 자연신학 개념에 대한 비판은 칼 바르트 이전까지는 그리스도의 계시보다 선행하는 하나님에 대한 "자연적인" 앎에 대한 논쟁으로 인도되지는 않았다. 그리고 심지어 로마서 1:20이하에 대한 바르트의 해석조차도 "인간은 하나님을—물론 자기 자신으로부터가 아니라 하나님의 계시의 능력에 의해—창조로부터⋯매우 잘 알고 있고, 그래서 그는 자신이 하나님께 죄를 지었다는 사실을 잘 안다"고 주장했다(*KD* I/2, 1938, 335). 하지만 바르트는 이 앎이 하나님의 계시로부터 유래한다는 사실을 그리스도 계시의 사건과 연관시켰다(*KD* II/1, 26, 특히 124, 131ff.). "그 모든 것이 이방인들에게는 그들 자신에 대한 진리로 간주되고 부가되며 전가된다. 왜냐하면 예수 그리스도 안에 있는 하나님의 진리 안에서, 그리고 그 진리와 함께 인간의 진리 역시 계시되었기 때문이다"(133). 여기서 중요한 것은 항상 은폐되어 있다가 우상숭배로 변질되는 앎, 곧 인간들이 자기 자신 속에 소유하는 앎 같은 것이 아니며, 오

대한 창조 자체의 증언을 강조한다. 그럼에도 불구하고 칼뱅은 그런 지식을 통해 인간이 지금 상태에서 말씀의 완전한 의미에서의 하나님 인식에 도달할 수는 없다고 논쟁한다. 그렇다면 그런 어떤 지식들은 그것에 상응하는 신 숭배와의 관계 안에서만 언급될 수 있을 것이라는 칼뱅의 주장이 고려되어야 한다: Neque enim Deum, proprie loquendo, cognosci dicemus ubi nulla est religio nec pietas (*Inst*. I,2,1).

31 멜란히톤은 1559년 자신의 책(*Loci praecipui theologici*)에서 신에 관한 플라톤의 설명 즉 *MENS AETERNA, CAUSA BONI IN NATURA*(영원한 정신, 자연 안의 선한 원인)을 참되고 훌륭하며 기초가 튼실한 사상으로 묘사했다(CR 21, 610). 비록 성서적 계시에서 유래하는 진술들이 첨가되어야 하기는 했어도 말이다. 멜란히톤의 신 존재 증명 그리고 개혁주의 신학에 대한 그의 영향에 관하여 다음을 보라. J. Platt, *Reformed Thought and Scholasticism. The Arguments for the Existence of God in Dutch Theology 1575-1650*, Leiden 1982, 특히 3-46과 49ff(우르시누스 관하여).

히려 오직 밖으로부터 그들에게 주어지는 앎이다. 로마서 1:18에서 하나님의 진노의 계시에 대한 선포가 그 선포에 **앞서서** 주어져 있는 동일하신 하나님의 앎에 기초하여 인간들에게 말을 건넨다는 사실을 바르트는 아마도 받아들일 수 없었을 것이다. 왜냐하면 그 사실은 그리스도 계시를 하나님의 유일무이한 계시로 이해하는 바르트 자신의 견해와 조화될 수 없기 때문이다. 여기서 그리스도의 계시에 대한 바르트의 이해에 어떤 결함이 보이지 않는가? 인간과 세계 또한 복음이 선포하는 그 하나님께 속한다는 것, 그리고 이에 대한 앎을 이미 전제한다는 사실은 바로 그 그리스도의 계시의 고유한 특성이 아니겠는가? 그리고 바로 그런 앎과 그런 귀속성은 그리스도의 계시를 통해 완전히 새로운 빛 안으로 옮겨지지 않는가? 요한복음에 따르면 하나님의 아들은, 인간이 되셨을 때, 어떤 낯선 곳이 아니라 바로 "자기 땅에" 왔다(요 1:11). 이어지는 서술은 그분에게 속한 백성들이 그분을 영접하지 않았다는 것이다. 깊은 상처를 주는 이 사태의 날카로움은 그분을 영접하지 않았던 사람들이 어떤 낯선 사람들이 아니라 처음부터 그분의 사람들이었다는 사실에 있다. 사정이 이와 같다면, 이 사실이 그들의 존재와 앎에 대해 완전히 피상적인 것에 그쳤다는 것은 불가능하다. 왜냐하면 피조물들의 존재는—또한 죄인의 존재도—하나님, 그분의 로고스, 그분의 영의 창조적 현재를 통해 그들에게 조성되었기 때문이다. 어쨌든 바울은 "창세로부터"(롬 1:20) 하나님 자신을 통하여 그분의 신성에 대한 앎이 공개되어 있다고 명확하게 말하며, 그것은 예수 그리스도 안에서 발생한 하나님의 역사적인 계시보다 훨씬 이전의 일이다. 이 앎은 귄터 보른캄(Günther Bornkamm)이 바르게 제시한 것처럼 인간의 노력을 통해 실현될 수 있는 어떤 **가능성**이 아니라 하나님에 기초한 **사실성**(Faktum)이며, 바로 이 사실이 인간들에게 책임을 부과하여 그들이 우상숭배에 귀의했던 일이 용서받을 수 없는 것임을 보여준다.[32] 이런 관점에서 본다면 제1차 바

---

32 G. Bornkamm a.a.O. 19.

티칸 공의회(1870)가 작성한 구문, 즉 만물의 근원이자 목적이신 하나님이 피조된 사물들로부터 인식"될 수 있다"(certo cognosci posse)[33]는 구문은 최소한 오해의 소지가 있다고 판단되어야 한다. 이 구문은 여기서 하나님에 관한 앎의 실제성(Faktizität)보다 인간적 이성의 능력과 힘(naturali humanae rationis lumine)이 더 중요하다는 오해의 해석을 불러일으킬 수 있기 때문이다.[34] 하나님에 대한 실제적인 앎은 보다 보편적인 의미에서 그런 인간적인 앎의 가능성을 틀림없이 포괄하며, 그 실제적 앎은 인간이 그 "가능성"에 관해 아무것도 알려고 하지 않을 때도 여전히 인간에게 가까이 있다. 다시 말해 인간은 인간 곁에 계시는 하나님의 현존으로부터 벗어날 수 없다. 하나님 인식을 인간이 마음대로 처분할 수 있는 가능성으로 언급하는 것에 반대하는 칼 바르트의 비판이 이 구문을 향했던 것(KD II/1, 86)에는 이유가 없지는 않았다. 왜냐하면 바르트는 그런 진술 속에서 "하나님은 오직 하나님을 통해서만…인식될 수 있다"(ebd.)는 근본 명제가 훼손된다고 보았기 때문이다. 실제로 공의회의 본문은 바울과는 달리 창조의 작품들로부터 얻어지는 하나님 인식이 하나님의 통고의 작용이라고 명확하게 묘사하지 않았다. 다른 한편으로 공의회는 그와 같은 하나님 인식의 근거가 바로 하나님 자신이라는 사실을 배제하려 하지는 않

---

33 DS 3004; 참고. 3026.
34 DS 3004. 이상하게도 윙엘과 같이 이 주제에 대한 매우 명민한 관찰자가 하필이면 이와 같은 "가능하다"(posse)는 표현을 자연신학의 "상대적으로 비판적인 개념"으로 간주하고 있다(E. Jüngel, Das Dilemma der natürlichen Theologie und die Wahrheit ihres Problems, in: Entsprechungen: Gott–Wahrheit–Mensch. Theologische Erörterungen, 1980, 158-177, 169). 하인리히 오트는 제1차 바티칸 공의회의 문서에 대해 더 멀리 나아가는 해석을 제안한다. 그 해석에 따르면 자연적인 하나님 인식은 원칙적으로 주어져 있기는 하지만 실제로 "인류의 현재적 상황에서" 죄 때문에 실현되지 못한 가능성이다(H. Ott, Die Lehre des I. Vatikanischen Konzils. Ein evangelischer Kommentar, Basel 1963, 48). 이 견해는 공의회의 구문보다도 더욱 바울에게서 멀어져 있다. 그것은 사도 바울이 로마서 1:21에서 강조했던 하나님에 대한 앎(γνόντες τόν θεόν)의 실제성을 배제하기 때문이다.

았고, 혹은 바르트가 가정했던 것(*KD* II/1, 91f.)처럼 "말씀"을 말할 때 "신 개념의 분열"을 초래하는 것은 공의회의 의도가 아니었다. 인간적 이성의 빛을 통해 창조의 작품들로부터 하나님을 "자연적으로" 인식한다는 사실(Faktum)을 확정하는 문제와 관련하여, 공의회가 표명했던 것은 신약성서와 상충하지 않으며, 그 사실의 근거는 하나님 자신 안에 있고 하나님께서 자신의 신성 안에서 창조를 통해 인간들이 자신을 인식하도록 자기 자신을 내어주신다는 것이 언제나 전제되어 있다. 제1차 바티칸 공의회의 진술은 제2차 바티칸 공의회의 계시 조항을 통해 재심의 되었고(DV 6), 그 결과 자연적인 하나님 인식도 하나님의 계시의 결의를 통해 주어진 구속사적인 틀 안에 배치되었다.

바울의 의미에서 이해된 하나님의 "자연적인" 앎은 모든 인간에게 존재하는 사실이라고 주장될 수 있었던 반면에, "자연신학"은 그다지 보편적으로 확산되지 못했다. 여기서 문제되는 복잡하고 중심적인 내용의 이해를 위해 필요한 것은 인간의 하나님에 대한 "자연적인" 앎은—그것이 어떻게 더욱 정확하게 묘사될 수 있든지 간에—"자연신학"의 현상과는 날카롭게 구분되어야 한다는 사실이다. 자연신학의 현상은 그 앎과 어떻게든 관계가 있을 수 있지만, 그것과 동일시될 수는 없다. 이 문제의 중심에서 명확한 구분이 어렵다는 점은 "자연신학"의 주제에 대한 최근의 토론에서 일으켜진 희망이 없는 혼란의 원인도 된다. 그 계기는 이미 구(舊)프로테스탄트 교의학이 사용했던 언어들 안에서 제공되었다. 그 교의학은 자연신학(*theologia naturalis*)의 개념 아래서 피조물인 인간에게 "고유한 하나님 인식"(*cognitio insita*)과, 철학적 신 인식을 가장 중요한 사례로서 획득한 "습득된 하나님 인식"(*cognitio acquisita*)을 결합시켰다. 이와 같은 구(舊)프로테스탄트 교의학에 속한 전문용어의 가장 일반적인 의미에서 모든 하나님 인식을 각각 "신학"의 한 종류로 이해한다면, 그때 "자연신학"을 어떤 역사적으로 특수한 현상으로 예시하는 실제적인 내용, 즉 개념사적으로 증명될 수 있는 내용이 "자연신학"의 이해에서 사라지고 말 것이다. 이 문제에서 중요한 것은 결국 인간이 지닌 매우 특별한 "가능성"인데, 그것은 논증적으로 발전된 철학자들의 신론이다.

"자연신학"이라는 표현은 우선 파나이티오스(Panaitios)에게서 발견된다. 그는 중기 스토아 학파의 설립자로서 소(小)스키피오의 활동권과 접촉하면서 기원전 2세기 후반부의 스토아 사상을 로마에까지 전파시켰다. 파나이티오스는 철학적 신론을 한편으로 시인들의 "신화적 신학"이라든지 국가적 권위를 통해 설계되어 국가들이 보유하는 제의들의 "정치적 신학"과 구별하면서, "자연신학"으로 불렀다.[35] 그 표현의 의미는 "본성(자연)으로부터"(von Natur aus)에 대해 소피스트들이 던진 질문과 관계되어 있다. 그것은 관습, 전통, 또는 정치적 제정 등을 통해 그 중요성을 인간이 부과(thesis)하는 것들과는 구별되는 진리, 즉 자기 자신으로부터 참인 것에 대한 질문이다.[36] 그때 "자연적인"(본성적인) 신학은 신적인 본성(Natur)과 본질 그 자체에 상응하는 것으로 이해된다. 그 신학은 국가적인 제의들에 결부되어 있는 정치적 관심들에 의해 변조되지 않은 하나님에 관한 진술임과 동시에, 시적 상상 곧 문학가들의 "허구들"에서 유래하는 변조들로부터도 자유롭다. 그러므로 철학적 신 인식이 "자연적인" 것은 그 인식이 인간적 본성과 이성의 원칙들과 이해 능력에 부합하기 때문이 아니다. 오히려 그것은 그 신 인식이 인간이 제정한 것에 기초하는 "실증적인" 종교 형태 속에서 일어나는 변조들과는 달리, 신적 "본성"(Natur, 자연) 곧 하나님 자신의 진리에 상응하기 때문이다.

스토아적으로 각인된 언어는 초기 밀레토스 자연철학 이래로 이미 철

---

35 SVF (Stoicorum Veterum Fragmenta) II, 1009. 파나이티오스에 대해 다음을 보라. M. Pohlenz, *Die Stoa. Geschichte einer geistigen Bewegung*, Göttingen 1959, 1, 191-207. 또한 신학의 세 종류에 대한 그의 가르침을 ebd. 198과 II, 100에서 보라.

36 하이니만이 이 주제에 대해 고전적으로 서술한다. F. Heinimann, *Nomos und Physis. Herkunft und Bedeutung einer Antithese im griechischen Denken des 5. Jahrhunderts*, Basel 1945, Nachdruck 1972, 특히 110-162.

학적 신론의 목적이었던 것을 개념으로 이끌어내었다. 베르너 예거(Werner Jaeger)는 다음 사실을 예시했다. 세계의 신적 기원의 참된 형태에 대한 질문은 이미 소크라테스 이전의 철학을 발전시켰던 동기였고, 이것은 가장 오랜 고대 철학자들을 "물리학자"라고 묘사하는, 아리스토텔레스에게로 소급되는 서술과는 대립되는 것이었다.[37]

그 질문에 대한 사상적인 전제들은 (그리스 도시들 사이의 무역로를 통해 낯선 문화들을 알게 되는 맥락에서, 혹은 페르시아의 패권이 소아시아까지 확장되는 맥락에서 그 질문의 역사적 계기들이 주어졌다는 사실에 대해서는 어떤 명확한 증빙이 존재하지 않는다) **첫째**, 그리스의 신 이해가 비슷한 기능을 가진 낯선 신들을 그와 관련된 자신의 신들과 동일시하면서 관찰했을 뿐만 아니라 그것들의 이름으로 지칭하는 것도 명백히 허락했다는 사실에 놓여 있다.[38] 이것은 어떤 기능들과 특성들이 신의 이름으로부터 분리되는 가운데 신적인 것으로 명명되기 위한 조건이었던 것으로 보인다. **둘째**, 세계 내적인 과정들의 근원자(Urheber)의 기능에 이미 집중했던 신 이해가[39] 우주 전체의 기원에 관한 고

---

37 W. Jaeger, *Die Theologie der frühen griechischen Denker*, Stuttgart 1953. 아리스토텔레스의 견해에 대한 설명을 ebd. 13f.에서, 그리고 이와 함께 221, 각주 17을 보라. 예거 자신의 관점은 ebd. 17f.에 정리되어 있으며, 아낙시만드로스의 *arché*(기원) 개념에 대해서는 38f.를, 그 개념의 기능에 관해서는 44를 보라.
38 슈넬은 헤로도토스가 이집트를 여행했을 때, 거기서 만난 신들 가운데 아폴론, 디오니소스, 아르테미스를 재발견했다는 사실이 특유의 그리스적인 것이라고 주장했다(B. Snell, *Die Entdeckung des Geistes*, 3. Aufl. 1955, 44). 슈넬에 따르면 이것은 그리스의 신들이 "세계의 자연 질서에" 속하며 "국가적 한계나 특정한 그룹에 매여 있지 않다"는 사실을 보여준다(45).
39 이와 같은 근원자(장본인)의 기능에 관하여 슈넬(51f.)이 예시했던 일리아스(Ilias), 즉 아테나가 아킬레스의 마음을 바꿔놓는 장본인으로 나타난 부분을 보라(Erster Gesang, 194-222). 나는 1959년에 *arché*(기원)에 대한 철학적 질문을 이 사태를 단순히 "뒤집는 것"으로, 그래서 일으켜진 작용들로부터 (신적인) 원인을 추론하는 것으로 파악했다(참고. 나의 책, *Grundfragen syst. Theologie 1*, 1967, 300f.). 하지만 고대 문헌들이 어떤

대 근동의 우주진화론적인 또는 신계보학적인 사상들과 명백히 연결되었다.[40] 왜냐하면 **셋째**, 만물의 기원인 것은 그 자체가 시작도 끝도 없이 불멸하여 모든 것을 "품는" 존재여야 하기 때문이며, 나아가 그 존재는 각양 신들보다 더 높은 수준에서 그 신들의 속성들을 소유해야 하고, 그 점에서 각각의 고유한 신화적 전승을 갖는 신들을 바로 신성의 관점에서 능가해야 하기 때문이다.[41]

초기의 "자연신학"은 신이 도대체 정말로 존재하는지를 증명하려는 논증을 발전시키지 않았다. 신적 기원의 현존은 논쟁의 소지 없이 전제되어 있었다. 신의 현존에 대한 의심이 아니라, 신적인 것의 특성에 대한 질문만이 철학적 신학의 대상을 형성했다. 이미 신적 기원을 묻는 이오니아 "자연철학자들"의 여러 가지 다양한 주제들이 그 대상과 관련되어 있었다. 여기서 그 다양한 것들은 해결을 시도했던 순서에 따라 관련된 난제의 역사를 재구성할 수 있도록 해주는 종류의 것들이다.[42] 신화적 전승과의 비판적인 대면 가운데 단일성과 정신성, 또한 불멸성과 신적 기원의 시작이 없는 영원성과 관련해서도 높은 수준의 의견일치가 곧바로 등장했다. 그의 기능, 즉 모든 변화의 최고 근거로서의 신적 기원의 기능에 뒤따라오는 것

형식적인 귀납적 추론과정을 아직 알지 못했던 것은 분명하다.
40 그리스 전통에서 그때까지 증명될 수 없었던 우주진화적 질문들 곧 밀레토스 자연철학의 질문이 고대근동의 사상들과 어떤 관계를 갖고 있었는지를 횔셔가 개략적으로 설명했다. U. Hölscher, Anaximander und die Anfänge der Philosophie, Hermes 81, 1953, Nachdruck in: H. G. Gadamer (Hrsg.): *Um die Begriffswelt der Vorsokratiker*, Darmstadt 1968, 95-176). 특히 탈레스(Thales von Milet)에 대해 129-136을 보라.
41 W. Jaeger a.a.O. 40-44를 참고하라. 또한 233ff.에서 "신성" 개념에 대한 다수의 각주들을 보라. 특히 아낙시만드로스에 대해 235를, 나아가 또한 U. Hölscher a.a.O. 174f.를 보라.
42 이에 대해 인용된 횔셔의 논문 중 무엇보다도 각주 40을 보라.

은 그 기원 자체가 불변적으로 자신과 동일하다고 생각되어야 한다는 사실이었다.[43] 어떻든 신적인 기원의 **특성들**을 밝히려는 목적의 논쟁들 가운데 최소한 몇 가지는 그러한 속성의 신성의 **현존**(Dasein)을 예시하는 데 사용될 수 있었다. 크세노폰(Xenophon)의 설명에 따르면 이미 소크라테스도 아낙사고라스에까지 소급되는 논증을 사용했는데, 그것은 신적 기원의 정신성에 대한 논증이었다. 그는 "지혜롭고 친절한 장인"이 현존한다는 근거를 자연세계 안에서 마주치는 질서 위에 두었는데, 그 장인은 (창조의) 모든 설비를 매우 적절하게 정돈한 존재였다(*Memorabilien* 1,4,2ff.). 물체의 운동의 설명에 영혼의 법칙이 필수임을 증명하려는 플라톤의 노력 속에서, 그리고 이 논증이 아리스토텔레스에 의해 수정되는 가운데, 운동으로부터의 신 존재 증명이 출발했다.[44] 이와 같이 신적 기원의 특성에 대한 질문은 신의 현존에 대한 논증으로 건너갔다. 하지만 여기서 중요한 것은 그와 같은 특성에 대한 질문, 즉 신적 "본성"(Natur, 자연)에 대한 질문이 철학자들의 "자연신학"의 중심에 위치했다는 사실이다. 왜냐하면 오직 그 관점에서만 신화적 전승에 대한 그들의 비판적인 입장이 명확해지기 때문이다.

이와 같은 사실을 배경으로 할 때 초기 그리스도교 신학이 철학자들의 "자연신학"의 결과들을 수용했던 것이 이해될 수 있다. 철학자들의 품행과 우상숭배에 대한 모든 논박에도 불구하고, 그 수용은 **사실상** 그리스도교 교부학의 도처에서 발견된다.[45] 그 수용을 그리스도교 복음이 선포되어야

---

43 이에 대한 더 자세한 내용에 대해 다음을 보라. 나의 책, *Grundfragen systematischer Theologie I*, 1967, 302-308.
44 플라톤은 자신의 책(*Gesetze*, 893b-899c)에서 그 논증을 신들의 현존에 대한 신앙의 근거로 사용했다. 하지만 이 논증은 그 이전에는 영혼불멸성을 위한 증명으로 발전되었다(*Phaidros* 243 c 5-246 a 2). 그 후 아리스토텔레스는 자신이 불합리하다고 여겼던 플라톤의 사상 곧 영혼의 자기운동은 그곳에 없어도 된다는 방식으로 그 내용을 설명하려고 시도했다(*Met*. 1071 b 3-1072 b 13; 참고. *Phys*. 256 a 13-260 a 10).
45 이에 대해 다음을 보라. 나의 책, Die Aufnahme des philosophischen

했던 문화세계의 정신적인 풍토에 적응하기 위한 것으로 보는 것은 적절하지 않으며, 그때 우리는 그 과정을 바르게 이해하지 못한 셈이 된다. 또한 소위 교육학적 "연결"이라고 보는 것도 사실과 거리가 멀다. 여기서 중요한 것은 그리스도교의 하나님의 진리다. 즉 그 하나님은 유대인들의 국가 신일 뿐만 아니라, 모든 인간의 유일한 하나님이라는 사실에서 그러하다.[46] 철학자들의 "자연신학"은 주장되는 어떤 신이 어떤 조건 아래서 우주 전체의 근원자라고 진지하게 생각될 수 있는지에 대한 기준들을 수립했다. 그리고 그리스도교의 선포는 예수 그리스도 안에서 인류를 구원하시는 하나님이 하늘과 땅의 창조자이시고 그런 분으로서 모든 인간의 유일한 참하나님이라는 사실을 진지하게 숙고하고 주장하려고 했을 때, 그 기준들을 인정해야 했다. 철학적 신학의 기준들을 인정한다고 해서 그들이 표현한 문구들에 대한 비판적인 검열을 그만둘 필요는 없었다. 다만 교부학에서 이루어진 비판적 검열은 마치 준엄한 비판의 여지가 없다는 듯 너무 엉성했고, 단지 부분적으로만 행해졌다.[47] 하지만 그 검열은 유일무이하신 한 분 하나님의 진리를 알게 해주는 저 보편성을 주장할 수 있기 위해

Gottesbegriffs als dogmatisches Problem der frühchristlichen Theologie, in: *Grundfragen syst. Theologie 1*, 1967, 312ff.

46   바로 이 사실이 그리스도교 신앙이 "철학의 언어 안에서도 반드시 이해되도록" 스스로 "강요했던" 근거였다는 사실을 윙엘은 언급하지 않는다. E. Jüngel, Das Dilemma der natürlichen Theologie und die Wahrheit ihres Problems (in: *Entsprechungen*; *Gott—Wahrheit—Mensch. Theologische Erörterung*, 1980, 158-177, 162). 여기서 윙엘이 말하는 것과 같은 강요는 비판적 수용의 "과정"에서 시작될 수가 없다(Jüngel 162).

47   이에 대해 다음을 보라. 나의 책, *Grundfragen syst. Theologie I*, 1967, 310f., 326ff., 341ff. 비록 "철학의 지평"에서 다룬 것이기는 해도 윙엘이 "철학적 하나님 인식의 논쟁"의 필요성을 자연과 창조라는 두 개념들의 "상호교환 가능성"이라는 논제로 소급시킨 것은 정당하다(E. Jüngel a.a.O. 164). 본서의 각주 45에서 인용된 논문에 따르면 역사적 세계이해와 무역사적 세계이해 사이의 차이는 중요하다.

서는, 반드시 바로 그 철학적 논증의 지반 위에서 자신의 정당성을 예시해야만 했다.

이 과제는 이미 사도 바울을 통해 그리스도교 신학에게 암묵적으로 주어졌다. 바울은 갈라디아 사람들에게 그들이 회심 전에 섬겼던 신들은—그리스도교 메시지가 전하는 하나님과는 반대로—"그것들의 본성에 따라 신들이 아니다"라고 설명했다(φύσει μὴ οὖσιν θεοῖς, 갈 4:8). 이 진술은 바울의 복음이 선포했던 계시의 주체이신 성서의 하나님이야말로 유일하신 참 하나님이라는 사실을 함축한다. 그분만이 "그 본성(Natur, 자연)에 따라" 유일무이하신 하나님이라는 것이다. 바울의 이와 같은 표현은 단어의 근원적 의미에서 "자연신학"의 철학적 질문, 즉 "본성적(자연적)으로" 신적인 것에 대한 질문과 정확히 일치한다.[48] 그 결과 그리스도교 사상은 철학자들이 표명한 참된 신성의 기준, 즉 세계의 기원이라고 생각될 수 있어야 하는 신성의 기준과의 논쟁을 피할 수 없게 되었다. 다시 말해 그리스도교 사상은 그리스도인들이 선포하는 하나님이 그 기준들에 부합한다는 것(또는 철학자들이 표명하는 특성들을 갖고 있다는 것)을 입증하거나, 혹은 이 기준들이 적절하게 표명되지 않았다는 것, 즉 그것들이 한 분 하나님에 대한 진술에 불가결한 "근원자 기능"을 충분히 설명할 수 없는 부적절한 것이라는 점을 입증해야만 했다.

비록 그리스도교 교부학은 사실상 그와 같이 제시된 과제를 떠맡았지만, "자연신학"이라는 개념이 명시적으로 논의된 것은 비교적 드물었다. 테르툴리아누스(Tertulian, *ad Nationes* 2)와 유세비우스(Euseb von Caesarea, *Praeparatio Evangélica* IV, 1), 그리고 누구보다도 아우구스티누스(*De Civitate*

---

48 이에 대해 나의 소견을 참고하라. 나의 책, *Grundfragen I*, 309f. 욍엘은 나와의 논쟁 (위의 각주 45)에서 바울의 진술에도 주목하지 않았고, 혹은 그 진술과 함께 주어지는 문제, 곧 고대 자연신학의 그리스도교적 수용에 대해 결정적인 문제에도 주목하지 않았다.

Dei)가 부차적으로 언급한 것이 있기는 하다. 아우구스티누스가 신학 개념의 스토아적 삼등분을 처음 알게 되었던 것은 푸블리우스 무키우스 스카이볼라(Publius Mucius Scaevola)가 그것을 제시하여 마르쿠스 테렌티우스 바로(Marcus Terentius Varro)에게 전승된 형태 안에서였고, 그것에서 삼등분은 "국가종교의 변호를 위해" 변형되어 있었다.[49] 아우구스티누스는 자신의 박식함을 놀라워했던 바로를 비판했는데, 그것은 그가 철학적 신학은 빼고 신화적 신학만을 비난했기 때문이었다. 바로는 철학자들의 자연신학을 학파의 논쟁에 제한시킬 수 있다고 생각했다는 것이다(Civ. Dei VI, 5). 아우구스티누스 자신은 무엇보다도 정치신학에 반대했으며, 그가 이 신학이 신화적 신학과 밀접한 관계 안에 있다고 보았던 것은 옳았다(VI, 7). 그러나 그가 철학자들의 자연신학이 근본에 있어서는 긍정적이라고 평가했던 것은, 참된 철학자는 신을 사랑하는 자라고 생각했기 때문이었다.[50] 물론 이것이 모든 철학자에게 같은 방식으로 적용되지는 않는다고 했다. 여러 철학적 학파들을 살펴볼 때 밝혀지는 것(VIII, 2ff.)은 그 모든 학파들 가운데 플라톤주의자들이 그리스도인들에게 가장 가깝다는 사실인데, 무엇보다도 그들이 신을 영적으로 이해하기 때문이다(VIII, 5). 그렇기에 바울의 말씀(롬 1:19)은 그들에게 특별한 방식으로 적용된다. 왜냐하면 그들은 하나님의 보이지 않는 능력과 신성을 알았기 때문이다(VIII, 6). 이와 같은 가까움에도 불구하고 아우구스티누스는 플라톤과 플라톤주의자들을 무비판적으로 대하지 않았다. 어떻든 그의 비판은 인간론과 영혼론에 집중되었고,[51]

---

49 M. Pohlenz, Die Stoa I, 1959, 262f. 아우구스티누스는 스카이볼라를 De Civ. Dei IV, 27에서 언급했으나, 어쨌든 그 외에는 테렌티우스 바로와 논쟁했다.

50 De Civ. Dei VIII, 1: Porro si sapientia Deus est, per quem facta sunt omnia, sicut divina auctoritas veritasque monstravit, verus philosophus est amator Dei; 참고. VIII, 11.

51 이에 대한 나의 해설을 참고하라. Christentum und Platonismus. Die kritische Platonrezeption Augustins in ihrer Bedeutung für das gegenwärtige christliche

신론에는 거의 향해지지 않았다. 아우구스티누스에 따르면 플라톤주의자들은, 비록 그들의 삼위일체론의 표현에 오류가 없는 것은 아니지만, 삼위일체를 알고 있었다(X, 23과 29). 다만 그들이 알지 못했던 것은 성육신이었다(X, 29).

분명한 것은 아우구스티누스의 그리스도교 신론이 플라톤적인 형태로 전개된 철학자들의 "자연신학"과 원칙적으로 구분되지 않았다는 사실이다.[52] 그렇기에 이들의 자연신학은 그리스도교 신학의 전 단계를 형성하는 것이 아니고, 오히려 아우구스티누스에게 그리스도교 신론은 참된 "자연"신학 즉 신의 본성(Natur, 자연)에 합당한 신학의 정화된 형태와 일치했다. 아우구스티누스의 확신에 따르면 그 정화된 신학의 가장 명료한 표현은 성서적 증언들 안에서 발견된다.

아우구스티누스에게서 인식될 수 있는 이해, 곧 성서적인 하나님의 계시와 자연신학의 개념 사이의 관계에 대한 이해는 라틴적인 중세기에 변화했다. 12세기 이래로, 특히 길베르투스(Gilbert von Poitiers)를 통해, 이성적 인식이 도달할 수 있는 것은 오직 하나님의 일체성일 뿐 그분의 삼위성은 아니라는 견해가 점점 더 지배적이 되었다.[53] 아리스토텔레스가 플라톤을 대신하여 그 시대의 척도가 되는 철학자가 되었을 때, 철학적 신학의 그와 같은 한계성은 더욱 신랄한 눈총을 받게 되었다. 토마스(Thomas von Aquin)는 이성적 인식이 도달할 수 있는 것(*cognitio naturalis*)을 믿음의 신조들(*articuli fidei*)과 날카롭게 구분했고, 후자를 다루기 위해 서론(*praeambula*)을 할애했다(*S. theol*. I,2 ad 1). 다른 한편으로 토마스는 그의 『신

Denken, ZKG 96, 1985, 147-161, 특히 152ff.
52 *De Civ. Dei* VIII, 10,2에서는 한 분 하나님을 우주의 원인으로, 또는 진리의 빛이자 지복의 원천으로 가르쳤던 플라톤주의자들과 같은 모든 철학자들이 그리스도인들과 일치한다고 말해진다(*nobiscum sentiunt*).
53 M. A. Schmidt, *Gottheit und Trinitaet nach dem Kommentar des Gilbert Porreta zu Boethius De Trinitate*, Basel 1956.

학대전』에서 삼위일체론을 포함한 신론을 일반적인 논의 과정 속에서 다루면서 그것을 세계의 제일원인인 신 개념으로부터 유도하고 발전시켰다. 자연신학과 초자연신학의 두 가지 인식론적 질서는 아직 완전히 구분되지 않았다. 후기 토마스주의 즉 바로크 스콜라 철학과 신 스콜라 철학에 이르러서야 자연신학과 초자연신학의 "이층-도식"이 완성되었는데, 이것은 오늘날의 가톨릭신학에 의해서도 비판받고 있다.[54]

이 도식이 바로크 스콜라 철학과 구(舊)프로테스탄트 신학에서 계시신학의 상대 개념으로 재등장했을 때, 자연신학 개념의 중심적인 의미는 근본적으로 변화했다. "자연적"이라는 것은 이제는 더 이상 "신의 본성에 적합한" 것을 의미하지 않았고, 오히려 "인간의 본성에 적합한" 것을 뜻했다. 이와 함께 그 용어는 우선적으로 인간 본성의 한계들, 특별히 신의 초자연적 현실성과 관계된 인간 이성의 한계성을 기억하게 했다. 다른 한편으로 이와 같이 이해된 "자연신학"은 스스로를 인간 그리고 인간적 본성에 상응하는 하나님 인식 형태로 소개했다. 이와 같은 관점 아래서 17세기와 18세기에 φύσις(자연)와 θέσις(명제) 사이, 곧 자연의 비강제성과 인간적 전통 및 규정의 실증성 사이의 해묵은 대립이 새로운 국면으로 등장했다. 종교전쟁의 대참사 이후에, 서로 대립하는 그리스도교의 종교적 분파들이 주장했던 계시의 요청들은 단지 전승의 규정들에 불과한 것으로 보였고, 상호 간에 신뢰를 잃어버린 종교적인 진리 요청의 그와 같은 실증성에 직면하여 새로운 사회적 질서와 문화의 토대가 될 수 있는 인간 본연의 것(자연적인 것)에 대한 숙고가 중요하게 되었다. 여기서 계몽주의가 확신했던 것은, 만일 하

---

54 다음을 참고하라. W. Kasper, *Der Gott Jesu Christi*, Mainz 1982, 102. 여기서 중요한 것은 이른바 새로운 신학(Nouvelle théologie)에 관한 논쟁의 결과이다. 이 신학은 제2차 세계대전 이후 20년 동안 누구보다도 뤼박(H. de Lubac, *Surnaturel. Études historiques*, Paris 1946)의 견해를 수용하면서 취급되었다. 이에 대한 간략한 안내를 다음에서 보라. H. Küng, *Existiert Gott? Antwort auf die Gottesfrage der Neuzeit*, 1978, 570-575.

나님이 인간 그리고 인간적 이성의 창조자시라면, 인간의 본성에 상응하는 것 역시 진리 안에서 하나님께 상응하는 것이라는 사실이었다.

물론 계몽주의적 인간상에 대해 인간적 현실의 상실성이 기껏해야 종속적 위치에서만 고려되었다는 점이 정당한 이의로 제기될 수 있다. 주로 이성에 대한 신뢰가 손대지 않은 채 남아 있었다. 하지만 이 사태 관계가 우리가 여기서 취급해야 하는 질문의 실제적인 영역을 제한하지는 않는다. 왜냐하면 비동일성의 의식은 단지 동일성 즉 진리에 대한 앎이 반사되는 표면(Folie)에서만 가능하기 때문이다. 죄의 왜곡에 대한 신학적인 강조가 도를 지나쳐서 더 이상 인간에게 하나님의 피조물로서 말을 건넬 수 없게 되어서는 안 된다. (죄의 왜곡에도 불구하고) 인간의 본성과 그 본성의 창조자 사이의 상응 관계는 여전히 존속한다. 이것은 물론 창조자가 존재한다는 조건 아래서 유효하다. 그리고 이에 관한 확실성이 인간 그리고 인간적 본성으로부터 도달될 수 있는지를 밝히는 일은 신 존재 증명의 문제다. 이렇게 하여 신 존재 증명은 자연신학의 근대적 형태의 비판적인 논쟁점이 되었다.

3. 자연신학의 신 존재 증명과 그에 대한 철학적 비판

하나님 인식이 이성의 성찰과 논증을 통해 획득되어야 한다는 점에서 "자연신학"에 속하는 과제라고 한다면, 이 과제는 최종적으로는 신 존재 증명에 근거한다. 물론 자연신학은 단순한 신 존재 증명 그 이상이다. 신 존재 증명은 단지 신의 특성들로 인정될 수 있는 것을 논의하고, 그 특성들에 대한 진술이 어떻게 형성될 수 있는지를 해명한다. 근대에 와서는 인간이 하나님을 찬양해야 할 의무 또는 이와 연관된 주제들도 자연신학의 개념 안에 포함되었다. 어쨌든 그 개념이 자연종교의 사상과 분명하게 구별되지 않았을 때는 언제나 그러했다. 하지만 그와 같은 개별적인 주제들의 중요성은 전체적으로 하나님의 현존(현존재, Dasein Gottes)이라는 전제에 달려 있다. 그리고 모든 하나님 인식이 획득된 것으로 생각될 때, 그것은 최종적으로 하나님의 현존에 대한 논증에 의존한다. 이것은 이미 토마스 아퀴나스의 생각이었다. 물론 그는 그의 이성적인 신론의 전개에서 아직 "자연신학"이라는 표현을 사용하지 않았으며, 또 인간을 최고선인 하나님께 논의할 여지없이 관계되어 있는 존재로 이해했다. 인간이 하나님을 알게 되고 인식하게 되는 것은, 그리고 하나님에 관한 표상에 도달하는 것은, 토마스에 따르면 오직 세계 경험을 통해서, 바로 여기서의 현재적인 삶 속에서 가능하다. 물론 하나님 인식의 어떤 형태는 토마스에 따르면 항상 인간의 본성에 속하기는 하지만, 이 현세적 삶 속에서 인간이 그 인식에 도달하는 것은 오직 물질세계의 인식을 경유해서이며, 감각적으로 인지될 수 있는 사물들의 경험을 통해서이다.[55] 이와 같은 생각은 아리스토텔레스적 경험론에 따른 결과였다. 보나벤투라(Bonaventura)나 하인리히 겐트(Heinrich von Gent)와 같이 아우구스티누스 전통을 따르는 신학자들과는 달리 토마스에게는 세계 경험이 하나님 인식에 이르는 유일한 길이었다. 이 때문에 토마스는 세계 경험에서 시작되는 신 존재 증명들이 하나님 인식 전반에 대해 근본적인 의미를 갖는다고 보았다.

신 존재 증명의 근본적인 기능은 전체적으로 볼 때 근대의 철학적 신학의 특징이기도 했다. 물론 그것에 대한 관심은 토마스의 관심사처럼 세계로부터 시작되는 증명에 집중되지는 않았다. 오히려 거의 200년 동안 논증의 중심에 있었던 것은 존재론적 신 존재 증명이었다. 이 증명은 하나

---

55 *De verit.* 13,1 ad 1: *Sic igitur dicendum est, quod intelligentiae humanae secundum quemlibet statum est naturale aliquo modo cognoscere Deum, sed in suo principio, id est in statu viae, est ei naturale quod cognoscat Deum per creaturas sensibiles.* 지복을 향한 부단한 추구 안에서 인간은 하나님에 관한 혼란스러운 지식(*sub quadam confusione*)에 도달하기는 하지만, 그 안에서 하나님이 하나님으로서 알려지는 않는다(*S. theol.* I,2 a 1 ad 1).

님의 현존재를 필연적으로 하나님의 본질 개념과 결합시키고, 본질 개념으로부터 신적 존재를 도출한다.[56] 데카르트(Descartes)는 안셀무스(Anselm von Canterbury)가 구상했고 토마스 아퀴나스는 거부했던 존재론적 신 존재 증명을 새로운 토대 위에 올려놓았고,[57] 그것도 인간 정신에 천성적인 신

---

[56] 이는 엄밀한 의미에서 하나님으로 지칭되는 분을 **필연적 존재**(ens necessarium)로 설명하는 것이다. 윙엘은 "하나님은 필연적인가?"란 질문에 대한 설명에서(E. Jüngel, *Gott als Geheimnis der Welt*, Tübingen 1977, 16-43) 그 개념의 의미를 하나님의 "세계적" 필연성(19ff.), 즉 세계 존재의 기원으로서의 하나님 현존재의 필연성과 구분하지 않았다(특히 36f. 참고). **필연적 존재**로서의 하나님 개념은 (바로 데카르트와 라이프니츠의 경우에 그러하다) 세계에 대한 하나님의 관계라든지 "사유하는 실체인 인간을 위한"(Jüngel 156) 신적 필연성과 같은 것을 내용으로 갖는 것이 아니고, 오히려 하나님은 절대적으로 존재하시며 비존재의 가능성에 굴복하지 않으신다는 것을 말한다. 하나님의 현존재는 그분의 본질 개념과 분리될 수 없다. **필연적 존재**라는 개념의 의미를 이해한 사람은 하나님이 "필연 그 이상"(30)이라는 윙엘의 명제를 그 개념의 비판적 설명에 기여하는 것으로 평가할 수 없을 것이다. 그러나 윙엘의 명제는 세계와의 관계 안에서 하나님이 가지시는 자유에 대한 표현이기 때문에 의미가 있다. 실제로 하나님은 세계에 대해 필연적으로 전제될 수 있는 세계의 현존재의 근거에 그치지 않으신다. 그분은 창조자로서 세계의 자유로운 기원이며, 화해와 구원의 하나님으로서 세계에 대해 자유롭게 존재하신다. 하지만 그 때문에 세계에 대한 하나님의 필연성이 부정되어서는 안 된다. 세계가 하나님을 필요로 한다는 것은 세계의 피조성에 속한다. 세계에 대한 하나님의 필연성을 문제 삼는 사람은 세계의 피조성 자체를 문제 삼는 셈이 된다. 이것은 하나님이 세계 자체로부터 창조자와 보존자로 인식될 수 있는지, 그리고 하나님의 현존재에 대한 사고가 세계 이해에 대해 "필연적"이지 않을 수 있는 어떤 세계 이해의 틀이 존재하는지의 질문과는 독립적이다. 근세에 실제로 전개되었던 그와 같은 세계 이해는 신학을, 그것이 창조론을 포기하지 않으려고 한다면, 반드시 불완전한 것으로 지적하게 될 것이다.

[57] R. Descartes, *Meditationes de prima philosophia* (1641), V, 7ff. 이에 대해 다음을 보라. D. Henrich, *Der ontologische Gottesbeweis. Sein Problem und seine Geschichte in der Neuzeit*, Tübingen 1960, 10-22. 헨리히는 다음 사실을 제시한다. 데카르트가 존재론적 신 존재 증명과 그것의 영향을 새롭게 설명하는 부분에서 하나님을 **필연적 존재**로 보는 사상, 즉 본질 개념과 하나님의 현존재가 서로 분리될 수 없는 일치성 안에 있다고 보는 생각은 결정적으로 중요했다. 이 관점에서 본다면 다음 사

이념의 주장과 긴밀히 결합시켰다.[58] 특별히 18세기에 대단히 활발했던 존재론적 신 존재 증명의 실행 능력에 대한 논증은 이 증명의 출발점이 우주론적 논증으로 소급되지 않고서는 충분히 설명될 수 없다는 사실을 제시했다. 이에 따라 인간 정신의 모든 활동과 사고에 근본적인 근원적 "신-이념"에 대한 데카르트의 명제는 뒷전으로 밀려났다.

우주론적 논증은 "세계-사물들"의 우연성으로부터 그것들의 현존재의 기원을 추론한다. 여기서 기원은 존재하기 위해 다른 어떤 존재를 필요로 하는 것이 아니라, 오히려 자기 스스로 존재한다. 그 결과 그것의 현존재는 필연적으로 그것의 본질 개념에 속한다. 이와 같은 우주론적 논증은 데카르트의 존재론적 증명의 토론에서 중요해졌는데, 왜냐하면 그것은 필연적으로 존재하는 어떤 실체(필연적 존재)의 개념으로 인도되기 때문이며, 그 실체는 존재론적 증명의 수행에서, 어쨌든 수행력이 있는 형태로서, 핵심 개념을 형성하기 때문이다. 우주론적 논증은 필연적 존재의 사상을 객관적으로 타당하게 만들었으며, 이것은 칸트가 인과 사상을 감각 세계의 한계 너머까지 적용하는 것이 불법이라고 공언할 때까지 이어졌다.

이미 라이프니츠가 자신의 『단자론』(1714)에서 존재론적 증명을 우주론적 논증과 연결시켰다.[59] 물론 라이프니츠가 존재론적 증명의 기초를 앞서 다루어진 우주론적 증명의 결과에 두려고 했던 것은 아니다. 오히려 그가 의도했

실은 그다지 설득력이 크지 않다. 욍엘이 하필이면 데카르트에 관하여 그가 하나님의 확실성을 "분해"했다고 주장했는데, 그것은 "하나님의 본질에 대한 확실성과…하나님의 존재(Existenz)의 확실성이…근본적으로 구분된다"(a.a.O. 163)는 욍엘 자신의 명제가 그렇게 주장을 하도록 강요했기 때문이었다.

58 이 명제는 이미 세 번째 성찰(*Meditation* III, 26ff.)에서 전개된다.
59 G. W. Leibniz, *Monadologie* (1714) Nr. 44f.; 참고. 38. 또한 다음을 보라. *Theodizee* I,7 (Werke hg. H. Herring II/1, 1985, 216-218), 더 나아가 D. Henrich a.a.O. 45ff., 특히 46f.

던 것은 두 가지 모두를 서로 다른 경로를 통해 필연적으로 존재하는 실체의 개념으로 인도하는 것이었다. 다시 말해 라이프니츠가 생각했던 것은 우리가 절대적으로 완전한 실체라는 사상으로부터도, 다시 말해 모든 경험으로부터 독립적으로 곧 순수하게 선험적으로도[60] 그 개념에 도달할 수 있다는 것이었다. 절대적으로 완전한 존재의 사상(*aliquid quo maius cogitari nequit*, 그보다 더 큰 것이 생각될 수 없는 존재)은 안셀무스에게서 존재론적 증명의 출발점이었고,[61] 처음에 데카르트에게도 그러했다. 왜냐하면 데카르트에게 우리의 모든 표상의 근저에 놓인 무한의 이념은 절대적인 완전성의 사상과 동등한 의미로 간주되었기 때문이다.[62] 하지만 데카르트는 존재론적 증명을 새롭게 구성하는 논증 과정에서 다음 사실을 인식했다. 절대적 완전성의 계기로서의 필연적 현존재의 사상이 그것의 증명의 적확성에 대한 결정적인 의미를 가지며,[63] 그 결과 필연적 현존재의 개념은 사실상 그 증명의 핵심 혹은 심지어 토대를 형성하게 되는데, 여기서 전제되는 것은 필연적 현존재의 사상이 객관적인 본질(실체)의 개념이지 주관적 상상의 산물이 아니라는 사실이다. 몇몇 비평가들은 절대적 완전성의 사상에 대한 그와 같은 전제에 대해 의문을 제기했다. 하지만 필연적 존재자의 경우에 그 사상의 객관성이 우주론적 논증을 통해 보증되었으며, 이 논증은 유한한 사물들의 우연성으로부터 필연적 존재자의 가정으로 인도되었다. 라이프니츠 자신은, 비록 필연적 존재자를 절대적 완전성의 사상에 기초시킬 때 생기는 약점을 알고 있었음에도 불구하고, 그 노선을 취하지 않았다. 그는 필연적 존재자의 가정을 어

---

60 *Monadologie* 45.
61 Anselm von Canterbury, *Proslogion* (1077/78).
62 *Med.* III, 28 그리고 30.
63 카테루스(Caterus, S. 153f.)에 대한 응답 속에서 전개되는 이의 제기와 항변 전체를 담은 증보판, *Meditationen*, Amsterdam 1685, deutsch in *PhB* 27, 105을 보라. 또한 Henrich a.a.O. 12ff.를 보라.

떤 다른 방식으로, 순수하게 개념적으로 도출하기를 추구했다.[64] 하지만 크리스티안 볼프(Christian Wolff)는 우주론적 논증을 실제로 그의 자연신학(Theologia naturalis, 1736/37)의 기초로 삼았다.[65] 이때 가장 완전한 존재로서의 하나님의 사고는 단지 이차적으로 덧붙여질 뿐이다. 알렉산더 바움가르텐(Alexander Baumgarten) 역시 이 견해를 따랐으며, 중심 내용에서는 『순수이성비판』(1781, A 584-587)의 칸트 역시 사변적인 신 존재 증명을 비판하는 도입부에서 그러했다. 물론 바움가르텐은 단순히 우연적으로 실존하는 사물들로부터 자기 자신을 통해 스스로 존재하는 근원적 존재까지 단순하게 추론하는 예전의 우주론적 논증의 형태를 명확한 신 존재 증명으로 간주하지는 않았다. 왜냐하면 필연적 존재자도 역시 질료(Materie)일 수 있기 때문이다.[66] 유사한 견해들이 이미 새뮤얼 클라크(Samuel Clarke)에 의해 논의되었고,[67] 오늘날에도 여전히 그런 논의를 만날 수 있다.[68] 그렇다면 필연적 존재자의 개념은 결국 절대적 완전자의 사상을 통해 상세하게 규정될 필요가 있다. 모든 완전성을 기뻐하는 본질(실체)은 바로 그 필연성과 함께 존재한다.[69]

---

64 D. Henrich a.a.O. 52ff.의 설명들을 비교하라.
65 Ebd. 55ff.
66 바움가르텐에 관하여 Henrich 62-68을, **필연적 존재**에 대한 그의 비평에 대해서는 64를 보라.
67 이에 대해 다음을 보라. W. L. Rowe, *The Cosmological Argument*, Princeton und London 1975, 222-248, 특히 235f.
68 다음의 경우가 그러하다. A. Kenny, *The Five Ways. St. Thomas Aquinas' Proofs of God's Existence*, London 1969, 69. 이에 대해 토마스의 신 존재 증명에 대해 편집하고 논평한 자이들(Seidl)의 책에서 그의 다음과 같은 견해를 비교하라. 아리스토텔레스와 토마스의 존재론의 틀에서 보면 원인을 갖지 않는 필연적 존재는 단지 "순수하게 비물질적인 실체"일 뿐이다(H. Seidl, Die Gottesbeweise in der "Summe gegen die Heiden" und der "Summe der Theologie", *PhB* 330, Hamburg 1982, 152f.).
69 헨리히(D. Henrich)는 이에 대해 바움가르텐이 "**필연적 존재**의 개념을 나중에 존재론적 증명에 예속시켰다"고 말한다. 하지만 "바움가르텐의 형이상학을 세심하게 읽고 첫 번째 존재론적 증명을 (가장 완전한 본질의 사상으로부터―판넨베르크의 추가) 잘못

데카르트는 거꾸로 절대적 완전자에 대한 상세한 규정이 필연적 존재자의 사고를 통해 요청된다고 간주했는데, 이는 존재론적 논증의 확실한 출발점을 획득하기 위해서였다. 라이프니츠는 필연적 존재자의 사고가 이미 하나님의 사고와 동일하다고 생각했다.[70] 후에 헤겔도 비슷하게 판단했다. "하나님, 오직 하나님만이 절대적으로 필연적인 존재"라는 사실은, "만일 이 규정이 사실상 소위 자연신학의 형이상학적 규정보다 훨씬 더 심원한 것을 내포하고 있는 그리스도교적 표상을 고갈시키지 않는다면…" 전적으로 인정될 수 있을 것이다.[71] 칸트는 결국 이 지점에서 우연적인 것으로부터 필연적으로 존재하는 실체로의 추론이 단지 "**어떤 하나의 필연적인 실체의 현존재**"로 인도할 뿐이라는 바움가르텐의 견해를 너무 무비판적으로 뒤따랐던 것인가?[72] 어떻든 이 점에서 칸트의 다음 견해는 잘 이해가 된다. 그것은 신 존재 증명으로서의 우주론적 증명이 필연적 존재의 개념으로 가는 첫 단계를 넘어 "어떤 한 존재의 무제약적인 필연성으로부터 그것의 무제한의 현실성으로까지" 도달하고, 그렇게 하여 "절대적 필연성의 최고의 현실성과의 연결"을 내포하며(A 604), 이 연결은 존재론적 증명을 특징짓게 된다. 칸트의 비판(A 606ff.)은 이와 같은 자칭 두 번째의 증명 단계에 대해 이미 대비하고 있는데, 그것은 절대적 완전성으로부터 현존재로 이끄는 존재론적 논증이 이미 그 증명의 근저에 놓여 있다는 항변을 통한 것이었다.[73] 하지만 여기서 중요

된 결론으로 간주하려는 사람은 필연적 본질이라는 말로써 무엇이 실제적으로 생각되어야 하는지를 질문해야 한다"(a.a.O. 66).
70 다음을 한 번 더 비교하라. *Monadologie* Nr. 45.
71 G. W. F. Hegel, Vorlesungen über die Beweise vom Dasein Gottes, *PhB* 64, 1966, 140.
72 I. Kant, *Kritik der reinen Vernunft* (1781) A 586; 참고. A 606.
73 A 608. 우주론적 증명에 관한 칸트의 설명에 관하여 그의 글 "Der einzig mögliche Beweisgrund zu einer Demonstration des Daseins Gottes", 1763 (A), 194ff.와 199f. 204f.를 참조하라. 이 논술은『순수이성비판』안에서 우주론적 증명을 판단하는 데 유용하다. 사물들의 우연성으로부터 출발하여 다른 사물들에 의존하지 않는 근원까

한 것은 여전히 우주론적 논증인가? 헤겔은 우주론적 증명이 존재론적 증명 위에 근거하고 있다는 칸트의 주장을 거부했다. 왜냐하면 이 논증 과정에서 필연적 존재자의 사고와 함께 이미 (우연적인 사물들의 현존에 대한 조건으로서) 그 존재자의 현존재가 가정되기 때문이었다. 그러므로 **필연적 존재**의 현존재를 추론할 수 있는 시작점을 위해 절대적 완전자(또는 무제한적인 현실체)의 사고로 나아갈 필요는 없다. "우주론적 증명에서 그 존재는 이미 다른 장소에서 얻어진다"(a.a.O. 142).

칸트가 우주론적 증명이라고 불렀던 것이 신 존재 증명의 역사에서 세계로부터 세계의 기원인 신에게로 추론해 나가는 유일한 증명은 아니다. 오히려 그것은 매우 다양한 논증들로 나타나는 비슷한 종류의 큰 집단에 속한다. 칸트 자신은 "우주론적" 증명과 더불어 "물리-신학적인"(physicotheologischen) 증명도 다루었는데, 이 증명은 자연의 질서로부터 그 질서의 지적인 근원자 즉 신적인 "제작자"(Werkmeister)를 추론하며, 이 점에서 마찬가지로 "우주론적인" 특성을 갖는다. 이 증명은 토마스 아퀴나스가 자신의 『신학대전』에서 당시에 논의되던 대단히 많은 논증들 가운데

지 이어지는 추론을 칸트는 그 글에서 "잘 입증된 것"으로 보았다(194). 또한 그는 "그 비의존적 사물은 **절대적으로 필연적**"(ebd.)이라는 그 다음 단계에서는 "동의"하려 했지만, "데카르트적" 증명처럼 "오직 개념들에만" 근거를 두는 절대적 완전성과 단일성의 추론에는 동의하지 않았다. 한 각주(a.a.O. 196)에서 칸트는 다음과 같이 덧붙였다. "필연적 실체의 실존을 미리 앞서서 무한자의 개념으로부터 이끌어냄으로써, 그 실존을 전제하는 것은 완전히 불필요하다." 칸트 자신은 그 당시에 선험적 신 존재 증명이 가능하다고 여겼기 때문에, 그는 그 "전제"의 경우에 존재론적 증명을 위한 출발점의 객관성이 보장되어야 한다는 문제를 고려하지 않았다. 물론 칸트는 우주론적 증명을 "결코 예리한 증명력을 갖지 못한" 것이라고 생각했는데(204), 왜냐하면 그 증명은 "우리의 감각에 주어지는 모든 사물의 근원자 곧 파악될 수 없는 어떤 위대한 근원자에 이르는" 추론을 허락한 것일 뿐이고 "모든 가능한 본질 가운데 가장 완전한 자의 현존재에 이르는 추론은 아니었기" 때문이다(199f.).

선택했던 신 존재 증명의 "다섯 가지 방법들" 중 마지막 것이다.[74] 유한한 사물들의 우연성으로부터 세계의 현존재의 원인, 곧 자기 자신을 통해 그리고 그 점에서 필연적인 존재자에 이르는 논증은 하나님의 현존재에 대한 논증의 고전적 구성 속에서 세 번째 논증으로 발견되는데, 물론 이것은 칸트가 전제했던 라이프니츠의 우연성 논증과는 대단히 상이한 형태다. 하지만 "다섯 가지 방법들" 가운데 나머지 세 가지도 모두 우주론적 특성을 갖고 있다. 네 번째 방법은 사물들에 적용되는 완전성의 상이한 단계들로부터, 가장 완전하고 다른 모든 사물에 대해 완전성의 척도가 될 수 있는 어떤 존재가 반드시 존재해야 한다고 추론한다. 바로 이 네 번째 방법은 결국 절대적인 완전자의 개념으로 인도된다. 이 개념은 존재론적 신 존재 증명의 역사 속에서 매우 중요한 역할을 담당했지만, 토마스는 그 개념의 근거를 세계 경험에 두었다. 이 논증은 자연 질서로부터 신적인 제작자를 추론하는 것과 유사하게 그리스 철학으로 소급된다.[75] 또한 이것은 토마스가 말한 "다섯 가지 방법" 중 첫째에도 해당하는데, 그것은 아리스토텔레스에게로 (나아가 플라톤에게로)[76] 소급되는, 운동으로부터의 신 존재 증명이다. 토마스는 모든 피운동자가 어떤 다른 것을 통해 움직여진다는 확증으로부터 제일운동자를 추론하는 이 증명이 특별히 설득력이 있다고

---

[74] 이에 대해 다음을 비교하라. J. Clayton in *TRE* 13, 1984, 732f. (항목: Gottesbeweise II). 나아가 다섯 개 각각의 증명의 역사를 고려한 비판적 분석을 다음에서 보라. A. Kenny, *The Five Ways. St. Thomas Aquins' Proofs of God's Existence*, London 1969. 케니의 항의에 대한 해명은 각주 68번에서 언급된 자이들(H. Seidl)의 전집에서 발견된다(136-161).

[75] 슐뤼터에 따르면 플라톤은 "후기의 '단계적 증명들'의 원조"였다. 즉 플라톤은 "아름다움 그 자체"가 이데아로 상승하는 것을 묘사함으로써(Symp. 210 e-211 c), 또는 이데아 중의 이데아인 선에 대한 이론을 통해(*Staat* 504 a 5-509 b 10) 그와 같은 시조가 되었다(D. Schlüter, *Hist. Wörterbuch der Philosophie*, 3, 1974, 821). 그러나 또한 다음도 보라. Aristoteles, *Met*. 993 b 26-31.

[76] 위의 각주 44번을 보라.

(*manifestior via*) 여겼다.[77] 그래서 다음 사실은 더욱 두드러져 보인다. 첫째 증명은 익숙한 둘째 논증, 즉 작용인들의 출현으로부터 최초의 작용인[78]을 추론하는 방법과 마찬가지로 근대의 신 존재 증명의 논의에서 거의 아무런 역할도 하지 못했다. 그 대신에 토마스 아퀴나스의 세 번째 방식, 즉 우연성 증명이, 비록 변형된 형태라고는 해도, 근대에 전형적인 우주론적 증명이 되었다.[79] 이것은 어떻게 설명될 수 있는가?

---

77 S. theol. I, 2 a 3 resp. 이 증명 자체에 대해서는 A. Kenny a.a.O. 6-33을, 케니의 해석의 수정에 대해서는 H. Seidl a.a.O. 142f.를 보라.
78 이에 대해 ScG I,13의 끝 부분을 보라. 또한 다음 설명을 참고하라. W. L. Craig, *The Cosmological Argument from Plato to Leibniz*, New York (Harper) 1980, 175-181. ScG에서 토마스는 작용인들의 순열이 무한대로 소급되는 것이 불가능하다는 사실의 근거를 아리스토텔레스(Met. 944 a 5-8)에서 찾는다. 하지만 이 글에는 사물들의 **현존재**의 원인들 자체는 중요하게 다뤄지지 않는다. 작용인들의 순열을 그렇게 이해하는 논증의 실제적인 기원은 알-파라비(al-Farabi)와 같은 아랍철학에서 발견될 수 있을지도 모른다. R. Hammond, *The Philosophy Of Alfarabi And Its Influence On Medieval Thought*, New York (Hobson) 1947, 19ff.
79 토마스 아퀴나스의 **세 번째 방법**(*tertia via*)에 대한 몇몇 새로운 해석들은 후대에 라이프니츠가 발전시켰던 **세계의 우연성에 관한**(*de contingentia mundi*) 논증과 그 방법 사이의 매우 큰 차이를 강조했고, 심지어 이 두 가지가 동일한 증명 유형으로 분류될 수 있는지를 의심했다. 이에 대해 특히 A. Kenny 46-69, 그리고 W. L. Craig 181ff., 276f., 또한 J. Clayton in TRE 13, 1984, 748의 의견을 보라. 라이프니츠의 증명이 충분한 근거를 지닌 원칙(Prinzip des zureichenden Grundes, 충족이유율)에 근거하는 반면, 토마스의 논증은 다른 네 가지 방법들과 마찬가지로 인과원칙에 근거한다고 본 것은 옳다(특히 참고. ScG I,15). 그 외에도 여기서 필연자 개념은 원인을 지닌 존재를 배제하지 않음으로써, 결국 이 논쟁에서도 원인을 갖지 않은 필연자에서만 종결될 수 있는 소급의 문제가 생겨난다. 이 논증은 모세스 마이모니데스와 가장 유사(Craig 182; 참고. 142-149)하지만, 나아가 이븐 시나(ibn-Sina)와 알-파라비에게까지도 소급될 수 있다(ebd. 88ff.; 참고. R. Hammond 20f.). 모든 차이점에도 불구하고 라이프니츠가 제시한 논증을 동일한 유형의 변주로 간주해도 되는지의 문제는 우선적으로 "가능한" 그리고 "필연적인" 개념이 논리적인 혹은 물리적인 필연성의 의미에서 이해될 수 있는지의 질문에 달려 있다(Kenny 48ff.). 자이들(H. Seidl)이 그런 대안에 반대했던 것은 분명 옳았다(a.a.O. 152f.). 그러므로 모든 특수성에도 불구하고 우리는

이 질문은 역사적 연구들을 요청하는데, 그것은 여기서는 착수될 수 없다. 하지만 운동을 통한 증명, 그리고 작용인 순열의 첫 번째 연결고리를 통한 증명이 근대적인 사고에 대해 무력해졌다는 근거들은 제시될 수 있다. 이 두 가지 증명은 원인들의 순열 가운데 첫 번째 연결고리에 도달하지 않고는 무한자로 회귀할 수 없다는 가정에 근거한다. 그 이유는 다음과 같다. 첫 번째 연결고리가 없다면 그 순열 전체는 붕괴될 것이며, 어떤 운동이나 작용인도 발생할 수 없게 된다. 이것으로부터 다음 사실도 밝혀진다. 그 순열의 첫 번째 연결고리는 우연히 시작점의 기능만을 갖는 것이 아니고, 이를 넘어 순열에 뒤따르는 모든 연결고리의 운동과 작용에 대해 첫 연결고리의 지속적인 작용이 요청된다. 이것은 글을 써야 하는 동안에는, 펜대를 붙들고 있는 손이 펜대를 움직이는 것을 중단할 수 없는 것과 마찬가지다. 이에 대해 윌리엄 오컴(Wilhelm von Ockham)은 최초의 원인이 생성의 순열에 필요한 것이 아니라, 단지 생성된 것의 보존에 필요하다는 점을 이미 인지하고 있었다. 즉 생성된 것들의 순열 안에서 최초의 생산자는 더 이상 존재하지 않는다고 해도, 생성된 것은 여전히 존재할 수 있다. 예를 들어 세대의 흐름이 그것을 보여준다. 현존재가 유지되려면, 최초의 보존 원리가 필요하다. 왜냐하면 보존 작용의 지속은 중간 단계의 모든 원인과 더불어 그 원리의 활동에 의존하기 때문이다.[80] 하지만 데카르트가 관성의 법칙을 도입하고 아이작 뉴턴(Isaac Newton)이 그것을 보다 상세히

토마스 아퀴나스의 세 번째 방법이 아랍철학에서부터 그리스도교 스콜라 철학을 넘어 근대에 이르기까지 수행될 수 있었던 증명 유형들 가운데 하나의 변주라고 판단해도 좋을 것이다.

80 W. Ockham, *Ordinatio* I d 2 q 10 (Opera IV St. Bonaventure N.Y. 1970, 354, 17ff.). 이에 대해 다음을 비교하라. Ph. Boehner, *Collected Articles on Ockham* ed. E. Buytaert, St. Bonaventure 1958, 399-420. 나아가 다음의 짧은 요약을 보라. E. Gilson/Ph. Boehner, *Christliche Philosophie von ihren Anfängen bis Nikolaus von Cues*, 3. Aufl. 1954, 617f.

규정하여 각각의 사물에게 정지 상태이든지 운동 상태이든지 (**본래적 힘으로써**, *vis insita*) 그 상태를 계속 유지하려는 경향이 있다는 것을 알게 된 이후에, 현존재 상태에서 운동이나 활동 중에 있는 유한한 사물들의 보존 원리로 하나님의 존재를 가정하는 것은 불필요하게 되었다. 이로써 기계론적 세계상의 틀 안에서 형성된 신 개념은 자연사건의 이해에 없어도 되는 것이 되었다.[81]

자연에 대한 기계론적 해석의 지평에서 운동의 제일원인자의 추론과 작용인들의 순열에서 최초의 연결고리의 추론은 설득력을 상실했고, 이에 따라 세계 경험으로부터 신의 존재를 증명하려는 노력은 한편으로는 자연의 목적 정합적 배열에 관한 숙고로, 다른 한편으로는 모든 유한한 현존재의 우연성이라는 관점으로 옮겨져야 했다. 전자는 계몽주의 시대에 물리신학을 체험했던 국면에서 일어났으며,[82] 후자는 전형적인 우주론적 신 존재 증명이었던 우연성 증명에 집중하면서 일어났다.

절대적으로 완전한 존재라는 하나님 개념은 토마스의 네 번째 방법이었던 단계적 증명으로부터 도출되었는데, 라이프니츠는 그 개념을 "우리가 신에 대해 갖고 있는 가장 유용하고 가장 특징적인 개념"으로 간주했

---

[81] 이에 대해 나의 다음 논문을 비교하라. "Gott und die Natur" in: *Theologie und Philosophie* 58, 1983, 481-500. 특히 485f.를 보라. 또한 I. Newton, Princ I Def. 3을 보라. 본문에서 주장된 결과는 아직 데카르트에게서는 도출되지 않았다. 왜냐하면 그는 관성을 당시 **본래적 힘**으로 파악하지 못했기 때문이다. 또한 그 결과는 뉴턴에게서도 도출되지 않았다. 왜냐하면 그가 (데카르트처럼) 모든 변화를 물체들의 서로에 대한 기계적 작용으로 소급시킨 것은 아니었기 때문이다. 그 결과는 뉴턴의 관성 개념이 모든 힘들을 물체로 소급시켰던 것과 연결되면서 곧바로 도출되었다. 이와 같은 관성 원칙의 도입이 초래하는 결과들에 반대하여 토마스 아퀴나스의 "첫 번째 방법"을 변호하려는 토마스주의의 몇 가지 시도들에 대해 다음을 참고하라. Kenny a.a.O. 29ff.

[82] 이에 대해 다음을 보라. W. Philipp, *Das Werden der Aufklärung in theologiegeschichtlicher Sicht*, Göttingen 1957, 21-73.

다.⁸³ 하지만 그는 그 개념을 더 이상 세계 안에서 마주치는 크고 작은 완전성의 단계들 위에 우주론적으로 근거시키지 않았고, 오히려 우연성 증명을 통해 설명했다. 이 증명은 세계 사물들의 우연적 현존재에 관한 충분한 근거의 원칙(충족이유율)에 의해 필연적 존재의 개념으로 인도된다.⁸⁴ 데카르트는 가장 완전한 존재로서의 신 개념을 세계 경험으로부터 도출하지 않았고, 오히려 인간에게 심겨진 무한자의 이념과 직접 결합되어 있다고 보았다.⁸⁵ 카테루스에게 응수하면서 데카르트는 "감각 세계의 보이는 질서로부터" 도출된 신 존재 증명들에 대한 자신의 반감의 이유를 드러냈다. 다시 말해 그것은 원인의 순열에서 일어나는 무한한 소급이 불가능하다는 숙고의 불확실성에 대한 반감이었다. 제일원인 없이 원인들이 무한히 연속한다는 사고가 이해될 수 없다고 해서 어떤 제일원인자가 반드시 있어야 한다는 추론이 성립되는 것은 아니다. "그래서 나는 차라리 나 자신의 현존재를 나의 증명 과정의 출발점으로 삼고자 한다. 이 현존재는 어떤 원인의 사슬에도 얽매이지 않으며, 또한 그것은 내게 너무도 잘 알려져 있으며, 다른 어떤 것도 내게 그보다 더 잘 알려질 수는 없다…."⁸⁶ 이 진술은 신 존재 증명의 근거가 우주론에서 인간론으로 전환되고 있음을 보여주는데, 이것은 데카르트와 함께 시작된 것이다.

데카르트는 이와 같은 인간론으로의 전환으로 인해 신 개념의 객체성

---

83 G. W. Leibniz, Discours de Métaphysique 1 (PhB 260, 1958, 2f.).
84 G. W. Leibniz, Principes de la Nature et de la Grace fondés en raison 1714, 8ff. (PhB 253, 1956, 15ff.). 여기서 필연적 존재의 개념으로부터(8) 그 개념의 완전성이 도출된다(9).
85 Descartes, Med. III, 27ff., 특히 41f. 무한의 사고가 그 논증의 토대를 형성한다고 해도, 동시에 그 사고는 Nr. 28에서 **완전**(perfectum)의 사고와 결합된다.
86 Descartes, Meditationen, PhB 27, 96 (1685년 판 140쪽). 데카르트는 다음 사실을 덧붙인다. 그와 더불어 "내가 어떤 원인으로부터 현재의 시점에 존재하는가", 다시 말해 모든 "원인들의 상호 연결" 없이 어떻게 지금 존재하는가의 질문이 즉시 던져진다.

이 위태로워질 수 있다는 사실을 아직은 알아채지 못했다. 그는 신의 이념이 인간 정신의 산물로 이해될 수는 없다고 생각했다. 왜냐하면 그 이념은 인간 정신을 무한히 넘어서기 때문이다.[87] 하지만 데카르트와 논쟁했던 대부분의 파트너들은 이미 그 논증의 타당성에 대해 의문을 표명했다. 데카르트 자신도 절대적으로 완전한 존재라는 신에 대한 이념은 우리 자신이 만들 수 있는 것임을 인정하기는 했다. 하지만 그는 그럴 수 있기 위해서는 동시에 그 이념의 객관적 내용에 적합한 원인이 있어야 한다고 생각했다.[88] 이 추론의 불확실성은 새뮤얼 클라크와[89] 라이프니츠가 우주론적 논증으로 회귀했던 것이 신 개념의 객체성을 보증하기 위한 것이었다는 사실을 이해될 수 있게 만든다. 여기서 주목할 만한 것은 라이프니츠가 제시한 우연성 증명이 데카르트가 가망이 없다고 판단했던 이른바 원인들의 순열 안에서의 무한한 소급을 반박하지 않은 채 등장한다는 것이다.[90] 그

---

87 Med. III, 27.
88 두 번째 이의 제기에 대한 응답인 *PhB* 27, 121 (Meditationen 1685 S. 179)에서 그렇게 말해진다. 111ff.(163ff.)를 비교하라. 가상디(Gassendi)는 절대적 완전성의 이념이 유한한 사물들이 지닌 완전성들의 조합과 증대로부터 유래할 수 있다고 주장했다 (Fünfte Einwände S.412ff., *PhB* 27, 269ff.). 이에 대해 데카르트는 "우리가 만들어낸 완전성들을 증대시킬 수 있는" 우리의 능력은 "더 큰 사물, 즉 신의 이념이 우리 안에 거주하고 있음"을 인식하게 해준다고 설명했다(518, *PhB* 27, 336). 그러나 이미 카테루스도 다음과 같이 표명했다. 개별적인 이념의 형성은 (신의 이념의 형성도 또한) 우리의 오성의 불완전성에 근거될 수 있고, 오성은 우주를 한 개의 개념으로써는 파악할 수가 없다(Erste Einwände S. 120, *PhB* 27, 83).
89 S. Clarke, *A Demonstration of the Being and Attributes of God*, London 1705. 이에 대해 다음의 자세한 분석들을 보라. W. L. Rowe, *The Cosmological Argument*, Princeton und London 1975, 60-248.
90 W. L. Craig, *The Cosmological Argument from Plato to Leibniz*, 1980, 276. 여기서 크레이그는 토마스 아퀴나스의 **세 번째 방법**과의 차이점을 바르게 강조한다. 그 차이점은 의심할 바 없이 라이프니츠의 논증이 인과율이 아니라 충족이유율에 기초한다는 사실과 관계가 있다. 하지만 크레이그가 언급한 세 번째 차이점은 그다지 명백하지가 않다(277).

러나 라이프니츠에게서 시작된 충족이유율은 세계 경험으로부터 유래한 것이 아니라, 오히려 인간의 이성에 근거되어 있으며, 그래서 라이프니츠의 우연성 증명은 세계 경험과 관련된 이성의 필요성의 표현이라고 쉽게 이해될 수 있다. 이와 함께 이성의 필요성을 통해 제기되는 요청의 객관적 타당성의 질문이 새롭게 제기된다. 이성의 필요성은 설명되었으나 충족이유율의 객관적 타당성은 제시될 수 없었기 때문에, 라이프니츠는 뜻하지 않게 우주론적 논증의 인간론적 해석에 결정적으로 기여하게 되었다. 그는 이성의 필요성을 표현하는 합리적 신학 전체에 대해 칸트가 제시한 비판적 판단에게, 다만 객관적인 타당성은 없이, 기반을 마련해 준 셈이 되었다.

『순수이성비판』에서 칸트는 최고 존재의 현존재에 대한 "사변적 이성의 증명이 토대로 삼았던 것들"(참고. A 583ff.)을 분쇄해버렸다. 하지만 여기서 그가 동시에 다음과 같은 최고 존재에 대한 이성적 관념(Vernunftsideal)의 필요성을 주장했던 것은 쉽게 간과된다. "모든 경험적 현실성들은 그것들의 최고로 필연적인 통일성의 근거를 바로 그 이성적 관념에 두고 있으며, 우리는 그 이성적 관념을, 이성법칙들에 따라 말하면 만물의 최초원인인 현실적 존재와의 유비 관계에 의해서가 아니라면, 도무지 생각할 수가 없다"(A 675). 물론 우리는 이러한 표상의 형성을 단념할 수도 있지만, 그런 단념은 "우리의 인식 안에 존재하는 완전한 체계적 통일성의 의도와 공존할 수는 없다"(ebd., 비교. A 698f.). 그러므로 비록 내가 "최고의 완전성의 내적 가능성에 대해서도, 혹은 그것의 현존재의 필연성에 대해서도 최소한의 개념도 갖지 못한다고" 해도, 신 개념은 이성에 대해 포기될 수 없다(A 675). 또한 경험적 현실성의 통일성을 그것의 근거로부터 사유하는 것에도 이성은 불가피하게 요청된다. 인간론적 논증에서도 칸트의 증명은 같은 선상에 놓여 있다. 즉 도덕법이 "최고 본질의 현존재를 단순히 전제할 뿐만 아니라, 또한 그 법이…절대적으로 필연적이기 때문에, 물론 실천적 측면에서, 그 법은 그것의 현존재를 요청한다"(A 634). 이 증명은 "실천이성비판"의 결과물이었다. 이로써 칸트는 데카르트에게서 도입된 전환, 곧 신 개념의 근거가 우주론으로부터 인간론으로 전환되는 것을 완성했다. 헤겔의 신 존재 증명의 갱신 또한 이 결과의 배후로 후퇴하지 않았다. 헤겔은 신 존재 증명을 더 이상 신의 현존재를 증명하는 고립된 이론적 구성물로 이해하지 않았고, 오히려 인간 정신이 감각적인 소여성과 일반적인 유한성을 넘어서서 무한한 것에 대한 사고와 개념의 보편성으로 고양되는 표현으로 보았다. "소위 신 존재 증명들은 단지 **정신**이 자기 자신 안에서 행하는 **활동**의 분석과 **서술**로 간주된다. 정신은 **사유하는 자**이며, 감각적인 것을 사유한다. 사유(Denken)가 감각적인 것 너머로 **고양되는 것**, 사유가 유한한 것을 넘어서서 무한한 것으로 **나아가는 것**…이 모든 것은 사유 그 자체이며, 바로 그 건너감도 오직 **사유**일 뿐이다."[91]

이와 같이 헤겔은 칸트와 더불어 신 개념을 이성의 필연적 사유로 이해했다. 하지만 그는 칸트와 달리 이성을 어떤 순수한 주관성으로 여기지 않았고, 오히려 주체와 즉자존재(Ansichsein)의 구별을 지성(Verstand)의 주관적 사고 형식이라고 판단했으며, 이 사고 형식은 이성의 인식을 통해 극복된다고 보았다. 그럼에도 불구하고 헤겔 역시 신 존재 증명들의 형식을 비판했다. 그 증명들은 유한한 사물을 고정된 출발점으로 다루면서, 하나님의 현존재를 그 출발점에 의존적인 결과인 것처럼 보이게 했다는 것이다.[92] 헤겔에 따르면 실제의 사태 관계는 정반대다. "우연적인 것이 존재하기 때문이 아니라, 오히려 우연적인 것이 비존재이기 때문에, 절대적 필연성은 존재한다. (비존재는 그것의 존재가 참된 현실성이 아닌 현상일 뿐인 존재를 뜻한

---

91 G. W. F. Hegel, *Encyclopädie der philosophischen Wissenschaften im Grundrisse* (1817) 2. Ausg. 1827, §50 Anm. **자연신학**의 편협성에 대한 비판을 비교하라. 그 신학은 "신에 대한 인간의 관계"는 빼고 신 개념 그 자체만을 주제로 삼았다는 것이다(Begriff der Religion, hrsg. G. Lasson *PhB* 59, 1925, 156).

92 이것은 야코비(F. J. Jacobi)가 스피노자의 이론에 관련된 그의 편지에서 다룬 신 존재 증명들에 대한 비판이다(über die Lehre des Spinoza, 1785).

다.) 절대적 필연성이 우연적인 것의 존재이자 그의 진리다."[93] 신 존재 증명들에서 실현되는 유한을 넘어서는 고양은 그 논증들의 논리적 형식과는 달리, 유한한 사물이 궁극적으로 독립적인 존재를 소유하지 않는다고 말한다.

헤겔에 따르면 인간 정신이 유한을 넘어 무한에 대한 사유로 고양되는 것을 표현하는 신 존재 증명은 종교적 삶에 상응한다. 이 증명들은 신적 현실성에 참여하는 종교적 고양의 사변적 집약이지만, 또한 지성적 사유(Verstandesdenken)의 형태로도 표현된다.[94] 이런 관점에서 헤겔은 신 존재 증명의 여러 유형들을 종교들의 발전 단계들로 분류했다. 이에 따르면 우주론적 증명은 자연종교로, 물리-신학적인 증명은 정신적 주관성의 종교로, 존재론적 증명은 하나님의 자기 계시를 표현하는 계시종교로 분류된다.[95] 이로써 그는 철학적 신학이 종교의 각각 구체적이고 역사적인 형태에 의존한다는 통찰을 표현했을 뿐 아니라, 신 존재 증명의 역사에 대한 새로운 연구 결과를 선취했다. 그것에 따르면 신 존재 증명의 각각의 형태는 종교적 전승들의 신 이해와 관련되며, 다른 종교적 문화들의 전통적인 맥락으로 건너갈 때 깊이 변화했다. 예를 들어 아리스토텔레스가 운동의 제일작용인으로 증명한 것은 이슬람 철학과 중세 그리스도교 사상 안에서 창조신의 증명으로 발전했다.[96] 이 맥락에 대한 더 정확한 연구는 헤겔이 그 증명을 자연종교로 분류한 것에 대한 수정을 포함한다. 바로 라이프니

---

93 Vorlesungen über die Beweise vom Dasein Gottes, hrsg. G. Lasson *PbB* 64, 1966, 103. 다음을 참고하라. Wissenschaft der Logik II (*PhB* 57) 62. 다음도 참고하라. Hegel, Vorlesungen über die Philosophie der Religion I (Begriff der Religion) hrsg. G. Lasson *PhB* 59, 207ff.
94 Begriff der Religion 68f.
95 G. W. F. Hegel, *Religionsphilosophie I*, Hrsg. K.-H. Ilting (Die Vorlesung von 1821), Neapel 1978, 273ff., 417ff., 505ff.
96 이에 대해 다음 설명을 참고하라. J. Clayton *TRE* 13, 1984, 762.

츠가 발전시키고 칸트가 비평했던 우주론적 논증, 곧 유한한 사물의 우연성에서 출발하는 논증은 처음에는 이슬람의 지평에서, 다음에는 유대 철학 안에서, 마지막에 그리스도교에서는 성서적인 근거를 갖는 창조 신앙의 지반 위에서 가능하게 되었다.

신 존재 증명들과 신 개념 전반에 대한 인간론적인 해석은 또한 무신론적 논증의 토대가 될 수 있었다. 이 논증은 신 개념을 순수한 주관적 욕구의 표현으로, 그리고 무한에 대한 사유 안에서 인간적이고 세속적인 표상 형식들을 투사해서 생긴 결과물로 설명했다. 이 논증 형식이 루트비히 포이어바흐(Ludwig Feuerbach)에 의해 처음으로 발전된 것은 아니다. 그것은 이미 요한 고트리프 피히테(Johann Gottlieb Fichte)의 무신론 논쟁에 관한 글들에서 발견된다. 그는 실체이자 인격으로 이해되는 신에 대한 표상들이 무한에 대한 사유에 맞지 않는다는 이유에서 모순임을 입증하려고 시도했다.[97] 우리는 이 예시에서, 만일 신 개념의 내적인 비모순성에 대한 고전적인 형이상학의 요청을 포기한다면, 어떤 결과가 초래될 것인지를 배울 수 있다. 그때 신 개념의 본질적인 계기들은 이질적으로 조합되었다는 혐의를 받을 수밖에 없다. 왜냐하면 그때 그 개념은 단지 심리학적으로만 설명될 수 있기 때문이다. 포이어바흐와 현대의 그의 추종자들 모두의 심리학적 종교 이론은 이 길을 걷게 되었다. 칸트에서와 같이 신 개념이 더 이상 이성의 "**무오한 관념**"(fehlertfreies Ideal, *KR. R.V.* A641)이 아니라면, 그 개념은 그 즉시 인간 이성의 본성적 표현이 아니게 되며, 오히려 이성 원리의 오류가 있을 수 있는 적용의 산물이자 근본적으로 극복될 수 있는 착각으로 판단되어야 한다.

---

[97] J. G. Fichte, Über den Grund unsers Glaubens an eine göttliche Weltregierung, *Philos. Journal* 8, 1798, 1-20, bes. 15ff., 또한 Gerichtliche Verantwortungsschrift gegen die Anklage des Atheismus (1799) in: H. Lindau (Hrsg.): *Die Schriften zu J. G. Fichte's Atheismus-Streit*, München 1912, 196-271, 221ff., 특히 226, 또한 227ff.

그에 대해 인간론적인 "신 존재 증명들"의 기능은, 인간적 이성의 관점에서든지 혹은 인간적 실존의 다른 근본적 실행들을 포함하든지와는 관계없이, 신 개념이란 인간의 적절한 자기 이해의 **본질적** 요소라는 논거에 기초한다. 명확하게 인간론적으로 논증하는 신 존재 증명의 그룹에는 이미 아우구스티누스의 증명이 속하는데, 그것은 인식의 주체인 의식이 그 의식 자체에서 유래하지 않는 진리의 빛에 의존한다는 증명이었다.[98] 그뿐 아니라, 또한 데카르트의 세 번째 명상에서도 나오듯이, 모든 유한한 것들에 대한 표상보다 우선하면서 그것들의 토대가 되는 무한한 것의 앎 속에서 인간적 의식에게 생성되는 신 이념의 예시도 그 그룹에 속한다. 나아가 칸트가 『실천이성비판』에서 보여준 도덕적 신 존재 증명도 그것에 속한다. 또 피히테가 후기의 학문론에서 설명했던 자의식의 자기관조(Sichsehen) 역시 이에 속하는데, 그것은 절대자 안에 근거된 것으로[99] 혹은 절대적 존재를 통해 존재하는 자유로 설명된다.[100] 슐라이어마허가 인간적 자의식의 토대로서 절대 의존의 감정을 제시한 것이나,[101] 키에르케고르의 무한하고 영원한 것에 대한 자의식의 구성적 관계의 명제 역시 마찬가지다.[102] 이와 같은 일련의 시도들은 현재에 이르기까지 계속되고 있다. 예를 들면 칼 라너의 명제를 생각해볼 수 있다. 그것은 인간의 자기 초월 속에서, 다시 말해 인간 존재의 선취 속에서, 하나님의 현존재는 언제나 "함께 긍정"된다

---

98 Augustinus, *De libero arb.* II, 12; 참고. 15.
99 J. G. Fichte, Die Wissenschaftslehre (1804) *PhB* 284, 1975, 266f., 또한 75.
100 J. G. Fichte, Darstellung der Wissenschaftslehre 1801/1802, *PhB* 302, 1977, 86; 참고. 219ff.
101 D. F. Schleiermacher, *Der christliche Glaube*, 1821, §4.
102 S. Kierkegaard, *Die Krankheit zum Tode*, 1849. 특히 정신 개념을 자기 자신과 관계하는 무한자에 대한 관계로서 규정한 것에 관련하여 다음을 보라. SV XI, 127. 신의 존재를 증명하려는 철학적 시도(SV IV, 207ff.)들이 좌초했다는 비판에도 불구하고 (1844), 키에르케고르가 인간을 신에 대한 관계를 통해 구성되어 있다고 설명한 것은 또한 인간론적인 "신 존재 증명"에 속하는 것으로 간주되어야 할 것이다.

는 명제다.[103] 또한 개인의 발달에서 원 신뢰가 갖는 구성적 의미를 에릭슨(Erik H. Erikson)이 제시했는데, 이 의미에 대한 한스 큉(Hans Küng)의 신학적 해석이 또 하나의 예가 된다.[104]

이러한 인간론적 논증들 가운데 그 어떤 것도 엄격한 의미에서 하나님의 존재를 증명할 수 없다. 대부분의 경우에 그 증명의 수행은 기대되지 않고, 오히려 인간과 세계를 초월하여 어떻게 해도 탐구되기 어려운 현실성에 대한 인간의 관계만이 주장되며, 그 결과 종교적 전승에서 나타나는 신의 이름은 인간적 자기 경험의 현실성의 확실한 근거가 된다.[105] 그 외에도 하나님의 존재는 인간뿐만 아니라 또한 우선적으로 세계 현실성에 대한 관계 안에서 입증되어야 하기 때문에, 인간론적인 논증은 처음부터 본래적인 하나님의 존재 증명에는 관계되지 않는 셈이 된다. 우주론적 증명의 방식들의 중요성과 그것들에 대한 관심이 현대적인 사고 안에 여전히 남아 있는 것은 바로 그 사실에 근거한다. 하나님에 대해서는, 특히 단수로만 쓰이는 그 명사에 관해서는 오직 다음의 조건 아래서 의미 있게 될 수 있다. 즉 하나님은 세계의 기원으로 생각될 수 있어야 하고, 세계의 현실성은 자신의 존재가 존재의 근거에 의존되어 있음을 이해해야 하며, 그 근거는 세계 안에서 발견될 수 없고 그 근거의 조건들은 우주론적 논증을 통해 표현되어왔다. 물론 우주론적 논증들도, 그것들의 근저에 세계의 존재의

---

103 K. Rahner, *Hörer des Wortes, Zur Grundlegung einer Religionsphilosophie* (1940), 2. Aufl. 1963, 83f., 또한 참고. 119ff.

104 H. Küng, *Existiert Gott? Antwort auf die Gottesfrage der Neuzeit*, München 1978, 490-528. 이에 대한 나의 책의 해설을 보라. *Anthropologie in theologischer Perspektive*, 1983, 224ff.

105 이 의미에서 인간의 자기 초월이나 세계 개방성은 내게는 하나님의 개방성으로도 해석된다(*Was ist der Mensch?*, 1962, 12f.). 그에 따라 "자유의 무신론"과는 반대로 (*Grundfragen syst. Theologie I*, 1967, 353ff.) 하나님이 인간적 자유의 기원이라는 명제가 발전되었다(*Gottesgedanke und menschliche Freiheit*, 1972, 25ff., 38-47, 73ff.).

궁극적인 해명을 갈망하는 인간 이성의 욕구가 놓여 있다는 점에서는, 또한 인간론의 토대 위에 있다. 그렇기 때문에 라이프니츠의 우연성 논증 역시 하나님의 존재를 설득력 있게 예시하지 못하며, 오히려 필연성의 논증으로만 인도하는데, 그것은 인간적인 사유가 모든 유한한 것의 우연성을 넘어서서 자기 자신을 통해 스스로 존재하는 근원에 대한 사유로 고양된다는 필연성이다. 우주론적 논증은 결국 우선적으로 세계 사물들의 비독립성에 직면하는 인간 이성의 의미 요청에 대해 무언가를 말한다. 이때 우주론적 논증은 그 예시를 통해 최소한 하나님에 관한 진술이 이해 가능하도록 만드는 데 기여한다.[106] 동시에 우주론적 논증은, 칸트가 이미 "원 본질"(Urwesen)의 이성적 개념에 대해 요청했던 것처럼, 중요한 기능을 가지며, 이것은 잘못된 방식으로 형성된 하나님에 관한 진술들을 **"바로잡고… 무엇보다도 원 본질 개념에 역행하여 존재하려는 모든 것과 경험적 한계들의 모든 혼합을 정화하는"** 기능이었다.[107]

이것은 종교적 전승에 대한 고대 자연신학의 근원적인 기능이었다. 이 자연신학에 근거하여 고대에 그다음 순서로서 오직 철학적 반성의 토대 위에만 정초한 철학적 신학이 발전했다. 초기 그리스도교 신학은 그와 같은 철학적 신학의 비판적 기능을 받아들였다. 하지만 하나님 인식을 오직 철학적 반성의 토대 위에만 정초시켜야 한다는 요청은 수용하지 않았다. 하나님은 오직 하나님 자신을 통해서만 인식될 수 있다.[108] 그렇기 때문에

---

106 존 힉의 판단을 비교하라. J. Hick, *Arguments for the Existence of God*, London (Macmillan) 1970, 46ff. 여기서 힉은 우주론적 논증의 가장 강한 형태인 라이프니츠의 우연성 증명을 전혀 자명하게 설명하지 못했다. 그는 토마스 아퀴나스의 논증들을 신 토마스주의적으로 보았고, 세계 경험의 이해가능성에 대한 욕구의 표현으로 파악했다(특히 43f.).
107 I. Kant, *Kritik der reinen Vernunft*, 1781, A 640.
108 헤겔에 따르면 이 논제는 유한한 사물들에서 출발하는 신 존재 증명들과 다른 존재론적 증명에 의해 표현된다. 하나님의 현존재가 유한한 사물들의 현존재로부터 추론되는

하나님 인식은 오직 하나님의 현실성의 계시를 통해서만 가능하다. 그와 같은 계시가 이미 실제 세계 안에서 만인의 눈앞에 자명하게 보이도록 발생했다고 주장하는 것은 신 존재 증명의 수고들 안에서 표현되는 것과 같은 논란, 곧 하나님의 현존재에 대해 남아 있는 논란에 직면할 때 무척이나 어렵다. 신 존재 증명들과 그것들의 진술 능력에 대한 토론의 역사적인 결과는 하나님의 현존재라는 논란의 사태가 그런 식의 논증들을 통해서는 결정적으로 변화될 수 없음을 제시한다. 그럼에도 불구하고 이 논증들은 인간과 세계의 현실성을 설명하는 데 여전히 중요하다. 그 설명을 통해 하나님에 관한 진술을 이해 가능하도록 만들고 이와 더불어 하나님에 관하여 진술하기 위한 기준들의 토대를 마련할 수 있다는 점에서 그렇다. 이와 같은 의미에서 그리스도교 신학은 철학 그리고 철학적 신학의 비판적 기능, 곧 하나님에 관한 그리스도교 신학의 고유한 진술에게 행사한 비판적

증명방식의 오류는 여기서는 사라진다. 하나님 개념과 존재의 일치는 헤겔에 따르면 인간의 사고 안에서가 아니라, 오히려 자기 자신과 우리를 향한 절대적 이념의 계시 안에서 실현된다(Vorlesungen über die Philosophie der Religion III. Die absolute Religion, *PhB* 63, 37ff., 53ff.). 헤겔은 이미 그의 논리학에서 존재론적 증명을 신적 행위를 통한 하나님의 자기 증명이라고 해석했다. "살아 계신 하나님이며 절대적 영 그 이상이신 하나님은 오직 그의 **행동** 안에서만 인식된다. 인간은 일찍부터 하나님을 그분의 **사역**들 안에서 인식하도록 지시를 받았다. 그 사역들로부터 그분의 **속성들**이라고 일컬어지는 **규정**들이 생겨나며, 그 규정 안에 그분의 **존재**가 포함되어 있다. 이와 같이 그분의 사역 곧 그분 자신을 이해하는 인식은 하나님의 **개념**을 그분의 **존재** 안에서, 그리고 그분의 존재를 그분의 개념 안에서 파악한다"(Logik II, *PhB* 57, 354f.). 만일 존재론적 증명을 이와 같은 의미에서 하나님의 자기 증명으로 이해한다면, 그것은 인간의 사유가 스스로 실현할 수 있는 증명이기를 그치게 된다. 왜냐하면 우리의 **필연적 존재**의 개념은 다만 추상적이고 하나님의 본질에 부합하는 완전한 구체성 안에서 사유될 수 없기 때문이다. 안셀무스의 표현양식(*id quo maius cogitari nequit*)에 대한 윙엘의 설명을 참조하라. E. Jüngel, *Gott als Geheimnis der Welt*, Tübingen 1977, 197f.

기능을 인정해야 할 것이다.[109] 하지만 이 해법은 근대 개신교신학 안에서 표출되었던 비판, 곧 "자연신학"의 개념과 절차에 가해졌던 비판을 이겨내고 있는가, 아니면 아직도 그 비판에 적중되어 당황하고 있는가?

4. 자연신학에 대한 신학적 비판

앞에서 언급했던 것처럼 구(舊)프로테스탄트 신학은 자연적인 하나님 인식과 자연신학 사이를 구분하지 않았다(위 138쪽을 보라). 자연신학과 자연종교 사이의 구분도 없었다. 이와 같은 현상은 자연적인 하나님 인식과 자연신학의 개념이 로마서 1:18-20과 로마서 2:14의 조합에 근거를 두고 있다는 사실로부터 부분적으로는 자명해진다. 그에 따르면 하나님의 율법에 대한 앎은 하나님에 관한 앎과 하나님에 대한 찬양의 의무 모두를 포함해야 했다.[110] 그렇다면 그 질문은 오직 다음과 같이 된다. 하나님에 대한 자연적 앎에 상응하는 하나님 경외가—허버트(Herbert von Cherbury)가 주장했던 것처럼—인간의 구원에 충분한 것인가?[111] 루터교 후기 정통주의는 이 질문에 부정적으로 대답했다. 왜냐하면 하나님에 대한 찬양의 계명이 하나님에 관한 자연적인 앎으로부터 알려진다고 해서, 그 찬양에 적절

---

109 이 질문에 대한 일반적 논의의 보다 자세한 내용을 나의 책에서 보라. "Christliche Theologie und philosophische Kritik", in: *Gottesgedanke und menschliche Freiheit*, 1972, 48-77.

110 D. Hollaz, *Examen Theologicum acroamaticum*, Stargard 1707, 292f. 또한 루터와 멜란히톤이 이미 로마서 1:18-20의 해석을, 로마서에 따라 하나님 율법에 관한 이방인 자신의 본래적 앎과 연결했다. 이에 대해 다음을 보라. J. Platt, *Reformed Thought and Scholasticism*, Leiden 1982, 10ff.

111 Herbert von Cherbury, *De veritate* (1624) 2. Ausg. London 1645, 224f., 또한 Herbert von Cherbury, *De Causis Errorum Una Cum Tractatu de Religione Laici*, London 1645, 152ff.

한 형태도 그와 함께 알려지는 것이 아니기 때문이다.[112] 이에 대해 허버트의 이신론적 추종자들이 다음과 같은 조롱을 퍼부었던 것은 근거가 없는 것이 아니었다. 어떻게 선하신 하나님이 인간에게 찬양의 의무를 부과하시면서, 바로 그 찬양의 적절한 형태에 대한 앎은 숨겨 놓으셨는가? 그 때문에 요한 프란츠 부데우스(Johann Franz Buddeus)는 죄의 상태에 있는 인간에게 하나님에 대한 자연적 인식은 하나님의 진노 앞에서 화해하기 위한 어떤 수단도 마련해주지 못한다는 제한적인 의견을 제시했다.[113] 이에 대해 이신론자들은 허버트의 견해에 따라 하나님의 진노와 화해해야 할 필요가 없다는 점에 대해 다음과 같이 논증했다. 하나님께서는, 인간이 참회할 때, 그분이 우리에게 요구하신 것과 마찬가지로 용서하실 준비가 되어 계셔야 한다는 것이다.[114] 어떻든 부데우스는 새뮤얼 클라크의 "보일 강연"(Boyle Lectures)에서와 비슷하게 미래의 화해 그리고 미래의 구원에 대한 희망이 이미 하나님에 대한 자연적 인식 안에 근거되어 있다는 사실을 수용했다.[115] 자연적인 하나님 인식은 아담에 의해 그 상태 그대로 족장들에게 전승되었으나, 이방종교들에서 바로 그 근원적인 하나님 인식은 미신들로 뒤덮여 버렸다는 것이다.[116]

---

112 D. Hollaz a.a.O. 307. 클라크(S. Clarke)가 대변하는 이 명제에 대한 비판에 대해 다음을 참고하라. M. Tindal, *Christianity as old as the Creation*, London 1730, 394f.
113 J. F. Buddeus, *Compendium Institutionum Theologiae Dogmaticae*, Leipzig 1724, 15 (I §16) 그리고 16 (§17).
114 M. Tindal a.a.O. 392: "…본성과 속성이 용서인 불변의 하나님이 회개하는 죄인들을 항상 마찬가지의 입장에서 용서할 준비가 되어 있지 않다면, 죄인들도 그것을 알고 마찬가지로 만족할 수 있지 않다면, 그런 어떤 하나님을 상상하는 것보다 더 충격적인 것은 아무것도 없을 것이다."
115 Buddeus ebd. 16 (§17). 또한 다음을 비교하라. S. Clarke, *The Being and Attributes of God*, London 1705, 197.
116 J. F. Buddeus a.a.O. 19ff. (§23과 24). 이방민족들의 종교에서 (또한 유대 종교에서도) 역사의 흐름을 통해 근원적인 하나님 인식이 미신으로 변질되었다는 의견에는 이신론

계몽주의는 이와 같은 모든 이해의 근저에 놓인 전제를 보았다. 그것은 자연종교가 인류의 기원적인 종교였다는 이해였다. 데이비드 흄이 1757년 자신의 책 『종교의 자연적인 역사』(*Natural History of Religion*)에서 묘사했던 명제는 그 이해에 결정적인 충격을 주었고, 그 충격은 장기간 매우 큰 영향력과 함께 지속되었다. 흄의 명제에 따르면 인류 종교사의 시작점에 있었던 것은 "자연종교"의 유일신론이 아니라, 무지, 공포, 희망으로부터 탄생하게 된 자연의 힘들에 대한 다신론적인 찬양이었다.[117] 인간의 정신은 불완전성으로부터 단계적으로 보다 더 완전한 것을 향해 스스로를 고양시킨다. 그렇기 때문에 유신론의 최고로 정화된 신의 표상은 단지 인류의 종교적 발전 단계의 마지막에서야 있을 수 있다.[118] 흄은, 비록 이성이 신적 표상의 역사적인 기원이라고 말하기는 어렵다고 해도, 그 표상이 이성의 원리에 부합한다고 생각했다.[119] 일신론은 노예 근성을 가진 가신들이 군주에게 갖다 바치려는 공명심과 아부의 욕망들로부터 발생했다는 것이다. 그렇게 하여 아브라함과 이삭과 야곱의 하나님과 같은 특수한 신성이 결과적으로 유일신으로 떠오르게 되었다.[120]

자들도 동의했다; 참고. Tindal a.a.O. Kap. 8(85-103).

[117] D. Hume, *The Philosophical Works* ed. T. H. Green and T. H. Grose, London 1882ff. vol. 4, 309ff., 특히 310ff.("That polytheism was the primary Religion of Men"), 그리고 315f.

[118] Ebd., 311: "인간 정신의 자연적인 진보에 따르면 무지한 다수들이 처음에는 우월한 권세에 대한 천박하고 친숙한 관념을 향유했다는 것은 틀림없어 보인다. 그 다음에 그들은 자연의 모든 구조에 명령을 내리는 완전한 존재를 향해 그들의 개념을 확장하게 된다.…정신은 서서히 열등한 것으로부터 우월한 것으로 상승한다. 불완전한 것에 대한 추상화에 의해 그 개념은 완전의 이념을 형성한다."

[119] Ebd. "정확하게 검토한다면, 우주의 질서와 구조가 그런 주장을 가능하게 한다는 것을 내가 인정한다고 해도, 그런 숙고가 인류가 종교의 조야한 관념들을 처음으로 형성할 때 그들에게 영향을 주었을 것이라고는 생각할 수가 없다."

[120] Ebd. 331: "그러므로 처음에는 인간사의 특별한 길흉화복의 직접적인 주관자에 불과하다고 여겨졌던 제한된 신성이 마지막에 우주의 주권적인 창조자 및 관리자로 대표

그때까지 주도적이었던 종교의 현실성과 역사에 관한 이해는, 흄의 설명을 따른다면, 급진적으로 변화했다. 그 이해는 말하자면 머리부터 발끝까지 모두 뒤바뀌었다. 이성이 아니라, 이제는 인간적인 욕망들이 종교의 기원으로 간주된다. 실증적인 종교들은 더 이상 계몽주의의 자연종교와 동일시되는 기원적인 일신론의 쇠퇴한 형태로 여겨지지 않고, 오히려 반대로 일신론을 마지막에 발생시켰던 발전 과정의 앞선 단계로 간주된다. 물론 일신론은 이성종교가 발생했던 것과는 전적으로 다른 근거에서 발생했다고 여겨진다.

흄에게서 시작된 지향, 곧 종교의 역사적인 현실성에 관한 의식의 완전히 새로운 지향이 없었다면, 실증적 종교들과 관계된 슐라이어마허의 "자연종교"에 대한 판단은 거의 이해될 수 없을 것이다. 슐라이어마허는 1799년의 "종교에 관하여"(Über die Religion)라는 강연에서 종교의 다양성과 차이점의 관점에 기여했는데, 이 강연의 끝부분에서 그 역시 "자연종교"의 개념에 대해 말하면서, 실증적 종교들과 달리 자연종교는 "그 자체로는 결코 존재할 수 없는, 빈약하고 가련한 무규정적인 관념"이라고 주장했다.[121] 그 이후 1821년에 나온 그의 책 『신앙론』(Glaubenslehre)은 다음과 같이 말한다. 자연종교란 것은 "어디에서도 어떤 종교적 공동체의 토대로서" 존재한 적이 없으며, 오히려 "최고 질서를 지닌 모든 경건한 공동체들의 가르침에 따라 추상화될 수 있는 것만을, 다시 말해 모든 공동체에 포함되어 있으면서도 각각 다르게 규정되어 있는 것만을" 보존하고 있다(§10 덧붙이는 말).

슐라이어마허는 자신이 "자연종교"를 낮게 평가하는 것이 계몽주의 시대의 지배적인 견해와 대립된다는 것을 분명히 의식하고 있었고, "강연"에

되었다는 사실이 얼마나 더 자연스러운가?…이와 같이 **아브라함, 이삭, 야곱**의 하나님은 **유대인의 야웨** 혹은 최고 신성이 되었다."

121 F. Schleiermacher, *Über die Religion. Reden an die Gebildeten unter ihren Verächtern*, 1799, 248.

서 그 사실을 알렸다. 여기서 흄의 이름은 언급되지 않았다. 물론 실제 내용에서 슐라이어마허가 흄의 종교사적 설명을 통해 변화된 상황의 결과들을 신학 안에 도입했던 것은 사실이다. 하지만 그의 종교 개념은 흄의 종교 개념과는 완전히 달랐다. 슐라이어마허의 종교 개념은 흄의 것과는 달리 실증적 종교들의 다양성에 대해 긍정적인 가치 평가를 내렸는데, 그 평가는 개인적 사유를 통해 매개된 것이었다. "자연종교"에 대한 슐라이어마허의 평가도 그 평가에 상응했지만, 흄에게서 이런 형태는 나타나지 않는다. 그럼에도 불구하고 실제 내용에서 흄과의 거리는 상당히 가깝다. 왜냐하면 슐라이어마허도 역시 일신론이 역사적으로 이성종교의 산물이 아니라 다른 어떤 동기에서 생성되었다고 강조했기 때문이다. 흄은 계몽주의가 생각하는 이성종교가 고도로 발전된 실증종교들로부터 생겨난 **추상화**의 산물이라는 식으로 말하지는 않았다. 왜냐하면 그는 계몽주의적인 이성신학의 논증들에 반대하는 모든 유보적 견해에도 불구하고 원칙적으로는 그와 같은 (이성적 논증의) 구상을 고집하고 있었으며, 나아가 모든 실증적인 종교들의 미신에 맞서 철학을 선택한다는 의미에서 그렇게 했기 때문이다. 그러나 슐라이어마허의 종교론이 행한 업적은 실증적인 종교 개념의 복권이었다. 이를 통해 종교사의 새로운 그림에서 자연종교 자체의 개념을 위한 결과를 이끌어낼 수 있었다. 그것은 자연종교란 고도로 발전된 종교들에 공통적인 요소를 추상화하는 성찰로부터 얻어진 산물일 뿐이며, 그렇기에 자연종교는 실증적인 종교들에 의존적이라는 결과였다. 여기서 철학적 신학의 역사적인 (말하자면 종교사적인) 상대화가 놓여 있었다. 이 상대화는 나아가 이성의 역사성 자체를 함축했다. 물론 슐라이어마허보다는 헤겔이 이 문제를 더 많이 숙고했다. 왜냐하면 철학자로서의 슐라이어마허는 헤겔과는 달리 철학을 초월하는 문제에 더욱 깊이 몰두하고 있었기 때문이다.

 자연종교 개념에 대한 슐라이어마허의 비판은 신학적 논제의 표현은 아니었고, 오히려 그의 시대의 진보된―그 당시에 이 진보는 일반적으로는 전혀 인지되지 못했다―종교 이론의 발전 단계로부터 도출된 결과였다 (슐라이어마허 자신도 그 발전에 기여했다). 거의 1세기가 지나 알브레히트 리츨 (Albrecht Ritschl)은 자연신학이 그리스도교 신론의 전개 안에 섞여 들어온 것에 대해 비판했다. 그러므로 동일한 것이 리츨에 대해서는 말해질 수가 없다. 우선 리츨의 비판이 1881년 리츨의 논쟁적 논문이었던 "신학과 형이상학"에서 큰 역할을 담당했다는 것은 분명하다.[122] 거기서 리츨은 자신이 서술한 그리스도교 교리의 내용이 지나치게 종교와 도덕 사이의 관계에만 집중하고 있다는 비난에 대해 방어했다. 리츨은 이에 반대하여 제시된 신 개념의 형이상학적 근거들이 "형이상학을 계시종교 안에 부당하게 혼합시킨 것"이라고 논박했다.[123] 여기서 그는 먼저 그리스의 형이상학, 무엇보다도 아리스토텔레스와 신플라톤주의의 형이상학과 이에 대한 고대 교회의 신학적인 수용을 고려했지만, 이방인들이 유대인의 신을 인류 전체를 위한 한 분 하나님으로 믿는 믿음에 대해서는, 그리고 이방 그리스도교 교회의 역사적 가능성에 대해 철학이 던진 신론적 질문의 근본적 의미에 관해서는 해명하지 않았다. 리츨은 고대 교회가 형이상학적 신론을 수용했다는 것을 인정하지 않았는데, 왜냐하면 그 신론은 "정신과 자연에 대한 특성적 구분이나 가치 구분과는 무관하게" 존재했고, "신을 세계 일반에 대한 철학적 판단의 상관 개념으로" 다루었기 때문이다.[124] 그리스도교 신학

---

[122] "그리스도교 신론에 대한 역사적 연구"(1865)에서 "자연신학"이라는 표제어는, 내가 관찰한 바에 따르면, 나오지 않는다. 리츨의 주저(*Die christliche Lehre von der Rechtfertigung und Versöhnung*, 3 Bde. 1870-1874)에서 그 단어는 2판(1883) 3권 안의 몇 군데에서만 나온다. 그렇기에 비르크너(H. J. Birkner, *Natürliche Theologie und Offenbarungstheologie. Ein theologiegeschichtlicher Überblick*, NZ syst. Th. 3, 1961, 279-295)가 리츨에 대해 기술했을 때(289-291), 주로 위의 본문에서 언급된 논쟁적인 논문들에 근거했다.

[123] *Die christliche Vollkommenheit. Theologie und Methaphysik*, Göttingen 1902, 42.

[124] A.a.O. 35; 참고. 34f. 정신과 자연세계의 구별에 대한 무관심은 리츨에 따르면 비종교

은 교리의 다른 모든 부분과 마찬가지로 신론도 "구원받은 그리스도 공동체의 관점으로부터 이해하고 판단하는데",[125] 이와 같은 그리스도교 신학 안에 형이상학적인 사상이 혼합된 것은, 리츨에 따르면 하나님의 자연계시 사상을 통해 발생했다. 그의 판단에 의하면 형이상학적인 신 존재 증명들과 더불어 자연계시 사상은 "옛날부터 형이상학적인 하나님 인식을 보호했던 보금자리"였다.[126] 리츨은 이렇게 서술했다. 개신교신학에서 멜란히톤은 신 이해와 관련하여 그리스도교적 동기들과 형이상학적인 동기들을 혼합한 것에 대한 책임이 있으며, 또한 슐라이어마허도 "이런 가르침의 방식의 근본적 오류"를 극복하지 못했다. 왜냐하면 그는 그리스도교 특유의 신앙 이해가 아니라 경건한 자의식의 보편성으로부터 출발했기 때문이다.[127]

자연적인 하나님 인식이나 자연신학에 대한 리츨의 개념은 슐라이어마허와 비교할 때 복잡하다.[128] 리츨이 그리스도교 신론 안에서 행사하는 형이상학의 역할에 주목했을 때, 그는 슐라이어마허와 마찬가지로 계몽주

적이다. 왜냐하면 종교의 신은 인간의 정신에게 자연에 대한 자신의 우월성을 보증하기 때문이다(참고. 33f.). 그렇기에 리츨의 견해에 따르면 총체적으로 형이상학적인 우주론적, 목적론적, 존재론적 신 존재 증명들과는 구분되면서(36, 39f.), "칸트의 도덕적인 논증은…오해의 소지 없이 그리스도교 세계관의 영향 아래" 놓여 있다(40).

[125] *Die christliche Lehre von der Rechtfertigung und Versöhnung III*, 2. Aufl. 1883, 5.
[126] *Theologie und Metaphysik* a.a.O. 31f., 32에서 인용.
[127] 그렇기 때문에 리츨의 판정은 다음과 같다. "…슐라이어마허의 일반성의 신론은 멜란히톤과 마찬가지로 자연신학이다"(a.a.O. 92). 멜란히톤에 관해서는 다음을 참고하라. *Rechtfertigung und Versöhnung III*, 2, Aufl., 4. 거기서 인간의 원상태에 관한 교리는 "하나님에 대한 자연적인 그리고 일반적인 이성적 인식의 토대라고" 판단된다. "이 인식은 그리스도교의 하나님 인식과는 무관하다…." 여기서 하나님에 대한 자연적인 앎과 자연신학은 구분되지 않는다.
[128] 슐라이어마허는 그의 신앙론에서 자연적인 하나님 인식이 갖는 공통점, 곧 일신론적 종교들로부터 추상화된 공통점에 관하여 썼을 때, 자연종교와 자연신학을 다시 구분했다. 그가 여기서 말한 핵심은 "더욱 엄밀히 말하자면 자연적이기는 하지만 종교도 신앙론도 아닌 것"에 관계된다(§10 덧붙이는 말).

의의 자연종교와 자연신학뿐만 아니라, 이미 고대 교회가 고대의 철학적 신학을 수용한 것도 비판했다. 하지만 리츨은 여기서 자신이 이 비판과 함께, 비유대인들을 통해 이스라엘의 하나님이 인류 전체의 유일신으로 수용되는 데 가장 중요한 역사적인 전제를 의문시하고 있다는 사실을 고려하지 못했다. 도대체 비유대인들 자신이 유대인이 되지도 않고서 어떻게 이스라엘의 하나님을 한 분 하나님으로 믿을 수 있는가? 이 질문의 중요성은 하르낙(Adolf von Harnack)이 고대 교회의 신학 및 교의학의 역사를 헬레니즘화의 역사라고, 말하자면 복음이 헬레니즘의 지배를 받게 되는 역사라고 설명하는 것 안에서도 충분히 평가되었다고 말할 수 없다. 하르낙의 그와 같은 설명에 따르면 고대 교회는 고대의 철학적 신학을 수용한 셈이 되며, 이에 대한 리츨의 비판은 계속되었다. 그러나 이 비판에서 리츨이 보였던 관심은 최종적으로는 실제적인 관심이었다. 다시 말해 그것은 신학으로부터, 그 시대의 자연과학적인 실증주의와 비교할 때 진부해진 것으로 보이는 형이상학의 짐을 덜어주려는 관심이었고, 동시에 도덕적·종교적 의식을 기계주의적인 자연과학을 통해 각인된 물질주의적 세계관으로부터 독립시키려는 관심이었다. 바로 이 관심을 그 당시의 시대에 적합한 그리스도교 신앙에 대한 해석으로 평가한다면,[129] 그가 고대 형이상학과의 투쟁에서 보여준 변장의 역할은 이제 자리를 옮겨야만 한다. 왜냐하면 어쨌든 플라톤의 형이상학은 정신이 감각적으로 경험될 수 있는 세계보다 우월하다는 사실을 내용으로 갖기 때문이다. 여기서 플라톤의 형이상학에 대해 정신과 자연의 분리에 대한 무관심을 문제 삼는 것은 터무니없는 오류의 판단이라고 말해질 수밖에 없다. 또한 이와 같은 판단의 특성이 보여주는 폭력성은 신학으로 하여금 과학적으로 계몽된 시대에 먼지에 파묻힌 것처럼 보이는 형이상학의 짐을 벗어버리도록 하려는 목적에만 겨우 봉사했다는 점이 명백

---

[129] Chr. Gestrich, Die unbewältige natürliche Theologie, in: *ZThK* 68, 1971, 82-120, 108.

히 드러난다. 이 점에서 리츨은 시대 정신에 대한 적응을 성취했지만, 동시에 그는 그 시대 정신과 암호화된 논쟁을 벌인 셈이 되었다. 다만 그는 여기서 그의 비판이 이방 그리스도교 교회의 발생과 지속에 대한 역사적인 근거들을 얼마나 많이 파묻어버리게 되었는지를 분명히 알지 못했다. 아이러니하게도 이와 같은 사태는 간과되었다. 왜냐하면 계몽주의 이래로, 어떻든 제믈러(Johann Salomo Semler) 이래로, 예수의 하나님 선포가 유대교에 의존하고 있다는 사실이 과소평가되고 있었기 때문이며, 그 결과 예수를 유대교로부터 완전히 독립된 어떤 새로운 종교의 창시자로 보았기 때문이었다.

리츨이 "자연신학"과 벌인 논쟁의 바탕에는 이와 같은 매우 복잡한 사태가 놓여 있다. 이 복잡한 사태는 리츨 자신에게 매우 결정적이었던 논쟁적 노선에 의해 계속해서 가중되었다. 그 노선은 그리스도교의 특수한 내용을 어떤 방식으로든 다른 사태들의 내용과 결합시키고 일반적인 개념들 안으로 편입시키는 것에 반대하는 논쟁적 노선이었다. 일반적인 개념들은, 예를 들어 일반적인 인간론의 경우처럼 그리스도교적인 것과 비그리스도교적인 것 사이의 구별을 "무시"하며, 특히 멜란히톤이나 슐라이어마허처럼 일반적인 개념들이 하나님 의식의 기초로 설명되는 경우에 그러했다. 물론 리츨은 멜란히톤과 슐라이어마허 사이에 존재하는 이와 같은 유사점 때문에, 멜란히톤과는 달리 슐라이어마허 종교론은 그 단어의 고대적인 의미든지 현대적인 의미든지 관계없이 "자연신학"으로 말해질 수 없다는 점을 알아채지 못했다. 이 점에서 리츨은 종교 개념을 확장시켰고, 그것은 이 개념이 적용될 수 있는 것들 가운데 역사적으로 입증 가능한 모든 흔적들을 파괴해버렸다. 만일 그리스도교의 특수한 내용을 일반적인 개념에, 특히 인간론에 편입시키는 것을 앞으로 "자연신학"이라고 불러야 한다면, 그때 그 표현은 신학적인 경계 설정의 전략에서 거의 자의적으로 휘두를 수 있는 수단이 되어버릴 것이다. 도대체 어떤 신학이 그리스도교의 특수한 내용을 일반적인 개념들로 설명하는 것을 회피할 수 있겠는가? 그런 방식을 따른다면 사람들은 자신의 고유한 신학은 엄격한 계시신학으로 간주하지만, 그 밖의 다른 모든 신학에서는 "자연신학"의 흔적들을 발견하게 될 것이다. 불행하게도 리츨의 바로 이와 같은 논쟁의 노선은 신학사에서 볼 때 그리스도교 신론에 미친 형이상학의 영향에 대해 그가 내렸던 판결보다 훨씬 더 큰 영향력을 행사했다. 그래서 리츨의 신학과 같이 도덕과 종교의 관계에 대한 일반적 숙고들과 매우 밀접하게 결합된 신학은 곧바로 "자연신학"이라고 인식하는 판결 아래로 떨어지는 운명을 피할 수가 없었다.[130] 리츨의 "자연신학"에 대한 투쟁은 20세기에 이르러 우선 칼 바르트에 의해 수용되고 발전되었다. 칼 바르트는 리츨 학파였던 빌헬름 헤르만(Wilhelm Herrmann)의 학생이었다. 물론 칼 바르트가 비교적 뒤늦은 시기인 1930년에 이르러서야 "자연신학"을 그가 발전시켰던 계시신학과 대립되는 상으로 보고 반대했다는 사실은 맞다.[131] 그렇다고 해서 바르트가 이전에 이미 "자연신학"의 이름 아래서 논박의 대상이 되었던 것과 투쟁하지 않았다는 뜻은 아니다.

『교회교의학』 §26에서 바르트는 "자연신학"의 주제를 가지고 가장 극심하게 논쟁한다. 이 부분에서 자연신학의 개념은 "**본성적**(자연적) **인간**(der Mensch von Natur)**을 생성시키는 신학**"으로 규정된다(KD II/1, 1940, 158). 자

---

[130] 각주 122번에서 언급된 비르크너(H. J. Birkner)의 논문에서, 슐라이어마허로부터 리츨을 넘어 바르트에 이르는 도상에서 자연신학의 개념이 단계적으로 발전하면서 고유하게 확장되어가는 특징적인 과정을 언급했다는 것은 그의 공헌이다. 그 과정에서 각각의 선행자는 그와 연관된 판결 아래로 동시에 편입되었다. 이 과정에 대한 특징적인 평행선을 형이상학 개념의 근대적 역사가 보여준다. 여기서도 형이상학의 개념의 내용은 저자에 따라 변했으며, 그 결과―"자연신학"의 경우처럼―경계설정 기능만 남아 있었다. 두 표현들 모두―이쪽은 신학에서 저쪽은 철학에서―다만 무엇이 존재하지 말아야 하는 것인지만을 묘사한다. 이와 같은 개념의 공허화 그리고 자기 경계설정의 도구가 되는 기능화는 "자연신학"의 경우에는 리츨을 통해 도입되었다. 비르크너가 말했던 것처럼, 리츨을 통해 그 단어는 "이교도의 명사"가 되었다(a.a.O. 288). 그것은 "구체적인 역사적 현상"으로부터 분리된 것과 관계가 있다(289).

[131] A. Szekeres, Karl Barth und die natürliche Theologie, in: Evangelische Theologie 24, 1964, 229-242, 230f.

연신학은 하나님과 그분의 은총을 거부하는 인간의 "자기 보호와 자기 주장"의 표현으로서, 인간의 "자기 주장과 자기 칭의"다(151). 이와 같은 전선을 형성하는 진술들은 『로마서주석』 제2판을 출판한 이후의 바르트 신학을 특징짓는다. 이것은 『로마서주석』에서 종교를 하나님에 대항하는 인간의 가능성으로 말했던 것에 상응한다.[132] 1927년에 "인간 자신이 하나님에 대해 말할 수 있는 모든 것"과 "대립"하는 하나님의 말씀이 똑같은 전선을 형성했다.[133] 같은 해에 바르트는 이 대립을 "슐라이어마허가 행한 신학의 인간학으로의 전환" 이후의 근대신학사와 관련지었다.[134] 하지만 대적자가 언제나 "자연신학"이었던 것은 아니었다. 그 당시에 "*theologia*'(신학)와 '*revelatio*'(계시), 그리고 '*religio naturalis*(자연종교)'"의 개념에 대해 느껴지는 바르트의 불확실성은[135] 이 개념들이 바르트 신학과 근본적으로 대립하게 되는 관계에 대해 아직은 최종 결정이 내려지지 않고 있었다는 사실을 보여준다. 그 최종 결정은 1929년 봄에 내려졌다. "'자연적인' 하나님 인식과 계시적인 하나님 인식 사이에서 서로 조화를 이루며 보충되는 신인협력적인 표상"은 하나님의 말씀의 신학과 인간학에 근거한 하나님 인

---

[132] K. Barth, *Der Römerbrief*, 2. Ausg. 1922, 213-255.
[133] K. Barth, Das Wort in der Theologie von Schleiermacher bis Ritschl, in: *Die Theologie und die Kirche*, Ges. Vorträge 2, 1928, 190.
[134] K. Barth, *Die christliche Dogmatik im Entwurf*, 1927, 86; 참고. 82-87.
[135] Ebd. 135f. 물론 바르트는 이미 이 개념들을 "의혹의 눈"으로 바라보기는 했다. 하지만 그는 이 개념들이 계시의 "진리의 유일성과 전체성"에 관계될 수 있다는 것을 여전히 가능하다고 여긴다(136). 계시의 **유일성**은 이미 바르트의 뜨거운 중심적 관심사다. 그렇기 때문에 바르트에게는 "어떤 특별한 '자연적' 계시가 아닌 하나의 동일한 계시 자체"가 존재한다는 사실이 자연신학, 자연계시, 자연종교라는 고대 개념에 대한 긍정적인 판단의 전제가 된다고 생각한다(148). 이 맥락에서 다음 사실이 언급될 가치가 있다. 바르트는 1940년에도 여전히 제1차 바티칸 공의회의 신학적 인식론에 대한 주요 비판에서 그 인식론이 "신 개념의 파열"이며, "하나님의 보편적인 존재를 위한 하나님의 현실적인 사역과 행위를 추상화 하는 것"이라고 말했다(*KD* II/1, 91f.).

식 사이의 대립을 평탄하게 만든다는 의구심을 불러일으켰다. 결국 "자연신학"은 인간의 자기 칭의의 표현으로 간주되었다.[136] 이로써 모든 "자연신학"에 대한 타협 없는 거부의 초석이 마련되었는데, 이것은 그 이후 바르트 신학의 특징이 되었고, 몇 년 후에는 프리드리히 고가르텐(Friedrich Gogarten)이나[137] 에밀 브룬너(Emil Brunner)와의[138] 논쟁을 각인시켰다. 비록 냉혹한 반대의 어조가 바르트의 창조론과 화해론에서 그리스도론적으로 근거된 만인구원설을 향해 창조의 "빛들"을 요청하는 쪽으로 변화되었음에도 불구하고, 바르트는 그 초석을 중심적인 내용에서는 결코 수정하지 않았다.[139]

"자연신학"이 하나님과 그분의 계시에 저항하는 인간의 자기 주장이라는 표현과 사용은 실제로 어느 정도 정당한가? 우선 분명한 것은 바르트의 표현이 고대의 "자연신학"이나 참된 신적 존재에 대한 그것들의 질문과는 아무런 관계도 없다는 점이다. 그 현상의 본래적인 특성은 결코 바르트의

---

136 Schicksal und Idee in der Theologie, in: *Theologische Fragen und Antworten*, Ges. Vorträge 3, 1957, 54-92, 특히 85ff., 인용은 86과 87.
137 *KD* I/1, 1932, 128-136, 특히 134.
138 K. Barth, *Nein! Antwort an Emil Brunner*, 1934, 1ff.
139 이 부분에서 한스 큉(H. Küng, *Existiert Gott? Antwort auf die Gottesfrage der Neuzeit*, 1978, 578ff.)은 모든 자연신학을 거부했던 바르트의 초기 입장이 그 점에서 (특히 *KD* IV/3, 1. H. 1959, 107, 122, 157f.에서) "비밀스런 수정작업"을 거쳤다고 보았다. 하지만 세케레시(A. Szekeres)는 바르트에 관한 한 "그의 근원적인 신학적 의도의 변화에 대해서는 **어떠한 말도**" 할 수 없다고 바르게 판단했다(a.a.O. 240). 말하자면 바르트는 "사실상 어디서도 하나님이 자연 안에서도 자신을 계시하셨다는 사실에 반대하지 않았지만, 그는 그 계시가 '자연적이라는 것' 즉 자연 자체에 하나의 특성으로서 내재되어 있다는 것은 항상 부인했다"(237. H. U. v. Balthasar, *Karl Barth. Darstellung und Deutung seiner Theologie*, Köln 1951, 155에도 인용되어 있다). 사실상 *KD* II/1, 133에서 하나님의 계시는 세계 창조로부터 말해지고, 자연계시는 그리스도의 계시에 근거하여 인간에게 "주어지고, 귀속되고, 전가된다." 이와 마찬가지로 창조의 저 "빛들"도 **외형상** 그리스도 계시로부터 특징지어진다.

시야에는 들어오지 않았던 것 같다. 반면에 그 표현이 인간의 이성적 본성에 따른 하나님 인식에 관계된다는 것에는 의심할 여지가 없다. 그런 하나님 인식은 구(舊)프로테스탄트 교의학 그리고 계몽주의 신학에서 "자연신학"이라고 지칭되었다. 하지만 여기서도 중심 문제는 계시의 하나님에 대한 대립은 아니었다. 이신론에서 이성종교를 높게 평가하는 것 또한 다음 전제, 곧 하나님이 창조하신 이성에 부합하는 하나님 인식은 그 이성의 창조자에게도 부합할 것이며, 그래서 그 하나님 인식은 편파적 왜곡을 통한 날조의 위험에 노출된 종교적 전승보다 앞선 것이라는 전제에 근거한다. 그러므로 그리스도교와 자연종교의 일치를 주장하는 것은 그리스도교 계시가 지닌 권위를 오히려 강화하게 된다. 이신론적 논쟁의 대상은 다만 인간적인 종교적 전승일 뿐이었는데, 이 전승은 감히 신적인 권위를 참칭했고 심각한 인간적인 날조로써 진리를 덮으려고 했다. 다시 말해 자연종교를 옹호했던 계몽주의의 개척자들은 하나님에 대한 인간의 반란을 관용 없이 서로 싸우는 종교적 전승들의 담지자들에게서 보았다. 그런 견해들은 교의학적 정통주의의 옹호자들에는 그 당시에 이미 하나님의 초자연적인 계시의 진리를 부정하는 것처럼 보였을지도 모른다. 여기서 계시의 진리는 어쨌든 계시의 하나님이 창조의 하나님과 하나라는 주장을 통해서만 증언될 수 있었다. 그렇기에 이신론은 신적 권위로 경직된 전통을 통해서가 아니라, 종교의 현실성과 그것의 이성과의 관계에 대한 변화된 이해를 통해 극복되었다고 할 수 있다.

칼 바르트는 슐라이어마허나 헤겔과 비교할 때 한 번 더 변화된 종교 이해를 전제했다. 그는 우선적으로 종교 전체를, 그다음에는 자연종교와 자연신학을 하나님께 저항하는 하나님 없는 인간의 생산물로 해석했는데, 이것은 루트비히 포이어바흐의 심리학적 종교 이론이었다.[140] 사람들은 바

---

140 이미 바르트는 『로마서주석』 제2판에서 종교 해석을 위해 포이어바흐를 인용했다. "포이어바흐는 날카로운 의미에서 보면 정당성을 갖는다"(220).—날카로운 의미에서 그렇

르트 신학에서는 포이어바흐의 종교 비판이 이전에 계시신학의 "토대와 전제"로서 자연신학에 대해 실행되었던 (비판적) 기능을 담당했다고 말했다.[141] 물론 바르트가 행한 포이어바흐의 종교 비판은 예비적 검토 없이 시도된 것은 아니다. 그는 그 비판의 인간학적 기초에 대해 한스 에렌베르크(Hans Ehrenberg)와 함께 의문을 제기했다. 에렌베르크는 포이어바흐를 "**죽음을 알지 못하는 자**"이자 "**악을 오인한 자**"로 보았다.[142] 세 번째 이의 제기가 더 중요하다. 현실적 인간은 포이어바흐가 말하는 것처럼 어떤 허구적인 무한성을 지닌 "유적 존재(Gattungswesen)"가 아니라, 개별자로서 악하고 사멸적인 인간이라는 것이다.[143] 무한한 하나님에 대한 표상 형성을 투사(Projektion)의 과정으로 설정하기 위해 포이어바흐는 유적(Gattung) 인간의 무한성이라는 사상을 필요로 했다. 투사는 인간 본성에 속하는 본래적 특성을 인간과 구분되는 어떤 존재로 현상하게 만들며, 그렇게 하여 인

다는 것은, 바르트에 따르면, 종교 안에서 자신의 무한에 대한 열망을 실현하려고 애쓰는 자는 바로 **죄인**이기 때문이다.

141 H. J. Birkner a.a.O. 294. 이와 같은 판단은 다음 글에서 차용되었다. W. Kasper, *Der Gott Jesu Christi*, Mainz 1982, 104.

142 "루트비히 포이어바흐"에 대한 1926년의 강연 내용이다(*Die Theologie und die Kirche*, Ges. Vorträge 2, 1928, 212-239, 인용은 237). 첫 번째 이의 제기는 "죽음에 대한 사상들"의 저자이자 불멸의 표상에 대한 비판가(포이어바흐)에 대해 거의 견지될 수 없는 것이었다(이에 대해 다음을 참고하라. P. Cornehl, Feuerbach und die Naturphilosophie, in: NZsystTh 11, 1969, 37-93, 특히 50ff., 그러나 또한 67). 또한 두 번째 이의 제기도 실제로는 납득되기 어렵다. 포이어바흐가 헤겔의 악에 대한 가르침을 강화하면서 개인적인 이기주의를 모든 악의 근원으로 간주했을 때, 그는 완전히 아우구스티누스의 전통적인 죄론 가운데 선다. 하지만 아우구스티누스도, 헤겔도 개인성 그 자체를 악으로 판단하지는 않았다.

143 Barth a.a.O. 237f. 바르트의 신학사에 등장하는 포이어바흐에 대한 짧은 서술(*Die protestantische Theologie im 19. Jahrhundert. Ihre Vorgeschichte und ihre Geschichte*, 2. Aufl. 1952, 484-489)은 바로 이 이의 제기를 올바르게도 중심에 놓고 있다(489).

간의 자기 소외의 표현이 된다. 다시 말해 인간 자신의 유적 존재를 다른 어떤 초인간적인 존재로 생각한다는 것이다. 바르트의 비판은 이와 같이 인간의 자기 오해로부터 신 개념을 도출하는 것을 대상으로 하지 않았다. 그리고 포이어바흐가 "인간성 일반이라는 허구적 특성을…명확하게 알았더라면", 그는 "신과 인간을 동일시하기를…중단했을 것"이라는 바르트의 전제[144]는 하나님에 대한 그리스도교적 진술의 진리 주장에 대해 포이어바흐의 종교 비판이 제시한 도전장에는 거의 대처하기 어려운 것이 된다. 포이어바흐가 인간을 유적 존재로 본 것은 마르크스에게서는 이른바 종교적 소외 속에 반영되는 사회적인 인간 소외로 대체되었으며, 니체와 프로이트에게서는 죄책감 속에 담긴 신의 표상의 신경증의 기원이라는 명제를 통해 대체되었다. 이에 대한 도전들, 특별히 그리스도교의 신론적 진술의 도전은, 바르트 특유의 논증이 보여주듯이, 인간론의 지반 위에서 마주쳐야 했다. 하지만 여기서 신에 대한 표상들과 종교의 인간학적이며 심리학적인 유래를 배제해서는 안 되며, 오히려 우리는 신 개념이―모든 신 개념이―정말로 인간의 자기 오해로부터 비롯된 생산물로 증명될 수 있는지를 스스로 질문해야 한다. 포이어바흐가 유도한 종교 개념을 인류의 여타 종교들에 대해 타당한 것으로 인정하고 그것으로부터 그리스도교적인 선포와 신학의 진술을 추출하려는 바르트식의 절차는 경솔한 것이라고 말할 수밖에 없다. 한편으로 성서의 종교사, 그리고 오늘날의 선포와 신학을 포함한 그리스도교 안에서 계속되는 그것의 역사, 그리고 다른 한편으로 비그리스도교 종교들 사이의 발생학적 맥락과 구조적 유비들은 너무도 밀접한 관계라서, 바르트식의 전략은 지속적인 설득력을 갖기 어렵다고 말할 수밖에 없다. 어쩌면 근대 개신교신학의 발전 전체가 인간과 인간의 하나님 의식에 집중함으로써, 종교적 표상들이 인간학적 토대 위에서 용해된

---

144 *Die protestantische Theologie* etc. 489.

다는 포이어바흐의 입장으로 나아갔다고 본 바르트의 비판은 더욱더 타당성을 갖기 어려울지도 모른다.[145] 물론 바르트도 이렇게 말하기는 했다. 즉 사람들은 신(新)개신교주의(neuprotestantische) 신학자들을, 나아가 "슐라이어마허를 부당하게 평가했는데, 그들이 신학자가 아니라 인간학자가 **되려고 했다**는 식으로 그들을 부당하게 밀어내려고 했다"는 것이다.[146] 하지만 이 말도 사태를 크게 개선하지는 못했다. 왜냐하면 그 진술과 더불어 사유의 실제적인 내용의 흐름은 어떻든 종교를 인간의 산물로 보는 포이어바흐의 해석으로 향했기 때문이다.[147] 바르트는 슐라이어마허와 포이어바흐 사이에 분수령 같은 질문이 있었다는 사실을 알아야 했다. 그것은 인간이 **본질적으로** 종교적인지 아닌지, 그래서―그가 원하든지 원치 않든지 간에―종교적 의식에 관련된 저 타자에게 "절대적으로 의존적인" 존재인지 아닌지의 질문이며, 혹은 종교의 하나님 의식이 인간의 해소될 수 없는 자기 오해인지 아닌지의 질문이다. 이 지점에서 중요한 것은 어떤 것이 좋은 의도인가 혹은 덜 좋은 의도인가라는 질문이 아니고, 오히려 무엇이 인간에 대한 진리인가의 질문이다.

만일 우리가 바르트와 함께 포이어바흐의 종교 이론의 타당성을 인정

---

145 1926년 바르트의 포이어바흐 강연에서 그런 내용이 나타난다. "이제 포이어바흐의 최종 결론이 저 모든 노선에서 제지되기 어렵고 가장 정확하게 부합하는 것처럼 보이는 교착점이라는 사실을 부인할 수 있는가?"(*Die Theologie und die Kirche*, Ges. Vorträge 2, 1928, 228.)
146 *Die christliche Dogmatik im Entwurf*, 1927, 92; 참고. 108. 또한 *KD* I/1, 220. 앞서 언급되었던 견해, 곧 "인간적 주체를 하나님을 통해 자신의 규정성의 창조자로 만들려고 한다는" 견해의 특징은 "직접 데카르트주의"로서 그 근거가 빈약하다. 바르트도 데카르트가 세 번째 성찰에서 그것과 정반대의 것을 가르쳤다는 사실을 알 수 있었을 것이다.
147 바르트의 다음 설명을 참고하라. "포이어바흐가 슐라이어마허로부터 반증을 얻어 제시한 것은 일종의 형용 모순(contradictio in adjecto)이다"(*Die christliche Dogmatik im Entwurf* 303).

한다면, "자연종교"와 "자연적 하나님 인식"은 당연히 인간적 상상력의 순수한 창조물에 불과하게 될 것이다. 그때 자연종교는 바르트가 원했던 것처럼 하나님께 대항하는 인간의 자기 주장의 반란이라는 자료에 지나지 않을 것이다. 왜냐하면 그때 하나님에 관한 모든 진술의 진리 주장은 기반을 상실하게 될 것이며, 그리스도교 선포의 진리 주장도 마찬가지이기 때문이다.[148] 반면에 바로크 시대와 계몽주의 시대의 자연신학은 모든 비판에도 불구하고 존중되어야 한다. 그 자연신학의 논증은 정반대로 인간(과 그 세계)의 현존재가 하나님의 현존재를 전제하지 않고서는 가능하지 않을 것이라는 사실을 목표로 했기 때문이다. 바로 이것이 바르트가 부당하게 평가했던 데카르트의 세 번째 성찰의 명제였다(III. 26ff.). 그 자연신학은 어떻든 그 시대에 그리스도교의 신론적 진술에 대해 보편타당성의 요청을 보증했다.[149] 하지만 바르트는 이 지점에서 수사학 이상의 것을 제시할 수가 없었다. 물론 계몽주의의 합리적 신학의 설득력은 이미 18세기 말 이후로 계속해서 하나님의 현존재를 엄격하게 합리적으로 증명할 수 있어야 한다는 요청과 관련되었다. 칸트와 헤겔 이래로 인간학적으로 해석된 신 존재 증명들은 **인간** 내지는 그의 이성에 존재하는 필연성, 곧 자신의 고유한 현존재와 세계 내 사물들의 유한성을 넘어서서 무한성과 절대성에 대한 사유로 스스로를 고양해야 하는 필연성에 대해 무엇인가를 진술할 뿐이다. 그렇기 때문에 그 신 존재 증명들은 실증적 종교들에 의존하지 않은 독립적인 하나님 인식을 더 이상 증명할 수 없다.[150] 신의 개념은 실증

---

[148] 바르트가 1927년에 "설교의 모험"이 "사명"에 기인하며, 이 때문에 포이어바흐의 의미에서 "인간학화"를 말할 수 없다고 생각했을 때(*Die christliche Dogmatik im Entwurf* 61f.), 이것은 별로 설득력이 없다. 왜냐하면 포이어바흐의 종교 이론의 전제 아래서 "사명"이라는 것은 결코 **하나님**이 주신 사명이라고 주장될 수 없기 때문이다.
[149] 이 부분에서 윙엘(E. Jüngel)도 또한―자연신학 그 자체는 아니지만 이 신학의 문제가 지닌―진실을 파악하고 있다(*Entsprechungen*, 1980, 175ff.).
[150] 여기서 바로크 시대와 계몽주의 시대의 자연신학도 역시 일반적으로 "신학이 방법론

적 종교들에서 비로소 현실성(Realität)을 갖는다. 그럼에도 불구하고 유한을 넘어서서 무한성과 절대성으로 고양되어야 하는 인간학적 필연성을 제시해야 하는 가능성은 신에 대한 모든 종교적 진술들의 진리 주장의 의미뿐만 아니라, 예수 그리스도 안에서 발생한 하나님의 계시 행동에 대한 그리스도교 선포가 지닌 의미도 보유한다. 다시 말해 하나님에 관한 모든 진술은 다음 사실에서 입증되어야 한다. 그 진술은 경험의 세계를 하나님의 권능의 예시로 주장할 수 있어야 하고, 그렇게 하여 세계는 "그것의 존재하는 본래적 모습을 우리의 일상적 경험**에 비추어** 입증해야 한다."[151] 이것은 학문을 통해 일상적 경험의 도달 영역을 확장하는 것에도 해당되며, 또한 철학의 학문적 반성에도 해당된다. 그렇기 때문에 모든 종교적 메시지는 인간과 종교의 관계에 대한 철학적 반성에 비추어 진리 주장을 입증해야 한다. 무한성과 절대성의 사유로 고양되어야 하는 인간학적 필연성에 대한 철학적 반성이 비록 그 자체만으로는 더 이상 이론적인 신 존재 증명에 충분치 않을지라도, 이 철학적 반성은 고대 자연신학이 지녔던 비평적 기능을 보유하고 있다. 그것은 온갖 종교적 전승의 형태들 앞에서, 있는 그

적으로는 **앞세워 배치하지만**, 그럼에도 불구하고 절차상으로는 어쨌든 과거에 **발생한** 하나님의 계시 사건에서 그것의 합리성을 증명"할 수 있다고 주장하지는 않았다(여기서 윙엘은 "자연신학의 신학적 기만"을 파악했다. E. Jüngel a.a.O. 176). 그런 주장은 기껏해야 이신론자들에 의해 제기되었을 뿐이다. 그들은 하나님의 역사적인 계시의 참된 내용을 자연종교의 내용으로 환원시켜버렸다. 보통 계시의 진리는 자연적인 하나님 인식에 대한 어떤 부가적인 것으로 파악되었다. 어떻든 고유한 증명을 반드시 필요로 하는 이 부가물의 "합리성"은 자연적인 지식을 전제하고 있었다. "**신앙항목의 전제**"로서의 자연적인 하나님 인식이 지닌 이 기능도 또한 오늘날에는 "논쟁"의 소지를 갖는다(Jüngel 177). 그것이 하나님의 현존재에 대한 독립적인 인식의 지위를 주장한다는 점에서 그렇다. 위의 본문에서 언급된 진행 과정을 보라.

151 E. Jüngel a.a.O. 176. 나의 책의 설명을 참고하라: *Wissenschaftstheorie und Theologie*, 1973, 335ff., 또한 D. Tracy, *Blessed Rage for Order, The New Pluralism in Theology*, New York Seabury 1975, 43-63.

대로 진지하게 수용하고자 하는 하나님에 관한 진술에 대한 최소한의 조건들을 타당하게 설정하는 기능이다. 이와 같은 의미에서 "'하나님'이라고 지칭될 수 있는 것"에 대한 철학적인 **범주개념**(Rahmenbegriff)"이 또한 가능하다.[152] 이 가능성을 인정하지 않는다면, 하나님에 대한 그리스도교적 진술의 보편타당성에 대한 어떤 근거 있는 주장도 가능하지 않게 된다. 그렇기 때문에 그리스도교 신학은 신론적 진술에 대한 비판적 원리들을 철학적 측면에서 표명해야 하는 과제가 지속적으로 소홀히 되지 않도록 주의해야 한다.

하나님의 현존재와 본질에 대한 독립적인 인식—실증종교들의 진리 주장에 대한 종교철학적 반성과는 독립적인 인식—은 오늘날 더 이상 철학적 신학에게 기대할 수 없다. 그렇기 때문에 철학적 신학은 더 이상 "자연신학"이라고 지칭되어서는 안 된다. 그렇게 부른다면 중요한 차이점들이 희미해질 것이다. 순수하게 이성적으로만 근거된 신학이란 불가능하기 때문에, 그 신학은 자연적인 **하나님 인식**의 가능성과 실제성에 대한 질문 또한 아직 답변하지 못한다. 하나님에 대한 자연적 인식은 인간 그 자신에게 언제나 이미 본질적인 "하나님에 대한 앎"이며, 그리스도교 메시지가 선포하는 하나님에 대한 **실제적인** 앎을 뜻한다. 그것은 바로—구(舊)프로테스탄트 교의학의 전문용어로 말하자면—**타고난 자연적인 하나님 인식**(cognitio Dei naturalis insita)의 주장이며, 고대 자연신학과 계몽주의 시대의 이성신학과 이성종교에 부합되는 소위 **습득된 자연적인 하나님 인식**(cognitio Dei

---

[152] 윙엘(E. Jüngel a.a.O. 177)은 이것에 반대한다. 하지만 그는 그러한 범주개념의 표현 가능성과, 계시를 말하기 전에 고대의 **믿음의 항목들의 전제**라는 의미에서 하나님의 현존재를 증명할 수 있다는 주장 사이를 구분하지 않는다. 이 부분에서 윙엘이 "계시에 근거하여 언어로 표현된 하나님의 규정들"이 그와 같은 범주개념에 "모순되어서는 안 된다"는 견해에 반대했던 것은 옳다. 그리스도교 교부신학 안에서 다양하게 발생했던 것처럼, 그 규정들은 모순되는 방식으로 나타날 수 있다. 다만 그 모순의 정당성은 범주개념의 구조에 대한 토론의 지반 위에서 반드시 입증되어야 할 것이다.

naturalis acquisita)과는 다르다.

5. 하나님에 대한 인간의 "자연적인" 앎

하나님은, 사도적 복음(롬 1:19f.)의 하나님은, 본래부터(von Natur aus, 자연으로부터), 말하자면 창조로부터 모든 인간에게 알려져 있다. 이것은 "자연신학"의 진술이 아니라, 예수 그리스도 안에서 발생한 하나님의 계시의 빛으로부터 수립된, 인간에 대한 주장이다. 이 주장의 내용은 인간이 자기 자신의 곁에서 혹은 세계 경험 안에서 두말할 나위없이 확증된 것으로 발견할 수 있는 종류가 아니다. 비록 로마서 1:18ff.와 2:15의 바울의 진술이 스토아적 우주신학과 자연법 이론에 대한 관계를 어느 정도 상기시킨다고 해도 그렇다. 인간에 대한 그 주장은 인간들이 자기 자신으로부터는 하나님에 관하여, 어떻든 그리스도교 메시지가 선포하는 한 분 참하나님에 관해서는, 아무것도 알려고 하지 않는 바로 그곳에서 타당성을 요청하는 주장이다. 그 점에서 칼 바르트가 그 앎이 인간에게—현실의 저항을 뚫고—복음을 통해 "전달된다"고 말했던 것은 근거없는 것이 아니었다(*KD* II/1, 133). 하지만 그 전달에서 그 앎은 인간에게 단지 피상적으로만 "부가되는" 것이 아니고, 오히려 그리스도교의 메시지는 참하나님을 외면했던 인간 자신을 불러낼 수 있다. 그 앎은 그 인간 자신을 그 앎의 증인으로 소명할 수 있다. 어떤 권능을 통해 이것이 발생하는가 하는 질문에 대해 인간에게 "타고난 하나님 인식"(*cognitio innata*)이 대답해준다.

하나님에 대한 앎이 선천적으로 인간의 영혼에게 주어져 있다는 생각은 테르툴리아누스 이래로 서방 그리스도교 신학에[153] 잘 알려져 있었다.

---

[153] Tertullian, De testimonio animae, *MPL* I, 607-618. 아우구스티누스의 문헌들에서 볼 수 있는 다른 예증들은 카스퍼(W. Kasper, *Der Gott Jesu Christi*, 1982, 136f.)에

비록 이 생각이 아리스토텔레스의 감각론을 통해 아우구스티누스의 중세 신학 전통 속에서 뒷전으로 밀려나긴 했지만, 사라진 적은 결코 없었다. 토마스 아퀴나스도 감각적으로 인지된 세계 사물들을 통해 하나님 인식이 중재되는 것을 강조했음에도 불구하고 하나님 인식의 어떤 형태가 우리 안에 선천적으로 심겨져 있음(*est nobis naturaliter insertum*)을 인정했다. 물론 그것은 혼란 속에 있기는 하다(*sub quadam confusione*).[154] 다른 이들은 본래부터 심겨진 것과 같은 하나님 인식에 보다 넓은 의미를 부여했으며, 그 의미를 **타고난 양심**(*Synderesis*)에서 찾았다. 토마스 아퀴나스의 후대 문헌들에 따르면 이 양심은 인간 본성에 심겨진 실천적 이성 원리들만을 보유한다. 하지만 다른 이들은 그것이 자연법을 통해 종교의 토대는 물론 하나님에 대한 앎도 보유하고 있다고 말했다.[155] 후자가 더 설득력이 있었는데, 왜냐하면 로마서 2:15에서 하나님의 법에 대한 인간의 타고난 앎, 즉 아벨라르두스(Abaelard) 이래로 양심에 속한다고 간주되었던 이 앎은[156] 십계명의 첫 번째 돌판의 계명들, 특히 하나님에 대한 찬양의 계명과 함께 또한 하나님의 존재에 대한 앎도 포함해야 했다.

후자의 이해를 따라 루터 역시 1515/16년의 로마서 강의에서 창조로부터 알려져 있는 하나님에 대한 보편적인 앎에 관한 사도적 본문(롬 1:19f.)을 하나님의 법이 인간의 "마음속에 쓰여져" 그것을 알게 되는 것을 말

의해 하나님의 현존재에 대한 "인간학적 논증"의 증거들로 정리되었다.
154 *Summa theol*. I, 2 a 1 ad 1.
155 알베르투스 마그누스(Albertus Magnus)는 바실리오스(Basilius)와 바울(롬 2:15)을 근거로 선천적으로 주어진 자연법 지식에 관해 그와 같이 가르쳤다(Summa de bono, *Opera omnia 28*, Münster 1951, 504, p.263, 19ff.). 그는 그 지식을 **타고난 양심**(*Synderesis*) 안에서 찾았으며, 또한 그 법의 내용에 하나님 찬양이라는 의무를 포함시켰다(참고, Nr. 525 p.274, 59ff.).
156 *MPL* 178, 814ff.

하는 본문(롬 2:15)과 연결시켰다.[157] 멜란히톤도 그의 1521년의 작품(*Loci communes*)에서 이와 같은 이해를 따른다. 거기서 하나님에 관한 "자연적인" 앎은 법에 대한 항목에서 다루어진다. 하나님이 인간 정신 안에 법을 "새겨 넣으셨다"는 것인데, 이것은 키케로도 증언했던 것이다.[158] 멜란히톤은 이에 우선적으로 속하는 것은 하나님에 대한 찬양의 계명이라고 했다. 그리고 그는 그것과 결합된 하나님에 대한 타고난 앎이 바울의 로마서 1장의 말씀의 토대라고 명확하게 설명했다.[159]

하나님에 대한 "습득된" 앎이 아닌 "타고난" 앎에 대한 강조는 루터나 초기 멜란히톤에게서 나타나는 불신 곧 원죄에 "빠져 현혹된"(*capta occaecataque*) 이성에 대한 불신과 깊이 연관되어 있다(CR 21,116). 루터에 따르면 우상숭배로 향하는 경향은 인간의 마음속에 기록되어 지워질 수 없는(*inobscurabilis*) 하나님에 대한 앎으로부터 이성이 잘못 이끌어내는 거짓된 결론들을 통해 발생한다. 이성은 하나님을, 자신이 하나님과 비슷하다고 생각하는 어떤 다른 것과 혼동하면서 결합시킨다.[160] 그러므로 **이성**(*ratio*)은 하나님에 대한 앎의 문제에서는 신뢰할 수 없는 것이다. 멜란히톤도 이런 이해와 함께 하나님에 대한 앎이 로마서 1:19f.에서 세계 경험

---

157 WA 56, 176, 26-177. 초기 루터가 사용한 *Synderesis* 혹은 *Syntheresis* 개념에 대해 다음을 보라. E. Hirsch, Lutherstudien, I, Gütersloh 1954, 109-128. 히르쉬는 이 개념이 루터에서 이성과 의지의 차이를 덮어버린다고 보았다(110f.). 이 생각이 루터의 후대의 문헌들 안에서 다른 용어로 유지되고 있는 것에 대해 122ff.를 참고하라.

158 CR 21, 116f. (lex naturae...quam deus insculpsit cuiusque animo). 바로 이어서 멜란히톤은 스토아의 가르침(κοιναὶ ἔννοιαι)과 키케로(leg. I, 5, 15ff.)를 증거로 제시한다. 이것과 이에 뒤따르는 내용에 대해 J. Platt a.a.O. 10-33을 보라.

159 Ebd. 117f.

160 WA 56, 177, 14ff. 우상숭배로 이끄는 잘못된 결론에 대한 서술을 다음에서 보라. WA 56, 177. **타고난 양심**의 원칙들로부터 도출되는 잘못된 결론들의 형태는 이미 알베르투스 마그누스가 잘못된 양심에 대해 가르친 곳에서 발견된다(E. Hirsch a.a.O. 28ff.). 또한 다음을 비교하라. Thomas von Aquin *De ver.* 17, a 1 ad 1.

과 명확하게 결합되어 있다는 난제에 부딪쳤다. 1532년의 『로마서주석』에서 그는 거기서 중요한 것이 추론의 과정을 통해 획득될 수 있는 개념적인 인식이라는 사실을 인정했다. 하지만 세계 경험을 계기로 삼아 창조자 하나님에 대한 인식으로 인도하는 "타고난" 앎이 원칙으로서 그 추론 과정의 토대가 되지 않는다면, 그 인식은 불가능할 것이다.[161] 이제부터 **습득된 앎**(cognitio acquisita)은 하나님에 대한 인간의 근원적인 앎의 해석에서 더 이상 배제되지 않는다. 그의 책(Loci)의 후기 판본들은 신 존재 증명들을 수용한다.[162] 그러나 그 수용의 근거는 **타고난 앎**(notitia innata)이다.

루터와 멜란히톤은 바울의 두 본문인 로마서 1:19f.와 로마서 2:15을 결합시켰는데, 이것은 의심의 여지없이 주석적으로 검증할 수 있는 부분을 넘어선다. 두 본문이 그 사도의 머릿속에서 서로 어떻게 관계되었는지에 대한 질문이 가능하다면, 또한 둘을 포괄하는 근본적인 사상이 추정될 수 있다는 생각도 정당한 권리를 갖는다. 물론 이에 대해 더 정확한 것을 순수하게 주석적으로 검증할 수는 있다. **타고난 앎**(cognitio innata)은 바울의 위의 두 본문이 빚지고 있는 스토아 사상과 같은 뿌리로 소급되는데, 그것은 이중적인 장점을 갖는다. 그 앎은 한편으로 두 본문들 사이에 가능한 관계를 설정할 수 있게 해주며, 다른 한편으로 가능할 뿐만 아니라 하나님에 대한 실제적인 앎을 목표로 하는 로마서 1:19f. 본문의 정점을 보존해준

---

161 *Melanchthons Werke* ed. R. Stupperich V, 71, 29-72,4: "Quamquam enim, utpostea dicit (sc. Paulus), mens ratiocinatur aliquid de Deo ex consideratione mirabilium eins operum in universa natura rerum, tarnen hunc syllogismum ratio non haberet, nisi etiam Deus quandam notitiam καὶ πρόληψιν indidisset mentibus nostris. Ex illa mirabilia spectacula rerum in natura sunt signa, quae commonefaciunt mentes, ut de Deo cogitent ac illam πρόληψιν excitent. 이 부분에 대해 플라트(J. Platt a.a.O. 17)는 멜란히톤이 여기서 내적으로 일치하는 두 개의 인식방법을 하나로 묶는 개념을 구상해냈다는 점을 올바로 지적했다.

162 1535년 이후에 그것은 더 이상 법과 관계된 부분에서가 아니라, 창조에 대한 항목에서 수용되었다(CR 21,641ff.).

다. 이 점에서 종교개혁이 **타고난 앎**(cognitio innata)을 선호했던 것이 이해가 되며, 중심적인 내용에서 정당했다고 볼 수 있다. 바울의 본문은 이성적 반성이 **습득된 앎**(cognitio acquisita)에 대해 맞서는 것을 허용한다고 해도, 그렇다. 구(舊)프로테스탄트 교의학, 특히 구(舊)루터교 교의학은 두 본문의 연결을 고수하려고 노력했다. **타고난 지식**(notitia innata)의 근본적인 의미에 대해 사람들은 로마서 2:15와 더불어 또한 키케로를 증거로 제시하기도 했다.[163] 이와 같이 **습득된 앎**과 연결된 결과, 요한 무제우스(Johann Musäus)[164] 이래로 **타고난 앎**에서 중요한 것은 오직 하나님에 관한 앎에 대한 성향이나 일종의 기질 혹은 **자연적 본능**(instinctus naturalisa)과 같은 것이지, 실제적인 앎(cognitio actualis)이 아니라는 견해가 관철되었다. 실제적인 앎은 유한한 사물들과 **제일 존재자**(primum ens)이신 하나님 사이의 구분이 이루어질 때 비로소 세계 경험의 맥락에서 획득된다는 것이다.[165] 이

---

163 Cicero, *De natura Deorum* II, 12 (omnibus enim innatum est et in animo quasi insculptum esse deos), Tusc. I,13, 30. 이 두 가지를 홀라츠(D. Hollaz, *Examen theologicum acroamaticum*, Stargard 1707, 293)가 인용한다. 키케로에서 이미 이 두 인식 방법의 결합이 발견된다. ut deos esse natura opinamur, qualesque sint ratione cognoscimus (Tusc. I,36).

164 **선천적 지식**(notitia innata) 개념 대신 무제우스(J. Musäus, *Introductio in theologiam*, Jena 1679)는 **자연의 빛**(lumen naturae) 개념을 제시했다. 그 빛이 감각적으로 받아들여지는 세계 사물들을 통해 **자연신학**(Theologia Naturalis)으로 이끌고 있다는 것이다(41f.; 참고. 34f.). 무제우스는 **자연의 빛**을 능동적 지성에 대한 아리스토텔레스의 가르침을 통해 밝혔기 때문에, 그가 어떤 독립적인 **선천적 지식**을 전혀 인정하지 않고, 근본적으로 오직 **이성신학**(theologia rationalis)의 **습득된 인식**(cognitio acquisita)만을 인정했다는 것이 분명하다.

165 D. Hollaz a.a.O. 294. 칼로프가 이와 유사하게 말했다(A. Calov, *Systema locorum theologicorum* 12, Wittenberg 1655, 80f.). 타고난 하나님 인식과 획득된 하나님 인식의 관계에 대한 구(舊)루터주의 교의학자들의 흥미로운 관점에 관하여 다음을 보라. K. Girgensohn, *Die Religion, ihre psychischen Formen und ihre Zentralidee*, Leipzig 1903, 17-32. 또한 비슷한 생각을 보다 최근에 전개한 사람들에 대한 정보를 33ff.에서 보라. 기르겐존은 이 모든 견해들을 반대했는데, 왜냐하면 그는 그들이 "타고

와 함께 인간이 하나님을 보편적으로 알 수 있다는 교리의 무게 중심은 타고난 앎(notitia insita)으로부터 습득된 앎(notitia acquisita)으로 옮겨진다. 그리고 루터와 초기 멜란히톤이 로마서 1:18ff.의 바울적 논증 과정에서 획득했던 통찰, 즉 하나님에 대한 실제적인 앎은 곧바로 우상숭배로 도치된다는 통찰은 배후로 밀려났다.[166]

로마서 1:19f.와 로마서 2:15의 관계성과 관련하여 바울의 주석으로부터 종교개혁 신학에 대해 제기된 실제적인 문제는 오늘날도 양심의 현상에 관여하지 않고서는 적절하게 설명되지 않는다. 오늘날 그 현상에 대해 얻을 수 있는 통찰들은 양심과 하나님에 대한 앎 사이의 관계를 새롭게 정립할 수 있도록 하는가? 게르하르트 에벨링(Gerhard Ebeling)은 양심 개념에 대한 중요한 논문을 통해 양심의 경험에서 발생하는 하나님, 세계, 인간의 상관성을 강조했다.[167] 이것은 도덕적 규범 의식에 제한된 양심이 아니

난 자연종교"를 지지한다고 오해했기 때문이다.

[166] 그 대신에 다음과 같이 설명되었다. 자연의 빛은 어떤 신(aliquod Numen)이 존재한다는 사실과 그에게 최고의 찬양을 마땅히 드려야 한다는 사실이 인식되도록 하지만, 그러나 요청되는 하나님 찬미의 형태에 관해서는 아무것도 거기서 얻어낼 수 없다(Hollaz 307). 여기서 루터교 교의학은 루터의 이해로부터 멀리 벗어났다(WA 56, 177, 8ff.). 그것은 인간들은 벌거벗은 가운데(nudam) 자신들이 인식한 영원한 권능과 신성을 존경하고 찬양해야 하며, 그 권능과 신성을 제 마음대로의 욕망의 대상과 동일시하지 말아야 한다는 이해다. 하지만 아마도 바울도 또한, 만일 인간들이 하나님 찬양을 위해 요청되는 형식에 대해 무지했다면, 하나님께 감사하지도 찬양하지도 못했을 것(롬 1:21)이라고 질책하지는 않았을 것이다.

[167] G. Ebeling, Theologische Erwägungen über das Gewissen, in: Wort und Glaube 1, 1960, 434: "…양심에서 중요한 것은 그 전체다. 왜냐하면 궁극적인 타당성의 질문이 중요하기 때문이다. 이 때문에 전체 현실성으로서의 세계에 대한 질문은 양심에 관계되는 질문이며, 이것은 인간 자신에 대한 질문이 바로 양심에 적중하는 질문인 것과 마찬가지다. 이 두 가지 질문은, 하나님은 급진적 의미에서 전체에 대한 질문 곧 처음과 나중의 질문이라는 사실로부터 분리될 수 없다. 하나님을 양심의 질문으로써 마주하는 곳에서만 인간과 세계도 양심의 질문으로 이해된다." 또한 다음을 참고하라. G. Ebeling, *Dogmatik des christlichen Glaubens* 1, 1979, 107.

라, 오히려 초기 루터의 **타고난 양심**(Synderesis)과 같이 지성과 의지를 뿌리로부터 결합하는 양심의 이해에 가깝다. 그러나 그와 같은 양심의 이해는 다음과 같이 널리 알려진 상념에 대해 어떻게 정당화될 수 있는가? 양심이라는 것은 도덕적으로 선한 것 혹은 나쁜 것에 대한 감정으로 이해되거나, 아니면 각각의 시대마다 사회적 규범 의식이 내면화된 것으로 이해되지 않는가?

"양심"이라는 개념의 역사는, 6세기 그리스까지 거슬러 올라가는 이 표현의 시작이 일반적인 자의식의 개념적인 파악이 시작되던 기원과 일치한다는 사실로 인도된다. 자의식은 우선 인간이 자신의 행위들에 대해 함께 아는 사람(Mitwisser)을 갖는다는 경험 속에서 파악되었다.[168] 이 발견의 (도덕적일 뿐만 아니라) 보다 더 일반적인 의미는, 스토아 학파가 **양심**(Syneidesis)을 영혼의 **지배자**(Hegemonikon) 곧 인간 안에 현재하는 **로고스**와 동일시하는 것 안에서 표현되었다. 그 후 실천적 자의식으로서의 양심을 이론적 자의식으로부터 분리시킨 것은 단지 개념의 협소화를 의미하는 데 그치지 않았다. 그 분리는 나아가 근대의 자의식 철학의 발전이 양심의 개념에 관련해서는 거의 성과를 거두지 못했다는 데 책임이 있다. 물론 양심에서는 자아의 동일성이 중요하다. 하지만 그것은 사회적인 세계와 현실 전반의 넓은 맥락에서 그러할 뿐이다.

양심의 자기 관계는 자기 감정들의 그룹에 가까이 있다. 하지만 전자는 이 그룹 안에서 자신의 표현 가능성을 통해 "특별한 지위를 수용한다. 왜냐하면 양심의 자기 관계 안에서는 단지 삶 전체가 긍정적 혹은 억눌린 분위기 속에서 막연히 현재하는 것이 아니라, 오히려 본래적인 자아가 동시에 의식의 대상이 되기 때문이다." 그것이 설령 비동의의 양식 안에서 발생한다고 해도, 그 양식은 자아의 가능한 긍정적인 동일성에 대한 관계를 함축

---

[168] 이에 대한 자세한 증명들을 나의 책에서 보라. *Anthropologie in theologischer Perspektive*, 1983, 286-303, 특히 287ff.

한다. "그러므로 그 내용을 부정함으로써 양심은 명확한 자기 경험과 자기 인식이라는 좁은 의미에서 자기 감정으로부터 자의식으로 건너간다."[169]

양심이 뿌리를 내리고 있는 감정의 삶으로부터 양심과 삶 전체 사이의 비주제적(unthematisch)인 관계가 생성된다. 그 관계 안에서 주체와 객체―세계, 하나님, 자신―는 분리되지 않고 서로가 서로 안에 포괄된다. 감정 그리고 감정들의 이와 같은 특성은 아이가 개체적 발전의 초기에 "공생적 영역"에서 경험하는 무자아적 정착에 상응한다. 공생적 영역은 생애의 첫 시기에 유아를 엄마와 (그리고 세계와) 결합시킨다. 이때 유아는 엄마와 이미 분리되어 있다는 것을 알지 못한다. 개체적 삶의 초기에 발생하는 공생적인 세계 결합성은 감정의 삶 속에서 어느 정도까지 계속된다.[170] 하나님, 세계, 자아가 아직 구별되지 않았던 초기의 차원들의 분리는, 비록 비주제적인 자기 관계가 쾌감과 불쾌의 감정 속에서 이미 초기에 주어져 있다고 하더라도, 유아의 인지 발달과 세계 경험의 산물이며, 그리고 그 경험을 가공한 결과다.[171] 양심의 경험은 이와 같은 자기 관계가 최초로 주제화 되는 형식이다.

그렇게 서술된 주제는 다음 진술의 대부분과 관계된다. 그것은 신학과 철학의 전통 속에서 **타고난 앎**(cognitio insita)의 의미로 하나님에 대한 자연적인 앎을 주장했던 진술들이다.

우선 여기서 다시 한 번 루터를 생각할 수 있다. 말하자면 루터가 주장했던 하나님에 대한 자연적인 앎이 **타고난 양심**(Synderesis) 속에서 믿음과 어떻게 관계되는지의 질문이 제기된다. 바로 젊은 루터에게 믿음은 **신**

---

[169] Ebd. 299f.
[170] Ebd. 241ff., 특히 243. 그리고 아동 발달단계의 초기에 발생하는 공생적 삶의 일치에 대해 219ff.를 보라.
[171] 뢰빙어(J. Loevinger)의 연구들을 참조하면서 슐라이어마허의 감정 개념과 논쟁한 것에 대해 다음을 보라. Ebd. 244f.

앙적 지성(intellectus fidei)으로서 참된 하나님 인식의 형식이었다.[172] 하지만 루터는 타고난 양심 속에서 인식되는 하나님에 대한 앎은 믿음과 동일하지 않다고 분명히 말했다.[173] 여기서 믿음이라는 단어는 참된 믿음의 의미, 즉 스콜라 철학이 말하곤 했던 신적 신앙(fides divina)의 의미로 사용되었다. 그러나 루터는 "믿음"을 보다 넓은 의미로 말할 수도 있었다. 가장 잘 알려진 예는 1529년 대(大)교리문답의 첫째 계명에 대한 유명한 설명이다. "오직 마음의 신뢰와 신앙만이 하나님과 우상을 만든다."[174] "올바른 한 분 하나님"에 상응하는 "올바른 신앙" 곁에 우상을 신뢰하는 잘못된 신앙이 있다. 두 경우 모두에 다음이 해당한다. "당신이 (내가 말하지만) 당신의 마음을 두고 의지하는 그곳이 실상은 당신의 하나님이다." 이것으로는 아직 참하나님이 누구신지는 결정되지 않았다. 루터는 이 질문에 대해 하늘과 땅을 창조하신 성서의 하나님이 가진 능력이 결정적이라고 말한다. 사도신경의 첫째 항목의 설명에서 아버지 하나님에 대한 믿음은 이렇게 말해진다. "이 유일하신 하나님 외에 나는 그 무엇도 하나님으로 간주하지 않는다. 왜냐하면 그 하나님 외에 어느 누구도 하늘과 땅을 만들 수 없기 때문이다."[175] 이와는 달리 첫 계명에 대한 설명은 아직도 참하나님이 누구이고 바른 믿음이 무엇인지에 대해 대답하지 않았다. 하지만 여기서 전제된 것은 인간은 모든 경우에 자신의 신뢰를 어떤 것에 고정해야 하며, 자신의

172　1513-1515년 시편에 대한 첫 강연에 대해 R. Schwarz, *Fides, Spes und Caritas beim jungen Luther*, Berlin 1962, 134ff.를 보라.

173　시편 4:7에 대해 WA 5, 119 (Operationes in Psalmos 1519)를 보라. 또한 이와 관련하여 E. Hirsch a.a.O. 116f.를 보라. 히르쉬는 거기서 1518년의 두 번째 시편 강연으로부터 유사한 문구를 인용한다.

174　BSELK 560, 15-17 (WA 30/1, 133). 하나님에 관한 진술의 근거에 대한 현재의 신학적 논의에서 오그덴(Schubert M. Ogden, *The Reality of God and other essays*, New York, Harper 1963, 22ff.)은 비록 루터와는 분명한 관계가 없지만, 믿음을 인간학적 현상으로 이해하는 매우 유사한 관점을 제시했다.

175　Ebd. 647, 43-46 (WA 30/1, 183).

마음을 거기에 두고 의지한다는 사실이다. 거기에는 오늘날 우리가 인간적 "삶의 탈 중심적 형식"이라고 부르는 것이 포함되어 있다. 다시 말해 인간은 자신의 밖에 놓인 무엇인가에 토대를 두어야 한다. 두어야 한다는 것은 선택의 문제가 아니다. 인간이 선택할 수 있는 것은 단지 무엇에 토대를 둘 것인가 하는 것뿐이다. 이 관점을, 루터가 말한 바 인간의 마음속에 상실될 수 없이 주어진 하나님에 대한 인식 및 그것의 오용과 연관시킨다면(위 189f.), 이 오용은 거짓 신들에 신뢰를 둔 결과임이 밝혀질 것이다. 상실될 수 없는 하나님에 대한 앎은 바른 믿음과 혼동되어서는 안 된다. 바른 믿음은 오직 인간이 자신에게 제공되어 의지할 수 있고 신뢰할 수 있는 근거, 곧 삶의 실현을 위한 근거에 의존한다는 사실에 기초한다. 왜냐하면 여기서 인간은 신을 갖는다는 것이 무엇을 의미하는지를 "알기" 때문이다. 물론 "신뢰"는 자아와 세계의 차이에 대한 최소한의 퇴화된 의식을 이미 전제한다. 이 차이의 형성, 또한 신뢰의 형성보다 앞서는 것은 개체가 공생적 삶의 관계성 속에 놓이는 것이다. 공생적 삶의 관계성은, 개체가 자신에게 도달하여 자기 자신을 의식하게 됨에 따라(무엇보다도 쾌감과 불쾌의 감정들 속에서), 그와 동시에 자신의 현존재를 무규정적으로 능가하면서 그의 의식 안에서 존재하게 된다. 인지적 발달과 차별화의 과정과 함께 비로소 신뢰할 수 있는 대상들이 구분될 수 있으며, 그것들 사이의 선택 역시 가능하게 된다.

이와 같은 사태 관계는 인식의 주체인 의식의 근본 상태 속에 짝을 이루는 대상을 갖는다. 그 상태를 데카르트는 하나님에 대한 직접적인 앎이라고 말했다. 여기서 공생적 삶의 관계의 무규정성에는 무한성의 이념이 상응하는데, 데카르트에 따르면 그 이념은 자신의 고유한 자아를 포함한 어떤 유한한 대상들을 파악할 때 제약하는 조건이 된다(Med. III, 28). 왜냐하면 오직 무한성의 제한을 통해서만 어떤 유한한 것이 생각될 수 있기 때문이다. 인간이 무한성의 열린 지평에 위치할 때, 그 인간에게는 자신의 현존재와 세계의 현실성 전체가, 그리고 모든 유한한 것의 신적 근거가 무규정적으로(unbestimmt) 현재하게 되는데, 이것이 항상 주제화되는 것은 아니다. 그와 같은 무한성의 직관이 그 자체로 하나님 의식인 것은 아니다. 비록 우리에게는 (우리가 완전히 다른 경험적 지식의 관점에서 성찰할 때) 하나님 의식이 그 직관 안에 포함되어 있는 것처럼 보인다고 해도 그렇지 않다. 이미 카테루스(Caterus)가 데카르트에게 이의를 제기했다. 우리는 무한한 것을 혼동할 뿐이고 명확하고 명료하게 파악하지 못한다는 것이다. 이에 대해 데카르트는, 우리가 물론 무한한 것을 파악하지는 못하지만, 우리가 거기서 "어떤 제약도" 인지하지 못한다는 한도에서 그것이 의미하는 것을 이해할 수 있다고 대답했다.[176] 하지만 우리가 제약에 관해서 알게 되는 것은 오직 유한을 파악할 때뿐이다. 그러므로 그와 같은 무한성의 의식은—또한 데카르트가 서술하는 방법 안에서도—유한한 사물들을 이미 알고 있으면서 그것들의 유한성을 성찰하는 자에게만 가능하다. 무한성의 의식 그 자체는 결국 유한성의 한계의 부정을 통해 획득되며, 어떤 유한성의 파악보다 우선하지 않는다. 셋째 명상에서 무한의 이념이 유한의 모든 파악보다 우선한다고 주장되는데, 이 우선성은 단지 주제화되지 않은 지각의 형식을 취할 수 있을 뿐이며, 이 지각 속에서 세계, 하나님, 자아는 아직 분리되어 있지 않다. 유한과 구분되는 무한 그 자체에 대한 분명한 사고는 아직 그 지각과 결합되어 있지 않다. 그래서 저 직접적 의식 또한 아직은 명확하게 주제화된 하나님 의식으로 규정되지 않았을 수도 있다. 이후에 획득되는 경험과 성찰의 관점으로부터 무한이 단어의 가장 고유한 의미에서 유일무이한 것이며, 그래서 한 분이신 하나님과 동일하다는 결과가 주어질 때에야 비로소, 저 주제화되지 않은 무한의 의식이 실상은 이미 하나님에 관한 의식이었다고 말할 수 있게 된다. 결국 경험의 과정 속에서만, 유한한 사물들과 자아의 유한성에 관한 앎의 규정성과 병행하면서, 신들과

---

176 *Meditationen*. 전자의 이의 제기에 대해 a.a.O. (*PbB* 27) 86을, 데카르트의 답변에 대해 ebd. 102을 보라.

하나님에 대한 분명한 의식에 도달하게 된다. 그와 같은 의식의 형성은 삶의 역사, 곧 가장 포괄적인 의미에서의 경험의 과정에 속한다. 여기서 경험은 세계의 경험이며, 세계 안에서 작용하면서 세계의 사물들을 능가하는 권능들에 대한 경험, 즉 종교사적 경험을 뜻하며, 그 자체로 이미 태고의 의식을 말하는 것은 아니다.

그럼에도 불구하고 인간이 시초부터 자신을 능가하는 "비밀" 속에 세워져 있다고 말하는 것은 정당하다. 인간은 "범접할 수 없이 침묵하는 현실의 무한성이 비밀로서 지속적으로 다가오는" 방식으로 비밀 안에 있다.[177] 이 비밀은 각각의 인간이 지닌 삶의 역사의 시초에 최초로 관계를 맺는 인물과 마주하면서 구체화한다. 보통의 경우 그것은 엄마라는 형태다. 엄마는 아이로 하여금 깊은 신뢰 속에서 세계 전체로, 삶으로, 또한 그렇게 하여 자신의 창조자이자 보존자이신 하나님께로 나아갈 수 있게 해준다. 이 과정이 **"비주제화 된 하나님의 앎"**에 관계된다는 사실[178]은 나중에야 비로소, 다시 말해 이후에 획득된 명시적인 하나님 인식의 관점으로부터 회상할 때 비로소, 주장될 수 있다.

---

[177] K. Rahner, *Grundkurs des Glaubens*, 1976, 46; 참고. 32f. 이러한 사태를 라너와 함께 "초월적" 혹은 나아가 "**초월적 경험**"이라고 말할 수 있는가 하는 것은(31f.)—이것은 칸트에게서 훈련받은 언어감각을 불러일으키는 표현으로서 나무로 만든 칼의 느낌을 준다—그 사실에 대해서는 이차적인 문제로 보인다. 여기서 중요한 것은 분명히 경험의 가능성의 조건이지, 칸트의 범주들 및 이성이념과 같이 경험의 내용들을 구성하는 원칙이 아니다. 라너의 "초월" 개념의 문제성에 대해 다음을 참고하라. F. Greiner, *Die Menschlichkeit der Offenbarung. Die transzendentale Grundlegung der Theologie bei Karl Rahner*, München 1978. 트레이시의 견해(D. Tracy a.a.O. 55f.)에 따르면 "초월" 개념은 예전에 "형이상학"이라고 지칭되었던 것보다 더 적절한 표현이다. 나는 앞에서 언급된 이유들 때문에 트레이시의 그 견해에는 동의하지 않는다. 하지만 나는 트레이시가 신학을 위한 형이상학의 필연성을 강조한 것이나, 철학의 현대적인 문제 상황 때문에 형이상학의 인간학적 근거가 필요하다고 주장한 것에는 동의한다.

[178] Ebd. 32.

이러한 사태를 직시할 때, 저 태고적 의식을 모든 경험에 우선하는 분명한 하나님 의식이라는 의미에서 "종교적 선험(Apriori)"이라고 말하는 것은 적절하지 않을 것이다. 그와 같은 "절대성"에 대한 선험적 의식이라는 명제는 칸트적 용어에 의존하는 에른스트 트뢸치(Ernst Troeltsch)에 의해 대변되었다.[179] 루돌프 오토(Rudolf Otto)와 앤더스 니그렌(Anders Nygren)이 그 명제를 여러 가지 방향으로 진척시켰고 또 수정했다. 그러나 태고적 의식은 아직은 오토적 의미에서의 "전적 타자"나 "거룩한 것"에 대한 의식은 아니다.[180] 오토는 무한의 "감정"에 대해 바르게 말하기는 했다.[181] 하지만 감정 그 자체는 주체와 객체의 날카로운 분리를 알지 못하고,[182] 그래서 "전적 타자" 혹은 "영원한 것"의 의식일 수가 없다. 객체와 관련된 감정은 언제나 대상의 인지를 통해 매개된다. 이 때문에 거룩한 대상이나 상대자에 대한 경험은 거룩함의 감정 그 자체보다 선행한다. 객체와 관계를 맺지 않은 순수한 상태의 감정만이 (그 경험보다) 우선한다. 그렇기 때문에 "영원한 것"을 "종교의 초월적 근본 범주"[183]로 파악하는 앤더스 니그렌의 견해도 거부될 수

---

179 E. Troeltsch, *Zur Frage des religiösen Apriori* (1909), Ges Schriften Bd. 2, 1922, 754ff. 또한 그의 책, *Empirismus und Platonismus in der Religionsphilosophie. Zur Erinnerung an William James* (1912) ebd. 364-385, 특히 370f. 이 논문집 중 첫째 논문에서 트뢸치는 칸트에게 나타난 선험성의 초월론적 기능에 대한 차이들을 정리했다. 이전에도 그는 종교적 선험성의 주제를 자신의 책에 도입했었다. E. Troeltsch, *Psychologie und Erkenntnistheorie in der Religionswissenschaft*, 1905.

180 R. Otto, *Kantisch-Fries'sche Religionsphilosophie und ihre Anwendung auf die Theologie* (1909), Tübingen 1921, 113ff. 쇠더블롬(N. Söderblom)은 거룩함에 관한 오토의 견해를 반대했던 것으로 보인다. 이에 대해 다음을 참고하라. C. Welch, *Protestant Thought in the Nineteenth Century 2*, 1985, New Haven und London 120f.

181 Ebd. 83.

182 이에 대한 근거로 다음을 보라. 나의 책, *Anthropologie in theologischer Perspektive*, 1983, 243f.

183 A. Nygren, *Die Gültigkeit der religiösen Erfahrung*, 1922, 72f.

있다. 영원한 것과 마찬가지로 거룩한 것에 있어서도 핵심은 사유인데, 이 것은 일상의 유한한 것과 시간적인 것(사유는 이것들과 부딪치며 멀어진다)에 대한 경험들을 이미 전제하는 사유다. 보다 일반화된 형식으로 말하자면, 직접적인 경험에 전혀 속하지 않고 오히려 성찰에 속하는 사유가 핵심이다.

인간의 원초적 상태에 속하는 앎, 곧 하나님에 대한 "주제화 되지 않는 앎"은 비주제적이기에 자기 자신 안에서 이미 **하나님에 관한 앎**인 것은 아니지만, 그럼에도 불구하고 분명히 현실적 활동성(Aktualität)의 형식이다. 그 앎은 인간 안에 있는 기질이나 성향에 불과한 것이 아니다. 또한 그 앎은 하나님에 대한 "질문"에 그치는 것도 아니다. 인간 그 자체가 하나님에 대한 "질문"이라는 생각은 제1차 세계대전 이후의 개신교신학에 널리 퍼져 있었으며, 신 존재 증명들의 이론적인 증명 능력이 미심쩍어졌던 시대, 하지만 신 존재 증명을 통해 표현되는 신적 사유 안으로의 인간의 고양을 굳게 붙들려고 했던 시대[184]에 어느 정도 고대 "자연신학"의 기능을 대변했다. 그것과 똑같은 생각이 가톨릭신학에서 존재 질문의 보편적 형식을 통해 나타나는데, 그 질문은 인간적인 현존재 구조의 표식이다.[185] 실제로 질문의 현상은 특별히 인간이 자기 자신을 넘어서는 곳에서 자신의 생명을 운반하는 근거에 의존하고 있다는 사실에 대한 은유로서 적합하다. 하지만 인간은 결코 질문의 지속적인 개방성 안에서 존재하는 것은 아니다.[186]

---

[184] 다음을 참고하라. 나의 책, Die Frage nach Gott, in: *Grundfragen systematischer Theologie I*, 1967, 361-386. 특히 진행 과정에 대해서는 다음을 참고하라. P. Tillich, Syst. Theologie I (1951) dt. 6, Aufl. 1980, 74ff.

[185] K. Rahner, *Geist in Welt* (1939) 3. Aufl. hrsg. von J. B. Metz 1964, 71 등등. K. Rahner, *Hörer des Wortes* (1941) 2. Aufl. hrgs. von J. B. Metz 1963, 51ff.

[186] 아이허(Eicher)가 라너에게 가한 비판이 그렇게 말한다. P. Eicher, *Die anthropologische Wende. Karl Rahners philosophischer Weg vom Wesen des Menschen zur personalen Existenz*, Freiburg (Schweiz) 1970, 331f. 하지만 이 비판은 라너 신학의 일부분에만 해당한다. 오히려 그의 신학은 바이셰델(Weischedel)의 극단적 불확실성의 원칙에 의해 더 많이 붕괴되었다. 이 원칙에서 바이셰델은 철학적

이는 격정적인 추상일 뿐이다. 현실에서 인간은 언제나 이미 자신의 실존적 "질문"에 대한 잠정적인 "대답들"로부터 살아간다. 즉 그 대답들이 생산력이 있는 것으로 입증되어 근본적으로 신뢰하고 의지할 만한 근거를 제공한다고 생각될 때, 그것들을 오래 지니고 살아가게 된다. 하나님에 대한 주제화 되지 않은 "앎"도 이 형식을 취한다. 하지만 그 점에서 "질문하기"라는 행위가 발생한다. 다시 말해 그 앎은 최소한 암묵적으로는 하나님에 대한 질문행위이며,[187] 세계 경험에서 유한한 것들에 대해 충분히 알지 못한다는 것이다. 그 질문행위는, 경험의 내용들이 서로로부터 그리고 고유한 자아로부터 명백하게 구분되고 경험의 유한성 속에 의식되자마자 발생한다. 즉 그에 상응하는 종교적 의식의 형성과 지향이 아직 일어나지 않은 때에도, 질문행위는 발생한다. 하지만 여기서도 다음 사실은 타당하다. 유한성에 대한 불만족은 오직 다른 방식으로 이미 획득된 하나님의 앎을 전제하는 가운데서만 **하나님에 대한** 질문의 형식을 취할 수 있다.[188]

그렇다면 어떻게 그와 같은 상황에서 저 태고적 의식은, 비록 주제화 되지 않은 것이라고는 해도, **하나님에 관한** 앎으로 지칭될 수 있는가? 어떻게 바울은 모든 인간에게 하나님을 알 수 있다는 책임을 지울 수 있는가? 이것

신학의 모든 내용을 사라지게 만들었다(W. Weischedel, *Der Gott der philosophen*, Darmstadt I, 1971, 27, 30f.; II, 1972, 153ff., 78ff.). 물론 바이셰델 자신이 "불확실성의 출처"(II, 206ff.)에 대한 숙고는 시대에 뒤떨어진 것이다. 또한 다음을 보라. E. Jüngel, *Gott als Geheimnis der Welt*, Tübingen 1977, 334ff.

[187] 루터가 하나님에 대한 열망, 그리고 타고난 양심 속에 있는 하나님의 (주제화 되지 않은) 앎으로부터 생성된 선에 대한 열망을 설명한 것을 다음에서 참조하라. WA 3, 238 zu Ps. 42, ebd. 535 zu Ps. 77. 이에 대해 E. Hirsch a.a.O. 111f.를 보라.

[188] 이 의미에서 특별히 바르트는 대답이 질문에 선행한다는 점을 바르게 강조했다. 이것은 이미 1920년의 탐바흐 강연(Tambacher Vortrag)에서 등장한다. K. Barth, Der Christ in der Gesellschaft, abgedruckt bei J. Moltmann (Hrsg.): *Anfänger der dialektischen Theologie 1*, 1962, 4). 또한 P. Tillich, *Systematische Theologie II*, 1958, 19f.를 보라.

은 나중의 경험들에 비추어 본다면 이전에 체험된 것이 어떤 변화된 의미를 묘사하는 일이 삶 속에서 흔히 일어난다는 점을 생각할 때, 쉽게 이해될 수 있다. 이 내용은 모세 앞에 나타나신 야웨의 현현을 보고하는 제사장 문서에서 말해진다. 야웨는 모세의 선조들에게 "전능한 하나님"(*el šaddaj*)으로 나타났다. 하지만 "나는 그들에게 나의 이름을 야웨라고 알리지 않았다"(출 6:3). 하지만 모세 이후에, 즉 출애굽 하여 약속의 땅을 얻은 이후에 이스라엘은 야웨께서 이미 조상들에게 그들의 하나님으로서 나타나셨다는 사실을 알았다. 비록 조상들은 그분을 아직 야웨로 알지는 못했다 해도 말이다. 이와 같이 하나님은, 비록 인간들이 그분을 아직은 의식하지 못한다고 해도, 태초부터 모든 각각의 사람에게 현재하셨고, 그들 모두에게 알려져 있다.

바울에 의하면 "세계의 창조 이래로" 하나님은 "그가 지으신 만물을 통하여"(롬 1:20) 알려져 있는데, 이 앎은 결국 앞서 이야기된 감정의 불명확한 무한성에 기초할 수 없다. 다음 진술은 올바르다. 로마서 1:20은 결코 **타고난 앎**(*notitia innata*, 롬 2:14f.처럼)을 말하는 것이 아니라, 오히려 **습득된 앎**(*notitia acquisita*) 즉 세계의 경험과 결합되어 있고 그 경험을 통해 획득되는 앎에 관계된다. 멜란히톤 역시 1532년에 이 흐름에 순응해야 했다(위 189f.를 보라). 하지만 그는 거기서 **타고난 앎**이 근저에 놓여 있다고 올바르게 주장했다. 규정되지 않은 무한성의 직관, 곧 인간의 삶을 능가하면서 그 삶을 운행하는 존재의 비밀에 대한 직관(존재는 인간으로 하여금 신뢰를 향해 나아가도록 용기를 준다)은 세계 경험의 과정 속에서 비로소 유한한 사물들로부터 구분된다. 이와 같은 세계 경험의 과정에서, 그리고 그 경험을 통해 생성되는 하나님 의식에서 우선적으로 중요한 것은 철학자들의 "자연신학"이 아니고 오히려 종교들의 하나님 경험인데, 이 경험들은 창조의 작품들을 통해 신성의 활동과 본질의 의식에 도달한다.[189] 철학적 자연신학

---

[189] 자연종교는 이차적인 추상화의 산물이라는 슐라이어마허의 통찰로부터, 그리고 19세기 후반 종교학의 발전들로부터 이미 죄더블롬은 교의학 안에서 자연신학이 행사하

이 "세계의 창조 시"에 이미 존재했던 것은 아니다. 오히려 인류의 역사 속에서 항상 이러저러한 방법으로 명시적인 하나님 의식이 먼저 형성되었고, 이 의식이 창조의 작품들의 경험과 결합되면서 철학적 자연신학이 등장했다. 그러므로 창조의 작품들을 통한 하나님 인식에 대한 바울의 진술들과 종교들 사이의 관계는 그 종교들을 미리 앞서서 우상숭배로 판단해서는 안 된다는 결론으로 인도한다. 그 인식들 가운데는 분명 "세계의 창조 이래로" 하나님에 대한 참된 인식에 도달한 것도 있을 것이며, 동시에 불멸의 하나님을 언제나 피조된 사물들과 맞바꾸려는 인식도 있을 것이다(롬 1:23,25). 로마서 1:19f.의 바울의 진술들을 철학적 자연신학에만 적용하는 일면적인 해석은 그리스도교 신학의 역사 속에서 보면 그리스도교 밖의 종교들을 편협하고 부정적으로 판단하게 만드는데 기여했다. 오늘날에는 이와 같은 잘못된 발전을 수정하고 종교들의 세계에 대해 세분화된 판단을 내리는 일이 불가피하다.

는 오래된 기능을 종교사를 통해 대체해야 한다는 요청을 유도했다(N. Söderblom, *Natürliche Theologie und allgemeine Religionsgeschichte*, 1913, 특히 58ff.). 그렇게 하는 중에 그는, "종교적 선험성"을 지지하는 사람들과는 반대로, **타고난 앎**의 교리에 담긴 진리의 계기들을 고려하지 않았고, 오히려 그 앎을—후에 종교현상학자들이 그렇게 했듯이—**습득된 앎**과 혼합했는데, 그는 종교사에서 차별성이라든지 차별성 사이의 갈등을 찾지 않고 칼 하제(Karl Hase)와 더불어 "종교 현상들 안의 공통적인 것"을 찾음으로써, 그렇게 혼합했다(78f.). 그 결과 그는 역사적 관찰이 종교사 과정 안에서 하나님의 신성의 계시를 이해하는 데 특별히 기여를 했던 점을 놓치고 말았다.

제3장 　종교의 경험 안에 있는
하나님의 현실성과 신들의 현실성

Die Wirklichkeit Gottes und der Götter in der Erfahrung

1. 종교 개념과 그것의 신학 안에서의 기능

성서의 권위를 하나님의 말씀에 두는 축자영감설이 붕괴한 이래로, 근대 개신교신학에서 종교 개념은 신학적 체계의 근간이 되었다. 물론 종교의 개념이 그런 목적으로 도입되었던 것은 아니었다. 개혁주의 신학에서 종교 개념은 종교개혁의 시기 이래로 계속 사용되어왔다. 16세기와 17세기 초의 루터교 신학은 그 개념을 교단적 대립과의 관계 속에서 이해했다. 하지만 아브라함 칼로프(Abraham Calov, 1655) 이래로 루터주의 교의학은[1] 종교 개념을 신학적 대상의 일반적인 표현으로 본격적으로 사용했다. 이것은 성서 원칙 혹은 영감설과의 경합에서 비롯된 것이 아니었고, "분석적 방법"의 표현을 위한 것이었다. 분석적 방법은 자기 자신 안에 홀로 계신 하나님이 아니라 하나님과의 관계 속에 있는 인간을 신학적 대상으로 다루었다. 영감으로 기록된 성서는 이 영역 안에서도 여전히 신학적 원칙이었다. 바로 칼로프가 영감론의 체계가 완성되도록 애썼다. 하지만 영감론이 붕괴되면서 신학의 대상으로 지칭된 종교 개념은 더 무거워진 다른 짐을 짊어져야 했다. 다시 말해 그리스도교적 종교의 개념 혹은 그리스도교는 성서의 내용에서 무엇이 구속력 있는 "교의적 진리"이며, 무엇이 시대적 한계를 가진 것으로서 현재는 더 이상 중요하지 않다고 생각될 수 있는지에 대한 기준이 되어야 했다.[2] 여기서 중요한 것은 크루지우스(Christian August

---

1 이에 대해 다음을 보라. R. D. Preus, *The Theology of Post-Reformation Lutheranism. A Study of Theological Prolegomena*, St. Louis London (Concordia) 1970, 207-215. 종교개혁의 측면에서 이 주제의 발전에 대해 다음을 비교하라. K. Barth, *KD* I/2, 1938, 310ff. 또한 실제 내용에 대해 다음 장 전체를 보라. §17,1: Das Problem der Religion in der Theologie, ebd. 305-324.
2 J. S. Semler, *Versuch einer freiern theologischen Lehrart*, Halle 1777, 253 (III, 1 §

Crusius)와 푈너(Johann Gottlieb Töllner)에 따르면 "종교에서 본질적인 것"이다. 이것은 곧 슈팔딩(Johann Joachim Spalding)과 예루잘렘(Johann Friedrich Willhelm Jerusalem)이 "그리스도교의 본질"에 대해 물어야 한다고 주장했던 질문이다. 예루잘렘에 따르면 그리스도교의 본질은 바로 "가장 본질적인 종교성" 일반이다.[3]

무엇이 종교의 본질적인 내용인지를 결정하는 기준은 도대체 무엇인가? 그 척도는 종교 자체 안에 있는가, 아니면 종교와 구별되는가? 종교가 인간적 본질의 표현이기 때문에, 그 척도는 말하자면 인간학 안에 놓여 있는가? 종교 개념이 발전해왔던 전통에 대해 그 척도는 종교보다 우선한다고 생각되었던 하나님의 계시와 하나님 인식 안에 놓여 있었다. 또한 이것은 영감설이라는 특수한 경우에도 해당한다. 영감설에 따르면 성서의 문헌들은 신적 계시의 산물로서 그리스도교 종교의 토대이며, 단순한 진술에 그치는 것이 아니다. 하지만 근대의 제약 조건 아래서 이 관계는 역전되었다. 하나님 인식이 종교의 기능 중 하나가 되어버렸다. 이 과정은 그것의 광범위한 결과들을 고려할 때, 보다 정확한 설명과 논의를 필요로 한다.

a) 종교와 하나님 인식

고대의 종교 개념은 제의적인 하나님 찬양을 가리켰다. 그와 같이 키

---

75): 오늘날 교리를 전달하는 자들(Lehrer)의 최종 목표는 "이 시대 사람들에게 오늘날의 종교와 하나님의 구원이라는 근본 진리를 충분히 알리는 것이다."

3   H. Wagenhammer, *Das Wesen des Christentums. Eine begriffsgeschichtliche Untersuchung*, Mainz (Grünewald) 1973, 177ff., 181ff., 189ff., 200ff. 또한 바젠함머는 "참된 그리스도교 본질"(essentia[m] veri christianismi)이라는 표현이 이미 파프 (Chr. M. Pfaff)에게서 발견되며(174), 이것이 근본신조들의 교리와 연결되어 있다는 점을(176) 제시했다. 이와 같은 루터교 정통주의적 교리의 형성은 종교와 그리스도교의 본질에 대한 계몽주의적 교의학의 질문에 대해 바젠함머(69)가 인정하려고 했던 것보다 더 중요했다.

케로는 **종교**(*religio*)를 **신들에 대한 제의**(*cultus deorum*)라고 정의했다.[4] 제의는 신들에게 빚지고 있는 공경을 바치는 것이다. 그래서 때때로 이 표현은 이와 비교할 만한 어떤 공경을 바칠 만하고 또 받을 만한 인간이 있는 경우에, 인간과의 관계에도 적용될 수 있었다. 키케로는 도덕적 의무로서의 **종교**를 **미신**(*superstitio*)[5]이라는 금기의 두려움과 구분했고, 이 구분은 라틴어의 종교 개념이 그리스어의 **경배**(*threskeia*)와 구별되도록 했다. 그리스어 표현은 제의적 숭배의 모든 형태뿐만 아니라 엉뚱하고 과도한 제의 형태들까지 포함하며, 또한 신약성서에서도 "종교"는 제의적 숭배의 의미로 사용된다.[6] 키케로의 **종교** 개념은 제의와는 보다 덜 밀접하게 연관되어 있었던 **공경**(*theosebeia*) 혹은 **경건**(*eusebeia*)에 가깝다.[7] 키케로에게 "경건"(*pietas*)은 제의적 숭배의 행위 안에서 신들에 대해 표현되는 영혼의 자세다.[8] 그럼에도 불구하고 키케로의 경건 개념은 *religio*(종교)와 동일하지

---

4 Cicero, *De natura deorum* II, 8. 다음을 참고하라. Augustinus, *De civ. Dei* XJ,3. 이 단어의 지배적 의미에 대해, 그리고 라틴어권의 비종교적 혹은 교회적 저술가들로부터의 기타 증거들에 대해 다음을 보라. W. C. Smith, *The Meaning and End of Religion. A New Approach to the Religious Traditions of Mankind* (1962) Mentor Book 575, New York 1964, 24. 이 책의 2장 전체는 종교 개념의 개념사를 라틴 문학 안에 등장하는 기원으로부터 19세기에 이르기까지 고찰한다. 이 책의 탈고 이후에 출간된 다음 책도 참고하라. E. Feil, *Religio. Die Geschichte eines neuzeitlichen Grundbegriffs vom Frühchristentum bis zur Reformation*, 1986.

5 Cicero a.a.O. II, 71, 또한 I, 117. 여기서 미신은 근거도 없이 신들에 대해 두려움을 갖는 것으로 설명되고 있다. 신들에게 경건하게 숭배를 바치는 종교와는 다르다는 것이다.

6 야고보서 1:26f.; 사도행전 26:5, 또한 1.C1 45,7과 62,1을 참고하라. 그 단어의 이중적인 의미는 골로새서 2:18에서 나타난다(참고. ThWBNT 3, 1938, 156f.).

7 또한 이 사실을 신약성서의 두 군데 증언인 요한복음 9:31과 디모데전서 2:10이 보여준다. 그 외의 언어 사용에 대해서는 ThWBNT 3, 124ff.를 보라. 아우구스티누스는 이 표현을 **경건**(*eusebeia*)의 확장된 개념으로 보아 라틴어 **경건**(*pietas*)과 같은 것으로 간주했다.

8 Cicero, *De nat. deor.* I,3, 또한 I,14를 참고하라. 여기서 pietas, sanctitas, religio의 세 가지는 매우 긴밀히 관련되어 서술된다. 그리고 I,117 및 I,45에서는 pietas가 종교

않다. 후자의 표현은 오히려 종교적 예식이나 그것의 실행과 관련이 있다.[9] 하나님 인식 역시 아직은 *religio*로 설명되지 않는다. 비록 키케로가 법에 관한 자신의 저술에서 하나님을 아는 것을 인간과 동물을 구분하는 특징으로 강조하기는 했지만(*leg.* I, 24), 그는 이 사태를 아직은 "종교"라고 부르지는 않았다. 반면에 그는 신들의 본성을 아는 것이 제의적 숭배의 표현들을 "제어"하는 데 필수적이라고 간주했다(ad moderandam religionem: De natura deorum I,1).

키케로와 달리 아우구스티누스는 참된 종교에 대한 그의 저술(*De vera religione*, 390년경)에서 종교 안에서 하나님 인식과 하나님 경외는 구분될 수 없다고 강조했다. 그래서 아우구스티누스에게는 종교와 철학이 서로 긴밀히 연관되며, 가르침과 예배는 서로 일치한다.[10] 이와 관련하여 아우구스티누스는 플라톤을 인용하지만,[11] 그는 가르침과 제의의 결합 관계가 무엇보다도 교회에서 실현된다고 보았다. 다시 말해 참된 종교는 영혼이 피조적 사물이 아닌 영원하고 한 분이고 불변하시는 하나님을 경외하는 곳에서 발견될 수 있다. 그리고 이 **완전한 종교**(*perfecta religio*)는 **오늘의 시대에는**(*nostris temporibus*) **그리스도교 종교**(*Christiana religio*)와 동일하며, 이 종교의 가르침들은 전능하신 하나님 자신이 제공하신 것이다(*per se ipsum*

를 미신과 구분하는 특징으로 제시된다. 또한 다음을 비교하라. Augustin, *De civ. Dei* XI,1.

9   Cicero a.a.O. I,61: *caerimonias religionesque*; 또한 II,5와 III,5 및 *De leg.* I,43을 참고하라. 또한 E.Feil a.a.O. 46f.를 보라.
10 Augustin, De vera rel. 5: Sic enim creditur et docetur, quod est humanae salutis caput, non aliam esse Philosophiam, id est, Sapientiae Studium, et aliam Religionem, cum ii quorum Doctrinam non approbamus, nec Sacramenta nobiscum communicant. 이미 다음의 글에서 *religio*(종교)와 *sapientia*(학문적 지식)이 다루어진다. Laktanz, De ira Dei 7,6 그리고 8,7. 그 밖의 증거들은 다음을 보라. E. Feil a.a.O. 60-64.
11 Augustinus a.a.O. 3.

demonstrante).¹² 이 가르침들은 인류의 갱신을 향한 신적 섭리의 구원 행위를 예언자적으로 선포하고 역사적으로 보고하는 가운데 존재한다.¹³

물론 아우구스티누스가 하나님 인식을 종교 개념 안에 편입시킨 것이 하나님 인식을 인간의 종교적인 행위에 속한 기능으로 만들었다는 의미는 아니다. 반대로 아우구스티누스에게 중요했던 것은 종교를 참된 하나님 인식과, 즉 하나님 자신이 계시하셨고 모든 오류를 배제하는 진리와 연결하는 것이었다(위의 각주 12번을 보라). 이 관계의 역전은 아우구스티누스에게는 종교적 인식과 철학적 인식이 결합되어 있기 때문에 미리 배제될 수밖에 없었다.

아우구스티누스가 하나님 인식을 종교 개념에 포함시킨 것이 중세기 그리스도교에서 계속해서 숙고할 만한 계기가 되었던 것 같지는 않다. 종교 개념은 4세기까지 교부들의 문헌에서 두루 사용되었지만, 이후의 시대에는 거의 사용되지 않았다. 르네상스 시대에 이르러서야 이 개념은 다시 큰 역할을 담당하게 된다. 스미스(W. C. Smith)는 이와 같은 눈에 띄는 사실관계를 다음과 같이 명확하게 설명했다. 종교 개념은, 명백하게도 단지 문화적 의식이 제의들이나 종교들의 다양성을 통해 규정된 곳에서만 등장했고, 이것은 고대 후기 즉 4세기까지 그랬으며, 그다음에 르네상스 시대로부터 재차 그러했다.¹⁴ 그리스도교를 통해 전체적으로 규정된 다양한 중세기의 문화들은 공통된 그리스도교적인 것의 표현을 위해 주로 **믿음**

---

12 Ebd. 10,19f. 또한 Retr. I,13: ...res ipsa quae nunc Christiana religio nuncupatur, erat et apud Antiquos, nec defuit ab initio generis humani, quousque ipse Christus veniret in carne, unde vera Religio quae iam erat coepit appellari Christiana.

13 *De vera rel.* 7,13: Huius Religionis sectandae caput est Historia et Prophetia dispensationis temporalis divinae Providentiae pro salute generis humani in aeternam vitam reformandi atque reparandi.

14 W. C. Smith, *The Meaning and End* of *Religion*, 1964, 27, 32f., 50f.

(fides), 그리고 교리들(doctrina)의 개념을 사용했다. 토마스 아퀴나스는 종교(religio)라는 표현을 보통은 하나님께 마땅히 돌려야 할 경외에 대해 사용했지만(S. theol. II/2, 81), 특별히 세속에서 살아가는 그리스도인과 달리 하나님께 온전히 헌신하는 것에 대해 사용하기도 했다(S. theol. II/2, 186,1). 하나님께 대한 외적이고 육체적인 행위로 표현된 헌신의 완전성(참고. II/2, 81,7)[15]이라는 의미에서 토마스는 **종교**(religio)를 **하나님께 대한 예배**(cultus Dei)로 이해했다. 여기서 종교의 통일성 혹은 "종교들"의 다양성에 대한 질문은 오직 종교적 수도회의 다양성의 관점에서만 제기되었다(II/2, 188,1). 토마스가 **종교**(religio)라는 단어로써 주로 교회 안의 그리스도인들의 태도와 그것의 특별한 특성들만을 생각했는지를 명확하게 제시할 수 있는 것은 아무것도 없다.

두 세기 이후 니콜라우스 쿠자누스(Nikolaus von Kues)에게서 우리는 전혀 다른 용어 사용을 만나게 된다. 이미 1440년에 자신의 책 『무지(無知)의 앎(知)에 관하여』(De docta ignorantia)에서 그는 "종교들", 분파들, 지역들(regiones)의 구분을 언급했는데, 이 구분이 사람들을 다양한 의견과 판단들로 이끌고 있다고 했다.[16] 1453년 오스만 제국이 콘스탄티노플을 점령한 이후에 집필된 대화록인 『믿음의 평화에 대하여』(De pace fidei)는 종교들이 일치로 나아가는 과정에서 갈등을 극복하는 프로그램을 발전시켰다. 일치란 진리의 유일성에 상응하여 종교는 **하나뿐**이지만, 예배에는 다양한 형태가 있을 수 있다는 것을 말한다(religio una in rituum varietate).[17] 여기서 종교 개

---

15 이미 아벨라르두스에게서 그렇듯이, 종교가 하나님께 하나님의 것을 드리는 것이라는 점에서, 종교에는 이미 정의의 미덕이 부가된다. E. Heck, *Der Begriff religio bei Thomas von Aquin*, München 1971, 55ff. 특히 70ff.; 참고. 30ff.
16 *De docta ignorantia* III,1.
17 *De Pace Fidei* I, 또한 III 참고. 보편적 합의를 통해 모든 종교들이 하나가 됨으로써, 종교의 다양성 때문에 벌어지는 상호 박해를 끝내는 것이 하나님의 계획이다: omnem religionum diversitatem communi omnium hominum consensu in unicam

념은 제의의 실행 즉 예식과 분리되며, 나아가 대립한다. 종교는 순수하게 정신적인 하나님 경외가 되었으며, 쿠자누스에 따르면 이 경외는 모든 매우 다양한 예식들 속에 전제되어 있다.[18] 쿠자누스의 후자의 표현은 인간이 본래적으로 하나님에 대해 알고 있다는 키케로의 사상이나, 유일한 참된 종교(지금 이것은 그리스도교라고 말해진다)는 이미 인류의 시초부터 있었다고 이해했던 아우구스티누스의 관점을 기억나게 하는데, 이것은 우연이 아닐 것이다. 모든 인간에게 공통적인 하나님에 대한 앎은 이제는 물론 참된 종교의, 나아가 그리스도교적 진리의 기준이 된다. 아우구스티누스는 이에 대한 증거로 하나님 자신이 역사적으로 계시하신 진리를 제시했지만, 지금 무게 중심은 그리스도교 교리와 자연적인 하나님에 대한 인식의 일치 쪽으로 옮겨졌다.[19] 이와 같은 조건 아래서 아우구스티누스가 하나님 인식을 종교 개념 안에 포함시킨 것은 하나님에 대한 인식의 전망이 종교에 복속(Meditasierung)되는 길을 열어주었고, 그래서 하나님에 대한 인식은 종교의 근거가 되는 것이 아니라, 오히려 종교의―생산물은 아니라고 해도―기능이 되어버렸다.

이와 같은 발전의 출발점은 자연종교라는 사상에 놓여 있었다. 왜냐하면 원래 하나님과 하나님의 계시의 행동은 인간의 하나님 의식에 대해 독립적이고, 특히 **타고난 앎**(notitia insita)의 경우에 그러한데, 자연종교에서

---

concorditer reduci. 종교(religio)라는 용어는 이 저작의 앞 장들에서 자주 등장한다.
18 Ebd. VI: Una est igitur religio et cultus(!) omnium intellectu vigentium, quae in omni diversitate rituum praesupponitur.
19 이 방향으로 기울어진 성향은 르네상스 시대에 매우 자주 드러난다. 예를 들어 피치노(Marsilio Ficino)는 1474년 그의 책 "그리스도교에 관하여"(De christiana religione)에서 동물로부터 인간을 구분하는 특징으로서의 자연종교를 서론의 장에서 언급했고, 그 외에도 그리스도교의 진리의 근거를 그리스도와 그의 제자들의 순결에 두거나 이교도나 무슬림의 경우 기적행위들에 기초한 예수의 권위에 두었으며, 특히 여성 예언자 및 남성 예언자의 증언에게 두기도 했다(Opera Omnia ed. P. D. Kristeller I, Turin 1959, fol. 1-81).

는 자신이 하나님의 역사적인 계시의 행동에 근거한다고 알고 있는 그리스도교 신앙의 경우보다 그 독립성이 불분명하기 때문이다. 하나님의 역사적인 계시의 행동은 믿음의 주체보다 우선하며, 그 계시의 문자적인 기록이 성서의 증언 안에서 발견될 때 그 계시의 행동에 대한 믿는 자들의 의식과 마주 대면한다. 하지만 자연종교의 경우에는 그와는 대조적으로 하나님 의식에 대한 하나님 자신의 독립성, 그리고 그 의식의 기원이 되시는 하나님의 독립성은 오직 자연신학적 추론의 수행 능력에 달려 있었으며, 그 자연신학은 자연종교의 주체인 인간에 의해 성취될 수 있는 것이었다. 여기서 하나님 인식이 종교적 주관성에 부속되는 일이 돌발적으로 발생했다면, 그것은 또한 그리스도교적 종교의 이해에도 영향을 주었을 것이며, 영향력의 크기는 하나님의 구원 계시에 대한 이해가 어느 정도로 하나님의 현존재와 본질에 대한 자연종교의 의식에 근거했는가에 따라 결정되었을 것이다.

하지만 19세기로의 전환기에 개신교신학에서 갑자기 발생했던 그와 같은 발전은 18세기까지 존속했던 두 가지 장애물을 겪어야 했다. 하나는 그리스도교적인 하나님 인식의 근거를 성서의 권위에 두었던 것이다. 이 권위는 종교개혁 신학에게 참 종교와 거짓 종교의 차이를 구분하는 기준이었고, 나아가 이방인, 유대인, 회교도에 대한 관계뿐만 아니라 그리스도교 내부의 차이에 대해서도 적용되었다. 1707년에 홀라츠(David Hollaz)는 다음과 같이 말했다. 참 종교는 하나님의 말씀에 부합하는 종교다.[20] 이것

---

[20] D. Hollaz: *Examen theologicum acroamaticum*, Stargard 1707, 39: *Vera Religio est, quae verbo divino est conformis*. **거짓 종교**(*falsa religio*) 개념은 거짓 신들에 대한 숭배뿐 아니라 참하나님에 대한 (종교개혁 시대의 언어를 사용하는) 거짓 숭배와도 관계가 있다(ebd. 83). 이에 대해 다음을 참고하라. H. Zwingli, *De vera et falsa religione commentarius*, 1525 (CR 90, 1914, 590-912, 특히 674, 21ff., 또한 **경건의 종교**(*religio vel pietas*)에 대해 668, 30ff., 669, 17f.). 홀라츠는 **교황의 종교**(*Religio Pontificia*)를 거짓 종교에 포함시켰다(44f.). 하지만 홀라츠는 이 종교가 **남아 있는 진**

은 구(舊)프로테스탄트 교의학에서 자연종교에도 해당했다. 자연종교의 주제들에 대한 서술은 성서적 진술에 근거하고 있었고, 그다음에서야 비로소 철학의 논증들을 통해 설명되었다. 그러나 자연종교의 이해 자체 안에도 하나님 의식을 종교적 기능으로 해소하려는 장애물이 놓여 있었다. 이 두 번째 장애물은 자연종교의 개념을 이성적인 자연신학과 연결하는 가운데 발생했다. 자연신학은 자연종교의 주관적인 하나님 의식의 보편타당성을 보증했을 뿐만 아니라, 하나님 인식의 우선성을 종교적인 행위 속에서, 아니 종교적인 행위에 대하여 보증했다. 바로 바이어(Johann Wilhelm Baier)가 락탄티우스(Laktanz)를 인용하여 이렇게 설명했다. 종교와 지혜는 밀접하게 연관되어 있고, 그것은 지혜가 우선하고 종교는 뒤따르는 방식으로 연관되어 있는데, 왜냐하면 하나님을 경외하기 이전에 하나님을 아는 것이 우선적으로 요청되기 때문이다.[21] 그럼에도 불구하고 바이어는 하나님에 대한 인식을 지복에 도달하기 위한 그 밖의 다른 모든 수단들과 함께 넓은 의미의 종교 개념 안에 포함시켰다. 이것은 이미 아우구스티누스가 하나님에 대한 인식을 종교 개념에 포함시켰던 것에 상응한다. 대부분의 구(舊)프로테스탄트 교의학자들 사이에서 자연적인 하나님 인식과 자연종교 사이가 명확히 구분되지 못했던 오류는 아우구스티누스의 사례를 뒤따랐기 때문일 수도 있다. 부데우스(Buddeus) 역시 하나님에 대한 인식을 하

리(veritas residua)를 포함하기 때문에 그 신자들도 그가 참된 종교라고 생각했던 루터교(Religio Lutherana) 신자들처럼 구원에 참여할 수는 있다고 생각했다.

21　J. W. Baier, *Compendium Theologiae positivae* (1686) 3. ed. Jena 1694, Nachdruck von E. Preuss, Berlin 1864, 10f. (Prol. I §7b): ...sapientia praecedit, religio sequitur: quiaprius est, Deum scire, consequens colere. 그래서 §7의 본문에서(actus mentis et voluntatis circa Deum occupati, quibus recte agnoscitur et colitur Deus) 종교(*religio*)라는 표현을 또한 하나님 인식에도 적용하는 것은 제한적인 해석이기는 하지만, 종교의 지양은 아니다. 종교에 대해 하나님 인식이 앞선다는 것에 대해 칼 바르트(K. Barth *KD* I/2, 312)가 인용한 부르만(F. Burmann, *Synopsis Theologiae*, 1678)의 설명을 비교하라.

나님에 대한 경외의 전제로 삼고 종교 개념 안에 포함시켰으며,[22] 그 때문에 자신의 교의학을 종교 개념에 대한 장으로 시작할 수 있었다. 이 장은 곧바로 하나님의 현존재에 대한 주장으로 시작하는데, 여기서 하나님의 현존재는 이성을 통해 모든 인간에게 알려져 있다고 설명된다. 그 후에야 비로소 종교 개념 자체가 설명된다.

두 가지 장애물들, 즉 구(舊)프로테스탄트 신학의 성서 원칙 그리고 자연종교를 이성적인 하나님 인식과 연결시킨 것은 하나님에 대한 인식을 종교 개념으로 환원시키는 것을 저지한 셈이 되었다. 이 두 가지 장애물 가운데 첫째의 효과는 성서 영감에 대한 구(舊)프로테스탄트 신학의 교리가 해체되면서 발생했다. 그리스도교적인 계시종교 내지는 그것의 "본질적" 내용의 이해에 이제는 자연종교가 어떤 점에서 인간의 구원에 불충분하고 보충이 필요한 것인지에 대한 숙고가 결정적으로 중요해졌다.[23] 이신론자들의 그리스도교를 자연종교 자체의 가장 정화되고 완전한 형태로 이해할 준비가 되어 있지 않았던 때는, 인간의 죄론과 예수 그리스도의 속죄 교리가 그리스도교적인 계시종교의 본질적 내용으로 보였다. 하지만 흄과 칸트가 자연종교의 우선성의 견해 그리고 자연신학의 이론적 타당성을 비판함으로써, 자연종교 자체의 개념 속에 정초된 장애물이 생겨났으며, 이 장애물은 하나님에 대한 인식을 인간의 종교적 행위로 환원시키는 것을 저지하는 것이었다. 이때 하나님 의식을 포함하는 종교는 이성적 존재로서의 속성을 지닌 인간의 실천적 필요성을 표현하는 것으로 묘사된다. 칸트의 그늘에 머무는 초자연주의자들과 마찬가지로 합리주의자들 역시 그렇게 표현된 형태 속에서 종교적 주제는 여전히 이성적인 보편타당성을 지닌다고 보았고, 이렇게 변화된 토대 위에서 이성의 종교가 그 자체로 인

---

22 J. F. Buddeus, *Compendium Institutionum Theologiae Dogmaticae*, Leipzig 1724, I §4 (p.8).
23 Ebd. I §17(p. 15f.), 또한 참고. Hollaz a.a.O. 307.

간의 구원에 충분한지, 그것을 넘어서서 초자연적 계시를 승인해야 하는지에 대해 다시 한 번 논의될 수 있었다. 하지만 이 논쟁의 기반은 이신론자들과 반이신론자들 사이의 논쟁에 직면하여 변화했다. 그것은 종교의 인간학적 측면에 대한 하나님 인식의 독립성이 이제는 더 이상 말해질 수 없었기 때문이었다. 오히려 이 논쟁은 초자연적인 계시의 단순한 가능성을 넘어서서, 인간을 위해 그 계시를 실제로 수용해야 할 만한 정당한 종교적 필요성이 있는지에 대한 질문에 집중되어야 했다.

슐라이어마허의 『종교론』(Über die Religion)은 이 상황에서 종교의 독립성을 새로운 토대 위에 올려놓았다. 형이상학과 도덕철학으로부터의 종교의 독립성은 더 이상 하나님의 진리라는 권위에 근거한 것이 아니며, "감정이라는 고유한 영역"에 대한 요청과 함께 인간학의 지반 위에 선 독립성이다.[24] 신 개념은 이제는 종교의 산물인 것처럼 보이고, 그것도 종교에 필연적으로 속할 필요가 없는 직관이다.[25] 후에 슐라이어마허는 종교(혹은 말하자면 경건)와 신 개념의 관계를 보다 더 가깝게 이해했다. 그의 신앙론에 따르면 절대 의존의 감정은 하나님에 대한 믿음의 작용으로 일으켜지는 것이 아니라, 원래 그 자체로 주어지며, 반대로 하나님의 표상은 의존 감정에 대한 "가장 직접적인 성찰"로써 파악되고, 그래서 의존 감정에 가장 긴밀하게 결합되어 있다.[26] 그 표상은 절대 의존의 감정 속에 내포되어 있는 의존성의 "기원"(Wovon)을 명확하게 표현하는 의식을 산출한다. 종교론에서처럼 신앙론에서도 하나님에 대한 의식은 종교 혹은 경건의 표현이지만, 반대로 종교나 경건이 하나님에 대한 인식의 결과로 간주되지는 않는다.

종교의 이해를 위해 신 개념에 주어지는 기능은 다음 시대에도 계속해서 논란이 되었다. 한쪽은 신 개념 속에서 종교의 이해를 위한 출발점을

---

24   *Über die Religion*, 1799, 37.
25   Ebd. 123ff., 특히 128ff.
26   F. Schleiermacher, *Der christliche Glaube* (1821) 2. Ausg. 1830, §4,4.

보았지만, 다른 쪽은 종교적 의식에 대한 신 개념의 실제적인 우선성을 다루지도 않은 채 신 개념의 심리학적 기원을 종교적 의식을 통해 증명하려고 시도했다. 하지만 전체적으로는 헤겔과 사변신학이, 예를 들어 슈바르츠(Carl Schwarz)와 플라이더러(Otto Pfleiderer)에 반대했던 비더만(Alois E. Biedermann)이 옹호했던,[27] 종교적 의식에 대한 신 개념의 우위성이 관철되었다. 특히 도르너(Isaak August Dorner)는 하나님에 대한 앎이 믿음의 종교적 확신에 대해 갖는 근본적인 의미를 연구했다.[28] 하지만 에른스트 트뢸치 역시 초기에는 종교심리학을 "종교의 독립성"과 그것의 진리 주장에, 그리고 종교사의 연구에 근본이 되는 법정이라고 설명했는데, 이 설명은 "하나님 표상"이 종교 안에서 우선성을 보증하는 명제로 나아갔다.[29] 그럼에도 불구하고 그 논증 전체는 종교를 근본적으로 인간적 본성에 속하는

---

27   이에 대해 다음을 보라. R. Leuze, *Theologie und Religionsgeschichte. Der Weg Otto Pfleiderers*, München 1980, 180ff., 슈바르츠에 대해서는 ebd. 62f. 플라이더러는 그의 책(*Religionsphilosophie auf geschichtlicher Grundlage*, 1878)에서 이 비판을 숙고하려고 시도했다(185ff. 특히 188). 헤겔에 대해 그의 다음 작품들을 참고하라. Vorlesungen über die Philosophie der Religion III (hg. G. Lasson) *PhB* 63, 1966, 5와 Encyclopädie der philosophischen Wissenschaften, 3. Aufl. 1830 (*PhB* 33) §564.

28   I. A. Dorner, *System der Christlichen Glaubenslehre I* (1879) 2. Aufl. 1886, 157, 162. 그는 여기서는 리프너(Liebner), 로테(Rothe), 마르텐젠(Martensen)을 인용하며, 슐라이어마허를 강하게 비판하거나(160f.), 또는 각성신학과 에어랑엔 학파의 주관주의, 특히 리프지우스(Lipsius)를 비판하기도 한다. 물론 리프지우스도 역시 하나님 표상이 종교적 의식에 대해 갖는 근본적인 의미를 슐라이어마허보다 더 강하게 주장했다(참고. *Lehrbuch der evangelisch-protestantischen Dogmatik* (1876) 2. Aufl. Braunschweig 1879, 39와 42f. (§43와 §49).

29   E. Troeltsch, Die Selbständigkeit der Religion, in: *ZThK* 5, 1895, 361-436, 특히 382와 396f. 종교심리학의 기능과 이것이 종교사와 맺는 관계에 대해 370을 보라. 후에 트뢸치는 이와 같은 종교적 의식의 "진리내용"에 대해 종교심리학이 내리는 결정의 근거를 인식론적으로 설명하려고 시도했다. 위의 2장, 각주 179을 참조하라.

하나의 현상으로 이해하는 지평 위에서 움직였다.[30] 인간학적인 기초가 확실한 토대를 형성했으며, 이 토대 위에서 종교 현상에 대한 하나님 표상의 지위가 갖는 우선성이 탁월하게 증명될 수 있었다.

칼 바르트가 "하나님의 현실성을 방법론적으로 종교의 현실성에 종속시키는" 그와 같은 절차 전체에 대해 열정적으로 항의했던 것은 이해될 만한데, 왜냐하면 그 경우에 하나님의 현실성은 "복구할 수 없을 정도로" 희생되기 때문이다.[31] 사실 그리스도교 신앙만이 아니라 다른 종교들의 종교적 자의식 또한 신적인 현실성과 그것의 자기 증언이 모든 인간적인 하나님 경외보다 우선한다는 사실로부터 출발한다. 이것은 특별히 종교 개념이 거쳐온 역사의 고대적인 출발점들을 통해 증명된다. 이 사태 관계는 에른스트 트뢸치와 같은 19세기의 신학자들에 의해서도 통찰되었다. 바르트의 심판은 바르트 자신에게 결정적이었던 그 지점에서 그와 투쟁했던 신학자들과 대립하는 것으로써는 결코 충분하지 않았다. 오히려 바르트는 그것을 넘어서서 하나님과 신적 계시의 현실성이 종교에 대해 갖는 우선성을 통해 하나님의 신성이 서고 넘어진다고 보았으며, 이것은 옳았다. 그럼에도 불구하고 이 우선성은 근대에 등장한 정신적 상황 속에서는 직접적으로 타당성을

---

30 "신학적인 종교 개념의 인간학적인 매개"와 관련된 현재의 논의상태에 대해 다음을 참고하라. M. Seckler, Der theologische Begriff der Religion, in: *Handbuch der Fundamentaltheologie 1*, 1985, 173-194, 특히 186ff. 바그너(F. Wagner, *Was ist Religion? Studien zu ihrem Begriff und Thema in Geschichte und Gegenwart*, Gütersloh 1986)에게 그것은 "종교의 근본적 난제"다. "종교는 오직 종교적 인간(homo religiosus)의 자기 이해를 증빙으로 삼아서 신성을 지시할 수 있다"는 것이다(322; 참고. 379, 384f., 392f., 442f., 546, 573f.). 그러나 여기서 문제되는 것은 종교 자체의 난제라기보다는 아마도 근대의 종교 **이론들**의 "근본적인 난제"일 것이다(이에 대해 다음 단락을 보라). 이 구분이 없다는 것이 바그너 책의 주요한 결함이다.

31 K. Barth, *Die Christliche Dogmatik im Entwurf*, 1927, 302f. 바르트는 자신의 다른 책(*KD* I/2, §17,1)에서도 마찬가지로 "계시와 종교의 역전된 관계"를 단호히 반대한다 (318, 또한 309와 311을 참고하라).

주장할 수 없었다. 그런 식의 주장이 시도된다면, 그것에는 처음부터 단지 주관적인 단언일 뿐이라는 성격이 어울릴 것이며, 비록 그 주장이 어떤 기관의 이름 아래 "교회"교의학으로서 등장한다고 해도 마찬가지다. 그런 종류의 단언들의 절대성은 그때 다만 내용적으로 다르게 규정된 열광주의와 구분되기 어려울 것이다. 인간의 모든 종교에 대해 하나님의 신성이 갖는 우선성을 신뢰할 수 있는 논쟁적 방식으로 주장하기 위해서는 직접적인 주장보다 중재된 논쟁이 필요하다. 바르트가 『교회교의학』 §17의 제목에서 선언했듯이 종교가 하나님의 계시로 "지양"되는 것은 교의학적인 단언과 냉혹한 반대라는 방법으로는 도달될 수 없는 것이다. 여기서 계몽주의 이래로 교의학의 근본 지반에서 종교 개념의 우월성이 발생하도록 허용했던 문제의 중심에 논쟁적으로 관여하는 것이 필요하다. 그 우월성이 발생했던 조건들, 영감설의 붕괴, 자연신학의 파괴 내지는 인간학적인 환원에 대해서는 앞에서 이미 말했다. 이제는 그것들을 넘어서서 근대의 종교 개념의 우월성 안에 담긴 진리의 계기들에 대한 가치 평가가 필요하다. 그 우월성은 바르트가 단지 논쟁적으로만 수용했던 다음 사실과 관계가 있다. 그것은 18세기에서 19세기로의 전환기 이래로 인간학이 하나님에 대한 모든 진술의 보편적 구속력이나 순수 주관성에 대해 결정 혹은 최소한 선 결정을 내리는 토대가 되었다는 사실이다. 이와 같은 총체적 상황은 바르트를 통해서도 변경되지 못했다. 이와 관련해서 바르트는 올바르게도 그 상황의 문제가 "계시와 종교의 역전된 관계"에 있다고 판단했고, 그 문제의 근원을 "종교개혁자들에게는 대단히 명확했던 앎과 승인, 곧 예수 그리스도 안에서 유일회적으로 영원히 그리고 모든 관점에서 인간에 대한 결정이 내려졌다…는 앎과 이에 대한 승인이 개신교신학 안에서는 흔들렸다"[32]는 사실에서 찾았다. 하지만 우리는 그 판단이 충분히 적절했다고 인정할 수 없다. 물론 바르트

---

32 *KD* I/2, 138. 이어지는 변화들은 318f.

는 "신(新)프로테스탄트 신학자들도 (그것을) 말했다"는 사실을 잘 알고 있었다. 하지만 이들은 "사태가 실제로 그러한가 하는 것을 고려했는가?" 바르트는 충분한 근거는 없지만 그 점을 의심했다. 부데우스나 도르너, 그리고 슐라이어마허 같은 사람들은 자신들의 시대적 한계 속에서 이 사태를 타당하게 관철시키기 위해 사고력을 다해 노력했다. 그들이 내놓았던 대안들은 비판을 필요로 할지도 모른다. 하지만 그 비판은, 오직 비판하는 사람이 그들이 저지하려 시도했던 과제를 스스로 짊어지는 경우에만, 설득력이 있다. 그 과제는 바로 다음과 같다. 어떻게 신학은 이 시대에 예수 그리스도 안에 계신 하나님 및 그분의 계시의 우선성을 분명하고 타당하게 진리로 주장할 수 있는가? 이 시대는 근대적 사회사뿐만 아니라 신 존재 증명과 철학적 신학의 근대적 운명이 보여주듯이, 하나님에 대한 모든 진술이 주관성 안으로 환원되어버린 시대다!

다음 단락(3.2)에서 인간학적인 계기들을 하나님과 그분의 계시의 우선성을 향하는 신학적 전망 안으로 "지양"시키려는 관심을 가지고, 종교 개념에 대한 근대신학의 착상 안에 있는 진리의 인간학적인 계기들을 확인하기 전에, 우선(3.1.b) 근대가 집중했던 종교 개념의 또 다른 측면을 살펴보아야 한다.

b) 종교 개념, 종교들의 다양성, 그리스도교의 "절대성"

구(舊)프로테스탄트 교의학이 보기에 종교의 다양성에는 그리스도교의 진리와 갈등을 일으킬 아무 문제도 없었다. 영감을 받은 성서의 하나님의 말씀을 척도로 하여 참된 종교와 거짓 종교가 나뉘었고, 비그리스도교 종교들은 자명하게도 **거짓 종교**(*religiones falsae*)라고 기록되었다. 초기 계몽주의 시대의 이신론자들과 반이신론자들 역시 이 부분에서 문제는 없었다. **자연종교**(*religio naturalis*)가 참된 종교의 기준이 되었으며, 그리스도교적인 계시종교를 자연종교와 어떤 근거에서든 동일시하는 것이 그리스도교의 진리 주장을 제시하는 것으로 간주되었다. 예를 들어 부데우스는 아담으로부터 족장들에 이르기까지 자연종교와 그것의 전승을 다룬 후에, **이방 종교**(religio gentilium)라는 제목 아래 바로 그 자연종교의 타락을 단지 짧게만 서술했고,[33] 그다음에 즉시 **모세 종교**(Mosaica religio)를 서술했으며, 그것과 연결하여 **그리스도교 종교**(religio Christiana)를 계속해서 서술했다. 후에 제믈러는 이 그리스도교 종교를 모세 종교와 날카롭게 구분하여 독립적인 항목으로 다루었다. 그 밖에 제믈러도 종교의 다수성에 대한 체계적인 개관이나, 다양한 종교들이 점유했던 곳에 자리를 잡았던 그리스도교의 특정한 장소들의 규정에 대한 어떤 신학적인 필요성을 느끼지 못했다. 이런 상황은 흄(Hume)이 실증적인 종교들의 기원을 타당하게 설명해서 그와 함께 소위 자연종교의 기원을 추상적인 것으로 만든 이후에야 비로소 변화하기 시작했다. 물론 그때에도 종교들의 세계를 그리스도교의 장소 규정을 위한 선행 조건으로 간주하여 즉시 그 세계로 향해야 할 필연성은 아직 느껴지지 않았다. 오히려 우선 일어난 일은 그리스도교의 진리에 대한 기준으로 작용했던 자연종교의 기능이 칸트의 실천철학의 의미에서 이해되는 이성종교로 대체된 것이었다. 이성종교의 가치가 초기 피히테(Fichte)의 무신론을 통해 흔들리고 철학적 구성물이라는 혐의를 받았을 때 비로소, 종교들의 다양성은 그리스도교의 자기 이해와 연관되었다. 그 관계는 슐라이어마허와 헤겔에서 서로 다른 방법으로 나타났다.

슐라이어마허의 경우 이성종교는 이미 더 이상 그리스도교 진리에 대한 준거의 기능이 될 수 없었다. 왜냐하면 그의 "종교에 대한" 강연은 종교가 도덕이나 형이상학에 대해 독립성을 갖는다고 주장했기 때문이다. 종교론의 다섯 번째 강연은 실증적 종교들의 개별성을 각각의 종교의 구체적인 현실로 본다고 가르쳤지만, 그럼에도 불구하고 다른 종교들에 대한 그리스도교만의 특수성 내지는 어떤 우선성은 종교들 사이의 비교를 통한

---

[33] Buddeus a.a.O. 20f. (1,1 §24, 또한 §23 참고).

것이 아니라, 종교의 일반적인 개념에 대한 성찰을 통해 밝혀졌다. 바로 이것이 그리스도교가 "종교들의 종교"로 묘사되었던 관점이다. 그리스도교의 특수하고 명확한 내용은 종교의 개념 전체를 구성하는 것 곧 유한을 무한과 중재하는 것이며, 또한 그 때문에 다른 모든 종교 혹은 "종교 안의 모든 현실적인 것"은 그리스도교에게 "논박"(그리고 선교)의 대상이 된다. 거기서 그 중재의 형식이 아직은 불충분하다는 사실이 문제가 되는 한도에서 그러하다.[34]

종교의 세계 안에서 그리스도교의 특별한 위치를 확정하려는 슐라이어마허의 그와 같은 절차에는 어떤 비일관성이 존재한다. 거기서는 종교의 일반적인 개념이 척도가 되기 때문이다. 그 개념은 종교적 본성이라기보다는 철학적 본성이 아니었는가? 그 개념을 기준으로 사용하는 것은 종교의 독립성이라는 명제와는 잘 어울리지 않았다. 아마도 이것이 슐라이어마허가 후에 종교의 세계 안에서 그리스도교의 위치를 규정하는 작업에서 다른 길로 갔던 이유 혹은 여러 이유들 중의 하나일 것이다. 1921년 신앙론은 개별적인 종교를 종교들의 일반적인 체계의 틀 안에서 비교하고 연구하여 분류하는 과정을 보여준다. 여기서 그리스도교는 일신론적 종교의 그룹에 속하며, 그 종교들 중에서도―유대교를 포함하여―윤리적으로 각인된 ("목적론적") 종교 유형에 속한다. 유대교와 특별히 구분되는 것은 구원자이신 나사렛 예수와의 관계 때문이다.[35] 또한 이 과정에서 종교들

---

34 F. Schleiermacher, *Über die Religion*, 1799, 310("종교들의 종교"), 301("모든 유한한 것들은 신성과 관계하기 위해 더 높은 중재들을 필요로 한다는…위대한 이념"), 291ff., 특히 294f. (그리스도교 논박의 특성).

35 F. Schleiermacher, *Der christliche Glaube* (1821) 2. Ausg. 1830, §11, 또한 §7-14. 유대교와의 차이점은 §8,4에 따르면 유대 민족("아브라함의 후손")으로 제한된 선택사상에서 찾을 수 있다. 이는 "물신숭배와 가까운" 것이다. 이와 달리, 또한 이슬람의 신앙적 표상이 지닌 "강한 육감적인 내용"과 달리, 그리스도교는 자신을 "역사에 등장한 일신론의 형태 중 가장 순수한 종교"로 예시한다.

이 구성하는 체계적인 틀에 대한 표상에 결정적인 의미가 주어진다. 그 틀의 표상은 혼란한 상태에서 다채롭게 분화된 의식(다신론)으로, 그것으로부터 일신론의 통일성으로 발전하는 사유를 뜻한다. 그와 같은 의미 부여는 윤리적 그리고 미학적으로 각인된 신앙의 방식들을 구분하는 것과 연관된다. 종교들의 세계를 비교 관찰하는 경우에 종교의 일반적인 개념이 갖는 이와 같은 사실상 지배적인 역할은 보다 더 근본적으로 숙고되어야 하지 않겠는가?

헤겔은 여타 종교들 가운데 그리스도교와 그 진리의 특수성을 규정할 때, 정교한 기획에 따라 종교의 개념으로부터 출발했다. 다시 말해 그는 종교의 다양성을 "개념"이 구현하는 역사로 파악했다. 여기서 헤겔은 칸트와는 달리 단순히 이성종교의 추상적 표상을 구체적인 종교라는 척도에 비추어 판단하는 것에 그치지 않았다. 오히려 헤겔은 (종교의) 실제적인 개념에 대해 바로 그 개념으로부터 파악될 수 있는 현실성과 부합한다는 증거를 요구했다. 그래서 헤겔에게는 종교 전체에 대한 체계적인 전망이 필요하게 되었다. 그와 같은 서술 곧 개념의 현실성이라는 증거만이 종교의 일반적인 개념을 정당화한다. 그리스도교는 헤겔의 종교철학 안에서는 물론 슐라이어마허의 다섯 번째 강연과 유사하게 종교의 일반적인 개념의 가장 완전한 구현으로 규정되며, 종교 전체의 본질이 "알려져"(offenbar) 있는 "계시종교", 곧 종교적 의식의 내용이다.[36] 하지만 헤겔의 종교철학의 틀 안에서 진행되는 이와 같은 사유는 슐라이어마허의 다섯 번째 강연에서와는 다른 기능을 갖고 있다. 왜냐하면 헤겔에게는 무엇보다도 다른 모든 종교들이 종교 개념의 개별적인 특성이나 계기들의 실현으로 묘사되기 때문이다. 그것은 그 개념의 일면적인 실현이며, 오직 그리스도교 안에서 그 개념의 완전하고 최종적인 표현이 발견된다.

---

[36] G. W. F. Hegel, Vorlesungen über die Philosophie der Religion III, hg. G. Lasson *PhB* 63, 1966, 5 und 19ff.

종교들의 시스템을 그리스도교의 특성과 진리 주장에 대한 판단을 형성하기 위한 조건으로 서술하려고 했던 슐라이어마허와 헤겔의 노력은 19세기 신학 안에서 단지 부분적인 추종자만을 발견했다. 개신교신학이, 역사비평을 통해 의심스럽게 되어버린 성서의 권위를 주관적인 믿음의 경험에 호소하여 믿음의 주체에게 회복시킬 수 있다고 믿었다는 한도에서, 그것은 어떤 비교 종교학적인 숙고를 필요로 하지 않았다. 개신교신학은 그렇게 호소한 다음에 주관적인 확신의 보편적인 정당성을 신앙의 경험 및 도덕적인 삶의 문제와 연관시켜서 증명할 수 있다고 생각했던 것이다. 하지만 전승된 그리스도교 교리의 내용들이 정말로 회심 경험으로부터 그 경험의 조건으로 제기되고 정당화될 수 있었는가? 반대로 각성적 경건이나 그것의 변화된 것들이 나사렛 예수의 역사적 형태의 특수한 작용으로 설명되지는 않았는가? 그리스도교 믿음의 진리에 대한 확신을 어쨌든 단순히 회심 경험의 토대 위에 두고 싶지 않았던 사람은 최소한 예수와 그분의 메시지의 역사적 형태, 그리고 인류의 여타 종교들 가운데서 그리스도의 메시지가 차지하는 위치를 추가적으로 고찰할 필요가 있었다. 여기서 그리스도교라는 종교가 가진 진리는 다른 종교들에 대한 그것의 "절대성"의 표명을 통해 입증되어야 했다. 바로 이와 같은 과정 안에 그리스도교가 **자연종교**(religion naturalis)와 특수하게 일치한다는 증명을 위한 초기 신학의 노력 중 얼마가 숨어 있었다. 다만 **자연종교**를 종교 개념으로 대체하기 위해서는 종교 개념이 현실성을 갖는다는 것, 다시 말해 그 개념이 종교들의 현실성을 실제로 포괄한다는 것이 증명되어야 했다. 이 증명이 성공했을 때, 그리스도교의 종교 개념과의 일치는 그리스도교의 완성된 **실현**(Realisierung)으로 해석될 수 있었고, 이때 그 실현은 **순수한**(bloß) 개념을 넘어서는데, 앞서 자연종교와 구분되는 계시종교에 대해 요청되었던 것과 유사한 방식으로 넘어서게 된다.

그리스도교 종교의 완전성 내지 "절대성"을 다른 종교들의 영역 안에서 증명하고자 계속 시도했던 이들은 누구보다도 사변적 성향의 신학자들과 자유주의적 성향의 신학자들이었다. 오토 플라이더러가 비그리스도교 종교들에 대한 연구를 가장 상세하게 수행했을 때, 그의 작업들은 그 시대의 종교학자들 사이에서 주목을 끌었다. 플라이더러 사상의 발전 안에서 보편적인 종교 개념과 개별 종교들의 다양성 사이의 관계로부터 생기는 문제들이 대단히 명확하게 나타난다.[37]

1869년의 첫 저서에서 플라이더러는 종교사의 과정을 종교적 본질의 보편적 개념으로부터 도출할 수 있고, 어떻게든 그 개념의 특징들 안에서 그것이 가능하다고 생각했다.[38] 카를 슈바르츠(Carl Schwarz)의 견해를 수용하는 동시에 비더만(Alois E. Biedermann)과 유사하게, 그는 종교의 본질에 대한 심리학적 설명을 형이상학적 설명으로부터 구분했다. 심리학적 설명은 종교 의식의 기원을 인간에게서 찾는 반면에, 형이상학적 설명은 종교의 근원을 하나님과 그분의 계시 안에서 다룬다는 것이었다.[39] 종교심리학을 앞세우는 것은 한편으로 포이어바흐의 심리학적 종교 비평을 통해 야기되었고,[40] 이것은

---

37 이에 대해 위의 각주 27번에서 언급된 로이체(R. Leuze)의 설명을 참고하라.
38 O. Pfleiderer, *Die Religion, ihr Wesen und ihre Geschichte, Bd. 2: Die Geschichte der Religion*, Leipzig 1869, 40ff., 54ff. 또한 다음을 참고하라. R.H. Lipsius, *Lehrbuch der evangelisch-protestantischen Dogmatik* (1876), 2. Aufl. Braunschweig 1879, 97 (§120). 또한 그 이전의 자료에 대해 다음을 보라. C. Schwarz, *Das Wesen der Religion*, Halle 1847.
39 플라이더러의 첫 저서에서 인용된 작품들: *Das Wesen der Religion*, 1869, 3f., 전개된 내용은, 5-158, 특히 68ff., 또는 159-410, 특히 159ff. A. E. Biedermann, *Christliche Dogmatik I* (1869), 2. Aufl. 1884, §69ff. (S.193-242), 그리고 §81ff. (243-327). 그는 종교의 내적 본질에 대한 부분에서 다시 한 번 형이상학적 근거를 하나님 안에서 찾는 것(§81-104)과 신적 계시(§105-117)를 구분한다. 리프지우스는 그러나 종교의 심리학적 설명을 "교의학적" 설명과 대립시켰다(Lipsius, a.a.O. 41ff.). 그는 하나님과 그 계시 안에 있는 종교의 객관적 근거가 단지 믿음의 관점에서 주어질 뿐이라고 보았다.
40 Lipsius a.a.O. §32. 이 부분에서 다음이 올바로 제시된다. 리츨(A. Ritschl)은 종교란 자연 세계에 대해 인간이 내적 독립성을 획득하기 위한 조건이라고 설명함으로써, 실

다른 한편으로 자유주의 신학에게 단지 개념들로만 구성된 종교철학에 대해 자신이 우월하다는 의식을 심어주었다.[41] 오직 심리학 그 자체만이 개념적인 구성물이라고 주장되었다. 비록 그것이 절대자의 본성이 아니라, 인간적인 본성에 속한다고 해도 말이다. 그래서 심리학은 또한 종교의 본질에 대한 형이상학적인 (또는 교의학적인) 설명을 통해 보충될 필요가 있었다. 왜냐하면 종교의 인간학적인 근원으로부터는 아직은 종교의 대상인 하나님의 현실성이 도출될 수 없기 때문이었다.

다만 종교에 대한 신학적 설명과 형이상학적 설명 사이의 관계와 관련하여 매우 특징적인 불확실성이 존재했고, 그 불확실성은 보편적 종교 개념과, 역사적 종교의 구체적인 다양성 사이의 문제 있는 관계에 대해 빛을 던져준다. 비더만에 따르면 심리학적 서술은 종교를 "인간의 자아가 신으로 나아가는 인격적인 고양"으로 특징지어야만 하고, 이에 대해 형이상학적인 성찰은 단지 그와 같은 인간적인 고양의 근거가 인간과는 구분되는 어떤 절대자의 현실성 안에 놓여 있다고 확증하거나 보증한다.[42] 하지만 플라이더러(그리고 리프지우스)에 따르면 종교심리학은 무엇보다도 자의식의 본성 안에 이미 현존한다고 보이는 인간의 (자연적 존재로서) 의존성과 자유 사이의 긴장을 묘사해야 하는데, 그때 신 개념이 그 긴장의 **해소**를 형성하게 된다.[43] 플라이더러와 리프지우스도 신성의 이념이 모든 종교에 공통된 것이라고 생각했으며, 그 신성은 이미 통일된 현실성으로 가정된다.[44] 그래서 비더만과의 차이는 첫눈에 생각되는 것보다는 적다. 사실상 일신론적인 하나님의 이념만이 —

제 내용에서는 유사하게 논증했다. 또한 다음을 참고하라. R. H. Lipsius, *Dogmatische Beiträge zur Vertheidigung und Erläuterung meines Lehrbuchs*, Leipzig 1878, 11f.

41 O. Pfleiderer Bd. 2,29는 헤겔에 반대하며, S.40에서는 셸링(Schelling)에 반대한다.
42 A. E. Biedermann a.a.O. §69 (193) 그리고 §83 (243f.).
43 참고. Lipsius §18. 그리고 플라이더러의 설명들(Pfleiderer, Bd. 1, 68ff.).
44 Lipsius §23 (27), Pleiferer Bd. 1, 159f.

더 정확히 말하자면 (플라이더러의 관점에서) 그리스도교의 하나님 이념만이 — 의존성과 자유가 합치하는 근거로 이해될 수 있다. 그 점에서 플라이더러(그리고 리프지우스)가 이해하는 종교의 "심리학적인" 보편 개념은 이미 대단히 특정한 종교와 그 종교의 하나님 이해를 규범으로 전제한다. 다시 말해 그리스도교의 하나님 이해 또는 슐라이어마허와 헤겔 이후의 독일 개신교신학의 하나님 이해가 그것에 전제된다. 독일 개신교신학은 이 두 사상가의 종교 개념의 근본적인 규정을 서로 연결하려고 노력했다. 그렇기에 다음 사실은 특별히 놀랍지 않다. 그와 같은 종교 개념에 근거해서 종교사를 나누고 묘사하는 일은 그리스도교의 절대성이라는 결과로 인도한다.[45]

후에 플라이더러는 종교철학을 설명하는 과정에서 경험적인 종교 연구 자체의 중요성을 점점 더 강조했으며, 그 결과 그는 자신의 책 3판(1896)에서 종교의 "본질"을 종교의 역사적인 발전을 서술한 이후에야 비로소 취급했다. 여기서 언급된 것은 종교의 본질이 "우리가 우선 체험을 통해, 그리고 타인과의 공감을 통해 알게 되는 내적 경험의 사실들, 곧 영혼의 삶의 과정 내지 상태에" 속한다는 것이며, 그렇기 때문에 종교의 본질을 밝히는 일은 심리학적인 분석의 소관이라는 것이다. 그러므로 앞에서 설명된 종교사적인 발전은 종교의 본질 개념에 대해 어떤 구성적인 의미도 갖지 않는 것처럼 보인다.[46] 이것은 다음 사실로부터 대단히 분명해진다. 즉 자아와 세계의 대립 위

---

45 Pleiderer Bd. 2, 488. 로이체(R. Leuze a.a.O. 173ff.)가 제기한 비판은 뮐러(M. Müller)가 규정하였던, 고등 신을 믿는 원시 종교의 표상에 가해졌다. 이 표상의 영향력이 플라이더러의 종교사 과정의 서술 안에서 오류의 근원이 되었다는 것이다(또한 비교. ebd. 56ff.). 하지만 그 영향력은 또한 위에서 묘사했던 사태 관계의 설명에 기여하기도 했다. 로이체(Leuze a.a.O. 174)가 주장했던 긴장, 곧 자유와 의존성의 관계에 대한 심리학적인 그리고 존재론적인 구상개념 사이의 긴장은 형이상학적 심리학의 지반 위에서는 그렇게 존재할 수 없을 것이다.

46 O. Pfleiderer, *Religionsphilosophie auf geschichtlicher Grundlage*, 3. Aufl. 1896, 326f. 또한 로이체의 비판(R. Leuze a.a.O. 380f.)을 참고하라.

에 존재하는 통일성의 근거를 필연적으로 수용하는 가운데 하나님의 이념을 "이성의 근원"으로 이해하는 플라이더러의 견해는, 그의 책 1판에서 종교사적인 내용들보다 앞서 기술된 이래로, 전혀 변하지 않았다.[47] 다른 한편으로 플라이더러는 그 당시(1878년)에 이미 종교의 보편적인 본질의 개념을 종교사 서술을 위한 규정적 원칙으로 사용하기를 단념했다.[48] 그럼에도 불구하고 그는 종교사와 나아가 하나님의 표상의 발전 과정을 막스 뮐러(Max Müller)와 파울 아스무스(Paul Asmus)가 자극한 생각, 즉 아리아인(인도, 이란, 그리스로 대표되는)의 종교 유형과 셈족의 종교 유형을 그리스도교 안에서 통합하려는 생각에 적용했다.[49] 종교의 본질에 대한 심리학적 개념 그리고 경험적인 종교 연구 쪽으로 향하는[50] 종교사 서술은 결국 각각 독립적인 근거를 갖게 되었지만, 그러나 서로 수렴한다. 이 점에서 비더만이 플라이더러에게 제기했던 다음과 같은 비판은 플라이더러의 후기 종교철학에도 여전히 해당한다. 그 비판은 말하자면 누구도 종교의 본질과 진리에 대한 견해를 미리 형성하지 않고서는 종교사에 대해 접근할 수 없다는 것이다.[51] 플라이더러의 논점은 차별성만을 획득했다. 하지만 보편적인 종교 개념이 이미 특정한 종교의 관점 안에—플라이더러의 경우에는 그리스도교의 관점 안에—전제되어

---

47 Pfleiderer a.a.O. 340f. 그의 책 1판에 등장하는 그의 종교 개념에 대해서는 Leuze 185f.를 참조.
48 Leuze 25, 299. 로이체(301ff.)가 보여준 것처럼 이것은 비더만의 비판을 야기했다.
49 Leuze 260-262, 270f. 이 관점은 또한 3판에도 근거되어 있다.
50 플라이더러가 행한 당시의 종교사적 연구의 포괄적인 수정작업을 로이체(188-247과 260ff.)가 인상 깊게 제시했다.
51 A. E. Biedermann, Pfleiderers Religionsphilosophie, in: Protestantische Kirchenzeitung Berlin 1878, bes. 1103. 또한 다음을 참고하라. Leuze 302. 플라이더러의 종교심리학과 종교사가 종교철학 안에서 서로 수렴한다는 암묵적인 체계는 로이체의 입장에서는, 특히 플라이더러의 책 3판에 대해서는, 유감스럽게도 충분히 평가되지 않았다.

있다는 역전된 문제는 지금도 여전히 미해결로 남아 있다.[52]

종교사의 과정과 그리스도교의 진리를 종교의 보편적인 개념의 실현으로 이해하는 것은 1902년에 에른스트 트뢸치의 결정적인 비판 아래 놓였는데, 주요한 이유는 무엇보다도 역사적인 일회성과 개별성을 보편적인 개념들로부터 도출할 수 없다는 것이었다.[53] 트뢸치에 따르면 물론 역사 안에는 철저한 보편타당성이 있다. 하지만 거기서 중요한 것은 인간 정신의 관념 형성으로부터 발생하는 가치들과 규범들이다. 이것들은 그 자체로 역사적인 기원을 가지며, 이들이 효력을 나타내는 영역은 역사적인 갈등의 대상이 된다.[54] 인간 정신은 모든 개별자들에게 균등하기 때문에 다양하게 형성된 가치들은 공통된 내용과 목적들을 향하게 되지만, 여러 가지라는 바로 그 이유 때문에 필연적으로 갈등에 휘말리게 되며, 그래서 역사가 진행되는 한 그 어떤 절대적·최종적 결과에도 도달하지 못한다.[55]

트뢸치의 종교사적 관점에서 새로운 점이 절대성의 명제의 거절이나 역사의 과정을 개념으로부터 구성하는 것을 거절했다는 것이라고는 볼 수 없다. 왜냐하면 플라이더러가 그의 마지막 작업에서 바로 이 두 관점으로부터 트뢸치의 견해들을 예비하거나 나아가 선취했기 때문이다. 정말로

---

52 참고. 각주 44f. 이 사태는 이후 보버민(Wobbermin)에 의해 "종교심리학적 순환"으로 묘사되었다. G. Wobbermin, Die religionspsychologische Methode in *Religionswissenschaft und Theologie*, Leipzig 1913, 405ff.). 물론 보버민은 이 순환이 불가피하다고 설명함으로써, 주관주의에 문을 열어준 셈이 되었다.
53 E. Troeltsch, *Die Absolutheit des Christentums und die Religionsgeschichte*, Tübingen (1920) 2. Aufl. 1912, 25-41.
54 Ebd. 27; 참고. 54ff. 특히 57f.
55 동일한 내용과 목적들에 대해 ebd. 56f., 60을 보라. 또한 종교 주제의 적용에 대해 68ff.를 보라. 또한 다음을 비교하라. E. Troeltsch, Geschichte und Metaphysik, *ZThK* 8, 1898, 1-69, 특히 40. 절대자의 역사초월에 대해 Absolutheitsschrift 57f., 69f., 80, 98ff.를 보라.

새로운 것은 트뢸치가, 보편타당성을 획득하기 위한 분투 속에서 역사적으로 생성된 다양한 규범들과 가치들 사이의 논쟁에 중요한 의미를 부여했다는 점이다. 이로부터 개방된 과정의 상이 생성되었다. 비록 트뢸치 자신은 현재의 세계 종교의 상황 속에서 그리스도교가 최고의 가치를 갖는다는 명제를 전적으로 주장하기는 했어도, 그러했다.[56]

하지만 종교의 본질에 대한 트뢸치의 설명에서 가장 큰 취약점은 "관념적인 가치의 감정들"을 형성하기 위한 정신(영혼)의 "근본 기능"을 수용한 것이었다. 인간은 "정신을 고양시키며 인도하는" 그 감정들의 힘에 헌신하고 있고, 이 감정들 아래서 종교는 "무한의 힘에 대한 관계 또는 그 힘에 대한 우리의 이해에 비례하는 관계"를 내용으로 삼으며, "그 관계 속에서 종교의 실천적인 성격은 언제나 최고선을 향한 열망으로서 근절될 수 없이 함께 놓인다."[57] 1895년에도 트뢸치는 이와 같은 심리학적인 "원사실"(Urdatum) 속에 하나님 의식으로서의 종교적 의식의 진리에 대한 보증이 또한 동시에 놓여 있다고 생각했다.[58] 하지만 이후에 트뢸치는 단순히 심리학이 그와 같은 보증의 책임을 질 수는 없다는 점을 통찰했고, 그 보증의 목적을 달성하기 위해 심리학을 종교에 대한 선험적 계기라는 초월-철학적인 주제를 통해 보충했다.[59] 마지막에 그는 그 보증을 위한 형이상학적인 토대의 마련이 불가피하다는 의견 쪽으로 점점 더 기울었다. 플라

---

[56] *Die Absolutheit des Christentums und die Religionsgeschichte*, 89f.; 참고. Geschichte und Metaphysik, *ZThK* 8, 1898, 35.

[57] E. Troeltsch, Die Selbständigkeit der Religion, in: *ZThK* 5, 1895, 361-436, 특히 390f., 392과 396. 절대성에 대한 논의는 이 질문에서는 더 진행되지 않는다(참고. 2.Aufl. 56f.). 후에 트뢸치는 가치심리학적인 용어를 보류했고, "영혼 안에 현재하는 절대성에 대한 자기 관계"를 "종교적 현상들의 핵심"이라고만 말했다(Ges. Schriften II, 1922, 370).

[58] *ZThk* 5, 1895, 406f.

[59] E. Troeltsch, *Psychologie und Erkenntnistheorie in der Religionswissenschaft*, 1905. 이에 대해 위의 200쪽의 각주 179을 참조하라.

이더러와 비더만은 이미 오래 전에 종교의 본질에 대한 심리학적인 서술을 형이상학적 서술을 통해 보충해야 할 필요성을 밝혔었다. 그 밖에도 플라이더러가 (그리고 리프지우스가) 트뢸치에게 있어 개별적인 종교 의식은 세계 의식이나 사회적인 체계와 내적인 관계를 갖는다는 점을 통찰했을 때, 그와 반대되는 어떤 것을 발견하지 못했다. 하지만 플라이더러가 주로 그의 첫 저작에서 행한 심리학적인 서술 그 자체는 트뢸치와 달리 매우 세분화되어 진행되었다. 트뢸치는 처음에는 종교 의식을 인간을 고양시키는 어떤 "무한한" **힘**에 대한 의식으로 묘사했다. 하지만 그는 이 힘을 자명하게도 유일한 것으로 파악했고, 1912년에 윌리엄 제임스(William James)가 종교적 경험의 심리학에서 일신론적인 것보다는 다신론적인 특성들을 찾았다는 사실에 놀라워했다.[60]

종교의 본질 개념의 표명이 특정한 역사적인 종교 안에 이미 전제되어 있는 입장 때문에 제한된다는 문제는 결국 트뢸치에게서는 해결되지 못했다. 이 문제를 논의하기 위해서는 인간학적인 기초와 구체적인 종교 사이를 반드시 구별해야 한다. 이 구별은 종교가 하나님의 현실성 혹은 신들의 현실성과 맺는 관계에 대한 질문을 향하게 될 것이다. 그리고 종교사의 신학적인 중요성에 대한 질문도 그 점에 연결될 것이다.

2. 종교의 인간학적인 본질과 신학적인 본질

신들의 형태와 제의들의 모든 다양성에도 불구하고 종교적인 주제들의 일치성은 근대 초기에 **자연종교**(religio naturalis)의 수용을 통해 표현되었다. 민족들의 종교는 인류의 원상태의 표상과 관계된 종교의 통일된 기

---

60 Empirismus und Platonismus in der Religionsphilosophie, in: *Ges. Schriften II*, 364-385, 특히 380.

원이 열등한 변종을 일으킨 다양한 형태로 나타났고, 그리스도의 계시는 그와 같은 종교들 가운데 가장 정화된 재현으로 간주되었다. 이 견해가 무효가 된 것은 근대의 문턱에서 등장한 다음과 같은 확신 때문이었다. 즉 종교의 근원적이고 구체적인 현실성은 인간적인 혹은 자연적인 일반 종교 안에서가 아니라, 민족들의 실증적이고 역사적인 종교들 사이에서 찾아져야 한다는 것이었다. 이와 같은 다양성을 묶는 공통적인 끈은 종교의 일반적 개념, 즉 종교에 공통적인 "본질"의 개념뿐이었다. 종교에 공통적인 것은 이전에 "자연종교"의 형태에서 그랬던 것처럼 종교들의 역사적인 다양성보다 현실적으로 앞서지 않고, 또한 그것은 더 이상 "이성종교"로서 많은 종교들의 경험적인 다양성의 초월적인 기원이 되지도 않으며, 오히려 종교의 공통성은 종교들의 구체적 다양성 속에서, 그 다양성과의 밀접한 관계를 통해서만, 발견된다. 그럼에도 불구하고 그와 같은 본질 개념[61]만

---

[61] "종교"에 대한 일반적으로 인정되는 일치된 정의가 없는 상황에서 종교적이라고 부를 수 있는 현상들의 "친족성"을 확정하는 것으로 만족하자는 제안이 있었다(A. Jeffner, *The Study of Religious Language*, London (SCM) 1972, 9). 하지만 이것은 그와 같은 모든 현상에 종교 개념을 사용하는 것을 정당화 해주기에는 충분치 않다. 그에 대해 요청되는 것은 유사성 속에 나타나는 공통점을 명명하는 것이다. 이와 비슷한 것이 (공통적인 것을) "본질적 특성들"의 구성으로 제한하는 것에도 해당한다(W. Trillhaas, *Religionsphilosophie*, Berlin 1972, 30ff.). 본질적 특성들은 그것들이 종교의 본질 개념에 속한다고 증명될 수 있는 경우에만 그렇게 간주될 수 있다. 종교적인 경험의 "상황들"로 퇴각하는 것(I. T. Ramsey, *Religious Language. An Empirical Placing of Theological Phrases*, 1957, Macmillan Paperback 129, 15ff.)은 종교의 일치된 개념을 대체할 수 없다. 그렇게 대체하는 것은 램시(Ramsey)의 의도가 전혀 아니었으며, 오히려 그는 그 일치된 개념을 다른 상황들로부터 종교적인 상황들을 구분하는 준거로 이미 전제했다. 오직 종교 개념의 규정으로 인도한다는 의미에서 우리는 종교적인 경험으로부터 시작할 수 있다. (종교적 상황과 비종교적 상황 사이의) 경계 구분은 램시에게서는 "폭로"(disclosure)의 계기를 통해 발생한다(26ff.). 하지만 램시가 인용하는 "폭로"의 비종교적인 예시들은 이 계기가 종교적 상황들을 다른 종류의 상황들로부터 구분하는 준거로서 충분한 것인지 의심스럽게 만들었다. 특수하게 종교적인 것은 일종의 "완전한 **헌신**"(31)이라는 서술, 곧 "폭로"에 응답하는 참여의 서술과 함께 도

이 "바로 그 특정한" 종교들을 통일된 현상으로서 말할 수 있게 해주며, 또한 종교 현상들 그 자체의 역사적 다양성을 종교에 공통된 본질적 현상으로 파악하여 그 다양한 현상들을 종교적으로 확인할 수 있게 해준다.

그와 같이 슐라이어마허는 1799년에 『종교론』의 두 번째 강연에서 "종교의 본질"을 다양한 종교 현상들의 공통적인 근거로서 다루었다. 그 모든 현상은 "우주"에 대한 직관과 감정에 근거한다. 이와 같은 서술을 통해 종교의 본질 개념은 신 개념의 속박으로부터 벗어났다.[62] 하나님은 그 "강연"에서 단지 다른 많은 것들 중의 하나인 종교적 직관으로 간주되었다. 이것은 종교 개념을 보편적인 개념으로 표현하려는 과제에 부합했고, 이 과제는 일신론적인 종교들에 공통적인 것을 지칭해야 할 뿐만 아니라, 그 일신론적인 종교들을 일신론적이지 않은 종교들과 함께 종교로서 묶을 수 있는 것을 지적할 수 있어야 했다.

이 과제는 오늘날에 이르기까지도 종교 개념에 대한 토론에서 채택된다. 신 개념의 속박으로부터 벗어났다는 것은 최종적으로는 종교 개념을 규정하려는 예측할 수 없이 다양한 시도들을 촉발시킨 이유가 된 셈인데, 왜냐하면 그런 벗어남은 이와 같은 시도들이 틀림없이 계속 반복해서 불만족스러운 것으로 드러날 것이라는 이유를 또한 포함하고 있기 때문이다.

종교 개념을 신 개념으로부터 분리하는 것의 필연적인 이유를 제시하

달될 수 있을 뿐이며, 여기서 그것은 단지 인간학적으로만 규정된다. 종교적인 참여가 "우주 **전체**에 대한 **완전한** 헌신"으로 이해될 수 있다는 설명(41)은 슐라이어마허의 우주 개념을 상기시킨다. 하지만 이는 "종교적"이라고 지칭될 수 있는 상태를 대상으로 규정하기에는 너무도 평범하다. 바그너(Wagner)는 종교의 진리 주장을 위한 일반적인 종교 개념이 인간의 보편타당성에 대해 갖는 의미를 다음에서 올바로 강조했다. F. Wagner, *Was ist Religion?*, 1986, 16, 19f., 24, 335f.

62 F. Schleiermacher, *Über die Religion. Reden an die Gebildeten unter ihren Verächtern*, 1799. 슐라이어마허는 신 개념을 종교의 "본질"에 대한 장 끝에서 부록으로만 다룬다(123ff.). 그 본질은 종교적인 환상의 "성향"에 의존적인 것으로 나타난다 (128f.).

기 위해서는 하나님 표상들의 다수성, 특히 일신론적인 그리고 다신론적인 파악 사이의 다수성을 제시해야 할 뿐만 아니라, 무엇보다도 시초의 불교처럼 신에 대한 표상이 없는 종교들도 지시해야 할 것이다.[63] 그 결과는 흔히 종교 개념의 순수한 인간학적인 규정, 곧 예를 들어 종교를 인간적 삶에 속한 하나의 차원이라는 규정이며, 비록 그 차원이 최종적(궁극적) 차원[64]이거나 무제약적인 참여 혹은 포괄적이고 가장 집중적인 가치[65]의 표현이라고 해도, 인간학적인 규정에 그친다.

물론 그와 같은 종교 개념의 순수한 인간학적인 규정들이 단순히 틀린 것이라고 할 수는 없다. 그 규정들은 종교적인 내용들과 연결되어서 등장하는 인간의 태도들과 삶의 방식을 표현한다. 비슷한 것이 종교 개념의 소위 "기능적인" 규정들에도 해당하고, 그것은 종교의 본질을 사회나 문화를 위한 통일성의 기능으로부터 파악하여 "우연성 극복", 혹은 매우 일반적으로 표현하자면 자의식의 원천, 혹은 세계와 공동체를 포괄하는 인간의 감각적 의식의 원천 등으로 이해한다.[66] 사실상 종교는 그와 같은 종류의 기능들을 충족시킨다. 개인적인 그리고 문화적인 감각 의식의 근거, 그리고─그것과

---

63 이 논증을 위한 최근의 예시는 다음에서 발견된다. F. Ferré, *Basic Modern Philosophy of Religion*, London (Allen & Unwin) 1968, 46. 또한 다음을 참고하라. E. Dürkheim, *Die elementaren Formen des religiösen Lebens* (1912) dt. 1981, 54ff. 이 논증의 비판에 대해 아래 241쪽 이하(독일어판)를 보라.

64 F. J. Streng, *Understanding Religious Life* (1969) 2.ed. 1976, 5ff. 이 인용문은 틸리히의 명제에 기초하고 있다. P. Tillich, Religion as a Dimension in Man's Spiritual Life, in: K. C. Kimball (ed): *Theology of Culture*, Oxford Up 1959. 또한 이것은 "종교란 궁극적 변화의 수단이다"라는 명제로 인도한다(7).

65 F. Ferré a.a.O. 69.

66 마지막에 언급된 이해는 뒤르켐(Dürkheim) 이래로 특별히 종교사회학에 영향을 주었다. 그 이해는 이것을 넘어서서 훨씬 폭넓은 지지를 받았고, 최근에는 뤼베(H. Lübbe, *Religion nach der Aufklärung*, Graz etc. 1986, 219-225)가 슈패만(R. Spaemann, *Einspräche. Christliche Reden*, Einsiedeln 1977, 51-64)과 같은 이들의 비판에 대해 그 이해를 변호했다.

밀접하게 관계된—사회적인 세계와의 통일성의 근거는 종교들의 역사적인 작용에 대해 고도로 특징적이다. 그럼에도 불구하고 그쪽을 향해 기능적으로 내려진 종교의 정의는 아직은 그와 같은 작용이 시작될 수 있거나 종교 홀로 그것이 시작되도록 할 수 있는 기반이라고 말할 수는 없다. 그렇기 때문에 기능적인 서술을 넘어 종교 개념의 내용적(실체적) 규정을 요청했던 것은 옳았다.[67]

경건을 절대 의존의 감정으로 서술한 슐라이어마허의 규정에 대항하여 이미 루돌프 오토(Rudolf Otto)가 1917년에 이의를 제기했다. 순수한 "**자기-감정**"이라는 것은 단지 간접적으로만, 오직 그의 원인을 향한 추론을 매개로 해서, 신 개념과 결합될 수 있다는 것이다. 하지만 종교적인 의식은 "**처음부터 그리고 직접적으로 나의 밖의 객체**"를 향했다. 그렇기에 자기 감정을 통한 종교 개념의 규정은 "정신의 실제적인 상태에 완전히 반하는" 것이다.[68] 단지 "후속 작용"으로서만, 말하자면 단지 "자기 자신과 관련된 체험의 **주체**를 평가절하"하는 것으로서만, 의존 감정 혹은 더 낮게 말하자면 피조물 감정은 누미노제(Numinose)의 체험과 결합될 수 있다는 것이다.[69]

하지만 오토는 슐라이어마허의 "강연"에 나오는 종교론의 근원적인 형태에 대해서는 그렇게 비판할 수 없었을 것이다. 왜냐하면 거기서 종교적 감정은 "나의 외부에 있는" 타자의 영향으로, 다시 말해 "우주"의 작용으로 생각되기 때문이다. 우주가 인간을 향한 그 행위의 주체이며, 그 행위는 종교적인 직관과 감정의 원인이자 대상이다.[70] 그래서 오토는 그 "강연"에 나오는 종교 이해를 슐라이어마허의 신앙론에서의 이해보다 단호히 선호했

67　P. Berger, *The Sacred Canopy. Elements of a Sociological Theory of Religion*, Garden City (Doubleday) 1967, 175-178, 특히 177f.
68　R. Otto, *Das Heilige* (1917) Neuaufl. 1947, 10.
69　Ebd. 11. 슐라이어마허의 논증에 대한 비판은 다음의 나의 책을 보라. *Anthropologie*, 246, 각주 33번.
70　F. Schleiermacher, *Über die Religion*, 1799, 55f.; 참고. 67.

다.[71] 나아가 그는 종교적 대상을 일반적으로 지칭하는 기능을 지녔던 슐라이어마허의 우주 개념을 "거룩한 것"이란 개념을 통해 대체했다. 이미 1915년에 죄더블롬(N. Söderblom)이 하나님 표상과 비교하면서 이 개념을 언급했는데, 그는 "가장 원시적인 사회로부터 최고 수준의 문화에 이르는" 종교들 안의 공통분모를 찾기 위해 그 개념을 "마법의 지팡이"라고 지칭했다.[72] 하지만 "거룩한 것"의 개념은 슐라이어마허의 우주 개념과 함께 다음의 결함을 공유한다. 즉 그 개념은 종교적 경험의 구체적인 대상이 아니라, 다만 그 대상이 성찰을 통해 배치되는 어떤 보편적 영역을 일컫는다. 이 결함은 오토에 있어서 세속적인 세계 경험과 대립되는 형태로, 즉 종교적 세계관과 자연주의적 세계관의 대립이라는 의미에서 발생했다.[73]

이에 대해 슐라이어마허의 "우주"는 일상적인 세계 경험과는 다른 어떤 세계를 가리켰던 것이 아니었다. 오히려 그것은 유한을 무한과의 관계 속에서 파악하여 유한한 현실성 자체에 대한 더 깊은 이해에 도달했다. 왜

---

71 슐라이어마허의 "강연"에 등장하는 종교 이해가 오토에게 준 의미에 대해 다음을 참고하라. H. -W. Schütte, *Religion und Christentum in der Theologie Rudolf Ottos*, Berlin 1969, 22-33.
72 N. Söderblom, *Das Werden des Gottesglaubens. Untersuchungen über die Anfänge der Religion*, Leipzig (J. C. Hinrichs) 1915, 2. Aufl. 1926, 181. 뒤르켐은 "거룩한 것"의 개념을 이미 1912년에 모든 종교적인 신앙의 내용들에 "공통된 특성(caractère commun)"으로 이해하여 종교의 개념을 "정의"하는 데 사용했다(*Les formes élémentaires de la vie religieuse*, Paris 1912, 50ff.). 그 이전에 이미 빈델반트(W. Windelband)가 "거룩한 것"의 개념을—물론 아직도 논리적·윤리적·미학적인 삶을 규정하는 가치와 규범들의 총괄개념의 의미에서 파악되고 있기는 하지만—종교철학의 근본개념으로 다루었다(W. Windelband, Das Heilige. Skizze zur Religionsphilosophie, 1902, in: Präsludien 2, Tübingen5 1914, 295-332, 특히 305).
73 오토에 따르면 종교적 변증은 자연주의와는 반대로 자연을 "신적인 것을 지시하고 자신을 넘어서는 곳을 지시하는" 것으로 다룬다(*Naturalistische und religiöse Weltansicht*, 1904, 3. Aufl. 1929, 280).

냐하면 유한은 항상 무한으로부터 "잘라낸 단면"이며, 또한 그렇기에 언제나 무한에 관계되어 존재하기 때문이다.[74] 슐라이어마허의 종교 이해의 중요성은 무엇보다도 종교와 그것의 내용이 인간과 세계의 현실성에 추가되는 어떤 외적인 것이 아니라, 오히려 하나인 삶의 현실성을 보다 깊이 자각적으로 이해했다는 사실에 놓여 있다. 이에 대해 종교 개념이 세속적인 것과 대립되는 "거룩한 것"에 향해 있다는 것은 종교적인 세계 이해와 비종교적인 세계 이해라는 이원론을 내포한다. 하지만 이 구분을 도외시한다면, 오토의 서술이 종교적 경험의 대상을 종교적 대상성의 일반적 **영역**에 대한 성찰을 통해 대체한다는 점에 있어서는 슐라이어마허와 마찬가지다. 아직 규정되지 않은 종교 경험의 대상도 다음에 의해 구분될 수 있다. 경험은 누멘(Numen, 신성의 힘), 즉 경험의 특성 안에서 아직 알려지지 않은 규모인 누멘과 관계가 있을지도 모른다. 하지만 경험의 대상은 결코 "누미노제"(신성에 사로잡힌 황홀경)가 아니다.

종교적 대상성의 일반적 영역을 적절히 표현하자면, 인간의 주관성의 종교적 차원으로, 혹은 그 주관성에 상응하는 세계지평의 종교적 차원으로 묘사될 수 있다. 그렇기에 그 영역은 아직은 구체적 종교 경험, 곧 신성과의 만남으로 인한 당황(Betroffenheit)에 속하지 않는다. 슐라이어마허와 마찬가지로 오토 역시 이와 같은 우려와 마주쳤다. 하지만 슐라이어마허의 종교론의 두 번째 강연은 오토의 "거룩한 것"의 개념보다 주관성의 이와 같은 종교적 차원의 근본적인 것을 더 정확하게 서술했다. "거룩한 것"이란 개념은 세속적 세계에 대한 의식을 이미 전제하고 있으며, 이 의식은 "거룩한 것"을 세속 세계와 대립시키기 위해, 스스로 세계로부터 멀어진다. 만일 "거룩한 것"을 종교의 근본적인 그리고 포괄적인 주제로 여기게 되면, 종교적 의식은 쉽게 세속적인 세계 의식에 대한 이차적인 부착물

---

74 F. Schleiermacher a.a.O. 53.

로 보일 수 있다.[75] 이에 대해 슐라이어마허의 우주 개념은, 그것이 무한의 개념과 동등한 표현이라는 한도에서, 유한한 대상들의 의식을 위한, 그리고 그와 함께 세속적인 세계 의식을 위한 구성 조건을 포함하고 있다. 다만 세속적인 세계 이해가 유한한 대상들이 무한으로부터 "잘라져 나온 단면의 존재"라는 자신의 "정의"를 통해 제약되어 있음을 의식하지 못할 때, 종교적 의식은 세속 의식과 대립하게 된다. 이 점에서 슐라이어마허의 종교의 구상 안에서도 "거룩한 것"과 세속의 대립이 자리를 차지하는데, 그것은 도출되어서 종속된 계기로서의 자리다. 그래서 슐라이어마허의 종교론은 오토의 이론과 달리 **왜** 종교적 의식 안에서 "거룩한 것"은 또한 인간의 세속적인 삶의 현실에 대해서도 근본적인 것으로 파악되는지를 설명할 수 있다. "거룩한 것"은 유한성 자체의 진리를 밝게 드러내는데, 이 진리는 세속적인 세계 의식이 유한한 사물들의 소박한 구체성과 유용성에 피상적으로 지향함으로써 은폐되어 있었다. 말하자면 그 진리는 유한이 자기 자신 안에 근거하지 않고, 오히려 무한과 전체성으로부터 "단면으로 잘려져 나와" 있다는 진리다.

무한이 유한의 모든 파악에 대한 조건이라는 불명확한 인식은 데카르트가 자신의 세 번째 명상에서 모든 인간에 선천적으로 주어진 근원적인 "하나님의 앎"을 수용하기 위해 수행했던 증명 과정에서 결정적 논증이었다. 우리는 의식의 다른 모든 내용보다 우선하는 무한의 직관이 단지 이차

---

[75] 종교 개념을 "거룩한 것"의 개념으로 규정하는 것에 대한 뒤프레(Dupre)의 비판을 참고하라. W. Dupre, *Religion in Primitive Cultures. A Study in Ethnophilosophy*, Mouton etc. 1975, 137f. 이에 대해 뒤프레는 신비주의적인 의식이 보편적인 감각의 맥락을 파악하는 경향을 주장한다(138). "거룩한 것"이 경험되는 의미의 맥락에서 "거룩한 것" 자체는 고립되지 않는다는 것이다(139). 여기서 "거룩한 것"은 언제나 "문화적 창조력의 역동성"과 연관되어 있다(139f.; 참고. 246ff. 또한 255f.). 또한 다음을 보라. R. Röhricht, Zum Problem der religiösen Erfahrung, in: *Wissenschaft und Praxis in Kirche und Gesellschaft* 63, 1974, 289ff., 특히 292f.

적으로만, 다시 말해 일신론적 종교들의 명시적 하나님 의식으로부터만, 자신을 하나님에 **관한** 앎으로 주장할 수 있다는 사실을 분명히 했다. 그렇다면 이것은 인간이 언제나 이미, 그의 의식적인 삶의 온갖 표현들 가운데, 종교가 그에게 인간의 창조자라고 선포하는 바로 그 하나님과 관계되어 있다는 사실에 대한 예시일 수 있다. 그 자체로만 보면 명시적인 주제화가 결여되어 있기 때문에 아직은 하나님 의식이 중요하지 않으며, 명시적인 종교적 의식과 같은 것은 더더욱 중요하지 않다. 슐라이어마허에 따르면 그와 같은 의식에 도달하는 것은 오직 인간에게 유한한 대상의 본질이 열리게 되는 때인데, 그것은 다시 말해 있는 그대로의 유한한 대상은 오직 무한의 지평선에서 존재할 뿐이며, 오직 유한의 특수성의 "정의"를 통한 무한의 제약으로서 존재할 뿐이라는 사실이다. 젊은 슐라이어마허는 그와 같은 의식화의 사건을 무한의 "행위" 즉 우주의 행위라고 설명했다. 우주는 유한한 대상을 매개로 하여 인간의 의식 속에서 스스로를 관철시키며, 그 결과 무한은 유한한 대상 속에서 "직관"된다. 그러므로 유한의 세속적인 파악으로부터 종교적인 파악으로 건너가는 것은 유한한 세속적 의식 자체를 수단으로 해서는 설명될 수 없다. 그렇기에 무한 즉 "우주"가 유한 속에서 나타나는 것은 우주 자체의 행위로 이해되어야 한다.

슐라이어마허가 1799년에 출판한 『종교론』이 가진 약점은 의심할 바 없이 종교적으로 각성된 의식에 대해 유한한 대상 안에서 나타난 현실성이 그 현실성 특유의 종교적인 형태로 주제화되지 않았다는 사실에 있었다. 그 특유의 종교적 형태는 그 현실성의 등장의 수단인 유한한 대상과는 구분되며, 또한 무한 내지는 우주의 보편적인 지평과도 구분된다.[76] 유한한

---

76 이것은 슐라이어마허의 "강연"의 초판에서 다루어진 종교적 직관의 개념이 혼란스런 방식의 다중적인 의미로 남아 있다는 점과 관계가 있을지도 모른다. 두 번째 강연은 통상적인 인지의 대상이기도 한 개별적인 유한자가 중요하다는 인상을 주기도 하지만, 이제는 결국 우주, 무한, 그리고 전체성의 현재를 수단으로 하여(특히 56ff.) 경험되는

매개 수단과 구분되는 형태, 하지만 그 매개 수단 속에서 만나게 되는 형태가 비로소 구체적인 종교적 대상이 된다. 이 대상을 근대 종교학은 일반적 의미에서 "힘"(Macht, 권능)이라고 지칭했다.[77] 유한한 특정 대상들 혹은 특정한 인간들을 채우는 "힘"은 오늘날에는 물론 더 이상 종교사의 "전(前)애니미즘"적인 기원 단계에서 나타나는 독립적인 중심 사상으로 다루어지지 않는다. (그 단계에서 하나님의 표상이 발전했다고 한다.) 오히려 그 힘은 하나님에 대한 경험 자체의 부분적인 측면이며, 그 경험의 요소들을 레에우(Gerardus v. der Leeuw)는 "이름 안에서 형태를 갖는 힘과 의지"라는 문구로 요약했다.[78] 인간이 이 알려지지 않은 힘과 특정한 방식으로 마주치고 있다고 느낄 때, 그 힘은 "의지"로 경험된다. 그러므로 힘의 경험과 의지의 경험은 근원에서 일치한다.[79]

종교를 순수하게 인간학적인 현상으로 보아서 인간적 의식의 표현과 창조로 이해하는 것과는 달리, 근대 종교학이 종교는 "양면적인 차원"을 갖는다고 묘사했던 것은 옳았다. 즉 "종교는 신성과 인간성을 포괄한다."

"직접적인 인지"가 중요하다(58). 반면에 다섯 번째 강연이 다루는 "직관들"은 개개의 실증적 종교가 보여주는 "중심적 직관"으로서(259f.; 참고. 264f., 281ff.) 심지어 "일반적이고 직접적인 인과응보의…관념"과 같은 일반적 **표상**들로 이해되거나, 혹은―그리스도교의 경우에―"모든 유한한 것들이 신성과 결합되기 위해서는 더 높은 수준의 중재를 필요로 한다"고 이해된다(301). 어떻게 전자의 의미에서 이해된 종교적 직관이 후자의 의미에 도달하는지에 대해 슐라이어마허는 설명하지 않았다.

77 하일러(Heiler)는 "변혁"에 관하여 말한다. 근대 종교학은 "힘 개념의 발견을 통해" 그와 같은 변혁을 경험했다는 것이다(F. Heiler, *Erscheinungsformen und Wesen der Religion*, Stuttgart 1961, 33). 마레트(R. R. Marett) 이래로 종교학이 다루었던 "힘 개념"의 역사에 대해 다음을 참고하라. W. Dupre, *Religion and Primitive Cultures*, 1975, 46ff.

78 G. van der Leeuw, *Phänomenologie der Religion* (1933) 2. Aufl. Tübingen 1956, 155 (§17).

79 뒤프레는 원시종교들의 경험 속에 존재하는 "개인과 힘의 원초적 일치"에 대해 말한다 (W. Dupre a.a.O. 279).

이때 신성은 그와 같은 관계 안에서 "선행적으로 다가오며, 전율을 야기하고, 절대적으로 타당한 불가침의 존재"로서 나타난다.[80] 이와 비슷하게 루돌프 오토는 이미 슐라이어마허의 신앙론에서 종교 개념이 인간학으로 축소된 것에 반대했다. 하지만 이와 같은 인간학적인 축소는 문제가 알려져 있는 때조차도 종교학적인 서술 안에서는 쉽게 극복될 수 없다. 예를 들어 나탄 죄더블롬의 경우 틸레(Tiele)의 『종교사 편람』을 취급하는 가운데 종교를 "인간과 초인간적 힘들 사이의 관계"로 규정하면서 "인간은 그 힘을 믿으며 그 힘에 의존되어 있다고 느낀다"라고 말했다.[81] 하지만 그의 설명들이 실제로 제시한 것은 내용적으로는 그곳에서 인간의 측면에서 본 신성과의 관계가 다뤄지고 있다는 사실이다. 윌리엄 제임스(William James)도 이와 비슷하게 종교 개념을 "개별 인간의 감정들, 행위들, 경험들"에 대한 지칭으로 기술했다. 이것은 "그 개인들이 어떤 신적인 힘을 어떻게 상세하게 상상하든지 간에, 그들이 자신들은 그 신적인 힘과의 관계 속에 있다고 파악하기에" 그러하다.[82] 결국 감정, 행위, 경험들을 지닌 인간이 종교학적 연구들의 지반을 형성한다. 종교학이 이와 같은 절차를 통해 종교 자체의 의도와 대립한다는 사실을 레에우(Leeuw)는 거리낌 없이 말했다. "종

---

80 F. Heiler a.a.O. 4.
81 Tiele-Söderblom, *Kompendium der Religionsgeschichte*, 5. Aufl. Berlin 1920, 5.
82 W. James, *Die religiöse Erfahrung in ihrer Mannigfaltigkeit*, dt. von G.Wobbermin, Leipzig 1907, 27. 란츠코프스키(G. Lanczkowski)는 그의 책 (Einfühung in die Religionswissenschaft, Darmstadt 1980)에서 종교를 신성과 인간의 "실존적인 치환관계"라고 일반적으로 설명함으로써(23), 신성이 아닌 "거룩한 것"이 종교의 우선적 대상이라는 명제에 반대하며 변호했고(25f.), 또한 원시 불교에 적용될 수 없기 때문에 그 정의는 너무 좁은 것이라는 이의 제기에도 반대했다(24). 후자의 이의 제기에서 그는 원시 불교의 특성을 철학으로 제시한 빌헬름 슈미트(P. Wilhelm Schmidt)와 의견을 같이했다. 이와 같은 판단에서 결정적인 것은 다음 사실일 것이다. 즉 불교를 생성시킨 인도의 종교사는 신적인 힘들에 대한 경험에 의해 완전히 각인되어 있었다.

교 안에서 신은 인간과의 관계의 동인(動因)이고, 학문은 단지 신에 관계하는 인간의 행위에 대해서만 알 뿐이며, 신의 행위에 대해서는 아무것도 설명하지 못한다."[83] 레에우는 이 모순을 명백히 불가피하다고 이해하고 받아들였다. 이로써 생겨난 의혹은 종교학이 이미 방법론적 출발점에서 자신의 대상을 잘못 취급하게 된다는 사실이다. 그 대상은 프리드리히 하일러(Friedrich Heiler)가 올바로 강조했던 것처럼 신성의 우선적인 다가옴의 특성을 갖는다. 물론 하일러도 자신의 책에서, 특별히 종교의 본질에 대한 마지막 장에서, 신적인 행위가 아니라 인간이 "거룩한 것"에 대해 맺는 "역동적 관계"를 서술했으며, 나아가 종교를 요약하여 "신비의 숭배와 그것에 대한 헌신"으로 서술했다.[84] 하지만 숭배와 헌신은 의심할 바 없이 인간의 행위다. "모든 종교학은, 그것이…저 세상의 실재에 대한 체험과 관계되어 있다는 점에서, 결국 신학이다"라는 하일러의 명제는[85] 그 자신의 저작이 종교의 다양성을 신비적 경험이라는 하나의 동일성으로 축소시킨 대가로 얻어진 결과였다. 거기서 종교적 삶의 보다 더 제도적인 다른 측면에서 발생하는 각각의 종교적 경험들의 역사적인 특수성은 평가절하 되어 있다.

이 문제점은 종교 개념을 일체 거부한다거나 그 개념을 대신해서 믿음 및 믿음의 방식들에 대해 말함으로써 회피할 수 있는 것이 아니다.[86] 분명 믿음의 개념은 신성에 대한 인격적인 관계의 계기를 강조한다. 하지만 이것은 최소한 근원적으로는 **종교**(religio) 개념에서도 그랬으며, 그리고 믿음 역시 종교와 마찬가지로 인간적인 행동방식이다. 덧붙이자면 "종교"보다

---

83 G. van der Leeuw, *Phänomenologie der Religion* 2. Aufl. 1956, 3.
84 F. Heiler a.a.O. 561f.
85 Ebd. 17.
86 W. C. Smith, *The meaning and End of Religion* (1962), Mentor Book 575, 1964, 109-138, 141. 스미스는 "종교적"이라는 형용사 단어 사용을 고집한다(176). 다만 그는 그 단어의 명사는 "구체화"(117, 120) 혹은 관찰자의 관점을 표현한 것으로 판단한다. "참여자는 신에 관여되어 있고, 관찰자는 '종교'와 연관되어 있다"(119).

는 믿음이 인간 세계 안의 일상적인 삶의 현실에 덧붙여지는 어떤 것으로, 다소간에 주변적인 것으로, 다시 말해 단순히 주관적일 뿐인 참여로 여겨지기 쉽다. 종교 개념에 대해서도 그 개념이 믿음의 개념보다 더욱 명확하게 개별적이고 개인적인 하나님 관계를 넘어서는 종교적인 행위의 공동체성을 공동주제화 한다는 사실이 말해질 수 있다. 동일한 것이 인류 전체를 포괄하는 종교 주제의 포괄적 보편성에도 해당하는데, 이 보편성은 종교라는 단어를 단수로 사용하는 것에서 표현된다.[87]

종교 행위의 복수성 앞에서 단수인 종교 개념을 사용하는 것에 대한 비판에 대항하여 다음과 같이 바르게 말해졌다. 즉 종교 개념을 일반적인 개념으로 이해하는 것이 포기될 수 없는 것은 그 개념이 다양한 종교 현상들 안에 존재하는 공통된 인간적인 것을 지칭하기 때문이다.[88] 종교 현상들과 하나님의 표상들은 각양각색이지만, 인간적 경험이나 행위의 구조는 인간적 본성의 단일성이라는 특성 때문에 그 모든 다양성을 위한 통일적인 관계성의 지평을 형성할 수 있다. 어떻든 겉으로 보기에는 그러하며, 또한 고전적인 종교현상학도 그렇게 보았다. 이것은 종교학적인 문제 제기를 종교 현상들의 인문학적인 측면으로 축소하려는 경향과 관련되어 있으며, 이 경향이 단순히 현대의 세속적인 문화나 이에 상응하는 학문 개념의 편견으로부터 유래했다고 보기가 쉽지 않다는 한에서 그러하다. 하지만 그런 관찰 방법은 종교적 의식이 신적 현실성의 우선성을 지향하는 것

---

87 이와 같이 보편적이고 인류 전체를 포괄하는 경향은 역사적으로 종교 개념과 연관되어 있는데, 스미스(W. C. Smith)는 그 개념을 수용하지만 그것을 신학적인 주제로 받아들였다(*Towards a World Theology. Faith and the Comparative History of Religion*, London und Basingstoke 1981, 50ff.). 그것은 종교 개념에 대한 인간의 참여를 배제하기 위한 것이 아니라, 종교를 단순히 인류에 대한 부가물(addendum)에 불과한 것으로 이해하는 것에 반대하는 것이다(51).
88 다음의 논증을 참고하라. G. Lanczkowski a.a.O. 23. 나아가 F. Wagner의 논증을 보라(위의 각주 61번 참고).

에 대립하는데, 이 대립은 그 관찰 방식을 반대하게 된다. 그와 같은 관찰 방식에서 종교학은 이미 자신의 방법론의 출발점에서 자신의 주제의 고유한 특성을 그르치고 있다는, 이유 있는 의혹에 노출되지 않은 채 진행하기란 어렵다. 그렇다면 종교적인 경험 안에 있는 신적 현실성의 우선성은 종교학의 측면에서는 어떻게 고려되어야 하는가? 이 질문은 이와 같은 사태가 예리하게 인식된 이래로 계속해서 고려되어왔다. 모든 해결책에 대한 한 가지 조건은 어쨌든 다음과 같을 것이다. 즉 신적인 현실성의 측면에서 개별적인 현상들을 능가하는 통일성(Einheit)은 인간적 측면의 종교적인 현상들의 통일성에 상응할 뿐 아니라, 이미 그것의 근거가 되고 있다. 여기서 만일 종교학적 진술들이 효력을 갖는 범위가 처음부터 일신론적인 종교들에 제한되지 말아야 한다면, 신적인 현실성의 통일성은 물론 일신론적인 하나님 표상들의 의미에서 매개되지 않은 직접적인 것은 아닐 것이다.[89]

---

89 실제적인 내용에서 나는 여기서 트보루쉬카(Tworuschka)에게 근본적으로 동의한다. U. Tworuschka, Kann man Religionen bewerten? Probleme aus der Sicht der Religionswissenschaft (in: U.Tworuschka/D. Zilleßen (Hrsg.): *Thema Weltreligionen. Ein Diskussions- und Arbeitsbuch für Religionspädagogen und Religionswissenschaftler*, Frankfurt u. München 1977, 43-53, 특히 46). 하지만 트보루쉬카는 나의 해설(*Wissenschaftstheorie und Theologie*, 1973, 304ff.)을 잘못 이해하여, 마치 비그리스도교 종교들의 연구들이 처음부터 그리스도교적-일신론적 척도에 굴복해야 하는 것처럼 생각했다. 현실적으로 위에 언급된 부분에서 (일신론으로 표현된) 명사 개념으로서의 신을 모든 것을 규정하는 현실성으로 성찰하는 것은 단지 하나님의 신성 자체로부터 타당한 다양한 기준들을 주장하지 않고서도 신에 대한 진술들을 신의 숭배자들에게서 일어나는 세계 경험들에 비추어 측정하는 것이 가능하다는 사실의 증명에만 기여한다. 여기서 다양한 기준들이 종교적으로 용납되기 어렵다는 점이 전제된다. 하지만 신에 대한 진술들이 원칙적으로 신의 권능의 영역에서 발생하는 사건들의 경험에 따라 측정되어야 한다면, 그 진술들은 그것들 안에 함축된 의미에 따라 측정될 것이다. 이것은 신 이해의 다신론적 형태에도 마찬가지로 적용될 수 있다. 다만 여기서 신의 권능의 영역은 더 좁은데, 왜냐하면 다른 신성들의 영역을 통해 제약되기 때문이다.

뒤프레는 원시 문화들의 종교에 대한 연구에서 흥미로운 명제를 전개했다. 그러한 문화들의 하나님 이해는 언제나 이미 신비적 의식의 통일성, 곧 상징적 관계들의 분화된 보편성과 관계되어 있다는 것이다. 이 통일성은 문화적 과정 자체의 한 단면, 즉 통일된 전체성으로 볼 수 있는 문화적 근원의 한 측면에 지나지 않는다.[90] 그래서 개별적인 신들 사이에 날카로운 분리와 같은 것은 없다. 신들은 동시에 편재하는 절대적 초월자의 권능의 영역의 구체화다. 이런 의미에서 신의 형태들의 다양성에도 불구하고 원시 종교들의 신 이해 안에는 통일성이 있다고 말할 수 있다. "원시 종교의 신은 이름 없이 편재하는 자이다."[91] 그 신의 다소간에 지속되거나 제한될 수 있는 구체화는 특정한 신의 형태들로서 만난다. 앤드류 랑(Andrew Lang, 1898)이 관찰했던 원시 문화들 안의 시조 신들이 다수의 다른 신의 형태들과 관련되어 있다는 점은 납득할 만하다. 랑과 빌헬름 슈미트(Wilhelm Schmidt, 1912년 이후)는 그 시조 신들을 원시 일신론의 주제로 인도했다. 이미 나탄 죄더블롬은 1915년에 순수 일신론이나 다신론 중의 양자택일은 그 현상에 맞지 않고, 신 개념의 기원에 관한 질문에 대해서는 탈락되어야 한다는 점을 통찰했다.[92] 그와 같은 양자택일은 종교사의 발전 과정의 후기에 속한다. 양 측면이 기원에서 일치한다는 사실은 뒤프레가 전개했던 신화성, 즉 신 이해의 틀을 형성하는 초기 문화들 안에 있었던 의식 구조

---

90 Wilhelm Dupre, *Religion in Primitive Cultures*, 1975, 246ff., 255, 263f. (mythicity), 270ff. ("원시 종교의 최초 현실"로서 *unio mythica*: 272). 이러한 뒤프레의 서술들은 서구의 종교학이 종교를 세속 세계와의 관계에서 특수하고 부가적인 삶의 영역이라고 습관적으로 말하는 것이 잘못된 것이라는 스미스의 문제 제기와 일치한다(W. C. Smith, *Towards a World Theology*, 1981, 51ff.).
91 W. Dupre ebd. 279. 또한 다음 설명을 참고하라. E. Hornung, *Der Eine und die Vielen. Ägyptische Gottesvorstellungen*, Darmstadt 1971, 특히 42ff., 또한 142f., 183ff., 249.
92 N. Söderblom, *Das Werden des Gottesglaubens*, 2. Aufl. 1926, 159f.

의 "신화성"에서 그 타당성을 발견했다.

신의 형태들은 신들의 활동을 통해 구성된—자연적이고 또한 마찬가지로 사회적인 질서의—문화적인 세계의 통일성을 뚜렷이 신비적으로 파악하는 맥락 안에 위치한다. 얀 바르덴부르크(Jan Waardenburg)는 종교의 현실성이 "인간들의 의미 부여, 방향 설정, 그리고 질서들의 최종 근거"라고 바르게 주장했다.[93] 다만 종교적 의식에 대해 중요한 것은 **인간적인** 의미 부여가 아니라, 오히려 세계의 의미 통합에 대한 신적인 근거 설정이다.

다수의 신의 형태들이 문화 세계의 통일성에 대해 갖는 관계는 신성의 파악에서 단일성과 다수성 사이의 대립을 상대화한다. 하지만 대립이 그것을 통해 해결된 것은 아니다. 무엇보다도 단일성과 다수성 사이의 대립의 극복은 신의 이해 자체로부터는 도무지 인식될 수가 없다. 물론 다신적인 신성들의 체계로 발전해가는 출발점과, 일신론으로 가는 반대 방향의 발전을 향한 출발점은 각각 인식될 수 있다. 하지만 두 가지 해법 중 어느 것도 뒤프레가 설명한 문화들의 맥락에서는 형성되지 않는다. 이와 같은 모호성에 직면하여 문화적 세계의 통일성이 신적 현실성의 통일성 안에 근거되는 것도 애매해진다. 신의 형태들 사이에서, 혹은 각각의 신들이 특별히 관련되어 있는 제의 장소들 사이에서 잠재적으로 혹은 최소한 일시적으로라도 공개적인 경쟁이 벌어지지 않겠으며, 문화나 정치적 질서의 내부에서 선두에 서기 위한 경쟁이 벌어지지 않겠는가? 예를 들어 1928년

---

93 J. Waardenburg, *Religionen und Religion*, Berlin 1986, 24. 이 점에서 "방향 설정"(Orientierung)의 개념은 다른 개념들 사이에서 우선은 단지 종교의 개별적인 특징으로만 언급된 반면, 이어지는 "지향 체계"(Orientierungssystem)의 개념은 종교 일반의 개념의 잠정적인 형식으로 도입되었다(34ff.). 종교와 감정적 의식 사이의 관계에 대해 나의 다음 논문이 제시한다. Sinnerfahrung, Religion und Gottesfrage, in: Theologie und Philosophie 59, 1984, 178-190. 더 오래된 논문들로는 Eschatologie und Sinnerfahrung, in: KuD 19, 1973, 39-52, 특히 48f., 혹은 *Wissenschaftstheorie und Theologie*, 1973, 314f.를 보라.

헤르만 케에스(Hermann Kees)는 고대 이집트의 고(高)문화와 관련하여 그것의 기능들, 특히 세계의 생성과 같은 기능을 다양한 신성들과 제의적 장소들, 헤르모폴리스의 아홉 신, 헬리오폴리스의 아툼(Atum) 신, 멤피스의 프타(Ptah) 신, 혹은 테베의 아문(Amun) 신 등과 결합시켜 해석했다.[94] 이집트 왕국이 먼저 프타와, 그다음에 태양 신 레(Re)와, 마지막에는 아문과 관련되어 있다는 사실도 여러 신성들 및 이들과 연관된 제의 장소들이 서로 경쟁한 결과라고 판단될 수 있을 것이며, 또한 그렇기에 이집트 종교사가 그와 같은 신성들이 상호 융합되는 노선을 따르는 것도 이해될 수 있다. 하지만 이렇게 추정된 결과에서 중요한 것은 소여성(Gegebenheit), 곧 신의 형태들이 도무지 확실히 구분되지 않고 오히려 내적으로 상호 융합되어 가기 때문에 신들의 이름을 호환할 수도 있는 이집트 종교의 특성과 같은 본질적인 소여성이 아닌가?[95] 그렇다면 다른 모든 신들에 맞서 하나의 신을 최고로 높이는 이른바 최고신론은 주관적인 현상에 그치고, 이 현상은 에릭 호르눙(Erik Hornung)에 따르면 심지어 숭배의 순간에 제한될 뿐이다.[96] 이 모든 사례 안에서 단일신론으로 발전하기 위한 어떤 출발점도 발견될 수가 없다. 아크나톤(Echnaton)의 일신론은 호르눙에 따르면 오직 "사유의 급진적인 전복"을 통해 가능했다.[97] 이와 같은 최종적 결론은 신 이해의 근본적인 변경에 대한 종교적인 동기를 밝히는 일이 불가능하다는 것의 인정과 함께 호르눙의 이해의 약점으로 드러난다. 그 밖의 약점은 세계 질서와 그것의 통일성이 특정한 신성에 의해 근거된다는 종교적인 의식은 호르눙의 설명에서 바로 그 신성을 경외하는 데에는 중요하지 않은 것으

---

94 H. Kees, *Der Götterglaube im alten Aegypten* (1941) 2. Aufl. Berlin 1956.
95 E. Hornung, *Der Eine und die Vielen*, Darmstadt 1971, 특히 142, 케에스에 대한 논박은 220ff.
96 Ebd. 232f.
97 Ebd. 180; 참고. 239.

로 보인다는 사실에 있다. 하지만 어떻든 간에, 신성의 단일성과 다수성의 관계에서 해결되지 않은 긴장은 문화적 세계를 통일시키는 근원적 기능에 직면해서 케에스의 경우보다 이 해석에서 훨씬 더 강하게 등장한다. 이것은 결과적으로 이집트 문화의 통일성에 대한 설명은 적어도 우리에게는 사회적인 그리고 정치적인 과정의 지평으로 소급된다. 다시 말해 이집트 종교 자체의 신화적·종교적 자의식과는 다른 측면, 곧 그곳의 문화적인 삶의 인간적인 측면으로 소급된다.

문화적 의식의 통일성과 다양한 신의 형태들 사이의 관계는 신성들의 다수성과 단일성 사이의 대립을 완화시킬 수는 있지만, 해결할 수는 없다. 이 사실은 여러 문화들 사이의 관계에도 마찬가지로 적용된다. 타지로 여행 중이던 사람들은 낯선 민족의 신들을 종종 자신의 문화권에서 신뢰했던 특정한 신들과 유사한 방식으로 이해하곤 했다. 가장 멀리까지 나아갔던 그리스인들의 경우, 그 이해는 고대 그리스 종교와 그것의 특수한 신 이해에 근거되어 있었을 것이다. 하지만 이미 그러한 유사성들의 관찰에서 신성의 단일성과 동일성을 발견하려고 한다면, 그것은 각각의 신의 형태들이 역사적으로 성장해온 개별성을 과소평가하는 것이 될 것이다. 이에 대해 그리스인들은 우선 자신들의 신성들을 철학적으로 해석했고, 그다음에 낯선 신성들의 해석에 도달하려고 했다. 그것은 낯선 신성들의 현실성을 철학적인 의미의 내용으로 환원시키는 것을 뜻하였다.

그럼에도 불구하고 신성의 이해에서 단일성과 다수성의 모호성은 신의 형태들을 전개할 수 있는 출발점, 특히 추가적인 작용 영역을 특정한 신의 형태들과 결합시키려는 방향의 출발점을 획득한다. 비록 다신론적 체계들이 어떤 특화된 기능과 개별적인 신성을 동일시하려는 경향을 발전시키기는 했지만, 하나의 신의 형태를 하나의 기능에만 고정시키는 일은 거의 없거나 전혀 존재하지 않았다. 역사적으로 성장해온 신은 보통 다소간에 강하게 나타나는 대단히 복잡한 기능들을 소유하며, 그 기능들을 통해 다른 많은 신들의 영역과 접촉하거나 교차할 수 있다. 그와 같은 신의 형태의 성장은 다음과 같이 발생한 것으로 보인다. 즉 그 형태 안에서 등장하여 지칭할 수 있게 되었던 힘은 그 이전에는 관할하지 않았던 영역에서도 작용하는 것으로 경험된다. 그에 따라 이스라엘의 하나님은 그 부족들이 방랑을 끝내고 농경지(Kulturland)에 정착하게 된 이후에는 그 땅의 풍성한 수확을 보장하는 근원자로 새롭게 고백되었는데, 이런 기능은 이전에 바알에 속했던 것이다.[98] 이미 그 이전 시기에도 이스라엘이 홍해에서 이집트의 추격자들로부터 구원받은 경험 속에서 역사를 이끄시는 하나님이 "전쟁의 신"으로 고백되었다는 사실(출 15:3)이 보고되었다. 신들의 작용 영역의 확장에서 가장 중요한 것은 의심할 바 없이 야웨의 형태가 창조 사상과 결합함으로써 겪어야 했던 것이다. 창조 사상은 어느 면에서도 본래 야웨의 형태에 속했던 것이 아니었고,[99] 우가리트-가나안의 엘(El) 신과 연관되어 있었으며, 아마도 이스라엘 국가가 성립하기 이전의 시대에, 하지만 어떻든 예루살렘의 다윗 왕조와 관련되어 아브라함의 하나님과, 그리고 그다음에는 야웨와 동일시되었다.[100]

어떤 특별한 신의 형태에 속하던 통치 영역의 그와 같은 확장이 이스라엘의 종교사만이 갖는 특수성이기는 어렵다. 이스라엘의 경우에 그와 같은 확장은 "일신숭배"(Monolatrie, 하위의 많은 신들이 부정되지 않는다)라는 하나님 관계로부터 유일신론(Monotheismus)으로 건너감을 예비하는 틀을 또

---

[98] 호세아 2:4-17을 보라. 다음 주석을 참고하라. H. W. Wollf, *Biblischer Kommentar zum AT* XIV/1, Neukirchen 2. Aufl. 1965, 37-55, 특히 40ff.

[99] 다음의 개관을 보라. G. v. Rad, *Theologie des Alten Testaments 1*, 1957, 140ff.

[100] 창세기 14:17-20에 대해 카라테페(Karatepe) 묘비(ANET 500b)를 비교해 볼 수 있다. 이 묘비는 엘 신을 하늘과 땅의 창조자가 아니라 땅의 창조자로만 묘사한다. 또한 다음을 참고하라. H. Otten, *Die Religionen des alten Kleinasien, Handbuch der Orientalistik* VIII/1, 1964, 92ff., 특히 117. 이스라엘 초기 역사에서 족장들의 신에 대한 특별한 신앙을 설명하는 알트(A. Alt)의 논지를 비판한 내용으로 다음을 참고하라. J. van Seters, The Religion of the Patriarchs in Genesis, in: *Biblica* 61, 1980, 220-233.

한 형성한다. 여러 신들 중에서 오직 하나의 신만 경외한다는 일신숭배는 이스라엘에서 야웨의 "질투"라는 오랜 직관 속에 근거를 두고 있었으며,[101] 유일신론은 오직 유일무이한 한 분 하나님만이 배타적으로 존재한다는 확신이었다. 제2이사야에 이르러서야 이스라엘의 하나님은 명확한 일신론적 특성을 갖게 되며, 제2이사야는 야웨의 유일성 증명을 위해 다름이 아니라 창조 신앙에 의존했다.[102]

어떤 개별적인 신의 형태의 역사는 언제나 경쟁하는 신들이나 진리 주장들과 분쟁하는 역사이기도 했다. 이것은 분명 이스라엘의 하나님께는 특별한 정도로 해당하는데, 그것은 배타적인 경외의 요구 때문이다. 하지만 이것은 각각의 신의 형태들이 원칙적으로 그와 같은 분쟁들의 과정에서 복잡한 윤곽을 형성했다는 사실을 배제하지는 않는다. 이스라엘의 하나님의 경우에 그와 같은 과정은 유일신론의 결과로 인도했다. 이 사실은, 그와 같은 뿌리에서 생성된 종교들의 확산을 고려할 때, 신들 사이에서 벌어졌던 분쟁의 역사가 신적 현실성의 통일성을 형성하는 길이었음을 의미하는가? 신적 현실성의 동일성을 추구하는 투쟁을 아직 종결시키지는 못했으나 여러 상이한 문화들이 대체로 연결되지 않은 채 공존하는 것을 대체해버렸던 세계 상황, 즉 전 인류를 포괄하는 종교적인 세계 상황이 유일신론적 세계 종교들의 선교행위를 통해 최종적으로 등장한 것인가?[103] 그래서 신적 현실성의 통일성은 종교사적 투쟁의 본래적인 대상인가? 소위

---

101 출애굽기 20:3에 대해 다음을 보라. G. v. Rad, *Theologie des Alten Testaments 1*, 1957, 203ff., 특히 209-211.

102 이사야 41:28f.; 43:10; 44:6ff.; 46:9f. 다음을 보라. R. Rendtorff, Die theologische Stellung des Schöpfungsglaubens bei Deuterojesaja, in: *ZThK* 51, 1954, 3-13, 그리고 특히 K. Koch, Die Profeten 11, 1980, 135-140.

103 종교사 신학의 그와 같은 구상을 나는 1967년에 다음에서 제시했다. Erwägungen zu einer Theologie der Religionsgeschichte, in: *Grundfragen systematischer Theologie 1*, 1967, 252-295.

원시적인 문화들을 특징짓는, 신성의 구체적인 형태들의 다수성에 대한 긴장 속에서 신성은 불명확한 통일성을 보이는데, 이것은 일신론적 종교들이 보이는 신의 명확하고 명시적인 통일성과 대립한다. 일신론적 종교들은 자신들의 발현의 구체적인 형태들을 한 분 하나님의 형태로 통합했다.

종교 일반이 종교의 자기 이해에 따라 신들의 활동에 근거되어 있듯이, 종교적 주제의 통일성도 반드시 신성의 통일성 안에 자신의 근거와 근원을 두어야 한다. 신성의 발현들의 다수성을 지배하는 신성의 통일성에 대한 의식은 오늘날의 지식 수준에 따르면 인류의 문화사의 초기에는 어쨌든 확실치 않았고 아마도 단일성과 다수성 사이의 긴장 속에 내포되어 있었고, 이 때문에 종교사를 신의 통일성이 드러나는 현상적 역사로 간주하는 것이 가능하며, 이때 그 역사는 한 분 하나님이 자신의 본질을 계시하기 위해 불러일으키는 과정으로 간주된다. 이와 같은 관찰방식은 틀림없이 일신론적인 종교들의 관점을 전제한다.[104] 물론 그 방식은 종교들의 전체성을 고려하며, 그 전체성을 종교 이해 안에 포함시킨다. 일신론적인 종교들의 관점과 유사하다는 지적은, 그것이 직접적·배타적으로 주장되지 못한다면, 그 방식에 대한 이의 제기로서 거의 타당하지 않다. 왜냐하면 신들과 신앙 방식들의 다수성과 이들 사이의 경쟁이 해결되지 않은 상태에서도 단일한 종교 개념을 표현해보려는 망상이 남아 있기 때문이다. 그 종교 개념은 종교사 안의 어떤 특정한 위치를 통해 특징지어지지 않을 것이다. 만일 종교 개념의 적절한 규정이 인간에게 자신을 알리는 신성의 우선성, 곧 그 신성의 숭배 그리고 그 숭배의 실행에서 나타나는 신성과의 연

---

[104] 이것은 바로 앞의 각주에서 언급된 종교사 신학의 개요에도 해당한다. 하지만 그것은 종교적인 진술들의 진리 주장의 검증에 대한 나의 책(*Wissenschaftstheorie und Theologie*, 1973, 300-303)에서 언급된 나의 방법론적 숙고들에 같은 방법으로 적용되지는 않는다. 이에 대해 위의 각주 89번을 참고하라. 무엇보다도 마지막에 언급된 책의 서술들은 일신론의 진리도, 혹은 그 밖의 하나님 신앙의 진리도 전제하지 않는다. 오히려 그 서술들은 그와 같은 진리 주장들을 검증하기 위한 기준을 정의한다.

합 사이의 종교적 관계에서 그 우선성을 인정할 것을 요구한다면, 그때 종교 개념의 표현에서 신들과 신의 표상들이 지닌 다수성과 대립성은 도외시될 수 없을 것이다. 물론 실제로 하나의 통일된 종교 개념이 있다는 사실도 그 점에 반하지 않는다. 다만 우리는 그와 같이 하나로 통일된 종교 개념이 어떻게든 어떤 종교사적인 위치를 점유하고 있으며, 그것도 처음에는 일신론적인 종교의 지평 위에서 형성되는 방식으로 그 위치를 점유한다는 사실을 은폐해서는 안 된다.

앞 단락(3.1)에서 다루어진 종교 개념의 역사는 이와 같은 사태를 명확하게 예시한다. 키케로와 달리 아우구스티누스는 하나님 인식을 종교 개념 안에 포함시켰고, 이것이 하나님 표상들을 함께 묶는 근대적인 종교 개념을 가능하게 만들었다. 아우구스티누스는 인류의 초기부터 역사 속에는 단일한 "참된" 종교가 있었다고 주장했으며, 이것은 한 분 하나님을 준거 좌표로 전제하고 있다. 이와 유사한 것이 쿠자누스의 종교 개념과 근대 초기의 **자연신학**에도 해당한다. 현대의 시작과 함께 비로소 종교의 단일성은 신의 표상의 형태와 관계없이 인류의 통일성에 근거하게 되었다. 하지만 그때에도 하나님의 단일성과 관계된 인류의 통일성에 대한 표상이 여전히 남아 있었으며, 우주, "거룩한 것", "최후의 현실"과 같은 것이 그런 통일성의 자리를 마련해주었고, 혹은 그 통일성은 종교들의 "발전" 안에서 등장하기도 했다.

실제로 각자의 문화적 세계의 권역을 넘어서는 인류의 통일성이라는 생각은 간단치 않다. 고대 이집트 같은 고(高)문화 속에서 "인간"은 이집트에 살고 있는 사람들, 곧 그 지역에서 신들이 정초한 삶의 질서에 참여하는 사람들만을 가리켰다.[105] 고대 메소포타미아에서의 인간의 표상도 유

---

105 J. A. Wilson in: Frankfort/Wilson/Jacobsen/Irwin: *The Intellectual Adventure of Ancient Man*, (1946) Chicago 1965, 31-121, 33f., 독일어판은 어윈(Irwin)의 기고 없이 다음 제목으로 나왔다. *Frühlicht des Geistes. Wandlungen des Weltbildes im*

사한 의미를 가졌던 것으로 보이는데, 여기서 인간은 신들이 세운 세계국가에서 노동을 하도록 만들어진 노예로 묘사되었다. 다시 말해 인간은 신들이 정초한 질서의 구성원이다. 이에 상응하는 것으로서 에릭 푀겔린(Eric Voegelin)이 말한 고대 고문화들의 "우주론적 왕국들"과 같은 것을 들 수 있다. 어쨌든 종교적으로 규정된 고유한 문화적 세계의 경계선을 넘어서는, 인간의 단일한 정체성에 대한 사상의 등장은 분명하지 않다. 대단히 명백하게도 인간은 성서와 헬레니즘 전승에 의해 각인된 문화적 세계의 유산들을 상속할 수밖에 없었기 때문이다. 인간의 규정에서 모든 문화들, 민족들, 인종들의 구성원들이 원칙적으로 평등하다는 의미에서 이해되는 인류의 통일성은 그 자체로 종교사적인 전제들을 갖는 사상이다. 그 통일성은 일신론적 견해들의 형성과 긴밀히 관계되어 있을 것이다. 이스라엘의 경우에는 그 민족과 하나님의 특별한 관계가 우주론적으로가 아니라 하나님의 예정을 통해 근거되었다는 사실이 중요하다. 즉 창세기 10장에 나오는 민족들의 목록처럼 모든 민족은 하나님의 인간 창조로 소급되지만, 그 다수의 민족들 가운데 하나를 선택(예정)하는 행위를 통해 그 관계가 이루어졌다. 헬레니즘의 경우 인간 기저의 평등성은 이성적 본성을 통해, 즉 신적 로고스에 대한 참여를 통해 주어졌다. 여기서 로고스는 민족들의 여러 가지의 신의 표상들에 공통되는 내용으로서 전제되었다. 어쨌든 이러저러하게 이스라엘의 신앙과 그리스인들의 사상에 뿌리를 둔 문화적 전승 안에서 인류의 통일성이라는 이념은 한 분 하나님의 사상에 근거되었다.

인류의 통일성의 사상은 물론 근대에 와서, 근대적 문화의 세속화 과정 속에서, 그것의 종교적 뿌리들로부터 분리되었다. 이 과정에서 그 사상은 우선 자연종교의 한 분 하나님에 여전히 관련되어 있었으며, 이것은 여러 문화들 안에서의 (종교의) 다양한 실현과는 관계없이 종교의 사상적 통일

Alten Orient, Stuttgart 1954, 37-136, 39f.

성의 기초가 될 수 있는 인류 자체의 이념으로까지 나아갔다. 이 발전 속에서 근대 종교학은 자신의 고유한 종교사적인 위치를 차지했다. 하지만 이와 관련하여 다음 질문이 제기되었다. 그것은 문화들과 종교들의 다양한 종류들을 연결해주는 관계적 지평으로서의 인류의 통일성 사상이 아직도 여전히 일신론을 전제로서 함축하고 있지는 않은가라는 질문이다. 이에 대한 대안은 다신론적 종교가 아니라, 모든 인간의 본성적인 평등성에 근거하여 인류의 통일성 사상을 파악하는 무신론적인 틀이다. 그때 신들의 다양성은 단지 이런저런 이유로 신의 형상들을 지어낸 인간적 환상의 산물일 뿐이다. 하지만 인류의 통일성과 인간의 평등성을 무신론적인 토대 위에서 설명하는 것이 도대체 가능한가? 혹은 그 통일성과 평등성은 마치 표면상으로는 문제가 없는 소여성인 것처럼 다만 전제될 수 있는가? 이와 같은 토대 위에서 작업하던 종교학은 어쨌든 종교들의 증언에 대한 자신들의 설명에서 모순의 짐을 지고 있었다. 왜냐하면 그 짐은 종교 자체의 경험과 제도들뿐만 아니라 문화적인 세계 전반을 신성의 활동으로부터 도출해야 한다는 짐이었기 때문이다. 하지만 하나님의 단일성의 사상으로부터 종교적인 세계의 통일성이 파악된다면, 그것은 종교적인 자기 이해에 모순되지 않는다. 초기 문화들의 사고를 특징지었던 신성의 다수성과 단일성 사이의 모호함은 필연적으로 그와 같은 다양성을 자체 안에서 지양했던 통일성의 의식 안으로 건너가게 된다.

3. 종교가 진리인지의 질문, 그리고 종교사

종교의 본질에 대한 규정은 종교가 진리인지, 혹은 여러 종교 안에서 믿어지고 전승되어온 주장들이 진리인지의 질문에는 아직 대답하지 못한다. 종교 개념을 순수하게 기능으로만 서술하려 할 때, 이 질문은 전혀 제기되지 않거나, 제기된다고 해도 그 대답은 개인적 혹은 공동체적 신앙고백의 문제로 전제된다.[106] 개인적인 삶 및 사회적인 삶에 대한 (그리고 그에 상응하는 종교적 실천에 대한) 신앙고백의 "기능"에 대해 질문을 하려고 해도, 어쨌든 그 이전에 먼저 종교의 신앙고백자가 반드시 있어야 한다. 종교 이론들이 자신의 연구의 기초로서 종교적으로 고백하며 실천하는 개개인이 실제로 존재한다는 사실을 발견했을 때, 그때에야 비로소 그 연구는 신앙고백의 실천적 내용과 기능에 대한 질문으로 향할 수 있다. 물론 그때도 종교 이론은 종교의 고백과 실천이 갖는 특유의 조건들의 해명을 포기해야 하거나, 아니면 기껏해야 종교적 의식 및 태도의 주제에 대해 단지 표면적일 뿐인 심리적인 혹은 사회적인 조건들만 언급하게 될 것이다. 그때 종교는 개인적이거나 또한 공동체적인 표상과 태도의 주관성의 표현이라는 식의 축소된 형태로 여겨질 것이다. 종교적인 신앙고백자들은 종교의 신학적 본질과 관계된 진리 주장들에 따라 살아가면서 자신의 삶뿐만 아니라 세계의 현존과 본질이 그가 믿는 신성에 의해 규정되어 있다고 믿는데, 여기서 진리 주장들의 진리 여부는 종교 자체의 자기 이해와는 전혀 다르게 단지 부차적으로만 다루어진다. 그 점에서 그와 같은 서술들 안에서는 종교의 독특한 본질이 처음부터 체계적으로 잘못 취급된다.

종교에 대한 종교 비판적 서술의 경우는 사정이 그와 다르다. 이 서술들은 종교의 진리 주장을 진지하게 수용하면서, 그 주장들이 과연 정당한가에 대해 분명한 반론을 제기한다. 이 반론은 하나님이나 신들의 현존재와 작용 대신에 오히려 인간 그리고 특정 욕구들, 소원들, 보상들, 자기 오

---

106 H. Lübbe, *Religion nach der Aufklärung*, Graz etc. 1986. 뤼베는 219쪽 이하에서 종교의 기능 이론에 대한 비판을 상세하게 논의하며, 특히 다음 논문과 논쟁한다. R. Spaemann, *Einsprüche. Christliche Reden*, Einsiedeln 1977, 51ff. 58 또는 ders., Die Frage nach der Bedeutung des Wortes "Gott", in: *IKZ* "Communio" 1, 1972, 54-72, 57. 다음을 비교하라. Hans J. Schneider, Ist Gott ein Placebo? Eine Anmerkung zu Robert Spaemann und Hermann Lübbe, in: *ZEE* 25, 1981, 145-147.

해들, 또는 노이로제들이 종교적 표상의 형성에 책임이 있다고 주장한다. 이 과정에서 계속해서 가정되어온 것은 종교의 참된 본성이 종교의 신앙 고백자들이 참이라고 주장하는 것과는 전혀 다르다는 점이다. 이 가정을 타당하게 만들려면, 종교 비평가들은 반드시 기계론(Mechanismus)을 재건해야 하는데, 기계론은 순수하게 서구적이기는 하지만 종교적이지는 않은 토대 위에서 종교적 표상들을 생성해낸다.[107] 포이어바흐도 개인의 허영심과 이기심을 중요하게 다루었으며, 그것들은 자신의 고유한 유한성은 인간이라는 종(種)에 귀속시키지만, 반면에 종(種)에 정말로 속하는 무한성은 낯선 본질로 간주한다. 이와 같은 구조의 내적인 불확실성은 포이어바흐의 추종자들로 하여금 종교적 표상들을 생성하는 기계론을 다르게 서술하도록 만들었다. 이에 따라 마르크스는 종교를 사회적인 소외라는 현실적인 비참에 대한 보상의 표현으로 보았다. 여기서 보상은 그 비참에 "대항"하는 기능을 갖는다. 하지만 그렇게 상상된 보상이 어떻게 곧바로 하나님의 표상들과 연결되는가? 이 질문과 관련하여 니체는 양심에 내재된 규범 의식과 그것에서 비롯되는 죄책감에 대해 하나님 표상이 갖는 기능을 통해 대답했고, 프로이트는 죄책감과 하나님 표상의 결합을, 자신이 가설로 제시했던 원초적인 부친 살해로 소급시켰다. 원초적 부친은 개인의 성장 과정에서 오이디푸스 콤플렉스에 상응한다.[108] 이와 함께 프로이트는 그런

---

[107] 다음을 참고하라. 나의 책, Typen des Atheismus und ihre theologische Bedeutung, in: *Grundfragen systematischer Theologie I*, 1967, 347-360, 특히 포이어바흐에 대해 348ff., 니체에 대해 353ff. 또한 다음을 참고하라. F. Wagner, *Was ist Religion?* 1986, 90-106. 바그너는 102쪽에서 니체 이후에 그리스도교 종교의 특정한 가치들이 생존에 적대적인 성격을 갖는다는 점을 강조한 것은 옳다. 하지만 이것은 신을 이미 최고 가치로 해석하는 무신론적 의미에서 어떤 것도 변경시키지 못한다. 왜냐하면 하이데거가 매우 올바로 보았던 것처럼, 신의 존재는 가치를 평가하는 의지로 소급되기 때문이다.

[108] 이에 대해, F. Wagner 260ff.의 해명을, 또한 나르시즘에 대해서는 296ff.를 참고하라.

종교적 의식의 형태들을 포함시킬 수 있는 공간을 갖게 되었다. 그 형태들은 죄책 의식을 고정시키는 것이 아니라 오히려 (콤플렉스를) 부친의 권위와 동일시함으로써 오이디푸스 콤플렉스를 극복하면서 죄책 의식의 수정에 봉사한다. 하지만 하나님 신앙이 세계, 나아가 자연적인 우주, 그리고 그 우주에 상응하는 사회적 질서의 통일성에 대해 맺는 관계는 종교적 의식의 그런 재구성과는 조화되기 어렵다. 종교 의식의 (우주론적) "신화성"은 심리학적 종교 비판에 따르면 한편으로는 부차적인 것으로 취급되었다. 즉 세계의 인식을 위해 어떤 사이비 자연과학적인 수단을 채택했으나 아직도 여전히 불충분할 뿐인 노력의 표현에 불과하다는 것이었다. 아니면 그 신화성은 다른 한편으로 안전에 대한 나르시즘적 소원의 공상적인 성취의 표현으로 취급되었다. 그와 같은 안전의 갈망은 보통 부친의 권위와 돌봄에 의해 지배되는 전체성의 맥락에서 이해된다.

하나님과 신들에 대한, 그리고 세계와 인간을 목표로 하는 신적인 행동들에 대한 종교적인 진술들의 진리 여부를 다루는 종교 비판적 논쟁을 종교의 옹호론자들은 흔히 반대했다. 그때 그들은 종교철학이나 신학의 입장에서 종교적 경험과 신앙을 증빙으로 제시했다. 그와 같은 종교학자들, 종교철학자들, 신학자들은 종교의 본질을 설명하면서 인간의 종교적 의식보다 앞서는 신적 현실성의 우선성을 강조했으며, 종교가 주장하는 것들의 진리 여부가 질문될 때면 그들 또한 종교적 경험이나 신앙 경험, 즉 종교 의식의 주체성을 근거로 제시하는 일이 드물지 않았다. 그때 그들은 이렇게 주장한다. 진리는 믿는 자에게서만, 혹은 종교적 경험을 하는 사람에게서만 발생한다는 것이다. 근대 개신교신학과 관련하여 이미 1장에서 우리는 믿음의 경험과 결단을 제시하여 내용을 정당화하려는 경향을 다루었다(위 85ff.) 언어분석적 종교철학에서 이 경향에 속하는 것은 이안 램시(Ian T. Ramsey, 위의 각주 61번)가 보여준 "열리는 상황들"에 대한 지시다. 이와 유사한 견해가, 예를 들어 하인리히 숄츠(Heinlich Scholz)의 근대 종교철학에서 발견된다. 그는 포이어바흐의 종교 비판에 단호히 맞서면서 종교는 "**욕**

구가 아니라 **체험에서**" 비롯된다고 말했으며, 후에는 종교의 대상이 "오직 체험하는 주체를 위해서만" 존재한다는 것을 인정했다.[109] 종교적 진리의 주관성은 또한 종교의 다양성과는 무관하게 "**종교의 진리 주장의 진지한 수용**"이, 우선적으로 그 주관적인 내용들이 "종교적 인간에게 현실적"이 라는 이유에서,[110] 요청되는 곳에서 전제되어왔다. 여기서 "진지한 수용"은 제기된 진리 주장을 검증한다는 의미는 분명 아니고, 오히려 그것을 "이해 하면서" 인정한다는 의미다.[111] 종교적 경험의 실제성을 그와 같이 증빙으로 제시하는 일은 "근본적 난제"의 짐을 질 수밖에 없다. 그 짐은 종교적 의식의 근원자라고 주장되는 신성이 또한 그 의식의 규정(Setzung)으로서 현현해야 한다는 문제를 뜻한다. 하지만 이 난제는 결코 종교적 의식 그 자체의 특성은 아니다.[112] 왜냐하면 이 의식에게는 자신의 주관성을 대상의 현실성의 보증을 위해 내어준다는 생각이 결코 떠오르지 않기 때문이다. 근세 서구의 세속적 문화에 이르러서야 종교는 주관성의 문제로 다루어졌으며, 종교의 내용은 주체에 의존하는 개별적인 것으로 설명되었다. 이 관점을 숙지했던 종교 이론들은 공적인 문화의 세속적인 진리 의식과 조화를 이룰 수 있다는 장점을 갖는다. 그럼에도 불구하고 그 이론들이 실증적인 종교의 진리, 즉 특정한 하나님의 계시의 진리에 대한 확신을 주관적 체험과 주관적 입장의 문제로만 다루었던 때도, 종교 자체에게 인간의 인간성(Menschlichkeit)을 위한 근본적 의미를 귀속시키는 것을 포기한 적이 거의 없었다. 그때 인간의 종교적인 성향이 각각의 때에 실현되는 것은 단지 믿는 자 혹은 체험하는 자에게만 확실하다고 말해지지만, 그 성향 자체

---

109 H. Scholz, *Religionsphilosophie*, Berlin 1921, 130f., 172.
110 F. Heiler, *Erscheinungsformen und Wesen der Religion*, 1961, 17.
111 이에 대해 C. H. Ratschow, *Methodik der Religionswissenschaft* (1973) 364ff., 또한 다음의 해설을 비교하라. F. Wagner a.a.O. 318ff.
112 F. Wagner 322, 379, 384f., 392f., 443, 546.

는 접근 가능한 사태로서 일반적으로 이해된다.

종교적 성향이 일반적 인간성(Humanität)에 속한다고 가정하면, 종교적 의식과 그것의 일반적인 표현에 대해 특별한 것이 아닌 일반적인 진리가 요청된다. 그 진리는 물론 종교 자체의 진리가 아니며, 종교의 대상 즉 어떤 종교가 주장하는 신이나 그의 계시의 진리도 아니다. 오히려 그 진리는 우선적으로 종교가 인간의 (일반적인) 현실성에 대해 근본적이라는 의미에서의 진리다. 종교적 진리를 이와 같이 이해했던 고전적 대가는 슐라이어마허였다. 그는 종교가 인간적인 "정서의 고유한 영역"이라고 밝힘으로써, 종교는 절대적으로 인간 본질에 속하며, 부차적이라든가 혹은 다른 어떤 근원으로부터 파생된 매우 불필요한 현상이라고 말해서는 안 된다고 주장했다. 비록 사람들은 슐라이어마허의 종교 개념에 반대하여 그가 종교적 대상의 우선성으로부터 사고하지 않았다는 이의를 제기할 수는 있다고 해도, 그에게 종교가 (그리고 그 점에서 종교의 내용이) 인간적인 의식의 순수한 "설정"(Setzung)이라고 비난하는 것은 타당하지 않다. 그 비난에는 인간적 의식이 종교 없이도 이미 완전하다는 사실이 전제되고 있다. 오직 그 전제 아래서만 종교는 의식의 "설정"이라는 비난이 가능하다. 그런 비난에 따르면 그 설정은 의식에 의해 실현될 수도 있고, 또한 중단될 수도 있다고 한다.

이 점에서 "종교적 성향"이 인간의 인간 존재(Menschsein des Menschen)에 불가피하게 귀속된다고 주장했던 슐라이어마허와 그의 모든 후계자들의 종교 이해는 포이어바흐, 마르크스, 니체, 프로이트, 그리고 이들의 추종자들이 보여준 급진적 종교 비평의 종교 이해와 근본적으로 구분된다.[113] 급

---

113 슐라이어마허는 물론 다음과 같은 점에서 포이어바흐의 종교 비평에 대해 하나의 단초를 제공했다. 즉 그의 "강연" 초판에서 신 개념은 종교의 필수적인 구성요소 혹은 토대로 간주되지 않았다. 그렇기 때문에 포이어바흐는 "신이 인간의 현존재의 설명에 필수적인 구성체가 아니다"(F. Wagner a.a.O. 94)라는 자신의 견해에서 슐라이어마허를 인용할 수 있었다. 물론 그는 동시에 슐라이어마허에 반대하며 종교 자체가 불필요하다는 증명을 목표로 했다. 왜냐하면 그는 — 슐라이어마허와는 달리 — 헤겔 학파로서 신

진적인 종교 비판은 종교가 본질적으로 인간의 인간 존재에 속하지 **않는다**는 주장과 함께 서고 넘어진다. 나아가 그 비판에서 중요한 것은, 종교가 인류와 역사에 대해 아무리 오랫동안 영향을 미쳤다고 해도 그것은 일종의 혼동으로 판단될 수 있고, 혹은 기껏해야 어떤 미숙한 형태의 인간적인 현실성에 대한 이해로 여겨질 뿐이라는 사실이다. 종교는 근대 서구의 세속적인 문화를 통해 원칙적으로 극복된 것으로 보이며, 혹은 언젠가 창조될 새로운 사회를 통해 결국은 사라질 것이라고 이해된다. 하지만 종교가 인간의 인간 존재에 근본적이라면, 그때 종교가 없는 어떤 다면적으로 형성되고 완숙한 인간적 삶이란 존재**할 수 없을** 것이다. 세속적인 문화 세계의 공적인 의식을 밀쳐내고 이와 같은 실제적인 사태 관계를 추방해버리는 것은 문화 세계의 미래적 존속에 대해 잠재적인 위협이 될 것이다.

종교가 인간의 인간 존재에 대해 어떤 형식으로든 근본적이라는 사실에 대한 증빙으로, 인류의 가장 이른 시기 이래로 종교가 보편적으로 확산되어왔다는 사실을 말하기도 한다. 특히 고대의 모든 문화에 대해, 그리고 아마도 언어의 기원에 대해서도 종교는 근본적으로 중요했다.[114] 근대의

개념이 종교의 개념에 근본적이라고 올바른 판단을 내렸기 때문이다. 어쨌든 슐라이어마허의 "강연"에서 내용이 없는 종교란 생각될 수 없었기에, 그는 종교 자체의 양도불가성의 명제를 통해 그 "수단들을 사용했으며", 그것은 "종교의 대상과 내용들이 사라지는 것에 대해 근본적인 방식으로 대처할 수 있기 위한" 것이었다(이것은 Wagner, 95에 반대된다). 슐라이어마허의 종교 개념에서 종교의 내용들은 중요하지 않은 것으로 간주된다거나, "자의적 교환 가능성"(73)으로 특징지어질 수도 있다는 주장(참고. 67)은 이미 그의 "강연"에도 맞지 않는다. 이 사실은 슐라이어마허가 개별적인 종교 형성에 대해 행한 다섯 번째 강연에서 분명히 드러난다(Urausg. 261ff.). 나아가 그런 주장은 신앙론 안의 종교사 도입부의 서술(§8)이나 구원의 필연성에 대한 서술(§86ff.)에는 더욱더 맞지 않는다.

114 이에 대해 "Religion und menschliche Natur"(종교와 인간의 본성)에 대해 쓴 나의 글을 보라(이 글은 내가 편집한 다음 책에 있다. *Sind wir von Natur aus religiös?*, Düsseldorf 1986, 9-24). 더 자세한 내용은 나의 책, *Anthropologie in theologischer Perspektive*, Göttingen 1983, 460ff., 특히 469f., 또한 345ff.를 보라.

세속 문화는 종교에 대한 의존성을 배제했을 뿐, 종교를 극복하지는 못했다는 사실은 특별히 그 문화의 공적 기관들이 가진 정당성의 상실에서 나타난다.[115] 인류 가운데 종교적 주제가 실제로 널리 확산되었다는 사실은 세계 개방성, 탈자아성(Exzentrizität), 또는 자기 초월성으로 묘사되는 인간 행동의 구조적 특성에 상응한다.[116] 이 특성은 개인의 삶 안에서 삶의 역사가 구체화되는 것을 발견하는데, 구체화는 인격 형성 과정을 위한, 즉 자기 동일성의 구성을 위한 이른바 "원초적 신뢰"의 관계 안에서 발생한다.[117]

---

115 *Anthropologie in theologischer Perspektive*, 1983, 459f.
116 Ebd. 32ff., 40ff., 57ff. 바그너(F. Wagner a.a.O. 500)는 내가 플레스너(Plessner)의 탈중심성(Exzentrizität, 탈자아성) 개념을 "잘못 해석"했다고 평가했다. 그러나 플레스너가 그 개념에서 자의식의 실제적인 내용을 보고 있다는 사실은 내가 이미 강조했던 것이다(다음을 보라. Wagner 502). 물론 나는 플레스너의 관점에 대해 비판적으로 논의하면서 플레스너와 의견이 달랐던 셸러(Scheler)의 이해, 즉 지향적 의식의 우선성이라는 관점으로부터 그 개념의 실제적인 내용을 규정했다(Anthropologie 60f.). 그러므로 내용에 대한 비판과 잘못된 해석은 서로 구분될 수 있어야 했다. 바그너는 내가 탈중심성의 근본 구조가 (내가 이것을 "강조"했는데도) "자기관계적인 자의식의 구조 계기를 이미 내포하고 있다"는 점을 "고찰"하지 않았다고 근거 없이 가정했다(502). 이것은 바로 그 관점에 대해 내가 이의를 제기하며 설명했던 것을 무시한 결과다. 사람들은 자의식이 지향적 의식과는 달리 부차적이며 그것에서 파생된 것이라고 설명한 나의 시도를 분명 비판할 수 있겠지만, 내가 문제 삼고 있는 바로 그 견해가 자명하다고 가정하는 일은 쉽지 않을 것이다. 그런데 바그너가 실제로 바로 그렇게 가정한다(참고. 506f.). 바그너는 유아의 사회화 과정 속에서 타자로부터 자아의 결정 무대(Instanz)가 형성되는 것을 "충돌"(507)이라고 설명하는데, 왜냐하면 그는 자의식적 자아의 그보다 앞선 현존을 이미 가정하기 때문이다.
117 *Anthropologie in theologischer Perspektive*, 1983, 217-235. 바그너(F. Wagner)가 루만(N. Luhmann)의 명제인 신뢰의 자기관계성을 에릭슨(Erikson)의 "근본적 신뢰" 개념(a.a.O. 293)에 적용한 것은 후자의 개념에 잘 맞지 않는다. 물론 에릭슨의 설명은 유아가 우선적으로 관계된 사람과 맺는 공생적인 삶의 통일성과, 이미 환경으로부터의 자기 분리를 전제하는 고유한 신뢰 행위 사이의 구분을 필요로 한다(Anthropologie etc. 220ff., 또한 앞서 125ff.). 이 구분은 나르시즘적인 소원의 세계로 전락한다는 혐의에 맞서 근본신뢰라는 견해를 보호하는 것에 중요하다.

이와 관련하여 인간성으로부터 분리될 수 없는 인간의 종교적인 "성향"이 말해질 수 있다. 물론 하나님과 신들의 현실성 및 활동에 관한 종교적 주장들의 진리성이 그와 같은 종교적 성향으로부터 주어진다고 할 수는 없다. 종교 개념에 대한 순수한 인간학적인 규정과는 반대로 신적 현실성에 대한 관계는 종교에 대해 언제나 이미 근본적임에도 불구하고, 인간의 종교적 성향으로부터 신의 현존재가 추론될 수는 없다.[118] 다시 말해 그와 같은 기초 위에서 종교적 성향이 인류를 자연적인 환상에 빠지게 할 수 있다는 사실이 배제되지 않는다. 그때 종교는 인간이 가진 능력에 대해 현실에 맞는 행동을 하라는 책임을 부과하지 못하게 된다. 그럼에도 불구하고 종교는 어떤 "설정"(Setzung), 즉 모든 종교와는 독립적으로 구성된 의식의 설정과 같은 것이 아니다.[119] 그때 그 의식은 급진적인 종교 비판이 설명했던 것처럼 그런 설정을 실현할 수도 있고 단념할 수도 있다고 여겨진다.

종교적 성향이 인간의 본성에 속한다고 가정하면, 비록 종교적 의식의 대상들이 환영에 불과하다고 해도 인간은 "회복될 가망 없이" 종교적이다. 신적 현실성에 대한 종교적인 의식이 인간 본성에 속하는 환영일 수도 있

---

[118] M. Scheler, *Vom Ewigen im Menschen* (Ges. Werke 5, Bern 1954, 249ff., 특히 255). 종교적 행위들과 그것들 안에서 파악된 신적 현실성의 "증거"가 기만될 수 없다는 셸러의 주장은(ebd. 130, 154f., 257) 이 견해 속에 타당성의 근거를 갖는다. 그 점에서 셸러의 종교철학은 다음 단락(3.4)에서 논의될 종교적 성향과 종교적 행위들 사이의 결합을 예시하는데, 이 결합은 종교의 진리의 주장을 위한 토대가 된다.
[119] 바그너는 단지 인간학적으로만 기술된 종교의 아마도 망상적인 성격에 대한 나의 서술을 그렇게 해석했다(a.a.O. 498). 그는 여기서 필수적인 세분화를 놓쳤다. 그것은 그가 모든 의식적 행위에 대해 이미 준비된 행위 주체를 가정했기 때문이었다. 하지만 모든 환상이 어떤 "설정"에 근거하는 것은 아니다. 그렇게 근거하지 않는 경우는 다음의 경우, 즉 종교가 지금은 그와 같은 설정의 산물이지만, 아직은 환상에 빠지지 않은 결정 주체라고 주장되는 경우다. 어쨌든 바그너는 종교란—환상이든지 아니든지 간에—인간적 현존재의 구조에 필수적인 요소라는 이해에 부당하게도 순환적인 성격을 부가했다(143f., 또한 비교. 521f.). 바그너는 그 구조가 특정한, 또한 여기서도 짧게 언급했던, 선 역사적인 그리고 발달 심리학적인 소견들에 근거한다고 생각했기 때문이다.

다는 가능성은 단지 인간의 종교적 성향에 근거하여 하나님의 현실성을 주장하는 것을 허락하지 않는다.

이런 이유에서, 종교적 경험이나 체험들을 인간의 종교적 성향과 관련지어서 신적 현실성과 신적 활동에 대한 종교적인 주장의 진리 증명으로 제시하는 것도 허용되지 않는다. 신들과 그들의 활동에 대한 종교의 주장들은 다양하고 종종 서로 대립하는데, "거룩한 것"에 대한 인간의 근원적이고 일반적인 관계에 근거하여 그 주장들이 모두 동등하게 참이라고 주장될 수는 없다. 하지만 종교적인 대상성의 본질적인 존재 즉 신적인 것 전반의 진리성도, 만일 인간의 종교적 성향의 보편성이 아직은 신성의 현실성을 입증하지 못한다는 것이 옳다면, 마찬가지로 아직은 보증되지 않는다.

종교가 인간 존재에 근본적(konstitutiv)이라는 견해는 그럼에도 불구하고 신적 현실성에 관한 종교적 주장들의 진리성에 대해, 그리고 무엇보다 한 분 하나님에 대한 유일신론적인 신앙의 진리성에 대해 충분치는 않지만 필수불가결한 조건을 형성한다. 그 유일신이 세계의 창시자로 생각되는 경우에는 반드시 그렇게 된다. 한 분 하나님이 인간의 창조자이시라면, 그때 인간은 자의식의 존재로서 아직은 어떤 부적절한 형태에 있다고 해도 자신의 기원에 대해 반드시 알아야만 한다. 인간으로서의 현존재는 피조성의 표식을 지녀야 하며, 이 사실은 인간의 의식 그 자체에게 전적으로 은폐될 수는 없다. 만일 종교가 인간 존재에 대한 근본적인 주제가 아니라면, 인간의 삶의 고결한 완전성은 종교가 없다고 해도 아무런 부족함이 없을 것이다. 다만 그와 더불어 하나님의 현실성을 믿는 믿음의 진리성에 대해 대단히 중요한 이의가 제기될 것이다. 그렇기 때문에 그리스도교 신학은 인간이 본성적으로 종교적 성향을 갖는지의 질문에 관심을 가져야 한다. 만일 그렇지 않다면, 그래서 종교적 의식의 생성이 모든 종교적인 주제와는 무관하게 존재하는 어떤 주관성의 결과로 설명된다면, 다시 말해 종교적 의식이 자기 이해의 병리학적 혼동의 표현에 불과하다면, 그때 신적 현실성에 대한 모든 주장과 함께 또한 그리스도교적인 주장도 타당한 토대를 상실하게 될 것이다. 이 사실은 특별히 근대 서구 문화의 맥락에 해당한다. 왜냐하면 그곳에서 한편으로 종교는 정치적·사회적인 주관성 및 그것의 개인적인 자기 이해의 문제로 설명되었기 때문이며, 다른 한편으로 자연과학적인 세계상을 종교적인 전제들로부터 분리해낸 결과 인간학이 하나님의 현실성을 확신하기 위한 토대가 되었기 때문이다.[120]

한 분 하나님에 대한 신앙은 그분이 인간의 현존재의 근거이시며 그것을 완성하는 권능이라는 사실을 함축할 뿐 아니라, 바로 그 하나님이 세계의 근원과 창조자라는 생각도 함축한다. 믿는 자의 실존과 인간적 본성 전체가 하나님에 의해 규정된다는 사실이 단순히 인식되는 것에 그치지 않고, 이에 더하여 한 분 하나님이 자기 자신을 세계를 규정하고 지배하는 권능으로 예시하실 때, 종교의 인간중심성의 한계는 돌파된다. 그때 종교적인 신의 표상을, 어쨌든 구원과 보호를 약속한다는 점에서, 나르시즘적 소원의 산물로 싸잡아 설명하려는 어떤 가능성은 사라진다. 왜냐하면 주관적인 소원의 세계가 세계 경험으로 향하는 현실적 의식과 대립한다는 점이 나르시즘적 퇴행에 본질적이기 때문이다. 종교의 하나님이 세계를 규정하고 지배하는 힘으로 인식될 때, 신 개념이 인간의 본성과 결합되어 있기는 하지만 인간에 의해 "설정"되지는 않은 환영이라는 의심의 마법은 분쇄된다. 이 마법은 절대성의 사유 그 자체에 대한 숙고를 통해서는 아직은 사라지지 않는다. 왜냐하면 절대성의 사유 역시—바로 이 사유의 추상성 안에서—인간의 사유이기 때문이다.[121] 그 마법은 세계가 인간이 믿고 숙고하는 하나님

---

120 이와 관련하여 나는 나의 책(*Wissenschaftstheorie und Theologie*, 1973, 424f.)에서 "종교 신학"의 토대인 인간학에 대해 기초 신학적인 지위를 인정했다. 물론 이것은 방법론적인 우선성을 의미하는 것이었고, 인간학이 **실제적인 내용에 따라** 신학의 기초로 이해될 수도 있다는 뜻은 아니었다(참고. ebd. 419, 그리고 그 앞의 66f. 또한 W. Pannenberg(Hrsg.), *Sind wir von Natur aus religiös?*, Düsseldorf 1986, 134ff., 특히 165f.).

121 바그너(F. Wagner)는 절대인 것을 절대적이라고 여기는 사유가 그 밖의 모든 의식

에 의해 규정되었다고 스스로를 예시한다는 사실을 통해 비로소 사라진다. 그것은 종교의 하나님 의식은 그 진리성을 확인할 수 있음을 뜻한다.[122] 루터의 대(大)교리문답의 사도신경 첫 조항에 대한 질문과 대답에서 이 내용

내용들이 의식의 주관성에 속박되어 있다는 한계를 극복한다는 견해를 갖고 있는 것으로 보인다(a.a.O. 576ff., 비교. 444). 하지만 종교적 의식의 신이 인간에 대해 자유로운 대상이라고 믿어짐에도 불구하고 그 신이 바그너에 따르면 항상 주관적인 한계성에 사로잡혀 있다면, 왜 절대적인 것의 사유는 그 주관적인 한계성을 벗어나야 하는가? 바그너 자신은 "절대적인 것이 오직 절대적인 것에 대한 사유로만 생각될 수 있다"는 점을 인정한다(587). 바그너가 확신하는 것처럼, 그 사유의 개념적인 특성이 "절대성 자체의 자기 해석에 근거한다"고 말해질 수는 있지만(ebd.), 바그너가 생각하는 것처럼 그것이 "입증"될 수는 없다(ebd.). 절대성의 사유는 종교의 신보다 더욱 결정적으로 인간적인 사유의 성찰의 맥락에 얽혀 있다. 왜냐하면 절대적인 것은 철학적 사유이고, 모든 철학적 사유에서와 마찬가지로 여기서도 또한 사유하는 주체의 상대성이 함께 고려되어야 하기 때문이며, 반면에 의도적인 의식과 같은 종교적 의식에게 하나님에 관한 진술의 주관성에 대한 성찰은 외적인 것으로 머문다. 바그너는 절대성의 자기 해석으로 생각될 수 있는 절대적인 것의 사유가 종교 의식의 주관성과 대립된다고 봄으로써, 헤겔의 종교 개념의 배후로 되돌아간다. 헤겔의 종교 개념에서 종교적인 "고양"은 항상 이중적이었다. 그것은 한편으로는 유한한 의식이 유한성을 넘어 무한과 절대의 사유로 고양되는 것, 그리고 동시에 그와 같은 종교 의식의 주관적 운동과 대립하면서, 그 유한한 의식이 절대적인 것을 통해 지양되는 것이다(참고. G. W. F. Hegel, Vorlesungen über die Beweise vom Dasein Gottes. Hrsg. G. Lasson, *PhB* 64, 1966, 77f., 또한 die Ausführungen zum Begriff des Kultus im ersten Teil der Religionsphilosophie: Begriff der Religion. Hrsg. G. Lasson *PhB* 59, 158ff.). 하지만 바그너는 인간이 성취한 종교적 고양을 삭제하는데, 이것은 절대의 사유에서 출발하는 한 방향의 운동을 위한 것이다. 이것은 헤겔화 된 바르트주의다.

122 나의 글 "Erwägungen zu einer Theologie der Religionsgeschichte" (*Grundfragen systematischer Theologie I*, 1967, 252-295)에서 나는 인간이 자신의 현존재의 구조 속에 이미 전제되어 있는 신적 비밀의 현실성에 대해 맺는 "관계"에 대해 말했다(283f.). 나의 학문이론적인 연구 이래로 그 관계가 세계의 경험 가운데 그리고 그것에 함축된 의미와 논쟁하는 가운데 발생한다는 사실이 더욱 강하게 강조되었다. 이때 세계 경험 안에 함축된 의미들은 인간의 표현 불가능한 하나님 지식과 결합되며, 이 앎은 거꾸로 세계의 현실성을 규정하는 힘들을 경험할 때 표현 가능한 하나님 지식이 된다.

이 말해진다. 하늘과 땅을 창조하신 이는 아버지 하나님이시라는 제일 계명의 의미에서 하나님은 과연 누구신가? 대답은 다음과 같다. "이 유일하신 분 외에 나는 그 무엇도 하나님으로 여기지 않는다. 왜냐하면 그분이 아니고서는 하늘과 땅을 창조할 이가 있을 수 없기 때문이다"(WA 30/1, 183).

이제 하나님에 대한 종교적 주장들의 진리 여부의 질문은 세계 경험의 영역 안에서 대답된다. 그것은 세계가—인류와 인류의 역사를 포함해서—하나님을 통해 규정되었다고 스스로 예시함으로써 대답된다. 그 예시는 우주론적 신 존재 증명의 방식, 즉 세계, 특히 모든 유한한 것의 우연성으로부터 귀납적으로 추론하여 스스로 존재하는 세계의 근원이나 창시자를 가정하는 증명의 방식으로 일어나는 것이 아니다. 오히려 종교의 하나님 신앙에서는 신 개념이 세계 경험으로 향하는 출발점이 되고, 세계 경험은 종교적 신 개념 안에서 이미 주장되는 진리, 곧 하나님은 모든 것을 규정하는 현실성[123]이라는 진리를 보증하거나 혹은 보증하지 않는 기능을 갖는다. 세계 경험을 통해 그와 같은 진리 주장이 긍정적으로 보증되고 확증되는 경우에 중요한 것은 세계 경험을 매개로 하여 발생하는 믿음의 대상이신 하나님의 자기 증명이다.[124] 반대로 그 진리 주장이 보증되지 못하는 경우에 믿음의 대상인 하나님은 순수하게 인간적인 생각이나 인간의 주관적인 표상에 불과한 것으로 여겨질 뿐이다.

이에 상응하는 것이 또한 다신론적인 신의 표상들에도 근본적으로 해당한다. 다신론적 종교들의 신의 표상들의 경우에도 중요한 것은 신적인 힘들에 대한 경외인데, 이 힘들은 인간의 경험에 대해 권능에 찬 현실성으로 예시되며, 언제나 또 다시 그렇게 예시되어야만 한다. 그와 같은 권능의 예시가 어느 때에 일어나지 않는다면, 그것은 신의 무위 상태 혹은 신성의 은혜 상실로 이해될 것이고, 만일 지속적으로 일어나지 않는다면, 그

---

[123] 이 정의에 대해 나의 책, *Wissenschaftstheorie und Theologie*, 1973, 304f.를 보라.
[124] Ebd. 302.

신성에 대한 믿음 자체가 흔들릴 것이다. 그때 신성은 무력해 보이고, 그래서 비현실적인 것으로 보일 것이다. 그러므로 신들의 존재와 행위에 대한 종교적 확언들의 진리 주장은 우선적으로 학문적인 연구와 평가들의 형태 안에서가 아니라, 오히려 종교적인 삶 자체의 과정 안에서 검증된다. 검증의 기준은 신성에 외적인 것일 수 없다. 신성을 그것에 낯선 기준들의 토론장으로 끌고 가서 판단하는 것은 비종교적인 행위일 것이며, 그런 행위는 하나님의 존엄을 해치고 신성의 개념 자체를 소멸시킬 것이다. 하나님은 오직 하나님 자신이 정하신 척도에 따라 측정될 수 있다. 이것은 다음의 경우에 발생한다. 하나님이 인간들의 경험 안에서 인간에 의해 존재한다고 주장되는 힘으로서 실제로 입증되는지를 질문함으로써, 신적인 현실성 혹은 행동에 관한 주장들이 바로 그 현실성과 행동이 세계의 유한한 현실성의 이해를 위해 갖는 함축적 의미에 비추어 검증되는 경우다.[125]

종교적인 신의 표상들이 세계 경험을 통해 확증하는 것은 일신론적 종교들에서도 다신론적 종교들에서도 한 가지의 결정적인 행위에 의해 이루어지지 않는다. 설사 어떤 신의 힘과 현실성에 대한 믿음을 흔들거나 아니

---

125 트보루쉬카(U. Tworuschka)가 나에 대해, 내가 설정한 기준이 "오인의 소지 없이 유대교-그리스도교 전통에서 유래하며", 그래서 종교학적 판단을 위한 보편적인 기준으로는 쓸모가 없다고 말했을 때, 그것은 오해였다(Kann man Religionen bewerten? Probleme aus der Sicht der Religionswissenschaft, in: U. Tworuschka/D. Zileßen (Hrsg.): *Thema Weltreligionen*, Frankfurt und München 1977, 43-53, 특히 46). 나는 그 기준을 대체로 일신론적인 신 개념을 예로 들면서 설명하기는 했고, 그것은 한 분 하나님을 모든 것을 규정하는 현실성으로 이해하는 최소한의 정의로부터의 설명이었다. 하지만 그것은 어떤 신성에 속하는 특정한 "힘"에 대한 모든 주장에 같은 방식으로 적용될 수 있다. 이에 대해 트보루쉬카가 제시하는 평가 기준들(49ff.)은 각각의 신 개념에 대해서는 피상적이라는 항변에 노출되어 있다. 나아가 이 사실은 "종교 내부"(49f.)의 기준들에도 해당한다. 그 기준들이 신의 형태가 아니라, 종교적 전통에 "고유한 이론"을 향하고 있다는 점에서 그러하다(50). 트보루쉬카는 그때 신 개념 자체가 단순히 종교적 의식의 설정으로 취급됨으로써 폐기되어버린다는 사실을 명확하게 알지 못했다.

면 오히려 그 믿음을 지속시키는 근거가 되는 대단히 특정한 사건이나 경험이 등장한다고 해도, 그러하다. 후자는 이스라엘의 하나님에 대한 믿음을 통해 출애굽 사건, 특히 갈대 바다에서 백성들이 구원을 받았던 경우였다(출 14:15ff.; 특히 14:31). 종교적 경외의 대상인 신들은 단지 순간적으로만 지속되는 명목상의 존재였던 것이 아니라, 사람들이 특정한 능력의 행사를 끊임없이 기대했던 권세들이었다. 개인에서나 민족들에서나 경험의 과정은 아직 알려지지 않은 미래를 향해 개방되어 있기 때문에, 또한 세계의 현실성도 언제나 또 다시 이전과 다르고 놀라운 방식으로 발생하고, 현대의 관점에서 보면 그 현실성은 완결된 것이 아니라 여전히 진행 중이기 때문에, 신성의 권능에 대한 질문은 그에 따라 언제나 새롭게 제기되어야 한다. 신이라는 존재는 시간 전체를 넘어서면서 확인되는 권능으로 믿어진다. 그 신이 가지고 있다고 추정되는 힘을 정말로 소유하는지는 언제나 새롭게 입증되어야 하며, 그렇기에 그것에는 논란의 소지가 있을 수 있다.

세계 경험의 비완결성은 그 경험에 대한 참여 가능성, 또한 하나의 동일한 세계 현실성에 대한 다수의 경험적 전망들과 관계가 있다. 여러 문화권의 인간들이 같은 땅에 거주한다. 그들의 거주 영역들의 경계는 아마도 같은 바다에 인접해 있을 것이다. 똑같은 해와 똑같은 달이 그들의 하늘 위를 지나간다. 하지만 그 가운데 나타나는 힘들은 단순히 이름만 다양한 것이 아니다. 그 힘들은 다른 현상들과 여러 가지로 결합된 채 체험된다. 여러 문화권에 나타나는 해와 달과 별들의 신들은 단순히 동일하지 않으며, 이름이 다른 것 이상으로 구분된다. 이 문화들의 만남 가운데 다음 질문이 제기된다. 그와 같은 신성들 가운데 누가 더 강한가? 스스로를 알리는 그와 같은 현상들의 배후에 존재하는 권능의 본래적이고 적절한 이름은 무엇인가? 그리고 독립적인 권세의 영역이 중요한가, 아니면 그 영역들을 지배하는 유일한 힘의 다양한 현상 방식들이 중요한가?

고(高)문화들이 설립되던 때, 예를 들어 이집트가 기원전 3천 년에 혹은 중국이 기원전 2천 년에 왕국을 통일했을 때 나타났던 종교적 동기들과 추진력은 어떤 종류의 것이었는가? 고대 메소포타미아에서 한 도시의 주권이 다른 도시로 이양되는 것은 수메르 신화에 따르면 폭풍의 신 엔릴(Enlil)의 관할이었다. 하지만 기원전 2천 년이 시작되던 초기에 바빌론의 신 마르둑(Marduk)이 엔릴을 쫓아내고 그 자리를 차지했을 때, 도대체 무슨 일이 일어났던 것인가? 그런 광범위한 변화를 일으키고 고대 바빌론 왕국을 건립시킨 동력들, 곧 마르둑 신의 형태의 고유한 속성에 근거되어 있었던 동력들은 무엇이었는가? 기원전 2천 년 후반에 아시리아의 군사력이 증강되고 확장되는 배경에는 어떤 종교적인 요청들이 있었는가? 기원전 7세기 이래로 페르시아라는 세계적 왕국이 건립되고 확장되었던 배후에는 또한 어떤 종교적 요구들이 있었는가?

개략적으로 판단한다면 이런 종류의 질문들은 아직도 철저히 연구되지 않았다고 할 수 있다. 대체로 사람들은 종교적 변화들을 역사 안에서 그리고 문화들의 상호작용 안에서 발생한 정치적·경제적 변화들의 단순한 동반 내지는 결과의 현상들로 파악했다. 이에 대해 막스 베버(Max Weber)는 일상의 종교적인 삶 가운데 일어났던 신들의 경합을 다음과 같이 설명했다. "정치적인 '지역 신'이 존재하는 곳에서 흔히 수위권은 자연스럽게 그의 손에 주어졌다. 하지만 지역 신들의 형성 과정의 내부에서 진척된 거주 공동체들의 다양성과 정치적 연대의 환경이 정복을 통해 확장되었을 때, 합병된 공동체들의 많은 다양한 지역 신들도 하나의 전체성 안으로 연합되는 것은 통상적인 결과다.…최고 통치자나 성직자의 자리에 앉았던 '지역 신', 곧 바빌론의 마르둑, 테베의 아문 등은 그때 최고 신의 서열로 상승하기도 하고, 그다음에는 갑작스런 몰락이나 수도의 천도를 통해 흔히 다시 사라지기도 한다."[126] 하지만 종교를 통해 규정된 고대 문화들의 삶 속에서 정치적·경제적 변화들이 순수하게 세속적인 동기들로

---

[126] M. Weber, *Wirtschaft und Gesellschaft* (1922), 5. Aufl. 1976, 255.

부터만 비롯되었고, 종교적 변화들은 단순히 결과적인 현상들이었다고 말하는 것은 설득력이 있는가? 오히려 우리는 정치적인 그리고 경제적인 행위가 각각 종교적 동인을 필요로 했다는 사실을 고려해야 하지 않는가? 그때 종교적 동인은 그런 문화들 안에서 숭배되던 신들의 특성들로 소급되어야 하지 않는가? 나아가 종교사는 종교에 근거한 문화사의 서술 형식, 곧 정치적이고 사회적인 지형에 대한 큰 규모의 재편성을 포함한 문화적인 변화들을 사람들이 숭배하는 신들의 요구들 사이에서 일어나는 갈등과 관계시키면서 서술하는 형식을 수용해야 하지 않는가?

하지만 종교의 변화들을 보통 정치적인 그리고 사회적인 변화들의 기능들로 파악해야 한다는 베버의 견해에 반대하는 것은 다름이 아니라 베버 자신의 자본주의 연구의 결과다. 그의 연구는 마르크스주의자들의 역사적 유물론에 맞서면서 근대 사회의 발전에 칼뱅주의 예정론과 같은 종교적 동기가 영향력을 행사했음을 입증했다. 베버가 자신의 책 『경제와 사회』에서 특별히 주목했던 고대 근동의 종교사의 몇몇 특수한 점들은 바로 그것과 같은 방향을 가리켰다. 바빌론의 신 마르둑이 고대 바빌론 국가의 몰락 이후 존속했던 기간은 수메르의 붕괴 이후 폭풍의 신 엔릴이 존속했던 기간보다 훨씬 더 오래 지속되었다. 그래서 기원전 1531년 사람들은 히타이트인들(Hethiter)에 의해 강탈되었던 마르둑 입상을 다시 찾아오기까지 했다. 그 입상과 분명 특별히 가까운 관계였던 지혜의 신의 명성이 매우 컸기에, 아시리아의 왕 투쿨티니누르타 1세(Tukultininurta I)는 1234년 바빌론을 파괴한 이후에 그 입상을 아시리아로 가져왔다. 그곳에서 아마도 아시리아 백성들의 한 무리가 지혜롭고 온화한 마르둑 신의 제의에 대단히 매혹되었고, 이 때문에 아시리아 왕은 마르둑 신을 국가 신인 아슈르(Assur)를 통해 추방하려고 시도했지만, 성공하지 못했다. 그 왕은 1198년 바로 자신의 아들에 의해 살해되었는데, 이것은 분명 종교적인 문제와 관련이 있었다. 왜냐하면 모욕적으로 탈취되었던 마르둑의 입상이 즉각 바빌론으로 다시 반환되었기 때문이다. 이 과정은 후에 산헤립(Sanherib)이 689년 바빌론을 황폐화시키고 그 장소를 침수시켜서 다시 건축할 수 없도록 만들었던 때, 한 번 더 반복되었다. 그의 아들 에살핫돈(Assarhaddon)은 아시리아 궁정에서 바빌론 파벌에 속했는데, 그가 산헤립을 681년에 살해했다. 그는 바빌론에 반대했던 아버지의 방식을 매우 모독적인 행위로 보고 전면 거부했으며, 마르둑과 화해하기 위해 우선적으로 그 도시와 성전을 재건축했다.

이와 같이 고대 바빌론 왕국의 멸망 이후에 일어난 마르둑 숭배의 역사는 어떠한 방식으로도 정치·경제적 발전의 단순한 결과에 따른 현상으로 이해될 수 없다. 오히려 그 숭배의 역사가 거꾸로 아시리아의 정치사에 중대한 영향을 미쳤다. 종교적 동기가 정치적 역사의 진행 과정에 중요한 영향을 미쳤던 또 다른 예는 파라오 아크나톤(Echnaton)이 그때까지 국가 신이었던 테베 아문(Amun)의 제의에 반대하면서, 그것을 태양 면(面)인 아톤(Aton)의 제의로 대체하려 했다가 실패했던 투쟁이다. 그렇게 하려던 아크나톤의 종교정치의 이유 중 하나는 아마도 태양면의 숭배가 이집트에 제한된 것이 아니고, 바로 조상들이 정복했던 근동의 지역들에게도 친숙한 것이라는 사실이었다. 더 정확하게 말하면 이 지역들은 투트모세 4세(Thutmosis IV) 이래로 아톤의 이름 아래 정복되어 있었고,[127] 이집트의 새로운 왕국의 압도적 승리의 팽창도 틀림없이 아톤의 신적 권세를 옹호한다. 여기서 아톤을 이집트의 세계 제국의 형성에 따른 부차적인 상징으로만 보려는 것은 불합리하다. 그 시대 사람들의 경험 속에서 아톤은 정말로 "세계의 신"(Eberhard Otto)으로 입증된 것처럼 보였다. 일신론적인 배타성을 지녔던 아톤 신앙이 좌초했던 것은 우선적으로 아문 제사장의 간계 때문이 아니었다. 오히려 그 좌초는 아톤 신의 형태가 죽음이나 내세의 주제와 아무런 관계가 없었다는 사실, 하지만 무엇보다도 아톤 자신의 가장 고유한 영역에서 히타이트의 힘의 증강에 따라 아톤의 이전의 영광이 상실

---

[127] E. Otto, *Ägypten. Der Weg des Pharaonenreiches*, Stuttgart 1953, 160f.

되었다는 사실에 기인했다.[128] 결정적인 것은 다음 사실이었다. 아톤의 형태는 한편으로 죽음과 내세에 대한 주제를 이해시켜 주고, 다른 한편으로 근동 아시아로부터의 이집트의 정치적·군사적 퇴각을 충분히 이해시켜 줄 해석의 잠재력과 무관했다. 세계 경험 그 자체의 영역에서 일어난 변화들이 아니라, 어떤 신의 형태에 고유한 해석의 잠재력 곧 신과 세계 경험들과의 관계를 해석해내는 잠재력이 종교적 숭배자들의 세계 경험 속에서 신의 형태에 대한 확증 혹은 비확증을 결정했던 것으로 보인다.

마지막 예시로서 고대 유다 왕국의 몰락과 붕괴의 시기, 그리고 바빌론 포로기에 이스라엘이 자신의 하나님과의 관계에서 겪었던 경험을 들 수 있다. 고대 이스라엘은 왕정 시대에 다른 민족들과 마찬가지로 자신의 하나님이 왕국을 보존하고 강화하는 권능을 지원해서 신성을 증명해주시기

---

[128] Ebd. 166ff., 특히 169. 트보루쉬카(U. Tworuschka a.a.O. 47)는 신앙의 대상인 신이 그의 숭배자들에게 실제로 자기 자신을 그가 가지고 있다고 믿어지는 그 힘으로서 예시하는가의 문제가 "방법론적으로 애매하며, 그리고 그 밖에도 실천적으로 수행될 수 없다는" 이유로 거부될 수 있다고 생각한다. 하지만 전자의 경우에 그는 적용된 기준이 그리스도교-서방세계의 전제들에 의존한다고 잘못된 주장을 했고(이에 대해 위의 각주 125번을 보라), 후자의 경우에서 우리는 이른바 "고대인들이 간청했지만 실제로 발생하지 않은 결과들에 대해 어떻게 반응했는지" 전혀 알지 못한다. 물론 나는 고대 종교들 안에서의 기도의 응답에 관해 말했던 것은 아니며, 오히려 신의 형태와 관련된 기대, 곧 경험된 현실성에 대한 기대에 관하여 말했다. 이에 대해 트보루쉬카는 간결하게 말한다. "신들이 권세를 갖고 있지 않다면, 그들은 포기될 것이며, 다른 힘 있는 신들이 그 자리를 대신할 것이다"(ebd). 하지만 바로 이것은 신에게 속한다고 생각되는 바로 그 힘을 진리로 확증하는가 아니면 (이 경우처럼) 확증하지 않는가의 주제를 정확히 가리키며, 나는 이 주제가 종교적인 믿음의 진리성에 대한 질문의 출발점이 되기 위해서는 그것에 대한 더 정확한 연구와 해명이 필요하다고 생각한다. 신앙의 표상들과 현실의 경험은, 종교현상학적으로 연구하는 종교학자가 생각하듯이, 처음부터 "조화"를 이루고 있었다고 말할 수는 없다. 오히려 역사는 현실을 종교적으로 해석하기 위해 투쟁해왔던 많은 실제적인 사례들을 제공한다. 신들이 권세를 가지고 있는지 혹은 그렇지 않은지의 판단은 단지 종교사의 진행 과정을 이해하려고 했을 때 계몽주의가 필요로 했던 그와 같은 논쟁의 결과일 뿐이다.

를 기대했다. 그것은 바로 하나님이 선택하신 다윗 왕조였다(참고. 시 2:80f.; 110:1f.). 예언자 이사야도 마찬가지로 아시리아를 통해 큰 위협을 받던 8세기에 하나님이 행하신 다윗과 시온의 선택이란 여전히 깨질 수 없는 것임을 보았다. 그렇다면 예루살렘이 586년에 바빌론에 의해 점령당한 것이나 다윗 왕국이 멸망한 것은 사사기 11:24의 의미에서 야웨의 무능함이 바빌론 신들 앞에서 입증된 것으로 보아야 하지 않는가? 베버가 전개했던 종교사회학적 명제들의 논리를 따른다면 그래야만 할 것 같다. 하지만 야웨 신앙은 이스라엘의 예언의 역사 속에서 해석학적인 잠재력을 획득했고, 그 잠재력을 통해 예레미야는 이미 미리 앞서서 바빌론에 의한 예루살렘의 파괴를 해석했는데, 그것에 따르면 그 파괴는 이스라엘의 하나님이 무능력하다는 표현이 아니라 오히려 신적인 심판을 행하시는 권능의 행위였다. 또한 그 재앙이 닥쳐온 이후에 바빌론 포로들과 함께 있었던 제2이사야는 이스라엘의 굴욕을 통해 어떻게 야웨의 이름이 열방의 세계 속에서 "신성모독"을 겪었는지 알고 있었다(사 48:11). 제2이사야는 페르시아인인 고레스(Kyros)를 바빌론을 물리쳐줄 사람으로 기대하고 선포했으며, 고레스를 통해 야웨의 신성이 이방 세계 전체에 공개되어야 한다는 사실(사 45:6; 참고. 48:14-16)이 그의 기대의 배후에 놓여 있었다. 하지만 이 기대는 성취되어서는 안 되는 기대였다. 고레스가 이스라엘의 하나님의 이름으로 자신의 왕국을 건설하지는 않았기 때문이다.

어떤 종교의 진리성을 결정하는 것이 핵심에서는 그 종교가 신성에 대해 주장하는 것들의 진리 여부에 달려 있다면, 그리고 그 결정이 그 종교의 신앙 공동체가 겪은 세계 경험의 맥락에서 발생한다면, 그와 같은 결정의 과정들은 우선 종교의 일반적인 조건들의 해명을 필요로 한다. 물론 세계 경험의 영역에서 일어난 변화들이 자동적으로 그에 상응하는 종교적 변화들을 야기하는 것은 아니다. 오히려 전자의 변화들은 종교적 의식에 도전하여 이러저러하게 생략될 수도 있는 대답을 강요하는 것처럼 보이는데, 각각의 상황에 해당하는 믿음의 진리와 존속은 그 대답에 비추어 비로소 결정된다.

이것은 어떻게 더 정확하게 이해될 수 있을까? 종교적 주장들이 세계 경험의 내용들과 관계될 때, 어떻게 그 주장들은 임의로 치환될 수 있고 세계 경험 자체에 피상적일 뿐인 순수한 주관적 해석들에 불과한 것이 아니라고 말해질 수 있는가? 이것은 단지 세계 경험의 내용들 자체에 그것이 함축한 실제적인 의미가 적합하게 어울린다는 조건 아래에서만 가능할 것인데, 함축된 실제 의미는 종교적 진술의 지평 위에서 비로소 주제화되지만, 그 진술들에 의해 잘못 표현될 수도 있다.[129]

---

[129] 다음의 나의 책을 참고하라. *Wissenschaftstheorie und Theologie*, 1973, 314ff. 그리고 여기에 전제된 의미 개념에 대한 해설은 ebd. 206-224에서 보라. 거기서 각각의 유한한 경험들에 담긴 의미 내용은 경험의 관계들 내지는 실질적인 맥락(맥락의 의미 개념)에 예속되어 있다고 파악되었다. 즉 개별적인 경험들과 그것의 내용에 속하는 의미는 최종적으로는 포괄적인 의미 지평에 의존한다. 비록 포괄적인 의미 지평이 개별적인 경험 속에서는 주제화되지 않는다고 해도 그렇다. 이와 같은 나의 견해에 대해 바그너(F. Wagner a.a.O. 471ff.)는 비판했다. 바그너는 단지 개별적인 의미만이 존재할 수 있고, 어떤 의미 전체라는 것은 없다고 주장한다. 왜냐하면 의미 전체란 단지 "개념적인 설정의 은혜"이기 때문이다(474). 하지만 바그너는 그 비판에서 내가 주장했던 실제적 내용 곧 경험된 개별적인 의미 안에 존재하는 맥락적인 전체 의미의 **함축성**(그렇기에 또한 경험의 불명확한 의미 전체의 궁극적 맥락의 함축성)이라는 실제적 내용에 관여하지는 않는다. 개별적인 경험보다 개별적인 의미가 먼저 주어져 있다는 것은 확실하다. 만일 모든 개별적인 의미가 맥락에 의존한다는 점이 옳다고 한다면, 개별적인 의미의 경험에서 그 맥락은 흐려지고 불명확하게 남아 있을 뿐이지만, 그럼에도 불구하고 개별적 의미와 함께 존재한다. 그렇다면 오직 해석만이 그 맥락을 경험된 개별적인 의미의 제약 조건으로서 재구성한다. 이 점에서 의미를 해석하는 활동이 존재한다. 이 해석은 해석되어야 하는 개별적인 경험 속에 함축된 "의미 맥락"에 적합하기도 하지만, 또한 그것을 잘못 표현하거나 왜곡할 수도 있다. 그 점에서 – 틸리히(P. Tillich)와 함께 말하자면 – 함축의 방식 속에 현존하는 의미 내용은 드러내어 설명하려는 의미 해석("의미 형태"라는 뜻에서)의 해석학적 노력보다 항상 우선한다. 이것은 모든 의미 형태들의 근거인 "무제약인인 의미"에만 해당하지 않는다. 틸리히에 따르면 종교는 바로 그 무제약적인 의미를 향한다(이에 대해 참고. G. Wenz, *Subjekt und Sein. Die Entwicklung der Theologie Paul Tillichs*, München 1979, 120ff.).

종교적 진술들이 세속적인 세계 경험 안에 함축된 의미를 주제화한다는 관점은 이미 슐라이어마허의 "종교론" 강연에서 발견된다. 종교론에서 자신의 특수성을 구성하는 한계성을 지닌 모든 유한들은 무한으로부터 "절단된 단면"[130]이라고 말해질 때, 그것은 다음을 뜻한다. 즉 세속적 세계의 경험으로서의 모든 유한성의 경험은 바로 그 유한이 무한, 곧 우주의 표현이라는 사실을 언제나 이미 함축하고 있다. 다만 우주는 세속적인 경험 의식에서 주제화되지 않는다. 종교적 의식이 비로소 유한 속에서 무한과 전체를 명시적으로 직관하며, 세속적인 경험 안에 함축된 의미를 주제화하

오히려 그 사실은 주제화되어 파악된 개별적인 의미(개별적인 해석) 속에서 함축성을 통해 현존하는 모든 "의미 맥락들"에도 해당하는데, 이 맥락들은 뒤따르는 해석을 통해 비로소 표현된다. 물론 그 사실은 또한 특별히 다음의 방식, 즉 개별적 경험 속에서 무제약적인(궁극적인) 의미 근거가 의미의 총체성을 통일하는 근거로서 함께 주어지는 방식에도 해당한다. 이때 의미의 총체성은 비록 비주제화되고 불명확하다고 해도 의미의 지평으로서 모든 개별적인 경험 속에 현존한다. 틸리히는 무제약적인(궁극적인) 의미 내용은 어떠한 의미 형태(즉 의미 해석)를 통해서도 획득되거나 능가될 수 없다(*Religionsphilosophie* 1925, Ges. Werke I, 319; 참고. G. Wenz 120ff.)라고 바르게 주장했다. 하지만 그가 무제약적인 것의 개념을 보호하고자 제시한 근거에는 논란의 여지가 있다(바그너의 비판을 참고하라. Wagner a.a.O. 382ff.). 개별적인 경험들 안에서 비주제화되어 현존하는 의미의 전체성과 그것의 근저에 놓인 무제약적인 의미가 명시적인 의미 해석을 통해 획득될 수 없다는 사실은 오히려 일차적으로는 함축적이고 비주제화된 소여성의 방식에 근거하며, 나아가 경험의 비완결성이 지닌 시간성에 근거한다. 틸리히가 딜타이(Dilthey)에 의존하지는 않았다고 해도, 그가 실질적인 내용에서는 딜타이의 맥락적인 의미 개념에 가깝다는 사실은 벤츠(Wenz, 124ff.)에 의해 바르게 강조되었다. 딜타이가 "정신적 삶"과 그 삶의 경험에 한정한 것을 넘어서서 이와 같은 의미 개념을 존재론적으로 평가한 것에 대해 다음의 나의 책을 참고하라. Sinnerfahrung, Religion und Gottesfrage, in: *Theologie und Philosophie* 59, 1984, 178-190, 특히 180ff. 바그너의 비판과 연결되는 전체성의 범주의 문제에 대해서는 거기서 언급되지 않은 다음 논문을 비교할 수 있다. Die Bedeutung der Kategorien "Teil" und "Ganzes" für die Wissenschaftstheorie der Theologie, in: *Theologie und Philosophie* 53, 1978, 481-497, 특히 490f.

130 *Über die Religion*, 1799, 53.

는데, 이 의미는 세속적 경험 자체 안에서는 스스로를 명시화할 수 없다. 물론 슐라이어마허는 거기서 종교적 "직관들"을 말했고, 종교적 진술들을 말했던 것은 아니다. 그 때문에 그는 진술 혹은 단언의 형태와 관계된 진리 주장에는 관여하지 않았다. 다시 말해 그는 종교적인 "직관들"이 세속적인 경험 안에 함축된 의미들과 어느 정도까지 일치하는지 혹은 어긋나는지에 대해서는 질문하지는 않았다. 그럼에도 불구하고 그는 다섯 번째 강연에서 다른 종교들이 유한과 무한을 중재하기에는 불충분한 형태라고 비판하는 기능, 곧 그리스도교 종교의 비판적 기능에 대해 말했다.[131] 이것은 다른 종교적 형태들의 종교적 직관들이 유한과 무한의 참된 관계를 틀리게 이해하거나, 최소한 불충분하게 파악할 뿐이라는 사실을 암시하지 않는가?

헤겔은 슐라이어마허의 "강연"에 나오는 종교론의 직관 개념에 대해 여기서 직관 자체가 "어떤 주관적인 것"으로 되어버렸다고 비판했다.[132] 말하자면 슐라이어마허가 직관의 표현을 "고정"하기를 소홀히 했다는 것인데, 헤겔 자신이 그의 "차이"에 관한 논문(각주 133)에서 이미 짧게 묘사했던 것처럼 직관을 많은 성찰들의 관계의 통합으로 이해하지 않았다는 비판이다. 헤겔의 성찰(Reflexion)은 유한과 유한의 관계만이 아니라, 또한 유한의 무한에 대한 관계도 주제화하는데, 바로 이것은 슐라이어마허가 무한과의 관계로부터 유한이 "절단된 단면"이라는 내용의 의미 깊은 상으로써 암시했던 것이다. 헤겔에 따르면 직관 속에서 성취될 수 있는 성찰들의 종합(Synthese)은 "성찰 자체로부터 요청되며", 나아가 반드시 성찰로부터 "연역되어야" 한다.[133] 우선 각각의 일면적인 형태 속에서 발생하는 것이 더 자

---

131 A.a.O. 293ff. 그리스도교의 "논쟁적" 성격은 슐라이어마허에 따르면 꼭 그렇기만 한 것은 아니지만 타종교들에게 적대적인데, 여기서 슐라이어마허는 우선적으로 예수 시대의 유대교를 떠올렸던 것 같다.
132 G. W. F. Hegel, *Glauben und Wissen*, 1802, 인용은, *PhB* 62b, 1962, 89f.
133 G. W. F. Hegel, Differenz des Fichte'schen und Schelling'schen Systems der Philosophie, 1801, 인용은 *PhB* 62a, 1962, 32. "이와 같은 종합 없이 직관에 반대하는

세한 성찰을 향한 계기를 제공한다는 사실을 헤겔은 후기 작품에서 설명 했고, 거기서 "개념의 개념"이 사변적인 직관의 자리에 등장했다. 여기서 우선 관심을 끄는 것은 사변적인 직관이 유한과 무한을 결합하는 성찰들의 통합으로서, 성찰로부터 "요청"되기만 하는 것이 아니라, 각각의 성찰의 형태 속에서 명백하게 다시 비판된다는 사실이다. 이것은 성찰의 형태가 일면적이고 불충분한 통합으로 예시된다는 점에서 그러하다. 여기서 아직 은 그와 같은 일련의 모든 통합이 다음 방식으로 구성될 수 있다는 결론이 도출되지는 않는다. 그것은 각각 뒤따르는 부분이 모든 관점에서 자신의 앞선 더 높은 등급의 선행자와 통합된다고 설명되는 방식을 뜻한다. 그리고 그 선행자들의 모든 일면성을 극복하는 직관을 통해 그와 같은 일련의 통합과정이 완결된다는 가정의 결론은 더욱더 도출될 수 없다. 그때 그 직관은 문제가 되는 것 자체에 대한—즉 여기서는 절대에 대한—사변적 개념이 될 것이다.[134]

것은 경험적이고 임의적이며 무의식적이다"(31).
134 헤겔은 자신의 논리학에서 그런 일련의 형이상학적 근본개념들을 "절대성의 정의들"로 배열하려고 시도했다(G. W. F. Hegel, *Wissenschaft der Logik I*, hg. von G. Lasson, PhB 56, 1967, 59). 그 배열에 해당하는 것으로는, 비록 논리적인 순서가 엄격히 "적용"된 의미는 아니었지만, 종교사를 종교 유형들의 연속으로 설명하면서 그 순서의 마지막에 절대 종교를 배치하는 것이었다. 물론 실제 종교사는 그런 유형들의 연속적인 순서와 맞지 않는다. 왜냐하면 구체적인 역사 과정 속에서 여러 다양한 문화들과 종교들은 시간적인 순서로 나열되어(nacheinander) 있는 것이 아니라, 오히려 넓은 영역에서, 서로 아무 관계가 없든지 아니면 가지각색으로 얽혀 서로(miteinander) 관련되면서, 나란히(nebeneinander) 존재하기 때문이다. 여러 가지의 문화와 종교들은 서로 함께 종종 수천 년을 지나며, 어떤 한 가지의 고유의 유형으로 축소될 수 없는 그들 자신의 역사를 갖고 있다. 그 과정에서 다수는 여러 가지 발전단계들을 거치게 되고, 그 단계들과 비슷한 것이 다른 종교들에서 발견되기도 한다. 종교사의 통일성은 어떤 유형적 나열의 의미에서 종교들의 순서라는 그림을 통해 완성되지 않는다. 오히려 그 통일성은 문화들이 점점 더 접촉하거나 충돌하고 서로 영향을 주고받는다는 점에서 비롯된다. 그렇기에 종교사에 대한 헤겔의 그림은 오늘날 수용되기는 어렵다.

슐라이어마허의 "직관" 개념을 성찰과 연관시키려는 헤겔의 시도는 슐라이어마허의 사상을 적절하고 상세하게 표현해주며, 이로써 종교적 직관의 문제성을 종교적 삶과 역사의 과정 속에서 더욱 정확하게 분석할 수 있도록 해준다. 종교적 직관들이 유한한 경험 내용들이 무한에 대해 갖는 함축적 관계를 주제화할 때, 직관들이 그 관계들의 대단한 복잡성을 올바르게 처리할 수 있는가라는 역질문에 노출된다. 이것은, 이 복잡한 의미 관계들의 전체를 "상징적"이라고 묘사될 수 있는 어떤 표현으로 옮기는 것이 종교적 직관의 기능이라면, 어쨌든 의미 있는 질문이다. 물론 그 표현이 각각의 개별 경험과의 관계 속에서, 그래서 각각의 구체적인 관점 아래서 우주 "전체"를 표현한다는 점에서 상징적이다. 슐라이어마허는 그렇게 하여 무한을 유한 속에서 직관하게 된다고 했다. 슐라이어마허는 전체로부터 개별적 유한이 "단면으로 잘라내어"지는데, 이때 종교적 직관은 반드시 전체를 나타낼 수 있어야 한다고 주장했다. 이 사실은 슐라이어마허 자신보다는 오히려 헤겔이 자신의 직관 개념을 종합(Synthesis)으로서 이해하는 것에서 더욱 분명하게 파악되었다. 하지만 그것은 믿는 자들의 다른 모든 경험들이 관계되어야 할 종교의 "중심적 직관" 혹은 "근본적 직관"에 대한 다섯 번째 강연의 설명 안에 암묵적으로 전제되어 있다. 그러므로 종교적 직관들은 무한을 유한 속에서 직관하는 기능을 적절히 성취하고 있는가 하는 질문을 언제라도 받게 된다.[135]

달리 말하자면, 종교들의 신들은 인간의 세계 경험과 관련하여 스스로를 인간들을 존재케 하는 힘들로서 증명하라는 요청을 받는다. 그들은 세

물론 헤겔이 슐라이어마허에 대해 강조했던 것, 즉 종교적 의식에 대한 하나님 표상(Vorstellung)의 우선성은 여전히 중요하다.

[135] 참고. *Über die Religion*, 259ff. 그 점에서 종교적 "직관들"은 일종의 주장이라는 특성을 갖게 되며, 진리 주장들과 연관된다. 다른 종교들에서는 유한 속에서의 무한의 현존에 대한 설명이 불충분하다는 그리스도교의 "논쟁"에 관련하여, 슐라이어마허는 종교적 진리 주장들 사이의 충돌 가능성 정도만을 보았다.

계 경험의 의미 함축성을 드러내는 가운데 자신들을 입증해야 하며, 그 결과 입증된 각각의 내용은 신의 권세의 표현으로 이해될 수 있어야 하고 무능의 표현이 되어서는 안 된다. 물론 그와 같은 해석들은 자의적으로 가능한 것이 아니다. 한편으로 그 해석은 신성의 특성 자체를 통해 부여되는 해석학적 잠재성에 달려 있다. 그렇기에 이스라엘 역사의 경우 예언의 전통 속에서 발전된 하나님 이해는 유다 왕국의 멸망을 하나님이 그 자신의 백성에게 행하신 심판 행위로 해석하게 하였다. 다른 한편으로 세계 경험의 해석들은 그것에 함축된 의미 내용을 제대로 말해야 하며, 그것을 잘못 다뤄서는 안 된다. 그렇기에 예루살렘이 하나님의 심판의 행위에 의해 멸망한 것이라는 해석은, 이 사건이 첫눈에 보기에는 이스라엘의 하나님이 무능하다는 것을 나타내는 것으로 보일 수밖에 없다는 사실과 맞서야 했다. 그래서 제2이사야는 한편으로 야웨의 이름으로 이 사건이 닥쳐온다는 예언자적 통고를 했지만(사 42:9; 참고. 48:3-6), 다른 한편으로는 추방된 자들이 유배지인 바빌론으로부터 돌아와 예루살렘을 재건한다는 다가올 구원의 행위를 기대했다(사 48:11). 구원의 행위는 야웨의 이름이 이방 세계 속에서 경험했던 능욕을 사라지게 만들 것이었다.

어떤 종교의 진리성에 대한 결정, 즉 우선적으로 그 종교의 추종자들이 주장하는 신들이 정말로 신들로 확증될 수 있는지에 대한 결정은 결국 세계 경험의 과정 속에서, 그리고 그것들을 해석하려는 노력 속에서 내려진다. 이러한 사태 관계의 정확한 이해를 위해 다음 세 가지를 유념해야 한다.

1. 종교적 주장의 진실성 증명, 혹은 특별히 신들의 현존재 및 활동에 대한 믿음의 진실성의 증명/비증명 여부는 관련된 종교 공동체에 속한 자들에 의해, 관련된 신성의 숭배자들에 의해 우선적으로 경험되고 인지된다. 여기서 어떤 신의 힘에 대해 기대되어온 실증이 발생하지 않는다면, 사람들은 즉각 그 신을 외면하는 것이 아니라, 오히려 우선적으로는 단순히 그 신에 대한 신앙이 시련의 경험을 겪으며 인내하게 될 것이다. 하지만

어쨌든 신앙의 대상인 신의 진리는 누구보다도 신앙인들 자신 안에서 위험에 처하게 되며, 신앙과 경험 사이의 긴장 속에 놓이게 된다. 이 긴장은 그다음에 종교적인 전승의 과정 속에서 등장하며, 이것은 이전 세대가 고백하고 숭배해온 신의 신성이 후손들에게도 분명하게 나타나야 하는 시점을 뜻한다. 여기서 신앙의 표상들을 변경시키는 아마도 가장 중요한 계기는 신성과 그것의 활동에 대한 신앙이 세계 경험과 통합되는 과정이다. 그리고 마지막으로 이와 똑같은 긴장, 즉 전승의 해석이나 공동의 세계 경험을 해석하는 데 필요한 긴장이 나타나는데, 이것은 어떤 신에 대한 신앙이 그때까지 그 신의 숭배자 무리에 속하지 않았던 사람들에게 이해되어야 하는 곳에서 나타나게 된다.

2. 어떤 신에 대한 신앙의 진실성 입증 여부, 그와 더불어 그 신의 신성 자체의 진리 여부에 대한 질문은 많은 경우 다른 신성들의 진리 주장들과 경쟁해야 하는 압박 아래 있을 수밖에 없다. 다른 신들은 똑같은 세계 경험의 영역에서 자신들의 신성이 증명된다고 주장하는 것이다. 우리는 고대 이스라엘의 종교사에서 야웨와 바알 사이의 논쟁을 생각해보기만 하면 된다. 아마도 어떤 신의 능력이 다른 신의 형태나 그것의 대안적 해석의 잠재력을 통해 의문시되는 일이 언제 어디서나 종교적 삶이나 종교적 전승의 일상적인 문제를 일으키지는 않을 것이다. 오히려 그 문제는 특별히 여러 문화들이 접촉하고 혼합되고 충돌하는 상황에서 일어나며, 동일한 문화 안에서도 판의 변경(Verschiebung, 전위)이 일어날 때 함께 발생한다. 후자의 경우는 예를 들어 다신적인 문화권에 해당하는데, 이것은 어떤 신의 형태가 지금까지는 다른 신성의 영역에 속했던 새로운 권한들을 소유하려는 경향을 보이는 경우다.

3. 신성에 대한 신앙이 변화된 세계 경험에 직면하여 그 신성의 힘을 입증해야 할 때, 그와 같은 도전은 바로 신의 자기 주장의 긍정적 사례 안에서 신이 가진 특성과 그 행위에 대한 변화된 이해로 인도한다. 그 변화들은 신화적인 종교들 안에서는 신화의 시초를 되돌아 가리킨다. 신화의

기원적 질서와 그에 따른 신적 기원이 변화한다는 것은 기원에 대한 절대 깨질 수 없는 규범성을 생각하는 신화적 의식 속에서는 어떤 자리도 차지할 수 없다. 오히려 신 이해의 역사적 변화들이 주제화되는 곳에서 신화적인 삶의 방향성은 부서진다. 이것이 이스라엘 종교사에서 일어났던 일이다.[136] 물론 이스라엘과 그리스도교 전통 안에서 신화적 요소들, 신화적인 개별 동기들, 그리고 사고 형태들(이것들은 나중에 새로운 기능들을 획득한다)로 구성된 다층적인 후속사가 나타나기는 한다.[137] 이스라엘에게는 이미 족장 시대의 전승들 속에서, 출애굽 전통 속에서, 다윗과 그 왕조의 선택 및 하나님 경배의 장소로서의 예루살렘의 선택에 대한 기억 속에서, 그리고 마지막으로 예언자들의 메시지 속에서, 역사적인 변화의 경험 자체가 하나님 의식을 매개했다. 하지만 이와 함께 역사적 상황 속에서 입증된 하나님 신앙과 하나님의 새로운 행위에 대한 모든 경험들은 이전의 모든 것에 대해 각각 새로운 빛을 던져줄 뿐만 아니라, 또한 그 경험들 자체가 잠정적이라는 점을 의식해야 했다. 그래서 하나님의 신성의 미래적인 궁극적 자기 예시에 대한 질문이 제기된다. 그것은 이스라엘에서 특별히 포로기의 예언 속에서 시작되어, 후에 종말의 사건들을 기대하는 묵시록이 수용했던 질문이었다.

이스라엘이 경험했던 역사는 이스라엘 자신에게는 세계와 인류 전체를 포괄하는, 아직 종결되지 않은 미래 전체와 함께 하나님이 현현하시는

---

136 이에 대해 다음을 보라. M. Eliade, *Der Mythos der ewigen Wiederkehr*, Düsseldorf 1953. 여기서는 고대 이스라엘과 원시 시대의 신화적 방향이 서로 대조를 이루는데, 이것은 차별화될 필요가 있다. 신화 개념과 그 개념의 역사에 대한 나의 연구를 보라. Christentum und Mythos (1971) in: *Grundfragen systematischer Theologie II*, 1980, 13-65.

137 이에 대한 개별적 입증들은 "그리스도교와 신화"에 대한 연구에서 찾아볼 수 있다 (Christentum und Mythos, in: *Grundfragen systematischer Theologie II*, 1980, 31-56 그리고 57ff.).

역사가 되었다. 역사적인 세계 경험을 하나님의 권능의 표현으로, 하나님의 직접적인 행위로 이해하는 해석들은 되돌아 하나님의 이해 자체에 다시 영향을 주었고, 그래서 역사라는 매개 속에서 하나님의 신성과 특성들은 점점 더 많이 나타나는데, 물론 그것들은 한결같이 진보적인 것만은 아니다. 왜냐하면 실제로 진행되는 사건들은 어둠의 시대 역시 알고 있기 때문이다. 하지만 그 발전은 이스라엘의 하나님의 주권이 그의 역사적 행위로부터 모든 인간을 향해 결정적으로 계시될 미래를 향하고 있다.

만일 역사를 이스라엘 안에서 하나님이 현현하시는 역사로 보는 이해가 다음 사실, 즉 이스라엘의 주변 세계의 신화론적 종교들과는 달리 하나님의 신성의 확증이 그때마다 새로운 세계 경험의 상황들에 비추어 주제화되고 그 결과 그 상황들이 하나님의 새로운 행위로 이해될 수 있었다는 사실에 근거한다면, 종교들의 세계 안에서 신들의 자기 입증이나 자기 주장의 역사적인 형태는, 그리고 이것들이 종교사의 과정 안에서 어떻게 실현되는가 하는 것은, 마찬가지로 신들 자신이 현현하는 역사로 지칭되어야 할 것이다. 하나님에 대한 신앙이 그를 숭배하는 자들의 세계 경험에 따라 진실로 확증되는 곳에서는 그를 믿는 자들의 해석의 능력만 말해질 수 있는 것이 아니라—비록 잠정적이라 하더라도—하나님 자신이 그곳에서 자신의 신성을 그들에게 나타내신다고 말해질 수 있다. 종교들과 신들을 단순히 인간의 표상들로만 다루는 것이 아니라, 나아가 그것들과 연관된 진리 질문을 진지하게 수용하는 종교사적 연구는 자신이 탐구하고 설명하는 종교사적 변화들에 대한 관점으로부터 쉽게 벗어날 수 없을 것이다. 물론 이 과정에서 무력함이 명확해져서 사라진 신의 형태들도 있다. 그리고 긴 시간에 걸쳐서 끊임없이 새로운 세계 경험의 도전들에 대항하여 자신을 지켜왔던 신들의 신성 역시 역사의 진행 과정 속에서는 여전히 논란의 여지를 갖는다. 이것은 이스라엘의 하나님께도 해당한다. 구약성서의 믿음의 증언들이 하나님의 신성의 미래적이고 궁극적인 예시가 하나님 자신에 의해 실행될 것이라고 말할 때, 위와 동일한 것을 말하고 있다. 일신론적 신앙은 다른 신들의 현실성과 투쟁하며, 성서적인 일신론이 그리스 철학과 결합된 이래로 다른 신들의 비존재는 그리스도교적으로 각인된 문화세계 속에서는 문화적인 자명함이 되었다. 하지만 종교적인 세계 상황을 살펴볼 때, 종교사의 이와 같은 진일보가 지닌 비가역성은 온갖 논쟁의 영역을 벗어나지 못하고 있음을 알 수 있다. 일신론적 신앙의 여러 가지 다양한 형태 사이에서 심지어 신적 현실성의 궁극적 형태도 논란이 되고 있으며, 신적 현실성에 대한 개인적 이해를 의심에 빠뜨리는 무신론적 종교성과 신앙들 사이에서도 그 궁극적 형태는 논란이 된다.

종교사를 종교들에 대한 비판으로, 그리고 종교들 안에 숨겨진 하나님의 비밀, 곧 하나님의 참된 현실성이 "현현하는 역사"에 대한 비판으로 이해하는 것은[138]—피상적으로 본다면—일신론적 관점에서 기획된 교의학적인 견해라고 생각될 수도 있다. 신적인 비밀은 하나로 파악된다. 즉 신적 형태들의 권세 주장들과 그 주장들 사이에서 벌어지는 구체적인 갈등들은 최종적으로는 그 안에서 현현하는 신적 현실성의 단일성에 관계된다. 여기서 하나로 파악되는 신적 비밀은 오직 종교 개념의 단일성에 부합하며, 나아가 그 안에 포괄되어 있는 인류의 단일성이라는 견해에 부합한다. 인류의 단일성은 인간의 종교적 규정 안에 있으며, 또한 종교의 다수성에도 불구하고 존속하는 종교사의 단일성도 그것과 연관된 단일성의 견해다. 여기에 추가될 수 있는 것은 신들의 신성과 종교들의 논란에서 중요한 세계의 통일성이나 진리의 일치성에 대한 관계 또한 존속하고 있다는 점이며, 그 점에서 세계 경험이나 다른 신들의 경쟁적인 진리 주장들에 직면하여 하나님의 신성에 대한 신앙의 진리성은 위험에 처하게 된다. 종교와 종교사의 일치에 대한 견해는 일신론의 사실성을 통해 제약된 문화사적 위치를 갖는다는 점은 이미 언급되었다. 하지만 그와 함께 일신론적 관점

---

[138] 다음 나의 책을 참고하라. "Erwägungen zu einer Theologie der Religionsgeschichte", in: *Grundfragen systematischer Theologie 1*, 1967, 252-295, 특히 288ff.

이 교의학적으로 전개된 것은 아니다. 종교사는 인간의 표상이나 인간적 행동의 역사이기만 한 것이 아니다. 오히려 종교사에서 중요한 것은 종교들의 하나님 형태들 속에 나타나는 신적 현실성의 진리 문제다. 이 사실은 종교사가 신적 현실성이 현현하는 역사로, 혹은 인간의 신적 현실성에 대한 불충분한 이해를 비판하는 과정으로 읽힐 수 있다는 점을 설명해준다. 종교들의 역사 속에서 다수성에도 불구하고 받아들여질 수밖에 없는 종교의 단일성은, 그 역사 안에서 나타나는 단일성, 즉 그 역사의 변화와 단절들을 꿰뚫고 현현하는 신적 현실성의 단일성에 부합한다. 물론 단일한 신적 현실성이 결과로 주어지는 것은 아니다.

오히려 종교들이 하나로 일치된 형태는 종교들의 진리 주장들 사이에서 논란이 되고 있다.

종교적인 그리고 관념적인 진리 주장들의 여전히 해결되지 않은 갈등의 한가운데서 신적 현실성이 현현하는 것은 계시다. 계시 개념 그리고 그 개념의 신학적인 문제성의 해명은 이 개념이 종교들의 역사 속에서 하나님의 현현의 역사와 일치한다는 사실을 제시할 것이다. 이것은 물론 그리스도교 신앙과 그 신앙이 알고 있는 하나님, 그리고 그분의 자리를 종교들의 세계의 한가운데서 해석함으로써 이루어진다. 신성의 참된 형태를 추구하는 종교들이 투쟁하는 가운데 신적 현실성이 현현하는 역사에 대해, 하나님의 계시에 대한 그리스도교적 진술은 어떤 낯선 것을 첨가하지 않는다. 오히려 종교사의 진행 안에 있는 계시 개념은 자기 스스로를 역사적 경험의 과정 속에서 표현되는 하나님의 자기 증명의 결과로 지칭한다. 역사가 하나님의 신성의 자기 증명의 영역이라는 것은 이스라엘의 발견이었고, 그리스도교가 그 유산을 계승했다.

하나님의 자기 증명은 인간과 하나님의 관계를 위해 중요하며, 하나님 경외를 위해서도, 또 이 단어의 좁은 의미에서는 종교를 위해서도 중요하다. 하나님에 대한 인간의 종교적인 관계는 역사적인 자기 증명을 통해 밝게 드러나는 하나님의 진리에 언제나 부합하지는 않는다. 하나님에 대한 종교적 관계는 오히려 신적 진리의 자기 증명에 의해 수정될 필요가 있다. 그리고 신적 진리에 대한 인간의 관계의 형태에서 나타나는 부적절함은 신적 진리가 역사의 과정 속에서 인간에게 드러날 수 있다는 사실에 기여하게 된다.

4. (하나님과의) 종교적 관계

만일 우리가 하나님 혹은 신들에 대한 앎을 종교의 전제로서 종교 자체와 구분하지 않고, 아우구스티누스 이래로 해왔던 것처럼 그 앎을 종교 개념으로 분류한다면, 그때 종교가 진리인가의 질문에서 일차적으로 중요한 것은 신성에 대한 종교적 주장들의 진리 여부이다. 인간들의 종교적 삶 속에서는 그 주장들이 우위를 차지해야 한다. 왜냐하면 하나님의 현실성이 인간의 모든 경외보다 앞서 존재하고 있으며, 그래서 종교적 경외를 요청할 수 있기 때문이다. 다른 한편으로 신성에 대한 앎을 종교 개념 안으로 포함시킬 때, 우리는 이미 아우구스티누스가 그렇게 했던 것처럼 인간적인 하나님 의식을 하나님에 대한 경외의 형태로 간주하게 된다. 사실상 모든 하나님 경외는 인간이 우선 그분을 생각하고 의식하면서 시작된다. 하나님 경외로서의 종교는 물론 다른 형태의 인간적인 행위들도 포괄한다. 하나님에 대한 앎은 결코 종교적 경외의 가장 높은 형식은 아니다. 하지만 그 앎은 다른 모든 경외에 대해 근본이 된다. 그렇다면 하나님에 대한 경외로서의 종교의 진리는 그것이 참된 하나님과 그분의 계시에 부합한다는 사실에 근거한다. 이런 의미에서 볼 때, 종교적 진리의 사고나 "참된 종교"의 사고는 이미 하나님의 진리를 (또한 그분에 대한 주장들의 대상적 진리를) 전제하고 있다. 이 전제는 인간이 자신의 행위, 즉 하나님에 대한 경외의 형식들 안에서 이미 하나님께 상응하고 있으며, 자신이 하나님에게서 벗어난다거나 혹은 자신의 목적을 위해 하나님을 이용하려고 시도할 수 없다는 사실과 관련된다.

이와 같은 사태에 대한 가장 적절한 설명은 근대 종교철학의 역사 속에서 종교 개념에 관한 헤겔의 강연들이었다. 1821년의 강연에서 종교 개념을 설명하면서 헤겔은 종교란 어쨌든 "하나님에 대한 일반적인 의식"이라고 주장했다. 형이상학의 철학적 신론(즉 자연신학)이 그 의식을 객관적 형식으로 삼는 것과 달리 종교의 삶에서는 "주관적 측면이 본질적인 계기"라는 것이다.[139] 여기서 헤겔은 자신에게는 자명했던 하나님 표상들의 주관적인 제약성을 강조했다기보다는, 오히려 하나님으로부터 소외된 종교적 인간이—이후의 그의 표현에 따르면 분리(Absonderung)와 무성(Nichtigkeit) 안에서[140]—갖는 자신의 고유한 유한성에 대한 의식이 신적인 현실성의 의식과 결합되는 상황을 강조했다. 그래서 자신의 고유한 주관성에 대한 의식 형태는 종교적인 의식에 속하는 것이지, 그 의식에 대한 비판적 성찰에 속한 것이 아니다. 헤겔은 여기서 루돌프 오토(Rudolf Otto) 이래로 근대 종교현상학이 "누미노제"의 경험을 동반하는 "피조물의 감정"이라고 묘사했던 것을 선취했다. 하지만 헤겔은 종교적 감정을 구체화하는 일에 더 몰두했고, "누미노제"와 같은 추상적인 것 대신에 명확한 하나님 의식에 대해 말했다. 그뿐 아니라 종교적 인간의 의식 속에서 하나님 의식과 결합된 앎, 다시 말해 자신과 하나님 사이의 거리에 대한 앎은, 헤겔에 따르면 종교적 삶의 중심적 주제를 이루는 것이 무엇인지 이해하는 출발점이 된다. 그 주제는 말하자면 인간과 신성의 구분을 지양하는 **예배**(Kultus, 제의)에 대한 이해다. 그 점에서 종교 개념에 대한 헤겔의 해석은 지

---

139 G. W. F. Hegel, *Religionsphilosophie, Band I*: Die Vorlesung von 1821, Hrsg. K. H. Ilting, Napoli 1978, 65,9 그리고 69,20(원본에서 강조됨).
140 이것을 1840년의 종교철학 강연의 출판물이 보여준다(Ilting 68). 1821년 강연은 "격리된 개별자이자⋯사라져 지나가는 것"인 주체가 아는 앎에 관하여 말한다(71,3 그리고 6).

성주의적인 것과는 전혀 거리가 멀다. 하나님 의식, 그리고 신성에 대한 표상은 종교 개념의 토대를 형성하기는 하지만, 그것들은 오직 예배 속에서 비로소 정점에 도달한다. 그래서 헤겔은 종교의 오랜 개념인 **하나님 예배**(cultus deorum, 경배)를 수용하고 그것을 갱신했다. 그는 예배의 의미가 하나님으로부터 분리된 인간의 상태를 극복하는 것으로 보았던 것이다. 또한 이것은 헤겔로 하여금 예배(제의) 개념을 보다 폭넓게 이해하도록 만들었다. 신성에 참여하는 것을 가능하게 하는 형식들, 곧 인간과 하나님의 무한한 거리를 중재하는 모든 형식들은, 희생제물과 제의를 통해 공적 예배에서 행하는 외적 행위들로부터 묵상과 신앙 속에서 행하는 경배의 내적 형식들에까지 이르는 넓은 영역에 펼쳐져 있다.[141] 그러나 여기서 예배(제의)는 결코 인간의 행위로만 생각되지 않았다. 헤겔은 이에 대해 분명하게 설명했고, 인간적 행위가 자력으로 행하는 것으로는 유한의 무성을 하나님으로부터 분리시키는 심연을 결코 극복할 수 없다고 말했다. 이에 대해 필요한 것은 분리된 자의 화해가 하나님으로부터 시작되어야 할 뿐만 아니라,[142] 또한 화해의 완전한 실현 과정도 하나님을 통해 인도되어야 한다는 것이다. 이 생각은 믿음의 중재 안에서 예배가 실현된다는 그리스도교적인 이해로 등장했다.[143] 아마도 어떤 사람은 이 자리에서 예배(제의)에 대한 헤겔의 개념 안에서 루터교 특유의 강조점을 발견할 수 있을 것이다. 물론 그 개념 안에서는 동일성 철학의 사고가 동시에 표현되고 있다. 즉 신적 자의식과 인간적 자의식의 운동들이 서로를 향한 양자의 외화(外化)를 통해 교차하는 곳으로부터 정신의 일치성이 등장한다.

헤겔에 따르면 예배(제의)는 종교적 인간이 신성과 마주하면서 발견하는 거리를 극복한다. 물론 헤겔이 보기에 이 거리에 대한 앎은 예배를 통

---

141 비교. a.a.O. 71, 20ff., 77,14. 그리고 기도(Andacht) 개념에 대해 111,19ff.
142 A.a.O. 79f.
143 비교. a.a.O. 685ff.

해 신적 현실성과 연결되려는 인간의 노력 속에서 오히려 그 현실성을 잃어버리게 될 가능성을 주제화하는 동기가 될 수도 있었다. 그러한 상실은, 헤겔 자신의 서술에 따르면, 신을 향한 인간의 고양(Erhebung)이 신의 진리에 부합하지 않는 곳에서, 즉 고양의 섣부른 교만함에 의해 유한한 세계의 화해로 인도되지 않는 곳에서 불가피하다. 인간의 종교적 고양이 하나님의 계시에 완전히 부합하는 것은 헤겔에 따르면 절대 종교의 단계에서 비로소 발생하기 때문에, 신적 진리에 대한 예배의 관계는 이전의 모든 단계들에서는 아직 불완전한 상태다. 이 사실을 헤겔은 주제화하지 않았는데, 왜냐하면 그는 각 종교별 발전 단계에서의 예배를 단지 그에 해당하는 하나님 이해에만 관계시켰고, 그것을 절대 종교의 단계에서 계시되는 신적 진리에 관계시키지는 않았기 때문이다.

이후 시대의 종교학에서 이미 그와 같은 문제 제기의 동기는 상실되었다. 물론 헤겔이 종교 개념을 셋으로 구분한 것―즉 객체, 주체, 그리고 예배 안에서 성취되는 양자의 공동체성―은 레에우(Gerardus van der Leeuw)의 고전적인 종교현상학의 서술에서 호응을 받기도 했다.[144] 하지만 헤겔이 종교를 신의 절대적 현실성과 인간의 유한한 주관성 사이의 긴장을 통해 묘사했던 반면, 레에우는 그 모든 것을 인간학적인 것 안으로 밀어 넣는다. 종교의 "객체"는 단지 성스러운 힘에 대한 인간적 표상의 관점 아래에서만 다루어진다. 물론 종교적 인간이 이 객체를 행위의 주체로 파악한다고 언급되기는 한다. 종교적 인간은 여기서, 곧 종교적 관계의 객체가 중

---

[144] 이 내용이 레에우의 다음 책의 처음 세 장에서 등장한다. G. van der Leeuw, *Phänomenologie der Religion* (1933), 2. Aufl. 1956. 제4장("세계")과 제5장("형태들")도 그 내용을 제시한다. 비덴그렌의 비판적 언급은 이 저서의 체계에 대한 것은 아니었다. G. Widengren, Einige Bemerkungen über die Methoden der Phänomenologie der Religion, 1968, in: G. Lanczkowski (Hrsg.): *Selbstverständnis und Wesen der Religionswissenschaft*, Darmstadt 1974, 257-271.

요한 곳에서, 이미 서술의 토대가 되고 있다. 다음의 맥락이 그와 관계될 수 있을 것이다. 이미 오토에게서도 나타나듯이 우리는 종교의 유한한 "주체"를 이 주체가 신성으로부터의 분리된 거리라는 관점에서 볼 것이 아니라, 종교성의 영역에 대한 참여라는 관점에서 바라보아야 한다는 것이다. 다시 말해 거룩한 힘에 "거룩한 인간"이 부합한다.[145] 그래서 헤겔이 강조했고 오토 역시 파악했던, 종교적 근본 관계 안에서의 긴장은 사라졌다. 이 긴장은 더 이상 예배의 실현을 통한 해소를 필요로 하지 않는다. 이에 따라 레에우는 제3장에서 "상호작용하는 객체와 주체"의 관계를 서술한다. 하지만 이 서술은 신적인 그리고 인간적인 행위 사이의 교차에 대해서는 더 이상 알지 못하며, 오히려 제의의 실행을 통해 삶을 장악하려는 관점에서 (신성에) 참여된 인간들의 외적 및 내적인 행위만을 말한다.[146]

따라서 체계적 종교학으로서 종교현상학은 종교적 행위의 인간학에 기여하는 것으로 설명된다.[147] 그와 같은 인간학의 체계는 단지 경험적인 현상들만을 통해서는 근거될 수 없다. 현상에 대한 피상적인 경험적 접근 방법은 현상들의 구조적 질서의 근저에 놓인 이유들을 밝히지 못한 채 애

---

145 Van der Leeuw a.a.O. 208ff.
146 A.a.O. 383. 이와 같은 강조에는 기록된 문서가 없는 민족들의 종교들에 편향되어 있는 레에우에 대해 비덴그렌이 제기했던 이의(Widengren a.a.O. 263)가 작용했을 수 있다.
147 이에 대해 다음의 나의 책을 보라. "Erwägungen zu einer Theologie der Religionsgeschichte", in: *Grundfragen systematischer Theologie I*, 1967, 252-295. 특히 257ff., 260f. 종교현상학의 기능에 대한 이와 같은 긍정적인 가치 평가는 여기서 자료들의 역사적 맥락의 추상성에 대한 비판과 연관된다. 종교현상학은 매우 다양한 출처를 지닌 정보들을 전형적인 구조 도식들로 관련시킴으로써, 그 자료들을 다룬다(259f.). 유사한 비판이 종교학 내에서, 특히 1960년 마르부르크 회의에서 제기되었다. 또한 이보다 앞선 다음 내용을 참고하라. R. Pettazoni, *Numen* 1, 1954, 1-7. 또한 마르부르크 회의에 대한 회고 속에서 언급한 내용으로, U. Bianchi, *Numen* 8, 1961, 65-78을 보라. 그리고 각주 144에서 인용한 1968년의 비덴그렌(G. Widengren)의 해설들을 비교하라.

매하게 버려둔다. 이 부분에 대해서는, 종교적 행동이 인간 행동의 일반적 여건들이나 구조들에 대해 갖는 복잡한 맥락을 자세히 살펴보는 것만이 도움을 줄 수 있다. 종교적 행동에 대한 경험적 자료들을 체계적으로 정리하려는 노력은 그때 어떤 예시적 형태를 얻을 뿐 아니라 인간 행동의 근본적 형태들에 대한 일반적인 이해들을 분류할 수 있도록 해준다.

그 과정에서 종교적 행동의 대상과의 관계는 이미 전제되어 있다. 그 관계의 상세한 서술은 종교현상학 안에서 특별히 여러 종류의 유한한 매체들의 관점에서 수행된다. 인간에 대한 신적 힘들이 그런 매체들을 통해 등장하는데, 그것은 해와 달, 강과 바다, 폭풍과 비 같은 자연 현상들 속에서 나타날 수도 있고, 혹은 인간의 사회적인 삶 속에서 사랑, 법, 통치와 전쟁, 지혜와 발명 능력과 같은 힘들로서 등장할 수도 있다. 그런데 이른바 원조신들이나 최고신들이 있음에도 그와 같은 힘들이 종교적 경외의 대상이 될 때, 과연 정말로 일어나는 일은 무엇인가라는 질문이 제기된다. 이것 또한 종교적 행위의 인간학에 속하는 질문일 것이지만, 그러나 만일 그 행동의 대상이 이미 오직 신성에 대한 인간적 표상의 관점으로부터만 주제화되는 것이라면, 제기될 수 없는 질문이다. 종교적 표상들은 종교의 대상과 긴장 관계에 있을 수 있다. 이 사실은 이미 앞 단락(3.3)의 종교적인 하나님 표상의 진리성에 대한 질문에서, 그리고 역사적 경험의 의미를 종교적인 진리 주장의 검증으로 언급하면서 제시되었다. 신의 표상과 신적인 현실성 사이의 그와 같은 긴장들에 대한 일반적인 조건들을 묻는 질문은 최소한 부분적으로는 종교적 행위를 다루는 인간학의 과제에 속하기도 한다. 물론 이를 위해서는 종교현상학의 경우와는 달리, 신적 현실성이 종교적 행위와 관련되어 있다는 견해가 전제되어야 할 것이다. 이 점에서 헤겔이 제시했던 것과 같이 종교적 관계성에 대한 종교철학적 서술이 종교 현상들에서 단지 인간 행동의 외적인 것들만을 발견할 수 있었던 현상학보다 우위에 있음이 드러난다.

신적 현실성이 인간의 종교적 표상들로부터 구분될 수 있다는 견해는 특정한 종교의 하나님 표상에 교의학적으로 의존할 수 없다. 그렇게 된다면 오직 **한 가지 종류**의 하나님 표상만이 다른 모든 것들보다 우위에 있게 될 것이며, 고찰의 단계적 걸음이 모든 종교적인 하나님 표상들 뒤로 물러나지는 않게 될 것이다. 이 걸음은 오직 종교철학적으로 유한이 경험하는 모든 것에 대한 조건으로서 절대의 형이상학적 개념을 재해석할 때, 진행될 수 있다. 절대적 무한의 형이상학적 개념은 종교들의 신과 비교할 때 인격적 특성이나 인격적인 만남의 능력과 특성을 갖고 있지 않는 한, 불완전하다. 하지만 그 개념이 처음에는 신들의 본질과 활동에 관련된 종교적 전승의 주장들에 대한 비판적인 고찰로부터 발전되었던 것처럼, 종교들의 해석에도 적용될 수 있다. 그 적용에서 참된 무한 내지 절대라는 개념은 종교적 표상들 안에서 의도되기는 했지만 그러나 그 표상들과는 비판적으로 구분되는 신적 현실성을 가리킨다. 여기서 그 신적 현실성은 다신론적 표상들로부터 비판적으로 전향하는 가운데 유일무이한 것으로 파악된다. 그 점에서 절대라는 철학적 개념은 일신론적 종교들의 신 개념과 하나로 수렴된다. 그 수렴은 물론 절대라는 형이상학적 사고에서 신적 힘과의 구체적 만남과 경험의 모든 특수성을 추상화한 결과이며, 또한 이 추상은 일신론적 종교의 유일신의 인격성과의 차이를 야기한다. 종교의 신이 갖는 구체성과 비교할 때 절대라는 형이상학적 개념은 불완전하다. 심지어 "신"이라는 이름이 절대라는 형이상학적 개념과 가까운 것은 오직 종교에 대한 그 개념의 관계 때문인데, 그 관계는 한편으로 종교적 전승의 하나님 표상들에 대한 비판적 성찰로부터 그 개념의 기원을 보며, 다른 한편으로는 그 개념의 종교철학적인 적용을 생각한다. 형이상학의 절대 개념은 그렇기에 종교들의 하나님 표상들 안에서 의도되는 현실성에 다만 근접하는 것으로서만 판단될 수 있으며, 물론 그 근접은 이성적 보편성의 관점 아래 있다.[148] 이 사실은 하나

---

[148] 신에 대한 형이상학이 신의 구체적인 현실성 속에서가 아니라 단지 그 특유의 테마, 즉 보편적인 존재 개념이라는 일반적인 관점 아래에서만 다루어질 수 있다는 둔스 스코

님의 현존재에 대한 질문에도 해당한다. 하나님의 특성에 대한 형이상학적인 성찰의 접근은 기껏해야 매우 보편적이며 따라서 제한된 형식 속에서 가능하기 때문에, 게다가 절대라는 형이상학적 사고는 그것에 상응하는 세계 현실성의 최종적인 이론을 갖지 못한 채 인간적인 성찰을 통한 순수한 주관적 요청의 표현으로 보일 수 있기 때문에, 형이상학은 하나님의 현존재에 관하여 명확하게 판단할 수 없다. 형이상학은 이 판단을 최종적으로는 종교들의 신 이해의 진리성에 대한 그것들의 논쟁에 내맡겨야 한다. 비록 이 논쟁 속에서 조정하는 기능은 형이상학에 속한다고 하더라도 말이다. 신성의 특성은 그런 논쟁을 통해 규정된 신성의 현존재와 마찬가지로 바로 그 종교적 논쟁들 속에서 여전히 논란이 된다. 절대라는 형이상학 개념은 그렇기에 종교철학을 통해 어느 정도 구체화를 경험할 수 있고, 그 구체화는 철학적 성찰에 따른 각각의 역사적인 위치에 상응한다. 하지만 절대의 개념은 세계 경험의 개방성에 직면하여 또한 종교철학 속에서도 종결된 완성체로 옮겨질 수는 없다.

여하튼 절대라는 철학적 개념은, 종교적 진리 주장들의 투쟁 속에서 신적 현실성의 자기 계시를 향해 개방된 잠정성 가운데, 종교들의 하나님 표상을 그것이 의도하는 현실성과 분명히 구분하는 것을 허용한다. 이 때문에 종교철학에서 인간과 신성이 갖는 종교적 관계의 양립을 또한 볼 수 있는데, 이 양립은 다음 사실에 근거한다. 한편으로 인간은 세계 경험과의 관계 속에서 자신의 모든 삶의 표현들의 근저에 이미 놓여 있는 신적인 비밀에 대한 지시를 (선천적으로 주어진 하나님 인식[cognitio Dei innata]이라는 의미에서) 명백히 의식하고 있는데, 이 비밀은 그의 세계 경험 속에서 그를 만나며 그를 사로잡는 힘으로서 경험된다. 하지만 다른 한편으로 인간은 신적 현실성의 무한성을 그것을 구체적으로 현시하는 제한된 형태들로 확정한다.

투스(Duns Scotus)의 비판적인 논지(*Ord*. I D.3 q 1-2 C, Ed. Vat. III, 1954, p.38ff.)는 필요한 변경을 가한다면 다른 견해의 형이상학적 주제들에도 해당한다.

종교적인 관계의 이와 같은 양립은 매우 다양하게 이해되거나 판단될 수 있다. 절대라는 무한한 현실성이 종교적 표상을 통해 유한화되는 과정은 어쨌든 종교의 발전 과정의 출발점에서는 세계 경험의 유한한 내용들과 불가피하게 연관된 것으로 보인다. 그래서 유한을 넘어서는 종교적 지양에 대한 헤겔의 서술은 자연의 대상들 속에서 절대가 현현하는 것으로서 시작하여, 정신적 주관성의 종교들 안에서 절대를 자연세계로부터 구분하는 의식으로 나아갔다. 하나님 표상을 세계 경험의 유한한 내용들과 결합시키는 것은, 신성에 대한 신인동형동성론적 표상에까지 이르는 비판, 곧 유한한 표상의 내용들이 절대의 현실성에 적절히 부합하지 않음을 제시하는 종교 비판의 출발점이 될 수도 있다. 여기서 문제가 되는 것은 단순히 어떤 지성의 한계와 같은 것이 아니다. 사람들이 세계와 관계하면서 자신들의 삶의 조건에 대한 지배권을 획득하고자 노력하듯이, 세계의 힘들 가운데서 구체적으로 만나게 되는 신적인 힘과 관계하는 중에 자신들의 현존재에 대한 지배권을 얻기 위해 노력한다. 그리고 그것은 바로 세계의 현실성에 속하는 현상들의 유한성을 매개로 하여 발생한다. 레에우(Van der Leeuw)는 삶을 장악하려는 경향이 모든 제의적 실행의 기원 속에 놓여 있음을 발견했는데, 이것은 옳았다(참고. 위의 각주 146). 여기서 그는 다른 측면, 즉 인간에게 나타나는 신적인 힘을 경외하며 헌신하려는 충동을 어쩌면 너무 많이 물러서도록 했을지 모른다. 하지만 경외의 충동이 지배의 경향과 풀기 어려울 정도로 얽혀 있다는 사실에는 논란의 여지가 거의 없다.

이상하게도 레에우는 신적 현실성과의 대립, 즉 종교적 인간이 그런 행위를 통해 얽히게 되는 대립을 강조하지 않았다. 하지만 신학적인 종교 비판은 그와 같은 종교적 행위의 측면에 그만큼 더 큰 빛을 던져주었다. 그 점에 대해 칼 바르트는 종교를 하나님의 계시에 "**저항**"하는 인간의 독단성이라고 특징지었다(*KD* I/2, 329). 그것은 독단적이기 때문에 곧바로 "우상숭배와 행위의 의로움"으로 치닫는 그런 독단성이다(*KD* I/2, 343). 노년의 바르트는 종교의 사실성이, 어쨌든 하나님으로부터 온 인간은 하나님과의 계약 관계를 결코 벗어날 수 없다는 사실, 즉 "하나님으로부터 비롯된 그 관계는 지양되지 않는다는 사실"을 "확증"해주는 것이라고까지 표현할 수 있었다(KD IV/1, 1953, 537f.). 하지만 이것은 바르트가 그때까지도 종교적 인간을, 하나님이 근거하신 인류와의 계약 관계에 대항하여 오직 "투쟁 중"인 것으로 보았다는 사실을 바꾸지는 못했다(ebd. 538). 그는 포이어바흐의 무신론적인 종교 발생의 재구성에 기대어 종교를 복음 없이 살아가는 인간들의 "두려움"의 표현으로 특징지었다(IV/3, 924). 바르트는 이와 같은 부정적인 판단 안에 또한 그리스도교도 포함시켰기 때문에(I/2, 357ff.), 그가 자기 종교를 위해 다른 종교들을 배척하려고 그렇게 표현했다고 보이지는 않을 수도 있다. 하지만 그런 외관은, 바르트가 전제하는 계시와 종교의 분리가 견지될 수 없다면, 허상에 불과하다. 왜냐하면 하나님의 계시는 그것을 수용하는 인간보다 우선함에도 불구하고, 그 인간이 그것을 수용하는 곳에서만 계시되고 또 계시될 것이기 때문이며, 그 수용은 결국 종교라는 매개를 통해 발생할 것이기 때문이다.

신적 계시를 근거로 하여 그리스도교를 다른 종교로부터 구분하여 경계선을 긋는다는 잘못된 추론—마치 다른 종교들도 대부분 그들의 신에 대한 앎을 그들의 입장에서 신적 계시로 소급하지 않는다는 듯이—은 그러나 바르트의 신학적인 종교 비판 안에 담긴 진리의 요소를 수용하는 것을 방해하지 말아야 한다. 종교는 배타적이라고 특징지어질 것까지는 없다고 해도, 인간들이 종교 속에서 언제나 "제 맘대로 그리고 독단적으로"(1/2, 329) 신적 비밀에 반하여 행동한다는 특성을 통해 설명되어야 한다. 하지만 종교가 그런 이유로 소멸되는 것은 아니다. 왜냐하면 사도 바울이 말한 것처럼(롬 1:20), 종교는 도처에서 하나님이 자신의 영원한 능력과 신성을 창조의 작품들 속에서 인간들에게 알리셨다는 사실 위에 근거하기 때문이다. 종교는 인간의 불합리성에 의해서도, 영원하신 하나님의 영광을 유한한 사물들의 형상(Abbild)으로 전도시키는 것(1:23)에 의해서도 파괴되지 않는다. 인간이 창조의 작품들 속에 계시되는 하나님께 감사하지 않고 그분을 하나님으로 경외하지도 않으며(1:21), 오히려 그분의 영광을 소멸적인 사물의 복제물에게 부여한다는 식의 보편적 판결은, 그 판결이 또한 이방 종교들의 전통적인 맥락 속에 살아가는 인간들에 대해서도 해당된다는 점을 배제하지 않는다. 이것은 로마서 8:19ff.가 전체 창조에 대해 말하는 것, 즉 창조는 소멸성의 짐으로부터 해방되기 위해 하나님의 아들들의 나타남을 "갈망하며 기다린다"는 것을 뜻한다. 바울은 로마서 1:20ff.에서 이방종교들에 대한 유대인의 논쟁에 대하여, 그 판단을 유대인 자신에게 적용하려는 의도에 동의한다.[149] 그러므로 이방종교들에 대한 비난은 바울 자신에게는 독립적인 논쟁의 목적을 갖지 않는다. 물론 이것은 바울이 이 맥락에서 유대인의 논쟁적 판단을 자기 것으로 만들었다는 사실을 변경하지는 않는다. 그 설명들이 성서 밖의 종교 현상들을 각각의 관점에서 충분히 평가한 것으로 읽혀져도 좋은가 하는 점은 어쨌든 의심스럽다. 이 질문에 대한 성서 전체의 판정은 훨씬 더 복잡하다. 그것은 이 주제에 대해 사도행전이 보다 온화하게 설명하기 때문이 아니라(행 14:16f.; 17:22ff.), 유대 신앙이 결코 다른 모든 신들을 완전히 배척하면서 행동하지 않았다는 사실에 직면할 때, 그렇다. 야웨의 유일성에 대한 고백은, 이스라엘의 하나님이 가나안의 창조신인 엘, 그리고 후에는 페르시아의 하늘 신(스 5:11; 6:9f.; 7:12ff.)과 동일시되거나, 심지어 바알에게 속했던 땅의 다산적 기능들이 야웨에게 부과됨으로써 바알 배척이 성공할 수 있었던 방식으로 생성되었다. 또한 이스라엘의 신앙의 전망에서도 다른 종교들의 하나님 신앙과 관련된 모든 것이 배척되었던 것은 분명 아니었다.

다른 민족들의 하나님 신앙에 대한 유대교적 논쟁, 그리고 바울이 로마서에서 수용했던 그들의 판단은 불멸의 하나님을 소멸적인 사물들의 복제물로 전도(顚倒)시키는 동기를 일방적으로 강조한다. 하지만 이런 측면도

---

[149] 이에 대해 다음을 참고하라. U. Wilckens, *Der Brief an die Römer 1*, Neukirchen 1978, 116; 참고. 97ff.

결국 종교들의 현실성에 속하는 것이다. 우리는 이 측면을 너무 간단히 부인하지 말아야 한다. 이 측면은 인간의 종교적 행동에 너무도 자명하게 속하는 것이어서, 바울은 이방인들의 하나님 없음에 대한 유대인의 판결을 유대인들 자신에게 다시 적용시킬 수 있었고, 바르트는 이와 같은 바울의 논쟁 의도를 전적으로 뒤따르면서 그리스도인들 역시 그 판결 안에 포함시켰다. 비록 그것으로써 종교적 현상 전체가 완전히 특징지어지지는 않는다고 해도, 최소한 종교적인 모호성은 날카로운 빛 안으로 옮겨지게 된다.

그 모호성은 어디에 근거하는가? 일반적으로 말하자면, 즉 종교철학의 언어로 말하자면, 그 모호성은 다음과 같은 연관성으로 소급된다. 그것은 인간과 절대, 인간과 참된 무한 사이의 종교적 관계가 무한의 세계 경험을 매개로 하여, 언제나 그 경험들의 유한한 내용을 매개로 하여 그와 만난다는 사실의 연관성이다. 이와 같은 사태를 그리스도교적 언어로 서술하고 논의하는 것은 그리스도교 신학에 중요하다. 그러므로 마치 여기서 서술적인 이해를 요구하는 종교적 삶의 사태 관계는 전혀 중요하지 않고, 다만 성서의 계시종교를 다른 모든 종교들로부터 구분하는 것만이 중요하다는 식의 오해는 극복될 수 있다. 언급된 사태는 우선 바울이 제시한 내용, 즉 하나님은 창조의 작품들 속에서 자신을 인간들에게 알리셨다는 사실에 부합한다. 다시 말해 무한하신 하나님이 유한한 사물들의 매개 속에 계신다. 이것은 인간이 그에게 나타난 신적인 능력을 유한한 사물들의 형상에 따라 상상하고 그 사물들 안에서 신의 능력이 자신에게 현현했다고 잘못 생각하게 되는 타락의 전제다.

불멸의 하나님의 능력이 창조의 형상들 전반에서 인지될 수 있다는 사실에 대해 바울이 비판적으로 반대하지 않는다는 점을 유념할 필요가 있다. 오히려 바울은 그 사실을 확증한다. 그의 비판은 오직 하나님의 능력이 소멸적인 사물들의 형상에 따라서 묘사되고 그렇게 해서 하나님을 피조물들과(롬 1:25) 혼동하는 것에 향해져 있다.

이에 대해 첨언하자면, 종교들은 일반적으로 신적 능력이 나타나는 세계 현실성의 상태들과 신성 그 자체 사이를 대단히 명확하게 구분했다. 거룩한 돌이나 나무, 불이나 물은 성스러운 능력의 담지자이고 또 능력이 나타나는 매개물이지만, 이것들이 신의 능력 자체와 동일한 것은 아니다.[150] 이것은 천체, 해와 달, 모든 것을 둘러싼 하늘의 광활함에도 마찬가지로 해당된다.[151] 그럼에도 불구하고 신의 능력을 그것이 현시되는 특정 영역과 동일시함으로써 세계 경험의 특정한 측면에 제한하는 일이 언제나 일어난다. 이것은 말하자면 우라니아의 신성들에도 해당된다. 이 신성들은 모든 것을 포괄하는 하늘의 광활함과 연결되어 모든 것을 알며 종종 세계의 창조자로도 생각된다. 하지만 그 신성들은 그들의 그와 같은 보편성을 통해, 자연과 인간의 삶을 규정하는 더욱 특징적인 능력들과는 구분되며, 그 때문에 종교들의 역사 속에서 쉽게 "배경의 신성들"이 되었다. 그 신성들이 현현하는 각 영역들의 제약성 때문에 무한한 하나의 능력이 다수의 능력들로 분열되는데, 그 능력이 나타나는 매개물로부터 이 능력의 고유한 특성을 찾으려는 인간들에 대해 그렇게 분열된다. 분열된 능력들은 다수성으로 인해 하나인 무한의 각각 특별한 측면에 불과한 것이 된다. 그럼에도 불구하고 인간들은 단일한 신성을 계속해서 의식한다. 이 의식의 표현은 최고신 혹은 흔히 하늘이나 천체의 신들이 여타의 신들에 대해 갖는 통치권의 표상을 형성하는 가운데 발견된다. 그와 더불어 개별적인 신의 형

---

150 레에우(G. van der Leeuw)는 다음과 같이 바르게 말하였다. "인간이 경외해야 하는 것은 그 어떤 자연도 자연의 대상들도" 아니며, "오직 그것들 가운데 계시된 능력이다"(*Phänomenologie der Religion*, 2. Aufl. 1956, 38).

151 엘리아데(M. Eliade)는 민족 종교들 가운데 나타난 우라니아적(uranisch) 최고 존재의 다양한 형태들을 조망한 후에 다음과 같이 확정했다. 이것들이 "우라니아 신성의 현현으로 소급될 수 없다". 신성은 그것들 이상이며, 그것들은 "형태"를 갖는다. 그리고 이것은 "우라니아의 제의 절차들이나 인간적 경험으로부터 유도될 수 없는 자기 고유의 존재 방식을 전제"한다(*Die Religionen und das Heilige. Elemente der Religionsgeschichte*, Salzburg 1954, 143; 참고. 61-146, 특히 81f.).

태들 각각은 그 숭배자에게, 에릭 호르눙(Erik Hornung)이 이집트를 예시하듯이, 흔히 일치된 신성 전체를 대표한다. 이 사실로부터 다음 경향이 이해될 수 있다. 그것은 많은 신의 형태들이 관찰되는 역사 안에서 신들의 통치 영역이 보다 넓게, 처음에는 그들과 연관되지 않았던 영역에 이르기까지 확대되는 경향을 뜻한다.

한 분 하나님의 불멸의 능력과 신성을 유한한 것으로 만든다는 비난은, 신적 능력이 현현하는 다양한 영역으로부터 그 능력의 특성이 부분으로 분화되어간다는 이해를 향한 것인가? 아니면 그 비난은 단지 제의의 형상(Kultbild), 즉 피조적 현실성에 속한 형상에 따라 신성을 묘사하는 것에 대한 것인가?

의심의 여지없이 후자가 이방 세계에 대항한 유대인의 논쟁의 중점에 서 있었고, 바울은 그 논쟁을 로마서 1:20ff.에서 받아들였다. 이것은 십계명의 형상 금지령(출 20:4)으로부터 쉽게 이해된다. 하지만 종교들의 제의적 형상들에 있어 실제로 중요한 것은 보이지 않는 신과 혼동될 수 있는 피조적 존재의 복제물이 아닌가? 그렇지 않다고 의심해볼 만한 중요한 이유들이 존재한다. 신의 제의적 형상은, 후베르트 슈라데(Hubert Schrade)가 제시했던 것처럼,[152] 신의 능력이 현현하는 익숙한 형태 안에 은폐되어 있는 신 자신의 고유의 형태를 드러내어 보이는 것이다. 이 사실에 대한 이해를 돕는 것은 다름이 아니라 제의적 형상의 신인동형성론적인 특성들이다. 그 특성들은 일차적으로 신과 인간 사이의 유사성을 표현하는 것이 아니고, 오히려 신성의 고유한 형태가 그것이 활동하는 영역과는 구분된다는 점을 보여준다. 후자는 흔히 신상을 장식하는 부착물들에서 쉽게 인식될 수 있다. 그다음에 비로소 이차적으로 신성의 인간적인 특징은 신

---

152 H. Schrade, *Der verborgene Gott. Gottesbild und Gottesvorstellung in Israel und im Alten Orient*, Stuttgart 1949, 특히 고대 근동과 이집트 안에 있는 형상의 신앙에 대해 다루는 첫 장을 보라.

성이 인격에 가깝다는 점, 즉 신성이 인간을 향하고 있으며 인간이 신성의 가까운 곳에 있다는 점을 표현한다. 이것은 성서의 하나님 이해와 비교할 때 낯설지 않다. 제의적 형상을 "소멸적인 인간의 복제물"로 파악하려는 것은 의심할 바 없이 논쟁의 소지가 있는 오해이며, 그와 관련된 종교적인 의도에 대한 오해다. 이것은 마치 계몽주의적 느낌을 주는 듯한 제2이사야의 우상숭배 비판과 유사한데, 그는 우상숭배자들이 자기 손으로 만든 작품을 숭배한다고 하면서(사 44:9-20), 이방 종교들의 자기 이해를 짧게 묘사했다. 비록 신이 형상 속에 현재한다고 믿어지더라도, 그는 그렇게 간단하게 형상과 똑같다고 간주되지 않는다.[153] 그리고 신의 형상을 신인동형동성론적 특성들 안에서 인간의 복제물로 오해하는 것과 관련해서, 고대의 묘사들에는 신인동형동성론적 요소를 짐승의 모습을 한 형상(theriomorph)의 요소들과 연결하려는 경향이 보이며, 또한 인간의 형태를 한 신의 형상들을 비인간적인 괴물로 일그러뜨려 인간에 대한 신성의 초월성의 감정을 표현하려는 경향 역시 나타난다. 물론 신이 순수한 인간적 형태로 묘사될 때 중요한 것은 초인간적인 것을 인간적인 수준으로 보이게 하는 것이지, 소멸적인 인간을 서투르게 모방하는 것이 아니다.

신의 형상에 대한 성서의 금지령도 결국 그런 묘사의 형태에 우선적으로 반대했던 것은 아닐 수도 있다. 오히려 이 금지령은 하나님의 이름의 "오용"(출 20:7)과 마찬가지로, (이름이나) 형상을 통해 신을 마음대로 처리하려는 것에 대한 반대다.[154] 따라서 형상적 신앙의 핵심은 형상으로 표현된 대상의 현재성이었다. 형상은 그 대상을 단지 묘사만 하는 것이 아니라 또

---

153 이에 대해 다음을 보라. K.-H. Bernhardt, *Gott und Bild*, Berlin 1956, 17-68. 아울러 라쵸브(C. H. Ratschow)의 글을 보라. *RGG* I 3. Aufl., 1270f. 그는 레만(E. Lehmann)의 연장선상에서 다음 주장과 함께 끝을 맺는다. "어쨌든 숭배의 무형상성은 가치의 척도가 아니다"(1270).

154 K.-H. Bernhardt a.a.O. 69-109.

한 대리한다. 이때 그 대상과 형상이 동일시되는 것은 아니다. 형상 속에는 형상을 통해 묘사된 대상 자체가 현재하는데, 이것은 이름의 담지자가 그 이름 안에 현재하는 것과 마찬가지다. 그러므로 제의적 형상을 통해 인간은 신성과의 관계를 그 신성이 현재하는 특정한 지점에 집중시키고, 신성에 제사를 드림으로써 그의 호의를 획득할 수 있게 된다. 하지만 이것이 세속적 목적을 위해 신성을 "마술적으로" 제멋대로 처리하는 방식으로 일어나서는 안 된다.[155] 하지만 이미 인간이 제의적인 충성을 실천하는 경건한 헌신 안에 일종의 모호한 양면성이 놓여 있는데, 그 뒷면은 신의 이름을 마술적으로 오용하거나 제의적 형상이 마치 신 자체의 복제인 것처럼 왜곡시켜 경배하는 가운데 등장한다.[156]

유대인의 종교 비판은 십계명에서 공표된 제의적 형상의 금지와 관련하여 발전했고, 로마서 1:20ff.의 바울의 논쟁도 그 비판의 전통 속에 있다. 그와 같은 종교 비판은 창조의 작품들 안에 있는 신적 능력의 종교적인 인지에 반대하는 것이 아니며, 또한 즉자-대자적인 신성 그 자체를 묘사하는 미학에 반대하는 것은 더욱 아니다. 오히려 그 비판이 반대하는 것은 종교적 관계를 전도시켜 신성을 멋대로 마술적으로 처리하려는 것이다. 만일 이

---

155 뒤프레(W. Dupre, *Religion in Primitive Cultures. A Study in Ethnophilosophy*, Mouton etc. 1975)는 마레트(R. R. Marett, 1909)와 프레이저(J. G. Frazer) 이래로 널리 퍼진 견해, 즉 종교가 마술로부터 발전했다는 견해를 "이념적 도그마"라고 생각하여 거부하며(147; 참고. 146f.), 반대로 마술을 종교의 타락한 형태로 특징짓는데, "[마술]은 상징의 세계를 향한 강압적이고 강제적인 태도의 특성을 보인다"(143)는 것이다. "…마술은 궁극적인 태초와 종말의 무조건적 현재를 대상과 형식, 제의와 제도의 효용성으로 바꾸려고 시도한다"(ebd.). 종교의 마술적 기원에 대한 견해는 초기로까지 소급되는 최고신에 대한 신앙을 증명하는 것과는 분명히 대립되는 반면에, 뒤프레는 그 대립을 피하려고 한다. 그는 레비-브륄(Levy-Bruhl) 이래로 많이 언급되어 온 "마술적 연합"(unio magica)의 개념, 즉 태초의 인간을 세계와 연결해주는 일치 개념 대신에 "신화적 연합"(unio mythica)를 언급한다(268ff.).

156 또한, W. Dupre a.a.O. 146f.

것이 맞다면, 이에 대해 즉시 다음이 추가되어야 한다. 성서적인 하나님 신앙의 관점에서 볼 때 신성을 그런 식으로 처리하는 것은 종교적 삶의 주변적인 현상에 불과할 뿐 아니라, 더 나아가 종교적 행동의 모든 표현 형식 속에 너무도 깊이 침투해서, 논쟁의 극점에서는 종교적인 행위 전체가 하나님과의 관계를 왜곡시키는 것을 사실상 실천하는 것으로 특징지어질 정도가 되었다. 예언자적 전통 안에서 그 비판은 내부로 향했으며, 유대 민족의 종교적 행위나 그와 관련된 자만심에 가해졌다. 사도 바울은 이 전통을 이어 나가면서, 이방인들의 하나님과의 관계에 반대하는 유대인들의 논쟁을 율법을 징표로 하는 유대인들의 하나님에 대한 행위로까지 확장시켰고, 이 비판은 그럴 만한 적당한 계기가 주어진 곳에서는 또한 그리스도인들의 종교적 행위에 대해서도 적용될 수 있었다. 물론 여기서 잊어서는 안 되는 것은 그와 같은 비판의 근저에 놓인 태도가 유대교적이고 그리스도교적인 경건의 본래적인 의미와는 상반된다는 점이다. 인간이 자기 확신을 위해 하나님을 마음대로 처리하는 하나님과의 관계의 오용은 지금도 앞으로도 신앙에 대한 곡해일 뿐이다. 이 사실은 로마서 1:20ff.에서 요약적으로 표현된 비판의 정당성을 손상시키지 않은 채로, 성서 외적 종교들에 대해서도 적용되어야 한다. 이 비판이 종교적인 상황의 구조 자체나 그것의 토대에 놓인 모호성에 얼마나 적절하게 적중하는지에 대해서는 더 자세한 설명이 필요하다.

예배(Kultus, 제의)의 본래 의미는 신성을 경외하는 것이며, 또한 인간이 신성의 포괄적 요구에 직면하여 자신의 개별적 특수성을 포기하는 것이다. 예배의 본질은 오직 신성과 그것의 인간에 대한 행위만이 그 인간에게 가치가 있기에, 한 인간이 완전히 자신을 간과하는 곳에서만 실현된다. 이것은 바로 신화가 알려주는 것에 대한 제의적인 묘사와 기억을 뜻한다. 다시 말해 인간은 신성의 행위 안으로 포괄되며, 자신의 갱신된 순수 상태의 현존재를 신성의 손으로부터 다시 얻는다. 신성에 대한 인간의 그와 같은 헌신의 핵심은 예를 들어 희생제물을 바치는 것이다. 물론 희생제물의 봉헌도 인간이 신성에 대해 수행하는 단순한 직무로 전락할 수 있다. 신성에 대한 헌신은 제의적인 춤, 명상, 기도에서 경험되는 종교적 황홀경을 뜻하기도 한다. 하지만 이런 모든 종교적 행위의 형식들은 동시에 이중적이다. 이것들 각각은 신적 능력을 마음대로 처리하기 위한 수단이 되거나, 신성의 요청 앞에서 인간이 스스로를 보호하기 위한 기술이 될 수도 있으며, 또는 인간의 현존재의 안전을 보호하는 데 이용되기도 한다.

(하나님과의) 종교적 관계가 그와 같이 왜곡되는 출발점은 이미 무한이 유한 안에서, 창조자가 그분의 작품들 안에서 현시한다는 종교적 지각의 근본 형식 안에 놓여 있다. 이 사태는 알려지지 않은 신성을 그것이 드러나는 특수한 형식을 통해 세계의 현실성 속에서 확인할 수 있게 해준다. 그 확인이 배척되는 곳, 그래서 현상의 특수한 매개체를 넘어서는 신성의 초월적인 현실성이 점점 더 희미해져서 그것이 나타나는 특수한 형태의 저급한 속성이 고착화되는 곳, 그곳에서 왜곡은 이미 등장한다. 왜곡은 신적 현현을 매개하는 유한한 사물을 간단히 신성과 교환하는 것은 아니지만, 신성의 특성을 규정하는 근거로서 그와 같은 특수한 매개체 안에서 (예를 들어 태양 안에서) 드러나는 신적 능력이 더 이상 세계 경험의 다른 측면들에서 만나는 신성과 동일하지 않다고 이해하게 되며, 그 결과 단일한 신성은 다양한 신적 능력들로 나뉘고, 그들 모두에 공통적인 세계 배경은 자신만의 고유한 신성을 다른 것과 구분하면서 다시 한 번 정의된다. 이미 신성의 작품들에 속한 현현의 매개물로부터 신성의 고유한 특성을 규정하는 것이 왜곡으로 이끌 수 있다. 결과적으로 이 왜곡은 분명 현상의 유한한 매개물로 하여금 신성의 자리를 차지하도록 만들 것이다.

신성을 제의적 형상으로 묘사하는 것은 신성과 그것의 작용 매개체를 동일시하지 못하도록 막는다. 왜냐하면 제의적 형상은 신성의 고유한 형태를 그것이 현현하는 영역과 구분하여 묘사하기 때문이다. 그러나 다른 한편으로 신성은 제의적 형상을 통해 지역화되어, 결국 신성이 제의적으로 현재하는 지역이나 제의적으로 접촉 가능한 지역과 결합된다. 신성이 제의적으로 현재하는 지역은 경건한 경외심과 신성한 제사법이라는 엄격한 규정들을 통해 세속적 세계로부터 구별되며, 인간은 신성의 현재에 대해 세속적으로 아무렇게나 처리하지 못한다. 오직 엄격히 주의를 기울여야 하는 특별한 규정들 아래에서만 인간은 그 장소에 접근할 수 있다. 신성의 거룩함의 훼손은 그것을 범한 자의 죽음으로 귀결된다. 하지만 거룩한 영역을 세속 세계로부터 구별하는 것은 사람들이 거룩한 영역 밖에서는 안심하고 마음껏 자신의 목적에 몰두할 수 있다는 결과를 초래한다. 비슷한 것이 사람들이 특별한 방식으로 신성을 기억하고 경외해야 하는 거룩한 시간의 규정에도 적용된다. 특정한 거룩한 장소나 특정한 거룩한 시간을 설정하는 것은 신성, 그리고 신성에 대한 경외를 삶 가운데 제한된 영역으로 한정시킨다.

거룩한 영역들을 성별할 때, 그 밖의 삶의 세계와 일상적인 행위들은 세속화된다. 그러나 삶의 거룩한 영역과 세속적인 영역은 서로 어떻게 관계되는가? 한편으로 제의의 장소는 종교적으로 각인된 사회 안에서 삶의 세계의 중심을 형성하며, 제의적 축제들은 한 해의 정점이 되고 한 해의 진행 과정을 분류한다. 종교적 인간의 삶 전체는 그와 같은 제의적 행사로부터 의미를 획득한다. 다른 한편으로 거룩하고 제의적인 삶은 세속적인 삶의 영역에 대한 기능을 실현한다. 그래서 이제는 신들에 대한 경외가 신들 자신을 위한 것이 아니라, 신들의 기능 때문에 국가의 존속이나 개인의 안녕을 위한 것이 될 수 있다.

물론 제의를 통해 경외를 받는 거룩한 힘의 도움을 받는 인간의 자기 주장과 자기 확신은, 그 관계가 종교적으로 규정되지 않는 한, 주제화되지 않은 채 물밑에 남아 있게 된다. 종교적 인간은 바로 세속적인 일상 속에서도 제의 속에서 거행되고 축제되는 신적 진리로부터 살아가려고 한다. 하지만 그의 실천 속에서는 그 반대가 행해지기도 하고 거룩한 것이 세속적인 삶에 봉사하게 되어버리는 것은 종교가 지닌 의도에 역행하는 것이다. 이제 마술은 의도적으로 거룩한 것을 세속적인 목적을 위해 이용하며, 그 목적에 종속시킨다. 마술 행위는 종교의 타락한 형태인데, 왜냐하면 그 형태에서 신성은 (개인의 목적을 위한) 기도 행위에서처럼 더 이상 자기 목적이 아니기 때문이다. 종교에서 마술로 건너가는 과정은 유동적이며, 그 과정에서 종교적 삶의 전횡이 일어나고 희생제물이나 종교적 광신이 과도해지고, 성직자들이 권력을 남용하고 오용하게 된다. 기도의 황홀경과 이것이 마술적 작용의 예식으로 전도(顚倒)되는 것은 종종 서로 불가피하게 얽혀 있다. 적어도 종교가 전복될 위험은 마술 안에 언제나 존재한다. 또한 이것은 그리스도인의 종교적 행위에도 해당되고, 교회 생활과 기도에도 해당된다. 기도가 성취될 수 있는 업적으로, 또한 마술적 행위로 전도되는 일은 세속적 삶의 영역의 독립(Verselbständigung)을 통해 특별히 그러한 발전의 초기에 조성된다. 삶의 세계가 하나님 없는 세계로 급진적으로 세속화되는 것은 도리어 그 세계에서 멀어져 하나님께로 향하기 위한 출발점이 될 수 있다.

종교적 관계는 언제나 모호성의 위협을 받고 있으며, 그 결과 신성과의 관계 속에 있는 인간은 무엇보다도 자기 자아가 가장 중요하다고 생각하게 될 수 있다. 그런 잘못된 생각의 출발점은 신성이 현현하는 영역이나 형태가 유한하다는 점, 곧 그 영역이나 형태가 다른 포괄적인 삶의 맥락 안으로 편입되어 그곳에 장소를 배정받지 못한다는 점이다. 여기서 사실상 신성의 무한성 혹은 절대성 자체가 잘못 다루어진다. 절대성과 무한성은 그것이 현현하는 유한한 형식과 "잘못 치환"된다.

무한의 그와 같은 유한화는 하나님 표상이나 제의의 영역 밖에서도, 즉 그 둘 사이의 관계를 매개하는 영역인 신화 안에서도 일어난다. 한편으로 신화 안에서는 신들의 행위에 대해 보고하며, 다른 한편으로 신화가 보고한 그것은 제의를 통해 실행된다. 신화는 언제부터인지 알 수 없는 태고시대의 신들의 행위에 대해 보고하는데, 자연과 인간 세상의 질서는 그 시대에 근거한다고 한다.[157] 신화가 설명하는 태초에 일어난 신들의 행위는 제의적인 실행을 통해 현재를 살아가는 이들에게 영향을 준다. 이들의 삶

---

[157] 신화의 이와 같은 기능에 대해 나의 책을 보라. Christentum und Mythos, in: *Grundfragen systematischer Theologie II*, 1980, 13-65, 특히 15ff.

의 질서들과 삶 자체가 그것을 통해 갱신된다. 그 과정에서 그 질서와 삶은 역사의 무상성 안에서가 아니라, 단지 근원적인 태초의 시간에 의해 결정되는 질서의 지속성 안에서 주제화된다.

신화적 의식에 독특한 '시야의 협소화'는 위의 사실에 근거한다. 그리고 신들과 그들의 행위를 제의의 실행을 통하여 근원적인 태초에 발생한 것으로 맹세하며 확정하는 것도 그 사실에 상응한다. 신화적 사고 속에서, 그리고 그 사고와 연결된 제의적인 행위를 통해 발생하는 신적 힘의 작용을 마음대로 처리하려는 시도도 그 사실에 근거한다. 이때 현재적인 것과 미래적인 것은 근원적 시대에 완성된 것에 의해 압도되는데, 그것은 그 자체로 완결되고 예측이 가능한 것이다. 인간은 모든 사건의 신화적 원형을 고수함으로써, 엘리아데(Mircea Eliade)가 1953년 보여주었듯이,[158] 미래의 불확실성으로부터 자신을 보호한다. 미래를 가져오는 것, 즉 우연적으로 새로운 것은 비정상적인 것으로 배척되거나 신화적인 태초의 시대상을 수정하게 되며, 결국 그렇게 수정된 상 안으로 회귀한다.

신화적 의식의 근본적 형태와의 관계에서, 성서적인 신앙 전승에 어떤 깊은 변화가 발생했다. 이 변화는 아마도 인도하는 신의 형태로 이해되어 온 이스라엘의 하나님 형태가 유목 민족적 뿌리를 벗어나 창조 신앙과 결합하고, 세계관 전체를 완전히 뒤바꾸었던 변화를 말한다.[159] 분명 이스라엘에도 거룩한 장소들과 시간들이 있었으며, 이와 연관된 성스러움과 세속의 차이가 존재했다. 출애굽 사건은, 예를 들자면 유월절 의식이나 무교병의 축제와 연관되면서, 신화적으로 기원을 제공하는 것 그리고 규범을 제시하는 것으로 채색되었다. 비슷한 것이 시내 산에서의 율법 수령의 대목에도 해당한다. 또한 이스라엘에서도 후대의 경험들은 신화적인 태초의 상 안으로 소급되었고, 그 권위는 변경될 수도 없고, 낡은 것으로 치부할

---

158 M. Eliade, *Der Mythos der ewigen Wiederkehr*, 1953.
159 이어지는 요약에 대한 각각의 증명들은 각주 157번에서 인용한 논문 31ff., 37ff.에 있다.

수도 없는 것으로 간주되었다. 그러나 다른 한편으로 그 민족의 기원은 역사적으로 우연한 선택의 사건으로 기억되었다. 그리고 예언자들은 이스라엘의 하나님을 동시대적으로 경험되는 사건들 속에서 역사적으로 행동하는 분으로 이해하도록 가르쳤다. 그의 행동은 이스라엘의 역사뿐만 아니라 세계의 권세들이 흥망성쇠하는 곳에서도 일어난다는 것이었다. 하나님의 행동의 역사성은 최종적으로는 자기 민족에 대한 하나님의 심판의 행동으로 경험되었는데, 그 심판은 과거에 설정된 구원을 넘어서서 과거의 모든 것을 압도하는 약속된 미래를 향하는 것으로 이해되었다. 이와 함께 신화적인 의식이 태초를 향했던 성향은 파괴되었다. 규범을 제시하는 중요성은 신화의 근원적 태초 시대의 자리를 대신해서 하나님이 통치하시는 미래에 속하게 되었는데, 이것은 포로기 이후 시대의 종말론적 분파들, 특히 마카비 시대에, 그리고 무엇보다 세례 요한과 나사렛 예수의 메시지 안에서 발생했다.

    신화적 의식이 태고 시대 쪽을 향했던 방향성이 종말론적 기대 속에서 다가오는 하나님 미래를 바라보는 우선성으로 전환되었을 때, 개인적 공동체적 삶에 지속적으로 타당한 질서에 대한 관심이 단순히 포기된 것은 아니었다. 그 점에서 성서적 종말론은 엘리아데가 판단했던 것처럼 세계 도피의 형식이 아니다.[160] 그런 판단을 내리려면, 신화의 특성들이 비록 변화된 기능 속에서라고는 해도 구원사적인 의식의 범주 안에 유지되어 있다는 점에 유의해야 한다. 이스라엘 안에서는 제의와 왕권은 역사화되어 구원사적 의식의 범주 안으로 편입되었다. 그 범주 안에서 이스라엘에도 민족의 근간을 이루는 구원 사건들이 주기적으로 일어났고, 새로운 즉위가 있을 때마다 왕국이 갱신되었다. 하지만 제의 및 왕권의 제도들은 구원사적으로 배열되는 가운데 근본적으로 능가될 수 있는 것이 되었다. 종

---

[160] 엘리아데(M. Eliade, a.a.O. 162f.)는 신화를 통해 미래가 배제되듯이 종말론을 통해 역사가 부정된다고 말했다.

말론적 희망의 내용은 이제 이 제도들이 지닌 구원의 의미를 무제한으로 실현하는 것에 목적을 두었는데, 이 제도들은 지금까지의 역사적인 경험이라는 조건 아래서 그 의미를 단지 불완전하게 성취해왔을 뿐이었다. 그리고 마침내 그리스도교는 나사렛 예수와 함께 종말론적 완성이 나타났다고 주장했지만, 그것은 공동체에게는 즉시 과거가 되어버린 역사적 사건의 형태 속에서 발생했고, 그 결과 어떤 의미에서는 종교적 삶의 신화적인 형식들의 르네상스가 일어났다고 할 수 있다. 그리스도 사건은 신화의 시원적 시간이 가졌던 기능을 차지하였고, 이 기능은 그리스도교의 제의 속에서, 세례와 성찬 속에서, 확실히 나타났고 또한 행해졌다. 거의 신화적으로 보이는 구조들이 전혀 다른 힘들로부터 성장한 조직을 형성하는 구성 요소가 되었다. 근원적인 태초의 시간의 기능은 여기서 역사 내재적인 사건이나 역사의 특정 시대에 귀속되었을 뿐만 아니라, 오히려 그 기능은 그밖에도 그리스도교 교회와 그 지체들에게는 아직 도래하지 않은 종말론적 미래와 역사의 완성의 선취라는 근거 위에 놓인다. 이 때문에 그리스도교의 교회력에서 거의 신화적으로 보이는 태고의 시간들의 설정과 회귀는 실제로는 다른 것이 되었는데, 왜냐하면 그것들은 자신의 의미를 더 이상 신화가 아닌 구원사적인 범주 안에 갖고 있기 때문이다. 그럼에도 불구하고 신화는 그리스도교에서 그냥 단순히 제거된 것이 아니라 오히려 통합되고 지양되었다는 점이 중요하다. 이것은 하나님에 대한 이해에도 상응한다. 즉 이런 이해는 하나님의 특성이 세계 질서를 근원적으로 설정했던 그분의 기능에 의해 배타적으로 규정된다고 생각하지 않고, 또 하나님의 특성이 그런 기능과 대립하는 것으로 여기지도 않는다. 오히려 그 하나님 이해에 따르면 하나님은 세계의 창조자, 화해자, 구원자로서 삶의 모든 영역들을 포괄하시며, 종말론적 완성을 통해 거룩함과 세속적인 것의 구별을 지양하신다. 이와 더불어 그리스도교의 하나님 이해에 대해 신화적 의식 형태는 더 이상 중요하지 않게 되었고, 오히려 계시의 사건 즉 구원사의 과정에서 일어나는 하나님의 신성의 자기 예시 사건이 결정적으로 중요하게 되었다.

하나님에 대한 인간의 종교적 관계를 특징짓는 것, 곧 무한의 파괴적 유한화는 그리스도교에서 그리스도인의 제의적 행위에 의해서가 아니라 하나님의 계시 사건 안에서 지양된다는 사실이 강조되어야 한다. 종교의 하나님 관계 안에서 발생한 왜곡이 믿음의 의식을 통해 이와 같이 극복되는 것이 얼마나 크게 그리스도인과 교회의 삶에 영향을 미치는가에 따라서, 인간의 하나님에 대한 관계도 믿음을 통해 바른 자리로 옮겨진다. 물론 그 과정에서, 역사적 경험들이 가르쳐주는 것처럼, 그리스도교 교회의 지체들이라고 해도 종교가 마술로 왜곡되는 위험을 스스로 막아내지는 못한다.

제4장   하나님의 계시

Die Offenbarung Gottes

1. 계시 개념의 신학적 기능

하나님의 현실성이 인간의 하나님 경외의 전제이기 때문에, 종교는 (하나님의 현실성에서 오는) 하나님 인식으로부터 출발한다. 하지만 인간의 하나님 인식은 그 인식의 근원이 오로지 신성 자체 안에 있다는 조건 아래서만, 하나님의 현실성과 일치하는 참된 인식일 수 있다. 하나님은 오직 그분이 자신이 인식되도록 스스로를 내어주실 때만 인식되실 수 있다. 신적 현실성이 자기 자신이 인식되도록 스스로를 내어주지 않는다면, 그 현실성의 숭고함(Erhabenheit)은 인간에게 도달될 수 없다. 하나님 그리고 신들이 인간과 비교할 수 없을 만큼 우월하고 거룩한 능력으로 이해되었던 곳에서, 혹은 모든 것을 포괄하고 모든 것을 규정하는 능력으로 이해되었던 곳에서, 하나님 인식은 오직 하나님 자신을 통해서만 열리는 앎으로써만 가능하다는 사실은 이미 자명했다. 만일 인간의 하나님 인식이 인간이 스스로의 신적인 힘으로써 신적 본질의 비밀을 끄집어낸다는 식으로 이해된다면, 하나님의 신성은 시초부터 잘못 이해되었다고 볼 수밖에 없다. 그런 식으로 이해된 인식은 결코 하나님 인식이 아니다. 왜냐하면 그 개념은 이미 신 개념에 반하기 때문이다. 그러므로 하나님에 대한 인식은 오직 계시를 통해서만 가능하며, 다른 어떤 가능성도 없다.

물론 신(또는 유일무이한 특정한 하나님)이 자신을 인식되도록 내어준다는 그 계시가 어떤 성격의 것인지는 아직 결정되지 않았다. 신성의 특성은 그 신성이 행하는 능력의 작용을 매개로 하여 대단히 명백하게 현재적으로 경험되기에, 그것을 넘어서는 어떤 특별한 계시는 불필요하다. 발터 오토 (Walter F. Otto)에 따르면 이것은 바로 고대 그리스에 해당하는 경우였다.[1]

---

1 W. F. Otto, *Theophania. Der Geist der altgriechischen Religion*, Hamburg 1956

모든 숭고함에도 불구하고 신들을 인간과 유사하고 인간적인 이해가 가능한 존재로 이해하는 것은 어떻든 신화의 중재 없이는 상상하기 힘들 것이다. 그래서 그 이해는 그런 근본적인 특성과 관련해서 그리스 신화의 생성 과정은 종결되었다고 전제하는 것처럼 보인다.²

이와 달리 성서의 하나님은 일반적으로 특별한 계시를 통해서만 인식될 수 있는 은폐된 신적 형태들에 속한다. 하지만 이와 같은 인상은 세분화될 필요가 있고, 또한 그 점에서 수정도 불가피하다. 바울은 로마서 1:19f.에서, 모든 인간이 하나님을 알아야 하고, 한 분 하나님의 불멸의 능력과 신성을 창조의 작품들로부터 올바로 인식할 수 있어야 한다고 기대했다. 물론 인간들은 실제로는 그 앎을 부인하거나 피조적 능력들을 경배하면서 그 앎을 추방해버린다. 바울의 이런 이해는 최종적으로는 구약성서의 창조 신앙에까지 거슬러 올라가는 유대 전통에 부합한다. 구약성서의 원역사와 족장들의 역사 가운데 그 어디서도 아브라함과 그의 후손들에게 특별한 방식으로 향하셨던 창조자 하나님이 그 밖의 다른 인류에게는 전혀 알려져 있지 않았다는 식으로 이해될 곳은 없다. 가인(창 4:6) 그리고 노아(창 6:13)에게 하나님이 말을 건네셨을 때, 하나님이 그들에게 이미 알려져 있었다고 암시해주는 어떤 특별한 정황은 그 이전에 없었다. 노아의 계약 이야기(창 9장)와 제사장 문서에 등장하는 민족들의 목록(창 10장)에서 근원적으로는 구분되는 전승들(J와 P)이 서로 결합되었을 수 있지만, 둘이 결합된 지금의 창세기 본문의 형태인 창세기 10장에 따르면 노아의 아들들인 셈과 함과 야벳이 모든 민족의 시조였고, 하나님이 노아와의 계약

(rde 15) 29f. 그리스의 신들은 "어떤 권위 있는 계시도 필요하지 않았다." 왜냐하면 "그들은 모든 존재와 사건 속에서 자신 스스로를 입증하는데, 그것은 대단히 명백해서 수백 년 동안 몇몇 소수의 현상을 제외하고는 불신앙이라는 것이 전혀 없었다"(29).

2   이에 대해 헤시오도스(Hesiod)가 제시한 의인화 및 신화론의 관계에 대한 닐손의 언급을 보라. M. P. Nilsson, *Geschichte der griechischen Religion 1*, 1941, 32f., 또한 a.a.O. 47f., 49. 그 밖에도 닐손은 제의에서 신의 형상의 제작에 대해 평가했다(206).

을 체결 할 때 함께 있었으며(창 9:8), 노아와 함께 하나님이 건네시는 말씀을 들었다는 사실에 대해 분명히 어떤 문제도 발견할 수 없다. 그러나 다른 한편으로 그 하나님은 특별한 방식으로 아브라함과 이스라엘의 하나님이시다. 그 하나님은 특별한 약속을 통해 그분 자신을 아브라함 및 그 후손들과 결합시키셨고, 모세에게 그분의 이름과 의로운 뜻을 알리셨다.

이스라엘의 전승들에서 나타난 이런 자료들에 다음 사실이 상응한다. 이스라엘은 아브라함을 선택하신 하나님 혹은 출애굽의 하나님을 나타내는 일반적 표현으로 **엘로힘**(elobim)을 사용했으며, 이 표현은 다른 신들을 가리킬 때도 사용될 수 있었다(예를 들어 삿 8:33; 삿 11:24; 시 82:1). 이 표현의 사용은 이스라엘의 하나님에 대한 진술을 이해하기 위해 전제되는 일반적인 토대를 암시한다. 하지만 이것은 이스라엘의 하나님이 족장들, 모세, 계약의 백성에게 알려졌던 그대로의 특별한 방식으로 다른 민족들에게도 알려졌을 것이라고 말하지는 않는다. 그렇게 말하는 것은 이스라엘의 신앙고백을 간과한 것이다. 계약의 백성에게 알려주셨던 하나님의 고유한 특성이 일반적인 어떤 하나님 혹은 신들에 대한 지식 안에서 이미 알려져 있었던 것은 아니다. 그러므로 이스라엘이 알 수 있었던 하나님의 특성은 그와 같은 일반적인 지식을 통해 대체될 수 없으며, 또한 그런 지식 때문에 불필요하게 되지도 않는다. 물론 거꾸로 오직 이스라엘의 하나님에 대한 지식으로부터만 결론을 도출해서, 오직 그분만이 홀로 모든 신들 전체와 동일하다고 말할 수도 없다. 우선 외부인들에게 이스라엘의 하나님은 다른 민족의 신들 곁에 놓이는 이스라엘 민족만의 특별한 신으로 보인다. 계약의 민족에게는 이 한 분 하나님 외에 다른 어떤 신도 허락되지 않는다는 것이 첫째 계명이었다(신 5:7; 출 20:3). 그분이 이스라엘에 대해서만이 아니라 그 자체로 유일무이한 하나님이라는 사실은 이스라엘의 신앙 의식 안에서 항상 자명했던 것은 아니었다. 이것은 제2이사야의 메시지에 이르러서야 비로소 단호하게 요청되었던 주장이다. 그때는 특징적이게도 바빌론 포로기 상황이었으며, 포로가 된 유대인들이 이스라엘의 하나님과 경합하는 다른 신들의 권세 있는 주장에 직접적으로 노출되었던 시기였다.

하지만 이스라엘의 하나님의 유일무이한 신성의 주장을 도대체 어떻게 증명할 수 있는가? 우선 말해져야 할 것은 포로기 상황에서 계시 사상 안에 한 가지 새로운 기능이 싹텄는데, 이 기능으로 인해 계시 사상이 변화되었고 결국에는 완전히 새롭게 각인되었다는 사실이다. 다시 말해 계시 사상은 이스라엘의 하나님의 확정적인 그리고 배타적인 진리에 대한 질문의 기능을 수행했고, 최종적으로는 그분만이 홀로 참된 하나님이라는 사실에 도달했다. 이와 비교될 만한 어떤 기능이 계시 사상과 결합된 것은 어느 때에도, 어느 곳에서도, 어떤 방식으로도 없었다. 만일 은폐로부터 벗겨져 드러나는 어떤 계시를 수용하는 법정이 계시 체험의 일반적인 내용 안에서 함께 파악된다면, 그때 계시의 현실성은 계시 수용의 사건 속에 대체로 아무 문제 없이 전제된다. 이것은 그렇게 전제된 앎이 신성의 자기 증언에 근거한다는 사실을 배제하지는 않는다. 하지만 종교 전승들이 계시 체험들에 관해 보도했던 것은 대개 신들과 신적인 것들 전반에 대한 모든 지식의 출발점과 관계되어 있지 않다. 계시의 체험 속에서 "드러나는" 것은 보통 계시하는 신성과는 구분된다. 심지어 신성이 스스로 계시 수용자에게 "나타나는" 경우에도, 그것의 목적은 신성이 자신의 실재성을 증명하려는 것이 아니고, 수용자에게 전달된 것 혹은 사명으로 위탁된 것에 차후에 특별히 철저한 권리를 부여하려는 것이다. 신성의 실재성에 대한 질문은, 만일 그런 질문이 제기된다면, 계시의 경험 밖에서 행해진다. 그리고 그 질문은, 신화를 통해 설명되는 것처럼, 하나님에 대한 이해의 내용과 연관되어 있다. 바로 그런 이유에서 계시를 체험했다는 사실만으로는 하나님의 신성이 아직은 보증되지 않는다. 여기서 계시 체험은 그 계시를 주신 하나님 혹은—꿈의 경우처럼—그 계시가 소급되는 원천인 하나님에 대한 체험을 가리킨다. 더 나아가 "드러남"의 중요성은 계시 수용자가 계시된 것에 대해 감사하는 바로 그 신성에 이미 전제되어 있는 서열에 따라 정해진다. 하지만 무엇보다도 계시 체험에서 드러난 것과 그것으로부터 추론된 것이 다른 방식으로도, 즉 경험의 영역에서도 확증된다는 것이 중요하다. 어떤 전조가 적중하거나—혹은 아무 일도 일어나지 않지만—어떤 꿈이 실제로 실현되는 참된 꿈으로 나타나고, 처음에는 잘 이해가 되지 않던 암호화된 신탁의 의미가 경험 세계의 진행 속에서 열린다. 비슷한 것이 계시 체험에 전제된 신성의 실재에도 해당하는데, 체험의 내용은 그 신성으로 소급된다. 만일 그와 같은 체험들 속에 전제된 신성 자체의 실재가 계시 사상의 대상이 된다면, 이때 계시 사상은 어떤 특정한 신 이해의 진리성과 보편타당성을 질문하는 기능을 획득하게 될 것이다. 이때 비로소 계시 사상은 계시하는 하나님의 신성에 대한 확신의 토대가 될 수 있다.

포로기에 제2이사야의 예언들 안에서 구체화되었던 야웨의 신성에 대한 논쟁에서 이 단계는 최소한 준비되었다. 이에 대해 그런 식으로 이해될 수 있는 "특별계시"가 이미 이스라엘의 신앙 역사의 초기에 존재했었다는 그 어떤 증빙도 존재하지 않는다. 오히려 그 초기에, 눈길이 닿는 곳까지 바라보자면, 신성 일반에 대해 이미 주어져 있었던 앎은 인간들의 각각의 특별한 경험을 통해 저마다 수정되었다. 이것은 근본적으로는 다른 종교들의 정황에도 해당한다. 다른 종교들의 초기에서도 계시 체험들의 기능은 우선적으로 계시하는 신성의 실재성의 증명이 아니다. 그 단계가 이스라엘의 외부에서도 실제로 실현되었는지의 여부를 여기서 결정할 필요는 없다. 그 문제는 종교학의 경험적 연구 분야에 맡길 수 있다. 하지만 여기서 말할 수 있는 것은 종교들 안에서 나타나는 신들의 현실성과 능력에 대한 확신은 보통은 다른 방식에 근거되어 있다는 사실이다. 다시 말해 그 확신은 문화의 신화적 세계 해석의 내부에 있는 유일한 신성의 신화 내지 지위에 근거되어 있다. 비록 여기서 신화가 영감된 것으로 여겨졌다고 하더라도 신화 특유의 진리 주장은 영감된 기원과는 별 관련이 없었다. 신화는 그 기원뿐만 아니라 의미 경험의 다른 형식들도 공유하고 있었고, 나아가 세계 해석의 기능과도 연관되어 있었기 때문이다. 고대 이스라엘에서 세계의 기초를 놓는 신화의 기능에 상응했던 것은 한편으로 말하자면 사회적 질서에 관한 한, 하나님의 법이었고, 다른 한편으로 하나님의 구속사적인 선택의 행위다. 후자는 백성을 위한 하나님의 법이 구속력을 갖는 기초로서의 계약 관계를 가리킨다(참고. 출 20:2). 사회의 법질서는—고대 문화들의 "우주론적 왕국들"(E. Voegelin)에서와 같이—우주의 질서와 직접적으로 일치하는 것으로는 보이지 않는다. 한편으로 세계 창조와 그것의 질서 사이, 그리고 다른 한편으로 세계 창조와 이스라엘의 하나님에 대한 계약 관계의 특수성 사이를 중재했던 것은 오히려 선택의 전통이었으며, 그것은 결국 이스라엘이 하나님의 민족이 되게 했던 역사의식이었다. 여기에 각양각색의 "계시 경험들"이 함께 작용하기는 했지만, 단지 그 역사에 속한 구성요소들로서만 그렇게 작용했다. 물론 늦어도 신명기 시대 이래로, 즉 유대 민족의 왕정 후기에(7세기), 민족의 정체성의 근거가 된 그와 같은 역사의 사건들은 야웨의 신성의 인식을 불러일으키는 기능을 가졌다(신 4:35; 참고. 신 4:39; 7:8f.). 이 사상은 어쩌면 훨씬 오래된 것일 수도 있다(참고. 출 14:31). 그 사상이 특별한 "계시의 체험들"과 어떤 관계에 있는지는 아직 좀 더 논의되어야 하겠지만, 여기서 중요한 것은 의심할 바 없이, 그 체험들의 내용에 관해 위에서 말했던 것과는 달리, 야웨의 신성이 **이스라엘에게 특별한 방식으로 자신을 알렸다는 사실이다.** 이 과정에서 야웨와 창조신과의 동일성도, 그리고 다른 모든 신들과 구별되는 그의 유일한 신성도 논의되지 않는다. 이것들은 제2이사야에 가서야 나타난다. 그것도 출애굽 사건을 뒤돌아보는 가운데 나타나는 것이 아니라, 미래의 하나님의 행위, 즉 이방 세계에 있어서도 이스라엘의 하나님을 열방의 하나님으로, 세계의 창조자이신 유일무이한 참하나님으로 드러내게 될, 미래의 하나님의 행위를 앞으로 내다보는 가운데 나타난다.

제2이사야는, 바빌론에서 포로가 된 백성들의 위기 상황 속에서 이스라엘의 하나님이신 야웨의 신성이 그분이 선포하는 미래의 구원 행위에 달려 있다고 보았다. 그 행위는 그분을 모든 민족 앞에서 유일무이한 한 분 하나님이자 세계의 창조자로 입증할 것이었다. 예루살렘에서 페르시아 왕들을 통해 유대교적 제의 공동체의 회복을 경험했거나 그 경험을 회고했던 후대의 세대들에게 그 사태는 다르게 묘사되어야 했다. 이방 세계 전체는 결코 야웨의 유일무이한 신성의 인식에 도달하지 못했던 것이다. 물론 야웨는 그 민족과 자신의 제의 장소를 회복시킴으로써, 자신이 이스라엘의 하나님임을 새롭게 입증했다. 이스라엘의 하나님으로서의 야웨의 신성에 대한 확신은 더 이상 이방 민족들이 그의 유일한 신성을 인식하는 것과는 관계가 없었다. 이에 더하여 제2이사야의 포로기 관점에서 보이지 않았던 연속성, 즉 하나님의 과거의 구원 규정과의 연속성이 다시 회복되었다. 이 점에서 결국 야웨의 유일무이한 신성에 대한 확신이 창조 신앙과 확고하게 결합되었다. 이것은 포로기 이후의 지혜문학의 기본에 속한다. 하지만 야웨의 유일한 신성이 이방 세계를 통해 보편적으로 인정받는 것—야웨를 유일하신 한 분 하나님으로 믿는 이스라엘의 믿음은 그 인정이 없다면 흔들릴 수밖에 없었겠지만—은 더 멀리 늦춰진 역사적 종말의 미래적인 문제가 되었다.

제2이사야 이후에 계시 개념은 용어상으로 하나님의 자기 예시의 미래와 결합되었다. "야웨의 영광이 벗겨져 드러나고, 모든 육체가 그것을 함께 볼 것이다"(사 40:5). 여기서 야웨의 "카보드"(Kabod, 영광), 즉 야웨 자신, 그의 신적인 영광은 "벗겨짐"의 대상으로 규정된다. 또한 묵시문학에서도 하나님의 자기 예시 곧 신적인 영광의 계시는 훨씬 더 멀리 늦춰졌고 이 세상 시간의 종말론적 미래와 섞였는데, 그때 하나님의 영광 즉 하나님의 신성 자체가 미래에 드러난다는 사상은 종말의 사건들의 등장과 확고히 결합되었다(특히 syr. Bar 21,25 등등). 그때 하나님의 영광의 빛 안에서 인간이 악인과 의인으로 드러나 결정될 것이다(제4에스라 7:42). 그러나 구약성서적인 계시 용어가 종말의 사건과 연결된 것, 그리고—예언의 말씀과 묵시적 비전을 통해 선포된 것이 적중하게 될—미래와의 결합은 그 용어가 사용되는 다른 영역들에서는 나타나지 않는다. 그렇기에 이와 같은 진술들이 순전히 양적인 의미에서는 구약성서적인 계시의 표상들을 두말할 필요도 없이 대표한다고 볼 수 없는 것은 쉽게 이해된다. 다른 한편으로 그 외에 용어상 "계시"라고 표현되는 많은 체험들도, 적어도 중세기 이래의 신학 전통이 계시의 주제에 부여했던 그런 근본적인 중요성 역시 두말할 필요도 없이 계시의 주제에 귀속되어야 한다고 암시되지는 않는다. 덧붙이자면 신약성서에서도 계시의 다양한 표상들이 등장했는데, 그것들의 신학적인 무게는 서로 다르다. 더 나아가 우리는 예수의 메시지나 사도들이 그리스도에 관해 전한 메시지의 중심적인 내용을 묘사하거나 설명하기 위해, 계시의 표상이라는 것이 정말로 필요한지 더욱 의심해볼 수도 있다. 신앙의 인식의 형식적 원리로서의 계시라는 사고는 대단히 드물며, 단지 마태복음 11:27(눅 10:22)에만 해당하는 것 같다. 사도들이 전한 그리스도 메시지 안에서 계시의 표상들은 근본적인 기능보다는 해석학적인 기능을 가졌던 것으로 보인다. 교부들의 문헌도 비슷한 상을 제공한다.

그렇다고 해서 계시 사상이 이미 중세신학에서 나타났고 현대신학의 신학적 원칙의 기능에 대한 논의 안에서 제대로 등장했다는 사실이 총체적인 오류의 길이었다는 결론에 이르는 것은 아니다. 우선 무엇보다도 성서의 다양한 증빙들과도 어긋나지 않으면서, 하나님은 자신이 인식되도록 자기 스스로를 내어주시지 않고는 결코 인식되실 수 없다는 논증이 무게를 얻고 있다. 물론 이것이 성서의 모든 계시적 표상들의 핵심은 아니다. 하지만 이것은 하나님과 신들에 대한 모든 종교적인 진술들, 그리고 성서의 증언들의 근저에 놓인 명시적인 혹은 암묵적인 전제다. 그렇기 때문에 그 논증은 언제나 주제화되었던 것은 아니며, 오히려 대체로 자명한 것으로서 전제되었다. 중세에 이르러, 특히 근대신학 안에서 이 전제는 아직도 더 논의되어야 하는 근거에서 더 이상 자명한 것은 아니었다. 그래서 우리는 이 전제를 여기서 명시적으로 주제화해야 했으며, 그것은 중세나 근대 초기와는 다른 현대의 방식을 따른다. 다시 말해, 계시 개념에 대한 상세한 규정은 그렇기에 현대에 이르러서는 신학의 중심 주제가 되었다.

신학적 진술들의 진리 주장이 신적인 기원을 갖는다는 언급은 변증적인 것이라고 볼 수도 있다.[3] 어떻든 간에 그런 경우라고 해도 중요한 것은 자의적으로 강조될 수 있거나 혹은 무시될 수 있는 변증적인 노력이 아니라, 그리스도교적인 선포의 주장들을 가능하게 하는 제약 조건이다. 그리스도교 선포는 자신이 그것을 위해 하나님으로부터 사명을 받았다고 알고 있는 경우에만, 자신의 주장들에 대해 책임질 수 있다.[4] 그렇지 않다면 그 주장들은 곧바로 다른 견해들과 마찬가지로 인간의 주관적인 표명으로 보이거나, 나아가 근거 없는 것으로 보일 것이 분명하다. 그리스도교적인 진리 주장들에도 물론 논란의 여지가 있을 수 있지만, 그럼에도 그 주장을 예시하고 진리로서의 승인을 요청하는 것—이것이 없다면 그리스도교적 선포는 무력해질 것이다—은 모든 그리스도교 진술들이 최종적으로 관계하는 위임, 곧 하나님 자신이 부여하신 권한의 위임을 의식하지 않고는 실현될 수 없다. 이와 같은 실제적인 내용이 중세에 이르러서야 모든 신학적 진술의 원칙으로서 주제화되었다는 사실은 설명을 필요로 한다. 즉 헬레니즘-로마 문화권에서의 그리스도교 논증과 뚜렷이 대비되는 중세신학의 또 다른 상황이 지적되어야 한다.

이와 같은 숙고들만으로는 계시의 주제가 종교철학적인 것만이 아니라

---

[3] 이에 대해 바르(J. Barr)가 많은 주의를 기울인 다음 논문을 보라. J. Barr, Revelation Through History in the Old Testament and in Modern Theology, in: *Interpretation* 17, 1963, 193-205, 특히 203f. 바르의 비판은 여기서 특히 역사를 통한 신적 계시의 사고와 관계되어 있다. 그러나 후에 바르는 계시 개념을 전적으로 "하나님의 앎에 대한 인간적인 원천을 표현하는 하나의 일반적 용어로" 사용하는 것에도 반대했다(The Concepts of History and Revelation, in: *Old and New in Interpretation*, London SCM 1966, 65-102, 인용 88). 바르의 논증들은 앞으로 더 언급될 것이다.

[4] 칼 바르트의 하나님의 말씀론은 이것을 선포의 말씀으로부터 성서의 증언으로, 그리고 계속해서 하나님의 계시된 말씀으로서의 예수에게로 소급하면서 대단히 적절하게 설명했다. 다만 이와 같은 내용의 전개에서 그런 소급 방식과 관련된 주장의 진리성, 즉 예수가 직접 하나님의 계시와 관련되는지의 문제는 아직 입증되지 않았다.

또한 신학적인 것이라는 사실을 근본적으로 예시하기에는 충분치 않다. 만일 계시의 사고가 유일한 참하나님이라는 성서적 하나님의 주장에 근본적이라면, 이 사태는 성서의 증언들에서도 근거되어 있어야 한다. 그렇기에 이 사태는 아직까지는 어디서나 명시적으로 설명될 필요는 없었다. 넓게 본다면 그것은 성서 진술들에 암묵적으로 함축되어 있다고 주장될 수 있을 것 같다. 하지만 만일 성서가 하나님의 계시의 규범적인 증거들이고, 반드시 고려되어야 하는 저자들의 인간적인 한계마저도 이 사태를 그들 자신의 의식에 대해 완전히 숨기기가 어려울 정도였다면, 이제 계시의 사고는 성서 본문들로부터 명시적으로 드러내어 강조되어야 한다.

다양한 용어와 표상 방식에도 불구하고, 성서적 증언들이 신적인 계시에 대해 분명히 표현하며 말한다는 사실에는 논란의 여지가 없다. 우리는 계시가 신성에 대한 일회성의 앎을 중재하는 유일한 수단이라는 생각에서 벗어나야 한다.[5] 마찬가지로 우리는 계시의 다양한 형식들이 모두 하나님 자신을 저자로만이 아니라 내용으로도 삼을 것이라고 기대해서는 안 된다. 그리고 마지막으로 우리는 성서의 하나님이 자신을 알리시는 그곳, 즉 자기 자신에 대한 인식을 전달하시는 그곳에서도, 그분의 신성은 넓은 범위에서는 권세 있고 우월하신 이스라엘의 하나님의 신성으로만 예시되며, 이것도 오직 그 백성과 구성원들의 인식을 위한 것이고 그분의 온 인류를 위한 유일무이한 신성의 예시는 아니었다는 사실을 반드시 고려해야 한다. 구약성서적인 계시의 표상들 중 적어도 하나의 노선은 이스라엘의 하나님의 온 민족들을 위한 신성의 자기 예시를 향한다는 사실을 살펴볼 때,

---

5 이와 같은 전제는 신학적 계시 개념에 대한 바르(J. Barr)의 비판의 근저에 놓여 있다. 각주 3번에서 인용한 논문("*Old and New in Interpretation*", 1966, 89f. 그리고 92)을 참고하라. 계시 대신 "커뮤니케이션"을 사용하자는 그의 제안은 소통(커뮤니케이션)이란 "이미 알려진 것으로부터" 있을 수 있다는 사실에 근거한다.

그것은 더욱 분명해진다.

우리는 유대교적 계시 사상 가운데 그 노선이, 신약성서 안에서 이방 선교로 건너갈 때, 또한 이미 예수의 등장과 관련되었던 종말론적 진리가 주장될 때, 중심적인 의미를 가졌을 것이라고 예상할 수 있다. 실제로 일련의 신약성서적 진술들은 묵시문학적 근거를 지닌 계시 사상을 명시적으로 예수의 인격과 역사에 적용한다. 그 사상이 암묵적으로 전제된 것으로 증명되거나 단지 개연적으로만 제시되는 경우는 훨씬 더 많다. 그 외에도 신약성서 안에는 서로 다르게 구성된 계시의 진술들이 있고, 그 어디에서도 하나의 계시 개념으로만 논증하지 않는다.

이와 같은 사실 관계는 성서의 다층적인 계시 진술들을 더 자세히 평가할 것과 각각의 형태가 차지한 자리에 대한 가치를 규정할 것을 요구한다. 그리스도교 교리의 주장에 대한 근거를 마련하기 위해 성서적 하나님의 계시를 신학적으로 주장하는 것에는 성서적 기초가 누락되어 있거나, 혹은 그 주장은 이미 존재하는 그 기초를 최소한 의심스럽게 만들지도 모른다. 이와 같은 연구로 설명될 수 있는 성서적 계시의 표상들의 발전은 동시에 다음의 이행, 즉 종교들의 세계에서 충분한 증빙을 갖는 계시의 체험들에 대한 현상학으로부터 모든 인간에 대해 한 분 하나님이 되시는 이스라엘의 하나님의 신성의 계시라는 주제로의 이행을 성취할 것이다. 이 이행은 종교사 자체 안에서 발생했으며, 오늘날의 신학적인 성찰에만 속하는 것이 아니라는 점이 중요하다.

이런 연구 결과를 통해 하나님에 관한 그리스도교적 메시지와 관련된 진리성의 질문을 보다 폭넓게 설명할 수 있게 해주는 형식의 변화가 일어날 것이다. 우리의 설명은 우선 인간의 언어 사용이나 인간의 사상 형성을 판단하는 신 개념으로부터 시작하여, 종교들의 세계 속에서 주장되는 신적 현실성으로 나아갈 것인데, 이것은 어쨌든 세계와 인간의 현실성에 근거를 제공하고 설명하는 영역에서 신들이 관할권을 두고 투쟁한다는 점과 관련되어 있다. 마지막으로 그 설명은 성서적인 계시의 표상들의 발전을 다음의 한 지점으로 인도한다. 그곳은 인간들의 역사적인 경험이 신들의 권능과 신성의 예시로서 분명히 주제화되고, 이와 관련하여 성서의 하나님이 모든 인간의 유일하신 하나님으로 입증될 것이며 바로 그 한 분 하나님이 예수 그리스도 안에서 이미 나타나셨다는 주장이 제기되는 지점이다. 그러므로 이 지점에서 그리스도교 메시지의 진리성에 대한 질문은 이 주장이 정합적으로 수행될 수 있는지를 묻는 질문의 형태를 취해야만 할 것이다. 그리고 그 주장은 그리스도교 교리의 체계적인 재구성을 통해 검증될 것인데, 그 교리의 출발점은 그것 자체가 주장하는 하나님의 역사적 계시 속에 있다. 진리 질문을 주제화하는 조직신학은 그런 재구성으로써 직접 시작할 수 없다. 오히려 조직신학은 그리스도교 교리의 진리 주장을 재구성하려는 출발점을, 그 주장을 역사적으로 덮고 있는 종교들의 현실성을 통한 중재 속에서 취해야 한다. 그뿐 아니라 신적 현실성의 증거로서의 종교적 주제에 대한 접근도 신 개념과 인간 일반의 자기 이해에 대한 그 개념의 중요성에 대한 논의를 통해 가능해질 수 있다. 종교적 전승의 형성 과정 속에서, 즉 유대교의 역사 속에서, 우선적으로 설명하여 규명될 수 있는 신적 계시를 주제화할 때 진리 질문의 실행의 전환이 발생하는데, 이것은 그리스도교 교리의 전승 안에 있는 하나님에 관한 진술들을 재구성하는 쪽으로의 전환이다.

이 과정은 원칙상 다른 종교에도 적용될 수 있다. 그 적용의 제약 조건이 이들 종교들의 특성 안에 반영되어 있는 한 그러하다. 그 조건들에 속하는 첫 번째 것은 아마도 신적 현실성들의 단일성이 종교들의 단일성에 상응하면서 종교 안에서 이미 주제화되어 있어야 한다는 사실이다. 두 번째 조건은 역사의 경험 과정 속에서 발생한 하나님의 신성의 예시, 곧 종교사에서 실제로 발생했던 종교적 진리 주장들에 대한 논쟁의 장과 동일시 되었던 그 예시가 관련된 종교 안에서 주제화되어야 한다는 점에 놓여 있다. 여기서 신성의 역사적인 자기 예시는 오늘날 종교철학의 성찰로서만이 아니라, 관련 종교의 전승 속에 증언된 신성의 자기 증언의 구성요소로서 증명되어야 한다. 이와 관련하여 앞으로 전개될 세 번째 조건은 다음과 같다. 역사의 과정 속에서 실제적으로 확증될 수 있는 신적인 신성에 아직도 논란의 여지가 있다는 것은 신성의 자기 증언의 내용과 형식에 불가피한 것으로 예견된다. 신성의 등장이 시간적으로 제약되어 있다고 해도 마찬가지다. 만일 신성의 자기 예시의 진리성에 대한 논쟁이 단순히 피상적으로 진행된다면, 결국 그 논쟁에서 모든 것, 즉 자기 자신의 고유한 논란 가능성을 품고 있는 세계 상황이 근거하고 있는 현실성 역시 그럴 수 있다는 주장에 반대하는 편견이 이미 성립된 셈이 된다.

다음 단락(4.2)이 종교적인 계시 체험들에 대한 일반적 현상학으로부터 신적인 자기 예시의 주제화로 건너가는 역사적인 이행을 서술할 때, 그 이행에 이어 그리스도교 신학의 역사 속에서 이루어진 계시 개념의 개념사도 다루어질 것이다. 그 개념사적인 논의들은 이미 앞에서도 각각의 주제의 상세한 규정에 대해 중요한 기능을 갖고 있었다. 그 밖에도 그 개념의 역사는 조직신학의 객관적인 언어 사용을 돕고, 이 영역에 만연한 자의적 해석의 횡포를 막는다. 교의학적 개념의 역사적 위치에 대한 질문은 방법론적으로 보면 조직신학에 대해 정당하게 요청되는 정확성을 위해 필수불가결하며, 신학자가 대안적으로 개념을 규정할 때 사용하는 자기 자신의 용어에 대해 (근거 있는) 한계를 설정하는 경우에도 그러하다. 하지만 개념사적 설명이 체계적인 설명의 과정에서 항상 같은 지위를 갖는 것은 아니다. 종교에 대한 장의 시작에서 개념사적 개요를 다루었던 것은 도입부의 장이 "신학" 혹은 "교의학"과 같은 개념의 규정으로써 시작했던 것과 마찬가지다. 반면에 신 개념에 대한 장에서 "자연신학"과 "자연적 하나님 인식"이라는 개념의 개념사는 시작 부분에 나올 수 없었는데, 왜냐하면 그 위치에서는 그것을 생략하고 우선적으로 신 개념을 논하는 것이 더 가치가 있기 때문이다. 그 때문에 그 장은 "하나님"이라는 단어와 그의 의미론적인 기능, 그리고 종교적 경험에 대한 그것의 관계를 설명하면서 시작되었다. "하나님"이라는 단어의 의미론을 개별적인 종교 경험보다 앞세우는 것은—

그때 종교적 경험의 해석은 그 단어의 중심적인 기능들 중 하나가 될 것이다—은 철학적 신학을 신 개념에 대한 질문의 수행으로 취급하는 것을 정당화해주었다. 종교에 관한 장으로부터 되돌아본다면 다음과 같이 말할 수 있다. 철학적 신학은 그 질문과 함께 신화의 유산을 인지하며, 세계를 설명하는 신화의 기능 속에서 신 개념의 기원적이고 의미론적인 장소를 찾을 수 있다. 또한 계시의 주제에서도 우선 계시 개념의 신학적인 개념사의 장소가 놓일 수 있는 범주를 획득해야 했다. 그 과정에서 종교의 장과의 관계가 유지되었고, 동시에 뒤따르는 장들에서 전개될 수 있는 그리스도교 교리의 체계적 재구성을 위한 계시 주제의 견인적인 기능도 설명될 수 있었다.

계시 개념의 역사에 대한 서술에 이어 마지막에는 외관상 상호 배타적인 것으로 보이는 계시 이해들의 대안적인 구상들을 위한 체계적 논의가 뒤따라야만 할 것이다. 이러한 구상들의 충돌 속에서 계시 주제에 대한 신학적 성찰의 역사를 서술하는 일이 결론에 도달한다. 말씀을 통한 혹은 역사적 행동을 통한 하나님의 자기 계시는 신학적으로 말해질 수 있는가? 이 두 가지 구상들이 반드시 서로에 대해 배타적일 필요는 없다는 사실이 제시될 것이다. 이것은 한편으로 하나님의 말씀의 여러 가지 성서적 표상들이 그분의 역사적 행동을 통한 그분의 자기 계시 사상의 구성요소로서 이해되거나, 다른 한편으로 "하나님의 말씀"이라는 표현이 계시 사건에 대한 요약적인 특성 표시가 될 수 있다는 점에서 그러하다.

2. 성서적인 계시 표상들의 다층성

계시 개념에 대한 근대의 논의에 따르면, 이 개념은 한 인간이 유일회적으로 신성의 인식에 도달하게 되는 사건 혹은 사건들의 유형을 가리키는 것으로 보인다. 이에 상응하는 것으로 우선 이안 램시(Ian T. Ramsey)가

"폭로"(disclosure)의 상황들을 종교적 경험의 출발점으로 서술했던 것을 들 수 있다.[6] 그리고 이미 1799년에 슐라이어마허가 설명했던 것처럼 "우주의 모든 기원적인 그리고 새로운 직관"은 계시로 말해질 수 있다고 했던 것도 이에 해당한다.[7] 물론 여기서 핵심은 신성에 대한 어떤 앎을 미리 전제하고 그 앎에 새로운 요소를 더하는 경험들일 것이다. 계시의 체험들의 기능을 그런 식으로 이해하는 것은, 하나님 개념의 의미론이 개별적인 종교 경험으로 소급될 수 없으며, 오히려 거꾸로 그 경험의 해석에 기여한다는 사실과 잘 어울린다.[8] 개별적인 종교 경험의 근원적 자리는 종교적 의식의 신화적 성격 속에서 찾을 수 있다.

계시의 체험들이 신성에 대한 유일회적인 앎의 수용에 관계된다는 추정에 반대하는 것은 경험적인 판단들이다. 많은 민족들이 그들의 종교적 직관들 가운데서 계시의 표상들을 발전시켰지만, 그 표상들의 내용에서 일반적으로 중요한 것은 신성을 직접적인 대상으로 삼고 있는 중재가 아니었다. 오히려 우선 중요한 것은 인간에게는 통상적으로 은폐되어 있는 세계 내적인 사태들의 폭로였다. 이와 관련하여 특별히 중요한 것은 인간 자신의 고유한 미래에 적중하는 사태들이다.[9] 신성은 계시 사건들의 내용이라기보다는 오히려 일상의 삶에 숨겨진 것에 대한 정보의 원천이다. 하지만 신성이 결코 그런 종류의 원천들 중 유일한 것은 아니다. 그래서 이스라엘에게는 신접한 자와 박수에게 묻는 것이 금지될 필요가 있었다(레 19:31; 20:6; 신 18:10f.). 무거운 형벌의 위협을 동반했던 그런 금지령들은 숨

---

6 I. T. Ramsey, *Religious Language*, London (Macmillan MP 129) 1963, 26ff.
7 F. D. E. Schleiermacher, *Über die Religion*, 1799, 118 (원관의 쪽수)
8 위 2장, 118ff. 참조.
9 이에 대해 나의 논문의 상세한 설명을 보라. "Offenbarung und 'Offenbarungen' im Zeugnis der Geschichte", in: W. Kern/H. J. Pottmeyer/M. Seckler: *Handbuch der Fundamentaltheologie 2: Traktat Offenbarung*, Freiburg 1985, 84ff., 특히 85ff.

겨진 것에 대한 관심을 반대했던 것이 아니라, 이스라엘의 하나님이 아닌 다른 곳에서 그것을 알아내려는 것에 반대했던 것이다. 제비뽑기나 꿈, 예언자들을 통해 "주님께 묻는 것"은 전적으로 허용되어 있다고 간주되었다(삼상 28:6). 미래를 알아내는 세 가지 적법한 방법으로 제비뽑기나 꿈 외에 예언자의 말이 명백하게 신탁의 기능 안에서 언급된다는 점이 주의를 끈다. 미래를 알아내기 위한 이 세 가지 방법들이 갖는 적법성은 의심할 바 없이 이것들에 대해서도 이스라엘의 하나님이 미래에 대한 유일한 주님으로 인정된다는 사실에 근거했다. 꿈의 내용이라든지 혹은 제사장을 통해 적법한 절차로 시행된 제비뽑기 결정은 이스라엘의 하나님께로 소급되었고 예언자의 정보는 하나님 자신의 말씀으로 간주되었다(참고. 욥 33:14ff.).

제비뽑기, 꿈, 예언적 신탁을 통해 우리는 예진술(豫診術, Mantik)의 세계에 서게 된다. 예진술은 다른 종교들에서는 새의 비행을 관찰하거나 동물의 내장으로 점을 치는 것과 같은 징표 해석의 형태들을 포함하고 있으며, 결투 혹은 불이나 물로 시험해보는 형태로 "신의 판단"을 읽는 것도 포함한다. 예진술(이른바 귀납적 예진술)의 이런 모든 형태 가운데 구약성서는 오로지 제비뽑기만을 허락했고, 반면에 꿈의 경험과 예언적 영감(즉 "자연적인" 혹은 "직관적인" 예진술)은 아마도 그보다 덜한 불신을 가지고 지켜보았다.[10] 어쨌든 계시적 표상들의 기원들은 이스라엘의 경우에서도 예진술의 세계 속에 놓여 있었던 것으로 보인다.

그리스도교 안에서 미래를 알아내기 위한 인간의 예언자적인 행위는 고대 이스라엘의 경우보다 더 심하게 배척되었다. 신탁의 제비뽑기 역시 긴급한 필요가 없다면 사용되지 말아야 한다. 왜냐하면 이는 무모함의 표현이 되기 쉽기 때문이다. 이러한 무모함은 거리낌 없이 하나님을 시험하

---

10 예진술(Mantik)의 두 가지 근본 형태를 구별하는 것은 스토아 철학으로 소급된다(Cic. *De divin*. I,11; II,26). 그리고 이미 플라톤이 신적 영감을 인간의 징표 해석과 대립시켰을 때, 그 안에서도 제시된다(*Phaidr* 244a5-d5).

려고 하며,[11] 미래의 숨겨진 곳으로, 즉 하나님이 유보해놓으신 영역 안으로 침범해 들어가려 한다. 모든 예진술을 거부하는 그리스도교의 입장은 하나님에게서 온 표적을 보이라는 요구에 대한 예수의 거절과 내적으로 관계되었을 것이다. 비록 하나님이 스스로 기적을 일으키시는 경우에 때로는 인간을 통해 (그것을) 일으키신다고 해도, 이미 원시 그리스도교에서 하나님으로부터 오는 표적의 요구는 주제넘은 것으로 간주되었다(참고. 막 5:7). 표적에 대한 열망은 아마도 이미 하나님을 "시험"하는 것으로, 즉 그분의 자유라는 숭고한 영역을 침범하는 것으로 간주된다. 구약성서의 법에서는 결코 모든 표적에 대한 요구가 하나님의 시험을 금지하는 명령 아래에 있지 않았지만(신 6:16; 출 17:7), 예수는 하나님에 대한 표적 요구를 거부했으며, 그것을 자신이 보내심을 받았다는 정당성을 보여주기 위한 목적으로 삼지 않았다(마 12:38f.; 16:1-4 병행구절).[12]

표적 요구의 문제성과 이에 대한 예수의 거절은 계시라는 주제에 대해 시사하는 바가 크다. 왜냐하면 "표적"이라는 것의 복합체—징후든 확증의

---

11 Thomas von Aquin S. theol. II-II,q 95 a 8 c.
12 구약성서는 하나님의 파송의 적법성을 위한 표적을 요구하는 것을 비교적 문제없이 받아들였다. 모세(출 4:2ff.)와 아론(출 7:9ff.)의 기적을 일으키는 지팡이는 출애굽 전통 안에서 이들의 파송을 확인하는 증빙으로 이용된다. 모세와 마찬가지로 기드온도 역시 자신에게 주어진 사명이 실제로 하나님으로부터 왔다는 것을 증명하기 위한 표적을 필요로 했다(사 6:17ff.). 그러나 여기서 표적은 다른 이들 앞에서의 확증이 아니라 자신의 확신을 위한 것이었다. 이것은 또한 이사야가 아하스 왕에게 하나님께 간청해보라고 요구했던 표적에도 해당한다(사 7:11). 하나님을 시험하지 않겠다며 왕이 그것을 거절한 것은 이사야에게는 결코 신앙의 표현으로 보이지 않았다. 오히려 그것은 오로지 하나님께만, 즉 이사야를 통해 그에게 선포된 메시지에 대해 전적으로 응답하려는 마음의 준비가 덜 되어 있음을 보여주는 표현이었다. 그러나 같은 이유로 예수는 자신에게 제기되었던 표적 제시의 요청을 거절한다. 예수는 자신이 전하는 소식을 듣는 청중들이, 믿게 만들어줄 어떤 표적 없이도 이스라엘의 하나님의 부르심을 들을 것이라고 기대했다. 그렇기 때문에 예수의 소식에 맞서 표적을 요구하는 것은 그의 부르심을 회피하는 것이 된다.

표적이든 관계없이—는 신탁의 다른 형태들과 마찬가지로 그때까지는 숨겨졌던 것을 인식하는 것과 관계가 있고, 이것은 "계시들"의 수단으로 간주되어야 한다. 다른 계시 체험들과 관련하여 그런 체험들이 흔히 하나님 자신을 내용으로 삼지 않는다고 말할 수 있는 반면에, 하나님으로부터 발생한 표징은 구약성서에서 하나님의 "자기 전달"(Selbstmitteilung)의 형태를 취한다. 예컨대 야웨는 이집트에서 "표적"을 야기시켜서 이스라엘 사람들이 그분 자신을 "인식"하도록(출 10:2), 즉 모세와 아론의 배후에 있는 능력을 자각하도록 했다.

이집트로부터의 탈출은 "표적과 기적들" 아래서 진행되었다(신 7:19; 참고. 4:34; 6:22; 26:8).[13] 그러나 계명을 지키는 길을 벗어날 경우 이스라엘을 위협했던 하나님의 심판 행위 역시 "표적과 기적들"로서 뒤따르는 모든 세대들에게 경고가 되었다(신 28:46). 이미 이사야는 재앙의 선포와 함께 자기 자신과 자신의 제자들을 "표적과 기적"으로, 즉 이스라엘 백성을 위한 하나님의 징조와 예표로 이해했다(사 8:18). 마찬가지로 에스겔도 그의 아내의 죽음이 준 고통 속에서 백성들에게 표적이 되었다(겔 24:24,27). 외형적으로 유사한 예가 예수에게서도 나타났는데, 그는 자신의 출현을 하나님께서 백성에게 주시는 표적으로 제시했다(눅 11:30). 이 경우에 그것은 물론 가까이 다가온 하나님 나라 혹은 심지어 그 나라의 현재성을 가리키는 표적이다. 자기 자신을 표징을 통해 정당화하라는 요구를 거절했음에도 불구하고, 예수는 표적을 하나님과 그분의 역사 계획의 의도들을 알리는 수단으로 이해하는 것에 대해 오로지 거절만 했던 것은 아니었다. 그가 정말 오실 그이인지 묻는 세례 요한의 질문에 대해 옛 구절을 인용하며 대답할 때, 예수는 그의 출현에 동반되는 표적들을 제시했는데, 그것은 다가올 구

---

13 출애굽 전통과 연계된 이런 형식을 사도행전과 바울이 전형적으로 수용한 점에 대해 다음을 보라. K. H. Rengstorf, *ThWNT* VII, 238ff., 258f. 이 형식에 대한 요한의 비판 (요 4:48)에 대해서는 ebd. 242ff.를 보라.

원의 시대에 기대되었던 표적들이었다(마 11:4f.; 눅 7:22f.).[14] 이 두 경우에서 중요한 것은 하나님에 의해 선포된 표적이지, 인간에 의해 야기되거나 혹은 하나님을 강제하는 표적이 아니었다. 바로 이 차이가 예수는 하나님에 대한 표적 요구를 거절하고 있음에도 불구하고 왜 여기서는 표적의 기능을 긍정하는지를 설명해 줄 수 있을 것이다.

계시의 현상에 대한 종교현상학적 지반이 예진술의 영역에 놓여 있다면, 어떻든 귀납적이거나 인위적인 예진술이 아닌 직관적인 예진술, 즉 꿈과 예언자적 직관 혹은 신이 스스로 일으키는 "표적"들 등이 우선적으로 생각될 수 있다. 영감과 "표적"은 하나님 인식에 중요하다. 하지만 하나님에 대한 앎은 단순히 그것을 통해 근거되지 않는다. 그와 같이 다양한 "계시"의 형태들은 오히려 하나님에 대한 앎을 전제한다. 이것은 다른 종교적인 문화권에서와 마찬가지로 이스라엘에게도 해당되었다. 이것은 꿈들과 예언적 영감들이 그들이 이미 알고 있는 신들에게로 소급된다는 것을 뜻한다. 그때 그 신이 그런 것들과 연결되는 것은 우선적으로 그가 그런 "계시"의 근원으로 간주되기 때문이다.

만일 "계시"의 내용이 하나님이 그 계시의 근원이라는 의식과 결합되어 있다면, 그와 같은 계시 의식은 이미 성찰의 계기를 내포한다.[15] 이것은

---

14 예수의 사역에서 나타나는 표적의 기능에 대한 해석학적 논의에 관련하여 각주 9번에서 언급된 필자의 논문 88쪽, 각주 8번을 참고하라.

15 제클러(M. Seckler, *Handbuch der Fundamentaltheologie 2*, 1985, 60-83, 특히 67ff.)는 아이허(P. Eicher, *Offenbarung. Prinzip neuzeitlicher Theologie*, 1977, 21ff., 43ff.)에 동의하면서 계시에 대한 경험 개념과 성찰 개념 사이를 구분했다. 이 구분은 오늘날 언어적으로 "계시"라고 불리는 현상들의 혼란스런 다양성을 해명하는 데 도움을 준다. 특히 제클러의 의미에서 성찰 개념이라 볼 수 있는 신학적인 계시 개념을 "계시"라고 직접적으로 묘사된 체험들로부터 구별하여 뚜렷이 대비시키는 데 도움이 된다. 그러나 그 성찰은 조직-신학적 개념 형성의 차원에서 시작되는 것은 아니다. "각성이 발생하는" 체험 그리고 무엇보다 그 내용의 타자에 대한 전달이 성찰과 이미 연관되어 있다. 이것은 특별히 계시 체험을 이미 다른 방식으로 알려진 근원적인 신성에 귀

환상에서 보듯(예를 들어 창 28:12ff.) 하나님 자신이 계시 안에 등장하면서 그 내용을 전달하시는 경우에 그러하다. 하나님 자신이 경험의 내용과 대상이 아닌 경우라고 해도, 전달의 사실성과 그것의 내용은 신적 주도권의 표현이자 신적 의지의 표명으로서 수용된다. 계시의 수여에 대해 이와 같이 숙고된 이해는 특별히 **예언적 말씀의 수용**이라든지 혹은 숨겨진 것, 아직 미래에 있는 것을 열어 보여주는 성서의 근본 형태를 신적 의지의 표현으로 설명한다.

말씀을 수용하는 사건은 고대 이스라엘에서 신적인 영을 통한 사로잡힘 혹은 하나님의 "손"에 의한 사로잡힘으로 설명되었다(두 경우 모두 겔 3:12ff.; 8:1ff.에 관련된다). 게다가 민수기 12:6-8에서는 꿈을 곁에 동반하면서 황홀 상태를 다루는 것처럼 보인다(참고. 또한 신 13:2). 반면에 예레미야는 황홀 상태를 꿈과 구분한다(렘 23:25). 하지만 여기서 중요한 것은 경험하는 형식보다는 그것의 내용인 하나님의 "말씀"이다. 이 말씀은 무엇보다 백성을 향한 하나님의 임박한 행동에 관계되며, 이와 더불어 개별 인간이나 다른 민족들의 미래와도 관계된다. 말씀의 수용을 이해하기 위해 언어 형식이 너무 강조되지는 말아야 한다. 히브리어 다바르(*dabar*)는 말씀을 뜻하지만, 동시에 또한 그것이 가리키는 실질적인 내용도 의미한다.[16] 그리고 바로 그 내용이 말씀의 수용에서 핵심적이다. 예언자에게 열려지고 전달되는 다바르는 미래의 하나님의 행위 자체이며, 예언자는 그 행위의 결과와 작용을 보게 된다. 몇몇의 경우 좀 더 면밀히 인식되어야 할 것은, 어떻게 예언자의 일상적인 인상들이 심층적인 관조 속에서 변형되어 자기 백

속시키는 것에도 해당한다.
16 프로크쉬는 이미 히브리어 단어 개념에 대한 자신의 논문에서(O. Procksch, *ThWNT* 4, 1942, 90) 다바르가 말함의 행위를 뜻한다기보다는 그 단어의 내용 즉 사건의 "개념"을 가리킨다고 지적했다. 또한 다음을 참고하라. G. v. Rad, *Theologie des AT II*, 1960, 94f. 다른 사람들과 마찬가지로 프로크쉬도 강조했던 다바르와 연관된 역동성은 지칭된 사태 자체에 고유한, 그리고 그것으로부터 시작되는 역동성으로 이해되어야 한다.

성에 대한 하나님의 행위로 기대될 수 있는 사건적 주제와 관계되는가 하는 것이다.

예를 들어 예언자 아모스는 어떤 벽돌공의 다림줄을 볼 때에 갑작스럽게 이스라엘에 대한 하나님의 행위를 보게 된다. 하나님은 백성을 시험할 것이며 백성의 과실을 들추어내실 것이다(암 7:8). 다른 경우에는 언어의 이중적 의미가 어떤 단서와 심원한 통찰 사이를 매개한다. 즉 예언자 아모스가 과일 한 광주리를 본 것은 다가올 심판에 대한 암시가 된다. 그리고 예레미야가 살구나무 가지를 보는 것은 야웨께서 "자신의 말을 지켜 그대로 행할 것"이라는 메시지를 전해준다(렘 1:11f.). 또한 그는 끓어 넘치는 가마를 볼 때 다가올 재앙을 알게 되는데, 이 가마는 북쪽으로부터 백성을 덮칠 바빌론의 침략에 대한 비전을 발생시킨다(렘 1:13f.).

하나님이 눈앞에 제시된 내용의 근원으로 간주되는 한도에서, 하나님의 예언적 말씀은 보통 하나님 자신에게 간접적으로만 관계된다.[17] 이에 대해 다른 장소에서 얻어진 하나님에 관한 앎이 이미 전제되어 있다. 하지만 예언자적 전승들이 예언자들의 근본적인 하나님 경험을 보고하지 않으며, 그 경험들은 예언자와 하나님 사이의 친밀함의 근거가 된다는 점에서 후대의 모든 말씀 수용으로부터 구분되지 않는가? 그렇다면 이와 같은 예언자적인 소명의 체험들은, 그것들 안에서 하나님 자신이 스스로를 인식하도록 내어준다는 점에서, 좁은 의미에서의 계시 체험들이라고 말해질

---

[17] 사무엘상 3:21에 따르면 그에게서 나온 말씀을 통해(참고. 3:7) 또한 하나님 자신이 예언자에게 "드러나신다"(3:7). 여기서 드러남(Enthüllung)과 하나님 자신과의 관계가 간접적임이 용어상으로 표현된다. 드러나심은 하나님에 의해 전달된 내용인 다바르와 매개 없이 직접적으로 관계된다(참고. 9:15). 하지만 그 내용과 함께 하나님께서 그것을 전달하시는 근원자이심이 수용자에게 동시에 "드러난다".

수는 없는가?

사실상 예언자적인 말씀의 수용은 그 예언자가 특별한 방식으로 백성들에 대한 하나님의 의도에 헌신되어 있고 백성에게 증언하도록 부르심을 받았다는 것을 전제한다. 예언자가 야웨의 말씀을 선포할 수 있게 되려면, 그분의 보좌 앞의 회의에 참석했어야만 한다(렘 23:18, 22). 그래서 미가야는 야웨의 하늘 보좌에서 거짓 예언자들을 현혹하기로 결정한 것을 직접 보고함으로써(왕상 22:19ff.), 그들의 정체를 폭로할 수 있었다. 이사야도 예루살렘 성전에서 예배하는 중 야웨의 보좌 앞으로 이끌려가는 황홀 체험 속에서 파송의 사명을 받게 되었다(사 6장, 특히 6:8ff.). 에스겔도 마찬가지로 그의 부르심과 사명을 야웨의 보좌로부터 수용했다(겔 1-3장). 그와 같은 근본적인 경험으로부터 그 예언자는 또한 다른 종류의 경험들의 단서에서도 심원한 통찰을 얻을 수 있었다. 그 통찰은 그런 경험적 단서들 속에 야웨께서 결정하신 미래의 사건, 곧 그분의 말씀이 표현되어 있음을 발견한다. 여기서 예언자적인 황홀경은 비슷한 종류의 많은 관점에서 볼 때, 고대 그리스의 시인이나 음유시인들이 뮤즈에 사로잡히고 영감을 받는 것과 비교될 수 있다. 하지만 예언자적인 영감을 시인의 영감으로부터 구분하는 것은 그런 황홀경 속에서 전달되는 내용의 근원자이자 사명의 부여자이신 야웨에 대한 앎이다.

이스라엘의 전승들은 최고의 정점에서 하나님 그리고 그분의 권고하심에 대한 친밀성을 모세라는 인물을 통해 표현한다. 야웨는 모세와 이야기할 때만큼은 "입에서 입으로" 곧 직접 대면하여 말씀하신다. 즉 오직 모세에 대해서만, 그가 하나님의 형상 곧 그분의 얼굴을 보았다(민 12:8)라고 말해지며, 반면에 하나님은 예언자들이 환상을 통해 자신을 인식하도록 하시거나, 꿈을 통해 그들에게 말씀하신다(ebd. 6). 그럼에도 불구하고 모세 역시 하나님께 대한 그와 같은 친밀성 안에서도 소명을 받아야만 했고(출3:4ff.), 예레미야 같은 후대 예언자들의 소명에 대한 보고들은 모세의 소명의 이야기와 판에 박힌 듯이 반복되는 특성들 속에서 일맥상통한다(렘

1:4ff. 기드온의 소명을 또한 참고하라. 삿 6:15ff.). 신명기는 예언자들의 등장 속에서 모세의 예언자적 파송이 계속됨을 보여준다(신 18:15). 그리고 야웨의 보좌 회의로 이끌려가는 황홀 체험에 대한 보고들은 신명기 12:6ff.에서 예언자들에 대해 허락했던 야웨와의 친밀성이 계속되는 것을 인식시켜준다. 그럼에도 불구하고 모세만큼 그렇게 하나님과 가까웠던 예언자는 없었다. 예언의 역사 안에서 하나님과의 거리의 감정은 점점 더 커진다. 이사야가 여전히 야웨 자신을 보며 그분의 보좌로부터 말씀을 들었던 반면에, 에스겔은 하나님으로부터 발산하는 영광만을 본다.[18] 또한 묵시가들에게 말하는 것은 하나님의 천사들일 뿐, 하나님 자신은 아니다. 예수만이 단순히 모세와 비슷하게 하나님과 가까운 것이 아니라 그를 훨씬 능가하는 하나님과의 친밀성을 감히 주장한다. 그것은 바로 아버지와 아들의 친밀성이다.

예언자들의 부르심의 경험들은 그것의 수용자들에게는 의심할 바 없이 큰 의미가 있었다. 하지만 그 경험들이 완전히 새로운 하나님 인식을 불러일으킨 것은 아니었다. 부르시는 하나님이 그 부르심의 수령자들에게 그 이전에 전혀 알려져 있지 않았던 것은 아니었다.[19] 오히려 그 전승의 근거가 되는 하나님에 대한 앎이 그러한 경험들의 해석을 가능케 하며,[20] 거

---

18 W. Zimmerli, *Ezechiel 1*, Neukirchen 1969, 35f.; 참고. 18ff. 예레미야도 역시 자신이 야웨의 보좌 앞에 서 있었으며 그 상황 속에서 자신의 소명을 받아들였다는 사실을 전제한다. 이것은 발처(Baltzer)가 강조한 것이다. 특히 예레미야 23:21; 15:19에 대해 K. Baltzer, *Die Biographie der Propheten*, Neukirchen 1975, 114f.를 보라.

19 이에 대해 바르(Barr)가 지적했던 것은 옳다. J. Barr, *Old and New in Interpretation*, London 1966, 82와 89f. 그의 계시 개념에 대한 비판과 "커뮤니케이션"이라는 용어의 선호는, 계시하는 인격에 대한 사전적 지식을 배제하는 어떤 "계시"의 이해를 통해 제약되어 있는 것으로 보인다. 사실상 그런 식의 계시 개념은 성서의 증언들에는 어울리지 않는다. 그렇다고 해서 모든 계시 개념이 적절하지 않다거나 그저 없어도 되는 것으로 입증된 것은 아니다.

20 이 책의 본문 121f.를 보라. 또한 성서적인 증빙들과 관련하여 위의 각주 8번에서 인용한 논문 93f.을 보라.

꾸로 그 경험들이 전승되어온 하나님에 대한 앎을 수정할 수도 있었다.

족장들이 겪었던 하나님의 나타나심에 대해서도 비슷한 주장이 타당하다. 족장들의 전통 안에서 이삭과 야곱이 겪었던 모든 현현의 사건들은 아브라함으로 소급되면서 묘사되었고, 현현한 신성은 자신을 "네 아버지 아브라함의 하나님"(창 26:24) 내지는 "너의 조부 아브라함의 하나님이요, 이삭의 하나님"(창 28:13ff. 비교. 31:31)이라고 자신을 밝혔다. 전통은 아브라함 자신에 대해서도 근본적으로 다른 상황이 펼쳐졌다고 생각할 만한 단서를 제공하지 않는다. 창세기 12:1은 마치 자명한 것처럼 아브라함과 말씀하시는 하나님을 보고하고 있고, 그 하나님은 아브라함이 알지 못했던 하나님이 전혀 아니었던 것으로 보이기 때문이다.

모세에 대해서도 마찬가지로 그에게 나타난 신성은 "네 조상의 하나님이니 아브라함의 하나님, 이삭의 하나님, 야곱의 하나님"이라고 신분을 밝힌다(출 3:6). 가시덤불에서 나타나신 하나님도 그 자체로 고립된 어떤 계시 경험이라든지, 그런 고립된 경험으로부터만 명백해지는 어떤 신적 본질의 전달로 이해되지 않았다. 오히려 이 가시덤불의 현현은 조상들의 전승을 되돌아보는 관계를 통해 신성을 확인하는 것을 필요로 했다. 이것이 현현하는 신성의 "자기 소개"의 의미다. 여기서 중요한 것은 그 신성의 근본적인 자기 전달이 아니며, 전승에서부터 알려진 다른 사건을 인용해서 당사자에게 신성의 신분을 확인시켜주는 것이다.[21]

위의 내용과 대단히 특징적으로 대조되는 것은 모세 전승이 명백하게도 조상들의 하나님 관계를 넘어서는 모세와 하나님 사이의 친밀성을 주

---

[21] 이에 대해 다음을 보라. Rendtorff, Die Offenbarungsvorstellungen im Alten Israel, in: *Offenbarung als Geschichte* (Hrsg. W. Pannenberg) 1961, 32f. 그는 침멀리(Zimmerli)와 논쟁한다. W. Zimmerli, Ich bin Jahwe, in: W. F. Albright u.a.: *Geschichte und Altes Testament*, Tübingen 1953, 179-209. 침멀리도 또한 어쨌든 부차적으로는(194) 렌토르프(Rendtorff)가 강조한 사실을 언급했다.

장하려고 하는 정황이다. 이것은 특별히 제사장 문서에서 나타나는데, 그 문서에 따르면 야웨의 이름은 모세에게 처음으로 고지되지만(출 6:3), 반면에 모세의 소명을 설명하는 더 오래된 첫 형태에 따르면 조상들은 이미 그 이름을 알고 있었다고 전제된다. 후대의 본문이나 혹은 오늘날의 본문에서 출애굽기 3장을 규정하는 이야기의 형태(E)는 물론 모세가 하나님의 이름을 묻는 질문을 필요로 한다. 여기서 하나님은 모세에게 그의 조상들의 하나님으로 자신을 소개한다(출 3:13). 하지만 모세의 질문은 또한 그 하나님의 존재에 대한 보다 넓은 해명을 요청하는 것이었다. 그러므로 조상들이 겪었던 야웨의 "현현"은 하나님 인식의 최고 형태는 전혀 아닌 것으로 보인다. 하나님이 자신의 이름을 전하시는 자기 고지는 신성의 현현(Theophanie)을 넘어선다. 하지만 출애굽기 3:14의 하나님 이름의 고지는 그 이름을 집요하게 묻는 고집을 막으려 한다는 것이 확실히 감지된다. 이 방어는 사람이나 사물이 자신의 이름을 아는 이에게 지배당할 수 있다는 고대 근동의 표상과 관계가 있을 것이다. 어쨌든 출애굽기 3:14의 하나님의 이름에 대한 설명("나는 내가 미래에 있게 될 존재 그대로 있는[되어 가는] 자이다"-"스스로 존재하는 자")은 하나님의 자기 동일성을 보여주는 것으로, 이 동일성은 그의 역사적 행위 속에서 명백히 드러나고, 또한 모든 인간적인 영향력으로부터 벗어나 있다.[22] 분명한 의도 속에서 하나님의 이름에 대한 질문은 모세가 받은 소명에 되돌아 적용되며, 그 소명의 실행을 위한 하나님의 협력이 그에게 약속되는데, 그는 일찍이 조상들의 하나님(3:15)이셨던

---

[22] 참고. G. v. Rad, *Theologie des Alten Testaments I*, München 1957, 181-187. 이 사태는 바르텔무스(Bartelmus)의 언어 분석을 통해 더욱 명확히 규정되었는데(R. Bartelmus, *HYH. Bedeutung und Funktion eines hebräischen "Allerweltswortes"*, St. Ottilien 1982, 232), 다시 말해 미래라는 시간과 관련되어 있는 존재에 대한 진술로 분류되었다. 바르텔무스는 다음과 같이 번역한다. "나는 언제나 미래에 있게 될 존재 그대로 존재할 자이다." 이에 대해 234f. 또는 W. H. Schmidt, Exodus (*BKAT* II,3) Neukirchen 1983, 177f.를 참고하라.

바로 그분이다(3:12). 그러므로 하나님 인식의 요청은 하나님의 이름의 고지를 넘어 역사 안에서 이루어지는 하나님의 행위에 대한 미래적인 경험들을 가리킨다. 하나님의 이름의 고지는 아직은 완결되고 능가될 수 없는 자기 계시를 의미하지는 않는다.

출애굽 사건에 전제된 목적, 즉 야웨의 신성을 인식해야 하는 목적(신 4:39; 참고. 7:9)은 그보다 더 오래된 예언자적 "증언"(예를 들어 왕상 20:13, 28f.; 참고. 왕상 18:37, 39)으로 소급될 수 있는데, 이 증언은 야웨의 신성의 인식을 그분의 이름 속에 전제된 사건이 적중하면서 실현되는 것과 연결한다. 이 연결을 통해 예언자들의 예언을 근거로 하여 하나님의 행위라고 확인될 수 있는 사건이 하나님의 자기 증명의 수단이 되며, 이 연결은 초기 예언의 새로운 형태였을 것이고 이차적으로는 이집트에서 행한 모세의 기적에 대한 출애굽 전통의 묘사로서 삽입되었을 것이다(출 7:17; 8:6, 18; 9:14; 10:2). 아니면 거꾸로 된 순서가 맞을 수도 있다. 하지만 어쨌든 신명기의 진행을 따른다면 제사장 문서는 출애굽 전통을 서술하면서 야웨의 권능을 제시하는 사건을 향한 목표, 그리고 그 사건으로부터 생성되는 하나님 인식을 향한 목표를 수용했고(출 14:4, 18; 또한 이미 6:7; 7:5), 다른 한편으로는 후기 예언의 증언 형식이 백성들의 실제적인 그리고 미래적인 역사 경험들과 관련되었다. 그래서 고전적인 재앙 예언이 마침내 야웨의 오랜 구원 약속에 대한 믿음으로부터 단절되었을 때, 포로기의 예언은 동일한 증언 형식[23]을 그것이 예언하는 새로운 사건에 적용했다. 그것은 아직 종결되지 않은 하나님의 백성에 대한 심판 행위에 관한 증언 형식(겔 5:13; 6:7, 10 등; 12:15f.; 참고. 렘 16:21)이며, 그 이후에 기대되는 새로운 구원 행위에 대한 증언 형식(사 41:20; 45:3, 6; 49:23; 그러나 또한 겔16:62; 20:42, 44; 34:30; 37:13)이었다.

미래에 약속되어 있는 하나님 인식은 우선 야웨의 이름으로 통고된 사

---

[23] 이에 대해 다음을 보라. W. Zimmerli, *Erkenntnis Gottes nach dem Buche Ezechiel*, Zürich 1954.

건들에 반영된 그분의 권능과 신성의 인식에 놓여 있게 될 것이며, 이 사건들은 그의 행위와 권능의 표현으로 이해될 것이다. 왜냐하면 그것들은 그분의 이름으로 선포되었기 때문이다. 또한 그 사건들 속에서 하나님의 의향은 심판의 행위 안에서만이 아니라, 선택받은 백성인 이스라엘을 향해 그분이 새로운 애정과 관심을 보이시는 가운데서도 표현된다. 이 두 가지로부터 이스라엘뿐만 아니라 다른 민족들도 이스라엘의 하나님을 참 하나님으로 알게 될 것이다. 그것을 그분의 심판에서 알게 되는 것은, 바로 심판들로부터 그분의 능력과 신성이 의와 정의를 수호하는 자의 것으로 인식될 수 있기 때문이다. 그것이 이스라엘의 구원의 행위에서 알려지는 것은, 그 구원을 통해 이스라엘 민족의 하나님인 야웨의 "이름"이 이방 민족들 가운데서 다시 영광을 받으실 것이기 때문이다(겔 36:22ff.; 참고. 사 48:9ff.).

"계시"에 대한 구약성서적 진술의 다양한 형태들을 고찰하면,[24] 하나님에 대한 앎이 어떤 경우든 수용자의 측면에 이미 전제되어 있음을 확정할 수 있다.[25] 하지만 그렇게 전제된 앎은 "계시"의 발생을 통해 수정된다. 그런 발생들의 특성들은 몇 가지로 구분될 수 있다. **첫째**, 꿈이나 예언적 황홀 상태 같은 직관적 예진술을 경험하는 것인데, 이것은 하나님을 직접 보거나 듣는 것을 내용으로 갖지 않으며, 단지 하나님의 영감으로 이해된다. **둘째**, 하나님을 보는 일이 발생하는 체험들이며, 족장들이 하나님과 만날 때나 예언자들의 소명의 경험들 같은 경우를 말한다. **셋째**, 모세에 대한 하나님 이름의 고지가 있다. 이 세 가지 "계시" 형태들은 내용적으로 서로 다

---

24 계시가 드러남, 발현, 승인함 등의 다양한 용어로 사용된 것에 대해 렌토르프(R. Rendtorff)의 글을 보라. *Offenbarung als Geschichte*, 1961, 23ff.

25 사무엘상 3:7에서 어린 사무엘이 야웨를 아직 "알지" 못했다고 말해질 때, 이것이 의도하는 것은 그가 이스라엘의 하나님에 관하여 전혀 아무것도 듣지 못했다는 것이 아니라, 그가 하나님을 예언자적인 "나타나심"의 방식으로 아직 만나지 못했다는 것이다.

르다. 반면 계시 수용의 체험 형식들은 다른 종교 안의 상응하는 경험들과 마찬가지로 직관적 예진술의 동일한 체험 유형에 속하는 것처럼 보인다. 이것은 **넷째**로서, 하나님의 의지의 계시에서 핵심에 해당될 것인데, 이 계시는 전통적으로 시내 산에서 백성들이 체류하던 것과 연결된다. "계시"에 대한 **다섯째** 형태는 좀 다르며, 그것은 예언자적 증언의 유형 속에서 제시된다. 증언의 형태는 예언자적 영감의 형태이기도 하지만, 증언이 갖는 계시적인 기능은 통고의 형식이 아니라 통고된 역사적인 사건들과 결합된다. 만일 이에 대한 유비를 찾는다면, 아마도 그것에 가장 가까운 것은 표징(Zeichen)의 세계 안에서, 그리고 그것의 해석 안에서 찾아질 것이다. 거기서 우리는 하나님이 직접 일으키는 "표적과 기적"을, 그분의 행위로 미리 예언된 역사적 사건들과는 구분해야 할 것이다. 이 두 경우 모두에서 중요한 것은 역사적 사건들에 관련된 "표징과 기적"들이며, 이것들은 인위적이거나 귀납적인 예진술의 개입은 전혀 없이 오직 하나님 자신에 의해서만 발생하는 것을 뜻한다. 그런 "표징과 기적"들은 이스라엘의 종교적 전승의 맥락에서는 하나님의 행위와 동일시될 수 있다.[26] 몇몇의 경우 그것에 대한 토대는 관련된 사건들이 하나님의 이름 안에서 예언적으로 선포됨으로써 주어졌다. 하지만 그와 같은 사건들에 대해 어떤 앞선 통고가 있지 않는 곳에서도 이스라엘의 신앙 전승 속에서 그것들은 역사 속에 행하시는 하나님의 행위로 이해될 수 있다. 그분이 그 전승의 대상이시다.

이와 같은 다섯 가지 "계시"의 형태들 중 두 번째, 세 번째, 그리고 다섯 번째는 하나님을 근원일 뿐 아니라 내용으로 삼는다. 족장들에게 일어났던 하나님 현현의 경우 각각 새롭게 통고되는 정보 내용은 그 현현 자체를 통해 전달된다기보다는 오히려 그것과 관련된 약속, 즉 땅과 축복과 수많은 후손의 약속을 통해 전달된다. 이때 전달되는 소식은 하나님과의 관

---

26 이것은 이미 다음 책에서 강조되었다. *Offenbarung als Geschichte*, 1961, 100; 참고. 137f.

계 안에 새로운 계기들을 가져온다. 모세에게 하나님의 이름이 계시되었을 때, 전승 자체의 이해에 따르면 하나님 인식의 새로운 단계가 마련된다. 다른 한편으로 하나님의 이름의 계시는 하나님의 잠정적인 자기 표명(Selbstbekundung)의 특성을 갖는다. 왜냐하면 그 이름은 하나님의 미래의 역사 행위를 통해서 비로소 그 내용을 획득할 것이기 때문이다. 만일 하나님의 자기 계시 개념을 최종적이고 확정적인 "열어 보임"(Eröffnung)으로 이해한다면, 출애굽기 3장이 보고하는 하나님의 이름의 고지는 그런 엄밀한 의미에서는 자기 계시를 의미하지 않는다고 판단해야 할 것이다. 비록 족장들에게 일어난 하나님의 현현의 경우나 나아가 하나님 이름이 계시되는 경우 모두가 분명 일반적인 의미에서의 하나님의 자기 표명에 관계되기는 해도, 그러하다. 근원자이신 하나님께로 소급되는 영감은 꿈이나 탈아적 황홀경의 상태에서 수용되는 경우 마찬가지로 하나님의 자기 표명의 계기를 포함하며, 이때 영감은 간접적이기는 해도 그것의 근원에 대해 무언가를 인식하게 한다. 하지만 그와 같은 영감은 본래적인 자아를 열어 보이는 것을 목표로 하는 소식 전달의 의미인 **자기 계시**, 곧 결정적인 의미에서의 자기 계시에 관계되지는 않는다. 결정적 의미의 자기 계시는 무엇보다도 포로기 예언자들이 하나님의 미래적 구원 행위의 목적으로 지칭했던 "하나님에 대한 앎"에 관계된다.

이스라엘 백성의 다음 세대들은 포로들의 귀환을 경험하기는 했지만, 이전의 모든 영광을 환하게 비춰주는 예언적 약속의 구원 시대를 경험했던 것은 아니었다. 그 대신 세계 제국들의 지배 형태가 바뀌어가는 경험 속에서 제국의 지배 행렬이 끝나 하나님 나라가 최종적으로 실현되는 종말론적 기대가 형성되었다. 이와 관련하여 개개인에 대한 하나님의 심판이 실현될 것이라 기대하게 되었고, 그 심판은 현세의 삶을 넘어 의인들의 부활, 그리고 악인들이 죽음 이후 받게 될 심판을 통해 일어난다고 기대되었다. 묵시적 예언가에게 눈으로 볼 수 있게 "드러난" 것(에녹서 1:2; 참고. 80:1; 106:19)은 이 시대의 종말에 이르러서야 모든 세계 앞에 공개될 바로 그것이었다. 그것은 "하늘에 숨겨졌던 모든 것들이 땅 위에서 발생한다"는 것이다(에녹서 52:2; 참고. 52:5).

하나님 안에 은폐된, 그러나 그분에게는 이미 현재인, 세계의 종말의 미래에 대한 묵시적인 관조는 선택된 하나님의 백성에 대한 신적 결의의 빛 속에서 세계 내적으로 임박한 것을 대상으로 했던 예언적인 하나님의 말씀과는 구분된다. 하지만 미래 사건을 하나님의 권능과 신성의 자기 예시로 미리 지시하고 통고하는 말씀의 형태는 묵시문학에도 해당한다. "세계 속에서 발생했던 모든 것과 마찬가지로 절정의 시간도 말씀 안에서 시작을 갖고, 또한 명백한 종말(consummatio in manifestatione)을 갖는다. 그것의 시작은 말씀과 전조 속에 일어나며, 그것의 종말은 행위와 기적 가운데(in actione et in miraculo) 일어난다"(제4에스라 9:5).

묵시문학적 본문들에서 "계시"는 이중적인 형태로 말해진다. 첫째로 예언자에게 주어지는 환상을 통해 종말적 미래(그리고 그 미래로 나아가는 길)가 "드러난다"는 관점에서 말해진다. 이 측면은 직관적인 예진술의 계시 체험들에 해당하며, 특히 예언자적인 말씀 수용에 대해서도 마찬가지다. 그러나 둘째로 예상했던 것이 미래에 적중하는 것, 아직 하나님 안에 은폐되어 있던 것이 최종적으로 현현하는 것(In-Erscheinung-Treten)이 "계시"라고 말해진다. 이와 관련하여 예언자적 증언 속에서 표현되었던 기대에 따라 "하나님에 대한 앎"이 도래하게 될 것이다. 아직 하나님 안에 숨겨져 있는 최종적 "계시"는 하나님 자신의 "영광"의 현현과 관계되어 있다(syr. Bar 21:22ff.; 참고. 사60:19f.; 제4에스라 7:42). 실질적 내용에서는 여기서도 또한 하나님의 자기 계시의 사고는 미래의 사건에 근거한다. 물론 이와 같은 사고는 묵시문학적인 본문들에는 명백히 주제화되어 있지 않다. 이것은 역사의 사건들과 종말의 사건이 이스라엘의 고전적인 예언에서처럼 그때마다의 새로운 하나님의 행위로 이해되지 않고, 오히려 영원하신 하나님 곁에서 확정된 계획의 실현으로 이해되는 것과 관계가 있을 것이다.

묵시적 계시 이해는 계시에 대한 신약성서적인 진술들을 파악하기 위한 맥락의 틀을 형성한다. 이것은 묵시적인 표상들이 수정된 곳에서도 해당한다. 바로 그 수정들로부터 계시에 대한 신약성서의 특수한 이해가 추론될 수 있다. 하지만 여기서 묵시적인 계시 이해와 전혀 다른 개념이 등장하는 것은 아니다. 오히려 원시 그리스도교의 진술들은 묵시적인 표상들을 수정한 것이라는 특성을 갖게 되며, 그 수정은 그 결과로 하나님의 계시에 대한 전적으로 새로운 이해로 인도된다. 우선 구약성서와 마찬가지로 신약성서에도 통일된 계시의 용어가 없다. 용어적 다양성은[27] 표상들의 복잡성에 상응한다. 이 표상들의 대부분은 현재적인 그리고 미래적-보편적인 나타남의 이중성을 지닌 묵시적 계시 도식과 다소간에 분명히 관계된다. 물론 이 규칙에도 예외는 있다. 그 가운데 가장 중요한 것은 하나님의 권능과 신성이 창조의 작품들 안에서 계시된다는 것인데, 이것은 바울이 로마서 1:19에서 말한 것이며, 유대교 지혜문학이나 시편에서도 관련 구절들을 찾아볼 수 있다.

마태복음 10:26과 누가복음 12:2은 묵시문학적인 계시의 진술들과 매우 밀접하다. 숨겨진 그 어떤 것도 드러나지 않을 것이 없다(참고. 에녹서 52:5). 종말 사건 안에서 계시됨(Offenbarwerden)에 대해 마가복음 4:22은 다른 용어로(φανεροῦν) 말한다(참고. 눅 8:17). 계시됨에서는 악인이든 의인이든 모두 하나님의 심판 앞에 있다고 이해된다(참고. 롬 2:16; 또한 고전3:13; 4:5; 고후5:10). 여기서 주님 예수 그리스도의 재림이라는 미래의 계시됨 역시 심판에 속한다(고전 1:7: ἀποκάλυψις, 또한 살후 1:7). 다른 용어로 그리스도의 재림은 그분의 현재의 "현현"(파루시아)이라고 말해지기도 한다(살후 2:8; 참고. 딤전 6:14; 딤후 4:8). 그리스도의 재림은 그의 영광의 계시됨과 연결된다(벧전 4:13;

---

27 ἀποκαλύπτεσθαι/ἀποκάλυψις와 함께 φανεροῦν/φανέρωσις라든지 φαίνεσθαι, εμφανίζειν(요. 14:21f.), δηλοῦν 등 일련의 파생어들이 있다. 이와 같은 용어적 다양성을 슐테(Schulte)가 자세히 설명했다. H. Schulte, *Der Begriff der Offenbarung im Neuen Testament*, 1949.

참고. 딛 2:13). 믿는 자들은 그분의 그와 같은 영광에 참여하게 될 것이다(벧전 5:1; 참고. 롬 8:18f.). 예수 그리스도에 대한 참여로 일어나는 구원의 미래적인 계시(벧전 1:5)는 "상속"의 개념을 통해서도 표현되며(ebd. 1:4), 상속은 신약성서에서 철저히 종말론적인 의미를 갖고 있다.

마지막 심판 때에 있을 **미래적인** 계시에 대한 진술들은—그리스도론적인 맥락을 도외시한다면—묵시문학적인 표상 방식의 틀 안에 계속해서 머물고 있다. 반면에 이 틀은 미래에 드러나게 될 것이 **현재에** 개방된다는 점에서 강력하게 수정된다. 물론 하나님 곁에 은폐된 것 곧 종말 사건에 가서야 묵시적인 예언자들에게 비로소 계시될 수 있는 것의 선취적인 드러남이라는 묵시문학적 사고에 상응하는 진술들이 여기서도 발견된다. 이에 대해 하나님이 바울에게 그분의 아들을 나타내셨다(갈 1:16)[28]는 사도 바울의 진술이 고려될 수 있다. 마태복음 16:17에 따르면 베드로의 고백에 대한 예수의 답변은 베드로에게 그것이 (즉 미래에 비로소 보편적으로 계시될 수 있는 메시아 예수가) 하늘 아버지를 통해 "드러난다"는 것이었다. 그러나 양쪽의 경우에서 우리가 묵시적 예언자들에게 열린 종말 사건에 대한 소식을 비교할 때, 특징적인 것은 그리스도론적인 집중이다. 오직 이 한 가지, 곧 미래의 메시아와 세계 심판자 사이의 동일성만이 드러남의 내용이다.[29]

종말 사건 속에서 보편적으로 계시될 것이 선취적으로 미리 드러난다는 묵시문학적 본문들의 표상을 깊이 절단하는 철저한 수정은 예수가 이 세상에 등장한 것을 이미 "계시"라고 묘사했던 진술들 속에서 발견된다.

---

28 바울의 언어 사용에서 "주님의 계시들"이라는 표현은, 종말론적으로 계시될 "비밀들"(이에 대해 아래를 보라)의 선취적인 드러남 그리고 보다 넓은 의미에서 계시의 체험들 사이에서 중간의 입장을 취한다. 이에 대해 고린도후서 12:1, 7이 말한다. 반면에 갈라디아서 1:12는 분명히 계시 체험의 유형으로 간주될 수 있다.
29 그리스도론적인 집중은 요한계시록 1:1의 도입부를 특징짓는다. 이 도입부는 이어지는 모든 내용을 하나님에 의해 **예수 그리스도**께서 개봉하시는 종말 사건의 "계시"라고 지칭하는데, 이 사실은 한 천사를 통해 그분의 "종" 요한에게 전달되었다.

이 진술들은 특별히 바울에게서 만날 수 있다. 로마서 3:21에 따르면 그리스도의 속량의 죽음(3:24f.) 속에 하나님의 의가 나타났다(πεφανέρωται). 이것은 율법과 예언자들이 "증언"했던 것, 즉 미래에 계시될 것(참고. 롬 1:2)으로 선포되었던 것이다. 그 때문에 바울은 로마서 1:17에서 복음을 통해 하나님의 의가 나타났다고 말할 수 있었다(ἀποκαλύπτεται). 이것은 복음이 사도 바울에게 묵시적 관조 속에서 종말 사건의 선취적인 드러남을 통해 전해졌다는 것을 의미하는 것이 아니라, 복음이 그리스도의 소식으로서 저 사건, 곧 그 자체로 율법과 예언자들이 증언했던 하나님의 공의의 "계시"인 사건을 내용으로 삼고 있음을 뜻한다.[30] 여기서 묵시적 계시 이해의 양 측면들이 독특하게 교차되고 있는데, 그것은 그 예언자에게 수여되는 역사적·종말적인 "드러남"과 현재적인 "드러남"의 교차다. 율법과 예언자들의 증언은 결국 종말의 완성을 지향한다. 하지만 이 의미를 해독하는 것은 인간의 능력 밖이다. 그래서 꿈의 해석에 있어서 하나님이 주시는 해석 능력이 필수적인 것과 마찬가지로(단 2:28), 예언자적 진술들의 비밀스런 의미를 깨닫기 위해서는 하나님의 영감을 통한 그 의미의 "드러남"이 필수적이다. 예를 들어 이미 다니엘서에서 바빌론 통치 70년에 대한 예레미야의 예언을 위해(렘 25:11f.; 29:10) 영감이 주어진다(단 9장). 일반화하여 말하자면, 하나님의 역사 계획이 예언자들의 말씀 속에서 해독된 형태로 통고되었다고 할 수 있다. 그렇기에 종말의 사건이 미리 드러나는 것은 환상의 형태 말고도 예언자적 말씀에 숨겨진 종말론적 의미의 가르침으로서도 발생할 수 있다. 쿰란 문서들도 그와 같이 말하는데, 하나님은 의의 교사에게 그분의 종인 예언자들의 말씀에 담긴 모든 비밀들을 알려주었다(1QHab 7:4-6). 다만 로마서 3:21에 따르면 그 비밀들은 사도 바울에게만 단순히 개인적

---

30 로마서 3:21을 로마서의 "기초"이자 로마서 1:17의 해설로 보는 것에 관하여 다음을 보라. U. Wilckens, *Der Brief an die Römer 1* (EKK VI/1) Neukirchen 1978, 199f.; 참고. 101ff.

으로 드러났던 것이 아니고, 오히려 그 내용은 역사적 사실을 통해, 즉 예수 그리스도의 십자가를 통해 이미 실현되어 있었다. 다시 말해 율법과 예언자들은 하나님의 의의 역사적인 실현을 신적인 필연성으로 선포했다. 물론 그 실현은 바울에 따르면, 그가 즉시 덧붙이는 것과 같이, 예수 그리스도를 믿는 자에게만 이미 시작되어 있다(롬 3:22). 모든 이의 눈앞에서 입증될 예수 그리스도의 "계시" 그리고 그분 안에서 이미 발생한, 심판의 재림 때의 종말론적인 사건의 "계시"(고전 1:7)는 물론 아직은 미래에 있다. 그 점에서 복음을 전달하는 계시는 잠정성의 요소를 갖는다. 이 요소는 묵시적 예언자에게 주어지는 종말 사건의 잠정적인 계시에 상응한다. 최종적 성격과 잠정적 성격 사이의 이러한 결합은 이미 하나님 나라에 대한 예수의 선포의 특징이다. 그 나라는 예수의 등장과 함께 이미 시작되었지만, 그럼에도 불구하고 아직 오지 않은 미래에 있다. 최종적 성격과 잠정적 성격 사이의 동일한 결합이 또한 그리스도의 부활의 소식의 특징이기도 하다. 부활의 소식은 죽음을 극복한 부활의 생명의 최종적인 구원이 이미 예수에게서 등장하였으나 아직 우리에게는 미래적이라고 선포한다. 그 결합은 구원의 현재성을 뜻하는 "이미"(Schon)와 그 완성이 아직 이루어지지 않았음을 의미하는 "아직 아니"(Noch nicht) 사이의 긴장으로서 바울에게서 다시 나타난다.[31] 바울에 따르면 이 긴장은 하나님의 의가 예수 그리스도 안에서 믿는 자들에게 주어짐으로써 죄인들에게 종말적 심판의 등장 이전까지 아직은 회심하여 구원에 참여할 기회가 열려 있다는 사실과 관계되어 있다.[32]

---

31 신약성서의 증언들의 전반을 관통하며 예수의 선포와 연결되는 이 주제에 대해 다음을 참고하라. U. Wilckens, Das Offenbarungsverständnis in der Geschichte des Urchristentums, in: *Offenbarung als Geschichte*, Göttingen 1961, 42-90. 빌켄스(Wilckens)는 그 당시에 신약성서적 문서들의 명시적인 계시 용어들을 아직은 묵시적인 계시 개념과의 관계 안에서 연구하지는 않았다.
32 이 내용은 이미 다음에서 언급된다. "종말론적인 미래를 급진적으로 현재화하는 영지주의적 경향에 반대하며 미래적인 기대를 열어두려는 것은 바울에게서 구원사적으로

사도 바울을 따르자면, 그가 고린도전서 2:7-9에서 하나님의 지혜로우신 구원 계획을 위해 사용했던 묵시적 개념인 "비밀"은[33] 계시 개념과 결합되어 복합적이고 총체적인 진술이 되었다. 이것의 가장 극명한 구분은 주석가들이 일관성 있게 바울 이후의 것이라고 판단했던 로마서 송영의 마침 단락에서(롬 16:25-27) 발생했다. 그곳은 그리스도의 전파에 대해 말한다. 그 전파 속에서 영원토록 숨겨져왔던 신적인 구원 계획의 "비밀"이 드러나며, 그것이 — 예수 그리스도를 통해 — 바로 지금 알려졌다.[34] 유사한 표현들이 골로새서(1:26f.), 에베소서(3:5,9f.), 목회 서신(딤후 1:9f.; 딛 1:2f.), 베드로전서(1:2)에서도 발견된다. 예수 그리스도 안에서 (벧전 1:19이나 롬 3:21ff.에 따르면 그리스도의 속량의 죽음을 통해) 하나님의 구원 계획의 대상이 드러나게 되었는데, 이 구원 계획은 이 모든 본문들과 또한 바울(롬 11:25)에 따르면 모든 이들이 믿음을 통해 구원에 참여하도록 하는 데 있다. 에베소서는 이 점을 특별히 강조한다. 베드로전서(1:1ff.)는 로마서의 마침 글의 형태에서와 마찬가지로 구약의 예언자들이 이 구원을 미리 선포했던 것[35]에 대

우리를 위한(ὑπέρ ἡμῶν) 그리스도의 운명이 갖는 중심적 특성으로서, **은총**을 지켜내려는 의도를 갖고 있었다…" U. Wilckens, a.a.O. 68.

33 참고. 로마서 11:25. 보른캄(Bornkamm)은 μυστήριον이라는 표현이 하나님의 구원 계획을 위한 묵시적 용어라고 그의 글 표제어에서 제시했다. G. Bornkamm, *ThWNT* 4, 820-823.

34 이에 대해 다음을 보라. U. Wilckens, *Der Brief an die Römer 3*, (EKK VI/3) Neukirchen 1982, 147ff.

35 "예언서들"이 구약성서의 예언서들이 아니라 신약성서의 "이제 막 정경화 과정 중에 놓인 문서들"에 관계된다는 몇몇 신학자들(W. Schmithals, D. Lührmann, E. Käsemann, U. Wilckens)의 견해(a.a.O. 150)는 내 생각에는 설득력이 없어 보인다. 로마서 3:21은 분명 예수 그리스도를 통해 등장한 하나님의 의라는 계시에 대해 "율법과 예언자들"이 "증언"하고 있다고 말하기 때문에(참고. 1:2; 15:4), 로마서 16:25-27이 전혀 다른 특정한 "예언적 문서들"을 의도했다는 점은 받아들이기에 매우 어렵다. 에베소서 3:5은 병행구로 관련시킬 수 없다. 왜냐하면 이 본문은 원시 그리스도교의 능숙한 표현 방식으로 "거룩한 사도들과 예언자들"에 관하여 말하면서 이들에게 하나님의 구

해 말하지만, 로마서 16:25-27은 예수 그리스도 안에서 발생한 구원 계획의 **계시**를 매우 주목할 만한 방식으로 예언서들과 관계시킨다. 이 문서들을 통해 계시 사건이 모든 민족에게 알려진다는 것이다(26절). 예언서들을 통한 **공표**(Kundmachung)가 예수 그리스도 안에서 발생한 **계시**와 구분되기는 하지만[36] 예수 그리스도 안에서 신적 구원 계획의 계시가 일어났다는 사실 자체는 예언자들의 문서들로부터 비롯되는 예언의 성취를 통해서만 인식될 수 있다. 계시의 초점은 분명 케리그마(Kerygma)가 증언(롬 16:25)하는 예수 그리스도이시다. 하지만 신적 구원 계획의 계시는 비밀스런 의미를 "드러내어"주는 예언자들의 통고와 뒤돌아보는 관계를 맺을 때만, 운명적으로 실현된다. 그래서 원시 그리스도교는 구약성서를 그리스도의 소식에 대한 성서적인 증거로 사용했고, 동시에 불충분하지만 매우 복잡한 형식의 그리스도론적 진술과 칭호들의 원천으로 사용했다.

인격성 안에 계신 예수께서 하나님의 계시라는 사실은 신약성서에서 단지 "계시 도식"의 맥락에서만 그렇게 표현될 수 있었다.[37] 이에 대해 디

원 계획이 영을 통해 계시되었다고 하는 반면에, 로마서 16:25-27처럼 예언서들에 관해서는 말하지 않기 때문이다. 이러한 표현을 원시 그리스도교의 문서들과 관계시키기 위한 가장 중요한 근거는, 로마서 16:26에 따르면 예언서들이 "지금" 예수 그리스도 안에서 일어난 계시를 온 세상에 알게 해야 한다는 것일 수 있다. 하지만 구약성서의 예언서들은 예수가 나타난 이후 "지금"에서야 예언의 기능을 통해, 다시 말해 그 문서들은 거꾸로 그리스도 사건을 "계시"로 인식하도록 함으로써, 예수가 인식되도록 할 수 있지 않았을까? 이미 오리게네스(de princ. IV, 1,6)는 그 문장을 그렇게 이해했으며, 이 사실은 그가 본문 위치를 문제 있게 확장했던 것과는 별개의 문제다. 예수 그리스도 안의 계시와 구약성서적 예언 안의 계시 사이의 상호관계에 대한 오리게네스의 진술은 초기 교회의 신학이 이해했던 예언의 증명하는 기능에 정확하게 상응한다.

36 두 분사구분이 문장 내에서 서로 조화되기 어렵다는 점에 대해 다음을 보라. U. Wilckens a.a.O. 150, 각주 708.
37 마태복음 11:27(눅 10:22)이 아들 그리고 아들이 그것을 계시해주기를 원하는 누군가만이 아버지를 안다고 말할 때, 이 구절은 아들을 계시의 중재자로 묘사하긴 하지만(참고. 요 17:6), 그러나 아들 자신을 아버지의 계시로 설명하지는 않는다. 아들의 기능은

모데전서 3:16의 송영을 생각해야 한다. 하나님의 구원의 행위는[38] 육체 안에서 계시되었다("나타났다"). 이 진술은 아마도 후대에는 더 이상 납득되지 않았던 것으로 보이지만, 그럼에도 불구하고 본문의 전승 속에서 곧바로 선재하시는 그리스도나 하나님 자신과 연결되었다. 하나님이 "자기 자신"을 그의 아들 예수 그리스도 안에서 "드러내셨다"는 단호한 표명은 이미 안티오크의 이그나티우스(Magn 8,2)에게서 발견되는데, 이것 또한 로마서 16:25-27의 "계시 도식"을 배경으로 한다. 이에 대해 예수 그리스도는 "침묵을 깨고 나타난" 하나님의 "말씀"이라는 첨가문장이 등장한다. 물론 이그나티우스의 이와 같은 맥락에서는 예언자들의 예언의 관계가 누락되어 있고, 오히려 하나님의 구원 계획의 자리에 "말씀"이 대신 등장한다.

이와 같이 계시에 대한 명시적인 용어는 없지만, 실질적인 내용에 따르면 그것에 상응하는 진술들이 신약성서에서 발견된다. 요한복음 서문에서는 신적인 로고스의 성육신이 언급되며(요 1:14), 히브리서의 도입 문장은 예언자들을 통해 전해졌던 과거의 다양한 하나님의 말씀을, 아들을 통해 "우리에게" 전달되는 종말론적 말씀과 대비시킨다(히 1:1f.). 그런 진술들은 그리스도의 소식에 대한 독립적인 요약들로 이해할 수 있다. 특히 로고스의 성육신에 대한 요한의 사상은 이와 같은 의미에서 상당한 발전사를 전개했다. 히브리서 1:1f.와 요한복음 1:14은 하나님의 계시 행위에 대한 신약성서와 성서 전체적 증언의 맥락에서 읽혀야 한다. 그 구절들은 약속과 예언으로 읽히는 구약성서의 빛에서 보면 원시 그리스도교의 기독론이 발전한 결과로서 요약된 형태로 설명된다. 이것은 이그나티우스(Magn 8,2)에

여기서 기껏해야 묵시적 예언자가 계시를 수용할 때 갖는 천사의 기능에 상응한다. 예수 그리스도께서 하나님으로부터 수용하신 "계시"를 계속해서 전달하신다는 표상은 요한계시록의 첫 문장(1:1)에서도 발견되며, 여기서 묵시적 계시의 중재자인 천사들의 기능과 병행되는 점이 매우 두드러져 보인다.

38 관계대명사 ὅ는 ὅς보다 더 오래되었을 것이다.

게도 해당되며, 또한 그리스도의 속량의 죽음 속에 나타나는 하나님의 의의 계시라든지(롬 3:21) 로마서 16:25f.나 다른 본문의 "계시 도식"에 대해 바울이 언급하는 내용과도 일치한다.

성서적인 계시 표상들이 전개되어온 역사를 뒤돌아보면, 예언자들의 증언에서뿐만 아니라 특히 제2이사야가 역사의 전환점에 이 표상들을 적용했을 때, 결정적인 "계시"는 미래로 옮겨진 것으로 보인다(사 40:5). 묵시문학적인 계시 개념은 그 이전의 언어 사용에서 널리 퍼져 있었던 계시 체험들의 동기를 하위의 요소로 수용할 수 있었고, 그것은 미래에 보편적으로 계시될 것의 선취적(proleptisch)인 드러남이라는 의미에서 수용되었다. 그때 계시 체험은 어떤 잠정적인 것이 되며, 이 잠정성의 진리는 하나님의 진리가 스스로를 입증하게 될 미래에 달려 있다. 이 사실은 거꾸로 묵시적 환상가도 예언자들과 마찬가지로 미래에 계시될 진리의 빛 속에서 이미 스스로를 자각하고 있었음을 거부하지 않는다. 그들은 종말의 진리가 그들에게만은 이미 현재적으로 열려 있었다는 것을 의식하면서 살았다. 물론 예수만이 홀로 자신의 선포와 활동 속에서 다가오는 하나님의 통치가 이미 실제로 시작되었음을 통고했다. 그리스도교의 부활의 소식은 그 내용을 그와 같은 요구의 확증으로 이해했고, 그에 따라 예수와 그의 운명을 이미 시작된 하나님의 종말의 계시로, 그리고 현재적인 구원에 대한 참여의 원천으로 선포할 수 있었다. 그러나 동시에 부활의 소식은 아직 오지 않은 하나님의 계시를 예수 그리스도의 재림을 통해 의식했으며, 이 긴장을 종말론적 구원 안으로 지금 현재 입장하게 하는 조건으로 이해했다.

다양하고 대립적인 종교적 진리 주장들의 갈등 속에서 하나님의 현실성을 묻는 질문과 관련하여 위와 같은 내용이 갖는 중요성 가운데 하나는 묵시문학적인 계시 사상과 그것의 원시 그리스도교적인 변형 및 발전이 최소한 암묵적으로나마 하나님의 현실성에 대한 논란성을 고려하고 있다는 사실인데, 이것은 동시에 그분의 신성의 종말론적인 진리가 현재할 것을 요청한다. 오늘의 논의에서 그 진리가 갖는 진리 능력의 간접 증거는 그 점에서 관찰될 수 있다. 다시 말해 묵시문학적인 계시 사고와 그것의 발전된 사상은 종교적인 진리 주장들의 논란성을 자신의 진리 이해 안에 편입시킴으로써, 그렇게 한 만큼 세계의 현실성을 우리가 경험하는 것처럼 이해했다고 확증한다. 그리스도교 소식의 경우 이것은 형식뿐만 아니라 내용에도 해당된다. 왜냐하면 예수께서 요청했던 진리는 그분 자신을 십자가로 몰고 갔기 때문이며, 그렇기에 사도적 복음은 예수 그리스도 안에 나타난 하나님의 계시에 대한 소식으로서 또한 언제나 십자가에 대한 말씀이다.

3. 신학사에서 나타나는 계시 개념의 기능

교부신학에서 계시 개념은 그리스도교 교리의 서술에 대한 근본적인 기능을 아직 갖고 있지 않았으며, 라틴적 중세 시대와 근대신학에 이르러서야 그 기능을 획득할 수 있었다. 그럼에도 불구하고 일이 이렇게 전개된 이유들뿐만 아니라 교부신학 속에서도 계시 개념이 실제로 사용되었다는 사실[39]은 계시 개념의 근대적인 문제점과 기능을 평가하는 데 많은 측면에서 도움을 준다.

사도적인 교부들은 부분적으로는 아직도 묵시문학적인 언어를 계속해서 사용하고 있었는데, 무엇보다 헤르마스의 목자(Hirten des Hermas)가 그러했다. 이 문서에서 특별히 환상의 수용은 *apokalypsis*(묵시)라고 칭해지며(vis. II,2; II,4; III,1 등), 성서의 예언의 내용을 드러내는 것과 관련된다(II,2).

---

[39] 이에 대해 다음을 보라. R. Latourelle, L'idée de révélation chez les pères de l'église (Sciences ecclésiastiques 11, 1959, 297-344). 그리고 다음의 선별된 인용문을 참고하라. Hist. Wörterbuch der Philos. 6, 1984, 1105-1130, 특히 1106ff. *Handbuch der Dogmengeschichte* I/1a, 1971의 설명은 아쉽게도 계시 용어와 언어적 사용의 특이성을 너무 적게 다루고 있다.

그 밖에도 현현이나 현현됨(φανεροῦσθαι)의 표상이 발견되며, 이것은 지금 숨겨진 것이 미래의 심판 속에서 계시된다는 것과 관련되거나(경건한 자들에 관하여 1.Cl 50,3), 우주 질서가 현재적으로 현현되거나 이미 현현된 것에 대해(1.Cl 60,1),⁴⁰ 혹은 주님 자신과 그분의 교회가 육체성 안에서 현현되는 것에 관련된다(Barn 5,6과 6,7; II.Cl 14,3).

계시를 현현(Epiphanie)으로 이해하는 사고는 지금까지 숨겨져왔던 것의 종말론적인 드러남이라는 묵시문학적인 주제가 특유의 교부적인 발전을 이룬 것을 묘사한다. 그 사고는 예수 그리스도의 인격과 운명의 의미에 대한 설명을 신약성서가 요구하는 종말론적인 계시 표상을 통해 전달했다. 그와 같은 선취적인 계시의 역설은 실제로는 현현의 사고에 어떤 문제도 일으키지 않았다. 그렇기에 아들을 통한 하나님의 자기 계시(Ign *Magn* 8,2)는 성육신의 표상에 대한 해석의 수단으로 전환될 수 있었다. 이에 대한 계기는 오직 아들만이 아버지를 계시할 수 있다(마 11:27)는 예수의 말씀이 아들의 육체 안에서의 현현과 연결됨으로써 제시된다. 이레나이우스는 이것을 다음과 같이 표현한다. 아들이 자신을 인간들에게 나타냄으로써, 그는 아버지를 계시한다(마 11:27에 대한 해석, *adv. haer.* IV,6,3). 몇 줄 뒤에는 이렇게 말해진다. 아버지가 오직 아들을 통해 자신을 모두에게 알리기 위해, 아들을 현현케 하셨다(*adv. haer.* IV,6,5). 유스티누스(Justin)에 따르면 이미 선재(先在)하신 아들이 아버지를 계시했다. 왜냐하면 그는 구약성서가 보고하는 하나님과의 만남 속에서 족장들에게 나타나셨던 분이기 때문이다. 즉 아버지 자신은 보이지 않으며 형용할 수도 없기에 아들이 아버지의 위치에서 인간들에게 그분을 알게 해야 한다. 하지만 그는 그것을 위해 어

---

40   이 사실은 로마서 1:19f.에서 제시되는 바울의 동기, 즉 창조의 작품들 가운데 하나님의 신성과 권능이 계시된다는 사실과는, 비록 실제 내용에서는 밀접한 관련이 있다고 해도, 구분되어야 한다. 교부신학 안에서 이 사상이 지속적으로 미친 영향에 대해 다음을 보라. *Handbuch der Dogmengeschichte 1*/Ia, 1971, 32f. 그리고 90ff.

떻게든 인간들에게 가시적으로 나타나야 한다(*Dial* 127,3-128,2). 이것이 결정적으로 그의 육체 안에서의 나타나심을 통해 발생한다. 또한 클레멘스의 두 번째 편지도 이에 대해 아들이 육체 가운데 나타나셨으며(14,3), 그가 우리를 구원할 것이라고 했다(14,2). 그분 안에서 유일하고 비가시적인 하나님이 "우리에게 구원자 곧 불멸성의 근원을 보내셨고, 그를 통해 우리에게 진리와 하늘의 생명을 계시하였다"(20,5). "진리의 아버지"(ebd.)를 우리가 그리스도를 통해 인식했다(3,1). 동일한 근본적인 사상이 아타나시오스에게서도 나타난다. 로고스는 육체 가운데 나타나 우리가 비가시적인 하나님을 인식할 수 있게 한다(*c. Gentes* 54, MPG 25, 192).

예수 그리스도의 나타나심의 계시적인 기능을 설명해줄 맥락이 성육신에 관련된 현현의 진술들 안에서는 단지 생략되어 있을 뿐, 암묵적으로는 이미 전제되어 있는 것인가? 아니면 완전히 다른 사상, 즉 신성이 인간적 형상으로 현현하는 헬레니즘적 표상들과 유사한 어떤 사상이 그 진술들 안에 놓여 있는가? 몇몇 인용된 구문들이 헬레니즘적 현현의 표상들을 연상케 하는 것은 분명한 사실이다. 나아가 로고스 사상이 헬레니즘 세계에서 익숙한 것이라는 사실은 하나님의 역사 계획이라는 사상, 곧 예수 그리스도 안에서 성취되어 계시될 묵시문학적인 원시 그리스도교 사상이 로고스의 직접적인 계시 기능에 대한 성찰 때문에 뒷전으로 밀려날 수 있었다는 점을 납득 가능하게 만들지도 모른다.[41] 물론 그 로고스는 다른 맥락

---

41 디오그네투스의 편지도 이와 같은 기초를 고수한다. 그의 설명에 따르면 비가시적 하나님은 아들에게 태초부터 기획된 구원 계획을 고지함으로써 "하나님 자신을 증명하시는데"(ἑαθτον ἐπέδειζεν: 8:5), 그 결과 그 계획이 아들에 의해 "드러나" 나타날 수 있게 하셨다(8:11). 여기서 묵시문학적-원시 그리스도교적 사상 즉 하나님의 구원 계획이라는 사상이 계시의 대상으로서 유지되어 있고, 그 사상을 통해 전달되는 하나님 인식은 간접적인 것이었다. 다우닝(F. G. Downing, *Has Christianity a Revelation?*, London 1964, 135)에 따르면 디오그네투스의 편지는 "처음으로 계시신학 같은 어떤 것을" 제공하고 있다.

에서는 신적인 지혜의 "비밀" 즉 신적인 역사 및 구원 계획과 연관된 것으로 간주될 수도 있었다. 유스티누스가 그의 대화록에서 말한 것들은 이에 대해 많은 도움을 준다. 로고스가 비가시적인 아버지의 인식의 중재자로 생각되자마자 질문이 제기된다. 인간들에게 이해되기 위해 그는 어떤 형태를 취해야만 하는가? 이렇게 해서 계시 사상과 성육신 사상이 만난다. 하지만 이 때문에 구약성서적인 증명이 불필요해지는 것은 아니다. 유스티누스나 이레나이우스와 같은 신학자들의 저작 전체에 대한 구약성서적인 증명의 의미는 성육신의 계시 사건에 대한 진술들을 구약성서적 맥락으로부터 분리시키는 것에 반대한다. 구약성서적인 증명은 이레나이우스에 따르면 무엇보다도 유대인들에게 꼭 필요한 것이었다(*adv. haer.* IV,23). 비록 구약성서는 이방인들에게도 유용한 것이었음에도 불구하고 그들은 "하나님의 말씀을 구약성서의 가르침 없이 받아들였던"(*adv. haer.* IV,24,3) 반면에, 구약성서적인 증명은 사도들의 선교적 과업을 경감시켜 주었다. 왜냐하면 "우리 자신의 믿음이 확고해지기 위해" 교회 속에서 실현되어야 했던 것에 대한 앞선 설명이 구약성서 안에 내포되어 있었기 때문이다(*adv. haer.* IV,32,2).[42] 이 사상은 유스티누스의 변증론 속에서 대단히 강조되면서 자주 표현되었다. 그가 보는 그리스도교 교리에 대한 결정적인 진리 증명은 예언의 성취에 근거한다(*Apol* 30-53). 예수 그리스도에 대한 우리의 믿음은 "만일 우리가 그리스도께서 육체로 오기 이전에 이미 알려져 있었던 증거들과 만나지 못한다면, 그리고 그 증거들을 확증적이라고 보지 않는다면"(53), 아무런 근거가 없을지도 모른다.

구약성서적인 증명의 가치 평가에서 유스티누스와 이레나이우스의 차이는 이레나이우스의 경우 사도적인 성서들이 이미 독립적 권위로서 확고한 형태를 취하고 있었다는 것과 관련이 있을 것이다. 하지만 오리게네스

---

[42] 이에 대해 다음을 보라. Irenäus, "Erweis der apostolischen Verkündigung" II,3,86.

역시 구약성서적인 증명의 의미를 유스티누스와 마찬가지로 높이 평가했으며, 그 증명을 로마서 16:25-27의 의미를 배경으로 하여 예수 그리스도 안의 계시와 연결했다. 거기서 물론 로마서 16:25과 비교할 때 강조점이 옮겨진 것이 관찰될 수 있는데, 이것은 이후의 그리스도교 신학의 역사에서 중요한 영향을 미쳤다.

오리게네스는 앞선 많은 고대 교회 신학자들과 마찬가지로 마태복음 11:27을 인용하며 아들을 통한 아버지의 계시를 가르쳤으며, 이에 더하여 그 계시가 영을 통해 전달된다고 추가했다.[43] 아마도 이 추가는 그가 하나님의 비밀의 계시에 대한 본문인 로마서 16:25-27을 본문에서 언급되는 "예언자들의 글"과 관계시켰다는 것, 그리고 영에 고취되어 영감을 받은 성서를 아들 안에서 발생한 계시의 중재로 이해했던 것과 관련되어 있다(De princ. IV,1,7). 그는 계시 사건 속에서 결합된 아들과 영의 관계에 대한 견해에서 로마서 16:26의 "예언자들의 글"의 지시에다 "우리 주님이시고 구세주이신 예수 그리스도의 나타나심"이라는 참조를 덧붙였다. 그가 이렇게 덧붙일 수밖에 없었던 유일한 이유는 그가 φανερωθένος란 단어를 로마서 16:26의 "예언자들의 글"과 관련시켰기 때문인 반면에, 그 본문은 "지금"(즉 예수 그리스도 안에서) 주어진 신적 비밀의 "계시"를 예언자들의 성서를 통한 계시의 "선포"(γνωρισθέτος)와 뚜렷이 구분한다.[44] "예언자들의 글"을 계시 사건과 연관시키는 것은 영의 활동과 성서적 증거가 일치하는 것으로 보는 관점에 해당한다. 이것은 오리게네스가 자신의 저작 전집의 네 번째 책의 첫 장에서 성서 영감론에 관한 상세한 설명 안에서 제시했던 관점이었다. 그 장의 마지막 부분에서 로마서 16:25-27이 인용된 것은 우연

---

43 Origenes *De princ*. I,3,4: Omnis enim scientia de patre revelante filio in spiritu sancto cognoscitur.

44 이에 대해 다음을 보라. U. Wilckens, *Der Brief an die Römer 3*, 1982, 150, 각주 708.

이 아니다. 예수 그리스도의 현현을 예언하는 문서들이 하나님의 영의 영감을 받았다는 사실을 오리게네스는 디모데후서 3:16에서 취할 수 있었다. 하지만 그는 예수 그리스도의 오심만이 그와 같은 문서들의 신적인 영감을 입증했다는 점을 인지하고 있었다(IV,1,6). 오리게네스에게 이것은 계시 사건 속에서 아들과 영이 상호 일치한다는 표현이었다. 따라서 그는 역으로 다음과 같은 결과를 도출할 수 있었다. "그의 오심과 가르침을 선포한 기록들은 전적인 능력과 전권으로 작성되어 있으며"(ebd.), 그렇기에 사도들의 성서는 옛 언약인 구약성서와 마찬가지로 영감을 받은 것이다. 아들의 계시가 영을 통해 중재되고 이 중재가 하나님의 영의 영감을 받은 성서 속에서 구체화되었다면, 신약성서의 사도적인 문서들은 구약성서적인 정경보다 조금이라도 영감을 덜 받은 것일 수가 없다.

오리게네스에게서 성서의 영감을 계시로 이해하는 계시론이 이미 시작된다. 하지만 다른 한편으로 오리게네스는 계시 개념을 성서적 영감에 국한시키려는 것은 거부했다. 중세기에 이르러서야, 그리고 무엇보다 구(舊)프로테스탄트주의에서 비로소 계시 이해의 중점 혹은 어쨌든 계시 개념의 신학적 기능의 중점이 성서의 영감 쪽으로 옮겨졌다. 교부신학에서 계시의 사고는 항상 우선적으로는 그리스도에 관계되었으며, 특히 마태복음 11:27의 영향 아래에 있었다.[45] 이것은 교리의 계시라는 사상에 대한 첫 번째 명제들에도 해당된다.[46] 마태복음 11:27은 성육신의 사고와 계속 연관되어 있었다. 그 곁에서 로마서 1:20에 의해 창조의 작품들 가운데 나타난 하나님의 신성의 계시라는 관점도 계속 유효했고, 또한 최종적으로는

---

45 이에 대한 상세한 예증들을 다음에서 보라. P. Stockmeier, "Offenbarung in der frühen Kirche, in: *Handbuch der Dogmengeschichte I*/Ia, 1971, 48f.; 62f.; 67ff.

46 오직 아들만이 아버지를 알며 아들이 원하는 자에게만 아버지를 계시한다는 사실은 테르툴리아누스에게서 다음 결론에 도달했다. 즉 아들이 그 계시를 사도들에게 전했는데, 그것이 그들에게 위탁된 교리의 형태로 전달되었다는 것이다(*de praesc. haer.* 21,2,4, CCSL 1, 202f.).

구속사적인 (이전에는 묵시문학적인) 관점, 즉 과거에 숨겨졌던 것이 후대에, 특히 그리스도의 나타나심 이후에 "드러났다"는 관점도 지속되었다.[47]

계시 개념은 교부신학에서는 아직 그리스도교 교리의 체계적인 서술의 근간이 되는 기능을 갖지 못했다. 어째서 그랬는지는 숙고할 가치가 있다. 그리스도교 메시지가 헬레니즘-로마의 문명 세계 속으로 들어왔을 때, 그것은 그리스도교에게는 낯선 한 가지의 가르침(로고스 표상)과 함께 들어왔다. 그 메시지는 계시 사건에 관한 소식, 곧 아버지에 대한 가르침을 주기 위해 하나님의 아들이 육체 안에서 현현하였다는 소식으로서 등장했다. 하지만 이것이 그 소식의 논쟁의 토대는 아니었다. 헬레니즘의 사상은 한 분 하나님에 대한 사고뿐만 아니라 세계를 지배하는 신적인 로고스의 표상을 이미 신뢰하고 있었다. 그렇기 때문에 그리스도교 신학은 직접으로 기독론적인 논증에 돌입할 수 있었으며, 다시 말해 바로 그 신적인 로고스가 나사렛 예수 안에서 인간의 형상을 취했다고 주장할 수 있었다. 이것은 또한 계시 사상이 그리스도론적인 틀의 중심에서 말하는 것이다. 그렇기 때문에 계시 사상은 그 위치에 필수적인 근거를 마련할 수가 없었다. 유스티누스는 아버지의 계시자인 로고스의 본질로부터 그의 현현의 근거를 인간적인 형상에 두려는 시도를 했지만, 실제로 그렇게 해야만 하는 "증거"를 그는 구약성서의 예언들을 통해서만 제시했다. 이레나이우스의 강연(*Epideixis*)에서도, 비록 사도적인 문서들의 권위가 그리스도교의 내적인 논쟁 속에서 더욱 강하게 나타났지만, 구약성서의 예언으로부터 구성된 중심적 진술들의 증명이 짧은 구속사의 서술에 뒤따라온다. 예언을 증명하는 논증적 힘은 그것에 전제되는 성서적 영감에 대한 신앙에 있지 않았고, 오히려 그 예언이 예수 그리스도 안에서 성취된 내용과 일치하는가

47　이와 같은 사고가 아우구스티누스에게 큰 의미가 있었다는 사실을 비란트(Wieland)가 작업하여 풍부한 자료로 정리했다. W. Wieland, *Offenbarung bei Augustinus*, Mainz 1978, 263-313, 320-352, 366-370.

에만 달려 있었다. 구약성서 예언자들의 문서들이 지닌 영감에 대한 신앙은, 오리게네스가 말한 것과 같이, 오직 예수 안에서 그 예언이 성취되었다는 사실을 통해서만 근거되었다. 어떻든 그것은 비유대인들에게는 타당했다. 다른 한편으로 나사렛 예수 안에서 예언자의 통고들이 성취되었다는 사실은 그가 하나님의 아들이심을 믿는 믿음의 기초를 형성했고, 이것은 아들의 성육신을 통한 하나님의 계시를 믿는 믿음이었으며, 이것으로부터 다시 사도들의 문서들이 하나님의 영감을 받은 것이라는 믿음이 도출되었다. 그러므로 계시 사상은 논증의 토대라기보다는 논증의 목적이었고, 성서의 영감에 대한 신앙은 그것의 결과로서 도출되었다.

이것이 유럽의 중세에 이르러 변화를 겪었다. 교회는 이미 중세인들에게 사도들의 가르침과 성서에 대한 신뢰성의 기초들을 보증하는 권위가 되어 있었다. 라틴적 중세기에 널리 퍼져 있었던 권위의 사고는 이미 아우구스티누스를 통해 시작되었다.[48] 한편으로 하나님의 계시에 근거된 권위의 대상을 통해, 다른 한편으로 이성과 경험을 통해 형성되었던 새로운 정세 속에서, 근본적인 신학적 기능이 계시 개념에 주어졌는데, 그것은 성서의 권위와 밀접하게 연결되어 있었다. 바로 토마스 아퀴나스가 이에 해당한다. 그는 신적인 구원의 진리가 인간적 이성을 능가하기에 그 진리는 계시를 통해 전달되어야 한다고 말했으며,[49] 그 계시는 예언자들과 사도들에

---

48 교회와 성서의 권위 간의 관계에 대한 아우구스티누스의 견해에 대해 다음을 보라. G. Strauß, *Schriftgebrauch, Schriftauslegung und Schriftbeweis bei Augustin*, Tübingen 1959, 48-53 그리고 63-38. 그의 권위 개념의 기초에 대해, 특히 *auctoritas*와 *ratio*의 상대적 위치에 대해 다음의 탁월한 연구를 보라. K. H. Lütcke, *"Auctoritas" bei Augustin*, Stuttgart 1968.

49 *S. theol.* I,1,1, resp.: Unde necessarium fuit homini ad salutem quod ei nota fierent quaedam per revelationem divinam, quae rationem humanam excedunt.

게 일어났던 것이고 성서에서 발견될 수 있다고 설명했다.[50]

라틴적 중세기 신학 안에서 계시 개념의 기능이 변화한 것은[51] 계시와 성서 권위의 관계에 대한 종교개혁의 견해를 규정하면서 계속되었다. 비록 성서적 언어 사용을 통해 야기되면서, 또한 보다 오랜 계시의 표상들이 발견될 수 있다고는 해도, 그러했다.[52] 멜란히톤과 구(舊)프로테스탄트 정통주의 교의학자들이 작성한 계시와 성서 영감 사이의 결합은[53] 전통적인 것이었지 어떤 새로운 것이 아니었다. 이미 위에서 인용된 토마스의 구문이 그것을 가르쳐준다(각주 50). 신학적으로 논란이 있었던 것은 단지 구속력 있는 성서 해석의 권위에 대한 질문과 함께 성서가 교회 전승과 직제적인 교회의 권위 주장에 대한 비판의 준거로 사용될 수 있는가 하는 점이었다.

계시 개념이 다시 한 번 훨씬 더 깊게 변화한 것은 권위에 대한 계몽주

---

50 S. theol. I,1,8 ad 2: ...argumentari ex auctoritate est maxime proprium huius doctrinae, eo quodprincipia huius doctrinae per revelationem habentur; et sic oprtet quod credatur auctoritati eorum quibus revelatio facta est... Auctoritatibus autem canonicae Scripturae utitur proprie et ex necessitate arguendo... Innititur enim fides nostra revelationi Apostolis et Prophetis factae qui canonicos libros scripserunt, non autem revelationi, si qua fuit aliis doctoribus facta.

51 이에 대한 다른 예증들을 다음에서 보라. U. Horst, Das Offenbarungsverständnis der Hochscholastik, in: *Handbuch der Dogmengeschichte* I/la, 1971, 133ff., 167ff. 또한 세이볼드(M. Seybold ebd. 102, 각주 53)가 인용한 아벨라르두스(Abaelard)의 로마서 1:20에 대한 논평을 보라. 예전에는 성서 없이 이성에게 계시된 신적 본성이 있었으나, 그 본성이 지금은 "기록된 율법을 통하여" 세계에 계시되고 있다는 것이다(*revelatum est mundo per legem scriptam*: PL 178, 802).

52 이에 대한 예증들을 다음에서 보라. H. Waldenfels, Die Offenbarung von der Reformation bis zur Gegenwart, *Handbuch der Dogmengeschichte* I/lb, 1977, 20-52.

53 멜란히톤에 따르면 교회적 교리의 기초인 계시에서 예언자와 사도의 문서들로부터 취할 수 있었던 개념(*sententiae a Deo traditae*)이 중요했다(CR 21, 604). 다음의 계시론 논문에 인용된 증빙들을 참고하라. WB Philos 6, 1984, 1114f.

의적 비판의 결과였다. 하나님의 영을 통해 예언자들과 사도들에게 문자로 계시를 전달했다고 생각한 축자영감설이 무너졌는데, 이것이 근대신학에서 계시 개념에 관한 논쟁의 출발점이 되었다. 그 결과 근대신학은 크리스토프 마테우스 파프(Christoph Matthäus Pfaff) 이래로 성서 영감론이나 그것의 문제점으로부터 스스로 멀어졌고, 피히테(Fichte, *Versuch einer Kritik aller Offenbarung*, 1792) 이래로 말씀계시와 행동 계시를 구분하여 그 문제를 독립적인 주제로 만들었다. 반면에 제믈러(Semler), 레싱(Lessing), 칸트(Kant)의 계시 사고는 여전히 계시의 표상을 영감의 중재로 이해하는 영역에 머물러 있었다. 물론 그들은 그 이해가 지닌 가치를 새롭게 평가했는데, (레싱이 그랬고, 또한 칸트도 마찬가지로) 그것이 하나님의 섭리에 의해 인도되는 인류의 교육의 역사에 기여하고 있다고 했다.

피히테를 통해 촉발된 논쟁 속에서 누구보다도 칼 루트비히 니취(Carl Ludwig Nitzsch)가 이후 세대에게 길을 안내할 만한 계시 개념의 새 규정을 제시했다. 1805년에 행한 계시 개념에 대한 강연에서 그는 "외적이고 공적인" 하나님의 계시를 "내적이고 개인적인" 계시와 대립시켰으며, 후자가 성서의 저자들이 받았던 것으로서 올바른 영감의 계시라고 말해져야 한다고 했다.[54] 비록 니취는 피히테를 인용하지는 않았지만, 그의 해설은 피히테가 강연한 주제에 대해 언급했는데, 그것은 감각세계 안에서 하나님을 도덕 법칙의 수여자로서 알리는 계시의 필연성에 관한 주제였다.[55] 여

54　C. L. Nitzsch, *De revelantionis externa eademque publica prolusiones academicae*, Leipzig 1808, 5; 참고. 8.
55　이에 대해 다음을 보라. M. Seckler, Aufklärung und Offenbarung, in: *Christlicher Glaube in moderner Gesellschaft*, Hg. F. Böckle u.a. 21, 1980, 8-78, 특히 49-54, 또한 피히테(*PhB* 354, 1983)의 계시의 문서에 대한 페어바이엔(H. J. Verweyen)의 서문과, 또한 다음을 보라. M. Kessler, *Kritik aller Offenbarung. Untersuchungen zu einem Forschungsprogramm J. G. Fichtes und zur Entstehung und Wirkung seines "Versuchs" von 1792*, Mainz 1986.

기서 니취는 피히테 및 칸트와 마찬가지로 계시의 내용을 **도덕종교**(*moralis religio*)와 동일시했다.[56] 그러나 니취는 계시의 **질료**로부터 이것이 공표되는 **형상**을 구분했다. 그리고 이에 대해 그는 구원자의 역사적인 "사실들"을 고려하면서 그와 관련된 기적과 그의 오심을 예비하는 예언들을 포함시켰다.[57] 반면에 피히테는 기적과 예언들을 계시의 내용으로부터 제외시켰다. 왜냐하면 그는 그것이 "참되다고 여길 만한 가능성"이 주어져 있지 않다고 보았기 때문이다.[58] 또한 니취에게도 기적과 예언의 기능은 단지 도덕 법칙의 수여자로서의 하나님을 지시한다는 점에 놓여 있었고, 그 법칙의 실천적 기능과 관련하여 그는 기적과 예언들이라는 두 가지 모두에 반대하여 제기되는 이론적인 우려를 물리칠 수 있다고 믿었다.[59] 물론 역사적인 사실들은 하나님을 직접적으로 계시할 수는 없고, 단지 도덕적 의식에 대한 영향을 중재함으로써 그렇게 한다.[60] 니취는 계시 개념의 이와 같은 새로운 이해가, 계시를 성서 저자들의 영감과 동일시하거나, 나아가 성서 자체와 동일시했던 옛 이해보다 우위에 있다고 강조했다. 옛 이해는 성서의 개별적인 본문 중 단 한 군데라도 잘못된 것으로 증명된다면, 무너

---

56 C. L. Nitzsch a.a.O. 85; 참고. Fichte, *Offenbarungsschrift* §9 (PhB 354, 81): "만일 그것이 우리에게 알려지지 않은 그 무엇도 갖고 있지 않다면, 그것이 도대체 무엇을 가지고 있을 수 있는가? 그것은 의심할 바 없이 실천이성이 우리를 **선험적으로** 인도하는 그것, 즉 도덕법칙과 그것의 명제들"이다. 물론 그렇기 때문에 그것의 계명들은 "하나님의 절대적인 명령으로, 더 이상의 어떤 원리의 연역 없이" 알려진다(82).

57 Nitzsch a.a.O. 18과 93ff., 또한 특히 178ff. (기적에 대해 181f., 예언에 대해 182f.).

58 Fichte a.a.O. 79. 물론 피히테도 그 중의 많은 것이 아마도 "이성적 명제들이 직접적으로…구체화된 서술"로 간주될 수 있다는 점을 알고 있었다. 여기에 니취가 구분했던 계시의 질료와 형상 사이의 연결점이 놓여 있을 것이다. 이에 대해 다음을 참고하라. M. Kessler a.a.O. 263ff.

59 Nitzsch a.a.O. 183; 참고. 180f.

60 A.a.O. 181. Intercedere debet effectus eorum internus et moralis, qui quidem apud testes statim ab ipsis illis factis profiscetur, apud pósteros autem ab eorum fructibus externis.

질 수밖에 없는 것이었다. 이와는 달리 거룩한 역사의 사실들을 통해 선포되는 외적인 계시는 역사비평이 폭로하는 성서적 증언들의 불완전성 때문에 무력해지지 않는다.[61] 또한 내적인 계시로서의 사도들의 영감도 외적인 계시와의 관계를 통해 그것의 확고한 토대를 획득한다. 그 내적인 영감은 이미 외적인 계시 안에 주어져 있거나 그것으로부터 취해질 수 있는 것이 아닌 다른 어떤 것도 포함하지 않는다.[62]

외적인 계시, 곧 역사적인 사건들 속에서 일어나는 하나님의 공적인 나타나심, 그리고 성서적 증인들의 주관성 속에서 일어나는 저 사건들의 영향과 해석으로서 영감을 구분하거나 서로 일치시키는 일은 19세기와 20세기 초의 개신교신학에서 계시 개념을 둘러싼 계속된 토론의 기초가 되었다. 트베스텐(August D. Chr. Twesten)은 1826년에 "나타나심"이라는 표현을 외적인 계시의 지칭과 확고히 연결시킴으로써 후대에 큰 영향을 주었던 용어론적인 틀을 제공했다.[63] 그 과정에서 계시 개념에 대한 초자연주의적 기여들과

---

61 A.a.O. 186f.: ...ad removendam ilam Naturalistorum dubitationem nihil nobis reliquum esse videtur quam ut aliam sequamur notionem, secundum quam Revelationis perfectio non pendeat a tali Scripurae perfectione, eamque non desideret, imo ne admittat quidem.

62 A.a.O. 44: Neque existimandum est, internam aliquid habuisse, quod non iam fuerit in externa, nec ab ea proficisci potuerit. 이에 대한 근거로 니취는 요한복음 14:26을 제시한다. 35-70, 106ff.에 나오는 전체 장을 참고하라.

63 A.D.Chr. Twesten, *Vorlesungen über die Dogmatik der evangelisch-lutherischen Kirche I*, Hamburg 1826, 400. 또한 다음을 참고하라. K. G. Bretschneider, *Systematische Entwicklung aller in der Dogmatik vorkommenden Begriffe I*, 3. Aufl. Leipzig 1825, 166ff. (§28). 그리고 브레트슈나이더(Bretschneider)의 개념 규정에 대한 비판으로 C. I. Nitzsch, *System der christlichen Lehre* (1829) 4. Aufl. Bonn 1837, 67f.을 보라.

64 코펜(Fr. Koppen, *Über Offenbarung in Beziehung auf Kantische und Fichtesche Philosophie*, Lübeck u. Leipzig 1802)에 따르면 하나님의 현존재의 수용에 대한 주관적인 욕구는 (86) 단지 "객관적 근거들"을 통해서만 (87) 하나님은 실제로

마찬가지로[64] 기적 개념이 크게 강조되었다.[65] 오직 자연과 정신이 일치된 근원적인 근거로부터만 설명될 수 있는 사건들의 등장은 하나님의 현존재를 가리킬 수밖에 없다. 기적의 사고가 등장한 것은 다음에서 설명된다. 즉 피히테나 그의 추종자들이 주장한 바와 같이 감각 세계 속에서 현상하는 외적인 이성-이념, 즉 도덕종교의 선포와 확증의 기능은 더 이상 계시 개념에 속하지 않는다는 것이다. 계시의 내용은 특히 슐라이어마허 학파 안에서 이론 이성이나 실천 이성과는 독립적인 것으로 생각되어야만 했고,[66] 이것은 계시의 내용이 인격적인 하나님에 대한 종교적 의식과 관계되어 그 의식의 근거로 생각됨으로써 일어났다.[67] 그러므로 하나님의 계시는 인간의 자기 경험과 또한 자연세계의 현상들 속에서 입증되어야 한다. 이것은 신성이 이 둘 속에 "인격적으로 현재하심을 보여줌으로써" 확증된다는 것이다.[68]

이 지점에서 영감의 현상과는 구분되어야 하는 "외적" 계시를 역사적인 사건들 안에서 논의하는 것은, 하나님의 계시를 주어로 할 뿐만 아니라 또한 그것을 배타적인 내용과 대상으로 갖는 사고와 일치한다. 이와 같은 엄격한 의미에서의 하나님의 자기 계시의 개념은 긴 전(前) 역사를 가지고 있으며, 이것은 필론(Philo)과 플로티노스(Plotin)에게까지 소급될 수 있다.[69] 그 주제는 교부신학적인, 스콜라 철학적인, 종교개혁적인 본문들을

존재하신다(90)는 확신에 도달할 수 있고, 나아가 보편적인 "자연의 상태" 곁에서 또한 "자연의 통상적인 과정의 외부"에서 일어나는 특별한 사건들을 받아들이게 되는 계기를 제공할 수 있는데, 그런 사건들은 후대에 "역사적인 사실들"로서 전달된다(92; 참고, 99f.).

65 Twesten a.a.O. 363-379.
66 그래서 자크(K. H. Sack, *Christliche Apologetik. Versuch eines Handbuchs*, Hamburg 1829)는 이 점에 관련하여 피히테와 거리를 두었다(73f., 특히 74의 각주).
67 A.a.O. 77ff.
68 A.a.O. 80-88, 여기서는 81.
69 플로티노스(Plotin *Enn.* III,7,5)에 따르면 영원은 "그가 존재하는 그 모습 그대로 나타

각각 연상시키지만, 그럼에도 불구하고 하나님 자신만이 계시 행위의 유일무이한 내용이라는 배타적 의미를 획득하지는 않는다.[70] 사실상 자기 계

나게 하시는 하나님"이다(ὁ αἰῶν θεὸς ἐμφαίνων καὶ προφαίνων ἑαυτὸν οἷός ἐστι). 하지만 이와 같은 현현은 시간과 역사 속에서는 일어나지 않는다. 세계 활동 안에서 일어나는 신적 근원의 계시는, 프로클로스(Proklos)가 설명했듯이, 불완전하다(Element, theol. 29; 참고. 125,140). 이에 대해 필론(Philo)은 그러나 하나님이 **육체에서 해방된 영혼들에게는** 그분의 존재하는 모습 그대로 나타나신다고 믿었다(Somn I,232). 그리고 이어지는 주해는 같은 사고를 토마스 아퀴나스에게서도 증명한다. 플로티노스에 대해 다음을 참고하라. W. Beierwaltes, *Plotin über Ewigkeit und Zeit*, Frankfurt (1967) 2. Aufl. 1981, 195f.

70 Ign *Magn* 8,2와 더불어 자기 계시라는 표상에 관련해서 교부신학에서는 오리게네스(Orig. c. *Kelsum* VII, 42)의 진술이 언급될 수 있다. 중세 스콜라 철학에서 예를 들어 보나벤투라(Bonaventura)는 하나님이 자기 스스로를 계시하기 위해 모든 것을 행하신다고 말했다(*ad sui manifestationem*: II. Sent 16,1,1; Werke II, 394 b). 이것은 물론 자기 계시가 계시의 유일한 형식이라는 뜻은 아니다. 토마스 아퀴나스도 또한 하나님의 자기 계시에 대한 내용을 지복의 목적으로 다루었다. Dominus enim dilectori suo promittit manifestationem sui ipsius, in quo vita aeterna consistet (*De car.* 13). 하나님의 본질의 계시는 토마스에 따르면 육체로부터 해방된 영혼들이 미래의 하나님을 보는 것에 제한되어 있다. 이것은 모세와 바울이 경험했던 황홀경을 예외로 한다(*De ver.* 13,2). 이에 반해 예언자적인 계시(*De ver.* 12,7ff.)는 그의 본질에 대해서는 아무것도 알게 하지 않는다(ebd. 6; *S. theol.* II-II,173,1). 우리의 신앙을 지탱해주는, 사도들과 예언자들이 경험했던 계시(*S. th.* I,1,8,2; 참고. I,1,1)도 또한 구원받은 이들에게 약속된 자기 계시와는 구분해야 할 것이다(참고. *S. th.* II-II, 174,6 그리고 121,4,2: perfectio autem divinae revelationis erit in patria). 히브리서 11:1에서 믿음이 바라는 것들의 실상(prima inchoatio rerum sperandarum in nobis)이라고 묘사되고 있음에도 불구하고(II-II,4,1.), 토마스는 믿음에 대한 하나님의 시초의 자기 계시를 말하지 않는다. 아마도 이것은 보이지 않는 것들의 증거(*argumentum non apparentium*)이기 때문일 것이다(ebd.). 나아가 토마스의 해석 속에서 카예타누스(Cajetan)는 모든 계시를 자기 계시로 이해하려 하였다(*Deus dicens seipsum*: 인용은, *Handbuch der Dogmengeschichte* I/la, 28). 또한 Melanchthon, *Loci praecipui theologici* (1559) CR 21, 608; 참고. 604f. 그리고 Calvin, *Inst.* I,5,1 (CR 30,41)도 비교하라. 계시의 종말론적인 관련성에 대해 다음을 보라. Luther, WA 3,262,5ff.

시 사상은 로고스의 현현에 관한 교부신학적인 사상 속에 (그리고 요한복음 1장과 히브리서 1:1의 성서적인 출발점 속에) 포함되어 있고, 또한 이미 예레미야와 제2이사야의 예언자적 증언들의 포괄적인 적용 안에도 포함되어 있다. 그러나 그곳의 실질적인 내용은 아직은 용어론적으로 하나님의 자기 계시를 지칭하는 것은 아니다. 그것은 아직은 로마서 16:25-27에 나오는 이른바 계시 도식에 해당하지도 않는다. 왜냐하면 여기서는 하나님 자신이 아니라 그분의 구원의 결의에서 나타나는 "비밀"이 계시의 내용으로 언급되기 때문이다.

독일 관념론 철학이 비로소 하나님의 자기 계시를 계시의 주체와 내용에 대한 엄격한 동일성의 의미에서 사고했다. 1800년에 셸링(Schelling)이 이미 절대자의 자기-계시를 말했다. "절대자는 어디서나 오직 자신만을 **계시할 수 있다**"는 것이다.[71] 셸링의 경우[72]에, 그리고 헤겔의 경우에는 더욱 분명하게, 하나님의 자기 계시는 일차적으로 자의식의 모델에 따라 사고된 신적인 영의 "자기 자신에게 계시됨"(Sichselberoffenbarsein)으로 이해된다. 인간 의식에게 하나님이 계시되는 것은 오직 그 의식이 하나님의 "자기 자신에게 계시됨"에 참여할 몫을 할당받은 경우에 한해서다. 이 사상은 헤겔에 따르면 그리스도교를 절대 종교로 이해한 것을 공고히 하는 것인데,[73] 동시에 계시의 유일성을 포함한다. 다시 말해 하나님은 자기 자신의

---

71 F. W. J. Schelling, *System des transzendentalen Idealismus* (1800), Hamburg 1957, 270. 물론 하나님은 "자신을" 직접적으로 계시하는 것이 아니라, 역사의 열린 과정 속에서 개별자들의 자유로운 행위의 중재를 통해, 개별적 행위들을 "통일하는 근거"로서 계시한다(267).

72 F. W. J. Schelling, *Über das Wesen der menschlichen Freiheit* (1809), WW 7, Stuttgart 1860, 347.

73 G. W. F. Hegel, *Phänomenologie des Geistes* (Hg. J. Hoffmeister): Hamburg 6. Aufl. 1952, 528f.; 참고. *Encyclopädie der philosophischen Wissenschaften* 3. Ausg. Heidelberg 1830, §564, 또한, *Vorlesungen über die Philosophie der Religion* (hg. G. Lasson) Hamburg 1966, III. Teil, 3ff., 특히 5, 또한 *Religionsphilosophie. Die*

모습 그대로 스스로를 계시하시거나, 아니면-어쨌든 이 사상의 엄격한 의미에서는-전혀 계시하지 않으신다. 이와 같이 하나님의 자기 계시 사상을 그 유일무이성의 주장과 결합시킨 것은 후대에-아마도 마르하이네케(Marheineke)의 중재를 통해-칼 바르트가 넘겨받았고, 하나님 인식의 소위 두 번째 원천에 대한 모든 사고에 반대하여 타당한 것으로 주장되었다.[74]

그러나 하나님이 자기 자신을 계시할 뿐 아니라 인간에게도 나타나셔서 인간이 계시의 수용자가 되는 방식으로 하나님의 자기 계시가 발생하는 곳은 어디인가? 헤겔에 따르면 이것은 절대종교인 그리스도교에서 일어난다. 초기 셸링은 차라리 역사의 전체 과정을 생각하거나[75] 혹은 더 포괄적으로 인간에게서 정점에 도달하는 세계 창조를 생각했다.[76] 셸링에게서는 계시나 자기 계시의 개념이 결국 유한한 사물들의 세계가 신으로부터 생성되는 전체 과정과 관계되었던 반면에, 헤겔에게서는 그것이 인간의 하나님 인식 속에 집약되는 그 전체 과정의 결과와 관계되어 있었다.[77] 그러나 19세기 신학은 두 견해 모두를 의심스럽게 바라보았다. 두 견해는 세계 과정과 하나님 사이의 "범신론적인" 동일성을 표현하는 것처럼 보였기 때문이다. 그렇기에 개신교신학은 역사 속에서의 하나님의 자기 계시에 관한 사고를 발전시켰다. 하지만 그 사고는 보다 특정한 역사적 여건들에 정향되어 있었고, 역사의 전체 과정과 하나님의 자기 계시를 동일시하

    Vorlesung von 1921, hg. K. H. Ilting, Neapel 1978, 491f. 495.
74 K. Barth, *KD* I/1, 311ff. 이것과 더불어 바르트의 개념이 마르하이네케의 계시 개념과 어떤 관계에 있는지에 대해 다음을 참고하라. *Offenbarung als Geschichte* (Hrsg. W. Pannenberg 1961) 5. Aufl. 1982, 9f.
75 F. W. J. Schelling, *System des transzendentalen Idealismus* (1800), Hamburg 1957, 272.
76 F. W. J. Schelling, *Über das Wesen der menschlichen Freiheit* (1809) WW 7, Stuttgart 1860, 401f.; 참고. 373 혹은 377 ("계시의 최고 정점"으로서 인간). 하나님의 "자기 계시"에 대한 "자유"에 대해 또한 394를 보라.
77 참고. *Encycl*. §383f.

는 대신 기적 개념을 강조하게 되었다.

하나님의 계시를 자기 계시로 이해하는 사고가 19세기로 향하는 전환점에서 신학과 관념론적 종교철학에 대해 중심적인 의미를 갖게 되었다는 사실은 설명을 필요로 한다. 아마도 다음의 이중적인 붕괴의 사실이 그것을 설명해 줄 것이다. 즉 계시를 신적인 영감과의 관계 안에서 설명했던 성서적 권위에 관한 구(舊)프로테스탄트 교리가 붕괴된 것, 그리고 계몽주의적인 자연신학이 붕괴된 것이 그것이다. 역사비평학이 영감론을 해체한 것은 성서의 권위를 신적인 계시의 직접적 표현으로 믿던 신앙에게서 지반을 탈취해버렸고, 계몽주의의 이성적 신학을 통한 칸트의 비판은 하나님의 현실성에 대한 전제를 의심스럽게 만들었다. 물론 칸트는 하나님의 현존재에 대한 신념을 실천이성의 요청으로서 새롭게 근거했고, 초기 피히테는 계시 개념을, 칸트의 하나님 개념에 근거한 도덕종교가 감각 세계 안의 주어진 여건들을 통해 역사적으로 도입되는 것으로 새롭게 정의했다. 하지만 신 개념의 도덕철학적인 근거는 곧바로 활동력을 상실했다. 그 결과 하나님의 현실성에 대한 확인은 형이상학적인 성찰에 근거될 수 있었는데, 그것은 역사의 과정 안에서 인간의 경험 전체를 주제화하고 하나님의 확실성으로부터 인간이 소외된 것을 하나의 요소로 포함하며 그 소외를 자체적으로 지양하는 형이상학적 성찰이었다. **혹은** 하나님의 현실성에 대한 확인은 하나님을 자신의 근거로 지시하는 종교적 경험의 독립성에 근거하거나, **혹은** 최종적으로는 이 두 가지 방법을 결합한 것에 근거를 둘 수 있었다. 어떤 경우든지 하나님의 계시 곧 신적인 자기 계시의 사고는 반드시 그것의 현실성에 대한 주장의 토대가 되어야 했다.

만일 종교적 경험을 하나님의 확실성을 매개하는 것으로서 제시하는 것이 전적으로 종교적인 인간의 주관성에 불과한 것이 아니라면, 그때 신학이 피히테에 의해 활기를 띠게 된 설명, 즉 하나님의 "외적이고 공적인" 계시를 특정한 역사적인 사건들을 통해 설명하는 것을 하나님의 자기 계시의 사상과 결합시키게 되는 것은 자연스럽다. 만일 이 결합이 감각적 경험에 정향된 인간 의식을 실질적으로 실천이성에 근거하는 하나님 개념, 즉 도덕적인 세계 질서의 근원자로서의 하나님 개념으로 더 이상 이끌지 못했다면, 그래서 오히려 하나님의 현실성 전체에 대한 확신의 토대가 되어야 했다면, 그때 하나님을 계시하는 역사적 사건들을 예시하는 작업은 피히테나 후기의 니취의 경우보다 훨씬 큰 부담을 질 수밖에 없었다. 그래서 피히테가 비판했던 기적 개념이 슐라이어마허 학파 안에서 지속된 계시 개념의 논쟁을 통해 새로운 활력을 얻었다는 사실이 이해될 수 있다. 자연 사건의 좁은 맥락으로부터는 설명될 수 없는 사건으로서 기적은 세계 속에서 작용하는 더 높은 능력, 즉 자연의 주님이신 종교의 하나님을 가리킨다.

영감설 사상에 반대하면서 니취(Carl Ludwig Nitzsch)가 발전시킨 "외적" 계시의 사상은 로테(Richard Rothe)에 의해 가장 인상 깊게 서술되었다. 로테에 의하면 하나님의 계시는, 성서의 증언들 자체를 따른다면, 성서적 영감으로 생각될 수 없고, 오히려 "놀라운 역사적 사실들과 역사적 행사들이 연속적으로 연결된 일련의 관계망"으로 생각된다.[78] 이러한 일련의 "역사적 사실들"은 인간의 하나님 인식을 정화하여 그를 구원하는 것을 목표로 한다. 로테는 여기서 슐라이어마허의 영향 아래서 작성된 니취의 주제, 즉 하나님의 계시의 활동이 그분의 구원 행동들과 연관되어 있다는 생각을 이어받았다.[79] 그러나 구원은 "인간 안의 하나님 의식을 강화하는 정화"와 함께 "시작"되기 때문에,[80] 계시는 그것의 구원하는 기능과 관련해서도 하나님의 자기 계시여야 한다. "하나님이 자신을 계시하실 때, 오직 그분 자신만이 계시되신다. 하나님, 오직 하나님만이 신적인 계시가 계시하는 대

---

78 R. Rothe, Offenbarung (Theologische Studien und Kritiken 31, Band I, 1858, 3-49), 다음의 2판에서 인용함, *Zur Dogmatik*, Gotha 1863, 55-120, 여기서는 59.
79 A.a.O.; 참고. C. I. Nitzsch, *System der christlichen Lehre* (1829) 3. Aufl. 1837, 57f. (§23).
80 R. Rothe a.a.O. 60.

상이시며, 하나님 말고 어느 누구도 그 대상일 수 없다."[81] 이 계시는 "밖으로부터", 즉 감각 세계로부터 시작되어야 하는데, 왜냐하면—이미 피히테가 논증했듯이—인간은 감각적 존재이기 때문이다. 그리고 인간들이 다르게 변해야만 한다면, 계시는 "새로운" 사실들로써 시작되어야 한다. 이 사실들은 "다음과 같은 특성을" 지녀야 한다. 즉 인간 의식이 "그 사실들로부터 순수한 자연적·심리학적 법칙들에 따라 하나님의 이념을, 그것도 올바른 이념을 확실한 증거를 통해⋯만들 수 있어야 한다.⋯그와 같은 외적 사건들은 한편으로 하나님의 이념에 의해 설명될 수 있는 종류의 것이어야 한다. 왜냐하면 그것들은 세계로부터 (가장 포괄적으로 이 단어를 이해한다면) 인과율로써 유도될 수 없기 때문이다. 그것들은 **초자연적인** 것이라고 스스로를 예시하는 한 단어를 가지고 있다. 다른 한편으로 그것들은 하나님의 **올바른** 상을 반영할 수 있다."[82] 후자는 결과적으로 하나님의 행위를 목적을 정하고 그것을 실현하는 것으로 인식되게 할 수 있는 **일련의** 사건들을 통해서만 가능하다. 왜냐하면 오직 그때만 그 행동의 "특성"이 추론될 수 있기 때문이다.

로테는 현현(Manifestation)으로서의 하나님의 계시 사상의 근거를 개개의 놀라운 사건들에 두지 않고, 오히려 그런 사건들을 지속적인 연속으로 생각하는, 즉 "초자연적인 역사"의 표상에 둔다. 그럼에도 불구하고 그 역사는 모든 사건 전체를 포괄하지 않는다. 그래서 그 역사의 개념은 통상적인 사건들의 과정으로부터 이탈한 사건으로서의 기적 개념에 근거한다. 바로 그렇기 때문에 로테에 따르면 외적 사건은 그것에 추가되는 해석 즉 영감의 해석을 필요로 하는데, 이 해석이 없다면 예외적인 사건들은 "영향력이 없는 번개"로 남게 될 것이다.[83] 내적 계시로서의 영감은 외

---

81 A.a.O. 61.
82 Ebd. 66.
83 Ebd. 68.

적인 계시로부터 유도될 수 없는 그 무엇도 포함하고 있지 않다는 니취(Carl Ludwig Nitzsch)와는 달리(위의 각주 62를 보라) 로테에게서는 영감된 해석이 외적인 현현에 추가되어 덧붙여져야 했다. 이는 기적에 대한 변화된 가치 평가의 결과다. 로테에 따르면 구원자의 인격 안에서 현현과 영감은 비로소 일치된다.[84]

트베스텐, 니취, 그리고 로테가 초자연적 역사를 통해 전개했던 하나님의 계시의 사고의 문제점은 예외적인 사건으로 이해된 현현이 **보충적으로 덧붙여지는 영감**에 의존한다는 생각에 놓여 있다. 그 사고는 후대에 많이 토론되었고,[85] 가톨릭신학에도 영향을 주었다.[86] 여기서 사실상 현현과 영감의 일치, 즉 행위계시와 말씀계시의 일치가 올바르게도 강조되었다. 하지만 문제는 그 일치가 존재한다는 것이 아니라,[87] 그것이 어떻게 이해되는가에 달려 있다. 니취(C. L. Nitzsch)의 경우와 같이 영감이 단지 외적인 계시의 내용을 설명만 하는 것이 아니라, 로테의 경우와 같이 그 내용을 보

---

84 Ebd. 74.
85 이에 대해 R. Seeberg, *Offenbarung und Inspiration*, Berlin 1908, 그리고 무엇보다 L. Ihmels, Das Wesen der Offenbarung, in ders.: *Centralfragen der Dogmatik*, Leipzig 1911, 55-80을 보라.
86 J. S. v. Drey, *Die Apologetik als wissenschaftliche Nachweisung der Göttlichkeit des Christentums in seiner Erscheinung I*, Mainz (1837) 2. Aufl. 1844, 117f. 드라이(Drey)와 묄러(Möhler) 이래로 제2차 바티칸 공의회의 하나님의 말씀(*Dei Verbum*) 조항에서 언급된 구속사적 계시론의 전 역사에 대해 특별히 다음을 참고하라. H. Waldenfels, *Offenbarung. Das Zweite Vatikanische Konzil auf dem Hintergrund der neueren Theologie*, München 1969.
87 발덴펠스가 나의 견해에 대한 비판에서 이 점을 오해했다(Waldenfels a.a.O. 164ff.). 이에 대해 나의 비평을 참고하라. ThLZ 101, 1976, 50ff., 특히 52f. 또한 매키(J. P. Mackey, *The Problems of Religious Faith*, Dublin 1972)는 내가 어디에서도 말하지 않은 견해를 나의 것이라고 주장하면서 "하나님은 언어적 소통으로 인간과 직접 소통하지 않는다"고 말했다(124). 나는 그런 종류의 말씀 수용이 직접적인 하나님의 자기 계시로 파악될 수 있다는 점에 대해 이의를 제기했을 뿐이다.

충하면서 덧붙여진다고 하면, 그때 외적인 현현을 계시의 매개 수단으로 아무리 강조한다고 해도 영감된 해석 내지는—이멜스(Ludwig Ihmels)가 말한 바와 같은[88]—"말씀계시"와 같은 것이 역사적인 사실들의 계시적 특성에 대해 불가피하게 결정적인 것이 된다. 이와 함께 계시 개념에 대한 객관적인 출발점의 이점이 다시 사라지고, 또한 그 개념의 내적인 일관성 자체도 마찬가지로 상실된다.[89]

마르틴 켈러(Martin Kähler)는 이 논쟁에서 계시 개념의 통일성이 하나님의 말씀 개념을 통해 새롭게 표현되고 있다는 결론을 내렸다. 로테는 이것이 부적절하다고 판단했는데, 성서적인 하나님의 말씀 개념에는 계시 개념이 보유한 분명성과 명확성이 없기 때문이었다.[90] 켈러는 예수 그리스도를 하나님의 말씀으로 표현한 요한적 칭호를 통해, 하나님의 말씀 개념을 영감된 말씀의 사고를 넘어 계시 사건 안의 역사적인 사실성들의 측면에 관계시켰다. 이와 같이 이해된 하나님의 말씀 개념 속에서 현현과 영감 사이의 차이점이 지양된다. 말씀은 양자 사이에서 서로 간에 "지속되는 역사적인 결과"이며, "심지어 현현의 자리에 대신 등장하기도 한다."[91]

그로써 켈러는 하나님의 말씀의 삼중적 형태에 대한 칼 바르트의 교의를 예비하였다. 하나님의 말씀은 한편으로 복음의 선포이고 다른 한편으로는 성서일 뿐 아니라, 무엇보다도 하나님의 계시로서의 예수 그리스도의 인격이다.[92] 이렇게 확장된 하나님의 말씀 이해에 대한 전제는, 바르트가 보기에, 하나님의 말씀이 "하나님의 말하심"(Rede)일 뿐 아니라 "하나님의 행동"이기도 하다는 사실이었다.[93] 그러나 바르트에게 말씀은 오로지

88　L. Ihmels a.a.O. 64ff.
89　매키(J. P. Mackey a.a.O. 122)는 라투렐(Latourelle)에 대해 그와 같이 판단한다.
90　R. Rothe a.a.O. 166.
91　M. Kähler, Offenbarung, in: *PRE* 3. Aufl. 14 (Leipzig 1904) 339-347, 여기서는 346.
92　K. Barth, *KD* I/1, 1932, 114-124, 특히 122.
93　Ebd. 148-168.

하나님의 말하심으로서의 하나님의 행동일 뿐이며,[94] 하나님의 행동은 하나님의 말하심의 능력의 표현일 뿐이다. 행동의 측면은 말하심이라는 행위의 인격적 관점 아래서 하나님의 말씀을 이해하는 하나의 종속적인 요소가 되어버렸다.

그러나 하나님의 계시를 하나님의 말하심의 관점으로 환원시킨 것은 성서적인 계시 증언의 복잡한 다층성에는 적합하지 않고, 특히 다음 정황에는 더욱 맞지 않는다. 그것은 구약성서의 계시 표상들 가운데 하나님의 결정적인 자기 계시 사상과, 예언적 증명의 말씀에 상응하는 역사적인 행동을 통한 하나님의 신성의 직접적인 자기 예시가 매우 근접해 있었다는 사실, 반면에 하나님 이름의 의미에 대한 이야기는 하나님의 미래의 역사적인 행동을 가리키기 때문에, 예를 들어 출애굽기 3장에서의 하나님의 이름의 전달은 단지 잠정적인 성격만을 갖는다는 사실이다. 또한 예수 그리스도의 인격과 역사에 관련된, 하나님의 계시에 관한 신약성서의 진술들도, 유대교 묵시문학의 관점에서 보통 신성의 계시를 하나님의 역사적인 행위로 설명하는 근본적 사상 즉 종말론적으로 역사의 끝에서야 자명하게 발생한다는 계시의 사상에 의해 각인된 것으로 보이며, 그와 같은 근본적인 토대 위에서, 말하자면 예수 그리스도의 등장과 운명 속에서 발생하는 종말론적 계시의 선취로서 이해될 수 있는 것으로 보인다.

그 때문에 1961년 『역사로서의 계시』라는 제목의 책에서 계시 개념의 새로운 파악이 시도되었다. 이것은 용어적으로나 실질적인 내용상 구분되는 성서의 증언들을 토대로 하면서, 그리고 19세기의 계시의 주제에 대한

---

[94] 바르트는 "하나님의 말씀의 본질"을 서술하는 그의 교의학(*KD* I/1, 128-194) §5의 두 번째 장에서 "하나님의 말하심으로서 하나님의 말씀"을 다루며, 이어서 세 번째 장에서 "하나님의 행동으로서 하나님의 말씀"을 다룬다. §5의 주제가 전개되는 가운데 "하나님의 말하심"은 인간을 향한 말하심으로서 행동으로서의 말씀보다 명확하게 우위에 놓인다(128).

논쟁을 뒤돌아보면서 수행된 시도였다.[95] 앞 단락(4.2)에서처럼 그 책에서도 신약성서적인 계시의 용어가 아직 정확히 연구되지 않았음에도 불구하고, 나아가 예수의 등장 그리고 십자가에 못 박히신 자의 부활에 대한 원시 그리스도교의 메시지가 예언자적 증언들로 소급되는 묵시문학적인 계시 사상과 맺는 실질적인 관계가 중심에 놓였음에도 불구하고, 그러나 그 관계가 예수의 소식과 원시 그리스도교의 케리그마 안에서 변형되었다는 것이 강조되었음에도 불구하고, 성서적 진술의 다층성이 계시의 주제와 관련된 조직신학적 개념의 형성을 위해 그렇게 포괄적으로 고려된 적은 지금까지는 없었다고 주장될 수 있다. 어쨌든 이 책은 변증법적 신학의 영역에 영향을 주었고, 바르트주의자들 사이뿐만 아니라 루돌프 불트만(Rudolf Bultmann) 학파에게도 도전이 되었다. 왜냐하면 이 책은 신학에 대한 하나님의 말씀의 근본적인 기능과 함께 변증법적 신학에 공통된 기초를 모든 관점으로부터 의문시하는 것으로 보였기 때문이다. 많은 측면에서 격렬하게 표현된 비판은 바로 하나님의 말씀이냐 혹은 역사냐라는 양자택일의 주위를 맴돌고 있었다.[96] 이제는 실제로 하나님의 계시라는 사고가 하나님의 말씀 개념과 매우 다양한 성서적인 용례들에서 그저 간단히 동일시될 수 있지 않다는 점이 논쟁의 대상이 되었고, 그 과정에서 그 둘의 보다 정확한 관계에 대한 질문은 아직 결정되지 못했다. 성서 본문들에서 예증될 수 있는 하나님의 말씀의 기능들, 즉 예언, 인도, 보고 등의 설명―이것이 "역사로서의 계시"(논제 7)가 제시하는 것인데―은 불충분한 것으로 간주될 수 있다. 하지만 또한 이 책의 논제들과는 전적으로 독립적으로, "하나님의 말씀" 개념과 성서 본문에서 만나는 다른 계시 표상들 사이

---

95 *Offenbarung als Geschichte*, in Verbindung mit R. Rendtorff, U. Wilckens, T. Rendtorff hrsg. von W. Pannenberg, Göttingen 1961 (5. Aufl. 1982).
96 당시까지 출판된 입장표명들 가운데 몇 가지와 논쟁했던(132-148) 그 책의 2판(1963) 후기에서 이미 나는 토론이 그와 같은 양자택일로 향하는 것에 반대했다.

의 새로운 관계 규정이 필요하다. 계시 개념의 역사신학적인 새로운 이해에 대한 비판은 이 과제를 수행하지 못했다. 왜냐하면 비판자들은—어쨌든 개신교 내부의 토론 영역에서는—계시를 하나님의 말씀으로 이해하는 길을 너무나 자명한 것처럼 뒤따랐기 때문이다.[97]

다른 한편으로 "역사로서의 계시"의 구상은 계시에 대한 피히테의 저술 이후 계시 개념의 근대적인 문제사와의 관계 안에서는 거의 논의되지도 않았고, 오히려 사람들은 그 구상을 내용상 부정확하게도 신학적인 헤겔주의로 분류했다. 도입부에서 표현된 많은 문구들이 그런 오해를 조장했을 수도 있지만, 실제로 그 책의 중심은 로테가 계시 개념을 현현과 영감으로 표현했을 때 생기는 난제들을, 역사 전체를 하나님의 계시로 보는 관념론적 명제를 재수용함으로써 해결하려는 것이었다. 하지만 그 과정에서 역사에 대한 관념론적인 구상은 역사 전체가 예수의 가르침과 운명이 각인시킨 종말론적인 특성 안에서 역사의 종말로부터 선취(예기)된다는 사상을 통해 결정적으로 수정되었다.[98] 한 분 하나님의 통치는 모든 사건을

---

97 아이허(Eicher)가 "역사로서의 계시"와의 논쟁에 대한 비판적 보고 속에서 그렇게 인지했다. 거기서 그는 침멀리(W. Zimmerli)와 렌토르프(R. Rendtorff) 사이의 논쟁과 관련하여 보고했는데, 그 논쟁은 그 책의 2판 후기에서 핵심에 도달하려고 노력했던 몇 안 되는 논쟁들 중 하나로 호평을 받았다(134). 즉 "해석학적인 비판이 조직신학적인 말씀 이해로부터 도출되어 있다"는 것이다(P. Eicher, *Offenbarung. Prinzip neuzeitlicher Theologie*, München 1977, 436). 또한 "말씀신학"의 입장들이 보인 반응들에 대한 아이허의 비판을 참고하라. 그는 거기서 그 반응들이 "근본적으로 자기 입장만 반복할 뿐 문제점을 새롭게 수용하는 것은 아닌" 특징을 갖는다고 말했다(435). 이를 통해 이 주제의 토론은 70년대 말 이래로 어쨌든 독일 개신교신학 속에서는 멈춰졌다. 그러나 가톨릭신학에서는 제2차 바티칸 공의회의 구속사적인 계시론이 계시 개념과 그것의 중심적 문제들의 근대에 대한 일련의 연구를 촉발시켰으며, 그 가운데 아이허와 발덴펠스의 연구들과 더불어 덜레스(A. Dulles, *Was ist Offenbarung?* (1969) dt. Freiburg 1970)의 연구가 탁월했다.

98 *Offenbarung als Geschichte*, 103ff. (These 4). 헤겔 철학, 특히 그의 논리학과의 논쟁에서 선취(Antizipation, 예기)라는 범주의 도입이 어떤 통절한 결론들로 이끌었는

포괄하는 것으로 생각되어야 하기 때문에, 그리고 역사의 과정 속에서 세계 사건은 오직 종말로부터만 완전하게 빛으로 드러날 수 있기 때문에, 세계 전체에 대한 왕권을 지니신 하나님의 신성은 오직 예수 안에 있는 조건, 곧 예수 안에서 역사의 종말이 선취적으로 현재했다는 조건 아래서만 공개될 수 있다. 보편사라는 관념론적 사상을 재형성하는 것, 그것을 성서적 종말론에 대한 관계를 통해, 혹은 역사의 전체성의 조건으로 이해되는 역사의 종말에 대한 관계를 통해 재형성하는 것은 하나님의 역사적인 자기 증명을 기적과 같은 예외적인 사건들에 한정하는 것을 중단시킬 수 있게 만든다. 그와 함께 현현으로서의 계시와 보충적으로 덧붙여지는 영감 사이의 대립도 극복할 수 있게 되는데, 이것은 종말론적 현실성의 출현이 예수의 등장과 운명 속에 함축되어 있다는 점에서 가능했다. 그 함축된 의미는 역사의 종말론적 미래와 관련된 기대, 즉 하나님의 신성의 궁극적인 계시에 대한 기대가 온 세계 앞에 비록 아직은 선취(예기)의 방식이라 하더라도 이미 예수 안에서 성취되었다는 것이다.

현현과 영감의 차이를 통해 제기되는 문제는 마르틴 켈러가 하나님의 말씀 개념을 새롭게 이해하기 전에도 있었으며, "역사로서의 계시"가 제안했던 이 난제의 해법이 타당했는가 하는 것은 또 다른 질문이다. 이것은 두 가지 기준에 비추어 판단되어야 한다. 첫째는 성서의 다양하고 서로 다른 계시의 표상들의 통합이 가능한가라는 질문이며, 둘째는 제안된 해법이 근거하고 있는 전제들이 체계적인 타당성을 갖는가라는 질문이다. 이

지에 대해 1970년의 "헤겔 철학의 그리스도교적인 의미"에 대한 나의 강연에서 약술되었다(*Gottesgedanke und menschliche Freiheit*, Göttingen 1972, 78-113, 특히 111f.). 만일 헤겔 철학에서 순수하게 현재적인 종말론이 특징적이라고 생각한다면(P. Cornehl, *Die Zukunft der Versöhnung. Eschatologie und Emazipation in der Aufklärung, bei Hegel und in der Hegelschen Schule*, Göttingen 1971), 역사의 끝이라는 종말론적 주제를 종말의 사건들의 의미를 이해하기 위한 열쇠로 지칭하는 것은 어느 정도 수정된 것이라 할 수 있다(*Offenbarung als Geschichte* 95ff.).

두 가지는 그 문제에 대한 다른 대안적 해결책들과 비교되어야 하고, 무엇보다도 계시를 하나님의 말씀으로 이해하는 관점과 비교되어야 한다.

4. 역사로서의 계시와 하나님의 말씀으로서의 계시

구약성서 전통 안에서 게르하르트 폰 라트(Gerhard v. Rad)와 어네스트 라이트(Ernest Wright)가 역사신학을 강조한 것, 또는 이것을 넘어서서 오스카 쿨만(Oscar Cullmann)의 구속사 신학과 무엇보다도 이것이 계시라는 주제와 결합된 것은 1963년에 제임스 바르(James Barr)의 격렬한 비판에 부딪쳤다.[99] 바르가 처음부터 역사를 통한 신적 계시의 사고가 구약성서에서 중요한 역할을 한다는 점에 이의를 제기했던 것은 아니다. 그러나 그는, 그 경우가 구약성서의 모든 영역에 해당하는 것은 아니며, 또한 성서적인 증언들 가운데 적잖게 중요한 의미를 갖는 다른 전통의 노선들("axes")도 있다고 하면서, 특히 "하나님과 특정한 사람들 사이에는 직접적인 언어소통의 노선들이 특별한 경우"에 있을 수 있다고 주장했다.[100] 수년 후 바르는 다시 격렬하게 다음과 같이 비판했다. 성서의 이야기들은 "역사"라는 개념을 통해 통합될 수 없는데, 왜냐하면 구약성서에는 우리의 단어인 "역사"(Geschichte)에 상응하는 용어가 전혀 없고 오늘날의 역사 개념은 — Geschichte든 Historie(역사학적인 역사)든 관계없이 — 구약성서 안의 이야기들 가운데 단지 몇 개에만 해당되기 때문이라는 것이다. 사실상 구약성서

---

99 J. Barr, Revelation through History in the Old Testament and in Modern Theology, in: *Interpretation* 17, 1963, 193-205. 이상하게도 바르는 거기서 언급된 신학자들과 나 외에도 바르트와 불트만을 **역사를 통한 계시** 개념의 옹호자들로 간주했다(195).
100 A.a.O. 201.

에서 이 모든 이야기들은 공동의 지평 위에 놓여 있으며, 이 지평은 역사 개념 보다는 "이야기"(story) 개념으로 특징적으로 표현될 수 있다고 그는 주장한다.[101]

두 논증 가운데 첫째 것과 관련하여 말하자면, 고대 이스라엘이 "역사"(Geschichte)에 해당하는 용어를 가지고 있지 않았다는 흔히 만나는 주장이 이 논증 형식에는 적절하지 않다. 역사 개념은 우선적으로 인간의 행위에 중점을 두는 근대 유럽의 세속적인 역사 이해와 부합하기는 한다. 그러나 고대 이스라엘은 역사라는 용어를 단지 하나님의 행위로만 이해했다. 사람들은 "하나님이 행하신 것들"에 대해, 또는 하나님의 행동들의 "전체"에 대해 말했다. 여호수아 24:31에서 여호수아에 의해 선택된 장로들은 "이스라엘과 관련하여 야웨께서 행하신 모든 것들"을 알고 있었고, 그래서 출애굽, 계약 체결, 영토 획득 등 역사 전체를 알고 있었다(참고. 삿 2:7, 10). 예언자 이사야는 백성들을 꾸짖으며(사 5:12), 야웨께서 일으키신 역사(ma'asä, 행하신 것들)를 이들이 무시하고 있다고 지적했다.[102] 또한 시편 33편도 하나님 찬양을 요청한다. 왜냐하면 하나님은 그의 행하시는 일에 신실하기 때문이다. 그분의 역사 전체는 변함없이 발생한다(emunäh: 시 33:4).

하나님의 개별적인 행위를 넘어서는 하나님의 행동들의 전체 개념이

---

101 J. Barr, The Concepts of History and Revelation, in: *Old and New in Interpretation*, London 1966, 65-102, 특히 81. 몇 가지 관점에서 볼 때 관련된 내용은 사실사(history)라기보다 이야기(story)라고 할 수 있다. 역사(Geschichte)라는 용어의 부재에 대해 다음을 보라. A.a.O. 69. 두 논증들은 또한 각주 99에서 인용된 논문 198f.에도 있다.

102 나는 여기서 "역사"(Geschichte) 개념이 중심적이라는 사실을 다음 글에서 주장했다. *Grundfragen syst. Theologie II*, 1980, 194. 다음도 비슷한 주장이다. Klaus Koch, *Die Profeten 1*, 1978, 157ff., 특히 167f. 코흐(Koch)는 이사야 5:19과 더불어 특별히 이사야 28:21을 제시했는데, 이 본문에서 *ma'asä*의 표현은 미래형으로 사용되고 있다. 아모스에 대해서는 그의 해설인 84ff.를 참고하라. 또한 그의 책 제2권(1980)이 다루는 예레미야(77ff.)와 제2이사야(151ff.)의 내용을 참고하라.

위에서 형성되고 있다. 전체성은 하나님의 행동들에 대한 추상적인 표상이 아니라 배열과 순서의 관점에서 바라보는 것인데, 그것은 바로 정확히 말하자면 하나님의 행동들의 "역사"(Geschichte)라고 할 수 있다.

물론 이 역사 개념은 어떠한 방식으로도 근대의 역사 이해와 동일하지 않다. 근대의 이해는 인간, 사회적 제도들, 전체 국가들, 나아가 인류 전체를 역사의 행동하는 주체로 설명한다. 그래서 클라우스 코흐는 고대 이스라엘의 역사 이해와 관련하여 "메타적 역사"(Metahistorie)를 말한다.[103] 그 관점에서 사실 관계는 세속적인 역사 이해에 정향된 근대 관점으로부터 설명될 수 있을지도 모른다. 하지만 "메타적 역사"라는 표현은 결코 고대 이스라엘의 "고유한" 역사 뒤에 숨겨진 배경사가 중요하다는 식으로 오해되어서는 안 된다. 오히려 하나님의 행동들의 역사는 이스라엘에게 고유한 자기 자신의 역사이며, 모든 인간적인 행위를 포괄한다. 후자는 메타적 역사 개념으로부터 배제되지 않고 오히려 완전히 포함되지만, 그 사건들의 통일성과 맥락을 구성하지는 않는다.[104]

구약성서의 이와 같은 역사 개념 안에서 총괄된 것은 그것의 구성요소들에 있어서도 오늘날 우리가 다른 세속적 관점에서 "역사"라고 부르는 것과 동일한 것인가? 이것은 제임스 바르가 제기했던 두 번째 질문이며, 대단히 중요하다. 사실 오늘의 역사비평학은 구약성서 이야기들 가운데 많은 요소들을 비역사적인 것이라고 판단한다. 그것들은 구약성서적 전승들이 우리가 타당하게도 역사적인 것이라고 간주하는 사건들과 같은 지평에서 바라보았고 그 사건들과 마찬가지로 하나님의 역사적인 행위들이라고 동일한 방식으로 포함해서 이해했던 이야기들이다. 이와 관련하여 구약성서의 역사적인 자료들의 통일성은 역사라는 개념보다는 "이야기"(story) 개

---

103 K. Koch, *Die Profeten 1*, 1978, 15, 158 등. 그는 "초역사"(Übergeschichte)에 대해 말하지만(TRE 12, 1984, 569-586), 접두어 "초"를 괄호 안에 넣기도 했다.
104 이사야에 대해 다음 설명을 참고하라. K. Koch, *Die Profeten 1*, 166.

념을 통해 더 잘 설명되지 않는가?[105] 하지만 역사와 구분되는 "이야기"의 범주를 결정할 때, 이야기된 내용의 실재성(Realität)에 대한 관심은 어쨌든 이차적인 문제가 될 것이다. 이것은 구약성서적인—또한 신약성서적인—전승들의 실재론과 결코 일치하지 않는다. 신학이 성서 이야기들의 실재성의 의도를 고수할 수 있는 것은, 인간에게 닥쳐오고 부분적으로는 인간들을 통해 형성된 현실 사건들 가운데 발생한 하나님의 행하심에 대한 성서적인 증언을 (다음과 같은 점에서) 신학이 진지하게 받아들이는 경우에 한해서다. 오늘날도 그 역사의 현실성 속에서 발생하는 하나님의 행위는 질문되고 있으며, 오늘날의 판단이 서술하듯이, 그 질문은 성서 본문들과 전체 이야기들 각각의 개별적인 역사성에 대한 비판적인 판단 없이는 진행될 수 없을 것이다. 신학이 성서 본문들이 증언하는 사건들의 순서, 즉 오늘날의 역사적 판단이 서술하며 역사비평적 연구들의 기초 위에 재구성되는 순서 안에서 역사 속의 하나님의 행위를 추구할 때, 그 신학은, 본문들을 단순히 문학작품으로 다루거나 보고된 내용의 사실성을 사소하게 다루는 신학보다 성서적 전승들의 정신에 보다 더 가까이 있게 된다. 성서적인 보고들의 근저에 놓인 실제적인 경과들을 역사적으로 재구성하는 것은 그 점에서 본문들과 대립되는 것이 아니며, 본문과 무관하게 본문의 자리를 차지하거나 혹은 그 옆에 서는 것도 아니다. 왜냐하면 그 보고들은 이스라엘과 원시 그리스도교의 역사에 대한 각각의 서술 자체의 구성요소들이어야 하기 때문이다.[106] 성서적인 전승들을 단지 "이야기"로 취급함으로써 역

---

105 바르의 주장과 마찬가지로 지난 수십 년간 몇몇 신학 저서들에서 "이야기 컨셉"이 신학적 중심 범주로서 역사 개념의 자리를 차지하고 있다. 이에 대해 다음을 참고하라. D. Ritschl/H. Jones, *"Story" als Rohmaterial der Theologie* (Th. Ex. 192) München 1976, 또한, D. Ritschl, *Zur Logik der Theologie*, München 1984, 14-51, 56-60 등.

106 그렇기에 정치적이고 경제적인 사실들의 단순한 역사와 달리 다음 주제가 주장된다. 즉 전승들은 인류 역사의 문화들이 존속하도록 하는 원천인데, 그 전승들의 생성과 변형의 과정은 반드시 역사 서술의 주제여야 하며, 그래서 역사는 이와 같은 포괄적인 의

사비평학이 던지는 문제들이나 보고된 내용의 사실성 문제를 회피하려는 유혹이 있을 수도 있다. 하지만 그것은 반드시 전승의 진리 주장을 희생시키는 대가를 치러야만 한다. 신학이 하나님의 역사적인 행하심 및 사실성의 지평을 굳게 붙들려면, 역사 개념을 포기해서는 안 된다.[107] 예수 그리스도 안에서 발생한 하나님의 계시에 관한 진술의 현실적인 내용도 바로 그 점에 달려 있으며, 또한 성서의 하나님에 대한 믿음 자체의 합리성과 진지성도 마찬가지다.

결국 제임스 바르는 1966년에 계시 개념 역시 1963년에 행했던 날선 비판의 대상으로 삼았다. 성서 본문들 안에서 나타나는 계시의 용어들은 이제 그에게는 부수적인 것이었다. 그래서 그는 하나님에 대한 모든 인간적인 앎의 원천 혹은 인간에 대한 하나님의 모든 통고들로 묘사되는 어떤 계시 개념의 성서적인 기초는 거의 없다고 판단했다.[108] 이 판단은 계시 개

미에서 "전승사"로서 취급될 수 있다.

107 이것은 분명 근대의 세속적인 역사 이해와의 강도 높은 토론을 요청한다. 여기서 중요한 것은 **첫째**, 인간이 말하기의 주체일 뿐 역사 과정의 통일성을 구성하는 역사의 행위 주체로 생각될 수는 없다는 것이다. 이 점에서 랑케(Ranke)와 드로이젠(Droysen)이 역사 신학의 필연성을 주장할 수 있는 가능성의 여지가 생긴다. 이와 매우 밀접한 관계 속에서 **두 번째**로 중요한 것은 역사 과정들의 이해에서 행위 개념의 역할을 제한적으로 규정하는 것이다. 이것은 뤼베(H. Lübbe)에게서 모범적으로 예시되었다. **셋째**, 역사의 구조의 토대를 개별자들과 공동 사회들의 정체성 형성 과정으로 주장하는 것은 설명을 필요로 하는데, 그것은 (**넷째**) 종교와 문화의 관계 규정과 관계가 있다. 그 설명은 계속해서 역사의 통일성에 대한 질문, 즉 역사의 의미 내용들의 구성과 역사적 방법의 원리들에 대한 질문과 관계된다(참고. 다음의 나의 해설을 보라. *TRE* 12, 1984, 667ff. 또한 다음의 전체 항목을 보라. ebd. 658-674. 나아가 다음의 나의 다른 설명도 보라. "Mensch und Geschichte" in: *Anthropologie in theologischer Perspektive*, Göttingen 1983, 472-501).

108 *Old and New in Interpretation*, 1966, 88. "그러나 성서 안에서 '계시'와 거의 일치하지 않는 이 용어들의 사용은 제한적이고 특별하다.…그러므로 '계시'를 하나님에 대한 앎의 인간적인 원천을 의미하는 일반적 용어로 사용하거나, 혹은 하나님에게서 인간으로 향하는 모든 실제적 소통의 표현으로 사용할 만한 그런 성서적인 기초는 거의

념이 하나님에 대한 모든 인간적인 앎의 출발점을 표현한다는 견해에 기초하고 있다. 계시에 관한 그와 같은 이해를 고려하면서 바르는 계속해서 그것이 성서에는 맞지 않는 경우라고 주장했는데, 이것은 옳은 것이다.[109] 성서의 계시 용어들은 그와 관련된 표상들의 다양성에도 불구하고 보통의 경우 이미 계시 사건으로부터 시작되는 하나님에 대한 앎을 고려한다. 물론 이것에도 예외는 있으며, 바울의 다음 진술이 그것을 예시한다. 즉 모든 인간은 하나님의 영원한 능력과 신성을 안다. 왜냐하면 하나님이 그들에게 그것을 알려주셨기 때문이다(롬 1:19). 이 진술은 의심할 바 없이 하나님에게서 시작되지 않은 하나님 인식은 없다는 것을 말해준다. 그러나 바울의 이 진술은 전통적인 교의학의 용어에서 소위 "특별"계시가 아니라 "일반"계시에 속한다. 로마서 1:19에서 묘사되는 실질적인 내용은 바울이 로마서 3:21이라든지 또는 바로 앞의 로마서 1:17f.에서 (종말론적인 의미에서) 계시라고 지칭한 것과 동일하지 않다. 이 모든 사실에서 볼 때 성서가 말하는 계시는 이미 다른 방식에 의한 하나님에 대한 앎이 앞서 알려져 있는 그런 의미의 계시다. 그래서 바르가 계시의 개념을 하나님 인식의 원천일 수 있는 어떤 사건에 제한하는 것은 내용상 맞지 않는다. 이 제한은 바르가 계시 개념보다 더 선호했던 "소통"(communication) 개념의 유일한 실질적인 근거일 뿐이다.[110] 이 논증은 근거가 충분하지 않기 때문에, 계시 개

없다." 바르는 이에 대한 설명을 위해 다우닝(Downing)의 다음 글을 인용한다. F. G. Downing, *Has Christianity a Revelation?* London 1964, 20-125. 하지만 다우닝은 그의 일면적인 이해에 근거하여 종교적 언어를 수행적(performativ)으로 보는데(179), 왜냐하면 그는 구약성서가 하나님 인식에 대해 말하는 헌신(commitment)이라는 표현을 마찬가지로 일면적으로 해석하여(179ff., 특히 183) 이론적인 앎을 배제한 "순종"으로 이해했기 때문이다(37ff., 42f.; 참고. 66ff. 바울에 대해서는 124ff.). 하지만 순종의 적절한 표현은 그것을 참된 하나님 인식의 결과인 동시에 함축적 의미로 묘사해야 할 것이다.

109 A.a.O. 89f., 87과 98.
110 A.a.O. 87. 그 밖에도 바르는 "소통"의 용어를 선택한 근거로서 다음을 언급한다. 즉 그

념을 거부하려는 바르의 근거는 무력해진다. 성서 안에서 계시의 표상들이 단지 주변적으로만 등장한다는 그의 주장은 이 주제에 대한 그의 대단히 간략한 설명을 토대로 할 때만 이해가 가능하다. 이 장의 두 번째 단락(4.2)에서 시도되었던 것과 같은 상세한 연구는 무엇보다 성서에서 계시의 표상들이 발전해 온 과정의 의미를 제시한다. 그 외에도 바르의 초기 논문을 읽은 독자는 언어적 소통(verbal communication)의 개념이 그에게서 본래적으로는 "계시" 개념과 같다는 것, 또한 그 계시 개념은 근원적으로 하나님의 역사적인 행위에 의해 계시의 사고를 보충하기 위해 제안되었다는 것을 쉽게 알 수 있다.[111] 바르가 후기의 진술들에서 계시 개념을 원칙상 거부했던 것은, 그가 역사로서의 계시라는 사고를 말씀의 계시라는 오래된 표상을 통해 이제는 단순히 **보충**하는 대신 그것으로 **대체**하려는 결정을 내렸다는 사실을 숨기고 있을 뿐이다.

바르의 계시 개념의 급진적인 거부는 거의 동의를 얻지 못했다. 하지만 그의 탁월성은 의심의 여지없이 하나님과 인간 사이의 "언어적 소통"이라는 사고를 통해 말씀의 계시라는 표상에 대한 논의를 진작시켰다는 데에 있는데, 거기서 말씀의 계시는 고려할 만한 유일한 계시적 표상인 것처럼 논의되었다. 이것은 옥스퍼드의 종교철학자 바질 미첼(Basil Mitchell)의 결정적 지지를 얻어냈지만, 그의 동료 모리스 와일즈(Maurice Wiles)는 이에 반대했다.[112] 물론 미첼은 성서의 계시 표상들이 지닌 복잡한 다양성과 중요성의 문제에는 관여하지 않았다. 오히려 성서적 증언들은 "상당한 일치"를 보이며 그들의 통찰의 원천인 성령을 통한 인도하심을 증거로 인용하

표현이 신학적인 용어로 사용될 때 부담이 덜하며, 나아가 언어학적인 연상 작용들을 동반한다는 것이다.
111 이에 대해 각주 99번에서 인용된 논문 201쪽을 보라.
112 B. Mitchell und M. Wiles, Does Christianity need a Revelation? A Discussion, in: *Theology* 83, 1980, 103-114, 특히 104f.

고 있으며, 이것은 명백히 하나님과 그들 사이의 언어적 소통으로 이해될 수 있다고 주장했다.[113]

그다음에는 윌리엄 아브라함(William J. Abraham)이 시도한 것인데, 그는 인간을 향한 하나님의 말하심의 의미 속에서 계시를 말씀의 계시로 이해하는 근본적 표상에 다른 성서적인 계시 표상들, 특별히 역사적인 사건들을 통한 하나님의 행동의 계시를 귀속시키려고 시도했다.[114] 여기서 그는 하나님과 인간 사이의 언어적 소통을, 성육신을 포함하여 역사 안에서 이루어지는 하나님의 행위에 관한 모든 주장들에 불가피한 기초로 여긴다.[115] 물론 모리스 와일즈는 이미 이러한 미첼의 명제들에 반대했고, 성서가 결코 종교사에서 인간이 수용했던 신적인 통고들에 관하여 말하는 유일한 책이 아니라고 주장했다.[116] 그러므로 그런 통고들의 진리 여부와 이에 상응하는 표상들의 실제적인 실현에 대한 질문은 아직 해결되지 않았다. 이것은 이 장의 두 번째 단락(4.2)에서 다루었던 다양한 종류의 예진술 경험에 대한 내용들에도 정확히 부합한다. 즉 꿈이나 영감 혹은 신탁의 말이 가진 진리를 (혹은 그 참된 의미를) 확정할 수 있는 것은 오직 그것들이 인간의 통상적 세계 경험과 자기 경험에 대해 맺는 관계에 근거해서다. 또한 이것은 예언자들의 말에도 해당하는데, 물론 그 말의 진리 여부가 (또한 그 말의 신적 기원의 주장도) 그 예언의 실현 여부에 비추어 평가된다는 점에서 그렇다. 영감의 경험들이라는 근거는 그 내용의 진리에 대해 전혀 아무것도 확정해주지 않는다. 이것은 특히 그런 식으로 통고된 정보가 언어적인 소리가 아닌 일종의 텔레

---

113 A.a.O. 104 (communication) 그리고 109.
114 W. J. Abraham, *Divine Revelation and the Limits of Historical Criticism*, London (OUP) 1982.
115 A.a.O. 21. "그것은 오직 하나님께서 자신이 창조와 역사 속에서 행하신 것에 관하여, 그리고 창조와 역사 안에서 행하신 그것의 의도와 목적에 관하여, 우리가 확신할 수 있도록 그분의 말씀을 말하셨기 때문이다."
116 83, 1980, 112.

파시적 체험으로 생각되어야 한다는 사실을 아브라함 역시 받아들일 수밖에 없으며,[117] 그렇기에 인간의 언어를 수단으로 하는 그런 체험의 해석이 덧붙여질 수밖에 없다. 그러나 그러한 해석은 경험의 맥락을 통해 항상 중재된다.[118] 이것은 이 장의 두 번째 단락(4.2)에서 성서를 통해 예시했던 것처럼 다른 곳에서 얻은 하나님에 대한 앎이 항상 이미 전제되어 있고, 바로 그 앎을 통해 그런 경험들이 근원자이신 성서의 하나님께 귀속될 수 있었기 때문이다. 다른 한편으로 그런 경험들의 내용은 예외 없이 하나님의 현존재나 본질이 아닌, 어떤 은폐된 다른 종류의 것이다. 성서의 하나님이 어떻게 그런 것과 동일시되었으며, 그분의 유일무이한 신성이 인식될 수 있었는가 하는 질문은 아직 다뤄지지 않았다. 더구나 영감이나 말씀의 계시에 관한 일반적 표상이 그것들과 성육신 사상 사이의 간극을 좁힐 수 없다. 아브라함은 성육신 사상이 그리스도교에 중심적이라고 여겼는데, 그것은 옳다.[119] 이 장의 둘째 단락(4.2)에서 설명되었던, 그곳에 이르기 위한 단계적인 길은 어떤 경우에도 건너뛸 수 없다. 만일 이에 해당하는 성서의 다양하고 서로 다른 사실들을 고려한다면, 그것들을 지탱해주는 토대가 "하나님의 직접적인 말씀"이라고는 더 이상 주장할 수 없을 것이다.

최근 영국의 말씀 신학의 형태가 독일 신학계의 논쟁에 친숙한 말씀의 신학의 형태와 깊이 구분되었는데, 이것은 "하나님의 말씀"에 대한 이해가 독일에서는 이미 그리스도론적으로 규정되어 있기 때문이다. 바르트가 전개한 하나님의 말씀의 삼중적인 형태에서 하나님의 말씀을 전달한다는 권위는 그리스도교적인 선포로부터 성서로, 성서로부터 하나님의 계시 말씀이신 예수 그리스도에게로 소급된다. 예수 그리스도만이 홀로 하나님의 계시로서 직접적인 하나님의 말씀이신 반면에, 성서와 교회의 선포는 단

---

117 Abraham a.a.O. 22.
118 참고. 위 2.1장 119ff.
119 Abraham a.a.O. 44-66.

지 "파생적이고 간접적인" 것이며, 이것들은 예수 그리스도에 관한 증언의 실현 속에서 "그때마다"(je und je) 하나님의 말씀이 되어야 한다.[120]

예수가 하나님의 직접적 말씀이고 그 점에서 하나님의 계시라는 명제에 대한 바르트의 성서적인 근거는, 그 명제가 그의 (방대한) 교의학에 미친 근본적인 중요성을 생각할 때, 놀랍게도 빈약해 보인다.[121] 사람들은 이에 대해 요한복음 1:1f.의 인용을 기대할지도 모른다. 하지만 이 구절이 누락된 것은[122] 우연이 아닐 것이다. 왜냐하면 요한복음의 서언은 로고스 자체를, 나중의 구절(1:14ff.)에 가서야 주제로 삼는 계시됨(Offenbarwerden)과 구분하기 때문이다. 바르트는 요한복음의 서언 대신 요한복음 3:34-36을 인용한다. 하지만 여기서는 아들 자신이 하나님의 말씀으로 묘사된다기보다는, 오히려 하나님의 말씀의 **중재자**로 말해진다(참고. 마 11:25-27). 이와 더불어 예수 그리스도께서 **인격으로 말씀하시는 하나님**(Dei loquentis persona)으로서 하나님의 계시라는 명제에 대한 성서적 근거는 단지 위에서 말했던 신적인 비밀의 계시에 대한 "계시 도식"(롬 16:25; 골 1:26; 엡 3:9)의 진술들 안에서만 제시된다. 그런데 이 비밀은, 그 구절의 주석이 말하는 바와 같이, 이방인들 역시 구원으로 인도하시는 하나님의 구원 계획을 뜻한다. 바르트에게서 이에 대한 설명은 발견되지 않는다. 그 대신 그는 "계시된 말씀"이 바로 그 비밀이라고 말한다. 이것은 이미 이그나티우스(Ign Magn 8,2)가 말했으며, 위에서 설명했던 것처럼 또한 예수 그리스도를 통해 계시된 하나님의 구원 계획 사상을 배경으로 하는 듯이 보인다. 바르트 또한 이런 의미로 이해되어야 하는가?[123] 그렇다면 계시 개념은 더 이상 하나님의 말씀 개념으로 소급될 수 없을 것이며, 오히려 예수를 하나님의 직접적인 말

---

120 KD I/1, 120.
121 A.a.O. 121f.
122 이는 오로지 I/1, 141에만 등장한다.
123 이에 대해 KD I/1, 142에 나오는 요한계시록 19:125의 해석이 찬성하는 듯하다.

씀으로 지칭하는 것은 거꾸로 하나님의 구원 계획의 종말론적 계시가 그분 안에 나타난 것으로 이해되고 해석되어야 할 것이다.

바르트 자신은 교의학을 계속 전개하면서 하나님의 "말씀"(Wort)이라는 표현을 하나님의 "말하심"(Rede)으로 이해하고 이 표상적 내용을 고수했다. 하나님의 말씀은 하나님의 말하심이며(§5,2), 그렇기에 "하나님의 행동"(§5,3), 즉 "역사를 형성하는" 말하심이다(KD I/1, 148). 하나님의 말씀의 본질의 세 번째 요소로서 바르트는 비밀의 특성을 주장했다(§5,4). 그는 여기서 비밀의 신약성서적인 개념(KD I/1, 171)을 논의하지 않았다. 그 개념에 대한 바른 주석은 모든 이들을 구원으로 이끄시는 하나님의 역사 계획, 즉 예수 그리스도를 통해 계시된 계획인데, 이것을 논의했다고 해도 바르트 신학의 의도에는 결코 모순되지 않았을 것이다. 오히려 바르트는 이 개념을 설명하기 위해, 하나님의 말하심이 세상적인 형태에 의해 계시되는 동시에 은폐된다는 둘 사이의 변증법에 대해 숙고했다. 이 형태는 로마서 16:25, 골로새서 1:26, 에베소서 3:9에 나오는 "계시"와 "비밀"이라는 단어들의 결합을 연상케 하지만,[124] 주석적으로는 적합하지 않다.

이렇듯 칼 바르트의 계시로서의 하나님의 말씀론 혹은 하나님의 말씀으로서의 계시론에 대한 근거 설정의 문제들은 윙엘(Eberhard Jüngel)의 바르트 해석에서 논의되지 않았다. 윙엘의 해석은 바르트의 계시 개념의 전개를

---

124 바르트는 KD I/1, 171에서 "신비라는 단어가 신약성서에서 갖는 의미"를 증거로 제시했다. 이것은 I/1, 122에서 인용된 구절들을 고찰하며 서술된 것인데, 그 다음에 그는 너무 자유롭게 해석했다. "신비는 하나님의 은폐성이다. 은폐성 가운데서 하나님은 자신을 우리에게 드러내시며, 그렇게 우리에게 다가오신다"(ebd.). 이것은 분명 그의 방식으로는 심오한 사상이다. 하지만 그것은 10년 후 보른캄(G. Bornkamm, ThWBNT 3, 809-834)이 보여주었던 것과 같은 신약성서적인 신비 개념의 내용은 아니다. 물론 우리는 후대에 보른캄이 발견한 맥락들을 미리 보지 못했다고 해서 바르트를 비난할 수는 없다. 하지만, 바르트가 신약성서에 있는 이 개념의 의미를 증빙으로 제시함에도 불구하고 "신비"의 정의를 성서 본문의 분석을 통해 정당화하려는 어떤 노력도 하지 않았다는 점은 놀랍다.

바르트의 삼위일체론에서 설명되는 "계시 안에 계신 하나님의 자기 해석"의 사상으로 설명한다.[125] 성서적 근거가 없이 윙엘이 재구성한 바르트 사상은 (개념적 창작이라고 부르는 형이상학과 구분되면서) 비유적 창작의 한 종류로 보아야 한다는 주장이 있을지도 모르지만, 그것은 아마도 받아들여질 수 없을 것이다. 하지만 하나님의 말씀으로서의 계시의 이해를 위한 성서적·주석적 근거의 문제가 윙엘의 저작의 신론에서도 포괄적으로 다뤄지지 않았다는 점은 이상하다. "하나님은 자신을 **계시하는** 하나님으로 생각되는 한에서만 하나님으로 **생각된다**"는 윙엘의 말은 옳다.[126] 하나님 인식은 오직 하나님으로부터 시작되는 인식으로만 생각될 수 있다. 이것은 실제로 윙엘이 말한 것처럼 "이성적"이다. 하지만 이것으로써, 계시를 하나님의 자기 계시로 이해하는 근대적 사고의 근저에 놓인 그 통찰이 성서적인 계시 이해와 하나님의 말씀에 대해 어떤 관계가 있는가 하는 것은 아직 말해지지 않았다. 우리가 성서적 증빙으로부터 출발한다면, 다시 말해 "하나님의 말씀"이 보통 하나님 자신이 아니라 하나님과 구분된 사태 관계들을 내용으로 갖는다는 사실에서 출발한다면, 요한복음 1:1의 로고스 개념과 히브리서 1:2의 예언자들을 통한, 특히 아들을 통한 하나님의 말씀의 개념이 하나님이 "자기 자신을 전달하기 위해 말씀하신다"는 사실의 의미는 저절로 이해되지는 않는다.[127] 나아가 히브리서의 도입 문장은 물론 말씀하시는 자로서의 하나님을 가리키지만, 이것이 두말할 필요도 없이 요한복음 서언의 로고스 개념에 해당하는 것은 아니다. 계시의 기능은 히브리서에서는 아직 로고스 자체나 혹은 세계 창조에서의 로고스의 역할과 연관되지 않으며, 단지 성육신의

---

125 E. Jüngel, *Gottes Sein ist im Werden. Verantwortliche Rede vom Sein Gottes bei Karl Barth* (1966), 3. Aufl. 1976, 12ff., 특히 27.

126 E. Jüngel, *Gott als Geheimnis der Welt, Zur Begründung der Theologie des Gekreuzigten im Streit zwischen Theismus und Atheismus*, Tübingen 1977, 211. 또한 309 참조.

127 A.a.O. 12.

사건과 연관된다(요 1:14). 그것조차도, 계시의 용어에 대한 암시인 성육신에 근거해서 로고스의 "영광"을 보는 것을 이해해야 하는 경우에만, 명시적이라고 할 수 있다. 그때에도 우선적으로 중요한 것은 로고스의 영광이고 아버지의 영광이 직접적인 핵심은 아니며, 아버지의 영광은 단지 간접적으로만, 즉 아버지와 아들이 서로 영화롭게 하는 상호관계를 통해 중재될 뿐이다(참고. 요 17:1ff.). 히브리서의 도입부가 전하는, 하나님이 아들 안에서 말씀하신다는 것은 단순히 직접적으로 하나님 자신을 **내용**으로 갖지는 않을 것이다. 그 내용은 오히려 히브리서 2:3f.에 따르면 우선 예수의 구원의 소식이며, 그다음에 그 소식을 확증하는 하나님의 권능의 행동들이다(2:4).

이렇게 확정된 내용을 통해서도 다음 사실은 아직 말해지지 않았다. 즉 하나님을 그분의 말씀 속에서 자신을 계시하는 자라고 이해하는 어법은 성서의 증빙들에는 맞지 않을지도 모르지만, 어떻든 다른 어떤 정당화를 필요로 한다. 요한복음 1:1과 히브리서 1:1f.를 제시하는 것으로 그 정당화는 해결되지 않았다. 성서적 전승들 안에는 하나님의 말씀의 표상 말고도 계시의 다른 표상들도 있기 때문에, 그런 다른 표상들이 하나님의 말씀의 표상과 어떤 관계에 있는지 살펴보는 것은 불가피하다.

윙엘은 계시의 범주를 "말씀하시는 하나님"에 대한 신학적 성찰에 귀속시켰다.[128] 하지만 후에 그는 거꾸로 "말씀하시는 하나님"의 표상을 "하나님이 하나님으로서 언어적으로 접근가능하게 된 사건, 곧 성서가 **계시**라고 부르는 **사건**의 결과"라고 주장했다.[129] 매우 다양한 표상들과 연관된 성서의 계시 진술들에 대해 윙엘이 여기서 무엇을 생각하는지는 쉽게 알 수 있을 것이다. 인용된 문장을 읽은 독자들은 짐작하겠지만, 그렇게 일치된 증빙은 "성서가 계시라고 말하는" 바로 그것이 전혀 아니다. 우리는 단지 이 장의 두 번째 단락(4.2)에서 설명된 다층적인 증빙을 생각해보기만

---

[128] Ebd.
[129] A.a.O. 393.

하면 된다. 윙엘이 바르트가 인용했던 로마서 16:25-27, 골로새서 1:16, 에베소서 3:9을 생각하고 있다고 가정한다면, 이 구절들로부터 요약되는 복잡한 내용이 말씀을 통하여 자신을 전달하시는 하나님의 표상의 이해를 위한 근본적인 기초가 될 것이다. 하지만 이것은 하나님의 역사 안에서의 계시, 즉 예수 그리스도의 인격과 운명 속에서 발생하는 인간 구원의 역사 계획(비밀)의 계시가, 아들 안에서 "말씀하심"을 통한 하나님의 자기 계시라는 표상의 이해를 위한 토대가 된다는 것을 뜻한다. 하나님의 역사적 행동의 목표가 그분의 신성의 인식이라는 예언자적 사고를 통해 하나님의 역사 계획의 종말론적 계시의 표상이 상세화한다고 전제한다면, 나는 위의 사실에 반대하지 않는다. 하지만 이것이 윙엘의 생각인가?

성서의 다층적인 계시 표상들과 그것들의 하나님의 말씀의 표상에 대한 관계를 해명이 필요한 문제로 다루는 현재의 몇 안 되는 교의학자들 가운데 게르하르트 에벨링(Gerhard Ebeling)이 있다. 물론 성서의 다양한 계시 표상들은 "계시 담지자들"인 여러 대상들과 관계되면서 매우 개괄적으로만 언급된다.[130] 하지만 에벨링은 계시에 "가장 가까운 대상"이 "인간과 그의 세계"라고 강조하는데, 이것은 옳다.[131] 이것은 이 장의 두 번째 단락(4.2)에서 확정했던 것, 즉 미래에 숨겨진 것에 대한 계시적인 통고가 원칙적으로 중요하다는 사실에 부합한다. 물론 에벨링은 이것을 그다지 정확하게 특성화하지는 않았다. 에벨링은 계시의 내용이 구원론적 특성을 가진다고 주장했다.[132] 이 주장은 분명 에벨링이 여기서 특별히 숙고하던 그리스도의 계시에 해당하지만, 또한 계시의 체험들을 통해 근거된 구약성서적인 기대들의 많은 부분에도 해당한다. 하나님의 신성의 종말론적 계시는 물론[133] 포로기

---

130 G. Ebeling, *Dogmatik des christlichen Glaubens I*, Tübingen 1979, 250.
131 Ebd. 253.
132 Ebd. 251f.
133 에벨링은 이것을 어느 정도 직접적으로 언급한다. Ebeling a.a.O. 250f. "종말론적인 보

이후의 이스라엘이 기대했던 것이고 그와 같은 계시의 기대가 예수의 메시지의 출발점을 형성했으며, 또한 심판의 측면도 포함한다.¹³⁴ 종말론적 계시에서 중요한 것은 인간과 세계뿐만 아니라, 하나님의 신성과 그 "영광"의 계시이며, 또한 예언 속에 선포된 사건이 야웨의 인식을 목적으로 한다는 점이다. 하지만 에벨링은 이 사실을 언급하지 않는다. 하나님 자신과 구분되는 계시의 내용들과 관련하여 에벨링은 이렇게 말한다. "하나님을 계시의 내용으로 지칭하는 것은…단지 제한적으로만 옳다."¹³⁵ 하지만 에벨링이 자기 계시를 생각했던 것은, 단지 다양한 계시 내용들이 하나님의 **의지**의 표현이라는 점에 제한된 것이며,¹³⁶ 이것은 계시의 수용에서 통고되는 사건이 하나님의 신성 즉 **본질**의 인식을 목표로 한다는 사실을 고려하지 않은 것이다. 에벨링은 구약성서의 여러 가지 계시의 표상들 가운데서 특히 예언자적인 증언이 갖는 특별한 지위에 전혀 관여하지 않는다. 그 특별한 지위는 통고된 사건의 강조되는 기능이 하나님의 신성의 인식을 위한 것이라는 점에 있다. 에벨링은 이러한 사태 관계와 그것이 신약성서의 계시에 대한 진술에 대해 갖는 의미를 다루지 않기 때문에, 그의 계시 개념의 해설은 1961년 "역사로서의 계시" 개념이 다루었던 논쟁의 지평에 전혀 도달하지 못한다.

그 대신 에벨링은, 계시 개념을 "정확하게 표현하기" 위해 하나님의 말씀 개념이 필요하다고 주장했다.¹³⁷ 로테(Richard Rothe)가 앞에서 성서적

편성에 이르는 길"이 구약성서적인 계시의 역사의 맥락으로부터 어떻게 생성되는가 하는 것은 주제화되지 않는다.
134 이 점에 상응하는 것은 에벨링의 *Deus revelatus*(계시되신 하나님)과 *Deus absconditus*(은폐된 하나님) 사이의 구별이다(254-257). 혹은 하나님의 말씀의 개념에서 율법과 복음 사이의 구별도 이에 해당한다(261; 참고. Bd. III, 249-295).
135 A.a.O. 253.
136 A.a.O. 250.
137 Ebd. 257.

인 하나님의 말씀 개념 그것의 다양한 의미 때문에 계시 개념으로 "대체" 될 수 있다고 거꾸로 판단했던 것[138]을 기억하는 사람은 그와 반대로 판단하는 에벨링의 해명을 기다릴 것이다. 그러나 그 이유를 에벨링에게서 찾는 것은 헛된 일이다. 다만 말할 수 있는 것은 하나님의 말씀 개념이 계시 사상에 대한 설명에서 "명시적으로 강조되지 않은 채" 그것을 정확하게 표현하는 데에 이미 도움을 주었다는 것이다. 이것에서 다음 결론이 도출된다. 하나님의 말씀 개념이 "계시 이해의 정확한 표현에 도움을 주기에, 그 개념은 교의학적인 우선성을 갖는다."[139] 그러나 이와 같은 추론에 대한 전제에는 근거가 없으며, 이에 대해 중요한 것은 여전히 신학의 근본적 논쟁의 질문들 가운데 하나의 결정이다. 에벨링은 계시와 하나님의 말씀이라는 개념들이 서로 반목하고 있지 않을 것이라고 바르게 주장했다. 하지만 그가 제안한 바와 같이 양자가 서로 관계될 수 있다는 사실은 그 주장으로부터 도출되지 않는다. 그래서 독자는 왜 에벨링이 계시 개념이 하나님의 말씀 개념을 통한 정확한 표현을 필요로 한다고 여기는지, 그리고 그 정확한 표현이 무엇에 근거하는지에 대한 대답을 스스로 추측할 수밖에 없다. 계시의 "구원론적인 특성"에 관하여 말해진 것이 이미 하나님의 말씀 개념을 통한 "정확한 표현"으로부터 온 것인가? 아니면 그것은 계시의 다수의 표상들, 곧 일치될 필요가 있고 일치성을 "명확하고 근본적으로 이해하기 쉽고 근본적으로 단순한 말, 하나님의 얼굴의 빛으로 조명되는 말" 속에서 찾는 표상들[140]인가? 하나님의 말씀에 관한 성서적 표상들은 결코 근본적으로 단순하지 않고 오히려—로테가 이미 강조했던 것처럼(위를 보라)—매우 각양각색인데, 이에 대해 에벨링은 언급하지 않았다. 왜냐하면 그는 케리그마의

---

138 R. Rothe, *Zur Dogmatik*, Gotha 1863, 166. 하나님의 말씀의 다양한 성서적 표상들에 대해 ebd. 157-161의 설명을 참고하라.
139 Ebeling a.a.O. I, 257f.
140 A.a.O. 260.

말씀[141]을 우선적으로 생각하기 때문이다. 바울은 케리그마(살전 2:13)를 하나님의 말씀으로 불렀고, 이것이 바울의 다른 본문(고후 1:19f.)에서도 사실상 비슷하게 명백하다고 에벨링은 주장한다. 하지만 상세한 표현들이 에벨링에게는 없기 때문에 나머지는 추측에 의존할 수밖에 없다.

하나님의 말씀 개념이 계시 개념의 정확한 표현에 도움을 준다고 에벨링이 주장할 수 있었던 것은, 오직 그가 하나님의 말씀의 성서적인 표상들의 폭넓은 스펙트럼에 단지 선택적으로만 관여했기 때문이며, 그 과정에서 복음의 말씀에 대한 종교개혁적인 이해가 그에게는 주도적 핵심으로 보였기 때문이다. 성서적인 계시의 표상들이 그와 같은 말씀의 이해에 들어맞는지의 여부는 더 이상 연구되지 않으며, 오히려 개괄적인 설명이 처음부터 그쪽으로 단순히 반복적으로 서술되고 있다. 하지만 이로써 에벨링이 요청했던 하나님의 말씀 개념은 계시 개념과 갈등에 빠지지 않으며, 나아가 계시 개념을 억압하고 찬탈하는 것은 아닌가? 이런 인상이 회피될 수 있으려면, 하나님의 말씀 개념이 계시의 표상들이 의도하는 것을 통합한다는 점이 제시되어야 할 것이며, 혹은 하나님의 말씀 개념이 대단히 세부적으로 사고되어서 그 개념이 그와 같은 통합의 기능을 성취시킬 수 있다고 이해되어야 할 것이다. 이 경우는 오직 에벨링이 그 개념에 부여한 정확한 표현의 기능이 단지 환원에 불과한 것으로 이해되지 않을 때뿐이다. 이에 더하여 그

---

141 이것은 에벨링의 초기 작품에서 이 주제에 대한 배경을 형성했던 하나님의 말씀의 이해를 가리킨다. 이에 대해 다음을 보라. "Wort Gottes und Hermeneutik" (1959), in: *Wort und Glaube 1*, 1960, 319-348, 특히 326ff., 342ff. 또한: *Theologie und Verkündigung*, Tübingen 1962, 73f. 또한 다음을 보라. R. Bultmann, Der Begriff des Wortes Gottes im Neuen Testament, in: *Glauben und Verstehen 1*, 1934, 268-293, 특히 279f. 또한 불트만이 강조했던 케리그마의 그리스도론적 명확성(286)은 에벨링에 의해(*Theologie und Verkündigung*, 74ff.) 예수에 근거하여 정확히 표현되었다. 그리고 이로부터 에벨링이 자신의 교의학(*Dogmatik I*, 258f.)에서 바르트의 하나님의 말씀의 삼중적 형태를 수용한 것 혹은 그것을 사중적 형태의 말씀으로 확장한 것이 이해될 수 있다.

렇게 사용된 하나님의 말씀 개념이 그 표현의 성서적인 사용에도 부합하는지의 여부 역시 마찬가지로 제시되어야 할 것이다.

이와 같은 문제들이 널리 과소평가되어 온 것은 하나님의 말씀의 표상이 여러 이유로 그리스도교의 의식, 특히 개신교의 의식 속에서 높은 타당성과 자명성을 보유하고 있다는 점과 관련이 있을 것이다. 이와 같은 신학 이전의 타당성은 다음의 사항들에 기초하고 있다.

1. 그것은 하나님의 말씀 개념이 성서의 본문들에서 의심의 여지없이 큰 의미를 갖는다는 사실에 기초한다. 비록 그것과 관련된 표상들이 더 정확히 보면 서로 다르고, "하나님의 말씀"은 성서 어디에서도 직접적으로 하나님의 자기 공개나 자기 계시의 의미를 갖고 있지 않다고 해도 그렇다. 특히 히브리서 1:1ff.도 그런 의미를 갖지 않는다.

2. 그것은 종교 개혁적으로 이해된 믿음에 기초한다. 믿음은 말씀, 즉 약속의 선언으로 이해된 복음의 말씀과 뗄 수 없이 관련되어 있다. 종교 개혁자들은 복음의 계시적 기능에 대해서는 죄의 용서의 선언보다는 적은 흥미를 갖고 있었다. 하지만 루터는 복음 내지는 그 대상인 그리스도를 은폐되어 계신 하나님(*deus absconditus*)과 구분하여 계시되신 하나님(*deus revelatus*, WA 18, 685)에 귀속시켰다.

3. 그것은 성서를 "하나님의 말씀"이라고 간주한 것에 기초한다. 이것의 배경은 구(舊)프로테스탄트의 영감론이다. 하지만 이 영감론은 오늘의 말씀의 신학에서 완전히 개정되고 수정되었다.

4. 마지막으로 그것은 근대 인격주의적 사상이 말씀하시는 하나님 표상과 연관시켰던 명확한 인격적인 의사소통에 기초하는데, 하나님은 자신의 말씀을 통해 자신을 알리신다는 것이다.[142]

이와 반대로 하나님의 자기 계시를 하나님의 말씀으로 파악하는 가장

---

142 Ebeling, *Dogmatik 1*, 260.

강력한 **논증**은 에버하르트 윙엘이 계속해서 올바르게 강조해왔던 사실, 즉 하나님에 대한 인식은 오로지 하나님이 자신을 스스로 계시되도록 내어주는 한에서만 가능하다는 사실에 놓여 있다. 이때 언어와 말하심의 방식 속에서 일어나는 일은 자연스럽게 이해된다. 그렇지 않다면 어떻게 보이지 않는 영적인 하나님이 우리 인간들과 소통하시겠는가?[143] 만일 그 알림이 신인동형동성론적으로 생각되지 않는다면, 그래서 언어의 음절로 표현되지 않고 마치 텔레파시적인 소통 방식에 따른 것이라고 생각된다면, 그때 "말씀"이라는 표현은 과연 적절한 것일까? 그 외에도 만일 성서적인 하나님의 말씀 개념이 직접적인 자기 계시의 기능을 전혀 갖고 있지 않다면, 말씀하심을 통해 자신을 알리시는 하나님의 표상은 실제적인 사태를 오히려 숨겨버리고 겉보기에만 그럴듯한 가상을 만들어내는 것일지도 모른다.

하나님의 자기 계시가 하나님의 말씀이라는 표상, 그와 같은 중재되지 않고 동시에 소박한 표상의 주장에 대해 일련의 중대한 우려들이 반대하며 맞선다. 그것에 속하는 것은 권능으로 활동하는 하나님의 말씀이라는 표상의 신화적이고 마술적인 기원이다. 특히 이 표상은 하나님의 말씀을 우주의 기원, 사회적 질서, 혹은 제의적인 제도들의 기원으로 본다.[144] 마술적인 말씀의 이해에 대한 조건들은 오늘날 일반적으로 더 이상 유효하지 않기 때문에, 오늘날의 말씀의 신학은 아직도 많은 성서 본문들 안에서 여전히 영향력 있는, 하나님의 말씀에 대한 마술적 이해와 대조를 이룰 수밖에 없다.

1. 하나님의 말씀에 대한 논쟁적인 예시는 신학적 논쟁의 권위 있는

---

143 B. Mitchell und W. J. Abraham (위 각주 112ff.를 보라).
144 이에 대해 다음을 보라. L. Dürr, *Die Wertung des göttlichen Wortes im Alten Testament und im antiken Orient*, 1938. 시편 33:9(그가 말씀하셨고 일이 이루어졌으며, 그가 명령하셨고 견고히 섰도다) 또는 말씀을 통한 창조(참고. *ANET* 5,55 n.6)와 같은 대단히 인상적인 구약성서의 표현들은 하나님의 말씀이 직접적으로 물질적인 작용들을 일으키는 권능으로 활동한다는 점을 강조하는 마술적 이해에 특별히 가깝다.

모델이 역사비평적 성서 연구의 발전을 통해 파괴되었다는 역사적인 기억의 짐을 지고 있다. 20세기 신학의 원칙으로서의 하나님의 말씀론을 갱신한 것도 또한 20년대의 논쟁들 안에서 새로운 권위적인 양식들로 기울어진 경향과 관련되어 있다. 이 점은 거의 의심될 수 없을 것이다. 그런 권위의 요구들을 수용한다면 불가피하게 근대의 조건들 가운데 신앙의 주관주의로 되돌아갈 수밖에 없다. 그래서 만일 신학이 하나님의 말씀 개념 속에서, 혹은 "하나님을 말씀하는 자로서 진지하게 수용해야" 한다는 권고 속에서 제기되는 "요구로써 **시작**"한다면, 이것은 강제적인 것이다.[145] 오히려 말씀 그리고 말씀하시는 하나님의 표상들은 높은 수준의 해

---

[145] E. Jüngel, *Gott als Geheimnis der Welt*, Tübingen 1977, 216. 물론 윙엘은 몇 쪽 뒤 (219)에서 이 요구가 "직접적이 아니고", "믿음과 같은 어떤 것이 있다는 전제"를 함축한다고 하였다(219). 만일 이미 믿음이 말씀하시는 하나님을 요청하기 위한 "전제"라면, 윙엘은 어떻게 그 요청으로써 시작해야 한다고 하면서도 믿음이라는 전제에서 시작하지 않을 수 있었는가? 이것이 아니라면, 그 요청과 함께 시작한다는 것은 단지 믿음의 **표현**일 뿐인가? 하지만 그때 믿음의 전제 자체는 어떻게 근거되는가? 만일 이 질문이 다시 말씀하시는 하나님의 요청으로 소급된다면, 그것은 단지 논리적 순환이 될 것인데, 왜냐하면 믿음은 그 요청의 **전제**라고 설명되었기 때문이다. 믿음이 **최종적으로** "하나님의 말씀" 안에 근거한다는 것을 나 역시 부정하지 않는데, 하지만 그 표현에 대해 더 정확한 설명이 필요하다는 전제 아래서 그렇다. 물론 신학적 논거에 대한 논쟁의 맥락에서 존재근거가 이미 그것의 인식의 출발점일 수는 없다. 존재 질서와 인식 질서가 항상 일치하는 것이 아니라는 것은 아리스토텔레스 이후로 익숙하게 알려진 사실이다. 이 경우가 그렇다는 것은 윙엘이 논제로 제시한 예화에서 밝혀질 수 있다. 우리는 "(잘) 아는 사람을, 아직 그를 모르는 사람에게 단지 그를 소개하기 위해, 모르는 사람처럼 대할 수는 없다. 알고 있는 사람은 우리가 알고 있는 바 그대로 생각해야 한다. 바로 이 사실에는 그가 알려진 자라는 **사실**이 속한다"(a.a.O. 217 각주 9). 이 예화에서 윙엘의 "알고 있는 자"는 아직은 그가 미래에 표상될 모습 그대로는 아니다(이름, 직업, 주소 등). 하지만 그는 다른 이들 가운데 존재하는 한 인간으로서, 누구보다도 **그가 미래에 표상될 대상에 대해서도**, 육감적으로 현재적이며 어떻든 의심할 바 없이 실존한다. 그러나 바로 이 점은 하나님에 대한 신학적인 진술에 시초부터 해당되는 경우가 아니었다. 그 때문에 신학은 더욱 더 긴 여정을 떠나야 한다. 하나님을 "알고 있는 분으로 표상할 수 있는" 그날까지 말이다.

석을 필요로 한다. 그렇게 통고된 자의 불가피한 높은 권위를 단도직입적으로 요구하면서 그 표상들의 타당성을 직접 주장하는 것은, 교회의 진술과 관련된 이해의 맥락 밖에서도 이미 권위적인 요구로 파악될 수밖에 없으며, 이때 그런 요구의 주체는 그런 언어를 사용하는 인간이다. 다른 한편으로 그런 요구들은 근대의 조건들 아래서는 그 자체로 당연히 아무런 구속력이 없다.

2. 하나님의 말씀에 관한 성서적인 표상들은 다양하다. 하나님의 행동을 알리는 예언적인 말씀, 인간의 행위를 명하는 토라, 직접적으로 창조하시는 하나님의 말씀, 그리스도교적인 선교 소식의 표현, 마지막으로 예수의 인격 가운데 드러난 로고스 등이 그것이다. 하나님의 말씀에 관한 신학적인 진술은 말씀의 표상들의 이와 같은 다수성을 건너뛰어서는 안 된다.

3. 또한 하나님의 말씀의 신학의 모든 갱신은 하나님의 말씀에 관한 여러 가지 성서적인 표상들이 직접적으로 하나님 자신을 내용으로 하지 않는다는 사실과 반드시 논쟁해야 한다. 하나님의 말씀에 관한 성서적 표상들은 그 내용과 하나님 자신 사이의 간접적인 관계(Indirektheit)를, 성서에서 만나는 다른 계시의 표상들과 공유한다. 하나님의 말씀에서 하나님이 저자이기는 하지만, 그 내용은 직접적으로 하나님과 동일하지는 않다는 것이다. 요한복음 1:1에서도 로고스는 계시 기능을 이미 직접적으로 갖고 있지 않으며, 그 기능은 그것의 성육신과 함께 비로소 결합된다. 성서의 하나님의 말씀이 어떠한 경우에도 하나님 자신을 직접적인 내용으로 갖지 않는다는 사실은, 하나님의 말씀의 성서적인 표상들을 하나님의 자기 계시라는 사고로 주장할 때, 반드시 함께 숙고되어야 한다. 이렇게 된다면, 하나님의 자기 계시는 그분의 행위를 통해 중재된다고 생각되어야 한다. 왜냐하면 그 행위가 바로 하나님의 말씀의 성서적인 표상들의 내용이기 때문이다. 그것이 창조의 행위이든, 혹은 예언자적 말씀 속에서 통고되는 하나님의 역사적인 행위이든, 혹은 원시 그리스도교의 케리그마가 관계했던 나사렛 예수 안에서 발생한 하나님의 행위이든, 마찬가지다. 이에 대한

예외는 오직 율법의 말씀인데, 이것은 인간의 행위를 목적으로 한다. 물론 인간의 행위는 재차, 무엇보다도 율법의 요구에 대한 부적절성을 통해서, 하나님의 행위의 포괄적인 맥락 안으로 포함된다.

예언자들의 말씀 수용과 또한 시내 산에서의 율법 계시를 포함한, 성서에서 전승되어온 여러 종류의 계시 체험들은 하나님 자신을 직접적인 내용으로 하지 않는다. 이 사실은 계시를 하나님의 자기 계시로 이해하는 것에 첫눈에 보기에는 대단히 방해가 되는 듯이 보인다. 하지만 바로 그 사실이 계시 사건에 대한 통일적인 이해를 가능케 한다. 동시에 이런 이해는 다양한 성서적인 계시 사건들 각각에게 당연히 상응하는 공간을 제공해준다. 그 계시 사건들 모두는, 하나님이 자신이 신성 안에서 인식되도록 자신을 내어주는 것에 기여한다. 그 점에서 그 사건들 모두는 역사 속에서 일어나는 하나님의 행위들의 요소들이다. 예언자들의 증언에 따르면 하나님의 행위는 이스라엘뿐만 아니라 모든 민족이 야웨의 신성의 인식에 도달하는 것을 목표로 한다. 그러므로 하나님의 자기 계시의 간접성이라는 명제는[146] 성서가 증언하는 여러 가지 계시 사건들을 통합해야 하는 체계적인 기능을 갖는다. 만일 하나님의 직접적인 자기 계시가, 하나님이 특정한 내용을 전하는 특수한 방법을 통해 자신을 직접 인식되도록 내어주신다는 의미에서, 다양한 수용자들이나 사건들과 연관되어 여러 가지 형태로 보고되고 있다면, 양쪽의 주장은 상호 대립을 피할 수 없을지도 모른다. 하나님의 자아는 다른 것들과 구분되는 어떤 특수한 말씀의 표명 속에서 명확하게 계시될 수도 있고, 아니면 반대일 수도 있다. 그러나 만일 하나님의 말씀의 표명들이 하나님으로부터 직접적으로 전달되는 형식을 취한다면, 그리고 (그 표명들이 하나님을 근원으로 갖는다는 점에서) 하나님 자신에 관해서는, 곧 그분의 본질과 신성에 관해서는 단지 간접적으로만 인식되도록 한

---

[146] *Offenbarung als Geschichte*, 5. Aufl. 1982, 91 (명제 1).

다면, 그때 다양한 계시 사건들은 그것들 모두를 포괄하는 하나님의 자기 계시 사건의 구성요소들로 이해될 수 있으며, 각각의 구성요소들 모두는 그 포괄적인 사건에 대해 특정한 기여를 하게 된다. 이와 함께 특별히 구약성서 및 신약성서의 계시 사건들 사이의 대립은 회피될 수 있다.

물론 실제 사정이 그러한지는 **선험적으로는** 판단될 수 없다. 물론 하나님의 자기 계시의 간접성이라는 사고에 단서가 되는 것은 성서의 본문들 자체다. 게르하르트 에벨링도 주장했던 것처럼 수용된 계시의 직접적인 내용은 하나님 자신이 아니며, 오히려 인간 및 그의 세계와 관련되어 있다. 하지만 이것이 정말 예외 없이 적용될 수 있는가? 구약성서는 하나님의 현현(Theophanie), 그리고 하나님의 고유하신 본질과 구분될 수 없는 하나님 자신의 이름의 통고를 보고하지 않는가?[147] 족장들에게 나타나신 하나님에 대한 보고들이 하나님의 본질이 그들에게 공표될 것이라는 주장과 관련되어 있지 않는 반면에, 모세를 향한 하나님의 이름의 통고는 그러한 사태와 실제로 가깝다. 그러나 출애굽기 3장의 이야기 자체가 하나님의 이름

---

147 H. G. Pöhlmann, *Abriß der Dogmatik* (1973), 3. Aufl. 1980, 53. 푈만은 하나님의 자기 계시의 간접성의 주장이 출애굽기 3:14f의 지시와 반대되는 것으로 본다. 이 점에 대해 더 이상의 주석은 없으며, 그는 단지 그 구절에서 직접적인 자기 계시의 사태가 명백하다는 견해를 갖고 있다. 푈만은 "역사로서의 계시"(13) 안에서 이 구절에 대해 설명된 내용에 관여하지 않는다. 크니림(R. Knierim)도 마찬가지로 "구약성서 안에서의 계시"라는 논문에서 렌트로프가 출애굽기 3:14; 6:7에 대해 설명한 것을 취급하지 않았다. 비록 그가 하나님의 이름의 통고를 결정적인 계시 행위로 보고 "역사로서의 계시"의 명제에 반대했음에도 불구하고 말이다(*Probleme biblischer Theologie. Festschrift G.v. Rad*, Hrsg. H.W. Wolff, München 1971, 206-235, 특히 221; 참고. 233). "이름의 통고"가 야훼께서 그의 행위로부터 인식되는 것보다 "우선한다"는 점은 침멀리(Zimmerli)와 렌토르프(R. Rendtorff) 사이 논의에서(Ev. Theol. 22, 1962) 전혀 논란이 되지 않았지만, "이름의 통고"가 신성 안에 계신 야훼 자신의 인식과 동일시될 수 있는지의 중요한 문제는 논란이 되었다. 이에 대해 이미 출애굽기 6:7은 미래적이고 역사적인 경험을 지시하고 있고(참고. *Offenbarung als Geschichte* 13), 그 지시는 이미 출애굽기 3:14f.에서 암시되어 있음이 주목되어야 한다.

을 신적 본질의 총괄개념으로서 질문하는 뻔뻔함을 거부한다. 본문은 하나님의 행동을 현재적으로 경험하게 될 미래를 예고함으로써, 그것을 거부한다.[148] 마찬가지로 출애굽기 33:20ff.에서도 하나님의 영광을 직접 보고자 하는 모세의 열망은 그 영광이 그에게 지나간 이후에 그것을 확인하도록 허락받는 것에 그친다. 오직 하나님의 계시의 간접성을 통해 신성의 계시 속에 나타나는 하나님의 숭고함의 비밀이 보존된다.

계시의 간접성과 긴밀하게 연관된 것은 하나님 인식에 추후에서야, 역사 안에서 발생하는 하나님의 행위를 되돌아봄으로써 도달한다는 사실이다. 이것은 모세가 하나님의 영광을, 그분이 자신의 곁을 지나간 후에 보았던 것과 마찬가지다. 즉 이스라엘의 근본적인 하나님 인식은 산발적인 하나님의 행위에 근거하지 않았고, 오히려 족장들에 대한 약속들로부터 출애굽 사건을 거쳐서 약속의 땅을 차지하는 것에 이르는 하나님의 일련의 통고들에 근거하고 있기 때문에, 그것들을 통해 중재되는 하나님 인식은 그분의 신성을 계시하는 일련의 사건들의 마지막에 있게 된다.[149] 하지만 이 사실이 예진술적인 계시 체험의 의미에서 미래의 선취적인 열림이 이미 그 일련의 사건들의 초기 단계에 있을 수 있다는 점을 배제하지는 않는다. 이것은 족장들에 대한 약속들의 경우에도 해당한다. 그러나 약속하시는 하나님의 신성은 약속된 것이 권능에 가득 차 실행되는 과정을 통해서만 증명된다. 거꾸로 약속은 그것의 성취에서 약속의 하나님의 행위가 반드시 인식될 수 있어야 한다는 조건을 갖는다.[150]

---

148 위 각주 21ff.를 보라.
149 *Offenbarung als Geschichte*, 95 (명제 2).
150 몰트만(Moltmann)은 성서가 증언하는 계시 사건에 대한 성서적인 약속들의 근본적인 의미를 올바로 제시했다(J. Moltmann, *Theologie der Hoffnung*, München 1964, 74ff.). 그러나 약속들의 근본적인 중요성은 약속의 역사적 성취만이 약속의 신뢰성과 약속하시는 하나님의 신성을 증명한다는 점에 대해 아무것도 변경하지 못한다. 또한 그 과정에서 역사의 경험을 통한 약속의 내용의 수정도 함께 고려되어야 한다. 약속에

그러한 계시 사건의 구약성서적인 범례(패러다임)는 바로 출애굽 사건이며, 더 정확히 말하자면 족장들의 역사로부터 팔레스타인 땅의 정복에 이르기까지의 일련의 사건들 전체다. 신명기가 말하듯이 "야웨만이 하나님이며 그 외에 누구도 하나님이 아니라는" 것을 백성들이 인식하도록 하기 위해 그 모든 일련의 사건들은 발생했다(신 4:35; 참고. 4:39와 7:9). 그것은 고대 이스라엘에게 근본적인 계시 사건이었으며, 그 사건들을 통해 야웨는 자신이 그들의 하나님이심을 예시했다. 신적 경배는 오직 야웨에게만 바쳐야 한다는 요구도 그 역사 위에 근거되어 있었다(출 20:2f.). 특히 땅의 소유는 그 민족에게 지속적인 삶의 기초였다. 팔레스타인에서 땅을 점령함으로써 종결된 이스라엘의 기원의 역사는 삶의 질서의 기능적 측면에서 보면 "이웃 종교들 사이에서 제정된 원시 시간"에 상응한다.[151] 즉 우주 질서의 표상에 근거된 고대 고문화 사회의 질서를 설명해주는 신화가 지닌 세계 근거의 기능에 상응한다.

고대 이스라엘의 구속사적 기능이 신화에 비교될 만하다는 사실을 통찰할 때, 우리는 그때야 비로소 구속사적인 사고형식들을 유대 왕정 후기 및 특히 바빌론 포로기 시대, 그리고 페르시아 왕국의 등장 등의 세계 정치적 변혁에 대해 예언적으로 적용했던 것의 완전한 영향력을 제대로 평가할 수 있게 된다. 야웨의 역사적 행동의 대상은 더 이상 이스라엘의 역사에 한정되지 않는다. 이제는 이방 민족들의 세계 또한 그 대상이다. 에스겔(36:36)에 따르면 아직 종결되지 않은 이 역사의 종말에 이방 민족들 역시 야웨의 신성을 인식하게 될 것이다. "그렇게 하여 역사는 신 존재 증명

대한 앞선 믿음은 한편으로 약속의 하나님과 더불어 이미 발생한 경험들을 전제한다. 하지만 다른 한편으로 그 믿음은 약속들이 또한 성취될 것이라고 기대하는 근거한 예기(Antizipation)에 근거한다. 그와 같은 약속들은 기껏해야 진리 여부가 여전히 미래에 놓여 있는 예진술적인 계시 사건의 의미에서만 "계시"라고 부를 수 있다.

151 K. Koch, Geschichte II, *TRE* 12, 1984, 574.

이 된다. 물론 종말에 가서야 그렇게 된다."¹⁵² 이에 상응하는 것은, 포로기의 예언자인 에스겔과 제2이사야가 기대했던 역사의 완성 속에서 이스라엘의 하나님은 단순히 이스라엘로부터만 영광을 받으시는 유일하신 하나님이 아니라, 보편적으로 유일하신 하나님이심이 입증될 것이라는 사실이다. 이스라엘의 근원적인 역사는 야웨를 이스라엘의 하나님으로 알릴 수 있었을 뿐이고, 모든 민족의 유일한 하나님으로는 아직 공표할 수 없었다. 제2이사야가 기대했던 세계사의 미래적인 완성은 이스라엘의 하나님의 유일무이한 신성을 입증하게 될 것이다.¹⁵³ 포로기 예언 속에서 이스라엘의 출애굽 및 땅의 점령과 관련된 야웨의 과거의 구원 행위들로부터 새롭고 최종적인 구원 사건의 미래로의 전환만 발생한 것이 아니라,¹⁵⁴ 또한 이

---

152 K. Koch, *Die Profeten 2*, Stuttgart 1980, 110; 참고. 이미 Bd. 1, 1978, 157ff.
153 이스라엘의 심판 예언 가운데 성취된 예언들에 직면하여 제2이사야는 그와 같은 인식이 심지어 이미 그 자신의 현재에서도 가능하다고 여겼다. Koch 2, 140; 참고. 127ff.
154 1961년의 책인 『역사로서의 계시』에서 렌토르프(R. Rendtorff)는 출애굽 사건을 통한 야웨의 자기 예시가 후대의 예언과 시편의 친숙한 표현 속에서 "더 이상 유일하고 최종적인 야웨의 자기해명으로 이해되지 않는다"고 썼다(27). 야웨의 신성의 최종적인 계시는 포로기 이후에는 "종말론의 차원"이 되었다는 것이다(ebd.). 이와 달리 그의 논문(*Offenbarung und Geschichte Partikularismus und Universalismus im Offenbarungsverständnis Israels: Offenbarung im jüdischen und christlichen Glaubensverständnis*, hrsg. Jac. Petuchowski u. W. Strolz, Freiburg 1981, 37-49)은 하나님의 근본적 자기 입증은 이스라엘의 역사의 초기에, 즉 출애굽과 땅의 점령에서 발생했다고 말한다(47). 렌토르프는 이에 대해 호세아 13:4과 신명기 4:34-39과 더불어(43) 시편 76:2과 77:15ff.를 제시한다(a.a.O. 41). 만일 그의 초기 관점이 "우리가 그 당시에 구약성서 전체를 종말론적으로 해석했다"는 특성을 갖는다고 한다면(44), 이것은 이스라엘의 근원적 역사의 초기에 규범적이었던 기능을 "역사로서의 계시"로 보았던 것(91f., 96)과 맞지 않으며, 이와 동시에 예언 속에서 실현되었고 묵시문학 속에서 지속되었던 종말론으로의 전환에 유의했던 것과도 맞지 않는다. 이 전환의 의의는 오늘날 렌토르프에 의해 경시되고 있다. 제2이사야는 물론 하나님은 "**유일하신 자**로서 그 자신을 이미 나타내 **보이셨고**" 미래의 행위를 통해 바로 그 동일한 자신을 계시하실 것이라고(a.a.O. 46) 강조했다. 하지만 다음의 말씀도 유의해야 한다. "더 이상

와 관련하여 하나님 이해의 보편화, 즉 일신론의 갑작스런 등장이 뒤따랐다. 종말론으로의 전환, 즉 세계사의 종말론적 미래로의 예언자적인 전환은 단순한 일신숭배(Monolatrie)와 구분되는 유대교적 유일신론의 전제다. 그 전환은 그리스도교적인 유일신론의 전제이기도 하며, 또한 그리스도교적인 선교의 선포나 유대인과 이방인으로 구성된 인류-교회의 생성을 위한 전제이기도 하다.

하나님 나라의 도래를 통한 세계사의 미래적 완성은 하나님의 신성을, 그분의 주권을, "모든 육체" 앞에 궁극적으로 드러낼 것이다.[155] 그 나라는 모든 인간적인 통치 질서를 해체할 것이며, 인간의 모든 불의함을 심판할 것이며, 현재의 창조를 변경시킬 것이며, 죽은 자로부터의 부활을 실현시킬 것이다. 다른 한편으로 아직은 미래에 숨겨진 종말 사건의 지금 진행되는 "계시들"이 직관적인 예진술의 형식 안에서, 특히 예언자적인 말씀의 수용과 묵시가의 시각 속에서 존재한다. 세상에 있는 모든 것의 시작이 말씀 가운데 있듯이, 모든 것의 완성은 계시적인 현현 속에 있으며(*initium in verbo et consummatio in manifestatione*), 하나님의 미래의 세계도 마찬가지다(제4에스라 9:5f.). 종말 사건의 그와 같은 앞선 폭로는 임박한 하나님의 통치에 대한 예수의 선포와 함께 예기의 형식을 공유한다. 하지만 예수의 등장과 활동 속에서 중요한 것은 미래의 앞선 폭로만이 아니라, 유대교가 기대했던 미래의 핵심, 즉 하나님의 통치의 도래가 이미 현재를 규정하는 힘이 되고 있다는 사실이다. 이 내용의 보다 정확한 논의는 그리스도론의 과

이전 일에 대해 기억하지 말고 예전 일을 생각하지 말라. 보라, 내가 새 일을 행할 것이다…"(사 43:18). 예레미야 16:14f에서 읽게 되는 것은 미래의 구원의 시간 속에서 "애굽 땅에서 이스라엘을 인도하여 내셨던 주님의 살아 계심에 두고 맹세한다"라고는 더는 말해지지 않을 것이라는 분명한 예언이다. 오히려 주님의 이름은 그분의 새로운 구원 행위들과 결합되어 말해질 것이다.

155 이사야 40:5; 참고. 시편 98:2f. 이에 대해 R. Rendtorff의 다음 글을 참고하라. *Offenbarung als Geschichte* 29ff., 또한 39와 98ff. (명제 3).

제다. 하지만 여기서 미리 말할 수 있는 것은 다음과 같다. 예수의 등장 가운데서 하나님의 미래가 미리 폭로될 뿐만 아니라, 그 미래는 이미 사건으로 발생했으며, 그럼에도 불구하고 미래이기를 중단하지 않았다. 그 사건 안에서 하나님의 미래가 이미 동터왔다. 예수의 선포의 이런 구조에 특유한 방식으로 상응하는 것이 바로 그리스도교의 부활의 소식이다. 그 소식은 부활의 생명의 미래적인 구원이 예수에게서 이미 등장했을 뿐만 아니라, 예수 안에서 우리를 위해서도 이미 시작되었다고 선포한다.

이와 같은 특별한 의미에서 하나님 나라의 미래에 모든 눈들 앞에서 공개될 하나님의 신성이 예수의 인격과 역사 안에서 예기적으로 계시된다고 말할 수 있다.[156] 이 진술이 신약성서의 "계시 도식"[157] 그 이상인 것은, 이 도식은 "단지" 예수 그리스도 안에서 발생하는 하나님의 구원 계획의 계시에 관해서만 말하기 때문이다. 하지만 여기서 핵심은 인류 구원을 향한 하나님의 역사적인 행동 전체의 계획이며, 그 계획은 종말론적인 실현을 통해 공개될 것이다. 하나님의 역사 계획이 목표로 삼고 있는 바로 그 종말론적인 완성이 예수 그리스도와 함께 이미 시작되었다. 그 점에서 하나님의 신성의 종말론적인 계시, 곧 그분의 영광의 계시도 이미 시작되었는데, 종말 사건들과 연관된 유대교적 희망은 그 영광의 궁극적인 현현을 기대해 왔다. 그 점에서 안티오크의 이그나티우스(*Magn* 8.2)는 신약성서의 계시도식을 발전시키면서 예수 그리스도 안에서 발생한 하나님의 종말론적인 자기 계시를 바르고 명확하게 표현했다. 그 자기 계시는 실질적인 내용에 따르면 요한복음의 성육신의 표현에도 제시되어 있고, 이와 연관된 교부들의 현현(Epiphanie)의 표현에서도 그 발전된 형태를 찾을 수 있다.

종말론적인 미래를 철저히 현실적으로 기대하는 현실주의(Realismus)

---

156 *Offenbarung als Geschichte* 103ff. (명제 4).
157 위 각주 34ff.

는 원시 그리스도교의 계시 이해의 토대다.[158] 이러한 현실주의는 이미 임박한 하나님의 통치에 대한 예수의 선포의 전제였고, 사도적인 그리스도-소식의 범주가 되었다. 근대적인 세계 이해의 틀 안에서는 다음 질문이 제기된다. 그와 같은 원시 그리스도교적인 종말 기대는 여전히 "전달"될 수 있는지, 이것이 여전히 참이라고 주장될 수 있는지, 아니면 그것은 시대적으로 제약되어 역사의 진행에 뒤떨어진 관점으로서 버려져야 하는지의 질문이 그것이다.[159] 이에 대한 대답은 그리스도교적인 계시 이해의 교의학

---

[158] 종말론적인 기대는 원시 그리스도교에 여전히 남아 있었던 이스라엘의 예언의 결과였다. 그리고 예수 그리스도의 (부활의) 나타나심에 대한 원시 그리스도교적인 예언-증명의 보편적인 전제이기도 했다. 그리스도교 역사 속에서 종말론적 기대의 지평이 점점 퇴색하는 곳에서는 반드시 구약성서도 그리스도교 신앙에 대한 근본적인 의미를 잃게 된다. 반대로 그리스도교의 종말론적 의식이 지속된다는 것은 유대교적인 기원들의 지속적인 중요성과 그리스도교 교회 속에서 구약성서의 유효성을 보증한다(참고. *Offenbarung als Geschichte* 107f., 명제 5). "역사로서의 계시"에서 계시 이해가 이른바 대체 이론을 옹호한다는 것, 다시 말해 하나님은 "그리스도교 교회가 이스라엘의 자리에 들어설 때에만 이스라엘의 하나님"이라는 것(각주 154에서 인용된 렌토르프의 논문, 1981, 39)은 맞지 않는다. 오히려 이스라엘의 예언과 그것으로부터 생성된 종말론적인 기대와 더불어 이스라엘의 믿음의 역사 전체는 그리스도에 대한 고백과 그리스도교적인 하나님 이해에 필수불가결한 토대가 된다. 물론 그것은 이제 종말론적인 관점으로부터, 그리고 예수 그리스도 안에서 선취적인 사건이 되었던 종말론적인 계시로부터 읽힌다.

[159] 이 질문은 베르텐(I. Berten, *Geschichte, Offenbarung, Glaube*, Paris 1969, dt. München 1970, 77ff., 98ff.)이 내게 제기했고, 아이허(P. Eicher, *Offenbarung. Prinzip neuzeitlicher Theologie*, München 1977, 460ff.)에 의해 반복되었다. 이에 대해 말할 수 있는 것은 이 질문이 이러저러한 신학자들의 신학에 대한 질문이 아니라, 성서적인 계시의 증언 자체가 그 증언의 진리성에 대해 제기하는 질문이라서 중요하다는 사실이다. 종말론이 없다면, 더 정확히 말하자면, 마지막 역사의 종말론이 없다면, 기독론도 또한 없을 것이다. 그리고 원시 그리스도교에서 생성된 기독론의 종말론적인 전제들을 소홀히 하고 경시한다면, 그때 교회의 기독론적인 그리고 삼위일체론적인 교리들은 더 이상 증명될 수 없는 단언들이 되고 말 것이며, 그 교리들은 단지 형식적인 권위에 근거하여 수용될 수 있을 것이다. 다른 한편으로 유대교적인 예언으로

적 발전과 확증의 맥락 속에서 주어지거나, 아니면 어쨌든 거기서 찾아야 한다. 그 대답은 무엇보다도 종말론적인 문제가 될 것이다. 하지만 그와 같은 질문에 대한 대답의 기초는 이미 세계를 하나님의 창조로 이해하는 교리에서 구해져야 할 것이다. 그것이 그리스도교적인 하나님 이해를 현재적으로 확증하는 중심적인 주제들 가운데 하나인 것은 분명하지만, 그러나 그리스도교의 특성, 그리고 그것의 계시 이해 및 하나님 이해와, 또한 그리스도론의 특징이 세계 전체의 미래와 관계된 종말론과 분리될 수 없다는 사실에는 의심의 여지가 있을 수 없다. 종말론이 개별적으로 어떤 식으로 해석되더라도 마찬가지다. 요한네스 바이스(Johannes Weiß)의 주석학적인 발견 이래로, 그리고 불트만의 원시 그리스도교적 종말론의 탈시간성(Entzeitlichung)의 시도가 신약성서 본문들에 대해 부적절하다는 것이 입증된 이후에, 그것에 대한 근본적인 의심은 더 이상 가능하지 않을 것이다.

또한 다른 관점에서도, 예를 들어 그리스도교적인 부활의 소식을 판단하는 관점에서도, 그리스도교적인 계시 이해와 관련된 진리 질문들은 교의학이 그 내용을 해설해나가는 과정 안에서만 다루어질 수 있다. 그와는 달리 계시 인식의 형식에 대한 질문은 계시의 개념 자체에 속하는데, 여기서 다시 계시와 하나님의 말씀의 관계로 되돌아가게 된다.

"역사로서의 계시"에 대해 가장 거세게 논란을 일으킨 명제들 중의 하

부터 생성된 종말론적인 의식이 후대의 경험적 지평에서도 보편성을 주장할 수 있는지가 질문되어야 한다. 이 질문은 그리스도교를 구성했던 유대교적 기원과 헬레니즘적 로고스의 결합으로부터 비롯된다. 이 결합은 다시 한 번 예수 그리스도 안에서 종말론적인 구원의 미래가 현재한다는 의식에 근거를 둔 결합이다; 참고. *Offenbarung als Geschichte* 109ff. 여기서는 물론 복음이 헬레니즘의 정신세계에 관여한다는 점이 너무 편협하게도 "그노시스"라는 단어와 연관되었다. 또한 다음을 보라. A. J. Friedlander und W. Pannenberg, Der christliche Glaube und seine jüdisch-christliche Herkunft, *EKD-Texte* 15, Hannover 1986, 13ff., 특히 17ff.

나는 의심할 바 없이, 하나님의 계시는 그분이 일으켜내신 역사적인 사실들로부터 "볼 수 있는 눈을 가진 모든 이에게 열려" 있으며, 그래서 어떤 추가적인 영감의 해석도 필요치 않다는 주장이었다.[160] 이 명제는 로테(Richard Rothe)의 이해와는 반대되는 것이었다. 로테에 따르면 하나님의 현현은 역사적 사건들을 통해 보충적으로 추가되는 영감의 해석을 필요로 한다. 그리고 그 해석은 무엇보다도 역사적인 사실들을 하나님의 행동하심의 표현으로, 하나님의 신성의 예시로 이해할 수 있게 한다. 하나님의 현현에 외적으로 영감적 해석을 부가할 수 있다는 명제를 통해 하나님의 계시적 기능을 스스로 취하는 셈이 되는 이런 관점의 난제는 "역사로서의 계시" 안에서는 회피될 수 있었다. "역사로서의 계시"는 역사 전체를 그것의 종말로부터, 다시 말해 예수 그리스도 안에서 이미 선취적인 사건으로 발생한 종말로부터 성찰했기 때문이었다. 미래의 종말론적인 구원 사건들에 대해서는 또한 후대의 예언에서도 그 사건들을 통해 하나님의 신성이 "모든 육체에게" 계시된다는 증거가 요청된다. 바로 이와 같은 종말의 사건이 예수 그리스도의 인격과 운명 가운데 이미 현재적으로 되었다면, 그때 그리스도 사건에는 저 종말론적인 증거가 이미 속해 있는 것이다. 사도 바울이 고린도후서 4:2에서 서술한 것은 이것을 확증하는 것처럼 보인다.[161] 거기서 언급되는 사도적인 선포는 저 소리도 광채도 없는 사건에 추가로 부

---

160 *Offenbarung als Geschichte* 98ff.
161 A.a.O. 99f. 이에 상응하는 것이 구약성서적인 계시의 역사에 대해서도 마찬가지로 타당하지만, 그것은 오직 예수 그리스도 안에서 혹은 이스라엘의 하나님에 대한 신앙의 전제 아래서 이 역사가 "성취"된다는 관점에서 볼 때만 그렇다(그 하나님의 신성은 예수 그리스도의 역사 속에 예기적으로 발생한 종말론적인 계시의 대상이다). 이와 같은 이중적인 근거의 맥락은 "역사로서의 계시"(100)에서 필요했을지도 모르지만 전개되지는 않았고, 단지 다음의 지시 속에 숨겨져 있다. 즉 하나님을 계시하는 사건들은 그것들의 의미의 도움으로 "사실성의 언어"를 통해 하나님의 신성을 증언하는데, 그 사건들의 의미는 "물론 순수한 사실(*bruta facta*)로서가 아니라 전승사의 맥락 속에서" 찾아진다.

가되는 것이 아니고, 그런 구원의 사건에 빛을 부여하는 것도 아니다. 오히려 그 선포는 저 빛, 즉 그리스도 자신의 영광으로부터 비치는 빛을 확산하며, 또한 그렇기에 생명을 창조하시는 하나님의 영을 중재한다. 바로 이 영에 의해 십자가에 달린 자의 부활 사건이 성취된다. 이 사건이 사도적 케리그마의 내용을 형성했다. 이런 이해의 보다 포괄적인 근거는 성령론에서 제공될 것이지만, 그 이해의 핵심은 다음에 놓여 있다. 사도적인 소식의 말씀은 그 말씀의 내용에서 시작하여 이미 영적으로 충만해 있고, 그래서 영을 전달할 수 있다.

특별한 추가적인 영감 없이도 종말론적인 계시를 인식할 수 있다는 명제는 예수 그리스도의 인격과 운명 안에서 발생한 구원사의 믿음을 위한 사도적 케리그마인 말씀의 기능에 반대하는 것도 아니고, 말씀과 영의 일치성에 반대하지도 않는다. 오히려 그 명제는 영이 말씀에 귀속된다는 것, 그것도 말씀의 내용 때문에 그렇게 된다는 것을 전제한다.[162] 그 명제는 영을 말씀의 내용에 부가적으로나 외적으로 덧붙인다는 관점에만 반대한다. 그런 관점은 마치 사도적인 케리그마가 말씀의 내용으로부터 영적으로 충만하지 않았다는 식으로 본다. 하나님의 종말론적 계시는 외적으로 덧붙여진 영감의 현시를 해석 원칙으로서 필요로 하지 않는다. 왜냐하면 부활하신 자의 현실성 자체가 영을 발산하며, 영은 그분을 하나님의 약속의 성취로서 인식되도록 하기 때문이다. 물론 하나님의 종말론적 계시는 예수 그리스도의 인격과 운명 안에서 우선은 단지 예기적으로만 현재적이다. 이 사실은 그리스도교적인 "아직 아니"(Noch nicht)의 실존과 함께, 여전히 지속되고 있는 논쟁들과 신앙인들 자신을 항상 시험에 빠뜨리는 의심의 권세라는 맥락 속에서 계시 인식의 불완전성을 함축하고 있다. 이와 같은

---

162 이 주제는 『역사로서의 계시』(100)에서 잠시 언급되었다("영의 영역에 속하는 복음"). 하지만 그것은 이 명제에 대한 토론에서 등장했던 많은 오해들을 막기에는 너무 불충분했다.

측면에 대해 "역사로서의 계시"의 셋째 명제는 충분히 고려하지 못했다.[163] 예수의 역사에 관한 자료들의 사실성과 의미에 대한 논란의 상황 속에서 신앙의 토대가 되는 인식을 위한 사도적인 선포의 말씀의 기능은 그곳의 서술, 그리고 일곱 번째 명제에 대한 서술이 제시한 것보다 더 중요한 측면도(Profil)를 획득한다.

계시 사건과의 관계 속에서 하나님이 권위를 부여하신 말씀의 기능은 "역사로서의 계시"에서 "예언, 인도하심, 보고"라는 삼중적인 형태로 서술되었다.[164] 그 당시 지배적이던, 차별화되지 않은 "하나님의 말씀" 개념의 사용과는 달리, 다시 말해 이 개념이 미리 앞서서 마치 일치된 내용인 것처럼 다루어진 것과는 달리, "역사로서의 계시"는 하나님의 말씀에 대한 성서적인 표상들 속에 존재하는 가장 중요한 차이점들을, 그 표상들이 계시의 주제와 관계를 갖고 있다는 한도에서, 숙고하려고 시도한다. 이때 직접적인 작용을 일으키는 하나님의 창조적인 말씀 또는 요한복음의 로고스 개념의 표상은 예외가 된다. 특히 로고스 개념은 이미 그 자체로서가 아니라 성육신 사건을 통해서야 비로소 계시의 기능을 갖는다고 보았다.

예언자의 말씀인 다바르(Dabar)는 본질적으로 예언된 사건들과의 관계를 통해 특징지어지고, 하나님의 말씀으로서의 그것의 특성은 예언된 사건들이 적중하는 실현에 달려 있다는 명제[165]는 논쟁을 거치면서 많은 비판을

---

163 이 점은 『역사로서의 계시』(102)에서 믿음과 의심 사이의 관계에 대한 암시에도 불구하고, 그리고 그리스도의 계시의 예기적 구조로부터 비롯되는 "모든 그리스도교적인 생명 형태들의 잠정성"에 대한 설명들(105f.)에도 불구하고, 충분하지 않다.

164 A.a.O. 112 (명제 7).

165 신명기 18:21f.; 참고. 예레미야 28:9. 클라인(G. Klein, *Theologie des Wortes Gottes und die Hypothese der Universalgeschichte*, München 1964)은 "통고된 것의 적중하는 실현에 총체적·해석학적으로 몰두하는 것"(14)이 구약성서의 말씀을 평가절하하는 것이라고 반대했을 때(13), 구약성서 자체가 예언자의 말씀에 대해 진술하는 것을 고려하지 않았다(참고. 14f.). 예언자적인 다바르 개념에 대해 다음을 참고하라. K. Koch, *Die Profeten I*, Stuttgart 1970, 164f. 예언자적인 다바르는 그 어디에도 어떤

받았지만 반박되지는 않았다. 족장들에게 주어졌던 약속의 진리성도 그것의 실현에 의해 결정되었으며, 그 실현과 무관했던 것이 아니었다. 아브라함이 약속을 믿었던 것은 그가 하나님을 믿었기 때문인데(창 15:6), 이때 하나님은 그에게 약속을 주시는 동시에 그것의 성취를 보장하시는 분이다. 구약성서적인 예언 전체의 권위도 그리스도교 교회에 대해 올바르게도 예수 그리스도 안에서 발생한 그 예언의 성취에 근거하고 있다.[166] 그리스도교는 성취된 약속의 종교이며, 그 약속은 믿는 자들에게 재차 주어진다.

하나님의 말씀을 삶의 지침, 계명, 혹은 율법과 같은 것으로 이해하는 것은 "역사로서의 계시"의 논제들과 관련해서는 거의 논의되지 않았다. 이에 대해 신약성서의 하나님의 말씀 즉 복음을 "보고"로서 특징짓는 것은

사건에 대한 추가적인 **해석**의 기능을 갖지 않는다고 코흐(Koch)는 166쪽에서 주장했다. 비슷한 주장이 이미 다음에서 등장한다. R. Rendtorff, Geschichte und Wort im Alten Testament, *Ev. Theol.* 22, 1962, 621-649, 특히 631, 638. 실현의 기준을 적용하는 문제에 대해 ebd. 643ff.를 보라. 예언자의 말씀을 미래 사건의 예언 곧 미리 말함(Voraussage와 Hervorsage)으로 보는 근본적 기능(코흐)을 권고, 질책, 위로, 돌이킴의 요구와 같은 다른 추가적인 기능들(H.W. 볼프)과 연관시킨 것은 논란이 되지 않는다. 다만 이와 같은 관련된 기능들은 언제나 역사적으로 활동하는 말씀의 능력에 대한 믿음에 달려 있다.

166 각주 35f.에서 다루어지는 로마서 16:25-27에 대한 오리게네스의 주석을 보라. 만일 군네벡(A. H. J. Gunneweg, *Vom Verstehen des Alten Testaments. Eine Hermeneutik*, Göttingen 1977, 176과 196ff.)처럼 신약성서적인 예언의 증명이란 단순히 "불가능한" 것이라고 설명한다면, 그리고 초기 교회에 대한 구약성서의 의미를 축소시켜 구약성서가 "언어를, 그리고 그 언어를 통해 언어적으로 표현된 **내용들**을 전달했으며, 그 내용들의 도움으로 그리스도의 증언이 그 후로 작성된 것"이라고 이해한다면(197), 그때 우리는 구약성서와의 관계에 대한 초기 그리스도교의 근본적인 정당성의 요구를 포기하는 셈이 된다. 만일 오늘날의 신학이 구약성서적인 말씀의 역사적 의미와 원시 그리스도교의 구약성서에 대한 진리 주장 사이에 놓인 차이를 이전보다 더욱 분명하게 인식할 수 있게 되었다면, 그런 주장의 정당성에 대한 질문은 해명을 필요로 한다. 순수한 "언어적인 관계"(197)라는 것은 진리 질문에 대한 어떤 대답도 제시하지 못한다.

말씀의 신학의 옹호자들에게는, 특히 불트만(Bultmann)의 영향을 받은 사람들에게는, 부적절한 것으로 보일 수밖에 없었다.[167] 사실 신약성서적인 복음의 이와 같은 특징은 특히 케리그마를 결단을 요청하는 부르심으로 이해하는 것과 반대된다. 그런 부르심의 경우 사도적 복음의 근거와 내용이 포괄적으로 간과될 수 있다는 것이다.[168] 그와 달리 보고(Bericht)의 개념은 보고하는 자가 자신이 보고하는 사실에 주관적으로 관여한다는 점을 배제하지 않으며, 또한 보고된 내용 자체로부터 비롯되는 필요성, 즉 그 보고의 계속적인 전달과 이것이 수용자들의 관심을 요청할 수 있는 필요성도 배제하지 않는다. 물론 이 요소들은 "역사로서의 계시"의 일곱 번째 주제와 관련해서는 특별히 논의되지는 않았다. 그 주제의 관심은 성서적인 하나님의 말씀의 이해를 위한 말씀의 내용의 우선성에 온전히 집중되었다.

하지만 사도적 선포의 내용으로부터 오는 필요성, 곧 말씀의 형태 안에서 그 내용을 중재해야 할 필요성은 어떻게 더 정확하게 이해될 수 있는가? 그리고 언어적 형태를 지닌 사도적인 메시지는 어떻게 이 내용을 통해 각인되어 있는가? 두 질문에 대한 답변은 각각 그리스도론과 화해론에 연관될 때 가능해진다. 하지만 말씀이 계시의 내용의 중재를 위한 "보고"의

---

167 클라인(G. Klein)은 "신약성서적 말씀의 평가절하"를 "케리그마의 말씀이 '…에 **관한**' 말로 격하되어가는 과정 속에서 일어났고 그 결과 저 '순수한' 말씀으로 왜곡되었다고 보았는데, 이 왜곡된 말씀은 형식화된 정보 전달자로서의 계시와 그것에 대한 특정한 신앙 사이에 간격을 만들어내며, 그다음에는 그 간격을 참으로 희망이 없어 보이는 성공의 기회를 기대하며 메우려고 노력해야만 하게 된다"(a.a.O. 19)고 주장했다. 그가 적절하다고 보았던 이런 이해에 대해 클라인(a.a.O. 각주17)은 불트만(R. Bultmann, *Glauben und Verstehen 1*, 279ff.)을 인용한다. 불트만은 하나님의 말씀을 정당성의 어떤 근거도 없이 "단순히 건네는 말"(Anrede)이라고(284; 참고. 282) 묘사하는데, 이 건네는 말은 통고와 동일시된다고 한다(292). 비슷한 내용을 다음에서 보라. *Glauben und Verstehen* 3, 19ff., 특히 30f.
168 이 내용은 다음에서 올바로 서술되었다. H. Th. Goebel, *Wort Gottes als Auftrag*, Neukirchen 1972, 201.

기능을 갖는다는 점은 여기서 보다 정확한 설명을 필요로 한다.

게르하르트 에벨링이 이 질문의 해명을 위한 중요한 단서를 "하나님의 말씀" 개념을 언어와 단어의 본질로부터 밝히려는 노력 속에서 획득했다.[169] 에벨링에 따르면 말씀의 특징은 숨겨진 것, 특별히 지나간 것과 미래의 것을 나타나게 하는 능력에 있다(50f.). 말씀은 "현존하지 않는 것을 현재"하게 함으로써, 인간을 현존하는 것의 속박으로부터 자유케 한다(60). 에벨링에 따르면 말은 이와 같은 "깊은 차원"에서 "하나님"을 지시한다(58).

에벨링은 여기서 언어의 본질에 대해 관찰한 것을 진술했는데, 이것은 예수의 인격과 운명 속에서 발생한 하나님의 현존 곧 계시의 내용을 중재하는 언어의 기능에 대한 질문에도 매우 중요하다. "하나님과 말씀"에서 에벨링이 서술한 내용을 완전히 해명하기 위해서는 한 가지 사고가 추가되어야 하며, 에벨링은 그 사고를 이 맥락에서는 특별히 강조하지 않았고 오히려 다른 곳에서 설명했다.[170] 그것은 하나님에 관한 진술은 진술자 자신의 고유한 현존재뿐만 아니라 언제나 세계 전체와 관계된다는 사고다. 이 관계성은 언어 안에서 미래적인 것뿐만 아니라 과거의 것이 현재화하기 위한 지평을 형성하며, 또한 동시에 그 점에서 그것은 하나님께 관계된다는 사실을 쉽게 이해될 수 있게 만든다. 세계뿐만 아니라 인간의 현존재 전체가 하나님께 의존하며, 그것들 전체는 그분에 의해 수용되기 때문이다. 미래적인 것이든 과거의 것이든 둘 다는 명명하는 말(das benennende

---

[169] 에벨링(G. Ebeling, *Gott und Wort*, 1966, =*Wort und Glaube* 2, Tübingen 1969, 396-432)은 제1판의 본문에서 많은 지면을 할애하여 그것을 인용한다. 초기의 언급에서(Wort Gottes und Hermeneutik, 1959, *Wort und Glaube 1*, Tübingen 1960, 319-348) 에벨링은 "말씀 사건"이 갖는 "전달"이라는 인격적 특성이 "진술"이라는 그것의 의미 내용과 대립된다는 전제에서 출발했다(342). 이에 대한 나의 비판을 참고하라. *Anthropologie in theologischer Perspektive*, Göttingen 1983, 381.

[170] G. Ebeling, Theologische Erwägungen über das Gewissen, in: *Wort und Glaube 1*, 1960, 429-446, 특히 434f.

Wort)을 통해 현존하게 된다. 그 말이 그것들을 적어도, 말해진 말(das gesprochene Wort)이 자신과 함께 동반하는 함축적 관계들을 통해서, 인간의 삶이나 세계 전체와 최소한 암묵적으로라도 관계시키기에 그러하다.[171]

명명하는 말은 항상—나아가 단언으로서 진리성을 요청하고 그와 더불어 모든 참된 것의 정합성을 내포하고 있다는 명제는 더욱 결정적으로—현실 안에서 아직 완성되지 않은 현실성 전체의 선취로부터 비롯되며, 말해진 말은 (행위나 언어행위가 아닌) 사건으로서 그와 같은 전체성의 근거이신 하나님을 이미 항상 어떻게든 함축하고 있다. 물론 이것은 세계 전체와 인간적 현존재의 전체성의 근거가 하나님 안에 있다는 사실이 **맞는 경우에** 그렇다.[172]

말이 명명되는 그 사물들의 의미를 또한 명명함(nennen)으로써, 사물들과 사건들을 서로 연결하는 숨겨진 의미 관계가 말을 통해 분명하게 표현된다. 그러한 분명한 표현은 적절한 것일 수 있지만, 그러나 사실들, 사건들, 사물들을 서로 연결해주는 의미 관계를 잘못 취급할 수도 있다. 단어들은 문장들 가운데서 의미를 가지며, 일종의 주장으로서 참일 수도 거짓일 수도 있다. 하지만 어쨌든 사물들, 사실들, 사건들의 동일성과 의미성은, 사건과 역사의 관계 속에 있는 의미와 마찬가지로, 오로지 언어를 통해서만 명확히 표현된다.

은폐된 것이 언어 안에서 현재화하는 시간적 구조가 현존하는 것을 넘어서서 말의 의미들이 지시하는 의미성 전체로 옮겨지는 것은 현실성 및 그것의 경험이 갖는 시간성 때문에, 오직 미래로부터만 완성되는 진리의

---

[171] 이에 대해 다음을 보라. *Anthropologie in theologischer Perspektive*, Göttingen 1983, 362ff.

[172] 언어의 사실성이 신 존재 증명의 기초가 될 수는 없다. 또한 에벨링의 해설도 그렇게 이해될 수 없다. 오히려 세계와 인간적 현존재 전체의 관점에서 비로소 하나님에 관해 말해질 수 있다는 전제 아래서, 이 관계성은 또한 언어의 사건 속에서도, 그렇기에 또한 말씀의 본질에서도 알려진다고 할 수 있다.

전체성의 예기로서 이해되어야 한다. 이것으로부터 다음 사실이 이해된다. 말씀과 언어를 통한 중재는 예수의 등장 안에서 하나님의 미래를 예기하는 본질적 요소였으며, 또한 그의 인격과 운명의 계시적 의미는 그것을 분명히 표현해줄 수단인 말씀을 필요로 한다. 언어의 예기하는 형식은 사도적 복음의 경우에 그것의 내용의 고유한 특성에 부합한다. 그렇기에 예수 그리스도의 역사에 대한 "보고" 속에서 이 사건은 진술의 형식 때문에 단지 현재적인 것에 그치지 않으며, 이것은 과거의 사실에 대한 각각의 보고에서도 마찬가지다. 오히려 예수 그리스도의 역사에 대한 보고는 그 역사가 청중에게 현재적인 사건이 되게 한다. 왜냐하면 이 보고는 하나님의 미래가 여기서 보고되는 사건 가운데 현현한다는 사실을 내용으로 갖기 때문이다.

언어와 말씀의 본질에 대한 에벨링의 신학적 분석은 사도적 복음의 경우에 "보고"가 "역사로서의 계시"에서 일곱 가지 명제로 서술된 내용을 넘어서서 무엇을 뜻하는지에 대해 도움을 준다. 물론 성서적인 하나님의 말씀 개념은 여러 뉘앙스들과 관련하여 아직 충분히 밝혀지지 않았다. 일단 **인간**의 언어가 가진 신학적인 깊은 이해만이 획득되었다. 그러나 인간적 언어의 말이 앞에서 암시했던 방식으로 현실성 전체에 관계되어 있다면, 즉 모든 현실적인 것들의 의미관계망에 관계되고 그것의 진리성의 정합적인 틀에 관계되어 있다면, 또한 그렇기에 하나님과 관계되어 있다면, 무엇보다도 적절한 말이 다양한 문화권에서 신적인 영감을 지닌 것으로 간주될 수 있었다는 점은 분명해진다. 만일 그와 같이 적절한 인간의 말이 사물들과 사건들의 "의미"를 올바로 명명함으로써, 그 의미를 영감 받은 것이 되도록 하는 진리 안으로 인도한다면, 그런 인간의 말 안에서 하나님은 현실성 전체의 근원으로서 말씀으로 표현된다. 그와 같은 인간의 말은, 그것이 적절하고 참되다는 한도에서, 더 이상 인간에게만 속하는 것이 아니라 오히려 하나님의 말씀이다.

이와 같은 숙고는 물론 하나님의 말씀의 특별한 성서적인 이해가 아니라, 우선적으로는 신화의 말에 관계된다.[173] 신화는 세계와 그 질서의 신적인 근거에 대해 말한다. 신화는 사물들을 명명함으로써 세계 질서 가운데 그것들을 지정한다. 이때 신화의 말은 신적인 말로서 사물들과 그 질서를 현존재로 불러내는 말씀과 일치할 수 있다. 그것은 마술적인 작용을 일으키는 신들의 말씀이다.

하나님의 말씀에 대한 성서적인 이해는 여러 가지 특성들 안에서 여전히 신화적인 말의 이해라든지 신들의 마술 작용을 일으키는 말의 표상에 기인한다는 표징을 보여준다. 후자는 하나님의 창조의 말씀과 연관된 것으로 보이며(시 33:9), 무엇보다 예언자들이 선포하는 하나님의 말씀의 표상에서 그러하며, 그와 같은 하나님의 말씀은 통고된 재앙을 틀림없이 불러일으킨다(렘 9:7).[174] 말씀이 하나님의 자기 입증을 목표로 한다는 사실과 함께, 틀림없이 작용을 일으켜낸다는 말씀의 표상은 하나님의 후회 가능성의 사고로 변형되었다. 이 사고는 포로기의 예언 속에서, 특히 심판의 위협과 관련하여 하나님의 행하심의 일반적인 규칙에서 예외가 되는 것이었다.[175] 비록 예언자들의 다바르(말씀)가 오직 역사적으로 실현되는 것을 통해서만 하나님의 말씀으로 증명된다고 하더라도, 그 실현 자체는 하나님의 자유에 맡겨져 있을 뿐이다.

신화적인 말은 그것 자체의 편에서 심판에 대한 보고로 변형되었다(위의 각주 151). 더 자세히 말하자면, 현재의 세계와 삶의 질서의 근거가 되는 시원적 사건에 대해 이야기하는 신화적인 말의 기능은 하나님이 선택의 행위 속에서 역사적으로 구원을 설정하신다는 보고로 넘겨지고 대체되었

---

173 이에 대해 다음을 보라. *Anthropologie in theologischer Perspektive*, 1983, 372ff.
174 폰 라트(G. v. Rad, *Theologie des Alten Testaments II*, 1960, 93ff.)도 또한 권능으로 작용을 일으키는 하나님의 말씀의 예언적 표상이 갖는 신화적이고 마술적인 기원에 대해 언급했다.
175 이에 대해 다음을 보라. J. Jeremias, *Die Reue Gottes. Aspekte alttestamentlicher Gottesvorstellung*, Neukirchen 1975, 특히 75ff.; 참고. 40ff.

다. 다른 한편으로 신화적인 말의 자리에 하나님의 지혜가 들어섰는데, 이 지혜는 세계 질서를 더 이상 시원적인 사건의 상 안에서 파악하지 않고, 오히려 그 사건의 각각의 시대에 대한 규칙성으로 파악하여 명령과 법률 제정으로 이해되는 신적인 말의 표상을 받아들일 수 있었다. 지혜는 나아가 역사로까지 확장되었고, 이것은 역사 과정을 규정하는 하나님의 **계획**이라는 표상 안에서 일어났다.[176] 이 점에서 신화적인 말을 역사신학 및 지혜를 통해 수정하는 성서의 두 가지 방법이 서로 결합되며, 그 결과 세계의 근거를 놓는 신화적인 말의 자리에 하나님의 역사 계획, 즉 신적인 "비밀"의 계시라는 사고가 설 수 있었다.

신적인 지혜의 표상에 가까운 관계에 있는 것은 최종적으로는 필론(Philo) 그리고 요한복음 서언의 로고스 개념인데,[177] 이것이 성서에 나오는 말씀 이해의 다양한 측면들을 통합한다. 그 과정에서 요한계시록 19:13의 예언자적인 말씀 이해의 구성요소가 표면적으로는 요한복음 서언보다 더욱 눈에 띈다. 즉 백마를 타신 자인 예수 그리스도는 예언자적 약속의 말씀을 실현하는 자로서 "하나님의 말씀"이며, 그의 이름은 "신의"와 "신뢰"다

---

[176] 이 표상 속에서 헤르미손(Hermisson)은 지혜가 예언적인 역사신학과 관계가 있음을 보여주었다. J. Hermisson, Weisheit und Geschichte, in: *Probleme biblischer Theologie* (Festschrift G. v. Rad, Hrsg. H. W. Wolff), München 1971, 136-154, 특히 152f.

[177] 요한복음 서언 속에서 필론의 로고스 개념과의 관계는 직접적으로 의존한다는 의미로는 거의 제시되지 않으며, 오히려 공통의 전 단계에 의존한다는 의미로 제시된다(R. Brown, *The Gospel according to John* 1-12, New York 1966, 520). 그 전 단계에서 유대교적인 지혜의 표상이 로고스 개념과 결합되었을 것이다. 내용적으로 요한복음 서언의 로고스 서술은 몇몇 문헌(잠언 8:22ff., Sir 24, Sap Sal 7)과 매우 가깝다 (ebd. 522f., 532f.; 참고. R. Schnackenburg, *Das Johannesevangelium I*, Freiburg 1979, 210ff., 213, 217f., 233, 244f., 257f.). 지혜 개념의 자리에 로고스 개념이 들어섰다는 사실로부터 판단한다면, 요한복음의 서언은 영지주의적 표상들과 관계가 있다기보다는 철학적인 영감을 받는 필론의 로고스 개념의 전(前)역사와 결합되어 있다(Schnakenburg 268f.).

(참고. 요 1:14c, 17).[178] 예수 그리스도 안에서 나타난 세계의 질서는 결국 역사적인 질서이자 그분 안에 계시된 세계 구원을 위한 신적인 계획의 질서이며, 그 계획의 실현 역시 역사적인 사건들을 통해 발생할 것이다.

요한계시록 19:13은, 요한복음 서언과 마찬가지로, 말씀의 통고에서 "하나님의 말씀"의 개념을 함께 숙고하지는 않는다. 그 통고는 묵시가에게 열린 광경을 통해 비로소 신적인 로고스의 개념에 부가되는데, 이것은 요한복음 서언에서 말씀의 성육신이라는 사고를 통해 일어난 것과 같다. 이와 같은 통고의 요소는 안티오크의 이그나티우스에 의해 비로소 신적인 질서의 역사적인 실현으로서 말씀의 개념 자체 안에서 고려되는 것으로 보인다. 즉 하나님이 그분의 침묵을 깨뜨리시는 말씀을 발하신다(Magn 8,2)는 말씀의 어법 안에서 말이다. 물론 이 표현 형식 안에는 인식의 동기가 일방적으로 전면에 위치하고 있다. 전승사적으로 친숙한 본문인 로마서 16:25-27과는 달리 여기서는 말씀을 통한 하나님의 자기 통고가 동시에 의미하는 것, 곧 하나님의 역사 계획에 따른 세계 질서가 예수 그리스도 안에서 예언자적인 구원의 약속들이 성취됨으로써 역사적으로 실현된다는 사실을 의미한다는 것은 명시적으로 말해지지 않는다. 이 사태 관계는 요한복음 1:14에서 더욱 강하게 강조된 것이다.

신적 로고스 개념이 이그나티우스(Ign Magn 8,2)에게서는 계시 사건을 총괄하여 지칭하는 표현이 되었다. 그 때문에 이 개념은 계시 개념을 통한 설명을 필요로 하는데, 이 설명은 로마서 16:25-27 등등의 "계시 도식"의 전통 속에서 이그나티우스가 말한 바 있다. 하나님의 말씀에 관한 성서적인 표상들뿐만 아니라, 계시의 표상들과 성서적인 계시 용어들도 대단히 다층적이다. 이 점에서 그 두 가지 개념은 조직신학적 사용을 위해 "상세

---

178 "은혜와 신의(진리)"의 결합에 대한 구약성서적인 근거를 다음에서 보라. Schnackenburg a.a.O. 248f. 그리고 특히 브라운(R. Brown a.a.O. 14f.)은 출애굽기 34:6; 시편 25:10; 51:7; 86:15을 참조한다.

한 설명"을 필요로 한다. 하지만 계시 개념의 경우 그런 상세한 설명은 하나님의 말씀 개념을 통해 수행되는 것이 아니라, 예언자들과 묵시가들이 통고했던 바로 그 **미래**의 **현현**을 통해 수행된다. 그 현현은 예언자적인 증언을 통해 하나님의 자기 입증 사상과 연결되어 있었고 "계시"라고 지칭되었다. 현현은 현재는 숨겨진 종말 사건들의 내용의 "계시"이며 또한 하나님의 "영광"의 "계시"다. 이 사실들로부터 예진술의 계시 체험들은 종말의 시간에 계시될 것이 잠정적으로 드러난 것이라고 규정될 수 있었다. 예언자적인 말씀 이해의 "상세한 설명"도 그 사실들과 관련되어 있었으며, 이 때 하나님의 역사 계획에 대한 지혜적·예언자적 사상이 예언자들의 미래 예언의 총괄개념으로서 중심점으로 옮겨졌다. 종말의 계시가 하나님의 역사 계획에 관계되어 있다는 한도에서, 그 계시의 내용은 로고스 개념을 통해 지칭될 수 있었고, 로고스 개념은 마침내 안티오크의 이그나티우스에게서 계시 사건 자체로까지 확장될 수 있었다.

이런 복잡한 사태와 관련하여 차라리 역으로 계시 개념을 통해 하나님의 말씀의 표상을 상세히 설명하는 것[179]이 쉬울 수 있다. 계시 개념 안에 요약된 성서적인 역사신학이 없다면, 하나님의 말씀이라는 표상은 입증되지 않은 권위를 주장하는 신화적인 범주이자 수단으로 남게 된다. 계시 개념은 그 점에서 하나님의 말씀의 성서적인 표상들의 여러 측면들을, 특히 예언자적인 말씀 이해를 통합하는데, 이것은 역사적 행위를 통한 하나님의 자기 입증의 사고 안에서 수행된다. 그 역사적인 행위의 결과는 단지 예언자나 묵시가에게만 미리 드러나 있다. 다른 측면에서 계시 사건 자체는 하나님의 구원 계획, 그리고 역사의 종말과 연관된 하나님의 영광의 예시의 실현이 예기적으로 열리는 것으로 이해되면서, 하나님의 말씀의 포괄적인 표상의 내용이 될 수 있다. 바로 이 계시 사건, 오로지 그것만이 완

---

179 위의 각주 137의 내용을 비교하라.

전한 의미에서 "하나님의 말씀"이라고 말해질 수 있다. 이와 같은 사실을 배경으로 하여 예수 그리스도는 "하나님의 말씀"이다. 그는 하나님의 창조 계획 및 역사 계획, 그리고 하나님의 종말의 계시와 이미 예기된 계시를 모두 포괄하는 총괄개념으로서 말씀이다. 이와 같은 말씀, 그리고 이와 같은 말씀의 계시를 통한 하나님의 자기 계시는 이 말씀 자체가 하나님의 신성과 하나라는 조건 아래서만 말해질 수 있다. 하나님의 말씀을 통한 자기 계시의 사고에 함축된 의미는 삼위일체론을 통해 상세히 전개된다. 하지만 삼위일체론뿐만 아니라 그리스도교 교리의 모든 부분이 하나님의 자기 계시가 예수 그리스도 안에서 명시적으로 설명되는 것으로 이해되고 또 그렇게 전개되어야 한다. 이것은 거꾸로 계시의 사고가 하나님의 행동의 포괄적인 서술이 되어서 다른 종교 안에서 신화가 점유했던 자리에 대신 들어서게 되었던 것과 마찬가지다.

역사적 행동 안에서 발생하는 하나님의 모든 계시가 아직 오지 않은 그 역사의 미래적인 완성을 선취하는 것처럼, 반대로 세계의 창조자, 화해자, 구원자이신 한 분 하나님의 신성이 바로 그 역사를 통해 계시된다는 사실은 아직 완성되지 않은 역사 가운데서 미래의 확증을 향해 열려 있으며, 또한 진리의 질문에 대해서도 열려 있다. 이 질문은 그 각각의 대답을 믿는 자들의 삶 속에서 찾는데, 하나님의 계시의 빛은 이들의 삶의 경험들 위에 밝은 빛을 비추는 힘을 갖는다. 이와 마찬가지로 신학적 사고 속에서 제기되는 하나님의 계시의 진리성에 대한 질문은 각각의 잠정적인 대답을, 인간과 세계의 현실성이 계시의 하나님에 의해 규정되는 것으로 이해할 수 있다는 확신 속에서 발견한다. 이 시도가 이미 감행되었기 때문에, 그리스도교 교리가 존재하는 한 그리스도교적인 계시와 그것의 확실성에 대한 진리 주장을 신학적으로 검증하는 작업은 그리스도교 교리의 체계적인 재구성의 형식 속에서 진행될 것이다. 이 작업은 하나님 이해, 곧 성서가 증언하는 하나님의 계시 사건들 안에 포함되어 있었으며 또한 삼위일체론의 형성으로 이끌었던 신학적 논쟁들 안에서 명시적으로 주제화되었던 하나님 이해로부터 출발한다.

제5장 삼위일체 하나님

Die trinitarische Gott

1. 예수의 아버지 하나님과 삼위일체론의 기원

예수의 메시지의 중심에는 하나님의 통치가 가까이 왔다는 선포가 놓여 있다. 가까이 다가온 통치의 주체이신 하나님, 나아가 예수 자신의 등장과 더불어 그 통치가 이미 시작되었다고 선포했던 바로 그 하나님을 예수는 (하늘에 계신) 아버지라고 불렀다.[1] 하나님은 자신의 모든 피조물을 돌보심으로써 자신을 "아버지"로 나타내신다(마 6:26; 참고. 눅 12:30). 그분은 선한 자와 마찬가지로 악한 자에게도 햇빛을 비추고 비를 내려주신다(마 5:45). 여기서 그분은 예수께서 가르쳤던 원수 사랑의 본보기가 되신다(마 5:44f.). 그분은 자신에게 돌아와 용서를 구하는 자(눅 11:4), 그리고 다른 이들을 용서하는 자(막 11:25; 참고. 마 6:14f.; 18:23-25)를 즉시 용서하실 준비가 되어 있으시다(눅 15:7,10, 그리고 11ff.). 그분은 인간들이 그분 자신을 땅의 아버지들처럼—심지어 그들보다 더—아버지라고 부르도록 허용하시며, 구하는 그분의 자녀들에게 좋은 것을 주신다(마 7:11). 예수께서 제자들에게 가르치셨던 아버지에 대한 기도는 현세에 필요한 모든 것의 총괄개념으로서의 오늘 일용할 양식의 기도를 용서의 간구, 즉 또한 여기서도 구하는 자를 기꺼이 용서할 수 있는 준비된 태도와 연관된 용서의 간구와 연결한다(눅 11:3f.). 동시에 예수의 기도는 아버지 하나님의 은혜에 대한 선포와 가까이 다가온 하나님의 통치에 대한 종말론적인 소식이 일치한다는 사실을 보여준다. 왜냐하면 그 기도는 아버지 하나님의 통치의 도래를 향한 세 가지

---

1   이에 대해 다음을 보라. J. Jeremias, *Abba. Studien zur neutestamentlichen Theologie und Zeitgeschichte*, Göttingen 1966, 15-67, 특히 33ff., 38ff. 이에 대해 또한 다음을 보라. R. Hamerton-Kelly, *God the Father. Theology and Patriarchy in the Teaching of Jesus*, Philadelphia 1979, 70-81.

간구로써 시작되기 때문이다.² 뒷부분(판넨베르크 조직신학 제2권)의 기독론에서 제시되겠지만, 하나님의 아버지로서의 사랑에 대한 예수의 소식은 가까이 다가온 하나님의 통치의 선포를 그가 받아들였던 특별한 형식에 근거되어 있다.

예수의 하나님은 다름이 아니라 구약성서가 증언하는 유대교적 믿음의 대상인 하나님이다. 그분은 아브라함, 이삭, 야곱의 하나님이시며(막 12:26f.), 이스라엘이 신명기 6:4의 쉐마(Schᵉma)를 통해 고백하는 바로 그 하나님이시다(막 12:29). 물론 구약성서에서 이스라엘의 하나님은 비교적 드물게 "아버지"라고 언급된다. 이 언급은 오랜 전승 안에서, 무엇보다 나단의 계약(삼하 7:14)에서 발견되는데, 이 약속과 함께 이스라엘의 하나님은 다윗과 그 가문을 선택하는 행위를 통해 이 왕을 양자로 삼았으며 자신은 그의 아버지라고 선언하셨다(참고. 시 2:7). 예언서들 속에서 이와 같은 부자 관계는 그 민족에게 전승된 것처럼 보이고, 처음에는 부성적인 혹은 모성적인 돌봄 사이에서 오락가락하는 많은 비유적인 진술 가운데 있었고(호 11:1-4),³ 이후 포로기의 예언 가운데 즉 예레미야(31:20)의 고착화된 형식 가운데에도 표현되었다. 제3이사야(사 63:16; 64:8f.)에서 우리는 아버지의 명칭을, 하나님을 부르는 기도 가운데서 만난다. 동일한 것이 예수 시대의 유대교에도 해당한다. 특히 바리새파 운동에서는 아버지로서의 하나님에 대한 관계는 개인화되고 내면화된 것으로 보이는데, 이 관계는 예수께서 아

---

2 쉬어만(H. Schürmann, 1964)이 주장한, 예수의 종말론과 그의 하나님 개념 사이의 긴장에 대해 다음을 참고하라. W. Schrage, Theologie und Christologie bei Paulus und Jesus auf dem Hintergrund der modernen Philosophie, in: *Ev. Theol.* 36, 1976, 121-154, 특히 135f. 아버지로서 하나님은 "예수에게 그분의 나라의 가까움과 미래를 빼고서는 생각될 수 없었다"(136).
3 이에 대해 다음을 보라. R. Hamerton-Kelly a.a.O. 38-51, 특히 39f. 이에 속하는 것으로 또한 시편 103:13; 신명기 1:31; 8:5; 32:6, 또한 예레미야 3:4도 들 수 있다. 자녀에 대한 어머니의 사랑의 상징은 이사야 49:15; 66:10f.에서도 발견된다.

버지로서의 하나님에 대해 말씀하고 기도 중에 그렇게 부르는 가운데서도 발견된다.[4] 하나님을 아바(abba)라는 단어를 통해 아버지라고 부르는 친밀성은 예수가 하나님과 맺은 관계에 대한 특징이기는 하지만, 이것이 그 당시의 바리새파적인 경건과 대립된다고 생각해서는 안 된다.[5]

이스라엘의 예언 안에서 하나님을 아버지로 부르는 일이 등장한 것은 의심할 바 없이 유대 가정의 가부장적인 질서와 관련해서 생각되어야 한다.[6] 이 호칭은 특별히 아버지의 위치를 혈족의 우두머리로 보는 것, 그리고 그와 관련하여 혈족의 모든 구성원을 돌보아야 하는 의무를 지닌 자로 보는 것에 그 기초를 두고 있었다. 이것은 무엇보다도 부성적인 돌봄의 특징인데, 이 특징은 이스라엘을 향한 하나님의 부성적인 사랑을 언급한 구약성서적 진술들 속에서 하나님 이해로서 전승되었다. 반면에 아버지로서의 역할에 대한 성별적인 규정은 전적으로 희박해졌다. 물론 이스라엘의 신앙은 그 시작부터 특징적으로 조상들의 선택, 출애굽, 시내 산 전승과 관련된 하나님께 그 어떤 여성적인 상도 부여하지 않았다는 특징을 갖는다. 성별 구분이 하나님에 대한 이해로 전이된다는 것은 어떤 경우에도 다신

---

4 E. Rivkin, *A Hidden Revolution*, Nashville 1978, 310. 그리고, J. Pawlikowski, *Christ in the Light of the Christian-Jewish Dialogue*, New York 1982, 88.

5 슈니들러(Snidler) 덕분에 나는 다음 사실을 말할 수 있게 되었다. 아바라는 호칭 형태는 개별적으로는 심지어 탈무드의 전승 안에서도 발견되며, 이 전승의 존재는 슈니들러에 따르면 기원전 1세기까지 거슬러 올라간다. L. Snidler, Bab. Talmud *Taan* 23b; 참고. Geza Vermes, *Jesus the Jew*, London, 1973, 210f. 그렇기에 예레미아스(J. Jeremias, *Abba*, Göttingen 1966, 59와 62f.)가 주장했던 예수의 아버지 호칭이 가진 비유사성의 논제는 제한적으로 이해될 필요가 있다. 이에 대해 또한 다음을 보라. H. Merklein, *Jesu Botschaft von der Gottesherschaft. Eine Skizze*, Stuttgart 1983, 84. 메르클라인은 여기서 예레미아스의 논제를 제한했지만, 하나님을 아바라고 호칭하는 것이 예수만의 특유한 것이라고 이해하면서, "예수에게 있어 전형적인 하나님 호칭"이라고 볼 수 있는 그것은 그 밖에서는 거의 볼 수 없다고 하였다(ebd.).

6 이에 대한 상세한 내용은 다음을 보라. R. Hamerton-Kelly a.a.O. 55ff.

론을 함축하게 되기 때문에, 그것은 이스라엘의 하나님에 대해서는 배제되어야만 했다. 아마도 이런 이유에서 하나님을 아버지로 이해하는 표상은 이스라엘의 하나님에 대한 언급에서는 상대적으로 늦게 도입되었을 것이다. 계약의 하나님이 그분의 백성을 돌보시는 것이 모성애뿐만 아니라 부성애의 상을 통해서도 묘사될 수 있었다는 사실은 하나님 이해를 어떤 성별적인 특성으로 명확하게 확정하려는 시도와는 거리를 두게 만든다. 그래서 지그문트 프로이트(Sigmund Freud)[7]가 이스라엘 종교사에 판타지가 많다고 서술한 것은 진지하게 취급할 만한 기초 위에 놓여 있지 않다. 구약성서의 하나님이 모든 특정한 성별 구분을 초월하여 계신다는 사실은, 프로이트의 오이디푸스 명제와 같이 인간의 가족 집단 속에서 일어나는 성별적인 긴장에 기초해서는 설명되기가 어렵다. 다신론적 종교들 안에 퍼져 있었던 표상, 즉 신들의 아버지를 그 신들의 가계의 가부장적 우두머리로 이해하는 표상은 구약성서에는 틀림없이 낯선 것이었다. 여기서 아버지 하나님의 표상은 오로지 피조물들과의 관계에서만 통용될 수 있었다. 그 과정에서 아버지의 상 가운데 특정한 특성만이 계약의 하나님이 자기 백성을 돌보는 것의 구체적인 설명에 적용될 수 있었다.

이것은 우선 아버지로서의 하나님의 표상이 임의로 치환될 수 있는 표상이 아니었다는 전승의 노선에도 해당된다. 말하자면 나단의 예언과 그 예언에 근거한 부자 관계, 곧 유다 왕들과 이스라엘의 하나님 사이의 부자 관계의 이해에 해당한다. 여기서도 하나님을 아버지로 표현하는 것은 선택의 행위에 근거한다. 이스라엘의 신앙은 하나님이 왕을 양자로 삼는다

---

[7] S. Freud, *Der Mann Mose und die monotheistische Religion* (1937/1939), Ges. Werke XVI, 103-246, 특히 135ff., 148ff., 233ff. 모세가 살해당했다는 허구적인 가정을 통해 프로이트는 이스라엘의 종교사를, 개인적인 삶의 역사 속에서 오이디푸스 콤플렉스가 규칙적으로 등장한다는 그의 주장과 연관시키려고 시도했다(ebd. 176-198). 이스라엘의 하나님이 "성별로부터 완전히 멀어져" 있었다는 사실(226)은 충동의 억압이라는 표현으로 설명된다.

는 표상을 고대 근동의 주변 세계의 왕-이데올로기로부터 취할 수 있었는데, 그 이데올로기가 하나님의 선택의 행위에 관한 근본적인 통찰에 속할 수 있기 때문이었다. 왕과의 관계에서 그를 양자로 삼는 행위와 연관되어 있는 하나님의 부성은 아버지로서의 하나님 표상에 일관성을 제공했으며, 이것을 통해 그 표상은 단순한 비유의 언어와는 구분되었고, 동시에 가부장적인 가계의 우두머리라는 모델과는 더욱 큰 차이를 두게 되었다. 이어지는 단계에서 이스라엘 민족으로 확대된 양자-삼기 표상은 기도에서 하나님을 아버지로 호칭하기 위한 전제가 되었을지도 모른다.

그러므로 하나님을 아버지로 이해하는 유대교적 표상은 가부장적 가계의 형태들과 연관되어 분명히 현존해 있었으며, 그러나 그 범위는 제한적이었다. 그 연관성이 아버지라는 이름에서 표현되는 하나님의 표상의 기초가 된 것은 아니다. 오히려 그 기초는 하나님의 선택의 행위 내지는 이스라엘에 대한 그분의 계약 관계 안에서 주어졌다. 선택하시고 계약을 맺으시는 주권적인 하나님은 가계의 수장이 갖는 돌봄의 의무에 상응하는 의무를 지신다. 이런 표상의 사회사적 관점은 분명 시대적으로 제한되어 있었다. 가부장적 관계들의 시간적 제한성, 곧 이와 같은 한 가지의 특징만으로 하나님 이해를 규정했던 제한성은 아버지로서의 하나님의 표상을 개정해야 한다는 요구를 바르게 설명하지 못한다.[8] 왜냐하면 그 사이에 가계 구조와 사회적 질서가 변화했고, 특히 성별 관계의 변화가 일어났기 때문이다. 그 요구는 하나님의 표상이 각각의 사회적인 관계들을 반영하는 상이라고 이해될 수 있을 때 비로소 정당화될 수 있을 것인데, 이것은 최종적으로는 포이어바흐(Feuerbach)의 방식으로 보면 하나님 표상의 종교적인 투사(Projektion) 이론을 전제하는 관점이다.[9] 종교사적인 소견들, 특히

---

8 M. Daly, *Beyond God the Father: toward a philosophy of women's liberation*, Boston 1973.
9 이것은 특별히 하나님에 대한 아버지의 호칭 곁에 어머니의 호칭도 있어야 한다는 요

유대교적인 하나님 이해의 경우는 그와 다르다. 왜냐하면 여기서는 다음 사실이 인식될 수 있기 때문이다. 특정한 하나님 이해, 즉 이스라엘이 선택과 계약의 하나님을 경험한 것이 이미 가부장적인 삶의 형식들의 특성들을 선별해내기 위한 전제와 기준의 기능을 행사하고 있었고, 이 전제와 기준은 하나님과 다윗 및 그 이후의 왕들 사이의 관계 내지는 하나님과 그 민족 사이의 관계를 구체화하는 데 도움을 줄 수 있었다. 이와 같은 특징들은 그다음에는 인간적인 부성의 변화하는 표상에 규범적으로 대항할 수 있는 하나님 이해로 건너갔다(참고. 엡 3:15). 그 규범 앞에서 모든 인간적인 부성은 사라진다(사 63:15f.). 바로 그렇기 때문에 가부장적인 삶의 형태들이 붕괴되는 시대에도 그 표현의 효력은 지속되며, 심지어 가계 구조에서 아버지 역할의 윤곽이 완전히 사라지는 때에도 그러하다. 오히려 하나님의 부성은 바로 그러한 때에 하나님의 포괄적인 돌봄의 총괄개념이 될 수 있다. 그런 돌봄은 인간적인 부성을 통해서는 더 이상 보장되지 않는다.

하나님을 "아버지"라고 호칭한 것은 예수의 입에서 고유명사가 되었다. 이와 함께 그 호칭은 다른 많은 하나님 호칭들 중의 하나가 아니게 되었다. 오히려 그 호칭은 예수의 메시지 안에서 열리는 하나님 이해의 모든 특성들을 포괄한다. 그 호칭은 신적인 대상을 가리키는데, 그 대상으로부터 예수는 자기 자신을 이해했으며, 제자들과 청중들에게 그 대상을 지시했다. 하나님의 창조 활동도, 특별히 피조물들에 대한 섭리적 돌봄(마 6:26, 5:45)은, 그분의 부성적인 선하심이라는 표상 안으로 포함되었다. 이에 대한 출발점들은 이미 신명기 32:6과 말라기 2:10에 놓여 있다. 이 구절들에서 하나님을 아버지로 이해하는 관점은 선택(예정)의 사고와 결합되었고, 그 결과 선택과 선택된 자의 창조가 일치하게 되었다. 물론 예수의 메시지 가운데 창조자의 부성적인 돌봄은 이미 종말론과 관련되어 있으며, 임박

구에 해당한다.

한 하나님의 통치의 완성이라는 전망으로부터 표현된다. 바로 이 두 가지 주제의 결합은, 후에 더 자세히 논의될 것이지만, 예수의 소식의 특성일 뿐만 아니라 아버지라는 명칭을 사용하는 것의 특성이기도 하다.

하늘 아버지로서 하나님은 예수의 메시지에서 제거될 수 없다. 그렇기에 마치 "하나님"과 "아버지"란 단어가 시대적으로 제약된 표상일 뿐인 것처럼, 이 표상들로부터 예수의 메시지의 본래적인 내용은 분리될 수 있는 것처럼 생각되어서는 안 된다. 브라운(Herbert Braun)이 이 문제를 그런 식으로 설명했다. 그의 견해에 따르면 하나님을 가리키는 언급은 단지 "급진적인 순종" 그리고 돌이킴의 "전적인 은혜에 대한 표현", 곧 예수의 권위에 대한 표현에 불과하다.[10] 그렇기에 브라운에 따르면 예수가 표현하는 하나님 사랑이라는 것은 이웃 사랑이라는 예수의 계명에 대한 순종의 표현일 뿐이다.[11] 하나님 사랑과 이웃 사랑은 일치한다. 이 명제 안에는 한 가지 진리의 핵심이 숨겨져 있다. 왜냐하면 이 두 가지는 실제로 서로 밀접하게 일치하기 때문이다. 이것에 대해서는 다른 곳에서 더 자세히 논의될 것이다. 하지만 이 둘은 결코 단순히 동일한 것은 아니다.[12] 오히려 "하나님 사랑의 발생"은 예수의 이웃 사랑의 요청의 출발점이자 근거다.[13] 예수를 아무런 구분 없이 "하나님"과 동일시하는 것은 피조물의 신격화라는 결과를 초래할지도 모르며, 예수가 자신을 그렇게 이해하여 자신과 하나님을 동일하게 보았다는 식의 발상은 요한복음에 따르면 그의 대적자들이 고발한 내용이었고, 그것은 전적인 오해였다(요 10:33; 참고. 19:7). 예수는 분명 아버지이신 하나님과 자신을 구분했다. 요한복음의 그리스도가 아버지를 자

---

10   H. Braun, *Jesus*, 2. Aufl. Stuttgart 1969, 160f. 또한 다음을 참고하라. H. Braun, Die Problematik einer Theologie des Neuen Testaments, in: *Ges. Studien zum Neuen Testament und seiner Umwelt*, Tübingen 1962, 325-341.
11   H. Braun, *Jesus*, 162ff.
12   이에 대해 각주 2번에서 인용된 글(W. Schrage, Ev. Theol. 36, 1976, 144ff.)을 보라.
13   Schrage ebd. 143.

신보다 "더 크시다"라고 말할 뿐 아니라(요 14:28), 마가복음 10:17f.에 따르면 예수는 "선한 선생님"이라는 호칭을 거부하면서 다음과 같이 설명했다. "하나님 한 분 외에 선한 이가 없다." 이와 마찬가지로 하나님의 통치의 미래는 그것이 예수 자신의 등장 속에서 현재화된 것과 구분되었다. 바실레이아(*basileia*, 나라)의 지양될 수 없는 미래성은 예수가 자신과 한 분 하나님 사이에 보존하고자 했던 구분의 표현이다. 아버지에 대한 예수의 기도 속에서 예수의 하나님께 대한 이와 같은 자기 구별이 가장 명확하게 표현되었다.

"아버지"로서의 하나님을 자신의 위격과 구별하는 것이 한편으로 예수의 메시지나 사역에 근본적이었지만, 다른 한편으로 예수는 그와 동시에 자신의 활동 안에서 아버지와 가장 밀접하게 결합되어 있다는 것을 알고 있었다. 그가 자신의 메시지에 대해 하나님의 통치의 우선성이라는 권위를 요구했을 때, 그것은 인간의 모든 권위를 월등히 능가하는 첫 계명의 권위였다.[14] 아버지께 대한 모든 종속적인 관계에도 불구하고 예수가 의심할 바 없이 요구했던 것은 하나님이 예수 자신이 하늘 아버지로 선포했던 것과 결코 다르게 이해될 수 없다는 사실이었다. 그리고 예수는 아버지의 나라가 임박해 있을 뿐 아니라 자신의 사역 속에서 이미 시작되고 있다고 선포했기 때문에, 하나님에 관한 미래적인 진술이 그 자신의 것을 능가하게 될 어떤 여지는 없었다. 그렇기에 그가 선포했던 하늘 아버지는 예수 자신의 등장 및 사역과 밀접하게 결합되어 있었고, 하나님은 **그 결합을 통해** 아버지로서 확인된다. 이와 같은 사태 관계는 예수를 "아들"로 표현하는 근거가 되며, 이것은 예수가 이미 아버지와의 관계 속에서 자신을 그렇

---

14 이것은 슈라게(W. Schrage a.a.O. 139)도 역시 강조했는데, 어떻든 예수가 하나님 아래에 종속되어 있다는 근거로서 제시되었다. 반면에 위의 본문에서는 이 사태의 이면이 중요하게 다루어진다. 즉 예수가 자신의 고유한 소식을 첫째 계명의 권위와 연결했다는 것이다.

게 표현했든지[15] 혹은 그의 제자들이나 후대의 공동체가 그렇게 했든지 관계없이 그러하다. 아버지의 왕권 통치가 가깝다는 예수의 메시지 속에서, 그분의 의지에 대한 순종 속에서, 그리고 특별히 그의 파송의 기능이 하나님의 사랑의 계시라는 사실에서, 하나님은 아버지로서 인식되신다. 그리고 바로 이 점에서 예수는 "아들"이시다. "오직 아들 외에, 그리고 아들에 의해 계시를 받은 자 외에는 아버지를 아는 자가 없다"(마 11:27).[16]

이런 사태 속에, 원시 그리스도교적 그리스도론의 역사적 출발점뿐만 아니라 그리스도론으로부터 시작하여 성장했던 삼위일체론의 출발점 중 하나가 놓여 있다. 예수의 부활이 그의 지상의 사역에 함축된 권위에 대한 신적인 확증으로 이해됨으로써, 예수는 이제는, 부활의 빛 속에서, 그가 선포했던 아버지의 "아들"로 나타나야만 했다. 그와 같은 아들로서 또한 그는 "하나님의 아들"이자 "메시아"이며,[17] 그리스도교 공동체는 세계의 완성을 위한 그의 재림을 기다린다. 로마서 1:3f.에 따르면 예수는 죽은 자들로

---

15 메르클라인(H. Merklein, *Jesu Botschaft von der Gottesherrschaft*, Stuttgart 1983)에 따르면 예수의 "직접적인" 아들 의식은 "주석적으로 거의 증명될 수 없다"(89). 그럼에도 불구하고 예수와 "아버지로서의 하나님" 사이의 관계적 특성 속에 "이와 같은 부활 이후의 호칭의 본래적 뿌리"가 놓여 있을 것이라고 추정될 수는 있다(M. Hengel, *Der Sohn Gottes*, Tübingen 1975, 99).

16 예레미아스(J. Jeremias, *Abba*, Göttingen 1966, 47-54)가 이 단어를 예수 자신에게로 소급하여 적용하면서, 이 단어가 예수가 요한에게 세례를 받을 때 그에게 주어진 아버지의 이름을 계시하는 표현이라고 이해했던 것과 달리, 메르클라인은 그것을 "Q 공동체의 해석학적인 주석"으로 보았으며(60, 각주 4), 이를 위해 다음의 자료를 인용한다. P. Hoffmann, *Studien zur Theologie der Logienquelle*, Münster 1972, 118-142. 이에 대해 또한 다음을 보라. F. Hahn, *Christologische Hoheitstitel. Ihre Geschichte im frühen Christentum*, Göttingen 1963, 319-330, 특히 328-330.

17 "아들"과 "하나님의 아들"이라는 호칭 사이의 관계에 대해 다음을 참고하라. F. Hahn a.a.O. 329ff. 헹엘(M. Hengel)은 그 관계를 한(Hahn)보다 더 좁게 보는데, 다시 말해 그는 예수의 하나님 아들 되심의 사고와 예수의 "아들"이라는 호칭을 보다 가까운 것으로 생각했다(a.a.O. 99).

부터의 부활을 통해 하나님의 아들(Gottessohnschaft)의 지위에 올랐다.[18] 그러나 다른 한편으로 하나님의 아들은 이미 영원부터 하나님 곁에 계신다. 그의 "선재"(Präexistenz) 사상은, 그의 하나님의 아들 되심이 종말에 나타나게 될 것이라는 사실 혹은 그의 부활과 같은 종말론적인 완성이 예기되는 역사적 사건 속에 이미 계시되어 있다는 사실과 모순되지 않는다. 종말에 공개될 모든 것이 하나님의 은폐된 세계, 곧 하늘 안에 이미 현재한다는 사실은 묵시문학적인 표상 방식의 일반적인 법칙에 속한다. 오직 이 점으로부터 원시 그리스도교 안에서 그렇게도 오래된 선재 사상은 납득될 수 있다. 예수의 부활을 그가 하나님의 아들의 지위에 오른 것이라고 믿는 신앙고백으로부터 그의 하나님 곁에서의 선재 사상에 이르는 길은 매우 빠르게 진행되었음이 틀림없다. 왜냐하면 이와 같은 생각이 이미 바울에게 전제되어 있기 때문이다. 그리고 선재 사상으로 가는 길은 신적인 지혜(잠 8:22ff.), 메시아(제4에스라 12:33), 사람의 아들(에녹서 46:1ff.; 참고. 48:6) 등의 유대교적인 선재 사상의 표상들과 연결될 수 있었다.[19] 예수의 지상에서의 사역과 삶은 아들을 세상으로 "보내심"(Sendung)의 표현이라는 것이 선재 사상으로부터 설명되었고, 바로 이 결합을 통해 바울에게는 이미 선재 사상이 전제되고 있다(갈 4:4, 롬 8:3).[20]

물론 아들의 완전한 신성에 대한 후대의 교회적 이해가 반드시 선재

---

18 이에 대해 다음을 보라. F. Hahn 251-259, 또한 287ff. 또한, W. Kramer, *Christos, Kyrios, Gottessohn. Untersuchungen zu Gebrauch und Bedeutung der christologischen Bezeichnungen bei Paulus und den vorpaulinischen Gemeinden*, Zürich und Stuttgart 1963, 105ff.
19 더 이상의 내용에 대해 다음을 보라. M. Hengel 108ff.
20 이와 같은 "파송 형식"의 분석에 대해 다음을 보라. W. Kramer a.a.O. 108-112. 또한 ebd. 112ff.의 설명은 로마서 8:32에서 아들의 "내어주심"(Dahingabe)에 대한 친숙한 구절을 다루고 있다. 파송에 관한 유사한 구절들을 크라머(Kramer)는 무엇보다도 지혜에 관한 표상의 전통과 연관해서 입증했다(Sap Sal 9.9f.에 대해서는 118).

의 표상과 관련되어 있다고 볼 필요는 없다. 무엇보다도 선재의 표상은 순수한 "관념적인" 선재―말하자면 하나님에 대한 사유 속에 있는 선재―로부터 "현실적인" 선재로 흐르며 변화하고 있었다.[21] 그 외에도 선재 사상은 이미 지혜 개념과 관련해서는 피조성의 표상을 배제하지 않았다(잠 8:22f.). 그때 아들의 완전한 신성은 아직 주어져 있지 않은 셈이 된다.

하지만 원시 그리스도교의 그리스도론적인 진술들 가운데는 아들의 완전한 신성이라는 사고로 이끌어갔던 또 다른 시작점이 존재했다. 그것은 주님의 칭호를 메시아로 높여지신 예수께 적용한 것이다. 이에 대해 결정적이었던 것은 시편 110:1ff.를 부활하신 자의 높여지심(Erhöhung)으로 해석한 것이다.[22] 이 사실로부터 이렇게 말해질 수 있다. 퀴리오스(κυριος, 주님)는 구약성서의 그리스어 번역에서 명확하게 하나님을 지칭하는데, 그런 종류의 단어들 또한 높여지신 그리스도와 관계되었다.[23] 그 결과 퀴리오스는 기도에서 그렇게 불릴 수 있었다(고후 12:8; 참고. 고전 1:2, 롬 10:12f. 등). 그에 따라 만찬석상에서 주님의 오심을 기원하는 아람어 형태의 전승(고전 16:22)도 새로운 내용을 취해야만 했다.

주님(Kyrios)이란 칭호는 아들의 완전한 신성을 의미한다. 요한복음 20:28의 도마의 고백에서는 "하나님"과 "주님"의 호칭이 나란히 말해진다. 하지만 아들은 아버지와 대립하는 주님이 아니라, 오히려 아버지께 "영광"을 돌려드리는 주님이다(빌 2:11). 예수 그리스도를 유일무이하고 하나뿐인 주님으로 고백하는 것은 한 분 하나님에 대한 신앙고백을 손상시키지 않는다. 오히려 하나는 다른 하나와 결합되어 있으며, 만물이 한 분 하나님

---

21 M. Hengel a.a.O. 109.
22 이에 대해 다음을 보라. F. Hahn a.a.O. 112-132. 그러나 한(Hahn)이 예수의 전승이 증언하는 "주님"(Herr)이라는 예수 자신의 호칭과의 관계(74-95)를 주장하는 반면에, 크라머는 다양한 전승의 범위 안에 놓인 "두개의 서로 다른 복합적인 표상"(100)에 관하여 말한다.
23 Hahn a.a.O. 117f.

아버지로부터 시작되며, 동시에 만물이 한 분 주님을 통해 중재된다(고전 8:6). 로마서에서 이 배열은 한 분 하나님과 관련하여 세 번째 요소를 통해 보충된다. 만물은 주께로부터 나오고, 주로 말미암으며, 주께 돌아간다는 것이다(롬 11:36). 여기서 주님의 중재하는 능력의 근원이신 아버지와 함께 피조물의 생명을 창조자와 연결시키는 영이 생각되고 있는가? 어떻든 바울은 여기서 스토아적인 신론의 형식을 수용했고, 동시에 그것을 앞 장(제4장)에서 언급했던 하나님의 구원 계획 및 퀴리오스와 프뉴마(Pneuma, 영)의 사역에 관계시켰다.[24]

하나님의 영은 그 외에도 예수와 아버지 사이의 연합의 중재자, 그리고 믿는 자들을 그리스도에게 참여하게 하는 중재자로 전제되거나 혹은 명시적으로 언급된다. 바울에 따르면 예수 그리스도는 영의 능력을 통해 부활로 깨워졌고 하나님의 아들로 선포되셨고(롬 1:4), 예수를 죽은 자들로부터 깨우신 하나님은 그리스도인들 가운데 내주하는 영을 통해 그들의 죽을 수밖에 없는 몸을 영원한 생명으로 인도하실 것이다(롬 8:11). 그리스도인들에게 주어진 아들의 영(8:15)은 예수를 아들로 선포했던 바로 그 영이다. 이와 같이 아들의 모든 지위는 영의 활동에 근거한다(롬 8:14).

복음서들도 예수가 선포했던 하나님과 예수 자신과의 결합을 예수 안에 현재하는 하나님의 영의 존재와 사역으로 소급했다.[25] 예수의 세례에 대한 요한적 전승에 따르면 이 결합을 근거로 하나님의 영이 그에게 부어

---

24 U. Wilckens, *Der Brief an die Römer 2*, Neukirchen 1980, 272ff.
25 E Schweizer, *Heiliger Geist*, Stuttgart und Berlin 1978, 74f. 예수의 권능의 행위들을 하나님의 영의 작용으로 이해했던 마가복음(막 3:29f.)이나 예수의 축사 행위를 영의 활동과 동일시했던 마태복음과 더불어(마 12:28; 반면에 눅 11:20를 참조하라), 특히 누가복음은 예수가 하나님의 영에 충만한 것으로 묘사했다(눅 4:1; 4:14; 참고. 10:21). 그러나 마태복음 12:28이나 나사렛에서의 예수의 첫 설교에 대한 누가복음의 진술(사 61:1, "주님의 영이 내게 임하셨으니")은 모두 예수 자신의 역사적인 등장이나 진술에 속한다고 볼 수 없다(a.a.O. 69ff.).

졌고(막 1:10와 병행구절들), 그를 아들로 삼는 사고가 그것과 연관되었다. 하지만 예수의 하나님 아들 되심의 기원을 그의 출생으로까지 소급시켰던 누가복음의 아동기의 역사 기록 역시 하나님의 아들로 예수를 명명한 것을 신적 영의 활동을 통하여 설명하는데, 이것은 예수의 위격의 기원이 성령에 의한 잉태라고 설명됨으로써 가능했다(눅 1:35). 요한복음 역시 예수의 말씀은 "영이자 생명"(요 6:63f.)이라고 증언하며, 그는 하나님의 말씀을 말하도록 능력을 주시는 하나님의 영으로 충만해 있다(요 3:33f.)라고 했다. 몇 장 뒤의 요한복음의 본문이 그가 "영광을 받기" 이전에 이 세상에서 사역하는 동안에는 영이 아직 여기서는 함께 있지 않다고 말했을 때(요 7:39), 그것은 영이 믿는 자들에게는 그 이후에야 주어질 것임을 뜻한다(요 14:16f.; 참고. 15:26).

복음서들이 예수의 사역과 말씀을 그 안에 현재하는 하나님 영의 표현으로 서술하는 것은 예수의 아버지와의 긴밀한 결합을 말할 수 있도록 하는 기능을 갖는다. 이것은 예수 스스로가 영을 증거로 제시하지 않는 경우에 해당한다. 예수의 말씀과 행동이 영에 의해 일으켜진 것으로서 하나님 자신이 예수 안에 현재하시는 것을 묘사한다면, 그때 하나님의 영과 하나님 자신은 구분될 수 없다. 오히려 하나님의 영이 사역하는 가운데 하나님 자신이 현재하신다.

아들이신 예수와 아버지이신 하나님의 연합(Gemeinschaft)은 제3자인 성령이 말해지는 경우에만 명확하게 말해질 수 있다. 왜냐하면 하나님의 영은 하나님이 예수 안에 현재하는 방식이며, 이것은 영이 이전에 예언자 안에, 이미 창조 때에, 그리고 종국적인 상황의 종말론적인 방식 안에 현재하는 방식이기도 하다. 이와 같은 영의 현재는 지속적 선물로서 이스라엘의 종말론적 희망의 내용이었으며, 특히 메시아의 영적인 은사를 기대하는 가운데 짙어졌다. 어떻든 예수와 아버지의 연합이 영을 통해 매개된다는 사실은 하나님과 주님의 상호 일치에 대한 고백(고전 8:6)이 영의 분명한 언급을 통해 확장될 수 있었다는 사실을 이해할 수 있게 해준다. 다만 이 확장은 믿는 자들이 아버지에 대한 예수의 아들의 관계에 포괄되는 것을 내용으로 삼는 문구들 속에서 일어났다. 이것은 고린도전서 12:4-6이나 고린도후서가 마무리로 보여주는 축사에서 볼 수 있다(13:13). 이 영은 믿는 자들에게 주어져 있기에, 믿는 자들은 영을 통해 아버지에 대한 예수의 아들의 관계에 참여할 수 있게 된다. 주님과 그분의 사역 사이의 관계 안에서 하나님에 대해 말할 때는 영이 항상 분명하게 언급될 필요가 없지만, 반면에 믿는 자들이 하나님의 영을 통해 하나님의 현재 안으로 포괄될 때 영은 분명하게 언급된다. 왜냐하면 오직 영을 통해서만, 즉 하나님 자신을 통해서만, 믿는 자들은 하나님과의 연합을 수용할 수 있기 때문이다. 이와 같은 관점이 삼위일체적인 세례문구의 등장[26]에 기여했을 것이다. 그 과정에서 **퀴리오스**(주님)와 하나님의 연합이 **이미** 영을 통해 매개된다는 사실이 실질적으로 항상 전제된다. 오직 이 사실에 근거하여 영의 수용은 바울이 로마서 8:9ff.에서 설명하는 것과 같이 아버지와 예수의 아들 관계에 대한 참여를 매개할 수 있다. 왜냐하면 예수의 아들 되심 자체가 이미 영의 활동을 통해 예수 안에 근거되어 있기 때문이다.

예수의 사역 안에, 그리고 아들과 하나님의 연합 안에 하나님이 현재하실 때, 그 현재에 영이 포괄되어 있다는 사실은 아버지와 아들 둘만의 일치가 아닌, 삼위일체론을 통한 그리스도교적인 하나님 이해의 최종적 형

---

[26] 다음 사실도 그 점에 반대하지 않는다. 그것은 삼위일체적인 세례문구에 대한 가장 초기의 증빙들(마 28:19, Dit 7, Justin *Ap* 1,61)이 영을 세례를 통해 주어진 영이 아니라 아버지와 아들의 연합 속에 있는 하늘의 어떤 규모로 이해했다는 사실이다. G. Kretschmar, Die Geschichte des Taufgottesdienstes in der alten Kirche, in: *Leiturgia V*, Kassel 1966, 1-342, 33. 영의 언급은 유스티누스(Justin *Ap* 1,61)에 따르면 어쨌든 영이 세례 받는 자에게 영감을 준다는 사실과 관계된다. 그리고 프리스킬리아누스(Priscillian)가 영을 (아버지와 아들에 이어서; 참고. 요 8:17) 세 번째 증인으로 언급할 때(G. Kretschmar, *Studien zur frühchristlichen Trinitätstheologie*, Tübingen 1956, 214f.), 어쨌든 중요한 것은 그 영이 보혜사(Paraklet)로서 믿는 자들에게 예수의 아들 되심을 증언한다는 점이다.

태가 형성될 수 있는 토대가 되었다. 우리는 이에 대해 교회의 삶 속에서 일어나는 영의 활동에 대한 경험을 참조할 수 있고, 바울은 물론 요한을 따를 때도 그리스도 그리고 그분의 영이 교회 안에 행하시는 활동은 분리될 수 없다는 점을 제시할 수도 있을 것이다. 비록 바울과 요한에게서 이와 같은 상호 일치성의 표상들은 더 자세히 살펴보면 구분된다고 해도 그렇다. 교회 안에서 하나님의 영이 현재하는 특수한 방식의 기원은 아버지와 아들의 연합을 중재하는 기능 안에서 찾아져야 한다. 영이 아버지와 아들의 연합에 대해 이미 본질적이지 않다면, 그때 영의 신성에 대한 그리스도교의 교리는 아들이 아버지의 신성에 속한다는 신앙고백에 대한 단순한 외적인 부가물에 불과할 것이다.

삼위일체적인 세례문구의 초기의 등장(마 28:19)은 의심할 바 없이 삼위일체론적인 하나님 이해의 형성에 크게 기여했다. 이것은 우선 서방 그리스도교에 해당한다. 반면에 동방의 삼위일체론적인 세례문구는 4세기에 이르러서야 아들의 완전한 신성에 대한 니케아의 진술을 영으로까지 확장시키는 데 결정적인 역할을 하게 되었다.[27] 그러나 삼위일체론이 형성되었던 삶의 자리(Sitz im Leben)는 우선적으로 세례에서가 아니라, 오히려 교리문답[28]에서, 즉 교회적 교리의 발전 가운데서 발견될 수 있다. 그 교리문답의 출발점은 단순히 삼중적인 양식에 있었던 것이 아니라,[29] 오

---

[27] 이에 대해 다음을 참고하라. G. Kretschmar, *Studien zur frühchristlichen Trinitätstheologie*, Tübingen 1956, 125ff. 그리고 131.

[28] Kretschmar a.a.O. 216. 와일즈(M. Wiles, Reflections on the Origins of the Doctrine of the Trinity, *Working Papers in Doctrine*, London 1976, 10f.)는 삼위일체적인 세례문구의 영향을 더 높게 평가하여 유스티누스(Justin *Apol* I,6,13)과 이레나이우스(Irenäus, *Epid* 6,7), 오리게네스(Origenes, *Horn. Ex.* VIII,4)에게까지 미쳤다고 말한다.

[29] 원시 그리스도교 안의 그리스도교적 신앙의 형식화된 요약에 대한 개관을 다음에서 보라. J. N. D. Kelly, *Altchristliche Glaubensbekenntnisse. Geschichte und Theologie* (3.ed. London 1972), Göttingen 1972, 14-35, 특히 이위일체와 삼위

히려 한편으로는 아들과 아버지의 관계, 그리고 다른 한편으로는 아들과 영의 관계에 대한 신약성서적인 진술들 전체의 내용 속에 있었다. 이 점에서 셋의 관계는 신약성서의 진술들을 통해서는 전혀 해명되어 있지 않았다. 단지 이들의 상호 일치성만이 분명히 강조되었다. 이미 아버지에 대한 아들의 관계가 신약성서의 선재에 대한 진술에도 불구하고 명확하게 규정된 것이 아니었다. 영을 한편으로 아버지로부터, 다른 한편으로 아들로부터 구분된 어떤 독립된 형체로 이해하기는 더욱 어려웠다. 하지만 무엇보다 중요한 것은 퀴리오스와 영에 대한 진술들이 하나님의 단일성에 대한 일신론적 신앙과 어떻게 결합될 수 있었는지가 해명되지 않았다는 점이다.

이 세 가지 문제들은 서로 깊은 관련이 있다. 영이 자신만의 고유한 실체로서(hypostatisch) 아들과 구분되지 않았다는 점에서, 영은 아들을 실현시키는 아버지의 능력으로 이해될 수 있었고, 그 점에서 아들은 하나님의 말씀이며, 그 말씀 안에서 하나님의 영은 외화한다. 거꾸로 아버지 및 아들과 더불어 영이 세 번째의 실체로 독립한 것은 아들의 실체화(Hypostasierung)의 결과라고 볼 수 있다.[30] 이에 대해 그리스도교적 삼위일체론에 대한 오늘날의 비판은 영으로서의 한 분 하나님에 대한 이해로 회귀할 것을 독려한다. 영은 예수 그리스도 안에서 그리고 그를 통해 일하시며, 그리고 다시 한 번 그리스도를 통해 믿는 자들에게 살아서 현재하신다고 이해된다.[31]

이와 같은 이해는 바울을 근거로 내세울 수 있다. 왜냐하면 그의 서신

일체의 양식들에 대해 26ff.를 보라. 또한 동일저자의 다음 글을 참조하라. *Early Christian Doctrines* (1958) 2.ed. London 1960, 88ff.

30 G. W. H. Lampe, *God as Spirit. The Bampton Lectures 1976*, Oxford 1977, 210; 참고. 132f.

31 이것은 람페(Lampe)의 서술의 경향이다. 이에 대해 특히 118을 보라.

들에서는 높여지신 그리스도의 사역과 영의 사역이 분리될 수 없는 일치를 형성하기 때문이다.[32] 이 일치는 부활하신 자가 너무도 깊이 하나님의 생명의 영에 의해 침투되어 있어서 그분 자신을 "생명을 수여하시는 영"이라고까지 부를 수 있다는 사실에 있다(고전 15:45). 그렇기에 바울은 때때로 퀴리오스(주님)와 프뉴마(영)를 동일시할 수 있었다(고후 3:17). 하지만 이미 이 구절에 바로 뒤따라오는 표현, 곧 프뉴마를 퀴리오스에 예속시키는 "주님의 영"(3:17b)이라는 표현 때문에, 양자의 완전한 동일성은 배제된다.[33] 퀴리오스는 부활하신 그리고 높여지신 예수이며, 공동체는 그분의 재림을 기다린다. 영은 그분이 현존하는 형태와 능력이며, 또한 믿는 자들과 그분을 결합하는 형태와 능력이다.[34]

요한은 아들과 영을 더욱 분명하게 구분한다. 영은 "다른 변호인(보혜사)"이며, 예수의 이름으로 아버지가 보내신 분이거나 혹은 예수가 높여지신 이후에 아버지로부터 보내지신 분이다(요 15:26; 16:7). 보혜사(Paraklet)라는 명칭은 하나님 앞에 선 인간들의 변호인(Anwalt) 혹은 대리인(Fürsprecher)의 의미로 이해될 수 있다. 그 개념은 높여지신 그리스도와 관련하여 요한1서 2:1에서 사용된다. 하지만 그 개념은 하나님과 인간들 사이에서의 그분의 일, 또는 멀리 떠나신 이후의 예수의 일을 위한 변호의 업무라는 의미로도 이해될 수도 있다.[35] 어쨌든 영은 "다른 보혜사"로서, 예

---

32 이것은 다음에서 인상적으로 묘사되어 있다. I. Hermann, *Kyrios und Pneuma. Studien zur Christologie der paulinischen Hauptbriefe*, München 1961.
33 부세(Bousset)에 확신을 갖고 반대하는 사람은 W. Kramer, *Christos, Kyrios, Gottessohn*, Zürich und Stuttgart 1963, 163ff.이다. 165f.에서는 또한 고린도전서 12:3; 6:17과 같은 유사한 진술들이 취급된다.
34 람페(G. W. H. Lampe)도 역시 바울이 퀴리오스와 프뉴마를 완전히 일치한 것으로 주장하지 않았다는 사실을 인정한다. 이와 동시에 그는 "바울이 영을 현재하는 그리스도와 완전히 동일시하는 것에 실패했다"고 탄식했는데(a.a.O. 118), 바로 이 실패를 통해 아버지 및 아들과 함께 영을 "제 3자"로 파악하는 것이 가능해졌다는 것이다.
35 다음 책의 부록5를 보라. R. Brown, *The Gospel according to John* XIII-XXI, New

수가 떠난 이후에 올 수 있으며, 예수 자신과 분명히 구분된다.[36]

그럼에도 불구하고 아들과 영의 구별은 2세기와 3세기 신학 안에서 많은 관점에서 여전히 불명확하게 남아 있었다.[37] 그 불명확성은 첫째로 지혜에 대한 귀속 여부와 관계되었으며, 창조자와 구분되는 어떤 지위로서의 지혜의 선재는 잠언 8:22ff.를 통해 확정되어 있었다. 안티오크의 테오필로스(Theophilos von Antiochien, ad Autol. II, 15 등등)와 이레나이우스(adv. haer. IV,20,1ff.)는 하나님, 말씀, 지혜의 삼위를 가르쳤다.[38] 여기서 테오필로스는 영과 말씀을 동일시했던(II,10) 반면에, 이레나이우스는 영을 지혜에 귀속시켰다(참고. IV,7,4). 하지만 유스티누스는 잠언 8:22f.를 로고스와 관계시켰고, 결과적으로 영이 아닌 로고스와 지혜를 동일시했다(Justin, dial 61,1ff.). 그를 뒤따랐던 이들은 아테나고라스(Athenagoras, suppl. 10,3), 테르툴리아누스(Tertullian, adv. Prax. 6f.)였으며, 그런 귀속 관계는 후기 신학 속에 관철되었다(Orig, princ. 1,2f.). 아들과 영이 지혜와 맺는 관계의 불명확성에 상응하는 두 번째 불명확성은 다음 질문, 즉 어떠한 특유의 활동들이 한편으로는 아들에게, 다른 한편으로 영에게 귀속되어야 하는가의 질문이었다. 구약성서

York 1970, 1135-1143. 또한 같은 책, 644은 말한다. 영은 예수의 파송을 계속해 나가기에 "다른 보혜사"다(이것은 요일 2:1의 의미와는 다르다). 그 계속은 영이 "세계"가 예수를 유죄 선고한 것에 대해 책망함으로써 발생하며(요 16:8f.), 또한 영이 믿는 자들을 "모든 진리 가운데로"(16:13) 인도한다는 것을 뜻한다(a.a.O. 709-717).

36 이것은 비록 요한이 영의 사역과 예수의 사역 사이의 유사성을 강조했다고 해도 마찬가지다(R. Brown a.a.O. 1141). 람페의 경우(G. W. H. Lampe a.a.O. 91ff.) 그 유사성을 넘어서는 차이점이 완전히 간과된다. 그 차이는 이미 속사도 시대에 요한복음이 생성되는 정황에서 비롯된 것이다(이에 대해 Brown 1141ff.).

37 이에 대해 와일즈가 다음에서 바르게 주장했다. M. Wiles, Some Reflections on the Origins of the Doctrine of the Trinity, in: Working Papers on Doctrine, London 1976, 1-17, 특히 10.

38 다음을 보라. G. Kretschmar, Studien zur frühchristlichen Trinitätstheologie, Tübingen 1956, 27-61.

의 예언뿐만 아니라 예수의 탄생도 영의 사역이지만, 또한 로고스의 사역이기도 하다고 설명되었다.[39] 둘 다 하나님의 "두 손"으로서 창조에 관여했다.[40] 그와 같이 하나님은 아버지, 아들, 영으로 나타나며, 무엇보다 아들과 영은 그 기능에 있어 분명히 나눠질 수 없다. 물론 이레나이우스는 영의 계시를 예언에, 아들의 계시를 성육신에, 아버지의 계시를 미래적 완성에 귀속시킬 수 있었다(adv. haer. IV,20,5). 이들의 활동 영역과 관련하여 오리게네스는 삼위일체의 위격들의 구분을 다른 방식으로 시도했다. 그것에 따르면 하나님 아버지는 모든 것 즉 모든 존재자들 가운데 행하시며, 아들은 단지 이성적 피조물들 가운데, 그리고 영은 단지 성화된 것들 즉 교회 가운데서 행하신다(princ. I,3,5-8). 오리게네스는 성령이 생명이 없는 창조의 영역에서 활동한다는 것에 아주 분명히 반대했다. 성령은 단지 이성적 피조물들이 "더 나은 자로" 회심할 때만 그들 가운데서 활동하신다는 것이다. 그는 하나님의 호흡이 인간에게 전달되는 본문인 창세기 2:7을 "모든 사람에 대한 것이 아니라 성화된 자들에 대한 배타적인 은총"으로 이해하려 하였고(princ. I,3,6), 지면을 새롭게 하는 영의 활동(시 104:30)을 식물에 생명을 불어넣는 영의 창조 활동이 아니라 새로운 하나님의 백성의 근거를 마련하는 작업으로 해석했다(I,3,7).[41] 이에 대해 아타나시오스는 시편 32:6을 인용하면서 세계 창조에서 아들과 영의 협력 활동을 주장한다(ad Ser. III,5; 참고. IV,3). 물

---

39 이에 대한 근거들은 M. Wiles a.a.O. 5에 있다.
40 Iren. adv. haer. IV,20,1과 IV Prol. 4; V,6,1과 28,4 등에 대해서는 G. Kretschmar a.a.O. 34ff.를 보라. 또한 다음을 참고하라. Theoph. ad Autol. II,18.
41 창세기 2:7을 구원론으로 제한하여 해석하는 것에 대해 다음을 참고하라. W.-D. Hauschild, *Gottes Geist und der Mensch. Studien zur frühchristlichen Pneumatologie*, München 1972, 89ff. 필론의 이와 같은 견해의 생성에 대해, 그리고 자연주의적인 영성주의자들의 영지주의적인 가정들을 방어하려는 그 견해의 동기에 대해, 256-272의 부가설명을 참고하라. 또한 오리게네스의 삼위일체 신학 안에서 성령론이 차지하는 위치에 대해 135ff.를 보라.

론 그는 하나님의 영과, 그로부터 창조되고 새로워진 인간의 영을 날카롭게 구분했다(ad. Ser. I,9). 영이 아들과 구분될 수 없다는 명제(ebd. I,9; 참고. 14와 31)는 영이 이미 창조에 관여했음을 필연적으로 함축한다. 이 주제는 아타나시오스 이후의 바실리오스(Basilius von Caesarea)와 니사의 그레고리오스(Gregor von Nyssa)에 의해서도 주장되었다.[42]

아타나시오스와 카파도키아 교부들은 하나님의 모든 행위 속에 세 위격(Hypostase) 모두가 관여하는 것을 삼위의 본질적 단일성의 결과이자 조건이라고 강조했다. 그 결과로 아버지, 아들, 영의 구별과 특수성은 이들의 활동 영역의 구별성으로부터 더 이상 근거될 수 없었다.[43] 그렇다면 신적 본질 안의 삼중성(Dreiheit)의 주장을 위한 토대는 아직 남아 있다고 할 수 있는가?[44] 와일즈에 따르면 이미 아타나시오스와 카파도키아 교부들이 하나님 안의 삼중성을 오직 교회적 전승과 성서의 계시 증언, 특별히 삼위일체적인 세례문구에 근거해서만 가르쳤다. 하지만 이 주장의 근거는 오늘날의 신학에는 맞지 않는다. 왜냐하면 신성의 삼중적 형태가 계시의 권위를 지닌 외적인 진술 형태 속에 있는 계시의 사실이라는 주장은 역사비평적 해석에 의해 더 이상 정당화되지 못하기 때문이다.[45]

그렇다면 그 논증에는 충분한 근거가 있다고 할 수 있는가? 그 논증이

---

42 다음의 인용들을 보라. M. Wiles, a.a.O. 13. 와일즈는 다음과 같이 진술한다: "영과 창조 작품 사이의 연합은 특히 중요하다. 왜냐하면 영을 하나님이 활동하시는 창조의 영역에서 제외하는 것은 영의 완전한 신성에 저항했던 유노미우스(Eunomius)와 마케도니아인들이 모두 사용했던 논쟁이기 때문이다."

43 2세기와 3세기 논쟁에 대한 이러한 대립되는 견해를 와일즈(M. Wiles 11ff.)는 올바로 강조했다.

44 M. Wiles a.a.O. 14. "만일 우리를 향한 삼위일체의 활동 가운데 어떤 구별도 없다고 한다면, 우리가 어떻게 그 구별에 대한 지식을 가질 수 있겠는가?"

45 Ebd. 14f. ("분명한 명제적 형태로 주어진 계시 자료"). 그와 같은 이해는 와일즈에 따르면 "성서비평학이 우리에게 제시해준 계시의 본성에 대한 모든 사고들과 갈등"을 형성한다(15). "명제적 계시"(16)의 표상에 대한 이와 같은 거절에 우리는 동의해야 할 것이다.

전제하는 것은 아버지, 아들, 영의 구별되는 활동 방식에 대한 견해가 삼위의 구분성을 주장하는 논증의 유일한 경험적 근거라는 사실이다. 하지만 이 전제 조건은 자명하지도 않고 관계된 성서적 내용과 부합하지도 않는다.[46] 오히려 아버지와 아들의 구분은 하나의 동일한 사건, 즉 하나님에 대한 그리고 오시는 하나님 나라에 대한 예수의 선포 속에 근거되어 있으며, 성령에 대한 언급 역시 이 사건에 속한다. 하나님의 영에 관한 표상이 구약성서로부터 알려져 있다 하더라도, 그 영은 아버지와 아들의 관계 속에서 비로소 신적 현실성의 고유한 세 번째 원리로서 인식될 수 있다. 이에 대해 결정적인 것은 아들을 아버지로부터 구분하는 것이다.[47] 이미 테르툴리아누스가, 그리고 그 후 오리게네스가, 아들이 아버지와 영을 각각 "다른" 자로서 자기 자신으로부터 구분한다고 주장했다.[48] 어쨌든 이 주장

---

[46] 와일즈는 하지슨(Hodgson)이 삼위일체론을 "신적 행동의 특별한 현현"에 대한 성찰의 결과로서 해석하는 것에 반대한다(참고. 14. 또한 L. Hodgson, *The doctrine of the Trinity*, London 1944, 25). 하지슨은 삼위일체의 위격들 가운데 각각 하나로 소급되는 세 가지의 서로 다른 활동들에 관해 말하지 않았고, 단지 유일한 신적 "활동"에 대해서만 말한다. 이 활동의 특수한 현현들은 삼위일체의 개별 위격으로 소급되지 않는다. 그는 다만 "예수의 탄생과 사역, 십자가, 부활, 승천을 중심으로, 그리고 교회를 향한 성령의 선물을 중심으로" 이야기한다. 이와 같은 내용 전체는 하지슨에 따르면, 물론 더 정확하게 말하는 것은 아닐지 모르지만, "아버지와 아들의 영을 통한 상호 헌신"이라는 신적 삶을 포함한다(68).

[47] 이것은 람페(G. W. H. Lampe)의 논쟁을 통해서도 간접적으로 확증되었다. 그에 따르면 영은 단지 로고스의 "위격화"(Hypostasierung)를 통해 신성의 "세 번째"가 되었다 (a.a.O. 210).

[48] Tert. *adv. Praxean* 9: ecce enim dico alium esse patrem et alium filium et alium spiritum... non tamen diversitate alium filium a patre, sed distributione, nec divisione alium, sed distinctione, quia non sint idem pater et filius, vel modulo alius ab alio... sicut ipse profitetur: quia pater maior me est [Joh 14,28]... sic et pater alius a filio, dum filio maior, dum alius qui generat, alius qui generatur, dum alius qui mittit, alius qui mittitur, dum alius qui facit, alius per quem fit. Bene, quod et dominus usus hoc verbo in persona paracleti

은 요한복음서의 서술 가운데 영과 관련된 관점에서 견고한 토대를 갖는 주장이다. 아버지, 아들, 영의 각각의 위격의 구별에 대한 이런 설명은 오리게네스의 『원칙들로부터』(De principiis)에서의 논의와는 달리 세 위격들의 구분되는 활동 영역으로부터 시작하지 않고, 오히려 아버지 그리고 영에 대한 아들의 내적 관계를 논의한다. 아들이 한편으로는 아버지로부터, 다른 한편으로는 영으로부터 자신을 구분하는 것은 신성 안에 있는 삼중적인 구분의 주장을 위한 토대로 인식될 수 있을 것이다. 아타나시오스와 카파도키아 교부들은 이 노선을 계속해서 따르지 않았다. 이것은 아리우스와의 논쟁에서 어느 누구도 세 위격들의 구분을 부정하지 않았기 때문이라고 설명된다. 그 논쟁에 중요했던 것은 아버지의 신성과 다른 위격들의 일치를 규정하는 것이었다. 아타나시오스가 그 논쟁에서 제기했던 가장 중요한 주장―아버지는 아들 없이는 아버지가 아닐 것이며 그렇기에 아들이 없는 아버지란 존재했던 적이 없다는 주장(c. Arian I,29; 참고. 14와 34; III,6)―은 아버지란 이름이 가진 관계적인 특성 때문에 이미 하나님 안에 **"다수성"**의 의미를 함축한다는 것이다. 하지만 이것은 아타나시오스가 도달하려 했던 목적이 아니었으며, 예수의 역사의 주어진 여건들을 간과한

---

non divisionem significavit, sed dispositionem: rogabo enim, inquit, patrem, et "alium" advocatum mittet vobis, spiritum veritatis [Joh 14,16], sic alium a se paracletum, quomodo et nos apatre alium filium, ut tertium gradum ostenderet in paracleto, sicut nos secundum in filio propter oikonomiae observationem. ‒ Orig. Horn. Num. 12,1: Alius enim a patre filius et non idem filius, qui et pater, sicut et ipse in evangeliis dicit: "alius est, qui de me testimonium dicit, pater". Et rursus tertium puto viderti puteum posse cognitionem Spiritus Sancti. Alius enim et ipse est a patre et filio, sicut et de ipso nihilominus in evangeliis dicitur: "mittet vobis pater alium paracletum, spiritum veritatis". Est ergo haec trium distinctio personarum in Patre et Filio et Spiritu sancto... Sed horum... unus est fons; una enim substantia est et natura Trinitatis (GCS Origenes 7, Leipzig 1921, 95,5-13).

채, 아버지가 (유일한) 아들의 아버지로서 생각될 뿐 세계의 아버지라든지 다수의 자녀를 지닌 아버지로 생각될 수 없다는 점이 반드시 결과로 뒤따라오지는 않는다. 아들로서의 예수의 역사는, 한편으로 아버지로부터의 자기 구분 속에서, 다른 한편으로 성령으로부터의 자기 구분 속에서, 삼위일체적인 구분의 근거를 위한 출발점이다. 그런데 그러한 근거는 오리게네스가 언급한 것처럼 요한복음의 증언만 기초로 할 것이 아니라, 오히려 예수의 선포의 전승사 전체와 원시 그리스도교의 그리스도 소식의 발전사도 고려해야만 한다. 내재적 삼위일체의 구분과 그 관계의 인식, 즉 하나님의 내적인 생명의 인식은 오로지 아들의 계시를 통해 주어질 수 있으며, 한 분 하나님의 세계 안에서의 서로 구분되는 활동 영역들을 통해서 올 수 없다. 이미 알려졌던 삼위일체적인 구분들에 세계 가운데서 발생하는 하나님의 일치된 활동의 특수한 국면들이 차후적으로 귀속되어야 한다.

아버지, 아들, 영의 구분과 상호 일치가 분명히 설명되었다면, 그때 한층 더 압박을 받는 질문은, 그 일치가 어떻게 성서적 하나님 신앙에서 나타나는 일신론, 그리고 철학적 신학의 전통에서 나타나는 일신론의 특성과 결합될 수 있는가 하는 것이다. 이 질문에 대한 답변은 아들의 완전한 신성에 대한 아타나시오스의 논증 속에서, 그리고 영의 완전한 신성에 대해 논증하는 세라피온(Serapion)에게 보내는 편지들 속에서, 제시되었다기보다는 전제되어 있다. 아들과 영의 완전한 신성에 대한 논증의 주된 관심은 전혀 그리스도교적인 하나님 이해의 일신론적인 특성을 증명하는 데 있지 않았다. 아들과 영의 완전한 신성에 대한 관심은 오히려 오직 그 조건 아래서만 믿는 자들이 아들과 영을 통해 하나님 자신과의 공동체성에 도달할 수 있다는 사실에 근거되어 있었다.[49] 참으로 아타나시오스는 자신이 세 원칙들이 아닌, 말씀과 영 안에 있는 오직 하나의 원칙만을 가르

---

[49] Athan. *c. Arian* II, 41, 43, 67, 70 (참고. 또한 I,49, II,24). 영의 신성에 대해서는 *ad Serap* I,24.

친다고 확언했으며(c. Arian. III, 15), 최종적으로는 아들과 영의 동일본질(Homousie)의 명제가 그 대적자들이 주장했던 것보다는 더 잘 하나님의 단일성을 보존하고 있다고 바르게 주장할 수 있었다. 대적자들은 아버지의 군주체제(Monarchie, 단일신론) 안의 존재자들의 순위 속에서 단지 낮은 피조물의 등급을 아들과 영에 할당함으로써만 하나님의 단일성의 입장을 견지할 수 있었다. 그럼에도 불구하고 삼위일체론과 일신론 사이의 관계는 아들과 영의 완전한 신성의 고백으로는 아직 해명되지 않았다. 이것은 다음 사실에서 곧바로 드러난다. 곧 바실리오스(Basilius von Caesarea)는 세 위격에 대한 단일한 신성의 관계를 보편 개념과 그것의 개별적인 실현 사이의 관계를 통해 비교했는데,[50] 그때 신적인 본질의 다수성의 표상을 통해 일신론이 위협을 받게 된다는 것을 전혀 개의치 않았다. 당연히 이에 대해 아리우스주의자들은 곧바로 삼신론, 곧 유일한 하나님이 아닌 세 신에 대한 교리라는 비난을 제기했다.

하나님의 단일성에 대한 성서의 고백을 지켜야 한다는 염려는 초기부터 아들과 영의 신성에 대한 그리스도교의 진술들을 발전시켰다. 종종, 특히 삼위일체 교리가 형성되던 초기에, 이와 같은 관심에 있어 고려되었던 것은 아버지의 "군주체제"(Monarchie) 아래에 아들과 영이 종속된다는 사고가 동반되었다. 사실 이런 사고는 이레나이우스에게서도 등장하는데, 그는 아들과 영이 하나님의 두 "팔들"이라고 말하면서, 하나님이 이 팔들을 이

---

50 Basilius ep. 38,2f. 또한 켈리(J. N. D. Kelly, *Early Christian Doctrines*, London 1958, 2. ed. 1960)는 카파도키아 교부들을 변호하면서 그들의 대적이었던 아리우스주의자들이 제기한 "삼신론"에 대해, 그리고 그와 함께 어쨌든 그들의 일신론적 의도에 관련된 것(267f.)에 대해 방어했다. 그리고 신적인 본성(Physis)과 위격들 사이의 관계에 대한 그들의 설명은 "불운한" 것이라고 지적한다. 삼신론 비판에 대해 다음을 보라. K. Holl, *Amphilochius von Ikonium in seinem Verhältnis zu den großen Kappadoziern*, Tübingen und Leipzig 1904, 142ff., 173f. 218ff. 또한, R. Seeberg, *Lehrbuch der Dogmengeschichte II* (3. Aufl. 1923) 132ff.

미 창조할 때에 사용하셨다고 했다(adv. haer. IV,20,1; 참고. IV prol. 4). 물론 이 레나이우스는 "단일신론"[51]이라는 표현을 아직 사용하지는 않았다. 하지만 이 표현은 테르툴리아누스에게서 중요한 역할을 했으며, 그는 적대자들에게 이교도라는 뜻인 "단일신론자"란 이름을 부여했다.[52] 왜냐하면 그들은 하나님의 군주체제 사상을 너무 단순하게 이해해서 구속사의 과정 속에서 아들과 영이 아버지의 주권에 참여하는 것을 그것과 일치시킬 수 없었기 때문이다.[53] 테르툴리아누스의 "단일신론적" 적대자들은 2세기 변증가들이 발전시킨 로고스의 선재 사상 속에서 일신론이 위협을 받는다고 보았다. 그 사상은 신들의 이원성 혹은 나아가 다원성의 사고를 만들어내며,[54] 지고의 기원으로부터 "유출"된 "영원한 존재들"(Äonen)이라는 그노시스 사상으로 회귀한다는 것이었다.[55] 테르툴리아누스의 생각이 양태론적 단일신론주의자들과—어쨌든 후대의 사벨리우스(Sabellius)와 같은 이들과—구분되는 점은 하르낙(Adolf v. Harnack)이 올바로 지적했던 것처럼 "단지 일종의 등급의" 구분뿐이었다. 왜냐하면 이 두 측면 모두에서 "하나님이 자신을 여러 위격들로 전개하는 것은 철저히 계시사적으로 제약되어 있기" 때

---

51 이에 대해 다음 문헌들을 참고하라. A. Grillmeier, *Jesus der Christus im Glauben der Kirche I*, Freiburg 1979, 242. 또한 특히, T. Verhoeven, Monarchia dans Tertullien 'Adversus Praxean', in: *Vig. Christ.* 5, 1951, 43-48.
52 Tert. *adv. Praxean* 10.
53 하지만 테르툴리아누스는, 아버지가 아들에게 주권을 이양하고, 아들은 영을 파송하며 마지막 때에 그 나라를 아버지에게 다시 돌려드린다는 사실이 주권의 통일성(unicum Imperium, *adv. Prax.* 3)을 해치지 않는다고 보았다(ib. 4). 테르툴리아누스는 이것을 신적인 경륜이라고 표현한다(oikonomiae sacramentum, quae unitatem in trinitatem disponit, ib. 2).
54 Tert. *adv. Praxean* 13; 참고. Hippolyt *c. Noetum* 11; 참고. 14.
55 Tert. *adv. Praxean* 8. 테르툴리아누스는 그 주장에 대해 다음과 같이 답한다. 발렌티누스(Valentin)의 영원한 존재들은 이것들을 발생케 한 근원인 아버지를 알지 못하며 그 근원으로부터 분리되어 있다. 반면에 아들은 홀로 그를 알며, 태양이 빛과 하나이고 강과 근원지가 하나이듯 아버지와 아들은 하나이다.

문이다.[56] 로고스 혹은 아들이 아버지로부터 "영원히" 출생(gezeugt)한다는 오리게네스의 교리가 영원으로부터 존재하는 하나님 안의 삼중성의 사고에 비로소 도달했다.[57] 하지만 오리게네스에게서도 그 표상은 "피조물"인 아들이 아버지에 비해 하위에 있다는 사고와 연결되었다.[58] 아리우스주의자들은 이러한 하위성을 특히 "사벨리우스주의"에 반대하여 강조했다. 그들은 그 과정에서 그 사고를 조야하게 만들었고, 그 결과 오리게네스가 가르쳤던 로고스와 아버지의 본질적 일치라든지 "그가 아직 존재하지 않았던 어떤 시간"을 배제한 영원한 출생 같은 사고를 막아낼 수 있었다. 아타나시오스가 아버지와 아들의 (그리고 영의) 동일한 신성, 곧 동일본질성(Homousie)에 대한 니케아적인 표현을 변호했을 때, 종속론은 진정으로 극복되었다. 왜냐하면 아타나시오스는 아버지가 아들과 영 없이는 아버지로 생각될 수 없다고 주장했기 때문이다. 이에 대해 단계별로 충만(Seinsfülle)한 신적 존재라는 인과율적인 표상들은 퇴보했다. 그러나 그렇다면 이제 하나님의 단일성은 무엇을 통해 보증되어야 하겠는가라는 질문은 더욱 긴급히 제기되어야 했다. 단일성은 아직도 여전히 아버지의 "군주체제"로서 존속할 수 있는가, 아니면 전혀 다른 방식으로 설명되고 근거되어야 하는가?

---

56 A.v. Harnack art. Monarchianismus, in: *PRE* 3. Aufl. Bd. 13, Leipzig 1903, 332.

57 *De princ.* I,2,4: Est namque ita aeterna ac sempiterna generatio, sicut splendor generatur ex luce (참고. I,2,7). 그렇기에 오리게네스에 따르면 로고스 혹은 지혜가 존재하지 않았던 때는 없다(I,2,9). 이 맥락에서 오리게네스는 후에 아타나시오스가 주장했던 논증을 이미 표현했다고 할 수 있다. 즉 아버지는 아들 없이는 아버지일 수 없다(I,2,10: *...pater non potest esse quis si filius not sit...*).

58 와일즈는 "영원한 출생"의 개념에 대한 자신의 논문에서 올바로 지적하기를, 이러한 오리게네스의 진술은 아들에 제한되는 것이 아니라, 모든 영적인 피조물들에게 적용된다고 하였다(*de princ.* I,2,10; I,4,3,; III,5,3과 관련해, M. Wiles, Eternal Generation, in: *Working Papers in Doctrine*, London 1976, 18-27, 특히 22f.). "두 번째 하나님"으로서(*c. Cels.* V,39) 아들은 피조물 가운데 첫째로서 그것들에 귀속될 수 있다(ib. V,37; 참고. IV,4,1).

초기 그리스도교 신학은 아들과 영의 신성에 대한 고백이 구약성서의 일신론과 일치한다는 점을 증명하려고 시도를 했는데, 이것은 구약성서의 특정한 구절들을 암묵적·삼위일체적으로 해석함으로써 이루어졌다. 이와 같은 방법은 오늘날의 역사비평학적인 주석의 관점에서는 잘못된 것으로 보일 것이다. 하지만 그 본문들에 대한 그런 해석의 역사적인 맥락은 이미 유대교적인 사상 가운데 있다. 그 맥락은 의미가 깊다. 그것은 아들을 아버지 곁에 선재하는 실체(Hypostase)로 보는 그리스도교적인 이해나, 그에 상응하는 영에 대한 표상들 곧 삼위일체론으로 향하는 길을 형성했던 표상들이 처음부터 유대교 및 그것의 유일신론적 신앙과 전혀 대립하지 않았다는 사실을 제시한다. 이 사실은 먼저 선재하는 지혜에 대한 잠언의 구절들에서 나타나는데(잠 8:22ff.), 이 지혜는 요한복음의 로고스 개념이나 초기 그리스도교적 변증론이 사용했던 로고스론의 출발점이 되었다. 이와 비슷하게 랍비 신학은 하나님의 선재하는 지혜를 토라(Thora)와 동일시했다.[59] 하지만 지혜는 결코 유대적 사고에서 하나님 곁에 어떤 독립적인 방식으로 선다고 생각될 수 있는 신적인 현현의 유일한 형태는 아니었다. 비슷한 내용이 야웨의 "이름"에 대한 신명기 신학 안에 이미 나온다. 즉 하나님 자신은 하늘에 계시는(신 26:15) 반면에, 그 이름은 성전에 "거하신다"(신 12:5.11.21 등).[60] 야웨의 영광도 에스겔과 제사장 문서 이래로 어떤 의미에서는 하나님 자신과 구분되는 형체로 생각되었다.[61] 그 영광은 종말론적인 미래에 새 예루살렘으로 영원히 그곳에 거하기 위해 내려올 것이다

---

59 Solomon Schechter, *Aspects of Rabbinic Theology* (1909), New York 1961, 127ff.
60 폰 라트에 따르면 이름의 물적인 현재에 대한 이와 같은 표상은 "위격(실체)의 표상과 거친" 관계를 형성한다(G. v. Rad, *Deuteronomiumstudien*, Göttingen 1947, 26). 또한 다음을 참고하라. G. v. Rad, *Theologie des Alten Testaments 1*, München 1957, 186.
61 이에 대해 P의 "성전 신학"(Kabodtheologie)에 대한 폰 라트의 설명을 보라. G. v. Rad, *Deuteronomiumstudien*, 26ff.

(겔 43:4,7). 그렇기에 랍비의 타르굼 역본(Targume)은 카보드(Kabod, 영광)를 쉐키나(Schekina, 거주, 임재)와 연관지었으며,[62] 이를 통해 하나님의 영광은 하나님 자신과 더욱 분명하게 구분된다. 이 모든 표상들 안에서 하나님이 세계 안에서 현현하고 활동하시는 형태들을 하나님 자신과 구분하려는 경향이 나타난다. 이것은 세계에 대한 하나님의 초월성의 표상과 관계가 있다. 하나님의 초월성을 점점 더 강조하는 것은 결과적으로 하나님이 세계 안에서 현재하시는 방식들을 독립적인 실체들(Hypostasen)로 진하게 표현한 셈이 되었다. 그리스도교 신학의 초기 발전 단계에서 아들과 영을 하나님의 구원의 경륜의 수행자로 생각했던 그리스도교적인 이해들은 그러한 표상들과 많은 점에서 우선적으로 유사했다. 그래서 (아들과 영에 관한) 두 가지 이해 모두는 천사들에 관한 유대교적인 표상들과도 연결될 수 있었고, 거꾸로 유대교적인 해석에서 천사와 관련되어 있었던 하나님 현현들에 대한 구약성서의 보고들은 아버지, 아들, 영의 삼위에 대한 그리스도교적 고백에 대한 예증으로 인용될 수 있었다. 특히 마므레에서 아브라함에게 세 명의 "남자들"이 방문하는 이야기들(창 18:1-16)이나 이사야의 소명 기사, 곧 필론이 언약궤의 덮개(카포레트)와 관련하여 두 그룹 사이에서 (출 25:22) 말씀하시는 하나님의 표상과 연관시켰던 소명 기사가 삼위일체론에 대한 고대 교회의 성서적 증빙에서 중요한 역할을 담당했다.[63] 여기에는 여전히 중요한 의미의 내용이 숨겨져 있다. 아들과 영에 관한 그리스도교의 진술들은 이미 유대교적 사상이 몰두했던 질문, 즉 한 분 하나님의 초월적인 "본질-현실성"과 "현현 방식들" 사이의 관계에 대한 질문들과 연결되었다. 이 질문에 대한 그리스도교적인 대답은 니케아와 콘스탄티노플의 아들

---

62 사례들은 다음에 나온다. *ThWBNT* II, 1935, 248f.
63 이에 대한 자세한 내용은, G. Kretschmar, *Studien zur frühchristlichen Trinitätstheologie*, Tübingen 1956, 64f., 82ff., 86ff. 또한 하박국 3:2의 해석에 관하여 92f.를 참고하라.

과 영의 완전한 신성에 대한 고백과 함께 주어졌는데, 그것은 이렇게 말한다. 하나님이 세계 안에서 현재하고 계시하시는 형식들은 초월적인 하나님 자신과 본질적으로 일치한다고 생각될 수 있고, 거꾸로 말한다면 그 형식들은 초월적일 뿐 아니라 또한 세계 내에 현재한다고 생각될 수 있다.

이 주제는 로고스 개념에서 모범적으로 전개되었다. 이미 필론에게서 그러했던 것처럼, 2세기 그리스도교 변증론에서 로고스는 초월적인 하나님의 계시를 세계 내에서 드러내는 고유한 담지자이며, 또한 이것은 창조에서도, 구속사에서도 그러하다. 그렇기에 유스티누스는 구약성서가 보도하는 하나님의 현현들을 철저히 로고스에 귀속시켰다(Apol 63, Dial 127f.). 특별히 그리스도교적인 것은 로고스가 나사렛 예수 안에서 육체적으로, 최종적으로 혹은 완전하게 현현했다는 주장이었다. 하지만 다른 한편으로 로고스와 예수를 동일시하는 것은 결국에는 로고스의 완전한 신성에 대한 확신으로 이어졌다. 이것은 로고스의 우주론적 기능에서 비롯된 것이 아니었고, 그 기능은 단지 하나님으로부터 출현한 것들이 신적인 기원에 대해 하위에 있다는 사실만을 암시했다. 로고스의 완전한 신성이라는 의미에서 하나님과의 일치는 종말론적인 계시 기능으로부터 비롯되었는데, 이것은 구원을 내포하는 하나님 자신에 대한 참여를 중재하는 기능이다. 그럼에도 불구하고 초기의 로고스 기독론에는 로고스가 아버지로부터 유래(Herkunft)함으로써 아버지와 일치한다는 사상이 관심의 전면에 놓여 있었다. 로고스가 아버지로부터 유래했다는 것은 그리스도론의 일신론적인 정당성을 보증하는 것처럼 보였다. 로고스의 표상은 한 분 하나님의 표상으로부터 도출되었으며, 하나님은 세계 창조를 통해 자신의 고유한 이성을 말씀으로서, 즉 하나님과 구분되는 만물의 기원을 이루는 말씀으로서 자신의 바깥으로 이끌어내셨다.[64] 이 출현(Hervorgang)의 표상과 다른 표상이

---

[64] λόγος ἐνδιάθετοσ와 λόγος προφορικός의 표상에 대해 다음을 참고하라. Theoph. v. Ant. *ad Autol.* II,10; 이와 유사한 것으로, Tatian *or.* 5,1ff., 또한 Tert. *adv. Praxean* 5.

또한 연결되었으며, 그것은 로고스가 아버지의 "실체"(Substanz)에 참여하고 있다는 표상이다.[65] 그런데 바로 이와 같은 로고스의 출현을 통해 모호함이 생겨나지 않았는가? 즉 한편으로 로고스가 아버지와 구분되어 피조물의 측면에 의존하게 된다거나, 혹은 다른 한편으로 일신론이 희생되고 있는 것이 아닌가? 피조물들 및 피조세계의 창조와 구분되는 아들의 "영원한" 출생(Zeugung) 사상은 용어의 한계를 설정하는 문제로 옮겨졌다. 하지만 그것으로써 중심적인 내용 자체가 해명되었는가? 오리게네스가 보기에 아직 그것은 분명 그렇지 못했다.

아타나시오스에게서 아버지와 아들의 일치는 근원적 관계라는 다른 기초 위에 근거를 두었는데,[66] 그것은 아버지라는 이름 속에 아들과의 관계가 이미 내포되어 있다는 논리에서 나온 관계였다. 그러나 이것으로써도 그 둘의 일치가 어떻게 더 자세히 이해될 수 있는지의 의문은 해명되지 않았다. 카파도키아 교부들은 그것을 설명하려고 노력했다. 그들은 세 위격이 일치한다는 증거를 그들의 활동의 일치 속에서 엿보았다.[67] 이와 함

---

65 Tert. *adv. Praxean* 2, unius autem substantiae... quia unus deus, ex quo et gradus isti et formae et species in nomine patris et filii et spiritu sancti deputantur; 참고. 4: filium non aliunde deduco, sed de substantia patris, 또한 9: pater enim tota substantia est, filius vero derivatio totius et portio. 또한 ebd. 43을 보라. 신적 위격들의 실체적 일치에 대한 오리게네스의 유사한 견해에 대해 다음을 참고하라. J. N. D. Kelly, *Early Christian Doctrines* 130f., 특히 실체적 일치의 "종(種)적인(generisch) 이해"에 대해 235을 보라.
66 아버지로부터 수용된 신적 본성에 아들이 참여한다는 점을 논의한다는 한도(c. Arian I,26-28; II,59f.)에서 아타나시오스는 테르툴리아누스나 오리게네스가 진술했던 사상을 넘어서지 못한다. 그 밖의 예증들에 대해 Kelly a.a.O. 244f.를 보라.
67 이에 대해 다음을 보라. J. N. D. Kelly a.a.O. 266f. 또한 위의 각주 55번에서 인용했던 테르툴리아누스의 해설을 참고하라. 젠슨은 풍부한 사상을 담은 자신의 저서(Robert W. Jenson, *The Triune Identity*, Philadelphia 1982, 113f.)에서 니사의 그레고리오스의 사상을 지적했다. 하나님 자신의 신성은 아버지와 아들과 영이 함께 결합된 공동의 활동 가운데 존재한다는 것이다(c. Eun. 2, 149, 그리고, Ablabius 124f.). 이 관점은

께 그들은 삼신론이라는 비판에 설득력 있게 대처했다고 믿었다. 하지만 만일 일치적 활동의 사고가 어떻게든 삼중적인 신적 위격성의 표상과 연관되어야 한다면, 신적 활동의 통일성은 모든 공동의 활동에 앞서 존재하는 신적 본질의 집합적(kollektiv)인 단일성으로 생각될 수도 있다. 공동의 활동은 위격들이나 이들의 구분에 중요하지 않다. 2세기와 3세기의 신학은 삼위일체적 위격들을 구분하는 근거를 아버지, 아들, 영, 이 셋의 다양한 활동 영역의 숙고를 통해 마련하려고 시도했다. 하지만 일치된 신적인 활동의 표상은, 4세기에 발전되었던 것처럼, 구분되는 위격들의 구성적 근거를 제공하지 못한다. 그러나 그 표상이 신적 위격의 다수성 개념에 모순되지 않는다는 것만으로도 이미 많은 것이 얻어졌다. 그 모순은 세 위격들의 일관성 있는 공동 활동의 표상을 통해 배제될 수 있다. 하지만 그 과정에서 위격들의 삼중성이 이미 다른 방식으로 근거되어 있을 것이라고 전제되어야 한다. 세 위격들의 상호관계, 그리고 각각의 존재의 독립성 혹은 비독립성은 그들의 공동의 활동의 일치성으로부터 추론될 수는 없다. 다만 여기서 요구되는 것은 신적 위격들의 구성이, 만일 다른 근거들로부터 하나님 안에 그러한 다수성이 생각될 수 있는 경우에, 그들의 활동의 일관성 있는 공동체성이 이러저러한 방식으로 이해될 수 있도록 사고되어야 한다는 사실이다. 여기서 존재론적으로 볼 때 서로 독립적으로 존속하는

단일한 신적 본질에 대한 세 위격들의 관계의 질문 속에 담긴 어려움들을 해결하기 위한 출발점을 형성할 수 있다. 이들의 공동의 활동이라는 "빛"의 단일성이 위격들의 상호관계로부터 형성된다면 그렇다. 하지만 나지안주스의 그레고리오스(Gregor von Nazianz)는 (아버지와 아들의 관계를 위한) 태양과 빛의 비유를 하나의 빛을 비추는 세 개의 태양이라는 표상으로(or. 31,14 MPG 36,148f.) 변형시켰는데, 젠슨이 그런 해석을 발견했다(ebd.). 이와 같은 사상은 그들 가운데 더 이상 발전되지 않았다. 게다가 그레고리오스가 비유를 재차 변형시켜야 했다. 왜냐하면 그 비유는 아버지로부터 발현된 위격들의 독립성을 충분히 숙고하지 않았기 때문이다. 다음을 참고하라. K. Holl, *Amphilochius von Ikonium*, 1904, 175 zu MPG 36,169B.

주체들의 집합적인 공동 활동이라는 표상은 그 사고를 통해 배제되지 않기에, 삼신론에 대한 의혹 또한 이런 방식으로는 제거되지 않는다. 그러므로 카파도키아 교부들이 그 의혹에 다른 방식으로 대처할 필요를 느꼈다는 것은 전혀 놀랄 만한 일이 아니다. 그것은 말하자면 세 위격들 사이의 관계를, 그 위격들의 구분성과 각각의 고유한 속성에 본질적이라는 관점에서 고찰하는 방법이었다.

아타나시오스는 개별 위격이 이미 다른 위격들에 대한 관계를 자체적으로 내포하고 있을 뿐 아니라, 그 점에서 그 관계가 없는 개별 위격은 결코 형성될 수 없다는 관점을 발전시켰다. 이것은 그에게서 아버지와 아들 사이의 관계와 관련하여 가장 뚜렷이 나타났다. 아버지는 아들 없이는 아버지로서 생각될 수 없다는 사실은 아들의 완전한 신성을 위한 그의 결정적인 논증이었다. 이 논증은 세라피온에게 보낸 편지들 안에서는 영에 대한 아버지의 관계로 이동했는데, 하지만 여기서는 아버지의 이름에서 비롯되는 동일한 근거를 통해 전개될 수는 없었다. 오직 아버지가 하나님이라는 사실로부터만 그 논증은 설득력을 얻어, 아버지는 그의 영 없이는 결코 아버지로 생각될 수 없다고 주장될 수 있다는 것이다. 카파도키아 교부들이 세 위격의 구별된 고유성과 관련하여 이 논증을 넘겨받았다. 세 위격의 특수성은 서로에 대한 관계를 통해 규정된다는 것이다.[68] 하지만 삼위일체 위격들의 특수성을 규정하기 위한 논리적 관점은 위격들의 구성에 대한 존재론적 질문에 대답하는 것에는 전혀 유익하지 않거나 단지 제한적으로만 유익했다. 여기서 카파도키아 교부들은 옛 사상을 다시 떠올렸다. 그것은 아버지는 신성의 원천이자 원리이며,[69] 아버지만이 기

---

68 Basilios ep. 38,7 (MPG 32,338B-339A), *Amphilochius von Ikonium* fgt. 15 (MPG 39,112), Gregor v. Nazianz, or. 29,16 (MPG 36,96 A) 그리고 or. 31,9 (MPG 36,141 C).
69 Basilios c. Eun. II,17 (MPG 29,605A), ep. 38,7 (MPG 32,337C) Gregor v. Nazianz or. 2 (MPG 35,445BC), 또한 or. 29,2 (MPG 36,76B), or. 31,14 (ib. 148f.), 특히

원이 없으신 분인 반면에 아들과 영은 신성 및 아버지와의 일치성을[70] 아버지로부터 수용했다는 사상이다. 이것은 니케아 이전의 삼위일체에 대한 이해인 "종속론"과 관련된 관점, 곧 아들의 완전한 신성을 승인하는 니케아의 구문에 맞서 투쟁했던 관점이다. 아리우스의 논거가 바로 그러했다. 아버지만이 기원이 없으며, 가장 높으신 하나님이며, 다른 모든 것들의 기원이시고, 자신 외에 어떤 다른 기원도 필요로 하지 않으신다는 것이다. 그와 달리 바실리오스는 신성의 무기원성(Ursprungslosigkeit)과 아버지의 비출생성(Ungezeugtheit) 사이를 구분했는데, 후자는 아버지의 고유한 위격의 특성으로서 출생된 존재인 아들과 대비되는 것이었다.[71] 하지만 그는 아타나시오스처럼 그렇게 멀리 나아가지는 않았으며, 아타나시오스는 위격적 구분의 관계적 제약을 상호 제약의 의미에서 아버지에게도 적용함으로써, 아버지는 오직 아들과의 관계 속에서만 "비출생적"이

Gregor Nyss. *adv. Maced.* 13 (MPG 45,1317A). 카파도키아 교부들의 삼위일체론의 일관성과 관련된 이 사상의 문제점에 대해 다음을 참고하라. K. Holl, *Amphilochius von Ikonium* usw., 1904, 146ff. 아들과 빛줄기의 일치라는 보다 익숙한 상과 더불어 아버지를 신성의 "원천"으로 보는 상에 대해 다음을 참고하라. Tert. adv. Prax. 8, 22, 29. 또한 Origenes in Johann II,3 (MPG 14,109D), 그리고 De princ. I,3,7 (60): *unus deitatis fons*, 또한 롬마취(C. H. E. Lommatzsch (ed.): *Origenes Opera Omnia 5*, Berlin 1835, 297)에 등장하는 그의 히브리서 주석의 단편을 보라.

70 나지안주스의 그레고리오스에 따르면 아버지는 다른 두 위격들에게 그들의 존재의 근원이자 그분 자신과의 일치성의 근거다. Gregor von Nazianz or. 40,43 (MPG 36,420B). "πατήρ는 οὐσία와 구분될 수 있는 위격(Hypostase)이라는 그의 주장이 논리적으로 성립될 수 없다는 점은 바실리오스(Basilius)와 마찬가지로 그에게도 조금도 의식되지 못했다"(Holl a.a.O. 174). 그 불일치성은 아버지가 신성의 원천이자 기원으로서 신적인 *ousia*와 구분될 수 없으며, 이것은 다른 두 위격들에서도 마찬가지라는 사실에 놓여 있다.

71 이 구분이 아리우스주의와의 논쟁에 대해 갖는 의미를 Holl 135f.에서 보라. 켈리(J. N. D. Kelly, *Early Christian Doctrines* (1958) 2.ed. New York und London 1960, 244)에 의하면 그 구분은 이미 아타나시오스에서 시작되었다(244).

라고 생각될 수 있다고 했다. 오히려 신성의 기원이자 원천인 아버지 표상 속에서 아버지의 위격과 신성의 본질은 다시 밀접하게 연관된 결과, 아버지는—오로지 아버지만이—근원의 방식에서 신적 본질을 특징으로 갖는 반면에, 아들과 영은 그 본질을 아버지로부터 수용한다고 생각되었다. 이것은 아타나시오스의 경우와 달리 종속론에 빠진 결과를 뜻한다. 왜냐하면 위격들의 고유한 특성의 상호 규정이라는 관점이 그들의 위격적 존재의 마찬가지로 상호 규정적인 존재론적 구성이라는 사상으로 확장되지 않고, 오히려 근원적 관계들이라는 의미로 해석되었기 때문이다. 이런 근원적 관계는 엄격하게 말하여 오직 위격적 존재에만 본질적이라는 점에서 아들과 영에 대해서 말해질 수 있었을 뿐이고, 반면에 아버지는 신성의 기원과 원천으로 간주되었다.

이와 같이 신적 본질의 단일성으로서의 아버지, 아들, 영의 일치성은 아들과 영의 완전한 신성을 추구했던 니케아의 교리적 투쟁 과정 속에서 충분한 명료성을 획득했다고는 말하기 어려울 것이다. 카파도키아 교부들이나 니케아 이전 신학의 분명한 일신론적인 의도에는 어떤 의심도 있을 수 없다. 그러나 그 의도가 불러일으켰던 논쟁은 단지 제한적으로만 긍정될 수 있다. 그렇기에 실질적인 문제는 후대의 신학이 새롭고 지속적인 노력을 요청받고 있다는 사실뿐이다.

2. 교의학의 구조 안에서 삼위일체론의 위치 정하기, 그리고 삼위일체론적 진술들의 근거 찾기

그리스도교 신론의 서술에서 전성기의 스콜라 시대 이래로 시도되었던 방법은 한 분 하나님의 현존재에 대한 질문으로 시작하여 그 한 분 하나님의 본질과 속성들을 다룬 뒤, 이와 연결하여 삼위일체론을 전개하는 과정이었다.[72] 이 설명 방식은 종교개혁의 교의학에서도 유지되었다.

멜란히톤은 1521년 그의 책(*Loci communes*)에서 신론을 완전히 배제했지만(CR 21,84), 1535년 이후(ib. 351)의 후기 작품집들(*Loci theologici*)은 하나님에 관한 항목(locus de Deo)에서 시작한다. 그 항목은 하나님의 현존재와 본질을 짧게 서술한 후 삼위일체를 자세히 다룬다(다음의 마치는 말을 참고하라. 1559 ib. 607-637). 칼뱅은 1539년 그의 책(*Institutio religionis christianae*)에서 하나님 인식에 대한 장을 앞세웠고, 이 장은 오직 한 분 하나님에 대해서만 다룬다(CR 29,279-304). 삼위일체론은 이미 1535년의 1판이 보여주는 바와 같이(ib. 71f.) 더 뒷부분에 위치했다. 즉 신앙 개념의 설명과 연결하여 신앙고백의 해석 곁에 두었다(c. 6,8ff., CR 29,481-495). 1559년 마지막 판에 이르러서야, 삼위일체론은 전체 작품집의 첫 번째 책으로 확대되었던 교리, 곧 창조자 하나님의 인식에 대한 교리와 연결되었고, 자연, 성서, 이성으로부터 하나님 인식을 다루는 것과 연결되어 서술되었다(*Inst*. I,13, CR 30,89-116).

아브라함 칼로프(Abraham Calov) 이래로[73] 구(舊)프로테스탄트 교의학자들이 강조했던 것은 그리스도교적인 신 개념이 삼위일체론을 통해서만 가

---

72 똑같은 전개 과정이 오늘날 그리스 정교회 교의학의 서술에서도 등장한다. 예를 들어, B. Staniloae, *Orthodoxe Dogmatik*, Gütersloh 1985. 라너(Rahner)는 이 과정에 대한 비판이 필요하다는 의식을 강화시켰다(K. Rahner, Bemerkungen zum dogmatischen Traktat "De Trinitate", in: Schriften zur Theologie 4, 1961, 103-133, 특히 110ff., 133).

73 A. Calov, *Systema Locorum Theologicorum t. 2: De Cognitione, Nominibus, Natura et Attributis DEI*, Wittenberg 1655 c. III (De descriptione Dei): Conceptus proprius exprimitur in Dei descriptione tum absoluto termino infiniti... tum relative, quod essentia divina trium sit personarum, vel in tribus subsistat personis... Qui vero non addunt mentionem trium Personarum in descriptione Dei, eam nequaquam genuinam aut completam sistunt, quum sine iisdem nondum constet, quisnam sit verus Deus (182).

능하며, 삼위일체론 없이는 불완전한 상태로 머문다는 사실이다.[74] 계몽주의 신학 역시 이런 이해를 고수했다.[75]

그럼에도 불구하고 사람들은 삼위일체에 앞서 최고 존재이신 하나님 (출 3:14)[76]과 그분의 속성들을 우선적으로 서술하는 것을 구약성서를 통해 정당하다고 느꼈다. 이 생각은 신약성서의 영으로서의 하나님 개념(요 4:24)과 연관되었고, 후에 그 개념을 통해 대체되었다.[77] 하나님의 속성들은 어떻게든 최고 존재 혹은 영이라는 개념으로부터 유도되었던 반면에, 삼위일체론은 그리스도교 계시의 특별한 내용으로서 이미 완성된 한 분 하나님의 표상에 추가되어 일반적인 신론의 추가항목처럼 다루어졌다.

중세 초기의 신학은 어떤 다른 방식을 알고 있었다. 페트루스 롬바르두스(Petrus Lombardus)는 그의 4권의 책 중 첫 권에서 삼위일체의 신비를 다루었고, 두 번째 장의 짧은 도입부 이후에 곧장 **삼위일체와 단일성의 신비**(*mysterium trinitatis et unitatis*)에 몰입하였다. 또한 그는 자연적인 하나님 인식에 대한 설명들과 더불어 성서의 삼위일체적 신앙에 대한 "**이성 및 유사성**"(*rationes et similitudines*)을 해설하기 시작했다. 여기서 자연적인 하나

---

74 참고. D. Hollaz, *Examen theologicum acroamaticum I* (Stargard 1707) Neudruck Darmstadt 1971, 324.
75 바움가르텐은 그의 책 『개신교 신앙론』(S. J. Baumgarten, *Evangelische Glaubenslehre*, 2. Aufl. Halle 1764)에서 삼위일체론이란 "보다 가까운 하나님의 계시의 본질적인 근본 진리"라고 말했다. "그 계시는 계시된 구원 질서의 가장 본질적인 부분들이 파괴되거나 지양되는 일이 없이…묵살되거나 알려지지 않고 논의되지도 않은 채로 남거나, 아니면 논란의 대상이 되거나 심지어 부정될 수도 있다"(I,425). 마찬가지로 제믈러도 그의 책(J. S. Semler, *Versuch einer freiern theologischen Lehrart*, Halle 1777)에서 삼위일체론(288f., 더 자세한 내용은 290-304)을 고수했으나, 단순히 계시적 삼위일체로 기울어지는 경향이 명백했다(300).
76 Hollaz a.a.O. 325.
77 Semler a.a.O. 271f. 왜냐하면 제믈러는 구약성서의 하나님 묘사가 불완전하다고 간주했기 때문이다(참고. 263ff.).

님 인식은 아우구스티누스가 규정한 관점, 즉 창조의 작품들 가운데서 삼위일체의 흔적들을 볼 수 있다는 관점에 따라 획득될 수 있으며, 그다음에는 인간의 영혼 안에서 더욱 명확하게 발견된다.[78]

롬바르두스, 그리고 아우구스티누스의 심리학적인 삼위일체 유비들에서 전적으로 향해진 관찰 방식과는 달리, 12세기 중반 길베르투스(Gilbert de la Porrée)는 이성에게는 단지 하나님의 단일성의 인식만 가능하다는 견해를 옹호했다. 그에 반해 그는 위격들의 삼중성을 순수한 신앙의 진리로 간주했다. 이 진리는 어떤 방식으로도 신적인 단일성으로부터 도출될 수 없다는 것이다.[79] 위격들의 삼중성(Dreiheit)을 하나님의 단일성(Einheit)으로부터 도출하려는 시도는 아우구스티누스의 심리학적인 삼위일체 유비에 의한 것이었는데, 길베르투스는 그것을 "사벨리우스주의"(양태론)로 보고 거부했다.[80] 그런 종류의 시도들은 초기 스콜라 철학에서 중요한 역할을 담당했고, 그것들은 하나님의 단일성의 교리를 삼위일체론보다 앞세우는 신론의 구조, 곧 나중에 표준이 된 신론의 구조가 생성되던 역사에 속한다. 그렇기에 신론을 구성하는 체계적인 문제는 이와 같은 신학사적인

---

78 Petrus Lombardus, *Sententiarum Libri Quatuor*, Paris 1841, 15ff.와 19ff. 생명 안에 있는 삼위일체의 형상(*imago Trinitatis in anima*, I d.3n.7, p.20f.)은 아우구스티누스의 견해(Augustin, *De trin*. X,12)를 수용하여 기억, 지식, 사랑(*memoria, intelligentia, amor*)으로 묘사되었고, 이것들과 하나님의 위격들(*Personen*)의 삼중성과의 차이를 크게 강조했다(*De trin*. XV,20ff.). 그러나 롬바르두스는 정신, 그것의 인식, 사랑(*mens, notitia ejus, amor, De trin*. XI,4)의 구성을 선호했는데, 왜냐하면 그 표현이 아버지의 우선성과 아버지의 아들에 대한 관계를 출생으로 더 잘 표현하기 때문이다(*mens quasi parens*: d.3 n.18, Sp.22f.).

79 이에 대해 다음을 보라. Gilbert M. A. Schmidt, *Gottheit und Trinitaet, nach dem Kommentar des Gilbert Porreta zu Boethius' De Trinitate*, Basel 1956, 59; 참고. 10. 또한, Gilbert, PL 64, 1262 C ff. 신적 본질 속에 있는 피조적 사물들의 존재 근거에 대해 1269 A ff.를 보라.

80 PL 64, 1279 C f.

맥락을 고려할 때 대단히 복잡한 것으로 인식될 것이다. 후대의 신학은 과거에 확정된 주제별 순서—먼저 한 분 하나님과 그의 속성들의 교리를 전개하고 그다음에 삼위일체론을 서술하는 순서—를 자명하다고 여기고 뒤따랐는데, 그런 자명성은 그것에 대한 문제 의식을 상실했기 때문으로 보인다. 신론의 구성에 대한 그런 결정의 배후에는 하나님의 단일성과 삼중성의 관계에 대한 실질적인 질문이 놓여 있다. 삼중성이 단일성으로부터 도출될 수 있는가? 이 경우 신론의 구성에서 하나님의 단일성과 삼중성의 주제별 순서는 체계적으로 정당화될지도 모른다. 이 순서는 물론 한 분 하나님에 대한 진술들을 **보충하여** 삼위일체론적인 진술들을 추가하는 것으로 이해될 수 있을 것이다. 그때 체계적인 맥락이란 단지 하나님의 단일성의 규정들이 그 자체로는 불충분하다고 설명되는 조건 아래서만 도출될 수 있는 결론이 될 것이다. 그렇지 않으면 삼위일체론적인 진술들은 신론의 구조의 토대를 마련하는 작업에서 어느 정도 불필요하거나 피상적인 것으로서 한 분 하나님에 관한 교의에 덧붙여지는 부록으로 보일 수밖에 없다. 하지만 하나님의 단일성에 관한 서술들이 신 개념에 대한 불충분한 규정임이 입증된다면, 그때 하나님의 단일성으로부터 도출된 신적인 삶의 내재적 구분은 어떻게든 부정적인 방식으로 중재된 것에 불과하게 된다.

하나님 안에 있는 단일성과 다수성의 관계 문제는 로고스와 영이 아버지로부터 파생된다는 것과 단순히 동일하지 않다. 물론 2세기 변증가들의 로고스 신학 이래로 그렇게 여겨지기는 했다. 이 사고의 경로는 영원하고 비시간적인 출생의 표상을 넘어 동등한 세 위격의 표상으로 나아갔다. 이와 더불어 카파도키아 교부들은 자신들의 가르침이 삼신론이라는 아리우스의 비난에 대항하여 삼중성 안에 있는 하나님의 단일성의 문제를 완전히 새롭게 제기했다. 아들과 영이 아버지의 위격으로부터 유래했다는 것은 삼신론에 관한 의혹에 대처하는 데 더 이상 충분치 못했다. 왜냐하면 이제 아버지 자신이 하나님 안에 있는 세 위격들 중 하나에 불과하며, 신적 본질의 단일성과는 구분되기 때문이다. 그렇지 않고 아들 및 영과는 달리 아버지만 신적 본질과 동일하다고 주장한다면, 아들과 영은 최고 신에 종속되는 위격들(Hypostasen)로 간주되어야 한다는 결론에 이를 수밖에 없었다(위의 각주 50). 신적인 본질의 단일성을 세 위격들을 결합시키는 종(Gattung)의 일치와 같은 것으로 생각하는 바실리오스의 견해도 마찬가지로 충분할 수 없었다. 그런 사고는 삼신론의 의혹을 불러일으킬 수밖에 없었다. 삼신론의 의혹은 신적인 세 위격들의 사역에서 공통성을 보증한다고 해도 무력화될 수 없었다. 왜냐하면 세 위격의 삼중성의 구성이 밖을 향한 공동의 사역보다 우선해야 하기 때문이다.

이러한 상황에서 해법은 다음 사실에서 찾아졌다. 그것은 신적 본질의 단일성이 삼위일체적인 모든 구분보다 앞선다고 주장하고 규정하는 것이었으며, 하나님 안의 세 "위격"의 구분이 보이지 않는 비밀로 되어버리는 대가를 지불하더라도, 모든 실체적 구분이라는 표상을 단일성으로부터 배제했다는 사실이었다. 아우구스티누스는 삼위일체론에 대한 자신의 저서에서 이 길을 택했다. 이에 대한 계기를 제공했던 것은 카파도키아 교부들의 명제, 곧 신적인 세 위격이 밖을 향한 사역에서 보여주는 공동성의 명제였다.[81] 그 결과 피조세계에서의 사역들에서는 오직 하나님의 단일성만이 인식될 수 있게 되었다.[82] 하지만 이 단일성은 어떤 조합도 생각될 수 없을 만큼 지극히 단순하다. 조합에 대한 표상은 그것이 어떤 것이라고 해도 신 개념 자체를 와해시킬 것이다. 왜냐하면 그때 그러한 조합의 원인에 대해 질문이 발생할 수밖에 없으며, 그렇게 조합된 것은 최고 혹은 첫째

---

81 Gregor v. Naz. *or.* 31,9; Gregor v. Nyssa *Ex comm. not* (MPG 45,180), 또한 Ambrosius *De fide* IV, 90 (CSEL 78,187f.), 그리고 *De spir. s.* II, 59 (MPL 16,786), 추가로 Augustinus *trin.* I,4,7 (CCL 50,1968,36): *inseparabiliter operentur* 그리고 IV,21,30 (CCL 50,202f.).

82 참고. A. Schindler, *Wort und Analogie in Augustins Trinitätslehre*, Tübingen 1965, 127.

원인으로 생각될 수 없을 것이기 때문이다.[83] 신적인 본질의 단순한 단일성이라는 표상을 토대로 하여 아우구스티누스는 삼위일체론적인 교리의 진술들을 해석하려고 시도하였다. 즉 "위격"의 삼중성에서 우선적으로 중요한 것은 실체적(substantiell)인 구분이 아니라는 것이다. 그렇기에 아우구스티누스는 *hypostasis*로서의 위격들의 구분에 대해 비판적이었다. 왜냐하면 *hypostasis*와 동급인 라틴어는 *substantia*(실체)이기 때문이다.[84] 하지만 하나님 안에서의 우연적(akzidentell)인 구분 역시 고려될 수 없는 것은 하나님의 불변성(Unveränderlichkeit) 때문에 하나님 안에는 어떤 우연적인 것도 있을 수 없기 때문이다. 이미 카파도키아 교부들이 아타나시오스의 견해를 승계하여 관계(Relation) 개념을 통한 삼위일체적인 구분이라는 이해를 발전시켰는데, 이것을 아우구스티누스가 수용했다. 물론 그것은 "위격들"의 구분성이 배타적으로 그들의 상호관계들로 인하여 제한된다는 의미에서 수용되었다.[85] 신적 본질 안에 관계들이 있다는 주장은 아우구스티누스에 따르면 신 개념으로부터 우연적인 규정들을 배제하는 것과 모순되지 않는다. 왜냐하면 하나님 안에 있는 관계들은 어떤 변화의 표현이 아니라, 오히려 영원부터 존재하는 것이며, 이에 반해 우연적인 것들은 변화하는 것들이기 때문이다. 즉 신적 본질 안의 관계성은 우연적인 것이 아니다.[86] 하지만 하나님의 절대적으로 단순한 본질성(*essentia*)으로부터 우연적

---

83 이에 대해 나의 다음 책을 보라. *Grundfragen syst. Theologie 1*, 1967, 302ff., 특히 306.
84 Augustinus *trin*. VII,5f. (CCL 50,260ff.); 참고. VIII,1 (268).
85 *Trin*. VIII, 1: ea dici proprie in ilia trinitate distincte ad singulas personas pertinentia quae relative dicuntur ad invicem…(269); 참고. V,5 (210f.), Gregor von Nazianz or. 29 (PG 36, 73ff.). 또한 아버지를 "출생하지 않은"(*ingenitus*) 것으로 묘사한 것도 아우구스티누스에 따르면(*trin*. V,6,7, [212,47-49]) 관계적인 표현으로 볼 수 있는데, 왜냐하면 일종의 관계성 부정으로 평가되기 때문이다.
86 *De trin*. V,4,5f. (209f.).

인 규정들을 배제해버리면, 그 결과로서 하나님 안에 있는 관계들의 구분들에 관해서도 아무런 진술도 할 수 없다는 결론이 필연적이지 않은가?

아우구스티누스는 하나님의 본질의 단일성으로부터 삼위일체적인 구분을 도출하려고 시도하지 않았다. 그가 삼위일체에 대한 자신의 작품에서 제시하고 논의했던 심리학적인 유비들은 단일성과 삼중성의 결합이 가능하다는 아득히 먼 표상만을 전달하며, 그것으로써 삼위일체 교리의 진술들에게 어떤 타당성을 마련해준다.[87] 그 유비들은 외부를 향한 신적인 사역의 공동성이라는 명제를 손상하지 않고서도 가능하다. 왜냐하면 인간의 영혼 안에 있는 하나님의 형상은 세 위격들 각각의 모사가 아니라 공동의 모사이기 때문이다. 모사(Abbild)는 원형(Urbild)의 뒤편에 머물기에, 아우구스티누스는 신적인 영의 단일성으로부터 신적인 세 위격을 도출한다는 의미를 지닌 "심리학적인 삼위일체론"에 도달할 수는 없었다. 반대로 그는 삼위일체의 모든 심리학적인 유비들이 불충분하다는 점을 강조했다.[88]

그러나 위(僞)디오니시오스(Ps.-Dionysius Areopagita)는 신적 본질의 단일성으로부터 삼중성을 도출하기를 시도했는데, 그는 최후의 위대한 신플라톤주의자였던 프로클로스(Proklos)의 신플라톤주의적인 단일성 사상에 동의하고 있었다. 플라톤의 『파르메니데스』(*Parm* 137 cff. 142 eff.)에서 발전된 두 견해들의 일치, 즉 일자를 초존재적 일자(Eines)로 보는 견해와 존재적 일자 및 전체(Ganzes)로 보는 견해의 일치는 프로클로스와 달리 디오니시오스에게서 세계가 자신의 다양성을 통해 직접적으로 신적인 것에 포함

---

87 쉰들러(A. Schindler)는 "제시된 유비들은 우리의 내면에서 엿볼 수 있는 것처럼 보이지만, 하나님의 삼위일체는 단지 믿을 수 있을 뿐"이라고 판단한다(a.a.O. 215). 어쨌든 그는 슈마우스(M. Schmaus, *Die psychologische Trinitätslehre des hl. Augustinus*, Münster 1927)의 설명과 달리, 아우구스티누스가 "심리학적인 삼위일체론이 아니라, 삼위일체론적인 심리학을 추구했던 것"이라고 보았다(221; 참고. 229ff.).
88 특히, De trin. XV,23,43 (CCL 50 A 520f.). 이에 더하여 Schindler a.a.O. 216.

되는 것이 아니라, 삼위일체적인 방식으로 해석되었다.[89] 출애굽기 3:14의 의미(PG 3, 596A, 637A)에서 존재 자체이신 하나님은 동시에 사유(Denken)이시며(869A-C), 그렇기에 관념의 총괄개념이실 뿐만 아니라, 초월적 존재의 단일성과 관계되어 있으시며, 그 단일성을 통해 모든 것을 하나로 통일시키신다(980).[90] 여기서 삼중성은 일자로부터 발현해서 다시 일자에게로 회귀한다는 의미의 일자 개념 안의 변증법으로부터 생성되었다.

수백 년 후 이 사상은 요한네스 스코투스 에리우게나에게 받아들여졌고, 스스로를 구성하는 절대적 근거(unum multiplex in seipso)라는 하나님의 사고로 발전했다.[91] 12세기 티에리(Thierry von Chartres)와 알랭(Alain de Lille)은 이 사태를 신적 단일성의 자기 동일성 사상 안에서 단일성과 동일성의 결합을 통해 깊은 인상을 주는 문구로 표현했으며, 3세기가 지난 후 니콜라우스 쿠자누스(Nikolaus von Kues)가 그것을 다시 사용했다.[92] 우리는 이 점에서 베르너 바이어발테스(Werner Beierwaltes)를 통해[93] 플라톤-신플라톤적인 단일성 사변이 그리스도교 특유의 방식으로 변형되고 사상적으로 완성되는 것을 볼 수 있다.

---

89 *De div. nom* I,5 (PG 3,593 B).
90 다음의 해석을 참조하라. W. Beierwaltes, *Denken des Einen. Studien zur neuplatonischen Philosophie und ihrer* Wirkungsgeschichte, Frankfurt 1985, 211ff., 또한 프로클로스에 대해서는 ebd. 205ff.
91 De divisione naturae III, Nr. 17 (PL 122, 674 C); 참고. W. Beierwaltes a.a.O. 337-367, 특히 347ff. 355. 셰프치크(L. Scheffczyk, Die Grundzüge der Trinitätslehre des Johnnes Scotus Eriugena, in: J. Auer/H. Volk: *Theologie in Geschichte und Gegenwart* (Festschrift M. Schmaus), München 1957, 497-518)는 이와 같은 사실에 동의하지 않는다.
92 Beierwaltes 368ff. 이미 아우구스티누스는 다음과 같이 말한다. quod pater et filius et Spiritus sanctus unius substantiae inseparabili aequalitate divinam insinuent unitatem (De trin. I,4,7; CCL 50, 35,4-6).
93 Ebd. 383.

신플라톤적인 영감을 받아 삼위일체적인 삼중성을 신적인 단일성으로부터 도출하는 것은 결국 논증구조와 관련해서는 안셀무스(Anselm von Canterbury)가 자신의 책(*Monologion*)에서 서술한 내용에 가깝다. 물론 내용적으로 안셀무스의 사고는 아우구스티누스 쪽을 향하며, 특별히 삼위일체에 관한 그의 작품집 9권이 말하는 정신, 인식, 사랑(*Mens, Notitia, Amor*)이라는 세 가지에 정향되었다.[94] 하지만 아우구스티누스가 스스로를 인식하며 사랑하는 영을 단지 먼 거리에서만 유사한 삼위일체의 모사로 보았던 반면에, 안셀무스는 삼중성을 영(*spiritus*)으로서의 최고 본성(*summa natura*)이라는 개념(*Monol.* 27)으로부터 직접 해명했다. 안셀무스의 논증은 많은 관점에서 2세기의 초기 그리스도교 변증론이 영으로서의 하나님 개념으로부터, 하나님 자신에게 고유하고 창조에서 비로소 등장하는 로고스를 추론했던 방식과 비교될 수 있다. 하지만 안셀무스는 이와 같은 일련의 사상을 창조 이전에 하나님 안에 존재하는 단일성과 삼중성의 관계라는 관점에서 발전시켰는데, 이것은 삼위일체의 교리를 전제한 것이며, 그 결과 삼중성이 단일성으로부터 도출되고 단일성에 의해 포괄되는 것으로 파악된다. 즉 사유하는 자와 그의 사유는, 또는 이 둘을 연결하는 사랑은 **단일한** 영이다(*Monol.* 29와 53). 그 과정에서 아우구스티누스의 삼위일체 유비

---

[94] Augustinus *De trin.* IX,2ff. (CCL 50, 294ff.). 아우구스티누스는 사랑에서 출발하는데, 여기서 사랑은 사랑하는 자, 사랑받는 자, 그리고 사랑이라는 삼중성을 포괄한다(2). 그러나 사랑은 사랑할 수 있는 자의 인식을 요구하며, 그리고 타자의 모든 인식은 이미 자기인식을 전제한다. 그 결과 타자에 대한 사랑보다 이미 자기사랑이 우선하게 된다(3). 이와 같이 아우구스티누스는 **정신, 인식, 사랑**의 삼중성에 도달한다(4). 안셀무스는 거꾸로 최고의 본성(*summa natura*)에 고유한 말씀을 유한한 사물들의 기원으로 삼고 그것으로부터 출발하여 "내적인 말씀"으로 향하며, 내적인 말씀은 사상으로서 외적인 것보다 우선한다(Monologion 9f., Werke ed. F. S. Schmitt I,24f.; 참고. Augustinus *De trin.* IX,7,12; CCL 50, 304, 4ff.). 그리고 그것으로부터 사랑에 도달하는데, 이 사랑을 통해 최고의 영(*summus spiritus*)은 자신과 본질적으로 동등한 말씀 및 아들 안에서 스스로를 사랑한다(Monol. 49ff.).

들은 영으로서의 최고 본질(summa essentia)이라는 개념으로부터 삼중성을 도출하기 위한 재료를 제공했다.

비슷한 방식으로 성빅토르의 리샤르(Richard von St. Victor)는 삼위일체에 대한 그의 저서에서 하나님 안의 삼중성을 최고 선(summum bonum)이라는 하나님 개념으로부터 도출했는데, 그 개념은 사랑(caritas)의 개념을 포함하고 있었다(III,2: PL 196, 916f.). 그런데 **카리타스**(caritas)로 규정된 사랑은 **타자에 대한 사랑**이어야 한다. Nullus autem pro privato, et proprio sui ipsius amore dicitur proprie charitatem habere. Opportet itaque ut amor in alterum tendat, ut charitas esse queat (916). 그래서 카리타스는 다수의 위격들을 요청한다. 하나님의 사랑은 오직 **신적인** 위격 안에서만 전적으로 적합한 상대자를 찾을 수 있으며, 그렇기에 다수의 신적인 위격이 상정되며, 이 위격들은 사랑을 통해 서로 결합되어 있고, 이들은 모든 것을, 또한 신성도, 공동으로 소유한다(III,8: PL 196, 920: utrumque unam eamdemque substantiam communem habere).

사랑의 개념으로부터 논증하는 것은 신적 삼중성을 영으로서의 하나님 개념으로부터 도출하는 것보다 실제로 **위격적인** 대상의 사고로 인도한다는 장점을 갖는다. 하나님 안에서 구분될 수 있는 복수성을 지닌 신적 위격성은 언제나 영으로서의 하나님 개념으로부터 출발하는 논증에 어려움을 야기했다.[95] 물론 아우구스티누스에게 그 어려움은 한 분 하나님 안에 있는 위

---

[95] 안셀무스에 따르면 아버지, 아들, 영이 "위격들"이라는 공동의 지칭을 통해 통합된다는 사실은 허용되지 않는다. Non enim putandae sunt tres personae, quia omnes plures personae sic subsistunt separatim ab invicem, ut tot necesse sit esse substantias quot sunt personae... Quare in summa essentia sicut non sunt plures substantiae, ita necplures personae (*Monol.* 79, p. 85, 18-22). 그 다음에 그 장은 다음 사실을 용인하면서 어느 정도 직접적으로 마무리된다. **어떻게** 아버지, 아들, 영이라는 **셋**이 존재하는가의 질문에 대해 어떻게든 어느 정도는 대답이 되어야 하며, 이 필연성을 위해서는 이전에 거부되었던 개념을 결국 다시 사용할 수밖에 없다는

격적인 삼중성을 말하는 교회적 교리와 관계가 있었고, 이 문제는 무엇보다도 위격의 사고가 개별적으로 존립하는 실체(Subsistenz)의 표상을 포괄하는 것처럼 보이기에 실체(Substanz) 혹은 존립의 구분이 신적인 본질(essentia)의 단일성과 하나로 통합될 수 없다는 점과 관계가 있다(trin. VII,4,8ff.; CC 50,257ff.).

리샤르의 논증의 두 번째 장점은, 그의 논증에서 영을 세 번째 위격으로 구분하는 것이 스스로 생각하고 사랑하는 영의 표상보다 더욱 명확하다는 점에 있다. 그에 따르면 세 번째 위격은 사랑하는 자와 사랑받는 자를 결합하는 사랑과 함께 야기되지 않는다. 그 사랑은 오히려 공동의 본질에 상응한다. 하지만 **카리타스**로서의 사랑은 자신과 마찬가지로 타자를 사랑함을 의미하며, 그러한 사랑을 통해 연결된 위격들은 그 세 번째 위격을 그들의 사랑에 대한 참여자로서 요구한다(III,11; PL 196, 922와 III, 15; ib. 925). 이러한 논증에 대해 둘만의 사랑의 공동체에 참여함에 있어 피조물 역시 고려될 수도 있는 가라는 이의 제기는 결코 부당한 것이 아닐 것이다(Thomas v. Aquin S. theol. I,32,1 ad 2).

삼위일체의 위격들과 이들의 공동체의 위격성이 사랑이라는 사고를 통해 더욱 강한 특징을 지니게 되었다는 점은, 비록 초기의 프란치스코 종파의 신학이 사랑이라는 사고를 강조하면서 리샤르를 뒤따랐음에도 불구하고, 신적인 본질의 정신성(Geistigkeit)으로부터 삼위일체적인 규정들을 도출하는 것보다 리샤르의 논증이 영향력의 측면에서 감퇴하는 것을 막을 수 없었다. 리샤르의 논증 역시 아우구스티누스의 사상에 뿌리를 두고 있었다. 삼위일체에 대한 그의 아홉 번째 책은 사랑하는 자, 사랑받는 자, 사랑이라는 삼중성으로 시작한다(trin. IX,2,2; 294,4; 참고. VIII,10,14; 290f.). 하지만 아우구스티누스는 이미 사랑에 관한 다음 장에서 인식의 문제로 되돌아간다. 어떻게 알지

것이다(a.a.O. 86,12-14).

못하는 것을 사랑할 수 있겠는가? (IX,3,3: quomodo amat quod nescit?, 296,1). 그렇기에 영의 개념에서 시작하는 논증은 하나님의 사랑을 이해하는 것에도 근본적이라고 간주될 수 있었다.

삼중성을 단일성으로부터 도출하려는 모든 시도들에 대해, 이미 위에서 언급했던 것과 같이, 길베르투스(Gilbert de la Porrée)가 "사벨리우스주의"(양태론)라고 비판하며 반대했다(위의 각주 80). 이 비판은 아우구스티누스를 향한 것은 아니었고,[96] 안셀무스나 페트루스 롬바르두스가 아우구스티누스의 사고를 사용하는 방식에 대한 것이었다. 아우구스티누스의 심리학적 유비들은 단일성으로부터 삼중성을 도출하는 것에 도움을 주지 않았으며, 삼위일체의 인식으로 인도하지도 못했고, 오히려 이미 믿고 있는 삼위일체를 차후에 구체화했을 뿐이었다. 물론 아우구스티누스는 하나님의 단일성을 매우 강조했으며, 위격들의 삼중성에는 엄격하게 말하자면 거의 어떤 공간도 허락하지 않았다. 그래서 길베르투스가 하나님 안의 삼중성은 하나님의 단일성으로부터 도출될 수 없는 순수한 계시적 진리라고 주장했을 때, 그는 아우구스티누스로부터 그다지 멀리 떨어져 있지 않았다(참고. *trin*. X,6f.). 1세기 후에 토마스 아퀴나스가 위격들의 삼중성이 이성적인 근거를 통해 강제적 필연성으로써 입증될 수 있다고 주장했을 때, 그것 또한 아우구스티누스의 이해와 가까웠던 한 가지 경우일 것이다. 비록 모든 각각의 피조물들 가운데서 삼위일체의 흔적이 발견될 수 있다고 하더라도, 그것으로부터 삼위일체의 위격들의 신적인 삼중성이 추론될 수는 없다는 것이다.[97] "플라톤적" 철학자들에게서도 그리스도교적 삼위일체론

---

96 슈미트(M. A. Schmidt, *Gottheit und Trinitaet*, 1956, 110f.)가 그렇게 말한다. 왜냐하면 슈미트는 아우구스티누스 자신이 이미 "심리학적 삼위일체론"을 발전시켰다고 가정하기 때문이다.

97 Thomas von Aquin, *Expositio super librum Boethii de Trinitate* ed. B. Decker,

에 근접한 사고들이 산발적으로 보이기는 하지만, 그것들이 한 분 하나님 안에서 위격적인 구분을 의미했던 것은 아니었다.[98]

삼위일체론의 신앙적인 특성을 강조한다는 점에서 놀라운 사실은 토마스 아퀴나스의 『신학대전』에서 신론의 체계적 맥락이 삼위일체론적인 진술들을 여전히 영으로서의 한 분 하나님의 개념으로부터 도출한다는 특징을 보여준다는 것이다. 세계의 최초 원인이라는 하나님의 표상으로부터 의미상 부정적인, 하나님의 단순성, 완전성, 무한성, 불변성, 영원성, 단일성이 도출될 뿐만 아니라, 또한 인식하고(I,14) 의지(意志)하는(I,19) 존재로서의 하나님의 정신적 측면도 도출된다. 그것으로부터 다시 하나님의 내재적인 발현(processiones)의 가능성이 근거된다. 말하자면 지성 안에서 인식된 것의 표상이 발현되며(I,27,1), 인식하는 자는 그 표상 안에서 파악된 인식의 대상 쪽으로 의지를 통해 사랑으로써 지향한다(I,27,3). 하나님의 내재적 관계들이라는 가정(I,28,4)은 그와 같은 하나님의 내적인 과정들을 행위(actiones)로 생각하는 것을 지지해주며, 실체적으로 존속하는 관계들로서의 위격의 교리(I,29,4)는 바로 그 가정을 재차 지지해준다. 그렇게 하여 세계의 최초 원인이라는 표상으로부터 시작하여 삼위일체의 위격들에 대한 진술들에 이르는 논리적 도출의 연속이 발생한다. 하지만 그것은 삼위일체의 인식이란 순전히 계시에 근거한 믿음의 인식일 뿐이라

Leiden 1955, q1,4 ad 1: ad primum ergo dicendum quod ea, quae in creaturis sunt plura, in deo sunt unum secundum rem. Et ideo quamvis in quolibet ente creato inveniatur aliqua trinitas, ex hoc tamen non potest necessario concludi quod in deo sint aliqua tria nisi secundum rationem, et haec pluralitas non sufficit ad personarum distinctionem (76,22-26). 그래서 이 글에 대한 답(responsio)에서 다음과 같이 말한다: Dicendum quod deum esse trinum et unum est solum creditum, et nullo modo potest demonstrative probari... (76,10f.). 이와 같은 생각을 토마스는 이미 그의 주석 부분에서 다루었다(I d 2 q a 4, Opera Omnia 7, Paris 1882, 40b).

98 *S. theol.* I,32,1 ad 1.

는 주장과 어떻게 합치될 수 있는가? 토마스 자신이 이 질문을 제기했고,[99] 그는 대답하기를 삼위일체와 같은 계시적 진리의 경우 이성은 **정합근거**(Kongruenzgründe)로만 제시될 수 있다고 했다. 정합근거란 관련 내용을 설명하기는 하지만 실상 이미 전제되어 있는 근거를 뜻한다.[100] 여기서 중요한 점은 **가정에 따른**(ex hypothesi) 논증이다. 이 논증은 삼위일체가 하나님의 자기 계시의 해석이라고 설명하는 과정에서도 등장한다. 하지만 토마스는 논증을 (한 분 하나님과 그분의 속성들에 대한 교리에서) 자연신학과 삼위일체론을 연결하는 형태로 발전시켰는데, 여기서 삼위일체론은 자연신학으로부터 도출된다.

그와 같이 한 분 하나님과 삼위일체론을 구분하고 그 순서대로 서술하

---

99 *S. theol.* I,32,1 arg. 2: Augustinus vero procedit ad manifestandum Trinitatem Personarum ex processione Verbi et amoris in mente nostra: quam viam supra secuti sumus. 이에 대해 q.27,1과 3이 지시된다. 이 논쟁에 대답하면서 토마스는 아우구스티누스의 해석에 반대하지는 않으며, 다만 다음과 같이 말한다. Similitudo autem intellectus nostri non sufficienter probat aliquid de Deo, propter hoc quod intellectus non univoce invenitur in Deo et in nobis (ad 2). 후자는 다시 다음과 같이 설명된다. 피조물의 작용들은 하나님의 기원 안에 있는 나뉘지 않는 단일성과 단순성 속에 포함된 것을 여러 가지 굴절을 통해 반영할 뿐이다(I,13,4c와 5c; 참고. ebd. I,12,4 resp.와 13,12 ad 2). 이것은 하나님의 단일성에 대한 아우구스티누스의 견해와 일치한다. 그의 견해에 따르면 하나님의 단일성은 여러 가지 실체들로써 구성된 모든 조합뿐만 아니라, 실체와 우연적 규정들로 구성된 신적 본질을 위한 조합도 또한 배제한다(*trin.* V,4,5,f.; CCL 50, 209ff.). 물론 아우구스티누스가 그런 조합들을 문제 삼았던 것은 하나님의 단순성 때문이 아니라 하나님의 불변성 때문이었다. 그에게 하나님의 불변성은 어떻든 단순성을 내포하는 것이었다(참고. *De civ. Dei* VIII,6, 또한 XI,10,1).
100 *S. theol.* I,32,1 ad 2: Alio modo inducitur ratio, non quae sufficienter probet radicem, sed quae radici iam positae ostendat congruere consequentes effectus... Trinitate posita, congruunt huiusmodi rationes; non tamen ita quod per has rationes sufficienter probetur Trinitas Personarum.

는 토마스 아퀴나스적 신론의 목차[101]는 이후의 시대에 대해 고전적인 형태의 모범이 되었다. 신론의 그와 같은 구조의 기초를 이루는 것은 하나님의 삼중적인 위격성이 그분의 단일한 본질 개념으로부터 도출된다는 사상이다. 이런 구성의 사고는 신론의 고전적인 목차에서 한 분 하나님의 현존재와 본질 개념, 본질의 속성들, 그리고 삼위일체라는 주제별 순서를 통해 적절히 표현된다. 하나님의 삼중성을 단일성으로부터 도출해내는 구성적 사고가 없다면, 삼위일체론이 하나님의 단일성을 뒤따르도록 서술하는 신론의 구성은 체계적 의미를 상실하게 된다.

서방 신학에서 고전이 되었던 신론의 구조가 삼위일체론의 근거를 하나님의 단일성에 두는 것과 내적으로 얼마나 관계가 있는지는 그것을 "정교회의 신앙 해설"과 비교할 때 눈앞에 분명하게 나타난다. 이 해설은 8세기 중반 다마스쿠스의 요한네스(Johannes von Damaskus)의 작품이었다. 이 작품은 그레고리오스(Gregor von Nyssa) 교리문답의 전형에 따라[102] 한 분 하나님의 존재

---

101 이미 이보다 선행되어 있었던 것은, 길베르투스 프라이포시티누스(Präpositin von Cremona)의 총론과 알렉산더(Alexander von Haies)의 이름으로 출간된 『**신학대전**』(*Summa Theologica*)이었다. 알렉산더의 책에서 삼위일체가 하나님의 본질성으로부터 도출되는 것은 아직은 토마스처럼 분명하게 신론을 둘로(즉 단일한 신적 실체에 대한 탐구들[*inquisitiones de substantiae divinae unitate*]과 삼위일체 하나님의 다수성에 관하여[*de pluralitate Divinae Trinitatis*]) 나누는 근거로 인식될 수 없었다(vol. I, Quaracchi 1924, 39-412와 413-488). 어쨌든 첫 번째 탐구(*inquisitio*)는 하나님의 의지에 대한 논문으로 끝을 맺고 있다(n. 266ff., pp. 360ff.). 그 다음에 리샤르(Richard von St. Victor)에 근거하는 도출, 즉 아들의 시대(*generatio Filii*)가 카리타스(*caritas*)의 사상으로부터 도출된다는 사실이 이어진다(q.l tit.l, c.l n.295 p.416b, 그리고 특히 q.l, tit.2 c.5, resp. n.311, p.453a). 알렉산더의 『신학대전』에서 암시된 것은 신적 사랑의 사고에 집중했던 프란치스코 종파의 개념적 표현이었다. 반면에 토마스는 그 표현과 인식론적으로 연관된 도미니크 종파의 형태를 찾고자 했다.

102 Gregor v. Nyssa, Oratio Catechetica Magna, *PG* 45,9-106. 이 언급은 유대교적 일신론에 대해 삼위일체적 하나님 개념을 정당화하면서 시작된다. 유대인들 역시 하나님

의 불가해성(I,1f.), 하나님의 현존재 증명들(I,3)로 시작하며, 이어서 다시 한 번 그분의 존재의 불가해성(I,4), 유일성(I,5)이 서술되고, 그다음 곧 첫 번째 책의 제6장부터 삼위일체론이 다루어진다. 그러나 이미 제1장과 제2장에서 삼위일체 하나님이 서술의 대상으로 언급된다. 그분의 본질의 단일성과 불가해성, 그리고 그분의 현존재와 본질이 처음부터 중요하게 다루어지는 것이다. 또한 그것으로부터 거꾸로 신적 본질의 삼위일체적 구별에 대한 서술이 이어지며,[103] 한 분이시면서 자신 안에서 삼위일체적으로 규정되는 신적 본질의 **속성들**에 대한 설명이 뒤따라온다(1,9ff.). 이와 같은 논증의 맥락 속에 포함된 기초적 구조에 주목한다면, 결국 우리는, 그레고리오스에게서 이미 나타난 것처럼 또한 여기서도 삼위일체적 규정성이 하나님의 단일성으로부터, 즉 그분의 정신성(Geistigkeit, 영성)으로부터 도출되는 시작 단계가 인식될 수 있다고 말해야 할 것이다(특히 I,6과 7). 다만 이러한 시작 단계는 아직은 신론의 체계를 전체적으로 규정하지는 못했으며, 후대의 중세기 라틴 신학에 이르러서야 그렇게 할 수 있었다.

고대 스콜라 철학에서 획득된 신론적 체계의 폐쇄성은 종교개혁 신학

을 비이성적(ἄλογον)이라고 생각하지는 않는다(c.l, PG 45,13 A). 다만 이성은 그것을 소유한 자 각각의 본성과 일치해야(kongruent) 한다. 그 결과 신적 로고스의 영원성이 등장하는데, 그는 불변하기 때문에 영원히 실체적으로 존속해야 한다(13 C). 동일한 방식으로 우리는 우리가 확정할 수 있는 실질적인 내용(ἀναλογικῶς)의 유비적 전이를 통하여 한 분 하나님 안의 세 번째 위격인 영의 개념에 도달한다(c.2,17). 이러한 맥락에서 볼 때 그레고리오스의 저술들에서는 삼위일체에 대한 아우구스티누스의 것과 비슷한 언급들이 발견된다. 우리는 우리의 영혼 안에 신적인 이성과 신적인 영을 어느 정도 이해할 수 있는 토대를 갖고 있으나, 그 이해의 실질적인 내용을 신적인 본질에 맞는 형태로 말할 능력은 갖고 있지 않다(MPG 45,18 CD).

103 이 서술(*de fide orth*. I,6 그리고 7) 안에서 다마스쿠스의 요한네스는 그레고리오스의 진술을 특별히 밀접하게 글자 그대로 뒤따르는데, 그것은 우리가 지금까지 서술한 것의 요약이라고 할 수 있다.

에서는 사라졌는데, 왜냐하면 종교개혁 신학은 삼위일체가 오직 계시로부터만 인식된다는 설명을 진지하게 취급했기 때문이다. 이것이 의미하는 것은 이제 삼위일체론의 진술들이 성서로부터 근거되어야 한다는 사실이다. 이 요청은 교의학의 모든 진술에 대해 예외 없이 제기되었을 뿐 아니라, 또한 하나님의 현존재와 하나님의 본질의 교리들에 대해서도 직접적으로 적용되었다(*absolute considerata*). 하지만 이 주제에 대한 교의학적 진술들은, 그 주제들의 성서적인 유래와 상관없이, 하나님의 정신성, 단일성, 유일성, 단순성, 완전성, 무한성, 영원성 등에 대한 스콜라 철학의 진술들과 내용적으로 대단히 광범위하게 일치했을 뿐만 아니라, 또한 그 진술들로부터 주어지는 사상적 맥락과 관련하여 전개되었다.[104] 하지만 구(舊)프로테스탄트 교의학은 삼위일체론과 관련한 교회의 가르침을 성서에 근거시키고 성서로부터 엄밀하게 표현하는 것에 제한했다. 물론 후기의 멜란히톤은 아들과 영의 삼위일체적인 발현을 여전히 아우구스티누스적 유비의 심리학적인 전통의 도움을 받아 하나님의 영적인 본질(*essentia spiritualis*)로부터 도출하기도 했다.[105] 하지만 이에 대해 즉각적으로 결정적인 이의가 제기되었는데, 그들은 루터교의 플라키우스(Flacius)와 후터

---

104 이에 대해 다음의 개요를 참고하라. C. H. Ratschow, *Lutherische Dogmatik zwischen Reformation und Aufklärung II*, Gütersloh 1966, 59-81. 예를 들어 칼로프(A. Calov)는 그런 형태의 속성론을 무한 영적 본질(*essentia spiritualis infinita*)이라는 하나님의 묘사(*descriptio Dei*)로부터 서술했다. Illa consequuntur vel essentiam, vel infinitatem, vel spiritualitatem (*Systema* 2,223).

105 *Loci theol*. 1559: At pater aeternus sese intuens gignit cogitationem sui, quae est imago ipsius…Haec igitur imago est secunda persona…Ut autem Filius nascitur cogitatione, ita Spiritus sanctus procedit a voluntate Patris et Filii (CR 21,615f.). 멜란히톤의 가장 가까운 제자들을 제외하고 몇몇 개혁주의 신학자들이 그의 의견을 뒤따랐으며, 특히 17세기 초의 케커만(Keckermann)이 여기에 속한다. B. Keckermann, *Systema ss. theol.*, 1611 (1,2).

(Hutter), 개혁교의 우어진(Ursin)이었다.[106] 그 결과 삼위일체론에 대한 구(舊)프로테스탄트 신학의 설명들 중 다수에서 신적 본질과 그 속성들 간의 일치의 진술들과 관련된 통상적인 사고의 맥락이 더 이상 발전하지 않게 되었다. 하나님의 본질에 대한 진술들은 절대적으로 고려할 때(absolute considerata) 그리스도교적 신앙의 삼위일체 하나님과 관계될 수 있으나, 삼위일체론 자체는 다른 관점에서 즉 상대적으로 고려할 때(relative considerata)만[107] 하나님의 본질을 대상으로 갖는다는 설명은, 위의 상황에서는 신론의 주제들을 단지 피상적으로만 포괄할 수 있었다. 사고의 내적인 관계는 더 이상 존재하지 않았다. 물론 그런 맥락의 표현이었던 목차, 즉 고대 스콜라 철학으로 소급되는 신론의 목차가 지속되고 있기는 했지만 말이다.

하나님의 절대적인 단일성의 교리와의 내적인 관계가 결여됨에 따라 삼위일체론은 비판에 쉽게 노출되었다. 우선 소키누스주의자들과 16세기의 다른 반-삼위일체주의자들[108]이 소위 교회적 교리의 불합리성을 근거로 하여 비판을 제기했고, 또한 삼위일체론을 위한 비판적인 성서 해석의 기초들도 비판의 대상이 되었다. 그런 해석이 요한복음 8:58; 17:5, 특히 요한복음 1:1ff.와 같은 내용과 풍부하게 관련되며 매우 부자연스러워졌을 때,[109] 아르미니우스주의자들은 이에 대해 오늘날의 독자들에게도 여전히 인상적인 비판을 제기했다. 그들은 아들과 영을 아버지에게 종속시켰고, 신학은 영원한 본질의 삼위일체(Wesenstrinität)의 가정과는 대립되는 단순한 계

---

106 다음의 인용들을 보라. C. H. Ratschow a.a.O. 90f. 그리고, H. Heppe und E. Bizer, *Die Dogmatik der evangelisch-reformierten Kirche*, Neukirchen 1958, 92ff.
107 J. F. König, *Theologia positiva acroamatica* (1664), Pars Prima, §32.
108 D. Cantimori, *Italienische Haeretiker der Spätrenaissance*, Basel 1949, 33ff. (세르베투스에 관하여), L. Sozzini와 F. Sozzini에 대하여는 166ff. 231ff.
109 이에 관한 소키누스주의자들의 논증에 대한 해설을 보라. D. F. Strauß, *Die christliche Glaubenslehre 1*, Tübingen und Stuttgart 1840, 467-475, 특히 472f.

시적 삼위일체(Offenbarungstrinität)로 만족해야 한다는 후대의 명제의 선행자들이 되었다.[110] 삼위일체적 진술들에 반대하던 지성적인 논증들을 위해, 그리고 그 논증들에 대한 성서적·해석학적 비판을 위해 결국 교회적 교리에 대한 역사비평이 등장했다. 그 교리의 발생이 고대의 후기 플라톤주의까지 거슬러 올라간다는 것이었다.[111] 그 비판을 통해 삼위일체론의 비성서적인 특성의 인상이 강화되었고, 그 이유에서 18세기 후반과 19세기 초반의 신학이 사람들이 성서에 증언되어 있다고 생각했던 계시적 삼위일체의 사고로[112] 되돌아가려고 했던 것은 이상한 일이 아니다.[113] 그쪽을 향한 경향이 이미 제믈러(Johann Salomo Semler)에게서 나타나는데, 그는 하나님의 아들 되심에 대한 보다 정확한 이해는 개별적인 판단에 맡겨야 한다는 아르미니우스주의의 제안을 지지했다.[114] 다른 한편으로 슐라이어마허의 삼위일체론이 그 경향과 관계되었으며, 기독론과 성령론의 출발점(*Der christliche Glaube*, §121,2; 참고. 97,2), 그리고 신앙론의 마지막에서 양자를 통합하는 논의(§170ff.)가 그러했다.

17세기와 18세기의 개신교신학에서 삼위일체론이 붕괴된 가운데 삼위

---

110 Ebd. 476-480, 특히 S. Episcopius와 Phil. van Limborch, Theologia christiana에 대하여(1689).
111 Souverain, *Le Platonisme dévoilé*, Köln 1700, deutsch 1782 von J. F.Chr. Löffler (*Versuch über den Platonismus der Kirchenväter*), 2. Ausg. 1792. 이것은 뢰플러(Löffler)가 "삼위일체론의 생성 과정의 특징에 대해 짧게 설명한 내용"을 포함한다.
112 교회적 교리에서 경륜적 삼위일체(*trinitas oeconomica*)와 본질적 삼위일체(*trinitas essentialis*)의 차이는 울스페르거(Urlsperger)에게로 소급된다(Joh. Urlsperger, *Vier Versuche einer genaueren Bestimmung des Geheimnisses Gottes des Vaters und Christi*, 1769-1774; Kurzgefaßtes System meines Vortrages von Gottes Dreieinigkeit, 1777).
113 다음을 참고하라. K. G. Bretschneider, *Handbuch der Dogmatik der evangelisch-lutherischen Kirche 1* (1814), 3. Aufl. Leipzig 1828, 544ff.
114 J. S. Semler, *Versuch einer freiern theologischen Lehrart*, Halle 1777, 298ff., 특히 301f.

일체론의 진술들을 하나님의 단일성의 표상과 내적·체계적으로 연결하려는 시도도 마찬가지로 누락되었다. 그 점에서 구(舊)프로테스탄트 신학 자체는 하나님의 단일성으로부터 삼위일체론을 도출하는 스콜라주의적인 작업을 해체시킴으로써, 그 붕괴 과정을 야기했다. 사람들이 삼위일체론의 계시적인 기원 때문에 스콜라주의적인 도출들을 거부했을 때, 하나님의 단일성에 대한 그리스도교적 이해는 새롭게 숙고되어야만 했다. 삼위일체가 하나님의 단일성과 하나로 결합될 수 있다는 증명은 어떤 경우에도 결코 포기할 수 없는 것이었고, 더 나아가 삼위일체 없이는 하나님의 단일성의 사고가 결코 적절하고 일관성 있게 사고될 수 없다는 사실 또한 그러했다. 칼로프(Abraham Calov)는 그러한 내용이 신앙의 명제라고 주장했지만, 이 주장을 사상적으로 전개하지는 않았다. 한 분이신 하나님이 삼위일체론과의 관계 없이도 생각될 수 있다는 외관이 생겨나는 순간, 삼위일체론은 한 분 하나님의 표상에 불필요한 부가물로 보일 것이 틀림없다. 이것은 삼위일체론이 계시의 비밀로서 여전히 매우 경건하게 다루어지고 있다고 해도 마찬가지다. 더 나쁜 경우는 그때 삼위일체론이 결국 불가피하게 하나님의 단일성과 조화를 이룰 수 없는 것으로 설명되는 것이다. 이 상황에 이르게 되면 역사비평은 물론이고 성서 해석학마저도 삼위일체론을 붕괴시키는 도구가 될 수 있다. 신약성서 안에서 아들과 영의 완전한 신성을 위한 근거들은 발견되지만 완성된 삼위일체론은 발견되지 않는다는 사실은 삼위일체론에 반대하여 비판적으로 적용된다. 왜냐하면 삼위일체론은 그 자체로 일관성도 없고 하나님의 단일성과도 조화를 이루지 못하는 것처럼 보이기 때문이다. 그러나 삼위일체론이 그리스도 안에서 자신을 계시하시는 하나님의 단일성을 완전하고 일관성 있게 묘사한다면, 위의 내용은 완전히 다른 전망을 보여주게 될 것이다. 그런 경우에 삼위일체론은 신약성서의 증언들 안에서는 단지 암시만 되었지만 실제로는 원시 그리스도교의 믿음 가운데 암묵적으로 이미 현존했던 내용을 체계적으로 파악하고 완성시킨 결과로 보일 것이다.

개신교신학에서 삼위일체론이 쇠퇴한 것은 그것과 하나님의 단일성의 사고가 충분히 중재되지 못해서 나타난 표현이자 결과이다. 이 사실은, 삼위일체론이 그리스도교적인 하나님 이해 및 철학적 신 개념에 대해 갖는 중심적 의미를 새롭게 보장하기 위해 필요했던 것이 오직 삼위일체를 영의 개념으로부터 도출하는 것의 재발견뿐이었다는 점을 통해 확인된다. 레싱(Lessing)은 삼위일체의 근거를 영 개념 안에 두는 것이 하나님의 자의식 속에서 일어나는 신적인 자기 이해의 표현임을 재발견하고 새롭게 주장했던 사람이었다.[115] 자의식의 철학으로부터 발전되었던 독일 관념철학의 신론은 레싱의 사상을 수용하여 인상 깊게 확장했다. 헤겔의 절대정신의 철학이 삼위일체론을 자기 자신을 의식하는 영이라는 사상을 통해 새롭게 전개한 것은 고전적 형태가 되었다. 헤겔은 당시 신학들과 달리 그리스도교의 중심적 교의를 전적으로 개선해야 한다는 점을 의식하고 있었다.[116] 실제로 삼위일체론이 없다면 그리스도의 신성에 관한 교리는 유지되지 못한다. 그렇게 된다면 예수는 어떤 신적인 영감을 받은 인간에 불과하다고 평가될 것이며, 교회는 예수의 인격성에 영향을 받아 생성된 인간

---

[115] G. E. Lessing, *Die Erziehung des Menschengeschlechts* (1780) §73. 또한, 그의 글, "Das Christentum der Vernunft" §1-12을 참조하라. 레싱이 아우구스티누스를 계승하는 스콜라주의의 가르침 가운데서 이에 상응하는 교리들을 언급하지는 않았지만 본질적으로 그 교리에 동의한다는 사실은 이미 트베스텐(Twesten)에 의해 강조되었다 (A. D. Chr. Twesten, *Vorlesungen über die Dogmatik der Ev.-Luth. Kirche* II/I, Hamburg 1837, 209 각주).

[116] 이 사실은 무엇보다도 헤겔의 1827년의 종교철학 강연에서 이렇게 말했던 것과 관련이 있을 것이다. "그리스도교의 근본적인 가르침들 가운데 대부분이 교의학으로부터 사라졌다. 오늘날 본질적으로 정통적이라는 철학도 그러한 것이 아니라, 무엇보다도 그 철학이 그러하다. 항상 유효했던 명제들 즉 그리스도교의 근본적인 진리들은 그 철학에 의해 유지 및 보존되고 있다"(*Vorlesungen über die Philosophie der Religion III* HG. G. Lasson, *PhB* 63, Hamburg, 1925, 26f.; 참고. I (*PhB* 59) 45ff., 41. 헤겔은 여기서 영이신 하나님은 최고 존재라는 표상 속에서만이 아니라, 오히려 반드시 **삼위일체 하나님**으로 이해되어야 한다"고 주장한다.

들의 신앙 공동체라고 말할 수 있다. 이 두 가지는 슐라이어마허의 신앙론에서 모범적으로 연구될 수 있다. 하지만 삼위일체론과 더불어 하나님과 그분의 계시는 그리스도교 신학의 중심에 놓인다. 이 중심적 기능을 의식하면서 뒤따라온 것은 헤겔을 통해 삼위일체론을 새롭게 전개했던 19세기의 사변신학만이 아니다. 또한 슐라이어마허 학파로부터 등장한 중재신학(Vermittlungstheologie)도 그 기능을 벗어날 수 없었다.

하지만 슐라이어마허 학파는 아들과 영을 통한 하나님의 역사적 계시를 삼위일체론의 토대로 굳게 붙들었다. 다시 말해 그 사람들은 영으로서의 하나님 개념으로부터 시작하지 않았으며, 이로부터 하나님의 자의식 속에서 발생하는 자기 구분의 표상을 사변적으로 발전시키지도 않았다. 삼위일체 하나님의 개념을 전개해야 할 필요성은 오히려 아들과 영의 완전한 신성에 관한 성서적 내용 속에서 발견되었다. 그 과정에서, 역사적 계시 속에 등장하는 아버지, 아들, 영이라는 하나님의 삼중성을 넘어서서 이에 상응하는 하나님의 영원하신 본질 안의 삼중성이라는 표상으로 건너가는 걸음이 실행될 수 있는 것인지, 그리고 반드시 실행되어야 하는 것인지가 논란의 대상이 되었다. 트베스텐(August Twesten)과 니취(Carl Immanuel Nitzsch)에 따르면 그 걸음은 필수적이다. 니취가 말했던 것처럼, 그 걸음은 모든 일신론이나 이신론적 경향에 대항하여 신 개념 자체에서 "하나님의 이러저러한 계시 방식들의 완전한 필연성"을 확고히 하기 위해 필요하다.[117] "하나님이 계시하신 그대로의 하나님이 아니라면, 그 계시의 삼위는… **절대적**이지 않다."[118] 그러나 뤼케(Friedrich Lücke)는 그 걸음의 필연성

---

[117] C. I. Nitzsch, Über die wesentliche Dreieinigkeit Gottes, in: *Theologische Studien und Kritiken* 1841, 295-345,305.

[118] Ebd. 306; 참고. A. D. Chr. Twesten, *Vorlesungen über die Dogmatik der Ev.-Luth. Kirche* II/I, Hamburg 1837, 203. 울스페르거(Urlsperger)에 대한 참조에 관련하여 199를 보라.

과 해석학적 정당성을 의심했다. 왜냐하면 아버지, 아들, 영으로서의 하나님에 대한 성서의 내용들은 하나님과 세계의 관계 속에 자리를 잡고 있기 때문이다. 뤼케는 트베스텐의 다음 명제에 동의하기는 했다. "하나님은 자신을 계시하신 모습 그대로 또한 존재하신다." 하지만 하나님이 사랑과 공의로서 자신을 계시하실 때, "그 안에는 실재적으로 내재하는 본질의 구분성"이 아직은 규정되어 있지 않으며, 마찬가지로 아버지, 아들, 영의 구분성도 규정되어 있지 않다고 했다. 절대적인 것은 "그 어떤 내재적인 구분도 허락하지 않는다."[119] 그는 "하나님이…자신을 계시해야만 한다거나, 자신 안에서 계시되어야 한다는 사실"을 "성서의 그 어디에서도, 요한의 문서이든 그 외 어디서든, 어떤 흔적도" 찾지 못했다.[120]

19세기 개신교신학은 삼위일체론에 대한 많은 중요한 공헌을 했음에도 불구하고 이 난제를 넘어서지 못했다. 아버지, 아들, 영의 신성에 대한 성서적 진술들로부터 하나님의 영원하신 본질 안에 있는 삼위일체적 구분성의 표상으로 나아가는 걸음은 뤼케나 다른 이들에게는 전혀 다른 어떤 "사변적인" 관찰 방식으로 도약하는 것처럼 보였다. 왜냐하면 본질의 삼위일체라는 표상은 역사적 계시의 소여성으로부터가 아니라, 단순히 신적인 본질이라는 순수한 개념으로부터—그것이 신적인 영이라는 개념이든지 혹은 하나님의 사랑이라는 개념이든지 관계없이—도출되었기 때문이다. 이와 같은 두 가지 논증 방식 모두는 성서 본문에 근거해서, 즉 "하나님은 영이시다"(요 4:24)와 "하나님은 사랑이시다"(요일 4:8)라는 요한의 두 문장에 근거해서 자신의 출발점을 각각 제시할 수 있었다. 이와 함께 출애굽기

---

119 Fr. Lücke, Fragen und Bedenken über die immanente Wesentrinität, oder die trinitarische Selbstunterscheidung Gottes, in: *Theologische Studien und Kritiken* 1840, 63-112, 108.

120 Ebd. 94, 삼위일체적인 구분성을 하나님의 자기인식과 자의식으로부터 도출하는 것에 대해 99을 보라.

3:14의 수수께끼 같은 구절이 언급될 수 있다. 교부신학 이후의 신학적인 전통은 하나님의 불변적 존재의 사고를 그 구절에서 취해왔는데, 그것은 하나님의 본질에 대한 "증명"으로 읽힐 수 있는 성서의 유일한 구절이다. 하지만 그 본문들로부터 삼위일체론적인 구분들을 도출하는 것이 어떤 다른 종류의 논증으로 도약하는 것이라는 사실은 신약성서 본문들의 특성에 대한 진보된 주석적 통찰을 통해 점점 더 분명히 인식되었다. 그래서 19세기 후반에 내재적 본질의 삼위일체에 관한 교리는 다시 억제되었고, 누구보다도 리츨(Albrecht Ritschl)과 그의 학파가 수행한 형이상학 비판의 영향 아래서 그러했다.[121] 하나님이 계시 속에서 "진실로 그 자신 그대로의 존재를" 전달하시기 때문에 내재적 본질의 삼위일체의 필연성을 고수하려는 곳에서도 "하나님의 본질 속에 있는 내적인 관계들에 관한 교회적 교리의 명제들은…신학의 사변적인 주장들이라고 하여" 배제되었다. 왜냐하면 그 명제들은 "역사적인 계시로 인도하는 대신, 다시 말해 그 계시 안에서, 바로 그 시간적인 소여성 안에서, 하나님의 영원한 본질에 대한 인식으로 나아가는 대신", 오히려 그 계시로부터 멀어지게 만들기 때문이라는 것이다.[122]

삼위일체의 구분을 하나님의 본질 개념으로부터 도출하는 것과 관련된 더 깊은 문제는 삼위일체론의 사변적인 갱신에 맞서 계시의 역사성에 근거하여 도입된 유보조건들을 통해서도 여전히 취급되지 못했다. 이것은 무엇보다도 삼위일체의 구분을 자의식 안에 있는 신적인 영의 자기 구분으로부터 도출하는 것이, 위격들의 삼중성이 하나님의 유일무이한 위격성의 표상으로 지양되는 쪽으로 흘러갔다는 사실을 의미한다. 한 분 하나님의 개념으로부터 삼위일체의 구분을 도출하는 것은 삼위일체론 자체와

---

121 다음 개관을 참고하라. F. A. B. Nitzsch/H. Stephan, *Lehrbuch der evangelischen Dogmatik 3*. Aufl. Tübingen 1912, 487ff. 그리고 삼위일체론에 대한 개별 교의학자의 입장에 대해서는 490ff.를 보라.

122 J. Kaftan, *Dogmatik* (1897), 3. Aufl. Tübingen 1901, 228f.

도 충돌한다. 이것을 이미 12세기 길베르투스(Gilbert von Poitiers)가 인지했는데, 그래서 그는 삼위일체론적인 진술들을 심리학적으로 도출하기 위해 아우구스티누스의 삼위일체론의 유비를 적용하는 것에 대해 비판했고, 그것이 "사벨리우스주의"(양태론)라는 이유로 거절했다(위의 각주 80). 비록 본질의 삼위일체에 대한 사변적·심리학적 해석들이 아버지, 아들, 영의 삼중성을 구속적 경륜의 여러 국면들에 관련시키고 그것에 제한시키려고 했던 역사적 사벨리우스주의와 동일하지는 않았다고 해도, "사벨리우스주의"일 수 있다는 비판은 흔들릴 수 없이 올바른 것이었기에, 결국 삼위일체의 심리학적 해석은 결국 비삼위일체적인 일신론으로 축소되어야 했다. 그렇게 사고된 하나님은 자신의 자의식 안에서 발생하는 모든 자기 구분에도 불구하고 항상 유일한 주체다. 자의식의 계기들은 각각 고유한 주체성을 획득하지 못한다. 그래서 이런 사고방식의 추종자들은 처음부터 한 분 하나님 안에 있는 세 위격들 혹은 세 "휘포스타시스"(Hypostasen)를 삼위일체론의 교의를 통해 주장하는 것에 어려움을 겪었다. 아우구스티누스가 이 지점에서 자신의 심리학적인 유비가 지닌 논증 능력의 한계만을 확언했던 반면에, 이미 안셀무스는 그와 반대로 세 위격의 교의를 말하는 것이 과연 적절한 것인지 의심했다.[123] 심리학적인 모델 안에서 아들과 영이 단지 아버지의 위격 안에만 있는 것이 아니라 각각 스스로 "존립하는"(subsistieren) 관계들로 증명하려는 시도들은[124] 인위적인 것이 되었다. 삼위일체론의 사

---

[123] 위의 각주 95.
[124] Thomas v. Aquin *S. theol.* I, 29,4 resp.: Relatio autem in divinis non est sicut accidens inhaerens subiecto, sed est ipsa divina essentia. Unde est subsistens, sicut essentia divina subsistit(어떤 관계는 하나님 안에서 우연한 것이 아니며, 오히려 그 자체가 신적 본질이며, 그래서 신적 본질이 존속하는 것과 같이 존속한다). 이 논증이 인위적인 것으로 보이는 것은 어떤 관계(*relatio*)가 하나님께 적용되는 경우 그것과 연관된 "관계된 것"(Relata)과 대립할 수밖에 없다는 사실에 놓여 있다. 비록 관계는 다른 모든 우연적 규정들과 마찬가지로 신성에 대한 진술 가운데서는 신적 본질과 구

변적인 개선이라는 지평 위에서 이 문제는 다시 떠오른다. 헤겔은 위격들의 다수성을 타당하게 만들기 위해 그것을 사랑이라는 관점으로부터 전개하지만, 그러나 절대정신의 자의식으로 전개하지는 않았으며,[125] 그리고 그 다수성의 문제를 사랑이라는 관점 아래 하나님 안에서 "용해되는" 것으로 규정했다.[126] 도르너(Isaak August Dorner)는 19세기 후반의 프로테스탄트 신학에서 본질적 삼위일체의 가장 중요한 옹호자인데, 그는 세 위격 대신에 한 분 하나님의 세 가지 "존재 방식"(Seinsweise)을 말하자는 독특한 제안을 했다.[127] 또한 독특한 것은 도르너의 제안이 내재적인 혹은 본질적

별될 수 없이 일치됨에도 불구하고 그렇다. 토마스 자신은 다른 곳에서 신적 본질의 관계들은 실제로는 구분되어 있지 않다고 말했다(I,39,1: *Ex quo sequitur quod in Deo non sit aliud essentia quam persona, secundum rem*). 신적 본질과 관련하여 관계들과 위격들은 단지 개념적으로만(*ratione tantum*) 구분될 수 있다는 것이다. 단지 대립적인 관계의 구성원과 관련해서만 현실적인 구분이 존재한다(*Comparata autem ad oppositam relationem habet virtute oppositionis realem distinctionem*). 토마스는 이것에 의해 위격들의 현실적인 구분의 근거를 마련할 수 있다고 믿었다(*quod personae realiter ab invicem distinguantur*). 하지만 신적 본질과 연관된 관계라는 표현들이 다른 모든 우연적 속성들처럼 단지 개념적으로만 구분될 수 있다면, 또한 그 관계들 사이에 존재하는 대립들에도 그러할 것이다. 이 점에서 토마스는 존속하는 관계들로서의 위격들의 독립성이 생각될 수 있는 가능한 것으로 보이도록 만드는 데까지는 도달하지 못했다. 이에 대한 대안으로 둔스 스코투스(Duns Scotus)가 신적 위격들의 "절대적" 구성이라는 표상을 상호관계성의 토대로 생각했던 것은 근거 없는 일이 아니었다. 이에 대해 다음을 참고하라. F. Wetter, *Die Trinitätslehre des Johannes Duns Scotus*, Münster 1967, 283-342. 이 부분은 영민한 박사(*doctor subtilis*)라는 별명을 가졌던 둔스 스코투스의 주석(I. Sent. d. 26)을 다룬다.

125 G. W. F. Hegel, *Vorlesungen über die Philosophie der Religion* hg. G. Lasson, III, 57과 60f. (MS), 특히 1824(71)과 1827(75)의 강연들을 보라.
126 1824년의 강연에서 그는 이렇게 말하였다. "신적인 단일성 안에 위격성이 용해되어 있다"(a.a.O. 72). 슈플레트는 그의 글(J. Splett, *Die Trinitätslehre G. W. F. Hegels*, Freiburg 1965, 148ff.)에서 헤겔에 있어 "사랑의 지양 그리고 그와 함께 타자로서의 타자의 지양"을 바르게 말한다(150).
127 I. A. Dorner, *System der christlichen Glaubenslehre I* (1879) 2. Aufl. 1886, 431과

인 삼위일체론을 인상적으로 갱신했던 칼 바르트의 작업으로 전달되었다는 사실이다.[128] 물론 바르트는 삼위일체론을 더 이상 영으로서의 하나님 개념으로부터 도출하려고 하지 않았다. 오히려 그는 삼위일체론을 예수 그리스도 안에서 발생한 하나님의 계시의 표현으로 이해했다. 하지만 『교회교의학』은 실제로는 삼위일체 하나님에 대한 사고를 아버지, 아들, 영으로서의 하나님의 역사적인 계시의 소여성으로부터가 아니라, 자기 계시라는 계시의 형식적 **개념**으로부터 전개했으며, 자기 계시의 개념은 바르트에 따르면 계시의 주체, 계시의 객체, 계시 자체라는 세 계기를 포괄하면서 동시에 이 계기들을 하나로 결합시킨다.[129] 이와 같은 계시적 삼위일체론의 모델이 자기 자신을 의식하는 절대자라는 모델과 구조적으로 동일하다는 것은 어렵지 않게 인식되며, 특히 하나님의 계시 안에서 계시된 존재(Offenbarsein)가 우선적으로 자기 자신의 계시됨(Sichselbstoffenbarsein)으로 생각되어야만 하는 경우에 그러하다.[130] 여기서 계시하는 주체는 오직 유일무이한 주체다. 바르트는 삼위일체론을 "계시 안에 계신 하나님의 주관성"의 묘사라고 직접적으로 이해할 수 있었다.[131] 한 분 하나님 안에 다수의 위격들이 있다는 것은 이 상황에서는 가능하지 않으며, 단지 하나님의 단일한 주체성의 구분되는 "존재 방식들"(Seinsweisen)이 있다고 생각될 뿐이다. 바르트는 추가적으로 아버지, 아들, 영의 신성에 대한 성서적 증언들

433, 또한 415ff.

[128] K. Barth, *Kirchliche Dogmatik 1/1*, 1932, 378. 도르너와 바르트의 관계에 대해 나의 책의 해설들을 참조하라. *Grundfragen systematischer Theologie II*, 1980, 96-111 (Die Subjektivität Gottes und die Trinitätslehre), 특히 99f.

[129] *KD* I/1, 332ff. 그리고 312ff.

[130] *KD* I/1, 502ff.는 계시 안에 있는 하나님의 자기 관계에 대해 말하는데, 물론 바르트는 헤겔과는 달리 그것을 언제나 성육신 사건과 관계하여 생각한다(참고. 각주 128에 인용된 논문, 102).

[131] K. Barth Werke V/4, 253f. 투르나이젠(E. Thurneysen)에게 보낸 편지.

을 각각 다루면서 신적 현실성의 세 가지 측면들이 각각 하나님의 자기 계시 안에서 출현할 뿐만 아니라 하나님의 영원한 존재가 각각의 측면에 대해 인정될 수 있다고 설명했는데, 하지만 이것이 위의 사실을 조금이라도 변경시키는 것은 아니었다.[132] 그와 같은 숙고는, 그 자체로만 본다면, 내용적으로도 하나님의 계시로부터 출발하는 삼위일체론의 기초를 형성할 수 있었을 것이다. 하지만 바르트의 삼위일체론의 맥락에서 그 숙고는 한 분 하나님의 자기 계시라는 개념 속에 내포된 삼중적인 존재 방식들에 대해 이미 전개된 진술들이 하나님 자신 안에 있는 영원한 존재에 대해서도 타당하다는 근거를 제공하는 기능만을 행사했다.

삼위일체를 하나님의 사랑이라는 개념으로부터 도출하려는 시도의 결과는 그다지 설득력을 갖지 못했다. 이미 리샤르(Richard von St. Victor)의 설명에서 두드러지게 나타났던 것은 그런 유형의 논증이 영 개념으로부터 삼위일체를 도출하는 경우보다 위격들의 독립성에게 더 많은 공간을 허락한다는 사실이었다. 이것은 특별히 헤겔의 종교철학에서처럼 위격의 다수성이 사랑의 관계의 **조건**으로 주장되는 경우에 그러하다.[133] 하지만 그 경우에 위격들이 사랑을 통해 구성된다거나, 사랑의 본질로부터 발생하기에

---

132 KD I/1, §10-12.
133 이에 대해 위의 각주 125에서 "종교철학 강의"로부터 인용한 문장을 보라. 삼위일체론의 근거를 사랑의 개념에 두는 것은 19세기 특히 사르토리우스에 의해 발전되었으며(E. Sartorius, *Die Lehre von der heiligen Liebe I*, 1840), 또한 뮐러가 세계에 대한 신적 관계의 전제로 주장하기도 했다(J. Müller, *Die christliche Lehre von der Sünde*, 1838, 3. Aufl. Breslau 1849, Band 2, 182ff.). 그것은 리프너(K. Th. A. Liebner, Die *christliche Dogmatik aus dem christologischen Princip dargestellt I*, Göttingen 1849, 127ff.)에게서도 발견되는데, 이것은 이전의 이해들에 대한 상세한 비판과 연관되어 있고(201ff., 특히 233-269), 삼위일체적 관계들 안에서의 호혜성(reciprocität)을 주장한다(265f.). 그리고 리프너의 설명에 따르면(132f.) 도르너(I. A. Dorner, *System der christlichen Glaubenslehre 1*, 409ff.)가 "삼위일체의 윤리적 도출"을 신적 자의식으로부터의 도출(405ff.: "Die logische Trinität")과 관련시켰다.

사랑의 관계가 상정될 수 있기 위한 어떤 다른 방식의 전제가 더 이상 필요하지 않다는 사실은 엿볼 수 없다. 물론 위격들의 발생이 사랑의 표현일 수 있다는 점이 생각될 수는 있다. 그러나 그 경우에도 항상 주체가 전제되는데, 그것은 사랑의 우선적인 주체로 그리고 다른 위격들은 그 주체가 산출한 것들로 이해될 수 있다. 이와 함께 유일한 신적 주체의 표상이 다시 등장한다. 다른 신적 위격들은 그들의 현실성에 관련하여 의심을 받지는 않지만, 그러나 첫 번째 위격에 종속되고 등급에서 동일하지 않다. 나아가 무엇보다도 이들의 통일성이 문제될 것이다. 위격들이 사랑을 통해 아무리 밀접하게 결합되어 있다고 해도, 위격으로서의 그들의 현존재는 사랑 안에서 서로를 향하는 사건보다 앞선 것으로 생각되어야 할 것으로 보인다. 위격적 존재가 사랑의 본질로부터 구성되었다고 해도, 그 본질이 위격들 안에서는 단지 현상적으로만 등장하는 독립적인 실재라고 생각된다면 말이다. 대부분의 경우 사랑은 신적 위격들의 속성 혹은 활동으로만 이해되었다. 그때 최소한 첫째의 신적 위격은 사랑의 주체로서 신적인 사랑의 이해를 위해 이미 전제된다. 반면에 첫 번째 위격으로부터 발현한 다른 위격들의 경우 그 첫 번째 위격에 대한 옛 종속론의 어려움들, 그리고 그 밖에도 신적 단일성에 대한 삼신론적인 위협들을 겪게 된다. 더구나 그 표상들은 요한1서 4:8의 본문에도 부합하지 않는다. 다시 말해 이 구절은 "하나님이 **사랑하셨다**"라고만 말하는 것이 아니라, "하나님은 사랑**이시다**"라고 말한다. 우리가 하나님이 사랑하는 주체시라는 표상을 따를 경우, 그와 같은 사고에 도달하지 못한다. 서로를 향해 사랑을 베푸는 다수의 위격들이 전제되는 경우에도, 위격들은 어떤 다른 것—즉 사랑—을 통해 결합된다. 여기서 사랑은 위격과 비슷한 어떤 제3의 것이 아니라, 세 번째 "위격"으로 생각될 수 있다.

하나님을 저편에 계신 사랑의 주체로, 그리고 사랑을 통해 합일된 삼위일체의 위격들의 다수성으로 이해하는 것에 반대하여 포이어바흐(Ludwig

Feuerbach)는 하나님과 사랑을 동일시하는 요한의 관점을 이용할 수 있었다. 사랑이 그러한 위격적인 대립들을 지양한다는 것이다. 윙엘(Eberhard Jüngel)은 그 비판에 상세히 개입하면서 그것에 대응했다. 그 비판은 사랑을 "추상적 에로스"라는 의미에서 이해했으며, "인간의 자기 실현의 총괄개념"으로서 전제했다는 것이다.[134] 하지만 실제로 포이어바흐는 사랑을 종(種)의 힘(Gattungskraft)으로 이해했는데, 그 힘을 통해 종이 개별자들보다 강한 것으로 입증된다는 것이다.[135] 포이어바흐에 반대하여 하나님과 사랑의 단일성을 보여주려는 자는 "하나님"을 피안적인 위격으로 전제한 뒤 사랑을 그 위격의 행위 및 속성으로서 그것에 귀속시켜서는 안 되고, 오히려 거꾸로 "세 위격들"을 역사적으로 구체적인 사랑의 현존재 형식들로 이해해야 하는데, 그 사랑은 바로 하나님 자신이다. 이에 대해 윙엘은 하인리히 숄츠(Heinrich Scholz)에게 동의하면서 "하나님이 표명하시는 사랑은 사실상 하나님 자신을 주체로 가져야만 한다"(462)고 말한다. 그는 하나님을 사랑의 주체로 확인하기를 반복한다. 이것은 바로 포이어바흐가 비판했던 내용이다. 윙엘은 "삼위일체 하나님의 존재가 사랑의 본질의 논리로부터 연역되지 않는다"(433)라고 강조하지만, 그는 실제로는 성빅토르의 리샤르의 논증에 매우 가까이 다가간다. "하나님은 자기 스스로(von sich aus) 사랑하는 자이시다.…그러나 그 사랑을 항상 받아들이는 사랑받는 자와의 관계가 없다면 자기 스스로 사랑하는 것이 불가능하기 때문에, 자기 스스로 사랑하는 자는 언제나 사랑받는 자와 관계되어야 한다. 그는 **아들이신 하나님**이다"(509). 윙엘은 계시 안

---

134 E. Jüngel, *Gott als Geheimnis der Welt*, Tübingen 1977, 457-470. 이곳의 464쪽에서 L. Feuerbach, *Das Wesen des Christentums* (1841) hg. W. Schuffenhauer (Werke 5) Berlin 1973, 410f., 436을 다룬다.

135 Feuerbach a.a.O. 35ff. 이것이 포이어바흐가 하나님이라는 **주어**보다 사랑이라는 **술어**에 우선성을 부여했던 의미다(435f.). 이에 대해 윙엘의 표제어인 "에로스"와 "자기 실현"은 개별자에 대한 지향성, 즉 포이어바흐가 종(種)의 현현으로만 인정하려 했던 개별적 주체에 대한 지향성을 넘어서지 못했다.

에 계신 하나님의 자기 긍정(Selbstbejahung)이라는 바르트의 모델을 사랑으로서의 하나님이라는 개념으로 변경하는 가운데 내재적 삼위일체의 구분성이라는 위격적 특성을 위한 더 많은 공간을 확실히 획득했다. 하지만 윙엘은 아들이 그가 사랑의 주체라고 부르는 하나님의 자기 구분으로부터 발현하도록 함으로써, 하나님은 **우선적으로**(a parte potiori) 아버지와 동일시되며, 그 결과 아버지가 아들 및 영과 동일하다는 사실은 신적 본질에 관련하여 의심스럽게 될 수밖에 없다. 이것은 (과거에 아들의 영원한 출생이라는 오리게네스의 사상과 유사하게) 자기 스스로 사랑하는 하나님이 "언제나" 그 사랑의 대상인 아들과 관계되어 있다는 확언과 상관없이 유효하다. 동시에 그와 같은 윙엘의 진술에 따르면 엄밀한 의미에서 요한의 말씀이 왜 하나님이 단지 사랑을 **소유**하는 것만이 아니라 사랑 자체**이시라고 말하는지** 정확한 의미로 이해되지 않는다.

삼위일체 위격들의 다수성을 한 분 하나님의 본질 개념으로부터─그 본질이 영이든지 사랑이든지 간에─도출하는 모든 시도는 결국 양태론 혹은 종속론의 곤란성으로 인도된다. 이 두 길 위에서 삼위일체 교리의 의도가 오인되어 왔다.[136] 사랑이라는 개념에서 시작하는 논증은 신적 자의식의 사고로부터 도출되는 논증보다 그리스도교적인 하나님 이해 및 삼위일

---

[136] 카스퍼(W. Kasper, *Der Gott Jesu Christi*, Mainz 1982, 326)도 또한 이 두 가지 도출 방법을 거부하는데, 다만 그것은 내용적인 이유에서가 아니라, 삼위일체가 "엄격한 의미에서 신비"(*mysterium stricte dictum*)라는 이유에서 거부되었다(326). 삼위일체적인 진술들은 추상적인 이성 원리들로부터 도출될 수 없으며, 오히려 아들과 영의 계시 안에 근거한다는 것은 매우 옳은 말이다(Kasper a.a.O. zu 마 11:27; 요 1:18; 고전 2:11, 또한 327을 보라. "우리는 삼중적 하나님을 오직 역사 안에 있는 그분의 말씀과 행위로부터만 인식한다"). 하지만 삼위일체의 신비를 지시할 때, 삼위일체 교리의 진술들의 근거는 성서적 계시 증언 안에 놓여야 한다는 사실이 거부되어서는 안 된다. 그렇지 않으면 신비에 관한 어떤 비성서적 개념이 예수 그리스도 안에 계시된 구원의 비밀(딤전 3:16; 롬 16:25)보다 앞서서 성서적 증언의 자리에 들어설 수 있다.

체론에 더 가깝다. 왜냐하면 전자의 논증은 신적인 삶 안에 있는 위격들의 다수성에게 일치를 향한 더 큰 공간을 허락하기 때문이다. 하지만 이 다수성은 다른 위격들의 생산자이신 한 분 하나님의 "주체성"과 관련된 삼위일체 이전의 일신론 사상을 고려하지 않고는, 신적 사랑의 표상으로부터 설명될 수 없다. 이 다수성은 신적 사랑의 개념 속에서 오로지 외적 결합의 통일성만을 찾을 수 있다. 그렇기 때문에 삼위일체론의 근거를 마련하는 작업은 아버지, 아들, 영이 계시 사건 속에서 현현하여 서로 관계를 형성하는 바로 그 방식으로부터 출발해야 한다. 삼위일체론의 근거를 성서의 계시 증언 내지는 구속적 경륜 안에 두라는 요구의 실제적인 정당성은 바로 그 사실에 놓여 있다. 우리가 그 요청을 뒤따른다면, 삼위일체론을 하나님의 본질론 및 속성론에 추가해야 할 주요한 근거는 사라진다. 오히려 하나님의 본질 및 속성들에 관한 적절한 진술은 아버지, 아들, 성령이신 하나님의 삼위일체적 계시와의 관계 속에서만 가능하게 된다. 물론 아버지, 아들, 영에 대한 그리스도교적인 진술, 특히 예수가 아버지로서의 하나님과 대화한 것은 하나님에 대한 앞선 잠정적인 이해를 언제나 전제하고 있었다. 하지만 그것은 철학적 신학의 이해가 아니라 종교의 이해이며, 그것도 이스라엘에게 분명히 알려진 하나님의 유일무이성이라는 특별한 의미에서의 이해다. 그와 같은 하나님 이해는 이스라엘이 종교사적인 주변세계와 논쟁하는 과정에서 나온 결과였다. 이것은 제4장에서 계시 개념을 다루면서 논의되었다. 하지만 그와 같은 유대교적 하나님 이해는 결국 예수의 아버지에 대한 관계 속에서 다시 한 번 암묵적으로 변형되며, 이 변형의 명시적인 표현은 그리스도교적인 삼위일체론 안에서 발견되었다. 한 분 하나님, 그분의 본질, 그분의 속성에 대한 그리스도교적인 진술들은 예수의 아버지께 대한 관계 속에서 계시된 삼위일체 하나님에 관계된다. 그렇기에 그 진술들은 삼위일체론과 연관될 때 비로소 설명될 수 있다. 바로 이 점이 칼 바르트의 『교회교의학』 안에서 올바로 제시되었다. 물론 바르트는 삼위일체론을 하나님의 단일성, 그리고 계시 안에 있는 그 하나님의 "주체성"이라는 삼위일체론 이전의 사고에 예속시켰기 때문에, 하나님의 본질론 및 속성론이 삼위일체론에 대해 갖는 기능을 아직 인식할 수 없었다. 그 기능은 삼위일체 하나님의 본질과 속성들에 대한 질문을 통해서만 비로소 그 하나님의 단일성이 주제화될 수 있다는 사실에 놓여 있다. 그렇게 될 때, 삼위일체를 아버지의 위격으로부터 혹은 신적 본질의 단일성으로부터 도출하려는 시도와 피할 수 없이 결합되어 있는 오류들은 회피될 수 있게 된다.

3. 신적인 위격들의 구분성과 단일성

a) 출발점: 예수 그리스도 안에서 발생한 하나님의 계시, 그리고 삼위일체론의 전통적인 용어

앞 단락(5.2)의 논의가 인도했던 결론은 삼위일체론의 체계적인 근거와 전개는 예수 그리스도 안에서 발생한 하나님의 계시로부터 출발해야 한다는 것이었다. 이것은 그리스도교 신학 안에서 삼위일체론이 형성되어 온 역사적인 길이 그 출발점을 예수의 메시지와 역사로부터, 혹은 사도들의 그리스도에 관한 선포로부터 취했던 것과 마찬가지다. 이미 중세신학이 나름대로의 방식으로 그리고 점점 더 강해지는 결단과 함께 삼위일체론의 계시적 성격에 대한 통찰을 강조했다. 그래서 종교개혁 신학은 삼위일체론을 서술하는 원천으로 오직 성서의 증언만을 인정했는데, 이것은 옳았다. 물론 그 신학은 그렇게 인정한 후 신론을 구성할 때 발생하는 체계상의 어려움도 잘 알고 있었다. 또한 19세기 초에 슐라이어마허와 가까웠던 신학자들, 곧 니취(Nitzsch), 트베스텐(Twesten), 뤼케(Friedrich Lücke), 브레트슈나이더(Karl Gottlieb Bretschneider) 등은 삼위일체적인 하나님 개념을 사변신학을 통해 영으로서의 하나님 개념으로부터 갱신하려는 작업에 반대했고, 그리스도교 삼위일체론의 기준은 성서적 계시 사건 속에서 찾아져야 한다고 주장했다.¹³⁷ 그 과정에서 트베스텐과 니취는 어쨌든 울스페르거(Urlsperger)를 인용하면서 계시적 삼위일체와 본질적 삼위일체의 불가분리한 상호 일치성을 강조했다.¹³⁸ 이들은 여기서 많은 후대 신학자들보다 더욱 명확하게 통찰했다. 즉 하나님은 자신을 계시하신 그대로, 그분의 영원한 신성 안에서도 존재하신다.

20세기 신학에서 이 내용이 칼 바르트에 의해 다시금 대단히 명확하게 파악되었다. 바르트의 특별한 공로는 이러한 통찰을 통해 그가 『교회교의학』의 교의학적 구성 안에서 삼위일체론이 차지하는 자리를 마련하는 체계적인 결과를 이끌어 냈다는 점이다. 삼위일체론을 신론이 아니라 교의학 프로레고메나(서론)에 위치시킨 것이 실질적으로 만족할 만한 해결책인지는 논란이 될 수 있다.¹³⁹ 하지만 어떻든 예수 그리스도 안에서 자신을 계시하신 그 하나님이 누구신가라는 질문에 대답해야 하는 경우라면, 바르트가 삼위일체론을 계시 개념의 설명과 연결하면서 하나님의 본질과 속성들의 교리보다 앞서서 다룬 것은 적절했다고 평가되어야 한다. 그 질문은 계시의 하나님의 본질적인 특성들에 대한 의미 깊은 질문이 던져지기 이전에 이미 답변되어야 하는 것이다.¹⁴⁰

---

137) 이것은 A. D. Chr. Twesten, *Vorlesungen über die Dogmatik der Ev.-Luth. Kirche II/1*, Hamburg 1837, 198f.에서 명확하다. 트베스텐에 따르면, 삼위일체론의 근원은 "그리스도교에 본래적인 구원의 의식"이며(182), "사변적 삼위일체는 아직은 두말할 필요도 없이 그리스도교적인 삼위일체와 같은 것이 아니다"(196).
138) 위 각주 118f.를 보라.
139) W. Kasper, *Der Gott Jesu Christi*, Mainz 1982, 379. 그는 바르트의 이러한 수행(*KD* I/1, §8-12)을 바르트 자신이 자연신학을 거부했던 것과 연결시킨다.
140 카스퍼(W. Kasper)는 한 분 하나님의 본질과 특성들에 대한 진술들을 "삼위일체의 기원이자 원천"인 아버지와 연결시키고 싶어 하며, 그 점에서 "아버지는 하나님의 하나인 본질을 소유하시는데, 아들과 영에게 그 본질을 선사하는 방식으로 소유하신다"라고 주장한다(a.a.O. 381). 하지만 아버지가 아들 없이도 그리스도교 신앙 속에서 이미 하나님이실 수 있는가? 아버지는 아들과의 관계 속에서, 그리고 아들의 계시를 통해서

하지만 한 분 하나님이 아버지, 아들, 성령의 세 위격 속에서 존재하신 다는 분명한 공식이 예수 자신의 메시지 안에서도, 신약성서의 증언 안에서도 명시적인 문구로써 확증될 수 없다면, 도대체 어떻게 삼위일체적인 하나님 개념이 예수 그리스도 안에서 발생한 하나님의 계시로부터 근거된 다고 말할 수 있는가?

삼위일체론에 대한 성서적인 증명은 구(舊)프로테스탄트 교의학이 광범위하게 신약성서는 물론 구약성서로부터도 시도했던 것이다. 하지만 이 증명은 역사비평의 성서 해석이 등장한 이후로 극도로 좁은 토대 위에 겨우 근거될 수밖에 없었다. 이미 제믈러(Johann Salomo Semler)는 이런 맥락 속에서 인용된 많은 성서 저자들이 "**우리에게 불명확하고 불필요하게**" 되었다고 판단했다.[141] 특별히 그는 삼위일체에 대한 성서적인 증빙을 신약성서에 제한할 것을 요구했다. 이 요구는 19세기 초 이래로 거의 보편적으로 인정되어왔다.[142] 그러나 이미 그 당시에 신약성서를 통해 삼위일체의 명시적 주장을 증명하는 것마저도 어려워지고 있었다.[143]

그다음에 마태복음 28:19의 세례 명령의 구문, 특별히 아버지와 아들과 성령의 유일한 하나의 "이름"에 관한 내용이 있다. 세례는 이 이름으로 시행된다. 후대의 4세기의 삼위일체 신학의 의미에서 세 위격 안에 계신 한 분 하나님의 표상은 그 구문을 인용할 수 있었다. 하지만 삼위일체를 그 구문 자체에서 읽지는 못했다. 비록 그것은 셋 모두를 포괄하는 하

(마 11:27) 하나님으로 인식되시지 않는가?
[141] J. S. Semler, *Versuch einer freiem theologischen Lehrart*, Halle 1777, 295.
[142] K. G. Bretschneider, *Handbuch der Dogmatik der ev.-luth. Kirche I* (1814) 3. Aufl. Leipzig 1828, 476-484. 이것의 결과는 다음과 같다. "구약성서는 우리에게 이런 가르침을 주기에는 불명확하다"(483).
[143] A.a.O. 484ff.

나의 이름이며 의심할 바 없이 신적인 이름이라고 하더라도, 그 구문은 아버지, 아들, 영의 상호 귀속의 특성에 대해서는 아무것도 말해주지 않는다. 이름의 단수성은 주 예수의 이름에 근거하여 세례를 주는 여타의 구문들(행 8:16; 19:5)에서도 근거를 갖는다. 그것은 세 소절의 구문으로 확장되었다(참고. 디다케 7:1,3).[144] 예수의 이름에 기초한 세례문구가 삼위일체론적인 세례문구로 확장된 실질적인 이유들을 평가함으로써, 그 이름의 단수성은 그리스도교 세례의 그와 같은 역사적인 기원을 배경으로 하여 해석되어야 한다. 삼위일체적 세례문구는 삼위일체론의 발전에서 놀라운 역할을 하였지만, 그 자체로만 본다면 4세기 신학의 의미에서 단일한 삼위일체적인 하나님 개념에 대한 충분한 근거를 형성하지는 못했다.[145]

신약성서 안에 있는 또 다른 삼중적인 구문들이 삼위일체론의 발전을 위한 충분한 기초로 관찰되는 일은 더 적었다. 교의학의 전통은, 오늘날 보편적으로 첨가된 문헌으로 판단되는 요한1서 5:7f.와 더불어[146] 고린도후서 13:13을 인용했다. "우리 주 예수 그리스도의 은혜와 하나님의 사랑과 성령의 교제가 너희 모두와 함께 계실지어다." 여기서 하나님, 그리스도, 영은 나란히 언급될 뿐이며, 그리스도와 영은 "하나님"과 구분되고 있다. 이 축복의 인사는 결

---

144 이에 대해 다음을 보라. G. Kretschmar, Der heilige Geist in der Geschichte. Grundzüge frühchristlicher Pneumatologie, in W. Kasper (Hg.): *Gegenwart des Geistes. Aspekte der Pneumatologie*, Freiburg 1979, 92-130, 특히 128f. 또한 L. Abramowski, Die Entstehung der dreigliedrigen Taufformel—ein Versuch, in: *ZThK* 81, 1984, 417-446, 특히 438ff.
145 이미 브레트슈나이더(K. G. Bretschneider a.a.O. 484ff., 488f.)가 이 점을 올바로 보았다.
146 이는 이른바 "Comma Johanneum"(요한 소절[小節])이라 부른다. "왜냐하면 증언하는 이가 셋이다. [하늘에 계신 아버지, 로고스, 성령, 이 셋은 하나다. 그리고 셋은 땅 위에서 증언한다.] 이 셋은 영과 물과 피다." 이에 대해 다음을 참고하라. R. Schnackenburg, *Die Johannesbriefe*, 2. Aufl. Freiburg 1963, 37ff.

합되어 표현되고 있기는 하지만, 결코 셋 모두에 대해 주장될 수 있는 신성을 말하지는 않는다. 오히려 그것은 로마서 11:36의 경우에 해당할 것이다. "모든 것은 그로부터, 그를 통하여, 그를 향하여 존재할 것이다." 만일 여기서 구분된 세 소절이 확실하게 아버지, 아들, 영에 각각 관계된다면 말이다. 하지만 여기서 중요한 것은 바울이 구속사 위로 옮겼던 스토아적 구문이다.[147] 또한 이 구문은 고린도전서 8:6에도 근거하는데, 이 구절의 첫 번째와 세 번째 소절은 분명히 아버지 하나님께 관계되고, 두 번째 부분은 "주 예수 그리스도"와 관계되어 "그를 통해 모든 것이 존재하며 그를 통해 우리도 살아간다"라고 말한다. 영의 언급이 누락된 것, 그리고 "하나님"이라는 이름을 아버지께만 관계시킨 것은 삼위일체적 해석을 배제한다. 나아가 에베소서 4:6은 구문의 모든 세 소절을 아버지께만 관계시킨다(참고. 또한 히 2:10). 반면에 골로새서 1:16은 아들에 관해서만 말한다. "모든 것이 그를 통하여, 그리고 그를 향하여 창조되었다." 이와 같은 구문들 가운데 그 어느 것도 삼위일체적 하나님 이해를 표현해주지 않는다.

비슷한 논리가 구(舊)프로테스탄트 교의학이 삼위일체론의 성서적인 근거로 인용했던 예수의 세례 전승에도 해당한다(마 3:16f.와 병행구절들). 예수의 세례 사건에서 아버지, 아들, 영은 서로 긴밀히 결합되는 것으로 언급되며, 나아가 그 사건은 마태복음 28:19의 삼위일체적 세례문구의 형성에도 영향을 주었지만, 그러나 그 수세 기사 안에서 예수는 결코 후대의 삼위일체론의 의미에서 신성에 참여한 것으로는 보이지 않는다. 삼위일체론의 형성과정을 뒤돌아보았을 때 비로소 예수의 세례 전승은 삼위일체의 세 위격들의 연합을 구체적으로 설명한 것으로 파악되고 주장될 수 있었다. 이것은 예를 들어 하나님의 예정의 결의 속에 선재하는 "아들"을 양자로 삼는 예식이나 공적인 공표와는 구분된다. 그와 같은 회고적 해석을 통해 예수의 세례는 신학뿐만

---

147 U. Wilckens, *Der Brief an die Römer II*, Neukirchen 1980, 272ff.

아니라 그리스도교적인 예술사 안에서도 구속사의 고전적인 상황들 중 하나로 취급되었는데, 이것은 대체로 올바른 것이었다. 그 과정에서 삼위일체가 표현되었다.

칼 바르트는 이와 같은 사태에 직면하여 이렇게 말했다. 물론 성서 안에 삼위일체에 대한 "명시적인 지시들"이 있기는 하지만, 우리는 "구약성서든 신약성서든 그 안에서 삼위일체론에 대한 직접적인 언급을 찾으려고 해서는 안 된다.[148] 어느 정도 명백한 언급들은 아들[149] 그리고 성령[150]의 신성에 대한 성서적 기록 속에 틀림없이 있다.

하지만 그런 경우들에서도 아들과 영의 신성이 아버지의 신성과 어떤 관계에 있는지는 명확하게 인식되지 않는다. 신약성서는 하나님을 말할 때 보통 아버지의 신성을 명확하게 눈앞에 두고 있다.[151]

---

148 *KD* I/1, 1932, 330f.
149 그러한 진술들은 특히 요한의 문서들에서 발견된다. 토마스가 고백한다. "나의 주, 나의 하나님"(요 20:28). 그리고 요한1서는 예수 그리스도에 대해 말한다. "이 분은 참하나님이며 영원한 생명이시다"(요일 5:20). 이에 더하여 세 번째로 또한 로고스에 대한 요한복음 서문의 언급을 생각할 수 있다. 로고스는 태초에 하나님과 함께 있었을 뿐만 아니라, 하나님 자신이었다(요 1:1). 이와 같은 말씀들에 대해 구(舊)프로테스탄트 신학은 사도행전의 독특한 언급을 제쳐두었다. "하나님"(χυρίου)은 교회를 "자신의 고유한 피를 통해 얻으셨다"는 것이다(행 20:28, 이에 대해 다음을 참고하라. G. Stählin, Die Apostelgeschichte, *NTD* 5, Göttingen 1962, 269f.). 또한 디모데전서 3:16이 "하나님"이라는 단어를 "육체로 계시되셨다"라는 어법의 주어로 도입한 것은 부차적인 것이라 할 수 있다. 이에 대해 예수 그리스도에게 퀴리오스 칭호를 사용한 것은 철두철미 그분의 완전한 신성을 내포하고 있을 것이다. 위의 각주 22-24를 참고하라.
150 성령이 "아버지에게서 나오며"(요 15:26) 그 자체가 신적인 본성이라는 것은 원시 그리스도교에서 매우 보편적이었고 의심할 수 없는 사실이었던 반면에, 성령의 위격적 독립성에 대한 질문은 비교적 늦게 제기되었으며, 그 질문과 함께 비로소 아버지의 신성에 대한 성령의 관계가 새롭게 질문되었다. 영의 신성은 고린도전서 2:10; 3:16(참고. 6:9)에, 또한 사도행전 5:4에 직접적으로 함축되어 있다.
151 이에 대해 다음을 보라. K. Rahner, "Gott" als erste trinitarische Person im Neuen

이와 같은 내용은 아들의 신성과 영의 신성에 관한 진술이 아버지의 신성으로부터 이해될 수 있다는 점을 암시한다. 그리스 교부신학뿐만 아니라 서구 신학도 이 길을 갔다. 다시 말해 교부신학은 아들과 영을 신성의 기원이자 원천인 아버지로부터 도출했으며, 서구 신학은 아우구스티누스의 삼위일체적 유비들을 계승하여 아들과 영을 아버지의 자의식 및 자기 긍정의 표현으로 해석했다. 두 경우 모두에서 중요한 것은 통합하는 사변적 해석인데, 이 해석들은 성서의 다양한 진술들을 성서 안에서는 전개되지 않은 전체적인 조망으로 통합한다. 그 방법이 성서적 증언들의 다양성(내지는 분산)과 관련하여 체계적인 개념을 형성하는 과제에 전적으로 적절한 한도에서는, 그것에 반대하는 아무런 이의도 제기될 수 없을 것이다. 문제는, 한편으로 아들과 영의 신성이 아버지의 신성에 종속된다거나 다른 한편으로 그 두 위격들이 신성의 유일한 주체로서의 아버지에게로 환원되는 전통적인 견해들의 경향에 직면하여, 이와 같은 체계의 과제들이 성취되어야 한다는 관점에서 제기된다.

삼위일체론의 근거가 예수 그리스도 안에 있는 하나님의 계시에 놓여야 한다는 요청은 19세기의 전통적인 해석들을 다시 성서적인 계시의 증언으로 되돌아 향하게 만들었고, 이와 함께 삼위일체론의 근거를 마련하는 작업의 어려움은 첨예화되었다. 바르트는 이 문제의 해법을 아버지, 아들, 영의 삼중성을 계시 **개념**으로부터 도출하는 것에서 찾아야 한다고 생각했다. 더 정확히 말하자면 그는 "하나님은 자신을 주님으로 계시하신다"는 문장으로부터 그 삼중성을 도출하였다. 이 문장으로부터 그는 주어, 목

Testament, in: *Zeitschrift f. kath. Theologie* 66, 1942, 71-88. "하나님"이라는 단어가 신약성서에서 "거의 배타적으로 첫 번째 신적 위격인 아버지를 의미한다"는 사실에 근거하여 슈마우스(M. Schmaus, *Katholische Dogmatik I*, 3. Aufl. 1948, 334; 참고. 337)는 한 분 하나님의 본질과 속성에 관한 진술들을 아버지의 위격과 관계하여 다루었다.

적어, 술어라는 세 요소들을 문법적으로 분석하여 계시하시는 하나님의 세 가지 존재 방식을 이끌어냈다.[152]

하지만 성서의 내용이 증언하는 그대로의 하나님의 계시에 근거하여 삼위일체론을 이끌어내는 것과, 자기 자신을 계시하시는 하나님의 형식적인 표상으로부터 그것을 도출하는 것은 같지 않다. 바르트는 삼위일체론의 진술들을 성서가 증언하는 계시의 **내용**들로부터가 아니라, 저 명제 안에서 표현된 표상, 곧 자기 자신을 계시하시는 하나님의 **형식적 표상**으로부터 발전시켰다. 이 논증의 구조는 사실상 안셀무스 이래로 발전되어 온 서구적 삼위일체론의 구조인데, 삼위일체론을 하나님의 주체성으로부터, 즉 하나님의 자의식 속에 근거된 자기 관계로부터 이해하려고 시도한다. 이 과정에서 바르트에게는 헤겔의 상세한 규정이 표준이 되었다. 헤겔은 절대정신의 자의식을 자기 자신에 대해 계시된 존재로 규정했으며, 이 계시된 존재는 재차 외부를 향한 자신의 계시의 가능성의 근거가 된다.[153] 바르트의 그 논증이 아우구스티누스의 심리학적인 삼위일체-유비들로부터 유래했다는 사실에 직면할 때, 매우 아이러니한 느낌을 주는 것이 사

---

152 *KD* I/1, 323ff. "삼위일체론은 이 문장 내지는 이 문장이 표현하는 바의 분석이다"(325). 바르트는 이 문장을 삼위일체론의 "뿌리"라고 부른다(324); 참고. *Christliche Dogmatik*, München 1927, 127f. 그리고 이에 대해 지그프리트(Th. Siegfried, *Das Wort und die Existenz*, 1928, 52)가 제기했던 비판에 맞서 자신의 전개과정의 정당성을 설명하는 *KD* I/1, 312f.의 내용을 비교하라. 바르트는 "삼위일체 교리의 진리를 그와 같은 구문의 어떤 보편적 진리로부터 도출하는 것"을 "당연히" 생각하지 않았다고 주장한다(*KD* I/1, 312). 실제로 그는 어떤 세부적인 근거를 제시하지 않고서 그 구문을 성서적인 계시 증언의 총합으로 이해했다. 하지만 그 구문의 "분석"을 통해(325) 그 구문으로부터 도출된 명제들은 실제로 삼위일체론을 전개하는 교회 교의학의 기초를 형성하는 과정에 대해 결정적이었다.

153 바르트의 삼위일체론과 헤겔에서 시작된 사변적 신학 사이의 관계에 대해 다음의 나의 서술을 보라. *Grundfragen syst. Theologie II*, 1980, 96-111 (Die Subjektivität Gottes und die Trinitätslehre), 특히 101f.

실이다. 즉 바르트는 아우구스티누스가 말한 **삼위일체의 흔적들**(*vestigia trinitatis*)에 대해 비판했음에도 불구하고,[154] 막상 자신의 교의는 실제로는 인간의 영 속에 존재한다는 **삼위일체의 형상**(*imago trinitatis*)으로부터, 곧 삼위일체의 흔적 가운데 최고라는 형태로부터 발전시켰던 것이다. 이것은 바르트 자신이 요청했던 것처럼 삼위일체론을 예수 그리스도 안에서 발생한 하나님의 계시의 내용으로부터 발전시킨 것이 아니었음을 뜻한다.

삼위일체론을 예수 그리스도 안에서 발생한 하나님의 계시의 **내용**을 근거로 하여 전개하는 작업은 반드시 아버지께 대한 예수의 관계로부터 출발해야 한다. 이 관계는 하나님의 통치를 전하는 메시지의 맥락 속에서 표현되었다. 예수의 신성에 대한 신약성서의 진술들은 그의 하나님의 아들 되심을 전제하고 있으며, 최종적으로는 아버지에 대한 예수의 아들로서의 관계 속에 근거하고 있다.[155] 그의 메시지와 활동이 아버지께 대해 갖는 관계는, 부활 사건이 그의 전권을 신적으로 확증한다는 관점에서, 예수의 하나님의 아들 되심에 대한 그리스도교 공동체적 고백의 토대를 형성했다. 아들로서의 예수를 아버지로부터 구분하거나 아버지와 결합하는 것은 영의 이해 곧 영을 아버지 및 아들과는 구분되는 세 번째 형태로 이해하기 위한 전제이지만, 이 형태는 아버지와 아들의 연합과 가장 긴밀히 결

---

[154] *KD* I/1, 352-367.
[155] 이와 유사하게, W. Kasper, *Der Gott Jesu Christi*, Mainz 1982, 298과 371. 또한 몰트만(J. Moltmann, *Trinität und Reich Gottes*, München 1980, 81-91)은 올바르게도 삼위일체론을 아들로서의 예수의 역사에 근거하여 전개한다. 하지만 여기서 예수가 아버지와 그의 다가오는 나라에 대해 선포한 것이 출발점을 형성했어야 했고(참고. a.a.O. 90), 또한 그 선포는 그것으로부터 정당화될 수 있는 아들의 파송에 대한 진술들과는 보다 더 분명하게, 즉 그 진술들로써 시작했던 몰트만의 경우보다 더욱 분명하게 구분되었어야 했다(81). 또한 아들의 칭호와 예수의 세례 사이의 연결이 공관복음서 전통 안에 존재하는데(81ff.), 이 연결은 예수가 아들의 칭호를 자신 자신에 대해 스스로 주장하지 않았다는 거의 일반적인 주석적 판단에 직면하여 아버지 하나님에 대한 예수의 선포로부터 정당화되어야 한다.

합되어 있기도 하다. 신적인 영을 하나님으로부터 나온 창조적 능력으로 이해하는 것은 유대 전통에서 오랫동안 신뢰되어왔던 사실이다. 하지만 영은 그리스도교에 와서야 비로소 아버지와 구별된 특별한 형태가 되었으며, 이것은 선재적인 하나님의 아들이지만 그와는 구분되는 예수라는 이해에 뒤따른 결과였다(위 433ff.).

삼위일체론이 예수와 아버지와의, 그리고 아버지와 영과의 관계를 해석한 것이라면, 이로부터 용어들의 판단을 위한 예리한 결과들이 도출된다. 이 판단은 삼위일체론의 고전적인 서술들이 아버지, 아들, 영 사이의 관계를 묘사하기 위해 발전시킨 것이다.

동방 교회의 삼위일체론이 요한적 용어와 긴밀히 연결되어 아버지로부터 아들의 "출생"(Zeugung, 요 1:14; 3:16; 참고. 눅 3:22)과 영의 아버지로부터 "발현"(Hervorgang, 요 15:26)을 구분하는 반면에, 라틴적인 중세기는 아들과 영의 기원을 발출(發出, processiones)로 통합하여 두 가지 발출을 말했고, 그 다음에 (요 20:22에 따라) 아들의 출생과 영의 내쉼(Hauchung)을 구분했다.[156] 영원한 신적 본질 속에 있는 두 가지 발출의 결과로서 아들과 영의 **위격들**이 생성되며, 이들은 **상호관계들**을 통해 서로 구분된다(아버지 되심 혹은 능동적인 낳음, 아들 됨 혹은 수동적으로 출생한 존재, 수동적으로 숨이 내쉬어진 존재인 영). 두 가지 발출은 고전적인 삼위일체론에 따르면 아들의 **파송**(롬 8:3; 갈 4:4; 요 3:17; 8:16 등), 그리고 영의 **파송**(요 15:26; 15:26; 16:7)으로부터 조심스럽게 구분되어야 하는데, 이 파송은 영원한 하나님의 구속적 경륜 속에 있는 세계

---

[156] 동방과 서방의 용어 구분과 그리스어 ἐκπόρευσις에 대한 라틴어 processio의 확장된 의미 사이의 관계에 대해 다음을 참고하라. Y. Congar, *Der Heilige Geist* (Paris 1979-1980) dt. Freiburg 1982, 385f., 또한, W. Kasper a.a.O. 267f. 출생과 출현의 구분은 동방에서 이미 다마스쿠스의 요한네스(Johannes von Damaskus, *de fide orth*. I,8; MPG 94, 816 C)에 의해 강조되었다. 서구적 어법에 대해 다음을 비교하라. Thomas v. Aquinas *S. theol*. I,27.—이후에 짧게 언급되는 삼위일체론의 근본개념들은 W. Kasper a.a.O. 337-347에 요약적으로 설명되어 있다.

에 대한 관계에 해당한다. 다시 말해 영원으로부터 "발현"이 신적인 본질 속에서 일어나는 반면에, 아들과 영의 "파송"은 영의 "선물"(은사)처럼(행 2:38; 10:45) 수령할 누군가 혹은 주어지는 무엇인가의 대상들에 관계된다.[157]

출생과 내쉼 사이, 그리고 보냄과 선물 사이를 그렇게 명확히 구분하는 것은 아마도 순수 언어학적으로 정당화될 수 있지만, 성서 본문의 주석으로부터 정당화되기는 어렵다. 영의 내쉼과 관련된 요한복음 20:22에 따르면 제자들이 바로 그렇게 중재된 영을 전달받은 자들이다. 여기서는 영원한 내쉼에 관해서는 아무것도 알려지지 않는다. 바로 이 구절에서 아담에게 영이 전달되는 창조 기사(창 2:7)가 연상된다면,[158] 그것은 하나님과 피조적 현실성 사이의 관계 속에서 발생하는 행위에 관계된다. 나아가 요한복음 15:26에서도 아버지로부터 나오는 영의 **발현**(Hervorgang)과 아들의 **파송** 사이의 구분이 추측될 수 있다. 하지만 오늘날의 주석은 그 두 어법들을 요한복음 16:28과 유사하게 병행되는 것으로 파악하며, 영이 제자들에게 전달되는 하나의 동일한 사태에 관계된다고 본다.[159]

아들의 "출생"에 관한 성서적 진술의 연구도 비슷한 결과로 인도된다. 예수의 세례에 대한 누가적 보고에서 하늘의 목소리가 시편 2:7의 말씀을 통해 "너는 내 아들이다. 오늘 내가 너를 낳았다"(눅 3:22)라고 말할 때, "오늘"이라는 단어는 과거나 미래도 자신의 외부에 갖지 않는 신적 영원성의 오늘(Heute)과 관계된 것이 아니고,[160] 오히려 시편 말씀이 성취되는 예수의 세례 사건과 관계된 것이다. 이것은 누가복음 4:21이 예수의 등장에서 이사야 61:1f.의 약속이 성취된 것을 선포하는 것과 마찬가지다. 예수의 세례를 계기로 하여 마가복음(1:11)은 그를 하나님의 선택된 아들로 선포하

---

157 참고. Thomas v. Aquin *S. theol.* I,43,2.
158 R. E. Brown, *The Gospel according to John* XIII-XXI, New York 1970, 1022f.
159 R. E. Brown a.a.O. 689와 724f.
160 D. Hollaz, *Examen theologicum acroamaticum I*, Stargard 1707, 463f.

고 마태복음(3:17)에서는 예수의 출생에 근거된 하나님의 아들 되심이 드러났던 반면에, 누가가 (사 42:1을 대신해) 시편 2:7을 통해 세례 사건의 목소리를 재현한 것은 아마도 히브리서 1:5과 5:5처럼 예수의 대제사장 되심을 의미할 것이다.[161] 물론 이것은 사도행전 13:33에 대해서는 거의 성립될 수 없는데, 왜냐하면 여기서 시편 2:7은 예수의 부활과 관련되기 때문이다.[162] 어쨌든 중요한 것은 신약성서와 시편의 관계에서 시편 말씀이 예수 그리스도의 역사적 인격 속에서 성취되었다는 사실이다. 분명 이 사실을 통해 영원한 하나님의 아들 되심의 사고가 배제되는 것은 아니다. 하지만 그 사고는 이와 같은 성서 구절들로부터 근거될 수도 없다. 그 사고를 위해 요한복음이 예수를 하나님의 "독생자"로 지칭하는 것을 증빙으로 삼는 것은 충분치 않다(요 1:14, 18; 3:16, 18). 그 구절들은 예수가 하나님의 "유일한"(참고. 눅 7:12; 8:42; 9:38) 아들임을 말해줄 뿐, 영원한 출생의 사상을 표현하지는 않는다.[163] 오리게네스는 잠언 8:23과 결합을 함으로써 비로소 그 표상의 충분한 성서적 기초를 이끌어냈다(princ. I,2,1-4).

그러므로 아들의 "출생"에 관한 성서적 진술들은 나사렛 예수의 역사적 인격보다는 그의 "파송"에 관한 내용과 더 깊은 관계가 있다. 이와 관련하여 바울과 요한의 파송의 말씀들 속에서 아들 혹은 로고스의 선재는 이 세상으로 그를 보낸다는 사고의 출발점을 형성한다. 고전적인 삼위일체론

---

[161] W. Grundmann, Das Evangelium nach Lukas (Berlin 1961) 8. Aufl. 1978, 107 mit G. Friedrich (ZThK 53, 1956, 265-311, 281ff.).

[162] 이에 대해 다음을 보라. J. Roloff, Die Apostelgeschichte, Göttingen 1981, 206f. 롤로프(Roloff)는 누가복음 3:22의 본문에서 예수의 세례와 관련하여 인용된 시편 2:7을 "명백히 이차적인 것으로" 간주하며, 히브리서 1:5을 사도행전 13:33과 마찬가지로 실질적 내용에서는 로마서 1:4과 비슷하게 예수의 부활 이후의 하늘 즉위식으로 해석한다. "높여지심을 통해 하나님은 예수를 그의 아들로 삼았었다"(207).

[163] R. E. Brown, The Gospel According to John I-XII (Anchor Bible 29) New York 1966, 13f.: "독생자(Monogenēs)는 예수의 특성 곧 유일성을 묘사하는 것이지, 삼위일체 신학이 말하는 '발출'(procession)을 뜻하지 않는다"(13).

의 이해와는 달리 출생의 사상은 아들이 영원한 하나님께 귀속된다는 것보다는 오히려 선재의 표상을 통한 파송의 진술들에 보다 더 가깝다. 파송의 진술들은 삼위일체적 신론의 근거에 대한 어떤 관련성을 획득하기 이전에, 반드시 먼저 예수의 아버지에 대한 관계 속에 함축된 의미의 표현으로 입증되어야 한다. 왜냐하면 파송의 진술들에 근거하는 선재 사상은 아들과 아버지의 동일본질에 대한 확신을 아직은 어떤 방식으로도 포함하지 않고 있기 때문이다. 만일 4세기 삼위일체론의 동일본질이라는 중심적인 주장이 정당화될 수 있으려면, 파송의 진술들은 반드시 예수의 아버지에 대한 관계의 함축적 의미로서 입증되어야 한다. 그리스도교 신학의 전통적인 역사는 그리스도의 영의 인도를 받으면서 이와 같은 실제적인 내용을 올바로 전개할 수 있었다. 물론 그 과정에서 성서적 증빙으로 인용된 개별적인 진술들은 충분하지는 않았다. 예수의 위격, 아버지, 영 사이의 관계들은 역사적이고 구속-경륜적(heilsökonomisch)일 뿐 아니라, 그 점에서 또한 하나님의 영원한 본질을 표시하는 관계들로 예시될 수 있다. 하지만 이것은 그 관계들의 서술이 발현, 즉 출생과 내쉼이라는 전통적인 개념으로 환원될 수 있다고 말하는 것은 아니다.

"내재적인" 신적 로고스가 "경륜적인" 로고스, 즉 예수 그리스도의 구체적이고 역사적인 인격과 "정확히 동일하다"는 통찰을 칼 라너는 그의 삼위일체론 서술에서(Karl Rahner, *Mysterium Salutis, Grundriß heilsgeschichtlicher Dogmatik* hg. J. Feiner u. M. Lührer 2, Einsiedeln 1967, 317-401, 여기서는 336) 내재적 삼위일체와 경륜적 삼위일체가 같다는 명제로 발전시켰다(ebd. 328f.; 참고. Karl Rahner, *Schriften zur Theologie* 4, 1960, 115f.). "예수가 인간으로서 존재하며 행하는 것은 바로 로고스 그 자신을 계시하는 로고스의 현존재, 즉 우리의 구원이 되는 로고스의 현존재**이다**"(Schriften 4, 123). 예수와 그의 영의 경험 속에 "이미 내재적 삼위일체 자체가 주어져 **있다**"(ebd. 128). 이런 이유에서 라너는 경륜적인 "파송"을 내적 삼위일체적인 "발현" 아래 종속시키는 전통적인 견해의 개정을 요구했다. 최소한 예수의 경우에 위격의 파송은 "습득된"(appropriiert) 것일 뿐만 아니라 그 위격에 고유한 것이다(*Myst Sal* 2, 329). 그렇기에 "파송"이 삼위일체론적인 논의 전체의 "출발점"을 형성해야 한다(347; 참고. 341). 에버하르트 윙엘은 이 요청에 동의했다(Eberhard Jüngel, Das Verhältnis von "ökonomischer" und "immanenter" Trinität, *ZThK* 72, 1975, 353-364, 362 n. 2 = ders.: *Entsprechungen*, München 1980, 274 n.2). 그것의 결론은 아들과 영을 통한 하나님의 자기 전달(Selbstmitteilung) 사상이 아니라, 예수가 아버지께 대해 갖는 구체적 관계가 삼위일체 신학적 성찰의 출발점이 된다는 것이다. 라너는 이러한 결론에 접근했는데, 이것은 **"예수의 자기 해석"** 이라는 빛 속에서 본 아버지를 통한 아들의 출생의 교회적 교리를 **"세분화"** 하여 다음의 확정에 도달했을 때, 그러했다. "예수는 자신을 우선 구체적 일자(Eine)로 알았으며, 그는 아버지와 마주 대면하면서도 아들로서 우리와 만나는 자이다…"(*Myst Sal* 2,357). 그럼에도 불구하고 라너의 삼위일체론 해설은 예수의 아버지와의 대면을 아버지로부터의 예수의 자기 구분으로 구상하지 않았고, 오히려 아들을 통한 아버지의 "자기 전달"(357f.)을 핵심 사상으로 선택했다(371ff.). 라너가 자기 자신을 전달하는 유일한 신적 주체의 표상을 위한 하나님 안의 세 주체성들 개념을 거절한 것은 이 사상과 매우 긴밀히 연결되어 있었다(366; 참고. 343). 라너에 따르면 "서로에 대한 '너'는 '내적 삼위일체'로도" 존재하지 않는다(366, 각주 29). 그렇기 때문에 라너는 아버지께 대한 예수의 구체적인 관계에서 출발했음에도 불구하고, 하나님의 삼위일체적 삶 안의 세 위격들에 대한 교회적 주장과 관련하여 어려움에 빠져들었다. 라너와 달리 에버하르트 윙엘은 "삼위일체의 흔적으로서 예수 그리스도"(*Gott als Geheimnis der Welt*, Tübingen 1977, 470-505)에 관한 서술에서 아버지와 아들의 위격적인 구분을 보존했다. 이것은 그가 하나님에 대한 예수의 관계를 "예수에 대한 하나님의 한 가지 관계의 표현"(482)으로 주제화함으로써 이루어졌다. 하지만 윙엘도 십자가에 못 박히신 예수와 하나님의 동일성에 집중한 결과(497ff.), 아버지로부터 일방적으로 시작되는 운동, 즉 아버지로부터 시작되는 자기 구분(498)의 표상으로 기울어지는 경향이 그의 삼위일체론의 구성에서 상당한 무게를 획득하게 된다(508ff.; 참고. 520).

b) 삼위일체 관계의 구체적 형태들로서의 아버지, 아들, 영의 상호 자기 구분

모든 인간적인 것과 피조적인 것보다 무한히 높으신 하나님은 오로지 아들을 통해서만 인식되실 수 있다. "오직 아들과 아들의 소원대로 계시를 받는 자 외에는 아버지를 아는 자가 없다"(마 11:27). 그를 아는 자는 또한 아버지를 안다(요 8:19). 왜냐하면 그는 아버지께로 가는 길이기 때문이다. "나를 통하지 않고는 누구도 아버지께로 가지 못한다"(요 14:6). 그렇기에 예수가 아버지에 대해 말했던 방식은 바로 아버지를 인식하는 유일무이한 길이며, 또한 아들을 인식하는 유일한 길이기도 하다. 왜냐하면 예수는 오직 아버지를 통해 아들로 인식되기 때문이다(마 1:27).

아버지에 대한 예수의 언급은, 하나님의 통치가 가깝다는 소식뿐만 아니라 다른 모든 관심사가 동터오는 하나님의 미래에 종속되어야 하며, 그렇게 하여 그 하나님을 하나님으로 인정하도록 인간들에게 외친다는 맥락과 관계된다. 그래서 예수의 기도 역시 아버지께 그의 이름을 거룩히 하며 그의 나라가 오게 해달라는 청원으로 시작해서, 그의 뜻이 하늘에 숨겨진 것이 이루어지듯 땅에서도 이루어지길 간구한다(눅 11:2ff.; 마 6:9f.). 그렇기에 하나님의 이름이 우리에게도 거룩하여지며, 우리는 그분께 하나님으로서의 영광을 올려드리며, 그의 의지에 희망을 건다. 주기도문의 처음 세 가지 청원은 이같이 서로 긴밀히 연결된다.

예수의 메시지 전체가 목표로 했던 것은 사람들이 하나님의 통치에 영광을 돌려 드림으로써 아버지의 이름이 인간들 사이에서 거룩해지는 것이다. 예수의 다른 모든 선포, 특히 구원의 선포는 그 목표로부터 나온 것이었다. 이 문제는 나중에 좀 더 자세히 논의할 것이다. 여기서 우선 중요한 것은 예수의 파송이 온전히 아버지와 그분의 통치의 영광에 봉사하기 위한 것이었다는 사실이다. 공관복음의 예수 전승으로부터 제기되는 이러한 내용은 요한복음에 있는 예수의 대제사장적 기도 속에서 다음과 같이 적절하게 요약된다. "아버지께서 내게 하라고 주신 일을 내가 이루어 아버지를 이 세상에서 영화롭게 하였사오니"(요 17:4). 사람들 사이에서 아버지의 통치를 타당하게 만드는 것이 예수의 파송에서 가장 고귀한 내용이자 첫째 목적이며, 예수는 이와 같은 자신의 파송에 따라 삶으로써, 자신을 "아들"로, 즉 아버지의 의지에 봉사하는 아들로 증명한다(참고. 요 10:36ff.). 아들 칭호는 아버지에 대한 예수의 메시지의 반영이며, 그 메시지의 내용으로부터 예수 자신의 고유한 위격을 떠올리게 하는 반영이다.[164]

이 사실에 대한 전제는, 예수가 자신을 "타자"로서 아버지와 구분하며, 아버지에 대해 증언한다는 것이다. 이것 또한 요한복음(8:18,50)이 말한다. 요한복음에서 그리스도는 말씀하신다. 아버지는 나보다 더 크시다(요 14:28). 그리스도 자신의 말은 "내 말이 아니요 나를 보내신 아버지의 말씀"이다(14:24). 여기서 요한은 공관복음의 예수 전승에서도 발견되는 내용을 부각시킨다. 예수는 "선한 선생"이라는 호칭을 거부하면서 한 분 하나님을 제외하고는 누구도 선하지 않다고 말했는데(막 10:18), 여기서 그는 자신을 하나님과 구분하고 있으며 자신을 피조물로서 하나님께 종속시키고 있다. 이것은 그가 가까이 다가온 하나님의 통치의 메시지 속에서 청중에게 요구하는 것과 같다. 아버지에 대한 예수의 그런 동일한 종속 관계가 표현된 곳으로는 종말의 시간을 알지 못함(막 13:32과 병행구절), 세베대 사람들에 대한 답변 곧 하늘나라에서 하나님의 좌우편 상석을 줄 권한이 자신에게 없

---

[164] 위의 427f.를, 특히 그곳의 각주 15번에서 인용된 아들 칭호의 기원에 관한 헹엘(M. Hengel)의 평가를 참고하라. 부활 이후의 공동체는 예수의 하나님의 아들 되심을 그분의 죽은 자들 가운데서의 부활로 소급시켰다(롬 1:4). 이것은 그의 부활 이전의 사역을 하나님께서 확증하신다는 의미였다. 다른 측면에서 예수의 세례는 그의 하나님의 아들 되심의 선언이라는 의미로 전승되었고(막 1:11과 병행구절), 이 선언은 뒤따르는 공적 활동과 관련되어 있다. 그런 모든 경우에서 아들 칭호는 다가오는 아버지의 나라에 대한 예수의 메시지와 관련된 예수 자신의 사역들과 연관된다.

다는 답변(마 20:23과 병행구절), 그리고 마지막으로 겟세마네의 기도에서 자신의 의지를 아버지의 의지 아래 종속시킨 것(막 14:36과 병행구절) 등을 들 수 있다.

이 모든 구절은 소키누스주의자들이 아들의 완전한 신성을 반대할 때 논거로 인용되었다. 구(舊)프로테스탄트 교의학은 이에 대해 그와 같은 예수의 말씀이 오로지 그의 인성에만 관계된다는 답변을 발견했다.[165] 하지만 이러한 방책은 이미 고전적 그리스도론의 기준에 따라서도 유지될 수가 없었다. 왜냐하면 이 모든 구절들은 예수의 **위격**과 관계되며, 다시 말해 단순히 인간적 본성만이 아닌 인간이 되신 로고스 혹은 아들과 관계되기 때문이다. 구(舊)프로테스탄트 교의학은 예수가 바로 자신을 하나님으로부터 구분하는 자기 구분에 의해 자신을 하나님의 아들로 증명한다는 바른 인식에서 벗어나, 빗나간 대답을 했다. 요한복음에 따르면 예수의 적대자들이 제시한 고발은, 그가 자칭 하나님이라 하고(요 10:33; 참고. 19:7), 자신에게 주어지지도 않은 권위를 주장한다는 것이었다. 예수의 대답은 이러하다. "…나는 내 영광을 구하지 아니하나 구하고 판단하시는 이가 계시니라"(요 8:50). 마찬가지로 예수는 대제사장의 기도 속에서 아버지에게 청하기를, 자신을 아버지의 아들로서 영화롭게 해달라고 간구했다(요 17:1). 이것은 아버지께서 보내실 영을 통해 실현될 것이었다(16:14).

하나님의 통치의 선포를 통해 다른 모든 이에게 요구한 것처럼, 예수는 자신을 아버지와 구분하며, 아버지의 피조물로서 아버지의 의지에 복종하며, 아버지의 신적인 요청을 인정한다. 바로 그 점에서 예수는 자신이 하나님의 아들이며, 그를 보내신 아버지와 하나임을 증명한다(요 10:30). 예수가 하나님의 아들인 것은, 그가 자신의 선포에서 요구하듯이 자신의 고유한 위격 속에서 **또한 다른 모든 이들을 위해서도** 첫 계명의 요구를 하나님

---

[165] D. Hollaz, *Examen theologicum acroamaticum I*, Stargard 1707, 456ff.

의 가까이 오심 속에서 경외하기 때문이다. 그는 그렇게 아버지를 영화롭게 했으며, 이것이 그가 세상으로 보내심을 받은 목적이었다.

인간 예수의 아버지로부터의 자기 구분은, 하나님처럼 되려고 하다가 그 결과 하나님으로부터 분리되었던 첫 인간 아담(창 3:5)과 달리, 영원하신 하나님과의 연합에 있어 중요하다. 그러나 그뿐만이 아니다. 예수가 자신의 파송을 통해서 혹은 아버지와 자신의 고유한 관계 속에서 아버지의 신성을 영화롭게 함으로써, 아버지의 요구에 상응하는 존재로서 스스로 아버지와 일치하게 된 것은 영원 안에 계신 하나님이 이제는 그(아들)와의 관계 안에 계신 아버지가 아닌 다른 어떤 아버지일 수 없다는 결과로 인도한다. 이 점이 예수를 다른 모든 인간, 곧 그의 부르심을 따르며 그가 매개하는 자신과 아버지와의 연합(Gemeinschaft)에 참여하는 모든 인간과 구분한다. 이에 대해 이미 전제되는 사실은 사람들이 오직 예수 안에서만 아버지께로 나아갈 수 있다는 것이다. 하나님의 그와 같은 아버지 되심에 부합하는 자로서 예수는 아들이다. 영원하신 하나님은 바로 그 점에서 아버지로서 계시되시며, 도처에서 오직 아들과의 관계 속에서 아버지가 되시는 하나님이기 때문에, 아들은 아버지의 영원한 대상으로서 아버지의 신성을 공유한다. 이와 더불어 예수의 위격과 관련된 인간적 현실성의 한 가지 측면이 드러난다. 그것은 아버지의 신성이 예수의 위격에 대해 갖는 영원한 상관 관계로서 예수의 위격에 속하는 측면이다. 하지만 그 관계는 그의 인간적인 출생보다 우선한다. 이 관계 안에서 예수는 영원한 아들이다. 하지만 영원한 아들은 또한 우선 예수의 인간적 인격의 한 측면이며, 영원한 아들의 등장에 대해 결정적인 것은 예수의 아버지와의 자기 구분이다. 아버지는 또한 예수에게도 한 분 하나님이시다. 그 때문에 아버지로부터의 자기 구분은 아버지와 예수의 관계 속에서 영원한 아들에 대해서도 근본적이다.

예수와 하나님의 관계로부터 영원한 아들의 사상으로 건너감, 그에 따라 하나님 자신의 영원한 본질 안에서 아버지와 아들을 구분하는 쪽으로 건너감은 다음 사실에 달려 있고 그 사실을 통해 발생한다. 그것은 아버지이신 하나님이 예수에 대한 관계 안에서 계시되시며, 그렇기 때문에 그분은 오직 영원 안에서 예수와 관계하신다는 한도에서만, 또한 그렇기 때문에 아들인 예수와 영원히 대면하신다는 한도에서만, 아버지시라는 사실이다. 만일 영원하신 하나님이 영원으로부터 시간적·피조적인 현실성과 직접 관계하신다면, 그때 그 피조적 현실성은 영원하신 하나님 자신과 상관작용을 일으킴으로써 자신의 시간적·피조적 특성을 상실하지 않을 수 없게 된다. 그때 피조적 특성을 상실하지 않는다는 것은 생각될 수 없기에, 예수가 아버지의 영원한 신성에 귀속되는 측면, 즉 아버지와 영원한 상관관계 안에 있게 되는 측면은 그의 인간적이고 피조적인 현실성과는 구분되어야 한다. 이것이 신적인 측면과 인간적인 측면을 구분하는 뿌리, 즉 예수의 위격 안에 있는 두 "본성들"이다. 이것으로부터 산출되는 결론들은 그리스도론에서 상세히 논의할 것이다.

이제 예수의 아버지로부터의 자기 구분이 영원하신 하나님 자신 안에도 아버지와 마주하는 어떤 대상이, 곧 아들이라는 대상이 있다고 상정하게 하는 근본적인 요소라면, 그리고 이와 같은 대면이 아들의 아버지로부터의 자기 구분으로 생각될 수 있다면, 그때 이것이 거꾸로 즉 아버지가 아들과 맺는 관계에 대해서도 마찬가지로 적용될 수 있는지의 질문이 제기될 수 있을 것이다. 또한 그럴 수 있다면 아버지의 측면에서 아들에 대한 구분도 아버지의 아들로부터의 자기 구분을 통해 규정될 것이다. 이와 관련하여 계속되는 질문은 아버지와 아들에 대한 영의 관계 또한 그와 같은 상호 자기 구분에 근거하는지의 질문이다.

이 질문들을 검토하기 전에 우선 숙고해야 할 점은, 예수의 아버지로부터의 자기 구분이 아들과 합일된 신적인 삶의 내부에 계신 **위격**으로서 아버지에 대해서만 해당하는 것이 아니라, 또한 **한 분 하나님이신 아버지**, 즉 예수가 자신을 구분하는 바로 그 한 분 하나님을 뜻한다는 사실이다. 만일 그가 바로 이 점에서 그 아버지의 영원한 아들이라면, 그가 자기 구분의 행위 속에서 아버지로부터 자신의 신성을 수여받는다는 사실이 결론으로 뒤따라오게 된다. 그렇다면 이에 덧붙여 예수에 대한 아버지의 관계 속에서 아버지의 측면에서 그와 마찬가지로 적용하는 것이 가능할 것인가?

전통적으로 아버지는 삼위일체의 세 위격들 가운데 유일하게 기원이 없으며(ἄναρχος), 아들과 영의 신성의 기원과 원천으로 간주되어왔다.[166] 그래서 아버지는 삼위일체적 위격들의 "질서"에서[167] 가장 먼저이며, 모든 점에서 혼자 스스로 존재하는 하나님이시다(a seipso).[168] 이와 같은 규정들은 삼위일체적 위격들의 관계 속에서 진정한 상호관계성을 배제하는 것처럼 보인다. 왜냐하면 기원의 질서는 아버지로부터 아들과 영으로 향하며, 이것은 비가역적이기 때문이다. 그럼에도 불구하고 아타나시오스는 아리우스주의자들에 맞서 결정적인 논증을 펼쳤다. 아버지는 아들 없이는 아버지가 아니라는 것이다.[169] 이것은 어떠한 방식으로든 아버지의 신성도, 비

---

166 Joh. von Damaskus *de fide orth.* I,8, MPG 94, 808ff.; 참고. 위의 각주 69f., 특히 Gregor von Nazianz or. 40,43 (MPG 36, 420 B).
167 토마스 아퀴나스(Thomas von Aquin *S. theol.* I,22,3)에 따르면 근원에 상응하여(*secundum originem*) 실제 본성에 근거된 질서(*ordo naturae*)가 중요하다. 이 관점은 또한 구(舊)프로테스탄트 교의학에 의해 수용되었으며(예를 들어 B.A. Calov, *Systema locorum theologicorum III*, Wittenberg 1659,153ff.), 전유(Appropriationen) 교리를 통해 영향력을 행사했으며, 이 질서 때문에 하나님의 첫째 사역인 창조도 역시 아버지에게 전유되었다고 생각했다(196f.).
168 A. Calov: ...*a seipso est, quia a nullo alio. Atque ita etiam dicitur* αὐτόθεος; non quod solus pater sit SEIPSO DEUS... sed quod solus sit A SEIPSO DEUS, ac αὐτουσίαν illam, per quam Johovah est, non habeat ab alio, uti Filius et Spiritus Sanctus (a.a.O. III,192). 칼뱅은 다음과 같이 주장했다. et filium, quatenus Deus est, fatemur ex se ipso esse, sublato personae respectu; quatenus vero filius est, dicimus esse ex patre (*Inst.* I,13,25, CR 30,2,113). 이와 더불어 위격적 관계에 대한 아버지의 의존도는 협소화되었으며, 신성에 참여된 정도에 대한 의존도가 그랬던 것은 아니었다.
169 Athanasius *c. Arian* I,29; 참고. 14와 34, 또한 3,6.

록 아들의 경우와 다른 방식이라고 하더라도, 아들에 대한 관계에 의존적이어야 한다는 것을 의미하지 않는가? 아버지는 아들에 의해 "출생"하거나 "파송"을 받지 않았다. 이 관계들은 가역적이지 않다. 오직 이 관계들을 다른 관점에서 설명할 때만, 아버지의 이름 속에 표현되는, 아들에 대한 아버지 됨의 관계성을 넘어서게 될 것이며, 그때 아들에 대한 아버지의 의존성이 구체화될 것이며, 또한 이를 통해 삼위일체적 관계 속에 존재하는 실제적인 상호성의 토대를 마련할 수 있을 것이다.

마태복음에 따르면 부활하신 그리스도에게 "하늘과 땅의 전권이 주어졌다"(마 28:18). 심지어 어록 자료에서는 다음의 말씀은 이미 부활 이전의 예수에게 속한다. "내 아버지께서 모든 것을 내게 주셨으니"(눅 10:22=마 11:27). 요한에 따르면 아버지는 "심판을 다 아들에게 맡기셨으니, 이는 모든 사람으로 아버지를 공경하는 것 같이 아들을 공경하게 하려 하심이라"(요 5:22-23; 참고. 27). 어록 자료의 말씀은 다시 한 번 그 이상으로 넘어선다. 그것에 따르면 심판뿐 아니라 "모든 것"이 아들에게 넘겨졌다. 즉 아들은 하나님의 통치의 **대변자**이기만 한 것이 아니라, 오히려 그에게는 그 통치를 **실행**하는 일이 맡겨져 있다. 그는 그 통치권의 소유자다. 부활한 자가 높여지심을 통하여 통치자의 자리에 좌정하신 것처럼(빌 2:9ff.; 참고. 히 2:8), 마찬가지로 그는 이미 세속적인 활동 속에서도 은밀히 아버지의 통치를 실행한다. 이것은 그가 그 통치의 길을 준비하는 것이며, 그래서 그의 사역 속에 이미 그 통치가 시작되도록 하는 것이다. 그의 사명은 "그 이외에 통치권을 사칭하여 권세를 요구하고 능력을 구현하는 모든 것"을 무너뜨리는 것이다(참고. 고전 15:24f.). 하나님이 그의 대적들을 그의 발아래 두시는 것은 아버지에게서 발현하는 영의 활동과 관계된 것으로 보아도 좋을 것이다. 만일 그것이 발생한다면 "만물을 그에게 복종하게 하실 때에는 아들 자신도 그때에 만물을 자기에게 복종하게 하신 이에게 복종하게 되리니, 이는 하나님이 만유의 주로서 만유 안에 계시려 하심이라"(고전 15:28).

아들의 출생과 파송을 구분한다는 의미에서, 아버지의 통치권이 아들에게 이양되고 종말론적 완성 속에서 아버지에게 그것을 되돌려드리는 것은 파송의 영역과 관련된 것이지, 아버지와 아들 사이의 내재적인 삼위일체의 관계에 속하는 것이 아닐 것이다. 만일 아버지와 아들의 내재적인 삼위일체의 관계들을 예수의 역사적 인격이 아버지와 맺는 관계 그리고 아버지가 예수와 맺는 관계 안에서 읽을 수 있다면, 예수의 파송의 실현은 아버지에 대한 그의 관계 그리고 그에 대한 아버지의 관계의 표현이기도 하다. 그렇다면 아버지의 능력과 통치권을 아들에게 넘겨주는 것은 둘 사이의 내재적인 삼위일체의 관계의 규정으로도 이해될 수 있으며, 아들이 아버지에게 통치권을 되돌려드리는 것도 마찬가지다. 아들에게 통치권을 넘겨주는 것과 아버지에게 그것을 다시 돌려드리는 행위의 두 가지는 우선은 마치 분리되어 있는 것처럼, 다시 말해 전자는 아들의 보냄에 관계되어 있고, 후자는 종말론적 완성과 관계되어 있는 것처럼 보인다. 하지만 이 둘은 결코 서로를 배제하지 않으며, 오히려 서로 관통하고 있어서 두 가지 모두가 동시적으로 유효하다. 아들의 통치는 다름이 아니라 아버지의 통치를 선포하고 그를 영화롭게 하며 만물을 그에게 복종케 하는 것이다. 그렇기에 아들의 나라는 아버지에게 통치권을 돌려드릴 때 끝나는 것이 아니며(눅 1:33), 오히려 그 통치는 만물이 아버지의 통치에 복종하며 아버지가 창조 전체에 의해 한 분 하나님으로 찬미됨으로써 완성된다.

아버지의 통치가 아들에게 넘겨지고, 아들의 통치가 아버지에게 되돌려지는 가운데 둘 사이의 상호관계성이 인식될 수 있다. 이 상호성은 "출생"의 사고에는 없는 것이다. 아버지는 그의 통치를 아들에게 넘겨줌으로써, 그의 왕국 안에서 아들이 아버지 자신을 영화롭게 하고 아버지의 파송을 구현하여 아버지의 통치를 실현하는 것에 의존하게 된다. 그러므로 아버지의 아들로부터의 자기 구분은 그가 아들을 산출해내는 것을 통해 발생할 뿐만 아니라, 그가 아들에게 "전권을 부여해서" 그 결과 아버지의 나라와 아버지 자신의 신성이 최종적으로 아들에게 의존하게 되는 것에서도 발생한다.[170] 그 통치, 아버지의 나라는 결코 아버지가 그 나라 없이도 하나님일 수 있는 방식으로는 외화하지 않는다.[171] 세계 역시 하나님의 통치의 대상이지만, 하나님의 신성에 필연적으로 속하지는 않는다. 그것은 세계의 현존재가 하나님의 창조의 자유 속에 그 기원을 가지고 있기 때문이다. 이와 같이 어떤 세계의 현존재는 그 세계에 대한 하나님의 통치 없이는 하나님의 신성과 결합될 수 없다. 여기서 통치는 하나님의 신성에 속한다. 통치는 이미 하나님의 내재적 삼위일체의 삶 속에 위치한다. 즉 자유롭게 아버지의 통치에 복종한 아들과 자신의 통치를 아들에게 넘겨준 아버지 사이에 존재하는 상호관계성(Gegenseitigkeit) 속에 위치한다.[172]

이와 같은 사태 관계를 기초로 했을 때 비로소, 예수의 십자가에 대한 삼위일체론적인 연관성을 언급할 수 있다. 예수 그리스도의 수난은 단지 영원한 로고스가 받아들인 인간적 본성에만 관련된 사건이 아니다. 마치 하나님의 삼위일체적 삶의 영원한 휴식에는 조금도 관련이 없다는 듯이 말이다. 오히려 "예수의 죽음 가운데 그의 하나님 그리고 아버지의 신성이

---

170 "자기 구분"이라는 개념은 19세기 이래로 삼위일체 신학에서 사용되어왔지만, 거의 일방적으로 신성의 두 번째와 세 번째 위격이 아버지를 통해 나온다는 의미로 사용되었다. 하지만 아버지에 대한 아들의 자기 구분에서 시작된 그 표현은 그 후 다른 의미로, 말하자면 자신을 타자와 구분하는 자는 그와 동시에 그 구분된 타자에 대해 **의존적**이라는 의미로 사용되었다.

171 칼 바르트는 올바르게도 하나님의 통치 개념을 하나님의 본질 개념 즉 하나님의 신성과 동일한 의미를 갖는 것으로 설명했다(KD I/1, 369; 참고. II/1, 519). 또한 아타나시오스는 하나님의 왕국을 영원 안에서 아버지뿐만 아니라(c. Arian I,21) 아들에게도(시 44:7f.에 따른 I,46, 또한 II,13) 귀속된 속성들로 여겼다.

172 이에 대해 다음을 보라. J. Moltmann, *Trinität und Reich Gottes*, München 1980, 108f. "하나님 나라는 그러므로 하나의 신적 주체로부터 다른 신적 주체로 넘어가며, 이를 통해 그것의 형태를 바꾼다"(109). 몰트만은 다음과 같이 올바로 주장했다. 따라서 하나님의 통치는 하나님의 내재적 삼위일체의 삶(*opera ad intra*)에 속한 것으로 간주될 수 있다는 것이다. 그렇다면 삼위일체성이 하나님 통치보다 "앞선다"(*voran*)는 명제(ebd.)는 잘못된 것이다.

문제가 된다."[173] 헤겔 이후로 볼 수 있는 것처럼 십자가에서의 "하나님의 죽음"을 통째로 이야기하는 것은 옳지 않다.[174] 하나님의 아들에 관해 말해질 수 있는 것은 오직 그가 십자가에 못 박히셨고, 죽으셨으며, 장사지내졌다는 사실이다. 또한 여기서 이 내용에 대한 올바른 교의학적 해석은 하나님의 아들 그 자신도 고통을 받기는 했으나 다만 **그의 인간적 본성에 따라** 고통 받았고 또한 죽었다는 것이다. 아들의 죽음 속에서 직접적으로 하나님 자신의 죽음에 대해 말하는 것은 거꾸로 된 단성설이다.[175] 그럼에도 불구하고 사태는 다음과 다를 수 없다. 예수가 자신의 위격, 즉 영원한 아들의 위격 안에서 십자가의 고통과 죽음을 당했으며, 그 과정에서 예수는 극단적인 낮아지심 안에서 그리고 바로 그 죽음의 수용 안에서 아버지로부터의 극단적인 자기 구분의 결과를 받아들였고, 바로 그 점에서 스스로를 아버지의 아들로서 확증했다는 것이다. 아버지 역시, 하나님은 사랑이시라는 사실이 타당하려면, 아들의 고난에 전혀 접촉하지 않았다고 생각될 수 없다. 십자가는 예수의 신적인 권능뿐만 아니라, 그가 선포했던 아버지의 신성마저도 의문스럽게 만든다. 이 점에서 아들의 고난을 통해 아버지 역

---

173 J. Moltmann, *Der gekreuzigte Gott. Das Kreuz Christi als Grund und Kritik christlicher Theologie*, München 1972, 144. 이 부분은 다음과 관련된다. R. Weth, Ev. Theol. 31, 1971, 227ff.

174 G. W. F. Hegel, *Vorlesungen über die Philosophie der Religion III*, hg. G. Lasson (*PhB* 63) 157ff., 또한 그의 책, Glauben und Wissen (1802/3) *PhB* 62 b, 123f. 참조. 이와 같은 헤겔의 사상 그리고 그 사상과 니체의 하나님의 죽음에 대한 진술 사이의 관계를 설명하는 널리 알려진 문헌에 더하여 여기서는 다만 윙엘의 상세한 해석(E. Jüngel, *Gott als Geheimnis der Welt*, Tübingen, 1977, 83-132)과 링크의 글(Chr. Link, *Hegels Wort "Gott selbst ist tot"*, Zürich 1974)만이 언급되어 있다.

175 헤겔은 다음과 같이 명확하게 설명한다. "여기서 죽은 것은 그 인간이 아니라, **신성**이다. 바로 이것을 통해 신성은 인간이 된다"(*Jenaer Realphilosophie* hg. J. Hoffmeister *PhB* 67, 268). 이에 추가하여, E. Jüngel a.a.O. 102, 그리고 특히 126f. 이것은 1528년 루터의 말들과 신앙고백문(Konkordienformel)을 다룬다(SD VIII, BSELK 1030f.).

시 **함께 고난을 받으셨다**(Mit-Leiden)고 말해질 수 있다.[176]

예수 그리스도의 십자가 사건 안에서 아들과 함께 아버지의 신성 역시 의문스럽게 될 뿐 아니라, 나아가 양자는 이 점에서 모든 생명의 창조자로서 예수를 죽은 자들 가운데서 부활로 깨우신 영의 사역에 의존한다. 바울 이전의 문구들(롬 1:4; 딤전 3:16b)에서 예수의 부활은 영의 사역이며, 이 표상은 부활의 생명의 영적 현실성에 관한 고린도전서 15:44ff.의 서술의 배후에도 있다. 로마서 8:11도 죽은 자들로부터의 부활 사건에서 작용하는 영의 사역에 관하여 말하는데, 하지만 이 구절은 아버지께서 예수를 죽음에서 깨우셨던 것처럼 또한 **영을 통해** 우리를 부활하게 하실 분은 아버지시라고 말한다. 마찬가지로 사도행전에서 예수의 부활의 주체는 아버지이시며(행 2:24 등), 하지만 여기서는 영의 언급이 빠져 있다. 바울에서와 마찬가지로 누가에서도 한편으로 아버지에 대한, 다른 한편으로 아들에 대한 영의 고유한 위격적 독립성은 아직은 조금밖에 형성되어 있지 않다. 이 독립성은 요한에게 이르러서야 결정적으로 등장한다. 요한의 그리스도는 아버지가 보내실 또 "다른" 보혜사(파라클레토스)인 영을 자신과 구분한다(요 14:16). 이미 교부신학은 영의 위격적 독립성에 대한 진술을 그 구절에 근거시켰다.[177] 그래서 하나님의 영은 가장 우선적으로 예수의 부활의 주체라고 말해질 수 있었다. 이것은 아버지가 영을 통해 행동하셨다는 사실을 배제하지 않는다. 아버지는 아들의 파송에서 행동하셨던 것처럼 바로 영 내지는 아들의 중재를 통해 일하신다.

또한 예수의 부활은 하나님의 아들 자신의 행동으로도 이해될 수 있다.

---

176 몰트만이 이 점을 올바로 지적했다. J. Moltmann, *Der gekreuzigte Gott*, 1972, 188, 230ff. 또한 이미, E. Jüngel, *Vom Tod des lebendigen Gottes* (1968), 지금은 동일저자, *Unterwegs zur Sache*, München 1972, 105-125, 특히 117ff. 윙엘에 따르면 하나님은 바로 예수의 죽음 안에서, 말하자면 예수의 부활 사건 안에서, 죽음에 맞서는 자신의 신성을 주장하신다(119).

177 위의 각주 36과 48을 보라.

하지만 이것 역시 영의 능력을 통해서다. 삼위일체의 세 위격 모두는 부활의 사건 속에서 공동으로 활동한다. 하지만 모든 생명의 창조적 근원인 영의 활동에 결정적 의미가 귀속된다. 그 점에서 아버지와 아들은 영의 활동에 의존한다고 말해도 좋을 것이다.

아버지와 아들이 그와 같이 영에게 의존한다는 것은 영을 통해 아들이 영화롭게 된다는 요한의 진술들로부터 더욱 명확하게 강조된다. 아들이 아버지를 이 세상에서 "영화롭게" 하듯이 즉 아버지의 신성을 계시하듯이 (요 17:4), 영은 아들을 영화롭게 할 것이다(16:14). 아버지에 대한 예수의 간구, 이제 아버지께서 예수 자신을, 즉 아들을 영화롭게 해달라는 간구는 결국에는 아버지의 영의 파송을 통해, 그리고 영의 사역을 통해 성취될 것이다. 영을 통해 예수는 아들로 계시될 것이다. 이와 더불어 아들을 통한 아버지의 계시도 영을 통해 완성될 것이다. 왜냐하면 요한에 따르면 아버지는 오직 아들을 통해서만 인식되기 때문이다(요 14:6). 영이 아들을 영화롭게 함으로써 영은 또한 아버지를, 그리고 아버지와 아들의 해체될 수 없는 연합을 영화롭게 한다.

이 점에 영의 자기 구분이 놓여 있는데, 이 구분은 영을 아버지 및 아들 곁에서 별개의 위격으로 구성하며, 또한 그 둘과 관계시킨다. 예수가 자신이 아닌 아버지를 영화롭게 하며, 바로 그 점에서 자신이 아버지와 하나이며 아버지의 "아들"임을 증명했듯이, 영도 자신이 아니라 아들을 영화롭게 하고 아들을 통해 아버지를 영화롭게 한다. 영은 "스스로 말하지 않고"(요 16:13) 예수에 대해 증언하며(15:26), 그의 가르침을 기억나게 하기에(14:26), 바로 그 점에서 영은 자신을 "진리의 영"으로 입증한다(16:13). 그러므로 영은 아버지 및 아들과 구분되는 동시에 그 둘과 일치한다.

아우구스티누스는 영을 아버지와 아들의 영원한 연합(Gemeinschaft)으로 묘사했다. 영은 아버지와 아들을 묶어주는 사랑이다(caritas).[178] 이것으로부터, 영의 위격성을 아버지 및 아들과 나란히 존재하는 개별 위격이 아니라, 양자 서로가 연합하는 "우리"로서 파악하자는 제안이 이해가 된다.[179]

이에 대해 정교회 측에서 제기했던 이의는 그런 파악을 통해 성령의 위격성이 "사라져버린다"는 것이었다.[180] 그 비판은 정당했다. 왜냐하면 영이 직접적으로 아버지와 영의 연합인 "우리"로 이해되는 경우, 영을 통해 영화롭게 되는 아버지와 아들로부터 영이 자기 구분을 행하는 것은 아무런 효력이 없을 것이기 때문이다. 영 또한 스스로를 영화롭게 하는 것이 아니라, 아버지에 대한 관계 안에 있는 아들을, 그리고 아들의 사역 안에 계신 아버지를 영화롭게 한다.

그럼에도 불구하고 영을 아버지와 아들을 묶어주는 사랑으로 이해하는 아우구스티누스의 사상은 보다 깊은 진리를 함축하고 있다. 복음서들은 예수의 아버지와의 결합을 그가 하나님의 영으로 충만했다는 사실로 소급시킨다.[181] 예수의 세례에 대한 보고들에서 아들은 영을 **받은 자**로 묘사된다. 나아가 로마서 1:4에 따르면 예수의 아들 됨은 죽은 자들로부터의 부활에서 작용한 영의 권능의 사역에 근거되어 있다. 그리고 구조적으로 비교되듯이 누가에 나오는 탄생의 기록에서도 예수의 아들 됨은 영의 활동에서 비롯되는 근원으로 소급된다(눅 1:35). 이에 상응하여 바울은 그리스도인들도 영을 수용하고 영이 그들 안에서 활동함으로써 아들과의 관계 안으로 받아들여졌다(롬 8:14f.)고 말한다.

영이 아버지와 아들의 영원한 연합에 속한다는 사실이 영이 아버지와

---

178 *De trin.* VI,5,7: *ipsa communio consubstantialis et coaeterna* (CCL 50, 235, 17f.); 참고. XV,19,37(513,140ff.). 그 외 인용으로, Y. Congar, *Der Heilige Geist*, Freiburg 1982, 383f.

179 H. Mühlen, *Der Heilige Geist als Person. Beitrag zur Frage nach der dem Heiligen Geist eigentümlichen Funktion in der Trinität, bei der Inkarnation und im Gnadenbund* (1963) 3. Aufl. 1966, 157ff.

180 Dumitru Staniloae, *Orthodoxe Dogmatik*, Gütersloh 1984, 285. 또한 다음의 비판적 논평을 참고하라. J. Moltmann, *Trinität und Reich Gottes*, München 1980, 185, 각주 69.

181 이 내용과 그 이후 내용에 대해 위의 429ff.를 보라.

아들의 연합에 대한 조건과 매개가 된다는 사실에 최종적으로 근거한다는 점은 이미 강조되었다(위 429ff.). 그 점으로부터 믿는 자들에 대한 영의 전달 역시 아들의 아버지와의 연합 안으로 포괄되는 것으로 인식될 수 있다. 다른 한편으로 보혜사가 오신다는 요한복음의 말씀에서 가장 분명하게 증언되는 영의 위격성은 이미 아들의 아버지와의 연합 안에서 작용하는 영의 사역에 대해서도 이미 전제되어 있다. 누가복음은 이 부분에 특별한 관심을 둔다. 예수는 성령을 통해 아버지를 찬양하며(눅 10:21), 그 찬양의 대상은 자신의 파송 그리고 아버지께서 그에게 넘겨주신 전권이었다(10:22). 예수 자신에게서도 영의 사역은 이미 아버지를 영화롭게 하는 것에 놓여 있었다. 요한의 서술에 따르면 영은 아버지와의 연합 안에 있는 아들을 영화롭게 하며, 또한 그렇게 하여 아버지를 영화롭게 한다(요 16:14). 그러므로 인간들 가운데서 아버지의 신성이 인식되고 인정되는 것에, 또한 하나님 나라의 오심에 봉사하는 예수의 사역, 즉 아버지를 영화롭게 하는 것을 목적으로 하는 그의 사역 전체는 결국 그의 안에서 활동하는 영의 사역으로 이해될 수 있다. 물론 이것은 그 사역이 동시에 아들의 사역이라는 사실을 배제하지 않는다. 아들은 겸허히 아버지의 신성에 종속되어 순종하는 가운데 영을 영화롭게 하며, 그 점에서 자신이 아버지의 아들임을 입증한다.

아우구스티누스가 영을 아버지와 아들 사이의 연합으로 서술했던 것은 올바른 것이었다. 하지만 우리는 여기서 아우구스티누스와 매우 깊은 관련이 있는 사상, 즉 영이 이 둘 곧 아버지 그리고 아들로부터 **나온다**는 사상을[182] 뒤따를 수가 없다. 그는 아버지와 아들의 관계 속에서 영을 통

---

182 그 맥락은 특히 *trin.* V,11,12에서 인식될 수 있다. 영은 아버지 및 아들과 공동적이기에—아버지의 영과 그리스도의 영—그 둘 사이의 연합을 지칭한다. 이것은 영이 아버지와 아들의 공통의 선물(*donum*)라는 표현으로 이어진다. Ergo Spiritus sanctus ineffabilis quaedam patris filiique communio...(CCL 50, 219,29f.). 아우구스티누스를 언제나 또 다시 영이 아버지와 아들로부터 공동으로 나온다는 주제로 이끈 것은 무엇보다도 영을 **선물**로 이해하는 것(trin. XV, 18,32-19,1f., 이것은 롬 5:5과 요일 4:13

해 중재되는 상호관계성의 해석을 "근원적 관계들"이라는 용어로 묘사했다. 이와 같은 진전은 신성 안에 존재하는 관계들이 배타적으로 근원적 관계의 특성을 갖는다는 전제로부터 출발하는 경우에는 이해될 수 있는 사실일 것이다. 또한 이 전제로부터 영을 통한 아버지와 아들의 연합을 서술하려고 시도하는 경우에도 그러하다. 다만 그 결과는 성서의 증언과 맞지 않는다. 이 판단은 우선 영은 **아버지**로부터 나온다(요 15:26)는 요한적 그리스도의 말씀을 고려하면서 내려져야 한다. 이 말씀은 정교회가 "**그리고 아들로부터**"(filioque)를 비판하면서 계속 인용했던 것이다. 이와 같은 개별적인 말씀보다 훨씬 더 큰 무게가 놓이는 것은—이미 논의했던 것처럼—아들 자신도 영을 수용한다는 사실이다. 이것은 단지 예수의 인간적 본성에만 속한다고 할 수 없는데, 왜냐하면 예수는 위격으로서 영의 수용자이기 때문이다. 그러나 그는 누구로부터 영을 수용하는가? 물론 아버지로부터 일 것이다. 결과적으로 영은 아버지로부터 나오며 아들에 의해 수용된다고 말할 수 있을 뿐이다. 하지만 이 사실은 아들이 영을 제자들에게 재차 수여하고, 믿는 자들을 아버지와 아들의 연합 관계 안으로 편입되도록 영

의 주석임)이었다. 왜냐하면 아버지와 아들이 그 선물의 수여자이기 때문이다: XV, 26,47 (CCL 50, 528, 90-101); 참고. 26,46 (524f.)와 IV,20,29 (199,101ff.). 아우구스티누스에 따르면 영이 선물이라는 사실에서만 그와 연계된 다른 두 위격 사이의 관계도 인식될 수 있다. 아버지의 영이나 아들의 영이라는 지칭에서 그 관계는 아직 인식될 수 없다는 것이다. Sed ipsa relatio non apparet in hoc nomine; apparet autem cum dicitur, donum dei: V,11,12(219,23f.). 하지만 이상하게도 아들은 이 선물의 우선적인 수용자로 묘사되지 않으며, 단지 아버지와 함께 수여하는 일에 참여된 것으로 묘사될 뿐이다. 또한 V,14,15(222f.), IV,20,29(199f.)을 보라. 아우구스티누스는 예수를 통한 영의 수용에 관하여 말할 때, 오직 예수의 인간적 본성의 관점(XV,26, 46; CCL 50, 526, 45f.)에서, 그것도 그의 탄생의 관점(526, 54ff.; 527, 59f.)에서만 말한다. 반면에 그는 예수가 30살의 나이에 세례를 받았을 때 처음으로 영을 수용했다는 것을 불합리한 것[absurdissimum]으로 보고 거부한다(527,60). 영의 파송과는 달리 영의 수용을 예수의 위격에 관계시키는 대신에 그의 인간적 본성에만 관계시킴으로써 아우구스티누스는 아들과 영의 관계 규정에 대한 성서 본문들의 상당한 부분을 불분명하게 만들었다.

을 파송하는 일에 참여되어 있다는 것을 배제하지 않는다(요 16:7; 참고. 14:16 과 15:26, 예수의 간구에 의해, 그리고 그의 이름으로 아버지는 영을 보내실 것이다). 영의 수용을 통해 믿는 자들은 예수의 아들 됨에 참여한다. 이것은 영을 그리스도의 영으로 지칭하는 것을 정당화하기에 충분하다. 영의 중재는 부활하신 자를 통해 발생하며(요 20:22), 십자가에 못 박히신 자의 부활에 대한 사도적 선포와 그 복음을 믿는 믿음을 통해 발생한다(갈 3:2). 하지만 이 모든 것은 영의 기원이 아버지께 있으며, 영이 아버지로부터 나온다는 사실을 조금도 변경하지 못한다.

동방과 서방 그리스도교 사이에 소외가 발생하는 데 숙명적인 역할을 했던 위의 질문 속에서, 서방 그리스도교의 신학은 후회하고 바르게 인식해야 할 원인을 만들었다. 후회해야 할 것은 381년에 콘스탄티노플의 에큐메니칼 고백의 세 번째 명제를 편파적으로 처리하여 "그리고 아들로부터"[183]를 보충해 넣은 것이다. 서방 신학은 그것을 유감으로 생각하고 비정경적 행위로서 파기해야 할 것이다. 바르게 인식해야 할 것은 영이 아버지 그리고 **아들로부터** 나온다는 아우구스티누스의 교리가 바로 그가 올바

---

183 이에 대해 다음을 보라. Y. Congar, *Der Heilige Geist*, Paris 1979/80 dt. Freiburg 1982, 366-368, "그리고 **아들로부터**"(*filioque*)에 대한 매우 상세한 논의를 361-413과 435-453에서 보라. 또한 다음을 참고하라. W. Kasper, *Der Gott Jesu Christi*, Mainz 1982, 269ff. 영이 양쪽 모두로부터 나온다(*ab utroque procedens*)는 것은 서방에서 1215년 제4차 라테란 공의회(DS 805)를 통해 잠시 언급되었으며, 1274년 제2차 리옹 공의회를 통해 교의학적인 권위를 갖는 것으로 선언되었다. 이에 대해 동방 교회는 대립되는 이해를 제시하며 극렬히 비판했다(DS 850; 참고. 853). 관련된 내용을 다음에서 보라. A. Ganoczy, Formale und inhaltliche Aspekte der mittelalterlichen Konzilien als Zeichen kirchlichen Ringens um ein universales Glaubensbekenntnis, in: K. Lehmann/W. Pannenberg (Hrsg.): *Glaubensbekenntnis und Kirchengemeinschaft*, Freiburg/Göttingen 1982, 49-79, 특히 60ff. 그리고 교황 바오로 4세가 리옹 공의회의 구속력을 상대화한 것에 대해 70f.를 참조하라.

르게 강조했던 연합, 곧 영을 통한 아버지와 아들의 연합을 신학적으로 부적절한 방식으로 표현한 것이라는 사실이다.[184] 그 부적절성은 이 사상이

---

[184] 니케아-콘스탄티노플 신조의 본문에 **필리오케**(filioque, 그리고 아들로부터)를 첨가하는 것을 정경적으로 불허하는 것과 관련하여 지난 수십 년의 서방 신학의 연구 속에서 어떤 합의가 증가해가고 있다. **필리오케**를 "생략"하여 본래의 본문을 다시 복원하는 것은 다른 가톨릭 신학자들과 더불어 콩가르(Y. Congar)도 지지했다(a.a.O. 451). 이에 대한 전제는 물론 정교회 측의 입장, 즉 "필리오케가 올바로 이해된다면 그것에는 결코 이교도적인 것이 없다"는 입장을 인정하는 것이다(ebd.). 카스퍼(W. Kasper)는 조금 더 소극적으로 표현하여, 만일 **필리오케**가 이교도적이지 않다면 "무엇 때문에 그것을 고백하던 서방의 전통이 포기되어야 하는지 더 이상 이해될 수 없다"고 판단했다(a.a.O. 272). 개신교의 측면에서 개혁교회들은 서방에서 표준적 권위가 되었던 그 고백 형식을 계승했고, 누구보다도 칼 바르트는 **필리오케**와 더불어 정교회의 이해에 대한 거부를 분명히 표명했다(KD I/1, 500-511). 왜냐하면 그는 그 고백에서 하나님의 자기 계시의 그리스도론적인 중재가 표현될 수 있다고 보았기 때문이다(502f., 507f.). 그 과정에서 삼위일체는 계시 안에 계신 하나님의 유일한 주체성의 표현으로 파악되었는데, 그 결과로 아버지로부터 나온 영의 가장 우선적인 수용자가 바로 아들이라는 사실은 바르트에게서 마땅한 효력을 갖지 못했다. 이미 19세기의 개신교신학에서 **필리오케**에 대한 의심이 커졌는데, 왜냐하면 그리스 정교회의 이해에 맞설 수 있는 분명한 성서적 근거가 주어지지 않았기 때문이다(A.D. Chr. Twesten, *Vorlesungen über die Dogmatik der Evangelisch-Lutherischen Kirche II/1*, Hamburg 1837, 239ff., 245). 트베스텐은 1439년 피렌체 공의회(Florentiner Unionskonzil)의 합일 문서에서 영이 아버지 그리고 **아들로부터**(tamquam ab uno principio et unica spiratione) 발현한다고 한 것은 정교회의 우려를 전혀 고려하지 않았던 것이라고 보았다(244). **필리오케**에 대한 오늘날의 논의에 대해 특히 다음을 참조하라. R. Slenczka, Das Filioque in der neueren ökumenischen Diskussion, in: *Glaubensbekenntnis und Kirchengemeinschaft*, 1982, 80-99(각주 183에서 인용됨). 특히 볼로토브(V. V. Bolotov 1892)가 합의를 위해 제안한 것에 대한 동방 교회의 논의에 대해 83f., 89ff.를 보라. 구 가톨릭교회의 국제 주교회의는 이미 1970년에, 영국 성공회는 1978년에, 추가된 부분을 콘스탄티노플의 상징적 본문으로부터 삭제할 것을 권고했으며, 이것은 두 경우 모두 우선적으로 정경적인 근거에서 비롯되었다. 동일한 권고가 「신앙과 직제」의 잘 알려진 연구에서 주어진다. *Geist Gottes—Geist Christi*, Hrsg. L. Vischer, Frankfurt 1981. 마찬가지로 니케아-콘스탄티노플 고백에 대한 "신앙과 교회법 협의회"의 새로운 연구도 원문에서 출발한다(*Ein Gott, ein Geist. Zur Auslegung des apostolischen Glaubens heute*, Hrsg. H. G.

근원적 관계라는 용어로 표현했던 것에 놓여 있다. 그러나 이 사상이 많은 동방 교회 신학자들이 반응하며 주장했던 것처럼 이교도적인 것은 아니다. 오히려 아우구스티누스의 잘못된 해석 안에는 동방과 서방의 삼위일체적 신학 용어에 모두 과중한 짐을 부과했던 한 가지 결함이 표현된다. 그것은 아버지, 아들, 영의 관계가 배타적으로 근원적 관계로서만 이해된다는 결함이었다. 이와 같이 파악할 때 아버지, 아들, 영의 관계 속에 존재하는 상관성은 고려될 수가 없었다. 상관성의 관점은 다마스쿠스의 요한네스(Johannes von Damaskus)에 의해 **순환**(Perichorese) 사상으로, 즉 세 위격들이 상호 침투하는 "내재"의 사상으로 표현되었고,[185] 그리고 삼위일체의 단일성의 통상적인 표현으로 전달되었다. 하지만 이 사상은 내재적 삼위일체의 관계들을 단지 일면적으로 근원적인 관계로서만 파악하기 때문에, 그것의 영향력은 제한적이었다.

c) 세 위격들, 그러나 오직 한 분이신 하나님

만일 아버지, 아들, 영 사이의 삼위일체적 관계들이 서로에 대해 각각 자기 구분의 형태를 취한다면, 그 관계들은 유일한 신적 주체의 서로 다른 존재 방식으로 이해될 뿐만 아니라, 또한 독립적인 행위 중심에서 일어

Link, Frankfurt 1987, 6과 119). 몰트만은 그런 연구에서 신학적인 질문이 아직 해명되지 않았다고 바르게 강조했다(J. Moltmann, *Trinität und Reich Gottes*, 1980, 197f.). 하지만 그가 제안한 문구, 즉 영은 "아들의 아버지로부터 발현하며, 아버지 그리고 아들로부터 형태를 수용한다"(203)는 문구는 아우구스티누스의 전통적 견해와 마찬가지로 영은 성서적 증언들에 따르면 아들에 의해서도 수용되며 아버지에 대한 아들의 순종을 중재한다는 사실을 고려하지 않았다. "아들의 아버지"로부터 영이 발현한다는 문구 안에서 표현되는 "아들에 대한 관계"는 문제의 해명을 위해 어떻든 환영할 만한 것이지만, 그러나 그 관계는 아들이 또한 영의 첫 번째 수용자이며 믿는 자들을 향한 영의 파송의 매개자라는 관점을 통해 보충되어야만 한다.

185 *De fide orth*. I,8.

나는 삶의 성취들로 이해되어야 한다.[186] 우리가 이러한 행위 중심들을 세 개의 "의식적인 중심들"로 이해할 수 있을지의 여부는 인간의 자기 경험에 근거한 의식의 표상을 과연 신적인 삶에 적용할 수 있는지, 있다면 어떤 의미로 그럴 수 있는지의 대답에 달려 있다. 이 문제는 다음 장에서 상세히 논의할 것이다. 이와 달리 만일 신적 삶의 단일성이 의식의 **단일성**(Einheit)과 결합되어 있다면, 우리는 발터 카스퍼와 함께, 그러나 칼 라너에 반하여 다음과 같이 말해야 한다. "하나인 신적 의식이 삼중적인 방식으로 존속한다(subsistieren)."[187] 그렇기에 세 위격들은 그 점에서 각각 다른 위격들에 관계되며, 또한 서로 구분된다.

서로에 대한 자기 구분으로(als) 규정되는 세 위격의 관계는 삼위일체론에 관한 전통적인 용어의 의미에서 근원적인 관계들로 환원될 수 없다.

---

186 스타닐로에(D. Staniloae a.a.O. 267)는 세 "주체들"(Subjekten)이라고 말한다. "이들은 서로에 대해 완전히 투명하여 서로 들여다볼 수 있다." 몰트만은 삼위일체의 세 위격들이 부가적인 방식으로만 서로에게 관계되는 "서로 구분되는 세 개별자로 이해될 수는 없다"고 강조하기는 했지만, 그도 실제로는 스타닐로에의 견해에 가까이 접근한다(J. Moltmann, *Trinität und Reich Gottes*, 191). 카스퍼는 드러내어 "세 주체들"이라고 말한다(W. Kasper, *Der Gott Jesu Christi*, 1982, 352). 젠슨의 제안(R. W. Jenson, *The Triune Identity*, Philadelphia 1982, 108ff.), 즉 세 위격들 대신에 세 **정체성**(Identitäten)을 말하는 것은 서로에 대한 자기 구분이라는 계기를 고려하지 않은 것이다. 하지만 이 계기는 단일한 주체 개념을 고수하기 위해서는 필연적이다.

187 A.a.O. 352. 카스퍼에 따르면(W. Kasper a.a.O.) "라너는 너무 성급하게" 단일한 신적 의식으로부터 "추론하여" 하나님 안에 "세 의식의 중심들과 행위 중심들이 없을 것"이라고 말했다. 어떻든 라너 자신은 다음과 같이 말한다. "…세 의식들이 존재하는 것이 아니라, 하나의 의식이 삼중적인 방식으로 존속한다. 하나님 안에는 오직 하나의 실재하는 의식이 있으며, 아버지, 아들, 영은 각기 자신의 고유한 방식대로 그 의식을 소유한다"는 것이다(Myst. Sal. 2,387). 로너간(B. Lonergan)에 동의하면서 라너는 그러한 통찰을 손상치 않으면서 "신적인 '위격들' 각자는 다른 두 위격을 '의식'하였다"라고 표현했다(ebd. 각주 29). 이 표현으로써 세 위격들의 서로에 대한 자기 구분이 충분히 고려될 수 있는지는, 하나님 안에 주체와 객체 사이의 어떤 구분도 없어야 한다면, 결국 의문으로 남을 수밖에 없다.

아버지는 아들을 "낳는" 것만이 아니라, 그에게 나라를 넘겨주고, 또한 그로부터 재차 그 나라를 되돌려 받으신다. 아들은 출생하는 것만이 아니라, 또한 아버지에게 "순종"하며, 이를 통해 아버지를 한 분 하나님으로 "영화롭게" 한다. 영은 내쉬어지기(발현)만 하는 것이 아니라, 아들을 "가득 채우며", 그의 위에 "머물며", 아버지에 대한 "순종" 안에 있는 아들을 영화롭게 하고, 그 점에서 또한 아버지를 영화롭게 한다. 그렇게 영은 모든 진리 가운데로 인도하며(요 16:13), 신성의 깊은 곳을 통달한다(고전 2:10f.).

성서에서 증언되는 아버지에 대한 아들의 그리고 영의 **능동적인** 관계들을 아들과 영의 정체성에 비본질적인 것으로 다루고, 출생과 발현 내지는 숨의 내쉼의 관계만 본질적인 것으로 고려하는 것은 적절치 않다. 왜냐하면 그런 경우에 위격들의 본질적 구성에서 단지 아버지로부터 아들과 영으로 향하는 근원적인 관계들만이 인정될 것이기 때문이다. 위에서 말한 다른 관계들 중 그 어느 것도 아들과 영의 아버지에 대한 관계에서 이차적인 것이 아니며, 오히려 그것들 모두는 삼위일체의 위격들과 그들의 연합의 특성들에 속한다. 그렇기에 보다 풍부한 구조를 지닌 관계의 그물, 즉 아버지, 아들, 영을 결합하는 맥락이 타당한 것으로 주장되어야 한다. 이것은 아타나시오스 이래로 삼위일체 신학이 삼위일체적 관계와 관련하여 주장했던 것이다. 그 그물 관계는 세 위격의 다양한 특성들을 구성한다. 세 위격들은 사실상 오로지 서로에 대한(zueinander) 상호관계 속에만 있으며, 이 관계를 통해 세 위격은 서로(voneinander) 구분될 뿐 아니라 서로 함께(miteinander) 연합한다. 여기서 개별적 위격들은, 특히 서방의 삼위일체론에서 시도되었던 것처럼, 개별적 관계들로 환원될 수 없다. 그런 환원은 다음 사실에서 이미 배제된다. 그것은 세 위격 사이의 그물 관계가 아버지로부터 아들의 "출생"과 영의 "숨을 내쉼"(혹은 "발현")을 묘사했던 "근원적 관계들"의 옛 교리보다 훨씬 더 복잡하다는 사실이다. 그러므로 위격들은 단순히 각각의 관계와 동일시될 수 없다. 오히려 각각의 위격들은 여러 가지 관계들의 초점이다. 여기서 다음 질문이 제기된다. 그것은 "순환/ 상호 내재"(Perichorese, 페리코레시스)의 관계 그물이 지금보다 더 정확히 묘사될 수 있는지, 그리고 그 그물 관계가 어떻게 단일한 신적인 삶과 관계되는지의 질문이다. 이 단일성은 카파도키아의 교리에서 보면 오로지 아버지로부터 비롯되는 아들과 영의 기원을 통해 내적으로 보증되어야만 하는 것이다.

삼위일체의 위격들이 각각 다른 위격들로부터 스스로를 구별하는 자기 구분은 신성 그리고/또는 그 속성들과 관계된다. 이것은 각 위격이 다른 한 위격 혹은 두 위격들로부터의 스스로를 구별하는 자기 구분에서 주제와 핵심이 된다. 그래서 아들은 유일하게 선하신 분(막 10:18), 곧 홀로 한 분 하나님이신 아버지를 가리킨다. 이에 상응하는 것이 자신의 파송에 대한 아들의 헌신인데, 파송 속에서 아들은 아버지의 신성에 봉사하면서 자신의 삶을 소진한다. 영은 순종하는 아들을 아버지와 하나인 자로, 그리고 아버지의 사랑을 계시하는 자로 확증하고 찬미한다. 아버지는 아들에게 아버지 자신의 영을 넘겨주며 영을 통해 자신의 사랑을 믿는 자들의 마음에 부어주었고(롬 5:5), 또한 아들에게 아버지 자신의 나라를 넘겨주어 하나님의 아들은 이제 하나님의 능력과 하나님의 지혜라고 말해질 수 있다(고전 1:24).

이 사례들은 "자기 구분"이 세 위격들 각각에 대해 엄격하게 동일하지 않다는 것을 제시한다. 삼위일체의 위격들을 근원적 관계들로 이해하는 고전적이고 단순화된 견해와 관련하여 이미 올바로 말해졌던 것은 세 위격들이 본래적인 의미에서 합산될 수 없다는 사실이었다.[188] 세 위격의 합계는 각각의 위격보다 더 크지 않다(Aug. trin. VI,7,9). 하지만 이들의 차이는 커서 같은 종류의 사례들처럼 더해질 수 없다(trin. VI-I,4,7ff.). 아버지, 아들, 영의 관계들이 가진 완전한 복잡성이 고려된다면, 다시 말해 이들의 서로에 대

---

[188] 이에 대해 다음을 참고하라. W. Kasper a.a.O. 345f.

한 상호 자기 구분의 여러 가지 형식들의 관점에서 본다면, 인격들의 상이한 구조는 훨씬 더 분명하게 드러날 것이다. 아들의 경우만 생각해봐도 그 의미는 분명하다. 아들의 자기 구분의 대상인 다른 위격, 즉 아버지는 아들에게 유일하신 하나님이며, 그 점에서 아들 자신의 신성은 그가 아버지의 신성에 복종한다는 사실에 근거한다. 영도 아들을 주님(퀴리오스)으로 인식하고 고백하도록 가르침으로써(고전 12:3), 즉 그가 다른 위격인 아들의 신성을 인식하고 고백함으로써, 영 자신의 고유한 신성을 입증한다. 하지만 영의 고백 속에서 아들이 유일한 하나님인 것은 아니며—그는 아버지의 아들로서만 주님이시다—영의 사역이 송영 안에서 소진되는 것도 아니다. 이미 영은 미리 앞서서 아들에게 한량없이 주어졌고, 그에게 머물러 있다. 이것은 아들에게 사역의 능력을 주기 위한 것이다. 아들과 아버지로부터 자신을 구별하는 영의 자기 구분의 형식은 아버지와의 관계 안에서 일어나는 아들의 자기 구분의 형식과는 다르다. 아들과 영에 대한 아버지의 자기 구분은 이 둘의 신성과 관련하여 마땅히 다른 형식을 취한다. 즉 아버지는 아들 안에서 자기 자신과 구분된 한 분 하나님을 인식하지 않으며, 오히려 아버지는 아들에게 자신의 통치권을 넘겨주어, 아타나시오스가 서술했던 것처럼, 그 통치를 아들 안에서 새롭게 소유한다.[189] 아버지께서 자신의 사랑을 성령을 통해 믿는 자들의 마음속에 부으실 때, 그 사랑은 줄어들지 않는다. 그럼에도 불구하고 또한 아들과 영에 대한 아버지의 관계에서 아버지 자신의 신성과 관련된 자기 구분이 말해져야 한다. 왜냐하면 아버지의 신성과 통치의 계시됨은 아들과 영의 사역에 달려 있기 때문이다.

아타나시오스는 "나는 길이요 진리요 생명이다"(요 14:6)라는 요한적 그리스도의 말씀을 문자 그대로 받아들여서 아들이 바로 아버지의 진리와 생명이라는 주장을 감행했다. 그에게 이 말씀은 아리우스주의자들에 대항

---

[189] Athanasius c. Arian. III,36 (PG 26, 401 C): "아버지는 모든 것을 아들에게 주었기에 아버지는 아들 안에서 모든 것을 새롭게 소유한다."

하기 위한 논증이 되었다. "아들이 나기 이전에는 존재하지 않았다고 가정한다면, 진리는 하나님 안에 항상 있지 않았다는 셈이 된다. 하지만 그렇게 말하는 것은 옳지 않다. 왜냐하면 하나님이 존재하셨을 때, 그분 안에는 언제나 진리가 있었으며, 그 진리는 바로 아들이기 때문이다. 그가 나는 진리라고 말한다."[190] 또한 아타나시오스에 따르면 아들은 아버지의 능력과 지혜이다(c. Arian 1,11). 그 때문에 "아들 안에서 아버지의 신성을 볼 수 있다"(c. Arian 3,5). 아버지가 아들 없이는 아버지가 아니듯이(ib 3,6; 참고. 1,29와 34), 아버지는 자신의 신성 또한 아들 없이는 갖지 못한다. 이와 같은 대담한 사고를 통해 아타나시오스는 그때까지 알려졌던 아버지의 신성에 대한 이해를 철저히 의문스럽게 만들었는데, 그 이해에 따르면 아버지의 신성은 어떤 조건도 없이 확고하지만 그 신성은 아들과 영에게는 단지 파생적인 방식으로만 주어져 있다. 그러나 이제 아타나시오스에 따르면 아버지의 신성은 아들 안에서 제약된다. 우리에게 아버지를 유일하신 참하나님으로 알게 하는 자는 아들이다(c. Arian 3,9; 참고. 7). 또한 아타나시오스도 아버지를 지혜의 원천, 곧 아들의 "원천"으로 말할 수 있었지만(1,19), 그러나 그 원천에서 출현하는 아들 없이는 아버지를 원천으로 말할 수 없다고 했다. 반면에 아버지가 그런 의미에서 아들과 영의 신성의 원천 혹은 원리라고 말해질 때, 이 둘이 신성에 관련하여 아버지께 의존하는 것이지 아버지가 이들에게 의존하는 것이 아니라면, 그때 자기 구분 그리고 삼위일체적 위격들의 동등한 상호관계성, 나아가 이들의 신성의 동등성(Gleichheit)은 더 이상 보존되지 않는다. 카파도키아 교부들은 신성의 원천으로서 아버지에 관하여 말하는 가운데 때때로 위격들의 동등성을 위협하는 견해에 상당히 근접했다.[191] 왜냐하면 아버지가 신성의 원칙이라는 것은 오직 아

---

190 Athanasius c. Arian, I,20; 이에 대해 다음을 참고하라. J. Zizioulas, Verité et communion, in: Lêtre ecclesial, Paris 1981, 75-110, 특히 73f.
191 이것은 특별히 나지안주스의 그레고리오스에게 해당한다. Gregor von Nazianz or.

들의 관점에서 볼 때만 그렇다는 사실이 충분히 부연되지 않았기 때문이다. 바로 이 조건적 부연설명이 추가되지 않았기에, 아들과 영은 존재적으로 아버지의 하위에 머물렀다. 이것은 카파도키아 교부들이 아타나시오스와 마찬가지로 회피하고자 애썼던 것이었다.

세 위격들의 상호관계성이 세 위격 중 각자가 하나의 신성 및 그 신성의 속성들에 대한 관계를 내용으로 한다는 사상은 아타나시오스에 따르면 더 이상 따를 수 없는 것으로 보였다. 이 논증을 베르첼리의 유세비우스(Euseb von Vercelli)가 지은 삼위일체에 관한 저작을 통해 분명히 잘 알고 있었던[192] 아우구스티누스는 그러나 이렇게 반박했다. 그런 방식으로는 아버지가 지혜를 스스로 소유하는 것이 아니라, 즉 이미 자기 자신이 스스로 지혜로운 것이 아니라, 오로지 아들을 통해서만 지혜롭다는 결론에 도달하게 될 것이다.[193] 아우구스티누스는 뒤따르는 결론도 분명하게 인식했다. 그때는 아버지도 아들도 모두 "스스로"(ad se) 계신 하나님으로 묘사될 수 없게 될 것이다.[194] 그는 이 점에서 아버지와 아들의 동일한 신성이 훼손되는 것을 보았다. 만일 아버지가 전혀 자기 자신의 고유한 본질을 소유하지 않고 그 자신의 존재를 오직 아들과의 관계 안에서만 갖는다고 하면, 아들은 어떻게 아버지와 동일본질일 수 있는가?[195] 반대로 만일 아들도 자

---

40 (MPG 36, 420 B). 물론 그레고리오스는 여기서 원천과 흐름이라는 상을 사용하지는 않았다(Gregor Nyss. *adv. Maced.*, MPG 45, 1317 A와는 구분되어야 한다). 왜냐하면 그와 같은 상은 아버지로부터 발현한 위격들의 독립적인 존속을 표현하지 못하기 때문이다(or. 31, MPG 36, 169f.). 하지만 그와 같은 사고는 아버지를 신성에서 유일하게 기원이 없는 원리로 이해하는 것에 반대하지 않는다. 이에 대해 위의 각주 70에 인용된 홀(K. Holl)의 비판을 보라.

192 CCL 50,228, 20번째 줄 이하에 제시된 인용들을 참고하라.
193 Aug. *trin*. VI,1,2(CCL 50,229,26ff.).
194 A.a.O. VI,2,3: Si haec ita sunt, iam ergo nec deus est pater sine filio nec filius deus sine patre, sed ambo simul deus (230, 17f.).
195 A.a.O. VII,1,2: Quomodo ergo *eiusdem essentiae* filius cuius pater

신의 신적인 본질을 오로지 아버지에 대한 관계 안에서만 갖는다고 하면, 그 본질은 더 이상 본질이 아니라 다만 어떤 상대적인 것에 지나지 않을 사실이다.[196]

아우구스티누스가 여기서 니케아 교리의 부적당한 표현을 단순히 거부한 것이 아니라 오히려 그 교리 중 하나의 핵심을 오인했다는 것은 젠슨(Robert W. Jenson)의 중요한 통찰이었다. 그 핵심은 위격들 사이의 관계들이 위격들의 특성들에 대해서만이 아니라 그들의 신성에 대해서도 본질적이라고 서술되어야 한다는 것이다.[197] 틀림없이 아우구스티누스는 니

---

quandoquidem ad se ipsum nec essentia est, nec omnino est ad se ipsum sed etiam esse ad filium illi est? (246,71-74).

[196] A.a.O.: Restat itaque ut etiam essentia filius relative dicatur ad patrem. Ex quo conficitur inopinatissimus sensus ut ipsa essentia non sit essentia, vel certe cum dicitur essentia, non essentia sed relativum indicetur (247,96-99).

[197] "아우구스티누스가 서술한 니케아 교리는 정밀하다. 하지만 그가 니케아 교리의 불운한 결과로 간주했던 것은 사실상 그 교리 전체의 본래적 목적이었다. 삼위일체론적 변증의 본래적인 핵심은 관계들을…하나님 안에서 본질적인 것으로 만드는 것이다"(R. W. Jenson, *The Triune Identity*, Philadelphia 1982, 119). 카파도키아 교부들이 해석한 삼위일체론에 대한 긍정적인 판단은 젠슨이 자신의 아우구스티누스에 대한 비판과 결부시킨 것인데, 나는 물론 그 판단을 무제한 공유할 수는 없다. 아우구스티누스를 정당하게 평가하려면, 우리는 먼저 신성의 단일성의 문제가 카파도키아 교부들의 해석 속에서 해결되지 않았다는 사실을 눈여겨보아야만 한다(위의 447ff., 456f.). 그 외에도 카파도키아 교부들은 삼위일체적 위격들의 관계에서 상호관계성을 아타나시오스보다는 훨씬 덜 날카롭게 파악했고, 무엇보다도 그 관계성을 해석할 때 아타나시오스를 넘어 상호 간의 자기 구분으로까지 나아가지는 못했다. 니사의 그레고리오스가 생각했던 표상, 즉 우리를 향한 유일한 빛 속에서 세 위격이 공동으로 사역한다는 표상(*Quod non sunt tres dii* 124f., MPG 45, 133 B, 또한 c. Eun. §149, MPG 45,416B)을 젠슨은 올바르게도 카파도키아 신학의 정점으로 치켜세웠다(113). 하지만 그 표상은 우선적으로 밖을 향한 신적인 사역의 통일성과 관계된 것이지, 세 위격의 내적인 관계에 관계된 것이 아니다. 그 외에도 그 표상은 종속론적 특징을 갖고 있다; 참고. K. Holl, *Amphilochius von Ikonium in seinem Verhältnis zu den großen Kappadoziern*, Tübingen/Leipzig 1904, 218ff.

케아의 교리 자체라든지 혹은 그것에 대한 아타나시오스의 해설과 변호에 반대할 의도를 갖고 있지 않았다. 오히려 그는 세 위격들의 동일본질성을 중점적으로 주장하기 위한 더 나은 사변적 정당성을 추구했다. 아우구스티누스가 위격적 관계들의 상호관계성으로부터 본질 개념 자체를 새롭게 규정하려는 출발점을 인지했던 곳은 베르첼리의 유세비우스(Euseb von Vercelli)를 통해 그에게 전달된 아타나시오스의 사고가 아니었다. 그 대신 그가 고수했던 사고는 세 위격들 각자가 독자적으로 그리고 직접적으로 하나의 신성과 그것의 속성들에 참여하는 몫을 가지고 있다는 사실이었으며, 그 참여의 몫은 위격적인 관계들의 중재를 통한 것만이 아니라는 것이었다.[198] 실제로 그 사고를 통해 위격들의 동등성이 보증되고, 신성과 관련된 각자의 열등성도 회피되며, 동시에 신적인 단일성이 주도적인 관점으로 격상되는 것처럼 보였다. 하지만 신적인 삶이 위격들의 상호관계들을 통해 중재된다는 사고는 무차별성의 단일한 신적 본질에 세 위격이 각각 동일하게 참여한다는 표상으로 평준화되어버렸다.[199] 이미 아우구스티누스 자신이 신적 위격들의 속성들과 관련해서 느꼈던 난점들은[200] 그 문제로부터 발생한 직접적인 결과였다.

삼위일체의 세 위격들의 상호관계성과 상호의존성은 이들의 위격적 동일성뿐만 아니라 각각의 신성과 관련해서도 결코 아버지의 군주성의 파

---

[198] Augustin *trin*. V,8, 9: Quidquid ergo ad se ipsum dicitur deus et de singulis personis ter dicitur patre et filio et spiritu sancto, et simul de ipsa trinitate non pluraliter sed singulariter dicitur (216,35-37).

[199] R. W. Jenson a.a.O. 120. "동일성들의 **상호구조**는, 힘이나 지혜 등 하나님의 일뿐만 아니라 하나님 자신을 특징짓는 것들에 따라서 추상적으로 사고된 단순한 신적 본질의 동일성들에 의해 **동일한 소유** 속으로 평준화된다."

[200] 아우구스티누스의 삼위일체의 저작에서 위의 각주 198에서 인용된 부분에는 유명한 문장이 나온다. Dictum est tarnen tres personae non ut illud diceretur, sed ne taceretur (*trin*. V,9, 10; 217, 10f.). 이 문장은 사실상 그 교리가 지닌 언어적 부적절성보다는 그 교리에 대한 아우구스티누스의 해석이 지닌 한계성을 확인해준다.

괴라는 결론에 도달하지 않는다. 오히려 정반대다. 아들의 사역을 통해서 하나님 나라, 즉 아버지의 군주성이 창조 가운데서 작동하며, 아버지의 전권을 받은 자인 아들을, 그리고 그와 함께 아버지를 영화롭게 하는 영의 사역을 통해 그 군주적인 나라는 완성된다. 아들과 영은 자신들의 사역을 통해 아버지의 군주성에 봉사하며, 그것을 실행에 옮긴다. 하지만 아버지는 그의 나라, 그의 군주성을 아들 없이 갖는 것이 아니라, 오히려 아들과 영을 통해서 가지신다. 이것은 계시 사건에만 해당되는 것이 아니라, 예수의 아버지께 대한 역사적 관계에 근거하여 삼위일체 하나님의 내재적 삶에 대해서도 주장될 수 있다. 여기서 또 다시 아들의 아버지에 대한 관계 안의 자기 구분의 관점이 결정적으로 중요하다. 아들은 존재적인 열등성의 의미에서 아버지에게 예속된 것이 아니라, 오히려 스스로 아버지께 굴복한다. 이 점에서 아들은 영원토록 아버지의 군주성의 장소다. 그 점에서 아들은 성령을 통해 아버지와 하나다. 아버지의 군주성은 세 위격들의 공동의 활동에 대한 전제가 아니라 그 공동의 활동의 결과인 것이다. 그러므로 그 군주성은 세 위격의 단일성의 표식이다.

그렇기에 우리는 위르겐 몰트만처럼 내재적 삼위일체에서 "본체적 지평"(Konstitutionsebene)과 "관계적 지평"을 구분할 수 없다(Jürgen Moltmann, *Trinität und Reich Gottes*, München 1980, 200). 그것은 한편으로 신성의 근원이 없는 근원이신 아버지의 군주성으로부터 아들의 출생과 영의 발현을 통해(182) "삼위일체를 구성(Konstitution)"하는 것(179ff.)과 다른 한편으로 "삼위일체의 삶" 속에 있는 위격적 관계들의 상호내재적인 (perichoresen) 상호관계성(187ff., 191f.) 사이를 구분하는 것이다.[201] 오히려 아버지의 군주성은

---

201 몰트만의 삼위일체론의 묘사 속에서 나타나는 이 사실에 근거한 긴장들에 관하여 다음을 참고하라. R. Olson, Trinity and Eschatology: The Hostorical Being of God in Jürgen Moltmann and Wolfhart Pannenberg, in: *Scottish Journal of Theology*

삼위일체적 관계들을 통해 매개된다. 만일 여기서 아버지의 군주성이 "신성의 원천"으로서 더 이상 유효하지 않다면(192), "신적 삶의 영원한 순환" 속에서, 그리고 세 위격들의 "상호내재적(perichoresen) 결합" 속에서 어떻게 단일성이 보존될 수 있는가? 몰트만은 삼위일체의 관계들 가운데 상호관계성의 관점을 복원하는 데 중요한 통찰을 제공했고, 다음과 같이 멋지게 말한다. "위격들 자체가 단일성과 마찬가지로 구분성도 구성한다"(ebd.). 하지만 이것은 최종적으로는 아버지 자신의 군주성에도 해당한다. 군주성은 삼위일체의 삶과 경쟁하는 것이 아니라, 오히려 아들과 영의 삶 속에서 현실성을 취한다.

삼위일체의 위격들의 연합이 이들의 공동 사역의 결과인 아버지의 군주성 안에서 자신들의 내용을 갖기 때문에, 그 이유에서, 오로지 바로 그 이유에서 삼위일체 하나님은 다름이 아니라 예수가 선포했던 하늘의 아버지 하나님이시며, 그분의 통치가 가까이 왔고 예수의 사역 속에 이미 시작되었다고 주장될 수 있다. 하르낙(Adolf v. Harnack)은 다음과 같이 올바르게 말했다. "아들이 아니라, 오로지 아버지만이 예수가 선포했던 복음에 속한다." 하지만 하르낙은 다음 내용이 추가되지 않는다면 그 주장이 충분치 않다는 것을 이미 의식하고 있었다. "그러나 그가 아버지를 아는 만큼 그렇게 아버지를 알았던 자는 없었다."[202] 그렇기에 아버지는 예수의 위격과 분리되어 인식될 수 없다. 왜냐하면 오로지 예수의 등장 안에서, 그리고 그에 대한 믿음 안에서 아버지의 통치는 시작되기 때문이다. 이와 같이 예수는 아들이다. 그렇기에 그를 통해, 그리고 그 아들을 영화롭게 하는 영의 사역을 통해, 아버지의 군주성은 이미 현재하는 현실이 된다.

---

36 (1983) 213-227, 특히 224f.
[202] A. v. Harnack, *Das Wesen des Christentum* (1900), Leipzig 1902, 91.

아버지, 아들, 영이 모두 함께 아버지의 군주성에 기여한다는 점에서 하나가 된다고 해도, "아버지"란 명칭을 삼위일체의 첫 번째 위격 외에 삼위일체 하나님 전체와 관계시키는 것은 정당하지 않다. 이것은 신학적 전통 안에서 일어났던 일인데, 왜냐하면 창조에서 하나님의 사역은 삼위일체 전체의 사역으로 생각되었고 특별히 아버지만의 사역으로 생각되지 않았기 때문이다. 하나님을 피조물의 아버지로 지칭하는 성서 구절들(마 5:16, 45, 48; 6:4ff, 14f, 18, 26)은 그 때문에 삼위일체 전체와 관계되었으며, 첫 번째 위격인 아버지께만 관계되지 않았다. 또한 이스라엘의 하나님을 백성의 "아버지"로 지칭(신 32:6; 사 63:16)하는 구약성서의 본문들도 사람들은 마찬가지로 그렇게 취급했다. 이 목적을 위해 신학은 신적 본질(essentialiter)과 관련하여 아버지의 명칭을 사용하는 것을, 이 명칭을 통해 삼위일체의 첫 번째 위격을 지칭하는 것(personaliter)과 구분했다. 이것은 스콜라 신학(Thomas v. A., *S. theol.* I,33,3)과 구(舊)프로테스탄트 교의학(Abraham Calov, *Systema III*, Wittenberg 1659, 169-175; David Hollaz, *Examen I*, Stargard 1707, 432f. q1에서, 또한 Sigmund Jakob Baumgarten, *Evang. Glaubenslehre I*, 2. Aufl. Halle 1764, 455f.)에서 그러했다. 예수가 하나님을 하늘 아버지로 언급한 많은 내용들이 아들 자신을 통한 아버지 하나님의 말 건넴으로 해석되지 않는다. 심지어 주기도문도 예수 그리스도의 아버지가 아닌 삼위일체 전체에 향한 것이 된다. 이와 함께 예수의 하나님 선포에 있어서의 단일성은 주석적으로는 근거가 없고 내용적으로 견디기 어려운 방식으로 갈라졌다. 소키누스주의자인 크렐리우스(Crellius)는 매우 정당한 이의를 제기했다. 하나님을 아버지로 표현하는 것은 성서의 어디서든 삼위일체와 관계될 수 있다는 것이다. 그리고 크렐리우스 자신에 반대하는 칼로프의 논증들(Calov a.a.O. 169ff.)은 오늘날의 독자들이 보기에는 지나치게 인위적이며 설득력이 결여되어 있는데, 이것은 성서 해석 안으로 옮겨진 주제, 곧 밖을 향한 삼위일체의 사역의 불가분성의 주제를 간과하는 경우다. 오히려 이 규칙 자체가 수정이 필요한 것으로 나타나지 않았는가? 아버지, 아들, 영의 **공동 사역**이라는 근본 명제는 창조, 화해, 구원 속에서 아직 단념될 필요는 없다. 만일 위격들의 **구분성**이 창조, 화해, 종말의 공동의 사역 속에서 인정된다면 말이다.

아버지는 그의 군주성 안에서 한 분 하나님이시다. 이것을 바로 아들이 가르쳤다(막 10:18). 신약성서적 언어 사용의 연구가 이것을 확인해준다. 왜냐하면 신약성서에서 "하나님"이라는 단어는 거의 예외 없이 아버지에 대한 것이지, 결코 세 위격의 하나님에 대한 것이 아니기 때문이다.[203] 물론 그렇다고 해서 한 분 하나님에 대한 교리를, 위격들의 삼중성 속에 존재하는 단일한 신적 본질의 교리가 아닌 "아버지 하나님에 대한 교리로 확장" 해야 한다는[204] 결론이 내려지는 것은 아니다. 한 분 하나님은 아들을 통해 성령 안에서 아버지로서 인식되기 때문이다. 그리스도교 신학은, 이미 종교사와 구약성서 안에서 하나님을 아버지로서 인식했던 예비 단계가 예수가 선포했던 아버지 하나님을 대상으로 하고 있었다는 통찰에 대해 열려 있어야 한다. 이것이 의미하는 바는 물론, 아버지에 대한 인식을 아들의 중재와 결합하는 것과 관련하여, 종교사가 예수가 중재한 아버지로서의 하나님 인식을 준비하는 과정 속에서 이미 아들이 활동하고 있었다는 사실이다. 물론 그는 성육신에서야 명확한 인간적 형태를 취했다. 만일 세계의 창조가 신적 로고스를 통해 중재되었다면, 그리고 로고스가 이미 성육신에 앞서서 피조물들 가운데 도처에서 작용하고 있었다면, 하나님을 아버지로 인식하는 것의 시작도 인류 안에서 아들이 행하는 사역을 통해 중재되어 있으며, 이런 관점에서 또한 아들의 성육신이 인간 창조의 완성이라

---

203 이것은 라너의 연구결과이다. K. Rahner, "Gott" als erste trinitarische Person im Neuen Testament, in: *Zeitschrift f. kath. Theol.* 66, 1942, 71-88.
204 W. Kasper, *Der Gott Jesu Christi*, Mainz 1982, 187. 그래서 카스퍼는 아버지를 "삼위일체의 근원, 원천, 내적 단일성의 근거"라고 말했다(364; 참고. 381). 하지만 거기서 하나님을 아버지로 보는 표상이 항상 이미 아들과 관계를 통해 제약된다는 점이 둥한시되지 않았는가?

고 이해하는 것은 자연스럽다.

여기서 아버지 그리고 그의 군주성에 대한 아들의 관계는, 또한 영을 통해 중재되면서, 나사렛 예수의 역사만 규정하는 것이 아니라 구속사의 경륜 전체가 그 관계 안에 축약되어 있다. 삼위일체 하나님의 단일성에 대한 질문은 구속의 경륜을 포괄하지 않고서는 설명될 수 없다. 다시 말해 오직 세계 창조보다 앞선 내재적 삼위일체의 관점에서만 설명될 수 있다. 하나님은 그의 영원한 본질 안에서도 계시된 존재와 동일하시기 때문에, 그리고 하나님과 동일하다고 생각될 수 있는 계시 사건으로부터도 구분되시기 때문에, 최종적으로 내재적 삼위일체와 경륜적 삼위일체 사이의 구분은 실현되어야 하지만, 거꾸로 삼위일체 하나님의 단일성도 그의 계시를 도외시하고서는, 그리고 계시 안에서 축약되는 구속적 경륜의 사역 곧 창조 안에서 발생하는 그 사역을 도외시하고서는 생각될 수 없다. 아버지의 군주성과 아들을 통한 그것의 인식이 지닌 한계성은 세계에 대한 신적 관계의 경륜을 신적 본질의 단일성에 대한 질문 안으로 편입시킬 것을 요청한다. 그러므로 하나님의 단일성의 사고는 아버지의 군주성이 그것의 내용이라는 의미로는 아직도 해명되지 않았다. 만일 아버지의 군주성이 그 자체로서 직접적으로 실현되는 것이 아니라, 오로지 아들과 영의 중재를 통해서만 실현된다면, 하나님의 통치의 단일성은 그러한 중재의 형태 안에서 그 본질을 가질 수밖에 없다. 아니면 오히려 아버지의 군주성의 본질은 저 중재를 통해 비로소 내용규정을 획득한다. 어쨌든 아들과 영의 중재는 아버지의 군주성에 대해 외적인 것일 수는 없다.

4. 하나님의 역사로서의 세계, 그리고 신적 본질의 단일성

칼 바르트는 삼위일체론이 예수 그리스도 안에서 발생한 하나님의 자기 계시에 근거해야 한다고 주장했지만, 정작 자신은 내용에서 그렇게 하지 못했다고 말할 수 있다. 그 주장의 근거는 칼 라너의 명제인 내재적 삼위일체와 경륜적 삼위일체의 동일성을 통해[205] 수용되고 강화되었다. 이 명제는 삼위일체론의 근거가 예수 그리스도 안에서 발생한 하나님의 계시에서 **출발하여**, 계시로부터 하나님의 영원한 본질 안의 삼중성으로 되돌아가야 함을 의미할 뿐만 아니라, 또한 삼위일체론의 수행이 재차 하나님의 영원한 본질 안의 삼중성을 그 본질의 역사적인 계시와 연결해야 함을 의미한다. 왜냐하면 계시는 하나님의 신성에 외적인 것으로 생각될 수 없기 때문이다.

이와 같은 내용을 칼 바르트는 이미 그의 하나님의 말씀론 제2장의 목차에서 표현하는데, 거기서는 삼위일체론 이전에 계시 개념이 전개된다. 하나님의 말씀론은 §8-9(KD I/1, 311-403)의 계시의 사고에서 출발해서 삼위일체론으로 건너가며, §10-12(KD I/1, 404-514)에서는 아버지, 아들, 영의 계시 활동으로부터 이들의 영원한 신성으로 되돌아간다. 그 다음에 §13-15(KD I/2, 1-221)에서 아들의 성육신 안에서 나타나는 삼위일체 하나님의 "객관적" 계시가 서술되며, 이어서 §16-18(KD I/2, 222-504)에서는 성령을 통한 하나님의 "주관적" 계시의 서술이 포함된다. 여기서 전개된 계시의 사고가 제시하는 것은 내재적 삼위일체와 경륜적 삼위일체의 일치로서의 삼위일체성의 설명이라고 읽을 수도 있다. 물론 그 경우에 경륜적 삼위일체의 측면에서는 아버지의 사역인 창조가 누락된다. 그 점에서 우리는 바르트의 그리스도 중심적인 계시 개념을 통해—혹은 어쨌든 『교회교의학』의 프로레고메나를 통해—제약된 "협소화"를 엿볼 수 있다. 하지만 실제 내용에서 바르트의 설명은 내재적 삼위일체와 경륜적 삼위일체의 일치성을 이미 타당하게 서술한다.

---

[205] K. Rahner, Bemerkungen zum dogmatischen Traktat "De Trinitate" (1960), in: *Schriften zur Theologie IV*, Einsiedeln 1960, 103-133, 특히 115f.

라너의 명제의 출발점을 형성하는 것은 예수 그리스도가 위격 안에서 하나님의 아들이라는 사실, 즉 성육신은 외적인 전유(Appropriation)를 통해 삼위일체의 다른 두 위격과 구분되면서 아들에게만 속하는 것이 아니라는 사실이다. 인간 예수는 신적인 로고스의 "실재하는 상징"(Realsymbol)이다. 그의 역사(Geschichte)는 "로고스 자체를 계시하는 로고스의 현존재, 즉 우리 곁에 있는 우리의 구원의 현존재**이다**".[206] 성육신은, 삼위일체 하나님의 구속사적 행위의 맥락 속에서 삼위일체의 한 위격이 세계의 현실성에 관여하는 특별한 "경우"로 보아야 한다. 신적인 로고스가 인간 예수와 하나가 되는 위격적(hypostatischen) 연합이라는 "경우"는 유일무이한 것이고 그와 평행되는 것이 없는 것이지만, 그럼에도 불구하고 그 경우는 구속의 경륜 전체를 포괄하는 사역, 곧 세계사 안에서 삼위일체 하나님이 행하시는 사역의 한 가운데 있다. 이 사실을 통해, 라너의 설명을 넘어서면서, 창조가 삼위일체 위격들 상호간의 관계들 안으로 편입되며, 또한 그 관계들에 참여한다. 하지만 아들과 영의 위격이 창조 안에서 직접 행위하고 현존하는 반면에, 아버지는 오직 아들과 영을 통해서만 세계 속에서 행하신다. 아버지는 세계를 초월해 계시는 것이다. 이것이 아들과 영을 세계로 "파송한다"라고 표현되는 내적인 사태다.

그럼에도 불구하고 또한 아버지도 아들과 영을 통해 구속적 경륜의 역사에 관계되신다. 아버지는 자신의 신성 안에서 아들과 영의 파송을 통한 것과 마찬가지로 또한 세계의 창조를 통해 활동하시며, 창조 안에서는 아들과 영의 역사적인 진행 과정에 의존하신다. 이것은 삼위일체 위격들의 상호 의존성으로부터 비롯되는 결과이며, 아들과 영이 세계와 세계사에 관여하는 구속의 경륜과 관련하여 나라를 위임하고 되돌려 받는 가운데 실행된다. 아버지의 신성이 창조세계 안의 사건들의 과정에 의존한다는

---

[206] A.a.O. 123.

이와 같은 사태 관계는 우선 에버하르트 윙엘에 의해, 또한 다음에는 위르겐 몰트만의 예수의 십자가의 예시에 의해 상세히 전개되었다.[207] 아버지 자신의 신성이 예수의 십자가의 죽음을 통해, 이것이 아들의 죽음이기에, 의문시된다. 이에 상응하면서, 윙엘이 말한 것처럼, 아버지는 십자가에서 죽으신 자의 부활(깨움)을 통해 자신을 죽음과 맞서는 하나님으로 주장하신다.

십자가 사건에 대한 이와 같은 설명들은 아버지의 신성이 아들의 죽음에 함께 적중되어 신성이 의문스럽게 되었다고 본다. 그 설명들은 내재적 삼위일체의 관계들 가운데 위격들이 위격적 존재와 관련해서뿐만 아니라 위격들의 신성과 관련해서도 서로 의존한다는 전제, 그리고 여기서 중요한 것은 아버지에 대한 아들과 영의 관계만이 아니라 다른 두 위격에 대한 아버지의 관계와도 관련된 상호 의존성이 중요하다는 전제를 포함한다.[208] 예수의 십자가 죽음이 아버지의 신성을 의문스럽게 만들었다고 해석하는 것은 삼위일체적 관계들의 상호관계성을 구속사의 중심 사건 안에서, 곧

---

207 E. Jüngel, Vom Tod des lebendigen Gottes (1968), in ders.: *Unterwegs zur Sache. Theologische Bemerkungen*, Tübingen 1972, 105-125, 여기서는 119; 참고. E. Jüngel, *Gott als Geheimnis der Welt*, Tübingen 1977, 132ff. 248ff., 270-306. J. Moltmann, *Der gekreuzigte Gott*, München 1972, 184-204, 222-236.

208 그와 같은 의미에서 나는 1977년에 전유(Appropriationen) 혹은 속성론(Attributionenlehre)의 확장을 지지했는데, 이것은 신적 경륜의 특정한 사역을 삼위일체의 개별 위격에 귀속시키는 것을 넘어서서, 다른 두 위격들의 참여를 배제하지 않은 채, 삼위일체의 내적인 관계들에 신적 속성들만이 아니라 신성 그 자체가 귀속되도록 확장하는 것이었다. 그때 한 위격을 통해 다른 한 위격이 함께 귀속될 수도 있고, 혹은 다른 두 위격들이 동시에 귀속될 수도 있다(Der Gott der Geschichte. Der trinitarische Gott und die Wahrheit der Geschichte, 지금은 *Grundfragen syst. Theologie II*, 1980, 112-128, 여기서는 124f.). 그것으로써 나는 그 시대에 아우구스티누스에 의해 거절되었지만(위의 각주 191ff.), 그러나 아타나시오스가 길을 예비했던 삼위일체적 관계의 상호관계성의 견해를 개선하고 확장하려고 시도했다. 실제 내용에서는 윙엘과 몰트만의 노력도 이와 비슷한 방향을 향한다.

예수의 십자가와 부활 안에서 입증한다. 이와 함께 라너의 진술들을 넘어서는 내용이 등장한다. 아버지의 위격 또한 구속사의 진행 과정 안에 얽혀 들어가 있으며, 그것도 구속사의 사건들의 진행이 아들의 신성과 마찬가지로 또한 **아버지의** 신성도 결정하는 방식으로 얽혀 있다는 것이다. 이것은 성육신이 내재적 삼위일체와, 말하자면 아들의 위격과 분리될 수 없다는 라너의 진술에는 아직은 해당되지 않았던 내용이다. 하지만 이 진전된 단계를 통해 내재적 삼위일체와 경륜적 삼위일체가 동일하다는 라너의 명제는 비로소 성취되어 생명을 얻게 된다. 왜냐하면 이제는 내재적 삼위일체 자체, 곧 삼위일체 하나님의 신성이 역사 속의 사건들 가운데서 위험에 처하기 때문이다.

내재적 삼위일체와 경륜적 삼위일체의 결합은 그런 상황에서는 죽은 자들로부터의 부활에 이르는 예수의 역사에만 제한될 수 없다. 오히려 하나님의 세계 통치의 실행은 높여지신 자를 통해, 그리고 종말의 사건에서 아버지께 나라를 돌려드림(고전 15:28)을 통해, 이제부터는 역사 안에서 발생하는 논쟁, 곧 예수가 선포한 하늘 아버지의 신성에 대한 논쟁의 관점에서 볼 수 있게 된다. 삼위일체론 안에 놓인 예수 그리스도의 역사의 이와 같은 종말론적 관점의 결과들을 이미 위르겐 몰트만이 1972년에 주장했으며,[209] 그는 그 관점을 1980년에는 성령론에 대입하여 확장했다.[210] 그는 아들과 아버지가 영을 통해 영화롭게 된다는 사실이 위격적 행위이며, 이 행위는 다른 두 삼위일체 위격들에 대한 영의 주체적 존재를 가장 결정적으로 보여준다고 확신하면서 설명했다. 또한 무엇보다 영의 이와 같은 송영의 행위가 내재적 삼위일체의 관계로 평가되어야 하는데, 왜냐하면 그 행위가 밖을 향한 것이 아니라 아들과 아버지를 향한 것이기 때문이라고 주

---

[209] J. Moltmann, *Der gekreuzigte Gott*, München 1972, 243-255, 특히 254.
[210] Ders., *Trinität und Reich Gottes*, München 1980, 137-143, 특히 140ff.

장했다.[211] 하지만 영을 통하여 영화롭게 되는 것은 아버지와 아들의 "합일"을 실현할 뿐 아니라 또한 요한복음 17:21에 따르면 하나님과 인간들 내지는 하나님 안에 있는 인간들의 합일도 실현하기 때문에,[212] 몰트만은 종말론에서 구속사가 완성되는 것을 하나님의 삼위일체적 삶 그 자체의 통일성이 완성되는 것과 연결할 수 있었다. 다시 말해 "만물이 '하나님 안에' 있고 '하나님이 만물 안의 모든 것'이라면, 경륜적 삼위일체는 내재적 삼위일체로 지양된다."[213] 로버트 젠슨(Robert Jenson)도 이와 비슷하게 내재적 삼위일체를 곧장 경륜적 삼위일체의 종말론적·최종적 형태로 특징지었고, 영을 그와 같은 종말론적 완성의 "원리이자 원천"으로 파악했다.[214]

내재적 삼위일체와 경륜적 삼위일체의 동일성이라는 명제의 가장 어려운 문제들은 그 명제를 이렇게까지 밀고 나갔을 때 제기될 수밖에 없다. 발터 카스퍼(Walter Kasper)는 올바르게도 다음과 같은 오해를 지적했다. 사람들은 "이러한 동일시를 통해 내재적 삼위일체가 경륜적 삼위일체로 용해되어버린다"고 말한다.[215] 그 동일성을 통해 "구속사적 삼위일체는 모든 의미와 중요성을 상실하게 될지도 모른다는 것이다. 왜냐하면 구속사적 삼위일체는, 오직 하나님이 영원 속에서 존재하시는 바로 그 자신으로서 구속사 속에서도 존재하실 때만, 의미와 중요성을 갖기 때문이다…." 그렇기 때문에 구속사적 삼위일체 안에서 내재적 삼위일체가 발견될 수 있다.[216] 하

---

211 A.a.O. 141과 143.
212 A.a.O. 141.
213 A.a.O. 178.
214 R. W. Jenson, *The Triune Identity*, Philadelphia 1982, 141f. 하지만 젠슨은 내재적 삼위일체의 상호관계성을 강조했음에도 불구하고(142) 삼위일체적인 영 개념을 아우구스티누스-헤겔적인 의식의 삼위일체 개념과 연결했고, 이것을 통해 삼위일체 하나님의 단일성을 여전히 주체성으로 생각했다(144f.).
215 W. Kasper, *Der Gott Jesu Christi*, Mainz 1982, 335.
216 Ebd. 336. 카스퍼가 이어서 "내재적 삼위일체는 외삽(Extrapolation)의 방식으로 경륜적 삼위일체로부터 도출될 수는 없다"고 설명했는데, 이것은 이해가 되지 않는 점이

나님은 자신의 영원한 본질 안에서도 바로 역사 속에서 자신을 계시하신 바로 그분이다.

이와 함께 마치 하나님이 역사 안에서 생성된다는 것과 같은 상상, 삼위일체 하나님이 역사의 결과물로서 역사의 종말론적인 완성 속에서 비로소 자신의 현실성을 획득할 것이라는 상상은 거부된다. 만일 그렇게 된다면 인간의 역사적인 경험에 대해서는 오직 역사의 종말론적 완성과 더불어 예수가 선포한 하나님의 신성이 최종적으로 입증될 것이라고 묘사될 것이다. 그뿐 아니라 하나님의 신성도 이제는 실제로는 그분의 나라의 완성 없이는 생각될 수 없게 될 것인데, 다시 말해 그 나라의 종말론적인 등장에 의존하게 되는 것이다. 그때 종말론적 완성은 삼위일체 하나님이 이미 영원부터 영원까지 참하나님이시라는 사실에 대해 결정을 내리는 지점이 된다. 이 점에서 하나님의 현존재가 그분의 나라의 종말론적 완성에 의존한다는 것은 조금도 변경되지 않는다. 다만 하나님의 영원성에 대한 종말론적 완성의 구성적 의미를 바로 하나님의 영원성의 이해 안에서 고려해야 할 필요성이 생길 뿐이다. 부활의 사건이 나사렛 예수가 이미 지상의 역사 안에서 하나님의 영원한 아들이었다는 인식의 준거가 될 뿐만 아니라, 그것의 확정 기능을 통해 소급하여 나사렛 예수가 바로 하나님의 아들이었다는 **결정**을 내리듯이, 예수가 선포했던 하나님의 신성도 역시 하나님 나라의 종말론적 완성을 통해서만 궁극적이고 비모순적으로 계시될 것이며, 그때 무신론과 믿음 사이의 투쟁의 승패가 최종적으로 결정될 것이며, 동시에 소급적으로 모든 영원에 대해서도 그러할 것이다. 왜냐하면 하

다(ebd.). 이와 관련해서 교리사적인 발전 속에서 어쨌든 경륜적 삼위일체로부터 내재적 삼위일체로 인도했던 준거의 맥락이 "도출"(Ableitung)이라는 용어를 통해 올바로 표현되었는지의 문제가 논란의 대상이 될 것이다. 그러한 준거의 맥락이 존재한다는 사실에는 논란의 여지가 거의 없다. 그리고 그것은 심지어 신학에 의해 강조되기까지 하는데, 왜냐하면 삼위일체론 교리의 표현 형식들에 대해 유일하게 가능한 정당성이 그 맥락에 놓여 있기 때문이다.

나님이라는 말은 개념 자체의 의미상 영원의 사상을 포함하고 있기 때문이다. 예수 부활의 실재성 또한 죽은 자들의 종말론적 부활의 맥락에서만 최종적이고 비모순적으로 결정될 것이며, 그것으로부터 비롯된 모든 결과들 곧 예수 그리스도의 위격에 대한 결과들도 그때 결정될 것인데, 교회는 그 결과들을 부활의 소식의 진리에 대한 확신에 기초하여 이미 이끌어내고 있다.

이제 하나님 나라 안에서 역사를 완성할 종말론적 미래는 삼위일체 하나님에 대한 신앙의 근거를 마련하는 탁월한 기능을 가지게 된다. 그 신앙의 사건에 기초하여 영원부터 영원까지, 즉 세계의 기초가 놓이기 이전의 하나님의 현존재에 대한 결정이 내려진다는 의미에서 그러하다. 영원과 시간의 관계, 하나님과 창조의 관계, 창조 행위 자체의 이해, 모든 유한한 현실성의 시간성에 대한 질문과 그것들의 의미는 다음 두 장(제6장 하나님의 속성론과 제7장 창조론)에서 설명될 것이다. 어쨌든 다가오는 하나님의 통치의 시작을 예수께서 선포함으로써 세계의 종말론적인 완성의 예기(Antizipation)가 예수의 역사적 활동 안에 현재한다는 점, 그리고 그 활동과 일치하는 사실, 즉 십자가에 못 박히신 자의 죽은 자들 가운데서의 부활 속에서 마지막 때 모든 죽은 자들의 부활이 예기된다는 사실은 하나님 곧 아버지, 아들, 성령에 대한 그리스도교의 모든 주장의 근거가 된다. 삼위일체 하나님의 이해를 통해 전개되는 계시의 사고도 이미 역사의 종말이 예수 그리스도의 위격과 역사 안에서 예기된다는 사실에 근거한다. 삼위일체 하나님의 영원한 신성은 역사 속에서 궁극적인 확증에 더욱 가까워지며, 계시의 진리도 마찬가지다. 신약성서의 계시 이해에 결정적인 개념, 곧 신적인 구원 계획이라는 신비의 개념의 구속사적인 구조에 삼위일체론의 역사신학적이고 "경륜적인" 기초가 상응한다. 발터 카스퍼(Walter Kasper)가 올바로 주장했던 것처럼, 여기서 계시적 삼위일체의 주장은 모든 경우에 본질적 삼위일체의 주장 곧 영원부터 영원까지 아버지, 아들, 영의 삼위일체적인 연합의 주장을 포함한다. 이와 같은 사태 관계는 영의 증언을 통해 아들 안에서 아버지의 계시를 인식하는 것으로부터 하나님의 영원히 단일한 본질 안에 계신 아버지, 아들, 영의 영원한 동일본질의 교리에 이르는 발전, 곧 교부신학의 삼위일체론의 역사적인 발전이 중심적인 내용에서 원칙적으로 옳은 것이었다는 인상을 준다.

이와 함께 다음 사실도 이해될 수 있다. 그러한 해석사의 잠정적인 결과로서, 다시 말해 325년 니케아 공의회와 381년 콘스탄티노플 공의회의 교의를 통해, 영원한 본질적 삼위일체의 사고가 그것의 역사적인 지평으로부터 분리되었다. 그 결과 그 사고는 모든 역사적인 사건들의 기초로 생각될 뿐만 아니라, 하나님의 영원성과 불변성 때문에 역사의 진행 과정과 접촉하지 않는 것으로, 그에 따라 모든 피조물의 인식에 도달될 수 없는 것으로 관찰되는 경향을 보였다. 아들과 영을 영원하고 불변하는 아버지와 동일한 본질로 인식한 다음에, 헬레니즘의 철학적 신학의 조건들 아래서 그렇게 사고된 삼위일체론은 모든 피조적인 유한한 현실성이 도달할 수 없는 먼 거리로 물러날 수밖에 없었을 것이다. "**내재적 삼위일체는 경륜적 삼위일체에 대해 독립적이 되었으며, 구속적·경륜적인 기능을 점점 더 잃게 되었다.**"[217]

이와 같은 발전의 시작은 이미 아타나시오스에게서 관찰된다. 시간적으로 탄생했다는 아들을 아버지의 불변하는 신성으로부터 분리하여 먼 거리에 두는 것을 목표로 삼았던 아리우스주의의 논증에 반대하며 아타나시오스는 아들 및 삼위일체의 표상으로부터 모든 생성과 변화를 전적으로 멀리 떼어놓

---

[217] W. Kasper a.a.O. 318. 또한 다음 설명을 참고하라. D. Wendebourg, *Geist oder Energie. Zur Frage der innergöttlichen Verankerung des christlichen Lebens in der byzantinischen Theologie*, München 1980, 특히 아타나시오스에 대해서는 182ff., 그레고리오스 팔라마스(G. Palamas)에서 나타나는 4세기 교부들로부터 시작된 경향의 최종적 형태에 대해서는 44ff.를 보라.

으려고 노력해야 했다(c. Arian I, 35f.). 아타나시오스에 따르면 성육신 역시 불멸의 아들에게 어떤 변화도 초래하지 않았다(I,48; 참고. I,62와 III,39). 어떠한 의미에서든 하나님 자신이 "생성되었다"고 생각하는 것은 그에게는 극단적인 실수로 보였다(I,63). 예수가 이러저러한 존재로 "되었다"거나 혹은 어떤 존재로 "만들어졌다"고 말하는 성서의 말씀들은 로고스 자체와 관계된 것이 아니라 오로지 예수의 인간적 본성과만 관계된다(II,8). 이를 통해 영원한 아들은 예수에 관하여 복음서들이 보고하는 모든 인간적인 면모와는 거리를 두게 된다. "하나님에 관한 신학적인 앎"의 측면에서도 아타나시오스는 "삼중성의 점진적인 생성"과 같은 어떤 변화를 인정하려 하지 않았다. "스스로 동일하게 유지되지 못하고 시간의 흐름에 따라 완성되어가며 금방 이런저런 다른 상태로 변화하는 종교란 도대체 무엇인가? 그런 종교는 아마도 계속해서 더욱 성장하려 할 것이고, 그것에는 중단이 없을 것이다…"(I,17).

오늘날 우리는 영원한 삼위일체와 모든 역사적인 변화 사이의 대립이 삼위일체 신학의 편파성을 초래했고, 그것의 성서적인 기초를 해체시켰다는 사실을 인식한다. 그 상태를 개정하라는 요구는 거부할 수 없을 만큼 크다. 하지만 그 개정과 연관된 무거운 문제의 짐은 신학이 지금까지 추측해왔던 것보다 훨씬 무겁다. 내재적 삼위일체와 경륜적 삼위일체를 하나로 생각하는 것은 어떤 신 개념의 발전을 전제하는데, 그것은 신적 본질의 피안성(Jenseits)과 그것의 세계 안에서의 현재뿐만 아니라, 또한 하나님의 영원한 자기 동일성과 역사 과정 안에서 그 진리의 논란성, 이에 더하여 역사의 완성을 통한 그 진리의 확정까지도 하나의 통일된 사고 안에서 파악할 수 있는 신 개념을 뜻한다.

동시에 한 분 하나님 안에서의 세 위격의 통일성은 새로운 방식으로 표현되어야 한다. 아버지, 아들, 영의 단일한 신적 본질 안에서의 통일성에 대한 질문과, 그렇게 생각된 내재적 삼위일체와 경륜적 삼위일체의 일치성에 대한 질문은 서로 밀접하게 관련되어 있다. 위격들의 삼중성 안에서의 하나님의 단일성은 내재적 삼위일체와 경륜적 삼위일체의 구분 및 일치의 근거를 동시에 포함해야 한다.

여기서 암시되는 신학적 사고의 과제들은 아버지, 아들, 영의 상호관계성에 대해 이 장에서 지금까지 설명한 내용을 통해서는 아직 해결되지 않았다. 이 과제들은 일반적인 신학 토론에서도 지금까지 미해결로 남아 있다. 내재적 삼위일체와 경륜적 삼위일체의 일치 근거가 하나님의 "본질과 계시 사이의 **상호작용**"의 명제를 통해서도 사고되지 않았으며, 세 위격들의 "유일성"도 상호 내재적인 순환 관계(Perichrese) 속에서 세 위격들의 일치 사상에 도달하지 못하고 있다.[218] 순환 관계는 세 위격들의 통일성의 근거를 다른 방식으로 이미 전제하고 있다. 순환 관계는 그 통일성을 단지 표현할 수 있을 뿐이다. 순환 관계 자체로만 본다면, 그것의 출발점은 언제나 위격들의 삼중성이다. 내부를 향한 혹은 외부를 향한 세 위격들의 공동 활동도 세 위격의 통일성의 근거를 형성할 수 없고, 반대로 이미 다른 방식으로 근거된 본질의 단일성이 그 점에서 표현될 수는 있을 것이다. 그렇기에 전통적인 삼위일체론 안에서 위격들의 통일성은 순환 관계로부터가 아니라, 신성의 원천이신 아버지의 위격에 있는 그들의 기원으로부터 설명되거나,[219] 혹은 신적 자의식의 자기 전개로부터 설명되었다. 위격들의 삼중성을 아버지의 단일성이나 신적 본질의 단일성에 근거하여 논증하려는 전통적인 방식들은 오늘날 더 이상 사용될 수 없다. 왜냐하면 그것은

---

218 이에 대한 몰트만의 설명(J. Moltmann, *Trinität und Reich Gottes*, 1980, 177, 191)은 삼위일체론이 전반적으로 신적인 구속-경륜의 맥락 안에 있는 삼위일체적인 관계의 구체적·위격적인 특성을 재발견함으로써 직면했던 어려움을 표현한 것이다.
219 위의 각주 69f.를 보라. 또한 몰트만도 삼위일체의 "구성"(Konstitution)에 대한 설명에서(a.a.O. 182f.) 이와 같은 사고를 인용했는데, 그것은 세 위격들의 통일성의 근거를 상호관계성의 연합(공동체)에 두어야 한다는 자신의 요청과는 모순되는 것이다(167f.). 이와 관련된 비판에 대해 위의 각주 201에서 인용된 올슨(R. Olson)의 논문을 보라.

종속론 아니면 양태론으로 이끌기 때문이다. 아버지, 아들, 영의 통일성이 서로에 대한 자기 구분을 통해 특정한 구속사적인 관계들 속에서 나타나고, 특히 창조 안에서 아버지의 군주성을 현시하는 공동 활동으로 나타난다는 것은 분명 옳은 진술이다(위 524ff.를 보라). 하지만 세 위격들의 그와 같은 공동 활동과 이들의 순환 관계는 그때 반드시 신적 본질의 단일성의 표현으로 생각되어야 한다. 이런 이해를 위해서는 신적 본질의 사고가 그 자체로 주제화되어야 한다. 이 사고의 논의는 한 분 하나님이 초월적인 동시에 구속사의 과정 속에 현재하시는 것으로 생각될 수 있는지, 그래서 역사의 결과들이 영원한 본질의 동일성에 속한 무언가를 정말로 전달하고 있는지를 입증해야 한다. 또한 입증되어야 하는 것은 아우구스티누스(위의 각주 196) 이래로 자명하고 타당하게 전제되어야 한다고 생각되어온 존재론적인 본질 개념과는 다르게, 신적 본질의 개념이 아버지, 아들, 영 사이의 위격적인 관계들의 총괄개념으로 생각될 수 있는지의 문제다.

삼위일체의 삼중성의 기원을 신적 본질의 단일성으로부터 도출하려는 시도를 위의 문제와 관련지을 수는 없을 것이다. 여기서 중요한 것은 오로지 아버지, 아들, 영의 상호관계들 속에서 공개되는 신적 삶과 본질의 단일성 그 자체를 숙고해야 하는 과제다. 이 숙고는 본질 개념을 필요로 하며, 본질에 대해 관계의 범주가 피상적이어서는 안 된다. 하지만 그것이 계시 사건 속에서 등장한 아버지, 아들, 영의 삼중성을 신성의 단일한 본질의 개념으로부터 도출하라고 요청하지는 않는다. 영원하신 하나님의 형태들로서의 아버지, 아들, 영은 어떤 다른 것으로부터 도출될 수 없다. 아버지, 아들, 영은 그들 자신과 구분되는 다른 어떤 출생적 기원을 갖지 않는다. 세 분의 본질의 단일성 역시 구체적인 삶의 관계들 안에서만 발견될 수 있다.

이와 같은 단일성의 주제화는 그리스도교 신학과 관련된 하나님의 본질론과 속성론의 과제다. 삼위일체 하나님의 교리는 단지 그것을 통해 잠정적인 결론을 발견한다. 이 결론이 잠정적인 것은 내재적 삼위일체와 경륜적 삼위일체의 일치라는 표징 속에서 창조론, 그리스도론, 화해론, 교회론, 종말론 등 여타의 교의학 전체가 삼위일체론의 해석에 속하기 때문이다. 앞으로 전개되어야 할 조직신학의 이런 다른 부분들에서 삼위일체론에 대한 관계는 언제나 또 다시 상세하게 논의되어야 할 필요가 있다. 반대로 삼위일체적인 신론은 그리스도교 교의학 전체의 내용을 미리 요약하는 것으로 볼 수 있다. 하지만 이와 같은 잠정적인 의미에서, 예수 그리스도의 역사를 통한 성서적 하나님의 자기 계시 속에 포함되어 있는 하나님 이해에 대한 설명은 아버지, 아들, 영의 삼중성 안에 있는 하나님의 단일성을 설명함으로써 결론에 도달한다. 단일성을 넘어서서 하나님에 관하여 말해질 수 있는 것은 아무것도 없기 때문이다. 다만 질문은 신적인 단일성이 어떤 구체적인 특성을 갖는가 하는 것이다. 또한 삼위일체론도 어떤 다른 것을 "보충"한다는 이유에서 하나님의 단일성의 사고를 벗어나지 못한다. 이는 우상숭배가 될 것이다. 그리스도교의 삼위일체 신앙에서 오직 중요한 것은 구체적이고 내적으로 세분화되어 있는 신적인 단일성의 삶이다. 그렇기에 삼위일체론은 사실상 **"구체적인 유일신론"**이다.[220] 이것은 한

---

[220] 이 점에서 카스퍼(W. Kasper, *Der Gott Jesu Christi*, Mainz 1982, 358)는 쿤(J.E. Kuhn)과 슈타우덴마이어(F. A. Staudenmaier)를 인용한다. "교회는 삼위일체론을 통해 반-삼위일체주의자들에게 대항했으며, 하나님의 **단일성**의 인식과 **일신론**을 변호했다..."(370)는 바르트(*KD* I/1, 370f.)의 주장은 올바른 것이었다. 하나님을 자기 자신을 계시하는 유일한 주체로 이해하는 바르트의 그와 같은 "그리스도교 일신론"의 해석에 반대하여 몰트만(J. Moltmann, *Trinität und Reich Gottes*, München 1980, 154ff.; 참고. 28ff.)은 "하나님의 주체성과 삼위일체론"(Kerygma u. Dogma 23, 1977, 25-40; jetzt in: *Grundfragen syst. Theologie II*, 1980, 96-111, 특히 109ff.)에 대한 나의 견해에 동의하면서 정당한 이의를 제기했다. 그러나 이것이 결코 일신론의 개념 자체를 탈락시키고 심지어 그 개념을 신학적인 논박의 대상으로 삼는 것을 정당화하지는 못한다. 몰트만은 그렇게 서술했다. (J. Moltmann a.a.O. 144ff., 156. 또한 그의 책, *Der gekreuzigte Gott*, 1972, 236ff.) 우리는 그곳에서 몰트만이 용어상 잘못된 결정을 내린 것을 인식해야 한다. 물론 몰트만도 하나님의 단일성 자체를 거부하지는 않는다(참고. *Trinität und Reich Gottes*, 166ff., 193f.). 그렇기에 나는, 비록 카스퍼가 몰트만

분 하나님의 추상적인 피안성(Jenseitigkeit)의 표상들과는 다르며, 또한 그의 모든 다수성을 자신으로부터 배제하는 추상적인 신적 단일성의 표상과도 다르다. 이런 표상을 통한 어떤 유일신은 사실상 차안(Diesseits)의 세계와 다수의 유한성에 대한 단순한 상관개념에 불과하다.

내적으로 세분화된 신적 본질의 단일성 개념에 기초해서 삼위일체의 "위격들"에 관한 표상도 최종적으로 규정될 수 있다. 지금까지 이 개념은 단지 잠정적으로만 소개될 수 있었다(위의 각주 186). 왜냐하면 신적 본질과 그것의 단일성의 의미가 아직 해명되지 않았기 때문이다. 또한 그렇기에 제시될 수 없었던 것은 왜 삼위일체의 위격들이 독립적인 행위 중심이기는 해도 유일한 신적 주체의 단순한 "존재 방식들"은 아닌가 하는 사실이며, 또한 공통적인 종(Gattung) 혹은 종류의 서로 구분되는 표본(Exemplare)들로 이해되어서는 안 되는가 하는 사실인데, 후자는 바실리오스(Basilius von Caesarea)가 삼위일체의 위격 개념을 설명하면서 전제했던 것이다(위의 각주 50을 보라). 이 질문의 취급은 단일한 신적 본질의 사고에 대한 해명을 전제하기 때문에, 다음 장에서는 한 번 더 위격 개념, 그리고 본질과 위격의 관계 개념으로 되돌아가야 한다. 신적 삶의 단일성의 내부에 있는 구체적인 위격적 관계들의 이해에 대해서는 하나님의 구속적 경륜의 서술을 진행할 때 비로소 신학적 성찰에 도달할 수 있는 수준의 해명을 기대하게 될 것이다.

의 표현에서 "삼신론적 위험"을 인지했다고 해도(W. Kasper a.a.O. 360, 각주 183), 몰트만의 관점을 삼신론이라고 비난하는 것에 동의하지 않는다(나의 책, *Grundfragen systematischer Theologie II*, 110, 각주 34를 참고하라). 몰트만이 실제로 거부했던 것은, 삼위일체적이지 않은 추상적 일신론이었다. 이 일신론은 19세기에 "신론주의"의 이름 아래 등장했던 것이었다. 하나님의 단일성 그 자체는 몰트만의 거부에 의해 침해되지 않았다. 그러나 또 다른 질문은, 몰트만이 한편으로 삼위일체의 순환 관계(페리코레시스)를 설명하는 가운데, 그리고 다른 한편으로 삼위일체가 신성의 기원인 아버지로부터 "구성"(Konstitution)된다고 설명하는 가운데, 삼위일체 하나님의 단일성을 오류 없이 개념적으로 명백하게 표현했는가 하는 것이다.

제6장   신적 본질의 단일성과 속성들

Die Einheit des göttlichen Wesens und seine Eigenschaften

1. 하나님의 높으심, 그리고 하나님 진술에 대한 이성적 해명의 과제

하나님에 관하여 말하는 모든 지성적인 시도는—그리고 그 진술의 제약성과 한계를 비판적으로 의식하고 있는 시도도 마찬가지로—이해할 수 없는 개념으로 시작해서 그런 개념으로 끝나게 된다. 왜냐하면 하나님이라는 개념은 우리의 모든 개념을 능가하는 하나님의 높으심(Erhabenheit)에 대한 고백이기 때문이다. 그렇게 시작할 수밖에 없는 이유는 우리가 하나님이라 부르는 지극히 높은 비밀이 모든 피조물에게 가까이 있는 것과 마찬가지로 하나님을 말하는 자에게도 항상 가까이 있기 때문이며, 그 비밀은 모든 개념적 파악보다 앞서 이미 우리의 현존재를 둘러싸고 담지하고 있기 때문이며, 그 결과 그 비밀은 하나님에 대한 모든 숙고뿐만 아니라 그것에 뒤따르는 모든 이해의 성취에 대해 이미 언제나 최우선의 전제 조건이기 때문이다. 시작과 마찬가지로 모든 하나님 인식은 파악될 수 없는 그분의 높으심에 대한 고백으로 마치게 된다. 왜냐하면 하나님에 대한 모든 진술은, 그 진술들 안에서 그것들이 말하는 대상에 대한 의식이 표현되고 있는 한, 자기 자신을 넘어선 곳을 가리킬 것이기 때문이다. 저 시작과 이 마침 사이에서 하나님에 대한 우리의 진술과 관련된 이성적인 해명의 시도가 움직인다.

하나님의 높으심이 모든 인간적인 파악을 능가하지만, 그렇다고 해서 결론이 하나님에 대해 말하는 것보다 침묵하는 것이 더 낫다는 것은 아니며, 하나님에 대한 진술에서 어떤 확실한 것도 사고될 수 없다는 것 또한 아니다.[1] 이와 반대로 인류의 역사 속에서는 신과 신들에 대하여, 그리고

---

1 하나님에 대해 아무것도 알 수 없다는 추상적 명제에 대해 헤겔은 올바르게도 반대

한 분 하나님에 대해서도 매우 많이 말해졌으며, 오히려 우리의 일상적인 언어에서 "하나님"이라는 단어가 사라지고 그 결과 어떤 상실과 빈궁이 초래되었다고 추정될 수 있다.[2] 이 문제와 관련하여 생각해야 할 것은 너무 적은 것이 아니라 오히려 너무 많다. 여기서 숙고해야 하는 다수성과 다층성은 이 주제 영역을 점차 깊이 통찰하는 가운데 신적인 본질의 파악될 수 없는 높으심의 인식, 곧 점진적으로 심화되는 높으심(Erhabenheit)의 인식으로 인도하게 된다.[3]

이 사실을 의식한다면, 하나님 개념의 파악을 위한 노력을 포기한다는 결과가 나올 수 없다. 하나님의 높으심이 파악 불가능하다는 인식은 오히려 개념적인 사유의 영역과 결합될 때 열리게 된다. 개념적 파악을 위한 엄청난 노력들이 사유의 역사 속에서 하나님 인식에 투여되었다. 하지만 그 결과들은 언제나 또 다시 불충분한 것으로 입증되었다. 왜냐하면 개념은 무한을 사고할 뿐, 무한한 방식으로 파악할 수는 없기 때문이다. 그럼에도 불구하고 그 노력들은 헛된 것은 아니었는데, 왜냐하면 그것들은 진행

했으며, 그 명제가 하나님 개념으로부터 모든 내용적인 규정을 빼앗아 간다고 말했다(Begriff der Religion, hrsg. G. Lasson *PhB* 59,40f.). 나아가 그 명제는 사실상 유한한 자아를 절대적인 것으로 설정하는 입장의 표현이다(137ff.). "자아가 즉자-대자적인 존재자에 대한 모든 인식을 포기하고 하나님에 대해 그 무엇도 알지 않으려고 할 때, 이 입장은 흔히 자신을 **순종**으로 나타내려고 하는데, 하나님은 자신의 규정들과 함께 자신의 밖에서도 존재하시기 때문에, 그러한 순종은…오히려 교만인 것이다"(137). "그런 자아는 순종하는 척 위장하지만, 공허하고 허영에 찬 자만심 앞에서 겸허는 유지될 수 없다는 사실을 잘 알고 있다"(138).

2 제2장의 첫째 단락(2.1)을 보라(117ff.).
3 높으심(숭고함)은 칸트에 따르면 "**모든 비교 대상들보다 큰 것**"이며(Kritik der Urteilskraft A 80), "단순히 자기 자신과 같은 것"이다(A 83). 무한의 이념과의 관계를 통해 높으심은 "감각의 모든 척도"를 능가하며(A 91), 그렇기에 또한 자연에 현존하는 모든 것(A 108; 참고. 103)도 능가한다. 이것에 함축된 신학적 의미에 대해 다음을 참고하라. H. G. Redmann, *Gott und Welt. Die Schöpfungstheologie der vorkritischen Periode Kants*, 1962, 55ff.

되는 길의 어떤 단계들을 형성했고, 그 결과 우리가 그 길을 갈 때 끝은 보이지 않지만 목적에는 보다 더 가까이 다가서게 되기 때문이다. 성서적 전승에 따르면 하나님은 자신을 질문하고 찾는 자에게 하나님 자신을 만나게 해주신다. "너희가 온 마음으로 나를 구하면 나를 찾을 것이요, 나를 만나리라"(렘 29:13f.). 예수의 산상설교도 이를 확증한다. "찾으라, 그리하면 찾아낼 것이요"(마 7:8). 이와 같은 요청과 약속이 개념적인 하나님 인식의 추구에 우선적으로 해당하는 것은 물론 아니다. 하지만 그것들은 그 추구를 포함한다. 하나님 인식의 영역에서 큰 오류가 발생하는 이유는 인간들이 자신들의 통찰이 대상의 규모에 도달하지 못하고 그 배후에 머문다는 것을 의식하게 되면서 마침내 하나님에 대한 질문 가운데서 자신의 통찰의 한계를 벗어나기 때문만은 아니다. 오히려 주된 이유는 그 질문에서 그들이 자신들이 만든 제한된 표상들을 현실적인 내용 자체로 혼동하는 것이다.

하나님을 찾는 것은 하나님이 발견될 수 있는 곳에서 그분을 찾는 이들에게는 약속되어 있다(신 4:29). 이것은 하나님의 계약을 기억하면서 하나님을 찾는 것을 뜻한다(신 4:30f.). 하나님을 추구하고 질문하는 것은 다른 모든 추구와 마찬가지로 이미 추구하는 대상에 대한 지식을 전제한다. 그렇기에 신적 현실성의 참된 형태에 대한 철학적 질문은 이미 그리스 철학 초기부터 신에 대한 사전적 지식을 전제하고 있었다. 그것은 바로 신화에 대한 지식이다. 물론 이 지식은 신성의 참된 형태에 대한 질문으로서, 모순에 가득 찬 다양한 형태들을 지닌 신화적 진술들을 비판적으로 대한다. 나중에 성서의 하나님은 다른 방식으로 철학적인 신 질문의 전제가 되었다. "다른 방식으로"라고 말한 이유는 유대인과 그리스도인의 하나님은 단일한 형태, 곧 고대의 철학적 신학이 신화의 신들과 대립시켰던 저 많은 신적인 것들의 통일성으로서의 단일한 형태—그것도 구체적인 형태—이기 때문이다. 그렇기에 성서의 하나님에 대한 철학적 비판은 고대 신화에 등장하는 신의 형태들에 대한 비판과 같은 형식일 수가 없다. 그 비판은, 이런 사실관계를 알아채고 있다면, 유대인과 그리스도인의 하나님을 다른 어떤 독립적인 신성의 형태와 대립시킬 수 없을 것이다. 이것은 다신론적인 신화론과의 논쟁 속에서 철학자들의 "자연신학"이 이 문제를 취급하던 방식이었다. 물론 종교적인 하나님 표상들의 신인동형론에 대한 비판이란 과제가 남아 있고, 또 한 분 하나님을 세계 전체의 기원으로 이해하는 사고에 대한 논리적 조건들을 표현해야 할 과제도 남아 있다. 하지만 이와 같은 비판적 성찰은 크게 보면 그리스도교 신학으로부터도 물려받은 것이며, 그래서 이 지점에서 그리스도교 신학과 철학적 신학의 원칙적인 대립이 존재했다고 말할 필요는 없다. 그 대립은 일찍이 라틴적 중세 시대 이래로 신학적 사고의 특별한 전통적인 속박과 관련하여 형성되기 시작했다. 그 대립은 신학적 신론과 철학적 신론의 다양한 출발점과 여러 가지 과정의 특징이 된 것은 틀림없는 사실이다. 그럼에도 불구하고 그 대립이 원칙적인 것이 된 것은 오직 신학이 성서적 권위와 교회적 교리의 권위의 입증이 성서 및 교회와 관련된 교리 내용의 진리성에 대한 "앞선-결정"으로부터 온다고 오해했을 때였으며, 다른 한편으로 철학이 철학적 신론의 근거 과정을 종교적 경험과 전승을 고려하지 않은 채 완성할 수 있다고 주장했던 때였다. 십자가의 어리석음을 경솔하게 지나치는 세상적인 지혜는 틀림없이 존재한다. 하지만 이것이 철학적 신학이 그와 같은 입장에 고착되어 있다고 말하는 것은 아니다.

    "본래 하나님을 본 사람이 없으되 아버지 품속에 있는 독생하신 하나님이 나타내셨느니라"(요 1:18). 가까이 가지 못할 빛 가운데 거하시는 하나님(딤전 6:16)이 아들을 통해 인식되신다(참고. 마 11:27). 그렇기에 파악될 수 없으신 하나님을 인식하려는 자는 아들을 붙들어야 한다. 이것은 루터가 **계시되신 하나님**(deus revelatus)과 **숨어 계신 하나님**(deus absconditus)을 구분했던 것과 같은 의미다.[4] 숨어 계신 하나님이라는 다의적인 개념(참

---

4   윙엘이 그 점을 바르게 강조했다. E. Jüngel, Quae supra nos, nihil ad nos (1972), in: *Entsprechungen, Theologische Erörterungen*, München 1980, 202-251, 특히

고, 사 45:15)은 죄인에 대해서나 구속의 행위 속에서 혹은 역사적인 행위 속에서 하나님이 은폐되어 계신다(Verborgenheit)는 사실과 더불어, 하나님의 결정들이 불가해(Unergründlichkeit)하고 그분의 본질은 파악될 수 없다(Untbegreiflichkeit)는 사실도 포함한다.[5] 그러나 바로 이와 같이 그 밖의 다른 방식으로는 파악될 수 없는 하나님의 본질이 아들 안에서 발생한 계시로부터 열리게 된다. 하나님의 본질은 숨어 계신 하나님 자신이 스스로를 계시하시는 방식으로 열린다. (Sic faciam: Ex Deo non revelato fiam revelatus, et tamen idem Deus manebo.[6]) 물론 그 과정은 종말에 이르러서야 비로소 완성될 것이다. 하지만 분명한 것은 루터가 계시된 하나님과 숨어 계신 하나님을 말한 것이 이원론을 뜻하지는 않는다는 사실이다. 이원론은 역사의 과정과 결말처럼 하나의 신적 현실성에 속한 두 측면 사이의 긴장이 여전히 열려 있는 경우에만 가능하다. 세계 사건의 통치와 인간의 개인적인 운명 속에 숨어 계신 하나님은 역사의 종말에 가서야 예수 그리스도 안에서 계시되신 하나님과의 동일성 속에서 모든 이에게 결정적으로 알려지실 것이다. 바로 그 이유에서, 비록 양자의 일치가 두말할 필요도 없이 자명한 것은 아니라고 해도, 신학은 신적 현실성의 그 두 측면을 고수해야 한다. 그때 그 긴장은 다른 어떤 곳보다도 하나님에 대한 신학적 진술과 철학적 진술 사이의 긴장 안에서 나타날 것이다.

229ff.

5 이에 대해 다음을 보라. H. Bandt, *Luthers Lehre vom verborgenen Gott*, Berlin 1958, 99ff.

6 WA 43, 459, 24f.; 참고. TR V, 5658 a. 루터는 이미 그의 책(*De servo arbitrio* 1525) 말미에서 **숨어 계신 하나님**과 **계시되신 하나님**의 대립이 **영광의 빛**(*lumen gloriae*)을 통해 해소된다고 밝혔다. WA 18, 785, 20ff. 반트(H. Bandt)는 이 대립이 점점 더 강하게 변형되어 일련의 역사적인 순서로 나타났다고 말했다. 물론 종말론적 완성을 이 세상적인 측면에서 본다면 **계시되신 하나님**과 **숨어 계신 하나님**의 일치는 단지 믿음에게만 도달될 수 있다. 믿음은 현재의 모든 경험을 넘어서서 하나님의 미래로 향하기 때문이다.

역사적 경험의 모순들 안에는 바로 하나님의 단일성(Einheit)이 은폐되어 있다. 단일성은 세계 사건 가운데 활동하시는 하나님이 예수 그리스도 안에서 나타난 그분의 사랑의 계시와 일치하는 것을 뜻한다. 이것은 세계 사건 안에서 위험에 직면하시는 삼위일체 하나님의 단일성이다. 에버하르트 윙엘은 이렇게 말했다. 루터에게 삼위일체는 결코 하나님의 은폐성에 속하지 않는데, 왜냐하면 예수 그리스도 안에 계신 하나님은 오히려 삼위일체 하나님으로 계시되시기 때문이다.[7] 오히려 숨어 계신 하나님과 계시되신 하나님 사이의 구분은 삼위일체적인 관계들 자체 안에서 발생한다. 루터는 숨어 계신 하나님과 계시되신 하나님의 일치가 요한복음 14:9에서 증언된다고 보았다. "예수께서 이르시되…나를 본 자는 아버지 [자신을] 보았거늘…"(Qui enim me videt, inquit Christus, videt et patrem ipsum, WA 43, 459, 30f.). 이 구절에 암묵적으로 전제된 것은 아버지와 아들 사이의 관계가 숨어 계신 하나님과 계시되신 하나님 사이의 **구분**을 나타낸다는 것이다. 하지만 아버지가 숨어 계신 하나님과 동일시되는 것이 아니고, 성육신하신 아들이 계시되신 하나님이라는 것도 아니다. 오히려 계시 사건 속에서 숨어 계신 하나님은 예수 그리스도의 아버지로서 계시되시며, 숨어 계신 하나님과 계시되신 하나님의 일치는 아버지와 아들의 하나 됨 속에서 나타난다. 루터에 따르면 숨어 계신 하나님과 계시되신 하나님의 일치는 오직 종말론적인 영광의 빛 안에서 최종적으로 계시될 것인데, 그렇다면 그것은 역사의 과정 안에서는 삼위일체 하나님의 단일성이 여전히 은폐되어 있음을 뜻한다. 아버지, 아들, 영의 삼위일체적인 구분은 은폐되어 있지 않다. 그 구분은 바로 계시 사건 안에서 열린 신적 현실성의 특성을 표현한다. 하지만 신적 본질의 단일성은 이와 같은 구분성 안에서는 은폐되어 있다.

신학적 전통 안에서 이 내용은 대체로 정반대로 판단되어왔다. 다시 말

---

7   A.a.O. 227, 237f., 246f.

해 한 분 하나님의 현존재뿐만 아니라 본질까지도 창조된 사물들에 대한 이성적인 인식이 접근할 수 있다고 간주되었고, 반면에 삼위일체의 구분은 오직 특별계시를 통해서만 인식된다고 판단되었다. 이런 의미에서 삼위일체의 "비밀"에 대한 진술들은 한 분 하나님과 그분의 속성들에 대한 진술들의 뒤에 배치되었다.

여기서 홀라츠(David Hollaz, 1707)의 신론 해설을 인용한다면, 구(舊)프로테스탄트 교의학이 다룬 신론의 예시로서 충분할 것이다. 왜냐하면 거기서 제시되는 경향은 칼로프(Calov)와 크벤슈테트(Quenstedt)에게도 이미 영향을 주었지만, 특별히 홀라츠의 구(舊)프로테스탄트 교의학의 후기 국면에서 분명히 표현되었기 때문이다. 홀라츠는 sanctae Trinitatis mysterio(거룩한 삼위일체의 신비)를 suhlimi et arduo(!) articulo fidei(장엄하고 어려운 믿음의 문구)라고 서술하는데, 이에 반해 essentia spiritualis independens(독립적인 영적 본질)로서의 *descriptio Dei*(하나님 서술)은 피조적 작용들로부터 창조자를 추론하는 이성의 "자연주의적인" 신론 안에서 발견되고(324 obs. 3), 또한 성서의 계시 증언에서도 발견된다. 물론 이것은 여기서 이른바 *longe solidius*(오래된 확고한 것)이라고 말해진다(ib. obs. 4). 내용의 측면에서 계시는 한 분 하나님의 보편적인 지식에다 단지 위격들의 삼중성만 덧붙일 뿐이다(addit autem mentionem trium personarum Divinitatis, sine qua non est completa Definitio veri DEI, ib.). 신(新)스콜라주의적인 가톨릭 학파의 신학도 이와 비슷하게 설명했다. 셰에벤(Matthias Joseph Scheeben)은 자연적인 하나님 인식이 "하나님의 모든 특성들에" 확장되어 적용되었으며, "이러한 특성들이 없다면 하나님은 모든 인지될 수 있는 사물들의 최초이자 최고의 원인으로 생각될 수 없다. 명백하게도 이 부분에 속하는 것은 **사실상 초자연적 계시 속에서 스스로를 나타내 보이신 하나님의 속성들**인데, 이 속성들은 **세 위격들 모두 안에서, 그리고 이들에게 공통된 공동체적 본질과 본성의 능력에 힘입어서, 하나님께 속한다**"(*Handbuch der katholischen Dogmatik II* (1875) =

Ges. Schriften IV, 1948, 28 n. 64). 셰에벤은, 그 속성들이 특별히 "하나님의 외적이고 초자연적인 사역들과의 관계 안에 놓여 있다는" 한에서, 하나의 예외를 두었다(ebd.). 그러나 "**신적 위격들의 삼중성은**…자연적 인식의 영역을 단순히 **상대적으로**…가 아니라, **절대적으로**…넘어서서 존재한다"(ebd. n.66).

이와 같이 내려진 판단은 모든 이성적·철학적 신학이 근대에 분투해야 했던 문제들을 과소평가한 것이거나, 혹은 무엇보다도 성서 본문들과 같은 주어진 역사적 사실들을 해석할 때 차지하는 자연적 이성의 역할에 대한 모든 숙고들이 누락된 것이라고 말할 수 있다. 성서의 증언들은 초자연적 권위를 가진 문서로만 설명될 뿐, 종교사적인 문헌들로는 논의되지 않는다. 하지만 그 문헌들에 대한 "자연적 이성"의 해석은 그 문헌들 안에 함축된 하나님 이해를 찾는 추론을 근본적으로 허용한다. 물론 그 이해의 진리성은 아직 여전히 미해결로 남아 있다고 해도 그렇다. 종교사적으로 볼 때, 그리스도교적인 삼위일체론을 형성해 나가는 길은 예수 그리스도의 메시지와 역사 속에서 시작되었고, 삼위일체론의 신학적 전개는 부활 신앙의 빛 속에서 "자연적" 이성과의 철저한 논쟁들을 통해 발생했다. 그렇다면 신적 위격들의 삼중성과 이들의 동일본질성에 대한 확신이 형성된 것은, 교부신학의 발전에 참여했던 사람들의 갖가지 선입견들을 통해 여기저기서 방해를 받았다고는 해도, 사태 자체의 논리에 근거했던 해석사의 결과라고 할 수 있다. 이 과정에서 아버지, 아들, 영의 삼중성을 하나의 동일한 신적 본질에 대한 표현으로 이해하기는 점점 더 어려워졌다. 4세기에 니케아-콘스탄티노플 공의회의 삼위일체 교리가 관철된 이래로 그리스도교적인 삼위일체 신학의 중심 문제를 형성했던 것은 삼위일체 하나님의 삼중성이 아니라 단일성이었다. 단일성이 중심 문제라는 사실은 그리스도교 신론이 삼위일체론이 아닌 일신론과 맺는 관계의 대안에 해당하며, 일신론은 주로 그리스도교와 맞섰던 유대교와 이슬람교의 것이었다. 하지만 또한 그것은 삼위일체의 삼중성이 하나님의 단일성과 맺는 관계를 설명하려는 그리스도교 신학의 노력에도 해당한다. 아버지, 아들, 영의 삼중성에 공간을 부여하기 위해서 신적 본질의 단일성은 어떻게 생각되어야 하는가? 이 질문에 대하여 하나님의 단일성이 신성의 기원과 원천인 아버지 안에 근거된다고 보는 구상도, 또한 영 혹은 사랑이신 하나님의 단일성의 개념으로부터 삼위일체를 도출하는 것도, 만족스런 답변으로 간주될 수 없다.

어쨌든 고대 교회의 신학은 하나님의 파악 불가능성(Unbegreiflichkeit)이 삼위일체론의 진술들만이 아니라, 살아 계신 하나님의 본질과 그의 특성들에도 해당한다는 점을 알고 있었다. 신 개념을 아리우스주의자들과 같이 무근거성(Ursprungslosigkeit) 개념에 두는 것에 반대하여 나지안주스의 그레고리오스(Gregor von Nazianz)는 신적 본질의 파악 불가능성을 주장했고(or. 28,10), 니사의 그레고리오스(Gregor von Nyssa)는 그 파악 불가능성을 하나님의 무한성의 교리에 근거시켰다.[8] 만일 하나님이 무한하다면, 인간은 하나님의 본질을 최종적으로 규정할 수 없다는 결론이 나온다. 왜냐하면 이 본질은 "묘사될 수 없기"(ἀδιεξίτητον) 때문이다.[9] 다름이 아니라 무한성 개념이 삼위일체론과 관련되면서 신적 단일성의 파악 불가능성의 근거가 된다. 그래서 그레고리오스는 그의 대(大)교리문답에서 삼위일체의 "비밀"에 대해 이렇게 말할 수 있었다. "셀 수 있으나 셈에서 벗어나 있고, 분리된 것으로 보이지만 단일성으로 파악될 수 있다"(3,1). 그러나 여기서 중요한 것은 하나님의 무한성에서 비롯되는 본질의 파악 불가능성은 오로

---

[8] E. Mühlenberg, *Die Unendlichkeit Gottes bei Gregor von Nyssa. Gregors Kritik am Gottesbegriff der klassischen Metaphysik*, Göttingen 1965, 100-118, 특히 Contra Eunomium III,1, §103 (Jaeger II, 38, 17ff.)에 대해서는 102f.를 보라.

[9] Contra Eunomium I, 368f. (Jaeger I, 135f.)와 II,69 (246, 14-16)에 대해서는 ebd. 141f.를 보라. 뮐렌베르크가 상세히 제시했던 것과 같이(147-165), 이 사고 안에 그레고리오스의 인식의 신비에 대한 출발점이 놓여 있다. 이 신비는 하나님 인식으로 나아가는 길을 끝이 없는 길로 묘사하는데, 그 길은 하나님의 무한성에 직접 참여한다.

지 **하나의** 사례에 불과하다는 것이다.[10] 이와 비슷하게 다마스쿠스의 요한네스에 따르면 단지 삼위일체만이 아니라, 한 분 하나님의 본질이 무제약적이며 파악 불가능하다(*fid. orth*. I,5; 참고. I,1f.). 신적 위격들의 삼중성은 하나님의 단일성, 그리고 모든 유한한 것에 대한 하나님의 초월성을 묘사하는 속성들과 마찬가지로 우리가 하나님에 관해 인식하는 것에도 해당한다. 왜냐하면 하나님은 우리를 하나님 자신에 관한 완전한 무지 속에 버려두지 않으셨기 때문이다(I,2). 하지만 우리는 하나님의 본질을 그 모든 것을 통해서도 인식하지 못한다. 왜냐하면 그 모든 진술은 "그분이 무엇인지가 아니라, 그분이 무엇이 아닌지만을 묘사하기 때문이다. 어떤 사물의 본질을 표명하려는 자는 그 사물이 무엇이 아닌지가 아니라 무엇인지를 말해야 한다"(ebd.).

신적 본질의 인식 불가능성에 대해 다마스쿠스의 요한네스는 니사의 그레고리오스와 달리 하나님의 무한성 보다는—위(僞)디오니시오스의 부정신학(apophatische Theologie)에서 비롯된 결과로서—모든 피조물과의 구분성을 더 많이 논증했다. 또한 라틴적 스콜라 철학도 이 점에서 그를 뒤따랐다. 토마스 아퀴나스에 따르면 우리의 지성은 하나님의 본질(*divina substantia*)을 파악할 수 없다. 왜냐하면 그 본질은 광대(*immensitas*)해서 우리가 파악할 수 있는 모든 개념을 넘어서기 때문이다(*c. Gentes* I, 14). 그래서 토마스는 자신의 『신학대전』에서 하나님의 현존재에 대한 논증을 마친 후에 "그분의 존재는 무엇인가?"(*quid sit*)를 다루는데, 이것은 무엇보다도 "그분의 존재는 무엇이 아닌가?"—removendo ab eo ea quae ei non conveniunt—라는 관점 아래서 진행된다(*S. theol*. I,3). 이와 같은 부정신학의 과정은 그레고리오스가 하나님의 무한성의 개념을 통해 논증한 것과 비교할 때 단점을 갖는다. 그것은 그 신학이 부정하는 대상이 항상 다른 방식으로, 다시 말

---

10 참고. Mühlenberg 133f. 특히 무한 개념은 다른 세 본질들로부터 조립하는 관점을 금한다. 하나님의 무한성은 이 본질의 단순성을 포괄하고 있는 것이다(122-126).

해 긍정적인 진술을 통해 미리 주어져야 한다는 사실이다. 이와 같은 기초적인 전제는 토마스나 다마스쿠스의 요한네스에게는 하나님의 제일원인성(Erstursächlichkeit)의 개념 속에 존재한다. 세계의 최초의 원인으로서의 하나님 개념으로부터, 그분의 다른 작용들의 결과인 피조물들과 그분이 구분되는 부정적 술어들이 근거를 얻는다. 결국 제일원인성으로부터 피조적 완전성의 기원이신 하나님에 대한 긍정적 진술의 가능성이 도출되고 있다. 그래서 다마스쿠스의 요한네스는 부정신학의 표현들을 긍정적인(kataphatisch) 술어들, 곧 피조적 작용들 가운데 현존하는 완전성들을 신적인 원인으로 소급하는 술어들을 통해 보충했다(fid. orth. I,12). 물론 그는 신적 본질의 인식에 대한 질문을 하나님에 대한 부정적 술어들을 통해 설득력 있게 거절한 다음(위를 보라)에는, 우리가 기대하는 것과는 달리 그 질문을 다시 수용하지 않았다. 긍정적 진술들의 경우에 다마스쿠스의 요한네스가 니사의 그레고리오스의 하나님의 무한성 개념의 논증을 채택했다면, 자신이 주장하는 그분의 파악 불가능성을 정확히 설명할 수 있었을 것이다. 하지만 그는 하나님에 대한 부정적 술어들을 긍정적 술어들을 통해 보충함으로써 다시금 위(僞)디오니시오스(Ps. Dionysius Areopagita)를 뒤따랐다. 위(僞)디오니시오스는 하나님의 명칭에 대한 그의 저작에서 19세기까지도 표준적이라고 여겨졌던 유명한 방법론, 즉 하나님 인식의 삼중적인 길이라는 방법론을 발전시켰다(*via negationis*[ἀφαιρέσεως], *eminentiae*[ὑπεροξῆς], *causalitatis*[αἰτίας].[11] 후자의 두 가지 길은 서로 긴밀히 관련되어 있는데, 왜냐하면 결과들로부터 원인에 이르는 귀납적 추론은, 결과들에게 전달되었던 완전성들이 더 높은 단계의 원인에 속해 있어야 한다는 전제에서 출발하기 때문이다. 그 결과 완전성들은 점증하는 방식으로 말해질 수 있지만, 반면에 피조적인

---

11 *De div. nom.* VII,3 (MPG 3, 871f.). 위(僞)디오니시오스는 이 도식을 플라톤 학파의 철학으로부터 물려받았다. 이 도식은 이미 2세기에 디다스칼리코스(Didaskalikos des Albinos)에게서 나타난다.

불완전성들은 부정성을 통해 문제시된다.

토마스 아퀴나스 역시 하나님의 본질성에 대한 부정신학의 부정적인 표현들을 긍정적 속성들을 통해 보충했다. 긍정적 속성들은 신적 기원에 관한 위(僞)디오니시오스의 세 가지 길의 도식에 따라 진술된다. 그럼에도 불구하고 그에게는 모든 피조적 인식에 대한 신적 본질의 파악 불가능성이 남아 있었다.[12] 왜냐하면 세계의 제일원인으로서의 하나님께로 소급될 수 있는 피조적인 완전성들은 신적인 본질 안에서 제일원인성과 무한성으로 인한 나누어질 수 없는 단일성의 양식으로 실현되어 있기 때문이다.[13] 다음 사실은 토마스 학파의 실질적인 가르침의 핵심이다. 즉 긍정적인 하나님 표현들은 신적인 본질에 오직 유비적으로만 적절하며, 바로 그 점에서 그 표현들 안에 함축된 진리가 놓여 있고, 이것은 유비적인 술어들에 대한 토마스의 가르침에 반대하는 모든 이의 제기와 상관없이 그러하다.[14]

---

12 S. theol. I,12,7. 토마스는 여기서 이 단어(파악 불가능성)의 좁은 그리고 넓은 의미에서 파악된 개념들을 서로 구분한다. 엄격한 의미에서 그 파악은 어떤 사물을 그것의 원칙들로부터 완전하게 인식하는 것을 의미한다는 것이다(… illud comprehenditur quod perfecte cognoscitur; perfecte autem cognoscitur quod tantum cognoscitur quantum est cognoscibile). 이 의미에서 하나님은 그분의 무한성 때문에 모든 피조물들의 지성에게 파악 불가능하다. 하지만 토마스는 여기에 그 단어의 넓은 의미에서 보면 몰이해와는 다른 어떤 "이해"(Begreifen)를 말할 수 있다고 덧붙였다(ib. ad 1: Alio modo "comprehensio" largius sumitur secundum quod comprehensio insecutioni opponitur).

13 Thomas v. A., S. theol. I,13,4 resp.: Quae quidem perfectiones in Deo praeexistunt unite et simpliciter; in creaturis vero recipiuntur devise et multipliciter. 그 다음 장에서 토마스는 이 사태 관계를 하나님과 창조 사이의 인과적 관계로 소급시켰다. …quod divisim et multipliciter est in effectibus, in causa sit simpliciter et eodem modo (I,13,5 resp.).

14 그러한 이의 제기는 나의 출판되지 않은 하이델베르크 대학 교수자격논문(Analogie und Offenbarung, masch. 1955)에서 상세히 전개되었으며, 또한 "Analogie"(유비)라는 표제어에 대한 나의 논문에도 개괄적으로 약술되어 있다(RGG 3. Aufl. I, 1957, 350-353, 특히 351f.). 무엇보다도 유비적 술어(Prädikation)가 일의적(univok)인 방

법과 다의적(äquivok)인 진술방법 및 개념형태 사이에서 독립적인 제3의 것으로 파악될 수 있다는 사실에 대한 증명은 스콜라 철학의 노력들 안에서는 성공하지 못했다(Thomas v. A., *S. theol.* I,13,5 등). 이와 관련하여 둔스 스코투스는 이미 대단히 중요한 이의를 제기했다. 모든 유비적 술어는 이미 일의적인 토대를 요청하고 전제한다는 것이다(특히 Ord. I,3,1, vol III, 1954, 18-29, 특히 20n. 30). 유비적 **개념**의 이론에 대한 이와 같은 비판은 윌리엄 오캄(Wilhelm Ockham)을 비롯해 중세 후기의 신학자들 다수에게 수정된 형태로 전달되었다. 그 비판은 오늘날까지도 반박되지 않는다. 오늘날 언어철학의 기초 위에서 토마스적인 유비론을 변호하기 위해 자주 시도되는 관점은 개념의 일의성(한 가지 해석의 가능성만 있는 것)이 동일성과 다양성을 포괄하는 더 근원적인 언어 형식에 비해 이차적이라는 것인데(예를 들어 W. Kasper, *Der Gott Jesu Christi*, Mainz 1982, 125), 이 관점은 유비적 **개념**(Begriff)과 유비적 **어의**(Wortbedeutung)를 혼동하고 있다. 오늘날 일상적인 언어 사용에서 보이는 어의들의 부분적인 불명확성, 입체적 구상성, 역사적 불안정성은 언어철학적이며 근본적인 입장으로서, 단어를 하나의 의미만 가진 것으로 확정하려는 입장과는 틀림없이 다르다. 하지만 논증을 전개하려는 모든 인식론적 노력에서 언어의 개념화는 필수불가결하며, 그 개념들은 일의적이어야 한다. 그렇기에 유비 개념을 앎의 확장 도구로 사용하고 제조하려는 역사 속에서, 유비적 관계들의 모든 관찰에서 일의적 공통성이라는 핵심적 전제는 결정적으로 중요했다. 이제 신학이 유비적인 혹은 일의적인 개념 형식들에 대해 논쟁할 때 중요한 것은 논쟁적으로 전개될 수 있는 하나님 인식의 가능성이다. 그렇기에 일상적 언어의 역사적인 삶 속에서 어의들의 일차적인 불명확성에 대한 지시는 그다지 유용하지 않다. 유비적 술어들의 문제가 아리스토텔레스적인 중기(전성기) 스콜라 철학에서 매우 근본적인 중요성을 획득했던 것은 사람들이 아리스토텔레스적 인식론의 토대 위에서 다음 견해를 받아들였기 때문이다. 즉 모든 언어 사용은 감각의 경험으로부터 시작되며, 이 경험 안에 그 사용의 유일한 원천이 존재하고, 그렇기에 하나님에 대한 모든 진술도 단어들의 전용된 사용에 기초한다는 것이다. 만일 인간 언어의 생성과 발전이 처음부터 이미 종교적 주제와 함께 규정되었다면, 여기서 그와 같은 의심은 타당하다(참고. *Anthropologie in theologischer Perspektive*, Göttingen 1983, 345ff., 364f., 372f.). 그렇다면 우리는 인간의 언어와 세계 경험이 신화적 의식 속에서 공동의 근원적 형태를 갖는다는 점을 고려해야만 할 것이다. 이것은 카시러(E. Cassirer)가 그의 상징 형태들의 철학(1923-1929)에서 제시했던 것이다(다른 곳보다도 신화적 사고를 중심적으로 서술하는 제2권에 나온다. 또한 제3,2권의 2. Kapitel des 1. Teils, Aufl. 1954, 특히 71-107도 보라). 우리 언어가 순수하게 세속적으로 사고된 세계 경험으로부터 하나님에 대한 진술로 옮겨지는 것, 곧 유비적인 전용의 문제는 피조물과 하나님 사이의 인과 관계에 근거하여 설명되는 중기 스콜라 철학의 유비론에 반대하여 둔스 스코투스는 인간적인 하나님 인식의 일의적인(univok) 개념 형태라는 논지를 전개했다. 하지만 그는 결코 피조물 및 그의 하나님 인식이 창조자의 현실성에 대해 갖는 거리를 부정하지 않았으며, 반대로, 우리의 개념적 인식을 일의적인 개념들에 연결하여 후자를 인간의 하나님 인식과 무한하신 하나님 사이에 놓인 거리의 표현으로 삼았다. 우리는 본래적인 본질성 안에 계신 하나님에 대해서는 어떤 개념도 가지고 있지 않기 때문에, 일반 개념들의 사용에 의존하게 된다. 일반 개념들은—무엇보다도 존재 개념은—피조적 존재와 신적 존재를 구분 없이 포괄하며, 그다음에 그 토대 위에서 하나님의 무한한 존재와 유한한 모든 것을 구분할 수 있게 된다.[15] 이와 함께 둔스 스코투스는 윌리엄 오컴이 얼마 지나지 않아 발전시킨 이해에 이미 근접한 셈이 되었는데, 그 이해에 따르면 우리는 하나님께 특유한 개념을 오직 일반 용어들과 특수 용어들의 추상적인 조립을 통해서만 형성할 수 있다는 것이다.[16] 오컴에 따르면 하나님과 피조물은 현실성에서 무한히 다르다.[17] 그렇기에 우리의 하나님 인식

앞에서 말한 "공동의 근원적 형태"의 사고를 통해 기초신학적인 중요성을 상당히 상실하게 된다.

15 Duns Scotus, *Ord*. I,3,1, Opera ed. Vat. III, 1954, 38 n. 56: Tertio dico quod Deus non cognoscitur naturaliter a viatore in particulari et proprie, hoc est sub ratione huius essentiae ut haec et in se. 우리의 일의적 개념들은 본질적 특성 안에 계신 하나님을 포괄하지 못한다; 참조. ib. 39 n. 57: Univocatio enim non est nisi in generalibus rationibus. 존재 개념의 일의성에 대해 ebd. 18 n. 26f. 참조하라.

16 Wilhelm Ockham, *Scriptum in librum Primum Sententiarum* (*Ordinario I*) prol. q.2 (Opera I St. Bonaventure N.Y. 1967, 117, 14ff.: Sexta concl.). 이 사실은 이미 다음 저서에서 올바로 묘사되었다. Bruckmüller, *Die Gotteslehre Wilhelms von Ockham*, 1911, 32ff.

17 *Ord*. I d 8 q 1 (Opera III, 1977, 178, 1); 참고. M. C. Menges, *The Concept of Univocity Regarding the Predication of God and Creature According to William Ockham*, New York 1952, 81ff.

이 다양한 규정들의 배합을 통해 일의적 개념들에 의존할 때, 무한한 하나님의 현실성으로부터의 거리는 대단히 날카롭게 표현된다. 여기서 개념과 현실성은 서로 분리되며, 비록 일반 규정들과 특수 규정들의 배합을 통해 대상이 지닌 특유의 현실성(Realität)에 접근하는 설명에 도달하는 것이 개념적 인식의 과제라고 하더라도, 분리된다.[18] 그런 개념들의 형성과 조립은 더 이상 대상의 현실성에 고유한 특성으로부터 자연스럽게 설명되지 않는다. 하지만 그 형성과 조립은―많은 시간이 지난 후에 증명되었지만―우리의 인식 능력이 지닌 본성으로부터 파악될 수 없고, 오히려 광범위하게 역사적으로 제한되어 있으며, 그것도 종교적인 언어 형성과 더불어 무엇보다도 철학적인 언어 형성을 통해 제한되어 있으며, 그렇기에 그 개념의 설명을 위해서는 논리적인 그리고 개념사적인 연구들이 요청된다.

하나님에 대하여 오로지 일반 규정들과 특수 규정들의 결합을 통해서만 말할 수 있다는 사실은 구(舊)프로테스탄트 신론의 과정에도 영향을 주었으며, 그 결과 그 신론은 하나님의 속성들에 대한 진술들보다 신적 본질의 일반적 "묘사"(descriptio Dei)를 앞세웠고, 그다음에 여러 속성들이 그 본질에 귀속되도록 하였다. 이때 일반 규정(conceptus communis)으로 사용된 것은 둔스 스코투스나 오컴의 경우처럼 일반적인 존재 개념이 아니라, 오히려 영적 본질(essentia spiritualis)의 개념이었다. 이에 더하여 특수 규정으로서의(conceptus proprius) 무한 개념[19] 내지는 후에 홀라츠의 경우처

---

18 이와 같은 진전은 최고의 일반 개념, 특히 존재 개념이 또한 일의성을 갖는다는 둔스 스코투스의 견해 안에서 시작되었지만, 윌리엄 오컴의 구상주의적 인식론에서 비로소 완성되었다. 또한 둔스 스코투스는, 무한성이 내적 본성의 방식(modus intrinsecus)인 존재 개념 자체에 고유한 것이며, 속성을 통해 추가되는 것이 아니라고 생각했다 (Ord. I,3,1, Opera I, p.40 n. 58).

19 예를 들어, A. Calov, *Systema locorum theologicorum* t.2: *De cognitione, nominibus, natura et attributis Dei*, Wittenberg 1655, 176ff. 구(舊)프로테스탄트 교의학의 이와 같은 발전 과정에 대해 다음을 보라. C. H. Ratschow, *Lutherische*

럼 독립성 개념이 등장했다. 둔스 스코투스가 이해하는 무한한 존재(*ens infinitum*)로서의 하나님 개념과 비교할 때, 신적 본질에 대한 이와 같은 묘사는 존재론적으로 (내지는 형이상학적으로) 덜 급진적이다. 왜냐하면 영적 무한성의 본질(*essentia spiritualis infinita*)이라는 묘사는 하나님의 현실성을 존재 개념 그 자체에 관계시키는 대신, 미리 앞서 존재자의 특정한 분야에 배치하기 때문이다. 여기서 떠오르는 비판적 숙고들이 더 자세히 논의되어야 한다. 하지만 그 묘사에 관여하는 개념성만이 더 정확한 연구를 필요로 하는 것이 아니라, 여기서 이미 전제된 현존재와 본질의 구분(*essentia*든 *substantia*든 간에), 혹은 본질과 속성들의 구분들도 연구를 요청한다.

개념 형성의 구상주의적(konzeptualistisch) 해석, 곧 개념 형성을 인식을 추구하는 인간적 주체성의 표현으로 이해하려는 해석의 관점에서, 그리고 이를 통해 토마스 아퀴나스의 신학적 언어와 인식의 조건들에 대한 논의와 비교할 때 근본적으로 변화한 사태의 관점에서, 토마스의 주된 명제는 여전히 존재한다. 그것은 하나님께 귀속되는 술어들의 다양성은 그분의 무한성으로부터 비롯되는 분리되지 않는 본질의 단순성 때문에 분리되지 않은 단일성의 방식(*modus*)으로만 그분에게 귀속될 수 있다는 명제다. 이것이 의미하는 바는 하나님의 본질과 속성들의 관계와 관련하여 더 자세히 논의될 것이다. 지금 미리 말할 수 있는 것은 다음과 같다. 그 사고는 하나님의 파악 불가능성이 그분의 무한성 그리고 그분의 본질의 무한한 단일성과 관계되어야 한다는 사실을 자신의 방식으로 표현한 것이다. 이것은 인과적 추론의 방식과는 독립적인 통찰이며, 위(僞)디오니시오스에게로 소급되는 하나님의 이름들에 대한 교리의 전체 작용사 안에서, 그리고 그와 마찬가지로 토마스 아퀴나스의 신론 안에서도, 하나님의 파악 불가능성의 통찰과 인과적 추론은 결합되어 있었다. 하나님에 대한 다양한 진술들은 오직 단일성의 방식으로만

Dogmatik zwischen Reformation und Aufklärung II, Gütersloh 1966, 61ff.

그분의 본질에 적합할 수 있는데, 이 사실은 그 다양한 진술이 성립하는 방식 그리고 그것의 실질적인 근거와 무관하다. 하지만 그와 같은 다양성의 의미가 신적 본질의 단일성과 관련된 삼위일체론적 진술들에까지 확장될 수 있는가? 삼위일체론에서도 위격들의 삼중성 안에 계신 하나님의 단일성에 대한 이해가 가장 큰 어려움이다. 여기서도 구분이 분리로 이해되어서는 안 된다. 물론 삼위일체와 관련해서도 신적 본질의 단일성 속에서 모든 구분이 단순히 사라지는 것은 아니라는 사실, 오히려 살아 계신 하나님의 단일성은 구분 안에 있는 단일성이라는 사실은 분명하다. 이것은 하나님의 본질과 속성들 사이의 관계에도 해당하는가? 하나님의 본질과 속성들의 관계는 어쨌든 삼위일체와 관계된다고 추정할 수 있다. 이 점에 대해서는 설명이 필요하다.

2. 하나님의 본질과 현존재의 구분

신적 본질이 파악 불가능하다는 명제는 그리스도교 교부학에서 **하나님의 현존재**가 인식될 수 있다는 주장을 방해하지 않았다. 다마스쿠스의 요한네스에 따르면 하나님의 현존재에 대한 지식은 인간에게 본래적으로 "심겨져" 있으며, 비록 그 지식이 신의 부정에 이르기까지 죄로 어두워져 있다고 해도 그러하다.[20] 니사의 그레고리오스는 무엇보다 세계의 질서로부터 지적인 근원자에 이르는 추론을 통해 확실하다고 믿었던 하나님의 실존뿐만 아니라 또한 신적인 완전성도 이성적 인식에 도달 가능하다고 생각했으며, 그렇기에 이성은 하나님의 단일성에 대한 고백을 요청받고 있다고 이해했다.[21] 또한 다마스쿠스의 요한네스는 심지어 불신앙인들도 신적 본질의 완전성을 인정한다고 보았다. 그는 완전성을 근거로 하여

---

20 Joh. Damasc. *De fide orth*. I,3; 비교. ebd. cap. 1.
21 Gregor Nyss. *or. catech*. praef. 2.

하나님의 무한성을 주장했고, 무한성으로부터 하나님의 단일성을 도출했다.[22] 이와 같이 신적 본질의 파악 불가능성과는 별개로 하나님의 신성과 관련된 몇 가지 통찰들은, 비록 부정적인 방식이기는 하지만,[23] 하나님의 현존재의 인식과 결합되었다.

라틴적인 스콜라 철학에서 토마스 아퀴나스는 인상 깊은 시도를 행하였다. 그것은 하나님의 존재가 **무엇**인지에 대한 모든 진술을 세계의 제일 원인의 순수한 현존을 증명함으로써 도출하려는 시도였다. 여기서 전제되었던 것은 일련의 원인들 가운데 첫째 부분이 분명 존재한다는 가정이었다. 토마스는 우선적으로 제일원인성에서 하나님의 단순성을 도출하고, 그 다음에 완전성, 선, 무한성을, 또한 영원성과 단일성을 도출했다.[24]

현존한다고 생각되는 어떤 제일원인의 인식으로부터 그 현존재의 여러 가지 속성들의 규정으로 나아가는 그와 같은 방식은 이어지는 다음 시대에는 매우 어려운 것으로 드러났다. 윌리엄 오컴에 따르면 하나님의 독립성과 선은 제일원인으로서 그분의 현존재와 직접 관계되지만, 유일성, 무한성, 전능성은 그렇지 않다.[25] 오컴에게 단순성은 더 이상 하나님의 여러 술어들 중의 하나가 아니었고, 오히려 모든 사물에 속하는 것이었다. 왜냐하면 우리의 개념적인 묘사들은 일반 규정들과 특수 규정들의 조합에 의존하기 때문이다. 그렇기에 토마스 아퀴나스처럼 하나님과 피조물을 구

---

22 A.a.O. I,5.
23 A.a.O. I,4.
24 *S. theol.* I,3-11. 이러한 속성들은 신적 본질의 특징인데, 다만 그 속성들이 피조적 작용들과 구분된다는 점에서만 그렇다. 결국 이 속성들이 말하는 것은 신적 본질이 그 자체 안에서 어떻게 존재하는지가 아니라, 그것이 "어떻게 그렇게 존재하지 않는지"일 뿐이다(I,3: *potius quomodo non sit*).
25 Wilhelm von Ockham, *Scriptum in librum Primum Sententiarum* (*Ordinatio*) q.2 prol. (하나님의 일치성에 대해서는, Opera IV, St. Bonaventure N.Y. 1970, 357,9); 참고. F. Bruckmüller, *Die Gotteslehre Wilhelms von Ockham*, München 1911, 43ff.

분하는 속성들은 하나님의 단순성으로부터는 더 이상 도출될 수 없었다. 그에 따라 단순성에 근거한 비구분성, 곧 하나님 안의 본질과 실존의 비구분성 역시 하나님 개념에 대한 중심적 중요성을 상실했다.

후기 스콜라 철학(1300-1400년)에 이르러서 하나님의 현존재에 대한 앎과 하나님의 본질의 인식은 그리스도교 교부학이나 중기(전성기) 스콜라 철학 때보다 더 멀리 멀어졌다. 피에르 다이(Pierre d'Ailly)는 사도 바울이 설명하는, 하나님에 대한 인간의 자연적 지식에 주목했는데(롬 1:19f.), 자연적 이성은 자명하게 증명할 수 없는 통찰들을 암시하지만, 계시를 통해 이미 하나님을 믿는 자는 피조적 현실성에 대한 인식으로부터 만일 하나님에 관해 계시가 없었더라면 여전히 숨겨져 있었을 많은 것들을 열어 보일 수 있다고 보았다.[26]

또한 루터도 말한다. "하나님이 존재하신다는 것을 아는 것과 하나님이 무엇 혹은 누구신지를 아는 것 사이에는 큰 차이가 있다"(WA 19, 207, 11f.). 이성이 아는 것은 단지 하나님이 존재한다는 것이지, "거기서 실제로 하나님이라 불리는 분이 누구신지"를 아는 것은 아니다(206,33). 그런데 이와 같은 루터의 구분은 다음 사실을 통해 새로운 의미를 획득한다. 즉 루터는 아우구스티누스와 (그리고 키케로와도?) 더불어 모든 이성적 논증보다 선행하는, 하나님에 대한 직관적 지식이 있다는 사실을 받아들였고, 죄인들의 경우 **이성**(ratio)을 통해 이 지식은 변질된다고 보았다.[27] 그 외에도 루터는 속성들을 통해 특정한 하나님 표상에 도달하는 능력을 자연적 이성에게서 박탈하

---

[26] Petrus de Ailliaco, *Quaestiones super libros sententiarum com quibusdam in fine adiunctis*, Straßburg 1490 (Nachdruck Frankfurt 1968) zu I. Sent. q.2 a.2 X: Hic dico tertio quod licet potuissent hoc aliqua naturali ratione persuadere, non tamen evidenter probare, similiter habitu revelationem quod deus est credenti deum esse multa possunt ex cognitione creaturarum concludi de deo quae aliter non concluderentur.

[27] 위 2.2장 133쪽 각주 29를 보라. 또한 2.5장 189f. 참조.

려고 하기보다는, 오히려 이성에게는 하나님에 대한 참된 인식이 닫혀 있다는 점을 보여주려고 했다.[28] 그렇기에 하나님이 존재하신다는 앎과 그분이 어떤 존재이신지에 대한 인식 사이를 루터가 구분한 것은 프로테스탄트 신학에서 재차 통용되기는 했지만, 그 구분이 현존재(Dasein)의 앎 및 현존자(Daseiend)의 본질 규정의 인식 사이의 방법론적 구분 혹은 귀결과 두말할 필요도 없이 동일한 것은 아니다.[29]

물론 구(舊)프로테스탄트 신학자들 역시 분명히 알고 있었던 사실은 현존재의 주장에는 현존하는 것으로 주장되는 존재에 대한 막연하지만 일반적인 표상이 함께 설정된다는 것이었다.[30] "어떤 것의 실존"(an sit)에 대한 질문은 그 실존과 관련된 "어떤 것에 대한 각각의 표상"(quid sit)으로부터 사실상 무관하지 않다.[31] 하나님이 존재한다는 논증인 "신 존재 증명들"도 하나님이 무엇인지가, 다시 말해 그분이 세계의 제일원인이라는 것이 어쨌든 이미 어느 정도 알려져 있다고 전제한다. 제일원인이라는 표상은 이미 본질적 내용을 포함하고 있다. 그 표상은 신적 본질에 대한 최소한의 개념을 포함하며, 그리스도교 신학도 하나님을 세계의 창조자로 주장하는 한 그 개념으로부터 벗어날 수 없다. 다른 측면에서 볼 때 제일원인의 표

28　다음을 보라. P. Althaus, *Die Theologie Martin Luthers*, Gütersloh 1962, 27ff.
29　참고. C. H. Ratschow, *Lutherische Dogmatik zwischen Reformation und Aufklärung II*, 1966, 45ff. 또한 그의 책, *Gott existiert*, Berlin 1966, 27ff.
30　C. H. Ratschow, *Gott existiert*, 1966, 41f.
31　Joh. Duns Scotus, Ord. I d.3 p.l q.1-2: Numquam enim cognosco de aliquo 'si est', nisi habeam aliquem conceptum illius extremi de quo cognosco 'esse'... (vol. III p. 6 n.ll). 신 개념과 관련된 실존 주장의 문제에 대한 최근의 논의들을 다음에서 보라. I. U. Dalferth, *Religiöse Rede von Gott*, 1981, 547과 678. 또한 M. Durrant, *The Logical Status of 'God'*, London 1973, 그리고 Chr. Stead, *Divine Substance*, Oxford 1977, 7-11과 267ff. 이 주제에 대한 최근 연구들 중 대부분은 둔스 스코투스와 달리, 그리고 데카르트에서 출발한 철학적 신학의 전통과도 달리 하나님의 현존재의 질문에서 무한의 개념과의 연관성을 취급하지 않는다.

상은 너무도 보편적이라서, 그것은 하나님을 어떤 인격적인 힘으로 보는 표상적 특수성을 전혀 갖고 있지 않고, 하물며 성서의 하나님이 가진 특징적인 성격들은 더욱 갖고 있을 리가 없다. 이미 이런 이유만으로도 제일원인의 표상으로부터 피조물들과 구분되시면서 세계와의 관계 안에 계신 하나님에 대한 더 구체적인 진술을 도출하려는 시도는 문제가 된다. 나아가 그렇게 도출된 진술들이 중심적인 내용에서 하나님에 대한 성서적 증언들과 일치한다고 주장하려는 시도는 더욱 문제가 된다.

토마스 아퀴나스는 (비록 유보적 조건 아래서이기는 하지만 삼위일체론까지 포함해서) 그리스도교 신론의 모든 진술을 제일원인성의 개념으로부터 도출하려는 시도의 전형적인 형태를 제공했다. 하지만 이러한 취급방식은 토마스에게만 제한되지 않는다. 그것은 위(僞)디오니시오스에게 소급되며, 다마스쿠스의 요한네스와 라틴 중기(전성기) 스콜라 철학에 영향을 주었고, 그것의 영향력은 심지어 구(舊)프로테스탄트의 신론 서술에서도 인식될 수 있다. 물론 후자에서는 하나님에 대한 진술들이 형식적으로는 성서에 근거했다.

하나님에 대한 진술들의 근거를 찾는 다른 길을 니사의 그레고리오스가 발전시켰다. 그는, 하나님 개념을 무근거성의 근거라는 사고를 통해—즉 제일원인의 사고를 통해—규정하려고 했던 유노미우스(Eunomius)에 반대하면서, 그 사고를 무한성의 사고로 대체했다. 라틴적인 스콜라 철학에서 둔스 스코투스가 처음으로 무한성이란 하나님의 다른 속성들 중의 하나에 그치는 것이 아니라, 하나님의 개념 자체에 대해 근본적으로 중요한 의미를 갖는다고 다시 강조했다.

둔스 스코투스는 니사의 그레고리오스처럼 이와 같은 사고를 대안으로 삼아 신론을 제일원인의 사고에 정초하려는 것에 반대했던 것이 아니다.[32] 하지만

---

32 둔스 스코투스에 따르면 우리에 대해(quoad nos) 실제로(actu) 무한자가 실존한다는 것은 증명을 필요로 한다. 그는 이 증명을 제일원인의 사고의 도움을 받아 수행했는데,

무한한 존재의 사고는 사실상 인과적 논증과는 별개인 독립적인 신론을 자기 곁에 발생시킨다. 왜냐하면 그 사고는 우리의 지성이 형성하는 최초의 특정한 개념이 **존재** 개념이라는 명제와 직접 연결되어 있기 때문이다. 결국 존재가 자신을 유한한 존재로 혹은 무한한 존재로 직접 드러낸다.[33] 둔스 스코투스의 무한 개념은 우리 지성의 근원적 사고로서의 존재 개념과 가장 가깝게 결합되어 있다.

더욱 결정적인 것은 데카르트가 신 개념에 대해 무한 이념(Idee)의 우선성을 주장했다는 사실이다.[34] 둔스 스코투스와 달리 데카르트에게는 존재가 아닌 무한성 그 자체가 바로 지성의 최초의 직관(Intuition)이며, 이 직관 위에 다른 사물들에 대한 모든 인식이 근거한다.[35] 무엇보다도 이 첫 직관 속에서 무한은 명료하게 파악되지 않고, 단지 혼란스런 표상 안에서 이해된다. 그러나 다른 모든 인식 내용보다 무한의 "이념"이 우선한다는 것은, 데카르트에 따르면, 모든 유한자는 무한이 제약된 것이라는 사고에 근거한다. 비록 데카르트는 암시만 했을 뿐이지만 결정적으로 중요한 이 명제는 무한의 "이념"이 완전성의 사고를 포함한다는 그의 견해의 근거를 형

여기서 제일원인은 그것의 모든 형태에서 최초 존재의 무한성을 내포한다: Ord. I d2 p.l q.l (Opera Vat. II, 1950, 148-215), 특히 n. 145-147 (213-215).

33 둔스 스코투스의 일의적 존재 개념에 대해 다음을 참고하라. Ord. I d.3 p.l q.1-2 B (Opera ed Vat. III, 1954, 18ff.). 무한을 존재 개념의 양식으로(*modum intrinsicum illius entitatis*) 설명한 것에 대해서는 ebd. D p. 40n. 58, 존재를 지성의 첫 객체로 이해한 것에 대해서는 ib. q.3, p. 68-123, 특히 p.80f. n. 129와 p. 85-87 (n.137-139), 또한 무엇보다 p. 1-2, p. 48ff., p. 54f. n. 80f.를 보라.

34 이 사고의 데카르트적인 의미는 질송(E. Gilson)에 이어 쿠아레(A. Koyre, *Descartes und die Scholastik*, Bonn 1923, 19-28)에게 전달되면서 더욱 강조되었다.

35 *Med.* 3, n. 28: …manifeste intelligo plus realitatis esse in substantia infinita, quam in finita, ac proinde priorem quodammodo in me esse perceptionem infiniti quam finiti, hoc est Dei, quam mei ipsius.

성했는데, 왜냐하면 그 이념은 무한의 제약을 통해 사고된 모든 것보다 명백히 더 큰 현실성을 포함하기 때문이다. 다마스쿠스의 요한네스와 프란시스코 수아레스(Franz Suarez)가[36] 무한성을 하나님의 완전성으로부터 도출했던 반면에, 데카르트는 유한한 대상들에 대한 우리의 표상들이 무한의 제약을 통해 형성된 것이라는 자신의 사고의 결론 속에서 그 논증의 순서를 바꾸었으며, 이를 통해 무한 이념을 전통적인 신 개념과 동일시하는 데에 이르렀다.

데카르트는 하나님의 무한성에 대한 둔스 스코투스의 설명들을 넘어서서 더 멀리 나아갔다. 그 결과 그는—과거의 니사의 그레고리오스처럼— 신 개념을 무한의 이념을 근거로 하여 도출하는 것이 하나님의 본질에 대한 진술들을 제일원인으로부터 도출하는 것과 정반대라고 여겼다. 라틴적인 스콜라 철학에는 니사의 그레고리오스가 행한 그런 방식의 부정이 아리우스주의적인 하나님 개념에 대한 반대와 결합된 것이라는 의식이 더 이상 남아 있지 않았다. 데카르트는 다른 방식으로 그 방식에 반대하기에 이르렀다. 그는 철학적 신학의 전통적인 근거를 신뢰하지 않았는데, 이 신학이 인과적 행렬의 무한한 소급이란 불가능하다는 논증에 기대어 있었기 때문이다.[37] 철학적 신학이 이와 같은 식으로 근거를 설정하는 것은 이미 오컴 이후로 흔들렸으며, 그것의 수행력은 광범위하게 제한적이라고 인식되었다. 그뿐 아니라 오컴은 또한 하나님의 무한성을 제일원인으로부터 도출하는 강압적인 증거에 이의를 제기했다. 그래서 데카르트는 하나님의 무한성의 주장을 위한 완전히 새로운 방식을 취했다. 다시 말해 그는 유한

---

36 F. Suarez, *Opera Omnia I*, Paris 1886, 47 n. 5f. 수아레스는 "무한"이라는 표현을 하나님을 넘어서는 그보다 더 큰 것이 있을 수 없다는 논증(*hanc ipsam negationem per infinitatem significari intelligo*)의 표현으로 이해했다. 그렇기에 그에게 하나님의 무한성을 그분의 완전성으로부터 증명하는 것은 "쉬워"(*facile*) 보였다.
37 위의 제2장, 159쪽의 각주 86을 참조하라. 또한 Med. 3,55를 보라.

한 대상들의 모든 표상에 대한 조건이 된다는 무한성의 직관으로부터, 이 직관 속에 포함된 완전성의 사고를 통해 신 개념으로 넘어갔다. 이로써 데카르트에게는 하나님의 존재적 우월성은 절대적으로 주어져 있고, 하나님 개념은 필연유(ens necessarium)로서 주어지는 것으로 보였다. 그 결과 그는 하나님의 현존재의 주장을 하나님의 본질 개념으로부터 도출할 수 있었고, 이와 함께 존재론적 논증의 갱신에 도달했다.[38]

데카르트의 논증은 다음 시대에 끊임없이 잘못 이해되었다. 사람들은 "나는 생각한다"(cogito)의 확실성을 신 개념의 근거를 놓는 토대라고 이해했던 것이다. 이런 오해에 대해 데카르트의 책임이 전혀 없는 것은 아니다. 세 번째 명상이 신 개념을 우선 우리의 정신(Geist) 안에 현존하는 이념들 중의 하나로서 불러들였다는 점에서 그렇다. 물론 데카르트는 그다음에 무한의 이념은 자신의 자아를 포함한 모든 유한한 대상에 대한 표상들의 조건이라고 분명히 표명했다(위의 각주 35를 보라). "나는 생각한다"(cogito) 안의 "나"란 개념은 언제나 이미 무한의 직관 위에 근거하고 있다. 왜냐하면 그 개념은 세계의 유한한 대상들과 마찬가지로 무한의 제약(制約)을 통해서만 형성될 수 있기 때문이다. 그렇기에 **"나는 생각한다.⋯존재한다"**(cogito sum)라는 표현은 무한의 사고를 이미 전제하고 있는 것이지, 무한의 사고를 위한 기초가 되는 것이 아니다. 그러므로 근대 철학사의 서술에서 통상적인 것이 되어버린 해석, 곧 데카르트를 인식론적 주관주의의 창시자로 보는 해석은 잘못된 것이다. 그런 해석은, 로크(Locke)에게서 처음 시작되었고 칸트를 통해 비로소 완

---

38 최고 완전유(ens perfectissimum) 개념과 필연유(ens necessarium) 개념에 관련된 위의 두 관점들의 관계에 대해 다음 논의를 참고하라. D. Henrich, *Der ontologische Gottesbeweis. Sein Problem und seine Geschichte in der Neuzeit*, Tübingen 1960, 10-22, 특히 14ff. 그러나 데카르트의 해석은 헨리히(Henrich)의 개괄적 설명을 넘어서면서 두 개념을 필연적으로 데카르트적인 무한성의 사고로 소급시킨다.

전한 형태를 갖춘 견해를 데카르트의 것이라고 잘못 말한다. 데카르트는 신 개념과 무관한 어떤 주관성을 하나님의 현존재에 대한 확실성의 토대로 만들지 않았으며, 오히려 그는 아우구스티누스로 소급되는 이른바 "본체론주의"(Ontologismus)의[39] 전통에 가까이 서 있었다. 이 존재론은 하나님의 직관이 다른 모든 인식에 대한 조건이라고 주장했다. 데카르트의 명상들이 "나는 생각한다"(cogito)로 시작되는 것은 그것이 뒤따라오는 모든 것의 실제적이고 최종적인 근거가 된다는 의미가 아니며, 단지 무한을 유한한 대상들의 모든 규정의 조건으로 이해하는 데카르트적 근본 명제로 안내하는 기능만을 갖는다. 또한 "**나는 생각한다,…존재한다**"(cogito sum)라는 표현은 급진적 회의론에 대항하여 일찍이 아우구스티누스가 발전시켰던 논증만을 수용하는 반면에,[40] 모든 유한자의 인식과 존재에 대한 무한자의 우선성에 신 개념의 근거를 두는 것은 논증, 즉 시원성에 대한 데카르트의 요청이 수긍될 수 있는 것으로 보이게 하는 논증을 발전시킨다.

데카르트가 보았던 철학적 신학의 근거는 하나님이 존재하시는지, 그리고 그분이 무엇인지를 묻는 전통적인 질문 순서를 존재론적 논증의 갱신을 통해 뒤바꾼 것처럼 보인다. 다시 말해 먼저 무한하고 완전한 본질로서의 하나님 "이념"이 앞서고, 그 본질(Wesen) 개념으로부터 현존재가 뒤따르는 것으로 보인다. 이와 관련하여 윙엘은 재치 있게 말했다. 데카르트에게서 인간은 하나님의 본질과 현존재 사이에 자리를 잡았으며(sich gesetzt), 그와 함께 하나님 개념을 "분쇄해버렸다"(zersetzt)는 것이다.[41] 이 내용을

---

39 라투어(J. Latour)는 그의 논문에서 이 표제어를 강조했으며(LThK 2. Aufl. 7, 1962, 1161-1164), 본체론주의라고 지칭되는 19세기 가톨릭 철학의 방향은 제한적으로만 아우구스티누스와 보나벤투라(Bonaventura)에 근거될 수 있다고 말했다.
40 Augustin c. Acad. III,11,24와 Solil II,1,1; 참고. A. Koyré a.a.O. 63f.
41 E. Jüngel, Gott als Geheimnis der Welt, Tübingen 1977, 143f.; 참고. 146-167, 특히 164f.

이런 식으로 말하는 것은 **"나는 생각한다"**(cogito)의 확실성이 하나님 개념과는 무관하고 나아가 하나님 개념의 논의를 위한 기초라는 전제 아래서만 적절할 수 있다. 그때 우선 우리의 정신 안에 많은 "이념"들 중 하나로 주어져 있는 하나님의 본질에 우리 외부의 현존재라는 의미의 현실성이 귀속될 것인가 혹은 아닌가의 문제는 사실상 인간의 판단에 달려 있게 되는 셈이다. 하지만 데카르트는 그와 반대로 논증한다. 하나님의 이념은 무한의 이념으로서 이미 "나" 그 자체를 포함한 모든 유한자의 사고 가능성에 대한 조건이며, 자신의 현존재의 근거를 이미 자기 자신 안에 갖고 있다. 만일 이 사실을 진지하게 고려한다면, 윙엘의 비판은 실질적인 근거를 상실하게 될 것이다.

존재론적 신 존재 증명에 대한 칸트의 비판 역시 데카르트가 세운 철학적 신론의 새로운 근거의 토대와 맞지 않는다. 이 비판은 데카르트에 관계된 것이 아니라, 18세기의 존재론적 증명의 논의에 관계된다. 그 비판에서 데카르트의 논증은 **최초로 인지된 것**(primum cognitum)으로서의 무한의 이념과 함께 더 이상 아무런 역할도 하지 못했다. 무한의 이념은 **최고로 현실적인 존재**(ens realissimum)의 이념으로 변형되었는데, 칸트는 이것을 이성의 초월적 이상(理想)이라고 지칭했다. 왜냐하면 개별 사물들을 개별적 술어들의 귀속과 박탈을 통해 규정하는 모든 긍정적 술어들의 총괄 개념이 이미 그 이념 아래 근거되어 있기 때문이다. 그래서 각각의 개별적 사물의 표상은 모든 현실성의 총괄 개념을 제약함으로써 형성된다. 그런 점에서 칸트의 초월적 이상의 사고는 데카르트적인 무한성 이념의 기능에 부합한다. 하지만 초월적 이상은 칸트에서 더 이상 "나" 자신을 포함한 대상 인식의 **조건**으로 이해되지 않으며, 오히려 다른 이성적 관념들과 마찬가지로 지성(Verstand)의 사용과 그 조건들의 **총체성**을 내용으로 하는 종결적 사고(Abschlußgedanke)로 이해된다. 다른 측면에서 칸트는 우리가 시공간에 주어진 개별자를 단지 우리의 직관 안에 주어진, 시간과 공간의 무한한 전체성의 제한으로만 표상할 수 있다는 사실을 기꺼이 인정했다. 다만 그는 이 사실의 내용이 **최고로 현실적인 존재**의 표상과 일치한다는 것은 논의하지 않았다. 이 표상은 유한에 대한 모든 경험의 조건이 되는 무한의 "이념"이라는 데카르트의 명제에 근거한 것이었다. 만일 칸트가 이 주제와의 일치성을 고려했더라면, 분명 그는 신 개념이 모든 유한한 대상의 표상들을 종결하는 사고가 아니라, 오히려 그 표상들의 조건이 아닌가라는 질문 앞에서 멈췄을 것이다.[42] 그렇기에 "순수이성비판"의 시야에 놓여 있는—놓여 있다고 가정한다면—데카르트의 세 번째 명상의 논증적 지평은 단지 불충분할 뿐이다. 순수이성비판의 초월적 미학에 대한 논증도 데카르트가 타당하게 만든 근본적 사실을 전제하면서도 그 사실에 함축된 신학적 의미에는 관여하지 않았다.

그럼에도 불구하고 데카르트의 논증은 비평을 필요로 한다. 왜냐하면 그 논증은 성찰이 비로소 "무한하다"라고 부르는 것에 대한 혼란스런 지각과 무한에 대한 성찰의 개념 그 자체 사이의 구분을 뚜렷이 강조하지 않았기 때문이다.[43] 유한에 대한 모든 경험보다 앞서는 무한의 우선성은 성찰을 통해 비로소 **무한**에 대한 직관으로 규정되는 혼란스런 직관에만 해당하는 것이지, 이 과정에서 발생하는, 무한에 대한 성찰의 개념 자체에는 해당되지 않는다. 나아가 이 개념은 거꾸로 유한을 부정함으로써 유한성의 파악을 이미 전제하고 있다. 이 부정은 이러저러한 개별적 대상의 경험에만 관계된 것이 아니라, 오히려 유한성의 개념을 통해 그와 같은 종류의 모든 대상-경험의 종합과 관련되어 있다. 그렇기에 무한의 명시적 표상은 나중에 가서야, 세계 경험 전체에 대한 숙고의 관점에서 나타날 수 있다. 물론 그 경험 속에서 파악된 무한은 동시에 유한한 대상들의 규정 전체에 대한 조건으로 인식된다. 그렇기 때문에 무한에 대한 근원적이고 혼란스

---

42 이에 대해 *Die Erneuerung der Metaphysik und der Gottesgedanke*, Göttingen 1988, 25ff.에 있는 나의 논문을 비교하라.
43 참고. 앞의 제2장, 5, 197ff.

런 직관은 데카르트가 주장했던 것처럼 하나님의 이념이 아니다.[44] 그러나 반대로 무한의 개념을 통해 규정되는 철학적 신 개념의 관점에서 말해질 수 있는 것은 하나님이 모든 대상적 표상의 조건이 되는 무한성에 대한 우리의 근원적 직관 속에서 이미 우리의 정신에 현재하신다는 사실이다.

데카르트가 이와 같은 관점에 도달할 수 있었던 것은 그가 무한의 사고 속에 모든 현실성의 완전한 총괄 개념이라는 사고가 포함되어 있다고 보았기 때문이었다. 바로 그 점에서 모든 현실성의 총괄 개념에 현존재 역시 속한다는 주장으로 나아가는 단계가 가능해졌다. 가장 완전한 본질이라는 개념에 근거했던 신 존재 증명에 대한 비판자들이, 특별히 칸트가, 논란의 대상으로 삼았던 것은 바로 그 단계였다. 물론 여기서 모든 대상-경험의 조건 및 심지어 자기 자신의 조건으로 이해되는 무한성의 직관으로부터 가장 완전한 본질의 표상을 도출하는 데카르트의 방식이 등한시되었다. 무엇보다도 무한에 대한 혼란스런 직관이 본질 개념과 현존재 사이의 구분에서 현존재 쪽에 서 있다는 것—데카르트 자신은 물론 이 점을 강조하지 않았지만—도 등한시되었다.

데카르트는 모든 유한한 대상의 조건을 형성하는 무한성의 직관으로부터 철학적 신학의 새로운 토대를 마련하려는 논증을 시작했다. 이 논증으로부터 다음 질문에 대한 대답, 곧 하나님 인식의 과정 안에서 하나님의 본질과 현존재를 어떻게 이해할지의 질문에 대한 대답이 도출된다. 그것은 무한에 대한 혼란스런 직관의 출발점이 직접적으로 하나님의 본질 개념의 의미를 지닌 하나님 이념이라고 주장할 수 없다는 것이다. 그와 반대로 인간의 의식 속에 있는 무한에 대한 직관의 "초월적인" 기능은, 무한에 대한 반성적 개념 및 그것의 신 개념과의 연관성의 관점으로부터 뒤돌아

---

44 이것은 또한 본체론주의(Ontologismus)의 관점들(위의 각주 39)과도 비교할 수 있다.

본다면, 인간적 정신 안에 있는 하나님의 근원적인 현재, 즉 그 정신에 대한 하나님의 현존재를 증언해주는데, 그러나 이것은 처음부터 미리 **하나님의 현존재**라고 알려지지는 않은 현재다.

이제 하나님 인식의 실현 속에서 하나님의 **현존재**에 대한 경험 혹은 지식이 다른 모든 것과 구분되는 그분의 **본질**의 특성을 의식하는 것보다 우선하며, 그렇기에 그와 같은 하나님의 "**현존재**"의 경험 혹은 지식은 아직은 바로 "**하나님의**" 현존재에 대한 인식은 아니라고 이해될 수 있는가? 이 질문의 해명은 본질과 현존재의 관계에 대한 보다 더 보편적인 숙고를 필요로 한다.

어떤 사물의 본질(τί ἐστιν)에 대한 질문이 항상 전제하는 것은 어떤 것(etwas)의 현존재는 주어져 있으나, 그것이 **무엇**(was)인지, 그것이 "**누구 혹은 무엇**"(wessen)의 현존재인지는 아직 규정되지 않았다는 사실이다. 그렇기에 사람들이 본질(Wesen) 개념을 실체(Substanz)로 규정하는 아리스토텔레스적인 이해를 거부한다고 해서, 우리가 "본질"에 대한 질문을 피상적인 것으로 여기고 거절할 수는 없다. 존재하는 것의 "무슨 존재"(Wassein)에 대한 질문은 포기될 수 없다. 포기한다면 경험-대상들 사이의 모든 구분이 무력화될 것이기 때문이다. 대상들을 구분하려는 관심은 언제나 사물들이 "무슨 존재인가?"를 향하게 된다. 그 관심은 어떤 것의 여기 있음(Da)을 전제하는데, 그것은 우리가, 그것은 "무슨 존재인가"는 여전히 의문 안에 둔 채 단지 우리 앞에서 여전히 불명확한 "현존재"(Daseiendes)만을 가질 뿐인 예외적인 경우다. 우리는 항상 익숙하게 어떤 것이 "어떤 것으로서" 참이라고 인지하지만, "(본질적으로) 무슨 존재인가?"가 여전히 의문으로 남는 예외적인 경우에 그 어떤 것의 "무슨 존재" 안에서 규정된 대상의 모든 인지는 "무슨 존재인가?"를 배제한 불명확한 현존재의 규정뿐이라고 이해된다. 그 현존재는 자신의 불명확성 가운데 단 한 번도 현-"**존재**"(Da-seiendes)로 규정된 적이 없다. 그것의 "무엇"(Was) 안에서 특성이 결정된(bestimmte) 현존재만이 명확하게 현존재로서 파악된다. 그런 현존재에서는 우선적으로 특성이 결정되지 않은 "여기"(Da, 현-)만이 문제되는데, 그것 안에서는 존재와 비존재의 차이가 단지 암묵적으로만 포함되어 있다. 이와 같은 무규정적인 "여기"는 현존재로서도 아직은 단지 불완전하게 규정되어 있으며, 그것이 본질 규정과의 관계점(Bezugspunkt)을 형성한다. 이에 따라 본질 개념은 현[존재]에 관련된다. 현[존재]는 그것이 "(본질적으로) 무슨 존재(τί)인가?"가 파악됨으로써 다른 것들과 구분되는 특정한 어떤 것(Etwas)으로서 파악된다.[45]

이와 같은 개념적인 설명으로부터 다음의 중요한 결론이 내려진다. 실존이 어떻게든 가능한, 어떤 것에 대한 순수한 사고는 아직은 본질 개념을 형성하지 못한다. 왜냐하면 본질의 "무슨 존재"(Wassein)는 그것을 통해 규정된 (혹은 앞으로 규정될 수 있는) 현존재와 관련되어 진술되기 때문이다. 본질 개념은 근원적 의미에서 볼 때 플라톤의 "이념"(Idee)과 가깝다고 할 수 있다. 이념이 감각적으로 인지된 것들을 통해 "직관된" 자신의 본질의 형태라는 점에서 그러하다.[46] 하지만 구체적 대상 안에서 나타난 이념의 현상에 대해 이념의 "무슨 존재"가 무관하다는 것(플라톤에서 이른바 이념들의 분리[chorismos]는 본질

---

45 이와 같은 사실관계는 본질(οὐσία)을 "존재하는 것이었던 무엇"(τὸ τί ἦν εἶναι: Met. 983 a 27f.)이라고 설명했던 아리스토텔레스의 규정 속에 포함되어 있다. 이것은 헤겔의 『논리학』 제2권의 제1권에 대한 관계를 통해 표현되었으며, 무엇보다도 본질을 현존재의 반성으로 규정함으로써 설명되었다(Logik II, PhB 57,7ff.). 이 규정은 본질의 현현으로서의 "실존" 속에서 완전하게 전개되며(ebd. 101ff.), 그 실존은 본질과 일치 속에 있는 현실성(169ff.; 참고. Encycl. §142)으로서 주제화된다. 헤겔에서 존재의 논리는 물론 현존재를 아직까지 특성이 규정되지 않은 "여기"(Da), 다시 말해 그의 본질의 반성을 통해서만 규정성을 수용하게 되는 "여기"로 다루지는 않는다. 오히려 그것은 이미 그 자체 안에서 규정된 현존재로 다루어지는데, 그때 그 현존재는 본질의 현존재로서 계속해서 실존으로 규정되어간다.
46 이에 대해 다음을 보라. J. Stenzel, Studien zur Entwicklung der platonischen Dialektik von Sokrates zu Aristoteles (1917), 3. Aufl. Darmstadt 1961, 13ff., 86f.

개념과 관련해서는 설득력이 없다. 왜냐하면 바로 본질이 현존재자들이 "무엇"인지를 지칭하고, 언제나 이미 현존재와 관계되어 있기 때문이다. 아리스토텔레스의 형이상학에 근본적인 이런 내용은 이븐 시나(Avicenna)의 형이상학과 그에 뒤따르는 경향 속에서 13세기의 라틴적인 스콜라 철학의 존재 이해 안에서는 희미해졌는데, 그것은 사람들이 사물들의 피조적 본질이 창조자의 사유 속에 존재하는 **가능성들**로서 선재한다고 생각했기 때문이다. 그 결과 창조 행위는 단지 가능의 방식으로만 존재하는 본질에다 현존재—존재 현실력(*actus essendi*, 존재자로서의 실제 활동력)—을 부여하는 것이 된다.[47] 이와 같은 우주론적 구상 속에서 오직 하나님 개념만이, 본질들이 현존재의 부가를 통해 가능으로부터 실존으로 들어선다는 표상의 예외가 된다. 제일원인으로서 하나님은 자신의 현존재를 다른 어떤 것에도 빚지지 않으신다. 하나님의 현존재는 그분의 본질에 덧붙여진 규정성으로 생각될 수 없다.[48] 물론 이 문제점은 어떤 사물의

---

[47] Thomas von Aquin, *S. c. Gentes* II,54와 55; 참고. *S. theol.* I, 3,4, 이에 대해 다음 해설을 참고하라. M.-D. Roland-Gosselin, *La 'De ente et essentia' de S. Thomas d'Aquin*, Paris 1926, 189ff. 이븐 시나(Avicenna)의 사상적 기원에 대해 그의 다음 글을 보라. Metaphysica sive prima philosophia, in: Opera latina, Venetiis 1508, fol. 99 rb: ...omne habens quidditatem causatum est, et cetera alia excepto "necesse esse"(d. i. Gott) habent quidditates quae sunt per se possibiles esse, quibus non accidit esse nisi extrinsecus; primus igitur non habet quidditatem, sed super habentia quidditates fluit esse ab eo (Tract. 8 c. 4). 구아숑(A. M. Goichon)은 다음을 바르게 지적했다. 피조적 사물들의 우연성(Kontingenz)은 이븐 시나의 결정론적 체계에서는 단지 **논리적** 우연성으로밖에 이해될 수 없으며, 사물들은 그 자체로부터 필연적인 것이 아니라는 것이다(*La philosophie d'Avicenne et son influence en Europe médiévale*, Paris 1951, 22ff.). 토마스 아퀴나스는 이 견해를, 형상이 존재를 제공한다는 아리스토텔레스의 원리와 중재하려고 시도한다(*S. theol.* I,104,1). 이에 대해 다음 해설을 보라. Roland-Gosselin a.a.O. 그리고 E. Gilson, *L'être et l'essence*, Paris 1948, 96ff.

[48] 그렇기에 이븐 시나는 하나님은 "무엇임"(Washeit, *quidditas*)이 없는 순수한 존재라고 생각했다(참고. 앞의 각주 참고). 반면에 토마스는 하나님의 단순성에 관한 논증의 결과에서 오직 하나님 안의 존재(*esse*)와 본질(*essentia*)의 차이만을 문제 삼는다.

본질의 질문을, 그리고 그 본질의 지칭이 항상 현존재를 전제한다는 사실을 잊었을 때 비로소 등장한다.

이와 같은 개념적인 설명을 하나님의 현존재와 본질에 관한 질문에 적용하면 먼저 다음과 같은 통찰로 인도된다. 그것은 이 경우에도 신 개념을 통해 비로소 **하나님의** 현존재로 규정되는 그런 무규정적인 "여기"(Da)가 우선적으로 주어져 있다는 사실이 고려되어야 한다는 통찰이다. 왜냐하면 특성이 규정되지 않은(무규정적인) 현존재, 곧 "(본질적으로) 무슨 존재인가?"라는 질문이 제기되는 현존재는 그 어디서도 특성이 규정된 본질의 현존재로 파악되지 않기 때문이다. 본질 개념이, 그리고 현존하는 것의 "무슨 존재"가 결정된 이후에야 우리는 그것이 언제나 이미 그것의 본질의 현존재였음을 알게 되며, 우리가 그것을 아직 그렇게 파악하지 못했을 때도 그러했다는 것을 알게 된다. 우리의 경험 안의 많은 것이 그것의 존재적 성격이 "발견" 되기 이전에 일차적으로는 그와 같은 무규정성 안에서 존재한다. 현재 우리에게 현실적인 것은 우리가 그것을 파악하고 지칭할 수 있는 것을 언제나 넘어선다. 바로 그와 같은 방식으로—우리가 명확한 종교적 인식으로부터 말할 수 있는 것처럼—하나님도 항상 인간의 모든 삶 속에 현재하고 계신다. 하나님은 인간과 그의 세계 안에 "현존"(Da)해 계시며, 하나님으로 아직 인식되지 못할 때도 이미 그렇게 현존하신다.[49] 하나님은 아직 규정되지 않은 무한으로서, 현실에 대한 우리의 지각의 원초적 직관을 형성하는 무

Deus igitur non habet essentiam quae not sit suum esse (*c. Gentes* I,22; 참고. *S. theol.* I,3,4).

[49] 라쵸브(Ratschow)에 따르면 구(舊)프로테스탄트 교의학도 역시 하나님의 존재에 관련하여 우선적으로 세계 안에서 그분의 현존재가 갖는 의미를 서술한다(C. H. Ratschow, *Gott existiert. Eine dogmatische Studie*, Berlin 1966, 36ff., 47, 62ff.). 라쵸브는 물론 **하나님의** 현존재로 규정된 현존재와 아직 그렇게 규정되지는 않은 현존재를 구분하지는 않는다.

한, 제한을 통해 우리가 다른 모든 것을 파악할 수 있게 해주는 지평인 무한으로서 현존하신다. 그러므로 유한한 대상들을 파악하는 조건으로 이해하는 데카르트의 무한의 "이념"은 "무슨 존재"의 의식이 아니라—또한 그래서 하나님 의식이 아니라—오히려 유한한 대상에 대한 의식의 진보적인 형성 과정을 통해 (세계 전체를 포함하여) 모든 대상을 능가한다고 의식되는 어떤 것(etwas)에 대한 "특성이 규정되지 않은" 지각이다. 우리의 삶과 우리의 세계에 현재하는 그곳의 어떤 것은 동시에 모든 유한한 대상을 능가한다. 어떤 것은 세계 안에 현존하며, 모든 유한한 대상을 포괄하는 동시에 능가한다. 하지만 그것은 세계의 대상들 안에서 현존하며, 우리 자신의 고유한 삶 속에서도 활동한다. 구체적 계시, 종교적 경험, 세계 해석의 과정 속에서 우리는 그 어떤 것을 "하나님"이라고 부를 수 있으며, 종교적인 신들의 투쟁적 역사 속에서 그 비밀의 규정, 곧 우리의 삶 속에서 무규정적으로 현재하고 활동하는 그 비밀의 규정은 계속 진행되고, 그 비밀은 시간의 진행 속에서는 끝이 없이 만물을 포괄한다.

하나님의 "현존재"를 말하는 대신에 폴 틸리히(Paul Tillich, *Systematische Theologie I*, 1956, 273ff.: 참고. 267)와 존 맥쿼리(John Macquarrie, *Principles of Christian Theology*, New York 1966, 105)는 하나님의 "존재 자체"(Tillich)나 "거룩한 존재"(Macquarrie, 105)를 말한다. 특히 이 거룩한 존재는 어떤 경우에도 "어떤 존재"(a being, ebd. 106, 108, 또한 98; 참고. Tillich, 274f., 203f.)로 이해되어서는 안 된다고 한다. 사람들은 이런 방식으로 하나님을 실체(Substanz)와 인격으로 보는 전통적인 표상에 대한 비판에 대처하려고 했고, 또한 하나님의 초월성과 내재성의 일치를 표현하려고 시도했다(Macquarrie 109f.). 그러나 이런 표현 방식은 1) 존재자로부터 뚜렷이 분리된 하이데거(Heidegger)의 존재 개념, 2) 하나님을 존재 자체(*ipsum esse*)로 이해하는 토마스의 사고, 3) (틸리히의 경우) 후기 셸링의 사고를 명확하게 해명되지 않는 조합으로 결합시키는데, 이것은 사상적으로 입증되지 않은 것이다. 왜냐하면 그것은 하이데거의 전제도, 토마스의 전제도 승계하지 않았고, 존재론으로 나아가는 자신의 고유한 대안적인 접근방식도 전개하지 않았기 때문이다. 보편-실재론(Universalienrealismus) 없이 "존재 자체"를 말하는 것은 추상, 곧 가장 일반적인 표상을 실체화하는 것에 불과하며, "하나님은(혹은 존재는) **존재**하는 것이 아니라, 다만 **존재하게** 할 뿐이다"(108)라는 맥쿼리의 문장은 명확한 의미를 주지 못한다. 왜냐하면 일반 개념들이나 추상적 표상들은 현존재를 수여할 수 없기 때문이다. 맥쿼리 자신도 다음과 같이 인정한다. "존재, 곧 그것을 통해 그리고 그것 안에서 존재가 현상하고, 그것 안에서 존재가 현재하는 바로 그 존재가 없다면, 존재는 무(nothing)와 구별될 수 없을 것이다"(187). 그렇다면 "하나님"은 결국 구체적 존재자의 추상적인 측면일 뿐인가? 만일 하나님이-다른 모든 것의 근원일 수 있도록-독립적인, 즉 최고 수준에서 독립적인 현실성으로 생각되어야 한다면, 그때 그분의 존재는 유한한 존재자 가운데 나타날 수 있고, 그 나타남은 유한한 존재자와 반드시 구분되어야 한다. 또한 이것은 하나님께 "무슨 존재" 그리고 "본질"을 귀속시키는 것이 불가피함을 뜻한다. 그렇지 않다면 "하나님"은 다른 것과 구분될 수 없을 것이다. 이 사실에 이어지는 것은, 하나님이 다른 것과 구분되시면서 "존재하신다"라고(그 점에서 "존재자"라고) 생각하는 것은 논리적 모순의 대가를 치르지 않을 수 없지만 그래도 불가피하다는 사실이다. 비록 신적 존재의 존재양식이 그로써 규정되는 것은 아니라고 해도 그러하다. 다른 존재자와 함께 있는 존재자로 생각된다면, 하나님은 사실상 유한한 존재로 상상될 것이다. 하지만 이 난점을 넘어서게 하는 것은 하나님을 "존재 자체"로 보는 사고가 아니라, 오히려 하나님의 무한성의 사고다. 여기서 참된 무한은 유한과 구분될 뿐 아니라 그 구분 자체를 극복한다. 하나님을 존재 자체(*ipsum esse*)라고 말하는 것은 보편-실재론을 주장하는 아랍적인 그리고 그리스도교적인 아리스토텔레스주의의 지평에서만 의미가 있는 것이다. 이 점에 관하여 토마스 아퀴나스는 이븐 시나와 달리 대단히 조심스러웠다. 그는 하나님에게서 본질(*essentia*)의 표상을 간단히 빼버리지는 않았다(위의 각주 48). 빼버린다면 아마도 하나님이 더 이상 다른 (유한한) 것과 전혀 구분될 수 없게 될 것이다. 그러므로 하나님을 "존재자"로 말하는 것을 너무도 성급하게 부인하지 않도록 주의가 요청된다. 물론 그렇게 말하는 것에는 자기도 모르게 하나님을 유한한 사물로 표상하게 되는 위험이 놓여 있다는 것은 확실하다. 하지만 그 위험은 하나님의 무한성의 개념을 통해 적절하게 대처할 수 있다. 무한성의 개념은 하나님을 초월적일 뿐 아니라 또한 내재적으로도 사고해야 한다는 맥쿼리의 관심사도 고려할 수 있다.

그러므로 하나님의 현존재는 처음부터 어떤 초세계적인 사태라든지 세계 저편의 어떤 현존재라고 이해되어서는 안 되며, 오히려 우선적으로 세계의 현실성 자체 안에 있는 활동적인 현재(Gegenwart)로 이해되어야 한다. 그 이해에 기초하여 하나님의 현존재는 세계 및 세계 내 사물들의 현존재를 능가하는 것으로 생각될 수 있고 또 반드시 그렇게 생각되어야만 한다. 그래야 하나님의 본질은 피조적 사물들의 소멸성에 비해 영원하고 숭고하시다고 인정될 수 있다. 이 사실은 구속사적인 계시의 현실성과 하나님의 영원한 본질 사이의 일치에 대해서도 중요하며, 경륜적 삼위일체와 내재적 삼위일체의 일치에 대한 삼위일체론의 진술들에 대해서도 마찬가지로 중요하다.

만일 규정되지 않은 채 현재하는 "여기"(Da)가 그것의 본질 안에서 명명되고 다른 것과 구분된다면, 본질과 현존재의 관계는 두 번째 국면을 나타내게 된다. 그 "여기"는 규정된 본질의 규정된 현존재인 것이다. 여기서 본질이 유일한 "여기"(Da)로 제한되지 않는다면, 다시 말해 다른 시공간적인 계기들 안에서 현재하지 않는다면, 그때 본질과 그것의 규정된 현존재는 따로 분리되어버린다. 개별적인 현존재의 계기(Daseinsmoment)는, 그것이 시간의 지속 안에서 동일하게 머물 때에만 어떤 사물의 본질과 구분된다. 그 계기 안에서 사물의 본질은 단지 현상(Erscheinung)한다.[50] 그때 현존

50　현상의 개념에 대해 나의 논문을 보라. Erscheinung als Ankunft des Zukünftigen, in: *Theologie und Reich Gottes Gütersloh* 1971, 79-91.

재의 계기의 전체 범위는 본질과 다시 일치하게 된다.

만일 하나님의 본질이—그로 인하여 그 본질의 "현존재의 계기들"의 전체 범위도—유한한 사물들과 그것들의 세계를 능가한다면(이것은 하나님의 속성들에 대한 일련의 질문들에서 상세히 설명될 것이다), 세계 안에서 그리고 인간들의 삶 속에서 활동하는 "본질의 개별적인 계기들"은, 그것들이 하나님의 현존재의 계기들로 의식되는 한도에서, 계기들 곧 그 안에서 하나님의 본질이 현상하는 계기들이 될 것이다.

개별적인 현상(Erscheinung)은 본질과 구분된다. 바로 그 구분과 함께 본질은 개별자 안에서 현상하며, 현상과 현존재의 전체 범주를 통해 남김없이 규정될 수 있게 된다. 일련의 현상들이 파악될 때, 그 순열의 전체성은 오직 그것들의 순서 전체에 대한 예상을 통해, 다시 말해 유한한 순열의 경우에는 그것들의 최종적인 단계로부터 규정된다. 물론 이 사실은 본질이 자신의 각각의 현상들 안에서 똑같은 것으로 나타나는 경우에는 중요하지 않을 수 있다. 하지만 그것도 현상들 전체의 순열이 선취될 때에 비로소 중요하지 않다고 결정될 수 있다. 본질의 **계시**라고 간주될 수 있는 것은 오직 현상들의 전체 범위 혹은 그와 같은 전체 범위를 구성하는 개별적인 현상뿐이다.

하나님의 현존재는 자신을 세계 안에서 현상하지만, 그와 동시에 세계를 능가하는 것으로서 입증한다. 세계 안에서 발생한 그분의 계시는 그분을 영원한 자로서 계시한다. 아들을 통해 세계 안에서 발생한 하나님의 계시는 **영원한** 아들을 계시하며, 아들이 시간 안에서 나타나신 것은 하나님 나라가 세계 안에서 완성되는 것을 예기한다. 영원한 아들과의 관계 안에서 아버지는 영원부터 아버지로서의 현존재를 갖고 계신다. 그러므로 아버지는 아들 안에서 자신의 현존재를 가지시며, 아들은 아버지를 계시함으로써, 한 분이신 하나님 곧 하나님의 본질을 계시한다. 하지만 아버지는 본질, 곧 아들을 통해 계시되고 아들 안에서 현존재를 갖는 하나님의 본질의 자리에만 계신 것이 아니다. 오히려 아들은 하나님의 **현존재**

를 또한 계시하며, 아버지는 아들의 파송을 통해 자신의 본질을, 자신의 영원한 사랑을 계시하신다(요 3:16). 한 분 하나님의 본질은 이 두 분 곧 아버지와 아들을 통해 계시되며, 또한 그들과 제삼자이신 영과의 연합을 통해 계시된다. 영은 아버지로부터 나와서 아들에 의해 수용되고, 제자들에게 부어진다. 여기서 영은 아버지와 아들이 참여한 신적 본질의 공통성과 간단히 동일시되지 않는다. 오히려 영은 아버지로부터 나와 아들에 의해 수용됨으로써 양자의 연합을 중재한다. 이 기능 안에서 영은 아버지 및 아들과 더불어 단일한 신적 본질의 현존재를 나타내는 세 번째 형태(Gestalt)이다.[51]

아버지, 아들, 영을―세계 속에서, 또한 세계를 능가하는 영원 속에서―하나님의 현존재의 형태들로 표현함으로써, 이들의 위격성의 더 상세한 첫째 규정이 주어진다. 위격 안에서 본질은 자신의 현존재를 갖는데, 이것은 자기(Selbst)가 나(Ich) 속에서 현상적으로 등장하는 것과 마찬가지다.[52] 물론 이로써 사물들의 현존재와 구분되는 위격적 현존재의 특수성이 지시된 것은 아니다. 살아 있는 존재들만이 자신의 고유한 규정을 위해 어떤 관계를 갖는데, 우리는 이들을 인격이라고 부른다. 이에 대해, 그리고 삼위일체 위격들의 인격성에 대해서는 후에 다시 논의할 것이다. 우선 확정할 수 있는 것은 아버지, 아들, 영의 위격들에서 중요한 것이 바로 세계 안에 있으면서도 세계를 넘어서는 하나님의 현존재의 삼중적인 형태라는 사실이다. 세 위격들 안에서 한 분이신 하나님은 저 무제한적인 영역 위에서처럼 무규정적이고 비주제적으로 현재하지 않으신다. 그 영역은 제약("정의")을 통해 모든 유한한 대상들을 규정하기 위한 조건일 뿐 아니라, 각각

---

51 현존재와 본질의 구분을 삼위일체의 세 위격들이 신적 본질과 일치하는 관계에 적용한 것에 대해 다음을 참고하라. C. H. Ratschow, *Gott existiert*, Berlin 1966, 49.
52 후자에 대해 나의 저서를 보라. *Anthropologie in theologischer Perspektive*, Göttingen 1983, 217-235, 특히 233f.

의 유한한 대상들 자체, 그리고 그것들 전체를 동시에 넘어서는 것이기도 하다. 이와 같은 무한성의 영역을 향해 인간의 영이 근원적으로 열려 있기는 해도, 그 영역은 아직 **하나님**의 현존재로 규정되지는 않았다. 이에 대해 신적 본질은 아버지, 아들, 영 안에서 자신의 현존재의 특정하게 규정된 형태(Gestalt)를 갖는데, 이것은 현존재의 (세 가지) 형태들이기만 한 것이 아니라, 세 "위격들"이 하나의 유일한 전체 상태를 형성하는 단일한 형태이기도 하다. 아버지, 아들, 영으로서의 하나님의 현존재의 규정된 형태는 실질적으로는 창조 안에서 하나님이 비주제적으로 현재하시는 무제한의 영역과 하나다. 이것도 후에 더 자세히 논의하기로 한다. 규정되지 않은 채 모든 것을 채우고 모든 것을 넘어서는 비밀, 그 속에 만물이 지어져 있는 그 비밀 안에서 아버지는 이미 만물에 가까이 계시는데, 이것은 그의 아들을 통해서 그리고 영의 능력 속에서 발생한다.

3. 하나님의 본질과 속성들, 그리고 행위 개념을 통한 양자의 결합

사물들의 본질은 다른 것들과 구분되는 어떤 특정한 현존재 속에서 나타난다(Erscheinung). 그러나 본질이 다른 것들과 구분되는 것은 그것의 속성들을 통해서다. 그와 마찬가지로 하나님은 자신의 권능의 사역을 통해 나타나시며, 그 사역의 특성들을 통해 그분의 본질의 고유한 성격이 인식되고 다른 것과 구분된다. 그 고유한 성격은 말하자면 **이름** 안에 집약되어 있다. 그렇기에 고대의 견해에 따르면 이름을 아는 것은 그 이름의 소유자를 지배하는 권세를 갖는다. 그래서 하나님은 자신의 이름에 대한 질문을 회피하신다(창 32:29). 그 대신에 권능에 찬 사역을 보여주시면서 그것을 통해 그 질문이 스스로 대답되도록 하신다(출 3:13ff.). 모세에게 하나님의 이름을 계시하신 것(출 6:2f., 이에 대해 참고. 창 4:26)은 신성과 관련하여 하나님의 이름을 마술적으로 오용하는 것의 금지령과 관계된다(출 20:7).

성서의 하나님 이름은 신성의 본질을 위한 공식 문구가 아니라, 하나님의 활동에 대한 경험을 지시한다(출 3:14). 그래서 본질에 대한 질문은 하나님의 활동을 특징짓는 속성들을 되돌아 지시한다. "주님은 긍휼이 많으시고 은혜로우시며 노하기를 더디 하시고 인자하심이 풍부하시도다"(시 103:8; 145:8; 참고. 출 34:6). 그분은 의로운 계약의 하나님이며, 또한 영원하고 전능하고 거룩하신 하나님이고, 그분의 진노 앞에서 하나님 없는 자와 죄인은 멸망한다. 이와 같이 하나님의 활동 속에서 나타나는 그분의 속성들은 많다. 이제 그 다양성은 신적 본질의 단일성과 어떻게 관계되는가? 속성들의 다양성 속에서 본질은 어떻게 하나일 수 있는가?

신학의 역사가 이 질문 앞에서 숨을 죽였던 것에는 이유가 없지 않다. 이 질문은, 우리가 다양한 속성들을 실재(real)의 다양성으로 보고, 그 속성들을 그것들을 통해 규정되는 본질에 귀속시키려고 할 때, 피할 수 없게 된다. 물론 이와 달리 속성들을 사물들 자체에 외적인 것으로 평가하는 것, 속성들을 사물들을 서로 구분하기 위한 우리의 의식적 수단으로 생각하는 것은 다른 경우다. 그때 물자체(Ding an sich)로서의 사물은 우리가 그것에 부여한 속성들의 배후에 있다. 하지만 그때도 어떤 속성들이 이 사물에 귀속되는지 혹은 저 사물에 귀속되는지의 결정은 자의적일 수 없다. 속성들은 사물 자체에 속한다. 그것들은 사물의 본질에 적합하다. 오직 그럴 때만 그것들은 그 사물의 속성들이며, 오직 그렇기에 그것들을 통해 특징지어지는 본질은 그것들 안에서 나타날 수 있다. 그 속성들은 우리가 부가한 것이 아니다. 물론 사물들에게 속성들을 귀속시킴으로써 그 사물들을 구분하는 것은 바로 우리라고 해도, 그렇다. 우리는 여러 속성들 사이에서 우리가 만들어내는 구분들을 같은 사물에 귀속시키는데, 이것은 우리의 지성적 판단의 한계로 여겨질지도 모른다. 왜냐하면 사물은 그것의 본질에서는 오직 하나이기 때문이다. 하지만 다른 측면에서 사물의 본질은 오직 자신의 속성들 안에서만 존재하며, 속성들을 통해 다른 것과 구분된다. 속성들은 사물을 구성하는 요소들이며, 사물은 그 요소들과의 결합 밖에서

는 아무것도 아니다.[53]

신적 본질은 어떤 것을 다른 것과 구분하는 데서 시작되는 사물(Ding)이 아니다. 사물 개념에는 사물이 유한하다는 사실이 본질적이다. 그러나 하나님은 무한하시다. 그럼에도 불구하고 우리가 하나님께 속성들을 부여하면서 그분에 대해 말할 때, 그것은 우리가 어떤 대상의 속성들을 통해 그 대상을 다른 것과 구분하는 것과 마찬가지다. 또한 우리는 인간들의 인격에게도 속성들을 부여하는데, 이 속성들은 그 인격들의 외적인 모습과 성격을 나타내며, 이로써 다른 인격들과 구분한다. 물론 인격은 그의 속성들의 총합에서 시작되지는 않는다. 모든 살아 있는 것과 마찬가지로 인격은 그것의 유한한 장소를 넘어서서 주변세계로 건너가는 것을 통해 특징지어진다. 특히 인간의 인격의 경우에는 세계 전체를 향하여, 그리고 세계를 넘어서 무한으로 나아가는 자기 초월이 중요하다. 인격은 그의 이름과 동일시되며, 이름은 속성들의 총괄개념 그 이상이다. 고유한 이름은 인격을 그것의 유일회성 속에서 나타내는 반면에, 속성들에 대한 모든 명칭은 일반적이다. 그래서 그 명칭들은 다른 조합을 이루면 다르게 사용될 수도 있다. 다른 한편으로 고유한 이름을 갖는 것은 이름의 마술적인 능력에 대한 고대의 신앙에도 불구하고 관습적이었다. 그 점에서 본다면 이름보다는 한 인격의 속성들이 그의 본질을 더 잘 인식할 수 있게 해준다. 어떤 인격이 무엇을 통해 다른 인격들과 특징적으로 구분되는지 질문할 경우, 우리는 그 인격의 시공간적 실존의 준거들 외에 그 인격의 특수한 본질 안에서 고유한 특성을 결정짓는 속성들(Eigenschaften)을 지시하지 않을 수 없다. 하나님의 본질은 그와 같은 방식으로 시간과 공간 안에 있는 육체적 현존재의 속박과 동일시될 수 없고 그 속박에 따라 다른 것들과 구분될 수 없기 때문에, 이 경우에 하나님의 속성들을 적시하는 것은 본질적 특징의

---

53   본질과 속성들의 관계에서 발생하는 이와 같은 변증법에 대해 다음을 참고하라. G. W. F. Hegel, *Wissenschaft der Logik II* (PhB 57) 105-114: 사물과 그것의 속성들.

규정을 위해 더욱 중요해진다.

신학적 전통은 한편으로 하나님의 속성들의 다양성을 현실적으로 하나님의 본질의 단일성과 구분하고 또 속성들 사이의 관계에서도 각각의 속성을 구분했다. 다른 한편으로 하나님의 본질의 단일성을 보존하기 위해 속성들은 단지 사변적(*ratione*)으로만 서로 구분되었다. 이제 이와 같은 두 가지 해법은 진퇴양난으로 끝난다. 하나님의 속성들이 현실적으로 서로에 대해서도 구분되고 하나님의 본질과도 구분된다고 보는 견해는 속성들이 본질 자체의 상태들이라는 사실과 모순된다. 하지만 만일 속성들이 본질에 귀속된다는 점을 강조하면, 본질의 단일성은 해체되는 것으로 보인다. 그렇다고 해서 속성들의 다양성이 단지 사변적으로만 구분된다고 이해하면, 하나님의 본질에 대해 도무지 규정될 수 없는 어떤 단일성의 이해만 남게 될 뿐이다.

이와 같은 이해를 처음으로 전개한 사람은 동방 그리스도교의 그레고리오스 팔라마스(Gregorios Palamas, 1298-1358)였다. 그는 예수가 다볼 산에서 변모할 때 발산했던 빛의 본성에 대해 논쟁했다.[54] 그 논쟁에 따르면 하나님의 속성들은 하나님의 본질로부터 발산되는 창조되지 않은 "에너지"(Energien)로서, 본질의 단일성과 현실적으로 구분되며, 또한 모든 창조된 것들과도 구분된다. 그레고리오스 팔라마스는 속성들의 총괄개념이 하나님의 능력 혹은 주권, 혹은 하나님 나라라고 보았다. 이와 같은 이해는 모든 창조된 것을 능가하는 어떤 동시적 가능성의 관점으로부터 하나님의 본질에 대한 접근 불가능성을 강조했다. 하지만 하나님의 본질에서 출발한 창조되지 않은 빛을 하나님의 본질과 구분하면서도 동시에 그 본질과 결합되어 분리될 수 없다고 주장하는 것, 그래서 하나님으로부터 발산되는 에너지들에 근거해서 하

---

54 이에 대해 다음을 보라. H. G. Beck, *Kirche und theologische Literatur im byzantinischen Reich*, München 1959, 322-332.

님에 관해 진술되는 속성들이 정말로 하나님 자신에게 귀속된다고 주장하는 것이 어떻게 가능한가?[55]

그레고리오스 팔라마스의 적대자들이 바르게 주장했던 것은 하나님의 본질에 귀속되는 비독립적인 속성들이 있거나, 아니면 본질과는 구분되는 다른 영역, 곧 아버지, 아들, 영과 더불어 최소한 또 하나의 다른 신적 위격이 있다고 가정할 수밖에 없는 영역이 있을 뿐이라는 점이었다. 후자의 영역이 이른바 신적인 에너지들의 총괄개념으로서 하나님의 영광이나 나라를 뜻하게 된다는 것이다.

하나님의 속성들을 하나님의 본질의 단일성으로부터 현실적으로 구분하는 것은 그 이전에 이미 서방에서도 등장했다. 1148년 랭스(Reims) 공의회는 길베르투스(Gilbert de la Porree)의 그와 같은 견해를 비판했다(DS 745). 그 견해가 신적 본질의 단일성, 그리고 분리될 수 없는 단순성과 모순된다고 보았기 때문이다. 세 위격들 사이의 구분 외에 다른 어떤 현실적인(real) 구분도 하나님 안에 존재하지 않는다는 사실이 1442년 피렌체(Florenz) 공의회를 통해 확언되었다(omniaque sunt unum, ubi non obviat relationis oppositio. DS 1330). 서방에서 표준이 되었던 견해는 하나님의 속성들이 서로에 대해서도, 하나님의 본질로부터도 현실적으로(real) 구분되지 않는다는 것이었다. 속성

---

55 오늘날 정통주의 신학이 그레고리오스 팔라마스의 영향력을 뒤따르는 한, 스타닐로에의 경우처럼 이렇게 주장될 수 있다. "하나님이 특별한 사역과 특별한 방법으로만 활동하시는 것처럼 보인다고 해도, 그분은 동시에 모든 각각의 사역 속에 완전히 포함되어 계신다." 그분의 모든 사역에 해당하는 것은 "그 모든 사역 속에서 자신의 본질에 따라 한 분이신 하나님이 활동하고 계신다"는 사실이다. (D. Staniloae, *Orthodoxe Dogmatik*, Gütersloh 1985, 137). 하지만 여기서 우리는 어떻게 하나님의 창조되지 않은 활동들(ebd.)에 관해 말할 수 있는가? 이 표상은 자체적으로 모순이지 않은가? 창조되지 않는 것에는 본질의 단일성이 주어져 있을 것이다. 이것은 삼위일체의 위격들에서 그러하다. 만일 그러한 본질의 단일성이 없다면, 그래서 하나님 안에서 세 위격들 곁에 어떤 네 번째 위격이 있지 않다면, 신적 활동들과 신적 근원 사이의 본질적인 구분이 상정되어야 한다.

들의 다양성은 하나님과 창조 사이의 관계들의 다양성에 기초한다. 하나님의 사역들의 다양성 안에서 자체로서는 나눠지지 않는 신적 원인의 완전성이 다양한 굴절을 보이며 표현된다. 이 표현에 근거한 하나님에 관한 진술들은 물론 하나님 자신 속의 어떤 현실적인 것(Reales)을 표현하기는 하지만, 그것은 단지 하나님이 모든 다양한 작용들(Wirkungen)의 유일한 원인이 되시는 한에서만 그러하다. 그렇기에 토마스 아퀴나스는 이렇게 말했다. "하나님 안에 선재하는 완전성은 단일하고 단순하지만, 피조물 안에서 그것은 나누어지고 다양해진다"(Quae quidem perfectiones in Deo praeexistunt unite et simpliciter, in creaturis verorecipiuntur devise et multipliciter, S. theol. I, 13,4). 토마스에 따르면 이 내용은 하나님에 대한 우리의 긍정적 진술들이 하나님의 완전성을 단지 유비적으로만 묘사할 수 있을 뿐인 이유를 제시하며, 동시에 그런 유비적 묘사들 안에 어떤 종류의 불명확성이 담겨 있는지도 보여준다(…quod divisim et multipliciter est in effectibus, in causa sit simpliciter et eodem modo. ib. 13,5). 이런 관찰 방식의 결과는 다양한 속성들이 본래적으로 하나님 자신에게 속하지 않는다는 것이며, 이것은 피조물들에 대한 관계들이 하나님 자신의 본질에 속하지 않는 것과 같다. 속성들은 **현실적인 관계**(relatio realis)의 성격을 갖지 않는다. 이 관계는 관계를 맺는 자가 자신의 고유한 특성을 자신의 본질 안에 규정하는 경우에 성립되는 관계다. 반면에 피조물의 존재는 거꾸로 창조자에 대한 의존성을 통해 규정되며, 그렇기에 하나님에 대한 이들의 관계는 **현실적인 관계**가 아니다(S. theol. I,45,3 ad 1; 참고. 13,7).

라틴적 스콜라 철학에서는 그레고리오스 팔라마스의 경우와 같이 하나님의 속성들을 본질에 귀속시키는 것이 신적인 원인에서 시작되는 작용들에 근거한다. 하지만 라틴적 스콜라 철학이 중요하게 다루었던 것은 팔라마스주의에서와 같은 창조되지 않은 "피조물들"이 아니라, 하나님의 피조적 작용들이었다. 그때 단순성 안에 있는 하나님의 본질은 하나님 자신에게서 시작되는 그와 같은 여러 작용들의 저편에 있게 된다. 그때 "하나님의 단순성 개념은 만물을 통치하는 원리로, 우상으로 변질된다.…이런 우상은 모든 구체성을 집어 삼키면서 저 모든 논제들의 뒤편에 서 있다"(K. Barth KD II/1, 370).

만일 하나님의 본질의 단일성을 보존하기 위해 하나님의 본질적 단일성과 대립되는 다양한 하나님의 속성들을 하나님의 외부를 향한 관계들의 다양성과 피조적 사물들의 다양성으로 소급시킨다면, 그 결과는 하나님의 본질에 대한 완전히 추상적이고 공허한 표상이 등장하는 것이며, 나아가—더 심각한 것은—하나님 표상 속에 근본적인 모순이 등장하는 것인데, 이것은 신 개념 전체를 파괴하게 될 것이다. 이 내적인 모순은, 하나님이 "자신의 속성들과 현실적으로 구분되지 않지만 그러나 그 속성들의 재료를 형성하는 기능들 곧 사물 그 자체로서 속성들의 배후에 서 있는 우주적 기능들과는 구분되어야 한다"는 사실에 놓여 있다.⁵⁶ 이 사실로부터 멀지 않은 곳에 신적 속성들이란 유한한 관계들을 단순히 신적 본질 안으로 투사(Projektion)한 것이라고 이해하는 길이 놓여 있다. 다른 곳에서와 마찬가지로 여기서도 신적 본질의 표상 안에 있는 내적 모순들의 확인은 투사 가설의 출발점이 되었다. 그런 모순의 정황은 하나님께 귀속되는 속성들이란 인간과 그의 세계 경험의 제한성이 신적 본질의 표상 안으로 투사된 결과라는 식으로 설명된다. 이미 칸트가 흄의 논증의 영향 아래서 하나님께 속한 속성들에 상징적 신인동형론이 존재한다고 말했고, 피히테도 1798/99년의 무신론 논쟁에서 실체와 인격으로서의 하나님 표상들이란, 유한한 관계들을 하나님의 본질 안으로 투사한 것이라고 서술했다.⁵⁷ 포이어바흐

---

56 D. F. Strauß, *Die christliche Glaubenslehre in ihrer gechichtlichen Entwicklung und im Kampf mit der modernen Wissenschaft dargestellt*, 1. Bd. Tübingen 1840, 542f.; 참고. G. W. F. Hegel, *Encyclopädie der philosophischen Wissenschaften* (1817) 3. Aufl. 1830, §36c.

57 I. Kant, *Prolegomena zu einer jeden künftigen Metaphysik, die als Wissenschaft wird auf treten können* (1783) §57, A 173-175. 이것은 흄의 다음 내용을 다룬다. D. Hume, *Dialogues Concerning Natural Religion* (1779) part 4. J. G. Fichte,

는 하나님에 대한 표상을 완성하기 위한 이와 같은 설명을 단지 체계적으로 증축했을 뿐이다. 그 설명은 다름이 아니라 신학 자체를 끌어들였는데, 그 신학은 슐라이어마허 이래로 하나님의 속성들을 주장하기 위한 우주론적 토대를 인간학적으로 변형시켰다. 스콜라 철학의 우주론적 논증에서 하나님의 속성들에 관한 진술들이 피조적인 작용들의 완전성을 신적 원인에다 유비적으로 옮겨서 얻어진 것이라고 한다면, 그 논증은 인간학에 근거한 것이다. 이제 하나님의 속성들은 인간의 의존적인 경험으로부터 추론되는데, 이때 속성들은 세계의 대상들을 넘어서면서도 또한 그 대상들을 포괄한다. 그 속성들은 물론 위(僞)디오니시오스의 세 가지 길의 도식에서 제거와 확대를 통해 형성되었던 것들이다.[58] 이와 같은 절차가 투사 이론에 불과하다는 비판적인 설명은 결론으로 도달된 신 개념이 더 이상 단일한 것이 아니라 모순으로 보이는 순간에 실행된다. 모순처럼 보이는 것은 하나님께 부여된 속성들로부터 (하나님께 속하는 무한성과는 상반되면서) 유한성의 흔적들과 신인동형론적 특징들을 떨쳐낼 수 없기 때문이다. 그때 하나님의 표상들의 생성에는 단지 인간적 상상력이 가진 투사적 활동성을 위한 심리학적 동기의 진술만 필요하게 될 것이며, 그렇게 생성된 하나님의 표상은 하나님의 본질에 신인동형론적 특성들 그리고 유한한 사물들

Über den Grund unseres Glaubens an eine göttliche Weltregierung (1798). 이 것은 다음에서 인용되어 있다. H. Lindau (Hrsg.), *Die Schriften zu J. G. Fichtes Atheismusstreit*, München 1912, 32ff. 또한 피히테가 1799년 사법적인 답변 서한에서 설명한 것들을 참고하라. Ebd. 225-228.

58 F. Schleiermacher, *Der christliche Glaube* (1821) 2. Aufl. 1830, §50. 바르트(K. Barth)가 이 부분에서 포이어바흐의 투사 이론을 통해 신론이 파괴되는 전제 조건을 보았던 것에는 이유가 없지는 않다(*KD* II/1, 380f.). 슐라이어마허가 하나님의 속성들을 절대 의존의 감정의 다양한 측면들에 기초시킴으로써, 그의 속성론에서는 결국 결과로부터 원인에 이르는 추론이 인간학적인 토대 위에서 수행되고 있다는 사실을 에벨링이 상세히 보여주었다. G. Ebeling, Schleiermachers Lehre von den göttlichen Eigenschaften (1968), in: *Wort und Glaube 2*, Tübingen 1969, 305-342, 특히 318ff.

과 유비적인 특성들을 귀속시킬 것이다. 이와 같은 비판의 전제는 하나님의 본질의 무한성과의 관계에서 그런 특징들이 부적절할 수 있다는 점이다. 하지만 하나님의 본질에 귀속되는 속성들의 정체가 투사(Projektion)라고 폭로된다면, 유일하게 남는 길은 완벽한 무신론을 향한 사유의 여정뿐이다. 이것은 헤겔을 꾸짖는 포이어바흐의 논증을 뜻하는데, 본질은 단지 그것의 속성들 안에서만 현실적이며, 속성들 없이는 공허한 사유로 남을 뿐이라는 논증이었다.[59] 그렇기에 속성들이 없다면 속성들의 담지자인 신적 본질도 없다. 의복이 없으면, 공작(Herzog)도 있을 수 없다.[60]

하나님의 본질과 속성들에 대한 전통적인 교리가 이와 같은 막다른 골목에 빠진 이유가 무엇인가에 대해 보다 더 정확한 숙고가 필요하다. 그 교리의 토대는 그것들의 모든 형태와 관계없이 세계의 원인으로서의 하나님의 표상에 놓여 있었다.[61] 여기서 하나님의 본질은 세계에 대한 원인 관계와는 구분된다. 왜냐하면 하나님은 세계를 자신의 본성의 필연성에 따라서가 아니라, 자유롭게 창조하셨기 때문이다. 이제 하나님께 귀속되는

---

59 L. Feuerbach, *Das Wesen des Christentums*(1841). "주어의 중요성은 단지 술어의 중요성 속에서만 존재할 뿐이다"(L. Feuerbach Gesammelte Werke 5, Berlin 1973, 55). "주어의 부정은 비종교성, 나아가 무신론에 해당하지만, 술어의 부정은 그렇지 않다. 하지만 아무 규정도 갖지 않는 것은 내게 아무런 작용도 하지 않으며, 작용하지 않는 것은 내게 대해 아무런 현존재도 갖지 않는다. 모든 규정을 부정하는 것은 본질 자체를 부정하는 것과 정확하게 마찬가지다"(ebd. 49, 또한 참고. 62).
60 실러(Schiller)의 이야기에서 페린나(Verinna)는 갑판 위 출입구에서 귀족의 제복이 질질 끌고 있는 것을 느끼고 있었던 피에스코(Fiesco)에게 이렇게 말했다. "제복이 없다면, 공작 또한 마찬가지로 없어야 할 것입니다"(*Die Verschwörung des Fiesco zu Genua* 5,16).
61 이것은 스콜라 철학만큼이나 또한 근대신학에도 해당한다. 슐라이어마허에 대해서는 각주 58에서 인용된 에벨링의 연구를 보라. 칸트에서도 세계에 대한 하나님의 관계, 곧 신인동형론적 속성 부여를 위한 상징적 사용의 토대를 형성하는 관계는 원인 개념을 통해 규정된다(Prolegomena §58, A 176ff.). 또한 다음을 참고하라. E. Jüngel, *Gott als Geheimnis der Welt*, Tübingen 1977, 358-363.

속성들은 세계에 대한 그분의 관계에 근거하며, 이 관계들에는 그분에 대한 피조물의 관계들이 부합한다. 이것은 유한성과 시간성의 부정을 통해 만들어진 무한성이나 영원성 등의 부정적인 속성들만이 아니라, 전능, 전지, 편재 등의 긍정적인 속성들에도 해당한다. 이 속성들은 한편으로 하나님과 구분되는 세계와 연관된다. 세계는 하나님이 자신의 앎 속에서 조망하고, 그 앎에서 능력을 펼치며 현재하시는 곳이다. 그러나 그 속성들은 다른 한편으로는 의미상 부정적으로도 이해될 수 있는데, 말하자면 하나님의 권능, 앎, 현재 등에 대한 모든 제약을 순수하게 부정하는 것으로서 이해된다. 자비, 정의, 사랑과 같은 긍정적 특성들은 신적 의지의 속성들로서 또한 하나님과 구분되는 피조적인 현실성과 연관된다. 이 현실성과의 관계에서 하나님은 자비로우시며 정의로 행하시고 사랑을 베푸신다. 타자와의 관계에 기초하여 하나님께 귀속될 수 있는 모든 속성들에 대해, 그것들이 본질 안에 계신 하나님께는 속할 수 없다는 사실이 해당하는 것으로 보인다. 하나님의 본질이 세계에 대한 모든 관계 앞에서든 혹은 그 관계 밖에서든 무관계적이고 초월적인 자기 동일성으로 생각될 수밖에 없다면, 그렇게 보인다.

이와 같은 견해는 아리스토텔레스의 범주론이 신 개념에 적용되었을 때, 생겼다. 아리스토텔레스는 본질 곧 사물의 존재하였음(τί ἦν εἶναι)을 모든 변화에도 불구하고 동일하게 머무는 근저에 놓인 실체(Substanz)라고 생각했다. 오직 실체들만이 독립적으로 존속한다. 다른 모든 것은 동일하게 지속되는 특성이든 변화하는 규정이든 간에 실체에 "붙어 있는"(an) 어떤 것일 뿐이다. 아리스토텔레스에 따르면 또한 관계들, 곧 신적 본질의 경우에 세계에 대한 하나님의 관계들도 그런 "우연적인 것들"(Akzidentien)에 속한다. 그러나 하나님 안에는 실체와 우연적인 것으로 구성된 어떤 복합물은 존재하지 않는다.[62] 삼위일체론이 초자연적인 믿음의 진리로 설명되

---

[62] 하나님의 단순성을 통해 실체와 우연적인 것의 복합물(Zusammensetzung)을 포함해서 모든 복합물이 하나님의 본질로부터 배제된다(참고. Thomas von Aquin *S.*

어야만 했던 이유들 중의 하나가 그 점에 놓여 있다. 왜냐하면 삼위일체론은 하나님 안에 존재하는 관계들, 곧 삼위일체적 위격들에 대해 본질적인 관계들을 주장했기 때문이다.[63] 그러나 세계에 대한 관계들은 하나님의 본질에는 부합하지 않는다. 왜냐하면 그것들은 하나님의 측면에서는 현실이 아닌 사변적인 관계들이기 때문이다(위의 내용을 보라). 그런 상황 속에서 피조적 사물들의 제일원인이신 하나님께 귀속되는 속성들은 어떻게 그럼에도 불구하고 그분의 본질에 속할 수 있는가? 그것은 오직 신플라톤주의적인 근본 명제를 전제할 때만 가능할 것이다. 그것은 결과들 속에 나타나는 완전성들이 원인에, 그것도 결과들보다 높은 수준에서 속해 있어야 한다는 전제다. 이 내용이 설득력을 갖게 되는 것은 오직 사람들이 원인의 개념을 어떻게 이해하는가에 달려 있다. 즉 그것은 사람들이 원인을 실체로, 그것도 결과를 야기하는 실체로 이해할 때이다. 하지만 세계와의 관계에서 신적 본질에 대해 외적인 것으로 머무는 원인 관계(Ursachbeziehung)로[64]

---

theol. I,3, 6). 만일 그렇지 않다면 그런 복합물의 근거, 곧 하나님과 구분되는 근거를 수용해야 할지도 모른다. 이것은 하나님을 제일원인으로 이해하는 사고와 모순되기에 이미 플라톤은 모든 복합물을 하나님 개념에서 배제했다(Staat B 382 e). 그리고 초기 그리스도교 신학도 변증가들 이래로 그런 관점을 배제해왔다. 이에 대한 사례들을 다음의 나의 책에서 참고하라. *Grundfragen systematischer Theologie I*, 1967, 332ff.

63 아우구스티누스는 물론 관계들은 우연적인 것이 아니라고 변호했다(*De trin.* V, 5, 6: *tamen relativum non est accidens, quia non est mutabile*, CC 50, 211, 22f.). 이와 반대되는 내용을 다음에서 비교하라. Arist. *Met.* 1088 a 22ff. 아우구스티누스와 달리 토마스는 매우 아리스토텔레스적으로 관계를 우연적인 것이라고 판단했다(*S. theol.* I, 28, 2). 그렇다면 인격적 관계들의 구분은 신적 본질의 단일성 속에서 완전히 사라지게 되는데(참고. 40,1), 그에게 그렇게 되지 않았던 것은 오직 그가 이에 대해 우연적인 것들의 피조적인 영역 안에서 등장하는 관계들과 구분하여 실체적으로 존속하는 관계들의 표상을 발전시켰기 때문이다(40,2 ad 4); 참고. 위의 477쪽 각주 124.

64 이에 대해 다음을 보라. H. Dolch, *Kausalität im Verständnis des Theologen und der Begründer neuzeitlicher Physik*, Freiburg 1954. 또한 다음을 참고하라. E. Cassirer, *Substanzbegriff und Funktionsbegriff* (1910), Neudruck Darmstadt

제한된 경우에는 설득력을 갖지 못한다.

근대 사상은 이와 같은 원인 개념을 아리스토텔레스의 형상 개념의 속박으로부터 분리시키고 그 개념을 상태들의 규칙적인 연속이라는 의미에서 인과 관계로 제한했다. 근대 사상은 이에 그치지 않고 관계를 실체 개념에 대한 예속으로부터 분리시키고 독립적인 것으로 파악했는데, 이것은 두 극점, 곧 그 "사이"(Zwischen)에서 관계가 형성되는 극점들을 통해 제한된다. 관계가 실체의 우연적인 것(Akzidenz)으로 규정되는 한, 그 "사이"는 단일한 현실성으로 파악될 수 없었고, 오히려 **두 가지**(zwei) 관계들, 예를 들어 아들에 대한 아버지의 관계 그리고 아버지에 대한 아들의 관계로써 구성된 것으로 이해되었다. 만일 양자 사이의 관계가, 비록 한편으로부터의 설명이 다른 편으로부터의 설명과 다르다고 해도, 단일한 사태 관계라고 한다면, 그때 관계 개념이 실체 개념에 귀속된다는 오래된 사고는 뒤집힐 것이다. 우연적인 것이 실체에 붙어 있고 귀속되어 있다고 보는 대신, 이제는 반대로 관계 개념이 실체 개념보다 우위에 있다는 것인데, 왜냐하면 실체들은 오직 우연적인 것들과의 **관계 속에서만** 의미 있게 말해질 수 있기 때문이다.

마찬가지로 칸트의 『순수이성비판』의 범주 목록에서도 실체-우연적인 것의 관계는 인과 관계 및 상호작용과 더불어 관계 범주의 하위 목록으로 나타난다.[65] 실체와 관계 사이의 전통적인 귀속 순서가 이와 같이 역전되기 위한 전제는 자연에 대한 기하학적인 설명 속에서 찾을 수 있다. 데카르트와 고전 물리학의 창시자들은 이 점에서 선구자 역할을 했다. 두 점 사이의 직선은 하나뿐이다. 이 선을 A로부터 B로 긋든 B로부터 A로 긋든 마찬가지다. 근대 물리학의 기하학적 설명에 따르면 자연은 "순수한 관계들의 총괄개념"으로 간주된다. 왜냐하면 공간의 직관이 자연 안의 어디서

1969, 255ff.
65 I. Kant, *Kritik der reinen Vernunft* (1781) 2. Aufl. 1787 (B) 106.

나 근저에 놓여 있기 때문이다. 모든 경험들은 직관과 연관되어 있고, 그 결과 공간과도 연관되는데, "공간은 자신이 내포하는 모든 것과 더불어 순수하게 형식적인 혹은 현실적인 관계들로써 구성된다." 그렇기 때문에 우리가 자연과학의 관점에서 인지하는 사물들은 순수 관계들 속으로 용해된다. "물론 사물 자체가 온전히 관계들로써만 구성된다고 말하는 것은 우둔한 주장일 것이고, 그런 사물은 단지 현상(Erscheinung)에 지나지 않을 것이다."[66] 모든 단단한 물체를 관계들로 용해시키는 것은 근대 자연과학이 실행했던 것인데, 그것은 사물들을 순수 현상들로 파악했던 칸트의 견해를 수긍하게 해준다. 옛 실체 개념이 근대 자연과학을 통해 용해된 것과 관련하여 그런 해소의 원칙적인 공식은 칸트가 실체 범주를 관계 범주의 하위에 둔 것 안에서 발견된다.

헤겔은 이 길에서 더 멀리 나아갔다. 헤겔에 따르면 본질 개념에는 자기 자신을 통해 타자에 관계되는 것이 속해 있다. 여기서 "실체-우연적인 것"의 관계는 헤겔적인 본질의 관계 구조들 안에 있는 한 가지 특수한 경우가 된다. 어떤 사물로서 혹은 현상의 본질로서의 본질이 우선적으로 관계되어 있는 타자가 바로 현존재다. 본질 개념은 항상 현존재, 곧 그것의 본질이 질문되고 있는 현존재를 전제한다. 이에 따라 본질 내지는 사물의 속성들뿐만 아니라 그것의 현존재도 관계성의 국면으로 밝혀지고, 이 관계성은 본질 개념 그 자체에 대해 특수한 것이 된다.

근대적 사고에서 본질 개념과 관련하여, 그리고 본질과 관계 범주 사이의 관계와 관련해서 생긴 변화들은 신학에 영향을 주지 않을 수 없었고, 특히 하나님의 본질에 대한 신학적인 표상들에 대해서는 더욱 막중한 영향을 주었다. 신적 본질은 더 이상 세계 저편에 있는 무관계적인 동일성으로 생각될 수 없었다. 그런 표상의 자기 모순은 더 이상 간과될 수 없었다.

---

[66] Ebd. B 340f.; 참고. G. Martin, *Immanuel Kant*, Köln 1951, 167.

왜냐하면 피안성이라는 말 자체가 이미 관계를 표현하기 때문이다. 이 사실을 인정한다고 해서, 스피노자에게서처럼 하나님의 피안성이 자연의 무한성 속에서 범신론적으로 사라지게 되는 결론에 도달할 필요는 없으며, 헤겔처럼 피안성이 세계의 생성과 지양이라는 신적 과정 속에 있는 단순한 하나의 계기가 된다거나, 혹은 화이트헤드(Whitehead)의 형이상학처럼 세계 개념의 상대 개념(Korrelat)으로 이해될 필요는 없다. 하지만 신학적 사고에게는 하나의 과제가 주어지는데, 그것은 전통적인 하나님 표상들을 개정하라는 요청이다. 신학은 이 도전으로부터 벗어날 수 없다. 신학이 전통적인 신론에 대한 근대의 비판 혹은 무신론과 이성적인 논쟁을 하려고 하고, 하나님에 대한 진술에서 구속력이 전혀 없는 비유적인 표현으로 되돌아가지 않아야 한다면 그렇다.

이 과정에서 관계가 실체 개념 안으로 이주해 들어간 것은 신론에 문제를 제기했을 뿐만 아니라, 지금껏 풀 수 없을 것으로 보였던 어려움들에 해결의 기회를 열어주고 있다. 여기에 속하는 것이 삼위일체의 관계에 대한 질문이다. 삼위일체는 위격들 사이의 상호관계를 통해 최종적으로 본질의 단일성으로 특징지어진다. 본질 개념 자체가 관계적으로 규정된다면, 그 개념은 지금까지 그래왔던 것보다 훨씬 더 가까이 세 위격들 사이의 관계와 연관될 수 있을 것이다. 다른 한편으로 본질 개념의 관계적 구조는 하나님과 세계 사이의 관계를 포함한다. 이 관계는 이미 삼위일체 신학에서 내재적 삼위일체와 경륜적 삼위일체의 일치라는 근본 명제를 통해 신론에 포함되었다. 하지만 삼위일체 하나님의 세계 관계와 그분의 영원한 본질 사이의 일치가 지닌 특성은 아직까지 설명되지 않았다. 그 특성의 개념적인 설명으로 나아가는 첫 단계를 실행한 것은 하나님의 본질과 현존재에 대한 숙고였다. 다시 말해 삼위일체의 위격들이 세계 속에서, 그리고 모든 세계 이전에서도 신적 본질의 현존재의 형태들로 지칭되었다. 하지만 세계 속에 있는 그 현존재는 세계 이전 혹은 세계를 초월하는 현존재와 어떻게 관계되는가? 이 질문에 대해 아마도 하나님의 행위(Handeln)란 개념이 대답할 수 있을 듯하다. 행위 자체는 행하는 자의 존재 방식, 곧 자기 자신 밖의 어떤 존재의 의미(Sinn) 안에 있는 존재 방식인데, 행위자는 자신의 행위를 통해 어떤 다른 것을 발생시킬 뿐 아니라 그 과정을 통해 자신이 누구이며 무엇을 할 수 있는지를 제시하는 동시에 나아가 이것을 스스로 결정한다. 행위 개념은 물론 설명과 비판을 필요로 한다. 하나님에 관한 진술에서 단순히 신인동형론적 표상으로만 사용되지 않으려면 그렇다.

하나님의 행위 개념은 하나님의 속성론에 대한 근대신학의 중요한 공헌의 중심에 있다. 1897년 헤르만 크레머(Hermann Cremer)의 작은 논문이 바로 그것이다.[67] 이 논증의 출발점은 구(舊)프로테스탄트적 신론에 대한 비판적 숙고였으며, 크레머는 그 신론의 문제가 근대신학 안에서도 극복되지 않았다고 보았다. 하나님의 속성들에 대한 진술은 신학적 전통에서 물론 성서적 증언들에 의해 정당화되기는 했지만, 실제로는 세계의 제일원인으로 생각되는 하나님의 기능들에 근거되어 있다는 것이었다. 이에 대해 크레머는 오직 하나님의 역사적 계시로부터만 "하나님이 누구시며 그분이 어떤 하나님인지"(16) 알 수 있다는 사실을 진지하게 주장했다. 다시 말해 "우리는 하나님을 오직 우리를 위한, 그리고 우리를 향한 그분의 행위를 통해서만 안다"(9). 행위는 "목적을 지닌 자기 활동"으로 이해되기 때문에, 그 행위는 "행위자의 의지와 능력의 속성들"을 나타내며, 이 속성들은 동시에 "그의 본질의 속성들이기도" 하다(16f.). "행하시고 목적을 정하시고 실현하시는 하나님은, 그의 행위와 마찬가지로, 결코 속성과 무관하실 수 없다"(16).

크레머가 이와 같은 관점을 소개한 것은 매우 의미 있는 일이지만, 무엇 때문에 행위의 목적 관계(Zweckbeziehung)[68]가 그것의 결과를 갖는지,

---

67 H. Cremer, *Die christliche Lehre von den Eigenschaften Gottes*, Gütersloh 1897, 이하 본문의 숫자는 이 책의 쪽수를 가리킨다.
68 단순한 행동 혹은 의도가 없는 태도 및 활동과 구분되는 행위 개념에게 목적 관계가 미

즉 그것 안에서는 단순한 원인 관계(Ursachbeziehung)와는 달리 행위자에게 귀속되어 있는 속성들이 그 행위 속에서 표출되는 결과를 갖는지에 대해 보다 정확한 설명이 부족하다. 이 점은 아쉬운 일이다. 하지만 이 결점은 보완될 수 있고, 크레머의 주장은 정당한 것으로 입증될 수 있다. 왜냐하면 선택하는 자가 목적을 선택할 때, 그는 그것을 통해 자기 자신을 그 선택된 목적과 동일시하기 때문이다. 여기서 동일시는 그가 그 목적을 "그의" 목적으로 긍정함으로써 이루어진다. 그 과정에 전제되는 것은 선택하는 자 자신의 정체성(Identität)이 미래와 관계되어 열려 있고, 미래의—즉 "목적"의—선취를 통해 구성된다는 사실이다. 비록 그 정체성의 규정은 각각의 선택된 목적을 통해 단지 부분적으로만 성취될 수 있다고 해도 그러하다. 이 전제가 하나님께도 바로 적용될 수 있을지에 대해서는 물론 검토가 필요하다. 어떻든 분명한 것은 목적의 선택이 선택하는 자의 정체성과 관계되어 있고, 선택하는 자는 선택된 목적을 향해 행동한다는 사실이며, 그는 자신의 목적의 선택을 통하여 그리고 그 목적을 자신의 본질 안에서 실현함으로써 특징지어지며, 그 결과 그의 행위를 통해 그의 본질의 속성들은 알려지게 된다.

하나님의 속성론을 행위 개념 위에 새롭게 기초시키려는 시도는 하나님의 속성에 대한 진술의 근거를 피조물의 작용들과 신적인 원인 사이의 관계에 두려는 전통적인 방식과 대립된다. 크레머는 이 대립을 세부적으

치는 중요한 의미에 대해 나의 다음 책을 참고하라. *Anthropologie in theologischer Perspektive*, Göttingen 1983, 353ff. 최근 저술로는 Chr. Schwöbel, Die Rede vom Handeln Gottes im christlichen Glauben. Beiträge zu einem systematisch-theologischen Rekonstruktionsversuch, in: *Marburger Jahrbuch zur Theologie I*, hrsg. W. Härle und R. Preul, Marburg 1987, 56-81. 특히 71ff. 또한, R. Preul, Problemskizze zur Rede vom Handeln Gottes, ebd. 3-11. 특히 6(d). 행위의 의도성과 행위자에게 속성을 귀속시키는 것 사이의 관계에 대해 특별히 다음을 참고하라. T. F. Tracy, *God, Action, and Embodiment*, Grand Rapids 1984, 21-44; 참고. 19.

로 제시하지는 않고 암시적으로만 언급했다. 순수한 인과성은 자연에서 필연적으로 야기되는 경우에만 결과**로부터** 원인에 이르는 귀납적 추론을 허용하는데, 그 대립은 이 점에 놓여 있다. 왜냐하면 자연(본성)의 필연성으로부터 작용하는 원인은 오직 그 본성(자연)에 맞는 작용만을 야기할 수 있기 때문이다. 그러나 우연적으로(kontingent) 작용한 원인들의 경우, 예를 들어 성서적 이해에 따른 하나님의 창조 행위의 경우, (원인과는) 다른 결과들이 발생했거나 혹은 (원인에 따른) 아무런 결과들도 발생하지 않았을 것이기에, 결과들로부터 원인의 본성을 직접 추론할 수는 없다. 이에 대해 인격적인 행위의 경우 주체의 본질은 목적의 선택이나 그 목적의 실현 속에서 나타나며, 그렇기에 행위의 방식은 행위자를 특징짓는다.

그럼에도 불구하고 이 설명은 아직 충분하지 않다. 행위자는 자신의 행위를 통해 자신의 본질의 한 가지 측면만을, 즉 그다지 특수하지 않은 한 측면만을 보여줄지도 모른다. 이것은 선택된 목적이 어느 정도 자의적으로 교환될 수 있어서 그것이 행위자의 인격에 특징적인 것이 아닐 수도 있다는 사실과 관련된다. 이 경우에는 속성들, 곧 행위자의 인격을 그의 본질 속에서 특징짓는 속성들을 그의 행위로부터 직접 도출할 수 없을 것이다. 크레머도 이 어려움을 의식했던 것으로 보인다. 그렇기에 그는, 신적 행위의 속성들이 본질의 속성들이라는 자신의 명제에 대해 행위의 형식적 구조라는 근거 말고 더욱 확신을 줄 만한 두 번째 근거를 전개했다. 그것은 하나님의 행위의 중심적인 내용에 의존한다. 그 내용은 신약성서가 증언한 사랑, 곧 예수 그리스도 안에서 계시된 하나님의 사랑을 뜻한다. 하나님의 사랑에 대해 말한다는 것은 바로 하나님이 "우리를 위한 분이시며, 우리와 연합을 이루기를 원하시고 그렇게 존재하신다"(18)는 것을 의미한다. 본질의 총괄개념으로서의 하나님의 사랑 안에서 크레머는, 우리에 대한 하나님의 행위가 사실상 그분의 본질이 인식되도록 하고 그 결과 그분의 사랑의 행위들의 속성은 정말로 그분의 본질의 속성이라는 설명이 가능하다고 본다(18f.). 하나님의 사랑이 그분의 본질의 총괄개념이라면, 여기서 도출되는 사실은 하나님의 모든 속성들이 그분의 사랑의 계시 속에서 함께 공개된다는 것이다. 왜냐하면 하나님은 철저하게 우리를 위해 여기 현존하시지, 자기 자신만을 위해 뒤로 물러나 은폐되어 계시지 않기 때문이다. "그분은 자신의 존재 전체와 함께 우리를 위해 그분의 계시 속에, 즉 그분의 행동 속에 계신다. 그렇기에 우리가 그분의 계시에서 인식한 것과는 다른 어떤…속성들이 그분에게 귀속되는 것이 결코 아니다. 나아가 그분의 사랑으로서의 본질에는 우리와의 교제를 통해 설정되는 모든 관계 속에서, 다시 말해 모든 속성 속에서 그분의 본질 전체가 활동하신다는 사실, 혹은 모든 각각의 속성 가운데 다른 모든 속성들이 함께 설정된다는 사실이 뒤따라온다"(19).

칼 바르트는 크레머의 이와 같은 논증에 반대했다. 그 논증은 하나님의 사랑 안에 있는 그분의 자유를 너무 적게 고려했고, 하나님의 존재를 너무 배타적으로 우리에 대한 행동 속에서만 추구한다는 것이다(KD II/1, 317). 그래서 바르트는 자유와 사랑 사이의 긴장을 하나님의 본질과 속성들에 관한 자신의 교의의 근본적인 사상으로 삼았으며, 사랑 개념만을 홀로 다루지 않았다. 하지만 크레머도 자유는 하나님의 사랑 자체의 조건이라고 바르게 서술했다(a.a.O. 24ff.). 자유로운 애정으로 실현되지 않는 사랑은 완전한 의미에서 사랑이라고 말해질 수 없는 것이다.

하나님이 자신의 행위를 통해 자신의 본질의 속성들이 인식되도록 하신다는 사실의 근거가 하나님의 사랑이라는 크레머의 서술은 행위 개념이 하나님께 적용될 수 있다는 가능성을 전제한다. 하지만 이 전제는 크레머가 근거로 삼았던 것처럼 그렇게 자명하지가 않다. 우선 그 전제는 하나님은 사랑이시라는 명제를 삼위일체론적으로 확장할 때 일어나는 긴장 속에 있다. 행위 개념은 아버지, 아들, 성령의 삼중성 대신에 유일한 신적 주체의 표상을 함축하고 있는 것으로 보인다. 이에 더하여 어떤 주체가 스스로 설정한 목적의 표상은, 그 목적을 실현하려고 할 때, 목적이 선택되는 시점과 그것이 실현되는 시점 사이의 차이를 요청하는 것으로 보이는데, 이 차이는 모든 시간 안에 현재하는 하나님의 영원성과 합치되기가 쉽지 않다. 목적을 설정하고 실현하시는 하나님의 표상을 크레머는 지나치게 신인동형론적으로 표현한 것이다. 그 밖에도 그 표상은 스콜라 철학적인 신론과 구(舊)프로테스탄트의 신론에 가깝다. 이것은 이들의 신론에 대한 크레머의 비판에서 우리가 기대했던 것과는 다르다. 목적을 향해 행동하시는 하나님의 표상(Vorstellung)이 이미 전제하는 것은 인간적 인격들과 마찬가지로 하나님도 지성과 의지를 소유하시며, 지성을 그 행위의 목적을 위해 사용하신다는 생각이다. 이와 같은 전제 조건이 유지될 수 있을 것인가? 그리고 만일 유지될 수 없다고 한다면, 하나님과 관련된 행위 개념은 어떻게 될 것인가?

4. 하나님의 영성(정신성), 그분의 앎과 의지

널리 알려져 있어서 거의 자명하다고 여겨지는 한 가지 표상이 있다. 그것은 하나님이—물론 그분의 현실성과 함께 고려된다면—자의식을 갖고 행동하시고, 그런 의미에서 "인격적인" 존재라는 표상이다.[69] 물론 하나님은 이성적 존재인 우리 인간의 현존재가 지닌 한계들을 넘어서시는 것으로 생각되어야 하지만, 동시에 하나님은—구(舊)프로테스탄트 교의학에서 흔히 통용되는 **하나님에 대한 묘사**(descriptio Dei)에 따르면—**무한한 영적 본질**(essentia spiritualis infinita)로 생각될 수 있다. 여기서 **영적 본질**은 보편적인 개념(conceptus communis)으로 이해될 수 있는데, 이것이 피조물 안의 영적 존재와 하나님을 연결하지만 하나님은 무한성을 통해 피조물들과는 구

69　이에 대해 다음을 보라. Fr. Mildenberger, *Gotteslehre. Eine dogmatische Untersuchung*, Tübingen 1975, 148-151, 또한 K. Barth *KD* II/1, 611-621.

분되신다.[70] 이와 같은 표상의 신인동형론적 특성에 대한 스피노자와 흄, 피히테와 포이어바흐의 비판에 따르면[71] 오늘날의 신학자들은 하나님을 자신과 세계를 의식하는 존재로서의 인간이 지닌 정신(Geistigkeit)과 비교하고 싶어 하지 않는다. 인격적 하나님에 대해 말할 때 하나님이 "인격 존재의 종(Gattung)에 속하지 않는다"고 말했다고 해서 이 문제가 해결되는 것은 아니다.[72] 이 문제는 구(舊)프로테스탄트 신학뿐만 아니라 그 이전의 중세-스콜라 철학이 하나님을 **영적 본질**로 서술한 것 안에, 그리고 틀림없이 그런 일반적인 표현의 논리 속에도 놓여 있다. 하나님은 종(種)이란 개념에 속하지 않는다는 사실은 물론 사태 자체의 성격에 따라 내적 모순 없이 주장될 수 있다.[73] 하지만 그때, 우리가 하나님에 대해 오직 일반적인 표현들로써만 말할 수 있다는 사실이 동시에 인정되어야 하는데, 이것은 우리가 그 일반적인 표현들("무한성"과 같은)을 다양한 특성들과 결합시키는 것을 뜻한다. 여기서 어떤 일반적인 표현들을 선택할 것인지, 하나님의 본질을 **정신적 본질**(geistiges Wesen)로 표현하는 것은 적절한지, 적절하다면 어떤 의미에서 그런지가 분명 중요할 것이다. 이것은 신학에게 제기되는 질문이다. 우리는 신학과 종교적 진술이 사용하는 언어의 함축성을 고려하지 않음으로써 이 질문을 회피하려고 해서는 안 된다. 구(舊)프로테스탄트 신론에도 최소한의 장점은 있었는데, 그것은 신학이 애매한 구실로 물러나지 않고 온 힘을 다해 이 문제에 대한 사상적 변증을 추구했다는 점이다.

인격적 하나님에 대한 진술이 그것의 표상에 적합한 내용 안에서 의

---

70 A. Calov, *Systema Locorum Theologicorum t. 2: De Cognitione, Nominibus, Natura et Attributis Dei*, Wittenberg 1655 c. III, 176ff.
71 이에 대해 각주 92-97을 보라.
72 W. Joest, Die Wirklichkeit Gottes (*Dogmatik* Bd. 1, Göttingen 1984): "…'하나님은 인격이시다'라는 명제를 제기하는 자가 동시에 하나님이 '하나의 인격'이라고, 즉 그분이 인격 존재의 종(種)에 속한다고 말하지는 않을 것이다"(156).
73 *Deus non est in genere*. Thomas von Aquin *S. theol.* I, 3, 5와 c. Gentes I, 25.

식과 자의식을 통해 규정되는 "정신적" 본질의 표상, 즉 하나님의 의지(Wollen)와 행함(Handeln)이라는 원칙의 표상과 연관되는지는 우선 여기서는 미해결로 남겨두려고 한다. 어떻든 생각되어야 하는 것은 신적 의지의 표상이 자체에 고유한 근원을 갖고 있고 최고 이성의 개념과는 단지 이차적으로만 연관될 뿐이라는 사실이다. 그러나 전통적 그리스도교의 하나님 이해에서는 후자의 표상이 근본적이었다. 이것을 여기서 우선 추적해 보기로 한다.

그리스도교 신학의 초기에는 성서의 하나님을 무형의 최고 이성으로 생각하는 것이 아직은 자명한 것이 아니었다. 바울을 통해(고전 2:11; 고후 3:17) 그리고 무엇보다 요한(4:24)을 통해 하나님이 **영**(Pneuma)이라고 분명히 증언되었다. 하지만 이 증언이 중세 플라톤주의에서 익히 알려지고 필론이 수용했던 **이성**(Nus)으로서의 하나님 이해와 두말할 필요도 없이 연관된 것은 아니었다. 그 이성적 표상을 수용했던 필론은 하나님이 피조적 사물들과 비교될 수 없다는 성서적 강조를 규범으로 삼았다. 이것은 민수기 23:19에서 말해진다. "하나님은 인간이 아니시다."[74] 여기서 하나님의 구분성을 무형성으로 이해한다면, 하나님의 영성을 이성(Nus)으로 이해하는 플라톤의 견해와 쉽게 가까워졌을 것이다. 하지만 오리게네스만이 그 이해를 그리스도교 신학에서 최종적으로 관철시켰다. 그의 저작(De principiis)의 첫 장 전체는 이 주제를 다루고 있다.

테르툴리아누스와 다른 초기 그리스도교 신학자들에게서 볼 수 있는 스토아 사상, 즉 신적인 영(Pneuma)을 우리가 볼 수 없는 가장 미세한 질료(質料,

---

74 이에 대한 사례들을 H.H. Wolfson, *Philo II*, 94ff.에서 보라. 그리스도교 변증학이나 이레나이우스(Irenaios)가 이 사상을 수용한 것에 대해 다음을 참고하라. *Grundfragen systematischer Theologie I*, 1967, 318ff. 더 후대의 저자들에 대해서는 Chr. Stead, *Divine Substance*, Oxford 1977, 168ff.을 보라.

Stoff)로 보는 견해에 반대하여[75] 오리게네스는 그렇다면 하나님이 어떤 장소에 매여 연장되어 있고 또한 어떤 형태를 갖고 있어야 할 것이라고 주장하며 다음과 같이 서술했다. 하지만 진실로 하나님은 물체도 아니고 물체에 연결되어 있는 것도 아니며, 오히려 그 자체가 나누어질 수 없는 영적 본성이다 (intellectualis natura simplex...et tota mens). 이성(mens)으로서 하나님은 어떤 장소에도 매이지 않으시며, 연장도, 부분도, 형태도 갖지 않으신다. 하나님이 영이라는 요한의 말(요 4:24)은 이런 의미에서 해석될 수 있다.[76] 오리게네스 계속해서 이렇게 말한다. 하나님의 무형성은 그분의 분리될 수 없는 단순성, 곧 제일원인성의 함축적 의미와 밀접하게 연관되어 있고, 또한 그것은 물질세계를 넘어서는 그분의 높으심에 속한다. 하지만 다른 한편으로 하나님의 영성은 우리의 영과 하나님의 가까움을 포함하며, 이것은 하나님의 영성을 이성으로 이해하려고 하지 않는 사람들은 인정하지 않으려는 견해다.[77] 이 지점에서 우리가 인식할 수 있는 것은 오리게네스가 반대했던 상대편들조차도 하나님은 모든 피조물로부터 구분되신다는 사실, 그리고 인간 이성과도 구분되신다는 사실을 염두에 두고 있었다는 사실이다. 여기에 오리게네스 논증의 아킬레스건이 놓여 있다. 이 논증의 결과는 하나님의 신체적 특성에 대해 말한 모든 성서적 진술들은 단순한 비유일 뿐이라는 것이었다. 반면에 하나님의 이성적 본질의 표현으로 해석될 수 있는 것들은 글자 그대로 신적인 본질(proprie)의 표명으로 간주되었다. 물론 그 표현들은 분리될 수 없는 단일

---

75 Tert. *adv. Prax.* 7; 이 사상의 확산에 대해 다음을 보라. A.v. Harnack, *Lehrbuch der Dogmengeschichte I*, 5. Aufl. Tübingen 1931, 574, 각주 6; 또한 Stead a.a.O. 175ff., 178ff.
76 Origenes *De Princ* I,1, 3f.와 6.
77 Ib. I,1, 5와 7: et nolunt hoc intelligi, quod propinquitas quaedam sit menti ad Deum, cuius ipsa mens intellectualis image sit, et per hoc possit aliquid de deitatis sentire natura, maxime si expurgatior ac segregatior sit a materia corporali.

성의 양식 안에서만 하나님께 귀속될 수 있었다.[78] 하지만 이로써 인간의 이성적 본성을 넘어서는 하나님의 높으심이 과소평가되지는 않았는가?

신적인 영(*pneuma*)을 이성(*mens*)으로 이해하는 것은 고대 후기의 논쟁 영역에서는 강점을 가졌다. 그 강점은 그 이해에 대한 유일한 대안은 어떻게든 하나님을 물적인 실재성으로 이해하는 것뿐이라는 사실에 있었다. 하지만 이와 관련된 불합리한 결과들, 즉 하나님의 분리가능성, 조합가능성, 연장성, 장소 결부성 등의 결과들 때문에 라틴적 중세기[79]와 구(舊)프로테스탄트주의에서 그 대안은 배제되었다. 성서적 영 개념을 무형적 이성의 표상과 동일시할 때 생기는 주석적인 문제가 소키누스주의 신학에서 다시 나타났지만, 칼로프는 그것을 상세한 반박이 필요하지 않은 "터무니없는 오류"로 치부했다.[80] 그것은 영을 물질적 요소로 보는 표상과 관련된 불합리성 때문이었다.

사실 칼로프의 반대자인 요한 크렐리우스(Johann Crellius)는 자신의 입장에서 이 질문에 대한 더 나은 성서 해석을 제시했다. 성서의 영(*Ruah*) 개념은 이성이나 의식을 의미하지 않는다는 것이다. 이성적 사고와 판단은 단지 "마음"(*leb*) 속에 위치할 뿐이다.[81] 반면에 **루아흐**(*Ruah*)는 특별히 바

---

78   이 견해의 후대의 고전적인 형태에 대해 다음을 보라. Thomas von Aquin *S. theol.* I,13,3. 위(僞)디오니시오스가 하나님의 이성(*Logos* 혹은 *ratio*)을 강조한 것에 대해 다음을 보라. De div. Nom. VII,4(MPG 3, 887).
79   이에 대한 예시가 다음의 설명에 있다. Thomas von Aquin, *S. theol.* I,3,1: *Utrum Deus sit corpus*, 또한 *c. Gentes* I,20.
80   Abr. Calov, *Systema Locorum Theologicorum t. 2: De Cognitione Nominibus, Natura et Attributis Dei* Wittenberg 1655 c. III q.4 (205ff., 206). 이것은 다음 내용에 반대된다. Joh. Crellius, *De Deo eiusque Attributis*, Irenopoli (Amsterdam) 1656 (Bibliotheca Fratrum Polonorum IV) c.15 p.37.
81   H. W. Wolff, *Anthropologie des Alten Testaments*, München 1973, 68ff.와 78ff.

람이 불 때 느껴지는 보이지 않는 신비한 자연의 힘처럼 묘사된다.[82] 이와 같은 직관의 배경은 요한복음의 영에 관한 구절에서 표현된다. "바람이 임의로 불매 네가 그 소리는 들어도 어디서 와서 어디로 가는지 알지 못하나니 성령으로 난 사람도 다 그러하니라"(요 3:8). 인간이 헤아릴 수 없는 이러한 힘은 구약성서에서는 모든 생명의 근원으로 간주된다(시 104:29; 욥 34:14f.). 그 힘은 인간을 소생케 하는 숨 속에서 표현되며(창 2:7), 인간의 마지막 호흡과 함께 그것을 주셨던 하나님께로 돌아간다(전 12:7). "야웨의 숨은 창조적인 생명의 능력이다."[83] 창조 전체 안에서, 특별히 인간 안에서 소생케 하는 능력의 관점에서 생각한다면, **루아흐**의 작용과 연결될 수 있는 황홀경의 현상들도 이해될 수 있다. 이와 같은 작용은 "우리가 '영'이라고 부르는 것", 곧 사유하는 의식과 거의 관계가 없다.[84] 그런 의미의 단어를 생각해 볼 만한 본문들(사 19:3; 29:24)도 기분이나 정서적 의미에서 오히려 보다 더 자연스럽게 이해될 수 있다. 그러나 지성과 통찰은 철저히 영의 은사와 작용들에 속한다(사 11:2).[85]

영에 대한 이와 같은 유대적 표상으로부터 또한 신약성서가 하나님의 영과 그의 활동에 대해 말한 것이 이해될 수 있다.[86] 이것은 아직은 여기서 세부적으로 논의할 수 없고, 다음의 확정으로 충분하다. 신약성서의 증언들 안에서도 영을 하나님으로부터 출발하는 생명의 능력으로 이해하는 것

---

82   Ebd. 57ff.; 참고. C. Westermann, Theologie des AT, Göttingen 1978, 64 Exkurs. 영과 예언의 관계에 대해 특별히 G.v. Rad, *Theologie des Alten Testaments II*, München 1960, 68f.를 보라.
83   Wolff 61; 참고. 58ff.
84   Ebd. 67.
85   이에 대해 다음을 보라. E. Schweizer, *Heiliger Geist*, Stuttgart 1978, 32f., 특히 33. "그러나 단순히 지성(Verstand)을 뜻하는 것이 아니라, 하나님 인식 혹은 하나님이 정하신 길의 인식을 선사하는 '영'을 의미한다⋯." 참고. 욥 32:8.
86   이에 대해 다음의 설명들을 보라. E. Schweizer a.a.O. 68-168과 170f.

은 인식에 대한, 특별히 믿음의 인식에 대한 (영의) 기능들을 함께 의미하고 있다.

그렇기 때문에 헬레니즘 세계에서 스토아적인 영 이론이 우선 성서적인 영의 진술들과 가깝다고 느껴질 수 있었던 것은 놀라운 일이 아니다. 이 영 이론은 그리스어 프뉴마와 관련되어 있는 호흡이나 숨의 표상으로 소급되었다.[87] 이미 이 표상은 그리스 철학 가운데 논란이 되었던[88] 아낙시메네스(Anaximenes)의 미완성 단편에 등장했다. "공기(aer)인 우리 영혼이 우리를 다스리면서 결속시키듯, 호흡(pneuma)과 공기는 세계 질서 전체를 포괄한다." 비록 이 작품이 상당히 후대의 관점인 포세이도니오스의 철학 사상의 잔재를 반영하고 있다고 해도,[89] 그것은 중기 스토아 사상이 밀레토스 학파의 자연철학을 인용한 문서라는 점에서 여전히 중요하다.

그리스도교 신학은 영(Pneuma)을 이성적 영혼과 이성적 의식으로 좁게 이해했는데, 이 관점은 3세기 플라톤 학파의 발전과 관계되면서 관철되었으며, 또한 그리스도교 신학이 스토아 학파의 범신론과 대립되는 플라톤주의자들의 초월적인 하나님 표상을 선택한 것과도 관계가 있다. 이에 대한 동기는 성서적 전승들의 하나님 이해로부터 본다면 납득될 수 있는 것이다. 성서의 하나님은 영원한 하나님으로서 모든 현세적인 것의 허무함과 마주 서신다(시 102:12f.; 103:15ff.; 시 90:2,5ff.; 사 40:6-8). 이 대립은 신적인 생명

---

[87] "영"이라는 표제어에 대한 다음의 논평을 보라. L. Oeing-Hanhoff, *Hist. Wörterbuch der Philosophie 3*, 1974, 155. 또한 다음 설명을 참고하라. G. Verbeke ebd. 157-162.

[88] 이 작품(B 2)의 진본 여부에 관한 토론을 다음에서 보라. J. Kerschensteiner, *Kosmos. Quellenkritische Untersuchungen zu den Vorsokratikern*, München 1962, 66-83. 진본이라고 주장한 사람은 크란츠(W. Kranz) 외에 누구보다도 예거(W. Jaeger)와 몬돌포(R. Mondolfo)였다. 케르셴슈타이너(Kerschensteiner) 자신은 라인하르트(K. Reinhardt)의 진실성 논쟁에 참여했다.

[89] K. Reinhardt, *Kosmos und Sympathie*, München 1926, 209-213.

의 영이 무상함의 총괄개념인 "육체"와 대립하는 것으로 표현될 수 있었다(사 31:3). 이 표현은 신적인 **이성**(*Nus*)과 이념의 영원성을 감각적·물질적인 세계의 무상함과 대립시킨 플라톤의 사상에 매우 가까운 것처럼 보인다. 하나님은 물질(육체)이 아니시라는 논증은 여기서 힘을 얻었다. 그럼에도 불구하고 **영**과 **이성**을 동일시하는 대안은 신학을 성서적인 하나님 이해와는 다른 길로 인도했다. 그것은 너무나도 신인동형론적인 하나님 표상의 길이었다. 여기서 신학은 플라톤의 철학 자체가 플로티노스(Plotin)의 사상 속에서 통찰했던 다음과 같은 경고를 미리 받았더라면 좋았을 뻔했다. 그 경고는 플로티노스의 통찰, 곧 하나님 개념으로서의 **이성**은 일자(一者) 사상으로 건너가지 않을 수 없는데, 왜냐하면 **이성**은 자신의 개념에 따라 자신이 인식한 타자와 연관되어 있고, 그래서 이성 자체는 최종적인 단일성일 수 없기 때문이라는 통찰이었다.[90] 하지만 이 통찰의 근저에도 이미 근본적인 비판이 놓여 있었다. 그것은 피히테가 1798년에 의식 혹은 자의식의 모델에 따른 하나님 표상에 반대하여, 그리고 실체와 실존 개념을 하나님께 적용하는 것에 반대하여 제기했던 비판이었다. **이성**(*Nus*)과 **사유 대상**(*Noeton*)의 이원성은 서로를 제약하며, 최고의 무한한 단일성이 생각되어야 한다면 이 이원성은 반드시 극복되어야 한다. 실제로 위(僞)디오니시오스 같은 그리스도교 신학자들이나 요한네스 에리우게나(Johannes Eriugena) 같이 그의 영향 아래 있었던 사상가들은 극단적인 신인동형론적 하나님 표상의 위험성을 느꼈고, 이 표상이 하나님의 본질을 **이성**으로 설명하는 것과 관련되어 있다는 사실을 알아챘던 것으로 보인다. 최고 이성으로 이해된 하나님을 최종적으로 주장할 수 있었던 것은 아우구스티누스의 심리학적인 삼위일체 유비들의 탓이라고 할 수 없다. 이 위대한 교부는 유비들의 제한적인 진술 능력을 어떻게든 분명히 강조했기 때문이다. 오

---

90 Plotin *Enn*. VI,9,2; 참고. III,8,9와 V,1,4.

히려 그 주장은 안셀무스가 그 유비들을 사용한 것에, 나아가 중기 스콜라 철학에서 아리스토텔레스 형이상학이 행사한 영향력에 기초한 것일 수 있다. 최고 이성이신 하나님이라는 그와 같은 이해는 중기 스콜라 철학에서 신적 의지의 표상을 통해 보강되었다. 오직 의지를 통해서만 하나님은 세계의 자유로운 작용인(Wirkursache)으로 생각될 수 있었기 때문이며, 그것은 성서의 창조 신앙이 요구하는 것이기도 했다.[91] 하지만 하나님 안에서 일어나는 지성과 의지의 공동작용에 대한 중기 스콜라 철학의 연구들은, 신인동형론적인 하나님 표상을 제한하려는 모든 시도에도 불구하고, 오히려 그 표상의 특성들을 강화시킨 셈이 되었다. 그 결과 그리스도교의 하나님 표상은 심각한 비판에 노출되었다.

이미 스피노자는 하나님의 의지와 지성을 구분하는 것에 반대했다. 그의 판단에 따르면 신적 실체가 자유롭다고 말할 수 있는 것은 그 실체가 오직 자신의 고유한 본성의 필연성으로부터 존재하고 행동할 수 있기 때문이지, 하나님이 자신의 지성이 자기 자신에게 제시하는 가능성들 중에서 몇 가지를 의지를 행사하여 선택하고 실현하기 때문이 아니다. 만일 하나님께 지성과 의지를 귀속시키려고 한다면, 그 지성과 의지는 우리 자신의 것과는 완전히 구분되어야 하고, 이름 외에는 그 무엇도 공통점이 없어야 할 것이다. 왜냐하면 우리의 지성은 그 지성이 파악하는 사물들의 현존재를 전제하지만, 하나님의 지성은 사물들의 기원으로 생각되어야 하기 때문이다.[92] 하나님이 목적을 추구하신다고 생각되어서는 안 된다. 그렇게

---

91 이에 대해 다음의 나의 책을 보라. Die Gottesidee des hohen Mittelalters in: A. Schaefer (Hg.): *Der Gottesgedanke im Abendland*, Stuttgart 1964, 21-34. 특히 25ff.에서는 다음 내용이 인용된다. Wilhelm von Auvergne, *De universo* I,1,27 (Opera Omnia, Orléans 1674, I, 623b-624a).

92 Baruch de Spinoza, *Ethica Ordine Geometrico demonstrata* (1677) I prop. 17 corr. 2와 Scholium: ... si ad aeternam Dei essentiam, intellectus scilicet, et voluntas pertinent, aliud sane per utrumque hoc attributum intelligendum

된다면 하나님께도 마치 우리처럼, 추구해야 하는 무언가가 결여된 셈이 되기 때문이다.[93] 그렇기 때문에 스피노자는 하나님의 지성과 의지에 대해서는 단지 비유적(metaphorisch)으로만 말할 수 있다고 보았으며, 이것은 운동이나 정지상태와 같은 물질적 본성의 현상과 동일한 방식으로 하나님에 대해 말하는 것은 단지 비유일 뿐임을 뜻한다.[94]

흄(David Hume)은 백년 후에 그와 같은 비판을 넘어 더 멀리 나아갔다. 스피노자가 신적인 원인성으로부터 논증했던 반면에, 흄은 하나님의 영원성의 사유로부터 신적인 이성의 표상을 이끌어내는 것에 반대하며 논증을 발전시켰다. 이것은 그가 자연종교에 대한 자신의『대화록』제2장에서, 세계 질서를 책임지는 최고 이성을 직접 전제하도록 인도하는 신 존재 증명, 곧 세계 질서로부터의 신 존재 증명을 논박한 이후였다. 우리의 이성적 사유는 흔들리고 불명확하며, 연속되는 사상들 가운데 유동적이고 그 사상들의 조합으로 이루어져 있다. 이와 같은 특성들이 제거된다면, 우리의 사유의 본질도 사라질 것이다.[95] 어떤 생각하는 의식, 곧 그것의 행위들이 구

---

est, quam hoc vulgo volent homines… toto coelo differe deberent, nec in ulla re, praeterquam in nomine, convenire possent… Quod sic demonstrabo. Si intellectus ad divinam naturam pertinet, non poterit, uti noster intellectus, posterior (ut plerisque placet), vel simul natura esse cum rebus intellectis, quandoquidem Deus omnibus rebus prior est causalitate (Hg. C. Gebhardt p. 62,31-63,7). 하나님의 의지와 지성 사이를 구별하는 것에 대한 마이모니데스(Moses ben Maimons)의 반대와 스피노자의 사상과의 관계에 관련하여 다음을 참고하라. Leo Strauß, *Die Religionskritik Spinozas als Grundlage seiner Bibelkritik* (1930) Neudruck Darmstadt 1981, 134f.

93 이 책의 첫 장의 부록은 이렇게 말한다. Deinde baec doctrina Dei perfectionem tollit: Nam si Deus propter finem agit, aliquid necessario appetit quod caret (C. Gebhardt 80,22f.).
94 Ebd. I prop. 32 corr. 2 (Gebhardt 73,4ff.).
95 D. Hume, *Dialogues Concerning Natural Religion*, ed. H. D. Aiken (1948) London 1977. "우리의 사고는 흔들리고, 불명확하며, 흘러 지나가고, 연속적이고, 복

분되지 않고 그것의 사유들이 연속으로 나타나지 않는 그런 의식은 전혀 아무것도 아닐 것이다. 이것을 흄의 『대화록』에서는 클레안테스(Cleanthes)가 확증한다. 그는 신적 이성의 "신인동형론적" 이해를 변호한 자였다.[96]

피히테는 인격적인 하나님 표상에 대한 자신의 비판을 최종적으로 신적 자의식의 이해에 맞추었다. 이것은 대상 의식과의 통일성을 전제하는 칸트의 이성비판의 결과들 이후에 불가피했던 것으로 보인다. 자의식은 언제나 이미 자신의 너머에 자신과 구분되는 타자를 전제하기 때문에, 그것은 "한계와 유한성 없이는 절대로" 생각될 수 없으며, 그렇기에 하나님께 "이 술어를 부여한다면, 우리는 하나님을 유한한 것", 다시 말해 인간적 속성에 따른 어떤 존재로 만드는 셈이 된다.[97]

헤겔은 절대적 자의식의 표상에 대한 그와 같은 비판을 거부했다. 헤겔은 자의식이 바로 타자 속에서 자기 자신의 곁(bei sich selbst)에 있게 된다

합적이다. 이러한 특성들을 제거한다면, 우리는 사고의 본질을 절대적으로 전멸시키게 될 것이다. 그런 경우에 사유 혹은 이성이라는 이름을 그것에 적용하려는 용어들이 남용될 것이다"(30, 제3장 종결부. 목적론적 신 존재 증명의 특성을 우리와 유사한 신적 이성의 상정에 대해 유일하게 논의할 가치가 있는 것으로 묘사한 내용을 ebd. 17에서 보라).

96 Ebd. Part 4: "어떤 정신(mind), 곧 행동과 감정과 생각이 뚜렷하지도 연속적이지도 않은 정신은 총체적으로 단순하고 총체적으로 불변하는 정신이며, 생각도, 이성도, 의지도, 감정도, 사랑도, 미움도 갖지 않은 정신을 뜻한다. 혹은 간단히 말하자면 그것은 전혀 정신이 아니다. 그것은 명칭을 그것에게 부여하기 위한 용어 남용이다…"(32).

97 피히테(J. G. Fichte, *Über den Grund unseres Glaubens an eine göttliche Weltregierung*, 1798)가 다음에서 인용된다. H. Lindau, *Die Schriften zu J. G. Fichtes Atheismus-Streit*, München 1912, 34(철학저널 원판에서는 16f.). 이와 같은 제한성을 고려하면서 피히테는, 1년 후의 "사법적 답변서한"에서 강조했던 것처럼, "하나님의 의식을 부인했다"(ebd. 227). 인격적인 하나님의 표상을 비판하는 피히테에 대해 다음을 참조하라. F. Wagner, *Der Gedanke der Persönlichkeit Gottes bei Fichte und Flegel*, Gütersloh 1971, 28-96, 특히 59f.와 78, 92ff.

고 논증했다.⁹⁸ 하지만 이와 같은 변호, 즉 최고 이성의 의미로 이해되는 영으로서의 하나님 표상에 대한 변호가 치러야 하는 대가는 한편으로는 삼위일체가, 다른 한편으로는 세계 과정이 타자 속에서 자기 자신의 곁에 있게 되는 존재인 신적인 영의 필연적인 자기 전개로 생각되어야 한다는 것이었다.⁹⁹ 타자 속에서 자기 자신과 동일성을 이룬다는 모델은 아마도 삼위일체의 위격들이 서로에 대해 갖는 상관 관계에 적용될 수 있을 것으로 보인다. 그렇지만 이 적용은 첫째 위격의 자기 전개의 행위에 의해 둘째와 셋째 위격이 규정(Setzung)된다는 의미가 아니라, 삼위일체의 위격들 각각에게 다른 두 위격과 이들에 대한 관계가 근본적이라는 의미에서 가능하다. 이에 대해 세계에 대한 관계에서는 사실상 하나님에 의한 세계의 현존재(Dasein)와 존재상태(Sosein)의 규정이 중요하며, 세계를 창조하신 주체로서의 하나님의 자기 전개가 중요한 것이 아니다. 오히려 하나님과 구분된 피조물들의 세계가 아버지, 아들, 성령의 협력 속에서 사랑이 넘침으로써 자유롭게 생성되었다는 것이 핵심이다. 다음 장(제II권, 7장)에서 이에 대해 자세히 설명할 것이다. 여기서 우선 확정할 수 있는 것은 타자의 중재를 통해 자기 자신 곁에 존재하는 자의식의 구조가 어느 정도 수정된 형태로서 삼위일체의 위격들 사이의 관계에 타당할 수도 있다는 것뿐이며, 그 구조가 세 위격들에 공통된 신적 본질이 세계와 맺는 관계를 적절하게 설명해주는 것은 아니다.¹⁰⁰ 이에 더하여 생각되어야 할 것은 나(Ich)와 자신

---

98   G. W. F. Hegel, *Vorlesungen über die Philosophie der Religion III. Die absolute Religion*, hg. G. Lasson (*PhB* 63), Hamburg 1929, 60f. (MS)와 71f. (*Vorlesung* 1824), 또한 81(*Vorlesung* 1827). 이에 대해 F. Wagner a.a.O. 241ff., 251f.을 보라.
99   이에 대해 다음의 나의 책의 설명을 보라. Die Bedeutung des Christentums in der Philosophie Hegels (*Gottesgedanke und menschliche Freiheit*, Göttingen 1972, 78-113) 98ff.
100 헤겔의 영 개념과 그리스도교적 삼위일체론 사이의 관계에 대해 다음의 나의 책을 보라. Der Geist und sein Anderes, in: *Hegels Logik der Philosophie. Religion*

(Selbst)을 우리의 자의식 속에서 구분하는 것이 삼위일체의 위격들 사이의 관계에 전가될 수 없는 함축적 의미를 갖는다는 사실이다. 이와 관련하여 자의식에 대한 진술이 그런 함축적 의미들 없이도 여전히 의미 있을 수 있는가 하는 물음이 제기된다.

중요한 것은 인간적 자의식 속에 존재하는 나(Ich)와 자신(Selbst)의 구분이 우리가 우리 자신과 철저히 동일시되는 것은 아니라는 사실의 표현이라는 점이다. 우리는 아직 우리 자신에게 근본적이라고 의식하는 우리 자신의 규정을 향한 도상에 있다. 다시 말해 우리는 여전히 우리 자신과의 동일성으로 가는 도상에 있는 것이지, 동일성을 소유한 것은 아니다. 물론 우리는 자의식 속에서 우리의 "나"와 우리 "자신"이 동일하다는 것을 알고 있으며, 그래서 이 둘이 구분됨에도 불구하고 우리가 그 동일성과 관계되어 있음을 안다.[101] 삼위일체 위격들의 상호관계에서 반드시 가정되어야 하는 것은 인간적인 자의식의 유한성을 특징짓는 비완결성, 곧 자기 동일성의 비완결성이 삼위일체의 관계 안에는 있을 수 없다는 사실이다. 이 세 위격들 각각의 동일성이 각기 다른 두 위격들과의 관계를 통해 중재되기는 해도, 삼위일체의 영원한 연합 안에서 세 위격들 각각은 그 중재를 통해, 다시 말해 각각의 위격의 다른 두 위격들에 대한 헌신을 통해, 완전하고 온전하게 자기 자신과 동일하다는 점이 인정되어야 한다. 이것은 신적

---

und Philosophie in der Theorie des absoluten Geistes, hg. D. Henrich und R.-P. Horstmann Stuttgart 1984, 151-159. 예쉬케(W. Jaeschke, Die Vernunft in der Religion. Studien zur Grundlegung der Religionsphilosophie Hegels, Stuttgart 1986)는 헤겔의 종교철학이나 삼위일체 해석에 대한 비판이 그리스도교 교의들의 의미와 거의 일치하지 않는다는 점에서 원칙적으로 무의미하다고 평가했다(302f., 322f.). 하지만 그와 같은 종교적 내용을 개념화해야 한다는 헤겔의 주장을 고려할 때, 철학이 신학적 비판에 맞서 그런 원칙적인 무감각성을 내보이는 것은 문제가 있다.

101 이에 대해 나의 다음의 책을 보라. Anthropologie in theologischer Perspektive, Göttingen 1983, 185-235, 특히 194ff., 214ff., 233ff.

삶의 단일성과 완전성에 속하는 것이다. 그럼에도 불구하고 우리는 삼위일체 위격들의 자의식에 대해 말할 수 있는가? 아니면 삼위일체의 자기 관계의 형식은 우리의 자의식의 한계들을 너무도 급진적으로 뛰어 넘는 것이라서, 인간적 자의식의 표상을 하나님의 삼위일체적 삶에 적용하려는 것은 잘못된 생각인가?

칸트가 하나님에 관한 우리의 진술에서 상징적인 신인동형론을 허용하기 위해 필요로 했던 흄의 비판과 관련하여, 이 비판이 단지 부분적으로만 유효하다는 것이 말해져야 한다. 논증적 사고 혹은 개별적 규정들을 이차적인 개념으로 통합하는 것은 우리의 이성의 특징임이 틀림없다. 하지만 인지의 영역이나 사고의 영역에도 여러 가지 다양한 형태를 직관의 시각으로 경험하는 것이 있다. 우리에게 이런 경험은 논증적 작업이나 개별적인 것들의 구분과 무관하지 않을 것이다. 그러나 **본원적 직관**(*intuitus originarius*)은 결코 종결될 수 없는 경험 과정 속에서 우리와 구분된 것 및 우리와 결합된 것을 전체로서 그리고 모든 개별적인 것 안에서 직접 바라보는 것을 말하는데, 이 직관의 표상은 여전히 가능하다.[102] **본원적 직관**의 주체에 대한 질문은 앞에서 논의했던 문제, 곧 신적 자의식의 이해 안에 놓여 있는 문제를 주의하게 되면 더욱 답변하기 어려워진다. 하지만 본원적 직관이 그것의 주체 없이 생각될 수 있는가?[103] 우리가 신적인 앎의 사

---

[102] 본원적 직관의 표상에 대해 다음을 참고하라. I. Kant, *Kritik der reinen Vernunft* (1781) 2. Ausg. 1787 (B) 72; 참고. B 138f. 이것을 **원형적 지성**(*intellectus archetypus*)이라는 응용된 이해와 비교해볼 수 있다(B 723). 이에 대해 다음을 보라. A. G. Baumgarten, *Metaphysica* (1779), 7.ed. Halle 1797, §§863-889.

[103] 물론 칸트에 따르면 수반된 자의식이 대상의식과의 일치의 조건임에도 불구하고 (Kant, Kritik r. Vern. B 131ff.) 대상의식이 이미 자의식 없이도 존재한다는 것에는 의심할 여지가 없다. 이에 대해 다음을 보라. D. R. Griffin, *The Question of Animal Awareness*, New York 1976. 그뿐 아니라 인간적 의식만이 자의식과 결합된다. 이에 대해 다음을 참고하라. J. C. Eccles, Animal Consciousness and Human Self-consciousness, in: *Experientia* 38, 1982, 1384-1391, 특히 1386f. 인간의 발달과정

유를 파악해보려고 할 때, 우리에게 가능한 모든 앎의 표상이 가진 한계들이 이 지점에서 능가된다는 것은 분명하다.

비슷한 것이 신적 지성의 표상에 대한 스피노자의 비판에도 해당한다. 우리는 우리 자신의 이성이 어느 정도 생산적이기 때문에, 창조적인 지성에 대한 표상을 형성할 수 있다. 우리의 이성이 세계의 대상들을 직접 생산하는 것은 아니지만 사유를 생산할 수는 있는데, 사유는 의지와 행위의 결합을 통해 자연적·사회적 환경이 생산적으로 변화하도록 이끌 수 있다. 하지만 여기서 우리의 이성은 항상 자신보다 앞서 주어진 여건에 의존하는 것으로 생각되었다. 생산적인 사유는 경험의 소여성들과 논쟁하면서 발전하고, 행위를 통한 사고의 전환은 현존해온 세상을 언제나 변형시킨다. 순전히 자기 자신으로부터 창조적이라고 주장하는 어떤 사유의 표상은 사유와 행위의 구분을 해소할 뿐만 아니라, 경험과 결합된 우리의 사유의 배후로 물러나야 할 것이다. 그런 표상은 자신이 **본원적 직관**의 표상과 일치될 수 있다고 입증해야 할 것이며, 그 과정에서 아마도 그와 같은 **직관**의 주체 의존성이나 무주체성과 같은 난제 속에 머물러 있게 될 것이다.

이런 곤란한 점을 알고 있는 사람은 스피노자의 판단에 동의해야 한다. 스피노자는 예를 들어 하나님을 우리 구원의 "반석"(삼하 22:32; 참고. 2절 등) 혹은 우리 길의 "빛"(하나님의 말씀에 관하여 시 119:105; 참고. 시 27:1 등)으로 묘사하는 것과 같은 신적 지성에 대한 표현은 원칙적으로 비유라고 보았다. 현대의 분석적 종교철학의 전통 친화적인 방향성은 육체에 속박되지 않은 채 독립적으로 존재하는 이성이 가능한지를 증명해보려고 노력했는데,[104] 그것의 성과가 어떻게 평가되든지 상관없이, 신적 이성의 표상에

에서 보면 자의식이 생기기 전에 이미 대상의식이 존재한다.
[104] R. Swinburne, *The Coherence of Theism*, Oxford 1977, 102-125. 이 내용은 다음 내용에 반대한다. T. Penelhum, *Survival and Disembodied Existence*, London 1970, 특히 여기서 59-78을 참고하라.

고유한 난점들에는 거의 접근하지도 못했다. 그 난점은 그런 식의 증명이 우리에게 친숙한 인간적 이성의 현상에 대해 너무 많은 변경을 요구해서, 그 결과 신적 이성의 표상은 단지 비유적인 의미만을 갖게 된다는 데에 있다. 물론 이것이 비언어적 표상이나 맘대로 교환할 수 있는 표상이 중요하다는 뜻은 아니다.[105] 비유적인 말의 의도들은 재구성될 수 있으나, 그것은 흔히 언어적 상황에 달려 있고, 그 의도들은 일반적인 진술들보다 더 강하게 그 상황에 의존한다. 그러나 비유적인 어법들은 반복되는 의미 중점을 가질 수 있고, 이것은 성서가 하나님을 대단히 자주 반석으로 표현하는 것과 같다.

하나님의 앎의 표상, 그리고 그와 종종 관련되는 전지의 사고가 의미하는 것은 무엇인가? "주는 모든 일들을 알고 계시며, 그것들 각각이 어떤 시대에서 일어날지를 보고 계신다"(집회서 42:18f.). 인간에게 숨겨진 것들도 하나님의 눈앞에 있다. 이것은 미래에도 해당되고 우리에게 숨겨진 다른 차원들에도 해당되며, 특히 우리가 숨기고 싶어 하는 것들에 대해서도 마찬가지다(잠 24:12). 하나님의 현재(Gegenwart)로부터 벗어날 수 없다는 사실의 고전적인 표현은 시편 139편에 있다. "주께서 내가 앉고 일어섬을 아시고 멀리서도 나의 생각을 밝히 아시오며…"(시 139:2). 하나님의 현재로부터 도피하려고 해도 그는 그 어디에도 숨을 수 없다. 물론 도피를 위한 어떤 계기도 피조물에게는 주어지지 않는다(시 139:13-16). 하나님의 현재, 우리

---

105 신학적 관점에서 비유적인 언어의 논리와 특별히 자주 관련되는 사람은 윙엘이다. E. Jüngel, Metaphorische Wahrheit. Erwägungen zur theologischen Relevanz der Metapher als Beitrag zur Hermeneutik einer narrativen Theologie, in: P. Ricoeur/E. Jüngel: *Metapher*. 종교적 언어의 해석에 대해 Ev. Theologie Sonderheft 1974, 71-122, 또한 E. Jüngel, *Gottes als Geheimnis der Welt*, Tübingen 1977, 특히 394-408. 물론 "하나님"이라는 단어는 본래적으로 비유의 표현이 아니라는 사실이 확실히 말해져야 한다. 이 단어가 비유가 되는 것은 우상들에게 적용될 때이다.

의 연약함에 대한 그분의 "앎"(마 6:32), 그분의 "생각해주심"(시 98:3; 눅 1:54; 참고. 1:72)은 믿는 자들의 위로다.

그러므로 "하나님의 앎"이라는 말은 그분의 창조 전체 속에 존재하는 그 무엇도 그분으로부터 벗어나지 못함을 뜻한다. 모든 것은 그분에게 현재적이고, 그분의 현재 속에 붙들려 있다. 그런 현재적인 붙들림이 반드시 우리 인간의 의식이나 앎과 같은 식의 앎을 뜻할 필요는 없다. 오히려 반대로 말할 수 있다. 우리 역시 우리의 앎을 통해 그 알려진 것(Gewußte)이 우리에게 현재적이도록 한다. 여기서 즉시 인간의 그런 현재적 붙들림에 설정되는 답답한 한계가 드러난다. 그 붙들림은 기억 혹은 기대와 포괄적으로 연관되어 있으며, 그래서 실제로 그것은 오히려 우리가 아는 것의 현실적인 현재의 **대용품**(Ersatz)이라고 할 수 있다. 하지만 지각(Wahrnehmung)에 현재하는 것도 우리가 볼 때는 그것의 **본질**(Wesen) 속에 어느 정도는 은폐되어 있다. 그러므로 의식과 앎에 대한 우리의 경험은 "하나님의 앎"에 대해 말할 때, 이것이 무엇을 의미하는지에 대해 단지 미약한 암시만을 제공할 뿐이다.

하지만 이것은 하나님의 의지에 대한 표상과 어떻게 연관되는가? 중기 스콜라 철학의 신론은 바로 의지와 사유하는 의식 사이의 상호관계를 매우 집약적으로 다루었는데, 그 관계는 우리의 영적인 삶의 유한한 한계들과 불가분 연관되어 있다. 우리의 의지는 우리가 의식 속에서 이미 파악한 대상들과 사태들에 대해 입장을 취하며, 그다음에 그것들의 인지 혹은 최소한 그것들에 관한 표상을 전제한다. 다른 측면에서, 우리의 지각을 이러저러한 대상으로 향하게 하는 주의력은 의지의 영향을 받을 수 있다. 그러나 의지의 실행은 항상 그 행위의 대상, 그리고 그것과 함께 주어진 여건을 전제한다. 실행을 위한 의지적 결단의 입장 표명이 대단히 다양한 결과로 나타날 수 있지만, 그런 결단의 가능성들은 대상만이 아니라 그 결정을 내려야 하는 상황적 여건 때문에도 제한적이다. 하지만 앞서 주어지는 여건들에 속박된다는 의미는 **하나님**의 의지에 대해서는 분명 말해질 수 없다.

하나님이 자신의 행위를 통해 추구하시는 "목적들"도 마찬가지로 어쨌든 우리의 의지(Wollen)의 경험과는 구분되는—글자 그대로가 아닌—다른 의미에서 이해되어야 한다. 하나님을 유한한 존재로 생각해서는 안 된다면, 우리의 경험이 그분의 것과 유사하다고 이해되어서는 안 된다. 목적 개념은 의지의 대상과 그 대상의 실현이 다르다는 것을 전제한다. 목적의 선택과 그것의 실현 사이의 거리는, 그 실현을 위해 필요한 수단을 선택하고 도입하기 위한 조건들을 만들어냄으로써, 연결되어야 한다. 이 점에서 우리의 의지가 앞서 주어지는 조건들에 속박되어 있다는 사실이 재차 제시된다. 의지는 의지된 것을 직접 실현할 수 없다. 만일 할 수 있다고 한다면, 의지와 성취 사이의 구분은 사라져버릴 것이다. 그러나 그때 의지 개념에 관하여 무엇이 남아 있을 것인가?

사람들은 삶과 자기 보존에 대한 어두운 충동을 보다 더 일반적으로 생에 대한 의지 혹은 권력 의지라고 불렀다. 하지만 자기 보존이나 자기 확장의 열망의≠ 근저에도 언제나 결핍이 놓여 있는데, 이것은 부족한 상태를 뜻한다. 스피노자는 이와 같은 의지의 표상을 하나님께 적용하는 것을 금지했다.

하지만 의지의 표상을 위한 또 다른 출발점이 있다. 이 출발점은 인간의 자기 경험 속에 있지 않으며, 한편으로 결핍의 감정과 의지 사이의 관계에도, 다른 한편으로 추구하는 목적과 의지 사이의 관계에도 놓여 있지 않다. 오히려 여기서 중요한 것은 인간을 향해 거세게 파고드는 현실성에 대한 경험이다. 이 경험은 그와 같이 향해 오는 역동성을 통해 "인간에 대해 무엇인가를 원"하거나 혹은 원하려는 것처럼 보인다. 비록 자신이 무엇을 "원"하는지(wollen)는 아직 불분명하다고 해도 그렇다. 이것은 최고로 다른 문화들 속에서 인간들에게 언제나 또 다시 떠올랐던 경험이다.[106] 이

---

106 레에우(Leeuw)가 이 내용을 고전적으로 서술했다. G. van der Leeuw, *Phänomenologie der Religion*, 2. Aufl. Tübingen 1956, §17: Macht und Wille gestaltet

사실에서 어쩌면 의지의 표상의 기원을 찾을 수 있을지도 모른다. 그 경우 의지의 표상은 인간의 자기 경험, 즉 삶의 충동 및 다른 동인들에 대해 단지 이차적으로만 관계될 것이다. 그런 경험, 충동, 동인 위에서는 최종적으로 인식과 결단의 상호작용 속에서 의식되는 어떤 의지의 표상이 축조될 것이다.[107]

어떻든 간에 인간에게 파고드는 "의지", 곧 그에게 알려졌거나 알려지지 않은 신성 혹은 어떤 악마적인 힘에 대한 종교적 경험은 어쨌든 신성의 측면에서는 의지와 지성의 공동 활동에 대한 어떤 표상들과는 무관하다. 오히려 일차적으로 중요한 것은 알 수 없는 힘에 사로잡히는 당황스런 경험인데, 이 힘은 그런 경험들을 신명으로 확인할 수 있는 어떤 신성에 귀속시킴으로써 비로소 명확성을 획득한다. 신적 의지는 그렇게 확인된 신성의 "말씀"으로 표현되며, 그렇게 하여 명확성을 획득한다. 하지만 이와 함께 신성의 측면에서 의지와 지성의 공동 작용이라는 표상이 주어지는 것은 아니다. 오히려 인간에게는 본질상 알 수 없는 역동성이 침입하는데, 이 역동성은 인간에게 분명한 말로 표현될 때에 가서야 비로소 그 섬뜩함이 물러가게 된다. 그때에 가서야 사람들은 그 역동성과 관계한다는 것이 무엇인지 최소한 알게 된다.

구약성서에는 하나님의 의지에 대한 일치된 개념이 없다. 그 대신에 우리는 한편으로 하나님의 명령과 지시의 표상들을, 다른 한편으로 하나님이 기뻐하시는 것들에 대한 다양한 표현들을 만난다. 이 표현들의 기원은 하나님이 희생제물을 수용하시는 것에 있을 것이다(예를 들어 레 19:5; 22:19 등).

---

im Namen (155-170), 그리고 §9: Wille und Gestalt (77-86)를 보라.
107 이 주제에 대한 풍부한 내용이 딜레(Dihle)의 연구에서 등장한다. A. Dihle, *Die Vorstellung vom Willen in der Antike* (1982) Göttingen 1985. 딜레는 어떻게 그리스 사상이 유대교 및 그리스도교와의 논쟁 속에서 보다 더 정확한 의지 표상을 형성했는지를 제시한다.

그렇기에 그 표현들은 매우 일반적인 신적 의지의 표현이 될 수 있었고(시 103:21; 참고. 40:9), 특히 랍비적 유대교에서 그러했다.[108] 이것들로부터 예수 전승(예를 들어 마 6:10; 7:21; 12:50; 21:31; 26:42과 병행본문들), 또한 요한(요 4:34; 5:30; 6:38f.), 그리고 다른 신약성서 본문들에 있는 신적 의지의 표상이 이해될 수 있다. 구약성서의 언어 사용에서 신적 의지의 표상은 하나님의 말씀의 표상과 깊은 관계가 있고(말씀과 의지의 병행에 대해 시 103:20을 참고하라), 또한 하나님의 영과도 관계가 있는데, 영은 하나님이 기뻐하시는 것 속에서 표현되지만, 또한 하나님을 기쁘시게 하는 자에게 주어진다(사 42:1).

하나님의 영과 의지의 관계는 성서적 표상들의 의미에서는 가장 먼저 하나님의 영의 역동성이 특정한 의지적 방향으로 구체화되는 것으로 생각될 수 있다. 이것은 말씀이 영(*ruah*)의 구체적 표현으로 이해될 수 있는 것과 같다(시 33:6). 영은 위에서 보았던 것처럼 이성(*Nus*)이 아니라 창조하고 생명을 부여하는 역동성(Dynamik)으로 이해될 수 있다. 이것은 하나님의 권능에 찬 현재의 "힘의 장"(Kraftfeld, 力場)이다(시 139:7). 이와 같은 성서적인 영 이해의 특성으로부터 위의 시편 구절이 말하는 모든 것을 포괄하는 하나님의 앎에 대한 이해가 열린다. 그 앎은 자신의 피조물 곁에 계시는 하나님의 현재에 근거한다. 이것은 전통적인 신학적 신론이 신성을 **이성**(*Nus*)으로 보는 그리스적 표상으로부터 발전시켰던 것과는 매우 다른 맥락이다.

"하나님은 영이시다"(요 4:24)라는 요한의 구절을 플라톤적 (그리고 아리스토텔레스적) 신성의 표상, 곧 신성을 이성(*Nus*)으로 이해하는 표상의 의미로 해석하려는 결정은 오리게네스가 내린 것이었다. 이런 결정을 내린 이유는 스토아적인 영 이론의 의미로 이 구절을 이해하는 것이 유일한 대안으로 보였다는 것이다. 그러나 스토아적 영(*Pneuma*)은 극단적으로 미세하고 여러 단계에서 우주 전체를 관통하기는 하지만 그러나 물질적인 실재성으

---

108 슈렝크(G. Schrenk)의 논거들을 보라. ThWBNT 3, Stuttgart 1938, 54 (θέλημα에 대한 내용).

로 생각되었다.[109] 플라톤-아리스토텔레스의 시각 혹은 스토아적 범신론의 관점에서 그리스도교 신학으로서는 받아들일 수 없는 결과들이 그 생각과 결부되어 있는 것으로 보였는데, 그것은 영에 대한 많은 스토아적 표상이 그것에 상응하는 성서적인 표현들에 매우 가까움에도 불구하고, 호흡이나 바람이라는 의미에서 하나님의 영을 말하는 모든 성서적 진술의 해석이 배제되었다는 결과들이었다. 교부신학이 이 문제에서 보았던 딜레마는 오늘날에는 더 이상 존재하지 않는다. 스토아적 영 이론을 뒤따르며 발전했던 근대 물리학의 장(Feld) 이론들[110]은 장 현상들을 더 이상 물체적인 규모가 아니라 물질에 대해 자율적인 것으로 파악하며, 공간 내지는 시공간과의 관계를 통해서만 정의한다. 장 개념을, 그것의 기원이 고대의 영 이론들에 있다는 것과 관련하여, 영으로서의 하나님 표상의 해석과 관련지을 수 있는지의 문제는 포괄적으로 보면 공간 및 시간이 하나님의 영원에 대해 갖는 관계를 어떻게 해석하느냐에 달려 있다. 나아가 우주적 장들에 대한 구분성과 관계성은 그 장들이 물리학의 대상이기에 해설을 필요로 하는데, 이것은 창조론의 맥락에서 수행될 수 있다. 여기서 미리 말할 수 있는 것은 하나님의 영에 대한 성서적 진술들이 하나님을 이성(Nus)으로 이해했던 고전적인 표상보다는 패러데이(Michael Faraday)가 처음으로 구상했던 근대의 보편적인 "힘의 장"(Kraftfeld)의 표상에 훨씬 더 가깝다는 사실이다. "힘의 장"과의 관계 속에서 모든 물질적 외연의 형체는 부차적인 현상들로 간주될 수 있다.

이와 같은 사실로부터 삼위일체적 위격들과 이들 모두에 공통된 신적 본성 사이의 관계를 새롭게 파악할 수 있는 놀라운 가능성들이 주어진다.

---

109 M. Pohlenz, *Die Stoa. Geschichte einer geistigen Bewegung*, Götingen 1959, I,73f., II,42f.
110 이 이론들과 스토아적 영 이론과의 관계에 대해 다음을 보라. M. Jammer, *Hist. Wörterbuch der Philosophie 2*, 1972, 923-926 (Feld, Feldtheorie).

장의 자율성은 영을 이성(*Nus*)으로 해석하는 경우처럼 주체에 귀속될 필요가 없다. 장으로 생각되는 신성은 삼위일체적인 모든 세 위격 속에 같은 정도로 현현한다고 생각될 수 있다. 다수의 인간들의 인격들도 공통의 영을 통하여 생명의 공동체로 결합될 수 있다. 물론 인간의 생명 공동체 속에서 개별적인 인격 각자는 공동체의 영을 벗어날 수도 있다. 각각의 개별적 인격은 영에 대해 근본적으로 독립해 있는 반면에, 삼위일체의 위격들은 이들을 묶는 사랑의 영에 대해 어떤 독립성도 갖지 않으며, 오히려 하나의 신적 본질의 현현이자 형상들—영원한 형상들—이다. 이 점에서 한 분 하나님은 성서가 말하듯이 **살아 계신** 하나님이시다.[111] 이것은 지금까지 말했던 것이며, 전혀 놀라운 것이 아니다. 생명을 창조하는 영이 하나님의 신성이자 본질이라면, 어떻게 그 하나님이 자신 안에서 살아 있지 않을 수 있겠는가? 어떻게 한 분 하나님이 살아 계신 하나님인가에 대한 그리스도교의 특수한 이해는 이제 아버지, 아들, 성령의 살아 있는 연합 속에서 표현된다.

신적 생명을 역동적인 장으로 이해하는 것은 하나님의 영을 "힘의 장"으로 생각하는 것을 허락한다. 이때 영은 세 위격들을 하나로 묶으며 아버지로부터 나와서 아들에 의해 수용되는 동시에 양자에게 공통되는 장, 그러나 바로 그렇게 하여 양자로부터 구분되는 "힘의 장" 곧 양자의 연합의 장으로 생각된다. 삼위일체론의 오랜 문제는 영 개념이 한편으로 (요 4:24에 따라) 세 위격들 모두에 공통된 신성의 본질을 가리키면서, 다른 한편으로 아버지와 아들 곁의, 삼위일체의 셋째 위격도 된다는 것이었다. 셋째 위격은 아들을 아버지 안에서, 아버지를 아들 안에서 영화롭게 함으로써, 이 둘과 구분되고 이 둘을 마주하고 있다고 이해된다. 여기서 영을 장으로 이해하는 것은 이 곤란한 사태의 이해를 위한 새로운 관점을 줄 수 있지 않을까? 장으로 이해된 영은 어쨌든 비인격적이다. 인격으로서 영은 아버지

---

111 예증들을 다음에서 보라. L. Köhler, *Theologie des Alten Testaments* (1936), 2. Aufl. Tübingen 1948, 35f.

나 아들과 마찬가지로 단일한 신성의 구체적 형상으로만 생각될 수 있다. 하지만 영이 아버지와 영에 공통된 신적 생명일 뿐만 아니라, 또한 자신만의 고유한 행위 중심으로서 그 둘과 마주한다는 사실은, 만일 아버지와 아들 양자가 오직 영의 인격과 대면하는 가운데 신적 생명의 단일성 안에서 서로 연합할 수 있다고 한다면, 이해될 수 있을지도 모른다. 양자가—물론 서로 구분되는 방식으로[112]—신성의 공통된 본질이 영의 형태 속에서 서로 마주하기에, 둘은 영의 통일성을 통해 서로 결합된다. 만일 이 결합이 영을 또한 인격으로서 포함해야 한다면, 다음 사실이 전제되어야 한다. 즉 인격적 영이 아버지와의 관계 속에 있는 아들을, 그리고 아들을 통해 아버지를 영화롭게 함으로써, 동시에 영은 그 과정을 통해 자신이 양자와 합일되었음을 "알고 있다." 이와 같은 자기 관계는 다른 방식으로 아버지와 아들의 위격에 특유한 것이기도 하다. 이 문제는 이번 장의 마지막 단락(6.7)에서 더 논의될 것이다. 여기서는 삼위일체의 위격들이 각기 서로 다른 방식 안에서 인격으로 규정된다는 점에 대해 주목하려고 한다. 이것은 삼위의 각각의 자기 관계의 특수성에도 해당한다. 자기 관계는 각각 다른 두 위격에 대한 관계들을 통해 중재된다.

이성(Nus)을 신적 행위의 주체로 이해하는 표상은 비판적 숙고의 과정에서 해체되었다. 그런데 만일 하나님의 살아 있는 본질로서의 영이 주체가 아닌 "힘의 장"의 특성을 갖는다면, 하나님의 행위에 대해 말하는 것은 어떻게 정당화될 수 있으며, 한 분 하나님의 속성들은 그와 같은 영의 행위에서 어떻게 읽힐 수 있는가?

---

112 구분된다는 것은 영이 아버지로부터 나와서 아들이 그를 수용하기 때문이며, 영이 아들을 통해 다른 이들에게 전달되는 (보내지는) 때도 마찬가지다.

5. 신적인 행위의 개념, 그리고 하나님의 속성론의 구조

행위 개념은 행동하는 주체를 요청한다. 하지만 이 기능은, 영으로서의 신적 본질에 대한 서술에 따르면, 하나님의 본질에는 직접 귀속되지 않을 수 있다. 하나님의 영원한 본질은 세 위격들의 곁에 독립적으로 존속하는 주체가 아니며, 세 위격들을 모두 포괄하는 한 위격도 아니다. 그러므로 그런 가정에 따라 세 위격들이 하나님의 주체적 존재에 속하는 단순한 계기들이라고 평가절하되어서는 안 될 것이다. 오직 삼위일체의 위격들만이 신적 행위의 직접적인 주체가 되신다. 영원한 하나님께 목적을 설정하고 실현하는 행위를 귀속시키는 것은 어렵지만, 그럼에도 불구하고 우리는 어떻게든 하나님의 행위에 관해 말해야 한다. 그것이 우선적으로 삼위일체의 위격들의 행위이든지, 위격들 상호 간의 관계 안에서의 행위이든지, 혹은 창조에 대한 관계 안에서의 행위이든지 상관없이 말이다. 삼위일체가 피조세계에 대해 갖는 외적인 관계에 대해 4세기의 카파도키아 교부들은 삼위일체의 위격들이 공동으로 행동한다고 가르쳤다. 밖을 향한 행위의 이와 같은 공동성은 그 교부들에게 페리코레시스(Perichorese, 삼위일체의 순환 관계)와 함께, 아버지의 군주성 사상을 계보학적으로 설명했던 아버지로부터의 단일한 기원, 그리고 신적 본질 안에서의 삼위의 단일성을 나타내는 것으로 생각되었다.[113] 이와 같은 설명들은 5.1장에서 제시했던 것과 같이 니케아 공의회의 삼위일체론

---

113 니사의 그레고리오스(Gregor von Nyssa)는 "하나님"이라는 단어를 아버지로부터 아들과 영을 통해 피조물들에게 다가가는 신적 행위의 운동이라고 **지칭한다**(Quod non sint tres dii, MPG 45, 128 AC). 나지안주스의 그레고리오스(Gregor von Nazianz)의 비유의 언어도 이에 상응한다. 그에 따르면 아버지, 아들, 영은 하나의 빛($μία τοῦ φωτὸς σύγκρασις$)을 형성하며 피조물들을 비춘다(or. 31,14; MPG 36, 149 A). 이에 대해 다음을 참고하라. R. W. Jenson, *The Triune Identity*, Philadelphia 1982, 113f. 물론 니사의 그레고리오스는 아리우스주의의 대적자들 앞에서 작용의 일치가 아직은 **실체의 단일성**을 말해주지는 않는다는 사실을 인정해야만 했다(MPG 45,128-130).

이 삼신론을 뜻한다는 아리우스주의자들의 (또는 유노미우스주의자들의) 주장을 완전히 논박하지는 못했다. 왜냐하면 페리코레시스는 물론 밖을 향한 공동 행위도 이미 다수의 인격을 전제할 뿐만 아니라 그 전제를 넘어서지 못하며, 아들과 영의 아버지로부터의 기원은 다수의 위격들로 이끈 뒤에 마찬가지로 그것을 넘어서지 못하기 때문이다. 그 결과 세 위격의 동일한 신성에 대한 교회적 교리와 관련하여 세 신들이라는 인상이 더 유리해진다. 그 사이에서 획득된 통찰, 즉 신적 본질의 영적 규정성에 대한 통찰과 세 위격들 상호간의 중재를 통해 이들을 하나로 묶는 영의 생명과 세 위격들 사이의 관계에 대한 해명은 삼위일체의 위격들이 이들과 구분된 어떤 신적 본질로부터 **도출될 수 없지만**, 그럼에도 불구하고 신적인 영의 운동의 생명 중심들로, 즉 세 위격들 모두를 포괄하고 관통하는 신적인 영의 운동이 보여주는 생명의 중심성들로 이해될 수 있게 한다. 이때 영은 오직 그 위격들 안에서만 자신의 현존재를 갖는다. 위격들은—아버지로부터 발현한다고 해도—우선적으로 각각의 특수성 속에서 구성되어 있지 않으며, 그 다음에 비로소 페리코레시스의 연합과 공동 행위를 위해 결합되는 것이 아니다. 그런 표상은 삼신론에 우려스럽게 근접할 것이다. 삼위일체의 위격들은 하나의 신적 삶이 갖는 현존방식들로서 언제나 그 생명의 역동성에 의해, 즉 이들의 상호관계를 통해 관통되어 있다. 이것은 신적 생명의 특성이 사랑이라고 말한다면, 더욱 분명해질 것이다. 여기서는 우선 신적 위격들의 밖을 향한 공동 행위가 단일한 신적 본질 안에 존재하는 생명의 일치성과 어떤 관계에 있는지 설명되어야 한다. 행위의 공동성은 본질의 단일성을 설명할 수도, 대체할 수도 없다. 하지만 아버지, 아들, 성령의 공동 행위 속에서 세 위격들을 항상 결합하는 생명의 그리고 본질의 단일성이 나타날 수 있다.

여기서 행위 개념은 우선 "의지"의 밖을 향한 작용을 가리킨다. 앞 단락 (6.4)에서 설명된 것처럼 의지는 자신과 구분되는 결과들을 발생시키는 작용이다. 행위에서 행위자는 행위가 영향을 미치는 혹은 목표로 하는 타자와 함께 있다. 그렇기에 하나님의 행위라는 사고는 자신 안에 있는 하나님 존재를 세계 안에 계신 하나님 존재와 결합하며, 하나님의 내적인 생명을 경륜적 삼위일체와 결합한다. 경륜적 삼위일체는 구속의 경륜 속에서 피조물과 함께하는 아버지, 아들, 영의 활동적 현재다. 여기서 행위 개념은, 하나님의 구속의 경륜적인 활동이 하나님 자신의 내적인 삶, 즉 신성의 영원한 자기 동일성에 대해 갖는 중요한 의미를 명확하게 밝히는 데 도움을 줄 수 있다. 왜냐하면 행위자는 행위의 실행 속에서 그가 발생시키는 타자 곁에 머무름으로써, 동시에 자기 자신과도 관계를 맺기 때문이다. 그와 같이 그는 행하는 자로서 그 자신이다.

이 내용은 행위의 목적론적 구조와 깊이 연관되어 있다. 이 구조를 하나님께 적용하는 것은 문제가 있어 보였는데,[114] 그것은 한편으로 행위자의 측면에서 이미 전제하는 것으로 보이는 어떤 결핍 때문이고, 다른 한편으로 목적의 선택과 실현 사이의 시간적 차이, 곧 행위를 통해 극복되는 그 차이 때문이었다. 그 사이에 이것에는 다른 난점이 추가되었다. 그것은 한 분 하나님이 아버지, 아들, 영과 구분되는 어떤 행위 주체로 생각되지 말아야 한다는 것이다. 그런데 바로 이 점 때문에 행위의 목적 관계성과 결부된 단일한 신적 행위의 표상이 가진 난점들을 해결하고, 신적 행위를 창조에 대한 관계 속에서 일어나는 하나님의 "자기 실현"으로 설명하는 것이 가능해진다. 이것은 재차 신적 행위에 근거해서 하나님의 본질의 속성들을 진술할 수 있는 조건이 된다. 세부적인 내용들은 이어지는 내용에서 해명될 것이다.

신적 행위의 목적 관계성(Zweckbezogenheit)[115]의 표상을 위한 출발점

---

114 위의 599f.를 보라. 또한 하나님 안에서 지성과 의지를 구분하는 것에 대한 스피노자의 비판을 보라(407). 이 구조는 이미 **근본적 행위**(basic actions)로 간주된다. T. Penelhum, 40ff.(각주 104를 보라).
115 구약성서의 지혜문학이 인간에게 숨겨진 신적 지혜에 대하여 진술한 것이 이와 비교

은 단일한 신적 주체의 표상에 있는 것이 아니라, 자연과 역사의 사실들을 신적 권능의 작용으로 경험하는 것에 있다. 먼저 신적 **활동**(Tätigkeit)의 표상이 이 점에 근거되지만, 이것은 아직은 목적을 향하는 **행위**(Handeln)의 표상이 아니다. 후자는 자연과 역사 속에서 일어나는 신적 활동의 개별적인 결과들 사이에서 인지될 수 있는 맥락을 통해 비로소 나타나게 될 것이다. 자연 사건의 영역에서 그 지각(知覺)은 탐구자의 눈앞에 드러나는 피조적 현실성의 질서에 대한 놀라움 안에서 발생하며, 그 질서를 통해 피조적 현실성은 세계, 즉 **우주**(Kosmos)로 현시된다. 이것은 사람들을 언제나 또 다시 우주의 근원으로서 질서를 부여하는 영의 사고로 인도했던 지각이다. 성서의 증언들은 이와 같은 지각에 대해 결코 침묵하지 않았다. 시편의 기도자는 하나님을 찬미하면서 그분이 모든 것을 정교하게 준비하셨고 (시 139:14), 천체들이 벗어날 수 없는 하늘의 질서를 세우셨다고 반복해서 말한다(시 148:6). 이 질서 안에서 하나님의 지혜가 나타난다(시 104:24). 그렇기에 솔로몬의 지혜서(13:5)와 사도 바울(롬 1:20)은, 비록 사람들이 하나님께 합당한 그분의 영광을 숨기려 하지만, 하나님의 본질은 이미 창조의 작품들 안에서 알려져 있다고 가정했다. 피조적 현실성의 질서 안에서 수단과 목적 사이의 관계들이 인식될 수 있다는 사실은 역사의 과정에서 확인될 수 있다. 예를 들어 예언자 이사야는 역사의 과정에 작용하는 하나님의 "계획"에 관하여 말했다(사 5:19; 참고. 14:24ff.). 물론 하나님의 그 계획은 그분의 "사역"(5:12)이 완성에 이를 때에야 비로소 모두의 눈앞에 명백히 드러날 것이다. 그때까지 그 계획은 인간들에게 숨겨지며, 그것에 관한 말은 조롱을 받고 경시될 것이다(5:19). 심지어 이미 진행 중인 "사역"조차도 무시

될 수 있을 것이다. 그 진술에 따르면 지혜는 인간의 이해로부터 벗어나 있다. 물론 지혜는 하나님이 창조에 선사하신 "의미"와 함께 "신적인 창조비밀"을 묘사한다(G. v. Rad, *Weisheit in Israel*, Neukirchen 1970, 193f., 194ff. 또한 다음 장을 참고하라. "Grenzen der Weisheit" ebd. 131-148).

될 것이다(5:12).[116] 마찬가지로 원시 그리스도교 또한 신적 구원 계획의 인식, 곧 역사의 과정에 대한 하나님이 다스리는 경륜(οἰκονομία)의 대상을 형성해가는 신적 "신비"의 인식도 단지 그것의 완성으로부터만 기대할 수 있었다. 그 완성은 예수 그리스도의 역사 속에서 이미 시작되었으나, 아직 미래에 있는 종말의 최종 사건을 통해서야 종결될 것이다. 종말의 사건은 역사 가운데 행동하시는 하나님뿐만 아니라, 세계와 인간들에 대한 진리도 계시할 것이다. 이것은 히브리어의 진리 개념에 부합한다.[117] 그 개념에 따르면 진리는 시간과 대립하지 않는다. 진리는 사물들의 무시간적 자기 동일성 혹은 그런 동일성과 우리의 판단들과의 일치를 의미하지 않으며, 오히려 사건의 과정이 종말에 도달할 때 사물들의 본질로서 판명날 것을 뜻한다. 그렇기에 세계에 대한 심판, 그리고 사물들과 사람들의 참된 특성과 가치의 계시는 종말 사건에 속한다.

히브리어 진리 개념의 역사적인 논리는 독특하게도 행위의 구조에 가깝다. 행위의 주체에 대한 질문을 우선 뒤로 미룬다면 그렇다. 행위의 과정은 종말을 향하는 구조를 갖는데, 그에 따라 그 구조는 행위의 목적이나 목표로부터 규정된다. 행위 과정 안의 각각의 개별적인 부분은 자신의 의미를 의도된 결과로부터 비로소 획득한다. 역사의 과정에서 사건들이 우연적인 순서로 발생하는 동안에, 수단의 선택이나 순서는 목적으로부터 규정되는 행위의 계획 안에서 확정되며, 그리하여 그 계획이 실현되는 단계에서는 결국 추구해왔던 목적을 산출하게 된다. 비록 각각의 개별 수단들과의 관계 그 자체에서만 본다면 행위의 목적은 우연인 것으로 여겨질 수 있지만, 시행되는 수단들의 연속은 목적을 산출하게 될 것이 확실하다. 그래서 역사의 과정은 단지 이야기를 통해서만 재현될 수 있는 우연적

---

116 위의 4.2장, 344ff.를 보라.
117 이에 대한 더 자세한 설명을 나의 논문에서 보라. Was ist Wahrheit? in: *Grundfragen systematischer Theologie I*, Göttingen 1967, 202-222.

인 사건들의 연속으로서, 합리적 행위와는 구분되며,[118] 어떻든 시간의 과정 안에 자신들의 장소를 갖는 유한한 주체들의 행위와는 구분된다. 이 주체들은 행위의 목적들을 미리 설정하며, 그 목적들이 선택되는 시점과는 구분되는 미래에 설정함으로써, 사건의 과정을 행위를 통해 최소한 부분적으로나마 통제하려고 시도한다. 이와 같은 모델을 통해 하나님의 행동을 생각한다면, 하나님은 유한한 존재처럼 묘사될 것이고, 그때 하나님은 자신의 현재와 구분되는 미래를 미리 내다보고 자신의 행위를 통해 그 시간에 도달하려고 하는 어떤 존재처럼 보일 것이다. 그렇게 된다면 다른 한편으로 역사의 진행도 미리 결정된 과정으로 변할 것이며, 피조물에게서 자립성을 박탈하게 될 것이다. 이 두 가지는 일치한다. 그 결과 하나님의 예정과 섭리의 이해들도 세계 사건을 지배하는 신적 주권성의 폭정이라는 변질된 상으로 인도되는데, 왜냐하면 예정과 섭리가 하나님을 유한한 행위의 주체로 보는 모델에 따라 상상하기 때문이다. 유한한 주체의 세계 통치는 사건들의 과정을 총체적으로 통제하려 하기 때문에, 언제나 폭정을 의미할 수밖에 없다.

이와 같은 곡해 없이 하나님의 역사 계획에 대해, 세계 안에서 발생하는 하나님의 행동의 "경륜"(Ökonomie)에 대해 말할 수 있는가? 하나님에 의해 역사 과정이 미리 확정되어 있다는 생각을 암시하는 성서 구절들이 있다(예를 들어 롬 8:28ff.). 하지만 이 구절들의 본래 의도는 현재의 구원 사건이 하나님의 영원 안에 근거되어 있음을 묘사하려는 것이다. 이 점은 예정론을 전개할 때에 더 자세히 논의될 것이다. 예정은 **시간의 시초**에서 내려진 결의(決意, Vorsatz)의 표상과 다르다. 결의는 역사의 과정의 미래를 자기 밖에 두면서 사건의 진행을 미리 결정한다.

하나님을 행위의 주체로 상상할 때 숨겨진 문제가 여기서 더욱 분명해

---

118 이 구분을 뤼베가 상세히 다루었다. H. Lübbe, *Geschichtsbegriff und Geschichtsinteresse*, Basel 1977.

졌다. 이것은 하나님의 행위, 즉 세계 안에서 발생할 뿐만 아니라 "경륜"을 통해 세계사 전체를 포괄하는 그분의 행위에 대한 해석의 출발점이 왜 신적 주체라는 표상이 아니라 세계 사건 과정의 맥락에 대한 경험에서 얻어졌는가 하는 점을 설명해준다.

하나님의 "행위"에 대한 진술은 세계 사건 속에 나타나는 맥락들을 하나님께로 소급시킨다. 이 맥락들은 역사의 종말로부터만 열리며, 그렇기에 종말을 향한 도상에 있는 인간들에게는 숨겨져 있다. 이것은 사건들의 순서가 예견될 수 없고 우연적(Kontingenz)이기 때문인데, 이스라엘은 이것을 하나님의 행위 가운데 나타나는 하나님의 자유의 표현으로 경험했다.

신적 행위의 주체는 우선 세 위격들인 아버지, 아들, 영이며, 이들의 공동 사역을 통해 한 분 하나님의 행위가 형태(Gestalt)를 얻는다. 이것은 제한 없이 행동하시는 유일무이한 신적 주체의 표상이 지닌 총체적인 함축들에 대한 그리스도교적 대답의 출발점이어야 한다. 세계 안의 하나님 나라는 분명 아버지의 나라이며, 그분의 군주성은 철저한 하나님의 통치이고, 이 통치에는 아들이 봉사할 뿐만 아니라 또한 영을 통한 아버지와 아들의 영광도 그것에 봉사한다. 하지만 아버지의 군주성은 아들을 통해, 즉 아들이 피조물들의 삶 속에서 자신의 형태를 획득하여 아버지의 통치를 위한 길을 예비함으로써 중재된다. 또한 아버지의 군주성은 영을 통해서도 중재된다. 다시 말해 영이 피조물로 하여금 하나님을 창조자로 찬미하도록 하고, 그래서 아버지에 대한 아들의 영원한 관계에 참여케 함으로써 중재되는 것이다. 이것은 아버지, 아들, 영을 통한 한 분 하나님의 행위이며, 이 행위는 하나님 나라가 종말론적으로 완성되는 빛 가운데 세계 속에서 인식될 것이다. 오직 이 점에서 한 분 하나님은 행동하시는 하나님이며, 이것은 그분이 이미 영원부터 아버지, 아들, 영의 연합 속에서 살아 계신 하나님이심과 마찬가지다.

세계 안에서의 아버지, 아들, 영의 행동은 삼위일체의 세 위격들에게만이 아니라, 하나님의 단일한 신적 본질에도 속한다. 바로 이런 이유에서 우리는 세계 안에서의 하나님의 행위에 근거하여 하나님의 본질의 속성들에 관하여 말할 수 있게 된다. 그때 한 분 하나님은 행위자로, 행위의 주체로 묘사된다. 하지만 이와 같은 하나님의 주체-존재는 아버지, 아들, 영이라는 위격들의 삼중성에 덧붙여지는 넷째 위격이 아니며, 또한 삼위일체적 구분 속에서 자신의 존재를 전개하려고 할 때 위격들보다 우선하는 것도 아니다. 오히려 그 존재는 행위 속에서 세계에 참여하는 생명의 연합(Lebensgemeinschaft)의 표현이다.

아버지, 아들, 영의 사역을 통해 세계 안에서 발생하는 하나님의 행동의 목적은 이중적이다. 한편으로 그것은 하나님과 구분되는 피조적 현실의 창조, 그리고 창조자와 대면하는 관계 속에서 피조물을 완성하는 것이며, 다른 한편으로 그와 동시에 세계의 창조자로서의 하나님의 신성을 계시하는 것이다. 그 목적은 다음의 사태 관계에 상응한다. 즉 하나님의 모든 행위를 통해 세계 안에는 선택된 목적의 실현으로서 어떤 작용이 일으켜지는데, 이것은 행위자 자신이 그 목적의 선택 방식을 통해서, 또한 목적을 실행하는 능력과 무능력을 통해서 인식된다는 사실을 뜻한다.

유한한 주체들의 행위에서 주체는 행위의 목적보다 또는 그것의 시간 안에서의 실현보다 우선하며, 그 목적은 주체의 결핍을 뜻한다. 그러나 전자도 후자도 하나님께는 전가될 수 없다. 하나님은 자신의 영원 속에서 모든 시간에 동시적이시며, 하나님의 행위의 목적은 창조세계에 대한 그분의 주권의 계시로서 그분의 영원한 본질 속에 있는 어떤 결핍의 충족이 아니다. 오히려 그 목적은 그분의 피조물들을 오직 영을 통한 아버지와 아들의 영원한 연합 안으로 편입시키는 것이다. 그 점에서 하나님의 세계행위는 세계에 대한 관계 속에서 그분의 영원한 신성을 **반복**(Wiederholung)[119]

---

[119] 칼 바르트(K. Barth, *KD* I/1, 315)에서 나타나는 하나님의 자기반복의 사고에 대해 윙엘이 그 의미를 제시했다(E. Jüngel, *Gottes Sein ist im Werden*, Tübingen, 1965, 28; 참고. 25, 각주 43). 여기서 주의해야 할 것은 "하나님의 반복"이라는 표현이 세계

하는 것이다.

여기서 행동하시는 하나님은 세계의 시초부터 그것의 완성과 같은 가장 멀리 떨어진 미래를 보고 계신 것이 아니다. 세계의 미래는 시간의 존재 방식(Modus)으로서 하나님의 미래에 가장 가까이 서 있다. 이것은 나중에 더 자세히 설명될 것이다. 세계와 역사의 목적은 시초에서보다 하나님께 더 가깝다. 그렇기에 세계에 대한 하나님의 행위는 이미 시작된 하나님의 통치의 징조 속에서 하나님의 세계 안으로의 **오심**(Kommen)[120]이다.

또한 어떤 의미에서는 인간의 행위에서도 행위의 목적은 행위자에게 가장 가까이 있다고 할 수 있다. 행위의 성취를 위한 다른 모든 요구들과 정황들은 그 목적을 향해, 그리고 그 목적에서부터 숙고된다. 하지만 행위자인 인간은 자신이 얻고자 노력하는 목적을 다만 주관적으로 예기할 뿐이다. 그 목적은 아직 실현되지 않았다. 그러나 하나님이 세계 안으로 오실 때, 세계사의 목적인 하나님 나라는 이미 그것의 미래적 완성의 도래로서 현실적으로 현재한다.

행위자인 인간은 자신의 행위를 통해 자기 자신을 실현하려고 한다. 그의 현존재를 보충하기 위해 그는 목적의 선택을 통해 미래를 선취하는 것이다. 행위 속에는 한편으로 주체의 (행위와의) 동일성이 이미 전제되어 있

안에 나타나는 하나님의 자기 계시에 대한 것이지, 아버지와 아들의 내재적 삼위일체의 관계에 적용되는 것은 아니라는 사실이다. 후자가 배제되는 것은 아들 없는 아버지란 결코 "반복"될 수 있도록 자신 안에 고립되어 있는 어떤 존재가 아니기 때문이다.

[120] 이에 대해 몰트만이 하나님의 미래를 **도래**(*Adventus*)라고 특징지은 것을 참고하라(J. Moltmann, Richtungen der Eschatologie, in: *Zukunft der Schöpfung*, München 1977, 26ff., 특히, 35ff.). 또한 E. Jüngel, *Gott als Geheimnis der Welt*, Tübingen 1977, 225 외 자주, 특히 513을 참고하라. 그 외에 H. J. Iwand, *Die Gegenwart des Kommenden*, 1955, 37(이것은 J. Moltmann a.a.O. 49에서 인용됨)을 보라. 또한 종말론에 대한 나의 책을 참고하라. Gott und Schöpfung, in: *Theologie und Reich Gottes* (1969), Gütersloh 1971, 9-29, 특히 18ff.와 21. "미래의 다가옴으로서 현현"에 관하여 a.a.O. 79-91을 보라.

다. 이 동일성은 설정된 목적에 도달할 수 있도록 행위가 진행되는 과정 속에서 끝까지 유지되어야 한다. 하지만 다른 한편으로 목적을 추구하는 것은 주체의 전체성과 자립성의 부족을 채우기 위한 것이다. 행위자의 동일성을 유지시키는 것은 인간이 지금 자신의 존재 너머로 자기 자신을 고양시키는 자신의 규정 능력으로부터 행동할 때 가능한 것이지, 행위하는 자아 스스로가 행위 과정의 일치성을 보증하고 조정하는 능력을 통해 행동할 때 가능해지는 것이 아니다. 자아(Ich)는 아직 자기 자신에 이르는 도상에 있기 때문에, **자기 실현**(Selbstverwirklichung)은 엄격한 의미에서는 인간에게 적용될 수 없는 말이다. 자기 실현이 가능하려면 행위하는 자아는 이미 그 행위가 시작될 때 자신의 행위의 결과로서 주어지게 될 자신의 규정과 완전한 의미에서 동일해야 할 것이다. 이 조건은 오직 하나님의 행위의 경우에만 충족된다. 하나님은 세계 안으로 오심을 통해 세계 속에서 자기 자신을 실현하신다. 이 실현을 위해 그분의 영원한 현존재는 이미 아버지, 아들, 영의 연합 속에 전제되어 있으며, 그래서 하나님의 영원한 본질은 세계 안으로의 도래를 통한 보충적 완성을 필요로 하지 않는다. 비록 세계 창조로 인하여 하나님의 신성과 나아가 현존재까지도 하나님의 통치의 현재 안에서 창조 세계의 규정이 완성되는 일에 의존하게 되었다고 해도, 그러하다.

자기 실현 사상은 **자기 원인**(causa sui) 개념에 상응하며, 이 개념은 플로티노스 이래로(Plotin, *Enn* VI. 8,13ff.) 신의 이름과 관련하여 사용되고 논의되었다.[121] 그 표현은 그 자체로 모순이 된다고 해서 자주 거부되었다. 그것은 어떤 원인도 자기 자신을 발생시킬 수 없기 때문이었다(예를 들어 Thomas von Aquin *S. c. gent*. I,22). 이 판단은, 원인 개념에 대해 원인에는 자기 관계가 속하지 않는다고 전제할 때, 명확해진다. 다른 한편으로 하나님을 **자기 원인**으

---

[121] 이에 대해 다음 논문을 보라. P. Hadot, *Hist. Wörterbuch der Philosophie 1*, 1971, 976f.

로 이해하는 것은 헤겔에서─개념으로부터 현존재가 생성되는 것으로서─ 존재론적인 신 존재 증명의 형식이 될 수 있었다. 왜냐하면 여기서 절대(das Absoulte)는 정신으로, 그리고 그에 따라 자기성찰적으로 사유되었기 때문이다. 플로티노스로부터 스피노자까지 그 개념의 앞선 역사 전체에서와 같이 또한 여기서도 **자기 원인**은 절대의 자기 구분의 특수성을 위한 표현이다. 그렇기에 이 표상이 사람에게, 특히 그 사이에 모든 인간이 각기 "자기 실현"을 추구해야 한다는 규격화된 주장을 하는 사람에게 전가된 것은 근대의 세속 문화 속에서 일어난 인간의 자기신격화의 대단히 중요한 표현이다.

근대신학 속에서 헤르만 쉘은 그 개념을 긍정적으로 받아들였고, 아들과 영이 아버지의 위격으로부터 나온다고 설명했다(Hermann Schell, *Kath. Dogmatik II*, Paderborn 1890, 21, 61ff., 79). 쉘은 이 방식으로 삼위일체 하나님의 내적 활동(Lebendigkeit)을 전통보다 더욱 강조하려고 했다. 하지만 **자기 원인**으로서의 하나님 개념은 내재적 삼위일체의 관계에 직접 적용될 수 없는데, 왜냐하면 아버지는 아들 안에서 자신과 **다른** 것을 생성하기 때문이다. 쉘은 삼위일체의 발현에 대해 설명하면서 본서 제5장에서 거부된 "자기 전개"의 표상을 논의한다(61ff.). 이것은 적절하지 않다. 왜냐하면 아버지는 결코 아들 없이 존재한 적이 없기 때문이다. 이런 이유에서 **자기 원인**의 표상을 내재적 삼위일체의 관계에 적용하는 것은 문제가 된다. 각 위격이 다른 두 위격들과의 관계 속에서 스스로를 실현한다고 해도 마찬가지다. 이에 대해 자기 원인 사상은 내재적 삼위일체와 경륜적 삼위일체의 관계를 묘사하는 데 더 적절한 것으로 보인다. 여기에는 출발과 결과가 동일하다는 점이 주어져 있다. 이 동일성은 자기 원인의 형식이 요청하는 것이며, 세계 과정 속에서의 절대 존재의 자기 전개라는 관념적 사상의 범신론적인 해석과는 대립된다. 범신론 사상은 하나님이 오직 세계의 과정을 통해서만 자신의 완성에 도달한다고 주장한다. 하지만 삼위일체 하나님은 세계에 대한 관계보다 앞서 자신 안에서 이미 완성되어 계시며, 이것이 **자기 원인** 사상의 전제가 된다. 그러므로 내재적 삼위일체와 경륜적 삼위일체의 관계에 대한 적용 속에서 자기 원인의 사상은 신계보학(Theogonie)의 표현이 아니라, 창조와의 관계 속에 계신 삼위일체 하나님의 자기 동일성의 내적인 역동성을 표현한다.

아버지, 아들, 영의 공동사역을 통해 하나님의 미래는 창조세계 가운데 피조물들의 현재 안에서 시작된다. 이와 같은 신적 행위의 토대 위에서 삼위일체의 위격들만이 아니라, 위격들에 공통된 신적 본질도 지니는 **속성들**이 확정된다. 여기서 중요한 것은 창조, 화해, 구원의 신적 사역에 공통으로 속하는 속성들이다. 물론 이것들은 서로 다르게 말해진다. 이 속성들의 동일성에 비추어볼 때, 세계의 창조, 화해, 완성 속에서 행동하시는 하나님은 **동일하신** 하나님으로 인식되신다.

이 행위 속에서 드러나는 속성들은 하나님의 행위를 그분의 영원한 본질과 결합시킨다. 하지만 그 속성들이 하나님의 본질로부터 확정된다는 것은 무엇을 뜻하는가? 속성들에는 이미 본질 개념이 항상 전제되어 있는 것이 아닌가? 그래서 속성들, 다시 말해 하나님의 계시 행위에 근거해서 하나님의 것이라고 인정되는 속성들은 **본질 개념으로부터** 진술되는 것이 아닌가? 그리고 그와 같은 속성들을 통해서 우선 완전히 규정되어야 하는 잠정적인 본질 개념은 이미 속성들을 통해 규정되어 있고, 오직 그 속성들을 통해서만 그것의 특수성은 특징지어질 수 있지 않은가? 그러므로 하나님의 속성의 두 가지 종류가 언급되어야 할 것으로 보인다. 하나는 하나님의 행위에 근거하여 그분께 속한다고 진술되는 속성들이고, 다른 하나는 그 진술들의 **대상** 그 자체를 규정하는 속성들이다. 하나님이 선하고 자비롭고 신실하고 의롭고 인내가 많으시다고 말할 때, "하나님"이라는 단어는 그와 같은 수식어들의 대상을 가리킨다. 다른 모든 것과 구분되는 "하나님"에 대해 그분은 선하고 자비롭고 신실하시다고 말해진다. 이 모든 내용이 "하나님"이라는 단어에 의해 주장되는 것은 무엇을 뜻하는가? 이것은 "하나님"이라는 단어 자체를 설명해주는 표현들, 예를 들어 무한, 편재, 전지, 영원, 전능 같은 표현들을 통해 확정된다. 이 표현들은, 행위 안에 있는 하나님의 계시가 **하나님의** 계시로 이해될 수 있도록 하기 위해, 이미 전제되어 있다. 그렇게 묘사된 하나님에 대해 드디어 그분은 은혜롭고 자비롭고 길이 참으시고 참으로 선하시다고 말하게 된다.

이와 같은 의미에서 크레머는 1897년에 "계시 속에서 추론되는 속성들", 즉 하나님의 거룩하심, 정의, 선함, 지혜, 긍휼이라는 속성들을, 하나님 개념과 함께 이미 전제되고 이미 그 안에 "포함된" 속성들, 즉 전능, 편재, 전지, 불변성, 영원 등의 속성들로부터 구분했다(Hermann Cremer, Die christliche Lehre von den Eigenschaften Gottes 34ff., 77ff.). 이로써 크레머는 신론의 역사에서 많이 논의되었던 질문, 곧 하나님의 속성들을 설명할 때 사용되는 분류 기준에 대한 질문을 완전히 새로운 토대 위로 옮겼다. 그때까지 통상적이었던 구분은 대개 하나님 자신 안의 본질에 속하는 속성들과 세계와의 관계 안에서 그분에게 속하는 속성들 사이의 구분이었다.[122] 슐라이어마허는 그와 달리 신적 기원이 인간과 세계의 창조, 죄, 구원, 완성과 맺는 여러 관계들에 따라 속성들을 새로운 방식으로 분류했다.[123] 이 분류는 속성들이 세계에 대한 **모**

---

[122] C. H. Ratschow, *Lutherische Dogmatik zwischen Reformation und Aufklärung* 2, 1966, 73f. 여기서 인용된 예시는 칼로프(A. Calov)와 홀라츠(D. Hollaz)가 하나님의 속성들을 내재적이거나 외재적인 것으로 분류한 것이었다. 이와 유사한 것은 하나님의 속성들을 절대적이거나 상대적인 것으로, 혹은 직접적이거나 간접적인 것으로 분류하는 것이었는데, 이것은 구(舊)프로테스탄트 교의학에서 선호되었다(H. Heppe/E. Bizer, *Die Dogmatik der ev.-reformierten Kirche*, Neukirchen 1958, 56ff.). 근대 신학 안의 사례들은 칼 바르트가 잘 정리했다(K. Barth, *KD* II/1, 377ff., 특히 383). 속성들을 한편으로 하나님 자신의 존재의 관점에서 분류하거나 혹은 다른 한편으로 세계와의 관계의 관점에서 분류하는 것은 로마 가톨릭 교의학에서도 발견된다. 예를 들어 다음을 보라. M. J. Scheeben, *Handbuch der Katholischen Dogmatik 2* (Ges. Schriften IV) 3. Aufl. Freiburg 1948, 51ff. (§70).

[123] Fr. Schleiermacher, *Der christliche Glaube*, 2. Ausg. 1830, §50,3. §50의 표제어에 따르면 "우리가 하나님께 덧붙이는 속성들이…하나님 안에서는 특별한 것이 아니며, 절대 의존의 감정을 그분에게 관계시키는 방식으로서만 특별할 뿐이다." 그것으로부터

든 관계들 속에서 신적 본질에 속해야 한다는 규칙을 깨뜨렸다. 왜냐하면 속성들은 그럼에도 불구하고 하나님의 단일한 본질의 속성들이라고 말해졌기 때문이다. 슐라이어마허가 시작한 속성들의 분할이 가능했던 것은 그가 속성들에 대한 진술들을 결코 하나님의 본질과 관계시키지 않았고, 오히려 다양한 그분의 활동 영역들에서 단지 그분의 기원성에만 관계시켰기 때문이다. 크레머는 "속성들의 확증을 위해 다양한 영역들을 구분"하는 것에 반대하여 올바른 이의를 제기했다. 즉 "계시 안에는 하나님의 본질 전체가 확증되고 열려서 보이며"(33), 그렇기에 "각각의 속성은 다른 모든 속성들과 함께 규정되어 있다"(32; 참고. 19). 하나님 자신에게 속하는 속성들과 피조물들과의 관계 속에서 그분에게 귀속되는 속성들의 구분에 반대하여, 크레머는 하나님의 행동과 본질이 서로 분리될 수 없이 일치한다고 주장했다. 하나님의 행동은 "그분의 본질의 완성된 확증"이다(19). 이것은 이 책의 제3장에서 전개했던 관점, 즉 본질 개념 자체의 관계적 구조에 대한 통찰에 상응한다. 크레머는 신적 본질 그 자체의 속성들과 창조와의 관계 속에 근거하는 속성들을 **존재론적으로** 구분하는 자리에, 속성들을 귀속시키는 행위 속에 이미 전제되는 그것들의 대상 개념과 그 개념에 귀속되는 술어들 사이의 **언어논리학적인** 구분을 위치시켰다. 하지만 이렇게 구분하면서 그는 하나님의 모든 속성들이 계시 행위로부터 인식될 수 있다고 확정했다. 왜냐하면 전제된 하나님 개념은 "그의 현실적인 내용을" 오로지 계시로부터, 즉 "하나님이라고 말해지는 존재를 우리에게 열어 보여주는" 계시로부터만 얻기 때문이다(32).

하나님의 본질 개념은 그것에게 귀속되어 있는 속성들을 통해서만 구

얻어진 슐라이어마허의 특징적인 속성론은 그의 교의학 전체에 분산되었다. 에벨링은 이 방식을 긍정적으로 평가했지만, 크게 문제가 될 수 있는 그것의 전제에는 관여하지 않았다(G. Ebeling, Schleiermachers Lehre von den göttlichen Eigenschaften, in: *Wort und Glaube 2*, Tübingen 1969, 305-342, 327ff., 특히 332f.).

체적으로 규정된다. 그렇지 않을 경우 그 개념은 불완전하다. 그러므로 "일반적인 하나님"(Gott überhaupt)에 관한 일반적 표상이 신적 계시의 행위에 근거해서 속성들을 하나님께 귀속시키는 일의 전제라는 사실은 전혀 변경되지 않는다. 성서가 하나님을 말할 때도 일반적인 하나님(elohim, theos)에 대한 표상은, 예를 들어 야웨가 유일하신 하나님(사 43:10f.)이라는 표현 혹은 예수 그리스도의 "아버지"가 "살아 계신 유일한 참하나님"(살전 1:9)이라는 표현에 이미 전제되어 있다. 이에 따라 그리스도교의 신론도 아버지, 아들, 성령의 연합 안에 존재하는 삼위일체 하나님이 한 분 하나님 곧 참하나님이라고 주장한다. 이 신론은 구원행위의 경륜, 곧 아들의 현현 속에서 정점에 이르는 경륜 속에서 발생하는 하나님의 자기 계시의 내용을 통합한다. 바로 이 삼위일체 하나님이 한 분 참된 하나님이라는 사실은 그분의 본질의 속성들에 대한 진술들 속에서도 표현된다. 이와 같은 속성들을 하나님께 귀속시키는 것은 "일반적인 하나님"의 예비 개념(Vorbegriff)과 관계되어 있는데, "일반적인 하나님"은 구원하는 계시의 경륜 속에서 행동하시는 하나님이 아니다. 참하나님의 구체적인 본질은 그분께 귀속된 속성들을 통해 비로소 파악되며, 근원적으로는 역사적 행위를 통해 자신을 입증하시는 하나님을 찬양하고 경외하는 송영의 언어 속에서 파악된다.[124]

이와 같은 숙고들은 한 분 하나님과 그분의 속성들에 대한 그리스도교 교리와 철학적 신학의 관계를 규정하는 데 큰 도움이 된다. 신성의 참된 형태에 대한 철학적 질문은 하나님 진술에 대한 조건을 형성하도록 이끄는데, 그 진술이 종교 전승 속에서 신성에 귀속된 기능, 곧 세계의 기원으로서의 기능에 적합한 경우에 그러하다. 성서의 하나님이 세계의 창조자,

---

124 교의학적 신론을 위한 송영(Doxologie)의 의미에 대해 다음을 보라. E. Schlink, Die Struktur der dogmatischen Aussage als ökumenisches Problem (1957), in ders.: *Der kommende Christus und die kirchlichen Traditionen*, Göttingen 1961, 24-79, 특히 26ff., 33, 또한 ders.: *Ökumenische Dogmatik*, Göttingen 1983, 725ff.

보존자, 완성자로 입증되어야 한다면, 그리스도교의 신론적 진술도 내적으로 일관성 있는 하나님 진술을 위한 최소 조건들을 충족시켜야 한다. 하지만 하나님 진술에 대한 최소 조건들의 총괄개념으로 이해되는 철학적 신 개념이 하나님의 구체적인 현실성과 혼동되어서는 안 된다. 그런 신 개념은 역사적 행위 속에서 계시되는 하나님의 본질과 동일하지 않다. 그것은 "일반적인 하나님"이라는 예비 개념에 해당한다. 이 개념 없이는 속성들을 **하나님의** 속성들로 진술하는 것이 가능하지 않을 것이며, 예수 그리스도의 아버지나 삼위일체 교리의 하나님을 한 분 참된 하나님으로 고백하는 것도 가능하지 않다. 하나님의 단일성, 불변성, 영원성을 진술하는 철학적 신학은 "일반적인 하나님"의 표상에 대한 반성적 형태인데, 이 표상은 신들이나 그 신들의 현시에 대한 모든 종교적 진술 속에 다소간에 애매하게 전제되어 있다.

그렇기에 그 표상은 자신의 보편타당성을 정당하게 주장한다. 이 주장의 배후에는 종교들의 하나님 경험에 공통적인 것이 있지만, 그것은 종교적인 하나님 표상들 속에서는 일관성 있게 표현되지 않는다. 일반적인 하나님에 대한 일관성 있는 진술을 위한 조건들을 표명하는 것으로써는 아직 하나님의 구체적 현실성, 그리고 그 현실성의 본질에 속하는 속성들을 묘사할 수 없다. 그 속성들은 특정한 역사 속에서 발생하는 하나님의 행동을 통해 입증되기 때문이다.

크레머는 이와 관련하여 신학은 "일반적인 하나님"의 진술에 대해 철학이 작업한 추상적인 조건들을, 하나님의 계시 행위로부터 읽어낼 수 있는 속성들을 진술하기 위한 근거로서의 하나님 개념으로 차용하지 말아야 한다고 지적했다. 하나님 개념 자체는 "오직 주체를 통해⋯현실적인 내용을" 갖는데, 이 주체는 "속성들이 귀속되는 분으로서 자신의 계시 속에서 '홀로 참되신 하나님'으로 확증되시며, 이를 통해 우리에게 하나님의 존재가 무엇인지 알게 해주시는 분이다."[125] 그렇기에 그리스도교 신론은 일반적인 "하나님"에 관한 일관성 있는 진술의 조건들을 표명하는 철학과의 관계에서 비판적인 기능을 갖는다. 이에 대한 사례들은 철학이 하나님의 영성과 불변성에 대해 제시했던 논거들의 문제들에서 명확하게 드러난다. 그리스도교 신학이 철학의 그런 주장들을 무력화시킬 수 있는 힘은 오직 신학 자체가, 비록 성서적인 하나님의 계시의 관점으로부터라고는 해도, 철학적 논증의 지평 위에서 움직이는 경우에만 주어진다. 그것은 "일반적인 하나님"에 대한 근본적인 진술들에도 해당된다. 니사의 그레고리오스는 그리스도교 신론에 대해 획기적인 기여를 했다. 그것은 신 개념의 근본 형태가 아리우스주의 적대자들이 주장했던 것처럼 제일원인의 개념 속이 아니라, 오히려 무한의 사고 속에 놓여 있다고 증명한 것이다(위 564f.을 보라). 이것을 통해 제일원인의 표상이 신 개념으로부터 제거된 것은 아니지만, 그 표상은 근본적인 기능을 상실하고 종속적 요소로 전락했다. 비록 위(僞)디오니시오스의 영향 아래 라틴적 중기 스콜라 철학에 이르기까지 제일원인의 사고는 다시 한 번 전면에 나섰지만, 둔스 스코투스를 통해 하나님의 무한성이 신론 전체에 대해 갖는 중요한 의미에 대한 의식이 갱신되었다. 이 의식은 구(舊)프로테스탄트 신학에서도 계속 작용했으며,[126] 또한 위에

---

125 H. Cremer, *Die christliche Lehre von den Eigenschaften Gottes*, Gütersloh 1897, 32. 이와 같은 주체를 간과하고서 하나님 개념에서 도출되는 것은 "단지 전능이나 편재 등에 대한 전적으로 추상적인 진술들뿐이며, 이 진술들의 경우 그 하나를 해결하지 않고서는 모든 것이 문제가 되어버린다"(ebd.). 그러나 크레머는 여기서 주장된 내용을 철학적 신학의 전통과 논쟁하면서 세부적으로 논의하고 입증하지는 않았다.

126 칼로프의 주장에 따르면 무한성은 다른 속성들을 특성화하는 규정의 기능만을 가진 것만이 아니라, 그 자체로 하나님의 본질 개념(*per se conceptus quidditativus Dei*)이다(A. Calov, *Systema Locorum Theologicorum t. 2*, Wittenberg 1655 c. III q7 (215ff.). 여기서 거절되었던 이해는 후에 많은 이들 중에서 슐라이어마허에 의해 다시 수용되었다(*Der christliche Glaube* §56,2). 슐라이어마허는 단일성과 마찬가지로 무한성을 "모든 신적인 속성들 중의 으뜸가는 속성"으로, 다시 말해 속성 개념의 형성을 위한 "규범"(Kanon)으로 지칭했다. 슐라이어마허의 이와 같은 입장은 그가 하나님의 속성들에 대한 진술들을 (사랑만은 예외로 하고) 하나님의 본질에 대한 진술들로서 이해하지 않으려고 했다는 사실과 연관시켜서 보아야 한다(위의 각주 123). 슐라이어마

서 말했던 것처럼 데카르트에 의한 철학적 신론의 재형성을 통해 (슐라이어마허의) 종교 개념뿐만 아니라 근세의 철학적 신학에 대해서도 결정적인 의미를 획득했다.

여기서 일반적인 신적 본질을 사고하는 무한성의 예비 개념이 성서의 하나님 이해에 실제로 부합하는가 하는 질문이 제기된다. 하지만 이 점에서 하나님의 무한성에 관한 주장이 하나님에 대한 성서의 진술 속에서 명시적으로 증명될 수 있어야 한다고 요구할 수는 없다. 오히려 그 질문에서 중요한 것은 무한성이―하나님에 대한 구체적인 진술을 제약하는 추상적인 최소 조건의 기능에 부합하듯이―하나님에 대한 성서의 내용 속에 함축적으로 내포되어 있는지의 문제다.

이 질문의 검증을 위해 앞 단락(6.4)에서 영이란 개념을 논의한 결과들과 연계해볼 수 있다. 특히 "하나님은 영이시다"(요 4:24)라는 요한복음의 문장은 하나님의 본질을 명시적으로 특징짓는 성서의 매우 적은 부분에 속하기 때문이다. 만일 신학적 전통이 하나님의 본질을 그릇되게 설명하는 것이라고 이해했던 출애굽기 3:14과 같은 말씀을 도외시한다면, 마찬가지로 요한의 문장인 "하나님은 사랑이시다"(요일 4:8)만이 혼자 남아 하나님의 본질을 설명하는 유일하게 유사하고 간결한 진술로서 내세워질 수 있다. 요한복음 4:24의 말씀과 이 구절의 관계는 더 많은 논의를 필요로 한다. 하지만 지금 미리 말할 수 있는 것은 다음과 같다. "하나님은 사랑이시다"라는 문장은 예수 그리스도 안에서 발생한 하나님의 자기 계시의 사건 전체를 종합하는 말로서 하나님을 영으로 묘사하는 것을 넘어선다. 물론 이 묘사에 반대되는 것은 아니다. 바로 사랑의 사건 안에서 하나님은 영이시다. 신적인 영에 대한 구약성서적인 표상이 갖는 생명력 있는 역동성의 의미에서 그러하다.

허에 따르면 그 본질은 속성들을 귀속시키는 내적 논리학과도, 송영 속에 나타난 속성들의 기원(위의 각주 124)과도 일치하지 않는다.

이제 하나님의 영의 성서적인 표상이 하나님의 무한성의 개념을 함축한다고 주장할 수 있는가? 그럴 수 있다면 무한의 사고는 하나님의 본질의 다른 모든 속성들이 도출될 수 있는 그런 본질 개념은 아니라고 하더라도,[127] 신적 본질에 대한 예비 개념, 곧 하나님의 속성들을 하나님의 본질의 특이한 성격의 구체화라고 설명하는 다른 모든 진술이 근거할 수 있는 예비 개념으로 이해될 수 있는가? 이 질문은 다음 단락(6.6)에서 자세히 숙고될 것이다. 그 숙고를 위해 우선 무한 개념이 그것과 밀접하게 결합된 속성들의 설명과 함께 다루어져야 한다. 이어서 "하나님의 계시 속에서 열리는" 속성들이 설명될 것이다. 이 속성들은 구조상 무한 개념과 분명히 관련된 것은 아니지만, 그것들 모두는 하나님의 본질을 사랑이라고 말하는 요한의 다른 근본적인 진술들의 다양한 측면으로 이해될 수 있다. 최종적으로 하나님은 사랑이라는 문장은 우선 "영"으로, 또한 무한 개념을 통해 표현된 신적 본질의 구체적인 형태라고 입증될 것이다.

하나님의 속성론에 대한 크레머의 구상과 비교해본다면, 이것은 방법론적인 설명 과정의 역전을 뜻한다. 크레머는 성서의 역사에 나타난 신적 계시 행위의 관점이나 그 안에서 입증된 속성들의 관점을 통한 "형식적인" 하나님 개념을 규정하느라고 뒷부분에 가서야 "하나님 개념에 포함된 속성들을 계시

---

[127] 이에 대해 크레머는 우리가 하나님을 표현할 적절한 개념을 갖고 있지 않다(H. Cremer a.a.O. 31)는 명확한 논증으로써 반대한다. 하지만 구(舊)프로테스탄트 교의학자들도 또한 이것을 알고 있었다. 이들은 최소한 하나님의 "내재적인" 속성들을 **하나님을 무한한 영적 본질**(essentia spiritualis infinita)로 **묘사**(descriptio Dei)한 부분들로부터 도출하려고 했다(A. Calov a.a.O. c.4, 221ff.). 그 도출은 엄격한 의미에서는, 즉 부가적인 요소들의 도입 없이는 가능하지 않지만, 하나님께 귀속되는 속성들의 내적인 맥락을 추구했던 노력은 크레머가 인정하려고 했던 것보다 더 중요하다. 왜냐하면 단지 그렇게 했을 때만 하나님의 단일성의 주장은 그 속성들의 다양성 속에서도 정당화될 수 있기 때문이다.

의 빛 안에서" 다루기 시작했다(77ff.). 하지만 그 속성들은 우리가 앞으로 다룰 부분에서는 논의의 출발점이 될 것이다. 이것은 "하나님의 계시 안에서 열려져 보이게 되는 속성들"이 그 논의로부터 도출될 수 있기 때문이 아니라, "일반적인 하나님"의 표상이 지닌 추상적이고 일반적인 요소들이 그 논의 안에서 지양되고 또 지양된 것으로 입증될 수 있기 때문이다. 그 결과 하나님의 사랑 안에서 드디어 하나님의 본질의 구체적 형태가 표현될 것이다.

6. 하나님의 무한성: 그분의 거룩하심, 영원성, 전능, 편재

a) 하나님의 무한성과 거룩성

무한성은 하나님에 대한 성서적인 표현이 아니다. 하지만 그것은 성서의 많은 하나님 명칭들 속에, 특히 하나님께 속하는 속성들인 영원성, 전능, 편재 속에 분명히 내포되어 있다.[128] 하지만 또한 하나님의 거룩성을 고백하는 것도 그분의 무한성의 사고와 관계되어 있고, 그 관계는 너무 밀접해서 무한성을 **하나님의** 무한성으로 이해하는 사고는 그 무한을 설명하기 위해 거룩성에 관한 진술을 필요로 한다. 반면에 영원성, 전능, 편재는 하나님의 무한성이 시간, 힘, 공간이라는 관점 아래서 구체적으로 현시된 것으로 이해할 수 있다.

무한성 개념은 단순히 무제한성으로 규정될 수 없다. "왜냐하면 무한한 것은 실제로는 끝이 없는 것이 아니라, 유한한 것, 다시 말해 타자를

---

[128] 게르하르트는 하나님의 영원성과 무한히 광대하심을 무한성의 하위개념으로 규정했다(J. Gerhard, *Loci theol.* II, 171). 슐라이어마허에 따르면 모든 유한한 원인성과 구분되는 신적 근원은 "영원성과 편재성 속에서 비로소 총괄적으로" 완전하게 표현된다 (*Der christliche Glaube* §51,2).

통해 함께 규정되는 것과 맞서 있는 것이기 때문이다."¹²⁹ 이와 같은 무한 개념의 **질적** 규정은 무한 개념의 수학적인 **양적** 규정과 구분되며, 이미 양적 규정의 근저에 놓여 있다. 왜냐하면 유한성을 부정한 결과로써 무제한성이 나오며, 무제한성은 유한의 규정들의 순열 속에서 끝이 없는 진행의 형식을 갖기 때문이다. 무한한 순열―다시 말해 시간과 공간 안에서 유한한 규모들의 끝이 없는 순서―은 무한과 유한의 대립을 단지 피상적인 방법으로만, 즉 유한한 단계들의 무제한적인 추가를 통해서만 실현한다. 그러나 무한 개념의 근본적 규정은 유한 일반과의 대립이다. 그렇기에 무한 개념은 모든 유한과의 대립 속에서, 즉 다른 제한적인 것과 덧없는 것들을 통해서 하나님의 현실성을 표현하는 개념이 될 수 있었다. 이 점에서 무한 개념은 특별히 하나님의 거룩성과 일맥상통한다. 왜냐하면 거룩성의 근본 의미는 모든 세속적인 것과의 분리이기 때문이다.¹³⁰

---

129 Fr. Schleiermacher, *Der christliche Glaube* §56,2. 이와 같은 개념적 규정은 헤겔의 규정과 일치하며(*Wissenschaft der Logik I*, PhB 56,125ff.), 더 정확하게 말하면 무한 개념을 "유한의 부정으로"(125) 이해하는 단순한 첫째 규정과 일치한다. 유한하다는 것은 타자와 구분되는 어떤 것이며, 다시 말해 타자와의 구분을 통해 자신의 존재를 규정하는 것을 말한다(ebd. 104ff.: 타자에 대한 어떤 것[Etwas]의 관계가 그 "어떤 것 자체의 내재적 규정"으로 파악되는 한(104), 그 어떤 것은 유한한 것으로 규정된다). 이것으로부터 헤겔은 유명한 명제를 발전시킨다. 무한은, **단순히** 유한과 반대되는 것으로 생각되지 **않는** 한에서만, 참된 무한으로 규정되는데(126, 132ff.), 왜냐하면 그렇지 않은 경우에 무한은 타자와 대립하는 어떤 것으로, 그렇기에 유한한 것으로 생각될 것이기 때문이다.

130 G. v. Rad, *Theologie des Alten Testaments I*, München 1957, 204f. 또한 다음을 참고하라. O. Procksch in *ThWBNT* I (1933) Stuttgart 1957, 88ff., 특히 92ff. "거룩"이라는 범주의 근본적인 의미는 오토(R. Otto, *Das Heilige*, 1917)보다는 죄더블롬(N. Söderblom, *Das Werden des Gottesglaubens. Untersuchungen über die Anfänge der Religion* (1915) 2. Aufl. Leipzig 1926, 162, 또한 180f. 참조)이 더욱 강하게 강조했다. 나아가 다음을 보라. M. Eliade, *Die Religionen und das Heilige*, Salzburg 1954, 19ff.

거룩한 것, 신성에게 봉헌된 것, 그와 연관된 것, 특히 신성 그 자체라든지 신성이 현존하는 공간과 시간 등을 제의적으로 분리하는 것은 폰 라트(Gerhard v. Rad)가 강조했던 것과 같이 거룩한 것을 세속과의 접촉으로 인한 불결로부터 보호한다는 의미만이 아니라, 또한 "거룩한 것의 위협으로부터 세속의 세계를 보호"한다는 의미도 갖는다.[131] 왜냐하면 거룩한 것과의 접촉은 죽음을 초래하기 때문이다(출 19:12). 그렇기 때문에 하나님의 거룩성은 우선적으로 심판의 행위 속에서 나타난다. 거룩한 것 앞에 나아갈 때 보호 수칙을 소홀히 하여 자신에게 설정된 경계선을 무시했던 자들의 죽음은 탄원의 외침을 일으킨다. "이 거룩하신 하나님 야웨 앞에 누가 능히 서리요?"(삼상 6:20). 이사야의 소명 환상 때도 거룩하신 하나님을 본 것(사 6:3)에 대한 첫 반응은 전율을 일으키는 것이다. "화로다! 나여 망하게 되었도다. 나는 입술이 부정한 사람이요, 나는 입술이 부정한 백성 중에 거주하면서 만군의 야웨이신 왕을 뵈었음이로다 하였더라"(사 6:5).

거룩성이 세속 세계를 위협하는 것은 물론 하나님께서 전적으로 저 세상에 머무르시지 않고 그분의 신성을 인간 세계 속에 나타내 보이시기 때문에 발생한다. 그렇게 나타내시기 때문에 세속적인 삶의 현실로부터 제의의 장소와 시간은 성별되어야 한다. 파괴적 권능으로 생명을 위협하는 거룩한 것의 능력은 인간들의 세계에 간섭하여 그 세계를 권능의 영역 안에 포함(Einbeziehung)시키려고 한다. 그래서 야웨는 자신의 거룩함에 참여하도록 이스라엘 민족을 선택하셨다. "너희는 거룩하라. 이는 나 야웨 너희 하나님이 거룩함이니라"(레 19:2). 하나님의 거룩성의 영역에 **포함**(Einbeziehung)**시키는** 것은 동시에 **배제**(Ausgrenzung)**하는** 것을 뜻하기도 한다. 선택된 민족은 그의 하나님께 바쳐진 거룩한 민족이다(신 7:6; 26:16; 참고. 출 19:6). 이 사실로부터 이 민족은 한편으로는 그들 밖에서는 두려운 존

---

131 G. v. Rad a.a.O. 204.

재인 하나님의 거룩성을 통해 보호받으며(출 15:11; 참고. 사 10:16), 다른 한편으로는 규율에, 즉 하나님의 법적 의지에 매이게 된다(레 17장부터 26장까지)는 결과가 따라온다. 그 규율은 행동 규정의 총괄개념으로서 하나님과 관계된 인간들이 서로의 공동체 혹은 하나님과의 연합을 지키기 위해 필수불가결한 요소다. 마찬가지로 신약성서도 예수께서 제자들을 진리로 "거룩하게" 하셨다(요 17:17-19)고 말한다. 바울은 공동체를 "부르심을 받은 성도들"이라고 불렀고(롬 1:7 등), 예수 그리스도를 통해 거룩해졌다고 말했다(고전 1:2). 그리고 그는 믿는 자들을 "온전히" 거룩하게 해달라고 하나님께 간구했다(살전 5:23).

특히 선택하시는 하나님을 위한 선택된 민족의 구분은 그 구성원들을 다른 신들에 대한 모든 숭배로부터 격리시키는 결과를 가져왔다. 야웨에 대한 배타적인 경배는 "질투하는 거룩성"의 대상이며,[132] 이것은 제1계명에만 관계된 것이 아니라 다른 모든 계명을 포괄한다. 이런 질투하는 거룩성의 결과는 하나님의 거룩하심의 파괴적 작용이 선택받은 민족에게도 미칠 수 있다는 것이다. 그 민족이 하나님께 대한 귀속성을 벗어나는 경우라면 말이다(비교. 수 24:19). 하나님의 거룩성은 변절한 민족에게는 심판의 위협이 된다. 이런 의미에서 이사야는 하나님을 언제나 또 다시 "이스라엘의 거룩하신 자"라고 강조하며 말했다(사 1:4; 5:24; 30:11ff.; 31:1f.).

하지만 하나님의 거룩성은 심판의 모든 경험을 넘어서서 새롭고 궁극적인 구원에 대한 희망의 기초가 된다. 인간들의 죄에도 불구하고 하나님은 자신의 선택을 굳게 붙드신다. 바로 이 점에서 하나님의 거룩성이 표현되며, 인간과는 다른 그분의 태도가 드러난다. "이는 내가 하나님이요, 사람이 아님이라. 네 가운데 있는 거룩한 이니, 진노함으로 네게 임하지 아니하리라"(호 11:9).[133] 모든 차안적인 그리고 인간적인 것과 하나님의 거룩하

---

[132] A.a.O. 204ff.; 참고. 출애굽기 20:5.
[133] 이에 대해 다음을 보라. H. W. Wolff, Hosea (*Bibl. Kommentar zum AT* XIV/1),

심 사이의 대립은 그분이 인간의 행위에 대한 단순한 반응에 매이지 않으신다는 점에서 입증된다. 또한 제2이사야에 따르면(사 40:25) "이스라엘의 거룩하신 이"라는 하나님의 표현은 거룩성의 비교 불가능성으로부터 포로들의 구원의 희망을 보증하게 된다(사 41:14; 43:3, 14; 47:4; 48:17; 49:7).

이 희망은 포로기 이후의 시대에 세속의 현실 전체의 희망으로 확장되었다.[134] 하나님의 이름을 거룩하게 해달라는 예수의 기도(눅 11:2)가 이에 상응한다. 이 기도는 실제로 그 다음에 나오는 하나님 나라의 도래에 대한 간구와 가장 깊이 연관되어 있다. 대제사장의 기도에서 예수께서는 아버지의 거룩하심에 호소하는데(요 17:11), 그 거룩성은 그와 이루는 공동체적 연합 안에서 믿는 자들을 보호해달라는 간구의 근거가 된다. 세계의 구원을 위한 아들의 파송(요 3:16ff.)은 세계가 하나님의 거룩성의 영역 속에 포함되는 것을 목표로 한다.

하나님의 거룩성은 한편으로 세속적 세계와 대립하며, 다른 한편으로는 세계 안으로 들어서서 세계를 거룩하신 하나님과의 연합에 포함시키려고 한다. 바로 이 점에서 하나님의 거룩하심을 언급하는 성서 구절들과 **참된 무한**(wahrhaft Unendlichen)의 개념의 구조적인 일치가 확정될 수 있다. 유한과 단순히 대립하는 무한의 표상은 헤겔이 제시했던 것처럼 참된 무한이라고 볼 수 없다. 왜냐하면 그런 무한은 타자와의 구분을 통해서만, 즉

Neukirchen 1965, 261f.

134 우리는 이것을 폰 라트(G. v. Rad a.a.O. 206)와 비교해볼 수 있다. 폰 라트는 "야웨의 거룩성의 침투적인 내적 의지"를 특히 스가랴 14:20f.와 관련하여 잘 설명했다. 여기서 중요한 것은 역사행위 속에서 발생하는 야웨의 자기 영광에 대한 진술과, 역사 속에서 자신의 거룩성을 드러내는 방식에 관하여 에스겔이 표현한 것이 평행을 이룬다는 폰 라트의 논평이다(겔 20:41등). 이 사실로부터 미래에 대한 종말론적인 기대, 곧 "하나님의 영광이 땅 전체에 가득 찰 것"이라는 기대가 일어난다. 이것은 민수기 14:21뿐만 아니라 묵시문학이나 신약성서에도 언급되며, 하나님의 거룩하심에 창조 전체가 포함될 것이라는 희망으로 확장된다.

유한한 것과의 구분을 통해서만 규정되기 때문이다. 그런 무한은 타자와 대립하는 어떤 것이며, 그래서 유한한 것이다. 무한은 오직 유한과의 대립을 동시에 넘어설 때만 참된 무한이 된다. 이런 의미에서 하나님의 거룩성은 참된 무한이다. 왜냐하면 그 거룩성은 세속성과 대립하면서도 동시에 세속 세계에 개입하여 그 안으로 들어가며, 그것을 거룩하게 만들기 때문이다. 종말론적 희망이 제시되는 갱신된 세상 속에서 하나님과 피조물의 구분은 사라지며, 성과 속의 대립도 완전히 지양될 것이다(슥 14:20f.).

세상 안으로 진입하는 거룩성은, 신약성서의 소식에 따르면 예수 그리스도를 통해 이루어진다. 이것은 동시에 영의 사역이기도 하다(살전 4:7f.; 참고. 살후 2:13; 벧전 1:2). 영은 거룩하신 하나님의 영이기에 성령이라고 말해진다. 영의 삶 속에서도 참된 무한의 구조가 나타난다. 하나님의 본질과 동일한 영으로서(요 4:24) 그분은 세계와 대립하시지만(사 31:3), 그러나 동시에 그분은 창조 안의 모든 생명의 근원으로서 작용하시며, 피조물을 소멸적인 생명을 넘어 영원한 하나님과 결합시킴으로써 그것들을 거룩하게 하신다.

영의 고유한 특성은 하나님의 거룩성과 마찬가지로 참된 무한의 구조를 통해서는 전혀 완전하게 특징지어지지 않는다. 참된 무한의 구조는, 앞서 말했듯이 유한과 대립하는 동시에 그 대립을 넘어서는 것이다. 하지만 영을 표현하는 성서적 단어의 역동성은 이미 참된 무한이라는 추상적 개념의 내용을 훨씬 넘어선다. 이 개념은 역설적인데, 그것은 무한은 유한에 대한 부정이면서 그와 반대로 생각되어야 하지만, 동시에 그 반대자를 자신 안에서 이해해야 한다는 역설이다. 이것은 무한 스스로는 해결하지 못하는 문제다. 이 문제가 사변적 도전과 과제로 나타난다. 이것이 어떻게 생각될 수 있는지에 대해 참된 무한이라는 추상적 개념은 아무런 가르침도 주지 못한다. 그러나 하나님의 거룩성의 사고와 영으로서의 하나님의 본질에 대한 이해는 이 모순을 잘 해결해줄 수 있다. 두 가지 모두는 초월적인 하나님 자신에게 어떤 삶의 운동이 특징적이라는 사실을 표현하는데,

그 운동을 통해 하나님은 자신과 구분된 것 안으로 진입하시며, 그것에게 하나님 자신의 삶에 참여할 기회를 주신다. 하나님의 영을 창조적이며 생명을 불어넣는 활동 속에서 파악하는 성서적 이해는 나아가 하나님이 자신과 구분되는 유한한 현존재를 만들어내지만, 그분의 거룩성이 유한과 무한의 차이를 제거하지 않는다는 사고를 포함한다. 하지만 하나님의 영의 활동에서 "어떻게" 이 차이가 근거되는 동시에 지양될 수 있는지에 대해서는 영에 관한 성서의 본문은 말해주지 않는다. "네가 그 소리는 들어도 어디서 와서 어디로 가는지 알지 못하나니…"(요 3:8).

b) 하나님의 영원성

하나님의 영은 모든 현세적인 것, 모든 "육적인" 것의 무력함과 맞서신다(사 31:3). 왜냐하면 그분은 모든 생명의 원천이시며, 그렇기에 무제한적으로 살아 계시기 때문이다. 소멸성의 반대를 신성으로 특징지은 것은 이스라엘의 세계 표상만이 아니다. 고대 그리스에서도 신들은 "불사"라는 점에서 인간과 구분된다고 보았다. 불멸성(Unvergänglichkeit)은 바로 신성의 정의이며, 그것의 근원적 능력이기도 하다. 이스라엘에서도 그러했다. "주께서 옛적에 땅의 기초를 놓으셨사오며 하늘도 주의 손으로 지으신 바니이다. 천지는 없어지려니와 주는 영존하시겠고, 그것들은 다 옷같이 낡으리니 의복같이 바꾸시면 바뀌려니와, 주는 한결같으시고 주의 연대는 무궁하리이다"(시 102:25-27). 우주에 대한 그리스의 경건과는 달리 여기서 하늘과 땅은 불멸적이지 않다. 오직 하나님만이 영속하시며, 그분의 인자하심과 공의(시 103:17), 그분의 선하심(106:1 등), 그분의 진리와 진실하심(117:2, 146:6), 그분의 영광(104:31) 등이 또한 그러할 것이다. 이와 같은 무제한의 지속에는 그 현존재의 태고성이 상응한다. "산이 생기기 전, 땅과 세계도 주께서 조성하시기 전 곧 영원부터 영원까지 주는 하나님이시니이다"(시 90:2). "영원부터 영원까지"는 생각될 수 없는 아득한 태고의 과거로부터 가장 먼 미래까지를 뜻한다. 잘 알려진 대로 히브리어에는 미래를 내다보는 방향이든 혹은 과거로 회귀하는 방향이든 어떤 무제한적인 지속으로서의 영원을 말하는 표현이 없다.

이 사실이 구약성서에서 영원성은 끝이 없는 시간이라기보다는 과정적인 시간으로 생각되었다는 것을 벌써 말해주지는 않는다. 인용된 시편 구절들은 그와 반대로 하나님의 불변적인 동일성(Selbigkeit)을 말한다. 그렇기에 하나님 앞에서 시간적 거리는 중요하지 않다. "주의 목전에는 천 년이 지나간 어제 같으며 밤의 한순간 같을 뿐임이니이다"(시 90:4). 왜 어제인가? 왜 오늘이 아닌가? 우리는 시간의 지속을 현재라고 생각하는 데 익숙하다. 하지만 어제는 눈앞에서는 종결되었지만 아직 망각 속으로 사라지지 않은, 여전히 현재적인 시간이기도 하다. 그와 같이 모든 시간은 전체로서 하나님의 눈앞에 있다. 천 년에 대해 말한다는 것은 그와 같이 하나님의 눈앞에 있는 긴 시간의 길이를 표현할 뿐이다. 수천 광년이나 혹은 임의의 시간을 말할 수도 있을 것이다. 천 년이라는 표현은 이미 초기 유대교의 해석학에서 다음과 같은 계산의 계기를 제공했다. 그것은 위의 시편 구절로부터 천 년은 하나님의 시간 계산에 따른 하루와 같고, 그래서 이것을 7일간의 세계 창조에 대입하면 세계 시간은 전체적으로 7천 년 동안 지속될 것이라는 결론에 도달한다.[135] 오늘의 관점에서 본다면 이것은 장난스러울 뿐만 아니라, 경박해 보이기까지 한다. 시편의 천 년은 시간 단위가 아니며 시간 계산을 가능케 하는 힌트 같은 것도 아니다. 오히려 임의로 길게 측정할 수 있는 어떤 시간의 표현일 뿐이다. 그런 모든 긴 시간들이 어제와도 같이 하나님의 눈앞에 있다는 뜻이다.

시편 90편은 영원한 지속의 사고 속에서 끝이 없는 현재를 말하는 것이 얼마나 어려운지를 보여준다. 그 사고에서는 우리에 대해 앞으로 서둘러 나아가는 시간 속에서 소멸하는 것도 현재로 남고, 아직 먼 미래에 놓

---

[135] K. Koch, Sabbatstruktur der Geschichte, in: ZAW 95, 1983, 403-429, 특히 422ff.

여 있는 것도 이미 눈앞에 있다. 똑같은 사고에 대한 완전히 다른 표현 형식은 후대에 하늘을 하나님의 집으로 표현하는 표상에서 발견된다. 근원적으로 이 표상은 틀림없이 순수하게 공간적인 것을 의미했지만,[136] 그러나 또한 의심할 바 없이 언제나 하나님의 보좌나 주권이 위치하는 곳, 즉 인간이 도달할 수 없는 곳을 가리켰다. 이 사실로부터 하늘은 땅에서 일어날 사건들에 대한 결정이 내려지는 장소로 이해되었으며—하나님께는 그 결정과 실행이 하나이기 때문에—미래의 사건, 특히 미래의 구원 사건이 이미 현재로서 현존하는 곳으로 이해되기도 했다.[137] 이때 하늘이란 표상은, 하나님의 영원성은 모든 시간에 현재적이라는 사상을 표현하는 형식이 될 것이다.[138] 묵시가들은 하늘에서 다가오는 종말의 사건뿐만 아니라 아담과 하와가 낙원에서 먹었던 열매의 나무와 같은 태초의 시간의 기념비들을 보기도 했다(Hen 33,6). 또한 하나님을 "영원하신 왕"으로 표현하는 것(25,5.7)도 고대의 이름인 **엘 올람**(*El Olam*, 영원하신 하나님, 창 21:33; 참고. 사 40:28)과는 다른, 적어도 새로운 뉘앙스로 표현된 내용을 획득했다. 또한 이것은 예레미야가 하나님을 영원한 왕이라고 말한 것(렘 10:10)과도 차이가 있다. 하나님의 창세 이전의 시간성(Vorzeitigkeit)이 특히 세계 창조와 연관되어 나타나는 반면에, 묵시문학적인 본문에서는 강조점이 하나님의 시간 **전체**에 대한 현재성(Jederzeitigkeit)으로 옮겨져 있는 것처럼 보인다. 제2이사야가 이미 모든 시간을 포괄하는 하나님의 자기 동일성(Selbigkeit)을 말하였다. "나는 처음이요, 나는 마지막이라. 나 외에 다른 신이 없느니라"(사

---

136 G. v. Rad in *ThWBNT* 5, 1954, 503f.
137 하늘에서 야웨의 말씀이 현재적이라는 표상에 대해 ebd. 507f.(시 119:89; 참고. 겔 2:1ff.와 사 34:4)를 보라. 이 본문은 땅 위로 다가오는 종말의 사건을 하늘에서는 이미 현재적으로 보는 스가랴의 밤의 환상들을 다루고 있다(슥 1:7-6:8).
138 이에 대한 자세한 설명을 나의 책에서 참조하라. Zeit und Ewigkeit in der religiösen Erfahrung Israels und des Christentums, in: *Grundfragen systematischer Theologie II*, Göttingen 1980, 188-206, 특히 199ff.

44:6; 참고. 48:12). "처음에도 나요, 나중 있을 자에게도 내가 곧 그니라"(사 41:4).

요한계시록에서 예수 그리스도는 처음이자 나중이라고 말해지며(계 2:8; 21:6; 22:13), 이것에 "살아 계신 자"라는 내용이 추가됨으로써(계 1:17), 그분은 아버지의 생명, 즉 모든 시간을 포괄하는 생명을 공유하신다고 표현된다. 이 구문은 앞선 구절(계 1:8)에서 아버지를 똑같이 서술한 것이었다. 그 외에 하나님이 영원하시다는 명시적인 서술은 오직 바울이 하나님의 "영원한" 신성에 대해 말할 때(ἀίδιος), 그리고 바울 이후에 쓰인 로마서의 결론(롬 16:26, αἰώνιος)에서 등장한다. 하지만 바울이 하나님을 "소멸치 않으시는"(롬 1:23, 썩어지지 아니하는) 분으로 지칭할 때 실제로는 어떤 다른 것을 의도한 것은 아니었다. 예수께서 죽은 자들로부터의 부활에 대한 사두개인들의 질문에 대답하면서 말씀하신 것처럼 하나님 앞에서는 아브라함, 이삭, 야곱이 모두 살아 있다면(막 12:26f.와 병행본문들), 하나님의 현재는 미래뿐만 아니라 과거도 포괄하는 것이 분명하다.

초기 그리스도교 신학에서 영원하신 하나님에 대한 성서적인 믿음은 분명 플라톤주의로 기울어지는 성향의 가장 중요한 동기였다. 신성이나 이념들(Ideen)의 불멸성에 대한 플라톤의 가르침들(*Phaidon* 84, *Phaidros* 247d, *Tim* 37dff.)은 그리스도인들에게는 틀림없이 친근하게 보였을 것이다. 아우구스티누스 또한 철학 학파들 가운데 플라톤만큼 그리스도인들과 가까운 학파는 없으며, 특별히 바울이 로마서 1:20에서 하나님이 그들에게 자신의 영원한 능력과 신성을 계시하셨다고 말한 내용이 그 점을 보여준다고 생각했다.[139]

이념들과 신성의 영원성이라는 플라톤적 사상은 영원한 것과 항구적인 것이 모든 변화하는 것과 반대된다는 특징을 갖고 있었다(*Phaid* 97d, 80

---

[139] De civ. Dei VIII, 5와 6.

af.). 이것은 하나님의 영원성에 대한 성서적 증언(시 102:25-27)의 측면에는 부합하지만, 하나님의 자기 동일성이 모든 시간을 포괄하고 모든 시간에 현재적으로 머문다는 사상에는 부합하지 않는다. 플라톤의 영원성은 시간과 아무런 관계가 없다. 영원의 무시간성은 플라톤의 후기 대화편에서도 포기되지 않았다. 물론 티마이오스(Timaios)에서 시간은 어쨌든 영원과 긍정적인 관계 안에 있으면서 "영원의 움직여진 복제"(Tim 37d5)라고 묘사되기는 했다. 원본과 복제 사이에, 영원의 동일성과 천체의 회전 운동 사이에는 그 운동이 규정하는 특정한 시간과 함께 균열이 있었다. 어쨌든 플라톤은 영원성을 시간의 순서에 따라 분리되어 있는 것의 **총괄개념**으로 생각하는 것과는 거리가 멀었다.

그 방향으로의 중요한 걸음을 내딛은 사람은 플로티노스(Plotin)였다. 그는 영원성의 개념을 삶 전체의 현재로 규정했다. 영원은 "자기 자신을 지속하는 생명인데, 이 생명은 항상 전체를 현재적으로 소유하며, 지금은 이것을, 그다음에는 다른 것을 갖는 것이 아니다. 그 생명은 모든 것을 동시에", "분리되지 않은 완성"으로서 갖기 때문이다.[140] 이렇게 이해된 영원성은 플로티노스에 따르면 단순히 시간과 대립할 뿐만 아니라, 나아가 시간의 이해 자체를 위한 전제 조건이다. 우리의 시간 경험에서 분리된 시점들이 서로에 대해 혹은 시간 전체에게 관련될 수 있다는 사실은, 플로티노스에 따르면 오직 시간 안에서 분리된 것들이 영원의 전체성과 결합된다는 의미에서 이해될 수 있다. 그리고 그 결합은 시간을 체험하는 영혼을 통해 중재된다. 하지만 시간 안에서 일어나는 삶 전체와의 관계는 영원 안

---

140 *Enn* III, 7,3. 독일어 번역은 W. Beierwaltes, *Plotin über Ewigkeit und Zeit*, Frankfurt 1967, 3. Aufl. 1981, 99에 있다. 이 구문에 대한 다음 해설을 참고하라. Ebd. 162-168. 플라톤이나 아리스토텔레스와 관계된 플로티노스의 시간 이해에 대해, 또한 시간 이해의 후속 역사에 대해 나는 "시간과 존재"에 대한 나의 다음 책을 제시한다. Sein und Zeit, in: *Der Gottesgedanke und die Erneuerung der Metaphysik*, Göttingen 1988, 52-65, 특히 56ff.

에서 일어나는 것과 다르다. 그것은 "완전하고 무한한 전체가 아니라, 무한을 향하여 수렴해가는 것이다."[141] 이와 같이 플로티노스에게서도 영원과 시간의 대립이라는 플라톤적 사상이 존재한다. 하지만 시간을 영원의 복제(Abbild)로 본 사상은 그에게서 그 의미가 변형되었다. 시간은 삶의 통일성이 분리된 계기들의 순차적인 순서로 나타난 것이지만, 그럼에도 불구하고 그 순서는 영원한 전체와의 관계를 통해 구조화된다.

아우구스티누스는 시간 자체의 조건, 곧 연속되는 순서라는 조건을 영원과의 관계에서 경시했다. 그는 시간이란 하나님이 창조하신 것이라고 간주했고 이 사실을 통해 하나님의 영원성과 구분된다고 보았다.[142] 물론 아우구스티누스는 시간을 영원의 복제로 보는 플라톤의 견해를 수용했으나, 그것은 시간과 운동을 결합하는 플라톤의 관점에서였으며, 시간을 운동을 이해하기 위한 전제 조건으로 보는 플로티노스의 관점과는 다른 것이었다.[143] 그래서 그가 보기에는 피조세계 속에서 물체의 운동보다 앞서는 시간은 없다.[144] 그러므로 하나님의 영원성 안에는 시간이 존재하지 않

---

141 *Enn.* III, 7,11 (Beierwaltes 129와 171ff.).
142 이에 대해 다음을 보라. E. Gilson, *Introduction á l'étude de Saint Augustin*, Paris 1929, 242-252: La création et le temps. 특히 다음을 참조하라. De Gen c. Manich. I,2: ante principium temporis non erat tempus. Deus enim fecit et tempora mundum quippe fecit Deus, et sic cum ipsa creatura, quam Deus fecit, tempora esse coeperunt. 또한 다음도 참조하라. J. Guitton, *Le temps et l'éternité chez Plotin et Saint Augustin* (1955), Paris 4. éd. 1971, 175-222.
143 우주의 원형 운동과 관련하여 아우구스티누스는 시간의 변화(*vicissitudo temporum*) 속에 어떤 영원한 복제(*aeternitatis quaedam imitatio*)가 근거되어 있다고 보았다 (Enn. in Ps 9,6, Mauriner Ausg. Vercellis 1809, 63 D). 플로티노스가 시간과 운동을 구분한 것에 대해 다음을 참고하라. Enn III, 7,8 (Beierwaltes 217ff.).
144 Ubi enim nulla creatura est, cuius mutabilibus motibus tempora peragantur, tempora omnino esse non possunt (De civ. Dei XII, 15, 2); 참고. ib. XI, 6: ⋯recte discernuntur aeternitas et tempus quod tempus sine aliqua mobili mutabilitate non est, in aeternitate autem nulla mutatio est.

으며, 이 영원성은 시간의 통일성의 조건이라든지 혹은 시간 안에 현재적인 것으로는 생각되지 않았다. 이 점에서 아우구스티누스의 진술들에서는 영원과 시간의 대립이 주된 입장이었다. 물론 그는 영원을 **존속하고 있는** 현재로 생각했고,[145] 우리에게 아직 미래적인 모든 것이나 혹은 과거의 것 모두를 **포괄하는** 현재로도 생각했다.[146]

아우구스티누스와 달리 보에티우스(Boethius)는 영원성에 대한 유명한 명제, 곧 무제한적인 생명의 동시적이고 완전한 현재라는 명제와 함께[147] 플로티노스의 영원성 사상을 받아들였다. 칼 바르트는 영원성이 완전한 생명의 소유라는 이와 같은 긍정적인 묘사를 올바르게도 시간의 순수한 부정과는 구분되는 진정한 지속(Dauer)으로 평가했고, 신학적 전통이 보에티우스의 이와 같은 설명으로부터 "더 유익한 결실을 만들지 못했다"는 것에 유감을 표명했다.[148] 슐라이어마허는 하나님의 영원성을 하나님의 다른 모든 속성들과 마찬가지로 신적 원인성과 관계시켜 "완전히 무시간적인" 것으로 규정했고, "시간 자체가 아니라 시간의 한계들만을 하나님을 향해 지양시킨" 견해들에 명확한 이의를 제기했다.[149] 시간과 영원 사이의 이와

---

145 *Conf.* XI, 11, 13; 참고. Enn. in Ps 71,8: ...et hoc vere habendum est aeternum, quod nullo tempore variatur (Mauriner Ausg. II, 991 D). 또한 다음을 보라. *De civ. Dei* XII, 2. 여기서는 하나님이 출애굽기 3:14에 따라 불변하는 존재로 표현되어 있다.
146 *Enn.* in Ps 121,6: ...ipse unus dies nec ortum habet, nec occasum, nec inchoatur ab hesterno, nec excluditur a crastino, sed stat semper ille dies (III, 771f.), ib. Ps 101, sermo 2,10: ...aeternitas ipsa Dei substantia est, quae nihil habet mutabile, ibi nihil est praeteritum, quasi iam non sit, nihil est futurum quasi nondum sit (III, 401 BC). 더 나아가 다음을 보라. *Conf.* XI, 13,16.
147 Boethius *De cons. phil.* V,6,4: Aeternitas igitur est interminabilis vitae tota simul et perfecta possessio. 이에 대해 각주 140에서 언급된 플로티노스의 인용을 참고하라.
148 K. Barth *KD* II/1, 688. 여기서 바르트는 토마스 아퀴나스(S. *theol.* I,10,1)를 비판하고 있다.
149 F. Schleiermacher, *Der christliche Glaube* §52,1과 2.

같은 순수한 대립에 반대하여 테오도르 해링(Theodor Haering)이 다음 사실을 바르게 숙고했다. 성서는 한편으로 변화하는 시간 위에 존재하시는 하나님의 높으심을 강조하지만, 다른 한편으로는 "전혀 거리낌 없이 하나님과 시간 사이의 실제적인 관계를 전제한다."[150]

넬슨 파이크(Nelson Pike, *God and Timelessness*, London 1970, 8ff. 14)는 영원과 시간의 관계에 대한 보에티우스의 개념, 그리고 아우구스티누스와 슐라이어마허의 무시간적 영원성 사이의 차이를 오해했다. 시간과 단지 대립만 한다는 영원의 이해는 하나님의 영원성의 사고에 대한 그의 영향력 있는 비판의 근저에 근본적으로 놓여 있다. 영원의 불변성(43f.)이 모든 우연적 행위(action)의 가능성을 하나님으로부터 배제한다는 것은 오직 절대적으로 무시간적인 영원성에게만 타당하다(113ff.). 그래서 하나님의 권능이라든지 인격적 본질로 이해된 하나님의 표상(121ff.)은 내용이 부실해진다. 파이크는 이에 대한 유일한 대안으로, 하나님 자신이 비록 그의 영속 속에서 불멸적이고 비소멸적인 존재라고 하더라도, 자신의 삶의 각각의 순간에 시간의 과정 속에 있는 어떤 한 "위치"를 (temporal position: 118 등) 받아들인다는 생각을 제시했다. 하지만 이 표상은 하나님을 유한한 본질로 만들고 만다. 왜냐하면 그때 하나님은 마치 우리처럼 삶의 각 순간에 현재와는 다른 미래를 예견하게 되고 또 과거는 그분에게서 사라지는 것처럼 될 것이기 때문이다. 이 두 측면이 그와 같은 하나님의 현재를 제한하게 될 것이다. 그때 하나님은 자신의 미래에 대해서도 혹은 과거에 대해서도 완전한 능력을 갖추고 있지 못한 셈이 될 것이다. 이것은 성서의 하나님 이해와도, 하나님이 모든 사물의 유일한 근원이라는 철학 사상과도 일치될 수 없다. 만일 하나님이 존재하신다면, 그분

---

150 Th. Haering, *Der christliche Glaube*, Stuttgart 1906, 329. 해링은 물론 시간과 영원 사이의 긴장을 영원에 대한 신학적 개념으로부터 유도해야 한다는 과제 앞에서 단념하고 만다.

의 삶 전체와 그분이 창조하신 모든 것이 그에게 동시적으로 현재해야 한다. 하지만 이 현재를 통해 시간적 구분에 따른 모든 차이가 제거되는 것은 아니다. 오히려 그와 반대로 "시간적 위치"와 관련하여 구분됨**으로써** 그 모든 것은 영원한 하나님께 현재적이다. 그와 같은 방식으로 그것은 그분에 의해 긍정되고, "의도되며" 생겨날 수 있다.

이와 같은 내용이 가능하게 되는 것은 하나님의 현실성이 구분 없는 동일성이 아니라, 자신 안에서 구별되는 통일성으로 이해될 때뿐이다. 바로 이 점이 삼위일체론을 요청한다. 바르트는 이 점을 적절하게 강조했고, 하나님의 삼위일체적 삶 속의 "질서와 순서"에 대해 말했다. 또한 이것은 "**앞섬과 뒤따름**"을 포괄한다.[151] 후자는 물론 구속의 경륜 속에서 나타나는 삼위일체의 현시의 관점에서만 말해질 수 있다. 어쨌든 이것은 내재적 삼위일체와 경륜적 삼위일체의 동일성이라는 통찰에 부합한다. 삼위일체적 구분의 능력 안에서 하나님의 영원성은 창조의 시작에서부터 종말론적 완성에 이르기까지 피조물들의 시간 전체를 포괄한다. 바르트는 "영원의 시간성"을 서술하면서 이것을 시간 이전의 시간성(Vorzeitlichkeit), 시간을 초월한 시간성(Überzeitlichkeit), 시간 이후의 시간성(Nachzeitlichkeit)으로 표현했다.[152] 아들의 성육신의 관점에서는 시간을 초월한 시간성보다는 "시간 내부의 시간성"(Inzeitlichkeit)을 말하는 것이 더 나았을 수도 있다. 실제로 바르트는 후에 하나님의 영원성에 대한 자신의 이해를 그 방향으로 계속 발전시켰고, 이것은 예수를 단순히 "시간의 주님"으로만 보는 것에 그치지 않고, 인간적 삶의 시간 전체와 관련지었다. 하나님이 우리에게 주시는 현재는 "그분의 현재에 **근거하고**, 그의 현재 **안에** 있고, 그의 현재를 **향한 우리의 현재**"다. 그렇기에 이와 같은 우리의 현재는 "과거에서 미래로", 즉 하

---

151 KD II/1, 693f.
152 Ebd. 698-722.

나님 자신에게로 나아간다. 그 현재 안에서 우리는 "모든 시간의 원천, 총괄개념, 근거와 관계를 맺게 된다." 그래서 바르트는 "그분의 **현재**는 나의 시간의 **선물**이다"¹⁵³라고 말한다. 그분의 현재는 나의 시간의 경계선이기도 하며, 그분은 피조물들의 현존재와의 경계선에 맞닿아 계실 뿐만 아니라, 또한 하나님의 영원과도 맞닿고 영원 안에 "깊이 파묻혀"¹⁵⁴ 계신다. 그래서 그분의 현재는 과거의 것이 되거나 무로 돌아가지 않고, 오히려 하나님께 대하여 현재적으로 머물러 있다.

영원을 시간의 원천, 총괄개념, 근거로 설명하는 바르트의 이해는 물론 시간 그 자체에 대한 철학적인 설명과 분석을 통한 확증을 필요로 한다.¹⁵⁵ 그렇지 않으면 그 이해들은 시간의 경험적 현실성을 피상적으로 덧칠하여 모든 구속력이 결여된 단순한 신학적 확신에 불과하게 될 것이다. 중심적인 내용에서 바르트의 명제들은 플로티노스의 시간 철학에 상당히 가까우며, 플로티노스의 철학은 바르트가 대단히 높게 평가했던 보에티우스의 시간 정의의 배후에 있다. 플로티노스의 명제는 시간의 본질이 오직 영원과의 관계 속에서만 이해될 수 있다는 것이었는데, 그렇지 않은 경우 시간의 한 순간에서 다른 순간으로 이행하는 것이 이해될 수 없기 때문이었다. 이 사실을 이해하기 위해서는 각각의 삶의 요소들이 시간 속에서 연속되는 삶 전체에 대한 직관

---

153 *KD* III/2, 1948, 639f. "예수께서 시간의 주님"이라는 설명(ebd. 524-616)은 이 진술을 위한 그리스도론적 근거를 형성한다(이에 대해 또한 669f.를 보라).
154 *KD* III/2, 690; 참고. 685f.
155 바르트는 시간의 경험으로부터 영원의 개념을 파악하는 접근방법(참고. Thomas von Aquin *S. theol.* I,10,1)을 거절했다. 이때 영원은 "시간 개념의 부정"은 아니었고(*KD* II/1, 689), 단지 시간을 가능하도록 하는 조건이라는 것이었다. 하지만 그와 같은 이해는 보에티우스를 향한 바르트의 명제, 즉 영원 개념의 열쇠로서의 하나님의 **생명의 소유**(*possessio vitae*)라는 명제가 시간의 근거이자 원천인 한에서 정당성을 갖게 되는 경우에는 필수불가결할 것이다.

이 전제되며, 플로티노스는 그와 같은 삶 전체의 동시적 현재가 영원과 동일하다고 보았다. 하지만 이와 같이 영원 개념에 시간의 근거를 두는 것은 이미 아우구스티누스에게서 사라졌다. 그것은 천체 운동에서 시간 개념을 도출했던 플라톤의 사고로 되돌아가기 위함이었다. 아리스토텔레스적인 스콜라 철학은 시간과 운동을 구분했으나, 시간을 단지 숫자 개념(Thomas v. A. S. theol. I,10,6)이나 그것을 세는 영혼에 근거시켰다. 마지막으로 칸트는 시간을 자아의 자기애에 근거시킬 수 있었다(Kritik r.V.B 67f.). 물론 그는 시간의 전체성이 지닌 우선성을 어떤 부분적인 시간들의 파악을 위한 조건으로 이해하는 우리의 시간관 속에서 인식했다(B 48). 이것은 유사한 내용의 공간관(B 39f.)에도 적용된다. 칸트는 자신이 시간에 부여했던 우선성 안에서, 곧 모든 부분보다 앞서는 전체로서의 시간 이해 안에서 영원 개념의 함축적인 의미를 보았던 것이 아닌가? 아니면 그는 그 점을 의식적으로 무시했던 것인가? 어떻든 우리가 자기애를 통해 인식하는 자아의 통일성은, 우리의 직관 안에서 **무한한** 전체로서 주어진 시간이 (마찬가지로 공간도) 부분적인 시간들의 파악보다 우선한다는 사실을 설명해주지 못한다. 유사한 의구심이 마르틴 하이데거(Martin Heidegger)가 그의 『존재와 시간』에서 행한 시간의 분석에 대해서도 제기되는데, 그 시간 분석은 칸트의 시간론을 변형시킨 것이었다.[156] 우리의 시간 경험의 조건들을 근대적으로 재구성할 때 생기는 한계들에 대한 비판적인 통찰은 플로티노스의 영원 사상을 시간 개념의 근대적 논의를 통해 적절한 시간 개념의 조건으로 이해하는 것이 결코 시대에 뒤떨어진 것이 아님을 알려준다.

시간과 영원의 전통적인 대립에 대한 개정작업은 칼 바르트가 특별히 힘있게 추진했다. 바르트의 이와 같은 작업의 영향력은 그의 시대의 신학

---

[156] 이에 대해 나의 책을 보라. *Der Gottesgedanke und die Erneuerung der Metaphysik*, Göttingen 1988, 60ff.

을 넘어섰다. 영원이 "무시간성도, 시간의 무한도" 아니라는 사실은 지금도 광범위한 공감을 얻고 있다.[157] 하지만 이런 이해에는 바르트가 최소한 암시하기는 했던 삼위일체적 근거가 대체로 누락되어 있다. 틸리히에 따르면 하나님 안에서 "시간의 순간들은 서로 분리되지 않으며…시간의 분산된 시점들은 영원 안에서 통합된다."[158] 이 표현은 영원을 한 분 하나님의 구분되지 않는 자기 동일성으로 이해하는 것을 피한다. 그런 어떤 하나님은 자신과만 동일할 것이다. 하지만 그 표현은 영원하신 하나님을 피조물의 시간성과 구분하지 않았고, 피조물을 하나님의 영원한 현재 안으로 편입시키는 운동을 드러낸 것도 아니다. 이 과제는 오히려 내재적 삼위일체와 경륜적 삼위일체의 일치라는 사고를 통한 중재가 수행한다. 내재적 삼위일체의 교리가 이미 한 분 하나님께 영원히 현재적인 삶 전체 속에 다양성이 존재한다는 표상의 근거를 제공한다면, 마찬가지로 삼위일체의 위격들의 구속적 경륜의 사역에 관한 교리는 피조물들의 다양한 현존재들의 근거가 될 뿐만 아니라, 하나님의 영원한 영광에 참여하기 위해 피조물이 하나님의 삶 안으로 편입되는 사건의 근거도 된다.

---

[157] P. Tillich, *Syst. Theologie I* (1951) dt. Stuttgart 1955, 322 (후대 판본에서는 315); 참고. P. Althaus, *Die letzten Dinge* (1922) 4. Aufl. Gütersloh 1933, 318f. 또한, P. Althaus, *Die christliche Wahrheit* (1947) 3. Aufl. Gütersloh 1952, 276f.

[158] P. Tillich a.a.O. 322 (이후 판본에서는 315), 그리고 324. 이상하게도 틸리히는 영원의 관점에서 바라보는 "모든 현실적인 것들의 동시성"이라는 파악을 반대하는데(322), 왜냐하면 이것을 통해 시간의 양식들 자체가 제거될지도 모르기 때문이었다. 하지만 동시성은 전통적인 영원의 표상에서 단지 서로 구분되는 것을 통합하는 관점의 지평 위에서 존재하며, 여기서 본질적인 구분들은 보존되고 있다. 이것은 틸리히가 "유비"로서 관련시켰던 경험, 즉 "기억된 과거와 선취된 미래의 일치"로서 시간을 연결하는 현재의 경험 속에서 분명히 나타난다(323, 이후 판본에서는 316). 이 유비 개념의 아우구스티누스적 배경에 대해 다음을 보라: *Der Gottesgedanke und die Erneuerung der Metaphysik*, 1988, 58ff.

삼위일체의 이와 같은 중재는 플로티노스의 시간론에서는 누락되어 있다. 플로티노스는 시간이 영원으로부터 출현하는 것을 단지 신비적인 개념으로, 다시 말해 영혼이 근원적 합일로부터 "추락"(타락)한 것으로 묘사했다(*Enn* III,7,11; Beierwaltes 294ff.). 하나님의 구속적 경륜에 관한 그리스도교 신학과는 달리 플로티노스는 시간의 영원으로부터의 출현이 영원 개념 자체에 대해 어떤 긍정적인 의미도 갖지 않는다고 보았다.

시간과 대립할 뿐만 아니라 동시에 그 시간과 긍정적으로 관련되어 있고 전체성 속에서 그 시간을 포괄하는 영원 개념은 참된 무한의 구조를 모범적으로 이해하고 구체화할 수 있는 도식을 형성한다. 즉 참된 무한은 유한과 대립할 뿐만 아니라 동시에 자신의 반대편을 포괄한다. 반면에 시간과 단순히 대립적이기만 한 무시간적인 영원의 표상은 부적합한 무한에 해당한다. 이런 부적합한 무한은 유한과의 대립 속에서 유한과는 다른 어떤 것으로 규정되며, 그래서 그 자체는 유한한 것임이 입증된다.

시간의 과정 속에 현존재를 갖는 피조물들의 영원과의 관계에 대한 관점에서 영원이 영원과는 구분되는 시간에 대해 근본적이라고 이해하는 것은 어떤 결과를 초래하는가? 플로티노스에 따르면 영혼은 삶의 통일성을 상실하여 흐르는 시간의 연속적 순서로 추락했을 때도, 여전히 영원에, 곧 삶의 전체성에 관계되어 있다. 하지만 이 관계는 영원을 향한 무한한 갈망의 방식을 뜻하며, 그렇기에 상실된 전체성은 단지 미래적인 것으로서만 다시 획득될 수 있다.[159] 자체적으로 완성된 삶의 전체성으로서의 영원은 시간적 전망 안에서 열망된 완성된 미래에 대한 표식으로 나타난다. 이것은 플로티노스의 중요한 통찰이었다. 이와 같은 그의 통찰은 플라톤적인 선의 이념과 선을 향한 열망의 이념을 삶의 완성된 전체성으로서의 영원

---

[159] Plotin *Enn*. III,7,11. 이에 대해 Beierwaltes 272f.

개념과 결합시킴으로써 발전해갔다. 미래는 시간의 본질에 있어 근본적이다. 왜냐하면 저 전체성이 시간적인 것에 주어질 수 있는 것은 오직 미래로부터이기 때문이다. 전체성은 시간적 과정의 통일성과 연속성을 가능케 한다. 시간 개념에 대한 철학적인 논쟁의 역사 속에서 이와 같은 통찰은 우선 하이데거에 의해 다시 제시되었는데, 그것은 현존재의 시간성에 대한 신학적-우주론적 분석이 아니라, 순수한 인간학적인 분석의 토대 위에서 일어났다.[160]

그리스도교 신학은 플로티노스의 시간 분석을 통해 신약성서의 종말론을 하나님의 영원성에 대한 이해와 연결시킬 기회를 놓쳤다. 하나님의 통치의 도래는 예수의 메시지와 사역을 관통하는 "힘의 장"(Kraftfeld)이 아닌가? 그리고 그 통치의 미래는 하나님의 영원성이 시간 안에서 시작되는 것이 아닌가? 하나님의 통치는 세계 가운데 정의와 평화를 세우며, 모든 인간이 갈망하는 완전한 인간적인 삶을 가져다준다. 하나님의 통치의 미래 속에서 창조의 삶은 새롭게 되어 하나님의 영원성에 참여하게 될 것이다. 그 미래 안에서 영원은 시간과 서로 연결된다. 그 미래는 시간 안에 거하는 영원의 장소이며, 세계와의 관계 속에 계신 하나님의 장소이고, 피조물을 위한 하나님의 미래를 출발시키는 그분의 행동의 출발점이며, 그분의 영이 능력의 사역을 펼치는 원천이다.

물론 플로티노스에게는 미래의 전체성을 향한 열망이란 시간이 끝없이 진행된다고 볼 때 나타나는 공허한 망상에 불과했다. 그것이 그리스도인의 종말론적 신앙을 위한 논증이 되려면, 그의 시간 분석은 다른 관점에서 평가될 필요가 있다. 그와 같은 재평가는 삼위일체적 해석에 의해 수행될 수 있다. 이 해석은 플로티노스와 달리 하나님의 경륜이 세계 시간의 창조와 역사적 과정을 포괄하는 것으로 파악하는데, 이 경륜을 통해 세계

---

160 자세한 내용을 나의 다음의 책에서 보라: *Der Gottesgedanke und die Erneuerung der Metaphysik*, Göttingen 1988, 57ff.

사는 하나님의 통치의 미래로 인도되는 도상에 놓인다. 아우구스티누스의 사고는 자신의 역사 신학적인 방향성에도 불구하고 이 노선을 수용하지 않았다. 이것은 아마도 삼위일체와 구속적 경륜의 관계가 그에게는 아직 크게 발전되지 않았기 때문일 것이다.[161] 그와 같이 영원과 시간의 대립은 그의 시간 이해에서 지배적인 관점이었다. 하지만, 아우구스티누스는 훨씬 더 중요한 다른 방식으로, 즉 비록 불완전한 유비이기는 하지만 인간의 시간 경험의 유비를 영원의 동시적 현재로 발전시켰다. 예를 들어 어떤 음악을 들을 때 그것은 시간의 순서에 따라 울리지만 그럼에도 불구하고 전체로서 인식되고, 또 말을 들을 때도 부분적인 음절의 순서에 따라 말하지만 우리는 전체를 인지한다. 이와 같은 사례들을 통해 아우구스티누스는 시간을 연결하는 현재라는 현상을 발견했다. 이 현재 속에서 우리는 기억과 기대를 통해 과거와 미래를 우리에게 지속적으로 현재하도록 유지하며, 이 지속(Dauer)은 주의(attentio)가 우리 영혼에 현재하는 것을 과거 그리고 미래로 동시에 확장시킴으로써 가능해진다.[162] 그와 같이 연장되는 모든 것은 현재적인 신적 영원과 비교하자면 언제나 끊어지는 연장이나 파괴적 분산을 의미한다. 왜냐하면 우리는 시간의 흐름에 종속되어 있고, 시간 안에서 분리된 것은 단지 부분적으로 그리고 임시적으로만 동시적인 통일성이라고 주장될 수 있기 때문이다. 그럼에도 불구하고 피조물의 삶 속에서 시간을 연결하는 현재와 지속이라는 사실성은 비록 멀리 떨어져 있기는 하지만 영원의 예감과 그것에 대한 참여의 형태를 중재한다.[163]

---

161 이에 대해 아우구스티누스의 삼위일체론을 논평한 나의 글을 보라. Christentum und Platonismus. Die kristische Platonrezeption Augustins in ihrer Bedeutung für das gegenwärtige christliche Denken, in: ZKG 96, 1985,147-161, 특히 159f.

162 Conf. XI,26, 33: distentio animi. 지속의 경험을 위한 주의(attentio)의 기능에 대해 Conf. XI,28, 38을 보라.

163 슈미트(E. A. Schmidt)와 나의 논쟁적인 토론을 참고하라. E. A. Schmidt, Zeit und Geschichte bei Augustin, Heidelberg 1985, in: Der Gottesgedanke und die

아우구스티누스는 이와 같이 시간을 연결하는 현재로서의 **지속**(Dauer)을 발견했고, 이것의 영향사는 베르그송(Henri Bergson)과 하이데거에게까지 이른다. 아우구스티누스의 이 발견은 하나님의 통치의 종말론적인 미래를 통하여 시간과 영원의 중재와 결합될 수 있다. 시간을 연결하는 모든 지속, 그리고 그 지속을 시간의 흐름 속에서 겪는 모든 경험은 피조물들이 하나님의 영원성에 참여하는 종말론적 미래의 선취라고 이해될 수 있다. 이와 함께 시야에 들어오는 것은 영원하신 하나님의 시간 안에서의 창조 행위가 피조물들의 현존재 가운데 시작되는 그분의 종말론적 미래로써 보다 더 정확히 이해될 수 있다는 사실이다.

시간의 흐름에 종속된 유한한 존재로서의 피조물들과는 달리, 영원하신 하나님은 자신의 현재와 구분되는 어떤 미래를 자신 앞에 갖지 않는다. 그렇기 때문에 하나님께는 과거의 존재 또한 현재적이다. 하나님이 영원하신 것은 그분이 자기 자신의 외부에 미래를 갖지 않으시며, 오히려 그분 자신이 자기 자신의 미래이시고, 또한 그분과 구분된 모든 것의 미래이시기 때문이다. 자기 이외의 미래를 갖지 않는 것, 자기 자신이 자신의 미래라는 것은 완전한 자유에 대한 다른 표현이다.[164] 그 점에서 영원하신 하나님은 절대적 미래로서―아버지, 아들, 영의 연합 속에서―자기 자신과 피

Erneuerung der Metaphysik, Göttingen 1988, 58ff.

164 아리스토텔레스는 한 사람의 존재가 지향하는 목적이 그 사람 자신과 동일하다는 점을 통해 자유를 정의했다. ἄνθρωπος...ἐλεύθερος ὁ ἑαθτοῦ ἕνεκα...ὤν (Met. 982b 25f.). 자신이 그 자신의 미래라는 것은 이미 인간에게서도 이와 같이 자유의 본질을 표현한다. 하지만 인간은 자신의 미래를 자기 자신 안이 아니라, 자신의 현재의 저편에 갖고 있다. 그렇기 때문에 인간은 자신의 미래로부터 오는 자신의 자유의 근원이 아니다. 아리스토텔레스의 명제(*Met. lect.* 3 n 58)와 이것을 토마스 아퀴나스가 자기 원인(*causa sui*)의 개념을 통해 다시 제시한 것(*S. c. gentes* III, 112: *liber enim est qui sui causa est*)에 대해 다음을 참고하라. J. Splett, *Konturen der Freiheit. Zum christlichen Sprechen vom Menschen*, Frankfurt 1974, 70, 각주 3.

조물들의 자유로운 근원이시다.[165]

c) 하나님의 편재와 전능하심

하나님의 영원성 개념에 대한 논의는 모든 사물이 하나님께 현재적이라고 말한다. 모든 사물은 자신의 존재 그대로 하나님에 대해 현재한다. 그것들은 하나님과 구분되는 존재이며, 지나간 것 혹은 미래적인 것이고, 그 자체로서 실재하거나 혹은 단지 가능한 상태이다. 지나간 것이 영원한 하나님에 대해 현재적이듯이, 미래의 것도 그분에게는 이미 현재적이다. 이와 같은 하나님의 영원성으로부터 그분의 편재성이 도출된다.

모든 사물이 **하나님에 대해** 현재적이라는 사실은 하나님의 영원성에 속하는 반면에, 하나님의 편재성의 주장은 그 강조점을 하나님이 **모든 사물이 위치하는 그것들의 고유한 현존재의 장소에서 그 모든 사물에게** 현재(Gegenwart)하신다는 사실에 둔다. 하나님의 현재는 하늘과 땅을 가득 채운다(렘 23:24).

구(舊)프로테스탄트 교의학자들은 하나님이 자신의 피조물들에게 현재하실 때(adessentiam Dei ad creaturas) 그 현재의 양식을 더 정확히 규정하려고 시도했다. 우선 (소키누스주의자들의 견해에 반대하여) 피조물들에게 하나님의 본질 자체가 현재하는 것이지, 그분의 능력(potentia)이나 창조적 힘(virtus)만이 현재하는 것이 아니라는 사실이 강조되었다. 왜냐하면 하나님의 본질과 능력은 서로 나뉠 수 없기 때문이다.[166] 물론 하나님의 현재는 항상 권능에

---

165 알트하우스(P. Althaus, *Die christliche Wahrheit*, 3. Aufl. Gütersloh 1952, 276)와 칼 바르트(*KD* II/1, 685ff.)의 주장에 따르면 하나님이 영원하신 분으로서 자유롭다는 사실은 오직 하나님의 미래성으로부터만 이해될 수 있다.

166 Joh. Gerhard, *Loci theologici* (1610-1625) III,122: ...Deus non tantum virtute et efficacia, nec tantum visione et sapientia, sed etiam tota et individua sua essentia sit omnibus rebus praesens; neque enim tantum potentia et scientia,

찬 현재(adessentia operosa)로 이해되어야 한다. 왜냐하면 피조물들의 보존과 통치가 그 현재와 연관되어 있기 때문이다.¹⁶⁷ 신적 본질이 창조 안에 현재하는 것은 특정한 위치에 개별적으로 연결(circumscriptive)되어 있다거나 혹은 공간을 통해 확산(diffinitive 혹은 definitive)되는 것으로 생각될 수 없으며, 오히려 모든 것을 채우는 것(repletive)으로 생각되어야 한다.¹⁶⁸

모든 것을 채우시는 하나님의 현재는, 하나님의 본질이 전체 세계를 통해 연장(ausgedehnt)되어 있다는 사고를 뜻하지 않는다. 물론 스피노자는 연장을 하나님의 속성으로 주장했다.¹⁶⁹ 만일 하나님이 연장을 점거하신다면, 그분은 사물로서 존재하거나 최소한 공간적으로 제한된 존재임이 틀림없을 것이다. 그러나 하나님의 편재는 그분의 본질과 일치하는 능력(virtus)의 특성을 갖는다. 그분은 영원한 능력과 신성을 통해 피조물에게 현재하시며, 그렇기에 그분의 현재는 사물이 현재하는 것과 같이 동일한 장소에 있는 다른 사물들의 동시적인 현존을 배제하지 않는다.¹⁷⁰ 하나님의 현재는 오히려 모든 사물에 침투하면서 포괄한다.

---

sed etiam essentia est immensus et infinitus. 이에 대해 소키누스주의자들의 견해는 성서에 따르면 하나님이 하늘에 계시며, 악이나 혹은 불결한 사물들과 함께하지 않으신다는 것이었다(J. Crellius, *Liber de Deo eiusque attributis* [Bibliotheca Fratrum Polonorum IV] Amsterdam 1656 c. 27, p. 92 b). 소키누스주의자들에 반대했던 정통주의의 논증에 대해 예를 들어 다음을 보라. Hollaz, *Examen theol. acroam. I*, Stargard 1707, 392f. 여기서도 또한 편재는 **피조물들에게 현재**(adessentia ad creaturas)하는 것으로 정의되었다.

167 Hollaz a.a.O. 393f.
168 J. Gerhard a.a.O.; 참고. Thomas von Aquin *S. theol.* I,8,2.
169 Spinoza, *Ethica II*, prop. 2: Extensio attributum Dei est, sive Deus est res extensa. 마찬가지로 스피노자는 **이성**(cogitatio)에 대해 주장했고(ib. prop. 1), 그래서 데카르트가 구분한 두 실체들(res extensa와 res cogitans)은 하나의 유일한 실체로서 존재하는 하나님의 속성이 되었다.
170 Thomas v. Aquin, *S.c. Gentes* I,68과 *S. theol.* I,8,2.

하나님의 광대하심(immensitas) 때문에 그분의 현재는 모든 피조물을 넘어선다. 하늘도, "하늘들의 하늘"(왕상 8:27)이라도, 그분을 담을 수 없다. 제3이사야는 이것을 거대한 그림으로 표현했다. 하늘은 단순히 하나님의 집일 뿐만 아니라 그분의 보좌이며, 하나님은 하늘을 능가하시면서도 동시에 땅에 그분의 발을 딛고 계신다(사 66:1). 이와 같이 하나님은 자신의 현재를 통해 모든 사물을 "포괄하시며", 그분 자신은 다른 어떤 것에 의해 포괄되지 않으신다.[171] 그러므로 하나님의 광대하심과 편재성은 하나로 일치하는 내용으로 이해되어야 한다.[172] 하나님은 바로 자신의 창조 전체를 무한히 능가하시는 자로서 피조물 가운데 가장 작은 자에게도 현재하신다. 그러므로 하나님의 영원성에서와 마찬가지로 편재성에서도 내재성과 초월성의 요소는 서로 연관되어 있고, 이것은 참된 무한의 기준에 부합한다.

칼 바르트는 영원성이나 편재를 무한이라는 "상위 개념"에 귀속시키는 관습적인 방식에 반대했다(KD II/1, 522-527). 왜냐하면 그는 무한(Infinitum) 개념을 일방적으로 유한의 대립 개념으로만 파악했기 때문이다. 그 결과 편재성과 더불어 말해지는 창조 안에서의 하나님의 내재는 사실상 바르게 평가될 수 없게 되었다. 바르트는 "우리의 하나님 인식을 유한과 무한 개념의 대

---

171 이미 초기 그리스도교 신학이 이 그림을 통해 피조물과의 관계 속에 계신 하나님의 내재성과 초월성의 일치를 표현했다. 예를 들어 Aristides Apol. I,4: Dico tamen deum...ab nullo comprehensum esse sed ipsum omnia comprehendere...나아가 필론, 유스티누스, 안티오크의 테오필로스(Theophilus von Antiochien), 이레나이우스(Irenäus) 등의 사례들에 대해 나의 책을 보라. *Grundfragen systematischer Theologie* I,331 n. 121.
172 그러나 구(舊)프로테스탄트 교의학에서 광대하심(immensitas)은 하나님 자신에게 귀속되는 절대적인 혹은 "내재적인" 속성으로 간주되었다. 반면에 편재성은 세계와의 관계 속에서만 논의될 수 있었다(D. Hollaz a.a.O. 355-357과 391f.).

립 안에 고정시키는 것"에 대해 경고한다(526). 유한과의 대립이 하나님에 대해서는 "아무런 한계도" 형성하지 못한다는 바르트의 주장(525)은 실제로는 **참된** 무한의 사고를 위한 변론이다. 참된 무한은 유한과 대립할 뿐만 아니라 동시에 그 대립을 넘어선다. 편재 사상은 사랑의 측면에 속하고, 반면에 영원 사상은 신적인 자유의 측면에 속한다는 바르트의 주장(522f.)은 하나님의 속성들을 너무 인위적으로 자유와 사랑이라는 양 극단의 상호간 대립으로 나눈 것처럼 보일 수도 있다. 그럼에도 불구하고 바르트에게 동의할 수 있는 점은 하나님의 편재가, 유한한 세계와의 관계 속에서 하나님은 단지 초월적일 뿐이라고 생각하는 하나님 개념과는 반대된다는 사실이다.

성서의 증언에 따르면 하나님은 여러 가지 방식으로 자신의 창조 가운데 현재하신다. 가장 잘 알려져 있는 것은 하나님이 하늘에, 다시 말해 인간이 도달할 수 없는 영원한 현재의 영역(딤전 6:16) 가운데 "거하신다"(wohnen)는 표상이다(위의 각주 136을 보라). 하나님은 그곳에 자신의 보좌를 세우시며(시 103:19; 참고. 2:4; 33:14; 113:6; 123:1 등), 하늘에 자신의 "처소"를 두신다(신 26:15; 왕상 8:39 등). 예수의 기도 역시 "하늘"에 계신 아버지를 향하며(마 6:9), 그의 메시지도 언제나 또 다시 "하늘"에 계신 아버지를 지시한다. 하지만 하나님이 하늘에 거하셔서 인간에게는 은폐되어 계신다고 해도(마 6:18), 그분은 거기로부터 땅 위에 일어나는 일을 보실 뿐만 아니라(시 20:7; 80:15; 102:20; 113:6), 가장 은밀한 것까지도 들여다보신다(마 6:18; 참고. 4절과 6절).

하나님이 하늘에 거하신다는 성서적 진술이 특별히 시사해주는 것은 하늘과 땅의 구분을 통해 하나님이 땅 위에 사는 피조물에게 각각의 현존재를 위한 공간을 허락해주신다는 사실이다. 피조물의 현존재는 하나님의 현재 가운데 있고, 그분 곁에서 현존한다. 하나님이 계신 장소로서 하늘을 말하는 것은 물론 공간적인 상이다. 하지만 이 상은 하나님이 **현세의** 창조 공간과는 구분되어 계심을 표현한다. 만일 우리가 하늘은 하나님의 영원한 현재에 대한 상이기도 하다는 점을 기억한다면, 그 사실은 더욱 분명해질 것이다. 영원한 현재는 하나님이 모든 시간적인 것에게도 현재하심을 뜻한다. 왜냐하면 공간적 영역으로서 하늘은 오늘날에는 고대 사람들에게 그랬던 것처럼 현세적인 모든 현실성과 급진적으로 대립한다고 생각되지는 않기 때문이다. 오늘날의 사람들에게 하늘과 땅이 속하는 우주 공간은 유한한 사물들의 영역에 불과하다. 이와 같은 창조의 우주 공간은 피조물들로 하여금 시간적으로 연속하여(nacheinander) 존속할 뿐만 아니라, 공간적으로 나란히(nebeneinander) 존속하도록 해주며, 하나님의 영원한 현재의 동시성에 근거하지만 또한 그 영원한 현재와는 구분된다. 왜냐하면 이 공간은 서로 나란히 존재하는 피조물들이 동시성 속에 존속하도록 해주는 독립적인 영역이기 때문이다. 하나님은 그와 같이 피조물들이 하나님 자신의 곁에 있도록 공간을 허락해주심으로써, 피조물들에게 각각의 공간 안의 장소에서 각각 독립적인 현존재를 갖도록 해주신다. 동시에 하나님은 그것들에게 현재하시는데, 그분은 광대하심 속에서 그분 자신에게만이 아니라 그분이 현존재를 허락하신 다른 모든 것의 장소에도 현재하시기 때문이다.

아이작 뉴턴(Isaac Newton)은 철학자 헨리 모어(Henry More)와 함께 물리적 공간을 피조물들에 대한 하나님의 편재의 형태로 이해했다. 뉴턴은 그의 책(*Optik*, 1706)에서 이 사고를 전개하여 공간을 하나님의 **감각중추**(*sensorium Dei*)라고 표현했다(*Opticks* 3.ed. London 1721, 344ff.). 라이프니츠는 이 표상을 다신론으로 오해했으며, 이 비판에 맞서 새뮤얼 클라크는 뉴턴의 사고를 변호하게 되었다.[173] 클라크에 따르면 **감각중추**라는 표현은 하나님이 피조물을 인지하시기 위해 공간을 필요로 한다는 식으로 이해되어서는 안 되

---

[173] 이에 대해 나의 글을 보라. Gott und die Natur. Zur Geschichte der Auseinandersetzungen zwischen Theologie und Naturwissenschaft, in: Theologie und Philosophie 58, 1983, 481-500, 특히 493ff.

며, 오히려 사물들이 각기 자기 자리에서 생성되도록 하는 수단으로 이해되어야 한다. 클라크에 따르면 절대적 공간은 **나누어져 있지 않고 나눌 수도 없다**. 따라서 그 공간은 하나님의 광대하심(*immensitas*)과 동일하다.[174] 유한한 사물들이 창조된 이후에, 그리고 그것들이 공간 안에서 나란히 존재하기 시작한 이후에, 분리와 분리가능성이 비로소 시작된다. 하나님은 그의 영원성과 측량 불가능성을 통해 공간을 구성하시며, 또한 피조물들의 시간도 마찬가지로 구성하신다. 뉴턴은 이것을 자신의 유명한 책 『**일반주해**』(*Scholium Generale*)에서 서술했는데, 그 내용은 1713년 그의 책 『**자연철학의 수학원리**』(*Philosophiae Naturalis Principia Mathematica*, Neudruck Cambridge 1972, II, 761) 2판에 덧붙여졌다(existendo semper et ubique, durationem et spatium constituit). 뉴턴의 이와 같은 사고는 알베르트 아인슈타인(Albert Einstein)이 뉴턴의 절대공간 개념을 비판했다고 해서 시대에 뒤떨어진 것이 되지 않는다. 왜냐하면 아인슈타인은 뉴턴의 견해에 단순히 반대만 했다기보다는, 뉴턴의 공간 개념이 가진 기능을 시공간의 일반적인 장 이론으로 확장시켰기 때문이다(다음 책에 나오는 아인슈타인의 머리말을 보라. M. Jammer, *Das Problem des Raumes*, 1954, dt. Darmstadt 1960, XI-XV, 특히 XV). 물론 뉴턴은 자신의 사상을 삼위일체 신학으로 전개하지는 않았기 때문에(아래를 보라), 피조물에 대한 하나님의 초월성과 현재성의 일치를 충분히 설명할 수는 없었다.

---

[174] 클라크와 라이프니츠가 주고받은 서신들은 책으로 출판되어 있다. G. W. Leibniz, *Die philosophischen Schriften*, hg. G. J. Gerhardt, Band VII (1890). 논쟁의 핵심이 되었던 클라크의 글은 p.368 n.3에서 인용된다. "…**무한한 공간**은 **하나**이며, 절대적이고 **본질적으로 분리될 수 없다**. 그리고 **분리되어 있다**고 가정하는 것은 **용어상 모순**이다. 왜냐하면 **분리 그 자체** 안에 **공간**이 있어야 하기 때문이다. 공간이 **분리되어 있다**는 가정은 곧 동시에 **분리되지 않았다**는 것을 의미한다." 그래서 **무한한** 공간은 클라크에 따르면 분리될 수 없는 하나님의 광대하심(*immensitas*) 자체와 동일하다(368 n.3). 이 논증은, 영원이 없다면 시간의 한 순간이 다른 순간으로 건너가는 것이 이해될 수 없다는 이유에서, 영원을 시간의 조건으로 상정하는 플로티노스의 논증과 비슷하다.

피조물 각각의 현존재의 자리에 하나님이 현재하시는 것은 일차적으로 그분의 영의 창조적인 현재의 형태다. 영을 통해 하나님은 그분의 피조물들을 현존재로 부르시며 현존재 안에서 보존하신다(시 104:29f.; 참고. 욥 33:4). 하나님의 영은 온 땅을 가득 채우며(지혜서 1,7), 그래서 그 누구도 그분으로부터 도망할 수 없다(시 139:7). 하나님의 영을 통한 현재로부터 벗어날 수 없다는 것은 하나님이 그분을 외면하는 자에게도 현재하신다는 사실을 뜻한다(사 5:19; 시 42:12; 79:10). 비록 외면한 자에게는 하나님이 부재하시는 것처럼 보인다고 해도 그렇다. 하나님이 없는 자는 자신의 행위가 눈에 띄지 않는다고 생각한다(시 94:7; 10:11; 사 29:15). 하지만 그에게는 거룩하신 하나님의 현재가 심판이 될 것이다. 그와 반대로 경건한 자는 하나님께 그분의 "얼굴"을 자신으로부터 돌리지도 말며 "숨기지도" 말아달라고 간구한다(시 69:18). 왜냐하면 모든 피조물은 하나님이 그분의 얼굴을 그것들에게서 숨기실 때 두려워 떨 수밖에 없기 때문이다(시 104:29). 피조물은 영을 통해 하나님 가까이에 머물면서 생명을 보존한다. 그렇기에 시편 저자는 기도한다. "주의 얼굴을 내게서 숨기지 마소서. 내가 무덤에 내려가는 자 같을까 두려워하나이다"(시 143:7; 참고. 10:1ff.; 88:15 등). 물론 피조물들의 생명은 유한하며, 이들은 유한성에서 그들의 생명과 모순되는 종말을 경험한다.

그러나 고통스런 곤경 안에서 혹은 외적으로 하나님에게서 버림받은 것으로 보이는 가운데 하나님이 숨어 계신다는 사실은 하나님이 없다거나 무능하시다는 것을 의미하지 않는다(욥 16:12ff.; 23:2.14; 30:19ff.). 그것은 단지 피조물들이 자신과 함께하고 계신 하나님의 길을 알지 못함을 뜻한다. 그것을 알지 못하는 것은 하나님의 길들이 피조물 자신의 삶과 반대되기 때문이다. 하나님이 숨어 계신 가운데서도 피조물의 구원이 이미 그 길 위에 있을 수 있다(사 45:15). 신약성서의 메시지에 따르면 하나님의 숨겨진 의지는 그분의 구원 계획의 "비밀"로서 멸망과 죽음을 관통하여 최종적으로 피조물들의 구원을 향해 있다(롬 11:25ff.; 16:25; 엡 1:9f.; 골 1:26ff.).

영을 통해 초월적인 하나님 자신이 창조 안에서 현재하신다. 하지만 그분의 초월성과 이 땅 위의 현재는 어떻게 서로 연관될 수 있는가? 이 질문은 하늘 보좌에 앉아 계신 하나님이 동시에 그분의 거처를 땅에도, 특히 그분의 "집"이 있는(사 2:3) 시온 산(사 8:18)에 두신다는 표상과 관련될 때, 더욱 날카로워진다. 예루살렘 및 그분의 성전과 관계된 표상은 아마도 이미 초기부터 논쟁거리였고, 특히 성전 건축과 깊은 관련이 있었다(삼하 7:6f.). 후대에 이 사상은 약화되어 야웨의 "이름"만이 성전에 거하고 그분 자신은 하늘 보좌에 계신다는 사상으로 변했다(신 12:5ff.; 참고. 26:15). 솔로몬의 성전 기도 전승에서도 오래된 거주지 표상(왕상 8:12f.)은 약화되었고 그분의 이름만이 거한다고 말해지며(8:29), 성전 건축은 철저히 하나님이 하늘에 거하신다는 사실과 관련해서만 정당화되었다. 하나님의 이름이 거주하는 것과 관련된 신명기적 이해와 더불어 이 오랜 표상을 새롭게 개선한 제사장 문서의 기록이 등장하는데, 그것에 따르면 하나님의 "영광"만이 땅 위에 현현한다.[175] 제사장 문서는 그분의 민족에게 여전히 특별한 방식으로 거하시는 하나님의 현재를 받아들였다. 그 문서는 백성들이 이동할 때 지켜주었던 구름기둥과 불기둥(출 13:21f.) 안에, 계속해서 그들을 인도하시려는(출 14:36-38; 참고. 민 9:15ff.) 하나님의 영광이 숨겨져 있었다고 해석했다(참고. 출 24:15f.). 반면에 또 다른 전승에 따르면 하나님의 "천사"(출 32:34; 참고. 33:2)나 하나님의 "얼굴"(출 33:14)이 백성들을 인도하기 위해 다가온다. 이름, 영광, 얼굴 등의 거의 실체적으로 보이는 독립된 형태들을 통해 하나님의 현재에 대한 표상에서 그분의 초월성을 보존하려는 모든 노력에도 불구하고, 또한 그것들 모두에서도 하나님의 초월성과 내재성의 관계에 대한 동일한 질문이 제기된다. 마찬가지로 랍비적인 주석 속에서 계속해서 발전된 비슷한 표상들에 대해서도 같은 질문이 해당한다.[176] 삼위일체론이 비로소 하나님의 초월성과 내재성의 긴장된 일치를 근본적으로 해명

---

[175] 참고. G. v. Rad, *Theologie des Alten Testaments I*, München 1957, 233-240.
[176] A.a.O. 296f.

할 수 있었다. 물론 이 문제는 그 이전에 이미 신약성서에서 하나님의 신성이 예수 그리스도 안에 "거한다"는 진술, 예수의 몸이 아버지께서 "머무시는"(요 14:10) 성전이라는 진술(요 2:19), 그리고 높여지신 그리스도(엡 3:17) 혹은 그분의 영이 믿는 자들 사이에 "거하신다"는 진술(고전 3:16; 롬 8:9,11)을 통해 날카롭게 등장했었다. 삼위일체론은 "하늘에 계신 아버지"의 초월성을 아들과 영을 통한 믿는 자들 사이에서의 그분의 현재와 연결시키며, 그렇게 하여 세 위격들의 동일본질과 아들과 영을 통한 세 위격들의 상호내재(Perichorese) 때문에 아버지는 초월성의 손상 없이도 믿는 자들에게 가깝게 현재하신다고 생각될 수 있다(참고. 요 14:8ff.). 하나님의 구원의 경륜 속에서 삼위일체적인 삶은 편재의 참된 무한성에 의해 입증된다.

동일한 것이 하나님의 전능성에도 해당한다. 전능성과 편재성은 서로 긴밀히 연관되어 있으며, 양자는 하나님의 영원성과 가장 깊이 연관되어 있다. 하나님의 영원성 안에서는 모든 사물이 현재적이며 그분도 그것들에게 현재적이듯이, 또한 하나님은 그 현재를 통해 모든 사물에게 권능을 행사하신다. 하나님의 편재는 이미 그분의 영의 역동성으로 채워져 있다.[177] 아무리 큰 능력이라도 그 힘의 대상에게 현재하지 않고서는 작용할 수가 없다. 그렇기에 편재는 전능성의 조건이다. 그러나 하나님의 편재가 영을 통해 내포하고 있는 것은 전능의 사고를 통해 더욱 구체적으로 드러난다. 여기서 전능성의 완전한 개념은 다시 한 번 참된 무한의 구조에 상응하며, 이 개념은 하나님의 삼위일체적인 삶을 통해 비로소 실현된다.

하나님이 전능하신 것은 우선 그분의 힘이 끝이 없고 제한이 없으며,

---

177 K. Barth *KD* II/1, 519. "하나님의 현재는 그 자체 안에 그분의 **통치**를 포함한다. 지배하지 않고서 하나님이 어떻게 현재하시겠는가? 그리고 하나님의 통치는 그 자체 안에 그분의 **영광**을 포함한다. 자기 자신을 찬미하지 않거나 자기 자신에게 영광을 돌리지 않고서 어떻게 하나님이 통치하실 수 있겠는가?" 이 내용을 넘어 바르트의 본문에서 또한 강조되어야 할 것은 편재가 전능하신 통치의 **조건**이라는 점이다.

그분의 편재나 영원한 지속과 마찬가지로 무한하기 때문이다. 그래서 욥은 이렇게 고백한다. "주께서는 못 하실 일이 없사오며, 무슨 계획이든지 못 이루실 것이 없는 줄 아오니"(42:2). 이와 같은 전능성의 증명이 세계 창조 안의 다양성(참고. 롬 1:20)을 뜻하는 것은 욥에게만 그런 것이 아니다. 바룩도 하나님께 이렇게 기도한다. "주께서 큰 능력과 펴신 팔로 천지를 지으셨사오니, 주에게는 할 수 없는 일이 없으시니이다"(렘 32:17). 만물의 창조자이신 하나님은 토기장이가 자기 손으로 잘못 만든 그릇을 부술 수 있는 것과 같은 권리를 갖고 계신다(사 45:9ff.; 참고. 렘 18:6ff.; 롬 10:19ff.). 그분은 빛뿐만 아니라 어둠도 창조하셨으며, 구원뿐만 아니라 재앙도 일으키신다(사 45:7; 참고. 렘 45:4).

그러나 무제한의 권능을 추상적으로 이해하면, 하나님의 통치를 폭군이 참칭하는 불의한 권세와 너무 쉽게 혼동하게 된다. 이런 잘못된 해석은 전능하신 하나님의 권능이 그 힘의 지배를 받는 대상과 대립한다고 생각할 때 발생한다. 이때 전능은 절대적으로 규정하는 것으로, 그것에 의해 규정되는 대상은 그 힘의 자의성(Willkür)에 내맡겨진 것으로 생각된다. 이와 같이 규정하는 것과 규정되는 것이 단지 대립하기만 한다고 일방적으로 이해된 능력[178]은 전능의 사고에 전혀 도달하지 못한다. 폭군의 통치가 아무리 자신의 방식대로 전능성을 추구한다고 해도 그렇다. 규정하는 것은 규정되는 대상과의 대립에 항상 속박되어 있으며, 그렇기에 자신의 힘이 미치는 외부의 대상을 자신의 행위의 전제 조건으로 갖는다. 그러나 하나님의 권능은 그보다 우선하여 주어지는 어떤 대상을 외부에 갖지 않으며, 오히려 지배받는 것 자체를 비로소 발생시킨다고 보아야 한다. 다시 말

---

178 하나님의 전능에 대한 이런 표상과의 논쟁을 다음에서 보라. F. Wagner, Die Wirklichkeit Gottes als Geist, in: *Evang. Kommentare* 10, 1977, 81ff. 물론 바그너는 자신의 비판이 전능의 사고 전체에 해당한다고 생각했다. 여기서 하나님 개념이 "정반대의 의미"로 "왜곡"된 점에 대해 다음을 참고하라. K. Barth *KD* II/1, 589.

해 하나님은 창조자이시기에 전능하실 수 있다. 그래서 성서는 하나님의 전능성의 표현을 줄곧 그분의 창조 행위와 관계시킨다.

하나님은 창조자로서 언제나 자신의 피조물들의 현존을 원하신다. 그렇기에 하나님의 전능성은 피조물과 전적으로 대립하지 않는다. 비록 하나님은 자신의 행위 속에서도 여전히 자신과 동일하시며, 그 점에서 일자(der Eine)이심이 드러난다고 해도 그렇다. 하나님의 행위는 거룩한 분노의 표현으로서 파멸이나 재앙을 의미할 수도 있다. 하지만 창조자의 행위는 모든 파멸을 넘어서서 피조물의 생명을 향한다. 또한 이것은 하나님과 그분이 선택하신 민족과의 관계에도 해당한다. 예레미야는 하나님이 바빌론 사람들을 통해 예루살렘을 파괴할 것임을 선포한다. "나는 야웨요 모든 육체의 하나님이라. 내게 할 수 없는 일이 있겠느냐?"(렘 32:26) 하지만 그분의 권능의 행위에 대한 선포는 이 도시의 파괴를 넘어 예루살렘 및 선택된 민족과의 계약의 갱신을 목표로 하고 있다(32:38ff.).

하나님의 전능성이 도달하는 영역은 아브라함의 하나님에 관한 사도 바울의 설명에서 보다 포괄적으로 표현된다. "그가 믿은 바 하나님은 죽은 자를 살리시며 없는 것을 있는 것으로 부르시는 이시니라"(롬 4:17). 바울은 죽은 자들의 부활을 무로부터의 창조 곁에 위치시킨다. 부활절 사건과 죽은 자들의 부활은 그리스도교가 지향하는 희망으로서 하나님의 창조 행위의 무제한성을 의미한다. 오직 창조자만이 죽은 자들을 깨우실 수 있고, 반대로 죽은 자들의 부활은 창조자가 어떤 분이신지를 구체적으로 보여준다. 이것을 넘어서, 전능하신 하나님에 대한 이와 같은 간략한 설명 속에는 또한 그분의 창조 행위가 죽은 자들의 부활에서 완성될 것이라는 사실도 들어 있다. 죽은 자들의 부활은 피조물의 현존을 원하시는 창조자의 의지의 능가될 수 없는 강력한 표명이다.

하나님의 전능성에 관한 교리의 역사 속에서 전능성이 하나님의 창조 행위 및 그 행위에 기초한 하나님의 전권(*potestas*)과[179] 깊이 연결되어 있다는 사실이 종종 간과되었다. 전권은 창조 전체를 통치하시는 하나님의 권능을 말한다. 특히 신적 권능의 절대성에 대한 논의, 그리고 하나님이 실제로 결정하신 구원의 질서 속에서 그 절대적 권능이 어떻게 실행되는지에 대한 논의에서도 그 사실의 간과는 좋지 않은 역할을 담당했다.

중기 스콜라 철학에 이르기까지 이와 같은 구분은 중심적인 신학적 중요성을 갖지 못했다. 토마스 아퀴나스는 이 문제를 하나님이 실제로 행하지 않으

---

179 칼 바르트는 하나님의 권능이 "단순히 **잠재적인 것**(*potentia*)이 아니라, 현실적인 **전권**(*potestas*)으로 이해되어야 한다"고 바르게 강조했다(*KD* II/1, 591). 하나님의 권능과 통치의 밀접한 관계를 강조한 것은 소키누스주의자들의 신론 덕택이었다(Joh. Crellius, *Liber de Deo eiusque attributis*, Irenopoli [Amsterdam] 1656 c. 22sq.). 최고 본질은 포괄적 전권과 통치 때문에 "하나님"이라 불린다. Ens supremum ob potestatem et Imperium Deum appellari contendimus. 다시 말해 하나님이 하나님이신 것은 그분의 권능과 통치력 때문이다. 특히 통치력이 없다면, 하나님 자신 밖에 다른 어떤 것이 존재하게 되어 하나님이 더 이상 하나님이 아니게 된다. propter illam potestatem, quae potentiae isti neccessario adhaeret, et in qua imperandi ius ita continetur, ut si modo res ulla extra Deum existat, in eam Deus non possit non summum imperium habere (ib. p. 55 b; 참고. 32). 또한 칼 바르트도 하나님의 **본질** 즉 그분의 신성은 그분의 통치와 동일하다고 보았다. (*KD* I/1, 369; 참고. 323f.) 그 점에서 바르트는 소키누스주의자들의 견해에 동의하고 있다. 리츨(Ritschl)은 그 견해가 하나님의 의지에 근거하는 "도덕적인 세계질서"와 그다지 관계가 없다는 이유에서 그것을 매우 강하게 비난했다(A. Ritschl, *Rechtfertigung und Versöhnung III*, 4. Aufl. 1895, §31 p.227ff.). 리츨은 또한 구(舊)프로테스탄트 교의학이 신적 의지를 그의 공의와 결합시켰던 것도 비판했다. 왜냐하면 그것은 "소키누스주의자들의 세계관에서 충분히 벗어나지 못했기" 때문이다(254). 이에 대해 그는 사랑의 교리를 발전시켰는데, 여기서 사랑은 하나님의 본질 규정으로서 아들에 대한 관계 속에서, 또한 세계 안에 존재하는 그분의 나라에 대한 관계 속에서 파악되었다(§34 ib. 256ff.). 리츨은 하나님의 전능성에 대한 전통적 이해에서 하나님의 사랑이라는 사고의 중재가 빠져 있다는 점을 적절하게 인식했다. 하지만 그는 하나님 사랑을 너무 신인동형론적으로 이해했고, 그 결과 그 사랑을 목적에 맞게 구성된 인격적 행위로 파악했기에(262ff.), 하나님의 사랑을 전능성과 연결하는 데는 실패했다. 반면에 칼 바르트는 하나님의 전능성을 "**자유로운 사랑**의 전능"으로 이해했다(아래를 보라).

신 것도 또한 행하실 수 있는가라는 질문의 테두리에서 다루었다. 그 대답은 다음과 같다. 절대적으로 보자면(secundum potentiam absolutam) 하나님은 그분의 의지가 설정한 바른 질서에 따라 실제로 행하실 가능성을 가지고 계실지도 모른다(de potentia ordinata: S. theol. I,25,5 ad 1). 이와 같이 토마스에게는 절대적 권능에 따른 하나님의 행위는 그저 추상적인 사유의 가능성일 뿐이었다. 하지만 아라비아 아리스토텔레스주의는 하나님의 의지와 권능을 그분의 행위의 특정한 질서에 연결시켜 이해했는데, 그 결과 하나님은 한번 존속하기 시작한 세계 사건의 질서에 대해, 그리고 한번 설정된 구원의 질서에 대해 더 이상 아무런 자유도 갖지 못하신다고 보았다. 하나님이 역사 안에 행하시는 신적 행위의 자유에 대한 성서적 증언은 그와 같은 결정론과 정면으로 대립한다. 그래서 13세기 말 이래로 초기 프란치스코파(Wilhelm von Ware, Duns Scotus, Wilhelm Ockham)는 하나님이 한번 설정된 질서 밖에서도 실제로 행동하실 수 있다는 견해를 발전시켰다. 여기서 둔스 스코투스는 하나님이 항상 질서에 따라 행동하시지만, 이때 그분의 행위를 결정하는 특정한 질서가 변경될 수 있다는 점을 강조했다. 오컴은 이 관점을 심화시켜서 성서가 증언하는 구속사적인 하나님의 행위에 적용했고, 특히 옛 계약을 새 계약을 통해 해체시키는 데 적용했다.[180] 이와 같은 성서적 동기에도 불구하고 하나님의 절대적 능력에 대한 논의, 혹은 그 능력이 공의, 선, 지혜를 통해 또는 논리학의 규칙을 통해 제약되는 제한성 내지 무제한성에 대한 논의는 신적 전능을 추상적인 표상으로 만들어버렸다. 그 결과 마치 추상적으로 생각된 신적 의지가 하나님의 구체적 본질인 것처럼 되었다.

하나님의 행위가 언젠가 근거될 사건의 질서와 관련된다는 것이 모든

---

180 이에 대해 다음을 보라. K. Bannach, *Die Lehre von der doppelten Macht Gottes bei Wilhelm von Ockham. Problemgeschichtliche Voraussetzungen und Bedeutung*, Wiesbaden 1975, 특히 248-275.

미래에 해당하는 것은 아니라는 사실이 강조될 때, 중요한 것은 신적 행위의 역사적인 성격이다. 이것은 모든 역사적 현재에 해당하는 미래의 개방성을 말한다. 역사적 사건들의 우연성 속에서 역사 안에 행동하시는 하나님의 자유가 표현된다. 이 자유는 언제나 창조자의 자유이며, 그분의 행위는 모든 인간의 예측을 넘어서 창조의 완성을 향한다.

하나님의 행위의 역사성에 대한 슐라이어마허의 이해 역시 정확하다고는 할 수 없다. 그에 따르면 하나님의 전능성의 확증은 그 전능성 안에 근거된 "자연의 맥락"과 완전히 일치하며, 그래서 전능성은 "유한한 존재의 전체성 안에서 완전히 설명된다"(Der christliche Glaube §54). 물론 슐라이어마허도 하나님의 전능성이 "말하자면 자연적 원인들을 보충하는 것처럼" 활동할 수 있다는 것을 명확하게 배제한다(§54,1). 슐라이어마허는 자연의 맥락이 계몽주의의 기계적 자연과학의 의미로 생각될 수 없다고 본다. 왜냐하면 세계 안에서 "더불어 살아가는 모든 부분들이" 서로서로 상호작용하며 존재하는 것으로 보이기 때문이며(§32,2), 그렇기에 자연의 맥락의 사상은 "죽은 기계론"뿐만 아니라 "우연성과 자의성" 또한 배제한다(§34,2). 이와 같은 세계관 속에서는 새로운 것, 즉 어떤 선행자로부터도 도출될 수 없는 새로운 것의 등장이 가능하다(§14 Zus., §93,3; 참고. 13,1). 물론 이 사실은 인류의 발전이라는 맥락 안에는 언제나 내재한다고 생각되었다. 슐라이어마허에게서 하나님의 관계는, 신적인 창조 행위가 피조적 현존재의 각각의 순간에 우연적으로 작용한다는 것이 아니라, 유한한 사물이 "자연의 맥락" 전체의 근거가 되는 근원에 의존해 있다는 사실을 통해 특징지어진다. 그렇기에 그는 창조 개념을 보존(Erhaltung) 개념에 종속시켰다(§38ff.). 여기서 슐라이어마허는 "하나님의 존재는 피조물 없이도 생각될 수 있고 또 그렇게 생각되어야만 하는가?"(41,2)라는 질문에 자신이 냉담한 이유를 설명할 수 있었다. 세계 전체의 우연성에서 중요한 것은 하나님의 전능성의 자유이며, 이때 전능성은 자신의 본질의 필연성으로부터 반드시 어떤 세계를 창조할 필요는 없다. 이 자유가 없다면,

하나님 개념은 사실상 세계 개념의 상대 개념에 불과할 것이며, 그 결과 하나님도 세계와의 관계에 의존해 있다고 이해될 것이다. 여기서 우리는 칼 바르트의 비판에 동의할 수밖에 없다. 바르트는 "하나님의 '할 수 있음'과 '실제로 행하심' 사이의 구분이 지양된다면, 하나님이 이미 행하신 것 안에서조차도 하나님의 자유에 대한 이해가 파괴된다"고 비판했다. 오히려 "하나님의 전능성은 **자유로운 사랑**의 전능성이다…"(II/1, 597). 바르트는 계속해서 하나님의 자유로운 사랑은 "그분의 사역 안의 어떤 맥락이나 질서와도 일치하지 않는다"라고 설명했다(ebd.). 하지만 우리는 하나님의 자유로운 사랑이—즉 그분의 전능하신 행위가—사역의 맥락 속에서 자신의 목적에 도달한다는 점을 말할 수 있다. 이것은 슐라이어마허가 이해했던 핵심적 진리다. 다시 말해 저 맥락은 하나님의 행위의 역사적인 맥락으로 보아야 한다. 신적 행위의 역사는 모든 사건 속에서 하나님의 미래로부터, 곧 세계 혹은 그것의—어떻게 생각되든지 관계없이—자연적 맥락의 모든 과거나 현재를 넘어서는 하나님의 미래로부터 우연적으로 발생한다.

세계의 **가능성** 그리고 세계를 구성하는 역사적인 사건들의 **가능성**도 그것의 **현실성**과 마찬가지로 하나님의 전능성 속에 근거되어 있다. 가능성과 현실성이라는 이 두 가지가 서로 어떻게 관련되는지, 하나님의 태고의 영원성으로부터 세계의 가능성으로, 그리고 그것으로부터 현실성으로 나아가는 단계가 어떻게 이해되어야 하는지의 질문과 함께 창조자의 전능성으로서의 "전능성 개념"의 복합체가 시야에 드러난다. 이것은 창조론의 맥락에서 보다 더 상세한 논의를 필요로 하며, 그 논의는 창조 행위의 삼위일체적 구조의 서술로 인도할 것이다.

여기서 라이프니츠(Gottfried Wilhelm Leibniz, *Theodizee* §335)에게 반대했던 임마누엘 칸트의 견해를 생각하게 된다. 라이프니츠는 사물의 가능성이 아닌 현실성만이 하나님의 전능하신 의지에 의존한다고 생각했다.[181] 칸트는 이미 1755년의 작품(*Allgemeine Naturgeschichte und Theorie des Himmels*)에서 하나님의 존재에 대해 "자연이, 또한 자연의 가능성이, 규정성의 총괄개념 속에서 자신의 근원을 이끌어내는 존재"라고 말했다(A 149). 그리고 1763년의 논문(der einzig mögliche Beweisgrund zu einer Demonstration des Daseyns Gottes)은 하나님 개념이 사물들의 현존재뿐만 아니라 또한 가능성의 근거이기도 하다는 사실을 목표로 작성되었는데, 여기서 칸트가 반대했던 사람들은 "다른 사물들의 종속성을 단순히 그것들의 현존재에 제한했던 사람들이었으며, 반대 이유는 그 제한을 통해 최고 본성의 많은 완전성의 근거들이 상실된다"는 사실 때문이었다(A 182). "독립적인 것에 그것에는 낯선 어떤 근거에서 제약들이 설정될 때, 만일 이 설정의 가능성이 이미 그 독립적인 것 안에 근거되어 있지 않다면, 그 제약들이란 도대체 무엇이란 말인가?"(ebd.) 하나님의 창조 행위는 단순히 그분의 지성적 이념들 안에서 이미 가능적으로 존재하는 사물들이 현존재에 이르도록 도와주는 것일 뿐만 아니라, 나아가 그 사물들의 가능성 자체를 근거한다. 이를 통해 칸트가 기여한 점은 창조자 하나님의 개념과 분리될 수 없이 결합된 전능성의 개념에게, 필요한 만큼의 공간을 부여했다는 사실이다.

신학에서는 다른 측면의 논의가 있었는데, 윙엘은 피조세계의 신학적인 이해를 위해서는 현실성보다 가능성이 우선한다고 주장했다. 이 주장의 의미는 가능한 것과 불가능한 것 사이의 구분이 이미—또한 가능한 것의 구조도—"하나님의 일"이라는 것이다(Eberhard Jüngel, Die Welt als Möglichkeit und Wirklichkeit (1969), in: *Unterwegs zur Sache. Theologische Bemerkungen*, München 1972, 206-231, 222). 여기서 윙엘은 가능성을 "역사적으로 존재하는 세계의 미래성으로"(226) 설명했다. 다시 말해 하나님은 자신의 미래로부터 "가능한 것이 현실적인 것에 도달하도록" 하신다(227). 후에 윙엘은 하나님 안

---

181 참고. H.-G. Redmann, *Gott und Welt. Die Schöpfungstheologie der vorkritischen Periode Kants*, Göttingen, 1962, 73-105.

에 근거된 세계의 가능성의 사고를 그리스도교적인 사랑의 하나님에 관한 진술과 연결했다(*Gott als Geheimnis der Welt*, Tübingen 1977, 464f.). 그와 함께 삼위일체론과의 관련성이 암시되었지만, 윙엘은 그 주제를 다루면서 삼위일체론을 명확하게 강조하지는 않았다(470f.). 하지만 하나님의 역사성을 "오시는 하나님의 존재"(475)로 설명하는 것은 가능성 개념을 하나님의 미래로부터 시간적으로 해석하는 것과 관련하여(위를 보라) 삼위일체론의 맥락을 암시한다.

창조의 사고와 연관된 구체적 개념으로서의 하나님의 전능성은 우선 그것이 지배하는 타자를 창조하는 탁월한 능력을 말하며, 이러한 힘은 다른 관점에서는 삼위일체론과 연관되어 있다. 이것은 그 타자가 삼위일체론의 실행 속에서 일관성 있게 마지막까지 사고된다는 뜻이다. 다시 말해 창조의 행위는 피조물의 **독립적인** 현존재를 목표로 한다. 하지만 그 독립성(Selbständigkeit)은 실제로는 하나님께 대한 고립(Verselbständigung)으로 이어진다. 물론 피조물들은 고립 속에서도, 즉 하나님으로부터 분리된 가운데서도 하나님의 편재와 권능을 벗어나지는 못한다. 자신의 생명의 원천을 외면하는 피조물은 무(Nichtigkeit)로 떨어지고 만다. 그때 피조물에 대한 창조자의 능력은 부정적인 것으로 확증된다. 하지만 다른 측면에서 그런 피조물에 의해 창조자 자신의 창조 의도가 파괴된다. 만일 창조자가 피조물들이 자신을 외면하는 것에 직면하여 그것들을 무로 유기하는 가능성 밖에 가지고 있지 않으시다면, 그때 창조자의 창조 의지는 전능성보다는 무력함을 드러내는 것일지도 모른다. 창조자의 전능성은, 그분이 그분 자신에게서 자립한 피조물을 그것 자체의 행위를 통해 빠져든 무로부터 구원할 수 있다는 점에서 표현된다. 그 구원은 하나님이 자신의 권능 및 거룩성과 함께 배신한 피조물과 맞설 때가 아니라, 오히려 그분이 피조물의 자리에, 그것의 현존재의 조건들 아래 있는 장소에 현재하실 때 일어난다. 그 현재와 함께 피조물의 삶 속에서 하나님의 신성에 부합하는 하나님 관계가 실현된다. 이것은 영원한 아들을 통해 발생한다. 아들은 아버지로부터 자신을 구분한 결과 피조물의 자리를 취하시며, 인간이 되시며, 피조물의 고립을 피조물 자신의 위치에서 극복하시지만, 피조물의 독립성을 침해하지는 않으신다.

그러므로 아들의 성육신은 하나님의 전능성에 대한 최고의 표현으로 이해되어야 한다. 이미 창조 행위를 통해 설정되어 있는 신적 의지, 곧 피조물을 살리시려는 의지의 방향에서 그렇게 이해될 수 있다.[182] 이미 세계의 창조는—후에 더 자세히 논의될 것이지만—로고스가 영원히 아버지로부터 자신을 구분한다는 사실에 근거한다. 아들은 이와 같은 자기 구분에서 그 구분을 통해 아버지의 위격으로부터만이 아니라 아버지의 신성으로부터도 구분되며, 또한 그 결과 하나님의 내재적 삼위일체의 삶에서 벗어나 밖으로 나오시며, 세계와 하나님과의 관계 속에서 하나님과 구분되는 세계의 법(Gesetz, 율법)이 되신다.[183] 이와 같은 아들의 외화(Entäußerung, 빌 2:6f.)는 동시에 삼위일체 하나님의 신성의 자기 실현으로서 이 실현을 통해 존재하는 세계와의 관계 속에서 이해될 수 있다. 아들과 아버지의 영원한 연합 속에서 이미 아들은 영원한 왕이신 아버지께 종속되어 있다. 하나님 나라는 먼저 하나님과 세계와의 관계 속에서 세워지는 것이 아니라, 우선 그분의 삼위일체적인 삶 속에 근거한다. 아들이 아버지의 군주성 아래 종속됨으로써 그는 영원한 존재로서 아버지의 아들이며, 신성의 연합 속에서 아버지와 결합되어 있다. 아버지의 군주성 아래 이와 같이 종속되는 것은 피조물과 창조자 사이의 관계에 대한 근본적인 법이 된다. 그 종

---

182 성육신과 창조의 이와 같은 내적 관계는 이미 아타나시오스가 로고스의 성육신에 대한 글(ca. 320)에서, 그 다음에는 안셀무스가 두 번째 책(*Cur Deus Homo*) 앞부분에서 전개했다.

183 이에 대해 설명을 보라. Ps. Dionysios Areopagita, *De Div. Nom* 4,13(ἔκστασις τοῦ θεοῦ: PG 3,712 AB).

속 관계를 통해 피조물들은 하나님으로부터 구분되는 독립적인 현존재를 획득할 수 있는데, 그러나 이 현존재는 그것의 삶의 근원과 결합되어 있다. 그 종속 관계가 피조적 현실성 일반의 근원이 됨으로써, 전능한 사랑으로서의 하나님의 전능성이 아버지를 통한 아들의 낳음 및 보냄을 통해, 또한 아들의 아버지로부터의 자기 구분을 통해 활동한다. 전능한 사랑은 영을 통해 완성되는데, 피조물들은 자신 안에 지니고 있는 생명을 영에게 빚지고 있다. 또한 영은 피조물들로 하여금 아들의 아버지로부터의 자기 구분 안으로, 즉 모든 피조적인 생명의 법 안으로 **들어가게**(eingehen) 한다. 이 법은 피조물과 하나님의 연합을 위한, 그리고 피조물이 하나님의 생명에 참여하기 위한 근본 조건을 형성한다.

하나님의 전능성은 피조물을—그리고 피조물의 세계를—바로 유한성의 근본인 한계와 분리 속에 두려고 한다. 하나님은 바로 이 한계성 속에 있는 피조물을 **영원히** 긍정하신다. 특별히 피조물이 유한한 특성에 고착되는 것에 직면하여 한계 속에 있는 피조물을 긍정한다는 것은 아들을 통한 "세계"의 극복(요 16:33)을 의미한다. 왜냐하면 "세계"란 자신의 한계 속에서 고집스럽게 존속하는 것의 총괄개념이기 때문이다. 그것은 자기 확증을 통해 유한성에 반란을 일으켜보지만, 바로 그렇게 하여 유한성으로 떨어진다. 세계는, 유한한 것이 그 자신의 한계 속에서, 그리고 그 한계를 받아들이는 가운데 하나님에 의해 영원히 긍정된다는 것을 스스로 입증할 때, 극복된다.

그러므로 하나님의 전능성 개념에 대한 더 정확한 논의는 전능성이 오로지 신적인 사랑의 능력으로만 생각될 수 있다는 사실을 제시했다. 즉 전능성은 자신과 대립하는 것에 대해 어떤 특수한 권위를 행사하는 것이 아니다. 전능하다는 것은 자신과 대립하는 것을 그것의 특수성 속에서—그것의 한계 속에서—긍정하는 능력, 즉 제한 없이 무한히 긍정하는 능력이다. 그렇기에 전능성은 피조물로 하여금 자신의 한계를 받아들이는 가운데 자신을 넘어서서 무한에 참여할 수 있는 기회를 열어줄 것이다.

7. 하나님의 사랑

a) 사랑과 삼위일체

요한(요 3:16)은 물론 바울(롬 5:5ff.; 참고. 8:31-39)도 예수의 역사의 본질적인 내용을 하나님의 사랑을 통해 특징적으로 표현했다. 세계 내지는 믿는 자들에 대한 하나님의 사랑이 예수 안에서 나타났고 그 사랑은 예수를 통해 인간들에게 선사되었다는 것이다. 이 진술은 예수 자신의 메시지와 역사에 대해 어떤 관계에 있는가?

분명 예수 자신이 이미 인간들, 특히 가난한 자들과 길을 잃어버린 자들에게 사랑과 구원을 선사하는 것이 자신이 파송된 의미라고 이해했다. 그렇기에 잃어버린 자들에 대한 아버지의 관심이 예수 자신의 파송을 통해 발생해야 한다. 이 사실은 우선 잃어버린 양의 비유에서 나타난다(마 18:12-14). 이 비유는 어록집 안에서 전승되었고, 누가(눅 15:4-7)에 의해 다른 전승에서 온 두 가지 다른 비유들과 연결되었는데, 그것은 잃어버린 드라크마와 잃어버린 아들의 비유다(눅 15:8-32). 이 모든 비유 속에서 예수는 자신의 메시지와 사역의 방향을, 잃어버린 자들을 변호하는 데 둔다.[184] 이 비유들은 하나님을 잃어버린 자들을 찾으시는 분으로 보며, 그렇게 표명되는 아버지의 자애로운 사랑을 표현한다. 이에 더하여 이 비유들은 하나님의 사랑을 계시하는 찾음, 곧 잃어버린 자들을 찾는 일이 예수 자신의 사역과 메시지를 통해 성취된다는 점을 지적한다.[185] 예수의 행한 일과 메

---

[184] J. Jeremias, *Die Gleichnisse Jesu* (1947), 4. Aufl. Göttingen 1956, 107-127, 특히 107.

[185] J. Jeremias, *Neutestamentliche Theologie I: Die Verkündigung Jesu* (1971) 2. Aufl. 1973, 121. 이 책은 다음과 관련된다. E. Fuchs, Die Frage nach dem historischen Jesus, *ZThK* 53, 1956, 219f. "예수는 거치는 것으로 보이는 자신의 행위 안에서 하나님의 사랑이 실현되고 있음을 인정하라고 요구했다." 베더(Weder)는 이에 대해 더 자세히 서술한다. "잃어버린 자들을 찾으시려는 하나님의 의도는 **예수의 삶** 속

시지를 정당하다고 이해한다면, 이 비유들은 단지 하나님의 일반적인 태도만이 아니라, 예수의 파송과 사역을 아버지의 자애로운 사랑의 사건으로 확인해주는 것이다. 그렇기에 그리스도의 죽음에 대한 원시 그리스도교의 해석은 그와 같은 예수의 자기 해석을 그의 죽음의 의미에 대한 질문에 이르기까지 확장했고, 나아가 그 사건에 집중할 수 있었다(롬 5:8).

구약성서에서 이미 예언자 호세아(호 11:1ff.; 14:8)가, 그 이후에 예레미야(렘 31:3)와 신명기(신 7:8; 10:15)가 자기 민족을 선택하시는 하나님의 사랑에 관해 말했다. 예수의 파송에 대한 예수 자신의 자기 이해는 우선적으로 바로 이와 같은 전통에 비추어 평가되어야 한다. 목자를 따라갔다가 길을 잃어버린 양은 무리에 속한 한 지체이며, 바로 그 무리 전체에의 소속성 때문에 무리로부터 고립되는 것은 길을 잃는 것이며, 그렇기에 그 양은 다시 목자를 절실히 필요로 한다. 하나님의 자애로운 사랑의 표현인 예수의 파송에 대한 예수 자신의 자기 이해가 갖는 차별적인 특수성이 종말론적인 궁극성과 연결될 때, 그것은 (우리의) 시야에 들어오게 된다. 종말론적 궁극성은 예수의 메시지 전체의 특징이다. 왜냐하면 하나님 나라의 통고된 미래는 이미 그 궁극성과 함께 시작되었기 때문이다. 여기서 자기 민족에 대한 하나님의 사랑을 말하는 구약성서의 진술과 같이, 예수에게서도 사랑을 베푸시는 주체는 우선적으로 그가 선포하는 하늘 아버지이시다. 이것은 바울과 요한이 말한 사랑, 곧 세상에 대한 하나님의 사랑에도 해당한다. 이 사랑은 아들을 보내어 죽음에 이르기까지 그를 내어주시는 곳에서 나타났다.

바울은 이보다 한 걸음 더 나아갔다. 그는 아들의 보냄 속에서 표현되는 하나님의 사랑(롬 8:39; 참고. 8:3)을 동시에 그리스도 자신의 사랑으로 지칭했다(롬 8:35; 비교. 갈 2:2). 여기서 사랑을 베푸시는 주체는 하나님일 뿐만

에서 사건으로 발생했다." H. Weder, *Die Gleichnisse Jesu als Metaphern*, 1978, 3. Aufl. 1984, 251 zu Lk 15:8-10; 참고. ebd. 174f.와 261.

아니라 또한 그리스도이시다. 하나의 동일한 사건이 서로 다른 두 주체에 관련된다. 사건의 단일성 속에서 양자의 공동체성이 표현될 것이지만, 그럼에도 불구하고 더욱 주목하게 되는 것은 그리스도가 (혹은 아들이) 그를 통해 일하시는 하나님의 사랑 속에서 단순히 인식만 되는 것이 아니라, 오히려 그를 통해 일하시는 하나님 곁에서, 동시에 하나님과 함께 사랑의 행동의 주체로 일컬어진다는 사실이다.

마찬가지로 중요한 것은 믿는 자들에게 주어진 영을 통해 하나님의 사랑이 "우리 마음에 부어진다"는 사실이다(롬 5:5). 여기서 사랑이라는 단어가 하나님에 대한 사랑의 의미에서가 아니라 하나님 자신의 사랑의 권능에 대한 진술로 이해되어야 한다면,[186] 우리는 우리의 마음속에 작용하는 하나님의 영이 이 사랑의 주체이시며, 그 결과 사랑이 우리 안에서 우리를 통하여 작용한다는 점을 수용해야 할 것이다. 물론 그 사실은 그리스도의 화해적 죽음이라는 사랑의 행동만큼 분명하게 말해지지는 않았다. 또한 사랑의 주체가 아버지일 뿐만 아니라 아들일 수도 있다면, 그리스도 안에 있는 하나님의 사랑이라는 표상은 어떻게 파악되어야 하는지도 완전히 해명되지 않았다. 하지만 하나님의 영이 주체가 되어 그 사랑이 우리 안에 나타날 때도 그것은 분명 동일한 사랑이라는 사실이 중요하다. 이와 같은 진술들로 미루어본다면 어쨌든 아버지가 두말할 필요도 없이 신적인 사랑의 유일한 주체라고 할 수는 없다.

비슷한 내용이 요한1서에도 나오는데, "하나님은 사랑이시다"(요일 4:8.16)라는 문장이 반복적으로 강조된다. 칼 바르트는 『교회교의학』 신론에서 이 문장을 곧장 주체이신 "하나님"에게로, 즉 "그분의 **사랑하심**"으로, 다시 말해 사랑하는 자로서의 **행위**"로 소급시켰다.[187] 그때 요한의 본문이

---

186 이에 대해 다음을 보라. U. Wilckens, *Der Brief an die Römer I*, Neukirchen 1978, 292ff. 빌켄스는 이 소유격이 반드시 주격적 소유격으로 이해되어야 한다고 강조한다.
187 *KD* II/1, 309.

통상적으로 사용하는 언어에 따라 하나님 아버지는 아들과 구분되는 사랑의 본래적 주체로 이해되어야 할 것이다(요 3:16). 이와 같은 바르트의 해석은 "하나님"을 단일한 하나의 "인격"으로 생각하는 것과 연결되어 있다. 요한1서 4:8과 16절이 말하는 사랑은 바로 그 하나의 인격의 "행동"으로 파악된다.[188] 그러나 레긴 프렌터(Regin Prenter)는 "하나님은 사랑이시다"라는 문장은 그분이 독생자를 믿는 모든 사람을 구원하기 위해 그를 보내시어 세계를 사랑했다는 주장 그 이상을 말하고 있다고 바르게 주장했다. "**하나님은 사랑이시다**. 왜 그저 하나님이 우리를 사랑했다고만 말하지 않는가? 하나님, 그가 우리를 그렇게 사랑했기에 우리를 향한 무한한 사랑을 **갖고** 있다고 말하지 않은 것인가? 그저 "하나님은 사랑이 많으시다"라고만 말하지 않은 이유는 무엇인가? 왜 굳이 하나님은 사랑이라고 말하는가?"[189]

레긴 프렌터는 요한의 저 문장이 단순히 하나님의 **속성**을 뜻하는 것이 아니라, 사랑으로서의 하나님의 **존재** 혹은 본질을 표현한다는 것을 분명히 보았다. 우리는 레긴 프렌터에게 동의해야 한다. 그렇게 표현된 문구는

---

188 참고. a.a.O. 319f. 하지만 바르트가 훨씬 후기의 맥락(*KD* IV/2, 1955, 860ff.)에서 요한 1서 4:8과 16절, 그리고 이 문장들이 그리스도교적인 하나님 이해에 대해 갖는 의미를 훨씬 더 세분화하여 다루었다는 사실이 언급되지 않은 채 넘어가서는 안 된다. 여기서 분명하게 강조되었던 것은 아들이 아버지를 사랑한 바로 그 사랑이다. 이 내용은 요한복음 10:17과 14:31의 내용에 부합한다(860). 그리고 그 내용은 그리스도 안에서 나타난 하나님의 사랑에 대한 다음과 같은 모범적이고 균형 잡힌 구문으로써 마친다. "그분은…그의 본질 안에서, 아들을 사랑하시는 아버지 그리고 아버지를 사랑하는 아들이시며, 그러한 분으로서 그와 같은 사랑의 연합과 상호관계 안에서(**아버지, 아들, 영**이신 하나님으로써) 스스로 운동하고 살아계시고 영원토록 사랑하시는 하나님이시며, 사랑을 향해 나아가는 하나님이시다"(862). 물론 바르트는 『교회교의학』 IV/2의 서술에서 아버지, 아들, 영의 삼위와 신적인 사랑의 통일성에 대한 질문을 완전히 새롭게 제기해야 했지만, 그럼에도 불구하고 위의 맥락에서 초기의 진술들을 확연히 수정하지는 않았다.

189 R. Prenter, Der Gott, der Liebe ist. Das Verhältnis der Gotteslehre zur Christologie, in: *ThLZ* 96, 1971, 401-413, 인용은 403.

순종하는 인간 예수가 자신의 신분에 대한 교회의 고백을 통해 영원한 아들로서 하나님 자신의 존재 안으로 수용된다는 사실을 인식시켜준다는 점에서, 그에게 동의해야 한다.[190] 물론 여기서 우선적으로 중요한 것은 하나님의 존재를 사랑으로 이해하는 것에 대한 전제이지 그 결과가 아니다. 이 사고는 예수의 역사를 근거로 하여 표명될 수 있고, 그때 그것은 그 역사 안에서 실제로 계시되는 아버지와 아들의 연합에 대한 **조건**을 표현하게 된다. 그러나 무엇보다도 신적 사랑의 단일성과 아버지, 아들, 영의 삼중성 사이에 존재하는 관계가 어떻게 더 정확히 설명될 수 있는지의 질문이 제기된다. 프렌터는 요한1서 4:8과 16절에 따라 사랑이 아버지, 아들, 영이 이루는 신적 **존재**의 통일성이라고 표현했다. 삼위는 그저 사랑이라는 공통된 속성이나 성향을 갖고 있는 것이 아니며, 오히려 "더 이상의 어떤 분리도 존재하지 않는" "자유로운 인격들의 통일성" 속에서 삼위 자신이 사랑**이다**(ebd.). 하지만 이것은 신적인 사랑과 삼위일체의 위격들의 인격성 사이의 관계에 대해 무엇을 말해주는가?

에버하르트 윙엘은 그리스도교적인 하나님 표상 속에서 사랑과 하나님을 연결하는 것에 대한 루트비히 포이어바흐의 비판과 논쟁을 벌이는 중에, 바로 그 질문을 정확하게 추적했다.[191] 포이어바흐는 그리스도교가 "사랑"에게 단지 "주어가 아닌 술어의 자리"만을 인정했다고 비판했다. "사랑이 실체로, 본질 자체로 높여지지 않는 한, 사랑의 배후에는 **사랑이 없이**도 여전히 **자기 자신을 위한 존재일 수 있는 어떤** 주체가 숨겨져 있는 것이다…."[192] 이 주체는 포이어바흐가 겨냥하는 관점에서 보면 전통적이고

---

190 Ebd. 406: "순종하는 인간 예수의 존재는, 그를 주님의 존재로 고백하는 것과 마찬가지로, 오직 하나님의 존재가 사랑으로 이해될 때만 하나님 자신의 존재 안으로 수용된다고 이해될 수 있다."
191 E. Jüngel, *Gott als Geheimnis der Welt*, Tübingen 1977, 430-453 (Der Gott, der Liebe ist. Zur Identität von Gott und Liebe).
192 L. Feuerbach, *Das Wesen des Christentums* Bd. 1 (Ges. Werke 5, hg. W.

교의학적인 하나님 표상에 관계되며, 그것은 전능성을 소유한 **무한한 영적 본질**이며, 그 자체는 인격이고, 말하자면 인격적인 유일신이다. 윙엘은 포이어바흐의 논쟁적인 지적을 수용한다. 그것은 신학이 "하나님의 존재는 사랑을 통해서는 **정의되지** 않는다는 의미에서, 하나님과 사랑을 조심스럽게 존재론적으로 구분하기"를 배워야 한다는 것이다.[193] 하나님을 "자신의 주체적 존재를 삼위일체적으로 실현"하시는 분으로 생각할 때, 신학은 위의 사실을 진지하게 고려하고 있는가?[194] 헤겔은 하나님을 그와 같은 절대적 주체로 보았으며, 칼 바르트의 삼위일체론도 이 점에서 그 뒤를 따른다. 하지만 포이어바흐의 비판은 사랑 자체를 본질로, 실체로 파악하는 대신 사랑의 본질을 어떤 주체에게 종속시켰다는 점을 향하고 있다. 만일 사랑의 실행을 어떤 절대적 주체에게 귀속시키는 것에 대한 포이어바흐의 비판에 동의한다면, 그 사람은 아직은 그와 같은 사랑을 본질로 갖는 신성에 대해 그와 논쟁할 필요가 없었을 것이다. 이 점에서 포이어바흐는 정통주의적인 삼위일체론에 동의하고 있기 때문이다. 그 삼위일체론에 따르면 신적 본질의 단일성은 아버지, 아들, 영 곁의 어떤 네 번째 위격을 형성하지 않으며, 이것은 아버지, 아들, 영을 자기 전개의 요소들로서 자신 안에 통합하고 자신 밖에 세우는 어떤 유일한 주체의 의미에서도 그렇지 않고, 또한 아버지가 아들과 영을 자신의 자기 전개의 요소들로 산출해내는 주체라는 의미에서도 그렇지 않다. 그렇기에 하나님이 "영원히 스스로를 사랑하시는 자"라는 것에는 이의가 제기될 수밖에 없다.[195] 비록 영원부

Schuffenhauer) Berlin 1956, 106과 107.
193 E. Jüngel a.a.O. 432.
194 Ebd. 433.
195 Ebd. 451. 몇 쪽 앞에서 "사랑하시는 아버지와 사랑받는 아들의 대면"에 대해 이렇게 말해진다. "따라서 하나님은 스스로를 사랑하는 자이시다"(448). 윙엘 자신은 이와 같은 아버지와 아들의 대면 속에서 하나님은 "아직 **사랑 그 자체**는 아니다"라고 덧붙인다. 하지만 그는 계속해서 이렇게 말한다. 아들을 세계로 보내는 것만이 "하나님은 사

터 아버지가 아들을, 아들이 아버지를, 영이 아들 안에서 아버지를, 그리고 아버지 안에서 아들을 사랑한다고 하더라도 마찬가지다. 삼위일체의 위격들 각각은 다른 위격들을 사랑한다. 아버지는 아들을, 아들은 아버지를, 영은 이들의 연합 안에서 양쪽을 사랑한다. 욍엘이 인간들 사이에 일어나는 사랑의 작용을 설명하면서[196] 인상 깊게 묘사했던 것처럼, 삼위일체의 위격들 각각은 그와 같은 사랑을 통해 자기 자신을 획득하게 된다. 사랑하는 자가 타자 안에서 그 타자를 사랑하는 대신 자기 자신을 사랑할 때, 그런 사랑에는 완전한 헌신이 없다. 완전한 헌신은 사랑하는 자가 그 사랑을 받는 자가 보답으로 주는 사랑을 새롭게 선사받기 위한 조건이다.

삼위일체의 위격들 사이의 서로에 대한 사랑은 상호관계 속에서 일어나는 서로에 대한 **활동들**로만 이해될 수는 없다. 욍엘이 하인리히 숄츠(Heinrich Scholz)와 요세프 피이퍼(Josef Pieper)를 통해 사랑의 미덕을 강조했던 것과 같이, 그 사랑은 사랑하는 자들 안에서 "**권능**"이 되며, 이 권능이

랑이시라는 확정적인 진술을 허용한다"(ebd.). 그렇다면 이 진술은 세계의 현존재와는 독립적인 하나님의 영원한 본질을 아직은 특징적으로 말하지 못하고 있는 것이 아닌가? 그렇지 않다면 하나님의 영원한 본질이 아들을 세계로 보냄으로써 비로소 실재하게 되는 것인가? 이것은 결국 하나님의 영원한 본질이 세계의 현존에 의존한다는 것을 뜻하지 않는가? 나는 내재적 삼위일체와 경륜적 삼위일체가 일치하는 것으로 생각되어야 한다는 확신과 관련하여 에버하르트 욍엘에게 동의한다. 하지만 그 일치는 아버지, 아들, 영의 영원한 연합이 세계의 자유로운 근원으로, 그리고 구원의 경륜 속에서 일어나는 삼위일체 하나님의 "자기 실현"의 자유로운 근원으로 생각될 때, 발생할 수 있다. 욍엘도 그렇게 생각했던 것으로 보인다(참고. a.a.O. 48). 다른 측면에서 보면 앞의 인용문(448)에서 모호함이 그의 표현들 속에 나타나는 것은 우연이 아니다. 오히려 그것은 하나님이 삼위일체의 위격들의 연합 속에서만이 아니라 그 위격들을 포괄하는 본질의 통일성 속에서 자기 자신을 선사하는 사랑의 주체로 생각될 때 나타나는 문제성의 표현이다. 그러한 주체성은 사실상 세 위격들의 **밖을 향한**(ad extra) 공동행위 속에서만 표현되는 삼위일체 하나님에 부합한다. 하지만 이것은 하나님이 이미 그 "이전"에 아버지, 아들, 영의 영원한 연합 속에서 사랑 그 자체라는 사실을 방해하지 않는다.

196 A.a.O. 439ff.

사랑하는 자들 안에서, 그리고 이들을 넘어서는 서로에 대한 온정 속에서 나타나며, 이때 사랑은 "불"처럼 타오르게 된다.[197] 인격들이 자기 능력으로 사랑하는 것이 아니라, 사랑이 인격으로 하여금 자기 자신을 넘어서게 하며, 이를 통해 위격을 각각 자기 존재(Selbstsein) 안에서 구성한다.[198] 사랑은 바로 사랑 안에서 서로에게 결합된 인격들의 상호관계를 통해 계시된다. 각각의 위격은 다른 위격으로부터 자기 자신을 새롭게 수령한다. 이때 각 위격의 다른 위격에 대한 헌신이 상호적이기 때문에, 어떤 낯선 방식의 예속이라는 의미의 일방적인 의존성은 없다. 각각의 나(Ich)의 인격성은 너(Du)라는 대상을 통해 구성된다. 하지만 그와 같은 인격적 구성의 근거는 어떤 독자적으로 존재하는 또 다른 나(Ich)로서의 너가 아니라, 마르틴 부버(Martin Buber)에 따르면 나와 너 "사이"를 지배하는 비밀 속에서 찾을 수 있다.[199] 이 비밀은 둘 사이를 연결하는 사랑의 힘이며, 일반적으로 말하여 나와 너 사이의 연합(Gemeinschaft)의 영이다. 영은 둘 혹은 그 이상의 인격들을 결합시키지만, 나와 너의 상호 헌신으로서 항상 나타날 필요는 없다. 하지만 그런 연결의 모든 형태는 궁극적으로 사랑의 능력으로부터 살아간다. 사랑은 사랑하는 자들 상호 간의 헌신 속에서 가장 근원적이고 가장 완전한 형태로서 현시된다. 이것은 특별히 하나님의 삼위일체적인 삶에 해당한다.

---

[197] A.a.O. 445f. 이것은 다음 내용을 다룬다. H. Scholz, *Eros und Caritas. Die platonische Liebe und die Liebe im Sinne des Christentums*, Halle 1929, 67. 그리고, J. Pieper, *Über die Liebe*, München 1972, 182.

[198] 자기 존재(Selbstsein) 개념, 그리고 이 개념이 자아에 대해 갖는 관계와 자아의 인격 존재에 대해 갖는 의미에 관하여 나의 책을 참고하라. *Anthropologie in theologischer Perspektive*, Göttingen 1983, 4장과 5장 (151-235, 특히 194ff., 214ff., 227ff.).

[199] M. Buber, *Das dialogische Prinzip* (1954) 3. Aufl. 1973. 이에 대해 다음을 참고하라. M. Theunissen, *Der Andere. Studien zur sozialontologie der Gegenwart*, Berlin 1965, 278ff. 그리고 나의 해설을 보라. *Anthropologie in theologischer Perspektive*, 1983, 173ff., 특히 175-177.

삼위일체의 위격들의 상호관계 속에서 나타나는 권능인 사랑은 요한1서 4:8과 16절에 따르면 신적 본질과 동일하다. 사랑은 "영"의 내용적·구체적 형태이며, 신적 본질의 고유한 특성이다. "하나님은 영이시다" 그리고 "하나님은 사랑이시다"라는 두 문장은 하나님의 동일한 하나의 본질에 대한 표현이다. 이 본질의 단일성을 통해 아버지, 아들, 영은 한 분 하나님의 연합으로 결합되신다.[200] 여기서 "하나님은 사랑이시다"라는 표현은 영의 "불어옴"(요 3:8)이 창조 전체를 가득 채우고, 그의 능력이 피조물의 모든 생명을 생동시킬 때, 바로 그 영이 어떤 특성을 가진 영이신지를 말해준다. 타자가 "존재하도록 해주는" 것은 사랑의 능력이다.[201] 다시 말해 사랑은 피조물의 생명에게 현존재를 부여할 수 있다. 왜냐하면 사랑은 이미 그 이전에 하나님의 삼위일체적인 삶의 상호관계성 속에서 작동 중이기 때문

---

[200] K. Barth *KD* IV/2, 860, 그리고 E. Jüngel, *Gott als Geheimnis der Welt*, Tübingen 1977, 449에서도 그렇게 말해진다. 윙엘은 특별히 아들의 죽음과 관련하여 "하나님이 그와 같은 가장 고통스런 분리 가운데서도 **한 분이신** 그리고 **살아 계신** 하나님이기를 그치지 않으셨고, 오히려 바로 그렇게 해서 가장 높으신 하나님으로서 존재하신다"라고 말한다.

[201] 맥쿼리가 하나님의 사랑에 대해 이와 같이 해석했다. J. Macquarrie, *Principles of Christian Theology*, New York 1966, 311f.와 183f. 물론 "존재하도록 해준다"(letting be)는 표현은 그 자체로는 모호하다. 왜냐하면 이 표현은 타자를 그것 스스로에게 방임하여 아무도 관심을 갖지 않는다는 것을 뜻할 수도 있기 때문이다. 하지만 맥쿼리에게 이 표현은 존재에 고유한 역동성을 뜻한다. 이 역동성은 존재자를 산출하며, 그것이 스스로 "존재할 수 있도록 해준다"(99f.). 프렌터(R. Prenter a.a.O. 412)도 이와 비슷하게 존재를 "현존할 수 있는 존재자의 힘"이라고 묘사했다. 존재의 추상적인 개념 자체에는 그런 힘이 없다. 오히려 이 힘은 성서적 의미에서 **영**의 역동성(Dynamik)이다. 이 힘을 존재 개념과 연결시킨 것은 스콜라 철학과 토마스의 형이상학이었다. 이 형이상학은 신적인 제일원인을 스스로 존재하는 자(*ipsum esse subsistens*)로 생각했고(*S. theol.* I,11,4), 반면에 다른 모든 것은 그 존재자로부터 현존재(*actus essendi*)를 수령한다고 생각했다. "존재하도록 해준다"(sein lassen)는 어법은 본문에서 존재의 독립적인 역동성이라는 의미에서가 아니라, 사랑의 본질을 묘사하기 위해서만 사용된다. 여기서 사랑은 영의 역동성을 나누고 더 상세하게 특성화한다.

이다. 이때 세 위격들 각각은 영원 속에서 다른 두 위격이 각각 자신으로서 "존재하도록 해준다." "영"은 이번 장의 넷째 단락(6.4)에서 역동적인 장(Feld)으로 묘사되었고, 이 장은 영의 신적 현실성을 사랑의 권능과 "불"로 구체화한다. 특히 사랑의 불은 신적인 위격들을 타오르게 하여 하나로 결합하고, 그 결합으로부터 하나님의 영광을 비추는 빛을 발산한다.

여기서 사랑은 영과 마찬가지로 세 위격들과 무관한 독립적인 주체가 아니다. 하지만 신성의 단일하고 유일한 **본질**로서 사랑은 자신의 **현존재**를 오로지 아버지 안에, 아들 안에, 성령 안에 둔다.[202] 하지만 사랑은 영원한 권능이자 신성이며, 아버지, 아들, 영 안에서 이들의 상호관계를 통해 살아 있고, 세 위격들의 서로에 대한 연합 안에서 한 분 하나님의 통일성을 구성한다.

삼위일체의 위격들 각각은 다른 두 위격들 중 하나 혹은 둘 다와 무아적으로(ekstatisch) 연관되며, 다른 위격에 대한 그와 같은 관계 속에서 위격적인 특성 곧 자기 존재를 갖는다. 아버지는 오로지 아들과의 관계 속에서, 아들의 발현과 파송의 성취 속에서 아버지이시다. 아들은 오로지 아버지의 파송에 순종함으로써, 자신의 아버지의 존재를 인정함으로써 아들이다. 영은 오로지 아들 안에서 아버지를 영화롭게 하며, 아버지께서 파송하신 자인 아들을 영화롭게 함으로써, 영의 **위격으로서** 존재한다. 위격들 사이의 관계들이 그들의 위격 존재에 근본적이라는 사실은 이미 고대 교회의 관계론도 보았던 것이다. 늦어도 세 위격들의 상호 내주의 교리가 형성

---

[202] 윙엘은 물론 하나님의 사랑이라는 사고가 본질과 실존 사이를 구분하도록 요구하지는 않는다고 생각했다(E. Jüngel a.a.O. 410). 윙엘은 여기서 "바로 사랑의 사건 속에서 **자유로운, 자기 자신에 대한 주체**"라는 하나님의 표상을 근거로 삼았다(410). 만일 이 표상에 반대하여 삼위일체의 교리를 주장하려 한다면, 즉 신적 본질의 단일성 속에 있는 아버지, 아들, 영의 세 신적 위격(실체)들을 말하려고 한다면, 문제의 중심은 다르게 보일 것이다. 왜냐하면 본질은 위격(실체), 곧 본질이 그 안에서 "존속하게 되는" 위격들과 상관없이 현존재를 갖지는 않기 때문이다.

되었을 때에 이르러, 세 위격들의 상호관계는 더 이상 논리적 관계가 아닌 존재적 관계들로 이해되었다. 무아적인 내주의 상호성 속에서 신적인 영의 삶이 사랑으로서 실현된다. 이 사실에 대해서는 아버지, 아들, 영의 상호관계들이 서로 구분된다는 점에서 더 자세한 설명이 요청된다. 그 관계들은 대단히 심오하게 구분되어서, 각각의 인격 존재는 위격적 현존재의 구체적 실현과 관련해서도 서로 구분된다.

아버지의 위격 안에서 창조적 능력인 하나님의 영의 영역이 현존재로 등장하는데, 이 힘은 아들 안에서 형태를 획득하며, 아들과의 관계를 통해서만 구체적 형태로 나타난다. 아들을 통해, 아들과의 연합 안에서 너라는 신적인 비밀은 아버지의 너로서 말이 건네질 수 있다. 이 내용은 이스라엘과 종교적인 세계에서 신적인 비밀이 말해진 모든 곳에서 아들 곧 신적인 로고스가 이미 활동하고 있었다는 사실을 암시한다. 물론 이것은 종교들의 세계나 혹은 이스라엘에서도 마찬가지로 불완전한 방식으로 발생했는데, 왜냐하면 로고스의 충만은 예수 안에서 비로소 인간의 형태를 취했기 때문이다. 인간의 모든 하나님 인식과 하나님 호칭 속에서 아들이 이미 그 가능성의 조건으로서 관여하고 있다는 사실에 놀라서는 안 된다. 왜냐하면 그리스도교 교리에 따르면 아들은 모든 피조적인 현존재와 본질의 중재자이기 때문이다.

아들이 아버지로부터 발현(Hervorgehen)하는 것은 신적인 사랑의 근본적 특성이다. 발현은 아버지의 측면에서는 신성의 본질인 영의 창조적인 역동성을 통해 실행되며, 아들의 측면에서는 자신이 아버지에 의해 발현되고 파송된 자라는 사실을 알고, 그래서 아버지를 자신의 현존재의 신적인 근원으로서 자신과 구분하며, 그 한 분 하나님께 영광을 돌림으로써 실행된다. 또한 아들의 측면에서 영은 이 사건에 항상 참여되어 있지만, 물론 모든 면에서 위격의 영으로서 참여한 것은 아니다. 신성의 본질 자체가 영인 것이다. 영은 역동적인 장이며, 영이 아들의 등장 속에서 현현하는 것은 아버지의 일이라고 표현되기에, 영의 역동성은 아버지로부터 발산(ausstrahlen)한다고 볼 수 있다. 그러나 그 역동성은 동시에 아들로부터 "선물"로서 수용되며 아들을 가득 채우고 아들을 통해 아버지에게로 되돌아 반사된다. 영이 고유한 위격으로서 비로소 등장하게 되는 것은 영이 아들, 그리고 이제는 아버지에게도 공통된 신적 본질로서 두 위격들과 마주 대면하는 때이다. 공통된 신적 본질을 통해 세 위격들은 실제적으로 하나가 될 뿐만 아니라, 그 본질은 그들의 구분성에 직면해서도 그들의 단일성을 증언하고 보존한다. 여기서 아버지는 영원부터 아들을 사랑했다고 말할 수 있으며, 거꾸로 아들도 아버지를 사랑한다고 말할 수 있다. 하지만 영이 아버지 혹은 아들의 사랑의 대상이라고는 말해지지 않는다. 만일 영이 아버지와 아들을 서로 연결시켜주는 사랑 그 자체라고 한다면, 그것은 쉽게 이해될 수 있을 것이다. 물론 영은 다른 측면에서는 위격으로서 다른 두 위격과 마주 대면하며, 양자를 구분성 속에서 하나로 묶는 사랑의 영이다. 그러나 영은 위격으로서는 아버지 및 아들과 구분된다. 그렇기에 영은 창조 안에서 활동할 수 있을 뿐 아니라 "은사"로서 믿는 자들의 마음속에 부어질 수 있다.

영과 사랑은 한편으로는 신성의 공통 본질을 구성하고, 다른 한편으로는 성령 안에서 독립된 위격으로서 등장한다. 신성의 전적인 본질은 다른 방식으로는 아버지 안에 있는 위격으로서 접근이 가능하다. 이것은 오로지 아들을 통해서만 발생하며, 이 점에서 아버지 안의 한 분 하나님은 아들 없이 나타나지 않으신다. 하지만 아들은 삼위일체의 모든 위격들 가운데서 신적 본질과 가장 분명하게 구분되어 있다. 아버지와 영은 특정한 방식으로 각각 신성 전체를 재현한다. 이것은 아들에게는 전혀 해당하지 않는다. 왜냐하면 아들은 오직 아버지에 대한 관계를 통해서, 오직 아버지의 영으로 충만함으로써 영원한 신성에 참여하기 때문이다. 물론 아버지도 아들과의 관계 안에서만 영원부터의 본래 존재 그대로다. 하지만 아버지는 신적인 본성을 근원으로서의 자신의 기능 속에서 나타내시기 때문에, 아들에 대한 의존성은 아버지에게는 덜 명확하다. 그 예속성은 단지 간접적으로만, 즉 반성 작용을 매개로 해서만 의식될 수 있다. 영 안에서도 신적 본질의 단일성은 그 자체로서 나타나는데, 물론 그것은 오직 '아버지 그리고 아들'에 대한 관계 속에서, 그리고 그 둘의 분리 속에서 독립적 형태로 나타난다. 이에 대해 아들의 위격 속에서 한 분 하나님은 그 자신의 신성으로부터 등장한다. 아들은 아버지의 형상 속에서 신성과 마주 대면한다. 이때 아들은 물론 신적 본질의 일치 속에서 아버지와의 합일을 상실하지 않는다. 왜냐하면 아들은 오히려 자신의 발현 속에서 아버지의 파송을 따르기 때문이며, 바로 아버지로부터의 구분을 통해 아버지와 하나로 머문다. 이와 같이 신적 삶의 내적인 역동성은 영과 사랑을 통해 구체적으로 표현된다.

그러므로 삼위일체의 위격들은 영의 신적 현실성의 구체화로 이해될 수 있다. 그 위격들은 영원한 신성의 역동적인 장의 특이점(Singularität)들이다. 이것은 위격들에 대해 다음을 의미한다. 즉 위격들은 자신의 현존재를 각각 독립적으로 소유하는 것이 아니라, 자신들을 넘어서는 신성의 장과 무아적으로(ekstatisch) 관계되면서 소유한다. 이 장은 각각의 위격 안에서, 그리고 그들 서로 간의 관계들 속에서 나타난다. 여기서 각각의 위격이 자신의 개별적인 위격성을 넘어서는 신적 본질과 맺는 관계는 한 위격과 다른 두 위격들과의 관계를 통해 매개된다. 아들은 아버지와의 관계를 통해서만 영원한 신성에 참여하고, 그렇기에 그는 아들이다. 아버지는 아들과의 관계를 통해서만 아버지로서의 정체성을 가지며, 그렇기에 (아버지로서) 하나님이시다. 아버지와 아들 모두는 영에 대한 관계를 통해서만 합일되고 신적인 본질을 갖는다. 서로 구분되는 아버지와 아들 사이의 연합과 구분성에 대한 관계를 통해서만 영은 자신의 편에서 구분되는 위격이다. 왜냐하면 영은 아버지로부터 발현함으로써, 혹은 아버지의 신적 본질의 발산으로서 독립적 위격을 갖는 것이 아니라, 서로 구분되는 아버지 및 아들과의 대면 안에서 비로소 자신의 완전한 위격적 독립성을 갖기 때문이다.

한 위격이 다른 위격들과 서로 관계되며, 그때 각각의 자기 존재를 자신의 외부에서 무아적으로(ekstatisch) 획득하게 되며, 그리고 오직 그렇게 해서 위격적 존재로서 자신의 현존재를 갖는다는 설명은 인간의 인격성을 삼위일체의 위격들과 비슷하게 보고 있다. 역사적으로 볼 때 인간의 인격성의 이와 같은 특성들은 말하자면 삼위일체론의 빛 속에서 처음으로 발견된다. 이것은 타자와의 관계들을 통해 구성되는 인격 개념을 인간론 안으로 차용함으로써 이루어졌다.[203] 각각의 자아(Ich)는 항상 타자(Du)와의 관계로부터 살아가며, 사회적 맥락과의 관계를 통해 자신으로 구성된다는 사실은 삼위일체론의 위격 개념이 결정적인 자극을 준 통찰이다. 바로 이런 이유에서 삼위일체론의 위격 개념이 근대적인 인격 이해와 아무런 관계가 없다는 주장은 틀린 것이다. 그런 주장은 근대 신학자들이 한 분 하나님 안에 세 위격들 혹은 "휘포스타시스"(Hypostasen)들이 있다는 교리적 직관을 부담스럽게 느꼈다는 사실을 언제나 또 다시 변명의 구실로 삼았다. 물론 인간의 인격 존재와 아버지, 아들, 영의 신적인 위격성 사이에는 실제로 중대한 차이가 있다.

그 차이들 중에서 가장 중요한 것은 인간의 인격 존재가 하나님의 삼위일체적 삶에서처럼 배타적으로 하나 내지 두 인격과의 관계를 통해서만 구성되지 않는다는 사실이다. 인간의 자아(Ich)는 다른 특정한 (인간적) 인격에 대한 관계에 의해 언제나 개인으로 구분된다.[204] 그러므로 인간에게

---

203 이에 대해 다음을 보라. *Anthropologie in theologischer Perspektive*, Göttingen 1983, 229f. 그리고 그곳에 제시된 문헌들 중에서 특별히 다음을 참고하라. H. Mühlen, *Sein und Person nach Johannes Duns Scotus. Beitrag zur Grundlegung einer Metaphysik der Person*, Werl 1954, 4ff., 82ff., 90ff.
204 이것은 다음 사실에 근거되어 있다. 인간은 가장 깊은 곳에서 하나님과의 관계를 통해서만 구성되며(*Anthropologie in theol. Perspektive* 217ff.), 바로 그 관계를 통해 인간은 다른 사람들과의 인격적인 관계로 규정된다. 다만 하나님에 대한 관계는 그분에 대한 개방된 신뢰 안에서만이 아니라, 그분께 대한 폐쇄성 속에서도 실현될 수 있다(참

서는 언제나 사랑과 사랑하는 주체가 구분된다. 이것은 포이어바흐가 하나님과 사랑의 결합에 대해 비판하면서 가정했던 것이다. 포이어바흐에 따르면 그런 결합은 그리스도교의 하나님 표상의 근저에 놓인 구조가 인간의 인격성이 지닌 한계, 곧 인간적 인격성에서는 인격적인 무아성이 단지 불완전하게만 실현될 뿐이라는 한계에 사로잡혀 있음을 뜻한다. 삼위일체의 위격들의 서로에 대한 관계들 속에서 이들의 위격들로서의 현존재는 (혹은 위격으로서의 존재는) 그 특정한 상호관계들을 통해 완전하게 충족된다. 그렇기에 인격들은 그 상호관계를 빼고는 아무것도 아니다. 그렇기 때문에 삼위일체의 현존재는 위격들로서 신적인 사랑과 일치하며, 사랑은 바로 신적인 영의 구체적 삶이다. 그 반대도 마찬가지다. 하나님의 **유일한** 영적인 현실성은 오직 삼위일체의 위격들의 상호관계들 속에서만 현존재를 가지며, 바로 그 점에서 사랑으로 규정된다.

이 사실은 두 번째 차이와 깊이 관련되어 있다. 인간적 인격의 경우 인격의 정체성(Identität)은 결코 완전하지 않으며, 배타적으로 다른 인격과의 관계를 통해 규정되지도 않는다. 그래서 인간의 자의식 속에서 자아(Ich)와 자기(Selbst)는 서로 분리된다. 우리가 인간적 인격들로서 철저히 특정한 인격적 대상을 통해, 그리고 그 대상과의 특정한 관계를 통해 구성된다고 가정하면, 자아와 자기의 구분에는, 그리고 우리가 익히 알고 있는 자의식의 형식에 대해서는 어떤 여지도 남아 있지 않을 것이다. 삼위일체의 위격들의 경우 아들은 오직 아버지에 대한 관계 속에서 완전하게 자기 자신이며, 아버지는 오직 아들에 대한 관계 속에서 완전하게 자기 자신인데, 그렇기에 아버지와 아들 모두는 영이 증언하는 그들의 본래 존재로서 완전하게 그들 자신이다. 영은 자신의 편에서 자신의 위격적인 독립성을 가지면서도 아버지와 아들을 하나로 묶는 영이고, 바로 이 합일이 영의 작용의

고. Mühlen 95ff., 100ff.). 이런 상반된 관계의 양립성은 인간이 하나님의 영을 통해 아버지에 대한 예수의 아들 관계에 참여하는 곳에서 지양된다(롬 8:14ff.).

대상이며, 신적인 삶의 영원한 연합 속에서 언제나 이미 실현되어 있는 대상이다.

이와 같이 신적인 사랑은 위격들의 현현들과 그 관계들의 구분 속에서 신적인 삶의 구체적인 통일성을 형성한다. 아버지, 아들, 영 사이의 위격적인 구분은 사랑이라는 추상적인 개념으로부터 도출될 수 없다. 우리는 오로지 예수 그리스도 안에서 나타난 역사적인 계시 속에서만 그 구분에 도달할 수 있다. 그 점에서 그 구분과 신적 본질 안에서의 통일성은 세 위격들 모두를 관통하여 약동시키는 신적 사랑의 구체적 현실성으로 이해되며, 이 사랑은 아버지의 군주성을 아들을 통해 성령 안에서 완성한다.

b) 신적 사랑의 속성들

하나님의 계시 행위를 통해 열려져 볼 수 있게 되는 하나님의 본질의 속성들은, 출애굽기 34:6(참고. 시 103:8, 145:8)에 정리되어 있고 신약성서도 증언하듯이, 일반적인 사랑의 속성들이라고 이해될 수 있다. 이 속성들은 앞 단락(6.6)에서 다루어졌던 속성들과 형태에서 다르다. 물론 양자는 구체성과 추상성이 구분되듯이 그렇게 서로 관련되지 않는다. 오히려 이 사랑의 속성들은 신적 사랑의 현실성의 구체적 측면들이다. 무한이 거룩함을 통해 **하나님의** 무한성으로 확인되고, 영원, 편재, 전능이 하나님의 영의 묘사로 특화되며, 영이 신적 사랑 안에서 자신의 구체적인 내용 규정을 발견할 때, 하나님의 선, 자비, 은혜, 은총, 나아가 의와 신실, 지혜, 인내는 신적 사랑의 사고를 넘어서는 것이 아니라, 오히려 그것들이 작용하는 여러 측면에 따라 사랑을 묘사한다. 여기서 사랑은 이 속성들과 비교할 때 추상적인 집합개념이 아니며, 그 모든 측면들을 통일하는 구체적인 현실성 자체다. 그 측면들이 여기서 짧게 논의되어야 한다.

예수가 아버지로 선포하신 하나님은 무엇보다도 선하심이란 특징을 가지시며, 다른 모든 존재보다 높으시다(마 10:18 및 병행구절들). 그 선포에서 예수는 유대적 경건이 하나님에 대한 찬양과 감사 기도의 근거로 호소하는 사고를 받아들였다(시 106:1; 107:1; 118:1 등). 아버지의 선하심은 피조물들에게 단지 좋은 것을 주신다는 것만이 아니라(마 7:11), 피조물이 그분께 기도할 때 좋은 것을 공로 없이 베푸신다는 것(마 20:15)에서 입증된다. 선하심의 완전성(마 5:48)은 하늘 아버지가 그분의 태양을 선인과 악인 모두에게 비추신다는 데 있다(5:45). 그분의 돌보심은 그분의 모든 피조물에게 해당한다(6:30).

하나님의 부성적인 선하심에 대한 예수의 진술에서 아버지의 창조와 유지의 사역이 중심에 위치한다. 이 사역과 깊이 관련된 것은 아버지의 구원과 용서의 행위이며, 이것은 그분의 긍휼의 표현이다(마 18:33; 참고. 눅 10:37). 자비(ἔλεος)라는 표현은 여기서 후대의 그리스도교가 사용한 의미보다 폭넓게 사용되고 있다. 왜냐하면 이 그리스어 단어는 흔히 히브리어 헤세드(häsäd, 사랑, 자비, 인자하심)의 번역어로 쓰였기 때문이다. 헤세드는 하나님의 은혜와 호의의 사고에도 폭넓게 해당한다.[205] 그렇기에 약자, 비참한 자, 기댈 곳이 없는 자들에 대한 자비로운 호의는 선하심과 그것의 자유로운 호의의 특별한 표현이지, 그와 다른 어떤 속성으로 평가되어서는 안 된다. 이에 따라 바울에게서 하나님의 은혜(χάρις)에 관한 진술이 하나님의 선하심에 대한 중심적 표현이라는 것이 이해된다(롬 3:24; 4:16). 또한 여기서도 헤세드는 헨(ben)과 함께 배경으로 자리 잡고 있다.[206]

바울에게서 하나님의 선하심, 그분의 은혜와 호의는 이제는 단지 창조

---

[205] R. Bultmann, ThWBNT 2, 1935, 479f. häsäd의 번역 문제에 대해서 ebd. 476f. 많은 사례들 중에 출애굽기 34:6f.의 관습적인 구문이 특별히 강조되었다(참고. 시 103:17 등. 나아가 시 89:15; 89:3; 100:5; 108:5). 이 단어는 자주 emet나 emunah와 결합되었다. 또한 다음을 참고하라. H. J. Stoebe, *Die Bedeutung des Wortes HÄSÄD im Alten Testament*, 1952.

[206] 침멀리(W. Zimmerli, Artikel χάρις ThWBNT 9, 1973, 366-377)는 의미 변경(Sinnverschiebung)을 주장한다. 이 변경을 통해 häsäd는 ben을 대신하여 야웨의 "계약 은총"을 표현했다는 것이다(373ff.).

자의 속성에 그치는 것이 아니라, 아들의 역사와 특별히 우리를 위한 아들의 죽음 속에서 작용하는 것으로 보인다. 그 죽음을 통해 우리는 아버지와 화해되었다(롬 5:8-11). 이 사건 속에서 하나님의 "은혜"(5:15)는 죄와 죽음의 권세를 예수 그리스도의 순종을 통해(5:20f.) 극복했다.[207] 이와 함께 바울은 예수의 선포 속에 이미 놓여 있던 사고, 즉 그의 메시지와 행동을 통해 아버지가 죄를 없애는 자신의 자비로움을 인간들에게 선사하신다는 사고(마 18:33; 참고. 눅 6:36; 눅 15:20ff.)를 그리스도의 죽음과 그 의미를 해석하는 데까지 확장했다. 바울에 따르면 여기서 하나님의 역사적 행위의 목표는 그분이 모든 인간을 긍휼히 여기신다는 것이다(롬 11:30ff.; 참고. 12:1).[208]

하나님의 자비, 은혜, 호의에 대한 성서적 진술들은 흔히 선하심이라는 폭넓은 의미를 가지고 있어, 각각의 표현이 일반적으로 서로에 대해 명확한 경계선을 긋기는 어렵지만, 하나님의 **정의**(Gerechtigkeit)의 표상만큼은 매우 독립적인 의미 형태를 갖고 있다. 그러나 정의 또한 마지막에는 하나님의 사랑의 한 측면임이 입증된다. 왜냐하면 구약성서적인 하나님의 정의 사상에서 중요했던 것은 행위와 결과, 죄와 벌, 공로와 행복이라는 법칙적인 상응관계 속에 나타나는 단순한 탈리온(Talion, 보복, 보상)이 아니라, 선택된 민족과 맺으신 하나님의 계약의 정의였다. 그 정의의 내용은 "규범이 아니라 행위, 즉 구원의 입증"이다.[209] 비록 마태복음이 "하나님 나라

---

207 이에 대해 다음을 보라. U. Wilckens, *Der Brief an die Römer 1*, Neukirchen 1978, 324ff., 또한 로마서 1:5에 대해 ebd. 66을 참고하라.
208 Ebd. Bd. 3,1982, 2f.(참고. Bd. 2,1980,262f.).
209 G. v. Rad, *Theologie des Alten Testaments I*, München 1957, 370. 그리고 그 전체 단락인 368-380을 참고하라. 하나님의 정의가 갖는 구원의 성격은 매우 분명하기에 폰 라트에 따르면 벌을 내리는 정의 사상은 "형용모순"(eine contradictio in adiecto)이다(375). 구약성서의 언어 사용에 대한 슈툴마허의 설명(P. Stuhlmacher, *Gerechtigkeit Gottes bei Paulus*, Göttingen 1965, 113-145)은 "선포 사건"을 바르게 강조한다. 선포사건은 제의에 뿌리를 두면서 하나님의 정의를 내용으로 갖는다(129). 다만 추가되어야 할 것은 바로 그 선포 사건이 하나님의 구원 행위(Stuhlmacher 115,

의 정의"²¹⁰를 말하며(6:33) 요한복음이 예수의 기도에서 "의로우신 아버지"라는 호칭을 사용하기는 해도(17:25), 유대교적인 하나님 이해의 그와 같은 중심 사상이 예수가 하나님에 대해 말할 때 거의 아무런 역할도 하지 않는 것처럼 보인다는 것은 매우 의미심장한 사실이다. 이것은 설명을 필요로 하는데, 그 대답은 다음과 같다. 예수의 메시지는 이스라엘 민족의 하나님이 자기 백성과의 계약에 신실하시다는 것으로부터가 아니라, 오히려 창조자 하나님의 선하심과 그분의 나라의 임박한 미래로부터 출발하며, 그 나라의 도래는 인간들의 불의에 대한 모든 심판의 위협에도 불구하고 아버지 하나님과 그분의 선하심의 특성들을 담지하고 있다. 이에 대해 바울에게서는 교회와 이스라엘의 관계에 대한 질문과 더불어 하나님의 의로우심의 사고도 중요했다. 여기서 바울의 논증은 유대 전통과 마찬가지로 하나님의 계약의 의를 강조했다. 계약에 대한 신실하심 속에서 하나님은 자신의 의로우심을 나타내신다(롬 3:3-5). 물론 그분은 자신의 선택받은 백성이 불순종 안에서 넘어지도록 버려두신다고 해도, 그렇다(참고. 롬 11:30ff.). 왜냐하면 그분은 예수 그리스도의 대속의 죽음을 통하여 자신의 계약의 의를 수립하시기 때문이다(롬 3:21-26). 이것은 선택된 민족만이 아니라 모두를(11:32), 즉 예수 그리스도 안에서 발생한 구원 사건을 믿음으로 받아들이는 모든 사람을 긍휼히 여기기 위함이다(3:22.26).²¹¹ 고린도후서 5:21이

또한 K. Koch)에 근거되어 있고, 구원 행위를 가리킨다는 사실이다. 특별히 중요한 것은 묵시문학에 대한 슈툴마허의 설명(145-175)이다.

210 구원을 창조하는 하나님의 통치의 능력의 의미에서 이 표현을 해석한 것에 대해 다음을 보라. P. Stuhlmacher a.a.O. 188-191. 슈툴마허는 마태복음 6:33이 복음서 저자가 자신에게 전승된 것에 첨가한 것일 수 있다는 점을 강조했다.(188) 그러나 그는 이 사고가 더 오래된 예수 전승 속에서는 누락되어 있다는 사실이 무엇을 의미하는지에 대해서는 관여하지 않았다. 누가복음(12:31)은 "하나님 나라를 구하라"라는 어록에서 유래한 구문에 "그리고 그의 의를"이라는 표현을 첨가하지 않는다. 슈툴마허는 그 첨가가 마태복음의 특징인 정의의 사상을 강조하는 표현이라고 해석한다.

211 이에 대해 W. Wilckens, *Der Brief an die Römer I*, Neukirchen 1978, 184-202, 그

그리스도의 죽음을 통한 하나님과의 화해가 하나님의 의의 입증이라고 주장할 때, 그것은 비슷한 의미로 이해될 수 있다. 여기서는 더 이상 단순히 이스라엘과 하나님의 관계만이, 다시 말해 선택된 민족에 대한 그분의 계약의 의만이 중요하지 않다. 바울은 하나님의 구원의 행위를 통해 입증된 계약의 의란 사고를 열방의 민족들에게까지 확장시킨다. 이때 중요한 것은 하나님의 의로우심 안에서 창조 전체에 대한 하나님의 관계다.[212] 이와 같이 바울은 하나님의 계약의 의라는 용어 속에서 예수의 선포의 특성을 실제로 창조자 하나님의 선하심에 이르기까지 확장했다. 여기서 선하심은 하나님의 통치의 오심 속에서 인간을 용서하시는 호의로서 나타난다.

하나님의 의를 구원하는 계약의 의로 이해하는 성서의 의미는 그리스도교 신학의 역사 속에서 이미 영지주의, 특히 마르키온(Marcion)과의 논쟁 이래로 배후로 물러났다. 반(反)영지주의적 교부들은 의로우심과 선하심이 가장 높으신 하나님 안에서 일치한다는 증거를 제시해야만 했다(Iren. *adv. haer.* III,25, 2f., Tert. *adv. Marc* 2,11). 여기서 의는 그들의 반대자들과 마찬가지로 징벌적인 의로 이해되었다(참고. Justin *Apol* II,12,6; Theophilus *ad Autol.* I,3). 그 이래로 그리스도교 신론은 하나님의 의가 그분의 자비하심 및 선하심의 상(Bild)과 일치하는 것을 증명하려고 애썼다. 토마스 아퀴나스는 모든 사물의 현존재가 하나님의 자비하심으로 소급되는 반면에, 그분의 의는 그 사물

리고 "하나님의 의"의 개념에 대한 해제(202-233)를 보라. 빌켄스는 쿠스(O. Kuss)와 함께 바울이 로마서 3:21-26에서 그리스도의 속죄의 죽음 속에서 일어난(194ff.) "하나님의 의의 행동적 계시"(188)를 목표로 하고 있으며, 그 의가 결과적으로 믿는 자들의 의를 불러일으킨다는 점을 강조했다. 로마서 3:1-5에 대해 또한 다음을 참고하라. A.a.O. 163ff.

212 칭의 사건과 창조 사이의 이와 같은 관계는 특히 슈툴마허가 강조했다(P. Stuhlmacher a.a.O. 225ff. 특히 227). 또한 209ff. 그리고 로마서 10:3에 대한 91ff., 98ff.의 해설을 참고하라.

들의 질서와 관계성 속에서 나타난다고 가르쳤다.[213] 그는 다만 하나님의 의가 특히 악인들에 대한 징계를 통해 입증되는 반면, 그의 선과 자비는 선택받은 자들에게서 표현된다고도 말했다(S. theol. I,23,5 ad 3). 하나님의 의를 징벌적 정의로 보는 지배적인 견해 때문에 루터에게는 하나님의 구원하시는 의라는 성서적인 의미의 발견이 변혁을 일으키는 체험이 되었다.[214] "바로 그 의를 통해 하나님은 우리를 의롭게 하신다"(qua nos ex ipso Iustificamer, WA 56, 172, 4f.). 하지만 구(舊)프로테스탄트 교의학은 또 다시 징벌적인 의로움이란 사고로 회귀했다.[215] 이에 대해 근대신학에서 알브레히트 리츨은 우리가 그 개념의 성서적 의미를 다시 완전히 인정하도록 도왔다. 구약성서에서 인과응보 사상은 하나님의 의와 관계되지 않았고 그것에 근거하지도 않았으며, 그 의는 "의로운 자들에 직접 관련"되었다는 것이다. 또한 신약성서에서도, 특히 바울에게서, 의는 어디서나 "믿는 자들의 구원을 목적으로 하는 일관된 과정이자 의를 창조하시는 하나님을 증언하는 과정"을 뜻하였다고 한다.[216] 하지만 헤르만 크레머(Hermann Cremer)의 진술은 이렇게까지 확신하지는 않고 있다. 그는 하나님의 의가 심판의 성격을 갖는다는 점을 확고히 했

---

213 S. theol. I,21,4: ...quidquid in rebus creatis facit, secundum convenientem ordinem et proportionem facit, in quo consistit ratio iustitiae... Opus autem divinae iustitiae semper praesupponit opus misericordiae, et in eo fundatur. Creaturae enim non debetur aliquid, nisi propter aliquid in ea praeexistens, vel praeconsideratum.

214 H. Bornkamm, Iustitia dei in der Scholastik und bei Luther, in: *Archiv für Reformationsgeschichte* 39, 1942, 1-46.

215 다음의 비판적 해설을 보라. H. Cremer, *Die christliche Lehre von den Eigenschaften Gottes*, Gütersloh 1897, 48ff., 52ff. 또한 A. Ritschl, Geschichtliche Studien zur christlichen Lehre von Gott, in: Ges. Aufsätze NF, Leipzig 1896, 25-176, 특히 161ff.

216 A. Ritschl, *Rechtfertigung und Versöhnung II* (1874), 2. Aufl. 1882, 108f.과 118; 참고. Bd. III, 2. Aufl. 1883, 296ff.

지만, 그러나 "심판하고 그것을 통해 구원하는 의"가 여기서 핵심이라고 강조했다.[217]

이 사실은 어떤 의미에서는 하나님의 자비하심과 의로우심이 일치한다는 칼 바르트의 견해를 예비한 셈이 되었다. 바르트는 하나님의 의가 하나님의 자비하심을 통해 인간에게 요청되는 것의 표현이라고 해석했다(KD II/2, 432ff.). 이것은 나중에 『교회교의학』에서 율법을 복음의 형태이자 형식으로 해석하는 부분을 미리 예고한다(II/2, 564ff., 649ff.). 하나님만이 확실히 우리의 의이시며, "이 의에 대해 우리는 우리 자신의 의를 대립시킬 수 없다"(II/2, 647). 그러나 바르트의 견해에서 하나님의 의는 정치적인 "문제 및 과제"와 "일직선으로" 연결된다(II/1, 434). 그 문제와 과제란 특별히 가난하고 곤궁한 자들을 위해(435) 하나님 나라의 어지럽혀진 질서를 다시 세우는 것이다(427). 예수의 메시지가 가난하고 곤궁한 자들에게 향해진 것은 우연이 아니라 세계에 대한 하나님의 선하신 뜻의 참여에서 비롯된 것이며, 정치적인 과제가 아니었다. 아마도 신약성서가 이것과 관련된 "문제와 과제"의 복잡성(Komplexität)을 바르트보다 더 현실적으로 평가했을 것이다. 어떻든 바울에 따른 하나님의 의는 예수 그리스도의 속죄적 죽음이라는 하나님의 행위, 그리고 이것을 통해 발생한 화해와 배타적으로 관계되어 있다. 믿음 속에서 그와 같은 화해의 행위를 수용한 인간들은 사실상 그 행위에 맞게 행동할 것을 요청받는다(참고. 고전 11:27-34). 하지만 이것은 **하나님의** 신성에는 속하지 않는다. 이 사실을 간과하는 사람은 바르트가 말한 하나님의 의(IV/1, 439ff.)를 결국에는 또 다시 심판하고 징벌하는 의로 묘사하게 될 것이다.

하나님의 의와 깊이 연관된 것은 바로 그분의 신실하심(Treue)이다. 의와 신실하심 모두에 중요한 것은 피조물들에 대한 사랑 속에 존재하는 영

---

[217] H. Cremer a.a.O. 56, 또한 46-67의 단락 전체를 참조하라.

원하신 하나님의 동일성과 지속성이다. 그렇기에 시편은 항상 하나님의 친절하심과 신실하심이라는 두 가지 개념을 전형적으로 연결하면서 찬양한다(시 25:10; 26:3; 77:9; 85:11; 86:15; 91:7; 108:5; 115:1; 117:2; 138:2). 종종 *emet* 대신에 비슷한 표현인 *emunah*가 등장한다(시 27:13; 36:6; 88:12; 89:25,29,34; 92:3; 98:3; 100:5). 친절하심과 신실하심의 연결은 요한복음 서문에도 등장하는데, 여기서는 독생자에 대한 찬양에 사용된다(요 1:14. πλήρης χάριτος καί ἀληθείας). 아들의 성육신 속에서 하나님의 친절하심과 신실하심은 확증되며 완성된다. 이것은 계약을 위한 것이며, 요한복음 서문에서는 창조를 위한 것이다. 실제로 다른 데에서는, 특히 바울에서는, 하나님의 구원 행위 안에 있는 그분의 의라고 묘사된다. 바울은 하나님의 계약에 대한 신실하심(πίστις)과 의를 같은 호흡으로 말하며(롬 3:3.5), 로마서 3:25에서도 하나님의 신실하심이 그리스도의 피를 통한 화해 속에서 표현된다고 이해했다.[218]

그리스도교 신론의 역사에서 하나님의 신실하심에 대한 성서적 진술들은 2세기 이래로[219] 하나님의 불변성(Unveränderlichkeit)에 대한 예증으로 사용

---

218 특별히 K. Barth, *Der Römerbrief*, 2. Aufg. 1922, 79f. 비록 이 부분에서 πίστις를 하나님의 신실하심으로 해석하는 것이 오늘날의 주석에서는 주로 거부되고 있음에도 불구하고(U. Wilckens, *Der Brief an die Römer 1*, 1978, 194), 그 해석은 실제로는 틀림없이 바울의 신학에 속한다.

219 이에 대해 나의 해설을 보라. Die Aufnahme des philosophischen Gottesbegriffs als dogmatisches Problem der frühchristlichen Theologie (1959), *Grundfragen systematischer Theologie 1*, Göttingen 1967, 296-346, 특히 327ff.; 참고. 304f. 아낙시만드로스의 것이라 알려진 단편들 2편과 3편에서 무한의 무시간성과 죽음과 몰락으로부터 자유가 말해지는데, 이 진술들은 최초의 기원의 불변성을 암시한다(참고. W. Jaeger, *Die Theologie der frühen griechischen Denker*, Stuttgart 1953, 39). 또한 횔셔에 따르면 "유한과 영원의 대립"은 아낙시만드로스에게 근본적이었다. U. Hölscher, Anaximander und die Anfänge der Philosophie (1953), in: *Um die Begriffswelt der Vorsokratiker*, hrsg. H. G. Gadamer Darmstadt 1968, 95-176,118. 그래서 크세노파네스(Xenophanes)는 하나님에게서 모든 운동을 명확하게 부정했다

되어왔다. 그리스의 철학적 신학으로부터 기인하는 술어인 하나님의 불변성의 술어가 무시간의 표상을 내포하는 반면에, 하나님의 신실하심의 사고는 시간과 역사의 과정 자체 안에서의 하나님의 지속성을 나타낸다. 이것은 특별히 그분의 구원 의지, 그분의 계약, 그분의 약속, 그리고 그분의 창조 질서를 굳게 유지하는 것에서 나타난다. 그와 같은 의미에서 바울은 이렇게 썼다. "하나님의 은사와 부르심에는 후회하심이 없느니라"(롬 11:29). 민수기 23:19이 이미 하나님은 후회할 수도 있는 인간이 아니시라고 말한다. 그러나 사무엘상 15:29은 이에 대해 하나님이 재앙을 결정한 일을 말한다. 그리고 홍수이야기나(창 6:6f.) 사울이 배척되는 이야기에서뿐만 아니라(삼상 15:10f.; 참고. 35절), 예언자들의 문서들에서도 빈번하게 후회, 즉 하나님의 뜻의 변경에 대해 말해진다.[220] 이와 관련하여 이스라엘의 역사에서 점점 분명해지는 것은 하나님께서 후회하시는 것이 구원이 아니라 오히려 징벌을 내리는 정의라는 사실이다. 다시 말해 하나님의 진노의 억제를 통해 구원이 가능해진다. 이 방향을 향한 하나님의 의지는 예수 그리스도의 속죄의 죽음 속에서 최종적으로 결정된다.[221]

하나님의 불변성이라는 주제는 그리스도교 신학의 역사에서 다양한 영역에 숙명적인 영향을 끼쳤다. 아타나시오스는 아리우스와의 논쟁에서 아들의 생성(Werden)이나 생성됨(Gewordensein)으로 주장될 수 있는 모든 성서적 진술들을 새롭게 해석할 수밖에 없었다. 왜냐하면 아리우스주의자들이 아들의 참 신성을 부정하는 논쟁을 펼쳤기 때문이다.[222] 그러나 아타나시오스의

(fg. 26).

220 참고. J. Jeremias, *Die Reue Gottes. Aspekte alttestamentlicher Gottesvorstellung*, Neukirchen 1975.

221 J. Jeremias a.a.O. 119ff.

222 Athan. c. Arian. II,53ff.; 참고. I,35ff., 54,60ff. 하나님은 성육신을 통해 "어떤 추가적인 것"도 가지셔서는 안 되었다(1,48). 아타나시오스에게는 하나님 자신에게 어떤 생성됨을 부여한다는 것은 매우 불합리하게 보였다(1,63). 그래서 아들은 "육체로서의 현

대처로부터 다음 난제가 생길 수밖에 없었다. 영원하신 하나님께 성육신은 어떠한 변화도 가져오지 않으며,[223] 다시 말해 성육신 사건이 일어나든지 않든지 하나님께는 아무 차이가 없다는 것이다. 그렇다면 하나님은 아들의 고통과도 아무런 관련이 없을 수밖에 없다. 하나님의 불변성은 결국 인간과 하나님의 관계 속에서 모든 변화는 하나님이 아닌 인간으로부터 출발할 수밖에 없다는 결론에 도달한다. 그렇다면 화해는 신-인의 인간적인 본성에서, 그리고 인류를 대리하면서 바쳐진 만족(Satisfaktion)의 수행으로부터 시작되어야만 했다(Anselm von Canterbury Med. XI, PL 158, 765 C; 참고. *Cur Deus Homo* I,8; II,11). 또한 죄인인 인간과 하나님 사이의 관계의 변화도 하나님의 불변성 때문에 결국 인간의 측면에서만 일어나는 변화여야 했다. 이것이 **피조된 은혜**(*gratia creata*)라는 스콜라 철학의 교리를 형성하는 가장 중요한 동기였다. 영혼이 피조적 현실성 속에서 **피조된 은혜**를 통해 윤색되었을 경우에, 불변의 하나님은 그 영혼과 이전과는 다르게 관계할 수밖에 없다.[224] 근대가 시작될 때 하나님의 불변성에 관한 사고는 계속해서 숙명적으로 발전했다. 데카르트는 자연 속의 모든 변화들을 배타적으로 피조적인 원인들로 환원시키려 했다. 왜냐하면 하나님이 한번 창조된 세계에 개입하는 것은 그것이 무엇이든지 하나님의 불변성과 일치될 수 없을 것이기 때문이었다.[225]

현 속에서도 어떤 변화도" 겪지 않으셨다는 것이다(II,6: αὐτὸς ἄτρεπτος μένων, καὶ μὴ ἀλλοιούμενος ἐν τῇ ἀνθρωπίνῃ οἰκονομίᾳ καὶ τῇ ἐν σάρκῳ παρουσίᾳ). 아타나시오스는 하나님의 신실하심에 대한 성서적 진술들이 그분의 불변성을 증언한다고 보았다(II,6과 10).

223 위의 5장을 보라.
224 J. Auer, *Die Entwicklung der Gnadenlehre in der Hochscholastik I: Das Wesen der Gnade*, 1942.
225 R. Descartes, Le Monde (1630), Oeuvres de Descartes ed. Adam/Tannery XI, Paris 1967, 35 z. 5ff. 이에 대한 나의 논문을 참조하라. "Gott und die Natur", in: Theologie und Philosophie 58, 1983, 481-500, 특히 485f.

하나님의 불변성의 표상과 달리 그의 신실하심의 개념은 역사성도, 세계 사건의 우연성도 배제하지 않는다. 하지만 거꾸로 하나님의 행위의 역사성과 우연성은 하나님의 영원성과 대립할 필요가 없다. 영원과 시간이 역사의 종말론적인 완성 안에서야 비로소 일치하게 된다면, 저 완성을 향한 하나님의 역사의 관점에서 본다면, 하나님 자신 안에, 즉 내재적 삼위일체와 경륜적 삼위일체의 관계 안에, 생성(Werden)을 위한 공간이 있는 것이며, 이와 같은 윤곽 안에서 하나님에 대해 다음과 같이 말할 수 있다. 하나님은 그분의 아들 안에서 인간이 되셨을 때, 예전에는 아직 아니었던 어떤 존재가 되셨다.

하나님의 역사적 행위의 도상에서 나타나는 하나님의 신실하심과 함께, 그리고 세계의 창조자로서의 그분의 정의에 대한 계시와 함께, 하나님의 창조적 사랑이 완성된다. 왜냐하면 신실함을 통해서만 영속성은 생성되기 때문이다. 만일 하나님께서 피조물에게 독립성을 주려 하신다면, 그때 그 창조자의 행위의 성공 여부는 창조적 사랑의 신실하심에 결정적으로 달려 있게 된다. 신실하심은 하나님의 영원성이 시간의 과정 안에서 나타나는 표현이기 때문이다.

의로우심과 마찬가지로 하나님의 오래 참으심도 신실하심과 깊이 관련되어 있다. 인내의 본질은 여기서 신실하심의 본질에 특별히 가깝다. 왜냐하면 양자는 시간 안의 지속성, 즉 시간의 변화 속에서도 하나님은 동일하시다는 점과 관계되기 때문이다. 그러나 신실하심이나 의로우심과는 달리 하나님의 인내는 그분의 구원의 의도를 직접 내포하고 있지는 않으며, 오히려 구원은 피조물들의 태도와 관련되어 있다. 바로 그 피조물에 대해 하나님은 구원의 의도를 위해 인내하신다.

칼 바르트는 인내에 관하여 "특정한 의도에서 한편이 다른 한편에게 공간과 시간을 허락하는 곳, 즉 한편이 다른 한편을 기다리면서 그를 내버려 두는 곳"에 인내가 있다고 말했다(KD II/1, 459). 인내는 결국 타자에게 타자 자신의 현존재를 위해 공간을 내어주는 것이며, 그의 고유한 특성의 전개를 위해 시간을 내어주는 것이다. 만일 이것이 사물들의 진행을 무기력하게 바라보아야만 하는 부득이한 인내가 아니라, 사건에 개입하여 사태를 되돌릴 수 있는 권능을 뜻하는 것이라면, 이에 더하여 하나님의 인내가 바로 그분의 피조물들에게 해당하고 이것들을 버려두고 있는 것이라면, 그분의 인내는 그 자체가 이미 사랑의 형태이며, 피조물들에게 그들 자신의 현존재를 보증해주고 있는 것이다. 그러므로 하나님의 인내는 무관심한 관용이 아니며, 또한 변경할 수 없는 어떤 상태를 용감하지만 무기력하게 견디는 것도 아니다. 오히려 하나님의 인내는 피조물의 현존을 원하는 창조적인 사랑의 계기이다. 여기서 그 사랑은 피조물의 응답을 기다린다. 이 응답 안에서 그것들의 운명이 성취될 것이다.

고대 이스라엘이 자신들의 하나님의 속성들을 총괄적으로 묘사했던 구문들(출 34:6; 시 86:15; 103:8; 145:8)[226] 안에서 은혜, 자비, 정의와 함께 인내도 확고한 자리를 차지했다. 인간의 연약함과 잘못된 행위를 하나님이 관대히 봐주신다는 사실에서 이스라엘은 하나님의 선택(예정)하시는 사랑의 본질적 측면을 인식했다. 이 사랑은 그 백성들로 하여금 온갖 재앙과 심판 후에 다시 새롭게 출발할 수 있게 해주었다. 하지만 백성들은 하나님의 바로 그 관용하심을 인간이 오용하는 것이 얼마나 위험한지도 잘 알고 있었다. 하나님의 진노의 위협에 직면할 때, 말할 수 있는 것은 오직 그분의 용서뿐이다. 인간의 돌이킴을 기다리시는 하나님의 인내를 멸시하는 것은 그분의 진노를 피할 수 없게 만든다.

진노는 하나님의 속성이 아니다. 왜냐하면 하나님의 행동은 일반적으

---

226 볼프(Wolff)는 요엘 2:3에 나오는 "고대 고백문"에 대한 주석에서 이 고백문이 요나 4:2과 느헤미야 9:17에서도 수용되고 변형되었다고 말했다(H. W. Wolff, *Bibl. Kommentar AT* XIV/2, Neukirchen 1969, 58). 요엘서와 요나서에서 그 고백문이 변형된 것은 야웨가 이전에 통고했던 위협적인 재앙을 돌이킬 준비가 되어 있다는 사실과 관계되어 있으며, 느헤미야에서는 용서할 준비가 되셨다는 것이 앞서 나온다.

로 진노를 통해서는 규정되지 않기 때문이다. 그래서 하나님의 진노는 성서 본문에서 갑작스레 발생한 격정으로 묘사된다(민 11:1; 시2:11f.).[227] 진노는 하나님의 거룩하심이 경시될 때 "갑자기 터져 나온다"(출 32:10ff.; 사 5:25). 특히 하나님이 선택하셔서 하나님의 거룩하심에 속하게 된 백성들이 그분으로부터 타락할 때 발생한다.[228] 하나님의 진노에서 중요한 사실은 부정한 것에 손댈 때 그분의 거룩성이 파멸적인 결과를 일으킨다는 점이다 (위의 각주 131f.를 보라). 진노는 하나님께 대한 불충의 자연법적인 결과다(시 78:7-60; 삿 2:10-22). 불충은 하나님의 긍휼하심을 통해 언제나 또 다시 중단되고 저지되고 방지된다(시 78:38; 암 7,2ff.; 호 11:8f.).[229] 모세와 예언자들의 중보기도들, 계약의 의, 그리고 백성이 하나님의 진노 앞에서 불쌍하다는 사실에 대한 호소는 하나님의 후회와 "자기 억제"[230]의 동기가 된다. 이런 억제를 통해 그분의 은혜의 의지가 진노의 작용을 극복한다. "내가 넘치는 진노로 내 얼굴을 네게서 잠시 가렸으나 영원한 자비로 너를 긍휼히 여기리라. 네 구속자 여호와께서 말씀하셨느니라"(사 54:8; 참고. 시 30:6). 하나님은 계속해서 백성들에 대해 자신을 돌이켜 인내하실 것이다(사 30:18). 그분은 인간들에게 재앙을 내렸던 것과 똑같은 이유(창 6:6)로써, 홍수 이후에도 창조 질서가 깨질 수 없음을 결정하고 보증하셨다(창 8:21f.).[231] 그래서 테르툴리아누스도 인내에 대한 자신의 글에서 창조를 통한 세계의 보존이 이

---

[227] F. Weber, *Vom Zorne Gottes*, 1862, 11.

[228] J. Fichtner in *ThWBNT* 5, 1954, 403f., 409. 이 사실은 히브리서 10:31과 상통한다. "살아 계신 하나님의 손으로 빠져 들어가는 것은 무서운 일이다."

[229] Ebd. 406ff. 물론 야웨의 인내는 아모스가 백성에게 선포해야 했던 것처럼 끝날 수도 있다; 참고. 아모스 7:8; 8:2.

[230] 출애굽기 32:14. 각주 220에서 언급된 예레미아스(J. Jeremias, 특히 43ff., 52ff., 59ff., 75ff.)의 연구를 참조하라.

[231] 이에 대해 다음을 보라. G. v. Rad, *Das erste Buch Mose Kap. 1-12* (ATD 2), Göttingen 1949, 100f.

미 하나님이 인내하고 계심의 표현이라고 설명할 수 있었다. 인내는 하나님께서 "한낮의 광채를 의로운 자와 불의한 자 모두에게 똑같이 비춰주신다"라고 표현된다는 것이다(De pat. 2; 참고. 마 5:45). 하지만 진노를 돌이키시는 일은 인간의 회심을 목표로 한다(롬 2:4; 참고. 눅 13:8). 이것을 넘어서서 그 돌이키심은 그리스도의 대속의 죽음 속에서 계약에 대한 하나님의 신실하심이 입증되는 것을 목표로 한다. 그리스도의 죽음을 통해 하나님 자신이 진노의 파멸적 결과들을 지양하신다(롬 3:25f.).[232] 하지만 인간이 하나님의 용서하는 사랑을 경시한다면, 기다리시는 하나님의 인내는 악인들이 자신들의 그릇된 행위들을 축적시켜 놓고 있는 최후 심판을 향해 나아갈 수도 있다(롬 9:22f.; 참고. 12:19; 히 10:26-31).

하나님의 인내하심은 세계 통치의 기능과 관련해서는 하나님이 세계의 근거로 삼으신(욥 28:25ff.; 참고. 잠 3:19f.; 지혜서 8:4) 지혜와 가깝다. 지혜는 예언자들의 파송(눅 11:49)에서도 작용했고, 바울에 따르면 주님의 파송과 십자가 사건에서도 작용했다(고전 2:7f.). 세계에 은폐된 하나님의 지혜는 그분의 역사에 대한 계획(μυστήριον) 속에서 표현되며(2:7), 그 계획은 그리스도가 보내시는 하나님의 영을 통해(2:10과 15) 역사의 종결이 선취되는 가운데 계시된다. "이에 따라 우리가 하나님의 영원 전의 결의(Ratschluß)를, 그리고 그 결의의 실행이 발생하고 지금 계속되는 것을 인식하는 가운데, 우리는 하나님의 지혜도 인식할 수 있게 된다."[233] 하나님의 지혜는 특히 "우리와 우리 죄와 관련하여…모순 없는 법 위에 계신 하나님의 높으심" 속에서 표현되며,[234] 그분의 구원의 의지와 그것의 실현의 길이 죄와 재앙의 기계주의보다 훨씬 높다는 사실 속에서 표현된다. 이것은 바울이 하나

---

[232] U. Wilckens, *Der Brief an die Römer 1*, Neukirchen 1978, 196f.
[233] H. Cremer, *Die christliche Lehre von den Eigenschaften Gottes*, Gütersloh 1897, 67.
[234] Ebd. 72.

님의 선택(예정)에 대한 설명의 끝에서 "하나님이 모든 사람을 순종하지 아니하는 가운데 가두어두심은 모든 사람에게 긍휼을 베풀려 하심이로다"(롬 11:32)라고 설명하면서 지혜에 대한 찬양을 시작하는 이유를 말해준다(롬 11:33ff.).[235]

이미 고대 이스라엘에서도 지혜는 우주의 질서만이 아니라 역사의 과정 속에서 "시대들을 결정하는 것"과 관계가 있었다.[236] 인간은 미래를 알 수 없다는 불가능성에 직면하여, 그리고 무엇보다도 사건들의 진행 과정에서 인과응보적 맥락의 내적인 연속성을 넘어서는 하나님의 높으심에 직면하여, 세계 사건의 과정에서 신적 지혜의 **은폐성**이라는 인상은 강화될 수밖에 없었다. 역사의 종말에 이르러서야 역사 진행의 근간이 되는 하나님의 결의(Ratschluß, 창세 전에 결정하신 것)가 인식될 것이다. 그 결의를 깨달으려는 기대는 역사의 진행에 대한 하나님의 통치가 궁극적으로 계시되는 것, 그리고 종말의 사건에서 신성 자체가 최종적으로 계시되는 것에 대한 기대와 결합되었다.[237] 예수의 위격 안에서 바로 그 종말의 사건이 시작되었기에, 원시 그리스도교에 대해서는 하나님의 궁극적 계시가 현재에 이미 이루어졌을 뿐 아니라—이와 밀접하게 관련되면서—역사에 대한 하나님의 결의의 목표(엡 1:9f.)가 이미 현현했다. 그 결과 예수 그리스도 자신은 신적 지혜(고전 1:24) 혹은 신적 로고스가[238] 육체화된 것으로 이해될 수 있었다. 그와 같은 성육신 안에서 하나님의 자비로운 사랑이 그 목적에 도달한다. 그것은 세계의 화해라는 목적이다. 이 사실을 칼 바르트의 멋진 말로 표현하자면, 예수 그리스도는 "하나님의 인내의 의미(Sinn)"다(KD IV/1, 487). 하나님의 지혜가 다스리는 가운데 역사의 진행에 대한 사랑의 권능이 입증된다.

---

235 U. Wilckens, *Der Brief an die Römer 2*, 1980, 270ff.
236 G. v. Rad, *Weisheit in Israel*, Neukirchen 1970, 337-363.
237 위의 339ff.를 보라.
238 위의 346f., 351f.를 보라.

하지만 정말로 그러한가? 인류는 그리스도의 탄생 이후 2천 년이 지난 지금에도 여전히 화해되지 못한 세계상을 보이고 있지 않은가? 그리스도인들이 무슨 큰 변화를 일으켰는가? 교회 자신이 세계의 분쟁에 끌려들어가지 않았는가? 심지어 교회도 참을성 없이 분열되어 분쟁을 확대시키고 심화시키지 않았는가? 이로써 그리스도교의 사랑의 하나님은 세계의 진행에 대해, 나아가 그리스도인의 삶이나 심지어 교회의 공동체 안에서도 무기력해 보이지 않았는가? 교회 공동체는 자신의 통일성을 통해 그리스도의 사랑을 세계 속에 증언했어야 하지 않았는가? 이 모든 점에서 실제로는 하나님의 성서적 계시의 진리는 의문에 처한다. 이 단락(6.7)은 성서적인 계시의 증언들에 근거하여 하나님께 귀속된다고 볼 수 있는 속성들을 설명했다. 그리고 그 속성들―선, 은혜, 자비, 정의, 신실하심, 인내, 지혜―모두는 "하나님은 사랑이시다"는 포괄적 진술의 다양한 측면들로 이해될 수 있음을 제시했다. 하지만 이로써도 하나님이 실제로 세계의 영원하고 편재하며 전능하신 근원자 및 완성자이시고, 만물을 통치하고 포괄하는 무한자라는 사실은 아직 증명되지 못했다. 이 마지막 단락의 설명들이 성서적 증언들의 범위를 거의 넘어가지 않았던 것에는 분명 이유가 있다. 반면에 앞 단락(6.6)은 하나님의 거룩함, 영원성, 편재, 전능에 대한 성서적 진술들이 참된 무한의 구체화임을 증명하려고 했다. 참된 무한은 철학적 성찰의 지평에서도 신적인 능력들에 대한 종교적 진술들과 관계된 영역으로 제시된다.

성서적 계시의 하나님, 사랑의 하나님이 참으로 모든 것을 관철시키고 포괄하며 현재하시는 하나님, 영원하고 전능하신 하나님이라는 증명, 나아가 그분만이 유일하신 참하나님이라는 증명이 과연 신론 일반으로부터 기대될 수 있는가? 성서의 증언들에 따르면 이 증명은 어떤 이론적인 논증들을 통해서가 아니라, 역사 안에서 발생하는 하나님의 행동 자체를 통해 수행된다. 원시 그리스도교의 메시지는 물론 하나님의 그와 같은 자기 증명이 예수의 역사 안에서, 십자가에 못 박히신 자의 부활 안에서 이미 실행되었다고 전했다. 이것은 원시 그리스도교의 메시지에 따르면 종말 사건의 선취라는 의미에서 유효하다. 아직은 기대할 수밖에 없는 종말 사건에서는 그리스도의 재림과 함께 하나님 나라가 궁극적으로 실현되며, 죽은 자들의 부활과 이 세상에 대한 심판이 있을 것이다. 그의 나라가 미래에 완성되는 것만이, 하나님의 신성이 예수의 역사 안에서 이미 결정적으로 계시되었다는 사실, 바로 그 사랑의 하나님이 참하나님이라는 사실을 최종적으로 증명하게 될 것이다. 그와 같은 최종적 미래로 향한 길 위에서 하나님에 대한 그리스도교적 메시지의 진리 주장은 불가피하게 논란이 될 수밖에 없다. 신학은 그런 현실을 전혀 바꿀 수 없다. 신학이 믿음을 대체할 수는 없다. 하지만 신학은 믿음이 어느 정도까지 그리스도교적 선포의 진리 주장에 부합하면서 참된 이성과 손을 잡고 함께 알 수 있는지에 대해 설명해 줄 수는 있다.

c) 하나님의 단일성

영원하고 전능하신 하나님은, 그런 분이 계신다고 한다면, 정말로 "자비롭고 은혜롭고 인내심이 많고 선하신" 분인가? 사랑의 하나님은 정말로 전능하고 모든 것을 포괄하면서 현재하시는 하나님, 곧 영원하신 참하나님이신가?

이 질문은 사랑의 하나님의 신성을 세계의 현실성에 비추어 입증하려는 질문으로 이해할 수 있다. 포괄적으로 이해하자면, 이 질문은 역사의 과정에서 겪는 세계 현실성의 경험 자체에 맞춰져 있다. 그보다 제한적인 의미에서는 세계 현실성과 종교적인 하나님 선포 사이의 관계에 대한 성찰과 관련하여, 지금 있는 그대로의 세계 현실성의 존재가 성서의 하나님의 창조라고 최소한 **생각될 수는** 있는지의 질문이 중요하다. 이 질문과 함께 조직신학의 남은 모든 장들, 곧 우선 창조론과 인간론, 그다음에 그리스도론, 교회론, 종말론이 다루어져야 한다. 왜냐하면 있는 그대로의 세계와 인간 존재가 아직은 창조자의 사랑의 의지에 완전히 부합하지 않으며, 여전히 화해와 완성을 필요로 한다는 사실이 제시되어야 하기 때문이다.

그러나 앞에서 서술한 질문은 보다 좁은 의미로 이해될 수도 있다. 즉 하나님의 사랑에 대한 진술들이 하나님의 무한성, 거룩성, 영원성, 편재, 전능 등과 사변적으로 일치할 수 있는지의 질문으로 볼 수 있다. 만일 일치한다고 이해될 수 있다면, 이제 다음 질문만 남는다. 그것은 하나님의 다양한 속성들 안에 있는 단일성의 질문이며, 특히 하나님의 사랑과 앞 단락 (6,6)에서 이미 무한성의 사고의 구체화라고 밝혔던 속성들과의 관계에 대한 질문이다. 거기서 우리는 무한을 참된 무한으로 제시해야 했다. 이 질문은 아직은 좁은 의미에서 신론의 영역에 속한다.

우선 명확히 해야 하는 것은 하나님의 **단일성**(Einheit)의 사고가 어떤 지위를 갖는가 하는 것이다. 단일성은 지금까지 다뤄지지 않은 또 하나의 어떤 다른 속성으로 생각되어야 하는가? 이것은 하나님의 단일성에 관한 전통적인 논의에 따르면 하나님의 속성론의 맥락을 암시하기는 한다. 하지만 슐라이어마허는 이에 대해 단일성은 전혀 속성으로 파악될 수 없다고 바르게 이의를 제기했다. 단일성은 "엄격히 말해서 결코 어떤 사물의 속성일 수 없고, 특정한 숫자로서 현존할 뿐이다."[239] 단일성이나 다수성

---

[239] Fr. Schleiermacher, *Der christliche Glaube* (1821), 2. Ausg. 1830, §56,2. 슐라이어마허는 이렇게 설명한다. "둘이라는 것은 손의 속성이 아니다. 두 손을 갖는다는 것은 인간의 속성일 뿐이고, 원숭이는 네 개를 갖는다. 마찬가지로 오직 **한 분** 하나님에 의해서만 통치를 받는다는 것은 세계의 속성이며, **한 분**인 것이 하나님의 속성인 것은 아니다." 고대 이래의 철학사에서 실제로 세계의 단일성은 신적 근원의 단일성을 위한 결정적인 논증이었다. 각주 219에 인용된 나의 논문들을 참조하라. *Grundfragen systematischer Theologie I*, 1967, 296ff., 특히 302f. 이 논증은 또한 토마스 아퀴나스에 의해서도 인용되었다(Thomas von Aquin, *S. theol.* I,11,3). 이 논증은 그의 세 가지 논증 중 마지막이었다. 두 번째 논증은 하나님의 단일성이 그의 무한성에서 도출된다는 것이었는데, 왜냐하면 실제 세계의 다수의 무한성은 서로를 제약하며, 그 결과 서로의 무한성을 필연적으로 부정할 수밖에 없기 때문이다. 토마스의 세 가지 논증들 중 가장 약한 것은 첫째로서 하나님의 단순성에서 출발한다.

은 질이 아닌 양의 범주 아래에 놓인다. 하지만 하나님이 많은 신들 중 하나라고 말할 수 없다면, 숫자적인 단일성 개념도 마찬가지로 하나님에 대해서는 말할 수 없다. 그래서 이미 구(舊)프로테스탄트 교의학은 숫자적인 단일성과 초월적인 단일성을 구분했으며, 후자만을 하나님께 적용했다.[240] 하나님은 한 분이시며, 그 자체로서 다른 것들과 구분되신다. 물론 이와 같은 단일성의 사고를 하나님께 적용하는 것은 제한적일 수밖에 없다. 참된 무한의 사고로부터 주어지는 것은 어떤 것과 다른 것 사이의 구분조차도 참으로 무한하시다고 생각되는 하나님께 대해서는 제한 없이 적용할 수는 없다는 사실이다. 하나님은 다른 많은 것들 중의 하나가 아닌 한 분으로, 다시 말해 **절대적**(absolut)이신 분으로 생각되어야 한다.[241] 절대는 하나로서 동시에 모든 것이다.[242] 하지만 이것은 (범신론처럼) 하나 안의 모든 것

---

240 D. Hollaz, *Examen theologicum acroamaticum I*, Stargard 1707, 337: Numerus praedicamentalis est Quantitas discreta, non conveniens Deo; sed numerus transcendentalis est differentia rerum singularium. A. Calov, Systema Locorum theol. II, 287.

241 세네카(Seneca, *ep*. 52,1)는 "절대"를 어떤 비교도 있을 수 없는 완전한 것이라고 지칭했으며, 테르툴리아누스(Tertullian, *adv. Marc* 2,5)가 이 개념을 처음으로 하나님께 적용했다. 교부신학의 다른 예시들에 대해 다음을 참고하라. R. Kuhlen, Hist. *Wörterbuch der Philosophie 1*, Basel 1971, 13f. 이런 의미를 지닌 절대 개념은 안셀무스의 『독백』(*Monologion*)에서 자주 등장한다. 절대적 단일성(*unitas absoluta*)으로서의 하나님의 단일성에 대해 특별히 다음을 보라. Nicolaus Cusanus, De docta ignorantia I,5, 14: Est igitur unitas absoluta, cui nihil opponitur, ipsa absoluta maximitas, quae est Deus benedictus.

242 쿠자누스(Nicolaus von Kues)는 가장 큰 자(der Größte)라는 사고에 대한 진술에 도달했다. *Maximum itaque absolutum unum est, quod est omnia* (de docta ign. I,2,1). 다수성의 구성요소가 아닌 단일성을 생각해야 한다면, 그것은 단일성, 다수성, 전체성(Allheit)의 관계로부터 직접적으로 도출된다(참고. I. Kant, *Kritik der reinen Vernunft* B 111). 이때 단일성과 전체성은 합동이어야 한다. 근대신학에서 도르너(Dorner)는 신적인 단일성의 주장과 관련된 문제를 다루었던 소수의 신학자에 속한다. 그가 얻은 결론은 절대적 단일성 곧 하나님의 유일성(Einzigkeit)은 "어떻게

이 아니며, 하나와 모든 것 사이의 구분 너머에서 생각되어야 한다.[243] 즉 절대는 모든 것을 동시에 포괄하는 하나(das Eine)다. 이와 같은 표현의 문구들은 물론 절대적 단일성의 사고에 대한 분석으로부터 발전된 논리적인 가설일 뿐이고, 그런 가설들이 가능하다고, 즉 논리적 일관성을 갖는다고 입증되기는 쉽지 않다. 왜냐하면 그 가설들의 도출 과정에는 이미 다수성과 전체성의 대립되는 개념들이 작용했기 때문이다. 그 과정에서 하나님의 단일성이 속성으로도, 숫자로도 생각될 수 없다는 점은 그만큼 더 분명해진다. 나아가 절대적 단일성으로서의 하나님 개념은 유일성과 더불어 유일무이성(Einzigartigkeit)과 비교 불가능성(Unvergleichlichkeit)의 요소를 항상 이미 포함하고 있다. 비교 불가능성은 거룩성의 표상 속에 놓여 있다. 그러나 절대적 단일성 개념에 놓인 어려움은 그것의 다수성과의 관계로부터 비롯된다. 그 어려움은 단일성 그 자체에 대한 순수한 성찰에 대해 해

든" 다른 모든 것의 가능성의 근거를 포함하고 있어야 한다는 것이었다. I. A. Dorner, *System der christlichen Glaubenslehre I* (1879), 2. Aufl. Berlin 1886, §19,1, 220.

243 그렇기에 플로티노스(Plotin)는 일자(das Eine)를 "전체의 부분이 전혀 아닌 것"으로 보았다; 참고. W. Beierwaltes, *Denken des Einen. Studien zur neuplatonischen Philosophie und ihrer Wirkungsgeschichte*, Frankfurt 1985, 41f. 바로 그러한 절대적 일자는 플로티노스에 따르면 무한(ἄπειρον)이자 "어떤 것이 아닌 것"(nicht-Etwas)이다. 더 정확히 말하자면, 절대적 일자는 참된 무한으로서 어떤 것이자 동시에 (단순히) 어떤 것이 아닌 것이라 할 수 있다. 이것은 위(僞)디오니시오스가 신적 단일성을 "구분 안에서 합일된 것"으로 본 사변적인 상에 부합할 지도 모른다(Beierwaltes 214). 바이어발테스(Beierwaltes)는 쿠자누스의 상반적 일치(*coincidentia oppositorum*)가 그와 같은 합일의 사고에 의존하고 있다고 본다(215). 이와 달리 샤르트르의 티에리(Thierry von Chartres)가 단일성(*unitas*)으로부터 동일성(*aequalitas*)을 도출하는 것(ebd. 369ff.)은 내게는 일자에 대한, 혹은 존재적인 일자와 존재를 초월하는 일자와 사이의 관계에 대한 피상적 성찰의 성격만을 갖는 것처럼 보인다. 이것은 플라톤의 파르메니데스 첫 두 가설들 속에서 발전된 것과 같다(194f.). 이 내용은 삼위일체 교리의 동일본질성에도 해당한다고 할 수 있다. 하지만 동일본질성은 샤르트르 학파가 시도했던 것처럼 일자 개념으로부터 전개될 수는 없으며(참고. 382ff.), 오직 아들로서의 예수의 아버지에 대한 역사적 관계의 서술로부터 가능하다.

결되지 못한 채 남아 있다.

성서적인 이해에서 하나님의 단일성은 하나님의 계시의 행위에 대한 조건일 뿐만 아니라, 철저하게 그 행위의 내용도 구성한다. 하나님의 이름에 대해 모세가 질문할 때, 야웨의 답변은 그분의 역사적 활동을 통한 하나님의 자기 동일성을 지시한다. "나는 스스로 있는 자이니라"(Ich werde dasein als der ich dasein werde. 출 3:14).[244] 이것은 존재 개념의 무시간적인 동일성을 말하는 것이 아니다. 오히려 하나님의 거룩한 질투(Eiferheiligkeit), 선하심, 인내, 정의, 지혜를 통해 특징지어지는 역사적 행동 속에서 그분의 신실하심을 통해 현현하는 신적 진리의 자기 동일성을 말한다. 하나님의 유일성에 대한 이스라엘의 고백도 이와 관계되어 있다. "이스라엘아, 들으라! 우리 하나님 야웨는 오직 유일한 야웨시니"(신 6:4). 야웨의 **유일성**은 처음부터 표현되었을 뿐만 아니라, 또한 동시에—이스라엘의 종교사 과정에서—다른 신들을 용서하지 않는 하나님의 질투의 결과이기도 하다(신 6:15; 출 20:5). 그 점에서 이스라엘의 하나님의 유일성과 그분의 사랑 사이의 관계가 성립한다. 즉 그분의 사랑 안에는 유일한 신성에 대한 요구, 즉 그분의 계시를 받는 대상인 자들이 그 유일성을 인정하라는 요구가 근거되어 있다(참고. 마 6:33=눅 12:31; 또한 마 6:24=눅 16:13). 여기서 하나님의 사랑은 이스라엘을 넘어서 창조 전체로 향한다. 선택(예정)하시는 하나님의 의와 자기 동일성은 그분의 신실하심을 통해 입증되는데, 이것은 이스라엘의 선택만이 아니라 창조 전체를 위한 것이며, 하나님의 선택의 행위는 이 민족의 선택을 매개로 하여 창조 전체를 향한다. 하나님은 자신의 이름의 동일성을 위해(사 48:9; 참고. 43:25; 겔 36:22f.) 선택된 자들을, 그리고 창조 전체를 무(Nichtigkeit)에 넘겨주지 않으시며, 오히려 세계의 화해를 위해 아들을 보내심으로써 그분 자신으로부터 벗어나려는 피조물들의 외면을 극복하신다.

---

244 이에 대해 위의 4.2장, 334f., 특히 각주 22를 보라.

세계로 진입하여 하나님과 세계 사이의 대립을 넘어서는 합일, 즉 사랑을 통한 화해의 합일을 통해 하나님의 단일성은 세계와의 관계 속에서 실현된다. 이를 통해 우선 하나님의 단일성에 대한 추상적인 이해가 극복된다. 추상적인 이해는 하나님의 단일성을 다른 신들이나 세계의 다양성에 단순히 대립할 뿐이고 자기 자신 안에 고립된 어떤 실재로 여긴다. 하지만 계시의 행위 속에서 계시되는 하나님의 사랑을 통해 하나님의 단일성은 참된 무한의 단일성으로 확증되며, 그분과 다른 것들 사이의 대립을 넘어선다.

하나님의 단일성이 서로 구분되어 형성된 구체적인 형태를 신적 사랑의 활동 속에서 얻는다면, 신적 본질의 그 밖의 속성들에 관련된 설명은 다음 두 가지 중 하나다. 그 속성들은 하나님의 사랑의 현상적 형식들에 불과하거나, 혹은 그 속성들의 구체적인 현현이 신적 사랑의 지배 속에서 지양됨으로써 그것들의 참된 의미가 파악된다. 후자는 보통 하나님의 무한성의 속성에 해당한다.

우리는 하나님의 **전능**과 **편재**에 대한 논의에서, 이 개념들과 연관된 문제점이 삼위일체적인 해석을 통해, 다시 말해 그 개념들이 하나님의 사랑의 표현이라는 이해를 통해 비로소 해결되는 것을 보았다. 삼위일체론만이 아버지 하나님의 피안성(Jenseitigkeit)과 아들과 영을 통해 피조물들 안에 거하시는 그분의 현재성(Gegenwart)을 일치시킬 수 있다. 하지만 그 단일성은 하나님과 피조물 사이에 존재하는 구별성을 여전히 자신 안에서 보존한다. 동일한 내용이 하나님의 전능성의 이해에도 해당했었다. 창조를 초월하는 아버지로서의 하나님의 권능은 아들과 영의 활동을 통해 비로소 완성된다. 왜냐하면 그 권능은 규정하는 자와 규정되는 것 사이의 일방적인 대립과는 무관하며, 오히려 그분의 창조 의지 안에 있는 하나님의 동일성의 목표를 이루어가기 때문이다.

동일한 것이 또한 하나님의 **영원성**의 이해에도 해당한다. 영원과 시간의 대립은 아들의 성육신을 통해 지양된다. 아버지와 그 나라의 미래가 아들을 통해 인간들에게 현재하는 것이다. 영원은—그리스도께서 지옥에 내려가셨다는 표상에서 표현되는 것과 같이―모든 과거를 내포할 뿐만 아니라, 인간들의 현재 안으로도 개입하여 들어온다. 그래서 이 현재는 과거가 되고 영의 활동을 통해 현재화될 필요 및 영광을 받을 필요가 있게 된다. 하나님의 사랑의 지혜에 따른 하나님의 구원 행위의 경륜 속에 영원과 시간의 대립이 지양되는 것은 대립했던 창조자와 피조물 사이의 화해를 뜻한다.

동일한 것이 마지막으로 하나님의 **무한성**이라는 근본 진술에도 해당한다. 참된 무한의 개념, 즉 무한과 유한을 단순히 대립하는 것이 아니라 그 대립을 동시에 포괄하는 합치를 생각하도록 요청하는 그 개념은 일견 역설적인 사고로 보이는 과제를 떠맡는다. 그 개념은, 추상적인 논리 형식에서 아직은 무한과 유한이 그런 방식으로 자체적으로 합치되는 개념이 어떻게 생각될 수 있는가라는 질문에 대한 해답이 되지는 못한다. 두 가지 대립되는 부분들 사이에 존재하는 구분이 지워질 수 없다는 점에서 그러하다. 이 과제는 헤겔이 의도했던 것처럼 개념과 추론의 논리학을 통해 해결될 수 없다. 이념 안에서 개념과 실재의 완전한 일치란 형이상학적 논리학의 순수한 가정일 뿐이다. 이념에 귀속될 수밖에 없는 역동성은 논리학의 한계를 이미 넘어선다. 그러므로 개념과 실재의 일치는 완전히 다른 장에서, 다시 말해 구약성서적 의미에서의 영의 역동성 속에서 발생하는 것이지, 사유와 융합되는 것이 아니다. 더 구체적으로 말하자면 이 역동성은 성서의 하나님이 지닌 질투 속에서 묘사된다. 참된 무한의 개념을 내용으로 채우고, 그렇게 하여 그것이 자신의 형식에 따른 일관성 있는 개념임을 입증해야 하는 과제는 신적 사랑의 개념을 통해서만 답을 발견한다. 여기서 사랑은 물론 오직 신적 사랑으로서 무한하며, 오직 무한한 사랑으로서, 생명을 실현하는 삼위일체의 풍요로움 안에서, 신적인 사랑이다. 삼위일체적인 구체성 안에서 신적인 사랑은―아버지의 자유 안에서, 또한 아들의 자유 안에서 (아들은 자기 구분 안에서 그 자기 구분을 통해 아버지와 결합되어 있다), 그리고 아버지 및 아들을 영화롭게 하는 자발적인 영의 자유 속에서―무한과 유한 사이의 긴장을 포함하는데, 이때 양자 사이의 차이는 제거되지 않은 채 포함된다. 이와 같은 긴장은 피조물과 하나님의 하나 됨의 근거도 된다. 신적 사랑이 피조물을 그것의 특수성 속에서 영원히 긍정할 때, 그 결과 하나님으로부터의 분리는 제거되지만 그러나 하나님과의 구분이 없어지는 것은 아니다.[245]

사랑은 신적인 단일성의 구체적인 형태를 하나님과 세계의 관계 속에서 실현한다. 그와 동시에 그 사랑은 신적 속성들이 지닌 다수성을 신적인 생명의 단일성 안으로 지양한다. 그 속성들의 차이는 간단히 사라지지 않는다. 하지만 그 속성들은 자신들의 현실성을 오직 생명을 채우는 신적인 충만한 사랑의 계기들로서 갖는다. 또한 본질 개념의 관계성, 즉 본질과 속성들의 차이나 본질과 현상, 본질과 현존재 사이의 차이들은 신적인 사랑의 삼위일체적 역동성 안에서 구체적인 진리를 갖는다. 사랑은 오직 현상(Erscheinung) 속에서만, 즉 현존재의 형태로서만 본질이다. 다시 말해 사랑은 아버지, 아들, 영 안에서만 있는 그대로의 참 존재로서 본질이다. 이와 같이 속성들은 자신들의 현상 안에서 완전히 존재하며 그렇게 자신을 현시한다. 하나님은 사랑이시기 때문에, 그분은 세계를 자유로써 창조하신 이후에는 그분 자신의 현존재를 더 이상 이 세계 없이 취하지 않으시며, 오히려 세계와 마주하면서 세계 안에서 그것을 완성을 향해 변화시키는 과정 속에 계신다.

사랑의 개념은 하나님의 본질이 그분의 현존재 및 속성들과 하나가 되는 것을, 나아가 내재적 삼위일체와 경륜적 삼위일체의 일치를 그것들의 고유한 구조와 근거 속에서 생각할 수 있게 해준다. 왜냐하면 신적인 사랑은 자신의 구조가 삼위일체적임을 스스로 입증하며, 그래서 삼위일체적인

---

245 Maximus Confessor, *Opusc. theol. polem.* 8, PG 91, 97 A. 또한 참고. PG 91, 877 A, 1113 BC와 1385 BC. 또한, L. Thumberg, *Microcosm and Mediator. The Theological Anthropology of Maximus the Confessor*, Lund 1965, 32ff.

하나님의 삶은 신적인 사랑이 전개된 것으로 생각될 수 있기 때문이다. 다른 한편으로 사랑의 개념은 하나님과 세계의 관계가 하나님 안에 근거되어 있음을 생각할 수 있게 해준다.

그러나 삼위일체 하나님에 관한 이해로부터 하나님과 세계 사이의 관계가 어떻게 이해될 수 있는지는 우리의 논의에서 아직 설명되지 않았다.

성서적 계시에 근거된 아버지, 아들, 영의 삼중성이 그럼에도 불구하고 하나님의 단일성이 어떻게 신학적으로 보존될 수 있는지의 물음을 제기한 후에, 이 문제의 해결이 하나님의 본질을 하나님의 사랑과 동일시하는 요한의 견해로부터 주어진 후에, 이제 하나님과 세계의 관계 속에서 신적인 위격들이 행사하는 기능들에 대한 질문이 제기되었고, 또한 내재적 삼위일체와 경륜적 삼위일체의 일치 속에 있는 신적 삶의 단일성이 취하는 특정한 형태에 대한 질문도 제기되었다. 이 질문의 수행에는 앞으로 전개되어야 하는 교의학 전체, 즉 세계의 창조, 화해, 구원이라는 전체 영역이 관계되어 있다. 하나님 나라 안에서 세계가 완성될 때 비로소 하나님의 사랑은 목표에 도달할 것이며, 또한 그와 함께 신론도 종결될 것이다. 그때 비로소 참된 무한으로서의 하나님 인식도 완성될 것이다. 유한의 세계는 그 무한을 언제나 자신과 대립하는 상대편으로 대상화하고, 그렇게 하여 자신의 유한성을 드러내어왔다. 위와 같은 점에서 그리스도교 교의학은 모든 부분에서 신론이다. 또한 하나님의 현실성에 대한 질문, 그리고 특별히 무신론적 비판이 도전하는 이 세계의 논란성에 직면하고 있는 하나님의 현존재에 대한 질문은 종말론적 세계 갱신의 사건 속에서 궁극적인 답을 얻게 될 것이다. 물론 그때 하나님은 사랑으로, 그래서 참된 무한으로 생각되실 것이다. 이와 같은 세계사의 목적을 향한 길, 즉 창조로부터 종말론적인 완성에 이르는 길 위에서 아버지, 아들, 성령의 삼위일체의 위격들이 가진 특수성들은 더욱 분명히 부각될 것이다. 그 결과 종말론을 다루는 결론에 이르기까지 진행될 조직신학도 "하나님은 사랑이시다"라는 말이 무엇을 뜻하는지를 더욱 분명히 이해하게 될 것이다.

인명 색인

ㄱ

가다머 (Gadamer, H. G.)
140n.40, 705n.219
가상디 (Gassendi) 160n.88
가이어 (Geyer, B.) 31n.9
가이젤만 (Geiselmann, J. R.) 65
간노치 (Ganoczy, A.) 514n.183
갈릴레이 (Galilei, G.) 73
게르하르트 (Gerhard, J.) 27, 28, 48, 63, 70, 72, 132, 642n.128
게르하르트 (Gerhardt, G. J.) 669n.174
게스트리히 (Gestrich, Chr.) 176n.129
겝하르트 (Gebhardt, C.) 75n.76, 608n.92, 609nn.93,94
고가르텐 (Gogarten, Fr.) 3, 180
괴벨 (Goebel, H.Th.) 408n.168
교황 바오로 4세 (Paul VI Papst) 514n.183
구아숑 (Goichon, A. M.) 575n.47
군네벡 (Gunneweg, A. H. J.) 407n.166
귀통 (Guitton, J.) 653n.142
그라이너 (Greiner, F.) 199n.177
그라이베 (Greive, W.) 87n.109
그레고리오스 (Gregor v. Nazianz)
25, 448n.67, 450nn.68,69, 451n.70, 521n.191, 553, 623n.113
그레고리오스 (Gregor v. Nyssa)
438, 457n.81, 467, 468, 523n.197, 553, 554, 561, 565, 567, 623n.113, 639
그레고리오스 (Palamas, G.) 537n.217, 585-587
그로제 (Grose, T. H.) 171n.117
그룬트만 (Grundmann, W.) 496n.161
그리핀 (Griffin, D. R.) 613n.103
그린 (Green, T. H.) 171n.117
그릴마이어 (Grillmeier, A.) 443n.51
기르겐존 (Girgensohn, K.) 192n.165
길베르투스 (Gilbert de la Porree) 145, 455, 464, 477, 586

ㄴ

노이만 (Neumann, J. G.) 78
뉴턴 (Newton, I) 157, 158n.81, 668
니그렌(Nygren, A.) 200
니제이 (Niesei, W.) 133n.30
니체 (Nietzsche, Fr.) 120, 183, 257, 260, 508n.174
니취 (Nitzsch, C. L.) 358, 359nn.56,57,59, 366, 368
니취 (Nitzsch, Carl Immanuel) 360n.63, 366n.79, 474, 485
니취 (Nitzsch, Fr. A. B.) 476n.121
니콜라우스 (Nikolaus v. Kues) 157n.80, 212, 460
닐손 (Nilsson, M. P.) 312n.2

ㄷ

다우닝(F. G. Downing) 351n.41, 378n.108

단하우어 (Dannhauer, J. K.) 27n.2
달페르트 (Dalferth, I. U) 117n.1, 119n.3, 122nn.11,13, 123n.14, 124nn.15,17, 125n.19, 126n.20, 128n.21, 564n.31
대케 (Daecke, S.M.) 106n.126
덜레스 (Dulles, A.) 372n.97
데일리 (Daly, M.) 423n.8
데카르트 (Descartes, R.) 77, 149-151, 153, 157, 158n.81, 159-161, 165, 184n.146, 185, 197, 198, 564n.31, 566-572, 577, 640, 665n.169, 707
데커 (Decker, B.) 464n.97
도르너 (Dorner, I. A.) 86, 218, 221, 478, 479n.128, 480n.133, 716n.242
돌치 (Dolch, H.) 592n.64
두란트 (Durrant, M.) 124n.16, 564n.31
둔스 스코투스 (Duns Scotus) 28n.3, 29, 30, 32, 33, 56n.39, 60, 76n.78, 132n.26, 292n.148, 477n.124, 556n.14, 558-560, 564n.31, 565-567, 639, 676, 696n.203
뒤르 (Dürr, L.) 392n.144
뒤르케임 (Durkheim, E.) 235nn.63,66, 237n.72
뒤프레 (Dupre) 239n.75, 241nn.77,79, 246, 247, 301nn.155,156
드라이 (Drey, J. S.) 368n.86
드로이젠 (Droysen, J. G.) 378n.107
딜레 (Dihle, A.) 618n.107
딜타이 (Dilthey, W.) 103, 275n.129

ㄹ

라너(Rahner, K.) 44n.22, 118, 129, 166n.103, 199n.177, 201nn.185,186, 453n.72, 490n.151, 497, 498, 517, 528n.203, 530, 531, 533
램시 (Ramsey, I. T.) 121, 128, 233n.61, 258, 324, 325n.6
라이데커 (Leydekker, M) 74
라이트 (Wright, E.) 374
라이프니츠 (Leibniz, G. W.) 150, 151, 153, 155, 156n.79, 158, 159nn.83,84, 160, 161, 167, 668, 669n.174, 678
라인하르트 (Reinhardt, K.) 606nn.88,89
라쵸브 (Ratschow, C. H.) 27n.2, 78n.82, 259n.111, 300n.153, 469n.104, 470n.106, 559n.19, 564nn.29,30, 576n.49, 581n.51, 635n.122
라칭어 (Ratzinger, J.) 66n.54, 69n.60
라투렐 (Latourelle, R.) 349n.39, 369n.89
라투어 (Latour, J.) 569n.39,
라트 (Rad, G. v.) 250n.99, 251n.101, 330n.16, 335n.22, 374, 396n.147, 412n.174, 413n.176, 445nn.60,61, 605n.82, 625n.115, 643n.130, 644, 646n.134, 650n.136, 671n.175, 700n.209, 710n.231, 712n.236
락탄티우스 (Laktanz) 210n.10, 215
란츠코프스키 (Lanczkowski, G.) 242, 244n.8, 289n.144
람페 (Lampe, G. W. H.) 434nn.30,31, 435n.34, 436n.36, 439n.47
랑 (Lang, A.) 246
레만 (Lehmann, E.) 300n.153
레만 (Lehmann, K.) 44n.22, 514n.183
레비-브륄 (Levy-Bruhl, L.) 301n.155
레셔 (Rescher, N) 101, 107n.127
레싱 (Lessing, G. E.) 358, 473

레에우 (Leeuw, G. v. d.) 241-243, 289, 290, 294, 298n.150, 617n.106
레트만 (Redmann, H.-G.) 546n.3, 679n.181
렌토르프 (Rendtorff, R.) 251n.102, 334n.21, 337n24, 371n.95, 372n.97, 396n.147, 399n.154, 400n.155, 402n.158, 406n.165
렌토르프 (Rendtorff, Tr.) 80n.39, 129n.23
렌스토르프 (Renstorf, K. H.) 328n.13
렝스펠트 (Lengsfeld, P.) 65n.53
라우레트 (Lauret, B) 120n.5
로리히트 (Rohricht, R.) 239n.75
로우 (Rowe, W. L.) 152n.67, 160n.89
로이체 (Leuze, R.) 218n.27, 226n.37, 228nn.45,46, 229nn.47-51
로제 (Lohse, B.) 53n.34, 54n.35, 133n.29
로크 (Locke, J.) 568
로테 (Rothe, R.) 218n.28, 366-369, 372, 388, 389, 404
롤랑-고슬랭 (Roland-Gosselin, M.-D.) 575n.47
롤로프 (Roloff, J.) 496n.162
롬마취 (Lommatzsch, C. H. E.) 450n.69
로너간 (Lonergan, B.) 517n.187
롬바르두스 (Petrus Lombardus) 52, 62, 454, 455, 464
뢰러 (Löhrer, M.) 65n.53
뢰빙어 (Loevinger, J.) 195n.171
뢰셔 (Loescher, V. E.) 78, 90
뢰플러 (Löffler, J. Fr. Chr.) 471n.111
루만 (Luhmann, N.) 262n.117
루이스 (Lewis, C. I.) 107n.127
루이스 (Lewis, H. D.) 120, 121
루터 (Luther, M.) 43, 44, 53, 54, 63, 65, 67, 71, 120, 133, 169n.110, 189, 190-197, 202n.187, 362n.70, 391, 508n.175, 548-550, 563, 564, 703
뤼르만 (Lührmann, D.) 345n.35
뤼베 (Lübbe, H.) 235n.66, 256n.106, 378n.107(뤼베로 표기됨), 628n.11
뤼케 (Lücke, F.) 475n.119, 485
뤼트케 (Lütcke, K. H.) 356n.48
리브킨 (Rivkin, E.) 421n.4
리샤르 (Richard v. St. Victor) 462, 463, 467n.101, 480, 482
리츨 (Ritschl, A.) 87, 130, 174-178, 226n.40, 476, 675n.179, 703
리츨 (Ritschl, D.) 377n.105
리쾨르 (Ricoeur, P.) 615n.105
리프너 (Liebner, K. Th.) 218n.28, 480n.133
리프지우스 (Lipsius, R. H.) 218n.28, 226nn.38-40, 227, 228, 232
린다우 (Lindau, H.) 164n.97, 588n.57, 610n.97
림보르취 (Limborch, Ph. v.) 471n.110
링크 (Link, Chr.) 508n.174
링크 (Link, H. G.) 516n.184

■

마레트 (Marett, R. R.) 241n.77, 301n.155
마르실리우스 (Marsilius v. Padua) 61
마르크스 (Marx, K.) 183, 257, 260, 271
마르텐젠 (Martensen, H. L.) 218n.28
마르틴 (Martin, G.) 594n.66
마르하이네케 (Marheineke, Ph. K.) 364
마이모니데스 (Maimonides, Moses) 156n.79, 608n.92

마자렐라 (Mazzarella, P.) 99n.119
막시무스 (Maximus Confessor) 721n.245
매키 (Mackey, J. P.) 368n.87, 369n.89
맥쿼리 (Macquarrie, J.) 577-579, 691n.201
메르클라인 (Merklein, H.)
　421n.5, 427nn.15,16
메츠 (Metz, J. B.) 201n.185
멜란히톤 (Melanchthon, Ph.) 48, 49, 62,
　63, 70n.61, 134, 169n.110, 175, 177, 190,
　191, 193, 203, 357, 362n.70, 453, 469
모어 (More, H.) 668
몬돌포 (Mondolfo, R.) 606n.88
몰트만 (Moltmann, J.) 397n.150,
　493n.155, 507n.172, 509n.176,
　515n.184, 517n.186, 525, 526, 532-534,
　539nn.218,219, 541n.220, 631n.120
묄러 (Möhler, J. A.) 368n.86
무제우스 (Musäus, J.) 79, 192
뮐러 (Müller, J.) 85, 86n.104, 480n.133
뮐러 (Müller, M.) 228n.45, 229,
뮐렌 (Mühlen, H.) 511n.179, 696n.203,
　697n.204
뮐렌베르크 (Mühlenberg, E.) 553nn.8,9,
　554n.10
미첼 (Mitchell, B.) 380, 381, 392n.143
밀덴베르거 (Mildenberger, F.) 600n.69

ㅂ

바겐하머(Wagenhammer, H.) 208n.3
바그너 (Wagner, F.) 219n.30, 233n.61,
　244n.88, 257nn.107,108, 259nn.111,112,
　260n.113, 262nn.116,117, 263n.119,
　265n.121, 275n.129, 610n.97, 611n.98,
　673n.178
바나흐 (Bannach, K.) 676n.180
바로 (Varro, M, T.) 144
바르 (Barr, J.) 319n.3, 320n.5, 333n.19, 374,
　375n.101
바르덴부르크 (Waardenburg, J.) 247
바르텔무스 (Bartelmus, R.) 335n.22
바르트 (Barth, K.) 28n.3, 47, 87-90, 92,
　93, 99n.119, 111n.129, 130, 134-137,
　178-185, 188, 202, 215n.21, 219, 220,
　265n.121, 294, 295, 297, 319, 364,
　369, 370n.94, 374n.99, 382, 383-385,
　390n.141, 479, 480, 483, 484, 486, 490-
　493, 507n.171, 515n.184, 529, 530,
　541n.220, 589n.58, 599, 630n.119,
　635n.122, 654, 656-659, 664, 666, 667,
　672n.177, 675n.179, 678, 685, 686, 688,
　704, 708, 712
바실리오스 (Basilius v. Caes) 189n.155,
　438, 442, 451n.70, 542
바우어 (Bauer, J.) 53n.33, 56n.38
바움가르텐 (Baumgarten, A.) 152, 153,
　613n.102
바움가르텐 (Baumgarten, S. J.) 454n.75,
　527
바이서 (Beisser, F.) 67n.55
바이셰델 (Weischedel, W.) 201n.186
바이스 (Weiß, J.) 403
바이어 (Baier, J.W.) 215
바이어발테스 (Beierwaltes, W.) 361n.69,
　460, 652n.140, 653nn.141,143, 660,
　717n.243
바이처 (Bizer, E) 70n.63, 74n.73, 470n.106,
　635n.122

바틀리 (Bartley, W. W.) 93n.115
반트 (Bandt, H.) 549nn.5,6
발덴펠스 (Waldenfels. H.)
　　357n.52, 368nn.86,87, 372n.97
발렌티누스 (Valentin) 443n.55
발만 (Wallman, J.) 28n.3
발처 (Baltzer, Kl.) 333n.18
발타자르 (Balthasar, H. U.) 180n.139
뱅상 (Vinzenz v. Lerin) 40, 43
베더 (Weder, H.) 683n.185
베르거 (Berger, P.) 23, 236n.67
베르그송 (Bergson, H.) 663
베르메스 (Vermes, G.) 421n.5
베르텐 (Berten, I.) 402
베른하르트 (Bernhardt, K. H.)
　　300nn.153,154
베버 (Weber, F.) 710n.227
베버 (Weber, M.) 270, 271, 274
베스 (Weth, R.) 508n.173
베스터만 (Westermann, Cl.) 605n.82
베커만 (Beckermann, A.) 42n.19
벡 (Beck, H. G.) 585n.54
벤데부르그 (Wendebourg, D.) 537n.217
벤츠 (Wenz, G.) 275n.129
벨라르미누스 (Belarmin, R.) 65
벨치 (Welch, C.) 200n.180
보나벤투라 (Bonaventura) 148, 362n.70,
　　569n.39
보른캄 (Bornkamm, G.) 132n.27, 135,
　　345n.33, 384n124
보른캄 (Bornkamm, H.) 704n.214
보버민 (Wobbermin, G.) 230n.52, 242n.82
보에너 (Boehner, Ph.) 157n.80
보에티우스 (Boethius) 654, 655, 657

볼로토브 (Bolotov, V.V.) 515n.184
볼프 (Wolff, H.W.) 396n.147, 406n.165,
　　413n.176, 604n.81, 605n.83, 645n.133,
　　709n.226
볼프슨 (Wolfson, H. H.) 602n.74
뵈클레 (Böckle, F.) 358n.55
부데우스 (Budeus, J. F.) 50, 57, 78-80, 170,
　　215, 221
부렌 (Buren, P. van) 123n.14
부버 (Buber, M) 690
부세 (Bousset, W.) 435n.33
불트만 (Bultmann, R.) 87, 371, 374,
　　390n.141, 403, 408
브라운 (Braun, H.) 123n.14, 425
브라운 (Brown, H.)
브라운 (Brown, R.) 413n.177, 414n.178,
　　435n.35, 436n.36, 495nn.158,159,
　　496n.163
브레트슈나이더 (Bretschneider, K. G.) 81-
　　84, 360n.63, 471n.113, 485, 487n.142
　　488n.145
브루크뮐러 (Bruckmüller, F.) 558n.16,
　　562n.25
브룬너 (Brunner, E.) 180
블랜샤드 (Blanshard, B.) 101n.121
비더만 (Biedermann, A.E.) 218, 226, 227,
　　229, 232
비덴그렌 (Widengren, G.) 289n.144,
　　290nn.146,147
비란트 (Wieland, W.) 355n.47
비르슁 (Wirsching, J.) 86n.104
비르크너 (Birkner, H. J.) 174n.122,
　　178n.130, 182n.141
비앙키 (Bianchi, R.) 290n.147

비케르트 (Wickert, U.) 36n.14
비트겐슈타인 (Wittgenstein, L.) 107n.127
비티히 (Wittich, Chr.) 73, 74
빈델반트 (Windelband, W.) 237n.72
빌라도 (Pilatus, P.) 106
빌켄스 (Wilckens, U.) 49n.27, 132n.27, 296n.149, 343n.30, 344n.31, 345nn.34,35, 346n.36, 353n.44, 371n.95, 430n.24, 489n.147, 685n.186, 700n.27, 701n.211, 705n.218, 711n.232, 712n.235
빌헬름 (Wilhelm v. Auvergne) 608n.91
빌헬름 (Wilhelm v. Ware) 676

ㅅ

사르토리우스 (Sartorius, E.) 480n.133
사벨리우스 (Sabellius) 443, 444, 455, 464, 477
세네카 (Seneca) 716n.241
세라피온 (Serapion) 441, 450
세르베투스 (Servet) 470n.108
세이볼드 (Seybold, M.) 357n.51
세케레시 (Szekeres, A.) 178n.131, 180n.139
셰더 (Schäder, E.) 90
셰르처 (Scherzer, J. A.) 27n.2
셰에벤 (Scheeben, M. J.) 551, 635n.122
셰퍼 (Schaefer, A.) 608n.91
셰프치크 (Scheffczyk, L.) 460n.91
셰히터 (Schechter, S.) 445n.59
셸 (Schell, H.) 633
셸러 (Scheler, M.) 262n.116, 263n.118
셸링 (Schelling, Fr. W. J.) 227n.41, 363, 363nn.71,72, 364n.75
소크라테스 (Sokrates) 139, 141, 574

숄더 (Scholder, Kl.) 67n.57, 73n.70, 74n.71, 76n.78
숄츠 (Scholz, H.) 83n.98, 84n.101, 258, 259n.109, 482, 689, 690n.197
수버레인 (Souverain) 471n.111
수아레스 (Suarez, F.) 567, 567n.36
쉬어만 (Schürmann, H.) 420n.2
쉬테 (Schütte, H.-W.) 237n.71
쉰들러 (Schindler, A.) 457n.82, 459n.87
슈나이더 (Schneider, H. J.) 256n.106
슈나켄부르크 (Schnackenburg, R.) 413n.177, 414n.178, 488n.146
슈넬 (Snell, B.) 139n.38
슈니들러 (Snidler, L.) 421n.5
슈라게 (Schrage, W.) 420n.2, 425nn.12,13, 426n.14
슈라데 (Schrade, H.) 299
슈렝크 (Schrenk, G.) 619n.108
슈마우스 (Schmaus, M.) 66n.53, 459n.87, 460n.91, 491n.151
슈미탈스 (Schmithals, W.) 345n.35
슈미트 (Schmidt, E. A.) 662n.163
슈미트 (Schmidt, M. A.) 145n.53, 455n.79, 464n.96
슈미트 (Schmidt, P. W.) 242n.82
슈미트 (Schmidt, W. H.) 335n.22
슈미트 (Schmidt, W.) 246
슈미트 (Schmitt, F. S.) 99n.119
슈바르츠 (Schwarz, C.) 218, 226
슈바르츠 (Schwarz, R.) 196n.172
슈바이처 (Schweizer, E.) 430n.25, 605n.85
슈뵈벨 (Schwöbel, Chr.) 597n.68
슈타우덴마이어 (Staudenmaier, F. A.) 541n.220

슈테그뮐러 (Stegmüller, W.) 107n.127
슈테드 (Stead, Chr.) 564n.31, 602n.74, 603n.75
슈테판 (Stephan, H.) 476n.121
슈텐첼 (Stenzel, J.) 574n.46
슈토에베 (Stoebe, H.J.) 699n.205
슈톡마이어 (Stockmeier, P.) 354n.45
슈투페리히 (Stupperich, R.) 191n.161
슈툴마허 (Stuhlmacher, P.) 700n.209, 701n.210, 702n.212
슈트라우스 (Strauß, D. Fr.) 470n.109, 588n.56
슈트라우스 (Strauß, G.) 356n.48
슈트라우스 (Strauß, L.) 609n.92
슈트렝 (Streng, F.J.) 235n.64
슈트롤츠 (Strolz, W.) 399n.154
슈팔딩 (Spalding, J.J.) 208
슈페너 (Spener, Ph.J.) 78n.82, 87
슈페만 (Spaemann) 235n.66, 256n.106
슈펜하우어 (Schuffenhauer, W.) 482n.134, 688n.192
슈플레트 (Splett, J.) 478n.126, 663n.164
슐라이어마허 (Schleiermacher, Fr. D. E.) 4, 34, 60n.43, 83nn.98,99, 84, 85, 86, 88, 90, 121, 165n.101, 172n.121, 173, 174, 175, 177, 178, 179n.133, 181, 184, 195, 203, 217n.26, 218, 221, 222, 223nn.34,35, 224, 225, 228, 234n.62, 236n.70, 237, 238n.74, 239, 240, 241, 242, 260, 261, 276, 277, 279, 325n.7, 361, 366, 474, 485, 589n.58, 590, 635n.123, 636, 639, 642, 643n.129, 654n.149, 677, 678, 715n.239
슐뤼터 (Schlüter, D.) 155n.75
슐리크 (Schlick, M.) 107n.127
슐링크 (Schlink, E.) 44n.20, 637n.124
슐테 (Schulte, H.) 341n.27
스미스 (Smith, W. C.) 209n.4, 211, 243n.86, 244n.87, 246n.90
스윈번 (Swinburne, R.) 614n.104
사보 (Szabö) 107n.127
스카이볼라 (Scaevola, P. M.) 144
스키피오 (Scipio d.) 138
스타닐로에 (Staniloae, D.) 453n.72, 511n.180, 517n.186, 586n.55
스피노자 (Spinoza, B.) 74n.72, 75n.76, 162n.92, 595, 601, 608n.92, 609, 614, 617, 633, 665n.169
슬렌츠카 (Slenczka, R.) 515n.184
시메온 (Symeon) 26
시몽 (Simon, R.) 75
실러 (Schiller, Fr.) 590n.60

ㅇ

아낙사고라스 (Anaxagoras) 141
아낙시만드로스 (Anaximander) 139, 140n.40, 705n.219
아낙시메네스 (Anaximenes) 606
아르미니우스 (Arminius) 72, 76, 82, 470, 471
아리스토텔레스 (Aristoteles) 25, 26, 30, 52, 53, 139, 141, 145, 148, 152, 155n.75, 156, 163, 174, 189, 393, 557, 573, 574, 575, 578, 591, 592, 593, 608, 620, 652, 658, 663, 676
아리스티데스 (Aristides) 666n.171
아리우스 (Arius) 442, 444, 451, 456, 520,

537, 553, 623, 624, 639, 706
아벨라르두스 (Abaelard) 52, 189, 212, 357n.51
아브라모브스키 (Abramowski, L.) 488n.144
아브라함 (Abraham, W. J.) 381, 381n.114, 382n.117
아스무스 (Asmus, P.) 229
아우구스티누스 (Augustinus) 26, 49, 60, 86, 100, 102, 143, 144, 145, 148, 165n.98, 182, 188, 189, 209n.4, 210n.11, 211, 213, 215, 253, 286, 355n.47, 356, 455, 457n.81, 458n.84, 459n.87, 460, 461n.94, 462, 463, 464, 466n.99, 468, 469, 473, 477, 491, 492, 493, 510, 511, 512, 513, 514, 516, 522, 523, 524, 532, 540, 569, 592, 607, 651, 653, 654, 655, 658, 659, 662, 663
아우어 (Auer, J.) 460n.91, 707n.224
아이어 (Ayer, A. J.) 108n.127
아이허 (Eicher, P.) 201n.186, 329n.15, 372n.97, 402n.159
아인슈타인 (Einstein, A.) 669
아타나시오스 (Athanasius) 351, 437, 438, 440, 441, 444, 448, 450, 451, 452, 504n.169, 518, 520n.189, 521n.190, 522, 523, 524, 532, 537, 538, 681, 706, 707
아테나고라스 (Athenagoras) 37, 49, 436
안셀무스 (Anselm v. Canterbury) 57, 98, 99, 149, 151n.61, 168, 461, 462, 464, 477, 492, 608, 681
알랭 (Alain de Lille) 460
알렉산더 (Alexander von Haies) 467n.101
알베르투스 마그누스 (Albertus Magnus)

30, 31, 189n.155
알트 (Alt, A) 250n.100
알트하우스 (Althaus, P.) 564n.28
알팅 (Alting, J.) 48
암브로시우스 (Ambrosius v. Mailand) 457n.81
암필로키우스 (Amphilochius v. Ikonium) 442n.50, 449n.67, 450n.68, 451n.69, 523n.197
야노브스키 (Janowski, H. N.) 106n.126
야머 (Jammer, M.) 620n.110, 669
야스퍼스 (Jaspers, K.) 98n.118
야코비 (Jacobi, F. J.) 162n.92
에델만 (Edelmann, H.) 86n.105
에라스무스 (Erasmus v. Rotterdam) 67
에렌베르크 (Ehrenberg, H.) 182
에리우게나 (Johannes Scotus Eriugena) 460, 607
에벨링 (Ebeling, G.) 31n.9, 129n.23, 130, 193n.167, 387nn.130,133, 388, 389n.139, 390, 391n.142, 396, 409nn.169,170, 410, 411, 590, 636n.123
에클레스 (Eccles, J.C.) 613n.103
에피스코피우스 (Episcopius, S.) 471n.110
엘리아데 (Eliade, M.) 282n.136, 298n.151, 306, 307n.160, 643n.130
엘체 (Elze, M.) 36n.14, 40n.16
예거 (Jaeger, W.) 139, 139n.37, 140n.41, 553n.8, 606n.88, 705n.219
예딘 (Jedin, H.) 65
예레미아스 (Jeremias, Joachim) 412, 419, 421n.5, 427n.16, 683nn.184,185, 706nn.220,221, 710n.230
예루잘렘 (Jerusalem, J. Fr. W.) 208

인명 색인 | 731

예쉬케 (Jaeschke, W.) 612n.100
오그덴 (Ogden, Sch. M.) 196n.174
오리게네스 (Origenes) 37, 38, 346, 352, 353n.43, 354, 356, 362, 407, 433n.28, 437, 439, 440, 444, 448, 451n.69, 483, 496, 602, 603n.76, 619
오잉-한호프 (Oeing-Hanhoff, L.) 606n.87
오컴 (Ockham, W.) 61, 157n.80, 557, 558n.16, 559, 562n.25, 567, 676
오토 (Otto, E.) 272, 272n.127
오토 (Otto, R.) 121, 200n.180, 236n.68, 237, 238, 239, 242, 287, 290, 643
오토 (Otto, W. F.) 311
오트 (Ott, H.) 136
올슨 (Olson, R.) 525n.201, 539n.219
와일즈 (Wiles, M.) 380, 380n.112, 381, 433n.28, 436n.37, 437n.39, 438nn.42,43,44, 439, 444n.58
요에스트 (Joest, W.) 108n.128, 112n.129, 601n.72
요한네스 (Johannes v. Damaskus) 467, 468, 494n.156, 504, 516, 554, 555, 561, 567
우르시누스 (Ursinus, Z.) 134n.31
울스페르거 (Urlsperger, J.) 471n.112, 474n.118, 486
위디오니시오스 (Dionysios Areopagita, Pseudo) 459, 555, 681n.183
윌슨 (Wilson, J. A.) 253n.105, 681
윙엘 (Jüngel, E.) 3, 129n.23, 131, 136n.34, 142nn.46,47, 143, 149n.56, 150, 168n.108, 185n.149, 186nn.150,151, 187n.152, 202n.186, 384, 385nn.125,126, 386, 387, 392, 393n.145, 482n.134, 483, 498, 508nn.174,175, 509n.176, 532n.207, 548n.4, 550, 569n.41, 570, 590n.61, 615n.105, 630n.119, 631n.120, 679, 680, 687n.191, 688n.193, 689, 691n.200, 692n.202
유노미우스 (Eunomius) 438n.42, 565, 624
유니우스 (Junius, Fr.) 27
유세비우스 (Euseb v. Caesarea) 38, 143
유세비우스 (Euseb. v. Vercelli) 522, 524
유스티누스 (Justin) 350, 352, 353, 355, 432n.26, 433n.28, 436, 447, 666, 702
이그나티우스 (Ignatius v. Antiochien) 37, 347, 383, 401, 414, 415
이레나이우스 (Irenäus, v. Lyon) 52, 350, 352n.42, 355, 433n.28, 436, 437, 442, 666n.171
이멜스 (Ihmels, L.) 368n.85, 369
이반트 (Iwand, H.J.) 631n.120
이븐 시나 (Avicenna) 156, 575, 575n.47, 578

ㅈ

자우터 (Sauter, G.) 29n.5, 36n.13, 106n.126
자이들 (Seidl, H.) 152n.68, 155n.74, 156n.77
자카리아스 (Zacharias v. Lingenthal) 39n.15
자크 (Sack, K. H.) 361n.66
제믈러 (Semler, J. S.) 73, 75n.75, 76, 79, 80nn.86,88, 81nn.90,92, 82, 83, 84, 91, 177, 207n.2, 222, 358, 454nn.75,77, 471, 487
제베르크 (Seeberg, R.) 368n.85, 442n.50

제임스 (James, W.) 121, 200, 232, 242n.82, 374, 376, 378
제클러 (Seckler, M.) 60n.43, 219n.30, 325n.9, 329n.15, 358n.55
제터스 (Seters) 250n.100
제프너 (Jeffner, A.) 122n.12, 233n.61
젠슨 (Jenson, R.W.) 448n.67, 449, 517n.186, 523, 523n.197, 524n.199, 534, 623n.113
존스 (Jones, H.) 377n.105
죄더블롬 (Söderblom, N.) 200n.180, 203, 204n.189, 237, 237n.72, 242n.81, 246n.92, 643n.130
지그프리트 (Siegfried, Th) 492n.152
질송 (Gilson, E.) 157n.80, 566n.34, 575n.47, 653n.142

ㅊ

츠빙글리 (Zwingli, H.) 214n.20
칠레센 (Zillessen, D.) 245n.89
침멀리 (Zimmerli, W.) 333n.18, 334n.21, 336n.23, 372n.97, 396n.147, 699n.206

ㅋ

카르납 (Carnap, R.) 107n.127
카스퍼 (Kasper, W.) 146n.54, 182n.141, 188n.153, 483n.136, 486nn.139,140, 488n.144, 493n.155, 494n.156, 514n.183, 515n.184, 517nn.186,187, 519n.188, 528n.204, 534, 536, 537, 541n.220, 542, 557n.14
카시러 (Cassirer, E.) 557n.14, 592n.64

카예타누스 (Cajetan) 362n.70
카테루스 (Caterus) 151n.63, 159, 160, 198,
카프탄 (Kaftan, J.) 476n.122
칸트 (Kant, I) 4, 150, 152, 153n.72, 154, 155, 161, 162, 164, 165, 167n.107, 175, 185, 199, 200n.180, 216, 222, 224, 358, 359, 365, 546, 568, 570, 571, 572, 588n.57, 590, 593n.65, 594n.66, 610, 613n.102, 658, 678, 679n.181, 716n.242
칸티모리 (Cantimori, D.) 470n.108
칼로프 (Calov, A.) 63, 70, 77, 79, 192, 207, 453, 469, 472, 504nn.167,168, 527, 551, 559n.19, 601n.70, 604n.80, 635n.122, 639n.126, 641n.127, 716n.240
칼릭스투스 (Calixt, G) 28, 31n.9, 48, 63, 70, 80, 132,
칼뱅 (Calvin, J.) 70, 72n.68, 133, 134, 271, 362n.70, 453, 504,
캄라 (Kamlah, W.) 97n.117
캄바르텔 (Kambartel, F.) 123n.14
캠벨 (Campbell, J. I.) 122n.11
케니 (Kenny, A.) 152n.68, 155n.74, 156n.77
케르셴슈타이너 (Kerschensteiner, J.) 606n.88
케른 (Kern, W.) 325n.9
케슬러 (Kessler, M.) 358n.55, 359n.58
케제만 (Käsemann, E.) 44n.22, 345n.35
케커만 (Keckermann, B.) 28, 29, 469n.105
케플러 (Kepler, J.) 73,
켈러 (Kähler, M.) 58, 85, 86n.104, 369n.91
켈리 (Kelly, J. N. D.) 433n.29, 442n.50, 448nn.65,67, 451n.71
켐니츠 (Chemnitz, M.) 28n.3, 68,
코르넬 (Cornehl, P.) 182n.142, 373n.98

인명 색인 | 733

코펜 (Koppen, F.) 360n.64
코흐 (Koch, Kl.) 251, 375n.102, 376nn.103,104, 398n.151, 399n.152, 406n.165, 649n.135, 701n.209
콩가르 (Congar, Y.) 494n.156, 511n.178, 514n.183, 515n.184
콰인 (Quine, W. V. O.) 117n.1
쾨니히 (König, J. Fr.) 64n.51, 470n.107
쾨프 (Köph, U.) 26,
쾰러 (Köhler, L.) 621n.111
쿠스 (Kuss, O.) 702n.221
쿠아레 (Koyre, A.) 566n.34, 569n.40
쿤 (Kuhn, J. E.) 541n.220
쿨렌 (Kuhlen, R.) 716n.241
쿨만 (Cullmann, O.) 3, 374
크니림 (Knierim, R.) 396n.147
크라머 (Kramer, W.) 428nn.18,20, 435n.33
크란츠 (Kranz, W.) 606n.88
크레머 (Cremer, H.) 70n.65, 596n.67, 597, 598, 599, 600, 635, 636, 638, 639n.125, 641n.127, 703, 704n.217, 711n.233
크레이그 (Craig, W. L.) 156nn.78,79 160n.90
크레취마르 (Kretschmar, G.) 432n.26, 433nn.27,28, 436n.48, 437n.40, 446n.63, 488n.144
크렐리우스 (Crellius, J.) 527, 604n.80, 665n.166, 675n.179
크루시우스 (Crusius, Chr. A.) 208
크벤슈테트 (Quenstedt, J. A.) 50nn.28,29, 51, 53n.33, 56n.38, 67n.56, 68n.58, 71, 73n.69, 76n.78, 77, 78, 79, 551
크세노파네스 (Xenophanes) 705n.219
클라인 (Klein, G.) 406n.165, 408n.167

클라크 (Clarke, S.) 152, 160, 170nn.112,115, 668, 669
클레멘스 (Klemens v. Alexandrien) 25, 26, 27, 351
클레안테스 (Cleanthes) 610
클레이턴 (Clayton, J.) 155n.74, 156n.79, 163n.96
키에르케고르 (Kierkegaard, S.) 165n.102
케에스 (Kees, H.) 248
키케로 (Cicero) 190, 192n.163, 209nn.4,5,8, 210n.9, 213, 253, 563
킴볼 (Kimball, K. C.) 235n.64

ㅌ

타티아노스 (Tatian) 37, 447n.64
테르툴리아누스 (Tertullian) 143, 188n.153, 436, 443, 448, 602, 716n.241
테오필로스 (Theophilos v. Antiochien) 436, 666
토마스 아퀴나스 (Thomas v. Aquin) 26, 30, 32, 49, 50, 52, 53, 54n.36, 56, 60, 62, 100, 133, 145, 148, 149, 152n.68, 154, 155, 156, 157, 158, 160, 167, 189, 190n.160, 212, 327n.11, 356, 362, 463, 464n.97, 465, 467, 477n.124, 494n.156, 495n.157, 504n.167, 527, 554, 556n.13, 557, 560, 562, 565, 575n.47, 578, 587, 591n.62, 601n.73, 604nn.78,79, 632, 654, 657n.155, 658, 663, 665nn.168,170, 675, 702, 715n.239
토이니슨 (Theunissen, M.) 690n.199
투르나이젠 (Thurneysen, E.) 479n.131
트랙 (Track, J.) 119n.3, 122n.13,

124nn.14,15, 129n.23
트레이시 (Tracy, T. F.)
    186n.151, 199, 597n.68
트뢸치 (Troeltsch, E.) 200, 218n.29, 219,
    230nn.53,55, 231nn.57,59, 232
트릴하스 (Trillhaas, W.) 233n.61
트베스텐 (Twesten, A. D. Chr.) 360,
    361n.65, 368, 473n.115, 474, 475, 485,
    486n.137, 515n.184
트보루쉬카 (Tworuschka, U.) 245n.89,
    268n.125, 273n.128
틴달 (Tindal, M.) 79, 170nn.112,114,
    171n.116
틸레 (Tiele, C. P.) 242
틸리히 (Tillich, P.) 5, 201n.184, 202n.188,
    235n.64, 275n.129, 276, 577,
    659nn.157,158

ㅍ

파나이티오스 (Panaitios) 138
파라비 (Farabi, al-) 156n.78
파르메니데스 (Parmenides) 100, 102, 459
파블리코프스키 (Pawlikowski, J.) 421n.4
파일 (Feil, E.) 209n.4, 210n.9
파프 (Pfaff, Chr. M.) 81, 208n.3, 358
패러데이 (Faraday, M.) 620
페넬름 (Penelhum, T.) 614n.104, 625n.114
페레 (Ferre, F.) 122n.12, 235nn.63,65
페르바이엔 (Verweyen, H. J.) 358n.55
페르베케 (Verbeke, G.) 606n.87
페르호에벤 (Verhoeven, T.) 443n.51
페제이 (Vesey, G. N.) 122n.12
페타조니 (Pettazoni, R.) 290n.147

포세이도니오스 (Poseidonios) 606
포이어바흐 (Feuerbach, L.) 164, 181, 182,
    183, 184, 185, 226, 257, 258, 260, 295,
    423, 481, 482n.135, 588, 589, 590n.59,
    601, 687n.192, 688, 697,
포트마이어 (Pottmeyer, H. J.) 325n.9
폴라누스 (Polanus, A.) 70
폴렌츠 (Pohlenz, M.) 138n.35, 144n.49,
    620n.109
폴크 (Volk, H.) 460n.91
푀겔린 (Voegelin, E.) 254, 316
푹스 (Fuchs, E.) 683n.185
푼텔 (Puntel, L. B.) 59n.42, 101n.120
프랑크 (Frank, F. H. R. v.) 86n.105
프레이저 (Frazer, J. G.) 301n.155
프렌터 (Prenter, R.) 686, 687, 691n.201
프로이스 (Preus, R. D.) 27n.2, 50n.28,
    64n.52, 70n.65, 72n.67, 73n.69, 76n.78,
    77n.80, 78n.82, 207n.1, 215n.21
프로이트 (Freud, S.) 120, 257, 260, 422
프로일 (Preul, R.) 597n.68
프로클로스 (Proklos) 362n.69, 459, 460
프록쉬 (Procksch, O.) 330n.16, 643n.130
프리드랜더 (Friedlander, A. J.) 403n.159
프리드리히 (Friedrich, G.) 3, 180, 243,
    496n.161
프리스킬리아누스 (Priscillian) 432n.26
프톨레마이오스 (Ptolemäus) 54n.36
플라이더러 (Pfleiderer, O.) 218, 226n.38,
    227nn.41,43, 228n.46, 229nn.47,51, 230,
    232
플라키우스 (Flacius, M.) 73n.69, 469
플라톤 (Plato) 25, 26, 35, 38, 134n.31,
    141, 144, 145, 155n.75, 156, 160, 174,

176, 210, 326n.10, 459, 460, 461, 464, 471, 555n.11, 574, 592, 602, 606, 607, 619, 620, 651, 652n.140, 653, 658, 660, 717n.243

플라트 (Platt, J.) 134n.31, 169n.110, 190n.158, 191n.161

플레스너 (Plessner, H.) 262n.116

플로티노스 (Plotin) 361, 362, 607, 607n.90, 632, 633, 652, 652n.140, 653, 654, 657, 658, 660, 661, 717n.243

피에르 다이 (Pierre d'Ailly) 563

피치노 (Ficino, M.) 213n.19

파이크 (Pike, N.) 655

피퍼 (Pieper, J.) 689, 690n.197

피히테 (Fichte, J. G.) 164, 165nn.99,100, 222, 277n.143, 358, 359nn.56,58, 361, 365, 366, 367, 372, 588n.57, 589, 607, 610n.97

피히트너 (Fichtner, J.) 710n.228

필론 (Philo v. Alexandrien) 361, 362n.69, 413, 437n.41, 446, 447, 602, 666n.171

필립 (Philipp, W.) 158n.82

핑켄첼러 (Finkenzeller, J.) 60n.44, 76n.78

ㅎ

하도트 (Hadot, P.) 632n.121

하르낙 (Harnack, A. v.) 176, 443, 444n.56, 526, 603n.75

하머톤 켈리 (Hamerton-Kelly) 419n.1, 420n.3, 421n.6

하몬드 (Hammond, R.) 156n.78

하버마스 (Habermas, J.) 42n.19, 59n.42

하우스칠트 (Hauschild, W.-D.) 437n.41

하이니만 (Heinimann, F.) 138n.36

하이데거 (Heidegger, M.) 237, 577, 658, 661, 663

하인리히 (Heinrich v. Gent) 32, 148

하일러 (Heiler, F.) 241n.77, 242n.80, 243, 259n.110

하임 (Heim, K.) 60n.43

하제 (Hase, K.) 204n.189

하지슨 (Hodgson, L.) 439n.46

한 (Hahn, F.) 427nn.16,17, 428n.18, 429n.22

해링 (Haering, Th.) 655

해저드 (Hazard, P.) 75n.74

허버트 (Herbert von Cherbury) 169

헤그룬트 (Hägglund, B.) 54n.34, 63n.48, 70n.62, 72n.67

헤겔 (Hegel, G. W. F.) 4, 153n.71, 154, 162n.91, 163nn.93,95, 167, 168, 173, 181, 182, 185, 218, 222, 224n.36, 225, 227, 228, 260, 266n.121, 277nn.132,133, 278n.134, 279, 287n.139, 288, 289, 290, 291, 294, 363n.73, 364, 372, 373, 473, 474, 478n.125, 479, 480, 492, 508n.174, 534, 545, 574, 584n.53, 588n.56, 590, 594, 595, 610, 611nn.98,99,100, 612, 633, 643, 646, 688, 720

헤로도토스 (Herodot) 139

헤르만 (Hermann, I.) 435n.32

헤르만 (Herrmann, W.) 87, 178

헤르미손 (Hermisson, J.) 413n.176

헤어브란트 (Heerbrand, J.) 63

헤페 (Heppe, H.) 70, 470n.106, 635n.122

헥 (Heck, E.) 212n.15

헨리히 (Henrich, D.) 149n.57, 150n.59, 151n.63, 152n.64, 568n.38, 612n.100

헵번 (Hepburn, R. W.) 122n.11

헹엘 (Hengel, M.) 427nn.15,17, 428n.19, 429n.21, 500n.164

호르눙 (Hornung, E.) 246n.91, 248, 299

호르니히 (Hornig, G.) 73n.69, 75n.75, 76n.79

호르스트 (Horst, U.) 357n.51

호르스트만 (Horstmann, R.-P.) 612n.100

호프만 (Hoffmann, P.) 427n.16

홀 (Holl, K.) 442n.50, 449n.67, 451nn.69,70, 522n.191, 523n.197

홀라츠 (Hollaz, D.) 77, 78, 169n.110, 170n.112, 192nn.163,165, 193n.166, 214, 216n.23, 454nn.74,76, 495n.160, 501n.165, 527, 551, 559, 635n.122, 665nn.166,167, 666n.172, 716n.240

화이트헤드 (Whitehead, A. N.) 595

휠셔 (Hölscher, U.) 140n.40, 705n.219

후니우스 (Hunnius, N.) 50n.28

후터 (Hutter, L.) 469, 470

흄 (Hume, D.) 171n.117, 172, 173, 216, 222, 588n.57, 601, 609n.95, 610, 613

히르쉬 (Hirsch, E.) 78nn.82,83, 81n.91, 190nn.157,160, 196n.173, 202n.187

히폴리투스 (Hippolyt) 443n.54

힉 (Hick, J.) 122, 167n.106

판넨베르크 조직신학 I

Copyright ⓒ 새물결플러스 2017

1쇄 발행 2017년 1월 25일
3쇄 발행 2025년 6월 13일

지은이 볼프하르트 판넨베르크
옮긴이 신준호·안희철
펴낸이 김요한
펴낸곳 새물결플러스

편 집 왕희광 정인철 노재현 이형일 나유영 노동래
디자인 황진주 김은경
마케팅 박성민
총 무 김명화 이성순
영 상 최정호
아카데미 차상희

홈페이지 www.holywaveplus.com
이메일 hwpbooks@hwpbooks.com
출판등록 2008년 8월 21일 제2008-24호
주 소 (우) 04114 서울시 마포구 신촌로28가길 29
전 화 02) 2652-3161
팩 스 02) 2652-3191

ISBN 979-11-86409-91-6 94230
　　　 979-11-86409-90-9 94230(세트)